中国石油化工集团公司年鉴

2012

《中国石油化工集团公司年鉴》编委会 编

中国石化出版社

图书在版编目(CIP)数据

中国石油化工集团公司年鉴．2012／《中国石油化工集团公司年鉴》编委会编．—北京：中国石化出版社，2012.9

ISBN 978－7－5114－1798－5

Ⅰ.①中… Ⅱ.①中… Ⅲ.①石油化工厂－中国－2012－年鉴 Ⅳ.①F426.22－54

中国版本图书馆CIP数据核字(2012)第226157号

中国石化出版社出版发行

地址：北京市东城区安定门外大街58号
邮编：100011 电话：(010)84271850
读者服务部电话：(010)84289974
http://www.sinopec-press.com
E-mail：press@sinopec.com
北京科信印刷有限公司印刷
全国各地新华书店经销

*

787×1092毫米 16开本 44.5印张 92彩页 1409千字
2012年10月第1版 2012年10月第1次印刷
定价：280.00元

《中国石油化工集团公司年鉴》2012版
编　委　会

凌逸群　股份公司副总裁、炼油事业部主任，炼油销售有限公司总经理、党委书记

陈　革　集团公司总经理助理，企业改革管理部主任

常振勇　股份公司副总工程师、化工事业部主任

温冬芬　集团公司财务部主任

戴　锭　人事部代主任

冷泰民　资本运营部主任，资产经营管理有限公司总经理

王　强　安全环保局局长

张召平　矿区（社区）管理部主任

唐苏欣　外事局局长

邹惠平　审计局局长

耿礼民　党组纪检组副组长，监察局局长

吕大鹏　思想政治工作部主任、直属党委副书记、企业文化部主任

顾敏清　离退休工作部主任

俞仁明　生产经营管理部主任

谢在库　科技开发部主任

张吉星　法律事务部主任

蒋振盈　物资装备部主任，国际事业公司总经理

李德芳　信息系统管理部主任

王子康　中国石化出版社有限公司总经理

《中国石油化工集团公司年鉴》2012版
编 辑 部

地　　址：北京市东城区安外大街58号

邮政编码：100011

电　　话：（010）84289951 84289953

传　　真：（010）84289951

电子信箱：jiangq@sinopec.com

The Editorial Department of

《CHINA PETROCHEMICAL CORPORATION YEARBOOK》

Add：58 Anwai Street, Dongcheng District, Beijing China

P.C：100011

Tel：+86-10-84289951/84289953

Fax：+86-10-84289951

Email：jiangq@sinopec.com

董事长致辞

感谢您关注我公司的发展，期盼能得到您的关心、理解、支持和帮助。

2011 年是“十二五”开局之年。这一年，世界经济复苏乏力，各类风险明显增多；我国通胀压力加大，货币政策收紧；国际油价高位震荡，市场需求增幅回落。面对复杂严峻的经营形势，我们深入贯彻落实科学发展观，立足当前、着眼长远，迎难而上、开拓创新，统筹推进各方面工作，经受住了严峻考验，保持了良好的发展势头，生产经营、财务绩效均创造了历史最好水平。相信您会从我公司的年报中看到这些可喜的变化。

过去一年取得的所有成绩，得益于中国政府和社会各界的关心支持，得益于海内外合作伙伴的精诚合作，得益于公司全体员工的辛勤工作。在此，我代表公司管理层向所有关心、理解、支持、帮助中国石化的朋友们致以衷心的谢意！

2011 年我们还认真分析外部环境和公司现状，研究提出了建设世界一流能源化工公司的发展目标，调整完善了公司的发展战略、发展模式，并使之成为公司干部员工的共识，成为推动公司发展的新动力。过去一年所取得的成绩，也得益于我公司在转变发展方式上所付出的不懈努力。

我们致力于推进绿色低碳发展。多年来，在生产规模不断扩大的情况下，公司能耗和排放水平持续下降。“十一五”期间，公司原油加工量增长 39%、乙烯产量增长 67.2%，而万元产值综合能耗下降 15.4%，相当于累计节约标煤 1 444 万吨，工业废水、COD、二氧化硫排放量分别下降 30.5%、18.1%、35.7%。在此基础上，2011 年万元产值综合能耗又比上年下降 1.5%，工业废水、COD、二氧化硫排放量分别下降 8.7%、16.9%、9.8%。

我们致力于推进创新发展。多年来，公司在清洁燃料生产、清洁能源开发、煤炭清洁利用等技术研发上取得了丰硕成果。特别是2011年，甲醇制烯烃（MTO）、对二甲苯（PX）吸附分离、柴油液相循环加氢、生物航煤等具有自主知识产权和国际先进水平的技术实现了产业化，非常规油气资源开发等先进技术应用取得突破。全年获国内外专利授权1 352件，创历史新高。

我们致力于推进国际化发展。应对金融危机、能源安全、气候变化等问题，需要从政府到企业广泛开展国际合作。因此，我们统筹国际国内两种资源、两个市场，不断加强对外合作，提高参与国际合作的能力，加快国际化发展。目前，我公司已在55个国家和地区开展了投资、贸易和服务业务，海外员工超过3万人，其中80%为当地员工，对业务所在国的就业、税收、经济社会发展和人民生活改善作出了贡献。

我们致力于推进员工与企业共同发展。从充分发挥人力资源优势出发，研究落实以人为本、关爱员工的具体措施，队伍活力和凝聚力不断增强。全面实施人才成长通道建设，拓展各类人才成长的空间，人才发展环境有了较大改善。进一步优化用工结构，调整分配结构，公司员工特别是一线员工的收入实现较快增长。积极推进历史遗留问题的解决，促进了企业内部和谐稳定。

在推进发展的同时，我公司认真履行社会责任。积极采取措施，有力保障了国内成品油市场稳定供应，保证了“三夏”、“三秋”、抗灾救灾等用油需求，为促进经济平稳运行作出了贡献。积极推行安全生产、清洁生产，实现企业与社会、环境的协调发展。积极参与社会公益事业，捐资助学、扶贫帮困、健康快车等活动受到了广泛好评。主动加强与媒体、资本市场和社会公众沟通，促进了内部管理，树立了良好形象。

展望2012年，国际国内发展环境将更加复杂、更加严峻。我们已经开启建设世界一流能源化工公司的新航程，将坚持以转变发展方式为主线，以优化结构为抓手，以改革创新为动力，更加突出发展质量和效益，更加突出技术进步，更加突出绿色低碳，更加突出以人为本，不断提高公司的价值创造能力和可持续发展能力，努力推动传统能源化工产业向清洁环保、低耗高效的绿色产业转型。同时，我们将不断扩大与国内外已有的或潜在的伙伴的合作，拓展合作范围，深化合作关系，努力开创合作共赢的新局面。期望进一步得到您的关心和支持。

总经理致辞

2011 年，面对复杂多变的外部形势，中国石化广大干部员工深入贯彻落实科学发展观，紧紧围绕扩大资源、拓展市场、挖潜增效，精心组织生产经营，全力抓好运行优化，统筹推进市场保供和降本增效，创造了历史最好的经营业绩。全年实现营业收入 2.55 万亿元，增长（下同）29.6%；上缴税费 3 298 亿元，增长 17.2%；实现净利润 831.4 亿元，增长 14.6%。

一年来，我们坚持以市场为导向、以效益为中心，积极应对市场变化，努力把握工作主动权，生产经营实现较快增长。全年生产原油 6 480 万吨，增长 6.3%，其中境外权益油产量首次突破 2 000 万吨，达到 2 207 万吨、增长 19.9%；生产天然气 156 亿立方米、增长 25.1%；加工原油 2.19 亿吨、增长 2.8%；境内成品油经营量达到 1.51 亿吨、增长 7.6%，其中零售量首次达到亿吨级规模；乙烯产量首次迈上千万吨大台阶，达到 1 004 万吨、增长 9.2%；化工产品经营量达到 4 325 万吨、增长 19.5%；国际贸易持续增长，原油和成品油第三方贸易量大幅增长。

我们紧紧围绕公司发展战略目标，积极开展发展规划的动态优化研究，着力抓好投资优化，精心组织重点工程建设，结构调整取得重要进展。油气勘探取得一批重大突破，特别是致密油气、页岩油气等非常规资源评价、技术攻关和勘探开发取得初步成效，普光大湾气田、元坝气田产能建设加快；长岭、北海等炼油改造建成投产，茂名、安庆、石家庄等炼油改造加快推进；武汉乙烯稳步实施，中科合资广东炼化一体化等一批重点项目积极推进；一批原油和成品油管道建成投用，新发展加油站 1 638 座。同时，一批重点项目前期工作全面展开。

我们牢固树立安全发展、绿色低碳发展理念，积极引入现代管理理念和方法，推行“七想七不干”工作要求，深化“我要安全”主题活动，深入查找身边“十大薄弱环节”，不断强化安全生产、节能减排等各项措施，落实了责任，取得了成效。全年万元产值综合能耗下降 1.5%，工业废水排放量、外排废水 COD 总量分别下降 8.7%、16.9%，二氧化硫排放量、氨氮排放量、氮氧化物排放量分别下降 9.8%、34.9%、3.4%。

我们紧紧围绕主业发展，加强重大项目攻关，加快战略性技术开发，科技创新的驱动作用更加明显。非常规油气勘探开发技术取得突出进展，水平井分段压裂技术应用成效显著；60 万吨 / 年甲醇制烯烃（MTO）、对二甲苯（PX）吸附分离、柴油液相循环加氢等工业化示范装置建成投产。一批合成材料、催化剂新产品成功开发并投放市场。全年申请国内外专利 4 030 件，获得国内外专利授权 1 352 件，创历史新高。

我们更加注重提升管理水平，全面推进制度标准化信息化改造和业务流程体系建设，推进“比学赶帮超”工作常态化，推广改善经营管理建议，扎实开展全员目标成本管理，各项挖潜增效措施得到切实落实。加强资金管理，广开融资渠道，资金集中管理获得国家管理创新一等奖。深化信息化建设与应用，信息化工作再次被评为中央企业信息化 A 级企业第 1 名。不断加强内控、审计、监察、法律等监督管理，有效防范了各类风险。

总的看，过去一年来公司各方面工作取得了新的进展，实现了“十二五”良好开局。这是与社会各界的关心、支持和帮助分不开的，在此我们深表感谢！

2012 年是“十二五”承上启下的关键一年，也是我们建设世界一流能源化工公司的起航之年。我们将深入贯彻落实科学发展观，围绕“稳中求进”，以优化结构为抓手，以改革创新为动力，更加突出发展质量和效益，更加突出技术进步，更加突出绿色低碳，更加突出以人为本，充分调动各方面积极性，完成好年度各项目标任务，开创中国石化又好又快发展的新局面。

组织机构

（截至2011年底）

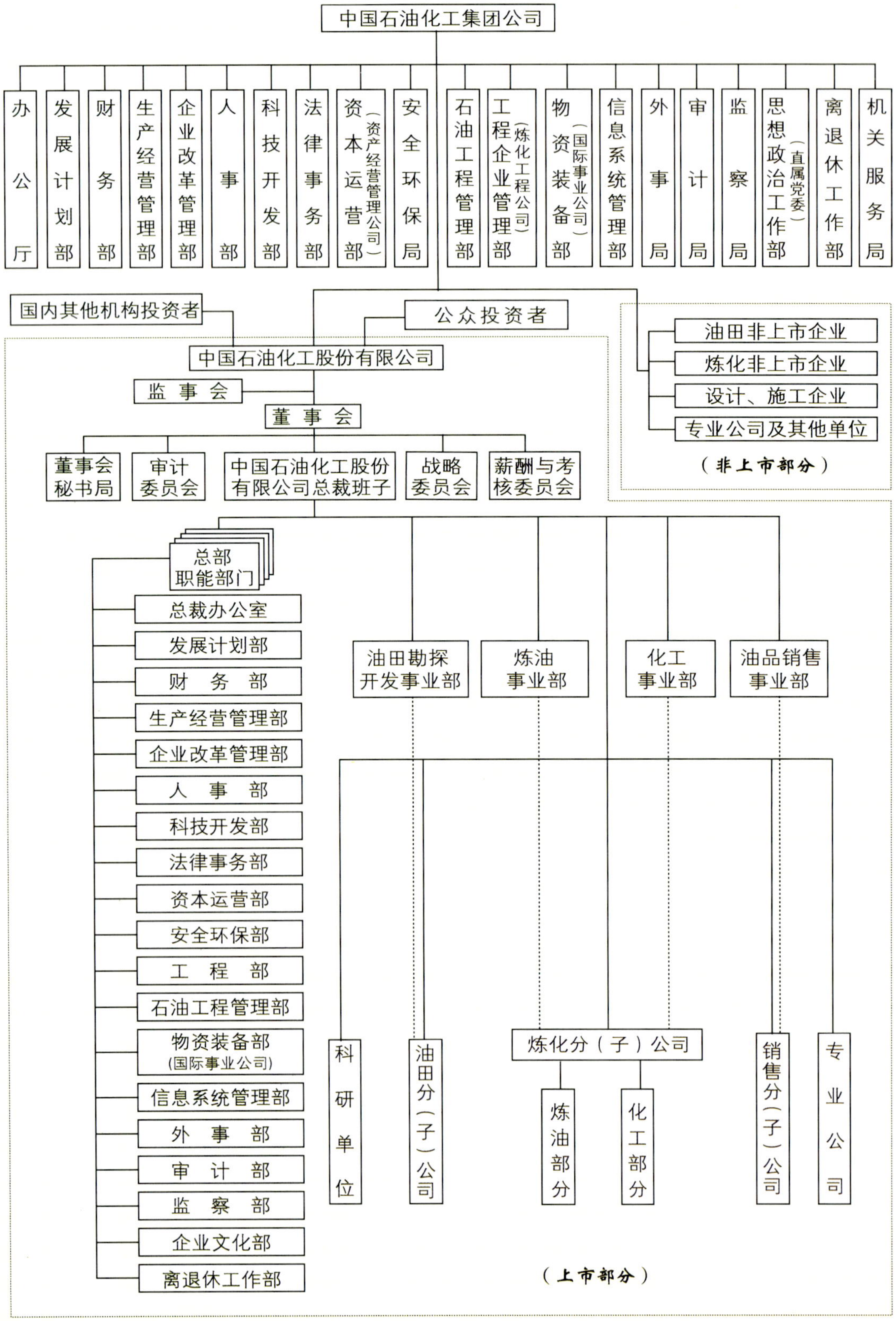

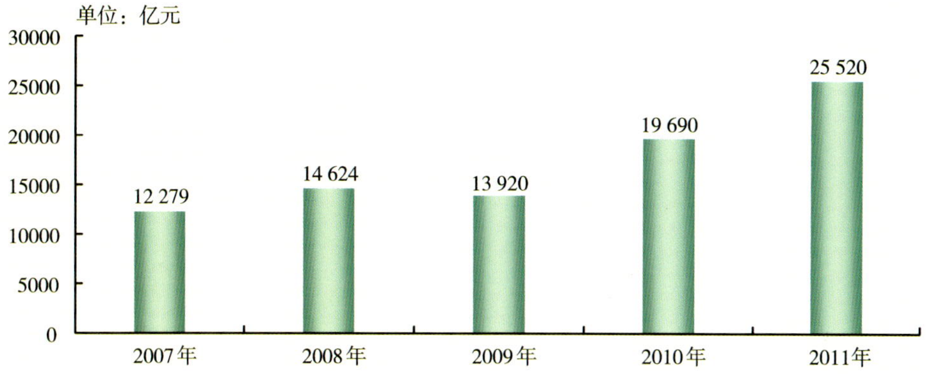

营业收入

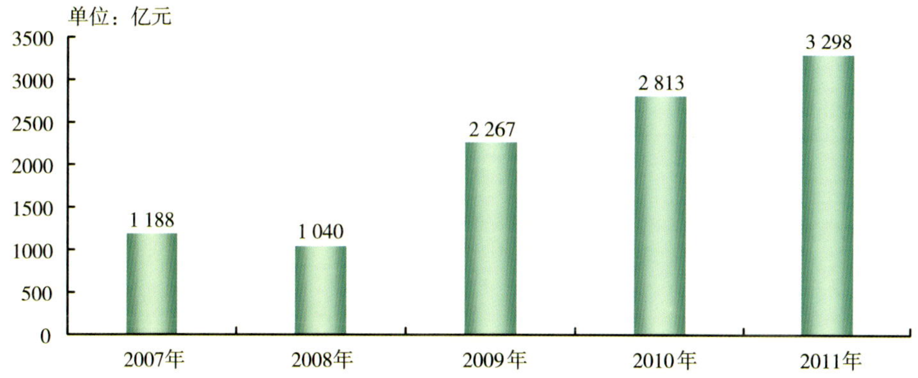

上缴税费

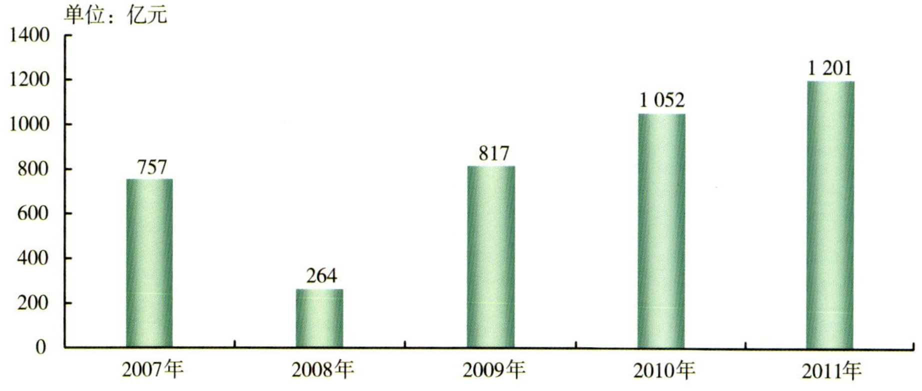

利润总额

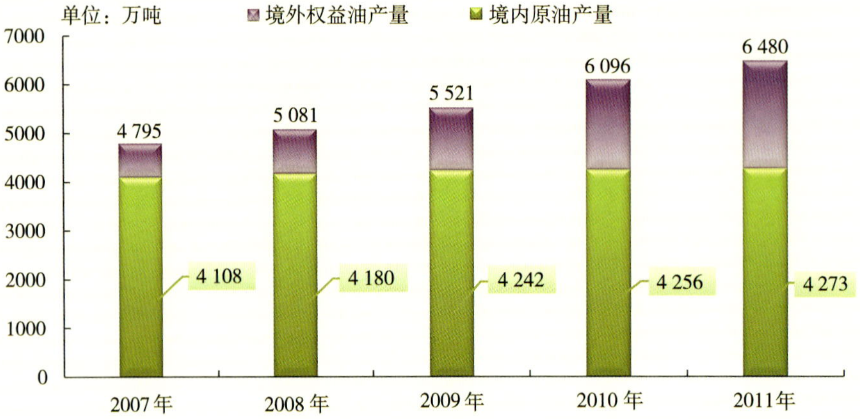

原油总产量

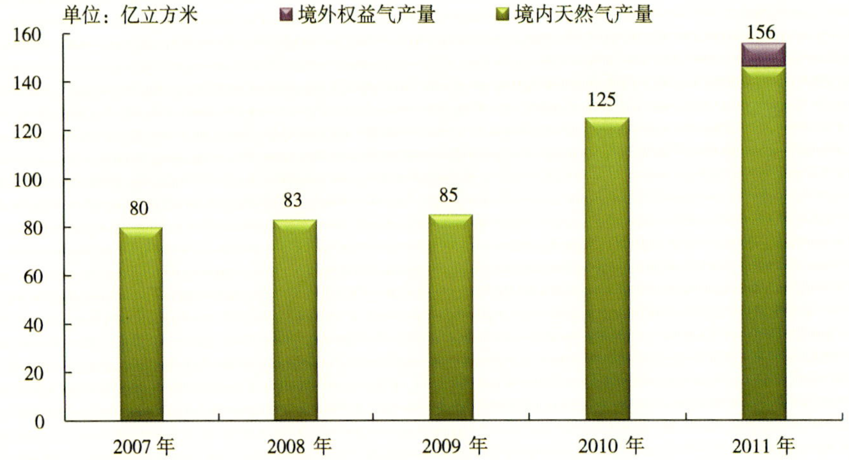

天然气总产量

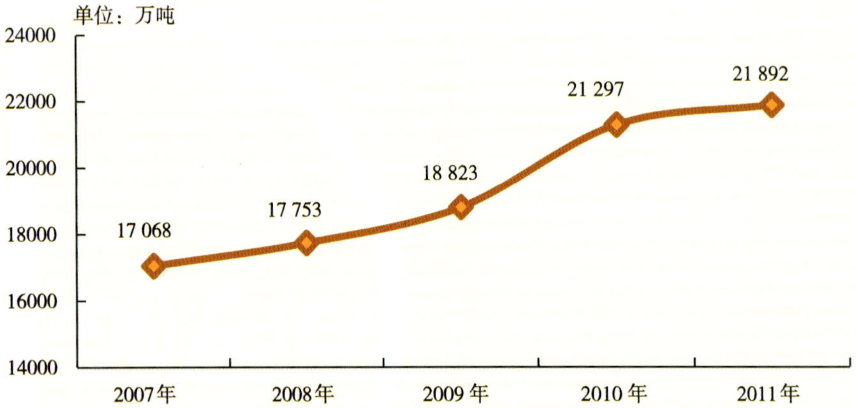

原油加工量

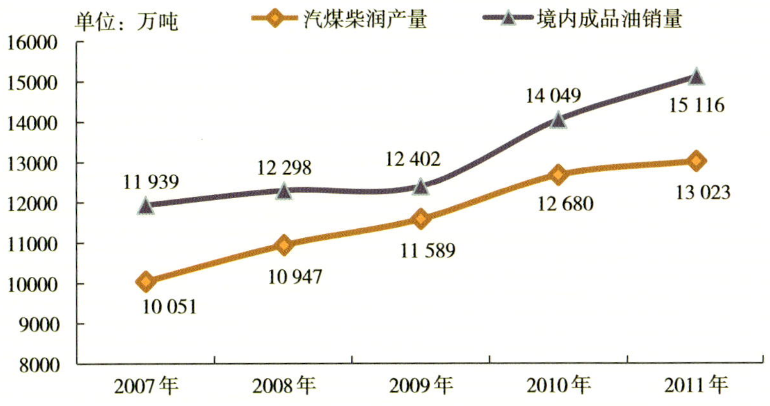

汽煤柴润产量及境内成品油销量

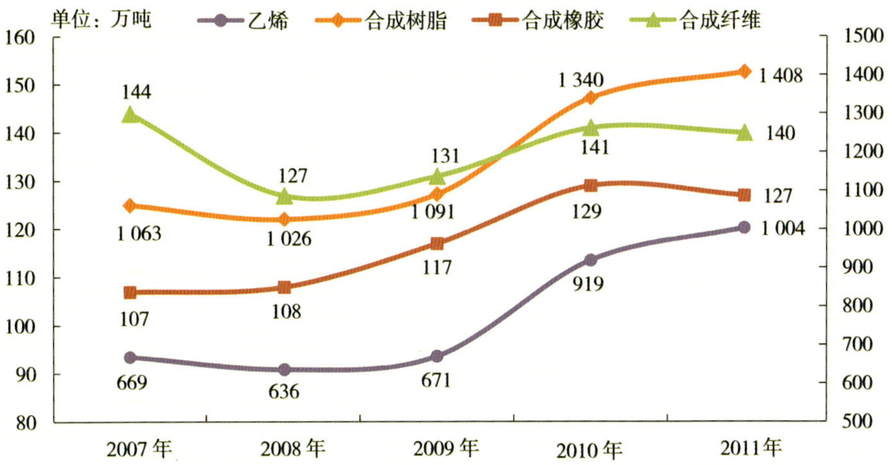

乙烯及三大合成材料产量

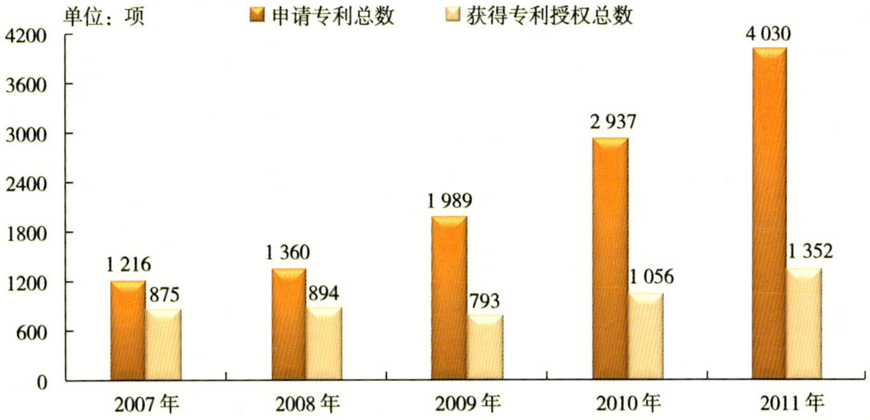

申请专利及获得专利授权总数

2011 年 4 月 8 日，石化集团公司领导干部会议（视频）在北京召开。中组部、国务院国资委有关领导宣布党中央、国务院关于石化集团公司主要领导调整的决定：傅成玉任中国石油化工集团公司董事长、党组书记；任命傅成玉为中国石油化工集团公司董事长。图为会议现场

2011 年 8 月 3—5 日，石化集团公司领导干部座谈会在北京举行。会上石化集团公司党组提出公司发展目标——建设世界一流能源化工公司，公司发展战略——资源战略、市场战略、一体化战略、国际化战略、差异化战略、绿色低碳战略，公司发展模式——市场化运营、专业化发展、差异化竞争、一体化管理、集团化管控、规范化治理。图为会议现场

2011 年，石化集团公司境内油气勘探取得 5 个重大突破、8 个重大进展、4 个重要发现，培育了规模增储阵地。全年新增探明石油地质储量 3.56 亿吨，新增探明天然气地质储量 2 157 亿立方米。图为中国石化发现的国内埋藏最深的大气田——元坝气田

2011 年，石化集团公司境内油田开发实现了东部产量稳定、西部持续上产，保持了油田开发的良好发展态势；天然气开发实现了产量快速增长。全年生产原油 4 272.85 万吨、天然气 146.44 亿立方米；新建原油生产能力 568 万吨、天然气生产能力 14.76 亿立方米。图为胜利油田新开发区块老 168 海油陆采平台夜景

2011年，中国石化境外油气资源储产量规模快速扩大，开发生产实现持续稳定运行，境外权益油产量达到2 207万吨，同比增长19.9%，权益气产量首次获得9.94亿立方米。图为中国石化认购Galp公司巴西资产30%权益协议签约仪式

2011年，石化集团公司境内石油工程持续组织重点区域钻井提速提效活动，加速推进以非常规油气勘探开发技术为重点的石油工程技术发展，力保勘探开发增储上产；境外石油工程以做强做大海外市场为导向，走高端和综合服务之路，积极应对市场变化，及时调整经营策略，石油工程业务实现稳步发展。图为华东分公司首口页岩气水平井彭页HF-1井压裂现场

2011年，石化集团公司炼油综合竞争力进一步提升，炼油能力居世界第2位；成品油质量升级有序推进，一批炼油改扩建项目进展顺利。全年加工原油2.19亿吨，生产汽煤柴成品油1.29亿吨，高标号汽油生产比例达到97.9%。图为北海炼化装置夜景

2011年，石化集团公司生产乙烯1 004万吨，生产对二甲苯441.1万吨。为保障国家能源安全、促进经济可持续发展，石化集团公司大力发展煤化工，有序分批积极推进重点煤化工项目。图为中国石化首套煤化工示范装置——中原石化60万吨/年甲醇制烯烃（MTO）装置全景

2011 年，中国石化境外炼化工程充分发挥一体化优势，积极开拓新项目、新市场，全年新中标项目 18 个，新签合同总额 33.4 亿美元，完成合同额 12.1 亿美元。图为上海工程公司 EPC 总承包的沙特聚烯烃 50 万吨 / 年 LLDPE 和 40 万吨 / 年 HDPE 装置

2011 年，石化集团公司实现成品油经营量 1.62 亿吨，其中境内成品油经营量 1.51 亿吨，境外（香港地区）成品油经营量 1 116 万吨。1.92 万座加油站便利店遍布全国各地，为客户提供 10 个大类上万种商品和便捷的服务。图为河北石油位于秦皇岛开发区的加油站

2011年，石化集团公司层层落实安全生产责任制，深入开展“我要安全”主题活动，规范作业行为，现场安全管理水平明显提高。全年事故死亡率0.0066‰，事故重伤率0.0075‰。图为中国石化举行元坝273井企地联动应急演练

2011年，石化集团公司坚持实施绿色低碳战略，强化生产过程污染控制与治理，全年外排废水综合达标率为97%，工业取水量同比下降1.95%，外排COD、二氧化硫、氨氮、氮氧化物同比分别下降16.9%、9.8%、34.9%和3.4%，未发生重大环境污染和生态破坏事件。图为上海石化生产装置区

2011年，石化集团公司积极参与公益事业，促进社会和谐稳定。在夏种秋收、季节变换、价格波动、自然灾害等特殊时期，采取各种措施全力保障油品供应。图为河南石油送油小分队为“三夏”农业生产服务

2011年，石化集团公司共申请国内外专利4 030件，获得国内外专利授权1 352件，实现历史新高。13项技术获2011年度国家科技进步奖和技术发明奖；1项专利获第13届中国专利金奖，6项专利获得优秀奖。图为石油化工科学研究院的科研人员在商讨研究实验方案

2011 年，石化集团紧紧围绕“着力做强做优、打造世界一流”中心任务，以建设一流领导班子、打造一流人才队伍为目标，以深化干部人事、用工分配制度改革为动力，以提高人事工作的科学化、制度化、规范化水平为主线，着力加强领导班子和干部队伍建设，健全完善选才、育才、用才、聚才工作机制，调整优化队伍结构，提高人才队伍素质。图为中国石化第 3 期党政正职培训班开班仪式

2011 年，石化集团公司举办了 7 个工种的职业技能竞赛，3 万余人参加了岗位练兵，68 家单位的 464 名选手参加了集中决赛。图为石化集团公司职业技能大赛测绘机械零件比赛现场

2011年，石化集团公司紧紧围绕工作大局，坚持以“推动企业发展，服务职工群众”为出发点，精心组织开展“为民服务创先争优”活动，切实加强基层党建思想政治工作，充分发挥工会、共青团等群众组织的桥梁纽带和生力军作用，为集团公司的持续有效和谐发展提供了思想保证、政治保证、文化支撑和精神动力。图为石化集团公司召开“为民服务创先争优”活动动员部署会

2011年，为庆祝建党90周年，石化集团公司组织了“永远跟党走”红歌会、知识答题等系列活动。图为西北油田举办的“永远跟党走”红歌会

编 辑 说 明

《中国石油化工集团公司年鉴》（简称《年鉴》）是中国石油化工集团公司正式对外公布一定时期生产、经营、财务状况及有关数据资料的权威性出版物，向国内外公开发行。《年鉴》从1988年问世至今，已出版17卷。2012版《年鉴》为第18卷。

2012版《年鉴》全面、系统地记述了2011年石化集团公司在生产经营、深化改革、科技创新和企业管理等各方面的基本情况和重大事项，图文并茂，直观反映了石化集团公司及其所属企事业单位的新变化、新成果，为各级领导科学决策和科学管理提供依据，为石化集团公司内部和社会各界人士了解石化集团公司提供翔实、可靠、可鉴资料。

2012版《年鉴》共设26个栏目：大事记、总述、境内油气勘探开发、境内石油工程、炼油生产、化工生产、公用工程、产品销售、国际化经营、重点工程建设、安全环保职业健康、节能减排、科研开发与管理、企业改革与管理、财务资产管理、人事管理、物资采购与管理、法律事务、审计与监察、企业党建与企业文化、新闻与出版、企事业单位、人物、重要规章制度、统计资料、附录。为便于读者查阅和检索，文前附中、英文目录，书后附主题词索引和表题索引。

《年鉴》所收录的数据表中，空格表示该项统计数据不详，“—”表示无该项统计数据，“…”表示该项数据不足本表最小单位数。“世界石油化工统计”中的中国数据未包括中国台湾。

《年鉴》中，“中国石油化工集团公司”简称“石化集团公司”，“中国石油化工股份有限公司”简称“石化股份公司”，两者统称“中国石化”。

《年鉴》中插图由各单位提供，图片版权归各单位所有。

在《年鉴》的编纂和出版过程中，承蒙有关单位领导、专家、管理人员的大力支持和帮助，在此，谨向为《年鉴》提供稿件和资料、对稿件进行审读把关以及给予《年鉴》各种帮助的人士，致以诚挚的谢意。对2012版《年鉴》存在的缺点和疏漏，诚请广大读者批评指正。

《中国石油化工集团公司年鉴》编辑部

二〇一二年八月

目　　录

大　事　记

总　　述

境内油气勘探开发

境内石油工程

炼油生产

化工生产

公用工程

产品销售

油品销售

化工产品销售

国际化经营

重点工程建设

安全环保职业健康

节 能 减 排

科研开发与管理

企业改革与管理

财务资产管理

人事管理

物质采购与管理

法律事务

审计与监察

内部审计

纪检监察

企业党建与企业文化

新闻与出版

企事业单位

人　物

重要规章制度

统计资料

附　录

索　引

CONTENTS

Key Projects Construction

Safety, Environment and Occupational Health

Energy – Saving and Emission Reduction

Scientific Research, Development and Management

Corporate Reform& Management

Finance & Assets Management

Personnel Management

Material Purchase & Management

Legal Affairs

Audit & Supervision

Internal Audit

Discipline Supervision

Party Building and Corporate Culture

News & Publishing

Enterprise & Institutions

Personages

Important Rules and Regulations

Statistics

Appendix

Index

企业形象宣传专版单位

封底:西门子(中国)有限公司

前 插 页

1. 雪佛龙菲利普斯国际化工公司
2. 法国兴业银行
3. 中国工商银行
4. 林德集团
5. Hoffmann. Eitle
6. 中国建设银行
7. 扬子石化—巴斯夫有限公司
8. 毕马威华振会计师事务所(特殊普通合伙)
9. Eneos Italsing Pte Ltd
10. JNJ Safety Mangement Pte Ltd
11. 天津钢管集团股份有限公司
12. 新加坡 PEC 股份有限公司
13. 南光(集团)有限公司
14. 连云港港口集团有限公司
15. Univation
16. 威立雅水务有限公司
17. 金桐石油化工有限公司
18. 瑞穗实业银行
19. 东京三菱银行
20. 苏格兰皇家银行
21. 星展银行
22. 摩科瑞能源集团

中 插 页

1. 中国石化润滑油分公司
2. 中国石化销售华南分公司
3. 中国石化国际石油勘探开发公司
4. 中国石化胜利油田分公司
5. 中国石化西北油田分公司
6. 中国石化华北分公司
7. 中国石化上海石化
8. 中沙(天津)石化有限公司
9. 中国石化管道储运公司
10. 中国石化高桥石化
11. 中国石化金陵石化
12. 中国石化茂名石化
13. 中国石化扬子石化
14. 中国石化巴陵石化
15. 中国石化仪征化纤
16. 中国石化石家庄炼化
17. 中国石化山东石油分公司
18. 中国石化石油工程技术研究院
19. 中国石化上海石油化工研究院
20. 中国石化第五建设公司
21. 上海赛科石油化工有限责任公司

后 插 页

1. 丸红(北京)商业贸易有限公司
2. 中海发展股份有限公司油轮公司
3. 上海化学工业区发展有限公司
4. 上海石化物资交易中心有限公司
5. 大华银行
6. 荷兰商业银行
7. 加拿大丰业银行
8. 三井化学株式会社
9. 史密夫律师事务所
10. 安理国际律师事务所
11. 布雷克律师事务所
12. INEOS 英力士

大事记

2011 年

1 月

14 日 2010 年度国家科学技术奖励大会在京隆重举行。中国石化共有 12 项成果获奖，其中获得国家科技进步一等奖 1 项、国家科技进步二等奖 10 项、国家技术发明二等奖 1 项。

2 月

22 日 中国石化收购 OXY 阿根廷资产成功交割。

25 日 中国石化获国务院国资委颁发的中央企业参与 2010 年上海世博会突出贡献奖。

3 月

4 日 国家发改委核准批复中科合资广东炼化一体化项目。

15 日 石化集团公司与 Q8 中国(科威特石油公司的全资子公司)《中科合资广东炼化一体化项目 FEED 协议》签字仪式在北京举行。王天普出席。

16 日 石化集团公司与沙特阿美石油公司《沙特延布炼油合资项目合作备忘录》签字仪式在北京举行。苏树林、王天普等出席。

4 月

8 日 石化集团公司领导干部会议(视频)在北京召开。中组部、国务院国资委有关领导宣布党中央国务院关于石化集团公司主要领导调整的决定。据中委〔2011〕143、144、162、163 号文，中央批准：傅成玉任中国石油化工集团公司董事长、党组书记。据国人字〔2011〕43 号文，国务院决定：任命傅成玉为中国石油化工集团公司董事长。

20—26 日 张耀仓出访澳大利亚，与美国康菲石油公司、澳大利亚 Origin 能源有限公司就澳大利亚太平洋 LNG 项目(APLNG)签署了《APLNG 公司股份认购协议》和《LNG 购销协议》。

23 日 中国石化首口页岩油水平井——泌页 HF－1井正式开钻。

25 日 中国石化关于“天价酒”事件新闻发布会在北京召开。傅成玉、王天普等出席。

5 月

3 日 国家科技部、中国科学院在京举行国家最高科学技术奖获得者闵恩泽等 4 位院士小行星命名仪式活动。

7 日 国内第 1 口高含硫裸眼水平井——毛坝 503－2H 井开始放喷作业。12 毫米气嘴分离器求产日产天然气 69.2 万立方米，无阻流量日产天然气 627.7 万立方米。

13 日 中国石化与荷兰帝斯曼集团合资建设的 10 万吨/年不饱和树脂工厂在南京化学工业园区正式奠基开建。

30 日 国务院国资委到石化集团公司宣布关于王作然、徐槟的任免决定。据国资党任字〔2011〕32 号文，徐槟任石化集团公司党组成员、党组纪检组组长；免去王作然的石化集团公司党组成员、党组纪检组组长职务。

6 月

10 日 中国石化胜利油田发现 50 周年、产油 10 亿吨总结表彰大会在胜利油田举行。傅成玉、王天普等出席。

21 日 傅成玉出席联合国全球契约理事会，并作为商业领袖代表发言。

7 月

7 日 2011 年《财富》世界 500 强排行榜发布，石化集团公司位居第五。

13 日 中国石化四川维尼纶厂在醋酸乙烯和聚乙烯醇生产领域成为中国第一、世界第二大生产商。

15 日 第 6 届中华慈善奖表彰大会在人民大会堂举行。李春光代表石化集团公司出席并接受“中华慈善奖爱心捐赠企业”荣誉证书。

同日 中国石化第 1 口页岩气水平井——建页 HF－1 井顺利完钻，转入完井作业阶段。

28 日 中国石化新加坡润滑油脂项目奠基仪式在新加坡举行。

同日 美国哈特能源第 24 届大奖揭晓，中国石化获国际炼油公司卓越奖。

8 月

3—5 日 石化集团公司领导干部座谈会在北京

举行。会上提出“建设世界一流能源化工公司”的发展目标。

9日 中国石化与澳大利亚太平洋液化天然气有限公司(APLNG公司)就APLNG 15%股份认购项目完成交割。

同日 由国家发改委、国务院国资委、国务院新闻办和北京市政府联合主办的第2届“低碳发展·低碳生活”公益影像展开幕式暨“中国低碳榜样”颁奖典礼在北京举行。石化集团公司获得“中国低碳榜样”奖。

14日 中国石化投资3 600万元援建的“班戈县中石化小学”落成。

22日 中组部、国务院国资委到石化集团公司宣布关于王天普的任职决定。据中委〔2011〕280号、国人字〔2011〕81号文，中央批准、国务院决定，任命王天普为中国石油化工集团公司总经理。

26日 石化集团公司召开视频会议，贯彻落实中央和中央企业创先争优活动领导小组的部署和要求，对全系统深入开展“为民服务创先争优”活动进行全面部署。

9月

16日 经国土资源部矿产资源储量评审中心审定，中国石化发现的元坝气田长兴组气藏第1期探明天然气地质储量1 592.53亿立方米，气藏埋深6 500米左右。元坝气田成为迄今为止中国埋藏最深的大型海相气田。这是中国石化继发现国内最大海相整装气田普光气田之后，在四川盆地发现的又一个大型海相气田。

28日 中国石化贵州织金新型能源化工基地“煤电化一体化”产业项目一期工程——60万吨/年聚烯烃项目奠基仪式在贵州省毕节地区举行，傅成玉、王天普出席。

10月

9日 芳烃吸附分离技术开发及工业示范装置建成并产出合格产品，使中国石化成为世界上第3家对芳烃成套技术具有自主知识产权的公司。

10日 中国石化第1套全流程采用国产技术的60万吨/年甲醇制烯烃(MTO)装置投产，标志着中国石化自主研发的甲醇制烯烃成套技术进入产业化阶段。

同日 中国石化与加拿大Daylight能源公司在北京签署协议，将以每股10.08加元收购Daylight能源公司100%股份，收购对价约为22亿加元，从而获得其位于加拿大艾伯塔省西北部和不列颠哥伦比亚省东北部69个油气田的油气资产。12月23日完成股份交割。

31日 中国石化以5.38亿美元收购壳牌持有的喀麦隆Pecten石油公司全部80%股份的交易完成交割。

11月

8日 在第13届中国专利奖颁奖大会上，中国石化北京化工研究院“全硫化可控粒径粉末橡胶及其制备方法和用途”获中国专利金奖。

11日 中国石化与葡萄牙Galp能源公司签署股权认购协议，通过认购增发股份和债权的方式获得Galp巴西公司及对应的荷兰服务公司30%的股权。

12日 中国石化西藏石油分公司首座市区加油站——拉萨娘热路加油站正式开业。

16日 中国石化在北京建设的第1座充电加油综合服务站——大兴采育经济开发区的津塘兴顺加油充电站投入试运营。

18日 由中国石化和科威特石油公司按股比50:50合资建设、计划总投资590亿元人民币的中科合资广东炼化一体化项目在广东湛江举行奠基仪式。

25日 中国石化九江石化800万吨/年油品质量升级改造工程奠基仪式在江西九江举行。

总述

优化结构　改革创新
开启建设世界一流能源化工公司新航程

2011 年是实施“十二五”规划的开局之年。面对复杂严峻的国际国内经济形势、持续收紧的国内货币政策、长期倒挂的成品油价格以及前所未有的复杂舆论环境，石化集团公司牢牢把握科学发展这个主题和加快转变发展方式这条主线，团结带领广大干部员工，立足当前、着眼长远，迎难而上、开拓创新，统筹推进各方面工作，经受住了严峻考验，推动公司实现了新的发展。全年生产原油 6 480 万吨、同比(下同)增长 6.3%，其中境内产量 4 273 万吨、增长 0.4%，境外权益油产量首次突破 2 000 万吨关口，达到 2 207 万吨、增长 19.9%；生产天然气 156 亿立方米、增长 25.1%；加工原油 2.19 亿吨、增长 2.8%；境内成品油经营量达到 1.51 亿吨、增长 7.6%，其中零售量首次达到亿吨级规模；乙烯产量首次迈上千万吨大台阶，达到 1 004 万吨、增长 9.2%；化工产品经营量达到 4 325 万吨、增长 19.5%。节能减排成效明显，万元产值综合能耗下降 1.5%，工业废水排放量下降 8.7%，COD 排放量下降 16.9%，二氧化硫排放量下降 9.8%。全年实现营业收入 2.55 万亿元、增长 29.6%，上缴税费 3 298 亿元、增长 17.2%，实现净利润 831.4 亿元、增长 14.6%。

一、积极应对市场变化，取得生产经营主动权

面对保供与增效的双重压力，一方面，石化集团公司积极履行社会责任，采取各种措施增产增供成品油，保障了市场稳定供应，保证了“三夏”、“三秋”、抗灾救灾等用油需求；另一方面，坚持以市场为导向、以效益为中心，主动应对市场变化，认真开展资源优化，大力推进精细管理、挖潜增效，保证了效益稳定增长。油田板块抓住高油价机遇，增储上产取得新突破，效益贡献实现新提升；炼油板块全面开展资源、运行和管理优化，主要技术经济指标取得新进步；化工板块积极调整产品结构，加强营销服务，产量、销量和效益均创历史新高；油品销售板块灵活调整经营策略，经营效益大幅提高；境外油气勘探开发克服部分资源国局势动荡等困难，加强已有项目运行优化，权益油储量产量迈上新台阶；石油工程和炼化工程在保障公司重点项目建设的同时，外部市场开拓取得新成效；国际贸易规模继续扩大，保供降本、平衡市场的功能得到有效发挥；公用工程管理水平进一步提高，为生产经营优化运行提供了有力保障。

二、优化调整结构，推动发展方式转变

紧紧围绕公司发展战略目标，着力抓好投资优化，精心组织重点工程建设，强化科技创新和应用，结构调整取得重要进展。一是坚持把实施资源战略放在首位，加大勘探开发投入，取得了一批重大突破，油气储量产量持续稳定增长，特别是致密油气、页岩油气等非常规资源评价、技术攻关和勘探开发取得初步成效。二是大力开发清洁能源，积极为社会提供清洁燃料，普光大湾气田、元坝气田产能建设加快，成品油质量升级有序推进，一批炼油改扩建项目进展顺利。三是大力发展煤化工，中原石化 MTO 示范装置建成投产，鄂尔多斯、贵州织金等煤化工项目开始启动，一批重点煤化工项目前期工作积极推进。四是坚持实施绿色低碳战略，狠抓节能减排目标分解，加强能效对标，开展专项治理，积极发展地热、生物燃料等低碳能源。五是抓住机遇加快“走出去”，完成加拿大日光能源公司等权益收购项目，沙特延布合资炼厂等炼化项目签署协议。六是紧紧围绕结构调整，加强重大项目攻关，加快战略性技术开发，科技创新成果丰硕，全年获国内外专利授权 1 352 项，创历史新高，一批成果获国家科技进步奖和技术发明奖。

三、科学谋划未来发展，目标路径更加清晰

结合中央的要求和形势的变化，经过一段时间的集中研讨，在石化集团公司领导干部座谈会上提出了“建设世界一流能源化工公司”的发展目标，将发展战略调整为资源战略、市场战略、一体化战略、国际化战略、差异化战略、绿色低碳战略，确定了市场化运营、专业化发展、差异化竞争、一体化管理、集团化管控、规范化治理的发展模式，并明确了结构调整、深化改革、发挥资源优势等方面的重点措施。18 个专题调研成果更加坚定了公司上下建设世界一流能源化工公司的决心和信心，各业务板块的发展目标更加具体、路径更加清晰，成为广大干部员工的思想共识和一致行动。

四、更加注重和谐稳定，发展环境得到有效改善

坚持把创造和谐的内外部环境作为企业健康发展的基本保障。认真研究落实以人为本、关爱员工的政策和措施，全面实施人才成长通道建设，同步调整完善薪酬分配制度；调整了收入分配结构，员工特别是一线员工(包括劳务工)的收入实现较快增长；进一步调整优化用工结构；妥善解决历史遗留问题，有效促进了企业内部和谐稳定。提出“融入地方、借势发展、合作共赢”的工作思路，加大了与地方政府的沟通协调力度，先后与多个省市签署战略合作协议，建立起更加紧密的企地合作机制，企业主动融入地方经济社会发展，地方政府在支持企业发展的同时，在解决企业办社会、维护稳定等方面也给予了积极的支持。

五、不断加强基础管理工作，企业管理水平持续提升

更加注重提升管理水平，着力增强管理竞争力。一是继续开展“我要安全”主题活动，推行“七想七不干”工作要求，推动安全管理重心向作业层、操作层转移，狠抓建设项目安全环保“三同时”，总体实现了安全生产、清洁生产。二是全面推进制度标准化信息化改造，试点业务流程体系建设，制度建设取得新进展。三是大力开展“比学赶帮超”工作，扎实推进全员成本目标管理，通过完善绩效分档考核机制、加强资金集中管理、优化原油采购、规范油品外采、强化物资集中采购和网上采购等措施，不断深化信息化建设与应用，各项关键成本费用得到有效控制。四是进一步加强内控管理，健全法律支撑保障，充分发挥审计监督和效能监察作用，有效防控了风险、堵塞了漏洞。五是主动加强与媒体、资本市场和社会公众沟通，促进了内部管理，树立了良好形象。

六、深入开展创先争优活动，党建和思想政治工作优势有效发挥

积极开展庆祝建党90 周年系列活动，把创先争优活动与“比学赶帮超”工作紧密结合起来，成功举办“胜利油田发现50 周年、产油 10 亿吨”总结表彰大会及系列宣讲活动，开展“打造高度负责任、高度受尊敬企业”大讨论，收到了良好的效果。从8月份开始，将重点转到“为民服务创先争优”上，按照“客户、员工双满意”的目标要求，从对外对内两条线开展活动，突出抓好公开承诺这个关键环节，全面查找并切实整改存在的问题，窗口单位的社会形象明显改善，机关作风进一步转变，干群关系更加和谐，活动成效得到上级的充分肯定。同时，党组巡视、业务公开、效能监察、教育引导等工作持续推进，纪检监察组织建设全面加强，反腐倡廉工作力度进一步加大，为石化集团公司健康发展提供了可靠保障。

在复杂多变的经营环境下，石化集团公司继续保持了良好的发展势头，经济规模进一步扩大，发展质量进一步提升，综合实力进一步增强，队伍精神面貌焕然一新。这是党中央、国务院正确领导和各有关方面大力支持的结果，也是公司各级领导班子和广大干部员工团结拼搏、锐意进取的结果。

2012年，国内外宏观经济形势将更加复杂、更加严峻。石化集团公司将高举中国特色社会主义伟大旗帜，坚持以邓小平理论和“三个代表”重要思想为指导，深入贯彻落实科学发展观，进一步解放思想、转变观念，以优化结构为抓手，以改革创新为动力，更加突出提升质量和效益，更加突出科技进步，更加突出绿色低碳，更加突出以人为本，充分调动各方面积极性，为建设世界一流能源化工公司而努力奋斗，以优异成绩迎接党的十八大胜利召开！

境内油气勘探开发

◇ 综述

◇ 油气勘探

◇ 油田开发

◇ 气田开发

◇ 地球物理勘探

◇ 采油气管理

◇ 油气集输

◇ 设备管理

◇ 基层管理

综 述

2011年，油田板块认真贯彻石化集团公司领导干部座谈会精神，科学部署，周密组织，团结协作，加强管理，油气增储上产步伐明显加快，成果丰硕。全年新增探明石油地质储量3.56亿吨，新增探明天然气地质储量2 157亿立方米，生产原油4 272.85万吨、天然气146.44亿立方米，超计划完成了油气储量、产量及经营指标，呈现"勘探突破、油气增产、效益提升"的良好态势，实现了"十二五"的良好开局。

一、油气勘探取得了一系列重大突破和进展，培育了规模增储新阵地

各油田企业不断强化新区勘探突破，深化老区精细勘探，积极开展重点技术攻关，优化勘探部署，强化项目运行，超额完成了全年储量任务。

实现5个重大突破，培育了5个规模增储新阵地。①准噶尔盆地北缘哈山地区勘探实现重大突破；②川西地区中浅层勘探实现重大突破；③塔中地区卡塔克隆起北坡碎屑岩领域勘探实现重大突破；④松南新区勘探实现重大突破；⑤海域深层勘探实现重大突破。

取得8项重大进展，确保了全年储量任务的超额完成。①元坝地区立体勘探取得重大进展；②济阳老区精细评价勘探取得重大进展；③塔河奥陶系勘探取得重大进展；④准噶尔盆地西缘勘探取得重大进展；⑤鄂尔多斯盆地南部石油勘探取得重大进展；⑥鄂尔多斯盆地北部杭锦旗天然气勘探取得重大进展；⑦青东凹陷北带取得重要进展；⑧玉北奥陶系勘探取得重大进展。

获得4个重要发现，为下一步展开勘探准备了新阵地。在元坝地区二叠系吴家坪组、下扬子古生界海相、南华北洛伊盆地三叠系、济阳坳陷太古界内幕等区域取得新层系、新领域、新盆地、新类型勘探的重要发现。

二、油田开发保持了持续发展的态势，形成了重点上产阵地

积极推进5项工程，实现了东部油区持续稳产。①滚动增储建产工程，落实可动用储量4 908万吨，当年动用2 355万吨、新建产能42万吨。②低渗油藏上产工程，动用低渗储量4 498万吨、新建产能73万吨，低渗油藏产量从603万吨提高到642万吨。胜利油田、华东分公司利用二氧化碳驱开发低渗油藏示范区建设取得新进展。③埕岛海上扩能工程，新增产能38万吨，海上油田生产原油257万吨，比2010年增加11万吨。④稠油稳产上产工程，扩大了产能建设规模，强化了水平井单层开发调整挖潜，东部稠油年产量达到527万吨，比2010年增加47万吨。⑤改善水驱工程见到了成效。通过实施五大工程，东部油田产量保持在3 426.25万吨。

全力打好3个硬仗，实现了西部油区持续上产。①塔河油田扩大储量动用和控制递减的阵地仗。坚持评价建设一体化推进，动用储量8 767万吨，新建产能160万吨。以6区、7区等单元为重点的老区综合治理持续实施，稳产基础持续改善，塔河油田生产原油725万吨，比2010年增加25万吨。②鄂南地区致密油藏储量规模有效动用攻坚仗。推动以规模化水平井分段压裂工艺为主导的示范项目建设，油藏评价、工艺试验与产能建设齐头并进。以水平井分段压裂完井方式投产12口油井，初期平均单井日产18.8吨，年底平均单井日产7.1吨，取得了良好的成效。镇泾地区初步落实可供建产储量1.4亿吨，预计可建产能150万吨。宁东、彬长、旬邑、富县等外围评价取得积极进展。③准噶尔盆地和塔河外围开发评价试验准备仗。准噶尔盆地西缘落实可建产稠油储量近4 000万吨。塔河外围目标研究和评价试验加快推进，玉北1－2X井大型加砂压裂获得高产油流。通过打好3个硬仗，西部油区生产原油846.6万吨，增加43.8万吨，继续保持上产势头。

三、重点地区产能建设顺利推进，天然气产量持续快速增长

元坝气田产能建设一期工程全面启动。元坝气田上报探明储量1 592.53亿立方米，是继普光气田之后又一个超千亿立方米的大型海相气田。元坝气田产能建设一期工程(净化气17亿立方米)于2011年8月29日启动后，各项工作正在按计划全面推进。

普光气田主体安全平稳运行。普光气田全年生产天然气混合气80.54亿立方米，净化气60.7亿立方米，年产硫黄157万吨，发挥了天然气上产主力军作用。普光气田大湾区块产能建设工程顺利推进，13口井试气投产作业全部完成。

四、非常规资源评价取得积极进展，发展方向日趋明确

煤层气开发试验取得新进展。延川南区块由小井组试验到大井组试验，取得了面积排采和工艺进展，已有见气井39口，9口井单井日产超过1 000立方米，标志着煤层气产能建设示范区的启动条件已经具备。

页岩油气勘探评价取得新进展。泌阳凹陷安深1井获工业油流。泌页HF－1水平井发现84米厚的含油气页岩层。建页HF－1井压后求产获日产气1万立方米，展现了页岩气领域的发展前景。

五、关键工艺攻关试验不断突破，新技术应用取得新进展

水平井分段压裂技术应用试验取得重大进展。在镇泾、七棵树、樊家水平井分段压裂工艺试验先后取得突破，水平段从500—600 米提高到1 200 米，压裂段数从3—5 段提高到12 段，试验井单井日产稳定在10.6 吨，工艺技术配套逐步完善。镇泾地区实施的红河37－平3 井，最高日产油达到138 吨，增强了有效动用鄂南地区致密储层3 亿—4 亿吨原油资源的信心。大牛地气田DP27H 井采用多级管外封隔器分段压裂，试气获无阻流量17 万立方米，使拥有1 030 亿立方米未动用储量的盒1 段成为现实的建产区。川西坳陷中浅层马蓬75－1 井实施9 级压裂，排液期间日产气8 万立方米，展示了川西坳陷中浅层巨大的上产潜力。水平井分段压裂技术突破带来了3 个转变：①大大拓展了油气增储的空间，即从找生油岩中运移出来成藏的油气扩展到找生油岩未运移出来的油气，从找各类圈闭扩展到找各类生油岩。②打破了原有的有效资源计算经济技术界限，可供勘探的资源大幅增加。③过去一些低渗致密难动用油气藏将转化为优质高效储量予以探明和开发动用。这三个转变开辟了致密油气藏规模化增储上产新领域，为“十二五”规模建产提供了现实阵地。

大幅度提高采收率技术先导试验取得显著成效。重大先导试验项目按计划有序推进，配套形成了稠油热化学蒸汽驱技术，现场应用效果明显，孤岛稠油热化学蒸汽驱小井距试验区日产油从21 吨上升到89 吨，含水率从90.3%下降到83.8%。耐温抗盐表面活性剂、耐温抗盐聚合物、塔河油田降黏剂等化学剂研发取得重大进展。上海石油化工研究院研发、南京化工公司生产的耐温抗盐表面活性剂工业化产品在河南油田、中原油田等企业成功应用，上下游一体化研发应用攻关初战告捷，公司集团化优势得到有效发挥。

重点采油工艺集成配套和推广应用取得新成果。特超稠油开发技术进一步发展配套，应用HDCS 技术有效开发埕南深层超稠油藏，平均单井日产油17.2 吨，应用HDNS 技术使准噶尔盆地西缘浅薄层超稠油开发建成产能30 万吨。不压井作业技术规模化应用，在保护储层、提高生产时率和实现安全清洁生产等方面发挥了重要作用。水平井分段压裂完井工具国产化取得实质性进展。膨胀管修井完井技术也进一步成熟配套。

六、坚持优化运行，强化管理，加快发展的基础不断夯实

2011 年，各油田企业深入开展“比学赶帮超”、“精细管理深化年”、全员成本目标管理等活动，持续推进制度标准化信息化建设和改善经营管理建议工作，企业内在素质日益增强，有力保障了各项生产经营目标任务的完成。

加强计划管理。大力推进投资管理的规范化、标准化，持续开展开发项目后评价，投资管理信息系统在油田企业实现全覆盖运行；紧密跟踪勘探开发进展，及时进行投资优化调整，超前安排致密油气藏水平井分段压裂试验和物探工作量，为2012 年工作争取了主动；在继续抓好风险探井投资管理的同时，加大试油(气)、非常规以及物探项目费用的管理力度，收效良好；加强方案优化和重点项目投资审查，元坝气田产能建设投资比初始方案下降3%，内部收益率提高到12%以上。油田勘探开发事业部全年审批投资项目69 个，比上报方案投资减少2.5 亿元，审减率7.2%。

加强财务管理。深入开展全员成本目标管理，细化工作方案，落实具体措施，构建全员成本目标管理长效机制，“系统节点管理”、“标杆化管理”等管理方法在油田企业推广。深化全面预算管理，各油田企业层层细化分解生产经营指标，建立了分公司、厂、矿、队四级指标管理体系，形成了全过程覆盖、常态化运行的全面预算管理工作机制。深化ERP 应用，油田企业经营管理信息系统顺利上线运行，为实施全面预算、精细管理创造了条件。

加强精细管理。按照“系统实施，整体推进”的方针，着力开展“精细管理深化年”活动，促进了企业内在素质的提升。以“五项劳动竞赛”和“比学赶帮超”为载体，细化责任目标体系，完善激励机制，进一步增强了基层活力。区块目标管理指标体系和工作运行体系经过半年的试行，取得阶段性成果。各油田企业结合自身特点，创新管理实践，创造管理方式，有力推动了油田板块整体管理水平的提升。

七、坚持统筹协调，强化执行，工作节奏明显加快，安全环保形势平稳

各油田企业以“打造上游长板”为动力，落实石化集团公司总部整体部署，统筹安排生产组织运行，有效提高了工作效率。在油气生产和工程建设中，加强超前预测，科学编制月度、季度运行计划，坚持工作量进度与不同季节特点有机结合、紧密衔接，克服自然灾害等不利因素影响，确保了油气生产和重点工程平稳运行，为全年储量、产量任务超额完成发挥了有力的保障作用。

各油田企业坚持“安全第一、预防为主、综合治理”的方针，全面落实《安全生产禁令》和安全生产责任，广泛开展查找身边“十大薄弱环节”活动，切实抓好井控管理、野外施工作业及直接作业环节的安全管理，深刻吸取康菲公司渤海湾溢油事故教训，加快涉海(水)区域隐患治理整改，安全生产形势总体较好。各油田企业认真落实绿色低碳战略，加大节能减排力度，努力提高资源利用效率，油田板块单位油气综合能耗105.86千克(标煤)/吨，万元产值综合能耗0.36吨标煤，分别低于考核指标1.84%和1.93%。

八、坚持上下结合，凝心聚力，科学谋划未来发展

在2011年8月召开的石化集团公司领导干部座谈会上，新一届党组提出了“建设世界一流能源化工公司”的宏伟目标，强调要尽快把“短板”补上、让“长板”和“短板”都变强。会后，油田板块迅速学习贯彻，及时召开了油田板块“十一五”总结及“十二五”规划部署会，率先吹响了打造世界一流的进军号角。年内，油田勘探开发事业部围绕石化集团公司党组对上游发展提出的新要求，多次到油田企业调研，经过充分调研论证和反复优化调整，组织编制了“打造上游长板、建设世界一流”实施方案，提出了“十二五”发展规划新目标，描绘了上游发展新蓝图。石化集团公司党组在11月底审议通过该发展规划。

(段昆荣)

油气勘探

【概述】 截至2011年底，石化集团公司在全国67个盆地(坳陷)拥有有效探矿权区块297个，面积96.57万平方千米。2011年，石化集团公司在油气勘探方面取得了5个重大突破、8项重大进展、4个重要发现，培育了规模增储阵地。石化集团公司2006—2011年油气勘探基本情况见表1。

(何　斌)

表1　石化集团公司2006—2011年油气勘探基本情况

年份＼指标	二维地震/千米	三维地震/平方千米	完成探井		新增探明含油气面积/平方千米		新增探明油气储量	
			井数/口	进尺/万米	石油	天然气	石油/万吨	天然气①/亿立方米
2011	18 583.00	11 361.00	825	211.83	735.31	718.25	35 699	2 231.63
2010	23 483.00	6 373.00	621	171.15	493.93	515.35	27 018	560.96
2009	14 515.00	11 069.00	570	163.16	461.41	609.47	28 564	2 004.79
2008	13 893.00	6 081.00	544	167.62	505.75	254.01	29 935	613.63
2007	12 466.00	9 317.00	557	170.79	367.96	421.59	24 911	1 237.86
2006	15 175.00	7 582.00	495	130.42	397.47	221.20	23 505	1 600.80

①不包括溶解气、凝析油储量。

【勘探工作量】 2011年共完成二维地震18 583千米，三维地震11 361平方千米；完成各类探井825口，进尺211.83万米(包括非常规探井、滚动探井)。其中，常规探井551口，试油402口，新获工业油气流井184口，试油成功率45.8%，探井成功率33.4%；滚动探井161口，获工业油气流井104口，滚动井成功率64.6%。

(何　斌)

【5个重大突破】 ①准噶尔盆地北缘哈山区块浅层勘探取得重大突破，通过对三维地震资料精细研究，确定有利勘探面积67平方千米，部署5口探井获工业油流或发现油气。2011年新增控制石油地质储量3 261万吨，预测石油地质储量2 071万吨，展示了一个5 000万吨级增储新阵地。②川西坳陷中浅层天然气勘探取得重大突破，勘探面积1.06万平方千米，具备“满盆富砂、满坳含气”的成藏条件，资源量达8 123亿立方米。仅在侏罗系就探明天然气地质储量1 661亿立方米，展现了一个万亿立方米的规模增储区。③塔中隆起北坡志留系勘探取得重大突破，通过开展储层评价和岩性圈闭精细描述，初步落实志留系圈闭9个，顺9井加砂压裂后日产油5.4—5.7立方米，新增预测石油地质储量1.21亿吨，展示了超亿吨级储量规模远景区。④松南新区勘探取得重大突破，在加强相邻断陷油气成藏条件研究、精细解剖邻区已探明油藏的基础上，在彰武断陷部署钻探彰武2井、彰武3井，分别获日产8.16立方米、17.6立方米的较高产工业油流，新增预测石油地质储量5 058万吨，展示了一个亿吨级勘探新领域。⑤海域深层勘探实现重大突破，展现了一个万亿立方米规模增储区。

（何　斌）

【8项重大进展】 ①川东北元坝地区立体勘探取得重大进展。截至2011年底，已有7井9层日产天然气超百万立方米，新增探明天然气地质储量1 592.53亿立方米，国内埋藏最深的海相大型气田——元坝气田诞生。②依靠科研和技术攻关，济阳老区精细勘探取得重大进展，新增三级石油地质储量3亿吨。济阳老区连续29年保持新增探明石油地质储量1亿吨，连续9年新增三级石油地质储量均过3亿吨。③塔河油田奥陶系勘探取得重大进展，新增探明石油地质储量9 557.6万吨，控制石油地质储量8 021万吨。截至2011年底，塔河油田已累计探明石油地质储量11.92亿吨，剩余圈闭资源量7.09亿吨，勘探潜力大。④准噶尔盆地西缘勘探取得重大进展，证实是一个由多套含油层系、多种油藏类型组成的复式油气聚集区，新增探明石油地质储量4 768万吨。⑤鄂尔多斯盆地南部石油勘探取得重大进展，新增探明石油地质储量4 312万吨，形成规模增储新阵地。⑥鄂尔多斯盆地北部杭锦旗地区天然气勘探取得重大进展，证实在构造低部位存在大中型岩性圈闭，新增探明天然气地质储量57.69亿立方米，控制储量749.27亿立方米，形成了规模增储新阵地。⑦塔里木盆地玉北地区奥陶系勘探取得重大进展，证实中下奥陶统碳酸盐岩发育多期岩溶。玉北1－2X井酸压后获得自喷高产油流，8毫米油嘴日产油80吨，有望形成一个规模增储新阵地。⑧济阳坳陷青东凹陷勘探取得重要进展，通过构造精细解释和储层预测研究，指出走滑带构造圈闭和岩性圈闭是主要勘探方向，部署钻探多口探井发现厚油层并获高产油流，累计控制、预测石油地质储量8 236万吨，形成一个亿吨级增储新阵地。

（何　斌）

【4个重要发现】 ①川东北元坝地区新层系二叠系吴家坪组勘探获得重要发现。元坝29井日产天然气135.9万立方米，是继长兴—飞仙关组突破后在新层系的又一重要发现，成为元坝地区增储新领域。②下扬子地区古生界海相新领域勘探获得重要发现。句容构造容2井在浅层三叠系海相灰岩复试，获稳定日产1.2—1.5吨的工业油流。③南华北洛伊盆地上三叠统勘探获得重要发现。屯1井日产气7 808—8 257立方米，开辟了一个新的勘探领域。④济阳坳陷太古界勘探获得重要发现。单古6井在前震旦系获日产7.74立方米的工业油流，发现了太古界内幕油藏，为古潜山勘探开拓了新领域。

（何　斌）

【勘探效益】 2011年共预探圈闭305个，完钻285个，新获工业油气流圈闭98个，圈闭预探成功率34.4%。平均每口探井(包括滚动井，不包括非常规探井，下同)探明油气地质储量为75.85万吨，每米进尺探明油气地质储量272.99吨；每口探井探明油气可采储量为22.87万吨，每米进尺探明油气可采储量82.31吨。探明每吨油气地质储量直接成本35.49元，探明每吨油气可采储量直接成本119.19元，探明每桶可采油气当量储量直接成本为2.65美元。

（何　斌）

【非常规工作量】 2011年完成二维地震2 340千米，占全年计划的87.9%。完成煤层气钻井66口井，进尺7.59万米，分别占全年计划的87.9%和93%。完成煤层气压裂59井层、排采及地面建设各45口井，分别占全年计划的105.1%和77.6%。完成页岩气和页岩油钻井10口，进尺3.60万米，分别占全年计划的66.7%和86.7%。完成其他矿种25口井，进尺1.65万米，分别占全年计划的83.3%和91.2%。

（龚　铭）

【煤层气主要进展】 2011年，延川南区块煤层气勘探实现了从小井组到大井组的试验，取得了面积排采和工艺进展。加大了延川南区块的勘探评价和井组排采先导试验力度，完成探井、排采井共48口，投产37口井，见气井39口，9口井单井日产量超过1 000立方米，其中延1井区排采试验井组已有6口参数井单井日产超过1 000立方米。区块内探井多点开花、面积排采产量稳定增长，为煤层气产能建设奠定了基础。延川南区块将成为中国石化首个煤层气产能建设示范区。

和顺区块煤层气排采取得突破。和6井采用高套压生产排采技术，于2011年1月20日见气，3月13日产气量突破1 500立方米，并稳产63天，排采取得明显效果，为下一步评价、勘探开发和顺区块煤层气奠定了基础。该井是和顺区块首口日产煤层气突破千立方米的井。

（龚　铭）

【页岩气主要进展】　泌阳凹陷安深1井经大型压裂获工业油流，泌页HF-1井发现84米厚含油气页岩。安深1井是泌阳凹陷的一口常规油气勘探风险探井，钻井过程中共钻遇页岩89层，厚670米。综合地质评价认为2 450—2 510米井段为该井最有利于页岩油勘探的层段。2011年1月23日实施大型压裂，获最高日产油4.68立方米。此后，部署了泌页HF-1井。该井在垂直井段钻遇页岩509米共71层，其中2 390—2 474米页岩层段气测异常最为明显，全烃含量从18.53%上升到98.78%，2 415—2 451.60米岩芯段以页岩为主，含粉砂岩、细砂岩条带。岩芯出筒时见大量油珠外溢，油味浓，见少量气泡溢出。页岩裂缝及页理发育，原油沿裂缝及页理面呈圆珠状分布，展示了良好的页岩油勘探前景。

建南陆相建页HF-1井试气获页岩气工业气流。该井目的层为侏罗系自流井组东岳庙段。2011年9月14—17日完成水平井段7级压裂施工，入地总液量1.20万立方米，支撑剂394.5立方米；9月18日放喷返排；9月30日—10月7日钻桥塞，放喷排液，排出液6 667立方米；10月13日测试产量1.23万米^3/日；12月6日气举获产量7 000米^3/日。

南方海相页岩气勘探取得积极进展，初步揭示该区具有良好的含气性和勘探前景。黄页1井在下寒武统九门冲组钻遇优质泥页岩112米，在泥页岩中发现连续大套的气测异常段，厚度81米。2011年4月29日，对2 345—2 360米井段进行射孔、压裂改造，获得日产418立方米的低产气流。彭页1井在下志留统龙马溪组下部黑色页岩段气测整体异常，连续厚度达103米，其中2 141.5—2 150米井段的全烃含量为7.56%—22.56%。湘页1井在上二叠统龙潭—大隆组钻遇厚139米泥、页岩，并见良好气显示。12月14日对井深600—620米井段进行压裂，获最高日产气2 409.9立方米。

重点盆地页岩油、页岩气研究评价工作取得进展，明确了重点突破区。通过对重点盆地研究、评价认为，页岩油重点突破区为泌阳凹陷和济阳坳陷的沾化凹陷、东营凹陷；页岩气陆相重点突破领域为建南地区侏罗系、川西坳陷须家河组须五段、川东北元坝、川东南涪陵地区侏罗系，页岩气海相重点突破领域为渝东南彭水、涪陵地区下志留统、黄平地区下寒武统、湘中地区上二叠统。

（龚　铭）

油田开发

【概述】　2011年，油田开发战线围绕“打造上游长板”的目标，埋头苦干、务实推进，突出发展、突出效益，实现了原油产量、剩余可采储量“两个增长”，各项开发指标继续保持稳定，开发技术水平进一步提升，确保了油田开发的持续稳定发展。

油田开发资源动用情况。截至2011年底，国内各油田企业投入开发油田201个，动用石油地质储量64.53亿吨，动用已探明石油地质储量的80.1%，井网、工艺条件下标定可采储量17.48亿吨，采收率27.1%，已动用储量剩余可采储量为3.94亿吨，核定年原油生产能力为4 270万吨。未动用储量16.06亿吨，其中落实未动用储量6.25亿吨，待评价储量8.56亿吨，待核销储量1.25亿吨。

油田开发现状。截至2011年底，共有油水井数56 635口，其中油井开井34 484口，年均综合含水率88.7%，平均单井日产油3.4吨，采油速度0.7%，剩余可采储量采油速度11.28%，采出程度21.7%。注水开井11 644口，平均单井日注水74.7立方米，年注水3.13亿立方米，累计注水75.44亿立方米，月注采比0.77，累计注采比0.81。

（唐　磊）

【原油产量】　2011年，石化集团公司原油产量继续稳定增长，全年生产原油4 272.85万吨，比2010年增产16.8万吨。总体来看，东部油田继续保持产量稳定，西部保持持续上产。东部油区产量3 426.25万吨，继续保持在3 400万吨以上运行；西部油区产量846.6万吨，增长43.8万吨，其中塔河油田完成725万吨，比2010年增加25万吨。各油田企业原油产量见表2。

（唐　磊）

表2 **石化集团公司各油田原油产量** 万吨

企业名称 \ 年份	2011	2010	2009	2008	2007	2006
石化集团公司合计	4 272.85	4 256.00	4 241.55	4 180.20	4 108.04	4 016.74
胜利油田	2 734.00	2 734.00	2 783.50	2 774.00	2 770.10	2 741.60
中原油田	262.40	272.50	289.20	300.30	305.00	310.60
河南油田	225.00	227.00	187.50	180.50	180.00	181.50
江苏油田	171.00	171.00	171.00	171.00	170.20	167.40
江汉油田	96.50	96.50	96.00	96.50	96.00	95.80
西北油田分公司	725.00	700.00	660.00	600.10	536.20	472.00
华东分公司	18.00	15.00	13.00	13.00	25.50	21.10
华北分公司	15.40	12.50	12.00	11.60	11.20	10.50
东北分公司	21.00	22.50	24.10	24.70	5.00	4.90
西南油气分公司	2.00	2.50	2.70	3.00	3.20	0.70
上海海洋油气分公司	2.50	2.50	2.50	5.50	5.50	6.10

【产能建设】 2011年，石化股份公司油田开发工程共完钻新井3 075口(水平井697口)，进尺721万米，新建(新增)原油生产能力568.3万吨，其中新区新建产能323.4万吨，老区新增产能244.9万吨。依照已开发油田原油生产能力核减原则，全年对11个油田企业核减老井原油生产能力556.9万吨。截至年底，石化股份公司核实国内原油生产能力4 270万吨。

胜利油田新增动用地质储量7 809万吨，完钻新井1 841口(含油藏评价和更新井)，进尺387.6万米，建成产能301.2万吨。当年投产新井1 723口，12月开井1 623口，日产油能力8 537吨，平均单井日产油5.26吨。西北油田分公司新增动用地质储量8 767万吨，完钻新井186口，进尺111.5万米，新建产能159.7万吨。2011年投产新井236口，开井209口，日产油能力4 551吨，平均单井日产油21.8吨。

（*唐　磊*）

【油田开发进展】 积极推进实施5项工程，保持东部油田产量稳定。①坚持推进滚动勘探工程。2011年实施滚动勘探井140口，落实可动用储量4 908万吨，当年动用2 355万吨、建产能42万吨。②推进以胜利油田为代表的低渗透油藏上产工程。以滩坝砂、砂砾岩体等深层特低渗区块为重点，一方面针对致密储层加强以水平井分段压裂为主的评价试验，一方面以常规压裂注水开发和大型压裂注水开发为主要技术手段，稳步推进具备有效建产条件的特低渗油藏产能建设，加大低渗油藏上产力度。③推进胜利油田海上油藏扩能工程。进一步加快海上以老区调整为主的产能建设，加快中心三号平台建设。④推进稠油稳产上产工程。以乐安、王庄特超稠油油田等为重点扩大产能建设规模，以水平井单层开发为主加强稠油老区调整挖潜、提高采收率，以局部加密和优化组合注汽层段为主要手段改善河南浅薄层稠油开发效果，实现东部稠油持续上产。⑤推进改善水驱工程。实施注水开发油藏分类调整治理，开展胜坨、双河等10个整装油田潜力调查和技术研讨，加强井网完善治理工作。通过大力推进5项工程，东部油田全年生产原油3 426.25万吨。

全力打好3个硬仗，保持西部持续上产。①打好塔河油田扩大储量动用和控制递减的阵地仗。坚持深化研究、利用地震资料提高描述精度，坚持评价建设一体化推进，坚持分轮次、分层次优化开发部署，有效扩大了储量动用规模。同时继续实施老区综合治理，扩大注水与控水压锥相结合，改善稳产基础，自然递减连续2年控制在21%—22%。②打好鄂南镇泾地区低丰度超低渗规模储量有效动用攻坚仗。开展水平井分段压裂试验，推进鄂南地区超低渗油藏规模有效开发，准备产能阵地与评价落实资源齐头并进，通过超前谋划、超前组织，加快技术引进和配套、加快开发试验和部署、加快队伍引进和组织，落实了镇泾地区规模建产阵地，宁东、彬长等外围评价也展现了巨大的资源潜力，已经形成了规模化会战增储上产的态势。③打好塔河外围和准噶尔盆地开发评价试验准备仗。加快西缘的滚动勘探和稠油建产，已落实稠油储量近4 000万吨。同时积极开展准中深层低渗油藏提高产能的评价试验。塔河外围以塔南玉北、塔中顺9等区块为重点、以加快落实规模建产阵地为目标加快研究和评价试验，玉北1－2X井大型酸压获得日产120吨的高产油流。通过组织3个硬仗，塔河油田继续保持动用储量、原油产量持续增长，鄂南、准噶尔两个新的上产增储基地已经展现出良好的前景，西部油区保持持续上产的态势。

（*唐　磊*）

【油田开发管理】 ①初步形成开发项目分层次管理和季度对接优化、跟踪调整的管理流程，过程管理进一步加强。②积极推进低渗油藏开发示范工程建设。胜利油田建设低渗油藏开发的综合示范基地，华东分公司、东北分公司建设二氧化碳驱的示范基地，华北分公司鄂南地区建设长水平段分段压裂规模开发超低渗油藏的示范基地，都取得了突破性进展。③对华东分公司、华北分公司、东北分公司等经营困难企业进行针对性帮扶，制定科学发展目标，明确具体措施，收到良好效果。华东分公司、东北分公司分别超产1万吨，水平井分段压裂等关键技术取得突破，基础研究工作得到系统性深化，以制度建设为核心的精细管理工作进一步加强，加快发展的信心大大增强。④协助组织召开了油田开发“十一五”总结大会。会上，提出了“十二五”油田开发奋斗目标，要求油田开发继续保持“东部硬稳定、西部快上产”。⑤2011年8月底，组织召开了整装油田开发技术交流会，深入分析老油田开发的趋势、规律和成本、效益的变化，结合技术进步，坚定了在特高含水期充分挖掘老油田开发潜力的信心，也进一步明确了方向、手段和目标。⑥积极组织技术培训和做好信息化建设工作，着力提高开发系统技术水平。组织第2期油田开发高级研修班(30人)，着重提高油田开发方案编制和优化水平；举办主要针对采油厂相关技术人员的滚动勘探及油藏评价技术培训(52人)，着力提高以采油厂为主体的滚动勘探与油藏评价工作的水平；组织改善水驱的技术培训(75人)；组织华东分公司相关技术人员进行方案编制系统应用、地震正演模型等培训工作。实例库建设已初步完成试点工作，并初步形成实例库建设的模板；单井油藏动态数据库建设已基本建成，在各油田分公司安装，进行单井数据上报，对应用中发现的问题进行解决；启动了产能核定管理系统的建设。

（*唐　磊*）

【提高油田采收率】 围绕大幅度提高采收率的工作目标，进一步完善制度，加强组织，细化落实，着力抓好提高采收率工作长远谋划、先导试验、化学剂研发、推广应用和组织管理，推进形成采收率达到40%、50%、60%的技术系列，在稠油热化学蒸汽驱技术、聚合物驱提高采收率技术、耐温抗盐聚合物和耐温抗盐表面活性剂研发方面取得重大进展，为“十二五”期间三次采油取得新发展奠定了基础。

组织召开2次提高采收率领导小组会议，扎实推进提高采收率各项工作。各油田企业深入贯彻会议精神，开展稠油热化学蒸汽驱、化学驱、气驱提高采收率技术研讨，创新理论认识，梳理不同类型油藏大幅度提高采收率技术方向，拓展了提高采收率空间，同时结合油田实际，实施不同层次的先导试验，集成发展大幅度提高采收率新技术，加快提高采收率成熟技术的创新集成应用，油田采收率不断提高。

提高采收率重大先导试验项目进展顺利，稠油热化学蒸汽驱、聚合物驱后非均相复合驱、水驱油藏立体开发项目效果显著。已实施13项重大先导试验，涵盖了整装，断块，低渗透，稠油，化学驱Ⅲ、Ⅳ类，聚合物驱后，碳酸盐岩油藏类型，代表了水驱、化学驱、蒸汽驱、气驱提高采收率技术方向，提高储量20多亿吨，先导试验项目有序推进。①稠油热化学蒸汽驱、水驱立体开发项目效果显著，已进入总结推广阶段。孤岛中二北Ng5稠油热化学蒸汽驱小井距试验区生产井普遍见效，井组产量翻两番。东辛永3复杂断块油藏立体开发单元日产油量增加6倍，含水率下降8.3%，采收率由42.5%提高到53%，实现了常规技术常用常新，已挑选河31等

7个单元进行推广，增加储量5 000多万吨。②化学驱项目进入主段塞注入阶段，聚合物驱后井网调整非均相复合驱试验见到明显效果。孤岛中一区Ng3聚合物驱后井网调整复合驱先导试验已进入主段塞注入阶段，单元日产油从15吨上升到42吨，中心井11XN411井日产油从0.5吨上升到16吨，含水率从98.5%下降为71.7%，整体开发趋势良好。③新增重大先导试验项目通过专家论证，进入现场实施。2011年新增实施胜二区III类高温高盐油藏化学驱、郑411块稠油水平井蒸汽驱等4个重大先导试验项目，在深入研究了剩余油分布、驱油体系、水平井蒸汽驱等关键技术的基础上，完成整体方案，进入现场实施。

上下游企业密切合作，一体化攻关，化学剂研发取得重要进展。上下游研究院、油田企业、南京化工公司联合攻关，地质家和化学家密切合作，促进化学剂研发、评价、生产和应用。油田勘探开发事业部组织召开三采助剂上下游一体化研发工作季度例会，积极推动化学剂研发工作。北京化工研究院初步掌握了耐温抗盐聚合物、耐温聚合物的聚合和胶体后处理规律，实验室样品经油田企业评价性能较好，正在进行工业化试生产，同时年产5 000吨驱油聚合物工艺包的设计工作也在同步进行。耐温抗盐表面活性剂成功在现场应用，上海石油化工研究院研发、南京化工公司承建的年产2 000吨表面活性剂工业化装置建成投产，河南、中原、江汉油田都已经开始现场应用。石油化工科学研究院积极改进塔河稠油降黏剂性能，水溶性降黏剂首次实现60万毫帕·秒稠油的降黏，抗矿化度达到11万毫克/升，油溶性降黏剂现场试验节约稀油率40%，较2010年提高16个百分点，产品性能进一步提高。

（赵冬梅　薛兆杰）

【三次采油技术推广应用】 2011年，三次采油工作继续坚持持续发展思路，扎实推进化学驱成熟技术的工业化应用，化学驱年增油量连续8年保持稳定。①开展化学驱油技术界限研究，将选区原油黏度界限从80毫帕·秒拓展至150毫帕·秒，扩大了化学驱筛选资源范围。②加大储量投入力度，实施工业化应用项目5个，地质储量4 350万吨，增加可采储量363万吨，提高采收率8.3%。③跟踪生产动态，优化驱替段塞，实施单砂体井网完善+堵水调剖+分层注聚、治理极端井，实现协同增效，增强注聚效果，多增产原油6万吨。孤岛中二北馆3－4注聚区通过跟踪数模，对44口井延长注聚，增油量3.8万吨，含水率仍在谷底88.4%波动。

截至2011年底，共实施化学驱项目62个，年产油370万吨，占石化集团公司国内年产油量的8.7%；年增油170万吨，连续8年保持在170万吨以上，已累计增产原油2 273万吨，提高采收率4.7%，对减缓东部老油田的产量递减、实现产量稳定起到重要作用。

（赵冬梅　薛兆杰）

气田开发

【概述】 2011年，天然气开发工作全面贯彻落实“天然气再翻番”战略部署，坚持以效益为中心，以安全生产为保障，精心组织，狠抓落实，以提高储量动用率、气田采收率、单井产量和气田开发效益为主线，重点加强普光气田大湾区块、鄂尔多斯盆地大牛地气田、四川盆地川西中浅层气藏等重点地区产能建设和主力气田安全平稳运行，全面完成了各项天然气开发任务，实现了产量快速增长。

气田开发储量动用情况。截至2011年底，各油田企业投入开发气田104个，累计动用天然气地质储量9 565.0亿立方米，储量动用率45.79%，可采储量4 468.3亿立方米，标定采收率46.7%，剩余可采储量2 649.7亿立方米。其中，气层气动用地质储量6 575.8亿立方米，可采储量3 590.0亿立方米，标定采收率54.6%，剩余可采储量2 489.2亿立方米；溶解气动用地质储量2 989.2亿立方米，可采储量878.4亿立方米，标定采收率29.4%，剩余可采储量160.5亿立方米。年内新增天然气动用地质储量446.5亿立方米，新增可采储量147.1亿立方米。正在进行产能建设的气田有普光气田大湾区块和元坝气田，地质储量1 407.5亿立方米，可采储量939.2亿立方米，采收率66.7%。

气田开发现状。截至2011年底，共有天然气生产井3 572口，开井2 727口，开井率76.34%，平均单井日产气1.70万立方米，采气速度2.36%。采出程度16.42%，剩余可采储量2 547.7亿立方米，储采比为16.2，2011年度天然气储采平衡系数为1.0。

（李广月　张　华）

【天然气产量和商品量】 2011年计划工业气产量141.0亿立方米，实际完成146.44亿立方米，完成年度计划的103.83%，同比增加21.44亿立方米，增长幅度17.15%；2011年计划天然气商品量124.79亿立方米，实际完成131.03亿立方米，完成年度计划的105.0%，商品率89.50%，比2010年提高1.1个百分点。

（李广月　张　华）

【生产能力】 截至2011年底，石化集团公司天然气生产能力154.36亿立方米，同比增加5.7亿立方米。气层气生产能力143.04亿立方米，同比增加5.88亿立方米。2011年新建气层气生产能力13.76亿立方米，老区核减生产能力7.88亿立方米。溶解气生产能力11.32亿立方米，比2010年减少0.18亿立方米。2011年新建溶解气生产能力1.0亿立方米，老区核减生产能力1.18亿立方米。

（李广月　张　华）

【天然气开发管理】 2011年，紧紧围绕普光气田大湾区块、大牛地气田和川西中浅层气藏产能建设项目，着力抓好方案跟踪优化，推进长井段水平井钻井技术和多段压裂改造技术提高单井产量的攻关；重点加强元坝区块开发前期研究，开展水平井攻关试验，编制完成了一期开发方案；狠抓普光气田生产管理、气井的跟踪分析及监测工作，强化组织运行，实现了安全生产、平稳供气。

大湾区块30亿立方米混合气产能建设按计划推进。大湾区块产能建设是2011年天然气重点产能建设项目之一。通过不断深化气藏地质认识，及时调整、优化设计方案，紧密跟踪钻井动态，优化气井投产测试方案，确保了新井开发效果。大湾区块设计总井数13口，其中利用老井5口，新钻井8口。截至年底钻井工作已全部完成，钻井成功率100%，新钻井钻遇气层平均厚度598米，一、二类气层占60.6%；完成7口井投产试气作业，测试平均无阻流量达到方案设计指标。同时，积极推进剩余作业和地面工程建设工作。

元坝气田一期产能建设方案编制完成，建设工程全面展开。按照勘探开发一体化、整体部署、分步实施、配套建设地面工程的要求，通过持续开展提高单井产能工艺试验，反复优化完成了元坝气田一期产能建设开发方案，一期开发方案设计动用储量639亿立方米，总井数14口，其中新钻井9口，利用老井5口，井台13个，净化气产能达17亿立方米，采气速度3.1%，稳产期8年，采收率59%。2011年8月29日举行了元坝气田开发建设奠基仪式，元坝一期工程正式启动，各项工作正在按项目统筹计划顺利推进。截至年底，一期方案的8个井台中有2个井台已开钻，6个井台正进行钻前施工。同时，已经开展元坝二期工程开发准备工作。

加强大牛地气田新区产能建设，产能规模继续扩大。2011年，大牛地气田产能建设在加强地质研究和方案优化的基础上，进一步加强新井的钻井跟踪，及时优化调整井位，确保钻井成功率和开发效果。全年完成新钻井154口，新建产能4.75亿立方米。截至年底，天然气保有生产能力达到27亿立方米。加强新井钻井、投产及地面工程建设等环节的管理，克服征地困难，组织力量加快6座集气站和中干线的施工建设，为新井投产创造了条件，年投产新井90口，日增加产量100万立方米以上，提高了新井当年的贡献率。加强老井管理，优化工作制度，减缓了老井递减，全年生产天然气23.3亿立方米，确保了大华北地区的稳定供气。

普光气田主体保持良好开发状态。普光气田是中国石化开发的第1个高含硫大型气田，气田动用储量1 811亿立方米，建成混合气产能80亿立方米（净化气产能60亿立方米）。2011年，通过强化气井动态跟踪分析及监测工作，气藏管理不断深化，每月调整1次单井配产，气田压降和边底水推进都在可控范围内，地面集输系统也按计划及时进行批处理和腐蚀检测。全年普光气田生产混合气80.54亿立方米、净化气60.7亿立方米，确保了川气东送沿线市场的稳定供气。

（李广月　张　华）

地球物理勘探

【物探工作量】 2011年完成地震项目50个，动用地震队59支，二维满次长度10 076千米，三维满次面积7 257平方千米。

（于世焕）

【物探技术进步】 胜利油田西部探区中2区块东部成1井东三维地震采集实际完成满次面积251.12平方千米。针对施工环境恶劣、交通条件差、环保压力大、组合井炮数多等难点，施工方采取了6项有针对性的施工措施。①提前启动试验工作，动态调整，针对攻关目标，确保了生产因素选择的合理性；②重点监控微测井下药深度，确保微测井精度；③采用大组合基距组合施工，有效控制同道检波器高差和耦合条件；④按照“避高就低”原则，选取激发点位，有效保证单炮资料品质；⑤高大沙丘区多井组合施工，建立多钻机联合施工的“分级引水”体系，最大程度地保证了钻井时效，多浅井组合激发解决了沙漠低降速带巨厚区单炮信噪比低的问题；⑥逐炮进行资料品质分析，掌握单炮品质变化规律，及时进行考核试验。通过严格施工管理，获得高质量资料，测量成果合格率100%，记录质量合格率100%，记录质量优良率96.4%，测线完整率100%。

胜利油田浅海埕岛东三维地震采集完成满次面积485.03平方千米，完成11.75万炮，平均日产988炮，一级品率93.46%，记录合格率100%。针对浅海及滩上施工难点，胜利物探公司施工队伍采取4项有针对性的措施保证生产质量。①提高放线精度措施。排列摆放后，通过仪器检查、二次定位检查，以及每周一次质量检查，提高放线精度。②二次定位措施。采用成熟的“即时定位、即时放线”方法，确保检波器一次放置的精确度。③双检耦合措施。针对双检检波器与海底的耦合效果较差、陆检信噪比低的实际情况，研制4种双检耦合器进行对比试验，选取了效果好的双检耦合器。④低噪音施工措施。针对工区内油田作业船只和过往船只的干扰，采取雇用渔政船清网、护航等方式解决。

西北油田分公司和田区块二维地震采集完成测线21条，满次长度为575.56千米，生产炮数1.33万炮，地震记录1.33万张。针对激发因素受地表条件影响大、地表高程变化大、工区内障碍物多等施工难点，2186地震队多方调查农田砾石区表层特征，进行系统试验；探索钻井工艺革新，加大砾石区钻井工艺方面的研究力度，确保砾石区成井率；每条测线施工前精细踏勘，划分井炮和震源施工区域，合理布设各种类型钻机设备和运载设备，同时做好井炮和震源的衔接工作；利用高精度卫星图片，结合实地踏勘资料，对穿越城区、机场等的大型连片障碍物提前进行变观设计，利用软件分析进行模拟变观验证，提出变观施工方案。发挥管理优势，成立突发事件应急组，完善公共安全预案，确保施工安全。

（于世焕）

采油气管理

【采油工程队伍】 截至2011年底，石化股份公司采油工程系统共有采油（气）厂54个、作业处（公司）3个、采油院10个，总人数154 344人，其中采油（气）厂146 252人、作业处（公司）4 909人、采油院3 183人。从队伍类型上看，采油工程一线及辅助队伍（队站）共有2 192支、111 718人，采油（气）厂科研单位134个、5 692人，其中主要采油队伍（采油队、采气队、注水队、注聚队、注汽队）667支、60 398人，主要作业队伍（作业队、大修队和试油试气队）484支、16 024人。

（梁　涛）

【重点工艺技术措施】 2011年，各油田企业共实施油气水井大修作业1 309口（油井821口，气井45口，水井443口），成功1 178口（油井746口，气井44口，水井388口），成功率90%；平均修井天数27天。从大修工艺类型上看，大修主要以套损井修复、井下落物打捞、管柱解卡、复杂故障修复等复杂工艺为主，共实施1 091口，占大修成功井数的92.6%。其中，实施工作量最多的管柱解卡为362井次，占大修成功井数的30.7%。各油田企业共实施油气水井补孔改层措施5 050井次，有效4 207井次，有效率83.3%；油气水井压裂643井次，有效540井次，有效率84.0%；油气水井酸化1 672井次，有效1 368井次，有效率81.8%；油井泵升级948井次，有效752井次，有效率79.3%；油井防砂2 501井次，有效2 041井次，有效率81.6%。

（梁　涛）

【采油工程综合管理】 2011年，采油工程系统紧紧围绕油田勘探开发部署和年度工作安排，以提高经济效益为中心，以提高储量动用率、采收率、单井产量和做好节能减排工作为方向，着力推进精细管理，加强关键技术攻关和配套应用，大力开展专项治理及节能降耗工作，发挥工程技术在成本控制、投资优化方面的支撑作用和对勘探开发的技术保障作用，使采油工程系统的管理水平和运行效率进一步提升，确保了全面目标任务的完成，实现了“十二五”的良好开局。

采油工程系统组织体系进一步完善。2011年3月，油田勘探开发事业部成立了采油（气）管理处，明确把“推进技术进步、加强成本分析与控制、强化现场管理与过程管理”作为工作重点和主线。召开了石化股份公司采油工程发展研讨会，提高了对采油工程重要性的认识，明确了“大采油工程”的发展定位和工作重点。首次将采油工程作为独立体系，编制下发《“十二五”采油（气）工程发展规划》，增强了采油工程系统工作的计划性、科学性，对“十二五”采油工程系统的建设、发展和重点工作推进将发挥重要的指导作用。开展了油田开发区块目标管理试行工作，建立起了区块目标管理指标体系和工作运行体系，为深化油田精细管理增添了新抓手。加大技术攻关和新技术集成应用的力度。重点工艺技术不断配套完善，在中高渗、低渗、稠油、水平井4个领域关键技术攻关试验方面有了新的进展；水平井分段压裂技术在鄂南地区超低渗透油藏、胜利滩坝砂油藏、东北低丰度特低渗油藏、大牛地气田及非常规油气资源等具备一定规模潜力的地区或领域进行应用，取得了突破。进一步加强了采油采气各个生产环节的过程管理和成本控制，围绕油田措施挖潜和降本增效，找出成本控制的关键环节，采取有效措施，促进了油田开发效益的提升。

（梁　涛）

【井下作业工作量】 2011年，石化股份公司共完成油气水井井下作业总工作量48 923井次，其中措施作业21 056井次，维护作业24 177井次，新井转投注3 690井次/口，分别占总作业工作量的43.04%、49.42%、7.54%。油气水井作业年频次0.94次/口（不含新井和投注井），其中年措施作业频次0.44次/口，年维护作业频次0.50次/口。从生产井类型看，油井作业39 864井次，气井作业622井次，水井作业8 437井次，分别占油气水井井下作业总工作量的81.48%、1.27%、17.25%。

（赵崇镇）

【井下作业施工能力】 截至2011年底，石化股份公司拥有小修队伍415支，年施工能力35 856口；大修队伍40支，年施工能力596口；试油（气）队伍29支，年施工能力548口。

（赵崇镇）

【井下作业装备】 截至2011年底，石化股份公司所属企业拥有井下作业设备2 964台（套）；后勤场站83座，其中油管厂25座，年检测油管2 519万米，年修复油管2 233万米；抽油杆厂10座，年检修抽油杆528万米，年修复抽油杆432万米；配液站4座，年配液能力14.32万立方米。

（赵崇镇）

油气集输

【概述】 截至2011年底，油田原油集输处理系统共建有联合站110座，油库13座，接转站238座，原油稳定装置41套，原油储罐库容145.81万立方米，原油外输管道1 086.09千米。设计原油稳定能力5 380万吨/年，原油外输能力8 686万吨/年。2011年稳定原油2 545万吨。油田采出水处理系统建有污水处理站152座，设计含油污水处理能力131.1万米^3/日。2011年处理含油污水4.11亿立方米。注水系统共有各类注水站686座、配水间2 659座。2011年实际污水回注2.93亿立方米，污水处理站出口水质达标率85.9%。

（王立坤）

【主要技术经济指标】 油气集输密闭率77.1%，输油泵平均运行效率50.8%，管网效率85.3%，集输系统效率43.4%；注水泵平均运行效率72.1%，注水系统注水管网效率73.7%，注水系统效率53.1%。

（王立坤）

【海上油气开采设施及生产】 截至2011年底，石化股份公司海上油田（自营区块）共有各类海上采油平台107座，其中移动式采油平台3座、中心平台2座、井组平台67座、单井平台35座；海底输油管线87条，总长166.27千米；海底输气管线1条，总长11.60千米；海底注水管线51条，总长69.57千米；海底电缆107条，总长244.64千米。2011年，海上油气水井共有591口，开井498口，其中油井426口，开井341口，年生产原油254.31万吨、天然气1.13亿立方米；气井8口，开井6口，年产气量0.13亿立方米；注水井157口，开井151口，年注水量599.40万立方米。

（王立坤　梁　涛）

设备管理

【概述】 截至2011年底，石化股份公司在册设备原值239.17亿元，净值96.89亿元；设备新度系数为0.41。设备管理人员3 343人，设备维修人员6 538人。共有主要专业设备60 965台（套），其中钻采特车2 402台，注采设备36 686台，天然气处理设备7 716台，起重搬运机械194台，运输车辆1 396台（套），动力设备5 465台（套），辅助专用车辆1 324台，工程机械1 144台。装机总功率464.4万千瓦。

（王　飞）

【油田设备】 2011年，石化股份公司各油田分公司主要设备平均新度系数见表3。

（王　飞）

表 3　　石化股份公司 2011 年各油田分公司主要设备平均新度系数

单位名称	钻采特车	注采设备	天然气处理设备	运输车辆	动力设备	合 计
石化股份公司	0.46	0.46	0.37	0.30	0.45	0.44
胜利分公司	0.48	0.46	0.35	0.24	0.39	0.44
中原分公司	0.30	0.43	0.26	0.24	0.43	0.40
河南分公司	0.50	0.43	0.38	0.38	0.22	0.40
江苏分公司	0.53	0.54	0.62	0.44	0.35	0.53
江汉分公司	0.46	0.42	0.51	0.46	0.37	0.42
东北分公司	0.60	0.64	0.84	0.62	0.56	0.68
华北分公司	0.89	0.91	0.48	0.96	0.80	0.69
西北分公司	0.04	0.58	0.28	0.12	0.59	0.35
西南分公司	0.52	0.35	0.40	0.39	0.56	0.44
华东分公司	0.55	0.64	0.67	0.38	0.81	0.70

【设备管理】 2011 年设备管理主要工作：①按照要求审查编制 2011 年石化股份公司油田设备投资建议项目，组织召开 2011 年石化股份公司油田非安装设备技术交流对接及采购方案审核会。该次会议共完成项目交流审核 182 项，签订技术协议 380 个，达到预期目的，为下步商务采购奠定了基础。②修改会签采油设备、大型压缩机、海洋开发设备 3 项制度。③组织开展石化集团公司年度设备大检查。油田板块组织两个检查组，分别检查鄂尔多斯、西北、川东北工区和河南油田。通过检查，总结经验，查找不足，交流学习，促进了设备管理上水平。检查组还实事求是地对各单位设备管理情况进行讲评，对设备管理中好的做法和经验给予肯定，对查出的问题和不足，要求举一反三，彻底整改。④会同发展计划部召开不压井作业设备技术交流推介会。会上，江汉第四石油机械厂、胜利孚瑞特、中原特种车辆有限公司等厂家介绍了不压井作业设备研发制造情况，胜利油田、中原油田介绍了不压井作业生产情况。⑤组织参加 2011 年度高耗低效电机治理项目调研。组织油田电网(力)、注水等方面专家，对油田上报的 2011 年度治理高耗低效电机及成套设备进行实地考察论证，优化项目，确保治理项目的科学性和必要性。⑥组织落实石化集团公司下发培训计划项目。组织不压井设备技术培训班、提高油田开发设备系统效率培训班、油田企业设备管理高级培训研讨班，圆满完成 2011 年度培训计划。

（王　飞）

基 层 管 理

【"精细管理深化年"活动】 油田勘探开发事业部将 2011 年确定为"精细管理深化年"，并明确利用 3—5 年时间在油田板块持续开展"精细管理深化年"活动。配套制定了《开展精细管理深化年活动指导意见》，按照"系统实施，整体推进"的工作思路，确立了总体目标，明确了油气勘探、油气开发、生产和技术、投资和成本、创先争优和绩效考核、市场和工程监督、节能和 QHSE、E 化管理和管理创新 8 个方面的重点工作。组织召开了阶段进展座谈会、交流会，总结推广典型经验。各油田深入贯彻实施，活动效果明显。

（靳红兴）

【五项劳动竞赛】 修订完善《五项劳动竞赛管理办法》。将油田开发区块目标管理排名纳入参赛基本条件，优化完善评比指标，强化比先进、比进步、比贡献。研发"五项劳动竞赛"信息系统，实现评比指标自动录入、自动分析，指标变化实时监控和参评单位自动排名，提高了评价的准确性、与生产经营管理结合的紧密性及工作效率。

（靳红兴）

【"比学赶帮超"活动】 坚持结果指标与过程指标相结合、单位横向评比和纵向对比相结合，从比先进、比进步、比贡献3个方面，修订完善油田板块“比学赶帮超”实施方案。坚持分季度评比制度，每季度通过油田板块“比学赶帮超”简报，通报各油田挂旗结果、发布油田板块管理动态信息、交流企业先进经验。同时，强化帮扶改进工作，组成4个帮扶工作组，对油田进行对口帮扶。对每季度评比落后或挂黄旗(黄星)的单位、连续落后的指标，督导企业责任部门组织有关专家进行诊断分析，查找管理“短板”，制定提升措施。胜利油田、中原油田、西北油田分公司、西南油气分公司等单位建立健全问题整改责任机制，促进了管理、效益和经济技术指标水平不断提升。

（靳红兴）

【达标对标工作】 建立经验总结提升和传承机制。进一步推广“胜利节点管理法”、“河南标杆管理法”，在各油田之间交流学习。创建企业管理信息内部交流简报，不定期对企业管理重点问题进行探讨，剖析典型经验，刊登热点理论，公布标杆指标，促进了典型经验、科学管理方法、现代管理理念的传承。

（靳红兴）

【制度标准化改造】 对油田勘探开发事业部内部53项制度进行了梳理，完成了事业部层面的制度标准化改造。制定《油田企业制度标准化建设实施方案》，创建事业部和企业之间联络员制度和月度报告制度，上下互动，紧密配合，及时发现、解决存在的问题，随时总结、推广好的经验，确保油田板块制度标准化建设工作高效运行。

（李　英）

【改善经营管理建议】 2011年，制定实施《油田企业改善经营管理建议实施细则》。组织推广了中原油田、江苏油田、西南油气田3家试点单位经验，加强宣传引导，举办专题培训、建立改善经营管理建议信息平台，全面启动了油田板块改善经营管理建议工作。构建“相互沟通协调、分级评审和逐级上报、分级激励、总结推广”工作运行机制，充分调动了广大员工参与改善经营管理建议活动的积极性。截至年底，共收到建议11 306条，立项实施5 280项，已完成1 518项。申报14项2010年度石化集团公司级改善经营管理建议项目审核、认定，净效益达2.7亿元。

（马腾飞）

【勘探开发工程监督】 修订了《勘探开发工程监督管理规定》，强化工程监督机构网络建设，推广西北油田分公司管理模式。强化人才队伍建设，举办地质、钻井、测井、物探、试油、作业6个专业3个序列工程监督培训。完善工程监督管理运行方式，增强监督保障能力。

（王　蔚）

【质量技术监督】 制定实施《油田板块质量管理办法》。建立油田板块质量例会制度，及时通报总部部署，督导重点工作，相互学习交流。组织质量知识竞赛活动，油田板块在总部举行的“中国石化质量日”知识竞赛中获一等奖。狠抓ISO 9000标准宣贯，引导企业建立健全质量体系。修订《中国石化油田标准体系》，抓重点标准的实施与监督，组织对川东北地区28个标准进行评估。开展计量工作检查，对10家油田企业的计量体制、计量数据、计量器具、计量人员、量值溯源、油气外销口等管理进行检查、指导和帮促。

（马腾飞）

境内石油工程

◇ 综述

◇ 石油地球物理勘探

◇ 钻井工程

◇ 井下作业

◇ 试油测试

◇ 石油地球物理测井

◇ 石油地质录井

◇ 油田地面建设和设计

◇ 海洋石油工程

◇ 石油工程队伍资质管理

◇ 设备管理

◇ 矿区管理服务

综　述

2011年，未上市油田企业积极落实石化集团公司年度工作会议部署及领导干部座谈会会议精神，以建设世界一流能源化工公司为动力，以“为民服务创先争优”活动为契机，持续组织重点区域钻井提速提效活动及文明和谐示范小区创建工作，加速推进以非常规油气勘探开发技术为重点的石油工程技术发展，强化石油工程队伍建设，深入调研国际国内油田服务企业及石化集团公司石油工程行业发展状况，对标分析石油工程持续发展面临的问题，研究行业发展规律与石化集团公司石油工程持续发展的思路与措施。各项工作平稳推进，经营收入首次突破千亿元大关，生产经营各项指标均按计划完成。

一、生产经营任务全面完成

2011年，油田企业加强生产组织，全力保障勘探开发，努力开拓市场，工作量再创新高。物探、钻井、测录井、井下作业等工作量都超额完成，其中钻井进尺完成1 248万米，达到历史最高水平。石油工程赢利能力进一步提升，油田企业实现收入首次突破千亿元大关，其中石油工程收入创造了历史最高水平，超过800亿元。

二、勘探开发保障有力

持续开展元坝、川西和巴麦等复杂地质探区钻井提速提效。元坝、川西、巴麦地区被列入提速计划的井共开钻28口，进尺17.69万米，完井28口，15口实现提速目标，比目标钻井周期共节约495.81天，平均每口井节约工期33.1天，与提速前钻井周期相比每口井平均缩短94.96天。全年刷新了26项地区及国内外钻井新指标。提速提效促进了重点勘探开发关键技术的发展。气体钻井技术应用效果显著，元坝地区空气钻井进尺1.16万米，平均机械钻速10.89米/时，是常规泥浆钻井的5—7倍；孕镶金刚石钻头+高速涡轮钻井技术取得新突破，机械钻速较上年提高26%；干法固井技术缩短了二开中完时间，提高了固井质量。元陆9井技术套管下深2 812.20米，采用干法固井工艺，固井质量优良，二开中完时间9.94天，创下了元坝地区二开中完时间最短指标。

页岩气等非常规石油工程技术取得突破性成果。成立了非常规油气勘探开发工程技术攻关小组，强力推动非常规技术的发展。提出了在3—5年内实现低渗透储层的水平井水平段长超过2 000米、压裂段数突破20段、加砂规模到1 000立方米等技术发展目标。胜利油田樊154－平1井采用贝克休斯的裸眼封隔器加滑套工具，实现了水平井12段分段逐级连续压裂施工，取得圆满成功。华北分公司压裂水平井30口，采用水力喷砂拖动管柱压裂、水力喷射不动管柱分段压裂、多级管外封隔器分段压裂等技术，HH37P23井水平段最长达1 655米，DP30H井完成分段最多达14段，加砂最多达615.5立方米；已压裂水平井有效率超过90%；气井平均无阻流量7.9万米^3/日，其中3口井无阻流量超过10万米^3/日，最高达26.75万米^3/日，压后初产由2010年的平均1.89万米^3/日，提高到2011年的4.12万米^3/日；2口油井压裂后初产大于100吨/日，2011年末平均日产油10.87吨，是直井的8倍以上。西南油气分公司研发了水平井管内多级多段压裂工具，完成了17口水平井分段压裂，累计加砂2 936立方米，单井最大加砂规模238立方米，单井平均加砂172.7立方米，最大分段数8级15段，平均单井日产气量3.66万立方米，是直井产气量的6—7倍。东北油气分公司采用裸眼分段压裂实施10口井，投产6口，水平井压后初期平均日产油量为25.09立方米，是直井的3.95倍；2011年末平均日产油量为18.19立方米，是直井的5.87倍。河南油田在安深1井页岩层段实施压裂后，获得最高4.68米^3/日的工业油流，标志着泌阳凹陷陆相页岩油勘探取得重要突破；江汉油田采用水力泵送易钻桥塞工艺，完成了中国石化第1口页岩气水平井建页HF－1井分段压裂施工。自主研发压裂工具也取得了可喜进展，水力喷射分段压裂技术趋于成熟，胜利油田、石油工程技术研究院、江汉油田、西南油气分公司研究的裸眼分段压裂工具、泵送桥塞分段压裂工具样机已通过了地面试验，部分已安排井位。制定了9项非常规油气石油工程技术标准，为规范非常规油气工程施工建立了规范。

大力开展油气田开发中(后)期石油工程关键技术开发，促进了“东部硬稳定”。套管钻井、分支水平井、径向水平井、阶梯水平井、深层开窗侧钻、薄层水平井等特殊工艺井石油工程技术试验成效显著，对“东部硬稳定”起到了举足轻重的作用。胜利油田完成了5个丛式井组的现场试验，创造了同类型井钻井周期最短、平均机械钻速最快2项新指标。河南油田形成了一套薄油层水平井钻井配套技术，现场推广应用20口井，油层钻遇率80%。

地球物理勘探关键技术取得新进展。形成了适用于山前复杂构造带、低信噪比地区及多次波发育地区的地震采集技术系列，在复杂地质区域地震资料采集观测系统设计、地震激发技术、检波器接收技术、检波器优选、水中检波器定位和表层调查方法等方面取得了突破，提高了地震采集资料的信噪比和分辨率。

海洋石油工程技术取得新进展。勘探六号、海洋一号2座代表国际先进水平的自升式钻井平台顺利完成海上调试，分别在东海和埃及红海苏伊士湾投入使用。胜利902铺管船自主完成建造工作，具备了100米水深以内的海底管缆铺设能力。勘探311多用途工作船完成建造，满足CCS和DNV入级要求，交付前已与康菲公司签订租用协议。多缆物探船设计和设备采办等工作扎实推进，确保了如期开工建造。

三、石油工程队伍建设与市场管理进一步加强

根据石化集团公司石油工程队伍发展规划和石油工程队伍资质认证管理规定，开展了石油工程服务队伍的单位认证和测井队的资质认证，对各油田企业申报的测井队资质和石油工程队伍单位资质进行审查验收和综合评审，发布了338支测井队和首批甲级石油工程服务单位的资质信息。

按照总部制度规范化管理的要求，完善了《石油工程队伍资质管理规定》、《石油工程市场准入办法》，制定了《石油工程外部队伍管理规定》，并逐步规范了各专业队伍的资质认证等级标准，形成了石油工程队伍建设和市场管理的规范性文件。

初步建立了石油工程市场准入管理体系，并严格按照准入原则审查队伍的市场准入，不仅促进石油工程市场的区域化管理，加强了一批特色专业服务队伍的建设，而且规范了外部队伍的管理，统一了市场服务专业、类别，根据区域工作量和技术需求，确定外部服务队伍的规模，与有关部门一起，共清理外协队伍500多支。同时，建立了石油工程市场准入查询系统，可在网上向社会公开各石油工程队伍准入情况，促进了业务公开。

四、精心组织"比学赶帮超"活动

建立了5类13项对标评价指标体系，开展综合排名，引导企业围绕提高整体竞争力开展工作，形成了对标评价制度；分层次建立了"发现问题、分析问题、整改问题、监督审核"工作机制，开辟"短板"分析及改善提升专栏，对异常变化的指标进行公开警示、难点分析、重点帮扶，形成"短板"改进制度；搭建网络、现场会、经验交流会等多层次学习交流平台，将典型经验推广并固化于工作流程或操作规程，形成了经验传承制度；将"比学赶帮超"工作情况与分类指标绩效考核、"金银牌"队评比挂钩，形成了激励约束制度。在抓好四项机制建设的同时，将全员成本目标管理、创先争优活动、和谐社区建设及提速提效工作融入"比学赶帮超"评比中，实现以"比学赶帮超"为核心的各项工作的有机融合，为"比学赶帮超"工作的长效运行提供了有力的保障。

建立了部门及直属企业层面2008—2010年对标评价数据库，划分了领先值、平均值、较差值等5种区域，采用雷达图、四象限图等工具开展对标分析，初步实现了直属企业层面数据共享及对标，同时推进石油工程专业队伍评价体系建设，为对标工作向专业公司及基层队层面的延伸作好准备。

改进考核指标及方式，发挥好绩效考核导向作用。建立对指标预测准确性的约束机制，调整2011年度个别分类指标设置及数据统计渠道，完成年度考核指标及领导班子任期专业分类指标考核目标值测算的工作，开展考核指标季度异常跟踪与分析，确保各项考核指标顺利完成。

五、加强和谐矿区建设与公用工程精细化管理

持续开展"文明和谐示范小区"创建与公用工程精细管理工作，发挥了保障生产、服务生活、维护稳定的作用。通过创建活动推动矿区管理水平、服务能力的持续提升，提振了矿区系统干部职工的工作热情，改善了油田矿区软硬件运行面貌，为维护油田企业稳定和谐、保障油气生产发挥了坚实的大本营作用。公用工程系统增强服务、安全、节约和环保意识，实施精细化管理，强化安全经济运行，深化技术升级改造，加强节约水电管理，细化节能减排措施，水电损耗率进一步下降，安全可靠地保障了油田生产和居民生活需要。

六、开展石油工程及其他未上市油田企业发展调研

按照2011年石化集团公司工作会议的部署，对中国石油、中国海洋石油等兄弟单位，斯伦贝谢、哈里伯顿、贝克休斯、威德福等国际一流油田服务企业的发展现状与经验进行了深入广泛的调查，对石化集团公司石油工程及其他未上市油田企业业务现状、存在的突出问题、下步发展思路与措施建议进行了分析研究，形成了《未上市油田企业"十一五"经营情况分析报告》、《国际油田服务公司调研报告》、《国际石油工程市场调研报告》等10个专题调研报告，为研究石化集团公司石油工程专业化发展思路提供了充分的资料。结合石化集团公司领导干部座谈会精神的贯彻落实，深化与国际一流油田服务公司及国内兄弟企业的对标分析，基本厘清了制约石油工程及其他未上市油田企业持续发展的主要问题，明确了石油工程专业化发展的原则、思路和总体目标。

（吴思卫）

石油地球物理勘探

【采集单位概况】 截至2011年底，石化集团公司物探采集单位共有11家：胜利石油管理局地球物理勘探开发公司，中原石油勘探局地球物理勘探公司，河南石油勘探局地球物理勘探公司，江汉石油管理局地球物理勘探公司，江苏石油勘探局地球物理勘探处，西南石油局第二物探大队、第五物探大队、云南物探公司，华东石油局第六物探大队，华北石油局地球物理勘探公司，上海海洋石油局第一海洋地质调查大队。共有地震队伍73支，其中甲级队35支、乙级队21支；分布在集团内部59支、国内外部市场2支、国外市场12支。从业人员12 746人，其中正式职工9 514人，其他用工3 232人。2011年，实现营业收入65.75亿元，同比增加20.4%。

（李林新）

【处理解释单位概况】 石化股份公司处理解释系统共有20家单位：胜利油田分公司物探研究院，胜利油田地质科学研究院，中原油田分公司物探研究院，中原油田勘探开发科学研究院，河南油田分公司石油物探技术研究院、石油勘探开发研究院，江汉油田分公司物探研究院、勘探开发研究院，江苏油田分公司物探技术研究院、地质科学研究院，西南油气分公司勘探开发研究院德阳分院，华东分公司物探研究院、石油勘探开发研究院，华北分公司勘探开发研究院，上海海洋油气分公司研究院，西北油气分公司研究院，东北油气分公司研究院，勘探南方油气分公司研究院，以及石化股份公司直属石油勘探开发研究院油气地球物理研究中心和石油物探技术研究院。

石化股份公司物探处理解释系统用工总量3 047人，其中正式职工2 891人，劳务工等其他用工156人。石化股份公司直属物探技术研究院加6个油田物探技术研究院资产总额为9.86亿元，固定资产原值8.88亿元，固定资产净值3.45亿元。

（李林新）

【主要装备】 截至2011年底，石化集团公司共拥有数字地震仪主机共计98台(套)，接收道数42.93万道；拥有全数字地震三分量数字检波器2.55万个，单分量数字检波器1万个；拥有海上采集系统4套，物探船3艘，综合船2艘；拥有VSP采集设备6套；拥有可控震源108台。

石化股份公司物探研究院共有计算机节点5 794个，CPU核数2.83万个，GPU核数3.56万个。共有处理软件61套、解释软件96套。石化集团公司具有专项自主知识产权的软件产品有NEWS油气综合解释系统、iCluster地震叠前偏移成像系统、STseis神通地震处理系统、Seisway地震采集软件系统等。

（李林新）

【采集工作量】 2011年，完成二维地震5.42万千米，其中集团内部1.76万千米，国内外部市场6 264千米，国外市场3.03万千米；三维地震1.56万平方千米，其中集团内部1.07万平方千米，国内外部市场64平方千米，国外市场4 928平方千米。

（李林新）

【工作能力】 截至2011年底，陆上具有年完成二维地震6万千米、常规三维地震2万平方千米、高精度三维地震3 000平方千米的能力，具备全数字三分量地震采集能力300平方千米。海上具有年完成二维地震2.6万千米、三维地震1 000平方千米的能力。

石化股份公司处理机构具备年处理二维地震资料6万千米以上、三维地震资料(含叠前时间偏移)3万平方千米以上、叠前深度偏移等约5 000平方千米的能力。

（李林新）

【主要技术进步】 1. 高密度地震采集取得较好效果

石化集团公司在胜利油田罗家地区部署并实施了国内首次真正意义上的井炮高密度地震采集工作，形成了基于健全空间波场、着眼后续处理的观测系统优化设计技术和一套满足高密度地震采集需要并且可推广的野外施工工艺。

2. 滩浅海高精度三维采集技术进一步完善

针对埕岛东项目高精度三维地震工区的地质难点，采用小面元的观测系统，增加空间采样，有利于断点、小断块和尖灭点的落实；增加横向采集信息，提升了多方向砂体的成像效果。增加斜坡带覆盖次数，确保了斜坡带资料的获得；针对工区内有155条各类海底管线和近百座油井的施工难点，做好针对油井平台的施工预案。落实工区内油井平台和海底管线的点位坐标及分布情况，根据现场情况及时采取相关措施，将干扰降到最低，减少对施工资料的影响；提前做好束线设计，用来指导野外放线工序；对特殊地物采用合理变观来进行施工；针对鸣震干扰带来的陷频现象，对双检接收耦合技术、双检处理压制鸣震技术、适于双检的观测系统设计技术进行了研究攻关和应用，取得了良好的效果。

埕岛东新剖面的资料品质明显提高，双检资料合并后，剖面反映地质现象清晰，层位信息丰富，地层接触关系明显，波组特征显著；中深层信噪比和分辨率与老资料相比有了较大提高，能够满足高精度勘探的地质任务需求。

3. 3D3C 地震采集技术得到推广与完善

基于前两期 3D3C 项目的研究与实践，形成了 3D3C 观测系统设计和分析论证、激发因素选择、采集监控处理、多波三分量近地表调查、多波三分量资料采集质量控制等多项成熟技术，在孝泉和丰谷 3D3C 资料采集中得到推广应用与完善，并进一步创新发展了其中的横波震源激发、转换波叠加监控处理、检波器埋置的矢量保真控制，以及多波三分量采集变观设计评价、炮后观测系统分析评估等技术。同时进一步开发和熟练应用了 ION Scorpion VC 多波三分量地震采集系统。在"十一五"期间初步形成的 3D3C 地震采集、处理、解释技术系列基础之上，通过对孝泉和丰谷 3D3C 资料的处理、解释及其应用研究，发展了纵横波联合反演预测相对优质储层、多波多尺度定性—半定量裂缝预测、高渗带综合预测和全波属性含气性预测等实用新技术，进一步完善了深层致密碎屑岩含气储层地震综合识别和储层裂缝含气性预测的陆上 3D3C 应用技术体系。

4. 黄土塬地区地震勘探取得显著进展

通过采用先进装备，小点距、小排列、小药量、小组合的采集方法，在延川南试验工区黄土塬进行煤层气地震勘探采集并取得较好采集效果。试验区共完成生产物理点 1.43 万个，微测井 298 个(含悬崖微测井 2 个)；完成满覆盖长度 464 千米。对剖面主要目的层的频谱分析表明，主要目的层反射波组的主频达到 45 赫兹，频宽达到 8—80 赫兹。从剖面上看，静校正效果较好，目的层波组齐全，能量分布均衡，分辨率高，煤层、接触关系等特征清楚；煤层能量强，连续性较好，断点清楚，能够在全区连续追踪。利用延 3 和延 5 井合成记录进行层位标定，各主要煤层与地震波组基本吻合，对应情况良好。

5. 初步掌握页岩气地震勘探基本方法与技术

页岩气的勘探开发在国内还处在起步阶段，可借鉴的经验、方法技术较少。根据页岩气勘探开发的特点与要求，依托贵州地区生产项目，开展了理论研究、实验分析攻关，形成了适合贵州地区页岩气地震勘探的基本方法与技术。

(1)页岩气勘探属于矿床勘探。页岩气地震勘探的主要目标是寻找有一定面积的页岩稳定区，因此前期概查阶段要采取低成本的地震勘探方法。

(2)贵州地区页岩气地震勘探的方法论证不能完全采用常规油气勘探时的射线追踪模拟正演及经验公式计算排列长度(勘探目的层深度的 1—1.5 倍)，要考虑地震波在高速灰岩层中偏转作用、页岩层低反射系数下的漫反射对剖面的贡献以及地层倾角的影响，排列长度应为勘探目的层深度的 1.5—2 倍；较小的道间距可以提高横向分辨率，同时在数据处理时可以有效提高静校正的效果。

(3)从接收因素来说，常规模拟检波器与全数字采集系统(数字检波器)在贵州地区的页岩气勘探中均可采用，施工方法稍有不同；数字检波器激发药量需稍大于常规检波器药量以提高接收能量；数字检波器在贵州山区施工比常规检波器轻便。

(4)激发因素研究表明，砂岩地区激发接收的地震资料较好，一般 12 米井深 6—8 千克药量激发即可，灰岩地区激发井深需大于 16 米，药量 8 千克以上，不同年代的灰岩中激发结果有差异，三叠系灰岩中激发的地震资料好于二叠系灰岩；由于爆炸最小抵抗线的关系，激发效果与地形的位置(山谷、山腰、山顶)有关，山谷激发的地震资料好于山腰、山顶，山腰、山顶激发要适当加大井深与药量。

(5)由于页岩气开发阶段要求地震资料能够识别小断层，因此在选区调查的基础上应考虑在有利区块开展页岩气经济三维勘探方法研究。

(李林新)

【主要获奖情况】 2011 年，石油物探技术研究院的"NEWS 油气综合解释系统研发及推广应用"获石化集团公司科技进步一等奖；胜利油田分公司的"碎屑岩储层流体地震识别技术"、"地震勘探软件集成开发环境与应用"以及胜利石油管理局的"精细近地表探测技术及在高精度地震勘探中的应用"等项目获石化集团公司科技进步二等奖；江汉油田分公司的"灰岩裸露区噪声调查分析及去噪处理研究"、河南油田分公司的"高精度三维地震资料在泌阳凹陷隐蔽油气藏识别中的研究与应用"、勘探南方分公司的"南方复杂山地三维地震勘探技术研究"等项目获石化集团公司科技进步三等奖。

(李林新)

【工程新纪录】 2011 年，胜利石油管理局物探公司国际事业部 SGC206 队在沙特 S62 项目中，以 84 115 炮创可控震源月炮数最多纪录；胜利石油管理局物探公司国际事业部 SGC206 队在沙特 S62 项目中，以 3 328 炮创可控震源日炮数最多纪录；上海海洋石油局第一海洋地质调查大队"发现号"物探船在巴西海域二维项目中，以 232.55 千米(4 651 炮) 创海洋日工作量最多纪录；上海海洋石油局第一海洋地质调查大队“发现号”物探船在墨西哥湾 SuperCache Gom 二维项目中，以1.5万米创海洋物探施工拖缆最长纪录；西南石油局第二物探大队249队在四川丰谷3D3C项目中，以12 288道创陆上多波接收道数最多纪录。

（李林新）

钻井工程

【概述】 钻井系统主要分布在胜利石油管理局、中原石油勘探局、河南石油勘探局、江汉石油管理局、江苏石油勘探局、华北石油局、华东石油局、西南石油局和上海海洋石油局9个油田企业中，共有陆地钻井公司24个、钻井队645支，海洋钻井公司2个、钻井平台13个，钻井研究、设计、专业技术服务及施工单位42个、队伍130支。钻井系统用工总量6.47万人，其中在职职工3.91万人。

（郭元恒）

【主要技术经济指标】 2011年，石化集团公司平均动用钻机521.38台，开钻4 989口，完井4 914口，进尺1 248万米。钻机工作时间为5 671.42台月，钻机月速2 200米/台，平均机械钻速9.33米/时，井身质量100%，固井质量100%，取芯进尺1.43万米。平均收获率93.36%，平均建井周期39.89天，平均井深2 456.46米。

（郭元恒）

【重点工艺井应用】 2011年，石化集团公司共施工深井完成井194口，平均井深5 273.48米；超深井162口，平均井深6 596.86米。水平井钻井全年动用钻机106.73台，开钻872口，完井834口，钻井进尺197.29万米，平均井深2 291.46米。在48口井上实施欠平衡钻井，进尺近6万米。其中，空气钻井33井次，进尺3.32万米，平均机械钻速9.93米/时；雾化泡沫钻井14井次，进尺8 171.27米，平均机械钻速4.62米/时。

（郭元恒）

【主要创新成果】 形成了较为成熟的深井长水平段水平井钻井技术。樊154－平1井采用自主技术完成了陆上最长（2 015米）水平段的钻井工作，达到了水平段井径扩大率小于5%、井斜变化率每100米不超过6度的更高技术要求，顺利下入了20段裸眼封隔器＋滑套分段压裂完井工具，为非常规油气勘探的更大发展积累了经验。

非常规页岩（油）气水平井钻井技术取得了显著成绩。胜利油田、勘探南方分公司、江汉油田、华北石油局、河南油田、中原油田等进行了非常规页岩（油）气水平井钻井技术先导试验，取得显著成绩，为页岩气的勘探开发提供技术支撑。涪页HF－1井于2011年9月24日开钻，12月31日完钻，仅用10.3天钻完1 142.66米水平段。江汉油田在湖北建南地区施工了浅层页岩气井建页HF－1井，突破了水平井技术的常规模式，实施了地质导向指导下的大位移水平井钻井技术。

非常规储层水平井钻完井及分段压裂工具及材料研发取得重大突破。①裸眼封隔器分段压裂工具。胜利油田采油院自主研发的$7\times4\frac{1}{2}$"水平井裸眼封隔器＋滑套完井工具在樊154－平3井成功应用，全井分10段压裂、泵注压裂液3 400立方米、支撑剂270立方米，施工顺利；11段压裂工具也在樊154－平4井被成功下入。②泵送易钻桥塞分段压裂工具。江汉油田完成了泵送易钻桥塞分段压裂技术系统的地面联作试验，并在广1平3井上进行了1次直井段、2次水平段的井下试验，试验基本成功。③油基钻井液。胜利油田钻井院研发的油基钻井液已经在渤页平1井成功使用，水平段长1 225.04米，施工过程中钻井液性能稳定，井眼扩大率小于3%。中原油田研究的油基钻井液在濮深18－侧1井上应用，最高密度2.1克/厘米^3。④滑溜水压裂液体系。石油工程技术研究院低分子滑溜水压裂液体系在东峰2井进行了现场试验。⑤固井水泥浆体系。石油工程技术研究院及胜利油田钻井院的水泥浆体系分别在建页HF－1井、泌页HF－1井、渤页平1井固井进行了现场应用，固井质量优良。

（郭元恒）

【工程新纪录】 华东石油局施工的延平1－V井—延平1井煤层气连通井，井口间距离最长914.18米，创石化集团公司新纪录。中原石油勘探局西南钻井公司70866ZY钻井队和钻井管具工程处西南项目部施工元陆3井，创石化集团公司气体钻井井段最长3 829.11米纪录。胜利石油管理局黄河钻井总公司钻井五公司50107SL钻井队和钻井工艺研究院欠平衡研究所施工坨深4井，创石化集团公司气体钻井井深最深5 002米纪录。胜利石油管理局西南石油工程管理中心70176SL钻井队施工元坝124－侧1井，创石化集团公司定向井最深7 483米纪录。华北石油局西部工程公司90105HB钻井队和石油工程技术研究院钻井工艺研究所施工元坝121H井，创石化集团公司水平井最深7 786米纪录。石油工程技术研究院和西南石油局施工官深 1 井，创石化集团公司固井水泥浆密度最高 2.78 克/厘米^3 纪录。

（郭元恒）

井 下 作 业

【概述】 全系统共有大修等作业队伍共计 218 支，其中被纳入石化集团公司石油工程队伍管理的胜利井下作业公司、中原井下特种作业处、江汉井下测试公司、西南井下作业公司和华北井下作业公司 5 个单位有 118 支，其中大修队 43 支、侧钻队 27 支、作业队 22 支、压裂(酸化)队 18 支、连续油管队 5 支、带压作业队 2 支、井控队 1 支。

（余刘应）

【主要装备】 5 家单位共有修井机 117 台，其中 750 型修井机 32 台；压裂车 117 台，其中 2000 及以上型号的压裂车 75 台。

（余刘应）

【作业工作量】 2011 年，全系统共完成压裂 4 125 井次，其中石化集团公司内部 2 161 井次，系统外部 1 933 井次，国外 31 井次。石化集团公司所属的 5 个井下作业公司的队伍共完成修井 2 064 井次、侧钻井 260 口、压裂 2 955 井次、酸化 1 511 井次。完成产值 69.88 亿元。

（余刘应）

【主要技术进步】 非常规储层水平井分段压裂工作取得突破性进展。江汉油田建页 HF－1 井获得了日均 3 000 立方米的天然气产量，河南油田泌页 HF－1 井首次在国内页岩油的分段压裂改造中获得了最高日产油 23.6 立方米的成果；胜利油田樊 154－平 3 井采用自主研发的裸眼封隔器 + 滑套分 10 段压裂成功；江汉油田及工程技术研究院研发的泵送易钻桥塞也下井进行了联作试验。

西南石油局井下作业公司形成的膨胀管套管修复技术，成功地应用于川孝 617 井破裂套管的修复工作，证明了膨胀管套管修复技术在川西地区气井作业的可行性，为以后类似井况提供了新的技术措施。采用连续油管带螺杆钻带压钻磨技术成功解决了新 11 井井内管柱旋塞阀开关失灵、无法释放管内压力及正循环压井的复杂情况，顺利解决了施工难题。

（余刘应）

【工程新纪录】 2011 年，被纳入石化集团公司石油工程队伍管理的井下作业队伍共创造了 8 项新的工程纪录。①中原石油勘探局井下特种作业处酸化压裂二队在塔河 TP2CX 井酸压施工中创造了压裂井段最深 7 453.00 米(完钻井深 7 453.00 米) 的新纪录。②中原石油勘探局井下特种作业处酸化压裂二队在塔河 TH10405CH 水平井压裂施工中，创造了排量 7.8 米^3/分 的新纪录。③江汉石油管理局井下测试公司 JH－SY156 试油队、JH－YL106、JH－YL103 酸化压裂队和江汉油田分公司井下作业处 JH－YL101 酸化压裂队在建南建页 HF－1 井水平井段压裂中，创造了单层段一次压入 1.17 万立方米压裂液的新纪录。④华北石油局井下作业公司 HB－YL202 压裂队和 HB－SY105 试油队在鄂北 DP30H 井压裂中，创造了水平井单井一次压裂加砂量 615.5 立方米和水平井一次压裂分 14 段的 2 项新纪录。⑤西南石油局井下作业公司酸化压裂二队在川西新 206 井压裂施工中，创造了泵压 119.1 兆帕的新纪录 。⑥胜利石油管理局井下作业公司压裂大队在胜利油田樊 154－平 1 井压裂施工中，创造了压裂施工水平段长度 1 133.82 米的新纪录。⑦江苏石油勘探局矿业开发总公司 JSKZ－DY201 队在江苏油田花 17－32 井(注水井)非连续油管带压冲砂作业中，创造了井口压力 21.0 兆帕的新纪录。

（余刘应）

试 油 测 试

【概述】 全系统有试油测试队伍 164 支，包括测试队 25 支、试油队 127 支、地面计量队 12 支，年施工能力 3 100 层次，平均单队施工能力 18.9 层次/年。其中，被纳入石化集团公司石油工程队伍管理的胜利石油管理局井下作业公司、中原石油勘探局井下特种作业公司、江汉石油管理局井下测试公司、华北石油局井下作业公司和西南石油局井下作业公司 5 家专业公司共有一线试油测试队伍 110 支，其中试油队 54 支、试气队 32 支、测试队 14 支、地面计量队 10 支。除承担系统内、国内市场的试油测试工作外，还进入了缅甸等 8 个国际市场。

（余刘应）

【主要装备】 全系统共有各种不同规格的 APR 地层测试器 41 套，工作压力 10 兆帕、气体处理量 177 万米^3/日、液体处理量 1 000 米^3/日的三相分离器 20 套，日处理量 38 万立方米的焚烧炉 1 套(7 台)。此外，还有耐温 200℃电子压力计、封隔器、除砂器、高压测试管汇等较先进的测试装备系列。

（余刘应）

【作业工作量】 2011 年，被纳入石化集团公司石油工程队伍管理的试油测试队伍共完成试油(气)1 388 层次、测试 881 层次。与 2010 年工作量相比，试油(气)减少 21%，测试增加 11%。石化股份公司 2011 年试油(气)测试工作量为 389 口井、800 层次，其中探井 218 口 455 层次、评价井 132 口 226 层次、滚动井 39 口 69 层次、老井复试 41 口 50 层次，中途测试 9 口井。试获工业油气流井 192 口。

（余刘应）

【主要技术进步】 自行研制了具有国际先进水平的井下关井阀、井口保护器、油管堵塞阀、大行程伸缩管、MCHR 封隔器、SHR－HP 封隔器等多种高性能装备及工具。形成了具有国内领先水平的试油测试工程设计、高温高压井测试技术、射孔—测试联作技术、高含硫井测试技术、裸眼膨胀式测试技术、测试—改造—封堵—回采一体化多功能管柱等特色技术，尤其在超深、高含硫化氢气井的测试技术方面具有国际领先水平。

（余刘应）

【工程新纪录】 胜利石油管理局井下作业公司测试2队和西南石油局井下作业公司试气 18 队在四川元坝 6 井 6 928—6 955 米测试井段共同创造了测试井段压力 123.5 兆帕的新纪录。华东石油局井下作业公司 HD－SY101 队和 HD－CS101 队在松辽盆地腰平 8 井 3 765.97—4 994.00 米测试井段创造了裸眼测试井段最长 1 228.03 米的新纪录。

（余刘应）

石油地球物理测井

【概述】 截至 2011 年底，石化集团公司共有胜利石油管理局、中原石油勘探局、西南石油局、华北石油局、河南石油勘探局、华东石油局、江苏石油勘探局、江汉石油管理局、上海海洋石油局 9 家测井单位，测井、射孔队伍 334 支，其中裸眼井测井队 195 支，生产测井队 46 支，射孔队 93 支；分布在集团内部 296 支，国内外部 30 支，国外市场 8 支。共有员工 6 570 人。年经营收入约 25 亿元。

（李宝同）

【主要装备】 拥有裸眼井地面系统 205 套，其中引进设备 49 套，占 23.9%，主要包括 ECLIPS－5700、EXCELL－2000、LOGIQ 等。国产测井设备类型繁多，主要包括 SL－3000、SL－6000 型，SKN－3000、SDZ－3000、SDZ－5000、HH－2530 系列等。

（李宝同）

【工作量】 2011 年，石化集团公司地球物理测井队伍累计完成各类测井 2.20 万井次、4 亿标准米。与上年相比，各类测井增加 844 井次、1 439 万标准米。其中，国内石化集团公司内部市场完成各类测井 1.85 万井次，与上年相比增加 1 077 井次；国内石化集团公司外部市场完成各类测井 3 072 井次，与上年相比减少 273 井次；国外市场完成各类测井 371 井次，与上年相比增加 40 井次。在石化集团公司内部市场，测井曲线合格率 100%。

（李宝同）

【主要技术进步】 2011 年，石化集团公司在解释评价和资料应用上成绩突出。在普光气田，针对海相碳酸盐岩识别与评价世界级难题，有效地进行了裂缝评价和储层参数精确计算，开发了储层评价、酸性气藏射孔测试联作技术，为成功开发该特大气田作出了重要贡献；在西北塔河油田，形成集碳酸盐岩孔洞储层定量评价、储层发育级别划分、流体性质识别为一体的测井综合解释技术，提高了测井综合解释符合率；在东部老区，进行基础理论研究和岩石物理实验分析，充分利用现代测井技术发展的优势，完善储层岩性识别模式，建立储层参数计算模型，完善流体性质识别方法，进行储层类型划分和产能预测，形成了一套针对砂砾岩、滩坝砂、低孔低渗砂岩等复杂油气藏储层的测井评价技术；在鄂尔多斯，实现快速平台测井技术，提高了测井效率，完善测井解释模型和流体识别技术和产能预测，提高了油气层识别准确率，实现了快速测试选层，从而加速了大牛地气田的勘探开发；在川西，应用成像测井评价储层裂缝特性、偶极声波测井评价储层含气性，准确进行储层评价，实现须家河组致密砂岩气藏的重点勘探突破；在东北，完善了火山岩测井系列，开发了岩性识别、孔隙度计算、裂缝及次生孔隙度评价及含气饱和度评价等多项关键技术，形成了相对完善的火山岩测井储层评价技术，促进了松南火山岩气藏储层的勘探与开发。

（李宝同）

【工程新纪录】 截至 2011 年底，胜利石油管理局测井公司四分公司 SLCJ4－C－5－L 队年测井 225.23

万标准米，创队年测井标准米数最长纪录；西南石油局测井公司 XN302 队和中原石油勘探局西南钻井公司 70167ZY 钻井队在元坝 10－侧 1 井施工中，创水平井传输测井对接深度最深 6 417 米新纪录；河南石油勘探局测井公司 HN116 队和钻井工程公司 50863HN 钻井队在泌页 HF－1 井施工中，创水平井爬行器爬行距离最长 1 153 米新纪录；中原石油勘探局地球物理测井公司 ZYCJ410 队、ZYCJ413 队和胜利石油管理局西南石油工程管理中心试气工程技术部在元坝 22 井施工中，创井底压力最大 137.92 兆帕新纪录；胜利石油管理局测井公司二分公司 SLCJ2－S－14－S 队在草 27－平 28 井施工中，创一次入井发射炮数最多 2 880 炮射孔新纪录。

（李宝同）

石油地质录井

【概述】 2011 年，石化集团公司录井系统共有 11 家服务商，其中胜利石油管理局、中原石油勘探局、河南石油勘探局、西南石油局、华北石油局和华东石油局有独立的地质录井公司，江汉石油管理局和江苏石油勘探局有测录井公司，胜利油田海洋钻井公司、西南临盘钻井公司和上海第三海洋地质调查大队有附属的录井专业服务单位。截至年底，共有队伍 744 支，其中综合录井队 480 支，气测录井队 134 支，地质录井队 103 支；用工总量 6 735 人。队伍在国外服务于也门、尼日利亚、巴西、哥伦比亚、哈萨克斯坦、吉尔吉斯斯坦、阿尔吉利亚等 17 个国家。

（李一超）

【主要装备】 截至 2011 年底，石化集团公司所属录井公司资产原值 9.02 亿元，净值 5.32 亿元，同比分别增加 13.06% 和 6.58%。主要录井装备 1 071 台，平均设备新度系数 0.48。综合录井仪 516 台，设备新度系数 0.50。其中，国产综合录井仪 376 台，设备新度系数 0.52；进口综合录井仪 140 台，设备新度系数 0.47。

（李一超）

【工作量】 2011 年在国内市场完成录井 4 797 口，上交完井资料 4 305 口，完井资料优良率为 96.64%。初测井位 2 552 口，复测井位 2 073 口，编写地质设计 2 489 口。立足油气评价，保障勘探开发，录井 1 219.23 万米，发现并评价油气显示层 3.74 万米/1.14 万层。做好工程监控，助力钻井提速，全年录井监测到工程异常 3 916 次，其中钻具刺 163 次、泵刺 58 次、钻具断 96 次、井漏 536 次、井涌或溢流 187 次、硫化氢异常 89 次，异常预报符合率达到 96.7%。

（李一超）

【主要技术进步】 继续加强地层流体检测技术研究，开展以油藏描述、解释评价为重点的地质科研项目攻关，积极开展非常规页岩油（气）科研项目攻关，综合录井仪升级研制取得新进展。全年共开展各级科技项目 159 项，获奖成果总数 89 项，其中国家级项目 2 项，省部级项目 22 项，局级项目 52 项；拥有专利 10 项，发表论文 127 篇。

（李一超）

【工程新纪录】 截至 2011 年底，录井共创造中国石化内部工程新纪录 4 项：胜利地质录井公司 SL239 录井队创造综合录井队年录井进尺最多 3.98 万米新纪录；胜利地质录井公司 SL268 队创造年加深进尺发现油气层厚度累计最多 409 米新纪录；胜利录井公司 SL324 队创造单井油层厚度小于 5 米水平井地质导向钻遇率最高 100%（目的层穿行 1 281 米）新纪录；中原录井处（公司）ZY618 综合录井队创造单井录井剖面符合率最高 97% 新纪录。

（李一超）

【重要纪事】 中国石化录井装备制造中心在胜利油田挂牌成立；首届中国石油工业录井技术交流会在北京召开；中国石化首次启动录井年报审编工作。

（李一超）

油田地面建设和设计

【概述】 2011 年，石化集团公司有油田地面工程企业 17 家，其中施工企业 12 家、设计院 5 家。从业人员 2.52 万人，其中正式职工 1.56 万人。国内市场遍及全国 31 个省市，国外市场分布在巴西、沙特、科威特等 10 多个国家。全年实现经营收入 254.55 亿元，同比增长 14%。

（张　滨）

【主要装备】 拥有设备 9 608 台（套），设备原值 29.66 亿元，设备净值 16.9 亿元。

（张　滨）

【重点工程】 2011年，完成川气东送地面集输、净化厂及长输管道项目和塔河十二区、松南气田天然气产能等地面工程。开工建设中心三号平台、普光大湾、元坝气田等项目。交付投产胜利902铺管工程船，具备了在水深100米海底建设管道的能力。

（张 滨）

海洋石油工程

【工程装备】 2011年，勘探六号、海洋一号自升式钻井平台，勘探311、胜利252、胜利253多用途工作船，以及胜利902铺管船完成建造和调试工作，投入使用；胜利作业七号平台、1.6万马力多用途工作船建造工程以及勘探四号钻井平台维修工程进展顺利；多缆物探船于9月28日在上海船厂开工建造。

截至2011年底，石化集团公司拥有地震船6艘、地质工程船2艘；钻井平台13座，其中半潜式2座、自升式8座、坐底式3座，最大作业水深610米；修井作业平台4座，其中自升式2座、坐底式1座、吊装式修井模块1座，最大作业水深25米；工程服务船舶35艘（未含在建的2艘），其中8 000马力以上7艘。

（李孟杰）

【工程建造与安装】 2011年，海洋工程建设有力地保障了胜利浅海产能建设。CB25G采修一体化平台C井组平台、CB1G采修一体化B井组平台、CB1H井组平台、CB325井组平台完工投产；CB25A—中心二号、CB25A—CB25G、CB25A—CB1G、CB1A—CB1F、CB30B—CB325等海底电缆送电投运；CB20A—中心二号、CB325—CB326、CB1G—CB25A、CB25G—CB25A等海底输油管线完工投产；埕岛中心三号平台的生活动力平台、生产平台完成陆上预制和海上安装，4 500多吨的生产平台上部组块实现了整体建造、滑移装船、海上精确就位和浮托安装，克服了海上安装对大型浮吊的依赖，缩短了海上工期，节省了投资。

（李孟杰）

【油气开采设施及生产】 截至2011年底，石化股份公司海上油田（自营区块）共有各类海上采油平台108座，其中移动式平台2座、中心平台2座、井组平台69座、单井平台35座；海底输油管线86条，总长153.1千米；海底输气管线1条，总长11.60千米；海底注水管线52条，总长76.2千米；海底电缆107条，总长243.4千米。油气水井共594口，开井485口，其中油井430口、开井335口，年生产原油265.94万吨、天然气1.01亿立方米；气井8口，开井6口，年产气量0.13亿立方米；注水井156口，开井144口，年注水量595.8万立方米。

（李孟杰）

石油工程队伍资质管理

【资质认证】 2011年首批取得甲级单位资质的是：钻井设计：胜利钻井工艺研究院、江汉油田分公司地质工程设计监督中心；井下设计：胜利井下作业公司、中原井下特种作业处；定向井技术服务：胜利钻井工程技术公司、胜利钻井工艺研究院、中原钻井工程技术研究院；钻井液技术服务：胜利钻井工程技术公司、胜利钻井工艺研究院、中原钻井工程技术研究院；固井施工：胜利渤海钻井总公司、胜利黄河钻井总公司、中原固井工程处、华北井下作业公司、西南固井公司；井控技术服务：胜利渤海钻井总公司、胜利黄河钻井总公司、中原钻井管具工程处、中原井下特种作业处、西南油田工程服务公司；欠平衡钻井服务：胜利钻井工艺研究院、中原钻井管具工程处、西南钻井工程研究院；钻前工程施工：胜利黄河钻井总公司、胜利西南管理中心、西南油田工程服务公司；钻后井场治理：西南油田工程服务公司、中原钻井工程技术研究院；取芯技术服务：胜利钻井工艺研究院；钻修井工具及管具检测：胜利渤海钻井总公司、胜利黄河钻井总公司、中原钻井管具工程处。

（于文平）

【市场准入管理】 石油工程市场准入的业务范围包括钻井工程设计、井下工程设计、资料处理解释、非地震勘探、地震采集、垂直地震勘探、钻井、钻井取芯、钻井液技术服务、定向井技术服务、欠平衡技术服务、下套管服务、固井、固井技术服务、井控技术服务、管具服务、钻前工程、钻后治理、综合录井、测井、射孔、测试、试油（气）、压裂酸化、侧钻、大修、小修、连续油管服务、不压井作业。

截至2011年底，准入的系统外队伍共有398支。

（于文平）

设备管理

【概述】 截至2011年底，石化集团公司石油工程共有主要专业设备9 429台（套），其中钻井设备688台

(套)、钻采特车 1 565 台、地震物探设备 2 859 台(套)、测井设备 1 265 台(套)、录井设备 839 台(套)、工程机械 1 929 台、船舶 248 艘。设备原值 280.23 亿元，净值 158.4 亿元。设备管理人员 4 334 人，设备维修人员 7 757 人。

(张巍巍)

【主要设备技术指标】 2011 年，石油工程主要专业设备综合完好率 99.04%，综合利用率 85.07%，运转时率 70.18%，故障停机率 0.03%。各专业设备技术指标见表 1。

(张巍巍)

表 1　　石化集团公司 2011 年石油工程主要专业设备技术指标

技术指标 / 设备分类	设备数量	综合完好率/%	综合利用率/%	运转时率/%	故障停机率/%	新度系数
钻井设备	688	99.34	92.05	77.30	0.13	0.56
钻采特车	1 565	99.25	84.33	61.98	0.01	0.61
地震物探设备	2 859	98.9	84.52	65.84	0	0.54
测井设备	1 265	99.26	86.16	68.42	0	0.55
录井设备	839	99.00	82.00	76.00	0	0.50
工程机械	1 929	98.54	76.77	47.05	0	0.49

【重大装备技术选型论证】 组织了 2011 年度石油工程更新改造重大装备技术选型、方案论证和技术谈判工作，确定了包括钻井、物探、测井、录井、固井、作业、油建和海洋 8 个专业主体与配套设备更新改造技术选型方案，组织签订了 1 013 份技术协议。同时为保障非常规勘探开发对钻机及其配套装备和大型压裂装备的需要，提出了 2011 年下半年至 2012 年非常规勘探开发钻井主体装备和大型压裂成套装备结构调整更新改造需求安排建议。

(张巍巍)

【设备大检查】 组织开展了石化集团公司油田企业 2011 年度设备大检查，检查内容涵盖设备本质安全、主要经济指标、体制制度建设、设备前期管理、现场管理、设备基础资料、人员培训、管理创新、技术改造等方面，共抽查了 6 个油田企业的 56 个二级单位，检查所属钻井、作业、试油、测井、录井、固井、输气站、联合站和计量站等基层施工队伍 125 个、单机设备 648 台(套)，查出各类问题 343 项，对查出的问题分类分层次制定了整改措施。

(张巍巍)

【文本化管理】 组织起草编制并以石化集团公司文件形式正式印发了石化集团公司石油钻机设备、物探设备、测井设备、录井设备、定向井设备、作业设备、油建设备、海洋钻井平台、海洋船舶设备和油田起重运输设备等 11 个石化集团公司石油工程主体专业的设备管理规定。管理规定进一步明确了各专业装备总部、企业和二级使用单位设备管理的职责、程序和内容，进一步规范了各专业主体设备设计制造、投产验收、搬迁安装、现场布局、操作使用、维护保养、检测监测、闲置封存和报废处置等环节技术管理基本要求。

(张巍巍)

矿区管理服务

【概述】 截至 2011 年底，石化集团公司未上市油田企业矿区服务系统用工 6.8 万人，其中在岗正式职工 3.99 万人，年末资产总额 122.47 亿元，固定资产净值 8.66 亿元。共有住宅小区 483 个，其中国家级优秀小区 40 个、省级优秀小区 99 个。职工住宅 41.41 万套、建筑面积 3 163 万平方米，物业服务面积 4 065 万平方米，供暖总面积 3 582 万平方米。服务总人口 120.57 万人。

(范　勇)

【矿区系统调研工作】 2011 年 1—11 月，按照石化集团公司调研工作的总体安排，组织开展了矿区系统专题调研工作，研究提出了油田企业矿区系统调研报告，为领导决策提供了有益参谋。此次调研学习了中国石油、中国海洋石油、中国联通、上海宝钢等国有大型企业矿区及后勤系统改革管理经验，深入到胜利油田、中原油田、河南油田、江汉油田、江苏油田、西南油气田、西北石油局等企业，分析市政管理、物业服务、供暖、托幼、社区卫生、离退休等业务运行管理情况，深入研究矿区业务管理体制、运行机制，以及矿区服务与企业油气生产业务、矿区稳定、企业和谐等的关系，系统提出了矿区系统改革发展的指导思想、目标措施等内容。

（范　勇）

【文明和谐示范小区创建工作】 紧密配合石化集团公司“为民服务创先争优”活动，进一步扩展和深化文明和谐示范小区创建工作，不断提升矿区管理与服务水平，为油田生产生活和矿区和谐稳定发挥了重要的保障作用。①树立先进典型。2011 年 4 月 10 日，石化集团公司组织召开 2010 年度文明和谐示范小区创建活动总结表彰大会，表彰奖励了石化集团公司第 1 批 62 个文明和谐示范小区和 96 名先进个人，树立了学习与赶超的先进；总结服务典型经验，在中国石化电视台、《中国石化报》进行反复宣传，进一步强化了先进典型导向和示范作用。②督导创建工作。组织示范小区复查工作，抽选 12 名专家分 3 组到 8 个企业开展示范小区复查，并进行总结讲评。③强化生产保障。各企业紧贴生产经营需要，拓展服务项目，强化服务管理，紧跟生产队伍，市场开发到哪里，保障服务跟进到哪里，为油气生产和石油工程提供了持续有力的后勤支撑。④强化居民服务。切实围绕职工群众的生活需要，延伸服务项目、细化服务措施，努力将企业发展成果惠及油田矿区居民，有效保证了矿区居民生活需要。

（范　勇）

【建立矿区服务标准】 为提高油田企业矿区系统整体服务水平、促进服务创新，实现矿区服务专业化、标准化、规范化，提高各企业矿区服务的可比性，编制了一套《中国石油化工集团公司矿区服务标准》。全套标准包括居民服务类、生产保障类和公共服务类，其中居民服务类制定了住宅小区物业服务、供水服务、供电服务、燃气供应服务、集中供热服务、医疗卫生服务、学前教育服务 7 项标准，生产保障类制定了办公区物业服务、生产区物业服务 2 项标准，公共服务类制定了公共区域道路保洁、公共区域道路养护、公共照明设施管理、矿区排水防洪设施管理、矿区环卫设施管理、公共文体广场管理 6 项标准。

（范　勇）

炼油生产

◇ 综述

◇ 工艺技术进展

◇ 装置达标

◇ 自销产品销售

◇ 设备管理

◇ 计量管理

◇ 质量管理

◇ 原油资源及储运

综　述

2011年，面对复杂的市场环境和政策性亏损带来的巨大压力，炼油板块认真贯彻党组部署，紧紧围绕“炼油率先实现世界一流”的目标任务，统筹推进保安全、保增长、转方式、增效益，炼油生产经营取得良好业绩。

保增长保市场卓有成效。炼油板块始终站在全局高度，充分发挥上中下游一体化优势，在生产组织、结构优化和产销平衡方面，采取得力措施，化解供需矛盾，有力地保障了市场供应，实现了生产总量的稳步增长。通过保持满负荷、淡储旺销、实施增产奖励政策等方式，全年累计增产增供成品油340万吨。全年加工原油2.19亿吨，同比增长2.8%；炼油负荷率达到101%，提高1.3个百分点。自产成品油占全国消费比例同比提高0.6个百分点，优势地位进一步巩固，切实履行了职责，维护了中国石化“高度负责任、高度受尊敬”的企业形象。

装置“安稳长”运行总体良好。面对运行负荷高、检修任务重，炼油企业严格执行安全生产禁令，狠抓直接作业环节，高效推进专项隐患治理，安全事故和非计划停工多发的势头得以遏制。主要装置长周期运行水平稳步提高，超过“三年一修”的装置同比增加31套。北海炼化、长岭炼化800万吨/年配套项目以及仪征—日照、湛江—北海等新建装置和管道安全、顺利投产。轻质油储罐、高温油泵、焦化联锁等专项隐患治理效果显著，2011年没有发生一起轻质油罐和高温油泵着火事故。原油优化调和项目取得成效并逐步推开，设备腐蚀防治持续推进，炼油平稳运行的基础不断加强。

技术经济指标取得新进步。对标世界一流，坚持练内功、提指标、转方式，优化装置运行，推进节能减排，实施资源综合利用，炼油主要技术经济指标创历史最高水平。轻质油收率同比提高0.29个百分点，综合商品率突破95%大关，同比提高0.26个百分点；炼油综合能耗同口径降低2%；加工损失、储运损失分别降低0.05和0.02个百分点；吨油取水、吨油排水分别降低0.04、0.02吨。

优化降本增效成果丰硕。面对经营压力，炼油板块紧贴市场和效益，坚持调结构、做优化、降成本，努力减亏增效。全年劣质原油加工比例达到63.1%，降低成本13.5亿元；利用PIMS模型测算并实施生产优化方案增效13.2亿元；强化培训、深化应用，动态、持续开展全流程优化，实施优化方案增效14.9亿元；推进全员成本目标管理，加大费用控制力度，全年降本减费43亿元，完成年度目标任务的132%；单位完全费用214元/吨，同比降低9.4元/吨。

自销产品经营实现新突破。通过坚持诚信经营、灵活经营，优化产销结构，细化比价考核，增强服务意识，炼油自销产品经营量突破6 000万吨，同比增长5.8%。硫黄、石蜡整合顺利完成，专业化经营取得新进展。积极开拓市场，液化气、石油焦、沥青、润滑油等市场占有率持续提高，硬质、温拌等高价值沥青投放市场，船用润滑油首次超过兄弟企业，同比增长27%。加快走出去步伐，自销产品国际化经营快速发展，润滑油、沥青、石油焦出口总量同比分别增长17%、48%、84%。

企业精细管理再上新台阶。炼油板块积极引入国外先进的指标体系，扎实开展“比学赶帮超”活动，高效推进管理体系整合，深化信息技术应用，在继承中不断加强“三基”工作。目前炼油已初步形成了“3个层面、5个纬度、8个专业”的绩效评价体系，考核效能得到充分发挥。

（孟宪强）

工艺技术进展

【常减压蒸馏】 截至2011年底，中国石化35家炼油企业总加工能力为2.49亿吨/年，比上年增加240万吨/年(2010年数据有调整)。共加工原油2.19亿吨，同比增长2.8%。常减压装置日平均运行负荷率为91.9%；原料平均硫含量1.41%，同比上升0.08个百分点；原料平均酸值0.69毫克(氢氧化钾)/克，同比上升0.03毫克(氢氧化钾)/克；能耗平均值为9.2千克(标油)/吨，同比基本持平。常减压蒸馏工艺的技术进展主要集中在减少非计划停工、延长运行周期、降低加工损失、节能降耗等方面。

强化设备防腐蚀管理。针对部分企业常减压装置出现较为严重的腐蚀情况，开展了腐蚀与防护专项工作，对部分腐蚀严重的设备进行了设备材质升级，推广在线腐蚀监控，较好地抑制了常减压设备腐蚀情况。同时，实施了原油质量在线监控，对华北、沿江地区加工原油的硫含量、酸值实施重点监控，有效解决了原油部分指标超装置设防值问题。

强化工艺达标管理。针对原油加工中出现的电脱盐困难等问题，组织科研、设计、生产单位开展技术攻关，有效解决了青岛石化等企业的常减压电脱盐装置脱后含盐高问题。在镇海炼化、青岛炼化、齐鲁石化等企业开展了基础技术文件的完善工作，对原有操作规程与岗位操作法进行了升级完善，新的操作规程与岗位操作法采用表单化模式，对每一操作步骤标准化，并明确操作人、检查人职责，杜绝违规操作引发的生产事故。在生产管理中加大达标管理力度，强化工艺考核，为企业长周期运行打下了坚实的基础。

新技术应用。在系统内开发了常减压装置远程诊断系统，利用信息技术对试点企业常减压装置实施在线监测与技术管理，取得了良好的效果。

（宫　超）

【催化裂化】　2011 年，中国石化催化裂化装置在装置运行周期、产品分布等方面进步较大。总加工能力达到 6 121 万吨/年，同比增加 216 万吨/年。与此同时，一批新技术、实用技术在催化裂化装置中得到应用。

装置能耗持续降低。催化裂化装置节能降耗进展明显，通过原料加氢处理，改善了原料性质；在装置热联合、烟机节能、机泵变频等方面有较大投入，取得了较好的节能效果。

强化工艺技术管理。针对催化裂化装置烟机结垢造成非计划停机问题，开展了专项治理工作，对近 20 多家企业进行了现场调研，并在深入调查的基础上，提出了催化裂化烟机防结垢指导意见。同时，在武汉石化 2#催化裂化装置、金陵石化 2#催化裂化装置及海南炼化催化裂化装置上采用进口催化剂，取得了较好的应用效果。

新技术应用。中国石化开发了催化裂化装置远程诊断系统，对试点催化裂化装置在线监测与技术诊断，取得了较好的效果。一批先进实用技术得到工业应用，其中石油化工科学研究院开发的 LTG 增产高辛烷值汽油技术已在巴陵石化等企业得到成功应用，该技术将催化柴油轻馏分转化为高辛烷值汽油，经济效益明显。石油化工科学研究院研发的 MIP－DCR 技术在九江分公司得到成功应用。该技术通过优化催化剂混合温度，改善催化剂与油气接触条件，提高了反应转化率，产品结构改善，经济效益明显。

（宫　超）

【延迟焦化】　2011 年，中国石化共有 38 套延迟焦化装置，分布于 25 家企业，年加工能力 4 740 万吨，实际加工 4 742 万吨，满负荷运行。装置综合能耗 22.47 千克（标油）/吨。2011 年是炼油板块提升焦化技术水平的重要一年，通过安全联锁、加热炉自动底顶盖机、节能等措施，装置生产技术水平跃上了一个新的台阶。

中国石化组团考察了美国 Bechtel 公司延迟焦化技术，此技术也是镇海炼化新焦化装置的引进技术。从美国 Motiva 工厂现场考察的 180 万吨/年焦化装置了解到，装置开工周期 6 年，采用 20 小时生焦，装置设计寿命 20 年，焦炭塔配置了顺序控制系统，分馏塔底过滤器一般一周清洗一次；美国 Baytown 的一套二炉四塔焦化装置，设计 18 小时生焦，已优化为 13 小时，大大提高了装置生产能力。与埃克森美孚公司进行了灵活焦化技术交流，此技术在效益、环保、生产安全等方面都有一定优势，有利于促进国内重油加工技术发展。

（许金林）

【催化重整】　2011 年，中国石化有 34 套催化重整装置，其中固定床重整 12 套，加工量 235 万吨，平均运行负荷 84%；连续重整 22 套，加工量 1 784 万吨，平均运行负荷 95.5%。

1. 半再生重整技术进展

石油化工科学研究院研发的 PRT 系列半再生重整催化剂及两段装填两段混氢技术，具有积炭速率低、选择性高、活性稳定性和再生性能好以及对原料适应性强等特点。截至 2011 年底，PRT 系列催化剂已在国内及国外阿尔及利亚、乍得、尼日尔等国家的 36 套半再生重整装置上使用。半再生重整催化剂国内市场占有率超过 90%。

2. 连续重整技术进展

洛阳工程公司、石油化工科学研究院等研发的国产“超低压连续重整成套技术”，继 2009 年在广州分公司首次工业应用之后，2011 年得到进一步推广应用，其中北海分公司 60 万吨/年连续重整装置采用此成套技术，配合使用 PS－VI 催化剂，11 月一次开车成功。在建的九江 2#、扬子 2#、塔河 2#等新建装置也采用了此成套技术。以工程建设公司为主研发的“逆流移动床国产化重整成套技术”，已批复在济南分公司进行工业试点应用。

石油化工科学研究院开发的 PS 系列连续重整催化剂进一步推广应用。高桥分公司 80 万吨/年 2#连续重整、荆门分公司 60 万吨/年连续重整、北海炼化 60 万吨/年连续重整以及中国石油长庆石化 60 万吨/年连续重整装置采用了 PS－VI 催化剂，新增加工能力 260 万吨/年。截至 2011 年底，国内已投产的 48 套连续重整装置中，已有 30 套（其中中国石化 18 套）采用了 PS－VI 催化剂；3 套（扬子石化、天津石化和金陵石化)采用了PS－Ⅶ型催化剂。

(周建华)

【润滑油生产】 2011年，中国石化共有糠醛精制装置9套，能力311万吨/年，负荷率87.29%；酮苯脱蜡装置12套，能力272万吨/年，负荷率88.53%；白土补充精制装置8套，能力117万吨/年，负荷率86.41%；加氢补充精制装置3套，能力22万吨/年，负荷率85.35%；加氢改质装置1套，能力20万吨/年，负荷率88.00%；润滑油全加氢装置1套，裂化段能力30万吨/年，负荷率90.18%。基础油综合收率同比降低1.2个百分点，综合能耗同比下降2.84%，综合物耗同比基本持平。

润滑油分公司共有71个新产品批量生产，涉及内燃机油、齿轮油、液压油、金属加工用油、润滑脂等多个品种；另外，有19个产品获得国际认证，有54个产品被写入OEM设备产品说明书。

2011年4月，济南分公司环保型橡胶填充油关键指标以及与齐鲁石化橡胶厂协作生产的环保橡胶通过德国BIU实验室检测，工业示范装置消缺后具备连续生产能力，全年可生产环保橡胶填充油3.5万吨。2011年，高桥分公司通过原料及操作优化，实现API Ⅲ类4#、6#、8#基础油的连续生产。

(林 崧)

装置达标

【概述】 2011年，中国石化33家炼油企业(不含福建炼化和北海分公司)轻油收率同比提高0.29个百分点，综合商品率同比提高0.26个百分点，加工损失率同比降低0.05个百分点。

(李 鹏)

【炼油达标】 2011年，中国石化轻质油收率、综合商品率、加工损失率、综合能耗、原油储运损失5项指标达到了年度达标考核要求，价值量化后中国石化炼油专业实现达标，这也是2003年以来中国石化炼油板块连续第9年实现专业达标。

1. 专业达标

33家炼油企业实现专业达标的有24家，分别是天津、石家庄、沧州、河南、齐鲁、济南、胜利、安庆、九江、武汉、长岭、荆门、金陵、扬子、上海石化、镇海、茂名、海南、西安、塔河、扬州、东兴、杭州、青岛炼化。

2. 同类装置竞赛

常减压装置：54套运行的常减压装置参与同类装置竞赛，排名第1至第10位的是青岛炼化、天津3#、海南、湛江、金陵2#、九江1#、金陵3#、镇海1#、镇海3#、茂名4#。

催化裂化装置：51套运行的催化裂化装置参与同类装置竞赛，排名第1至第10位的是金陵1#、茂名3#、海南、镇海2#、茂名2#、济南2#、金陵2#、青岛石化、洛阳1#、武汉1#。

加氢裂化装置：17套运行的加氢裂化装置参与同类装置竞赛，排名第1至第4位的是海南、金陵2#、燕山2#、广州。3套运行的渣油加氢装置参与同类装置竞赛，排名第1位的是海南。

延迟焦化装置：36套运行的延迟焦化装置参与同类装置竞赛，排名第1至第8位的是茂名1#、金陵3#、广州3#、茂名2#、广州2#、金陵1#、塔河2#、洛阳石化。

催化重整装置：21套运行的连续重整装置参与同类装置竞赛，排名第1至第5位的是青岛炼化、天津、金陵2#、镇海4#、上海石化2#。

半再生重整装置：10套运行的半再生重整装置参与同类装置竞赛，排名第1至第3位的是青岛石化、武汉石化、沧州炼化。

蜡油加氢处理装置：13套运行的蜡油加氢处理装置参与同类装置竞赛，排名第1至第3位的是青岛炼化、天津石化、洛阳石化。

柴油加氢精制装置：45套运行的柴油加氢精制装置参与同类装置竞赛，排名第1至第10位的是茂名3#、镇海4#、青岛炼化、青岛石化2#、天津3#、荆门1#、齐鲁3#、广州3#、九江1#、青岛石化1#。

航煤加氢精制装置：12套运行的航煤加氢精制装置参与同类装置竞赛，排名第1至第2位的是茂名石化、广州石化。

汽油加氢精制装置：13套运行的催化汽油加氢精制装置参与同类装置竞赛，排名第1至第2位的是青岛石化、上海石化。

硫回收装置：44套运行的硫回收装置参与同类装置竞赛，排名第1至第7位的是广州2#、金陵2#、普光六联合、茂名3#、普光三联合、镇海4#、海南炼化。

制氢装置：27套运行的制氢装置参与同类装置竞赛，排名第1至第3位的是塔河2#、广州2#、石家庄2#。

溶剂精制装置：12套运行的溶剂精制装置参与同类装置竞赛，排名第1至第2位的是茂名1#、茂名2#。

溶剂脱蜡装置：10套运行的溶剂脱蜡装置参与

同类装置竞赛，排名第1至第2位的是茂名3#、燕山2#。

（李　鹏）

自销产品销售

【概述】 2011年，中国石化炼油自销产品(除汽油、煤油、柴油和石脑油以外)合计销量6 080万吨，同比增长5.8%；合计均价4 673元/吨(不含税)，同比上涨12.9%。

（胡金玉）

【销售管理】 开展全产品管理，完善炼油自销产品比价体系，深入推进“比学赶帮超”活动；加强区域间、企业间协调，灵活推价增效；积极开展市场调研，细分产品，细分市场，市场占有率保持上升态势；进一步深化信息资源管理，与经济技术研究院等咨询机构合作开展专题研究，充分利用总部基础资源信息系统积累数据信息，灵活应用炼油产品销售管理BW系统对销售实现监督管理；积极开展“为民服务创先争优”活动，了解用户需求，提升客户服务水平。

（胡金玉）

【专业公司管理】 加强对润滑油、炼油销售两个专业公司的管理。2011年，润滑油分公司经营总量同比增长12%，其中高档产品同比增长5%，包装产品同比增长1%。润滑油分公司瞄准高端市场，推出顶级高档车用油产品，保持国内技术领先、产品领先。积极开拓新型销售模式，将网络营销与汽车养护连锁经营结合，实现了线上销售、线下服务一体化。积极拓展国际、国内两个市场，进一步扩大市场占有率和品牌影响力，润滑油市场占有率同比上升1个百分点，出口量同比增长17%。4月，炼油销售有限公司顺利实施了硫黄、石蜡销售业务整合，实现了排堵保畅、平稳上线的目标，全年经营量同比增长27.4%。充分利用两种资源，发挥两个市场作用，开展进出口贸易，全年进出口(含第三方贸易)经营总量同比增长45%。为适应沥青工程需求，通过外委加工的产品牌号多达13个；为开拓石油焦国际市场，通过石油焦产品质量数据库，为客户提供优化、经济的掺配方案10个。

（胡金玉）

【品牌建设】 润滑油分公司围绕航天科技形象、高档油推广和国际市场开发三个方面，坚持广告、公关与产品销售相结合的整合营销传播，进一步丰富了“高科技、高品质、国际化”品牌内涵。组织开展了航天助威团、航天体验营等航天主题公关活动以及“畅行北京、润滑交通”主题宣传活动，提升了长城品牌的美誉度；抓住公司率先推出SN汽油机油及CJ-4柴油机油高端产品的契机，组织召开了长城高端新品发布会，树立了长城产品的高端形象；针对重点国际市场，以与V8赛事合作、行业展会、路牌广告、报刊宣传等形式，塑造SINOPEC润滑油高品质、可信赖的国际形象。2011年，长城品牌价值进一步提升，并以179.34亿元在中国品牌500强中排名第52位，是唯一进入百强的中国润滑油品牌。

中国石化“东海牌”沥青积极开拓高附加值产品市场，积极参与国际、国内高端市场的竞争，凭着优良的产品质量和完善的服务网络，实现了替代进口的战略目标，品牌影响力逐步提升。2011年成功中标供应青岛海湾大桥、林海高速、沈海高速莆田段、德昌高速、厦漳高速、绵遂高速、德滨高速等基础设施重点工程，提高了中国石化在行业内的影响力。

（胡金玉）

设备管理

【概述】 2011年，中国石化继续保持了原油加工量和成品油量的稳定增长。炼油企业一方面保持高负荷运行，另一方面在装置运行周期不断延长，设备腐蚀、老化情况加剧，故障率有所上升的不利情况下，通过加强设备的全员、全过程管理，努力提高设备运行的可靠度，使设备总体上保持了良好的运行状态，为生产装置的安全、稳定、长周期运行和全面完成原油加工计划提供了可靠保证。

炼油企业6类主要生产装置计划检修120套，实际检修118套，检修装置数创新高，比2010年增加4套，其中常减压装置21套、催化裂化装置18套、延迟焦化装置19套、加氢裂化装置13套、重整装置11套、加氢精制装置31套、润滑油装置5套。

中国石化总部进一步加大检修管理力度，强调检修质量，要求企业加大预制力度，适当提高检修深度，不抢、不拖工期，117套检修装置做到了一次开车成功。青岛炼化装置建成投产后，首次进行三年一修，通过认真作好检修准备，明确检修队伍职责，抓好检修现场安全管理和检修质量监控，较好地完成了检修任务。装置检修后一次开车成功，运行情况良好。

各企业继续抓好装置运行管理，装置运行水平有了进一步提高。截至2011年底，在中国石化考核的主要炼油生产装置中，56套装置实现了四年一修，同比增加12套；183套装置实现三年一修，同比增加19套；被纳入考核范围的主要生产装置已全部实现两年一修。

中国石化总部坚持组织设备专家深入企业进行调研和开展各种技术服务活动，帮助企业解决实际问题。6次组织专家组到企业进行检修前的调研服务工作，同时根据企业要求3次派设备专家到现场进行技术服务，促进了企业检修质量和设备运行水平的提高。

进一步加强烟机运行管理。中国石化44台烟机的同步运行率同比提高0.8个百分点，累计负荷率同比提高0.1个百分点，能量回收率同比提高0.1个百分点，烟机同步运行率和负荷率保持了较高水平。由于催化剂强度低、细粉含量高等原因，烟机长周期运行受到影响，烟机故障次数有所上升，叶片结垢和机械断裂两类故障占到总故障的71%，是烟机故障停机的主要原因。

（任　刚）

【设备防腐蚀管理】 2011年，设备腐蚀依然比较严重，腐蚀泄漏时有发生，因腐蚀导致的非计划停工2次，占总次数的11.1%；非主要生产装置因腐蚀泄漏造成的装置抢修4次。青岛炼化、上海石化、高桥石化等12家企业常减压装置、催化分馏和吸收稳定系统、焦化进料系统均出现了比较严重的设备腐蚀。茂名石化、天津石化等企业从年初开始在常减压装置掺炼南帕斯凝析油，通过设备腐蚀监测和检修检查，发现设备腐蚀明显加剧。2月，茂名3#常减压的常压塔因腐蚀泄漏发生着火事故，抢修发现该塔上部腐蚀减薄，进行了贴板处理，8月在检修时对该塔上部10米进行了更换。天津石化单独在1#常减压装置加工凝析油，从设备监测情况看，未出现严重的设备腐蚀。

组织合肥通用机械研究院、安全工程研究院、石油化工科学研究院以及企业专家赴现场进行技术服务，确定抢修方案和防腐措施，尤其是协助普光净化厂建立起全厂的防腐体系和监测措施，腐蚀得到有效控制。青岛炼化、广州石化、高桥石化、九江石化、洛阳石化等有全厂停工大检修的企业根据现场实际情况，委托安全工程研究院、长岭设备研究所等单位开展检修腐蚀调查，掌握了装置运行3年后腐蚀状况的第一手资料，并根据腐蚀状况提出了检修方案和材质升级计划，保证了生产装置长周期运行。

（王一海）

【加热炉管理】 2011年，中国石化紧紧围绕提高热效率、降低能耗、增加经济效益等方面积极开展加热炉管理工作。中国石化总部组织加热炉测评中心分4次对16家炼油企业318台加热炉的运行、管理情况进行了检查，检查中不仅对加热炉现场热效率进行了实测，还对日常运行数据进行了检查，通过调取加热炉DCS历史数据，计算出日常运行热效率，与现场实测结合对其运行情况进行综合测评。检查的318台加热炉，热负荷6 053兆瓦，加权平均热效率90.7%，同比上升0.4个百分点；平均氧含量4.2%，同比升高0.1个百分点；平均排烟温度150℃，同比降低2.1℃。各项指标均为历史最好水平。从现场运行情况看，各企业都能对照每季度加热炉检查通报进行整改，并加强加热炉岗位的操作培训，操作工对影响加热炉热效率的重要参数注重调节，日常操作维护的责任心增强。

炼油企业重点开展了推广示范加热炉的工作，投资5 420万元，对7家企业16台加热炉进行了改造，改造项目均随装置大修同步完成。改造后加热炉平均热效率达到92.07%，排烟温度141℃，氧含量3.1%，与改造前相比平均热效率提高3.6个百分点，年效益1 820万元，有效提升了各企业加热炉热效率和运行管理水平。

（王一海）

计量管理

【概述】 2011年，中国石化计量管理人员认真贯彻国家计量法律、法规，狠抓计量器具管理，强化计量数据管理，计量管理水平不断提高。同时，加大计量设备改造力度，计量器具精确度和计量数据的准确性不断提高，为企业减少进出厂物料损耗提供了有利条件，取得了显著效益。

（任　刚）

【加强原油储运损失管理】 继续加大原油储运管理力度，深化基准损失比对管理，将企业分为“优秀、良好、中等和较差”4个等级并进行排序，加大了“比学赶超”力度，使企业及时发现差距，认真分析原因，抓好整改落实。储运损失率继续降低。2011年石化股份公司平均原油储运损失率同比下降0.02

个百分点，减少原油损失4.1万吨，降低成本1.64亿元。镇海炼化、金陵石化、上海石化、茂名石化、天津石化、长岭炼化和青岛炼化7家企业的实际储运损失率达到“优秀”等级。下降幅度最大的前3名是荆门石化、武汉石化和长岭炼化。

（任　刚）

【开展计量专项大检查】 2011年5月23日—6月28日，中国石化总部成立9个小组对36家炼化企业的计量管理工作进行了检查。检查组将检查工作与调研相结合，帮助企业发现问题、解决问题，同时优化方案，尽量减轻企业负担。企业普遍重视计量管理工作，组织机构不断完善，人员配备比较齐全，计量管理体系健全，能够满足生产经营需要。

（任　刚）

【开展计量专项整改】 2011年，根据《炼油企业计量设备配备指导性意见》和专家组意见，并考虑到大修因素，确定了20家企业计量整改项目1 929项，合计投资8 091万元。通过整改，取得了较好效果。企业提高了蒸汽、水、燃料、电等能源介质计量设备的完好率，计量损失率减少，为节能降耗工作提供了便利条件；提高了进出厂计量设备准确度，减少了进出厂计量损失；装置间计量设备配备水平有所提高。

（任　刚）

【计量信息化工作进一步推进】 继续做好计量信息系统推广工作，提升计量管理水平，满足ERP和MES等管理系统的数据要求。2011年，在洛阳石化、广州石化、湛江东兴、塔河分公司和九江石化5家企业完成计量信息系统的推广工作，为企业准确计量提供了条件。

（任　刚）

质量管理

【概述】 2011年，中国石化坚持“每一滴油都是承诺”的社会责任和“质量永远领先一步”、“质优量足、客户满意”的方针目标，稳步推进产品质量升级工作。通过严格产品内控指标管理和加强全过程产品质量控制，产品质量稳定满足标准和用户使用要求。各炼油企业围绕强化质量控制管理，开展形式多样的质量管理活动，质量管理水平不断提高。炼油产品质量总体保持稳定，出厂产品合格率100%。在国家、各级政府部门和中国石化对炼油企业产品质量监督抽查中，产品合格率均达到了100%。

（王新军）

【产品实物质量】 2011年，炼油产品实物质量总体稳定，质量升级工作稳步推进。车用汽油质量全面达到国Ⅲ标准要求，供应北京、上海、广州、深圳4个城市的车用汽油质量达到国Ⅳ排放标准要求，高桥石化生产的质量满足欧Ⅴ标准的车用汽油供应香港。7月1日起，车用柴油实施国Ⅲ标准，满足国Ⅲ标准的车用柴油产品陆续投放市场，上海石化生产的质量满足欧Ⅴ标准的车用柴油供应香港。3#喷气燃料严格管理程序，保证了军队、民航的供给，供应香港机场航煤的企业均通过了香港机场年度质量保证能力检验。“东海”牌沥青新产品开发和市场开拓取得新进展。镇海炼化、广州石化生产的符合交通部《道路沥青施工技术规范》50#A级硬质沥青标准的新产品成功应用于江西德昌高速、石吉高速、上武高速和海南西线高速等重点工程；温拌沥青新产品已在全国7个省市摊铺了10条试验路；齐鲁石化、茂名石化、镇海炼化通过了交通部产品质量的认证。润滑油基础油质量稳定，茂名石化、高桥石化、燕山石化等企业通过优选原油和优化装置运行，稳定了高等级润滑油基础油质量。神舟八号飞船与天宫一号目标飞行器交会对接成功，长城润滑油再立新功。

车用汽油：中国石化按照国家《车用汽油》、《车用乙醇汽油调和组分油》标准，北京、上海、广州、深圳等地方《车用汽油》标准和出口汽油协议标准等产品标准系列生产汽油。炼油企业出厂国Ⅲ标准车用汽油硫含量满足不大于0.015%要求，其中供北京、上海、广州和深圳的满足国Ⅳ排放标准车用汽油硫含量达到了不大于0.005%的要求。产品结构得到了优化，93#及以上高标号车用汽油比例达到了98.1%，国Ⅳ标准车用汽油比例达到了16.4%。

柴油：中国石化按国家《轻柴油》、《普通柴油》、《车用柴油》、《军用柴油》标准，北京、上海等地方《车用柴油》标准和出口柴油协议标准等产品标准系列生产柴油。供应北京、上海车用柴油达到了国Ⅳ标准要求，满足了国内部分城市的需要。国Ⅲ及以上标准车用柴油比例达到了12.8%。

道路石油沥青：高等级道路石油沥青产品产量稳步提升，齐鲁石化、镇海炼化、茂名石化、金陵石化、广州石化、上海石化、西安石化等企业稳定组织生产新规范A级沥青；齐鲁石化、长岭炼化等企业加大了改性沥青攻关力度，SBS改性沥青被成功应用于国家重点工程。加强与交通部门合作，开发的70A、90A温拌沥青和SBS改性温拌沥青新产品，成功在北京、上海、河北、陕西、山西、甘肃、宁夏等地进行了试验路的摊铺。

（王新军）

【产品质量管理】 2011年，中国石化以落实炼油企业产品质量管理制度为重点，不断提高质量管理体系运行的有效性，全面提升企业质量管理水平。通过严格产品内控指标管理，开展月度产品质量统计分析，积极开展用户质量技术服务，加大月度产品质量通报力度，使炼油产品质量的控制管理水平得到了提高。组织开展了质量日、质量知识竞赛等形式多样的活动，举办了炼油企业质量处(科)长培训班，提高了质量意识和业务技术水平。各企业强化质量管理，狠抓全员、全过程质量培训和质量控制，炼油质量管理工作水平得到了全面提高。充分利用信息化管理手段，提高质量管理、质量控制与质量分析的科学性与工作效率。

（王新军）

【质量管理体系】 2011年，管理体系整合试点工作稳步推进。组织制定《炼油企业构建一体化管理体系工作指南》，明确一体化管理体系的范围、框架、模式，对规范炼油企业构建一体化管理体系提供指引；组织开展管理体系整合以及管理骨干、管理体系审核员培训，拥有了一支管理体系工作专家队伍，为进一步开展构建、完善一体化管理体系工作提供了支撑；组织技术交流、开展现场帮促，全面提升企业一体化管理体系构建及运行水平。为做到一体化管理体系模拟验收工作的标准化、规范化，组织制定了《炼油企业一体化管理体系验收管理办法》，对验收组织以及验收标准提出了明确要求，组织开展了模拟审核验收，取得了较好效果。各企业加强了质量管理体系的有效运行工作，组织开展了质量管理体系内审、管理评审和第三方年度监督审核，规范和提高质量管理体系运行的有效性。

（王新军）

【质量检验管理】 实验室信息化管理系统(LIMS)建设工作稳步推进。LIMS第2期项目推广应用，推动了总部集成项目，提高了产品检验分析的管理水平。加大了实验室检测分析仪器更新改造力度，提高了实验室装备的技术水平，对辛烷值机、十六烷值机实行了集中采购，降低了采购成本。持续开展实验室联评工作，组织原油、汽油、柴油、喷气燃料、沥青、石蜡产品分析方法比对。举办化验分析技术高级研修班，通过为期6个月的集中授课与现场教学、企业研修、结业交流答辩等培训，提高了分析化验技术水平。

（王新军）

原油资源及储运

【原油资源】 2011年，中国石化共采购原油2.20亿吨，其中中国石化油田自产供3 484万吨，中国石油供572万吨，中国海洋石油供806万吨，进口原油1.71亿吨。2011年原油资源完成情况见表1。

（于 帅）

表1 **中国石化原油资源统计** 万吨

项目 \ 年份	2011	2010	2009	2008	2007	2006
原油资源总量	21 996	21 405	18 521	17 435	16 615	15 760
自产原油	3 484	3 513	3 190	3 088	3 083	3 075
中国石油资源	572	510	705	613	691	881
中国海洋石油资源	806	855	797	904	884	794
进口原油	17 133	16 527	13 829	12 829	11 956	11 010

【自产原油销售流向】 2011年，中国石化油田企业共完成原油资源配置量4 099万吨。其中，供中国石化炼化企业3 484万吨，供中国石油166万吨，供地方炼油企业403万吨。2011年自产原油销售流向见表2。

（于 帅）

表 2 **中国石化自产原油销售流向** 万吨

项 目 \ 年 份	2011	2010	2009	2008	2007	2006
原油配置量	4 099	4 087	4 077	3 994	3 937	3 838
石化企业	3 484	3 513	3 190	3 088	3 083	3 075
中国石油	166	136	130	117	108	135
地方企业	403	387	352	323	327	255
其 他	86	49	407	463	412	351
管道损耗及自用	3	7	3	3	6	9
库存增减	-42	-5	-5	15	3	14

【灵活调整不同地区采购数量】 2011 年，国际市场原油价格大幅上涨，高低硫油价差大幅扩大，以米纳斯、辛塔、杜里计价的远东原油价格走势坚挺。炼油企业积极适应市场变化，根据高低硫价差、轻重质价差变化灵活，调整不同地区采购数量，充分发挥炼油装置的高硫油加工潜力，大幅度降低进口原油采购成本。全年，中东地区原油采购比例同比提高 8.2 个百分点，通过原油优化降低采购成本 13.5 亿元。

（胡怀敏）

【储运设施】 原油管道：截至 2011 年底，中国石化共拥有原油长输管道 7 100 千米，设计输油能力 2.92 亿吨/年。2011 年实际完成原油输送量 1.65 亿吨，完成原油周转量 609.11 亿吨·千米。其中，管道储运分公司负责运营管理的原油长输管道 6 080 千米，设计输油能力 1.82 亿吨/年，2011 年实际完成原油输送量 1.05 亿吨，完成原油周转量 562.41 亿吨·千米。油田企业负责运营管理的原油长输管道 477 千米，设计输油能力 2 258 万吨/年，2011 年实际完成原油输送量 1 549 万吨，完成原油周转量 11.07 亿吨·千米。炼化企业负责运营管理的原油长输管道 543 千米，设计输油能力 8 680 万吨/年，2011 年实际完成原油输送量 4 497 万吨，完成原油周转量 35.66 亿吨·千米。

原油储罐：截至 2011 年底，中国石化共拥有原油储罐 2 310 座，罐容合计 2 832 万立方米；共建成投产原油商业储备油罐 126 座，罐容合计 1 308 万立方米；负责运营管理的国家储备原油储罐 84 座，罐容合计 840 万立方米。

原油码头：截至 2011 年底，中国石化拥有原油码头 51 座，一次靠泊能力 350 万吨。其中，20 万吨级以上码头 12 座，分别是曹妃甸实华、天津实华、青岛实华、日照实华、宁波实华、舟山实华、湛江港实华和镇海算山、福建青兰山、广州石化惠州、茂名水东和海南洋浦原油码头。

（于 帅）

【原油储运设施投用】 日照—仪征原油管道（简称日仪线）投用。日仪线长 380 千米，管径 914 毫米，一期设计输量 2 000 万吨/年，二期设计输量 1 600 万吨/年，配套建设总库容 320 万立方米的原油库，为中国输油能力最大、自动化水平最高的原油管道。2011 年 9 月底，日照原油库投用，10 月 10 日，原油管线顺利投油，实现投产一次成功。日仪线的投用为沿江炼化企业原油资源稳定、高效供应奠定了坚实的基础，为东部原油管道运输优化创造了条件。通过日仪线输送与通过鲁宁线和甬沪宁管网输送相比，管输费和输油能耗大大降低。2011 年日仪线共输油 196 万吨。

湛江—北海原油管道（简称湛北线）投用。湛北线全长 198 千米，其中湛江—廉江管线长 52 千米，管径 813 毫米，廉江—北海管线长 146 千米，管径 711 毫米，全线设湛江首站、廉江中间站和铁山港末站 3 座泵站，一期设计输量为 1 000 万吨/年。北海原油商储库一期建设库容 160 万立方米。根据工程安排先期投用 1#、2# 两个罐组，共 8 座 80 万立方米油罐。原油管线及配套商储库于 2011 年 10 月 23 日成功投产。全年管线输油 57 万吨。

册子岛商储库投用。册子岛油库二期和商储库共规划建设 15 座油罐，其中 10 万立方米 14 座，5 万立方米 1 座，总库容 145 万立方米，2011 年 11 月 25 日一次投用成功，彻底解决了册子岛油库库容紧张和罐底混油等问题。

（于 帅）

【燃料原油替代】 管道公司继续推进"以天然气、蒸汽替代燃料原油"工作。截至2011年底共有10个输油处的24个输油站场使用天然气、蒸汽替代燃料原油，其中有20个站场使用天然气，4个站场使用蒸汽。2011年实现替代燃料原油3.28万吨，其中天然气替代原油1.58万吨，蒸汽替代原油1.70万吨。同时，通过采取高、低凝点原油混合输送以及减少点炉时间、降低输送温度等措施，节省燃料原油的消耗。

（于 帅）

【原油管道检测和安全隐患整治】 管道公司运行时间超过20年以上的老龄原油管道包括东黄(复)线、东临线、鲁宁线、临濮线、临沧线、洪荆线、魏荆线和中洛线等9条管线，总长度2 477千米。这部分原油管线存在运行时间长、腐蚀老化严重、违章占压及第三方损害严重等问题，造成管线承压能力降低，输油能力下降，安全隐患较多。管道公司摸清在役老龄原油管线违章占压、管体内外腐蚀和防腐层老化破损等安全隐患，结合输油生产计划安排，在2010年完成东黄老线、鲁宁线、临沧线、临濮线和魏荆线5条管道检测的基础上，2011年完成东临线、东黄(复)线外检测和中洛线内检测工作。根据检测结果，管道公司编制并上报了管道安全隐患整治方案。东黄(复)线、东临线、鲁宁线、临濮线、临沧线和魏荆线等7条管道的外管道大修理方案，批复专项大修费7.20亿元，计划用从2011年下半年至2014年共3.5年时间实施完成。2011年已完成外管线防腐层大修186千米、9条河流穿跨越段管线换管大修。

（于 帅）

化工生产

◇ 综述

◇ 有机原料

◇ 合成树脂

◇ 合成橡胶

◇ 合成纤维

◇ 精细化工

◇ 化肥

◇ 无机原料

◇ 质量管理

◇ 设备管理

◇ 达标管理

◇ 计量管理

综 述

2011年，化工板块认真贯彻石化集团公司年度工作会议精神，坚持以市场为导向、以效益为中心，认真研判市场形势，紧紧抓住市场契机，产销研密切协同，努力拓展市场，做大总量，生产经营创出历史最高水平。

一是经营规模有效做大。全年化工板块完成经营总量5 080万吨，同比增长16.78%；生产乙烯1 004万吨，同比增长9.2%；生产对二甲苯441.1万吨，同比增长9.6%，创历史新高。

二是节能降耗取得新成效，主要技术经济指标持续改善。

三是高附加值专用料和差别化产品的开发生产取得新进展，产品结构进一步改善。全年生产合成树脂新产品87.7万吨、聚烯烃专用料322.6万吨，新产品与专用料比例达到48.8%，同比提高1.8个百分点；生产聚酯专用料和合成纤维差别化产品209.5万吨，差别化率达到64.0%，同比提高4个百分点。

四是效益创历史新高。全年实现销售收入4 138亿元，实现利润277.2亿元。

一、强化生产运行管理，确保装置安全平稳运行

针对化工生产的特点，对非计划停工实施分级管理，进一步明确责任，突出事业部层面工作重点，集中精力抓乙烯、芳烃、煤气化等龙头装置，抓共性问题；将装置运行平稳率纳入企业领导班子绩效考核和"比学赶帮超"评比指标体系，强调对装置生产运行过程的监控，促进精心操作，非计划停工管理向事前积极预防转变。针对大量加工南帕斯凝析油导致乙烯用石脑油原料中硫含量大幅上升的情况，组织相关企业对乙烯装置及其辅助设施可能受到的影响和安全风险进行分析，从安全设防、操作调整、上游控制、管理跟进等方面采取应对措施。针对赛科急冷油塔压差上升、茂名新线裂解气压缩机透平出力不足、福建聚乙烯反应系统物料结块等问题，及时组织专家开展现场技术服务，诊断问题，研究解决方案，落实措施，有效地解决了影响装置稳定、高负荷运行的问题。

二、持续推进产品结构调整，积极开发生产高附加值新产品

合成树脂方面，在聚烯烃产品效益压力不断加大的情况下，以新产品的推出带动产品结构的优化升级。聚乙烯重点开发生产高压管式法高VA含量的EVA产品、茂金属催化剂牌号和己烯共聚牌号；聚丙烯重点开发生产三元无规共聚牌号，部分产品性能达到进口高档牌号水平，实现顶替进口目标。合成橡胶方面，在进一步做大总量的基础上，以整体效益最大化为目标，持续优化资源排产、调整产品结构，开发生产高端和高附加值产品。合成纤维方面，加大了产品升级换代、新产品开发和市场推广力度，开发生产无重金属环保型聚酯切片、异型改性功能型涤纶长丝、有光缝纫线升级产品和舒服绒腈纶、细旦腈纶等差别化产品，其中无重金属环保型聚酯切片成功出口欧盟。

三、优化调整产业结构，推动亏损产品转型

2011年，按照"做强优势业务、发展高端业务、提升常规业务、退出劣势业务"总体要求，用增量盘活存量，用减法促发展，有序推进结构调整。化肥业务，通过完善液氨储运设施、协调系统内液氨互供、加大合成气资源优化利用力度，3套化肥装置产品结构进一步优化，外供氢比例上升至11%，同比提高1个百分点；外供氨比例上升至23%，同比提高6个百分点；负毛利的尿素产品比例下降至66%，同比降低7个百分点。同时，相继启动3家化肥企业的产品转型工作，包括安庆石化合资建设丁辛醇项目、巴陵石化建设氢气长输管线向长岭供氢、湖北化肥建设合成气制乙二醇项目。化纤业务，仪化公司退出3.4万/年吨涤纶加弹业务，齐鲁"4改8"丙烯腈扩建项目、仪化公司千吨级高性能聚乙烯纤维项目相继建成投产，上海石化千吨级碳纤维项目(一期工程)和安庆石化13万吨/年丙烯腈项目建设接近尾声，巴陵石化30万吨/年己内酰胺扩能改造、仪化公司20万吨/年聚酯专用料和10万吨/年差别化短纤维等项目建设相继启动。

四、持续推进节能减排，促进科技成果转化

茂名石化H－111炉作为首台样板炉完成改造，炉子热效率平均95.5%，比改造前提高约3个百分点。金陵石化对歧化装置循环氢压缩机叶轮进行切削，减少了驱动蒸汽用量。上海石化、洛阳石化、仪化公司精对苯二甲酸(PTA)装置精制单元用压力过滤机替代离心过滤机，降低了PTA母固分离能耗，明显减少设备检维修费用；安庆石化丙烯腈装置应用反应气体冷却器在线清堵技术，有效延长了装置运行周期。从强化管理、技术进步两方面入手，推进节水减排工作，重点开展了洛阳化纤污水回用技术攻关，取得一定成效。2011年，茂名、赛科、燕山等石化企业在安排检修的乙烯装置上均实施了低排放方案，通过减少停开车过程排放，降低物料损失，取得良好效果，这不仅是企业深化节能减排工作的自身追求，而且有利于树立企业良好的社会形象，兼具经济、环境和社会效益。

五、强化产销衔接，积极应对市场变化

2011年，化工板块坚持"以销定产、以产定供、以产促销"原则，合理优化计划安排，密切产销衔接，特别是在四季度国内石化产品市场出现下滑时，及时调整装置负荷，强化总部统筹安排，生产企业服从大局，认真执行总部要求，实现了化工板块整体效益最大化。

六、狠抓示范项目和新建装置的生产准备和投料试车，确保装置顺利投产

中原石化60万吨/年甲醇制烯烃(MTO)装置于2011年10月9日投料试车，7小时打通全流程、产出合格产品，甲醇转化率接近100%，双烯选择性大于81%，达到国际先进水平，为中国石化实施资源多元化、积极发展煤化工提供了可靠的技术支撑；扬子石化PX吸附分离示范装置也于10月9日一次开车成功，标志着中国石化已成为世界上第3家具有芳烃成套技术自主知识产权的公司；高桥石化溶聚丁苯装置采用自主技术完成改造，9月组织试生产，产品的乙烯基含量达到了23%(质量)，转产中、高乙烯基含量的二代溶聚牌号后，产品可满足生产高性能轮胎的要求；福橡合资公司顺丁橡胶、丁苯橡胶2套装置实现顺利开车，年底前实现连续稳定运行。

七、深入开展对标和"比学赶帮超"活动，提升企业精细化管理水平

重点从赢利能力、发展能力、运营能力、安全管理、环保管理5个方面，确定了ROCE、销售收入利润率、营业收入增长率、乙烯能力、PX能力、主要装置运行周期、百万工时可记录伤害率、百万工时损失工时伤害率、废气排放、污水排放等10项关键指标开展对标，国外对标目标锁定埃克森美孚、壳牌、巴斯夫、道化学、拜尔等公司。各企业根据自身实际，成立了组织机构，建立了指标体系。扬子石化从赢利、成本、生产经营、资产、发展创新、工作标准6个纬度，建立对标指标；镇海炼化各基层运行部围绕"一平稳四优化"等重点工作，大力开展技术攻关，将各项"技术指标"转化为"操作动作"，将"比学赶帮超"落实到岗位；安庆石化设立9项化工板块横向评价指标，按季度开展评价，并形成横向对标光荣榜进行公布和点评；上海石化芳烃事业部公示党支部创先争优公开承诺书，通过实时数据采集系统对指标完成情况随时进行监控。为大力推动全员成本目标管理，化工事业部构建完善了必要的指标体系、责任体系和考评奖惩机制，通过开展调研督导，板块上下初步建立起相应的责任体系和运行机制，形成了加强成本管理的浓厚氛围。

八、强化质量管理，产品质量和用户服务持续改善

修订了《化工企业质量管理办法》、《化工企业质量管理考核规范》、《化工产品用户服务管理办法》。组织开展4月7日"中国石化质量日"活动，分别在燕山石化、扬子石化召开了用户座谈会，了解用户需求，听取用户的意见和建议。选定纯苯和聚丙烯产品作试点，通过客户关系管理系统(CRM)开展用户满意度调查，纯苯客户的总体满意度为94.6分，聚丙烯客户的总体满意度为92.6分。

(张金萍)

有机原料

【概述】 石化集团公司有机原料主要产品有乙烯、丙烯、丁二烯、苯、甲苯、二甲苯、甲醇、丁醇、辛醇、环氧乙烷、环氧丙烷、环氧氯丙烷、乙醛、醋酸、苯酚、丙酮、丙烯酸、苯乙烯和苯酐等，其中乙烯、丙烯、丁二烯、苯、甲苯、二甲苯为基础有机原料，其余为主要中间原料。

2011年石化集团公司主要有机原料生产能力见表1。由表1可见，乙烯、丙烯、丁二烯、苯、丁醇、环氧乙烷和苯乙烯的生产能力同比有所增加，其中丁醇和环氧乙烷的生产能力增长幅度超过了30%；间二甲苯、对二甲苯、甲醇等其他产品的生产能力没有变化。

2011年石化集团公司主要有机原料产量见表2。由表2可见，乙烯、丙烯、丁二烯、苯、邻二甲苯、间二甲苯、对二甲苯、丁醇、环氧乙烷、环氧丙烷、苯酚、丙酮、丙烯酸、苯乙烯等有机产品的产量同比均有不同幅度的增加，其中间二甲苯、丁醇、环氧乙烷、环氧丙烷和丙烯酸的产量增长幅度超过了20%。石化集团公司的乙烯、丙烯、丁二烯、对二甲苯等产品在中国大陆地区继续保持主导地位。

(张　燕)

【乙烯】 石化集团公司生产乙烯的企业有燕山分公司、上海石化、齐鲁分公司、扬子石化、茂名分公司、镇海炼化、广州分公司、天津分公司、中原石化、上海赛科公司、扬巴公司、福建炼化、中沙(天津)石化和燕化有限公司共14家。

截至2011年底，石化集团公司乙烯生产能力为

957.50万吨/年（含中原MTO装置），同比增加10万吨/年。各企业乙烯生产能力分别为：燕山分公司71万吨/年、上海石化84.5万吨/年（其中1#乙烯装置14.5万吨/年、2#乙烯装置70万吨/年）、齐鲁分公司80万吨/年、扬子石化70万吨/年、茂名分公司100万吨/年、镇海炼化100万吨/年、广州分公司21万吨/年、天津分公司20万吨/年、中原石化28万吨/年（其中乙烯装置产能18万吨/年、MTO装置产能10万吨/年）、上海赛科公司114万吨/年、扬巴公司74万吨/年、福建炼化80万吨/年、中沙（天津）石化100万吨/年、燕化有限公司15万吨/年。2011年新增乙烯生产能力为中原石化60万吨/年MTO装置，该装置于10月顺利投产，其乙烯生产能力为10万吨/年。

2011年，石化集团公司实际生产乙烯1 003.75万吨，同比增产84.80万吨，增长9.23%，产量首次突破千万吨大关，约占中国大陆地区乙烯总产量的66%。中沙（天津）石化、镇海炼化全年分别生产乙烯111.21万吨和110.84万吨，同比分别增产25.72万吨和58.25万吨，两套装置均实现了头年投产、次年产量达标。扬子石化、茂名分公司、扬巴公司和福建炼化全年分别生产乙烯81.81万吨、108.52万吨、72.09万吨和85.23万吨，均创历史新高。各企业乙烯产量详见表3。

（张 燕）

【丙烯】 石化集团公司生产丙烯的企业有胜利油田分公司、石家庄炼化分公司、上海石化、扬子石化（包括泰州石化和清江石化）、镇海炼化（包括杭州石化有限责任公司）、福建炼化、河南油田分公司、中原油田分公司、江苏油田分公司、燕山分公司、西安石化、天津分公司、沧州分公司、上海高桥分公司、金陵分公司、安庆分公司、九江分公司、济南分公司、齐鲁分公司、青岛炼化、青岛石化、洛阳分公司、中原石化、武汉分公司、荆门分公司、长岭分公司、广州分公司、茂名分公司、湛江东兴、上海赛科公司、扬巴公司、中沙（天津）石化、海南炼化、燕化有限公司和巴陵石化共35家。

截至2011年底，石化集团公司丙烯生产能力为858.76万吨/年，同比增加45.43万吨/年，增长5.59%。丙烯生产能力变化的主要因素为：中原石化新建60万吨/年MTO装置增加丙烯生产能力10万吨/年，扬巴公司丙烯生产能力核增9.59万吨/年，广州分公司丙烯生产能力核增17万吨/年，中原油田分公司炼油丙烯生产能力核增3.24万吨/年，泰州石化炼油丙烯生产能力核增2万吨/年，西安石化炼油丙烯生产能力核增3.6万吨/年。

2011年，石化集团公司实际生产丙烯819.96万吨，同比增产67.00万吨，增长8.9%。其中，炼油丙烯322.92万吨，同比增加26.19万吨；化工丙烯497.04万吨，同比增加40.80万吨。

（张 燕）

【丁二烯】 石化集团公司生产丁二烯的企业有上海石化、扬子石化、镇海炼化、福建炼化、燕山分公司、齐鲁分公司、广州分公司、茂名分公司、上海赛科公司、扬巴公司、中沙（天津）石化和燕化有限公司共12家。

截至2011年底，石化集团公司丁二烯生产能力为155.64万吨/年，同比增加8.5万吨/年，增长5.78%。丁二烯生产能力变化的因素为：扬巴公司新建13万吨/年丁二烯装置顺利投产，上海高桥分公司丁二烯装置生产能力核减4.5万吨/年。

2011年，石化集团公司实际生产丁二烯137.33万吨，同比增产14.40万吨，增长11.71%，增量主要来自扬巴公司新投产的装置和镇海炼化的丁二烯装置。

（张 燕）

表1 **石化集团公司主要有机原料生产能力** 万吨/年

产品名称＼年份	2011	2010	2009	2008	2007	2006
乙 烯	957.50	947.50	728.50	629.50	629.50	624.50
丙 烯	858.76	813.33	653.67	597.36	577.05	534.35
丁二烯	155.64	147.14	109.64	97.64	87.04	97.84
苯	411.84	410.34	370.52	277.92	240.30	237.80
甲 苯	117.44	117.44	103.45	80.09	80.09	80.09

续表

年份 产品名称	2011	2010	2009	2008	2007	2006
混合二甲苯	146. 52	146. 52	119. 96	83. 49	83. 49	83. 49
邻二甲苯	34. 52	34. 52	30. 52	30. 52	25. 32	25. 32
间二甲苯	8. 00	8. 00	8. 00	3. 56	3. 56	3. 56
对二甲苯	406. 81	406. 81	406. 81	276. 81	216. 81	216. 81
甲　醇	44. 50	44. 50	44. 50	47. 50	47. 50	47. 50
丁　醇	26. 50	17. 00	15. 00	15. 00	15. 00	15. 00
辛　醇	41. 50	41. 50	41. 50	41. 50	41. 50	41. 50
环氧乙烷	64. 46	49. 46	35. 46	33. 96	31. 56	23. 56
环氧丙烷	28. 50	36. 50	8. 00	8. 70	8. 70	8. 70
环氧氯丙烷	5. 60	5. 60	5. 60	5. 60	5. 60	5. 60
乙　醛	11. 20	11. 20	11. 20	11. 20	11. 20	11. 20
醋　酸	13. 00	13. 00	13. 00	13. 00	13. 00	13. 00
苯　酚	59. 40	59. 40	35. 00	35. 00	35. 00	35. 00
丙　酮	36. 27	36. 27	21. 00	21. 00	21. 00	21. 00
丙烯酸	23. 08	23. 08	23. 08	23. 08	23. 08	23. 08
苯乙烯	203. 90	195. 40	133. 40	108. 40	108. 40	109. 20
苯　酐	12. 00	12. 00	12. 00	12. 00	12. 00	12. 00

表 2　　**石化集团公司主要有机原料产品产量**　　万吨

年份 产品名称	2011	2010	2009	2008	2007	2006
乙　烯	1 003. 75	918. 95	671. 33	635. 94	669. 39	633. 10
丙　烯	819. 96	752. 97	633. 65	613. 08	616. 83	564. 75
丁二烯	137. 33	122. 93	86. 72	83. 39	84. 31	92. 79
苯	359. 13	352. 15	248. 81	214. 36	249. 67	226. 27
甲　苯	84. 23	107. 96	58. 91	71. 49	85. 89	76. 30
混合二甲苯	150. 31	163. 69	89. 79	67. 29	82. 61	79. 37
邻二甲苯	55. 57	50. 10	47. 33	37. 56	48. 89	41. 71
间二甲苯	5. 59	3. 79	3. 43	4. 00	4. 25	3. 59
对二甲苯	441. 11	402. 31	297. 73	191. 17	237. 67	223. 86
甲　醇	19. 88	32. 97	19. 71	28. 49	31. 48	30. 53
丁　醇	27. 34	21. 69	21. 22	19. 64	22. 01	20. 12

续表

年份 产品名称	2011	2010	2009	2008	2007	2006
辛　醇	41.51	44.21	42.11	42.46	42.91	40.66
环氧乙烷	65.62	52.22	41.46	33.40	33.00	26.79
环氧丙烷	30.58	20.61	8.62	9.43	9.44	9.58
环氧氯丙烷	4.17	4.61	3.36	5.62	6.54	6.14
乙　醛	1.05	3.13	3.35	2.39	5.72	6.90
醋　酸	0.00	0.30	2.36	2.78	5.70	5.59
苯　酚	63.14	54.97	32.22	34.62	39.49	38.98
丙　酮	39.24	34.10	20.11	21.65	24.62	24.26
丙烯酸	14.37	5.81	14.07	19.55	23.64	22.97
苯乙烯	191.97	163.68	109.94	109.94	114.17	108.71
苯　酐	11.62	12.05	11.64	10.13	13.06	12.68

表3 **石化集团公司分企业乙烯产量** 万吨

年份 企业名称	2011	2010	2009	2008	2007	2006
石化集团公司合计	1 003.75	918.95	671.33	635.94	669.39	633.10
燕山分公司	75.31	84.16	84.13	78.40	74.85	82.00
上海石化	91.01	97.29	92.77	88.56	86.94	96.03
1#乙烯	14.80	16.00	13.52	11.97	15.84	16.81
2#乙烯	76.22	81.28	79.25	76.59	71.10	79.22
齐鲁分公司	85.17	85.57	76.01	80.04	84.68	83.88
扬子石化	81.81	67.85	79.60	74.36	80.11	75.50
茂名分公司	108.52	98.14	106.06	95.48	96.26	52.21
广州分公司	20.41	22.46	22.50	21.98	21.07	19.57
天津分公司	23.05	23.76	18.91	17.02	22.55	23.17
中原石化	18.26	21.20	20.58	17.48	21.15	21.45
裂　解	16.53	21.20	20.58	17.48	21.15	21.45
MTO	1.74	—	—	—	—	—
上海赛科公司	106.52	129.43	87.53	93.46	100.29	97.80
扬巴公司	72.09	53.62	62.23	62.14	65.48	64.67
福建炼化	85.23	84.36	20.99	—	—	—
中沙(天津)石化	111.21	85.49	—	—	—	—
镇海炼化	110.84	52.59	—	—	—	—
燕化有限公司	14.32	13.03	—	7.02	16.01	16.82

【苯】 石化集团公司生产纯苯的企业有燕山分公司、天津分公司、石家庄炼化分公司、沧州分公司、上海石化、上海高桥分公司、上海赛科公司、金陵分公司、扬子石化、扬巴公司、镇海炼化、福建炼化、九江分公司、济南分公司、齐鲁分公司、青岛炼化、青岛石化、洛阳分公司、中原石化、武汉分公司、荆门分公司、长岭分公司、广州分公司、茂名分公司、湛江东兴、海南炼化、塔河分公司共27家。

截至2011年底，石化集团公司纯苯生产能力为411.84万吨/年，2011年实际生产纯苯359.13万吨，比2010年增加6.98万吨，同比增长1.98%。

2011年，荆门分公司调增纯苯生产能力1.5万吨/年。

（马国锋）

【甲苯】 石化集团公司生产甲苯的企业有燕山分公司、天津分公司、石家庄炼化分公司、上海赛科公司、金陵分公司、扬巴公司、镇海炼化、福建炼化、九江分公司、安庆分公司、洛阳分公司、齐鲁分公司、武汉分公司、长岭分公司、广州分公司、茂名分公司共16家。

截至2011年底，石化集团公司甲苯生产能力为117.44万吨/年，2011年实际生产甲苯84.23万吨，比2010年减少23.73万吨，同比降低21.98%。

（马国锋）

【混合二甲苯】 石化集团公司生产混合二甲苯的企业有燕山分公司、天津分公司、石家庄炼化分公司、上海赛科公司、金陵分公司、扬巴公司、镇海炼化、福建炼化、九江分公司、齐鲁分公司、青岛炼化、武汉分公司、长岭分公司、广州分公司、茂名分公司、湛江东兴共16家。

截至2011年底，石化集团公司混合二甲苯生产能力为146.52万吨/年，2011年实际生产混合二甲苯150.31万吨，比2010年减少13.38万吨，同比降低8.17%。

（马国锋）

【对二甲苯】 石化集团公司生产对二甲苯的企业有天津分公司、上海石化、金陵分公司、扬子石化、镇海炼化、福建炼化、齐鲁分公司、洛阳分公司共8家。

截至2011年底，石化集团公司对二甲苯生产能力仍为406.81万吨/年，2011年实际生产对二甲苯441.11万吨，比2010年增加38.81万吨，同比增长9.65%。

（马国锋）

【邻二甲苯】 石化集团公司生产邻二甲苯的企业有扬子石化、镇海炼化、金陵分公司、齐鲁分公司和洛阳分公司共5家。

截至2011年底，石化集团公司邻二甲苯生产能力仍为34.52万吨/年，2011年实际生产邻二甲苯55.57万吨，比2010年增加5.47万吨，同比增长10.92%。

（马国锋）

【间二甲苯】 石化集团公司生产间二甲苯的企业只有燕山分公司，由吸附分离法生产对二甲苯改造为生产间二甲苯。

截至2011年底，石化集团公司间二甲苯生产能力为8.00万吨/年，2011年实际生产间二甲苯5.59万吨，比2010年增加1.80万吨，同比增长47.42%。

（马国锋）

【甲醇】 石化集团公司生产甲醇的企业只有四川维尼纶厂。

截至2011年底，石化集团公司甲醇生产能力仍为44.50万吨/年，2011年实际生产甲醇19.88万吨，比2010年减少13.10万吨，同比降低39.73%。

（马国锋）

【丁醇】 石化集团公司生产丁醇的企业有齐鲁分公司、燕化有限公司和扬巴公司。

截至2011年底，石化集团公司丁醇生产能力为26.50万吨/年，2011年实际生产丁醇27.34万吨，比2010年增加5.64万吨，同比增长26.00%。

2011年，扬巴公司新增丁醇生产能力9.5万吨/年。

（马国锋）

【辛醇】 石化集团公司生产辛醇的企业有齐鲁分公司、燕化有限公司和扬巴公司。

截至2011年底，石化集团公司辛醇生产能力仍为41.50万吨/年，2011年实际生产辛醇41.51万吨，比2010年减少2.70万吨，同比降低6.11%。

（马国锋）

【环氧乙烷】 石化集团公司环氧乙烷均与乙二醇在同一套装置中生产，环氧乙烷水合生产乙二醇，称为环氧乙烷/乙二醇装置，老装置一般不生产环氧乙烷商品。随着市场对环氧乙烷需求量的增加，新建装置都增加了环氧乙烷商品生产能力，老装置也纷纷改造或新建环氧乙烷精制塔，提高环氧乙烷商品的生产能力，以便根据市场对环氧乙烷和乙二醇需求的变化均衡生产，扩大企业生产的灵活性，优化产品结构。

石化集团公司生产环氧乙烷的企业有燕山分公司、天津分公司、中沙(天津)石化、上海石化、扬子石化、扬巴公司、镇海炼化、茂名分公司、燕化有限公司共9家。

截至2011年底，石化集团公司环氧乙烷生产能力为64.46万吨/年，2011年实际生产环氧乙烷65.62万吨，比2010年增加13.40万吨，同比增长25.66%。

2011年，扬巴公司新增环氧乙烷生产能力15.00万吨/年。

(马国锋)

【环氧丙烷】 石化集团公司生产环氧丙烷的企业只有镇海利安德化学有限公司。

截至2011年底，石化集团公司环氧丙烷生产能力为28.5万吨/年，2011年实际生产环氧丙烷30.58万吨，比2010年增加9.97万吨，同比增长48.39%。

(马国锋)

【环氧氯丙烷】 石化集团公司生产环氧氯丙烷的企业有齐鲁分公司和巴陵石化。

截至2011年底，石化集团公司环氧氯丙烷生产能力为5.60万吨/年，2011年实际生产环氧氯丙烷4.17万吨，比2010年减少0.44万吨，同比降低0.56%。

(马国锋)

【乙醛】 石化集团公司生产乙醛的企业只有上海石化。

截至2011年底，石化集团公司乙醛生产能力为11.20万吨/年，2011年实际生产乙醛1.05万吨，比2010年减少2.08万吨，同比降低66.38%。

(马国锋)

【苯酚】 石化集团公司生产苯酚的企业有燕山分公司、上海高桥分公司和中沙(天津)石化。

截至2011年底，石化集团公司苯酚生产能力仍为59.40万吨/年，2011年实际生产苯酚63.14万吨，比2010年增加8.17万吨，同比增长14.87%。

(马国锋)

【丙酮】 石化集团公司生产丙酮的企业有燕山分公司、上海高桥分公司和中沙(天津)石化。

截至2011年底，石化集团公司丙酮生产能力仍为36.27万吨/年，2011年实际生产丙酮39.24万吨，比2010年增加5.14万吨，同比增长15.08%。

(马国锋)

【丙烯酸】 石化集团公司生产丙烯酸的企业有燕化有限公司和扬巴公司。

截至2011年底，石化集团公司丙烯酸生产能力仍为23.08万吨/年，2011年实际生产丙烯酸14.37万吨，比2010年增加8.56万吨，同比增长147.33%。

(马国锋)

【苯乙烯】 石化集团公司生产苯乙烯的企业有燕山分公司、上海赛科公司、扬巴公司、镇海炼化、安庆分公司、齐鲁分公司、青岛炼化、广州分公司、茂名分公司共9家。

截至2011年底，石化集团公司苯乙烯生产能力为203.9万吨/年，2011年实际生产苯乙烯191.97万吨，比2010年增加28.29万吨，同比增长17.28%。

2011年，青岛炼化干气制乙苯/苯乙烯装置新增生产能力8.5万吨/年。

(马国锋)

【苯酐】 石化集团公司生产苯酐的企业有齐鲁分公司和金陵石化。

截至2011年底，石化集团公司苯酐生产能力为12.00万吨/年，2011年实际生产苯酐11.62万吨，比2010年减少0.43万吨，同比降低3.57%。

(马国锋)

合成树脂

【概述】 2011年，石化集团公司合成树脂产能保持增长，中原石化10万吨/年聚丙烯装置、中石化三菱化学聚碳酸酯(北京)公司6万吨/年聚碳酸酯装置先后建成。截至2011年底，石化集团公司合成树脂总生产能力为1 351.86万吨/年，同比增加21.60万吨/年，增长1.62%。各种合成树脂生产能力见表4。

2011年，石化集团公司合成树脂产量为1 407.68万吨，同比增产67.88万吨，增长5.07%。各种合成树脂产量见表5。

在合成树脂中，聚乙烯、聚丙烯两大品种占主导地位，截至2011年底，两大品种的总产能为1 123.96万吨/年，占石化集团公司合成树脂生产能力的83.14%。2011年，聚乙烯和聚丙烯总产量为

1 212.36 万吨，占石化集团公司合成树脂产量的 86.12%。

2011 年，全国合成树脂产量为 4 798.30 万吨，石化集团公司合成树脂产量占全国总产量的 29.34%。

（刘志武）

表 4　　石化集团公司合成树脂各品种生产能力　　万吨/年

产品名称＼年份	2011	2010	2009	2008	2007	2006
合成树脂合计	1 351.86	1 330.26	1 159.88	1 032.18	1 013.68	994.80
聚乙烯	596.10	596.10	510.10	434.30	434.30	409.30
LDPE	117.80	117.80	137.80	143.80	143.80	118.80
HDPE	228.30	228.30	197.30	155.50	155.50	155.50
LLDPE	250.00	250.00	175.00	135.00	135.00	135.00
聚丙烯	527.86	516.36	437.78	385.78	365.28	372.60
聚氯乙烯	60.00	60.00	77.00	77.00	77.00	77.00
聚苯乙烯	75.00	75.00	77.90	77.90	77.90	75.90
ABS	20.00	20.00	20.00	20.00	20.00	20.00
AS	—	—	—	0.50	0.50	0.50
其他树脂	72.90	62.80	37.10	36.70	38.70	39.50

表 5　　石化集团公司合成树脂各品种产量　　万吨

产品名称＼年份	2011	2010	2009	2008	2007	2006
合成树脂合计	1 407.68	1 339.80	1 090.73	1 025.93	1 062.65	957.92
聚乙烯	655.05	620.03	476.96	446.79	450.10	411.32
LDPE	139.04	137.82	141.76	141.10	131.45	121.89
HDPE	223.53	236.56	172.82	166.88	166.28	144.62
LLDPE	290.70	244.24	160.88	138.81	152.37	144.81
聚丙烯	557.31	520.19	440.48	407.24	412.94	366.17
聚氯乙烯	58.93	59.63	51.37	57.46	67.18	72.06
聚苯乙烯	66.93	69.22	62.99	58.31	63.91	57.48
ABS	13.58	16.62	14.24	13.50	13.37	0.00
其他树脂	55.88	54.11	44.69	42.63	55.15	50.89

【聚乙烯】　截至 2011 年底，石化集团公司有 28 套聚乙烯装置，总生产能力为 596.10 万吨/年，其中单线能力最大的是镇海炼化线性低密度聚乙烯装置，生产能力达到 45 万吨/年。

石化集团公司已有的 28 套聚乙烯装置中，低密度聚乙烯（LDPE）装置有釜式法工艺 1 套，管式法工艺 7 套；高密度聚乙烯（HDPE）装置有淤浆法工艺 6 套，气相法工艺 3 套，环管加气相法工艺 1 套；线性低密度聚乙烯(LLDPE)装置有气相法工艺10套。

(刘志武)

【低密度聚乙烯】 截至2011年底，石化集团公司LDPE生产装置产能为117.80万吨/年，装置总数为8套，分别是燕山分公司、上海石化、茂名分公司各2套，齐鲁分公司、扬巴公司各1套。

2011年，石化集团公司LDPE产量为139.04万吨，同比增产1.22万吨，增加了0.89%。LDPE产量见表6。

(刘志武)

表6 **石化集团公司各企业LDPE产量** 万吨

企业名称 \ 年份	2011	2010	2009	2008	2007	2006
石化集团公司合计	139.04	137.82	141.76	141.10	131.45	121.89
燕山分公司	29.44	39.51	43.43	44.68	42.73	46.35
上海石化	19.69	19.64	20.16	17.45	18.96	19.54
齐鲁分公司	18.30	17.51	15.84	17.32	18.13	18.22
茂名分公司	41.41	37.48	38.85	33.87	27.12	11.71
扬巴公司	24.66	20.46	23.48	27.78	24.51	26.07
北京华美聚合物有限公司①	5.54	3.22	—	—	—	—

①北京华美聚合物有限公司EVA装置兼产LDPE产品。

【高密度聚乙烯】 截至2011年底，石化集团公司HDPE装置生产能力为228.30万吨/年，装置总数为10套，分别是燕化有限公司、扬子石化、齐鲁分公司、燕山分公司、茂名分公司、上海赛科公司、福建联合石化公司、中沙(天津)石化各1套，上海石化2套。

2011年，石化集团公司HDPE产量为223.53万吨，同比减产了13.03万吨，减少5.51%。详见表7。

(刘志武)

表7 **石化集团公司各企业HDPE产量** 万吨

企业名称 \ 年份	2011	2010	2009	2008	2007	2006
石化集团公司合计	223.53	236.56	172.82	166.88	166.28	144.62
燕山分公司	18.13	20.73	19.25	18.57	16.93	18.53
上海石化	39.18	41.09	38.85	36.93	35.15	40.27
扬子石化	27.92	23.34	26.89	25.98	26.32	25.19
齐鲁分公司	16.49	16.74	15.35	16.23	17.45	17.38
茂名分公司	34.52	28.24	36.03	30.88	34.60	10.66
上海赛科公司	35.18	39.86	30.90	36.71	33.40	30.30
福建联合石化公司	23.03	39.96	4.50	—	—	—
中沙(天津)石化	28.14	25.29	—	—	—	—
燕化有限公司	0.94	1.31	1.04	1.58	2.42	2.29

【线性低密度聚乙烯】　截至 2011 年底，石化集团公司有 10 套 LLDPE 装置，分别是天津分公司、齐鲁分公司、中原石化、茂名分公司、广州分公司、扬子石化、福建联合石化公司、镇海炼化各 1 套，采用美国 UCC 公司气相流化床工艺路线；中沙(天津)石化 1 套，采用自主开发的气相法工艺路线；上海赛科公司 1 套，采用 BP 公司的气相法工艺路线。

2011 年，石化集团公司 LLDPE 装置生产能力 250 万吨/年，同比没有变化。2011 年，石化集团公司 LLDPE 产量为 290.70 万吨，同比增产 46.46 万吨，增长了 19.02%。详见表 8。

(刘志武)

表 8　**石化集团公司各企业 LLDPE 产量**　万吨

企业名称＼年份	2011	2010	2009	2008	2007	2006
石化集团公司合计	290.70	244.24	160.88	138.81	152.37	144.81
扬子石化	29.93	25.75	29.17	26.34	28.45	25.64
齐鲁分公司	11.75	13.33	11.92	11.47	13.01	13.01
广州分公司	19.33	21.50	21.82	20.65	19.30	18.30
茂名分公司	16.56	18.59	21.46	17.73	20.00	17.32
天津分公司	14.24	14.49	11.46	10.22	14.25	14.60
中原石化	19.08	22.38	21.71	18.48	22.48	22.78
上海赛科公司	31.67	36.78	28.52	33.91	34.87	33.16
福建联合石化公司	65.63	47.33	14.82	—	—	—
镇海炼化	47.36	19.81	—	—	—	—
中沙(天津)石化	35.15	24.28	—	—	—	—

【聚丙烯】　截至 2011 年底，石化集团公司聚丙烯生产能力为 527.86 万吨/年，同比增加 11.50 万吨/年，增加产能为中原石化 10 万吨/年装置等。

截至 2011 年底，石化集团公司有 32 套连续法聚丙烯装置，生产能力为 489 万吨/年，同比增加 10 万吨/年；连续法聚丙烯装置生产能力占石化集团公司聚丙烯总生产能力的 92.64%。石化集团公司聚丙烯生产工艺以环管法工艺为主，有 20 套环管法聚丙烯装置，占聚丙烯装置的 62.50%。其中，6 套为引进海蒙特环管技术，单线能力最大的为茂名分公司 17 万吨/年聚丙烯装置；14 套为国产化环管技术，单线能力最大的为镇海炼化 30 万吨/年聚丙烯装置。其他 12 套装置中，5 套为三井油化釜式法聚丙烯工艺，4 套为 BP(原阿莫科)气相法聚丙烯工艺，2 套为"Novolene"气相法聚丙烯工艺，1 套为 Bassel 公司的多区反应聚合工艺。石化集团公司间歇法聚丙烯装置生产能力为 38.86 万吨/年，同比增加了 1.50 万吨/年。

2011 年，石化集团公司聚丙烯产量为 557.31 万吨，同比增产 37.12 万吨。其中，连续法聚丙烯装置产量为 526.72 万吨，同比增加 41.33 万吨；间歇法聚丙烯装置产量为 30.59 万吨，同比减少了 4.21 万吨。详见表 9。

2011 年，石化集团公司聚丙烯装置总体运行稳定，能耗、物耗等技术经济指标达到国内同行先进水平。镇海炼化、中沙(天津)石化等新建大型聚丙烯装置运行平稳，产品结构得到进一步优化，特别是中沙(天津)石化的 45 万吨/年聚丙烯装置推出了高熔融指数注塑料等系列专用料，结构调整成效显著。

(刘志武)

表9 石化集团公司各企业聚丙烯产量 万吨

企业名称 \ 年份	2011	2010	2009	2008	2007	2006
石化集团公司合计	557.31	520.19	440.48	407.24	412.94	366.17
连续法聚丙烯(总量)	526.72	485.39	409.12	373.87	374.42	332.29
燕山分公司	41.72	45.29	45.69	44.24	39.76	43.36
上海石化	46.61	48.24	46.85	42.47	44.86	45.87
扬子石化	45.81	38.78	45.27	42.38	47.64	40.69
福建联合石化公司	50.66	47.48	18.55	8.93	10.34	11.07
齐鲁分公司	9.03	9.22	8.51	8.24	9.11	9.43
武汉分公司	11.40	10.65	11.05	10.82	12.70	12.52
九江分公司	8.44	6.98	10.32	11.33	11.33	11.56
济南分公司	10.18	9.10	9.68	10.87	9.30	11.15
荆门分公司	12.28	12.37	12.25	11.63	11.97	12.60
长岭分公司	11.86	9.60	11.23	12.24	13.72	13.10
广州分公司	18.66	21.03	19.67	20.32	18.42	18.28
天津分公司	7.27	7.43	5.48	5.12	6.78	6.78
茂名分公司	53.03	49.50	55.64	47.36	50.37	25.85
洛阳分公司	7.35	9.14	8.26	6.62	9.45	9.14
中原石化	8.14	8.52	7.97	7.08	8.10	8.29
镇海炼化	56.40	37.42	24.36	25.41	22.57	22.47
海南炼化	23.85	20.78	22.81	21.42	22.43	5.90
青岛炼化	19.06	21.17	18.61	10.34	—	—
湛江东兴	12.40	11.26	3.08	—	—	—
上海赛科公司	25.54	29.71	23.84	27.05	25.57	24.23
中沙(天津)石化	47.03	31.72	—	—	—	—
间歇法聚丙烯(总量)	30.59	34.80	31.36	33.37	38.52	33.88

【聚苯乙烯】 截至2011年底，石化集团公司共有6套聚苯乙烯生产装置，都采用连续本体法工艺，其中燕山分公司、广州分公司、茂名分公司、上海赛科公司各1套，扬子中外合资企业2套。石化集团公司聚苯乙烯生产能力为75.00万吨/年，产能没有变化。

2011年，石化集团公司聚苯乙烯产量为66.93万吨，同比减少了2.29万吨。详见表10。

（刘志武）

表10 石化集团公司各企业聚苯乙烯产量 万吨

年份 / 企业名称	2011	2010	2009	2008	2007	2006
石化集团公司合计	66.93	69.22	62.99	58.31	63.91	57.48
燕山分公司	4.32	5.17	5.58	5.30	4.69	4.73
广州分公司	5.56	6.20	6.12	5.42	5.08	5.52
茂名分公司	8.59	7.31	7.78	6.72	6.15	5.53
上海赛科公司	25.81	27.84	21.73	19.97	25.14	19.87
扬巴公司	22.65	22.70	21.78	20.90	22.85	21.83

【聚氯乙烯】 截至2011年底，石化集团公司生产聚氯乙烯的企业只有齐鲁分公司1家，生产能力为60万吨/年，同比没有变化。2011年，石化集团公司聚氯乙烯产量为58.93万吨。详见表4和表5。

（刘志武）

【ABS】 截至2011年底，石化集团公司生产ABS树脂的企业只有上海高桥分公司1家，生产能力为20万吨/年，同比没有变化。2011年，石化集团公司ABS产量为13.58万吨。详见表4和表5。

（刘志武）

【其他树脂】 石化集团公司生产的其他树脂包括聚醚树脂、乙烯醋酸乙烯共聚物（EVA）、环氧树脂等。2011年，石化集团公司其他树脂生产能力为72.90万吨/年，产量为55.88万吨。分品种产量见表11。

表11 石化集团公司其他树脂产量 万吨

年份 / 产品名称	2011	2010	2009	2008	2007	2006
其他树脂合计	55.88	54.11	44.69	42.63	55.15	50.89
乙烯醋酸乙烯共聚物	26.44	22.72	16.03	16.10	16.12	13.05
环氧树脂	4.11	4.04	4.12	3.73	3.35	3.06
聚 醚	23.28	25.31	23.09	21.08	26.51	25.73
不饱和树脂	—	—	—	—	2.79	2.85
其他塑料或共聚物	2.05	2.04	1.46	1.72	6.38	6.20

石化集团公司生产EVA的企业有扬巴公司、燕化有限公司、燕山分公司、北京华美聚合物有限公司共4家。截至2011年底，石化集团公司EVA生产能力30万吨/年；2011年产量为26.44万吨，同比增加3.72万吨。

石化集团公司生产环氧树脂的企业为巴陵石化，生产能力为4.2万吨/年；2011年产量为4.11万吨，同比增加0.07万吨。

石化集团公司生产聚醚树脂的企业有2家。截至2011年底，聚醚生产能力为27.70万吨/年；2011年产量为23.28万吨，同比减少了2.03万吨。

（刘志武）

合成橡胶

【概述】 截至2011年底，石化集团公司合成橡胶生产能力129万吨/年，与上年持平。分胶种统计，丁苯橡胶能力(不含胶乳)39.7万吨/年，丁苯胶乳能力10万吨/年，顺丁橡胶能力35.8万吨/年，丁基/溴化丁基橡胶能力4.5万吨/年，SBS能力36万吨/年，SIS能力1万吨/年，SEBS能力2万吨/年。石化集团公司合成橡胶各品种装置生产能力见表12。

2011年，石化集团公司合成橡胶产量为127.2万吨，同比减少1.4%。分胶种统计，顺丁橡胶产量为39.33万吨(包括低顺橡胶)，丁苯橡胶产量为54.37万吨(包括丁苯胶乳)，SBS产量为25.87万吨，丁基/溴化丁基橡胶产量为3.73万吨，SIS产量为2.01万吨，SEBS产量为1.89万吨。石化集团公司合成橡胶各产品产量见表13。

(楼峥芳)

表12　石化集团公司合成橡胶各品种装置生产能力　万吨/年

产品名称＼年份	2011	2010	2009	2008	2007	2006
合成橡胶合计	129.00	129.00	129.00	114.53	104.03	87.33
丁苯橡胶	49.70	49.70	49.70	43.15	46.15	31.65
胶　乳	10.00	10.00	10.00	10.45	10.45	5.95
充油胶	16.40	16.40	16.40	11.40	14.40	9.40
软　胶	23.30	23.30	23.30	21.30	21.30	16.30
顺丁橡胶	35.80	35.80	35.80	33.88	33.88	31.48
丁基/溴化丁基橡胶	4.50	4.50	4.50	4.50	3.00	3.00
SBS热塑性弹性体	36.00	36.00	36.00	31.00	19.00	19.20
SIS	1.00	1.00	1.00	1.00	1.00	1.00
SEBS	2.00	2.00	2.00	1.00	1.00	1.00

表13　石化集团公司合成橡胶各产品产量　万吨

产品名称＼年份	2011	2010	2009	2008	2007	2006
合成橡胶合计	127.20	129.04	117.33	108.40	106.61	90.91
丁苯橡胶	54.37	48.76	39.96	38.96	35.89	23.27
胶　乳	8.61	9.18	8.15	8.97	7.88	6.70
充油胶	18.85	15.14	12.27	13.54	11.99	6.84
软　胶	26.92	24.44	19.54	16.45	16.02	9.73
顺丁橡胶	39.33	39.99	36.78	35.50	35.16	33.20
丁基/溴化丁基橡胶	3.73	3.69	4.03	4.40	3.69	3.97
SBS热塑性弹性体	25.87	33.03	33.58	27.63	30.42	29.37
SIS	2.01	2.19	1.85	1.10	1.05	0.80
SEBS	1.89	1.47	1.12	0.79	0.40	0.30

【顺丁橡胶】 截至 2011 年底，石化集团公司顺丁橡胶生产能力为 35.8 万吨/年，生产企业有燕山分公司、上海高桥分公司、齐鲁分公司、巴陵石化 4 家，全部为镍系顺丁橡胶，其中上海高桥分公司还可以生产锂系低顺橡胶。2011 年，石化集团公司共生产顺丁橡胶 39.33 万吨，同比减少 1.65%。分企业产量见表 14。

（楼峥芳）

表 14　　石化集团公司各企业顺丁橡胶产量　　万吨

年份 企业名称	2011	2010	2009	2008	2007	2006
石化集团公司合计	39.33	39.99	36.78	35.50	35.16	33.20
燕山分公司	13.30	14.70	14.36	14.41	13.42	13.66
上海高桥分公司	16.43	15.95	13.92	12.79	12.91	11.36
齐鲁分公司	6.47	5.24	4.74	4.87	5.14	4.80
巴陵石化	3.13	4.10	3.77	3.43	3.69	3.38

【丁苯橡胶】 截至 2011 年底，石化集团公司丁苯橡胶生产能力为 49.7 万吨/年，有 4 家丁苯橡胶生产企业，分别是上海高桥分公司、齐鲁分公司、高桥石化控股公司和扬子—金浦公司，除上海高桥分公司生产溶聚丁苯橡胶外，其余企业只能生产乳液丁苯橡胶或丁苯胶乳。2011 年，石化集团公司共生产丁苯橡胶 54.37 万吨，同比增长 11.5%。分企业产量见表 15。

（楼峥芳）

表 15　　石化集团公司各企业丁苯橡胶产量　　万吨

年份 企业名称	2011	2010	2009	2008	2007	2006
石化集团公司合计	54.37	48.76	39.96	38.96	35.89	23.27
齐鲁分公司	33.89	29.39	20.15	16.31	16.12	15.79
上海高桥分公司	0.60	0.95	2.67	3.57	6.03	1.25
高桥石化控股公司	8.61	9.18	8.00	8.60	7.40	6.22
扬子—金浦公司	11.27	9.23	9.14	10.40	6.34	—
胶　乳						
石化集团公司合计	8.61	9.18	8.15	8.97	7.88	6.70
上海高桥分公司	—	—	0.15	0.37	0.48	0.48
高桥石化控股公司	8.61	9.18	8.00	8.60	7.40	6.22
充油胶						
石化集团公司合计	18.85	15.23	12.27	13.54	11.99	6.84
齐鲁分公司	12.67	10.92	7.08	6.73	6.36	6.41
上海高桥分公司	—	0.10	1.31	1.93	3.02	0.43
扬子—金浦公司	6.18	4.21	3.88	4.80	2.61	—
软　胶						
石化集团公司合计	26.91	24.34	19.54	16.45	16.02	9.73
齐鲁分公司	21.22	18.47	13.07	9.58	9.76	9.38

续表

企业名称＼年份	2011	2010	2009	2008	2007	2006
上海高桥分公司	0.60	0.85	1.21	1.27	2.53	0.34
扬子—金浦公司	5.09	5.02	5.27	5.60	3.73	—

【SBS 热塑性弹性体】 截至2011年底，石化集团公司SBS生产能力为36万吨/年，2011年产量为25.87万吨，同比减少21.7%。分企业产量见表16。

（楼峥芳）

表16　石化集团公司各企业SBS热塑性弹性体产量　万吨

企业名称＼年份	2011	2010	2009	2008	2007	2006
石化集团公司合计	25.87	33.03	33.58	27.63	30.42	29.24
燕山分公司	4.87	9.22	9.09	7.91	8.80	8.62
巴陵石化	12.53	15.38	14.21	11.10	14.08	13.28
茂名分公司	8.47	8.44	10.28	8.62	7.54	7.34

【丁基/溴化丁基橡胶】 截至2011年底，石化集团公司只有燕山分公司生产丁基/溴化丁基橡胶，生产能力为4.5万吨/年，2011年产量为3.73万吨，同比增长1.08%。

（楼峥芳）

【SIS 橡胶】 截至2011年底，石化集团公司只有巴陵石化生产SIS橡胶，生产能力为1万吨/年，2011年产量为2.01万吨，同比减少8.22%。

（楼峥芳）

【SEBS 橡胶】 截至2011年底，石化集团公司只有巴陵石化生成SEBS橡胶，生产能力为2万吨/年，2011年产量为1.89万吨，同比增长28.79%。

（楼峥芳）

合 成 纤 维

【概述】 2011年，国内化学纤维总产量为3 362.36万吨，比2010年增加272.66万吨，同比增长8.82%。其中，合成纤维总产量为3 114.60万吨，比2010年增加208.40万吨，同比增长7.17%。

2011年，石化集团公司的合成纤维和合成纤维原料板块整体赢利。合成纤维原料与合成纤维聚合物的产能、产量均比上年增加；合成纤维的产能略有增加，产量略有降低。

截至2011年底，石化集团公司合成纤维原料生产能力为648.16万吨/年，比2010年增加4.00万吨/年，增长0.62%，其中投资新增产能4万吨/年；合成纤维聚合物生产能力为325.58万吨/年，比2010年增加8.60万吨/年，增长2.71%，其中投资新增产能7万吨/年，技术改造增加产能0.6万吨/年；合成纤维生产能力为155.66万吨/年，比2010年增加0.13万吨/年，增长0.08%。

2011年，齐鲁分公司丙烯腈装置通过技术改造增加产能4万吨/年，产能从4万吨/年扩大到8万吨/年；仪征资产分公司投资新建的7万吨/年聚对苯二甲酸丁二醇酯(PBT)装置建成投产，仪化股份公司0.13万吨/年高强高模聚乙烯纤维产能被纳入统计口径。石化集团公司所属企业主要合成纤维及原料生产装置的能力见表17。从2011年开始，精间苯二甲酸(PIA)、PBT和高强高模聚乙烯纤维的产能被单列。

2011年，石化集团公司生产合成纤维原料644.41万吨，比2010年增加46.94万吨，增长7.86%；生产合成纤维聚合物332.01万吨，比2010年增加6.10万吨，增长1.87%；生产合成纤维140.33万吨，比2010年减少0.24万吨，降低0.17%。

（周向进）

表 17　石化集团公司各企业主要合成纤维及原料生产装置能力

万吨/年

企业名称	合纤原料	PTA	PIA	己内酰胺	丙烯腈	乙二醇	合纤聚合物	聚酯	PBT	PVA	聚酰胺	合成纤维	涤纶	锦纶	腈纶	维纶	高强高模 PE	丙纶
燕山分公司	13.00	—	5.00	—	—	8.00	—	—	—	—	—	—	—	—	—	—	—	—
天津分公司	40.66	34.40	—	—	—	6.26	20.00	20.00	—	—	—	10.00	10.00	—	—	—	—	—
石家庄炼化	16.00	—	—	16.00	—	—	2.50	—	—	—	2.50	0.50	—	0.50	—	—	—	—
上海石化	114.00	40.00	—	—	13.00	61.00	58.93	55.10	—	3.83	—	33.93	18.15	—	14.08	—	—	1.70
扬子石化	131.00	105.00	—	—	—	26.00	—	—	—	—	—	—	—	—	—	—	—	—
仪化股份公司	100.00	100.00	—	—	—	—	175.35	175.35	—	—	—	74.83	74.70	—	—	—	0.13	—
镇海炼化	65.00	—	—	—	—	65.00	—	—	—	—	—	—	—	—	—	—	—	—
安庆分公司	8.00	—	—	—	8.00	—	—	—	—	—	—	7.00	—	—	7.00	—	—	—
齐鲁分公司	8.00	—	—	—	8.00	—	—	—	—	—	—	5.40	—	—	5.40	—	—	—
巴陵分公司	14.00	—	—	14.00	—	—	3.70	—	—	—	3.70	0.00	—	0.00	—	—	—	—
洛阳分公司	32.50	32.50	—	—	—	—	24.00	24.00	—	—	—	21.20	21.20	—	—	—	—	—
上海赛科公司	26.00	—	—	—	26.00	—	—	—	—	—	—	—	—	—	—	—	—	—
扬巴公司	30.00	—	—	—	—	30.00	—	—	—	—	—	—	—	—	—	—	—	—
中沙(天津)石化	36.00	—	—	—	—	36.00	—	—	—	—	—	—	—	—	—	—	—	—
仪征资产分公司	—	—	—	—	—	—	32.30	22.80	9.50	—	—	—	—	—	—	—	—	—
燕化有限公司	4.00	—	—	—	—	4.00	2.80	—	—	2.80	—	—	—	—	—	—	—	—
四川维尼纶厂	—	—	—	—	—	—	6.00	—	—	6.00	—	2.20	—	—	—	2.20	—	—
茂名分公司	10.00	—	—	—	—	10.00	—	—	—	—	—	—	—	—	—	—	—	—
扬州石油化工厂	—	—	—	—	—	—	—	—	—	—	—	0.60	—	—	—	—	—	0.60
合　计	648.16	311.90	5.00	30.00	55.00	246.26	325.58	297.25	9.50	12.63	6.20	155.66	124.05	0.50	26.48	2.20	0.13	2.30

【合成纤维原料】 石化集团公司生产的合成纤维原料有PTA、PIA、丙烯腈(AN)、己内酰胺(CPL)、乙二醇(EG)5个品种。截至2011年底，石化集团公司合成纤维原料的生产能力为648.16万吨/年，比2010年增加4万吨/年，增长0.62%。

2011年，石化集团公司生产合成纤维原料644.41万吨，比2010年增加46.94万吨，增长7.86%。石化集团公司合成纤维原料产量见表18。

表18 石化集团公司合成纤维原料各品种产量 万吨

产品名称 \ 年份	2011	2010	2009	2008	2007	2006
合成纤维原料合计	644.41	597.47	506.56	472.01	523.41	452.17
PTA	347.70	338.28	328.90	289.44	333.53	283.83
PIA①	3.99	2.05	2.50	2.93	3.08	2.90
丙烯腈	53.59	57.03	49.63	49.40	54.26	52.50
己内酰胺	30.89	29.34	18.41	19.31	18.29	17.99
乙二醇	208.23	170.76	104.80	108.64	114.24	97.85

①PIA产量在2006—2008年未作为合成纤维原料加以统计。

1. 精对苯二甲酸

石化集团公司生产PTA的企业有天津分公司、上海石化、扬子石化、仪化股份公司和洛阳分公司5家。

截至2011年底，石化集团公司PTA产能为311.90万吨/年，与上年持平；2011年产量为347.70万吨，比2010年增加9.42万吨，同比增长2.79%。石化集团公司PTA产量见表19。

表19 石化集团公司各企业PTA产量 万吨

企业名称 \ 年份	2011	2010	2009	2008	2007	2006
石化集团公司合计	347.70	338.28	328.90	289.44	333.53	283.83
燕山分公司①	3.99	2.05	2.50	2.93	3.08	2.90
天津分公司	32.76	32.83	24.76	22.46	32.10	32.02
上海石化	39.14	39.15	38.09	34.28	40.01	40.64
扬子石化	141.49	130.08	132.48	111.13	127.71	77.69
仪化股份公司	104.20	104.12	102.33	98.79	102.49	100.39
洛阳分公司	30.11	32.10	31.24	22.78	31.22	33.09

①燕山分公司产品为PIA。

2. 丙烯腈

石化集团公司生产丙烯腈的企业有上海石化、安庆分公司、齐鲁分公司和上海赛科公司4家。

2011年，石化集团公司生产丙烯腈53.59万吨，比2010年减少3.44万吨，降低6.02%。石化集团公司丙烯腈产量见表20。

表 20　　石化集团公司各企业丙烯腈产量　　万吨

企业名称＼年份	2011	2010	2009	2008	2007	2006
石化集团公司合计	53.59	57.03	49.63	49.40	54.26	52.50
上海石化	13.17	14.64	12.78	11.90	13.23	14.32
安庆分公司	8.67	8.64	8.57	8.39	8.64	8.50
齐鲁分公司	6.35	4.43	4.26	4.21	4.45	4.30
上海赛科公司	25.40	29.32	24.02	24.89	27.94	25.38

3. 己内酰胺

石化集团公司生产己内酰胺的企业有巴陵分公司和石家庄炼化 2 家。

截至 2011 年底，石化集团公司己内酰胺产能为 30 万吨/年，2011 年产量为 30.89 万吨，比 2010 年增加 1.55 万吨，同比增长 5.28%。石化集团公司己内酰胺产量见表 21。

表 21　　石化集团公司各企业己内酰胺产量　　万吨

企业名称＼年份	2011	2010	2009	2008	2007	2006
石化集团公司合计	30.89	29.34	18.41	19.31	18.29	17.99
石家庄炼化	10.86	10.05	4.60	5.69	6.56	7.19
巴陵分公司	20.03	19.29	13.81	13.60	11.73	10.80

4. 乙二醇

石化集团公司生产乙二醇的企业有燕山分公司、燕化有限公司、天津分公司、上海石化、扬子石化、茂名分公司、扬巴公司、镇海炼化、中沙(天津)石化 9 家企业。

2011 年，石化集团公司生产乙二醇 208.23 万吨，比 2010 年增加 37.47 万吨，同比增长 21.94%。石化集团公司乙二醇产量见表 22。

表 22　　石化集团公司各企业乙二醇产量　　万吨

企业名称＼年份	2011	2010	2009	2008	2007	2006
石化集团公司合计	208.23	170.76	104.80	108.64	114.24	97.85
燕山分公司	4.68	6.34	6.37	5.98	6.13	6.61
上海石化	42.31	41.23	39.40	42.13	39.13	19.06
扬子石化	13.31	15.66	16.00	16.55	17.17	17.75
天津分公司	4.19	3.88	3.30	2.98	4.11	4.61
茂名分公司	7.62	6.61	3.66	8.33	9.22	10.24
扬巴公司	36.08	29.09	32.61	29.77	34.20	35.28
燕化有限公司	4.20	3.30	3.46	2.90	4.28	4.30
镇海炼化	56.85	30.01	—	—	—	—
中沙(天津)石化	39.00	34.64	—	—	—	—

5. 精间苯二甲酸

石化集团公司生产PIA的企业只有燕山分公司，也是国内唯一一家生产PIA产品的企业。燕山分公司的PIA装置是利用原来5万吨/年精对苯二甲酸装置改造的，改造后PIA的生产能力为4万吨/年。2010年，该装置经过进一步技术改造，PIA的生产能力提高到5万吨/年。

2011年，石化集团公司生产PIA产品3.99万吨，比2010年增加1.94万吨，同比增长94.61%。

（周向进）

【合成纤维聚合物】 石化集团公司生产的合成纤维聚合物主要品种有聚酯（PET）、聚乙烯醇（PVA）、聚己内酰胺（PA6）、PBT、纤维级聚丙烯（纤维级PP）、纤维级聚乙烯（纤维级超高分子量PE）。

截至2011年底，石化集团公司合成纤维聚合物生产能力为325.58万吨/年，比2010年增加8.6万吨/年，增长2.71%。2011年，仪征资产分公司投资新建的7万吨/年PBT装置建成投产。同年，原装置通过技术改造增加产能0.6万吨/年。

2011年，石化集团公司生产合成纤维聚合物332.01万吨，比2010年增加6.10万吨，同比增长1.87%。石化集团公司合成纤维聚合物产量见表23。

表23　石化集团公司合成纤维聚合物各品种产量　万吨

产品名称 \ 年份	2011	2010	2009	2008	2007	2006
合成纤维聚合物合计	332.01	325.91	304.90	266.97	291.07	284.67
聚　酯	310.36	304.88	290.62	251.14	274.08	266.35
聚对苯二甲酸丁二酯	2.49	2.50	—	—	—	—
聚乙烯醇	13.10	12.68	9.68	11.55	12.64	12.84
聚己内酰胺	6.05	5.84	4.60	4.31	4.35	5.48

1. 聚酯

石化集团公司生产聚酯产品的企业有上海石化、仪化股份公司、天津分公司、洛阳分公司和仪征资产分公司5家企业。

2011年，石化集团公司生产聚酯310.36万吨，比2010年增加5.48万吨，同比增长1.80%。石化集团公司聚酯产量见表24。

表24　石化集团公司各企业聚酯产量　万吨

企业名称 \ 年份	2011	2010	2009	2008	2007	2006
石化集团公司合计	310.36	304.88	290.62	251.14	274.08	266.35
上海石化	62.08	60.31	55.61	54.40	58.93	55.91
仪化股份公司	177.06	173.57	173.66	166.60	171.53	165.38
天津分公司	29.83	28.55	22.48	10.72	26.02	24.38
洛阳分公司	18.45	19.90	18.30	11.36	17.60	20.68
仪征资产分公司①	22.95	22.56	20.56	—	—	—

①仪征资产分公司聚酯产能和产量2009年开始被纳入石化集团公司统计口径。

2. 聚乙烯醇

石化集团公司生产聚乙烯醇的企业有上海石化、四川维尼纶厂和燕化有限公司3家。其中，四川维尼纶厂以天然气为原料生产乙炔，是石化集团公司唯一使用天然气作原料生产合成纤维的企业。

2011年，石化集团公司生产聚乙烯醇13.10万吨，比2010年增加0.42万吨，同比增长3.34%。石化集团公司聚乙烯醇产量见表25。

表 25　　石化集团公司各企业聚乙烯醇产量　　万吨

企业名称＼年份	2011	2010	2009	2008	2007	2006
石化集团公司合计	13. 10	12. 68	9. 68	11. 55	12. 64	12. 84
上海石化	4. 34	4. 01	4. 36	4. 16	4. 27	4. 54
燕化有限公司	2. 38	2. 51	—	1. 47	2. 68	2. 28
四川维尼纶厂	6. 38	6. 15	5. 33	5. 92	5. 69	6. 02

3. 聚己内酰胺

石化集团公司生产聚己内酰胺的企业有石家庄炼化和巴陵分公司 2 家。

2011 年，石化集团公司生产聚己内酰胺 6. 05 万吨，比 2010 年增加 0. 21 万吨，同比增长 3. 61%。其中，石家庄炼化生产聚己内酰胺 2. 23 万吨，巴陵分公司生产聚己内酰胺 3. 82 万吨。

4. 纤维级聚丙烯和纤维级聚乙烯

纤维级聚丙烯和纤维级超高分子量聚乙烯的生产能力、产量均在聚乙烯(合成树脂)中统计。

（周向进）

【合成纤维】 合成纤维的五大品种是涤纶、锦纶、腈纶、维纶、丙纶，俗称“五大纶”。

截至 2011 年底，石化集团公司合成纤维生产能力为 155. 66 万吨/年，比 2010 年增加 0. 13 万吨/年，增长 0. 08%，增加的产能为仪化股份公司的特种纤维产品——高强高模聚乙烯纤维。

2011 年，石化集团公司生产合成纤维 140. 33 万吨，比 2010 年减少 0. 24 万吨，同比降低 0. 17%。石化集团公司合成纤维各品种产量见表 26。

表 26　　石化集团公司合成纤维各品种产量　　万吨

产品名称＼年份	2011	2010	2009	2008	2007	2006
合成纤维合计	140. 33	140. 57	131. 40	127. 44	143. 82	152. 26
涤　纶	108. 38	107. 68	99. 10	94. 07	106. 03	112. 77
锦　纶	—	—	—	—	0. 01	0. 51
腈　纶	29. 88	31. 02	30. 48	31. 43	35. 67	36. 94
维　纶	1. 55	1. 29	1. 25	1. 48	1. 57	1. 50
丙　纶	0. 52	0. 58	0. 57	0. 46	0. 55	0. 55

1. 涤纶

石化集团公司生产涤纶纤维的企业有上海石化、仪化股份公司、天津分公司和洛阳分公司 4 家。

截至 2011 年底，石化集团公司涤纶纤维生产能力为 124. 05 万吨/年，其中涤纶长丝的生产能力为 29. 95 万吨/年，均与上年持平。

2011 年，石化集团公司生产涤纶纤维 108. 38 万吨，比 2010 年增加 0. 70 万吨，同比增长 0. 65%，其中涤纶长丝产量为 22. 76 万吨，比 2010 年减少 0. 23 万吨，同比降低 1. 00%。石化集团公司涤纶产量见表 27。

表 27　　石化集团公司各企业涤纶产量　　万吨

企业名称＼年份	2011	2010	2009	2008	2007	2006
石化集团公司合计	108. 38	107. 68	99. 10	94. 07	106. 03	112. 77
上海石化	8. 92	8. 72	8. 06	8. 52	8. 90	10. 39
仪化股份公司	71. 67	70. 65	67. 48	67. 20	67. 52	66. 01
天津分公司	12. 12	12. 41	9. 73	10. 66	17. 14	18. 63
洛阳分公司	15. 67	15. 90	13. 83	7. 58	12. 47	17. 74

2. 腈纶

石化集团公司生产腈纶纤维的企业有上海石化、安庆分公司和齐鲁分公司3家。

截至2011年底，石化集团公司腈纶生产能力为26.48万吨/年，2011年产量为29.88万吨，比2010年减少1.14万吨，同比降低3.66%。石化集团公司各企业腈纶产量见表28。

表28 石化集团公司各企业腈纶产量 万吨

企业名称 \ 年份	2011	2010	2009	2008	2007	2006
石化集团公司合计	29.88	31.02	30.48	31.43	35.67	36.94
上海石化	16.09	16.64	16.07	18.48	21.89	22.61
安庆分公司	7.88	7.87	7.87	6.90	7.71	7.76
齐鲁分公司	5.92	6.52	6.50	6.05	6.07	6.57

3. 维纶

石化集团公司生产维纶纤维的企业只有四川维尼纶厂1家，采用国内技术，生产能力为2.2万吨/年，主要产品有维纶短纤维和维纶丝束(长丝)。

2011年，石化集团公司生产维纶纤维1.55万吨，比2010年增加0.26万吨，同比增长19.87%。

4. 高强高模聚乙烯纤维

石化集团公司生产高强高模聚乙烯纤维的企业只有仪化股份公司1家。

从2011年起，仪化股份公司0.13万吨/年高强高模聚乙烯纤维装置的产能被纳入统计口径，其中0.10万吨/年产能为新建装置，0.03万吨/年产能为已投产的中试装置。产量尚未被纳入统计口径。

(周向进)

精 细 化 工

【概述】 随着化工产品市场竞争激烈，效益下滑，中国石化集资源、市场、技术、人才等多方面的优势，对精细化工产品有重点、有步骤地发展。

石化集团公司主要精细化工产品产量见表29。

(原 玲 赵锦波)

表29 石化集团公司主要精细化工产品产量 吨

产品名称 \ 年份	2011	2010	2009	2008	2007	2006
塑料助剂						
塑料增塑剂	35 880	40 763	36 800	53 237	76 521	63 041
塑料发泡剂	0	0	168	0	10 578	10 847
橡胶助剂						
橡胶促进剂	45	611	9	226	4 689	4 928
橡胶防老剂	46 759	47 486	35 824	22 206	36 693	37 353
表面活性剂	9 583	14 734	28 533	29 084	19 795	16 519
微晶蜡	37 561	21 330	9 881	12 494	14 332	16 793
专用蜡	70 112	53 581	35 541	22 775	19 475	14 584
凡士林	10 973	6 934	7 949	5 475	8 878	4 912

【催化剂】 2011年，石化集团公司在新催化剂开发、生产和推广应用方面有了新的突破。催化裂化催化剂、催化重整催化剂、加氢催化剂、基本有机原料催化剂、聚烯烃催化剂等炼油和石油化工用催化剂的国产化率超过90%。年内共生产炼油和化工催化剂1.57万吨。完成了催化裂化催化剂、加氢催化剂、聚烯烃催化剂、钯炭催化剂和醋酸乙烯催化剂等新产品的工业放大试验。

(顾培蕾)

【表面活性剂】 石化集团公司研究开发和生产表面活性剂的企业主要是金陵石化、天津石化、高桥石化等。2011 年，石化集团公司共生产表面活性剂 9 583吨，主要有乳化剂(MOA、EL、Tx)、洗涤剂(低泡清洗剂、消泡剂等)、破乳剂等系列产品。

1. 聚醚多元醇

石化集团公司生产聚醚多元醇的企业为上海高桥资产分公司和天津石化。

2011 年，上海高桥资产分公司通过技术改进、降本增效、提高产品质量、加强科技开发和产品升级、积极开拓市场等，聚醚产品产、销量分别达到 15.07 万吨和 15.04 万吨；组织了 9 个聚醚新产品的试生产，试产产量达到 5 000 余吨。利用自主研发的 LMMC 新工艺，对 2009 年研发成功的新产品 GEP－560D 再次进行深度研发，既达到了产品升级换代的目的，又使企业的节能降耗和环保能力获得提升；组织了新产品 GK－501 和阻燃聚醚 GPM－2 在生产装置上进行工业性试生产等。适时抓住国内汽车行业快速发展的机遇，使次新产品 GEP－828 的销量在 2010 年 13% 增幅的基础上又增加了 67.1%，一举突破了 1 万吨；充分利用已有的研发资源，积极应对聚醚新产品在下游应用中的新变化，通过试验使得新产品 GJ－8G 应用于地铁施工中，产品销量比 2010 年增加了 26 倍；3 项发明专利“聚氨酯灌浆材料”、“端异氰酸酯灌浆材料预聚体及其制备方法”和“制备聚合物多元醇的方法”获得申请号。

2011 年，天津石化在聚醚新产品开发生产方面也取得了很大成绩，研制出多种适合市场需求的高品质聚醚多元醇的产品。

双组分接枝 POP－10/45：该产品是聚氨酯工业在汽车上用量较大的聚醚 TEP－330N 和聚合物多元醇 POP 的替代产品，环保且成本低，有着很好的市场前景。

TPZ－425 硬泡聚醚多元醇：该产品具有优异的性价比，不仅与其他组分相溶性好，而且具有制品强度高、尺寸稳定性好、导热系数低、阻燃性好的特性，特别是有较好的生物降解性，属于环境友好型产品，可应用于建筑隔热保温和冷库、冷藏车、汽车门、防盗门、隔热板、热力管线保温等场合。2011 年产量 1 000 吨，利润 150 万元。

TXX－2# 聚醚多元醇：该产品具有低不饱和度、窄分布、色号稳定、超高分子量组分减少等优点，适合于中低密度块状泡沫的制备，也可作为合成聚合物多元醇(POP)的基础聚醚使用。2011 年产量 1.87 万吨，销售利润约 2 670.68 万元。

2. 三次采油用化学品

上海石油化工研究院合成的阴非两性表面活性剂在南京化工公司成功进行了工业化生产，产品性能可以满足河南油田、江汉油田、中原油田和江苏油田的使用要求，并进行了先导试验和井组应用，河南油田先导试验后综合含水率由 97.8% 下降至 95.7%，原油日产量由 46 吨提升至 73 吨。

（原　玲　赵锦波）

【合成胶黏剂】 石化集团公司生产的胶黏剂原料主要有环氧树脂、苯乙烯共聚物及醋酸乙烯聚合物。

1. 环氧树脂类

巴陵石化是国内最大的环氧树脂产、销、研基地之一，具有多年生产、研发环氧树脂的经验及技术，其产能及生产技术均居国内重要及领先地位。2011 年，巴陵石化共生产各种牌号基础环氧树脂 4.34 万吨，净增利润 5 014.5 万元，其中全年实现新产品产销 3 240.76 吨(比上年同期多产销 400 吨)，创造利润 1 396.9 万元，详见表 30。

表 30　　巴陵石化 2011 年环氧树脂品种、产量及技术经济指标

产品名称	产量/吨	销量/吨	平均利润/元·吨$^{-1}$	新增产值/万元	净增利润/万元
基础环氧树脂	43 355.20	41 442.40	1 210.00	84 871.20	5 014.50
CYDCN－200/A001－09	1 315.10	1 315.10	5 500.00	4 380.50	723.30
CYDW－113W50	54.66	54.66	11 800.00	113.60	64.50
CYDBN－240	11.40	11.40	3 870.00	37.50	4.40
800 系列	1 737.60	1 737.60	3 200.00	3 415.00	556.00
CYDF－175	78.00	78.00	5 000.00	192.30	39.00
CYD－188	44.00	44.00	2 200.00	78.00	9.70

2. 醋酸乙烯聚合物类

四川维尼纶厂是全国唯一以天然气为主要原料生产醋酸乙烯聚合物的企业。醋酸乙烯产能为 50 万吨/年、聚乙烯醇(PVA)产能为 16 万吨/年，醋酸乙烯—乙烯共聚乳液(VAE)产能为6万吨/年。

2011年新开发了高性能环保PVA产品(PVA-24Ⅰ、PVA-18Ⅰ),用于PVB行业,专供出口销售;开发高黏度PVA产品PVA26-99,在国内销售;应用新型引发剂和三釜连续聚合技术成功开发生产出低黏度的PVA03系列产品,共生产183吨,突破了中国低黏度PVA产品工业化生产的极限。

(原　玲　赵锦波)

【生物化工及可替代能源】

1. 顺酐酯化—加氢生产1,4-丁二醇技术

完成10万吨/年1,4-丁二醇工艺包的编制,共申报10项专利,并拥有自主知识产权。顺酐酯化—加氢催化剂的开发及工业应用,填补了国内同类催化剂的空白,获中国石化2011年度科技进步三等奖。

2. 甘油发酵生产1,3-丙二醇中试技术

进一步完善了生物法1,3-丙二醇生产技术,在发酵工段进行菌种调控,在产品提取工段增加离子交换脱盐工艺,进行了三废处理方案研究,成套技术进一步优化,中试技术研究通过中国石化总部科技开发部组织的技术鉴定。完成了万吨级工艺包编制和可行性研究报告编制,为产品的推广应用奠定了基础。

3. 发酵法生产二元酸成套技术

该技术在服务于金陵石化的同时又在国内其他企业扩产。青岛多元化工有限公司采用抚顺石油化工研究院发酵生产二元酸技术,建设了2 000吨/年工业装置。2011年,该公司申请将技术许可的规模扩大到万吨级。

(原　玲　赵锦波)

【石油化工溶剂及助剂】 南京化工公司是石化集团公司生产橡胶助剂的主要企业,生产的主要品种有防老剂6PPD(原名防老剂4020)、防老剂4010NA、防老剂RD等。南京化工公司2011年橡胶助剂品种、产量、质量及技术经济指标见表31。

(原　玲　赵锦波)

表31　南京化工公司2011年橡胶助剂品种、产量、质量及技术经济指标

产品名称	产量/吨	质量		主要技术经济指标					
				物耗		能耗			
		凝固点/℃	优级品率/%	物料名称	损耗/千克·吨$^{-1}$	汽(中/低)/吨·吨$^{-1}$	电/(千瓦·时)·吨$^{-1}$	水/吨·吨$^{-1}$	综合能耗/吨(标煤)·吨$^{-1}$
防老剂RD	29 157.45	≥89.61(软化点)	≥99.8	苯胺 丙酮	535.34 717.50	0.21/4.62	110.40	1.51	0.62
防老剂6PPD	14 169.01	≥47.72	≥95.3	RT 甲酮	717.46 424.70	1.35/2.42	152.71	2.39	0.54
防老剂4010NA	3 433.38	≥72.18(熔点)	≥18.6	RT 丙酮	818.45 354.17	1.75/2.84	112.00	2.52	0.65

化　肥

【概述】 石化集团公司化肥主要产品有合成氨、尿素、复合肥、硫酸铵、硝酸铵、混配复合肥料等。石化集团公司主要化肥生产能力见表32,产量见表33。

表32　石化集团公司主要化肥生产能力　万吨/年

产品名称＼年份	2011	2010	2009	2008	2007	2006
合成氨	234.70	269.20	269.20	243.50	223.50	243.50
尿　素	303.40	363.40	363.40	313.00	313.00	361.00
复合肥	50.00	50.00	50.00	50.00	50.00	60.00
硫酸铵	50.25	42.25	42.25	42.25	42.25	42.25
硝酸铵(工业用)	15.00	15.00	15.00	15.00	15.00	15.00

表 33　　**石化集团公司主要化肥产品产量**　　万吨

产品名称＼年份	2011	2010	2009	2008	2007	2006
合成氨	111.12	119.10	135.15	125.64	114.38	109.06
尿　素	77.98	122.34	175.22	164.86	156.46	160.91
复合肥	27.90	33.04	29.11	19.16	39.34	32.23
硫酸铵	57.90	56.78	39.29	43.92	43.56	45.07
硝酸铵(工业用)	13.60	14.64	12.78	15.46	13.53	15.05
混配复合肥料	4.10	3.93	4.34	3.13	5.69	5.94

从表 32 可见，合成氨、尿素生产能力同比减少，主要是核减了部分闲置装置的生产能力；其他化肥产品生产能力较小，硫酸铵生产能力同比增加，复合肥、硝酸铵等产品生产能力没有变化。

从表 33 可见，合成氨、尿素、复合肥产量同比均有所减少，其中尿素产量减少幅度达到 36%；硫酸铵、硝酸铵、混配复合肥料等化肥产品产量变化不大。

2011 年，石化集团公司尿素产量不足 100 万吨，尿素装置产能利用率只有 26%，主要是由于化肥企业根据油品升级和化工装置需要，积极开展结构调整工作，逐步减少尿素产量，增加外供氢气、氨量。齐鲁分公司达州化肥装置因产品没有边际效益，区域尿素市场比较饱和，2011 年装置全年停工；巴陵、安庆分公司按“先氢后氨再尿素”的方案组织生产，优化资源配置。2011 年，石化集团公司实际只有安庆分公司、巴陵分公司、湖北化肥分公司的 3 套化肥装置生产尿素，3 家化肥企业通过完善液氨储运设施、协调系统内液氨互供、加大合成气资源的优化利用等措施，使尿素产品比例由 2010 年的 73% 下降为 2011 年的 66%，外供氢比例由 10% 上升为 11%，外供氨比例由 17% 上升为 23%。

（吴昌保）

【合成氨】 2011 年，石化集团公司生产合成氨的企业有安庆分公司、巴陵分公司、湖北化肥分公司、南京化工公司和四川维尼纶厂共 5 家。截至 2011 年底，石化集团公司合成氨生产能力为 234.70 万吨/年，核减了镇海炼化合成氨生产能力 34.50 万吨/年。

2011 年，石化集团公司实际生产合成氨 111.12 万吨，同比减少 6.70%，约占全国合成氨总产量的 2.2%。镇海炼化合成氨装置全年供氢，减少合成氨产量 6.01 万吨。各企业合成氨产量详见表 34。

（吴昌保）

表 34　　**石化集团公司各企业合成氨产量**　　万吨

企业名称	设计能力/万吨·年$^{-1}$＼年份	2011	2010	2009	2008	2007	2006
石化集团公司合计	234.70	111.12	119.10	135.15	125.64	114.38	109.06
安庆分公司	32.00	18.12	15.82	20.34	20.10	13.85	0.66
巴陵分公司	43.00	32.49	25.94	18.55	21.13	7.64	…
湖北化肥分公司	30.00	22.28	21.74	18.58	14.79	12.67	18.61
齐鲁分公司	29.20	—	6.59	—	—	—	—
金陵分公司	24.00	—	—	10.02	6.65	10.51	14.70
镇海炼化	—	—	6.01	18.30	19.57	27.30	29.99
九江分公司	30.00	—	12.97	26.53	26.48	25.57	31.77
南京化工公司	26.50	22.50	18.72	21.69	15.44	16.84	5.47
四川维尼纶厂	20.00	15.73	11.31	1.13	1.49	—	—

【尿素】 2011年，石化集团公司生产尿素的企业有安庆分公司、巴陵分公司和湖北化肥分公司共3家。截至2011年底，石化集团公司尿素(实物量)生产能力为303.4万吨/年，核减了镇海炼化尿素(实物量)生产能力60万吨/年。

2011年，石化集团公司实际生产尿素(实物量)77.98万吨，同比减少36.26%，约占全国尿素总产量的1.4%。各企业尿素产量详见表35。

(吴昌保)

表35 石化集团公司各企业尿素产量 万吨

企业名称	年份 设计能力/万吨·年$^{-1}$	2011	2010	2009	2008	2007	2006
石化集团公司合计	303.40	77.98	122.34	175.22	164.86	156.46	160.91
安庆分公司	52.00	26.57	22.80	29.82	27.62	17.70	0.27
巴陵分公司	61.00	18.78	25.65	19.17	24.93	7.75	…
湖北化肥分公司	48.00	32.63	30.64	31.56	21.29	18.91	28.33
齐鲁分公司	50.40	—	8.72	—	—	—	—
金陵分公司	40.00	—	—	17.28	11.33	18.36	25.61
镇海炼化	—	—	10.47	32.20	33.70	47.81	52.43
九江分公司	52.00	—	24.05	45.19	46.00	45.93	54.26

【复合肥】 2011年，石化集团公司生产复合肥的企业有南京化工公司和安庆石化2家。截至2011年底，石化集团公司复合肥生产能力为50万吨/年，产能没有变化；2011年实际生产复合肥27.90万吨，同比减产5.14万吨，减少15.53%，主要是南京化工公司复合肥产量减少。

(吴昌保)

【硫酸铵】 2011年，石化集团公司生产硫酸铵的企业有石家庄炼化分公司、巴陵分公司、安庆分公司、齐鲁分公司和湖北化肥共5家。截至2011年底，石化集团公司硫酸铵(实物量)生产能力为50.25万吨/年，核增了巴陵分公司硫酸铵(实物量)生产能力8万吨/年；2011年实际生产硫酸铵(实物量)57.90万吨，同比增产1.12万吨，增长1.97%。

(吴昌保)

【硝酸铵】 2011年，石化集团公司生产硝酸铵的企业只有南京化工公司1家。截至2011年底，石化集团公司硝酸铵(实物量)生产能力为15万吨/年，产能没有变化；2011年实际生产硝酸铵(实物量)13.60万吨，同比减产1.04万吨，减少7.10%。

(吴昌保)

【混配复合肥料】 2011年，石化集团公司生产混配复合肥料的企业只有南京化工公司1家，全年实际生产混配复合肥料4.10万吨，同比增产0.17万吨，增长4.45%。

(吴昌保)

【煤气化技术】 截至2011年底，石化集团公司有6套煤气化装置，其中金陵分公司、齐鲁分公司、南京化工公司3套煤气化装置采用GE水煤浆气化技术，安庆分公司、巴陵分公司、湖北化肥分公司3套煤气化装置采用Shell干粉煤气化技术。

2011年，围绕提高煤气化装置长周期运行水平和关键设备国产化积极开展技术攻关。3套水煤浆装置攻关的重点是通过工艺、设备和操作改进，提高装置整体运行水平；3套干粉煤气化装置攻关的重点是解决由于煤质变化带来的气化炉堵渣、设备腐蚀和磨蚀等问题。

2011年，3套水煤浆装置总体保持了较高的运行水平，其中齐鲁水煤浆装置连续运行达到289天，金陵水煤浆装置连续运行突破300天。3套干粉煤气化装置通过加强原料煤质量、运行和设备基础管理及工艺优化操作，装置运行可靠度不断提高，其中安庆煤气化装置创造了连续运行153天的全球同类装置最长周期纪录，巴陵煤气化装置实现满负荷运行。

(吴昌保)

无 机 原 料

【概述】 2011年，石化集团公司生产无机原料的企业有南京化工公司、齐鲁分公司、巴陵分公司、巴陵分公司、石家庄炼化分公司、江汉油田分公司、荆门分公司、长岭分公司等。主要无机原料为"三酸两碱"。石化集团公司主要无机原料生产能力见表36、产量见表37。

（吴昌保）

表 36　　石化集团公司主要无机原料生产能力　　万吨/年

产品名称＼年份	2011	2010	2009	2008	2007	2006
硫　酸	119.50	119.50	119.50	119.50	118.00	118.00
浓硝酸	22.00	22.00	22.00	21.00	17.50	20.00
盐　酸	37.23	35.23	48.33	48.33	25.53	25.53
烧　碱	84.30	80.30	92.30	90.30	88.30	94.30
纯　碱	120.25	120.25	120.25	120.25	120.25	120.25

表 37　　石化集团公司主要无机原料产品产量　　万吨

产品名称＼年份	2011	2010	2009	2008	2007	2006
硫　酸	94.94	100.29	78.90	71.71	88.00	84.01
硝　酸	17.76	20.56	15.60	11.32	10.36	9.26
盐　酸	29.93	30.80	26.43	21.61	30.92	29.48
烧　碱	80.92	80.31	67.80	74.70	83.66	87.26
纯　碱	113.69	106.11	102.30	116.23	117.61	106.09

【硫酸】 2011年，石化集团公司生产硫酸的企业有南京化工公司、石家庄炼化分公司、巴陵分公司、荆门分公司和长岭分公司共5家。截至2011年底，石化集团公司硫酸生产能力为119.50万吨/年，产能没有变化；2011年实际生产硫酸94.94万吨，同比减产5.35万吨，减少5.34%，主要是南京化工公司和石家庄炼化分公司产量减少。

（吴昌保）

【硝酸】 2011年，石化集团公司硝酸生产企业仅有南京化工公司。截至2011年底，石化集团公司浓硝酸生产能力为22.00万吨/年，产能没有变化；2011年实际生产浓硝酸17.76万吨，同比减产2.81万吨，减少13.64%。

（吴昌保）

【盐酸】 2011年，石化集团公司生产盐酸的企业有南京化工公司、巴陵分公司、齐鲁分公司和江汉油田分公司共4家。截至2011年底，石化集团公司盐酸生产能力为37.23万吨/年，核增了江汉油田分公司生产能力2万吨/年；2011年实际生产盐酸29.93万吨，同比减产0.87万吨，减少2.82%，主要是南京化工公司和齐鲁分公司产量减少。

（吴昌保）

【烧碱】 2011年，石化集团公司生产烧碱的企业有齐鲁分公司、江汉油田分公司、南京化工公司和巴陵分公司共4家。江汉油田分公司盐化工总厂2台电解槽(I槽和J槽)于2011年3月投产，新增能力4万吨/年。截至2011年底，石化集团公司烧碱生产能力84.30万吨/年，同比增加4万吨/年；2011年实际生产烧碱80.92万吨，同比增产0.61万吨，增长0.76%。

（吴昌保）

【纯碱】 2011年，石化集团公司纯碱生产企业为南京化工公司连云港碱厂，生产能力为120万吨/年，全年实际生产纯碱113.69万吨，同比增产7.58万吨，增长7.15%。工业纯碱优级品率继续保持100%；出口纯碱量16.35万吨，同比增加1.96万吨，主要出口日韩及东南亚地区。

2011年，全国累计生产纯碱2 236万吨，同比增长9.2%，石化集团公司产量约占全国总产量的5.1%，同比下降0.1个百分点。

（吴昌保）

质 量 管 理

【概述】 2011年，化工板块宣传贯彻中国石化“质量永远领先一步”的质量方针和“质优量足、客户满意”的质量目标，积极履行“每一滴油都是承诺”的社会责任，牢固树立“大产品、大质量”的观念。一是完善《化工企业质量管理办法》、《化工企业质量管理考核规范》和《化工产品用户服务管理办法》等质量管理制度；二是强化质量管理，召开化工产品质量工作视频会，通报化工产品质量管理和用户服务方面存在的问题，部署下一阶段质量管理工作；三是组织开展化工企业质量检查，在企业自查自改的基础上，对金陵石化、高桥石化、上海石化3家企业进行了质量检查；四是加强产品质量跟踪，开展产品质量分析，采取措施，改进产品质量，不断增强化工产品的市场竞争力。

（沈云辉）

【加强化工产品客户服务】 一是在“中国石化质量日”期间，分别在燕山石化、扬子石化召开化工产品客户座谈会，邀请客户走进企业参观，向客户介绍企业生产经营、质量管理、新产品开发、市场销售和客户服务等情况，了解客户需求，听取客户的意见和建议；二是组织企业开展化工产品在安全、卫生等方面的质量认证/检测，共涉及25家企业170多个产品；三是协调生产企业向化工销售客服中心开放LIMS系统查阅权限，方便客服中心实时查阅、打印化工产品合格证或质量报告单，及时满足用户需要；四是开展聚丙烯、工业用纯苯等产品的用户满意度调查；五是加强客户投诉的处理，2011年共接到120件投诉，同比减少64件，下降34%；投诉处理完成率为100%，平均处理时间10天，同比减少8天，降低44%。

（沈云辉）

【加强质量教育】 一是举办聚丙烯测试技术培训班，开展聚丙烯测试技术培训和现场交流，提高企业合成树脂的检测水平；二是举办化工产品质量优化技术高级研修班，通过集中授课、企业现场培训、交流和论文答辩等教学形式，提高了培训的针对性和实际效果，共18家生产企业的23名学员全部顺利结业，同时评出2名优秀学员和4篇优秀论文；三是组织开展好4月7日“中国石化质量日”和9月“质量月”活动，组织石化集团公司质量管理知识竞赛，积极宣传企业在质量管理方面的先进经验和质量管理工作中的先进人物事迹，深入开展质量意识教育。

（沈云辉）

【化工产品等级品率完成情况】 2011年，合成树脂一级品以上比例94.20%，同比提高0.22个百分点。分品种来看，聚丙烯90.15%，同比提高0.73个百分点；高压聚乙烯98.63%，同比降低0.43个百分点；低压聚乙烯97.78%，同比降低0.25个百分点；线性聚乙烯97.78%，同比降低0.36个百分点；聚苯乙烯99.72%，同比降低0.11个百分点；聚氯乙烯96.60%，同比降低0.24个百分点。

2011年，合成橡胶一级品以上比例82.70%，同比提高1.47个百分点。分品种来看，丁苯橡胶（包括SBS）75.86%，同比提高2.86个百分点；顺丁橡胶96.24%，同比降低1.97个百分点；丁基橡胶84.66%，同比提高14.12个百分点。

2011年，合成纤维一级品以上比例98.44%，同比基本持平。分品种来看，涤纶98.62%，同比提高0.08个百分点；腈纶99.91%，同比基本持平；维纶47.62%，同比提高6.06个百分点。

2011年，合纤原料一级品以上比例99.81%，同比提高0.78个百分点。分品种来看，丙烯腈、乙二醇继续保持100%；精对苯二甲酸99.86%，同比提高0.17个百分点；己内酰胺98.13%，同比提高11.61个百分点。

2011年，合纤聚合物一级品以上比例88.24%，同比提高1.56个百分点。分品种来看，锦纶切片99.68%，同比降低0.12个百分点；聚乙烯醇100%，同比持平；聚酯87.49%，同比提高1.81个百分点。

2011年，尿素优级品率100%，同比提高0.42个百分点。

（沈云辉）

设 备 管 理

【概述】 2011年，石化集团公司21家化工企业固定资产原值为 2 217.84 亿元，净值为 927.99 亿元，其中设备固定资产原值为 1 956.06 亿元，净值为 758.59 亿元，设备新度系数为 0.39。

21 家化工企业共有设备 1 281 400 台，完好设备 1 270 752 台，完好率 99.17%，其中主要设备 117 245台，完好设备 117 081 台，主要设备完好率 99.86%。设备静密封点数 27 601 550 个，泄漏点数 2 958 个，泄漏率为 0.11‰。

设备分类情况：塔类 4 372 台，反应器类 2 769 台，储罐类 34 722 台，炉类 665 台，换热设备类 22 987台，石油化工机械类 35 884 台，通用机械类 58 693 台，动力设备类 110 404 台，仪器仪表类 957 241台，机修设备类 1 385 台，化纤设备类 4 917 台，起重运输和施工机械类 9 090 台，其他 38 486 台。关键机组 1 141 台，其中各类气体压缩机(250 千瓦以上)823 台(电机驱动的 606 台，蒸汽透平驱动的 217 台)，冷冻机(200 千瓦以上)232 台(电机驱动的 218 台，蒸汽透平驱动的 14 台)，发电机(3 000 千瓦以上)69 台，烟汽轮机(500 千瓦以上)17 台。在用压力容器 29 339 台。GC1、GC2、GC3 类工业管道 785.91 万米。总共 431 套主要生产装置，2011 年检修 44 套。

21 家化工企业全年消耗新鲜水 3.73 亿吨，循环水供水总量 154.70 亿吨。

(刘国帅)

【召开设备动力管理会议】 为了加强设备动力管理工作，2011 年召开了有关设备动力管理会议。

化工板块设备管理工作座谈会。2011 年 3 月组织召开了化工板块设备管理工作座谈会。会上各企业交流了先进的管理经验，对存在的问题进行了剖析和研讨，重点介绍了 2010 年的设备动力事故和故障情况，并就 2011 年化工企业的设备管理思路和目标达成了一致意见，会议达到了预期的效果。

化工企业高泄漏风险部位整改研讨会。会议落实了有关整改措施和技术方案，力求彻底消除装置泄漏隐患。

规范外协业务管理工作研讨会。会议根据石化集团公司党组关于加强外协业务管理、规范外协队伍准入机制的有关指示，要求各企业开展自查自纠整改活动，并积极总结整改活动中的经验，认真查找整改活动中的薄弱环节和漏洞，保证规范外协业务管理效能监察工作的顺利开展，从而制定相关措施和对策。

炼化企业循环水管理工作研讨会暨水处理药剂评定结果发布会。2011 年 10 月组织召开了炼化企业循环水管理工作研讨会，在会议上对 2011 年循环水药剂及离子交换树脂评定结果进行了发布。

(刘国帅)

【工作调研】 为确实了解设备运行情况，2011 年主要做了以下几方面的调研：

空分装置调研。2011 年 2 月 20 日—3 月 8 日，石化集团公司总部组织有关专家在函调的基础上，对金陵分公司、扬子石化、安庆分公司、上海石化、巴陵分公司、茂名分公司 6 家企业的空分装置进行了现场调研，并对参加调研组的燕山分公司、齐鲁分公司、天津分公司、镇海炼化 4 家企业的空分装置采取直接对接的形式进行了解。调研主要采取听取被调研企业的汇报、召开相关技术人员座谈会、深入装置现场了解装置运行情况、查阅相关资料等方式，全面了解企业空分装置的运行及运营情况。调研期间，调研组从企业空分装置的资产情况、人员情况、设备状况、原料消耗、产品销售、装置运行、赢利能力及对主业装置的影响程度等方面进行了摸底了解。

规范炼化检维修外协业务单位情况调研。石化集团公司总部成立了调研组，对所属部分炼化企业的检维修承包商队伍管理及其基本情况组织了专项调研。调研中了解到，各企业对检维修外协业务管理情况模式不一，过程控制、规范的力度也各不相同，有较大差别。

茂名乙烯装置样板炉改造总结。茂名分公司乙烯装置样板炉 H－111 改造项目是根据化工板块“十二五”发展目标、综合各乙烯企业实际确定实施的第 1 个改造项目。茂名分公司利用乙烯装置老线大修的机会，对裂解炉 H－111 实施改造，主要内容包括对流段和辐射段炉管更换、尾部烟气热量回收、引风机改变频、炉墙耐火和保温材料改造等。改造目标是裂解炉能力恢复原设计、热效率达到 95% 和运行周期达到 80 天以上。H－111 样板炉完成改造后，于 2011 年 1 月 12 日投入使用，经过半年多的运行，第 1、第 2 个周期分别达到 105 天和 94 天，总体状况良好。

化工裂解炉和芳烃炉检测。2011 年共对 12 家企业的 172 台裂解炉和芳烃炉进行了资料检查和现场测试。172 台化工炉总设计热负荷为 6 557 兆瓦，实际运行热负荷 5 755 兆瓦，负荷率 87.8%。实测加权平均热效率 92.97%，加权平均排烟氧含量 2.85%，加权平均排烟温度 128.8℃，加权平均一氧化碳 50.8×10^{-6}，均达到《中国石化炼化企业加热炉管理规定》要求。烟气中污染物加权平均排放浓度：二氧化硫 12.3×10^{-6}，氮氧化物 66.9×10^{-6}，符合 GB 16297—1996 大气污染物综合排放标准。

(刘国帅)

达标管理

【概述】 化工达标管理工作按装置、专业、企业三个层次开展，2011年进行了达标考核管理法补充完善。装置达标方面，除新投产及个别结转的装置继续组织全面设计达标考核外，其他已达标的各类装置继续开展同类装置竞赛；专业达标方面，分乙烯专业、芳烃专业、基本有机化工专业、合成树脂专业、合成橡胶专业、合纤原料专业、合成纤维专业、碳一及化肥专业、特殊化学品专业进行达标考核；企业达标方面，综合节能考核与专业达标完成情况，开展企业化工板块达标考核。

（蔡志强）

【企业达标】 2011年，被列入企业达标的企业共18家，实现企业达(保)标17家，其中燕山分公司的乙烯专业和合成橡胶专业没有实现年度保标，依照管理办法判定，企业没有实现年度达(保)标，总体达(保)标率为94.4%。

（蔡志强）

【专业达标】 2011年，通过价值量化测算，除乙烯专业和合成橡胶专业外，其他专业的达(保)标率均为100%。乙烯专业达(保)标率为88.9%，其中燕山分公司没有实现年度达(保)标；合成橡胶专业达(保)标率为80%，其中燕山分公司没有实现年度达(保)标。

（蔡志强）

【装置攻关达标】 2011年，对新建投产或投产后一直没达设计指标的装置实施攻关达标计划考核。被列入攻关达标计划的装置有8套，涉及镇海炼化、巴陵分公司、齐鲁分公司和扬子石化4家企业，其中镇海炼化的乙烯、线性聚乙烯、聚丙烯装置，齐鲁分公司的丁醇、辛醇和丙烯腈装置，巴陵分公司的煤代油装置均实现了达标，扬子石化的一氧化碳装置因能耗偏高没有达到设计指标。

（蔡志强）

【同类装置竞赛】 针对装置工艺不同造成的技术经济指标水平的差异，在考核办法中增加指标先进度的分级权重考虑，使评比条件趋于合理与公平，此外，为了促进装置节能工作，加大了能耗指标的权重；在同类装置竞赛的同时，增加对标追标的评比工作，方案是为每类装置设立标杆技术经济指标，对达到或超过标杆装置技术经济指标水平的装置给予附加奖励。2011年，参加竞赛的19类126套装置基本运行平稳。竞赛共评出优胜装置46套，其中乙烯装置获得前三名的分别是茂名分公司、扬子石化、齐鲁分公司装置，芳烃装置获得前三名的分别是扬子石化、金陵分公司、齐鲁分公司装置，乙二醇装置获得前三名的分别是上海石化1#、天津分公司、燕化有限公司装置，苯乙烯装置获得前两名的是广州分公司和茂名分公司2#装置，苯酚丙酮装置获得奖励的是燕山分公司2#装置，高压聚乙烯装置获得前三名的是燕山分公司2#、茂名分公司2#和齐鲁分公司装置，低压聚乙烯装置获得前三名的是扬子石化、齐鲁分公司和茂名分公司装置，线性聚乙烯装置获得前三名的是天津分公司、齐鲁分公司和茂名分公司装置，化工连续法聚丙烯装置获得前三名的是燕山分公司3#、上海石化1#和天津分公司装置，炼油连续法聚丙烯装置获得前三名的是镇海炼化1#、海南炼化、湛江东兴装置，顺丁橡胶装置获得奖励的是齐鲁分公司装置，SBS装置获得奖励的是茂名分公司装置，PTA装置获得前三名的是扬子石化3#、仪化股份公司1#和洛阳分公司装置，丙烯腈装置获得奖励的是安庆分公司装置，聚酯装置获得前三名的是仪化股份公司4#、上海石化1#和3#装置，涤纶短丝装置获得前三名的是仪化股份公司1#和2#装置、天津分公司装置，涤纶长丝装置获得奖励的是仪化股份公司，腈纶装置获得前三名的是齐鲁分公司、上海石化(北)、上海石化(南)装置，己内酰胺装置获得奖励的是巴陵分公司装置，煤气化装置获得前两名的是金陵分公司、齐鲁分公司装置。

获得自身进步奖的装置有广州分公司乙烯装置、燕山分公司1#高压聚乙烯装置、齐鲁分公司聚丙烯装置、扬子石化2#聚丙烯装置、上海高桥分公司顺丁橡胶装置、仪化公司2#PTA装置和聚酯装置。

通过对标追标，达到超标杆水平的共9类20套装置，其中乙烯装置为茂名分公司和镇海炼化共2套，芳烃装置为上海石化2#装置1套，乙二醇装置为镇海炼化1套，苯乙烯装置为齐鲁分公司1套，高压聚乙烯装置为茂名分公司2#装置1套，低压聚乙烯装置为茂名分公司1套，线性低密度聚乙烯装置为扬子石化、茂名分公司、天津分公司共3套，连续法聚丙烯装置为广州分公司、茂名分公司、济南分公司、荆门分公司、海南炼化和青岛炼化共6套，PTA装置为仪化股份公司1套，腈纶装置为上海石化2套，己内酰胺装置为巴陵分公司1套。

（蔡志强）

【安全生产形势平稳】 化工装置总体保持安全平稳运行，9类主要装置发生石化股份公司级非计划停工

21次、60天，同比减少7次、1天；装置运行平稳率95.0%，同比提高2.3个百分点。抓住芳烃产品链市场较好的有利时机，保持高负荷生产，PX可用产能负荷率100.8%，同比提高6.0个百分点，为多创效益作出了贡献。安庆煤气化装置单台气化炉首次实现长周期连续运行153天，比国外同类装置最长周期多16天。

（蔡志强）

【实现降本减费】 2011年，化工吨产品完全费用1 611元，比年度目标低120元，同比降低3.9%，其中通过各专业装置精细化管理，物耗、能耗得到有效控制，实现降本减费14.45亿元。

（蔡志强）

【积极促进科技成果转化】 2011年，上海石化、燕山石化利用大修机会，对乙烯装置保冷实施集中整改，取得明显效果。茂名石化H－111炉作为首台样板炉完成改造，实际进料负荷比改造前提高，达到原设计要求的处理能力；炉子热效率平均95.5%，比改造前提高约3个百分点。金陵石化对歧化装置循环氢压缩机叶轮进行切削，减少了驱动蒸汽用量。上海石化、洛阳石化、仪化公司PTA装置精制单元用压力过滤机替代离心过滤机，降低了PTA母固分离能耗，明显减少设备检维修费用。安庆石化丙烯腈装置开发应用反应气体冷却器在线清堵技术，有效延长了装置运行周期。从强化管理、技术进步两方面入手，有序推进节水减排工作，重点开展了洛阳化纤污水回用技术攻关，取得一定成效。茂名石化、上海赛科、燕山石化和上海石化等企业在安排检修的乙烯装置上均实施了低排放方案，通过减少停开车过程排放，降低物料损失，取得良好效果。

（蔡志强）

【完善达标考核形式与内容】 2011年，在装置达标方面，恢复了对新投产和重新改造后的装置考核达标工作，促进装置建成投产后的平稳运行，促进施工质量提高，减少停工损失；同类装置竞赛活动中，增加了对标超标的竞赛内容，分装置选定标杆装置或标杆值，鼓励企业在完成年度达标指标的前提下，向更高水平努力；同时乙烯装置和芳烃装置还开展了与国际水平对标的绩效评价工作，其中扬子石化、镇海炼化、中沙（天津）石化、齐鲁石化、天津石化、福建炼化、茂名石化乙烯装置的高附加值产品能耗和乙烯能力利用率两项指标都已进入第一群组，高附加值产品收效与国际水平差距已经开始缩小。专业达标方面，完善了芳烃专业、碳一化工达标考核，新增了特殊化学品专业达标考核，使专业达标考核范围更全面、更能有效代表企业的全专业水平，同时与化工生产经营的小板块管理有效结合。2011年，合成树脂、合纤原料、有机化工、芳烃、合成纤维、特殊化学品专业实现了达标率100%；合成树脂、合纤原料、合成纤维、有机化工还实现了连续第3年全面达标。

（蔡志强）

计量管理

【计量管理与监督】 根据石化集团公司《关于开展2011年计量工作检查的通知》要求，2011年5月23日—6月28日，化工事业部会同炼油事业部依据《炼油化工企业计量管理与考核规范》，对36家炼化企业计量管理工作进行了检查，达到了摸清情况、总结经验、发现问题、改进管理、促进交流、共同提高的目的。

（沈云辉）

公用工程

◇ 热电

◇ 水务

◇ 油田水电

热　　电

【概述】 2011 年，热电系统紧紧围绕石化集团公司生产经营大局和专业管理目标，以全面提升服务水平为重点，以专业化精细管理为抓手，在保障主业安稳运行、节约资源消耗、减少污染排放等方面发挥了重要作用。

增产保供工作成效显著。精心组织热电装置生产运行，保障主业需求。全年发电量达到 322.6 亿千瓦·时，自发电量占企业总用电量的比重从 74% 提高到 76%。发电量超过北京、海南、西藏等地，近似于重庆火电机组发电量。

专业对标工作成效显著。瞄准先进标杆，建立细化的对标指标体系和工作目标，找到差距，制定了切实可行的措施。在继续关注供电(供热)标煤耗等主要指标的同时，进一步充实完善竞赛指标，将节油、节水、煤炭亏卡控制等其他重要指标纳入考核体系，实施了燃料、锅炉、汽轮机、电气、环保等类型装置专项评比考核。树立胜利发电厂为行业标杆，组织企业对口学习交流。

专项治理工作成效显著。集中全系统的技术优势和管理经验，组织开展锅炉提效和凝汽系统达标治理，取得了很好的经济效益。

现场服务工作成效显著。坚持管理和服务相结合，突出技术诊断和现场咨询，先后组织煤炭采制化、燃烧调整、系统优化、环保治理等专题技术咨询和服务活动，群策群力解难题，互帮互助促管理。

（段圣君）

【热电产量再创新高】 2011 年，石化集团公司发电量共计 322.6 亿千瓦·时，完成年度计划的 100.21%，同比增加 16.2 亿千瓦·时，增幅 5.29%；累计供热 3.2 亿吉焦，完成年度计划的 99.64%，同比增加 0.21 亿吉焦，增幅 7.36%；热、电产量均创历史新高。石化集团公司 2011 年热电产量完成情况见表 1。

表 1　　石化集团公司 2011 年热电产量完成情况

单位名称	发电量/万千瓦·时	上网电量/万千瓦·时	锅炉总产热量/万吉焦	对外总供热量/万吉焦
石化集团公司合计	3 225 916.18	70 789.34	59 663.52	32 092.12
胜利油田胜利发电厂	631 394.14	4 091.73	5 986.49	708.96
燕山石化热力厂第一热力车间	33 148.56	0	1 202.39	961.27
燕山石化热力厂第三热力车间	5 894.21	0	488.14	471.96
高桥石化动力管理中心	95 335.00	75 228.00	1 860.78	1 120.38
扬子石化热电厂	242 037.12	253.44	4 139.22	1 873.57
南京化工公司动力部	16 856.15	148.01	880.51	731.62
南京化工公司连云港碱厂	15 254.10	17.64	1 196.19	1 069.64
齐鲁石化热电厂	385 985.00	0	5 420.10	2 171.20
安庆石化热电部	87 917.00	5 711.56	2 063.54	1 339.02
荆门石化动力厂	17 747.73	0	427.27	259.10
四川维尼纶厂	53 732.03	2.11	1 840.15	1 426.36
武汉石化热电车间	4 132.93	0	454.02	407.79
巴陵石化热电事业部	70 203.76	0	1 172.77	615.17
巴陵石化动力事业部	41 824.37	85.91	1 542.90	1 214.74
茂名石化动力厂热电第一、二车间	62 670.00	0	1 775.18	1 262.37

续表

单位名称	发电量/万千瓦·时	上网电量/万千瓦·时	锅炉总产热量/万吉焦	对外总供热量/万吉焦
湖北化肥动力厂	15 827.00	2 036.00	613.43	487.36
天津石化热电部一电站	86 517.68	954.46	2 101.23	1 390.09
广州石化动力事业部	121 833.96	2 596.18	2 149.30	1 085.15
金陵石化热电运行部	135 315.00	51.00	2 346.09	1 127.64
长岭炼化动力厂	5 065.50	0	97.33	44.98
洛阳石化动力部	46 215.21	3.08	1 169.94	721.50
济南分公司动力车间	5 685.75	0	214.46	163.78
沧州分公司动力车间	5 898.16	0	153.91	80.06
上海石化热电事业部1#装置	150 607.00	-53 827.00	2 750.45	1 497.85
镇海炼化公用工程部二电站	45 087.00	0	853.96	438.66
镇海炼化公用工程部三电站	81 397.00	0	1 562.06	808.06
仪化公司热电生产中心	147 583.00	19 005.00	2 139.06	685.13
石家庄炼化公用工程作业部	14 931.19	0	885.69	633.40
燕山石化热力厂第二热力车间	10 531.28	0	710.38	655.18
齐鲁石化炼油动力站	29 292.06	0	646.14	393.75
齐鲁石化化肥动力站	40 365.78	0	982.85	660.67
青岛炼化动力中心	63 021.50	0	1 038.52	509.83
天津石化热电部二电站	88 517.19	14 432.22	1 974.35	1 252.98
上海石化热电事业部2#装置	155 686.00	0	2 393.17	1 216.73
茂名石化动力厂热电第三车间	73 774.82	0	1 100.54	376.00
镇海炼化公用工程部四电站	138 632.00	0	3 330.97	2 230.16

安全生产方面，2011年共发生上报石化集团公司事故2起。石家庄炼化“4·13”6千伏刀闸崩烧事故，伤6人，其中重伤4人；南京化工公司“8·16”触电事故，死亡1人。全年共发生主机非计划停车事件144次，其中锅炉101次，汽轮发电机组43次，扣除新投产和新纳入考核机组，同比下降11%。个别企业非计划停工问题比较突出，洛阳石化全年发生非计划停车22次。

（段圣君）

【技术经济指标稳步提升】 热电专业通过分解落实和过程监控，供电标煤耗、供热标煤耗两大指标超额完成年度目标任务并再创历史最好水平。全年完成供电标煤耗343.28克/(千瓦·时)，同比下降5.85克/(千瓦·时)，比年度目标低1.72克/(千瓦·时)；完成供热标煤耗38.25千克/吉焦，同比下降0.20千克/吉焦，比年度目标低0.15千克/吉焦，合计节能达22万吨标煤；大力调整燃料结构，严格控制点火助燃用油，全年节约燃油5.98万吨。2011年石化集团公司热电机组发电设备平均利用时数为5 727小时，同比增加7小时，比全国火电行业平均值多433小时。石化集团公司2011年热电主要技术经济指标完成情况见表2。

（段圣君）

表2　　石化集团公司2011年热电主要技术经济指标完成情况

单位名称	供电标煤耗/克·(千瓦·时)$^{-1}$	供热标煤耗/千克·吉焦$^{-1}$	入厂煤入炉煤热值差/千焦·千克$^{-1}$	单位发电取水量/米^3·(兆瓦·时)$^{-1}$
石化集团公司合计	343.28	38.32	282.32	2.90
油田非上市	330.59	36.88	496.00	2.91
资产公司	340.39	38.40	353.13	3.16
股份公司	344.68	38.26	229.22	2.76
胜利油田胜利发电厂	330.59	36.88	496.00	2.91
燕山石化热力厂第一热力车间	289.97	37.77	248.00	3.36
燕山石化热力厂第三热力车间	178.80	38.19	103.00	3.87
高桥石化动力管理中心	319.32	38.49	456.00	2.15
扬子石化热电厂	349.96	38.22	460.00	4.20
南京化工公司动力部	355.23	37.46	356.00	2.04
南京化工公司连云港碱厂	348.99	39.65	491.00	13.95
齐鲁石化热电厂	347.95	38.45	493.00	2.26
安庆石化热电部	339.98	37.83	457.00	4.30
荆门石化动力厂	417.92	39.98	501.00	2.41
四川维尼纶厂	328.29	39.43	391.00	4.94
武汉石化热电车间	349.53	37.62	0.00	1.06
巴陵石化热电事业部	331.33	38.35	422.00	2.60
巴陵石化动力事业部	322.08	38.45	270.00	2.03
茂名石化动力厂热电第一、二车间	337.06	37.51	327.00	2.14
湖北化肥动力厂	339.15	39.46	322.00	4.12
天津石化热电部一电站	321.49	38.32	475.00	2.89
广州石化动力事业部	347.34	38.10	291.14	2.87
金陵石化热电运行部	359.06	38.27	274.00	3.65
长岭炼化动力厂	411.06	37.66	0.00	2.04
洛阳石化动力部	378.36	39.84	560.00	2.72
济南分公司动力车间	344.22	37.79	0.00	2.09
沧州分公司动力车间	459.83	36.80	0.00	3.16
上海石化热电事业部1#装置	317.94	38.06	-86.00	2.21
镇海炼化公用工程部二电站	391.03	37.69	0.00	1.71
镇海炼化公用工程部三电站	385.73	37.68	222.00	2.71
仪化公司热电生产中心	367.52	38.53	481.00	3.23
石家庄炼化公用工程作业部	320.64	37.86	561.00	4.61

续表

单位名称	供电标煤耗/克·(千瓦·时)$^{-1}$	供热标煤耗/千克·吉焦$^{-1}$	入厂煤入炉煤热值差/千焦·千克$^{-1}$	单位发电取水量/米^3·(兆瓦·时)$^{-1}$
燕山石化热力厂二热力	201.97	37.11	0.00	0.73
齐鲁石化炼油动力站	359.95	38.12	282.00	2.34
齐鲁石化化肥动力站	338.95	38.78	400.20	2.94
青岛炼化动力中心	370.25	37.73	0.00	2.65
天津石化热电部二电站	344.22	38.48	347.00	2.74
上海石化热电事业部2#装置	329.24	38.20	-86.00	2.34
茂名石化动力厂热电第三车间	432.51	38.25	427.00	2.84
镇海炼化公用工程部四电站	335.18	39.00	222.00	1.96

【锅炉达标提效治理取得阶段性成果】 2011年，全系统安排投资2.28亿元，集中对42台锅炉实施达标提效治理。截至2011年底，已完成治理任务的锅炉达74台，占被纳入达标治理计划锅炉总数的64.91%，治理后锅炉平均热效率达92.08%，比治理前提高了1.70个百分点，每年减少燃料消耗量折合标煤14.3万吨，直接降低生产成本1.47亿元，节能降本成效十分显著。胜利油田、高桥石化积极主动实施锅炉达标提效治理，提前1年完成治理任务；齐鲁石化热电厂3#锅炉治理后效率达92.78%，提高了3.94个百分点；巴陵石化热电事业部3台主力锅炉通过达标提效改造，不仅平均效率达到92%以上，而且实际出力恢复到设计水平，燃料适用性得到明显改善，制粉电耗下降到23.34(千瓦·时)/吨。

（段圣君）

【凝汽系统达标治理获得成效】 根据总部下达的凝汽系统达标治理目标和进度要求，企业普遍重视凝汽系统专项治理工作，细致开展真空漏点排查，加强凝汽器传热性能检测，凝汽系统运行真空度、严密性、端差、过冷度等指标明显改善。2011年配备凝汽系统的92台在役机组中，49台机组4项指标全部达到治理目标，占到总数的53%，综合达标率比治理前上升了27%；74台机组真空严密性指标达标，比治理前增加44台，单项达标率提升147%。

（段圣君）

【煤炭采制化管理水平显著提升】 总部《煤炭采购业务督察工作专题会会议纪要》明确资本运营部负责煤炭采制化管理。按照党组领导有关要求，资本运营部、物资装备部、监察局等总部有关部门协同合作，在充分征求各企业意见基础上，制定下发了《中国石化煤炭质量检验管理规定》。结合中国石化实际，统一煤炭采制化工作基本准则，严密设置采制化工作流程，严格控制人为因素的影响，加强煤炭质量检验过程监控。2011年底，结合热电专业现场检查，首次组织开展煤炭采制化专项检查，有力地促进了煤炭检验工作规范运作和持续改进。全年，全系统入厂煤检斤、检质率均达到100%，入厂煤、入炉煤热量差指标下降到326千焦/千克，好于全国电力行业一流火电厂考核标准。

（段圣君）

【加强技能培训提升专业能力】 2011年先后举办了第2期热电业务高级研修班和第2期热电厂长高级培训班，培养热电厂领导班子的经营管理和专业指导能力，培养了一批具有较高专业技术水准和较强创新能力的热电业务高级专业技术人才。举办了煤炭管理骨干人员培训班，专题培训煤炭质量控制、采制化管理规程。按照石化集团公司人事部统一安排，组织进行《热电运营管理与技术》和《CFB锅炉装置操作》2本培训教材的编写开发工作。

（段圣君）

水　务

【概述】 2011年，水务板块干部职工在石化集团公司党组的正确领导下，深入开展“比学赶帮超”工作，专业管理不断加强，全年各项工作目标任务顺利完成。

（窦孟然）

【技术经济指标显著提升】 通过加强指标的分解落实和过程管理，11 项水务专业竞赛指标超额完成年度目标任务，创历史最好水平，同比总体进步幅度约 8%。其中，供水单位电耗 6.46（千瓦·时）/（千米^3·米），供水自用损失率 9.52%，供水单位现金操作费用 0.72 元/米^3；循环水单位电耗 4.97（千瓦·时）/（千米^3·米），循环水标准补新水率 11.56‰，循环水单位现金操作费用 0.19 元/米^3；化学水标准离子水耗 26.68 米^3/千摩尔，化学水单位现金操作费用 2.96 元/米^3；污水处理单位电耗 1.92（千瓦·时）/米^3，外排污水达标率 98.95%，污水处理单位现金操作费用 2 793.59 元/千污染当量。

（窦孟然）

【开展水务专业“比学赶帮超”】 按照石化集团公司总体部署，认真总结经验，进一步修订《水务专业竞赛办法》。一是完善指标评价机制，通过不断积累数据，科学设定竞赛的横向目标值和纵向目标值，使企业既能与先进比看到差距，又能与自己比增强信心；二是完善激励约束机制，充分体现“激励与约束并重”的原则，既对优胜单位挂红旗，也对落后单位挂黄旗；三是完善跟踪通报机制，每季度公布竞赛结果，促进企业加强过程管理，及时改进，不断进步。通过搭建竞赛平台，深入开展“比学赶帮超”工作，企业找准了管理“短板”，持续加以改进，专业化管理取得了明显成效。

（窦孟然）

【新鲜水漏损治理取得阶段性成果】 在试点并取得经验的基础上，2011 年组织石化集团公司水平衡测试、查漏堵漏的专业培训和经验交流，推广“4321”工作法，即完善“四图”、统计“三率”、运用“二法”、强化“一治理”，全面推进新鲜水漏损专项治理工作。共有 16 家企业完成了水平衡测试、漏损治理等工作，消除漏点 591 处，减少管网漏损 1 500 万立方米。江汉油田投资 370 万元铺设 10.7 千米主线，整治周边农村用水，年减少水量损失 180 万立方米，供水自用损失率下降 8.8 个百分点。广州石化供水自用损失率下降 3.4 个百分点。仪化公司聘请专业公司完成了水平衡测试工作，处理漏点 30 处，年减少漏损达 70 万立方米。自水务专业化管理以来，石化集团公司供水自用损失率下降了 24%，年减少新鲜水漏损 4 000 多万立方米，其中胜利油田减少 1 500 万立方米，专项治理取得明显实效。

（窦孟然）

【水务系统整体运行效率提高】 针对有的水务系统运行效率不高的问题，积极推动互连互通优化运行，充分发挥水务专业系统性强的优势，降低运行成本。2011 年，南京化工公司、天津石化等 10 家企业对 26 个系统进行了整合优化，停运 2 套新鲜水装置、1 套化学水装置以及多台机泵等，年节电约 3 500万千瓦·时。南京化工公司实现氮肥、磷肥厂区生产水管网连通，关停其中 1 套治水装置，年节电 180 万千瓦·时；茂名石化通过对第一、第三循环水场的优化，停运大功率水泵，年节电 800 万千瓦·时；燕山石化对第二、第三热力车间的化学水装置进行优化，实现了经济运行；天津石化采取系统连通、停运多台风机等优化措施，污水处理系统年节电 600 万千瓦·时。

有关企业积极应用水泵三元流改造、水轮机替代轴流风机等机泵节能技术，共改造机泵 77 台（套），年节电约 3 400 万千瓦·时。金陵石化进行循环水泵三元流改造，年节电 600 万千瓦·时，循环水单位电耗同比下降 4.64%；巴陵石化进行水轮机替代循环水场轴流风机等改造，年节电 1 000 万千瓦·时，循环水单位电耗同比下降 12.79%。

（窦孟然）

【开展现场服务和技术咨询】 进一步发挥专业化管理优势，组织系统内专家团队，深入企业现场，帮助企业诊断并解决有关问题。就月报基础数据管理，在全系统进行专项校核指导，规范填报口径，夯实数据基础。就新鲜水漏损治理专题，到江汉油田、广州石化等企业进行调研指导，帮助企业现场分析问题，制定整改措施。

（窦孟然）

【开展水务专业培训和技能大赛】 2011 年先后举办了水平衡测试与分析培训班，学习有关水平衡测试法规、标准和测试方法，交流查漏堵漏、水平衡测试技术和工作经验；举办第 1 期水处理与水回用技术培训班，就膜生物反应器、高级氧化和油泥处置等技术进行培训交流。会同有关部门组织了石化集团公司水质检验工技能大赛，11 家企业的选手分别获得 15 枚金、银、铜牌。

（窦孟然）

油 田 水 电

【概述】 截至2011年底，石化集团公司油田企业水电供应系统从业人员为1.31万人，其中供水系统0.51万人，供电系统0.55万人，发电系统0.25万人。年末资产总额59.75亿元，其中固定资产净值47.72亿元。全年供水1.81亿吨，比上年减少1 191万吨；年发电63.14亿千瓦·时，同比减少1.85亿千瓦·时；年供电83.18亿千瓦·时，同比减少3 535万千瓦·时，保证了油田生活和职工群众生活需要。

2011年，油田企业水电业务系统以保障油田生产、满足居民生活需要为己任，树立服务、安全、节约、环保和效益意识，实施精细管理，强化安全经济运行，深化技术升级改造，细化节能减排措施，保障和服务能力持续增强，保障可靠性逐步提高，节能节水与安全环保水平大幅提升，安全可靠地保障了油田勘探开发目标的实现和职工群众生活基本需要。

（范　勇）

【生产运行管理】 水电供应保障能力进一步增强。胜利石油管理局精心实施电网升压改造和优化调整，电网基础更加稳固；实施以过程控制、细节管理为核心的精细检修模式，电网事故总量同比下降41.7%。中原石油勘探局做好特殊条件下黄河水运行工艺优化，落实运行方案，确保了黄河调水调沙、主汛期和冬季低温条件下的正常供水。河南石油勘探局按照输电线路—变电站(开关站)—配电线路的运转流程，完善《河南油田供电系统流程图》，推行供电业务科学管理。江汉石油管理局认真开展“查找十大薄弱环节”工作，运行设备完好率达到100%。

服务水平进一步提升。胜利石油管理局深入开展“一创四争”诚信服务载体活动，健全用户信用等级评价机制，统筹抓好一卡通表更换、联网售电、自助售电等工作，不断提高服务水平和质量。中原石油勘探局积极应用带水抢修和快速止漏技术，精心组织管网设施检修，提高了供水保障率。江汉石油管理局积极开展线路熟知程度竞赛、线路缺陷过关制、线路达标竞赛等活动，故障处理及时率达到100%；落实人员、材料、预案，确保了9月江汉20年一遇的大洪水期间正常供水。江苏石油勘探局加强日常巡视和事故抢修工作，电话回访客户满意率100%。

（范　勇）

【降耗增效工作】 制定专项工作方案，认真分析水电漏损情况，合理设定工作目标，明确工作思路，提出了强化管理、优化运行、技术改造、科技进步、隐患治理等措施，编制了方案运行大表。正式批复了胜利油田、河南油田、江汉油田、江苏油田的方案，进一步明确了实施降耗增效工作的原则、管理措施、技改项目、阶段目标等。各企业按批复要求，也抓紧组织实施，各项管理措施落实基本到位，技术改造项目按计划逐步实施，线路及管网损耗得到较好控制。通过实施方案，部分管理线路供电线损率从上年的7.45%下降到7.21%，供水漏损率从上年的16.71%下降到14.76%。

胜利石油管理局重点治理城中村用水难题，引入司法力量，理顺和规范漏损严重、工农关系复杂的52条重点管线和18个重点农村用水秩序，实现正常抄表收费。中原石油勘探局综合治理黄河水输配水管网和市政主管网的偷窃水行为，月减少无效供水2.5万立方米。河南石油勘探局推行网损管理新模式，网损分析与控制措施细化到点，实行定人、定线、定线损、定回收率的“四定”方案，有效降低了配电线路损耗；推行“八分”精细管理办法，在节约水资源费用、降低网损水量、降低产水单耗、降低材料费用等方面取得了明显的效果。江汉石油管理局积极开展水电监察，严厉打击了窃水窃电和违章用水用电行为。江苏石油勘探局从优化系统运行参数入手，加强节能监测、优化线路、淘汰高能耗变压器、选用节能产品，电力系统损耗达到较先进水平。

（范　勇）

【油地合作工作】 按照党组确定的融入地方、借势发展、合作双赢的工作思路，胜利石油管理局进行了积极尝试。胜利油田供水公司已与东营市签订有关协议，拿出闲置的水库及土地资源，与地方成立水务公司。通过与地方合作，争取政府支持以扩大供水范围、提高经济效益、加速自身发展。

（范　勇）

产品销售

油品销售

综　　述

2011年，面对国际油价跌宕起伏、国内经济高开低走、成品油调价不到位、汽柴油交替紧张的市场环境，以及消费转移明显、保供压力持续、外采风险突出的经营形势，油品销售企业以“为民服务创先争优”为动力，以“比学赶帮超”为抓手，抓调控促经营，抓终端促销量，真抓实干、拼搏奋斗，圆满地完成了各项目标任务，多项经济指标创历史新高。

（任建宇）

经营与管理

【零售经营】 继续加强加油站标准化管理和规范化服务，以优质服务策略应对降价促销，辅以点对点竞争、小额配送、加油卡营销、特色营销、保供营销、交叉营销等一系列营销活动，既较好地履行了“三夏”、“三秋”、抗灾和重大社会活动期间的保供责任，又提高了服务品质和客户忠诚度，全年零售量突破1亿吨大关。

强化加油卡营销。加大加油卡推广力度，结合重大节庆、重要经济文化活动和各时期经营形势，实施充值赠礼、抽奖、积分优惠等差异化营销，发行充值卡，大力开发私家车客户，拓展集团客户。开展“比差距”活动，分组排名通报，挖掘潜力，推动销售企业加油卡整体工作水平稳步提高。优化“油中感谢”积分项目，积极与通信、银行、保险等企业交叉营销，为客户提供更多增值服务。

以“为民服务创先争优”活动为切入点，进一步提升窗口服务水平。将“为民服务创先争优”与“比学赶帮超”、优质服务月、达标创星等活动紧密结合，深入开展“争创客户满意加油站”活动，主动征求客户意见，通过站内培训体系、班前例会、流动服务示范队等形式，提高员工活学活用“加油八步法”和“销售技巧六要点”的能力，树立片区服务标杆站，评选员工服务明星，因地制宜地增加加油站便民服务项目，为客户提供更加舒心、便捷的一站式服务。

以完善手段、风险防控为重点，进一步强化零售基础管理。制定《加油站现场管理禁令》、《销售企业站长管理办法》等规章制度，严肃经营纪律；通过落实神秘顾客访问制度、员工举报热线、督察制度等措施，有效促进加油站现场管理。

下大力气抓好在营站管理。严控歇业、关停，加快新站投营进度，缩短培育周期，努力增站增量。持续开展加油站改造，打造骨干站点，改善环境、增加功能、优化布局，因站制宜挖潜增量，提升小站、培育大站，网络经营质量显著提升。

（任建宇）

【非油品经营】 突出经营重点。以便利店业务为核心，开展向加油、充值客户赠送汽服、便利店优惠券或商品的活动，吸引客户进站加油、进店消费，实现业务联动；通过提供洗车、快餐等非油品服务提升油品客户的忠诚度，实现了以非油品服务促进油品销售、以油品服务促进非油品经营的目的。同时，紧紧抓住中秋、春节等旺销期，开展阶段性节假日营销工作，刺激消费，营造了不同阶段的销售高峰，实现非油品经营淡季旺销、旺季扩销，有效促进了整体营业额的提升，全年非油品销售收入82.6亿元，同比增长44%。

提升品牌形象。有近2万座加油站开设了易捷便利店，在发展过程中与加油站新形象设计和改造紧密结合，使加油客户购物更加方便、快捷，新增缴费、洗车、快餐等增值服务，进一步完善了加油站服务功能，很好地实现了油非互促，进一步提升了中国石化的品牌形象。同时，通过在中央和地方媒体投放“易捷”广告片，借助航美传媒机场广告、《车友报》、“易捷”导刊等平台，宣传“易捷”品牌内涵和理念，迅速扩大品牌受众面，着力引导消费习惯，“品质保证、方便快捷”的品牌形象逐渐深入人心。

提高门店运营水平。结合精品便利店改造，拓展服务功能，提升销售技巧，打造特色专业门店。通过实施布局图、摆位图、陈列表“两图一表”，实现重点门店货架有效管理。规范进销存流程，提高商品统采比例，合理控制便利店库存。强化商品质量管理，杜绝假冒伪劣商品进店销售，加大宣传推广力度，打造“易捷万店无假货”的品牌形象。

构建电子商务平台。把握电子商务特点和发展趋势，结合企业实际提出了“立足长远、总体规划、发挥优势、分步实施”的发展思路，按照总部集中建设运营网站、省市公司独立运营商品和物流的经营模式完成了集中设计，制定了40个业务流程、11项管理制度。中国石化油品销售“易捷网上商城”已在北京地区率先上线运行，为客户提供了便捷高效的服务渠道。

（任建宇）

【直销与分销经营】 加强直销市场细分和差别化营销。在国家调价不到位、消费转移、长时间控销的情况下，保持了直销规模和主要客户群体的稳定。完善营销软硬件环境。全面启动营业室改造，通过形象工艺手册、培训、督察等措施，确保改造“高标准，出精品”；推进“服务到家”，购进小罐车，提高直销配送服务能力；通过电话、短信平台建立24小时客户应答机制。打造富有特色的客户经理培训体系。创建“总部—省市—地市”3个梯次培训机制，统一组织、分级负责、逐级落实；创建“全覆盖”培训模式，实现“省市商客中心经理—省市商客管理岗—地市商客部主任—客户经理”4个层级全员培训；创建“内部兼职”师资队伍，强化知识、技能传承共享；创建个性化培训教材，以人为本、因材施教，增强培训的针对性。

（任建宇）

【网络发展】 ①加快拓展加油(气)站网络。截至2011年底，中国石化品牌加油(气)站为30 121座，较上年增加5座，其中自营加油(气)站30 106座，较上年增加505座。全年清理假冒仿冒“中国石化”标识加油站744座，清理整顿特许加油站500座，规范联营、特许、自有他营站的进货渠道。②全力推进管道建设，先后建成了北海—百色管道重点工程和福建管道南线，续建的贵阳—重庆、甬绍金衢和珠三角二期等管道继续稳步推进。③在保证安全和质量的前提下，全力推进区外储运设施建设，区外储运设施不足的压力得到了进一步的缓解。④信息化工作取得突破，全系统实现了ERP应用管理；完善加油卡功能，增加网上充值、自助圈存、客户短信等服务，更换部分省市小型机，首创双界面加油加气卡，构筑加油机密钥防作弊堡垒，基本实现了区内、区外加油卡联网通用。

（任建宇）

改革与管理

【完善体制机制】 推进地市公司建设。在充分调研、多层面征求意见的基础上，明确了地市公司“发展之基”的定位和“抓经营、强管理、带队伍、谋发展、搞协调、树品牌”6项职能，制定下发了《进一步加强地市公司建设的指导意见》和“综合竞争力”、“发展进步能力”两个评价办法，理顺体制，完善机制，加快解决地市公司工作中存在的突出问题和困难，为油品销售企业持续发展夯实了基础、增强了后劲。

（任建宇）

【内部管理】 狠抓基础管理。持续开展“我要安全”主题活动，强化HSE管理，落实“七想七不干”工作要求，深化全员岗位危害识别，加强设备管理，加大隐患排查和分类整治，规范承包商、承运商管理，提高了本质安全。推行ISO 9000质量管理体系建设，果断叫停调和汽油外采，进一步严格供应商管理，加强外采油源和质量控制，在国标基础上新增6项企业检测指标，实现了加油站和直销配送的全过程质量管理。开展实验室信息管理系统一期试点，做好汽柴油吨升折算系数测定。

“规范管理年”夯基础。区内企业克服困难，向区外企业输出人才、制度和经验。区外企业认真落实“规范管理年”活动要求，一边拓市场、抢网点，一边夯基础、强管理，实现了发展、经营、管理三不误。

“全员成本管理”控成本。完善成本控制体系，加强重点领域、关键环节和可控费用的管理，全年通过提高管输量、优化资源流向、推进跨省配送、提高铁路罐车装载率等措施，进一步规范了企业的资金流、商品流和信息流。

（任建宇）

【党建思想工作】 继续坚持按照“围绕经营抓党建，抓好党建促发展”的指导思想，以创先争优、“比学赶帮超”、竞赛比武、“四好”创建等活动为抓手，进一步落实“建班子、育队伍、促和谐、维稳定、强自身、保中心”6项工作任务，对企业发展起到了凝心聚力、保驾护航的作用。

积极响应中央和石化集团公司“为民服务创先争优”活动号召，以“客户、员工双满意”为目标，突出5条主线，落实8项措施，“为民服务创先争优”活动受到石化集团公司党组、中央检查组的充分肯定。深入开展“比学赶帮超”工作，横比先进、纵比进步、全程全员激励，将各项经营管理工作的实效作为“扛红旗”的主要评价依据，有效激发了全体干部员工岗位建功的主动性，各销售企业更是把“争第一、扛红旗”的压力转变为拓市创效、固本强基的推动力。坚持开展地市公司“四好班子”和各级机关“四好处室”创建活动、地市公司经理书记“双十佳”和省地两级机关优秀管理人员评选活动，使各级班子整体战斗力进一步提高，机关作风持续改进。

执行党风廉政责任制，落实“一岗双责”，完善民主监督，推行业务公开，深化效能监察，开展廉洁教育，突出源头治理。把领导干部和重点岗位人员的廉洁自律作为党风廉政建设的重点来抓，在抓班子、抓监督、抓落实上下功夫。认真落实党内监督制度，建立完善信访举报、案件调查等工作制度。深化企地联动维稳机制，信访总量同比下降20%。

通过政策引导和公开竞聘，从区内向区外选送急需人才1 000余名，促进了区外企业的经营与发展。积极完善薪酬分配制度和调整用工结构，较大幅度提高了一线员工收入。继续开展劳动竞赛和技术比武，员工队伍素质和战斗力不断增强，全年培训员工85万人次，4.5万人获得职业资格，其中技师1 025人，使销售企业取得职业资格人数达到13.5万人，占技能操作人员的63.7%。

（任建宇）

化工产品销售

综　　述

2011年，在石化集团公司党组的正确领导下，化工销售企业积极应对复杂的市场环境，灵活调整营销策略，创新市场运作手段，扎实开展创先争优和“服务效益年”主题活动，进一步完善经营管理和内部考核机制，制度标准化、流程化、信息化迈上新台阶。认真做好“十二五”规划滚动优化，经营总量大幅增长，领先优势、创效能力和服务水平进一步提升，全面完成各项经营管理任务。

全年实现经营总量4 325万吨，同比增加19.5%，其中统销产品3 320万吨，增幅13.1%，自营贸易量1 005万吨，增幅46.7%。

（于治宇）

专业管理

【商情管理】 针对国际原油、外盘市场、国内同行和下游产品价格、成本和毛利情况，开展了多项专项调研。与国内外石化公司、信息机构的交流合作更加密切，市场分析和运作水平明显提升。与部分海外公司建立定期沟通机制，在部分产品走势分析和深度合作方面达成更多共识。积极参加各种行业展会和论坛，加强与国内外同行以及下游客户交流，大力宣传中国石化“低碳、环保、安全、高性能”的产品理念以及负责任的企业形象，获得广泛称赞。

（于治宇）

【产销研结合】 密切产销衔接，做好与生产企业的日常衔接，积极反馈市场状况，交流新产品开发和市场新热点，促进企业开发生产市场需要、有前景的产品。根据市场供需变化，及时调整营销策略并提供装置分工和结构优化建议；利用价格杠杆引导生产企业调整产品结构和装置负荷，缓解市场供需矛盾。与生产企业、科研部门紧密合作、强化服务，推动高附加值产品开发和推广应用工作，获得良好成效。高度重视系统内企业保供需求，根据市场供求变化，努力采取多项措施，保障生产企业原料供应。

（于治宇）

【资源配置】 贴近市场，统筹运作，合理调配不同区域市场产品配置品种数量，巩固了客户渠道，维护了产业链效益。灵活运用引领市场的营销策略，稳定和促进了国内市场发展。稳步推进二次集中销售和新投产装置产品销售工作，硫酸铵、扬巴聚苯乙烯等产品实现集中销售，四川维尼纶厂和福橡化工有限公司等新建装置产品顺利投放市场。在严控风险的前提下，加大自营力度，做大经营总量，提高市场保障能力。

（于治宇）

【国际化经营】 积极开发新兴市场，开发一大批国际高端直供客户，其中越南市场开发客户100余家，直销客户比例超过80%；新加坡代表处正式运行。利用石脑油来料加工业务，开发南美、非洲、印度等市场，在秘鲁、智利、厄瓜多尔等国家开发终端客户11家。在日本大地震后组织出口PVC产品到日本和中东；积极开展来进料加工出口业务，基本形成长约与现货出口相结合、一般贸易与来进料加工复出口并举的组合策略，提升了国际运作和经营创效能力。

（于治宇）

【信息化建设】 完成物流信息系统三期提升上线，重点开发完善了物流计划、费用追溯、返程车应用、换货业务、进出口物流管理等14个功能模块。完善综合业务审批平台，实现客户和供应商准入、费用报销、合同管理等业务“一站式”在线审批。完成ERP相关模块开发，制定ERP价格维护规范和化工销售有限公司ERP费用维护规范。利用CRM系统探索实现移动商务应用，在主要销售渠道推行渠道专用终端和短信应用，实现经销商数据和经营数据的采集功能。IC 电子提货卡推广范围扩大到镇海炼化、仪化公司、洛阳石化 3 家生产企业，9 家生产企业的项目实现验收，同时启动上海石化和巴陵石化的推广工作。

（于治宇）

【精细化管理】 持续推进全员成本目标管理，完善指标管理体系，制定考评奖励细则，层层落实成本目标。强化资金预算管理，最大限度减少贷款；加强资金成本考核，细算每笔业务的成本账和效益账。加强库存管理和固定资产管理等，保证资产安全，提高了资产运营和管理水平。强化合同管理过程控制，基本实现从资信调查、文本制定到合同签订、合同结算、合同履行的全方位闭环管理；推行合同文本标准化，编制完成购销类常用合同标准文本。

（于治宇）

【风险控制】 认真贯彻落实中纪委十七届六次全会精神和胡锦涛总书记重要讲话精神，深入开展正面教育、警示教育和岗位教育，通过反腐倡廉报告会、党风廉政专题党课等方式，增强了干部职工廉洁从业意识。组织全员签订《廉洁自律承诺书》和《保守商业秘密个人承诺书》，与供应商签订《恪守商业道德协议书》，与客户、物流、商检、保险等合作伙伴签订《廉洁从业责任书(协议书)》；完成全员成本目标管理、承兑汇票结算等专项审计，以及营销政策、物流优化等效能监察，为规范业务开展、防范经营风险提供保障。此外，按照石化集团公司要求，完成“小金库”自查自纠以及金融衍生品业务、境外资产等审计工作。

（于治宇）

产品储运

【基础管理】 持续完善物流制度、优化运作流程，对照先进企业标准，建立了化工销售物流服务商管理标准体系。加强物流服务商管理考核，组织完成物流服务商全面检查和整改落实工作。继续推进 GPS 运用，加强运输过程监控。规范仓储业务操作，突出单据管理、资质管理和风险管理。完成仓储服务商资质普查，制定措施逐步淘汰不符合条件的仓储服务商。编制完成“十二五”物流发展规划。

（于治宇）

【物流优化】 提高运输工具重驶率和载重率，优化运输方式、物流方案和资源流向，认真开展招投标和询比价，在巴陵石化、茂名石化、燕山石化等生产企业开展物流体系优化，落实降本增效措施，全年节约物流费用 6 626 万元。铁路运输总量完成 341 万吨，同比增加 35 万吨。

（于治宇）

【自备车管理】 完成 19 家企业专用线共用和 4 000 多辆自备车证件变更，建立铁路运输管理应急预案。向铁路部门申报增加了气体类产品托运资质，为压力自备车集中管理奠定基础。在郑州、济南、上海、南昌 4 个路局辖区内实现危险货物发运“四统一”。积极协调天津石化、武汉石化新建乙烯项目自备罐车采购工作，协助生产企业开展车辆品名变更，优化资源配置，提高车辆利用率。自备车运输量完成 170 万吨。

（于治宇）

市场行情

【合成树脂市场】 2011 年，受世界经济增速放缓、欧债危机和美国经济增长乏力影响，大宗商品剧烈震荡，国内通胀压力不减，金融政策持续从紧，新增产能全面有效释放，下游中小企业全方位进入“高成本”时代，采购信心不足，整体开工率较低，有效需求乏力。合成树脂产品价格震荡下跌，在 5 月、6 月及 9 月、10 月出现大幅快速下滑。全球新增产能 569 万吨/年，增幅 3.8%，主要集中在亚洲地区(442 万吨/年)。其中，中国新增产能 172 万吨/年(聚乙烯 6 万吨/年，聚丙烯 166 万吨/年)；亚洲其他地区新增产能 270 万吨/年(聚乙烯 130 万吨/年，聚丙烯 140 万吨/年)，增幅 7.5%。国内合成树脂表观消费量约为 5 200 万吨，同比增加 2.9%，增幅明显放缓。进口来源国家(地区)以韩国、沙特、泰国、新加坡等为主。

（于治宇）

【合成橡胶市场】 2011 年，受世界及国内经济增速趋缓以及日本大地震、欧债危机恶化引发的全球经济担忧等因素影响，国内合成橡胶表观消费量与上年同期相比无明显增长。国内合成橡胶供应量同比增加 6%，进口量同比下降 9%。SBS 和丁腈橡胶需求减少，顺丁橡胶、乙丙橡胶与上年基本持平，丁苯橡胶、丁基橡胶、异戊二烯橡胶和氯丁橡胶需求较上年小幅增加。天然橡胶期货、现货大幅下跌且波动加剧，给合成橡胶市场带来下行压力。合成橡胶产能增加 68 万吨/年，增幅为 24%，远远超过需求增幅。顺丁橡胶、丁苯橡胶、乙丙橡胶、异戊二烯橡胶产能增幅较大，市场竞争加剧。国内合成橡胶供应量同比增加 17.4 万吨，增幅 7.3%。中国石化、中国石油合成橡胶供应量均有不同程度的下降，合资及民营企业供应量大幅增加。

（于治宇）

【有机化工产品市场】 2011 年，国内有机化工产品价格稳步走高。平均价格同比上涨 19.8%，同期原油上涨 12.5%。纯苯跟随原油价格振荡。甲苯市场受供应不足影响，表现坚挺，价格呈单边上扬走势。混二甲苯内外盘价格持续上涨。邻二甲苯前三季度市场供应不足，价格上涨，四季度价格小幅回调。乙烯、丙烯总体维持高位盘整，进入第三季度，受下游需求低迷影响逐渐下行。丁二烯出口受限，下游大面积停车，总体供过于求，前三季度价格大幅上涨主要受欧美供应紧张、亚洲资源流向美国市场影响，第四季度欧洲资源向亚洲倾销，价格急速下滑。苯乙烯市场上半年维持高位盘整，第三季度，在原油、纯苯等涨势拉动下，价格创出了金融危机以后的新高，第四季度受国内房地产政策持续从紧影响，价格回调。苯酚价格上半年保持高位运行，下半年快速下跌。丙酮价格上半年上涨，下半年低位运行。辛醇新增产能集中释放，市场竞争加剧，同时受下游 DOP 市场低迷拖累，价格下滑。环氧乙烷市场一季度总体走高，二季度高位回落，下半年呈现盘整的态势。

（于治宇）

【合纤原料市场】 2011 年，国内主要合纤原料产品表观消费量达到 4 700 万吨，同比增加 11%；国内生产量 2 800 余万吨，同比增加 15%；进口量 1 900 余万吨，同比增加 6.3%；出口 40 余万吨，同比减少 66.7%，进口依存度 39.6%。上半年，国际原油价格逐步走高，合纤原料主要品种市场价格大幅上涨，PX、PTA、CPL、AN 等产品价格创出 2008 年以来的历史新高价位。下半年，市场价格再度反弹，但受欧债危机加剧、经济增速放缓、下游需求减弱等多种因素影响，9 月中旬市场开始快速下滑。

（于治宇）

【合成纤维市场】 2011 年底，中国聚酯产能超过 3 270万吨/年，同比增长 14%。新增产能主要是长丝，最大单线聚酯装置年产 50 万吨，最高日产可达 1 900 吨以上。国内聚酯装置运行率达到 85%。短纤装置开工率上升约 5 个百分点，增幅最大，其他品种提高约 2 个百分点，装置开工率前高后低，第四季度开工率明显下降。纤维级切片价格同比上涨 25%，瓶级切片价格同比上涨 23%，涤纶短纤和涤纶长丝价格同比上涨 22%，腈纶价格上半年持续上涨并高位盘整，下半年一路下行。

（于治宇）

【其他产品市场】 甲醇产品：受原料价格上涨、部分 MTO 新增需求释放等影响，2011 年甲醇市场价格呈现盘整向上走势，但受宏观环境限制以及整体需求不旺使得全年盘中多有震荡且振幅收窄。

硫酸铵产品：2011 年总体呈现快速上涨后小幅震荡态势。年初受众多利好推动，硫酸铵价格上涨，年中稀土调控政策及二元肥出口关税传闻对硫酸铵需求带来利空影响，市场观望情绪浓厚，价格下跌。年终出口关税维持现有模式，传闻澄清后，硫酸铵价格逐步企稳。

醋酸产品：2 月，国内外装置陆续出现故障。3—4 月，全球供应逐步紧张，醋酸价格迅速走高。5 月，各装置逐步恢复正常生产，供应量增加，醋酸价格逐步回落。

MTBE 产品：受碳四和汽油影响，上半年 MTBE 价格重现冲高走势，随后维持高位震荡，国内高纯低硫 MTBE 供应不足，需要依靠进口。下半年低纯高硫 MTBE 从 8 月开始出现滞销。

（于治宇）

国际化经营

◇ 综述

◇ 对外经济合作

◇ 国际贸易

◇ 外事管理

综　述

2011年，中国石化紧紧围绕“做强做优、打造世界一流能源化工公司”的战略发展目标，抓住机遇，加大力度，发挥集团化、一体化优势，坚持“引进来”与“走出去”协调发展，不断拓展国际化经营领域和规模，国际合作各项业务取得了新的重要成果。境内合资合作以促进境外业务发展、促进技术进步和结构调整为主线，中科合资广东炼化一体化项目、中沙(天津)石化聚碳酸酯项目、非常规油气勘探开发合作等取得了重要进展，合作层次和水平不断提升；成功收购加拿大Daylight公司等7个项目，境外石油权益储量、产量快速增长，境外油气勘探开发实现新的跨越式发展；稳步推进境外炼化项目合资合作，一批炼油及仓储项目已进入实施阶段；境外工程技术服务坚持走高端和综合服务之路，中东、非洲、拉美、中亚等地区规模化经营格局更加稳固，境外石油工程技术服务产业链条初步形成；国际贸易以增强国内外市场统筹运作能力为重点，发挥中国石化整体优势，不断增强资源组织能力，坚持多元化发展战略，国际贸易实现持续稳定增长。

（孔自超　张清云）

对外经济合作

【境外油气勘探开发】 2011年，中国石化积极把握欧洲主权债务危机和全球金融市场持续动荡等带来的有利机遇，按照“战略布局合理化、优质资产规模化”的工作思路，大力开拓新项目，全年共筛选、评价项目信息260个，成功签约收购加拿大Daylight公司100%股份、葡萄牙Galp公司巴西资产30%权益、美国Devon公司部分资产33.3%权益等7个项目，成功交割澳大利亚APLNG公司15%权益、喀麦隆PCC公司80%股份等6个项目。其中，收购Daylight公司拓展了在加拿大的油气业务规模，中国石化成功进入北美非常规致密油气领域；Galp巴西资产项目为实现巴西海上建成千万吨级产量规模奠定了资源基础；签约Devon部分资产项目使中国石化首次进入美国页岩油气资源市场；澳大利亚APLNG项目是中国石化首个海外天然气开发及LNG上下游一体化项目。

围绕获得商业发现和增加经济可采储量，优化勘探部署，精心组织施工，取得了巴西BM－S－9区块G油田、安哥拉15/06区块西北区、哈萨克斯坦S区块、加蓬G4－188区块4个商业发现，巴西BM－C－33区块PDA井和Ga－1井以及BM－S－9区块Ca－NE井2项重大突破，安第斯项目T区块、巴西BM－S－44区块、Addax公司尼日利亚OML 137区块、安哥拉15/06区块、安哥拉17/06区块、巴西BM－S－9区块、巴西BM－ES－21区块、UDM项目N401井8项重要发现。油气勘探成果显著，勘探新增权益石油可采储量/资源量(2P&2C)3 729.72万吨，勘探新增权益天然气储量/资源量(2P&2C)419.48亿立方米。

努力克服部分资源国政局动荡等影响，开发生产实现持续稳定运行，境外权益油产量首次突破2 000万吨大关，达到2 207万吨，同比增长19.9%；权益气产量首次获得9.94亿立方米。

截至2011年底，国际石油勘探开发公司在23个国家和地区执行47个勘探开发项目，共有区块177个。

（孔自超　张清云）

【境外炼化合资合作】 2011年，中国石化稳步推进境外炼油化工、成品油和化工贸易储运设施、煤化工等项目合资合作，取得实质性进展。完成与沙特阿美石油公司合资的沙特延布2 000万吨/年出口型炼厂项目的合资谈判、审批和交割等工作。该项目初始股比为沙特阿美62.5%、中国石化37.5%，总投资约91.6亿美元，计划2014年第四季度投产。完成新加坡润滑油调和基地的商务审批工作，项目已正式开工建设。南非Mthombo炼厂、俄罗斯西布尔丁腈橡胶、阿联酋富查伊拉仓储等一批境外炼化项目已签署合作备忘录，正在按计划有序开展前期工作。

（高　杨　杨　硕）

【境内合资合作】 中科合资广东炼化一体化项目和中沙(天津)石化聚碳酸酯项目获得国家发改委的核准批复，高桥三井苯酚丙酮项目在已有合资公司基础上完成增资和工商变更工作，扬巴二期扩建项目、高桥三井乙丙橡胶项目、高桥西布尔丁腈橡胶项目、扬子英力士苯酚丙酮项目等取得了阶段性成果，实质性推进了福建联合石化乙烯脱瓶颈改造项目，启动了古雷炼化一体化项目的前期工作。页岩气、致密油等非常规油气资源勘探开发的合作取得了较大进展，先后与BP、Hess、Chevron、Exxon Mobil等国际石油公司签署了合作备忘录或联合研究协议。与国内大型企业的合作得到了进一步加强，先后成立了浙江恒逸己内酰胺合资公司、湛江港石化码头有限责任公司、中石化北海液化天然气有限公司等中中合资公司。

（张明华）

【境外石油工程技术服务】 以做强做大境外市场为导向，切实转变发展方式，坚持走高端和综合服务之路，积极应对市场变化，及时调整经营策略，地面建设业务突飞猛进，境外石油工程业务实现稳步发展。沙特、巴西执行合同额超20亿美元，阿尔及利亚超10亿美元，科威特、尼日利亚、土库曼斯坦等超5亿美元，中东、非洲、拉美、中亚等地区规模化经营格局更加稳固，境外石油工程技术服务产业链条初步形成。截至2011年底，上游企业在38个国家和地区执行522个石油工程技术服务合同，合同额119.2亿美元。全年新签合同额35.5亿美元，完成合同额24.4亿美元。拥有境外队伍406支，境外员工总数16 919人，其中中方员工4 177人、外籍员工12 742人。

（孔自超 张清云）

【国际炼化工程技术服务】 2011年，炼化工程队伍在沙特、哈萨克斯坦、阿联酋、新加坡、古巴、美国、新西兰等8个国家共执行21个承包合同，合同总额70.4亿美元。完成新西兰化肥可研、美国宾州IGCC投资估算、古巴 Matanzas 炼厂 EPC 封顶价编制3个项目，正在执行18个项目。12月29日，中标哈萨克斯坦阿特劳炼厂石油深加工（FCC）项目 EPC 总承包主合同，合同金额16.8亿美元。充分发挥中国石化一体化优势，积极开拓新项目、新市场，全年新中标项目18个，新签合同总额33.4亿美元，完成合同额12.1亿美元。截至年底，炼化工程企业在境外执行项目管理和作业的人员达15 055人，其中中国石化员工1 858人，国内雇佣及分包人员4 519人，国外雇佣及当地分包人员8 678人。

（邹文智 杨 硕）

【国际科技合作】 与澳大利亚联邦科学院、美国勘探地球物理学家学会、休斯敦大学岩石物理实验室、科罗拉多矿业学院、塔尔萨大学、德克萨斯大学达拉斯分校、MI - Swaco 公司、丹麦技术大学、英国帝国理工大学油藏地球物理研究中心就油气勘探开发技术进行合作；与美国特拉华大学合作开展催化重整过程反应动力学网络研究；与荷兰高分子研究所（DPI）开展聚烯烃研究项目合作；与战略联盟伙伴美国康菲公司和 UOP 公司就炼油技术开展合作；与日本丰田公司在成品油、润滑油和树脂领域进行技术合作；与美国 Lummus 公司继续就新乙烯回收技术和扭曲片管强化传热技术在国外推广开展合作；与绍尔公司合作在国外推广中国石化炼油技术。

（柳江琳）

国际贸易

【原油和成品油贸易】 原油进口贸易坚持多元化战略，长期合同比例稳步提高，资源获取能力、市场运作能力和综合贸易实力显著增强，保障了国内需求，降低了采购成本。2011年实现原油进口1.71亿吨，第三方贸易原油6 266万吨。灵活组织成品油进出口，全年共进口成品油19万吨，出口成品油413万吨。

（马 勇）

【液化天然气贸易】 积极引进液化天然气资源，2011年新签 LNG 资源长期采购合同430万吨/年，为满足中国清洁能源长期供应作出了贡献。

（杨延平）

【境外燃料油贸易】 以新加坡子公司为平台，通过优化长约和现货比例、拓宽贸易渠道和扩大一手资源采购等措施，努力提高境外资源组织能力，稳定了国内保税资源和地炼原料供应。开发新加坡本地船加油市场和境外第三方贸易，实现经营量400万吨。特别是以租用浮仓为手段，建立库存储备，提高抗风险能力，为拓展国内保税油市场提供了低成本资源。同时，借助对外合作平台在巴拿马、富查伊拉实现了境外船加油的突破。

（李登兴）

【化工产品进出口】 积极开展化工产品自营贸易和期货经营。统筹国内外资源和市场，保障了下游客户和生产企业原料供应，全年自营贸易量突破1 000万吨，达到1 005万吨，其中化工产品进口量470.8万吨，同比增加21.3%；出口量120万吨，同比增加11.1%。

（孙 友）

【炼化产品进出口】 以石化集团公司催化剂、润滑油、石油焦、石蜡、沥青等炼化小产品为核心业务，将产品技术优势和国际贸易优势紧密结合，进一步提升了中国石化炼化产品的国际市场竞争力。全年实现进口炼化产品5.3亿美元（不含化工原料），炼化小产品出口8.3亿美元，第三方贸易0.5亿美元。

（杨 洋）

【设备材料进出口】 充分发挥境外公司的地缘优势，全球搜索优质设备材料资源，积极延伸供应链管理的深度，充分发挥对供应商的影响力和控制力，全年实现进口设备材料6亿美元。紧盯石化集团公司“走出去”项目，全力做好境外项目物资采购服务；加强与江汉四机厂、宁波天翼等石化集团公司内部制造厂的密切合作，联手开拓国际市场。全年实现出口设备材料1.1亿美元，第三方贸易0.9亿美元。

（杨 洋）

【技术引进】 2011年技术引进累计签约金额2.2亿美元。

（杨 洋）

外事管理

【概述】 2011年，外事系统围绕“建设世界一流能源化工公司”的目标，进一步树立“大外事”观念，按照外事工作的定位，正确处理管理与服务的关系，贯彻寓管理于服务之中的理念，较好地发挥了外事工作的支持保障作用。

（宋尚涛）

【“为民服务创先争优”活动】 根据石化集团公司的统一部署，各级外事部门积极投入到“为民服务创先争优”活动中，并与“比学赶帮超”活动相结合，按照“客户、员工双满意”的要求，改进工作，提升质量，努力为生产经营和“引进来”、“走出去”服好务。

在总部层面，外事局一方面教育全体员工进一步解放思想，转变观念，增强服务意识，全心全意为出国（境）人员服务；另一方面为企业外事部门树立榜样，推动全系统外事工作水平的提高。外事局向全系统公开作出4项承诺：出国（境）任务件在3个工作日内完成局内立项和审核、审批工作；在8个窗口设立了服务评价器并每月公布评价结果；公布外事局和出国（境）管理处负责人的手机电话，前台解决不了的问题或者需要投诉的可直接向局、处有关负责人反映；公布了外事局24小时值班电话，处理境外应急事件和其他难题。为了充分发挥外事工作的服务作用，外事局与4家国际（跨国）酒店集团和航空公司星空联盟签订了大客户协议。中国石化员工入住协议酒店可享受20%—50%折扣，2011年节约51万美元；乘坐星空联盟航班优惠8%—10%，仅2011年后4个月就节约50万元人民币。

在企业层面，各单位外事部门在本单位党委的领导下，积极开展“为民服务创先争优”活动，把提高为出国（境）人员服务水平作为衡量活动成效的重要标志。国际石油勘探开发公司专门为出国（境）人员编写了《海外出差、工作、生活指南》、《办理签证所需材料手册》等。国际事业公司、国际石油工程公司、中原油田按照亮标准、亮身份、亮承诺的要求，公开承诺出国（境）手续在本单位办理时限，自觉接受出国（境）人员监督。镇海炼化针对多年来办理赴美签证存在的问题，专门编写了《美国签证面谈集锦》，供赴美人员面签时参考，提高获签率。上海工程公司根据境外来访外宾穆斯林较多的情况，在办公楼设立了穆斯林专区，与外宾拉近了感情距离，推动了合作。

（宋尚涛）

【规章制度建设】 2011年，石化集团公司重新修订了《中国石化外事管理规定》和《中国石化因公出国（境）管理实施细则》。各单位结合实际，按照新修订的制度要求对本单位的外事规章制度进行完善。江汉油田先后制定了《江汉油田外事管理办法》、《江汉油田因公出国管理实施细则》、《江汉油田外事接待工作细则》、《江汉油田因私护照、往来通行证管理办法》，从制度层面为外事管理工作提供保障。上海工程公司根据来华外籍人员增多的情况，与HSE及安全保密部门一起制定了《外籍人员来公司办公管理办法》，切实加强对外籍人员的管理。胜利油田、华北石油局、西南石油局、金陵石化、青岛石化、国际石油勘探开发公司、国际石油工程公司、炼化工程公司、催化剂分公司等单位也结合自身实际对外事管理规章制度进行了修订完善，更好地适应涉外工作需要。

（宋尚涛）

【因公出国（境）管理】 2011年，中国石化实际派出各类团组3 111个、21 345人次，同比分别增加10%和4.6%，增长幅度大幅下降。全年未予批准的团组达64个，同比增加173%，其中有33个团组未予立项，31个团组立项后未予批准；另有139个团组减人、减天，总共压减7 120人·天，同比增加160%。在严把审批关的同时，抓好出访总结的收缴和检查，实现闭环管理。4月，向全系统印发了《关于加强出访团组总结工作的通知》，要求党组管理的干部带团、参团出访后10个工作日内须将出访总结交外事局，各单位非党组管理干部的出访总结上交各单位外事部门。外事局从中选出18份总结，修改后编发《外事简讯》，让全系统共享出访成果，取得了很好效果。

（宋尚涛）

【对外交流】 2011 年，中国石化对外交流工作主要从 3 个层面展开。

高层交流。全年安排总部领导外事活动 334 场，组织安排总部领导出访 46 次，涉及 25 个国家和地区。通过总部高层的会见、出访，有力地推动了“走出去”、“引进来”，进一步巩固和开拓了对外合作关系，加快了国际化经营步伐。

业务板块交流。上游组织了页岩油气技术的交流，对美国页岩油气资源情况、特点、技术要点、在国内应用需要注意的问题有了新的认识，对指导国内页岩油气的勘探开发试验很有帮助。炼油和化工板块通过对外交流，找到了在装置长周期运行方面与国外同行的差距，并制定出改进措施。油品销售板块通过交流，经营理念和市场观念有了进一步转变。安全环保部门通过对外交流看到了在安全环保理念上与国外同行的差距，不断更新理念，向着更高的目标迈进。牵头组织了定期交流，如与日本 JCCP 双边交流，包括邀请其成员公司日本出光公司的专家赴茂名石化、镇海炼化和青岛炼化等企业交流，与炼油事业部联合在天津分公司举办了“中国石化—日本 JCCP 炼厂节能与设备维修技术交流会”；与国土资源部、东亚东南亚地学项目协调组织（CCOP）和挪威国际石油管理培训学院（PETRAD）共同主办“资源国政府及公共关系研讨会”；组织炼厂安全、环保、节能、设备方面的技术人员分批到日本炼化企业交流学习等。

技术层交流。科技部门在众多的国内外学术会议中去粗取精，挑选最需要的国际技术会议，组织联合团队参加。一些科研单位从不同领域邀请国际知名专家学者作专题学术讲座和交流，以扩大视野，掌握世界石油、化工及相关领域的最新动向，对确定科研课题、在关键产品和技术的研发上少走弯路发挥了作用。

（宋尚涛）

【引智工作】 组织安排了 41 个培训团组到国外培训，取得较好成果。各级外事部门认真履行外事专家管理的职责，帮助解决工作签证、外国专家证以及生活上、工作上的困难；积极推荐优秀外国专家参加国家友谊奖的评选，已有 15 名在中国石化工作的外国专家被授予国家友谊奖，2011 年获奖者为中石化三菱化学聚碳酸酯公司日方总经理田中晃。为调动在中国石化工作的外国专家积极性，体现中国石化的人文精神，石化集团公司印发了《中国石化优秀外国专家荣誉证书颁发管理暂行办法》，对在中国石化或为中国石化合资合作企业作出贡献的外国专家授予荣誉证，首次获此荣誉的为扬巴公司德籍总经理布铭邦。

（宋尚涛）

【境外管理】 按照“大外事”的要求，外事工作要延伸到境外，为“走出去”提供支持和保障。

牢牢抓住安全主题不放松。截至 2011 年底，中国石化在境外有 248 家机构，分布在 58 个国家和地区，境外总人数达 3 万人，其中中国石化员工 23 443 人，分包商员工 6 033 人。针对中国石化境外人员多、分布广且外部总体安全形势恶化的情况，石化集团公司党组领导多次召开专题会议和作出批示，对安全工作作出部署。各级外事部门和安全环保部门相互配合，主动承担责任，妥善应对了埃及、利比亚、也门、叙利亚等国家出现的动乱或内战，安全撤离中方员工 800 多名，为应急撤离管理积累了经验。国际石油勘探开发公司、国际石油工程公司、新星石油公司、江苏油田等单位把员工安全放在首位，加强对局势研判，及时启动相应应急预案，确保在外人员和财产安全。

发挥好代表处职能作用，在一线做好安全工作。境外代表处是中国石化境外工作的支撑点，也是境外的重要窗口。在发达国家的代表处主要职责是收信息、搞公关、树形象；在资源国的代表处主要职责是协调安全工作，发挥境外公共安全牵头单位的职能。中东代表处紧密跟踪中东国家的安全局势，坚持每周对地区安全形势进行评估，连续编写 30 篇分析报告，为总部了解第一手情况增添了渠道。北非代表处深入到辖区内国家了解安全和政经情况，及时向总部报送信息，并在阿尔及利亚等国走访各境外单位，协调指导做好公共安全防范工作。沙特代表处在西亚北非局势动荡期间，及时报送沙特及周边国家态势及分析，提出暂停从巴林中转人员的建议，被总部采纳。

做好境外综合管理工作，为境外安全工作打好基础。外事局根据国务院国资委、审计署和商务部、外汇管理局要求，对全系统境外机构进行清理，确保设立合规，报批文件、手续齐全，经营管理规范。通过审计、年检，不仅摸清了境外机构和人员状况，而且认真整改了个别单位漏报境外机构再设立机构和设立避税公司等问题，为进一步做好境外安全工作打好了基础。

（宋尚涛）

重点工程建设

- ◇ 综述
- ◇ 油田地面建设项目
- ◇ 炼油项目
- ◇ 化工项目
- ◇ 储运项目
- ◇ 工程建设管理
- ◇ 工程建设监管
- ◇ 工程建设企业管理

综　述

2011 年，石化集团公司根据“十二五”发展规划纲要和三年滚动计划优化方案，按照建设世界一流能源化工公司的战略发展目标，本着保投产、保续建、保重点、调结构的思路，遵循上中下游全面、协调、可持续发展和实现效益最大化的原则，紧紧围绕扩大资源、拓展市场、挖潜增效，不断优化调整投资方案，科学把握投资节奏，强化投资成本意识，精心组织项目建设，投资工作取得了较好成果，结构调整逐步深入，主业发展后劲显著增强。全年完成固定资产投资（不含进损益费用）2 333.89 亿元，其中海外油气勘探开发及炼化项目完成投资 842.92 亿元，国内油田企业完成投资 653.19 亿元，炼化企业完成投资 468.01 亿元，油品销售企业完成投资 278.11 亿元，国际化物流及商储基地建设完成投资 61.33 亿元，科研信息等完成投资 30.33 亿元。全年共安排实施 386 个固定资产投资限上项目（其中重点工程 26 项），建成投产项目主要包括 26 套炼化装置和 2 条长输管道，各项重点工程、检修改造和海外投资炼化项目稳步实施，安全、质量、投资、进度总体受控，为中国石化的持续发展奠定了有力基础。

油田地面工程。胜利油田埕岛中心三号平台是埕岛油田主体区域的第 3 座综合中心平台，设计日处理液体 4 万立方米、天然气 15 万立方米、污水 2 万立方米，对于胜利油田加快海上开发具有重要意义，主体工程计划 2012 年内建成投产。普光气田大湾区块是气田主体的重要资源接替阵地，设计产能 30 亿米^3/年，地面集输工程主要包括 7 座集气站、1 座污水站、24 千米酸性气管线等，预计 2012 年上半年具备投用条件。

炼化工程。2011 年，中国石化各大炼厂继续抓紧实施汽柴油质量升级改造工作，包括新建催化汽油吸附脱硫（S－Zorb）、柴油加氢等装置，同时，一大批油品质量升级改造工程建设全面展开。北海炼油异地改造工程建成投料试车，茂名、安庆、石家庄、上海、金陵、武汉炼油改造工程建设稳步推进。武汉 80 万吨/年乙烯工程施工进入高峰期，中国石化首套煤化工项目——中原甲醇制烯烃（MTO）装置建成并一次开车成功，川维 30 万吨/年醋酸乙烯工程建成投料试车，燕山石化 15 万吨/年双酚 A 装置产出合格产品等。

储运工程。日照—仪征原油管道是中国管径最大、输量最多、技术最先进的输油管道，2011 年 10 月建成投产。总投资逾百亿元的山东 LNG 项目现场建设工作全面铺开。规划总库容 371 万立方米的海南洋浦成品油罐区于 2011 年 8 月开工建设。北海—南宁—百色成品油管道于 2011 年底建成并具备投用条件。甬绍金衢、珠三角二期、贵阳—重庆、湖南、苏北等成品油管道建设进展顺利。

固定资产投资项目实施管理。围绕建设目标，加强从项目开工、建设到投产全过程管理，抓重点、抓关键、抓设计、抓试车、抓大修、抓“三基”，扎实推进项目建设管理工作。针对项目执行过程中的问题及难点，采取召开现场办公会、协调会等形式及时解决。精心组织项目总体统筹控制计划的编制和审查、大件吊装方案的审查及实施。积极推进标准化设计、模块化建设工作，统一工程材料编码体系。努力将工程项目管理的有效做法应用到大修改造工程管理之中，建立大检修改造标准化模板。编制完成《中国石化建设工程项目管理手册》及配套的程序文件，加快管理制度化、标准化和信息化建设。

工程建设监管。加大工程质量监督力度，编制完成《中国石化建设工程质量管理手册》，质量监督和监察工作向“海上、海外”延伸。进一步完善招投标工作管理规章制度，严格规范招标方案、招标申请、招标文件、评委组成和招标结果等关键招标申报审批程序。标准定额工作继续遵循“立足行业、服务企业、国际接轨”的原则，不断完善石油化工标准定额体系，首次实质性参与国际标准编制，对《石油化工安装工程费用定额》（2007 版）人工费单价、辅助材料费和施工机械费进行动态调整。

工程建设企业管理。直属工程建设企业积极调配各方面资源，确保石化集团公司重点工程建设，同时努力开拓境内外市场，全年实现营业收入 356.09 亿元、利润 39.49 亿元。

（王永焕）

油田地面建设项目

【埕岛中心三号平台及海上配套工程续建】　截至 2011 年底，该项目生活动力平台、生产平台海上安装基本完成，海底管道完成 30%。

（冯红民）

【大湾区块地面集输工程续建】　截至 2011 年底，该项目集输管线扫线和管沟开挖全部完成，焊接累计完成 77%；7 座集气站及污水处理站进行站控室、装置区、火炬区施工，累计完成 72%。

（冯红民）

【大牛地气田10亿立方米产能建设地面工程通过竣工验收】 该项目于2005年3月20日开工，2005年11月30日全部建成并投用试运，2011年1月10日通过竣工验收。

（冯红民）

【塔巴庙—榆林天然气管道工程通过竣工验收】 该项目于2004年11月20日开工，2005年7月6日建成并投用试运，2011年1月10日通过竣工验收。

（冯红民）

炼油项目

【长岭800万吨/年炼油改造工程(北区)建成投产】 该项目分南、北两个区域布置，总投资57亿元。2009年8月6日，南区7套新建炼油装置及系统配套工程开工建设，2010年11月26日完成投料试车。截至2011年底，北区2套装置工程主要控制点和形象进度均达到计划进度要求。5月11日，制氢装置建成中交；5月30日，渣油加氢装置建成中交；8月20日，渣油加氢装置、制氢装置投料试车，开车一次成功，生产出合格产品。

（谭　萍）

【北海炼油异地改造项目建成投产】 该项目主装置于2010年10月30日全部实现中交，2011年12月29日催化反应进料，2012年1月1日打通全流程，所有产品质量全部合格。

（谭　萍）

【茂名石化油品质量升级工程开工建设】 项目建设内容主要包括油品质量升级改造工程及其同步建设配套工程。油品质量升级改造工程包括1 000万吨/年常减压装置、220万吨/年催化裂化装置(含产品精制)、240万吨/年加氢裂化装置、10万吨/年硫黄回收装置及拆迁还建项目共44个设计主项，总投资44.14亿元；同步建设配套工程包括煤制氢装置、空分装置、300吨/时高浓度污水处理场及CFB锅炉烟气脱硫设施等项目，煤制氢项目总投资19.58亿元。

截至2011年底，油品质量升级改造工程详细设计完成存档；设备共1 364台，完成订货96%；44个主项全部开工建设，常减压、催化裂化、硫黄、加氢裂化装置钢结构及设备全面开始安装。煤制氢项目基础设计文件上报待审；长周期设备抓紧采购；气化框架、锅炉及发电装置桩基施工全部完成，合成气及灰水框架桩基开始施工。

（谭　萍）

【安庆含硫原油加工及油品质量升级项目土建开工】 截至2011年底，项目桩基和一级地管施工完成；静设备安装117台，占总量的5%。

（刘美娟）

【上海石化炼油改造工程续建】 截至2011年底，项目桩基施工基本完成，混凝土完成90%，静设备安装22台，动设备安装37台。

（刘美娟）

【石家庄炼油改造工程开工建设】 项目建设内容包括新建500万吨/年常减压装置、180万吨/年蜡油加氢装置、150万吨/年催化原料加氢处理装置、220万吨/年催化裂化装置、260万吨/年柴油加氢精制装置、120万吨/年重整抽提装置、8万吨/年硫黄回收装置、140吨/时酸性水汽提装置、30万吨/年气体分馏装置、脱硫脱硫醇装置和溶剂再生装置，改造航煤加氢装置，报废关停工艺相对落后、产能规模较小的半再生重整、2#催化裂化、1#气体分馏3套装置，同步配套实施多项环保措施、辅助设施及配套公用工程。批复总投资66亿元。截至2011年12月底，先期建设的柴油加氢精制装置实现一次投料开车成功；其他装置的基础设计全部批复，全面进入详细设计阶段；新区桩基、地管、土建基础施工。

（王永焕）

【金陵油品质量升级改造工程续建】 截至2011年底，项目总进度完成63%，其中设计完成99%，采购完成84%，施工完成48%。现场主要设备安装结束，全面进入工艺管线预制安装阶段。

（王永焕）

【武汉油品质量升级改造二期工程续建】 项目建设内容包括新建180万吨/年加氢裂化、180万吨/年催化原料加氢处理、8万米^3(标准)/时制氢、2.5万米^3(标准)/时干气提浓、轻烃回收等装置。批复总投资28.83亿元。截至2011年底，主装置区地下工程收尾，钢结构预制安装进入高峰期，设备安装全面展开。

（王永焕）

化工项目

【武汉80万吨/年乙烯工程续建】 2011年是武汉乙

烯详细设计、设备采购和土建施工关键年。3 月大型设备(动、静)基础、生产厂房、框架及构架、管廊及管架、贮罐基础陆续开始施工，4 月完成 293 台次长周期订货，6 月 28 日首台大件设备(丁二烯 C101B)成功完成吊装，7 月 30 日 HDPE 等装置主干道路基本实现硬化，8 月 12 日 220 千伏总变电站中交，8 月 25 日乙烯装置第 1 台大型设备 C－406 吊装就位，9 月装置一、二级地管基本施工完，10 月乙烯工程各生产装置由地下施工全面转入地面安装，开始工艺管道预制安装，11 月底 56 个主项详细设计完成 50 项，详细设计收尾，12 月 25 日 110 千伏变电站具备中交条件。

（谭　萍）

【川维 30 万吨/年醋酸乙烯项目投料试车】 聚乙烯醇装置于 2011 年 5 月 16 日投料试车成功；乙炔装置于 6 月 9 日投料试车成功；7 月 13 日，甲醇装置投料试车成功，产出合格产品。至此，该项目所有装置全面投料试车成功，产出合格产品。

（刘美娟）

【燕山润滑油、合成材料及橡胶项目续建】 该项目 15 万吨/年双酚 A 装置于 2011 年 12 月 13 日投料试车成功，6 万吨/年聚碳酸酯装置于 2011 年 9 月建成中交，9 万吨/年丁基橡胶项目桩基完成 60%，润滑油系统提高产品质量技术改造项目于 2011 年完成现场拆迁还建及场平。

（刘美娟）

【中原乙烯原料路线改造(MTO)项目投料试车】 2011 年 10 月 10 日，项目投料试车，产出合格产品。

（刘美娟）

【南化 9 万吨/年制氢装置及配套空分项目桩基开工】 项目建设内容主要包括新建 3 台汽化炉、氢气产量 9 万吨/年，新建制氧能力 5.6 万米^3(标准)/时的空分装置，配套建设公用工程，原料煤接卸码头依托已有尿素出厂码头改造，储煤依托已有常压造气煤库。2011 年进行桩基施工和主管廊钢桁架安装。

（刘美娟）

储 运 项 目

【日照—仪征原油管道工程建成投产】 工程于 2010 年 3 月 26 日开工，2011 年 10 月 10 日建成投产。

（冯红民）

【甬沪宁原油管网工程通过竣工验收】 该项目主要包括宁波—上海—南京进口原油管道工程，镇海至白沙湾进口原油管道复线工程，岙山至镇海进口原油管道工程，宁波—上海—南京进口原油管道配套工程油库、航道及辅助设施工程，镇海中转油库工程及白沙湾油库等 6 项工程。工程自 2002 年 9 月 28 日陆续开工建设，2004 年 3 月 20 日—2008 年 2 月 19 日陆续建成投用试运，2011 年 3 月 29 日全部通过竣工验收。

（冯红民）

【仪征—长岭原油管道工程通过竣工验收】 该项目于 2004 年 10 月 16 日试验段开工，2005 年 12 月 5 日—2006 年 5 月 28 日陆续建成投用试运，2011 年 3 月 29 日通过竣工验收。

（冯红民）

【福炼一体化配套成品油管线一期工程基本建成】 一期管道全长 341.6 千米，管径为 323 — 457 毫米，设站场 5 座、油库 4 座，设计输量 600 万吨/年。其中北线全长 154.9 千米，2010 年 1 月 29 日泉港油库开始进油。南线全长 186.7 千米，2011 年 3 月 23 日基本建成并进行水联运。

（李长印）

【甬绍金衢成品油管道及配套油库工程续建】 工程于 2010 年 3 月 28 日开工，截至 2011 年底，管道焊接完成 82.6%。

（冯红民）

【珠三角成品油管道二期及配套油库工程续建】 工程于 2010 年 6 月 1 日开工，截至 2011 年底，管道组焊累计完成 8.47%。

（冯红民）

【贵阳—重庆成品油管道工程续建】 管道全长 478 千米，管径 406 毫米、323 毫米，设计压力 9.5 兆帕，设 6 座站场，设计输量 580 万吨/年。工程于 2010 年 10 月 18 日开工，截至 2011 年底，管道组焊完成 50.5%。

（冯红民）

【湖南二期成品油管道及配套油库工程开工建设】 管道全长 533 千米，管径 273 毫米、323 毫米，设 5 座站场、6 座油库，设计输量 270 万吨/年。工程于 2011 年 7 月 22 日开工，截至 2011 年底，管道组焊完成 33.5%。

（冯红民）

【山东LNG工程续建】 截至2011年12月底，该项目码头与陆域形成部分陆域回填基本完成，防波堤抛填堤心石完成30%，工作船码头引堤抛填堤心石完成80%，预制安装方沉箱完成25%；LNG接收站部分临设、临水施工完成；LNG储罐部分，1#罐短柱砼浇筑完成69%、剪力墙砼浇筑完成17%，2#罐筏板钢筋绑扎完成、短柱钢筋完成66%，3#罐短柱砼浇筑完成51%、剪力墙砼浇筑完成9%。

（李长印）

【白沙湾油库二期工程通过竣工验收】 该项目于2007年4月28日开工，2009年6月4日投用试运，2011年10月19日通过竣工验收。

（李长印）

【海南洋浦成品油保税库及配套码头工程开工建设】 项目规划总库容371万立方米，一期建设205万立方米。码头为10万吨级1座、5万吨级2座、1万吨级1座。一期工程批复投资28.96亿元，码头批复投资12.56亿元。2011年7月6日举行了开工仪式。截至12月底，一期工程详细设计完成75%，罐区进行地基处理。

（王永焕）

工程建设管理

【重点工程】 中国石化2011年重点工程项目见表1。

（王永焕）

表1　　中国石化2011年重点工程建设项目

序号	项目名称	建设单位
一	油田地面项目	
1	胜利中心三号平台工程	胜利油田分公司
2	普光气田大湾集输工程	中原油田分公司
二	炼化项目	
3	武汉80万吨/年乙烯工程	武汉分公司
4	北海炼油异地改造	北海炼化公司
5	中原甲醇制烯烃(MTO)	中原石化
6	长岭800万吨/年炼油改造(北区两套装置及苯乙烯装置)	长岭分公司
7	川维30万吨/年醋酸乙烯项目	四川维尼纶厂
8	柴油质量升级	镇海、沧州、济南、石家庄等炼化公司
9	茂名油品质量升级	茂名分公司
10	安庆油品质量升级	安庆分公司
11	石家庄炼油改造	石家庄炼化分公司
12	上海炼油改造	上海石化
13	燕山润滑油、合成材料及橡胶	燕山分公司
14	金陵油品质量升级改造	金陵分公司

续表

序号	项目名称	建设单位
15	武汉油品质量升级改造二期	武汉分公司
16	海南 60 万吨/年对二甲苯	海南炼化
17	南化 9 万吨/年制氢装置及配套空分	南京化工公司
18	鄂尔多斯中天合创煤化工	内蒙古化工项目部
三	储运项目	
19	原油管道：日照—仪征、湛江—北海	管道储运分公司
20	成品油管道：苏北、甬绍金衢、珠三角二期、北海—百色、贵阳—重庆、湖南二期	销售公司
21	茂名化工轻油储备库	化工销售分公司
22	天津化工轻油储备库	化工销售分公司
23	山东 LNG 项目	天然气分公司
24	原油储备基地	石油储备公司
25	海南成品油罐区	中石化香港公司
四	科研设施	
26	石油化工科学研究院设施完善改造工程	石油化工科学研究院

【设计管理】 2011 年，围绕设计管理的业务范围，及时开展重点项目的设计协调工作。落实设计分工，明确设计指导思想、设计原则，协调装置界面关系、协调设计、采购、施工工作界面关系，研究总体进度关键控制点。组织对福建炼油乙烯、天津乙烯、镇海乙烯、川气东送工程等项目的设计回访活动，组织对直属工程公司和部分企属设计院开展设计质量检查。协调主管部门，组织直属工程公司开展科技进步，购置国际通用先进软件。协助直属工程公司引进开发设计集成系统。开展设计单位压力管道设计审批人员培训、考核、换证；进行设计单位特种设备资质换证鉴定评审。继续推进标准化设计工作，组织开展了延迟焦化、汽油吸附脱硫（S－Zorb）、连续重整、聚丙烯、丙烯腈等装置标准化设计。完成《固定资产投资项目设计管理规定》、《工程设计专有技术管理办法》、《压力容器压力管道设计资格管理办法》、《优秀工程勘察设计评选办法》等制度标准化改造修订工作；修订、发布《石油化工装置详细工程设计内容规定》。

（申发祥）

【生产准备与投料试车】 2011 年，共有 26 套炼化生产装置完成投料试车，2 条长输管道投用（见表 2）。其中，中国石化自主研发的首套甲醇制烯烃（S－MTO）示范装置、北海异地炼油改造项目、日照—仪征原油管道等重点工程建成投产。各企业按照《中国石化建设项目生产准备与试车管理》的要求，提前做好人员、技术、物资等 7 个方面的生产准备工作，做到生产准备与工程建设无缝衔接、同步进行，进一步加强对建设工程项目生产准备和投料试车全过程管理，认真落实总体试车方案的编审、投料试车条件检查确认和试生产的备案制度等，遵循“单机试车要早、吹扫气密要严、联动试车要全、投料试车要稳、试车方案要优、试车费用要低”的原则，保证了投料试车的顺利进行，做到安全节能清洁高效、守规合法一次成功。2011年，总部共组织项目总体试车方案审查13次、投料试车条件检查15次，组织开车队4个、专家组6个、现场服务组4个。

（姜瑞文）

表2　工程建设项目2011年投料试车/建成投用情况

序　号	装置名称	建设规模/万吨·年$^{-1}$	投料试车/建成投用时间
一	海南炼化		
1	航煤加氢	70	1月16日
二	四川维尼纶厂		
2	乙炔	10	6月8日
3	甲醇	77	7月13日
4	醋酸乙烯	30	6月9日
5	聚乙烯醇	10	5月16日
三	青岛炼化		
6	苯乙烯	8.5	8月22日
四	济南分公司		
7	柴油加氢	160	9月1日
五	镇海炼化		
8	合成油装置	70桶/日	6月25日
9	柴油加氢	300	6月19日
10	硫黄回收	10	9月16日
11	污水气提	120吨/时	9月16日
六	长岭分公司		
12	重油加氢	170	8月25日
13	制氢	5万米^3(标准)/时	8月22日
七	沧州分公司		
14	柴油加氢	160	7月21日
八	中原石化		
15	S－MTO	60	10月9日
16	聚丙烯	10	10月7日
九	北海炼化		
17	原料预处理	500	11月7日
18	连续重整	60	12月18日
19	柴油加氢	260	12月21日
20	催化裂化	170	12月29日
21	延迟焦化	120	12月30日
22	催化汽油加氢	50	12月31日
十	扬子石化		
23	PX吸附分离示范装置	2.7	10月9日
十一	石家庄炼化		
24	柴油加氢	260	12月23日
十二	荆门分公司		
25	连续重整	60	12月13日
十三	广州分公司		
26	气分	50	7月31日
十四	管道储运分公司		
27	日照—仪征原油管道	2 000	10月10日

【竣工验收】 2011 年，中国石化所属企业共完成 52 项限上(投资 3 000 万元及以上)固定资产投资项目的竣工验收(见表 3)。

(刘美娟)

表 3　中国石化 2011 年固定资产投资竣工验收项目

序号	项 目 名 称
1	江汉油田第三石油机械厂压缩机生产基地二期工程
2	江汉油田矿区污水处理项目
3	江汉油田盐化工 1 万吨/年漂粉精装置扩建项目
4	西北油田塔一联轻烃站扩建工程
5	西北油田塔河油田重油外输工程
6	西北油田塔三联轻烃回收装置
7	管道储运分公司甬沪宁原油管道工程
8	管道储运分公司册子岛原油码头工程
9	管道储运分公司临邑—济南原油管道工程
10	管道储运分公司仪长原油管道工程
11	管道储运分公司仪长原油管道大冶—武汉支线工程
12	管道储运分公司青岛大炼油黄岛油库配套工程
13	管道储运分公司洪荆线安全整治工程
14	管道储运分公司白沙湾油库储油罐建设(二期)工程
15	管道储运分公司白沙湾原油商业储备基地工程
16	天然气分公司青岛 CNG 加气母站工程
17	燕山石化炼油厂酮苯脱蜡装置节能改造项目
18	燕山石化 4.5 万吨/年丁基橡胶装置扩能改造项目
19	齐鲁石化 80 万吨/年乙烯填平补齐项目
20	齐鲁石化丁苯橡胶技术改造项目
21	齐鲁石化乙烯污水处理场达标排放技术改造项目
22	金陵石化热电煤粉炉增设烟气脱硫装置
23	茂名石化干气提浓制乙烯装置
24	茂名石化 200 吨/时酸性水汽提装置
25	茂名石化 64 万吨/年乙烯装置分离系统完善设计项目
26	天津石化 2×410 吨/时锅炉脱硫除尘一体化改造项目
27	天津石化成品油出厂配套设施项目
28	扬子石化丁苯橡胶配套工程
29	泰州石化 12 万吨/年酮苯装置节能降耗改造项目
30	巴陵石化 20 万吨/年 SBS 挖潜改造项目
31	巴陵石化 10 万吨/年环己酮挖潜改造项目
32	巴陵石化环氧污水达标治理工程
33	仪化公司百吨级对位芳纶研发项目

续表

序号	项目名称
34	仪化公司液体空分节能改造项目
35	仪化公司热电中心锅炉烟气脱硫改造(二、三期)项目
36	仪化公司天然气利用项目
37	广州石化炼厂干气作制氢原料改造项目
38	广州石化520万吨/年常减压蒸馏(一)改造项目
39	荆门石化润滑油适应性改造工程
40	四川维尼纶厂新疆乙炔岛项目
41	四川维尼纶厂20万吨/年合成氨项目
42	石家庄炼化3万吨/年硫黄回收装置
43	催化剂分公司南京S－Zorb脱硫吸附剂工业试验装置
44	青岛炼化1 000万吨/年大炼油工程
45	国家石油储备基地项目
46	北京石油分公司环北京成品油管道工程
47	北京石油分公司燕山至首都机场航煤管道工程
48	销售华中分公司武汉穿江成品油管道工程
49	上海赛科公司90万吨/年乙烯工程
50	上海赛科公司109万吨/年乙烯改造等6个项目
51	江苏石油物探局110千伏输变电工程
52	河南油田洛阳—驻马店成品油管道及配套油库项目

【检修改造】 2011年，完成了燕山石化、青岛石化、洛阳石化、上海石化、福建炼化、广州石化、金陵石化等19家炼化企业重点大修改造工程，涉及266套装置大修改造，其中洛阳石化大修改造项目管理部被评为2011年度中国石化工程建设先进集体。按照装置长周期运行要求，面对改造更新逐渐增多、检修资源减少等情况，炼化企业在实施过程中总结更新，逐步形成大修改造“规范化、精细化、标准化”的管理模式，并实现了“优质、安全、达点”的目标。

2011年是大修改造实施“规范化、精细化、标准化”的第2年，重点抓好大修改造管理模式的建设。炼化企业建立并完善了大修改造组织机构，编制大修改造管理手册及统筹控制计划；部分企业实施了大修改造招投标管理，并形成了可供参考的经验，有助于进一步完善大修改造招投标工作；工程部共组织17次大修改造工程项目协调会议，进行3次调研工作，协调并完善针对大修改造的管理机制、程序等；质量监督总站组织对3家炼化企业进行大修改造质量大检查工作，提升大修改造的整体质量水平；重点抓好大修改造安全管理工作，确保了全年大修改造安全环保无事故。

2011年11月在燕山石化组织召开了大修改造工程实施经验交流会，39家炼化企业参加会议。会议总结了大修改造实施工作的成绩，讨论了新形势下大修改造工作面临的难点，研究了从总部到企业为大修改造顺利完成需做的工作，探讨了大修改造项目按工程管理模式管理的必要性。

（王扶卷）

【南京项目管理中心】 2011年，南京项目管理中心认真履行项目管理和人力资源“蓄水池”职责，重点围绕项目管理、人员培训、团队建设工作，通过在武汉乙烯、扬子炼油二期、扬巴二期等项目开展项目管理工作，较好地实现了年初制定的各项工作目标。

截至2011年底，武汉乙烯工程总进度完成65.40%。2011年里程碑实现9个，一级控制点实现4个，二级控制点实现29个。56个主项详细设计工作收尾；在完成长周期设备采购任务后，以次长周期设备、E + P + C 项目物资为切入点的采购及对 EPC 项目的采购管理工作进入实质性阶段；56 个主项中，有 55 个进入施工阶段；220 千伏变电站、3# 和 4# 码头、码头陆域、设备材料库、劳保库、机电仪维修库、危险品库等项目实现中交。

（王　宁）

工程建设监管

【工程质量监督】 2011 年，石化工程质量监督机构认真履行政府质量监督职能，努力抓好建设项目过程监管，为石化建设项目保驾护航。

加大质量监督力度，保证建设项目质量。针对石化重点工程建设项目，总站统一协调监督资源，确保监督工作到位，加强了监督组的组建、监督文件编制、监督交底、监督实施、监督报告编制和监督档案归档等过程管理。同时，针对中原石化 MTO 装置等新技术、新工艺项目，石化工程质量监督机构不畏困难，勇于迎难而上，努力学习，潜心钻研，积极采取各种措施，较好地完成了现场的质量监督工作。针对中小项目，石化工程质量监督机构统筹兼顾，平衡力量，采取差别化管理，保证中小项目也处在监管之中。2011 年，石化工程质量监督机构在日常监督检查过程中共发现各类质量问题 1.79 万项，其中质量行为问题 6 141 项，实体质量问题9 400项，资料问题 2 352 项，这些问题都得到了及时整改。

海上工程质量监督取得了新突破。将胜利油田埕岛中心三号平台及海上配套工程纳入监督范围，实现了对海上工程质量监督的突破。

注重总结提炼，经验固化取得新提高。一是编制炼化工程监督计划书模板，明确了主要施工及验收规范、质量行为监督内容、停监点设置及检查内容、巡监检查内容以及质量抽检与复测的内容。二是编制《压力管道（工业管道）监检工作手册》、《长输管道工程质量监督工作手册》等指导性文件。三是编制《中国石化建设工程质量管理手册》，总结了中国石化近 30 年的建设工程质量管理工作经验，形成了全面系统的工程质量管理知识体系，可有效指导工程质量管理工作。

抓培训、强素质，在固强补弱中得到新提高。总站组织举办了 5 期见证取样员培训班、1 期监督监察人员培训班、1 期地下水封石油洞库施工质量管理技术培训班、1 期石油化工管道超声波检测人员培训考核班，总计 1 165 人参加了培训。

信息化建设为监督工作提供了更高的起点。多年来的监督工作实践为信息化建设工作提供了基础，在大力推动信息化建设的过程中，石化工程质量监督机构对监督管理的精细化提出了更高的要求，正在从定性处理问题向定量处理问题的方向转变。在责任主体评价体系实施过程中，结合工程部工程建设信息系统的实施进行了系统迁移工作，重新构建了系统，补充修改了大量的程序代码，于 2011 年 10 月底实现了在中国石化标准系统质量行为和实体问题数据填报的上线运行。

（胡国勇）

【工程质量监察】 石化工程质量监督机构认真履行企业内部质量监察职责，根据《2011 年度中国石化工程质量监察工作计划》，继续推动工程质量监察工作的开展。

深入开展建设项目和责任主体的监察活动，提高质量意识。组织对江苏油田、上海工程公司、洛阳工程公司、工程建设公司、第五建设公司、第四建设公司、南京扬子石油化工工程有限责任公司、北京华夏石化工程监理有限公司、广东茂化建集团有限公司等 9 家企业开展了工程质量监察，完成了对北海炼油异地改造石化项目、中原石化乙烯原料路线改造（S – MTO）等 3 个建设项目以及国际石油勘探开发公司海外有关项目的工程质量监察，共查出各类问题 527 项，发出不合格报告 34 份。在总站组织的对建设项目和责任主体开展质量监察工作的基础上，各分站针对所监督项目的实际情况，积极组织开展工程质量监察工作。通过工程质量监察工作的进一步深入，提高了各责任主体对中国石化工程质量监察工作的认识，促进了企业管理流程和管理体系的细化、优化，体现了工程质量监察的优势和特点，保证了工程质量的持续改进和提高。

海外项目质量监察取得新进展。为进一步规范中国石化海外工程项目的质量管理，总站于 2011 年 11 月对国际石油勘探开发公司中东有关项目进行了工程质量监察，这是监督系统第 1 次走出国门对中国石化海外开发建设项目进行工程质量监察，实现了工程质量监察工作在海外项目上的突破。

（胡国勇）

【工程质量大检查】 2011 年，总站组织了青岛炼化 8.5 万吨/年苯乙烯项目、镇海炼化柴油加氢项目、中原乙烯 MTO 项目、长岭 800 万吨/年炼油改造、武汉乙烯工程等共 35 次质量检查，共查出各类质量问题 3 906 项，其中质量行为问题 1 732 项，实体质量问题1 280项，资料问题894项。专项质量检查2次，查出问题42项。

（胡国勇）

【招标投标管理】 2011年，招标投标管理工作结合中国石化工程建设项目的特点，继续严格招标方案、招标申请、招标文件、评委组成和招标结果等关键招标申报审批程序。直接监管总投资3 000万元以上的工程项目招投标95个，中标额约182亿元，共392个标段，其中勘察设计9个、总承包12个、施工246个、监理79个、检测46个。

进一步完善管理制度修订工作，完成讨论修订《中国石化建设工程招标投标管理规定》、《中国石化工程建设市场资源库管理办法》、《中国石化建设工程评标专家库管理办法》、《中国石化工程建设项目分包发包管理办法》4项管理制度，准备下发。

中国石化工程建设市场资源库信息管理系统及评标专家库信息管理系统建成并投入使用。加强学习培训，组织了信息系统管理员培训班。完成招投标信息管理系统需求分析。

（杨 旭）

【工程招标】 2011年，石化集团公司共组织招标155项、206个标段，累计中标金额53.68亿元。其中，EPC招标4项、5个标段，中标金额约29.38亿元；工程监理招标24项、31个标段，中标金额约1.26亿元；施工招标73项、100个标段，中标金额约20.49亿元；采购等其他招标54项、70个标段，中标金额约2.55亿元。招标项目涉及武汉80万吨/年乙烯、北海炼油异地改造、燕山润滑油和合成材料及橡胶、武汉油品质量升级改造二期、海南60万吨/年对二甲苯、日照—仪征进口原油码头及管道配套、山东LNG项目、海南成品油罐区等10项重点工程建设项目和21家单位。

在项目评标工作中共调用评标专家库中的专家655人次。

（杨越强）

【标准管理】 石油化工工程建设标准化工作继续遵循“立足行业、服务企业、国际接轨”的原则，在标准体系规划下，2011年主要完成了“十二五”规划和年度计划的制定与评审、年度标准制修订任务、对重点工程项目的技术支持、标准的宣传贯彻与技术咨询、国际技术交流活动等内容。同时，加强了标准化队伍建设，开展了标准化业务培训，为顺利开展标准化工作提供了保障。

标准规划和年度计划。①完成工程建设标准化“十二五”规划编制。努力建设结构合理、职责明晰、运行高效、执行有力的管理体系；做好工程建设标准体系完善和维护，在继续抓好行业标准管理工作的同时，加大国家标准编制力度，并做好中国石化企业工程建设标准体系的补充完善；加强标准编制和审查管理工作，努力提高标准的权威性；加强国际组织间的交流与合作，推动标准国际化再上新台阶。②完成年度标准制修订计划评审。申报计划共有国家标准7项、行业标准34项，评审后取消或合并了6项标准。

标准制修订。①完成年度安排的国家标准和行业标准制修订工作。2011年，工程建设标准制修订项目计划为94项，新立项编制国家标准3项、行业标准15项。全年计划完成国家标准、行业标准报批25项。年内实际完成报批40项，其中国家标准11项（见表4）、行业标准29项（见表5）。国标方面，修订完成了《汽车加油加气站设计与施工规范》，扩充了规范内容，为适应新能源燃料汽车技术发展需要，补充了电动汽车充电设施、LNG加注站等内容；完成《石油化工安全仪表系统设计规范》，对推广工业安全理念、降低和防止过程风险、保障生产装置的安稳运行起到积极作用；完成《石油化工大型设备吊装工程规范》。行标方面，紧跟国外相关标准的升版，修订完成《石油化工特殊用途汽轮机工程技术规范》等机械设计标准；编制完成《石油化工建设工程项目施工技术文件编制规范》等。国家标准《工业企业电气设备抗震设计规范》，因其在抗震减灾中作用突出，获得石化集团公司科技进步二等奖。②清理按计划推迟报批的国家标准编制工作。2011年，按国家住房和城乡建设部的要求，重点对2008年以前下达的计划项目进行了清理，有15项国家标准编制进度滞后，经努力已完成《石油化工循环水场设计规范》、《石油储备库设计规范》、《石油化工粉体料仓防静电燃爆设计规范》等11项国家标准的编制，其余4项国家标准因编制、协调难度较大，经与国家住房和城乡建设部协调，编制工作延续到2012年。

加强对重点工程项目的技术支持。①积极参与重点工程项目，提供技术支持。借鉴普光主体工程的焊接实践经验，组织了普光大湾区块集输工程国产抗硫化氢特种管材焊接工艺评定试验开发和评审工作，先后进行了7批焊接评审工作。开发的“石油化工建设工程项目施工技术文件管理系统”，通过在武汉等项目实施，实现了工程项目多用户、多单位、项目间的远程管理，并与工程实施同步完成资料的持续积累，对大型工程项目技术文件的规范化管理发挥了积极作用。《石油储备库设计规范》修订吸取“7 · 16”油罐火灾事故的教训，补充了针对输油管道安全运行的要求，该修订要求已经多次协调，与国家住房和城乡建设部、国家安全生产监督管理总局、公安部消防局等相关监管部门达成共识，并将在相关工程中全面实施。②开展多种形式的技术咨询活动和技术基础工作。各中心站组织相关技术委员开展了技术咨询服务工作。总图站举办了大型仓储“现代自动立体仓库应用模式暨现场观摩技术交流大会”；自控站举办了建站 50 周年庆典暨学术交流会，并进行了新技术、新成果交流，以及自动化仪表新技术征文评比活动；建筑站对大型工程项目的地基处理方案进行了评审；配管站受特种设备设计鉴定评审机构委托，协助进行了压力管道审批人员的培训工作；安全站对武汉石化扩建等 13 个石化企业工程建设项目的安全评价报告进行了技术审核；在日本发生 8.8 级特大地震后，抗震站及时收集查阅相关灾害资料，将地震对炼化企业的破坏进行了灾害分析，编写完成《中国石化集团公司所属企业抗震设防(能力)概况》，较全面地分析了中国石化所属企业抗震设防能力，为总部有关部门决策提供基础资料。

国际标准应用和国际技术交流。①继续扩大国外标准信息库的使用。国外标准信息库收录了 API、ANSI、ASTM 等 18 个国际标准组织的 4.2 万多项标准，授权用户 400 多个。2011 年，信息库功能得到进一步提升，举办了该系统的升级应用培训班，使用户对国外标准库使用效率大大提高。②国际技术交流活动进一步展开，有力推进标准的国际化进程。2011 年，中国石化与国际标准组织在技术交流上向纵深发展，参与了 ASME B31.3 管道标准修订工作；4 月参加了 ASME B31.3 管道技术委员会活动，切磋交流编制国际标准的切入点；9 月递交了 5 项管道标准提案，其中管道腐蚀、大口径管道、M 类流体、复合钢管 4 项标准提案经国际会议讨论，进入 ASME 标准编制征求意见阶段。这是中国石化首次实质性参与国际标准编制。

标准化队伍建设。加强标准化专业技术委员会的建设，为开展标准化工作提供组织保障。加强标准化业务培训，增添标准化工作活力。

（葛春玉）

表 4　　2011 年向住房和城乡建设部报批的国家标准（石油化工工程建设）

序号	标准编号	标准名称	实施日期	主编单位
1	GB 50156—2012	汽车加油加气站设计与施工规范	待公告	工程建设公司
2	GB 50737—2011	石油储备库设计规范	2012 年 5 月 1 日	工程建设公司
3	GB/T 50746— 2012	石油化工循环水场设计规范	2012 年 8 月 1 日	工程建设公司
4	GB 50747—2012	石油化工污水处理设计规范	2012 年 8 月 1 日	洛阳工程公司
5	待　定	石油化工控制室抗爆设计规范	待公告	洛阳工程公司
6	待　定	油品装载系统油气回收设施设计规范	待公告	洛阳工程公司
7	待　定	石油化工钢制设备抗震设计规范	待公告	工程建设公司
8	待　定	石油化工安全仪表系统设计规范	待公告	工程建设公司
9	待　定	钢制储罐地基处理技术规范	待公告	洛阳工程公司
10	待　定	石油化工大型设备吊装工程规范	待公告	宁波工程公司/第十建设公司
11	待　定	石油化工粉体料仓防静电燃爆设计规范	待公告	南京工程公司

表 5　**2011 年向工业和信息化部报批的行业标准（石油化工工程建设）**

序号	标准编号	标准名称	实施日期	主编单位
1	SH/T 3006—2012	石油化工控制室设计规范	待公告	宁波工程公司
2	SH/T 3014—2012	石油化工储运系统泵区设计规范	待公告	洛阳工程公司
3	SH 3034—2012	石油化工给水排水管道设计规范	待公告	宁波工程公司
4	SH/T 3036—2012	一般炼油装置用火焰加热炉	待公告	工程建设公司/洛阳工程公司
5	SH/T 3040—2012	石油化工管道伴管及夹套管设计规范	待公告	上海工程公司
6	SH/T 3059—2012	石油化工管道设计器材选用规范	待公告	工程建设公司
7	SH/T 3077—2012	石油化工钢结构冷换框架设计规范	待公告	工程建设公司
8	SH/T 3079—2012	石油化工焦炭塔框架设计规范	待公告	工程建设公司
9	SH/T 3088—2012	石油化工塔盘技术规范	待公告	工程建设公司
10	SH/T 3091—2012	石油化工压缩机基础设计规范	待公告	工程建设公司
11	SH/T 3096—2012	高硫原油加工装置设备和管道设计选材导则	待公告	洛阳工程公司
12	SH/T 3129—2012	高酸原油加工装置设备和管道设计选材导则	待公告	洛阳工程公司
13	SH/T 3143—2012	石油化工往复压缩机工程技术规范	待公告	洛阳工程公司
14	SH/T 3144—2012	石油化工离心、轴流压缩机工程技术规范	待公告	工程建设公司
15	SH/T 3145—2012	石油化工特殊用途汽轮机工程技术规范	待公告	宁波工程公司
16	SH/T 3164—2012	石油化工仪表系统防雷设计规范	待公告	工程建设公司

续表

序号	标准编号	标准名称	实施日期	主编单位
17	SH/T 3167—2012	钢制焊接低压储罐	待公告	工程建设公司
18	SH/T 3169—2012	长输油气管道站场布置规范	待公告	中国石油天然气管道工程有限公司
19	SH/T 3172—2011	石油化工总图运输术语	待公告	大庆石化工程有限公司
20	SH/T 3405—2012	石油化工钢管尺寸系列	待公告	洛阳工程公司
21	SH/T 3408—2012	石油化工钢制对焊管件	待公告	洛阳工程公司
22	SH/T 3410—2012	石油化工锻钢制承插焊和螺纹管件	待公告	洛阳工程公司
23	SH/T 3516—2012	催化裂化装置轴流压缩机—烟气轮机能量回收机组施工及验收规范	待公告	第十建设公司
24	SH/T 3534—2012	石油化工筑炉工程施工质量验收规范	待公告	天津金耐达筑炉衬里有限公司
25	SH/T 3535—2012	石油化工混凝土水池工程施工及验收规范	待公告	天津众业石化建筑工程有限公司/第四建设公司
26	SH/T 3549—2012	酸性环境可燃流体输送管道施工及验收规范	待公告	第十建设公司
27	SH/T 3550—2012	石油化工建设工程项目施工技术文件编制规范	待公告	第四建设公司
28	SH/T 3610—2012	石油化工筑炉工程施工技术规程	待公告	天津金耐达筑炉衬里有限公司
29	SH/T 3611—2012	酸性环境可燃流体输送管道焊接规程	待公告	第十建设公司

【炼油化工定额和工程造价管理】 2011 年，定额和工程造价管理工作充分发挥基础保障和支撑作用，服务重点工程建设，在计价依据体系完善、定额制修订、价格水平动态管理、造价从业人员资质管理等方面做了大量工作。

开展《石油化工建筑工程概算指标》和《石油化工建筑工程综合预算定额》编制和配套软件系统开发。由洛阳工程公司主编，石化集团公司概预算中心站、工程建设公司等有关单位专家组成编制综合组，负责审查把关阶段性成果、确定编制方案、提供技术支持。

《石油化工安装工程费用定额》(2007 版) 人工费

单价、辅助材料费和施工机械费分析测算和动态调整工作。由工程定额管理站具体实施，在石化集团公司范围内开展了全面的调研、测算、分析工作，确定了定额人工费、辅材费和施工机械费调整方案。调整方案经总部有关部门工作会商同意，并签报总部领导批准，于2011年10月28日正式发布。调整后，定额人工费单价由39.81元/工日提高至60.98元/工日，材料、机械费调增约20%，工程总投资提高约1.7%。

完成《石油化工建设工程工程量清单计价办法》修订并发布实施。修订工作于2010年下半年开始，经过方案编制、清单项目审查、集中编制与内审、专家统稿等阶段，于2011年上半年发布实施，原《石油化工建设工程工程量清单计价办法》(2006版)同时废止。石油化工安装、建筑工程清单计价和费用管理配套软件于同期发布使用。

编制完成《石油化工安装工程预算定额》补充定额(一)。主要内容包括：厚壁不锈钢管道、管件、阀门、法兰安装，以及相关的无损检测与热处理等。补充定额与《石油化工安装工程预算定额》(2007版)、《石油化工安装工程费用定额》(2007版)等计价依据配套使用。

工程造价咨询企业和注册造价工程师资质管理。2011年按照住房和城乡建设部的要求，依据《工程造价咨询企业管理办法》的规定，结合企业改制的需要，共受理完成了下辖6家甲级造价咨询单位的资质延续、变更事项，截至年底，有18家甲级造价咨询企业由石化专委会管理(见表6)。

表6 **甲级工程造价咨询企业**

序号	企业名称	序号	企业名称
1	中国石化咨询公司	10	南京工程公司
2	工程建设公司	11	江苏中核华纬工程设计研究有限公司
3	北京燕山玉龙石化工程有限公司	12	胜利油田胜利勘察设计研究院有限公司
4	上海工程公司	13	山东齐鲁石化工程有限公司
5	上海众一石化工程有限公司	14	洛阳工程公司
6	南京扬子石化工程有限责任公司	15	宁波工程公司
7	南京金凌石化工程设计有限公司	16	濮阳中原建设工程咨询有限公司
8	华东管道设计研究院	17	镇海石化工程股份有限公司
9	北京巴吉特工程咨询有限公司	18	东营中胜工程造价咨询有限公司

截至2011年底，有690名注册造价工程师在石化专委会注册，其中年内初始注册20人，延续注册90余人，变更83人次。在继续教育方面，按照中国建设工程造价管理协会部署，结合石化行业工程建设特点和企业分布情况，采用网络培训和集中学习相结合的方式，完成了600余名造价工程师的继续教育工作。此外，结合造价管理政策法规的变化、计价依据的修订以及石化行业工程建设的发展等情况，完成了新版培训教材选题工作。

工程造价从业人员资格管理。根据总部制度文件改造的统一要求，完成了实施类制度《工程造价从业人员资格管理规定》的修改，并于2011年6月1日正式发布实施。截至年底，取得石化集团公司工程造价从业人员资格共5 829人，其中石油化工预算专业3 125人、概算综合专业1 025人、石油工程专业1 679人。按照规定要求，在工程部统一管理下，石油工程造价管理中心、工程定额管理站和设计概预算技术中心站分别组织了上岗培训和继续教育培训，约1 600多人参加了学习。

跟踪市场行情波动，加强计价体系动态管理。根据物装部发布的采购指导价格，每2个月公布1次炼化工程主要材料的概算编制价格，1年2次合成、公布非标设备价格信息。

(邱正华)

【石油工程造价管理】 2011年，石油工程造价管理中心重点加强了定额管理、造价管理与分析、基础建设、队伍建设等方面工作。

工程预结算管理。按照ERP和内控制度的要求，结合造价管理实际，总结和推广行之有效的成功经验，严格工作流程、规范计价行为，注重提高预结算管理水平，较好地发挥了预结算管理的应有作用。承担了川东北大湾、普光地区钻井和投产作业工程、普光产能建设地面及公用工程结算审核工作。

定额管理。石油建设安装工程消耗量定额编制工作顺利完成，并于2011年7月1日起开始施行。

石油专业工程定额补充新内容，完成元坝地区钻时定额标准编制，并在元坝一期天然气项目的概念设计、初步设计和科研报告的编制和审查中加以应用和验证。同时组织编制侧钻井、小井眼井钻井定额，以及新引进120型超深井电动钻机日费标准。对部分现行定额作了进一步调整。

基础工作。按照制度标准化信息化改造的统一要求，将《股份公司石油工程造价管理办法》改造为《集团公司石油工程造价管理办法》，并经总部批准正式实施。测算定额调整和主要材料价格变化对各油区、各专业投资和工程造价的影响；开展非常规项目调研，完成了《各油田大型压裂结算情况调研分析》、《非常规钻井及压裂定额标准和预算、结算情况分析》等分析报告。根据国家发改委及石化集团公司自用成品油价格调整情况，先后4次同步调整了汽柴油预算价格。

队伍建设。东北分公司、华东分公司组建了管理机构，加强统一归口管理，西南分公司进一步优化机构设置，提升管理层次。人员资质管理坚持落实制度化、规范化管理，重点加强资质准入的考核，逐步改善人员结构，提升从业人员素质。

（王　珞）

工程建设企业管理

【生产经营】 2011年，直属工程建设企业全年新签咨询设计合同20.53亿元、总承包合同212.98亿元、施工合同185.36亿元；全年新签境外合同26.13亿美元。全年完成设计投资额990.72亿元，自行施工产值63.34亿元。全年实现营业收入356.09亿元，其中系统内占48.37%，境内系统外占31.37%，境外占20.26%。全年实现利润总额39.49亿元。

石化集团公司直属工程建设企业主要技术经济指标见表7。

（袁　波）

表7　　石化集团公司直属工程建设企业2006—2011年主要技术经济指标

单位	年份	设计投资额/亿元	设计合同额/万元	施工产值/万元	利润/万元	产值利润率/%
工程建设公司	2011	306.39	137 877	—	197 681	—
	2010	365.32	343 087		146 213	
	2009	360.85	163 860		144 320	
	2008	259.05	133 710		96 946	
	2007	124.97	88 998		29 997	
	2006	121.28	32 778		28 648	
上海工程公司	2011	129.99	49 883	—	15 825	—
	2010	86.48	37 086		8 198	
	2009	71.97	35 349		6 014	
	2008	66.80	22 181		5 832	
	2007	56.03	11 367		5 005	
	2006	56.66	11 367		3 635	
洛阳工程公司	2011	327.90	130 998	—	137 433	—
	2010	262.68	85 310		105 234	
	2009	228.20	71 027		97 857	
	2008	206.38	49 078		49 685	
	2007	164.74	32 775		47 897	
	2006	120.68	26 433		17 322	

续表

单位	年份	设计投资额/亿元	设计合同额/万元	施工产值/万元	利润/万元	产值利润率/%
宁波工程公司	2011	107. 84	17 361	57 162	29 197	—
	2010	73. 11	8 851	63 211	12 008	
	2009	64. 22	18 071	107 960	6 607	
	2008	99. 04	18 718	60 374	6 511	
	2007	88. 23	15 022	70 403	3 258	
	2006	38. 84	19 660	110 586	2 765	
南京工程公司	2011	118. 60	17 351	89 692	7 657	—
	2010	101. 47	16 238	92 558	4 914	—
	2009	—	—	144 107	1 858	1. 29
	2008	—	—	110 455	1 816	1. 64
	2007	—	—	104 487	1 251	1. 20
	2006	—	—	83 759	1 055	1. 26
第四建设公司	2011	—	—	157 851	2 019	1. 28
	2010			158 538	1 809	1. 14
	2009			150 586	2 070	1. 37
	2008			131 122	2 560	1. 95
	2007			114 768	1 754	1. 53
	2006			104 369	555	0. 53
第五建设公司	2011	—	—	107 907	1 808	1. 68
	2010			97 505	4 403	4. 52
	2009			103 000	1 504	1. 46
	2008			86 600	902	1. 04
	2007			66 468	233	0. 35
	2006			66 960	383	0. 57
第十建设公司	2011	—	—	220 751	3 269	1. 48
	2010			182 248	2 011	1. 10
	2009			166 626	1 655	0. 99
	2008			130 697	1 105	0. 85
	2007			104 196	182	0. 17
	2006			91 705	1 008	1. 10
小计	2011	990. 72	353 470	633 363	394 890	1. 46
	2010	889. 06	343 087	594 060	284 790	1. 23
	2009	725. 24	288 307	672 279	261 885	1. 26
	2008	631. 27	223 687	519 248	165 357	1. 39
	2007	433. 97	148 162	460 322	89 577	0. 88
	2006	337. 46	90 238	457 379	55 371	0. 87

【勘察设计企业资质管理】 根据国家住房和城乡建设部《建设工程勘察设计资质管理规定》、《工程设计资质标准》、《建设工程勘察设计资质管理规定实施意见》和《关于工程设计专项资质换证工作的通知》文件精神，2011 年度主要组织并完成了 8 家企业工程设计资质的升级、增项核定以及有关资质管理政策咨询。完成 3 家工程设计企业资质核定、1 家工程设计企业资质升级申请材料以及 2 家企业对建设部资质审查意见申诉材料的初审与上报工作，指导 2 家企业通过地方申报申请资质升级、1 家施工企业特级资质升级，解答 1 家工程设计企业资质增项疑难问题咨询。其中，直属企业宁波工程公司晋升为综合甲级工程设计资质。

（胡瑞玲）

【勘察设计人员执业资格】 为加强设计人员执业资格管理，落实注册化工工程师个人执业签署、盖章的执业责任，实行个人注册执业资格制度，根据全国注册化工工程师管理委员会的安排，完成了石化系统勘察设计企业注册化工工程师资格的调查工作。石化集团公司所属以及改制企业共有 500 余人分别通过考核与考试，取得了注册化工工程师注册执业资格。

（胡瑞玲）

【优秀勘察设计评选】 推荐石化集团公司评选出的 2008—2009 年度获得一等奖的优秀工程勘察设计项目共计 14 项，参加 2010 年度全国优秀工程勘察设计的评选。

（胡瑞玲）

【工程建设监理】 截至 2011 年底，中国建筑业协会石化建设分会共有会员监理企业 47 家，包括综合资质 2 家、专业甲级资质 40 家、专业乙级资质 5 家。2011 年重点工作，一是组织各类工程监理知识培训班 8 期，728 人参加培训。其中，石油化工监理工程师执业资格培训班 5 期，388 人参加，240 人考试合格取得执业资格；注册监理工程师继续教育培训班 2 期，213 人参加；石化项目总监理工程师培训研讨班，127 人参加，118 人取得石油化工建设项目总监理工程师资格。二是继续开展石油化工监理工程师执业资格延续注册工作，2011 年度完成 27 个单位 557 人的延续注册。三是组织召开监理专业委员会筹备会议。会议围绕成立监理专业委员会的各项筹备工作和开展监理理论研究两项议题展开讨论，与会代表对成立监理专业委员会和监理专业委员会筹备组建议名单达成共识，并对筹备组下一阶段的工作任务进行了安排和部署。四是组织评选 2010 年度先进工程建设监理企业和优秀项目总监理工程师。在各单位申报材料的基础上，经综合考评，北京华夏石化工程监理有限公司、南京扬子石化工程监理有限责任公司、新乡方圆工程管理有限公司、洛阳炼化工程建设监理有限责任公司、南京金陵石化工程监理有限公司、山东齐鲁石化工程有限公司、广州石化建设监理有限公司、南京长江工程监理有限公司 8 家企业被评为中国石化 2010 年度先进工程建设监理企业；毛新爱、刘富伟、李元、姚春龙、王言鹏、张强、罗朝阳、康炜、黄支亚、王新汉 10 人被评为优秀项目总监理工程师。五是修订并印发《中国石化石油化工监理工程师执业资格管理办法》，进一步加强对石油化工监理工程师执业资格的监督管理，规范执业行为。

（张欣华）

【施工企业资质管理】 2011 年，施工企业资质管理工作的重点是认真贯彻落实国家住房和城乡建设部新出台的《施工总承包企业特级资质标准实施办法》及信息化考评标准，积极推动石化集团公司系统内相关企业申报施工总承包企业特级资质工作。召开了“施工总承包企业特级资质座谈会”，对系统内 8 家有条件的施工企业进行了特级资质标准的培训，逐一梳理了各企业与特级标准存在的差距，明确了各企业特级资质申报工作的方向和安排。年内宁波工程公司完成了特级资质申报材料的准备。全年共有 4 家企业的 6 项施工企业资质经初审上报国家住房和城乡建设部。

（张虹薇）

安全环保职业健康

◇ 综述

◇ 安全监督管理

◇ 环保监督管理

◇ 职业健康管理

◇ 应急管理

◇ 油气田及输油气管道安全保护

综　述

2011 年，面对复杂的安全环保形势，石化集团公司深入贯彻落实科学发展观，坚持把安全环保放在更加突出的位置，继续坚持“五个避免”HSE 奋斗目标，以防范安全、环境污染事故为重点，最大限度地避免重大人身伤亡事故、重大井喷失控事故、重大火灾爆炸事故、重大环境污染事故和重大公共安全事故，向世界一流能源化工公司 HSE 标准看齐，认真学习借鉴先进的管理理念和方法，积极推行“七想七不干”工作要求，进一步深化“我要安全”主题活动，深入查找身边“十大薄弱环节”，不断强化、细化各项措施，全面提升 HSE 管理水平，努力争创世界一流 HSE 业绩，全公司总体实现了安全生产、清洁生产，为生产经营任务的全面完成提供了有力保障。全年，石化集团公司未发生 1 次死亡 2 人及以上的上报事故，承包商事故次数大幅降低，各项环境保护、职业健康、公共安全的目标任务全面完成。

2011 年，石化集团公司 HSE 工作面临新的挑战，突出表现在：公司 80% 以上的原油依赖进口，每天有 40 多艘大型油轮在海上航行，海上运输的风险很大；大型原油码头和炼化装置始终保持高负荷运行，炼化装置呈现大型化、集约化，加工原油劣质化，化工原料多元化，生产运行条件更加苛刻，安全平稳运行压力加大；油气勘探开发已从陆地延伸到海上，从陆相拓展到海相，从国内走向国外，地表及地下地质条件越来越复杂；油库、加油站遍布城乡，有的分布在人口密集的闹市区，特别是区外销售公司的安全基础还很薄弱；油气管道总长已超过 2.1 万千米，其中有一些油气及化工产品管道处于人口稠密地区，管理难度很大。此外，与公司的地位和目标相比，安全管理水平和员工素质还有较大差距，给 HSE 工作带来了较大挑战。

面对新的 HSE 形势，石化集团公司广大干部职工以科学发展观统领 HSE 工作全局，以 HSE 管理体系为主线，在上年工作基础上，继续开展“我要安全”主题活动。通过强化活动力度，提炼先进经验和典型做法，固化活动成果，深入提高员工的安全意识。认真组织查找身边“十大薄弱环节”，落实整改措施，大力降低事故发生率。深入落实安全生产责任制，全面推行领导干部带班和基层安全总监制度，进一步加强关键装置、要害部位的现场监管。大力开展帮扶和服务企业工作，通过有针对性地开展专业指导、驻人蹲点、检查督导，结合召开现场会、反事故会等多种方式，大力提高企业的管理水平。坚持开展年度 HSE 大检查、井控、海上作业专项检查和合资企业 HSE 审计，促进了现场 HSE 管理水平的提高。持续开展隐患排查治理，落实“四定”管理，全年累计下达安保基金 21.71 亿元（含返还企业隐患治理资金），重点治理了海上油气设施、井控装置、液态烃球罐、油库消防系统、热油泵密封等隐患。针对外排废水、废气达标治理、危险废物处置以及敏感地区臭气和噪声扰民问题，开展了环保专项隐患治理，有效改善了本质安全环保水平。强化承包商安全管理，进一步落实统一管理、统一标准、统一要求的管理模式，坚持把承包商纳入公司管理体系，保证了各项工程、检修任务的安全完成。修订了《中国石化重特大事件应急预案》，建成了一套应急消防管理制度体系，有效提高了应对突发事件的备战能力和处置水平。每季度召开 HSE 工作视频会议，通报事故、传递压力、部署工作，促进了安全环保责任制的层层落实。扎实开展职业健康监护工作，积极开展职业危害识别与评估，加强对职业危害因素的常规监测，采取相应防范措施，现场作业条件得到有效改善。针对国家重大活动期间油气安保工作，提前部署、靠前指挥、狠抓落实，圆满完成了西安世园会、深圳大运会等重大活动的安保任务。

（杜红岩）

安全监督管理

【安全事故情况】 2011 年，石化集团公司职工全员事故死亡率为 0.0066‰，重伤率为 0.0075‰，均低于年初下达的考核指标。石化集团公司发生上报事故 7 起，死亡 3 人，企业外死亡 4 人，重伤 5 人。其中，石化股份公司发生上报事故 4 起，死亡 2 人，重伤 5 人。

（吴小毅）

【“我要安全”主题活动】 2011 年是石化集团公司“我要安全”主题活动成果固化年，重点是继续强化活动力度，提炼先进经验和典型做法，做好总结和表彰工作。各企业进一步创新活动内容，上报简报 1 135期，及时反映工作进展。总部“主题活动办公室”编发专题简报 9 期，指导企业把握方向，推动活动深入持续开展。精心编辑出版了《中国石化“我要安全”主题活动典型做法汇编》，对中原油田等 24 家企业建立“HSE 第一课”制度等经验做法予以推广。通过基层评选和评委会审核，确定并表彰了“百名安全卫士”和“十佳安全标兵”，掀起了活动新高潮，主题活动取得丰硕成果。

（吴小毅）

【安全环保大检查】 2011年，石化集团公司先后组织开展了井控、海（水）上作业专项检查，开展了合资企业HSE审计，组织开展了设备大检查，同时在企业自查自改工作的基础上，集中组织了年度HSE大检查。

8月19日—9月10日，石化集团公司共组织172人，分成14个组，对涉及62家直属企业、重点工程项目部的449个二级单位、1 563个基层单位进行了一次全面的HSE大检查，共发现问题3 307项，提出建议96条。各企业积极落实措施，大部分隐患得到了有效整改，四季度上报事故明显减少，HSE大检查达到了预期效果。

（吴小毅）

【安全先进单位和先进个人】 勘探南方分公司、镇海炼化、上海石油分公司、宁波工程公司等46家企业被评为石化集团公司2011年度安全生产先进单位。胜利石油管理局消防支队、天津分公司消防支队等15支消防队被评为石化集团公司2011年度优秀消防队。郭旭升、左文岐、詹麒、田以民、江正洪、戎光道等99人被评为石化集团公司安全生产先进管理者。焦国强、温韶霞、王庆余等400人被评为石化集团公司安全生产先进职工。赵海军等10人被评为“我要安全”主题活动十佳安全标兵。彭代君等100人被评为“我要安全”主题活动安全卫士。

（吴小毅）

【安全教育培训】 2011年，石化集团公司继续加强企业各级负责人、安全专业管理人员的HSE培训，逐步建立企业各级负责人持证上岗制度，提高各级领导干部和专业管理人员的安全意识。举办了炼化企业设备主管领导及检维修单位负责人培训班、区外销售企业主要领导培训班、油田企业安全处（科）长岗位资格培训班、炼化企业安全处（科）长岗位资格培训班、销售企业安全处（科）长岗位资格培训班、销售企业地市公司安全主管经理培训班、炼化企业安全管理干部岗位培训班、区外销售企业HSE管理人员培训班、区外销售企业HSE管理体系骨干培训班等各类培训班21期，培训学员1 244人，取得了良好的效果，达到了预定目标。各企业按照石化集团公司的教育培训计划，举办了各类安全干部、安全技术人员、职工、外来施工人员、特种作业人员的培训班，开展岗位安全资质、安全技能培训，专题安全培训，事故演练，消防演练等。

（吴小毅）

【安全生产月活动】 2011年6月，按照国家安全生产监督管理总局等有关部门的总体部署，石化集团公司认真开展了“安全生产月”活动，主题是“安全发展、重在落实”。石化集团公司专门下发有关文件，开展形式多样的安全宣传教育活动，营造了安全生产氛围。

（吴小毅）

【查找身边“十大薄弱环节”活动】 2011年，石化集团公司在全系统内逐级开展查找身边“十大薄弱环节”活动，要求每位员工都要从自己的岗位工作特点出发，紧密联系自身专业岗位实际，从人的不安全行为、物的不安全状态和管理的缺陷等方面，认真查找身边HSE薄弱环节，找准具体表现形式，提出具体的改进措施和建议。全系统93家单位结合实际细化了查找身边“十大薄弱环节”活动工作方案，并认真抓好实施。整改活动自开展以来，共查找确定集团和企业两级薄弱环节17万项，提出整改建议12万条，效果良好。

（吴小毅）

【企业帮扶和服务】 2011年，石化集团公司针对安全管理基础薄弱的企业进行重点帮扶，对部分HSE总体管理薄弱的企业，重点从企业HSE责任制落实、作业过程安全监管、承包商管理等方面进行帮扶，选派有关专家对企业开展HSE审核，与企业一道查找深层次原因，研究解决办法，落实整改措施；对某项工作存在薄弱环节的企业，采用召开现场会、基层单位座谈会、现场检查的方式进行针对性帮扶，提高现场管理水平，特别是针对部分企业现场安全管理薄弱的状况，通过派驻现场HSE监督管理人员，进一步强化了现场安全监管。同时，为解决区外销售企业成立时间短、发展速度快、HSE管理薄弱的问题，着手实施HSE管理体系建设。总部组织3个咨询专家组分片指导，派驻24名专家对口支援，组织召开加油站、油库HSE管理现场会，对139名HSE管理人员和业务骨干进行专题培训。区外销售企业HSE管理体系基本建立并开始运行，HSE各项工作步入了正轨。

（吴小毅）

【全面推行领导干部带班和基层安全总监制度】 2011年，石化集团公司在全系统推行领导干部带班制度，并下发了专项通知。各企业按照总部要求并结合实际认真制定了领导带班的实施办法，并严格执行，进一步加强了关键装置、要害部位的现场监管。同时，炼化企业积极试行设置基层安全总监，严格聘用要求、明确职责、强化培训，试点工作不断成熟完善，全年共设置基层安全总监240名，在强化一线安全监督管理中发挥了积极作用。同时，其他板块安全总监制度也得到了进一步完善。

（吴小毅）

【推行“七想七不干”工作要求】 为贯彻落实“以人为本”、“关爱员工”的安全理念，推进现场作业安全管理精细化、标准化、规范化，实现管理重心向操作层、作业层转移，确保作业过程安全，最终形成中国石化“为生命安全和家庭幸福而工作”的安全文化。2011年，石化集团公司在所有作业现场推行“七想七不干”工作要求，即“想安全禁令，不遵守不干；想安全风险，不清楚不干；想安全措施，不完善不干；想安全环境，不合格不干；想安全技能，不具备不干；想安全用品，不配齐不干；想安全确认，不落实不干”。通过实施这一做法，大大减少了习惯性违章行为。

（吴小毅）

【推行并督促落实“四抓”工作要求】 为进一步强化基层和现场安全管理，打牢安全工作基础，2011年，石化集团公司大力推进以下4个方面的工作：①“抓重点”，油田抓井控、搬迁管理，炼化抓检维修、开停工、动火等特殊作业以及承包商管理；②“抓关键”，抓好关键装置和要害部位，抓“十大薄弱环节”，抓重点监管和帮扶单位，认真进行风险评估、危害识别，控制风险；③“抓基层”，试行基层领导HSE工作履职考核，切实加强基层班子建设，提高战斗力；④“抓员工”，抓好员工安全技能的提高和安全习惯的养成。通过以上“四抓”，明确了安全的责任主体、监督主体和执行主体，关注过程，细化管理，强基层，打基础，将重心由领导层、管理层切实传递到执行层、作业层，实现重心下移保安全，大大减少了现场违章行为和生产安全事故、事件的发生。

（吴小毅）

【加强现场安全监管工作】 2011年，石化集团公司一方面要求企业继续从落实《安全生产禁令》入手，全面规范作业人员的行为，对工业用火、进入受限空间、临时用电、高处作业等事故多发环节提高安全风险意识，加强监管，落实责任，确保万无一失；另一方面进一步加强工程建设及检维修项目的安全监管工作，对停工检修或投资较大的技改、技措项目的施工现场进行安全检查，督促企业进一步理顺管理职责，落实监管责任，提高施工现场管理水平。分别对北海炼油异地改造、武汉乙烯等建设项目，以及广州分公司、石家庄炼化、荆门石化、青岛炼化、中原石化、扬子石化、九江石化等企业检修施工现场进行了安全检查督导，保证了检修、施工工作的安全顺利进行。

（吴小毅）

【加强承包商管理】 2011年，石化集团公司进一步落实对承包商统一管理、统一标准、统一要求的管理模式，切实把承包商纳入石化集团公司的管理体系。石化集团公司总经理亲自为炼化和工程企业重点承包商负责人HSE培训班授课，对承包商树立与中国石化相同的价值取向、自觉融入中国石化的管理体系起到了很好的推动作用。同时，强化现场安全监控，要求业主单位加强对项目施工方案和安全措施的监督和审查；要求承包商在项目开始施工前必须先对项目进行充分的风险评估与分析，制定专项施工方案和安全措施；要求业主单位坚持强势管理，严格现场监督检查，确保安全措施逐项落实到位；坚决清退多次违章或重大违章的承包商和施工人员，杜绝违章作业。承包商事故和死亡人数分别比上年下降了42.9%和47.1%，承包商事故多发的状况得到了明显改观。

（吴小毅）

【安全“三同时”监督管理】 2011年，石化集团公司对重点工程进行跟踪、督导，协调完成了川气东送项目(地面集输工程、净化厂和天然气管线)，福建炼油乙烯项目，天津100万吨/年乙烯及配套工程，镇海100万吨/乙烯项目，金陵石化、上海石化60万吨/年PX项目，湖北化肥、巴陵石化、安庆石化“煤代油”改造项目，管道储运分公司白沙湾商储库、岙山—镇海原油管道工程，销售华北分公司洛阳—驻马店管线项目的安全设施现场验收工作。同时协调完成茂名、金陵、扬子、九江、石家庄、安庆、长岭7个油品质量升级项目的安全设立工作；重点协调完成中科广东一体化工程安全设立工作，做好重点项目的开工现场服务工作，其中重点完成川维30万吨/年醋酸乙烯、中原乙烯、北海炼油异地改造等项目的开工安全监管工作。

（王　宁）

【隐患治理】 2011年，石化集团公司继续强化隐患排查与治理工作，全年先后分3批下达隐患治理项目与资金计划，继续对海上安全隐患、液态烃球罐和仪表系统隐患进行专项治理，全年累计使用安保基金治理安全隐患711项，投资总额18.05亿元。在隐患项目实施上，严格按照"四定"要求，落实治理方案、资金、责任和期限，确保及时消除隐患。在隐患治理项目管理上，认真落实项目建设"三同时"工作要求，并严格按照隐患治理"总部监督、分级管理、企业负责"三级监管原则，严把立项审批、过程监控、竣工验收和治理后评估各个关口，做到重点突出，全程跟踪。

2011年，确立总部监管的项目共70项，明确总部领导、总部部门和企业负责人，由安全环保局全程跟踪督导，同时对油田、炼化和销售12家企业31个安全隐患治理项目整改完成情况进行后评估，确保隐患治理及时有效。通过持续开展隐患治理工作，生产作业场所、装置和设备的本质安全水平得到进一步提升。

（李发东）

环保监督管理

【概述】 2011年，石化集团公司高度重视环境保护工作，大力实施"绿色低碳"战略，以杜绝特大环境污染事件发生、持续实现污染物总量削减和稳定达标为奋斗目标，通过实施源头节水减排，强化生产过程污染控制与治理，全面推行清洁生产，大力发展循环经济，减少温室气体排放，切实履行环保责任，争创一流的环保业绩，努力打造"高度负责任、高度受尊敬"的能源化工公司。石化集团公司在保持生产经营量持续增加而原料劣质化加剧(原油平均硫含量从2005年的0.9%上升到2011年的1.39%)的严峻形势下，实现了环保工作总体水平的提高。全年外排废水综合达标率达到97%，工业取水量同比下降1.95%，外排COD、二氧化硫、氨氮、氮氧化物同比分别减少16.9%、9.8%、34.9%和3.4%，未发生重大环境污染和生态破坏事件。

（韩作斌）

【环境保护先进单位和先进工作者】 江苏油田、燕山石化等18家企业被评为2011年度环境保护先进单位，朱平、王永健等54人被评为2011年度石化集团公司环境保护先进管理者，孙建成等150人被评为2011年度石化集团公司环境保护先进工作者。

（韩作斌）

【建设项目环保"三同时"监督管理】 2011年，石化集团公司进一步加强建设项目环保"三同时"监督管理工作，逐步建立环保"三同时"管理预警机制，并组织专门人员对重大建设项目的环保"三同时"工作进行动态跟踪，督促完成项目环保"三同时"各项工作，为建设项目早日投产创效奠定了基础。年内完成册子岛原油商储基地等6个省级项目的环评批复工作。

为做好项目建设过程中的环保管理，石化集团公司积极开展环境监理标准的研究工作，在国家尚未出台有关标准的情况下，制定了《中国石化建设项目环境监理技术规范》(征求意见稿)，指导企业在项目建设过程中系统开展环境监理工作，并在石家庄油品质量升级、山东液化天然气等项目中开展试点工作。

（韩作斌）

【环保现状评估】 2011年，石化集团公司组织对胜利油田、高桥石化、巴陵石化3家企业开展了环保现状评估工作。通过现场检查、专家评估、排放监测等方式，对企业的环保管理、污染物治理设施运行、环保装置与生产的匹配性等方面进行了综合评估，提出整改建议，指导企业进一步提升环保管理水平。

（韩作斌）

【清洁生产】 2011年，石化集团公司继续大力推行清洁生产工作，持续开展创建清洁生产企业活动。石化集团公司清洁生产中心的设立单位由工程建设公司调整到石化集团公司北京环保技术中心，增加了专职工作人员；组织起草了《中国石化集团公司清洁生产管理规定》、《中国石化集团公司清洁生产工作细则》，规范、细化了清洁生产的有关要求；制定了《中国石化清洁生产专家管理办法》；修订《清洁生产企业标准》，并进入企业标准序列加以执行。对4家炼化企业、5家油田企业二级单位进行了清洁生产企业现场预评估和验收，其中2家企业通过验收。截至年底，共计23家炼化企业通过了石化集团公司组织的清洁生产企业验收。实施清洁生产方案29个、污水削减量25.6万吨/年、污水中CODcr削减量22.1吨/年、废气中二氧化硫削减量93.21吨/年、废渣削减量4 354吨/年。

（刘　燕）

【资源综合利用】 石化集团公司重视发展循环经济，积极开展"三废"资源的综合利用工作，鼓励各企业认真学习、研究国家有关产业政策，做好资源综合利用项目的认定及减税申请工作。2011年，各企业按照国家新税法的有关要求，对硫黄回收、火炬气回收及油气回收等综合利用项目积极申报项目认定及减税申请，实现综合利用产值近90亿元，实现减免税约7 700万元，取得明显的经济效益和环境效益。

（韩作斌）

【环保专项治理】 2011年，石化集团公司安排环保隐患治理120项，投入资金3.96亿元，其中油田板块安排39项，安排资金1.48亿元。通过环保专项治理工作，解决了部分企业外排不能稳定达标等突出问题，实现了污染物外排总量的削减。

（李　援）

职业健康管理

【概述】 2011年，石化集团公司致力于尊重员工生命，关爱员工健康，积极践行以人为本理念，严格遵守国家有关法律法规标准规范，认真落实石化集团公司职业健康规章制度，严把建设项目职业卫生"三同时"管理关口，从源头控制职业危害，强化落实重点职业危害因素的防控措施，切实做好工作场所职业危害因素监测、员工职业健康监护、个体劳动防护用品配备以及职业健康教育与培训等工作，职业病防治取得显著成效。职业病发病人数总体下降，员工健康得到了有效保障，职业健康工作得到政府部门和社会各界的普遍赞誉，员工集体认同感有效增强。

（王　坤）

【制度建设】 按照HSE管理制度标准化建设要求，对《中国石化职业卫生管理规定》等7项职业卫生管理制度进行了修订、完善。制定出台了《中国石化苯防护管理规定》，从原材料采购与运输、作业场所、防护用品和作业人员管理等方面进行规范。加大职业卫生考核力度，在HSE绩效考核标准中，在安全方面纳入职业健康内容。按照国家职业病防治规划要求，明确石化集团公司职业卫生"十二五"目标、任务；通过石化集团公司第10次职业卫生工作会，对职业卫生重点工作作出部署。

（王　坤）

【专业机构建设】 投资6 000万元，对石化集团公司职业病防治中心办公楼、实验楼与体检楼进行异地搬迁建设，努力改善工作条件。同时，加大对直属单位专业技术服务机构仪器设备购置的支持力度，努力提升整体技术服务工作水平。2011年，石化集团公司3家甲级职业卫生技术服务机构全部通过了国家安全生产监督管理总局组织的换证评审。

（王　坤）

【劳动保护】 石化集团公司重视员工个体防护，加强劳保费用管理，规范个体劳动防护用品配备、使用，2011年劳动保护费共投入17.4亿元，其中个体劳动防护用品费10.8亿元、防暑降温费5.7亿元、职业健康体检费0.9亿元，为员工劳动保护提供了资金保障。扎实开展职业健康监护，有力保障员工生命健康，全年计划职业健康体检358 213人次，实际累计职业健康监护体检353 520人次，受检率大于98.67%。制定下发了劳保服装管理规定和各板块《劳保服装制作手册》，首次实现了劳动保护服装的规范化、标准化，体现了党组对员工的关爱，提升了石化集团公司的企业形象。

（王　坤）

【职业健康"三同时"管理】 落实了川气东送管道工程、济南—邯郸成品油管道工程、中科合资广东炼化一体化项目、广西液化天然气项目、仪征—长岭原油管道复线工程仪征至九江段、元坝气田开发及净化厂工程等项目的职业危害评价工作。

（王　坤）

【监测检查】 加强现场监测，努力控制职业危害程度水平。各企业对苯、氯、氨等112种毒物，矽尘、煤尘等30种粉尘以及射线、噪声、高温3种物理危害因素进行了常规监测。累计监测毒物76 420点次，毒物监测率99.79%，合格76 255点次，点合格率99.78 %；监测粉尘5 279点次，粉尘监测率99.42%，合格5 155点次，点合格率97.65 %；监测噪声17 140点次。积极开展监督检查，对部分销售企业进行专项帮促检查，及时对HSE大检查职业卫生工作进行总结并提出下一步工作思路，保证各项基础工作落到实处。

（王　坤）

【隐患治理】 加强对仪化公司"现场岗位隔音室隐患治理"项目、燕山石化"质量监督检验中心采样系统自动化、密闭化改造"、济南分公司"实验室设施改造"、天津分公司"职业健康与环境中心监测设施完善”等重点职业卫生隐患治理项目的监管，及时跟进了解治理情况。采取多种措施，努力改善现场安全卫生条件。勘探南方分公司强制要求施工单位在气体钻井过程中配备使用喷淋降尘装置，有效降低了作业场所的粉尘浓度；镇海炼化研制出“高毒物品液气相密闭采样器”，在全部高毒物品采样点安装，减少采样人员直接接触高毒物品的机会。

（王　坤）

【职业健康教育】 加强教育培训，提升职业危害防治水平，组织力量编制完成《石油化工有害物质防护手册》，对企业职业卫生管理人员进行了岗位培训，共有108家单位的210名管理人员参加了3期培训。编制远程教育培训方案和教案，开展《重大职业中毒防治指南》编制工作。

（王　坤）

【心理健康】 积极推进包括心理健康在内的全面健康进程，初步完成了海外员工心理健康调研工作，进一步摸清了石化集团公司海外员工身心健康现状，梳理了对海外员工健康有影响的各种因素，有针对性地提出了应对措施。部分单位通过网络视频、电话热线、电子邮件等多种方式，实现专家与员工之间的及时交流，进行心理咨询、健康咨询等各项健康服务，得到员工肯定，其中胜利油田电力总公司建立“彩虹工作室”，运行8队建立“王咏芳安全心理咨询工作室”，海洋钻井公司成立“方舟工作室”，积极开展专题讲座、团队和个体咨询。

（王　坤）

应急管理

【概述】 2011年，石化集团公司认真贯彻落实国家关于加强应急管理工作的一系列指示精神，按照“以人为本，减少危害”、“预防与应急并重、常态与非常态结合”的工作思路，结合查找身边“十大薄弱环节”活动，对应急管理各项工作进一步梳理，找出薄弱环节，有针对性地加大工作力度，积极推进应急管理各项工作的开展。

（米红梅）

【加强应急预案体系建设】 做好企业应急预案评审备案工作。为进一步规范应急预案管理，提高应急预案的可操作性，2011年重点将直属企业应急预案进行了修订、审查和备案，总结了石化集团公司各板块应急预案编制和实施的工作经验，形成了上中下游直属企业应急预案的重点要素和框架模板，提升了石化集团公司整体应对各类突发事件的能力和水平。

完成了《中国石化重特大事件应急预案》的修订工作。该次修订本着“简洁、实用、传承、提升”的原则，在满足国家有关法律法规要求和2008年版的基础上，充分吸取了国内外石油石化行业应急处置的成功经验和做法，着重在组织机构、应急响应程序和应急行动上作了大的调整，进一步提高了应急预案的实用性和可操作性。

（米红梅）

【强化应急装备及应急资源配置】 加强应急消防装备的配备。针对石化集团公司区域实际特点和安全风险，2011年分区域、分重点加强和改善了部分企业的应急消防装备，全年共投入近2亿元，使石化集团公司区域应急联防装备水平得到了进一步提升。加大消防隐患整改力度，努力提高防火本质安全水平。石化集团公司组织系统内消防专家对17家重点企业的稳高压消防水系统和固定泡沫系统等消防设施进行了安全评估，进一步了解和掌握企业稳高压消防水系统的现状和存在的突出问题，并要求对突出的共性问题予以治理。

（米红梅）

【建立区域联防】 修订《区域应急联防管理规定》。2011年对原《区域灭火联防方案》进行重新修订，扩增联防区域，覆盖石化集团公司所有企业，最终确立了9个应急联防区域，形成了资源共享、协同联防、指挥有序的区域应急联防管理体系，进一步提高了石化集团公司区域应急响应能力和协同应对水平。

建立了三大石油化工公司应急救援联动机制。为充分发挥三大石油化工公司应急资源的优势，共同提高重特大突发事件应急处置能力，石化集团公司牵头组织中国石油、中国海洋石油，于2011年4月26日正式成立“三大石油化工公司应急救援联动协调小组”，并于11月10日举行了应急救援联动联席会议，逐步建立健全三大石油化工公司应急联动机制，加强应急救援协作与配合。

（米红梅）

【强化预案演练】 2011年，全系统开展了各类各层次应急预案演练共108 110次，参加演练人数达119.2万人次。通过开展应急预案演练活动，进一步宣传和普及了安全应急管理知识，培养和提高了广大员工应急避险和自救互救能力，切实增强了应对突发事故能力，提高了整体应急管理水平，为石化集团公司科学和谐发展创造了安全稳定的经营环境。

2011 年 12 月 9 日，在四川省苍溪县境内的元坝 273 井举行了一场模拟井涌和硫化氢泄漏的企地联动应急演练。这是首次石化集团公司总部与企业联动的应急演练。演练实现了现场应急抢险指挥部与勘探南方分公司应急中心、胜利油田应急中心和总部应急指挥中心的“四地互动”。

（米红梅）

油气田及输油气管道安全保护

【概述】 2011 年，根据党中央、国务院指示精神和全国部际联席会议部署要求，石化集团公司结合实际，围绕中心工作，坚持成功经验，强化工作措施，保持了油气安保工作形势总体平稳并进一步趋好，没有发生因涉油案件、违章占压、第三方施工等导致的公共安全事件。

（刘 坤）

【继续推进工作向常态化发展】 采取多种措施深入落实党组提出的“大安全”工作要求，逐步完善了油气安保与 HSE 工作同步部署、同步落实、同步检查、同步考核的常态化机制。石化集团公司年度 HSE 工作会议对油气安保工作进行总结和部署，将油气安全保护工作转入正常 HSE 管理范围，并在企业 HSE 责任状中明确油气安保工作的考核指标。坚持把油气保护作为保障安全生产的一项重要工作，在季度 HSE 视频会议上通报情况，在 HSE 领域开展的“六评比争红旗”活动中专门设置“公共安全工作红旗评选”，指导督促企业研究解决问题。石化集团公司 HSE 大检查首次将以油气安保为主要内容的公共安全工作纳入检查考核范围，促使企业不断提高油气安保意识，进一步理顺工作程序。各企业把油气安保工作纳入 HSE 工作议事日程，做到了领导到位、组织到位、保障条件到位、工作责任到位、措施落实到位。

（刘 坤）

【进一步加强制度体系建设】 认真分析工作实际，深刻理解国家和石化集团公司对油气安保工作的新要求，着力建设 3 项制度，实现统领油气安保工作的总体目标。①大力推行管道运行（建设）与安全保护“七个同步”制度的落实，从源头抓起，强化主体意识，注重过程监督，把管道保护工作向施工建设阶段延伸。②认真提炼北京奥运会、上海世博会等重大活动安保工作经验，制定下发了《关于中国石化集团公司防恐工作指导意见》，各企业相继制定完成了防恐工作细则及相关规程，石化集团公司防恐工作实现了被纳入 HSE 管理体系重要环节的关键一步。③加快平安油区和平安管道制度建设，将油气安保工作侧重由打、防为主向更加关注打、防、管、建并重的平安建设转变。制定实施了《关于进一步加强“平安油区”建设的通知》和《关于进一步加强“平安管道”建设的通知》，为规范公共安全管理工作奠定了重要基础。

（刘 坤）

【保持高压态势不放松】 继续突出“三个督办”（督办整治涉油非法厂点、输油气管道违章占压、重大涉油案件），抓住“一个高发”（涉油案件高发地区的综合治理），推动企业与省、地、县政府建立有效的分级挂牌督办工作机制，在解决重点地区的突出问题上取得了新突破。通过落实“七个同步”机制，基本实现了新建管道无占压、老管道杜绝新发占压，现存占压逐年减少。全年发生涉油刑事案件和打孔盗油次数比 2010 年分别下降 18.2% 和 7.3%。胜利油田、中原油田和销售华北分公司打孔盗油次数分别下降 10.8%、34.5% 和 71%，河南油田继续保持“零打孔”纪录，销售华南分公司和管道储运分公司的经验做法在全国管道安全保护现场会上得到肯定和推广。

（刘 坤）

【重大活动期间油气安保工作成绩突出】 石化集团公司提前组织部署，靠前指挥督导，企业高度重视，狠抓落实，圆满完成了西安世园会、深圳大学生运动会等重大活动的油气安保任务，彰显了中国石化认真履行政治责任和社会责任的良好形象。

（刘 坤）

【企地警联防工作模式进一步巩固】 继续加强与重点省区政府主管部门的沟通联系，助推工作深入开展。坚持组织召开油区公安局长座谈会，共商平安油区建设良策，推进企地合作开创新局面，特别要求企业充分用好联席会议制度，大力推进联席会议制度延伸到市、县，确保各项工作措施的落实。各企业也进一步推广企地联防长效机制建设的成功经验，坚持依靠地方政府，强化企地联动，进一步拓宽了企地共创共建领域，丰富完善了平安创建活动内容。

（刘 坤）

【不断深化《管道保护法》宣传教育工作】 各企业通过组织开展形式多样的活动，使法律宣教不断深入开展。胜利油田组织全体员工参与法律知识网上答题活动；中原油田、江汉油田、江苏油田、西南石油局等召开宣贯活动启动会和推进会，主要领导亲自部署，相关部门共同参与，保障了各项工作落到实处；管道公司、销售华北分公司等企业在管道沿线开展形式多样的宣传进村组、送法进农户、讲法进单位、授法进校门活动，进一步强化了普法效果。针对《管道保护法》在实施应用过程中显现的不适应现象，胜利油田等企业发动干部职工，加强研究思考，将有关问题、解决的临时措施和有关建议梳理统计出来，为国家有关部门制定有关法律实施办法作好了准备。浙江石油分公司积极参与制定《浙江省石油天然气管道保护实施办法》工作，反映利益诉求，共同落实责任，为法律的实施提供了坚实的基础。

（刘 坤）

节能减排

◇ 综述

◇ 节能管理

◇ 节水减排

综　　述

2011年，石化集团公司认真贯彻落实国务院国资委中央企业节能减排工作会议精神和石化集团公司工作会议精神，坚持绿色低碳发展战略，把节能减排放在更加突出位置，积极采取结构调整、技术创新、精细管理等措施，大力推行清洁生产，切实提高资源利用效率、“三废”治理水平，节能减排工作取得了显著成效。

一、节能减排指标进步明显

超额完成“十二五”节能减排目标进度。2011年，石化集团公司万元产值综合能耗同比下降1.5%(2011年起，节能减排数据按2010年不变价计算。下同)，累计节约136万吨标煤。其中，油田板块万元产值综合能耗同比上升3.64%，与年度计划相比下降1.93%；炼油板块万元产值综合能耗同比下降4.29%；化工板块万元产值综合能耗同比下降4.37%；油田未上市企业万元产值综合能耗同比下降4.24%；公用工程板块万元产值综合能耗同比下降5.9%。石化集团公司工业取水量同比下降1.95%，外排废水COD含量同比减少16.9%；二氧化硫排放总量同比减少9.8%，工业水重复利用率保持在95%以上。

主要技术经济指标居同行业先进水平。2011年，油田油气综合能耗同比上升5.45%，原油商品率同比降低0.24个百分点，天然气商品率同比提高1.08个百分点。炼油综合能耗同比降低0.22%，轻油收率同比提高0.35个百分点，综合商品率同比提高0.26个百分点，原油加工损失率同比降低0.05个百分点，原油储运损失率同比降低0.04个百分点。乙烯燃动能耗同比降低4.32%，乙烯收率同比提高0.61个百分点，双烯收率同比提高0.8个百分点，乙烯装置损失率同比下降0.2个百分点。热电供电标煤耗同比降低7.84克/(千瓦·时)。

二、推进技术创新，加大新技术应用

2011年，石化集团公司进一步加大重点节能技术的推广应用力度，引导各企业采用先进的节能新工艺、新技术和新设备，提高能源利用效率，取得显著成效。

油田板块重点推广网电钻机、生产系统工艺优化、燃油替代、太阳能与电加热换热、天然气回收利用、采出污水余热回收、锅炉冷凝水回收利用、污水综合利用替代清水等新技术。其中，胜利油田按照每耗1吨标煤投入30元经费标准，组织制定了2011年节能“四新”项目推广应用计划，计划投资8 000余万元，实施节能“四新”项目200余项；江苏油田投资676万元，推广应用S11型节能变压器38台、稀土永磁同步电动机109台，推广应用了太阳能与电加热技术，实现年节约电力折合标煤200吨；华北石油局继续加强网电改造，推广双驱复合钻井、空气钻井、旋转冲击钻井、垂直导向钻井等新技术，优选与螺杆相匹配的高效钻头提高钻速，缩短钻井周期。

炼油板块积极推进热联合供料和低温余热利用、氢系统优化、蒸汽系统优化、溶剂再生和污水汽提建模优化、减顶机械抽真空、延迟焦化专项优化等节能技术和专项工作，累计节能109万吨标煤。其中，青岛炼化实施了减顶抽真空节能改造、部分机泵增设变频、压缩机增设无级调量系统、提高装置间的直供料比例、催化一氧化碳锅炉改造等节能改造项目，全年节能1.9万吨标煤；天津石化利用流程模拟技术，对2套溶剂再生装置进行流程模拟优化，蒸汽消耗同比降低约20吨/时；湛江东兴公司投资954万元，对8台变频机泵进行改造，运行总功率下降244千瓦，节电达47.09%，全年可节电156万千瓦·时。

化工板块积极实施蒸汽能级利用及蒸汽管网优化、循环水系统优化、工艺流程优化、换热网络优化、低温热利用、设备节能、提高加热炉热效率、保温保冷整改等技术和项目，累计节能254万吨标煤。其中，镇海炼化优化氮气流程，每年可节约电消耗约1 480万千瓦·时；茂名石化低温热回收利用项目每年可节约蒸汽20万吨。

三、积极实施节能减排项目成效显著

2011年是“十二五”节能减排工作的起步之年，石化集团公司共安排节能减排项目235项、投资11.1亿元，实现节能51.68万吨标煤、节约资金2.47亿元。其中，胜利油田分公司投资6 456万元，实施节能项目6项，预计年节能量2.2万吨标煤；江苏油田分公司投资5 432万元，实施生产供电系统改造、网电钻机应用等节能项目共10项，形成年节约标煤4 716.27吨的能力；燕山分公司投资5 199万元，实施13项主要节能技术改造项目，每年可节约能源约3.21万吨标煤，可实现效益约4 139万元；茂名分公司总投资7 145万元，实施节能项目17个，预计全年节约3.28万吨标煤，已完成投资5 112万元，已完成项目10项，实现节约1.74万吨标煤；齐鲁分公司计划投资2 592万元，实施节能项目10个，每年可节电950万千瓦·时，节约蒸汽7.58万吨、节约燃料油2 010吨，共折合标煤1.41万吨；巴陵分公司投资722万元，实施3项节能项目和1项节水项目，其中化肥部氨加热器(142－C)节能优化改造正在施工，循环水站余压利用节能改造已完成。

四、广泛开展技术服务，企业整体用能水平进一步提升

油田板块依靠中国石化能源监测中心，对各油田集输系统进行能耗测试，提出节能潜力、改造方向等意见和建议。炼油板块组织节能专家赴武汉石化开展技术服务，提出优化措施80条，投资2 000万元，实现降本增效5 000万元。化工板块对上海石化、高桥石化等7家企业进行节能优化专项技术服务，提出应用流程模拟技术优化工艺操作、换热流程优化、蒸汽系统运行优化、循环水系统优化、保温和保冷改造、提高加热炉热效率、应用节能新技术等优化措施101项，年累计可增效2.73亿元。热电板块组织系统内专家团队，深入企业现场，与巴陵石化、天津石化和湖北化肥等企业一起，进行燃烧系统调整试验，在不同负荷、不同煤种条件下，总结归纳锅炉最优配风和燃烧组织，运行稳定性和锅炉效率明显提升。中国石化节能技术服务中心组织系统内外专家对湛江东兴公司各套工艺装置及辅助公用工程装置进行了全面的数据收集和分析，通过模拟和计算，对用能不合理环节进行综合用能优化，完成湛江东兴公司炼油全厂用能优化。开展普光净化装置不同工况下耗能水平和用能合理性评价，提出普光净化厂能量优化方案。

五、积极推进合同能源管理和能源管理中心建设，开拓节能减排工作新局面

经石化集团公司党组批准，中石化上海咨询公司正式更名为中石化节能技术服务公司，并经国家发改委评审合格，入选节能服务公司备案名单（第4批）。2011年在燕山开展"制氢装置原料气压缩机无级气量调节"及"制氢、三废装置乏汽回收"节能改造合同能源管理项目试点，压缩机无级气量调节已投用，乏汽回收项目已完成主要设备安装。另外，9—10月在天津分公司、燕山分公司开展能源管理中心建设需求调研。同时，通过函调等方式，向20多家企业调研。截至年底，《中国石化能源管理中心建设实施方案》已经审核通过，开始编写项目可研报告。此项目被工业和信息化部列入首批两化融合促进节能减排重点推进名单。

六、把握绿色低碳发展方向，碳减排工作全面启动

编制了《石油化工生产企业二氧化碳排放量计算方法》行业标准，并通过了工业和信息化部审批。完成"中国石化二氧化碳排放估算体系及减排对策研究"科研课题。确立了石油勘探开发与天然气处理、石油炼制与石油化工生产、自备电站生产三部分规范的计算方法，并开发了用于计算炼化生产企业二氧化碳排放量的计算软件。积极探索地热应用，新星石油公司在巩固陕西省咸阳市、武功县和河北省雄县三地市场的基础上，已进入盘锦、乐陵、商河、容城等市场，新增供暖面积300万平方米，总供暖面积约600万平方米，年可实现节约标煤36万吨，减排二氧化碳96万吨。2011年3月7日，联合国气候变化框架公约组织秘书处正式通知，新星石油公司申报的"陕西咸阳地热供暖"项目成功通过CDM注册。这是中国石化首个成功注册的CDM项目，标志着中国石化成功踏入国际碳排放权交易市场，在绿色低碳的国际化实践中迈出了坚实的一步。南化集团研究院开展二氧化碳捕集和利用技术研究，已形成较成熟的二氧化碳捕集工业化技术，并在国内处于领先地位，世界规模最大的10万吨/年二氧化碳捕集成套装置建成投产。同时，胜利油田低渗透油藏二氧化碳驱油提高采收率先导试验取得良好结果，齐鲁石化至胜利油田二氧化碳管线项目已进入论证阶段。

（贾文杰）

节能管理

【概述】 2011年是"十二五"开局之年，面对节能减排严峻形势，石化集团公司在党组的正确领导下，以加快转变发展方式为主线，围绕"建设世界一流能源化工公司"战略，从管理、技术、创新入手，以"比学赶帮超"和节能达标为抓手，强化目标管理、过程监督和考核评比，扎实推进石化集团公司节能减排工作，全面完成了全年节能减排目标任务。

（贾文杰）

【宣传绿色低碳理念】 2011年，石化集团公司总部和所属企业在节能周期间开展了形式多样的节能宣传活动。总部在全系统内开展以"节能我行动，低碳新生活"为主题的节能减排知识答题活动。各事业部、管理部充分利用电视台、石化报、网站等各种媒体，围绕节能宣传周主题，采取多种形式开展节能减排宣传活动。胜利油田以"十大节能标兵与十大节能志愿者"事迹报道、节能小常识宣传、"节能在我心中"故事征文比赛、节能减排知识问答、"节能自愿承诺签名"等活动，营造"人人讲节约、重节约、厉行节约"的浓厚氛围。油田劳模冯玉来研制出"26℃空调强制控制器"，解决了办公场所空调温度监控难题；油田服务标兵郑泽存研制出"公厕自动控水装置”，广泛使用后年节水近10万立方米；职工孔祥勇研制出“小型多功能打药车”，方便实用，有效降低劳动强度和燃油成本，工作效率提高60%。燕山石化重点宣传节能先进典型、案例，宣传节能先进成果、节能先进经验、节能先进集体和个人事迹，以深化改革为动力，动员各方力量，把集中宣传和日常宣传结合起来，全方位地把节能工作贯穿到生产经营的全过程中去，取得了较好效果。镇海炼化在全公司范围内组织开展学习《中华人民共和国节约能源法》和《宁波市节约能源条例》活动，进一步普及了节能减排的法律法规知识；在社区举行了“节能我行动”现场签名活动，营造了良好的社会氛围；邀请宁波市节能协会秘书长、宁波理工学院兼职教授施建新作关于宁波市节能工作形势的专题讲座，加深了对节能管理的认识，拓展了节能减排工作的思路。茂名石化通过悬挂节能周宣传标语、向班组发放《节能手册》、开展低碳体验日活动等专题活动，强化了全员的节能低碳意识，取得了较好效果。高桥石化组织3 000多职工参加“上汽杯”节能知识竞赛，组织100余人参观“第2届上海节能服务产业博览会暨第6届上海国际节能减排博览会”。湖北石油利用节能宣传周，在武汉开展了“一站一点，节能伴我行”活动，宣传燃油宝的节能环保特色；在鄂州积极响应市政府号召，组织青年员工参加了全民节能活动启动仪式，现场向市民介绍油品知识和节油驾驶技巧，宣传中国石化温情加油卡。

（贾文杰）

【强化节能管理和队伍建设】 2011年，石化集团公司进一步完善节能管理体系，落实目标责任，加强队伍建设，提升管理水平。一是继续健全完善节能减排统计、监测和考核体系。青岛炼化开展班组节能竞赛，责任落实到基层，认真开展核算和分析讲评，强化过程监督，并实施月度考核，充分调动全员节能积极性。燕山石化切实落实全民节能行动的10项规定，完善能源管理制度和节能激励机制，实施节能动态标准化管理，职工节能行为规范化、制度化、日常化。二是加强队伍建设，培训重点人才。江汉油田集中37个二级单位的39名节能骨干，举办国家新节能法规、节能监测技术、能源审计知识培训班；到胜利油田和江苏油田学习节能管理与考核、能源审计、“三建一改”项目节能评价、节能产品验证等方面工作经验。茂名石化开展能量平衡测试、加热炉效率测算、变频节电技术、能源计量通则等节能技术培训班，取得良好效果。

（贾文杰）

【深化节能达标对标工作】 以争创国际一流为目标，通过“建标、对标、追标、创标”，全面提升节能达标管理水平。油田板块进一步健全节能达标管理机制，完善竞赛指标体系，组织开展专项工作调研和重点企业专项帮扶，指导和促进企业节能达标工作深入开展。炼油板块以能效对标活动为抓手，深化加工损失专项治理，原油加工损失率同比降低0.05个百分点。化工板块完善达标考核体系，促进装置运行水平不断提高，参与绩效评价的全部14套乙烯装置的维修效率指数均已进入上一评价年全球烯烃装置绩效评价世界石脑油第一群组。销售板块以物流优化和商品损耗为重点，结合全员成本目标管理，多措并举，实现降本增效10亿元。石油工程板块以钻井提速提效为对标活动重点，重点地区深井钻井周期缩短116天。热电板块持续推进锅炉达标提效和凝汽系统专项治理，全面提升煤炭采制化管理。

（贾文杰）

【进一步提高清洁生产水平】 2011年，石化集团公司继续大力推行清洁生产工作，持续开展创建清洁生产企业活动。石化集团公司清洁生产中心的设立单位由工程建设公司调整到石化集团公司北京环保技术中心，增加了专职工作人员；组织起草了《中国石化集团公司清洁生产管理规定》、《中国石化集团公司清洁生产工作细则》，规范、细化了清洁生产的有关要求；制定了《中国石化清洁生产专家管理办法》；修订《清洁生产企业标准》，并将其纳入企业标准序列加以执行。对4家炼化企业、5家油田企业二级单位进行了清洁生产企业现场预评估和验收，其中2家企业通过石化集团公司组织的清洁生产企业验收，实施清洁生产方案29个、污水削减量25.6万吨/年、污水中CODcr削减量22.1吨/年、废气中二氧化硫削减量93.21吨/年、废渣削减量4 354吨/年。截至年底，共计23家炼化企业通过了石化集团公司组织的清洁生产企业验收，各企业通过清洁生产的推行提高了自身的环保水平，实现了节能、减排、降耗和增效的目标，取得了明显的成效。

（刘　燕）

【狠抓资源综合利用】 2011年，石化集团公司高度重视发展循环经济，积极开展“三废”资源的综合利用工作，鼓励各企业认真学习、研究国家有关产业政策，做好资源综合利用项目的认定及减税申请工作。年内，各企业按照国家新税法的有关要求，对硫黄回收、火炬气回收及油气回收等综合利用项目积极申报项目认定及减税申请，实现综合利用产值近90亿元，实现减免税约7 700万元，取得明显的经济效益和环境效益。

（韩作斌）

【积极开展污染治理】 2011年，石化集团公司继续加大环保隐患治理投资力度，安排环保隐患治理120项，投入资金3.96亿元，其中油田板块安排项目39项，投资1.48亿元。通过环保项目的实施，进一步提高了石化集团公司环保治理水平，确保“三废”处理处置，污染物排放总量持续降低。5月，组织召开第4次污水处理技术交流会，来自所属企业、科研单位、工程公司和技术提供商的代表共146人参加了会议，参会人数为历届之最。会议上参与交流的论文共15篇，抚顺石油化工研究院、北京化工研究院分别针对炼油污水处理、化工污水处理组织了专题培训，会议圆满成功，效果显著。

（李 援）

【科技板块节能工作】 2011年，石化集团公司重点推广网电钻机技术、多井抽油机技术、流程模拟技术和油气回收技术等多项节能技术。

油田推广应用网电钻机技术。通过对传统柴油驱动的链传动机械钻机进行网电改造，节约了大量柴油资源，改善了作业环境，减小了工人劳动强度，实现降本减费50%。截至2011年底，已改造网电钻机16台，累计进尺61.18万米，节约动力费用5 400余万元。

油田开发并推广应用多井抽油机技术。实现1套动力系统同时为多口油井提供动力，依靠井下杆柱负荷互为平衡原理，实现多井上下冲程抽油，较单井抽油机节能40%左右。在胜利油田应用10套20口井，最长运转时间达40个月仍正常运行，平均节电率42%，已累计节电78.57万千瓦·时。

完成2009—2011年3年流程模拟技术推广计划。3年完成14家企业124套炼化生产装置的建模与优化，实现为企业挖潜增效3.63亿元/年，其中节能效益1.36亿元/年，折合节能量10.97万吨标煤/年。

大力推广油气回收技术。由安全工程研究院开发的油气回收技术在销售系统大力推广，油气回收效果显著，回收率可达98%以上，排放油气达到$1\ 000 \times 10^{-6}$以下，处理油气费用0.1元/米^3，水平与国外技术相当，投资比国外同类技术低近50%，经济效益和社会效益显著。已在京津冀、长三角及珠三角地区的石油公司油库、加油站推广实施50套以上。

（王 乐）

【油田上市企业节能工作】 2011年，油田上市企业紧紧围绕年度重点工作部署，运用管理技术手段，精细管理，强化运行，严格考核，全面完成了年度工作目标任务。

一是进一步完善板块节能工作统计监测和业绩考核体系，逐级分解目标，坚持召开季度例会，实现月通报、季检查、年考核，开展企业帮扶活动，有效开展节能“建标、对标、追标、创标”，组织实施电、油、气等主要能源专项治理措施，积极推进节能技术服务，组织开展生产系统节能监测、能源审计和节能监测机构技术能力比对，强化节能标准体系建设，组织开展行业、企业标准制修订和新颁标准宣传贯彻等工作，持续开展节能管理、技术和监测培训。

二是重点实施生产系统工艺优化、燃油替代、太阳能与电加热换热、天然气回收利用、采出污水余热回收、锅炉冷凝水回收利用、污水综合利用替代清水、更新淘汰老旧电机及配套设备更新等节能降耗重点工程，项目设计新增年节(代)油能力2.02万吨，节气能力86万立方米，节电能力6 804万千瓦·时，节水能力135万吨，降本861万元。2011年实现节油40吨，节气29.2万立方米，节电1 976万千瓦·时，节煤108吨，降本669万元。

2011年，油田上市企业共消耗能源572.51万吨标煤，单位油气综合能耗105.86千克(标煤)/吨油当量，万元产值综合能耗0.36吨标煤，分别低于考核指标1.84和1.93个百分点。

（谭 宁）

【炼油板块节能工作】 2011年，炼油企业综合能耗与2010年同口径相比降低2%，单因能耗同比降低1%。

炼油企业持续推进节能减排精细化管理，不断完善炼油能耗统计、评价和考核体系，大力开展“比学赶帮超”工作，促进节能工作的开展。积极推进装置热联合、低温余热综合利用、减顶机械抽真空和焦化专项优化等专项节能工作；开发了溶剂再生和污水汽提优化模型，以模型优化降低装置蒸汽消耗。积极推进设备节能，开展示范加热炉改造、逐步淘汰高耗低效电机及变压器，通过改造提升透平及烟机运行效率，成效显著。加强了燃动模型应用，全面应用炼油企业燃料—动力模型与年度财务费用对接，以费用促指标，提高公用工程运行效率和管理水平。天津溶剂再生建模优化后，蒸汽消耗最多降低20%，武汉、茂名等企业焦化节能改造后，装置能耗降低4%左右，液体收率提高约1%，节能减排及增效效果明显。2011 年，炼油板块万元产值能耗 0.22 吨标煤，同比降低 4.3%，节约标煤 109 万吨。

（谢小华）

【化工板块节能工作】 2011 年，化工板块万元产值综合能耗为 1.58 吨标煤，同比下降 0.07 吨标煤，比年计划低 0.03 吨标煤，节能率 4.37%，节能量 260 万吨标煤。

组织经济技术研究院及生产企业有关专家赴上海石化等 7 家企业开展现场节能潜力分析调研。通过调研，共提出 45 项方向性建议和 101 项具体优化措施，其中工艺操作优化 18 项，换热流程优化 9 项，蒸汽系统运行优化 36 项，循环水系统优化 10 项，保温、保冷改造 3 项，提高加热炉热效率 2 项，应用节能新技术 23 项，预计可增效 2.73 亿元/年。截至年底，101 项具体优化措施中 29 项已开始实施，投资约 680 万元，预计可增效 2 716 万元/年。

为做好化工板块预算工作，针对生产调度能源系统与财务成本表能耗数据不一致的问题，与财务部一起分企业核对数据，通过数据核对找出存在的问题，提出改进措施。制定《关于规范能耗核算的意见》，指导企业统一核算单元、统一数据来源、严格统计管理，规范能源能耗核算办法，为下一步建立企业能耗预算模型、做好一级预算打下良好基础。

组织节能技术交流和培训。召开化工节能技术交流会，会议主要交流 7 个企业优秀节能技术案例和交流研讨 4 项节能新技术。充分发挥经济技术研究院技术优势，组织技术人员总结工作经验，编写管线热损失计算程序、蒸汽减温减压及做功能力计算程序等实用软件，并交给企业有关节能管理人员使用。在管理干部学院主办了蒸汽高研班，将讲解基本理论知识、解读有关节能国家标准、交流现场节能管理经验等教学环节和现场实习相结合，取得了较好效果。

（黄志壮）

【油品销售企业节能工作】 2011 年，油品销售企业以物流优化和商品损耗管理为重点，结合全员成本目标管理，控制经营成本。在经营量不断扩大、运距不断加大、社会运价不断提升的条件下，通过综合优化物流，使运费保持在合理水平；通过完善成本控制体系，落实内控，细化预算，厉行节约，加强对重点领域、关键环节和可控费用的监控，强化资金、资产管理，多措并举降本压费，实现降本增效 10 亿元。

（金　津）

【油田存续企业节能工作】 2011 年，未上市油田企业认真贯彻石化集团公司节能工作会议精神，落实工作会议要求，依据节能工作年度目标，针对企业节能与达标工作的重点、难点，扎实有效地开展工作，主要节能指标全面完成了年度计划任务。工业万元产值综合能耗 0.65 吨标煤，同比下降 0.03 吨标煤，相当于节约 14.4 万吨标煤。

2011 年，未上市油田企业贯彻落实石化集团公司节能达标工作会议精神，按照部署要求，主要做好以下工作：

一是汇总编制节能信息，掌握节能工作现状。利用节能分析管理系统，掌握、分析各企业的节能现状，发现问题，及时沟通，确保指标优于年度计划运行。

二是积极贯彻落实石化集团公司节能工作会议精神，推动企业节能工作深入开展。面对严峻的“十二五”节能形势、艰巨的节能任务压力，未上市油田企业结合自身节能工作现状，深入基层扎实开展节能工作，不断提高节能系统人员管理水平，增强企业全体员工的节能意识。节能新技术、新方法不断得到推广应用，节能效果突出，为企业节能指标良好运行奠定了基础。

三是积极推广应用节能“四新”技术，夯实节能降耗基础，技术节能效果突出。各油田企业依靠科技进步，积极开展工作，针对石油工程专业重点耗能特点，加大节能新技术推广力度，特别是网电钻机应用项目，节能效果突出。中原油田、胜利油田、江苏油田、西南油气田等企业创造网电钻机推广条件，加大网电钻机节能奖惩政策力度，调动施工单位使用网电钻机的积极性，大力推进网电钻井节能项目进度。全年网电钻机累计完井 235 口、完成进尺 67.02 万米、替代成品油 3.01 万吨，与上年同期相比分别增长 4.91%、10.02% 和 92.20%。

四是突出重点，抓细抓实节能达标活动。胜利油田、中原油田和江苏油田等企业突出重点，强化节能目标和达标指标的年度考核，综合季度考核中 5 个专业板块、23 个用能单位的节能指标完成情况，进行综合排名，将考核结果与单位工资奖金挂钩兑现，使节能目标责任制真正落到实处。评比活动的开展，提升了基层队（站）节能管理水平，促进了设备能耗水平的提高，推出了一批优胜节能达标基层队伍。全面开展“能效标杆设备”活动，实行动态管理，对名列前茅的高效运行设备进行命名，分别对 19 台次重点耗能设备授予了能效标杆设备称号。通过组织有关单位开展现场观摩与交流，基层队（站）查找差距，分析原因，采取措施，做到比有标尺、学有榜样、赶有目标、帮有对象、超有标杆，促进了油田主要耗能单位、基层队(站)和主要耗能设备能效水平的提高，促进了油田“达标创优”工作。由以往选树重点耗能设备的标杆向选树基层队(站)的标杆拓展，与石化集团公司的节能达标活动形成了有机结合，整体提升了未上市油田企业节能达标工作水平。

(李一超)

【公用工程板块节能工作】 2011 年，公用工程板块持续深化热电专业管理，继续推进锅炉达标提效和凝汽治理工作。全年治理锅炉 42 台，投资 2.28 亿元，锅炉效率明显提升；全面开展凝汽治理，有效解决凝汽系统真空度低、严密性、端差等问题；制定《中国石化煤炭质量检验管理规定》，科学设计采制化工作流程，启动煤炭采制化闭环信息化管控系统建设，提高煤炭采制化管控水平。万元产值综合能耗 1.46 吨标煤，同比降低 5.9%，节约能源 56 万吨标煤；石化集团公司热电站供电标煤耗 343.28 克/(千瓦·时)，同比降低 7.84 克/(千瓦·时)，相当于节约 30 万吨标煤。

(陈董清)

节水减排

【炼油板块节水减排】 2011 年，中国石化炼油企业加工吨原料油平均取新水同比降低 0.04 吨，吨油排污水同比降低 0.02 吨，工业水重复利用率同比增加 0.18 个百分点，循环水浓缩倍数同比增加 0.07 倍，凝结水回收率同比提高 1.04 个百分点，污水回收率同比提高 3.78 个百分点。吨油取新水、排污水均达到历史最好水平。

继续推进节水减排工作。通过开好已有的污水回用处理装置，增加污水回用量，减少循环水补新鲜水量；在有条件的企业继续提高循环水浓缩倍数，减少循环水排污；强化用水管理和责任制的落实，提高企业节水意识。2011 年，通过以上节水措施，累计节水 949 万吨，减排 481 万吨，降本减费 2 027 万元，取得了良好的经济效益和社会效益。

(王一海)

【汽柴油罐呼吸气治理】 由抚顺石油化工研究院研究开发的“低温柴油吸收—吸收脱硫”工艺成套设备，工业应用于炼油企业汽柴油储罐呼吸气的烃类回收，吸收处理后排放气达到《储油库大气污染物排放标准》(GB 20950—2007)要求。该装备采用了撬装式结构设计，易于安装，并具有吸收效率高、废气净化效率高、操作控制灵活性强、节能等特点，工业应用后有效地减少了炼油企业无组织排放废气中烃类物质的含量。

(韩建华)

【新型脱硝催化剂的开发】 抚顺石油化工研究院经过反复实验，开发出 FN－2 催化剂。该催化剂采用直接挤出成型方法制备，以纳米二氧化钛为载体原料，以钒、钨金属作为催化剂活性组分，具有机械强度高、活性好和良好的热稳定性等特点，各项性能达到了国外同类催化剂水平。FN－2 催化剂凭借优异的耐磨抗震性能，可以确保烟气处理装置的长期稳定运行。该催化剂已申请 2 项中国发明专利，具有自主知识产权。新型脱硝催化剂的成功开发，为催化裂化再生烟气的治理，解决企业氮氧化物污染问题提供了可靠的技术支撑。

(王学海　韩建华)

【炼油污水稳定达标与资源化研究】 在水污染源调查及水平衡测试的基础上，开发了炼油污水“氧化沟—高效接触氧化—纤维过滤”的稳定达标组合工艺和“氧化沟—A/O—MBR”污水回用组合工艺，形成了炼油污水稳定达标排放及污水回用的系统化解决方案。该技术在广州分公司应用结果表明：外排污水达到地方污水排放标准，实现部分污水回用，具有良好的经济效益和社会效益。2011 年，该技术通过石化集团公司科技开发部组织的技术鉴定并获得石化集团公司科技进步三等奖。

(栾金义)

【丙烯腈清洁生产评价指标体系】 为了指导和推动丙烯腈企业依法实施清洁生产，提高资源利用效率，减少或者避免生产过程中污染物的产生和排放，北京化工研究院编制完成了丙烯腈清洁生产评价指标体系。该指标体系从资源和能源消耗、污染物产生、综合利用等 6 个方面提出了丙烯腈清洁生产指标，可用于评价丙烯腈生产企业的清洁生产水平，作为创建清洁生产先进企业的主要依据，并为企业推行清洁生产提供技术指导。

(栾金义)

【新型多功能膜工艺用于石化废水处理与回用】 由北京化工研究院开发的新型多功能膜工艺，在小试、中试研究的基础上，完成了 20 吨/时催化剂生产废水处理与回用的工业示范装置的建设及运行。该工艺根据水质特点确定反渗透膜的串联支数并通过浓水循环的方式达到系统回收率，提高膜面流速，且实现一组清洗多组产水的运行模式。通过工艺改变和紫外杀菌预防细菌滋生，减少了杀菌剂、剥离剂及缓蚀阻垢剂的加入量。运行结果表明：超滤和反渗透系统的回收率分别大于95%和70%，超滤和反渗透系统的化学清洗周期分别为3个月和2.5个月，装置二级反渗透产水水质完全满足中低压锅炉直接补水水质要求，做到了节水减排。

（栾金义）

【氨法烟气除尘脱硫工艺】 氨法烟气除尘脱硫成套工艺是宁波技术研究院和浙江双屿实业有限公司利用国内已有专利进行再开发，形成自有的湍冲+填料的氨法烟气除尘脱硫成套新技术，并于2010年6月22日在石家庄炼化分公司成功应用，装置运行良好。该技术具有氨利用率和脱硫率高、运行成本低、投资省、产生的气溶胶低等特点。2011年11月10日，该技术通过了石化集团公司科学技术成果鉴定并获取鉴定证书，同时申请了1项发明专利、1项实用新型专利。

（仝　明）

【重油催化裂化烟气脱硫装置废水处理技术】 该技术是宁波技术研究院和浙江双屿实业有限公司以广州石化催化裂化一氧化碳余热锅炉烟气除尘脱硫装置废浆液为研究对象，利用国内及自有相关技术联合开发的胀鼓式过滤器+氧化罐+过滤箱或真空袋式脱水机工艺新技术，并于2010年成功应用于广州石化装置。该技术具有设备占地面积小、运行成本低、操作简单、适用范围广、出水水质稳定等特点，填补了国内该领域空白，于2011年11月10日通过石化集团公司科学技术成果鉴定并获取鉴定证书，同时申请了2项发明专利。

（仝　明）

科研开发与管理

◇ 综述

◇ 科技成果

◇ 新产品开发

◇ 石化知识产权

◇ 技术监督

综　述

2011年，科技系统按照一体化管理、集团化管控的要求，强化顶层设计，统筹规划科技发展的主攻方向；坚持技术开发与前瞻性基础性研究并重，满足公司当前和未来发展需要；总结提升"十条龙"科技攻关经验，着力强化研究、设计、生产紧密结合的联合攻关机制；坚持全球视野，推进"开放式"创新，传统石油石化技术进步取得新进展，战略性新技术取得新突破，提高了科技对生产经营的贡献率，促进了战略新兴产业的培育，实现了"十二五"的良好开局。

战略性新技术取得快速突破，为新产业发展奠定了基础。适应公司页岩油气、煤化工等产业发展要求，组织优势力量，加快攻关进程，取得了良好进展。初步建立了适合中国南方的页岩气选区评价体系，优选了有利勘探目标区；致密岩性油藏成藏规律研究进一步深入，圈定了一批油藏发育有利区块；水平井分段压裂技术进一步提升。60万吨/年甲醇制低碳烯烃示范工程顺利投产，为实现资源多元化和煤化工发展奠定了坚实基础；开发完成甲苯甲醇制二甲苯技术工艺包，实施了工业示范装置建设；建成并投用合成气制乙二醇中试装置，完成工业装置工艺包开发；生物航煤工业示范装置顺利投产；建成并投用浆态床费托合成中试装置。完成了燃煤电厂烟气百万吨级二氧化碳捕集技术工艺包开发，二氧化碳驱油先导试验取得初步成果，增油效果明显。

传统领域技术取得突出进展，为生产经营与创新发展提供了有力技术支撑。建立了塔河及外围地区油气成藏模式，明确了有利勘探领域。围绕济阳坳陷稳产，大面积推广应用了高精度地震技术，油气勘探向精细化阶段迈进。开展了四川盆地天然气富集规律与增储领域研究，有力推进了"加快南方"的资源战略。缝洞型油藏开发关键技术、油水井带压作业技术、超稠油油藏蒸汽驱先导试验、复杂结构井钻完井技术取得新进展。催化汽油吸附脱硫技术在一批企业成功推广应用。柴油液相循环加氢成套技术实现工业化应用，装置一次开车成功。芳烃吸附分离工业示范装置产出合格产品，标志着芳烃成套技术的最后一个堡垒被攻破，中国石化成为第3个具有自主知识产权芳烃成套技术的公司。100万吨/年乙烯成套技术、乙烯裂解炉技术、乙苯成套技术通过技术鉴定。丙烯/丁烯无规共聚产品开发成功，食品接触安全性优异。溴化丁基橡胶生产装置建设完成，打通了全流程。高性能聚乙烯纤维干法纺丝成套技术实现工业应用，产品达到优级品标准。环氧丙烷/苯乙烯废气催化氧化处理技术工业应用成功，达到世界先进水平。成品油管道内检测器研制成功，具备工业试验条件。

专利申请量与技术贸易额大幅增长，再创历史新高。2011年，石化集团公司共申请国内外专利4 030项，同比增长37.2%，其中国内专利申请3 827项，发明专利比例为75.3%；获得国内外专利授权1 352项，同比增长28.0%，实现历史新高。13项科研成果获得国家科技进步奖和技术发明奖，其中"环烷基稠油生产高端产品技术研究开发与工业化应用"获国家科技进步一等奖。"全硫化可控粒径粉末橡胶及其制备方法和用途"获第13届中国专利金奖，6项成果获中国专利优秀奖。评选出石化集团公司技术发明奖和科技进步奖129项。技术许可工作快速发展，技术贸易额大幅增长。全年出口各类催化剂2.9万吨，同比增长62%，中国石化品牌催化剂的国际影响力不断扩大。

质量、标准化意识进一步提高，管理力度持续加大。广泛开展了"质量日"、"质量月"活动，开展了不同层次的质量管理、岗位培训活动，深化了各企业和全体职工对质量工作的认识。进一步加大了产品质量监督抽查力度。完善了油田化学剂和炼化"三剂"采购标准，采购标准逐步统一。

科技管理工作进一步强化，促进了创新工作的有效开展。研究提出了2030年科技发展规划(初稿)，完成了"十二五"科技进步规划的动态优化，制定了加强科技创新工作的意见，进一步明确了科技创新的方向、目标、任务与措施。开展了直属研究院经济活动分析，强化了投入产出和成本管理。推进了科研"走出去"工作，在境外三地派驻了科技代表，开展了设立海外研发中心的前期工作。围绕战略性新领域，认定了首批16家石化集团公司重点实验室，科技引领作用逐步发挥。评选了首批石化集团公司优秀创新团队，树立了创新标杆和榜样。借鉴国际化管理经验，启动了科研项目门径管理系统试点建设。三大合成材料加工应用研究中心等建设工作有序推进。

(林　源)

科技成果

【概述】　2011年，石化集团公司完成科技成果鉴定244项。石化集团公司授予技术发明奖9项，其中一等奖2项、二等奖3项、三等奖4项；授予科技进步奖 118 项，其中一等奖 18 项、二等奖 36 项、三等奖 64 项。2011 年度国家授予石化集团公司科学技术奖励项目和石化集团公司科学技术奖励项目见附录 1。

（杨维先）

【基于能耗最低机采系统设计方法的创新与应用】 该项目① 创立了有杆泵抽油系统输入功率计算理论；② 突破了传统上以悬点载荷最轻为准则进行机采系统设计的理念，发明了以产量为目标、以能耗最低为准则的机采系统设计新方法（中国专利号：ZL 99109780.7；美国专利号：US 6640896B1）；③ 提出了基于实现率概念的机采系统效率评价技术（抽油机井节能潜力评价技术），明确了油井在已有技术、设备及油藏条件下的节能潜力；④在上述理论研究成果的基础上，开发了能耗最低机采系统设计软件、能耗最低机采系统效率评价软件、能耗最低机采系统设计与评价网络版软件。项目申请发明专利 6 项、美国专利 1 项、软件著作权 5 项、中国石化专有技术 2 项，发表专著 1 部、论文 7 篇。截至 2010 年底，全国各油田应用该发明技术的油井达 33 099 口，占全国油井总数的 27.5%。该项目获 2011 年度石化集团公司技术发明一等奖。

（杨维先）

【无黏结剂复合孔分子筛催化材料及烯烃裂解技术】 该项目①通过转晶和孔道修饰技术，在微孔分子筛催化剂上构建了微孔/大孔复合孔，开发成功无黏结剂复合孔分子筛催化剂，大幅提高了催化剂的有效活性位和扩散性能，催化剂的稳定性和选择性显著提高；②开发了催化剂异型成型技术，催化剂塑型成带孔的特殊异型颗粒，提高了催化剂扩散性能，结合大直径、薄床层反应器的开发实现了反应器的超低阻力降；③开发了 6 万吨/年碳四裂解工艺技术，在中原石化建成工业装置；④2010 年通过中国石化组织的技术鉴定，总体技术指标达到国际领先水平。该项目已获授权中国发明专利 40 项、美国发明专利 2 项。应用该技术显著提高了碳四烯烃的附加值，增加了中原石化丙烯和乙烯的产量，提高了企业经济效益。该项目获 2011 年度石化集团公司技术发明一等奖。

（杨维先）

【高温高压条件下射孔技术】 该项目①研制超高温高压射孔实验装置，最高工作温度 250℃、压力 145 兆帕，分别建立井筒、孔隙、上覆层压力环境，真实地模拟高温储层条件进行射孔试验研究，同时满足了高温射孔器材的检验；②研究炸药添加剂成分和配比，制造用于油气井射孔的新型超高温、高爆速、高焓能混合炸药，为提高超高温射孔器指标奠定基础；③研究新型射孔弹体内腔结构、药型罩配方和结构、制造工艺，降低有害爆轰波影响，提高射流质量密度、稳定性、连续性和延展性，增强破甲能力和耐高温特性；④研制配套起爆、传爆器材，优化射孔器装配工艺，提高超高温射孔器穿孔指标，增加射孔孔道在储层中的沟通深度，提高深部高温储层射孔完井效果；⑤发明了模拟储层条件下射孔效能检测系统，首次研制出超高温深穿透射孔器，穿深和孔径比国内同型号提高了 71% 和 29% 以上。该技术获授权或受理专利技术 15 项，编制企业标准 1 部，具有独立知识产权。应用该技术，胜利油田累计新增可采储量 3 398 万吨。该项目获 2011 年度石化集团公司技术发明二等奖。

（杨维先）

【油水井带压作业工艺技术】 该项目形成了外置液压伸缩防喷管技术、横梁式变径卡管快速加载技术、偏磨井双通道工艺管柱及复杂管柱堵塞技术等核心发明专利技术，申报专利 20 项，已授权 11 项，其中发明专利 3 项。截至 2011 年 10 月，该技术在胜利油田的高压低渗油水井、城区特殊环境油水井等领域应用 850 井次，增油 6.53 万吨，累计增注 65 万立方米，减少排放 27.5 万立方米，提高生产时率 3.4%，提高注水时率 4.2%。该项目获 2011 年度石化集团公司技术发明二等奖。

（杨维先）

【高效绿色系列化拟薄水铝石短流程制备新工艺】 该项目①确定了利用偏铝酸钠溶液和硫酸铝溶液生产拟薄水铝石（PB）的技术路线；②发明了 2 次连续中和、低 pH 高温老化、单次快速洗涤工艺，解决了晶粒生成和生长过程中的稳定控制问题，成功开发了 PB 短流程新工艺；③发明了偏铝酸钠溶液的两段溶解技术，解决了偏铝酸钠溶液离子组成影响产品性质的问题；④发明了偏铝酸钠溶液同釜溶解储存方法，解决了偏铝酸钠溶液易水解的问题；⑤工序由 9 道缩短至 5 道，物料停留时间由 18 小时缩短至 6 小时，产能提高 64.56%，收率提高 12.41 个百分点，净水单耗下降 56.4%；⑥实现了强碱性偏铝酸钠溶液废液、废渣的零排放。该项目申请专利 6 项（授权 3 项）、专有技术 7 项。以该技术为基础申请载体及催化剂专利 31 项。催化剂长岭分公司于 2008 年 1 月应用该技术，产品已应用于渣油、蜡油、柴油、汽油等54种8 000余吨催化剂，极大地提升了催化剂的稳定性、产品质量和收率。该项目获2011年度石化集团公司技术发明二等奖。

（杨维先）

【西非深海钻井技术方案】 该方案①在对西非海域，尤其是尼日利亚等国家周边海域情况的详细调研基础上，提出了规避风险的作业措施。②依据作业水深、钻机能力和可变载荷等因素提出了深海钻井平台（船）的优选方案。③针对深海井控的难点，提出了针对JDZ－2区块深海钻井的井控技术推荐方案。④针对西非深海的实际情况，提出了西非深海JDZ－2区块钻井井身结构优化设计方案、水力参数优化方案、钻井施工方案、钻井液技术方案、固井技术方案、完井测试方案及弃井方案等。该项目完成了1口水深为1 655米井的钻井施工，创该区多项钻井先进指标；建立了西非海域钻井风险评价模型和定量选择深水钻井平台（船）方法；具有自主知识产权，无产权纠纷。该项目获2011年度石化集团公司科技进步一等奖。

（杨维先）

【NEWS油气综合解释系统研发及推广应用】 该项目①完成了1套包括专业数据平台、集成化的图形平台、6个专业子系统、2个辅助子系统和1套包含三维可视化、等值线工具、用户管理、地质符号库等组成的适应多学科需求的油气综合解释系统；②建立了涉及面广、易于继承、开发与科研皆可的集成软件开发平台；③完善和优化了数据输入输出、模块构架、解释技术方法等众多功能；④新增了地震沉积学解释、地震岩石物理分析、叠前参数反演、地质成图等多项实用和先进的特色技术功能；⑤采用了规范化的软件设计、集成和测试流程；⑥创建了1套完善的软件应用服务响应机制。该成果拥有完全自主知识产权，已申请专利2项，申请软件著作权登记8项。完成了中国石化内部18家单位的推广，安装软件70余套、培训近百人；完成不同地质条件下生产项目30余项，并在马王庙地区、车排子地区、泌阳凹陷和马47区块等多个区块取得了显著的地质效果。该项目获2011年度石化集团公司科技进步一等奖。

（杨维先）

【海外油气项目快速评价体系】 该项目经过4年的研究与攻关，针对海外油气勘探、开发和公司并购3类项目开展了投资环境研究，盆地、区带、区块、圈闭地质条件和资源条件评价与分析，油气藏特征描述、储量评估、开发方案设计、工程设计及投资估算、经济评价等系统的研究与评价工作，规范了海外油气项目的评价流程与评价内容，建立了油气项目的评价指标体系和赋值标准，确定了不同类型项目、不同阶段技术与经济评价的关键指标，集成投资环境、油气地质、油气藏工程、油气储量、石油工程及经济评价多学科为一体的评价方法，首次构建具有中国石化特色的海外油气项目快速评价体系（勘探、开发和公司并购项目）和投资决策体系，研发具有自主知识产权的“海外油气项目快速评价协同工作平台”，实现了评价工作流程化、评价指标标准化、评价内容规范化、评价过程软件化和投资决策科学化。项目研究成果拥有完全的自主知识产权，不存在产权纠纷。应用该体系共评价海外油气项目258个，中标/收购优质勘探开发项目17个。增加海外原油权益可采储量5.12亿吨，累积增加原油权益年产能1 400万吨。该项目获2011年度石化集团公司科技进步一等奖。

（杨维先）

【陆相断陷盆地油气成藏过程定量评价】 该项目从“相—势控藏”的基本认识出发，以油气成藏要素及演化为主线，以物理模拟及测试技术为手段，遵循历史、动态、定量研究的思路，建立了储层成岩作用模式，开展了地质历史时期储集层物性及流体场动力演化及恢复研究，探索了陆相断陷盆地中油气成藏关键要素（储层、输导、流体势）在主要成藏期的量化关系，形成了断裂、砂体等输导要素的量化评价方法，提出了油气成藏过程“相—势控藏”作用的理论模式，使油气藏评价从定性逐渐走向定量；通过东营凹陷成藏分析及典型油藏解剖，建立了基于“相—势”耦合机制下的油气成藏量化表征、评价方法。成果指导济阳坳陷油气勘探，发现陡坡带盐22、永930等砂砾岩油藏，缓坡带高89、博901等滩坝砂岩油藏，洼陷带丰14、滨682等浊积岩油藏，探明3 000万吨以上规模区块4个，实现东营南坡西部12个油气田含油连片。3年新增可采石油地质储量1 888.47万吨、探明储量1.09亿吨、控制储量6 998.72万吨、预测储量8 033.82万吨。该项目获2011年度石化集团公司科技进步一等奖。

（杨维先）

【胜利油区主力油田注水开发关键技术】 通过攻关研究形成了剩余油定量描述技术系列，配套了剩余油挖潜工艺技术系列，并建立了适于特高含水期剩余油分布特征的注水开发模式。该项目建立了储层构型单元定量表征模式和时变参数与注水冲刷倍数数学模型，深化高含水期剩余油“普遍分布，局部富集”认识，形成了多级集成细分与定量注水技术以及水质稳定控制配套技术。该技术具有中国石化自主知识产权。应用胜利油区主力油田改善注水开发效果综合配套技术，在胜利油区共推广应用 127 个单元，覆盖地质储量 8.93 亿吨，已增加可采储量 1 927 万吨，累积增油 318 万吨。2008—2010 年共增产原油 222.6 万吨。该项目获 2011 年度石化集团公司科技进步一等奖。

（杨维先）

【胜利十号自升式钻井平台研制】 该项目通过对胜利海上钻井平台新模式研究、平台总体布置优化及性能分析研究、平台结构设计技术研究、钻井工艺系统研究、平台公用系统研究和平台 HSE 研究，形成非沉垫式圆柱桩腿自升式钻井平台设计技术、30 口井箱型悬臂梁结构设计技术、信息采集与记录存储技术和液力自动启闭式桩靴喷冲技术。该项目具有中国石化自主知识产权，无产权纠纷。投产以来共开钻 10 口井，交井 7 口，进尺 2 万米，创产值 1.2 亿元。平台作业期间，经历了 9 级以上大风，各种性能均满足使用要求。该项目获 2011 年度石化集团公司科技进步一等奖。

（杨维先）

【气体泡沫钻井流体技术】 项目经过 3 年的攻关研究，完成了泡沫流体机理研究、泡沫稳定性和携岩能力模拟评价方法研究，阐明了泡沫钻井流体稳定及携液析液机理，建立了泡沫系统评价方法；完成了泡沫流体井壁稳定技术研究，形成了泡沫流体井壁稳定技术；研发了泡沫钻井配套处理剂并进行室内评价，形成了满足泡沫钻井要求的泡沫配方体系，该体系可抗温 150℃、抗油 35% 以上；开展了泡沫钻井适应性及现场工艺技术及相关配套设备研究，形成了泡沫钻井流体配套工艺技术。现场应用 20 口井，创出泡沫钻井日进尺最高（518.94 米）、水平段最长（1 500 米）、出水量最大（80 $米^3$/时）、抗温（148℃）、抗油（32%）等 9 项国内纪录，并首次实现干法固井。该项目申请专利 4 项，授权 1 项；颁布标准 3 项。该技术在川东北等 7 个不同地区、不同尺寸井眼应用推广 20 口井，有效地解决了气体钻井钻遇出水地层难以钻进和井壁稳定的技术难题，为低压油气资源的开发和利用提供了技术支撑。泡沫钻井的平均钻速（6.93 米/时）是常规钻井液钻速的 4 倍以上，缩短了钻井周期，降低了钻井成本，提高了单井产量，带动了产业化发展及服务市场，促进了低压油气资源的开发和利用，经济社会效益明显。该项目获 2011 年度石化集团公司科技进步一等奖。

（杨维先）

【生产低硫汽油的选择性加氢脱硫 RSDS 技术】 催化裂化汽油选择性加氢脱硫 RSDS 技术通过加氢脱硫过程尽可能减少烯烃加氢饱和，达到深度脱硫同时最大程度保持汽油辛烷值的目的。RSDS 技术以基础研究为依据，通过对催化剂活性相结构的研究和设计，考察了载体、助剂、活性组元等的影响，开发出具有高加氢脱硫活性、低烯烃饱和活性和低芳烃饱和活性的催化裂化汽油选择性加氢脱硫催化剂 RSDS－21 和 RSDS－22 系列以及催化裂化汽油选择性脱二烯烃催化剂 RGO－2。通过工艺研究，选择出有利于催化裂化汽油选择性加氢脱硫的工艺条件。长周期的工业应用结果表明，催化裂化汽油选择性加氢脱硫 RSDS 技术工艺流程可行，产品质量稳定，汽油辛烷值损失较低，达到同类技术先进水平，可以满足中国市场对硫含量低于 50 微克/克，甚至 10 微克/克的汽油生产技术的要求。该项目共申请中国专利 22 项（授权 15 项），形成专有技术 8 项。RSDS 技术已在长岭分公司、上海石化等 7 家炼厂成功应用，装置总处理量达 370 万吨/年。应用结果表明，采用该技术可以生产国Ⅲ、国Ⅳ清洁汽油，部分情况下可以生产国Ⅴ清洁汽油。该项目获 2011 年度石化集团公司科技进步一等奖。

（杨维先）

【S－RASSG 柴油超深度脱硫技术及配套催化剂的开发】 S－RASSG 柴油超深度脱硫技术是针对不同来源柴油组分加氢精制目的及加氢装置不同反应区域反应条件的差别而开发的不同体系催化剂选择及级配的技术，并配套开发了不同类型的 FHUDS－2 及 FHUDS－5 催化剂。该技术提出了加工不同原料油生产超低硫柴油时的最佳催化剂选择并可有效降低运转中后期较高反应温度下热力学平衡限制的影响。通过适合大分子硫化物反应的含圆柱形孔道比例高的载体平台的设计、活性金属再分散技术的突破及较高温度下烷基转移性能的提升，该技术及配套催化剂的反应性能得到英国 BP、挪威 Statoil 等国外知名公司测试中心的认可，被评为世界一流催化剂。上海石化 330 万吨/年加氢装置采用 S－RASSG 技术后，在较低反应温度和高空速条件下连续运转 70 天，满足了稳定生产国Ⅳ标准柴油的需要。捷克

Paramo炼厂生产超低硫柴油的工业应用结果表明，FHUDS－5催化剂的性能优于托普索和雅宝公司的催化剂。该技术已获2项中国发明专利，已在13套装置实现工业应用。该项目获2011年度石化集团公司科技进步一等奖。

（杨维先）

【100万吨/年超低压连续重整成套技术开发】 该项目于2006年“入龙”，历经4年，完成了项目可行性研究报告的编制、评估，完成冷模试验研究、重整反应参数的优化、新再生技术开发以及再生系统大型化工程开发，并进行工程化设计，建成100万吨/年超低压连续重整装置，一次开车成功，长期运行24个月以上，各项技术指标达到或超过攻关目标，使技术从理论及应用中取得了创新性成果。技术创新包括：超低压重整反应技术、重整反应器两两重叠布置、再生器新型结构、新的再生气体脱氯技术、新一代闭锁料斗控制系统等技术。该项目获新授权专利10项，具有自主知识产权，属国内首创，达到国际先进水平。项目运用于广州分公司新建100万吨/年连续重整装置，运行平稳、操作灵活可靠。该项目获2011年度石化集团公司科技进步一等奖。

（杨维先）

【30万吨/年节能型异丙苯成套技术（S－ACT）开发与应用】 该项目成功开发了节能型异丙苯成套技术，并应用于天津石化，建成了国内最大的30万吨/年异丙苯装置。在成套技术中，采用了高效组合的烷基化和烷基转移催化剂，降低了苯烯比及苯和多异丙苯比；采用了高效、节能的三塔分离流程，降低了物耗和能耗；开发了大型带段间冷激的多段层式固定床反应器，设计并优化了反应工艺，使器内物料得到高效分散，提高了选择性；采用了高效原料净化设计，针对性地分级脱除原料中的杂质，保证了装置的长周期稳定运行。工业运行表明，该成套技术具有高效、节能和原子经济的特点；装置平均产量达到37.9吨/时，苯烯比2.0，丙烯重量空速0.7时$^{-1}$，丙烯转化率大于99.99%；苯和多异丙苯重量比1.0，多异丙苯（PIPB）转化率超过50%；产品纯度大于99.96%，杂质正丙苯小于300×10^{-6}，丙烯单耗0.3510，苯单耗0.6523，总物耗1.003，接近理论级。催化剂综合性能及装置能耗、物耗达到国际先进水平。该项目申请发明专利27项、国外专利1项，授权15项。该项目于2007年应用于天津石化30万吨/年异丙苯装置的建设，于2010年2月建成投产，装置稳定运行超过1年。在装置运行期间，产品质量稳定、节能效果明显，各项运行指标达到国际先进水平，为中沙（天津）石化创造了显著的经济效益。该项目获2011年度石化集团公司科技进步一等奖。

（杨维先）

【三元共聚聚丙烯成套工业技术开发】 燕山石化在原单釜Innovene气相法工艺基础上完成了丁烯加料系统及生产计量控制仪表系统等的改造升级，通过对国内外目标产品的分析确定产品指标，优选催化体系，优化聚合工艺，制定出三元共聚聚丙烯的生产方案。在对三元共聚聚丙烯工业生产技术、产品市场进行调研的基础上，瞄准国际高端产品市场，制定了三元共聚聚丙烯系列牌号的质量指标。在工业装置进行了催化剂—外给电子体系、乙丙丁三元共聚聚合规律、聚合和造粒工艺条件及助剂体系等系列优化研究，建立了红外光谱表征三元共聚聚丙烯共聚单体含量和薄膜产品起始热封温度分析方法，设计了丁烯在线分析、牌号切换过渡、残留丁烯脱除的工艺技术路线，开发了Innovene工艺三元共聚聚丙烯成套工业技术，具有独创性，达到国际先进水平。该项目申请了4项专利、4项专有技术。产品具有薄膜光学性能优异、起始热封温度低、热封窗口宽等优点，可广泛应用于食品、烟草等包装领域。生产的流延膜热封层专用料、热收缩膜热封层专用料、烟膜热封层专用料系列产品，能耗、物耗达到设计要求，各项性能均达到技术指标要求。该项目获2011年度石化集团公司科技进步一等奖。

（杨维先）

【氢调法高流动聚丙烯工业成套工艺技术开发】 燕山石化于2009年通过改进催化剂体系各组分配比，研究开发催化剂外给电子体复配技术，调整优化聚合工艺，对装置进行适应性改造，以釜内聚合氢调方式控制聚丙烯熔体流动速率达到目标值，在国内首家成功开发了气相本体聚合装置氢调法生产高流动聚丙烯的成套生产工艺技术，并在燕山石化气相法聚丙烯装置应用，使装置实现了高负荷、长周期连续稳定运行。截至2011年底，采用该技术生产的产品牌号达9个，产品类型覆盖均聚聚丙烯、无规共聚聚丙烯、抗冲共聚聚丙烯、高抗冲共聚聚丙烯等，熔体流动速率范围达到（20—120）克/10分，橡胶含量达到25%以上，实现了技术上的重大突破，极大地拓宽了Ineos气相法聚丙烯技术产品的生产范围。该技术具有独有的催化剂体系、工艺技术和助剂体系；产品性能优异，和一般降解法产品相比，具有更优异的综合性能。该技术已申请国家专利及中国石化专有技术。产品已通过 FDA、RoHS 检测，可应用于家居、汽车等领域。该项目获 2011 年度石化集团公司科技进步一等奖。

（杨维先）

【大型气相法聚乙烯成套技术】 该成套技术开发了反应器防结块、膜分离、声波检测等专有技术和固体催化剂加料器、淤浆催化剂加料系统、静电探测仪等专有设备，形成了具有自由运作权的 SGPE 大型气相法聚乙烯成套技术；该技术生产的产品可覆盖(916—963)千克/米^3 的全密度聚乙烯范围，共有 34 个牌号，其中专用催化剂的综合性能和能耗、物耗等技术经济指标均达到国际先进水平。该技术已申请 38 项国内外专利，其中发明专利 34 项，获得中国专利授权 23 项，美国专利授权 6 项。该项目获 2011 年度石化集团公司科技进步一等奖。

（杨维先）

【川气东送管道工程技术】 该项目内容为川气东送管道工程设计技术研究、川气东送管道工程施工技术研究、川气东送管道工程运行安全保障技术研究。通过隧道结构稳定性研究、大口径管道穿跨越研究、管道焊接、防雷接地、防腐及安全等技术研究，形成了一整套的天然气长输管道设计新技术；通过 X70 直缝钢管及弯管国产化、X70 钢管的焊接工艺和特殊山地施工的敷管系统等技术的研发，创造了定向钻穿越长江距离 3 896 米、穿越直径 813 毫米的世界纪录，创造了主跨径 240 米、全长 332 米的悬索桥工程世界纪录，形成了山区线路施工、长江穿越、山体隧道、水网工程、水土保护等成套施工技术；通过生产准备技术、投产技术以及管道风险因素识别、风险评价技术研究，建立了具有针对性的天然气长输管道生产运营管理体系和天然气管道“先站场、后线路”的气推气置换投产技术，建立了管道事故评估体系和管道风险的理论模型，形成了成套的天然气长输管道安全运行保障技术。该项目共形成 46 项创新技术、1 项发明专利、2 项实用新型专利，拥有 2 本技术专著，开发拥有完全自主知识产权的计算机软件 3 套。该项目创造 11 项中国企业新纪录，完成 464 项焊接工艺规程，形成了中国石化完整的大口径、长距离天然气管道设计、施工和安全运行技术。截至 2011 年 5 月 30 日，川气东送管道已安全运行 2 年零 3 个月，已输送天然气 61 亿立方米。该项目获 2011 年度石化集团公司科技进步一等奖。

（杨维先）

【长输管道内检测技术研究——Φ720 管道内检测设备系统的研制】 该技术属于国外封锁技术，长期为国外公司所垄断。该内检测设备是应用漏磁检测原理对原油输送管道进行在线无损检测，能够实现对管道缺陷、管壁变化、管壁材质变化、缺陷内外分辨、管道特征(管箍、补疤、弯头、焊缝、三通等)等的识别检测；通过对检测信号的提取和判别，可提供管道的缺陷面积、深度、环向方位、长度位置等全面信息，为管道管理和安全运行提供依据。该检测器由信号存储单元、动力节、检测装置和里程定位系统组成，定位精度可达到：轴向 ±2 米，周向 1/12，置信度≥90，最小缺陷面积 5 毫米 ×5 毫米，最小缺陷深度 1/10 壁厚，通过能力≥1.5D，这些技术指标均达到国际同行业先进水平。长输管道内检测设备系统还包括变径检测器、检测器收发装置、跟踪定位系统和分析评价软件等。该系统是国内第 1 套自主研制的长输管道内检测系统，在 10 个方面取得理论创新和实验创新，专家认定达到国际先进水平。项目取得 7 项发明专利，中国石化拥有自主知识产权，并形成了内检测的系列标准。该项目在 680 千米管道上进行了工业内检测，结果证明该检测器定位精度高，缺陷识别和内外缺陷判别准确。在此基础上，相继研制了管径 762 毫米等系列化内检测系统并开展检测，也为天然气管道内检测系统研发奠定了基础。该项目获 2011 年度石化集团公司科技进步一等奖。

（杨维先）

【复杂山地大型高含硫气田开发生产安全控制与应急处置技术】 该项目针对普光气田高含硫化氢、剧毒、复杂山地且人口密集等特点，通过攻关，建立了复杂山地高含硫气田安全控制与应急处置体系，包括：①基于风洞实验，建立了复杂山地高含硫天然气泄漏扩散理论模型，结合疏散过程毒性负荷计算方法，首次确定复杂山地高含硫气田安全防护距离，理论研究成果达到国际领先水平；②研发了山地消防坦克、强风抢险车、远程点火装置、视频监控系统等关键装备，提升了突发事件应急处置能力；③研发了激光监测装置，集成固定和移动监测方式，实现全气田高含硫天然气泄漏快速准确监测；④研发分系统互联及控制技术，建立了采气、集输、净化、外输紧急关断联锁系统，首次实现单井、单站、单线、气田四级关断联锁控制；⑤建立了净化厂紧急关断保压和放空两种处理模式，形成高压火炬大排量快速放空控制技术；⑥开发了液硫湿法工艺、喷雾抑尘、无尘落料等多项技术，保证了特大型硫黄生产装置的安全运行；⑦首次划分应急区域，确定紧急疏散路径，研发紧急疏散广播系统，确保了居民的紧急疏散；⑧规范了应急预案、应急指挥、应急联动、应急救援、应急抢修程序，首次建立了复杂山地大型高含硫气田应急处置管理体系。该成果属国内首创，整体技术达到国际领先水平，形成6项专利，制定38项标准，具有中国石化自主知识产权。成果在普光气田应用表明：泄漏扩散模型适合现场，泄漏监测报警准确；联锁控制系统关断可靠；硫黄储运系统运行安全；应急信息系统覆盖整个区域，应急管理体系运行良好，未发生安全事故。该项目获2011年度石化集团公司科技进步一等奖。

（杨维先）

【2500型压裂机组】 针对以普光油气田为代表的超深层、高压油气井及山区复杂地形的油气田开发需求，研制成功了2500型压裂机组。该机组由6—10台2 500马力压裂泵车、1台排量为16米^3/分混砂车、1台140兆帕压裂管汇车、1台具有网络控制功能的压裂仪器车组成，是世界上功率最大的车载式成套压裂装备。其中，部分设备具有较高水平，包括：①成功研制了体积重量比低、适于车载的2 800马力五缸柱塞泵，并小批量出口到美国；②成功研制了世界上首台输出功率2 500马力、最高压力140兆帕的压裂泵车，填补了国内空白；③控制系统由模拟控制转变为数字控制，成套装备采用环形网络控制技术，控制的车台数由10台增加为20台，由单一控制压裂泵车转变为控制混砂车等4种主体设备，实现了集中网络控制及远程控制；控制精度由5%提高到2%；该控制系统已出口美国30套。该项目已获13项专利授权，整体技术填补国内空白，车载式压裂机组技术达到国际领先水平。自2008年6月投用以来分别在普光、川西、中原油田等多个油田应用，共完成800井层的压裂施工作业。该项目获2011年度石化集团公司科技进步奖一等奖。

（杨维先）

新产品开发

【合成树脂新产品】 1. 环保型丙烯—丁烯新型共聚树脂

丙烯—丁烯无规共聚物与丙烯—乙烯无规共聚物相比，突出的特点是透明性好、刚性高、室温可溶物含量低，表面非黏着性平衡较好，加工的薄膜或注塑制品具有更少的表面迁移物。加工成食品容器，其卫生指标之一——正己烷蒸发残渣含量低，食品安全性高；加工成薄膜，会降低包装薄膜传送辊的清辊次数，减慢金属镀层附着力的衰减等，是具有竞争力的树脂产品。

中国石化首次在国内开发出了丙丁共聚树脂，并成功工业化。所开发的系列化产品M850B主要用于透明水杯、透明水瓶、小型透明包装容器，M1500B主要用于婴儿奶瓶、大容积透明水杯、中型透明包装容器，E980BHF主要用于热罐装瓶，F280B主要用于BOPP膜等。产品的正己烷提取物远低于市场现有制品，提升了产品的卫生安全档次，填补了市场的空白。

该产品在上海金浦公司、黄岩鸿杰宁波亿贸和常州化轻等众多企业进行了产品应用试验，结果表明该系列产品完全满足下游用户的要求。

2. 可氯化聚乙烯用专用基础树脂

氯化聚乙烯(CPE)是由聚乙烯和氯气经取代反应制得的无规生成物，可视为乙烯、氯乙烯和1，2－二氯乙烯三元共聚物，几乎不存在双键结构。依赖于分子中氯含量的不同，CPE具有从软质塑料、弹性塑料、橡胶弹性体、皮带状硬塑料到不燃性脆树脂的各种性能。特殊的分子结构赋予CPE优良的柔韧性、耐候性、耐臭氧、耐化学药品性、耐寒性和阻燃性等特点，广泛应用于塑料门窗、PVC管材与板材、防水卷材、防腐涂料、电线电缆以及橡塑复合材料等工业领域。

中国石化开发的可氯化聚乙烯用专用基础树脂YEC5505T的工业化生产，改变了国内CPE用专用树脂主要依靠进口材料的现状，综合性能达到或优于进口产品。

工业化产品经潍坊亚星化学股份有限公司、淄博奥斯达化工有限公司等公司试用，结果表明可氯化聚乙烯用专用基础树脂关键指标达到氯化聚乙烯行业标准，完全满足下游客户的要求。

（赵　红）

【纤维新产品】 1. 涡流纺用涤纶短纤维

涡流纺是新发展起来的一种新型纺纱技术，合成纤维涤纶短纤因为纺纱加工时易出现油剂结垢、成纱弱捻、生产效率低等技术难题，在涡流纺领域的发展受到极大限制。上海石化以涤纶短纤维产品质量升级为目的，进行涡流纺用涤纶短纤维的开发，在国内首家成功制备了适合涡流纺用的涤纶短纤维并实现了商业化销售。

经过客户试用，与普通涤纶短纤维相比，涡流纺用涤纶短纤维可纺性良好，产生断头、弱丝量少，纱线强力高，其断裂强度由5.83厘牛/分特提高到大于6.18厘牛/分特，线密度偏差率由8%减少到3%以内；涡流纺设备的清扫周期可延长1小时以上，纺纱的生产效率至少可以提高11.1%，具有巨大的市场推广潜力。

2. 阻燃工业丝用聚酯切片

通过阻燃剂筛选、添加剂改性以及共聚合成工艺改进等，改善基础切片的分子结构，减少阻燃剂对增黏过程中的切片降解和切片纺丝性能的不利影响；探索工业丝用阻燃聚酯切片的连续固相聚合增黏技术，基础切片可增黏至特性黏度大于等于0.9分升/克；并进行高黏度阻燃切片纺制工业丝生产技术研究和试验，断裂强度接近7.0厘牛/分特，实现预期目标；在国内首次实现了阻燃工业丝专用聚酯切片以及阻燃工业丝的工业化连续生产，并且实现了商业化销售。

由阻燃工业丝用聚酯切片纺制的工业丝经测试，极限氧指数达到29.1%，优于普通工业丝，属于难燃纤维，适用于加工阻燃消防带、输送带、帆布等。阻燃工业丝制品经权威部门测试表明，阻燃性能优异，符合国标GB/T 17591—2006—阻燃织物B1级要求。试生产的阻燃涤纶工业丝经用户应用表明，加工性能良好，满足用户使用要求，有良好的应用前景。

3. 高速拉膜用聚酯切片

在膜用聚酯切片的基础上，添加了其他添加剂，通过小试、中试研究，形成了产品配方，成功地开发出高速拉膜用聚酯切片FG620，并实现了工业化批量生产，产品拉膜速度达到了415米/分，质量满足了用户需求，成为世界知名高速双向拉伸聚酯薄膜生产线供应商指定使用原料。通过不断优化工艺配方及开拓市场，产品质量进一步提高，产销量进一步放大。2011年累计销售13.76万吨，较2010年有较大幅度提高，全年比常规产品增加效益2 928万元，创造了较好的经济效益。另外为了满足特殊用户的需求，2011年开发生产了增强型膜片FG720，并组织进行了3次试生产，累计生产3 351吨，销售3 029吨，质量获得了用户认可。

4. 有光缝纫线升级产品

应金泰集团要求，开发了低伸缝纫线专用料FR212，进行了3次试生产，试生产产品的质量指标达到了金泰集团的要求。

（原　玲）

石化知识产权

【概述】 2011年是中国石化科技创新取得丰硕成果和知识产权保护能力继续获得大幅提升的一年，专利申请和授权数量跃上新台阶。2010年11月1日—2011年10月31日，中国石化共提出专利申请4 030项，其中中国专利申请3 827项(发明专利2 880项，实用新型专利942项，外观设计专利5项，发明专利申请量占总申请量的75%)，境外专利申请203项。新增专利授权1 352项，其中中国专利授权1 290项；境外专利授权62项。截至2011年10月31日，中国石化已累计申请专利23 031项，获得专利授权11 939项，其中向境外累计申请专利1 787项，获得专利授权804项。中国石化整体知识产权保护水平在央企中处于领先水平。

2011年，在评估前期专利战略研究成果的基础上，继续深化、细化专利战略研究工作，启动了部分核心技术领域的专利战略制定工作。

（查芷琦）

【知识产权管理】 2011年，直属研究院和相关分院、工程设计单位及大型企业进一步完善了本单位知识产权管理机构的设置，并充实知识产权专职人员，落实了相关涉外专利申请的激励措施，逐步启动并开展了专利电子申请业务。

完成了中国石化首届知识产权突出贡献单位和个人的评选活动，石油化工科学研究院等11个单位获得知识产权先进单位称号，21人分别获得先进个人和优秀专利代理人称号。

（查芷琦）

【知识产权人才培训】 与专利局联合举办了为期1周的“专利信息利用培训班”；分别针对企业知识产权管理人员和专利代理人，分初级和高级2个层次，举办了为期2周的“知识产权基础知识和操作技能”及“知识产权战略和自由运作权分析”培训班；针对美国新颁布的《美国发明法案》，聘请美国资深律师对中国石化从事涉外申请的代理人进行了专门培训；选派2名专利人员到美国事务所进行为期一个半月的“美国专利法及实务操作”免费培训。

（查芷琦）

技术监督

【质量管理与监督】 制定并印发了《中国石化2011年度质量工作要点》，主要包括指导思想、质量目标和工作要点三部分内容，对中国石化所属企业开展2011年质量工作具有指导作用。

组织中国石化“质量日”、“质量月”活动。2011年4月7日是中国石化的第1个“质量日”，为了组织策划好“质量日”活动，印发了《关于开展2011年中国石化“质量日”活动的通知》，总部层面开展了质量管理知识答题活动，机关各部门共1 661人参与网上答题。4月7日，举办质量管理知识竞赛的决赛，6个板块代表队参加现场比赛，总部机关各部门都派人参加了活动。“质量日”期间还利用报纸、电视、网络刊播了大量有关质量的宣传报道，形成了一定的舆论影响力。在9月质量活动月中，转发了国家质量监督检验检疫总局等10个部委《关于开展2011年全国“质量月”活动的通知》，并结合中国石化实际提出5项重点工作。“质量月”期间，还转发了工业和信息化部《关于在工业企业深化推广先进质量管理方法的若干意见》，要求各单位认真贯彻落实。

推进中国石化质量管理体系建设。对中国石化所属企业质量管理体系认证及国家注册审核员情况进行摸底调查。截至2011年10月，共有160个单位通过了第三方质量管理体系认证，其中以分(子)公司认证的企业有45个，三级单位认证的有113个，为中国石化提供第三方认证的机构共计31家。各单位具有国家注册审核员资质的审核员共计59人。7月20日，印发了《关于中国石化质量管理体系建设的指导意见》，起草了《第三方认证机构准入方案》，并于7月4日、9月6日两次召集各事业部(管理部)讨论修改，对如何开展中国石化的质量体系认证机构准入工作统一了思想并达成共识。10月31日，将《关于开展中国石化质量管理体系认证机构准入的通知》发给有关认证机构，请其自愿填写《认证机构申请表》和有关材料。11月25日，在总部召开了准入评审会，共15家认证机构参加，每家认证机构进行10分钟陈述，10分钟回答评委提问。评委组由总部的11人组成，经过对材料的评审和现场评审，得出了15家认证机构的综合排名。经领导批准，最终确定取排名靠前的10家内资机构和2家外资机构作为准入认证机构。

开展2011年度产品质量监督抽检工作。6月27日，修订并印发了《中国石化石油与石油化工产品、油田企业采购物资质量监督抽查管理办法》，组织各质检中心开展产品质量监督抽查，抽查石油和石油化工产品共1 578个，合格1 562个，合格率为99.0%，比上年提高了0.3个百分点。抽查了10家油田企业采购的5类物资样品341个，合格316个，合格率为92.7%，比上年提高了2.7个百分点。其中，抽查采油助剂样品78个，合格72个，合格率为92.3%；抽查机电产品样品35个，合格33个，合格率为94.3%；抽查油套管样品41个，合格41个，合格率为100%；抽查钻井液化学剂样品105个，合格93个，合格率为88.6%；抽查井下工具样品82个，合格77个，合格率为93.9%。根据监督抽查结果，下发了《关于2011年石油和石油化工产品质量监督抽查结果的通报》和《关于2011年油田企业采购物资质量监督抽查结果的通报》，督促企业进一步加强质量管理，保证采购物资产品质量和出厂产品质量，树立中国石化良好的产品质量形象。

开展质量培训。3月28日—4月1日，举办了第2期企业领导人员质量管理培训班，培训油田企业、工程建设企业、科研院所的领导32人。9月14—17日，举办了第3期企业领导人员质量管理培训班，培训油品销售和化工销售企业38名副经理。7月28日，在上海石化培训中心举办了为期21天的第8期企业质量处(科)长岗位资格培训，共33人参加培训。

定期召开质量工作例会。分别于1月20日、5月5日、8月2日、10月25日组织召开了4次质量工作例会，各事业部(管理部)汇报上季度质量工作完成情况，提出下季度的质量工作计划。科技开发部汇总各事业部(管理部)质量管理报表和信息动态，每季度出一期质量简报。

开展质量工作先进集体和个人的推荐和评选。根据国家质量监督检验检疫总局、国务院国资委联合下发的《关于开展“2009年至2010年度全国质量工作先进单位和先进个人”表彰工作的通知》，经推荐评选，中国石化扬子石油化工有限公司获得了全国质量先进单位称号。9月21日，以石化集团公司文件形式下发了《关于推荐2011年度中国石化质量工作先进单位和先进个人的通知》；10月10日，会同有关事业部(管理部)对各单位申报的质量管理先进单位和个人事迹材料进行审核和评选，确定了胜利石油管理局等10个先进单位、张煜等50名先进个人；11月18日，印发了《关于表彰中国石化质量工作先进单位和先进个人的决定》，并对获表彰的单位和个人给予奖励。

科研项目的申报和立项工作。2011年有5个课题立项，分别是安全工程研究院的“中国石化应对欧盟CLP法规研究”，江西和山东石油分公司的“销售环节柴油氧化安定性影响因素的研究”，石家庄炼化分公司的“六西格玛管理方法在炼油企业的应用研究”，胜利油田分公司的“胜利油田六西格玛方法应用推广与深化实施”，齐鲁分公司、润滑油分公司、胜利油田、中原油田共同承担的“中国石化质检中心仪器更新”。

（华祖瑜　刘慧敏）

【标准化管理】　以石化集团公司为主成立的全国石

油产品和润滑剂标准化技术委员会(编号：SAC/TC280)负责归口管理9个石油和石油化工标准化分技术委员会，具体负责组织本专业的国家标准、国家军用标准、石油化工行业标准的制修订及归口管理工作。截至2011年12月，全国石油产品和润滑剂标准化技术委员会归口管理的石油和石油化工产品标准(含试验方法标准)共1 223项，其中国家标准371项、石油化工行业标准797项、国家军用标准49项、国家实物标准6项。

2011年，全国石油产品和润滑剂标准化技术委员会组织完成制定和修订并上报国家标准化管理委员会的国家标准14项，国家标准化管理委员会批准发布18项石油化工国家标准(见表1)。中国石化组织完成制定和修订并上报国家工业和信息化部的石油化工行业标准共12项，国家工业和信息化部批准发布了7项石油化工行业标准(见表2)。完成制定和修订并批准发布的石化集团公司企业标准共计67项(见表3)。

(华祖瑜　刘慧敏)

表1　　2011年批准发布的石油化工国家标准

序号	标准编号	标准名称	实施日期
1	GB 252—2011	普通柴油	2011年7月1日
2	GB 17930—2011	车用汽油	2011年5月12日
3	GB/T 26510—2011	防水用塑性体改性沥青	2011年9月1日
4	GB/T 26528—2011	防水用弹性体(SBS)改性沥青	2011年9月1日
5	GB/T 3405—2011	石油苯	2011年10月1日
6	GB/T 10327—2011	发动机检测用标准轻柴油技术条件	2011年10月1日
7	GB/T 3915—2011	工业用苯乙烯	2011年11月1日
8	GB/T 12688.1—2011	工业用苯乙烯试验方法　第1部分：纯度和烃类杂质的测定　气相色谱法	2011年11月1日
9	GB/T 12688.3—2011	工业用苯乙烯试验方法　第3部分：聚合物含量的测定	2011年11月1日
10	GB/T 12688.4—2011	工业用苯乙烯试验方法　第4部分：过氧化物含量的测定　滴定法	2011年11月1日
11	GB/T 12688.5—2011	工业用苯乙烯试验方法　第5部分：总醛含量的测定　滴定法	2011年11月1日
12	GB/T 12688.8—2011	工业用苯乙烯试验方法　第8部分：阻聚剂(对叔丁基邻苯二酚)含量的测定　分光光度法	2011年11月1日
13	GB/T 12688.9—2011	工业用苯乙烯试验方法　第9部分：微量苯的测定　气相色谱法	2011年11月1日
14	GB/T 13236—2011	石油和液体石油产品　储罐液位手工测量设备	2011年11月1日
15	GB 5903—2011	工业闭式齿轮油	2011年6月1日
16	GB 11118.1—2011	液压油(L－HL、L－HM、L－HV、L－HS、L－HG)	2011年6月1日
17	GB 11120—2011	涡轮机油	2011年6月1日
18	GB 11174—2011	液化石油气	2011年7月1日

表 2　　2011 年批准发布的石油化工行业标准

序号	标准编号	标准名称	实施日期
1	SH/T 1772—2011	塑料 高密度聚乙烯非牛顿指数(NNI)的测定	2011 年 7 月 1 日
2	SH/T 1743—2011	乙烯—丙烯—二烯烃橡胶(EPDM)评价方法	2011 年 7 月 1 日
3	SH/T 1610—2011	热塑性弹性体 苯乙烯—丁二烯嵌段共聚物(SBS)	2011 年 7 月 1 日
4	SH/T 1153—2011	合成橡胶胶乳凝固物含量(筛余物)的测定	2011 年 7 月 1 日
5	SH/T 1150—2011	合成橡胶胶乳 pH 值的测定	2011 年 7 月 1 日
6	SH/T 1154—2011	合成橡胶胶乳总固物含量的测定	2011 年 7 月 1 日
7	SH/T 5000—2011	石油化工生产企业 CO_2 排放量计算方法	2011 年 7 月 1 日

表 3　　2011 年批准发布的石化集团公司企业标准

序号	标准编号	标准名称	实施日期
1	Q/SH PRD118—2011	工业用纯苯	2011 年 5 月 1 日
2	Q/SH PRD399—2011	环己烷原料苯	2011 年 5 月 1 日
3	Q/SH 0031—2011	川东北地区气体钻井条件下的录井技术规范	2011 年 9 月 1 日
4	Q/SH 0076—2011	石油天然气勘探开发地质录井规范	2011 年 9 月 1 日
5	Q/SH PRD120—2011	4513 系列合成压缩机油	2011 年 6 月 27 日
6	Q/SH PRD123—2011	4632 酯型难燃液压油	2011 年 6 月 27 日
7	Q/SH PRD125—2011	7030 航空高温润滑脂	2011 年 6 月 27 日
8	Q/SH PRD126—2011	7031A 航空重负荷高低温润滑脂	2011 年 6 月 27 日
9	Q/SH PRD128—2011	7414 火炮齿轮润滑脂	2011 年 6 月 27 日
10	Q/SH PRD146—2011	固定式燃气发动机油	2011 年 6 月 27 日
11	Q/SH PRD150—2011	SM 汽油机油	2011 年 6 月 27 日
12	Q/SH PRD157—2011	TSA/LF 长寿命汽轮机油	2011 年 6 月 27 日
13	Q/SH PRD158—2011	TSE/LF 长寿命极压汽轮机油	2011 年 6 月 27 日
14	Q/SH 0394—2011	油井集中控制配电装置技术条件	2011 年 9 月 1 日
15	Q/SH 0395—2011	油井集中控制供电系统设计技术规范	2011 年 9 月 1 日
16	Q/SH 0396—2011	煤层气井排采作业规范	2011 年 9 月 1 日
17	Q/SH 0397—2011	煤层气井注入/压降试井技术规范	2011 年 9 月 1 日
18	Q/SH 0398—2011	煤层气井压裂技术规范(试行)	2011 年 9 月 1 日
19	Q/SH 0400—2011	X 射线元素录井规范	2011 年 9 月 1 日
20	Q/SH 0401—2011	定方位射孔作业规范	2011 年 9 月 1 日
21	Q/SH 0402—2011	MID - K 油、套管电磁探伤仪操作规程	2011 年 9 月 1 日
22	Q/SH 0403—2011	地震勘探辅助数据格式	2011 年 9 月 1 日

续表

序号	标准编号	标准名称	实施日期
23	Q/SH PRD0404—2011	PX 装置用混合二甲苯	2011 年 11 月 1 日
24	Q/SH 0405—2011	外浮顶原油罐带液容量测量方法	2011 年 10 月 1 日
25	Q/SH PRD0406—2011	植物油浸出用正己烷	2011 年 9 月 1 日
26	Q/SH 0020—2011	川东北钻前工程及油气施工作业防灾减灾安全技术规范	2011 年 9 月 6 日
27	Q/SH 0417—2011	固定资产分类与代码及单项固定资产确认规则	2012 年 1 月 1 日
28	Q/SH 0012—2011	川东北井身结构设计技术规范	2012 年 3 月 1 日
29	Q/SH 0013—2011	川东北复杂压力条件下钻井推荐做法	2012 年 3 月 1 日
30	Q/SH 0018—2011	川东北天然气井钻具配套、使用与维护技术规范	2012 年 3 月 1 日
31	Q/SH 0019—2011	川东北钻机设备配套技术标准	2012 年 3 月 1 日
32	Q/SH 0025—2011	川东北天然气井完井推荐做法	2012 年 3 月 1 日
33	Q/SH 0035—2011	川东北天然气井报废与处置技术规范	2012 年 3 月 1 日
34	Q/SH 0077—2011	三维地震资料连片处理技术规程	2012 年 3 月 1 日
35	Q/SH 0081—2011	探井(直井)钻井工程设计	2012 年 3 月 1 日
36	Q/SH 0085—2011	油气水井套管修理工艺流程及质量要求	2012 年 3 月 1 日
37	Q/SH 0086—2011	钢制立式储罐罐底板外壁阴极保护网状阳极系统技术要求	2012 年 3 月 1 日
38	Q/SH 0092—2011	泄洪道内油气田地面生产设施设计技术要求	2012 年 3 月 1 日
39	Q/SH 0098—2011	油气水井井下作业井控技术规程	2012 年 3 月 1 日
40	Q/SH 0183—2011	注水井资料录取规定	2012 年 3 月 1 日
41	Q/SH 0407—2011	低阶煤煤层气含量测定方法	2012 年 3 月 1 日
42	Q/SH 0408—2011	煤层气井测井作业规程	2012 年 3 月 1 日
43	Q/SH 0409—2011	煤层气井测井资料处理及解释规范	2012 年 3 月 1 日
44	Q/SH 0410—2011	煤层气井地质录井规范	2012 年 3 月 1 日
45	Q/SH 0411—2011	内衬抗磨抗腐油管通用技术条件	2012 年 3 月 1 日
46	Q/SH 0412—2011	电动钻机井架和底座整体搬迁操作规程	2012 年 3 月 1 日
47	Q/SH 0413—2011	旋转防喷器的检查与修理	2012 年 3 月 1 日
48	Q/SH 0414—2011	投(转)注井试注技术要求	2012 年 3 月 1 日
49	Q/SH 0415—2011	胶乳水泥浆体系性能要求及评价方法	2012 年 3 月 1 日
50	Q/SH 0416—2011	钻机网电设备运行维护保养规程	2012 年 3 月 1 日
51	Q/SH 0437—2011	非常规油气井钻前工程技术要求	2012 年 3 月 1 日
52	Q/SH 0438—2011	非常规油气井钻机选型与配套	2012 年 3 月 1 日
53	Q/SH 0439—2011	非常规油气井钻井井身质量要求	2012 年 3 月 1 日

序号	标准编号	标准名称	实施日期
54	Q/SH 0440—2011	非常规油气水平井固井技术要求	2012年3月1日
55	Q/SH 0441—2011	非常规油气井压裂设计规范	2012年3月1日
56	Q/SH 0442—2011	非常规油气井压裂施工设备配套推荐做法	2012年3月1日
57	Q/SH 0443—2011	非常规油气井压后排采推荐做法	2012年3月1日
58	Q/SH 0444—2011	非常规油气井压裂液配制和返排液回收处理推荐做法	2012年3月1日
59	Q/SH 0445—2011	非常规油气水平井分段压裂施工操作规范	2012年3月1日
60	Q/SH 0446—2011	陆上多波三分量地震资料采集技术规程	2012年3月1日
61	Q/SH 0447—2011	多波微测井近地表结构调查技术规程	2012年3月1日
62	Q/SH 0448—2011	原油管道密闭输送运行技术要求	2012年3月1日
63	Q/SHCG 1—2011	粉煤气化工艺用原料煤采购质量控制指标(试行)	2012年5月1日
64	Q/SHCG 24. 1—2012	天然气输送管道用钢管技术条件 第1部分：高频直缝电阻焊钢管	2012年3月1日
65	Q/SHCG 24. 2—2012	天然气输送管道用钢管技术条件 第2部分：埋弧焊钢管	2012年3月1日
66	Q/SHCG 25. 1—2012	天然气输送管道用钢板技术条件 第1部分：热轧钢板	2012年3月1日
67	Q/SHCG 25. 2—2012	天然气输送管道用钢板技术条件 第2部分：热轧卷板	2012年3月1日

【计量管理与监督】 2011年，石化集团公司加强对企业计量管理工作的监督与检查、计量人员的培训，计量管理工作上了新台阶。

企业计量工作检查。为加强计量管理、实现中国石化“质优量足、客户满意”的质量目标，3月底下发《关于开展2011年计量工作检查的通知》，5月初下发《关于2011年计量检查工作安排的通知》。5月24日—7月24日，组织对油田、炼化、油品销售企业计量工作检查，10月，下发《关于2011年计量工作检查情况的通报》，通报中对企业计量工作取得的主要成绩进行了肯定，对检查评比出的计量管理先进单位胜利油田、中原油田、金陵石化、燕山石化、天津石化、广东石油、浙江石油、北京石油进行了表彰，并指出了检查中发现的主要问题，对进一步加强企业计量管理提出了具体的要求。

计量人员培训。根据人教部《关于印发2011年各类培训班计划的通知》的安排，为提高企业计量管理人员的业务水平，7月26日—8月14日，在北京燕化教培中心举办计量部门负责人岗位培训班，对23家企业的34名人员进行了培训；分别于4月、10月，在天津石化举办大容器、可燃及有毒有害气体检测报警仪计量检定员培训班；为使已下发的《中国石化外购原油交接计量监督管理办法》能够顺利执行，5月6—7日，对该办法进行了宣贯，共对31家企业的36名人员进行了宣贯；9月21—22日，在湖北武汉举办天然气计量技术培训班，共对油田、炼化企业的72名人员进行了培训。

（张益民　尉忠友）

企业改革与管理

- ◇ 综述
- ◇ 体制改革
- ◇ 企业管理
- ◇ 内部控制与风险管理
- ◇ 资本运作
- ◇ 信息化建设与管理

综　述

2011年，按照建设世界一流能源化工公司的发展战略目标，石化集团公司继续以深化改革为动力，以强化管理为支撑，解放思想，坚持方向，抓实重点，改革管理的成效日趋凸现，有力推动了公司科学发展。

创新体制机制，落实公司发展战略和发展模式，激发了内在活力。按照"市场化运营、专业化发展、差异化竞争、一体化管理、集团化管控、规范化治理"的发展模式，以控股公司和事业部制为方向，推进完善石化集团公司管理体制构架，不断提升组织管理效率和实现集团价值最大化；推进石化集团公司董事会建设，实行董事长和总经理分设，探索建立有中国特色的现代企业制度；在硫黄、石蜡销售，天然气经营等领域，加强专业化管理，推动专业化发展，进一步发挥了中国石化整体资源优势；开展海外公共服务平台建设，完善国际化经营管理体制，支撑"国际化"发展战略；加强企地合作，推进企业体制调整，实现"融入地方、借势发展、合作共赢"。

深化管理的标准化、精细化与信息化，总体管理水平得到进一步提升。制度标准化信息化建设取得新进展，基本完成从集团总部到企业层面的制度标准化改造，建成制度管理信息系统，初步构建起中国石化统一的标准化制度体系框架；推进业务流程体系建设试点，从根本上改进管理方式，规范管理行为，提高制度的约束力和执行力。树立"员工每一项建议都有价值"的理念，全面推广改善经营管理建议工作，健全运行机制、评价标准和管理信息系统，实现常态化运行，营造广大员工为企业经营发展积极献计献策的浓厚氛围，取得实实在在的效果。完善"三基"评价标准，健全6个方面的运行机制，大力推广基层先进单位的典型经验，促进"三基"工作标准化、规范化。围绕打造世界一流，健全对标指标树体系，建立评价模型和信息系统，开展对标评价，并以"比学赶帮超"活动为抓手促进工作，有力提升了企业经济效益和经济技术指标水平；充分发挥绩效考核的导向作用，在EVA、效益、成本、安全、环保、质量、稳定等领域加大考核引领力度，推进了"高度负责任、高度受尊敬"企业的构建。石化集团公司连续第2年被评为中央企业考核工作先进单位。

着眼于不断增强集团管控和风险防范能力，加强内部控制和风险管理。全面贯彻落实国家内控基本规范及配套指引的要求，发布实施集团统一的《内部控制手册》，补充公司层面控制要素，统一内部控制标准，实现全集团内控制度的标准化、规范化；着力推进内控制度的深入实施，开发内控管理信息系统，不断提升内控执行力。稳步开展全面风险管理，建立风险管理相关标准，制定重要、重大风险管理方案及措施，编制全面风险管理报告，同时注重与内控管理相互融合，将风险清单植入内控手册，强化管控。积极参与国家财政部、证监会主办的中国企业内部控制建设有奖征文评选活动。

（李召雪）

体制改革

【明确未来管理体制构架】 2011年8月，石化集团公司领导干部座谈会上提出建设世界一流能源化工公司发展目标，以及未来一个时期的发展战略和发展模式。为贯彻落实会议精神，通过深入研究国内外先进公司管理体制，分析公司进入发展新阶段的特点、存在的体制机制障碍等，研究形成完善石化集团公司管理体制构架的方案，明确了指导思想、基本原则和总体目标，以及改革调整、组织实施等方面的具体措施。石化集团公司总部作为战略规划中心、投资决策中心、资源配置中心、风险管控中心和协调服务中心，以产权为纽带，对石化股份公司和其他专业公司实行控股管理；事业部是利润中心和管理中心，对所辖业务板块的安全生产和经营绩效负责；企业是利润中心，是在特定业务范围内的生产经营、企业管理、技术进步、HSE、改革发展稳定责任主体。

（王晓辉）

【推进石化集团公司建设规范董事会】 2011年8月，国务院国资委下发《关于中国兵器装备集团公司等八家企业做好建设规范董事会前期相关工作的通知》，明确石化集团公司被正式列为建设规范董事会的中央企业。按照国务院国资委要求，推进石化集团公司建设规范董事会，实行董事长与总经理分设，完善石化集团公司法人治理结构。

（王晓辉）

【探索完善国际化经营管理体制】 2011年，开展"理顺国际石油勘探开发管理体制机制"调研，提出政策措施，将其纳入石化集团公司"十二五"规划推进落实。同时，按照一个国家（地区）树一面旗帜、建立一个公共服务平台、业务垂直管理的总体思路，开展石化集团公司在巴西的经营管理体制建设试点，取得阶段性成果。

（周　炜）

【整合硫黄、石蜡产品销售业务】 为发挥中国石化品牌、资源和网络优势，提高专业化经营管理效率，2011 年 3 月 8 日，石化股份公司下发《关于印发〈硫黄、石蜡产品销售业务整合方案〉的通知》，将中原油田、镇海炼化、青岛炼化、金陵分公司等 26 家生产企业的硫黄和石蜡产品销售业务，统一划转到炼油销售有限公司。4 月 1 日起，炼油销售有限公司正式对硫黄、石蜡产品实行集中统一销售。

（王晓辉）

【加强天然气分公司经营管理职能】 为促进天然气业务的专业化发展，2011 年 3 月 10 日，石化股份公司下发《关于加强天然气分公司经营管理职能的通知》，赋予天然气分公司天然气业务经营管理职能，将油田勘探开发事业部天然气运输、市场供应的协调平衡和市场开发协调职能调整到天然气分公司。将天然气分公司定位为中国石化天然气外销管道、LNG 和 CNG 母站、储气库等天然气储运设施建设与运行管理，天然气市场开发和销售经营管理，油气田企业天然气销售业务管理，地方管网合资合作和终端天然气销售管理的专业公司。

（王晓辉）

【整合化工销售业务体制】 2011 年 12 月 20 日，石化股份公司下发《关于化工销售业务体制整合的通知》，决定对化工销售系统组织机构进行整合，将中国石化化工销售有限公司注册资本从 13 亿元调增为 80 亿元。中国石化化工销售有限公司设立华北分公司、华东分公司、华南分公司、华中分公司、江苏分公司；注销中国石油化工股份有限公司化工销售分公司；注销中国石油化工股份有限公司化工销售华北分公司、华东分公司、华南分公司、华中分公司、江苏分公司，将其业务、机构和人员分别划入中国石化化工销售有限公司相应区域分公司。

（王晓辉）

【成立对外宣传办公室】 为加强对外宣传工作，2011 年 12 月 8 日，石化集团公司下发《关于成立对外宣传办公室的通知》，决定成立对外宣传办公室。对外宣传办公室设在办公厅，主要负责石化集团公司对外宣传、品牌建设、社会责任报告编制发布等工作。

（王晓辉）

【组建北京燕山石化橡塑化工有限责任公司】 为支持北京市石化新材料科技产业基地建设，加快中国石化相关业务发展，2011 年 8 月 31 日，石化股份公司下发《关于组建北京燕山石化橡塑化工有限责任公司的通知》，与北京东方石油化工股份有限公司出资组建合资公司，注册资本 5 000 万元，石化股份公司出资 82%，北京东方石油化工股份有限公司出资 18%。注册地为北京市。

（王晓辉）

【变更广州中元石化工程有限公司出资人及公司名称】 2011 年 8 月 31 日，石化集团公司下发《关于广州中元石化工程有限公司变更出资人及公司名称的批复》，同意广州中元石化工程有限公司出资人由洛阳石化工程公司变更为石化集团公司，公司名称变更为中国石化集团广州工程有限公司，并与中国石化集团洛阳石化工程公司按“一套人马、两个公司”的方式运作。

（王晓辉）

【设立中科（广东）炼化有限公司】 为推进中科合资广东炼化一体化项目，2011 年 9 月 22 日，石化股份公司下发《关于设立中科（广东）炼化有限公司的通知》，决定设立中科（广东）炼化有限公司，作为石化股份公司全资子公司。注册地为广东省湛江市。

（王晓辉）

【成立中国石化新疆煤制天然气外输管道有限公司及中国石化新疆煤制天然气外输管道工程项目经理部】 为加快推进新粤浙天然气管道项目有关工作，2011 年 11 月 6 日，石化股份公司下发《关于设立中国石化新疆煤制天然气外输管道有限责任公司的通知》，设立中国石化新疆煤制天然气外输管道有限责任公司，作为石化股份公司的全资子公司，负责中国石化新疆煤制天然气外输管道工程建设等业务，归口天然气分公司管理；石化集团公司下发《关于成立中国石化新疆煤制天然气外输管道工程项目经理部的通知》，成立中国石化新疆煤制天然气外输管道工程项目经理部，代表石化集团公司组织实施新疆煤制天然气外输管道工程项目的协调管理，以及与国家有关部委、各级地方政府的工作联系等。两家单位实行两块牌子、一套机构、一体化运行。

（王晓辉）

【组建中国石化北海炼化有限责任公司】 2011 年 11 月 28 日，石化股份公司下发《关于组建中国石化北海炼化有限责任公司的通知》，与广西壮族自治区北海市人民政府共同出资组建合资公司。石化股份公司以评估后的北海炼油异地改造石油化工项目、北海分公司净资产出资，占99%股权，北海市人民政府指定的投资主体以相应数额现金出资，占1%股权。注册地为广西壮族自治区北海市。

（王晓辉）

【组建中国石化达州天然气净化有限公司】 2011年12月31日，石化股份公司下发《关于组建中国石化达州天然气净化有限公司的通知》，与达州发展（控股）有限责任公司出资组建合资公司，负责天然气净化及相应技术研究、开发、应用，出资比例石化股份公司占99%，达州发展（控股）有限责任公司占1%。注册地为四川省达州市。

（王晓辉）

【改制医院课题研究工作】 2011年4月，受国务院国资委委托，石化集团公司成立课题组，开展“关于中央企业主辅分离辅业改制医院若干问题的研究”课题工作。在深入分析国家医疗卫生体制改革有关政策、广泛调研访谈多家改制医院的基础上，研究编写了《关于中央企业改制医院若干问题的研究》专题报告，并上报国务院国资委。

（苗 刚）

【研究推进剩余厂办大集体改革】 按照《国务院办公厅关于在全国范围内开展厂办大集体改革工作的指导意见》，对厂办大集体情况进行了摸底调研，尚有29家厂办大集体未实行与国有企业分离。板块管理部门与企业逐一对接分析，落实改革调整方案，积极稳妥推进厂办大集体改革。

（苗 刚）

企业管理

【改善经营管理建议工作】 2011年，石化集团公司全面开展改善经营管理建议工作。结合先行企业运行情况，修订完善了改善经营管理建议管理办法和实施细则，总结推广15家企业的典型做法，并开发建立改善经营管理信息系统，初步实现建议提出、评审、立项、组织实施、效果评价、成果奖励、统计分析等功能的上线操作。自改善经营管理建议工作开展以来，共收到建议61 679项，其中已采纳34 900项，已立项17 836项，已实施完成5 079项，降本增效约17.78亿元。

（朱好生）

【“三基”工作】 2011年，结合“三基”工作的新形势和新特点，石化集团公司全面修订了“三基”工作评价标准，推进规范化管理，并向生产任务完成和经济技术指标提升倾斜，突出“三基”工作重点；总结推广胜利油田发电厂、江汉油田坪北采油作业部、齐鲁石化烯烃厂、巴陵石化己内酰胺事业部、湖北石油荆门分公司等基层单位的典型经验，促进经验共享和管理的标准化；组织开展“三基”工作先进单位和先进个人评选工作，共评出14家先进组织单位、110家先进基层单位、112名先进个人。

（朱好生）

【管理现代化创新成果评审】 2011年，石化集团公司组织了第20届管理现代化评审工作，共有317项成果被审定为石化集团公司级成果，其中一等52项、二等130项、三等135项。由石化集团公司推荐上报的8项成果被评为第18届国家级企业现代化创新成果，其中石化集团公司“系统控制下的国家重大工程项目群集成管理”被审定为一等管理成果，中原石油勘探局“油田企业改善经营管理建议长效机制的构建与运行”、河南油田分公司“油田企业以最佳指标为对象的标杆管理”、镇海炼化分公司“炼化企业业务外包管理”、天津分公司“石化企业以加强基础管理为导向的标杆管理”、巴陵分公司“流程型石化企业基于过程控制的目标成本管理”、江苏石油分公司“石油销售企业精细化为导向的系统优化管理”、第四建设公司“能源化工工程建设企业代业主项目管理”被审定为二等管理成果。

（赵 楠）

【制度标准化改造工作】 根据中国石化标准化制度体系建设方案，按照先总部后企业、自上而下推进的工作思路，在2010年工作的基础上，2011年全面推进制度标准化改造。截至2011年底，总部和企业两个层面的制度改造工作基本完成，总部制度从原来的1 500多项缩减至900多项，并已印发至企业；企业层面近2万多项制度完成标准化改造。石化集团公司初步搭建起标准统一、上下联动、涵盖中国石化全部运营和服务领域的制度体系，有效促进了制度与业务、制度与信息系统的有机融合，很大程度上避免了制度与业务脱节，制度之间相互矛盾、不一致等问题。

（郑琪宁）

【进一步完善制度管理机制】 2011 年，石化集团公司修订完善并印发《中国石化制度管理办法》，从制度层面进一步规范了制度管理内容、分工与职责、制度管理工作程序、监督与检查等事项，明确了“归口管理、分层负责”的制度管理机制。各企业根据总部要求，也相继制定了本单位的制度管理实施细则。

（郑琪宁）

【开发建设制度管理信息系统】 为提升制度管理信息化水平，提高制度执行力，2011 年，石化集团公司开发建设了制度管理信息系统。其中，制度查询模块全面上线应用，可查询总部 900 多项制度和 112 家企业共计 1.4 万多项制度，形成总部制度贯穿到企业制度的执行线条；制度编制模块在总部层面实现制度从计划到签发的在线流转等功能，并在企业层面选取 15 家企业试点，为下一步推广应用打下基础。

（郑琪宁）

【梳理境外资产管理制度】 为防范境外业务风险，实现境外资产保值增值，按照国务院国资委颁布的《中央企业境外资产监督管理暂行办法》和《中央企业境外产权管理暂行办法》要求，2011 年，石化集团公司组织开展境外资产管理制度梳理完善工作，确定了 75 项相关制度的制定和修订任务及计划，涉及境外资产投资、股权、财务、审计和纪检等方面，年内已出台《中国石化境外投资项目管理办法》、《中国石化控股（参股）企业股东代表董事监事高级管理人员选（委）派及管理暂行办法》、《中国石化境外高层管理人员管理办法》、《中国石化境外投资审计管理办法》、《中国石化境外股权管理暂行办法》、《中国石化境外法律事务管理办法》、《中国石化境外国有资产监督检查及责任追究办法（试行）》等重要制度，从项目管理、股权管理、人力资源管理、纪检监察等方面规范监控境外资产经营。

（郑琪宁）

【完成业务流程体系建设试点】 按照《中国石化业务流程体系建设指导意见》，围绕构建业务运作统一轨道，2011 年，开展了集团财务部、股份财务部、物资装备部、油品销售事业部、化工销售分公司 5 家单位的试点工作。年内基本完成业务流程体系初步设计和 5 家试点单位的业务流程梳理工作，编制涵盖 1 231 个流程的目录清单，绘制三至五级流程图 790 多个，初步形成一批基准流程和基准应用流程样例，其中物资装备部、油品销售事业部、化工销售分公司已将流程图集印制成册并下发执行。

（苗　刚）

【深化实施对标工作】 2011 年，石化集团公司重点从横向、纵向两方面，进一步丰富完善对标评价指标树体系，深化实施对标工作。①推进分（子）公司层面对标常态化。开发建设对标评价信息系统，发布了 2007—2010 年连续 4 年的标准值和分析报告，为企业横向比较查找管理“短板”提供量化依据。②推动与国际、国内先进水平对标。分板块建立了国际相关数据的获取途径，并以炼油和化工部分装置为重点开展了与国际、国内先进水平的对标。③推动对标向基层和装置层面延伸。选择不同板块企业试点，就对标体系向基层和装置层面延伸进行探讨完善。

（刘向荣）

【扎实开展“比学赶帮超”工作】 2011 年，石化集团公司着力于“比学赶帮超”工作的常态化、机制化建设，在全系统全面开展了“比学赶帮超”工作。①建立制度体系。制定了“比学赶帮超”工作指导意见，对“比学赶帮超”实施原则、指标体系、工作内容、工作机制等进行规范。油田、炼油、化工等 7 个主要业务板块分别制定了针对性较强的实施方案。各企业结合自身实际，制定了各具特色的工作方案和评比办法，为“比学赶帮超”工作的常态化提供制度保障。②建立指标体系。在对标评价指标树的基础上，建立了总部与企业两个层面的“比学赶帮超”指标树体系。各板块、企业视指标特点，以月度、季度、年度为评比周期，比贡献、比进步、比先进，定期通报评比结果，公司上下形成了“有第一就争”的浓厚氛围。依托对标评价信息系统，建立“比学赶帮超”工作模块，实现“比学赶帮超”指标评价、分析等工作在线运行。③抓关键环节。将采购和销售业务作为重点全面纳入“比学赶帮超”工作中。以提升资源获取能力和成本控制能力为目标，建立了包括进口原油、生产建设物资、经营商品等不同类型采购业务，以及天然气、润滑油、催化剂等 8 类产品销售业务的“比学赶帮超”指标体系；进一步明确各层面工作职责，完善排名通报、改进“短板”、考核奖惩等工作机制，使“比学赶帮超”工作成为全面提升采购、销售业务专业管理水平的重要抓手。④抓面上推动。通过专题通报、研讨座谈、联络员定期沟通等形式，积极推动板块间工作交流，推广好的做法和经验，对工作相对滞后的板块进行督促，并在系统内推广齐鲁石化、安庆石化等单位好的做法。

（刘向荣）

【持续完善绩效考核体系】 2011年，石化集团公司紧紧围绕长远发展战略目标，优化考核体系设计，突出考核重点，加大工作力度，考核与企业生产经营管理的结合程度有了新的提高。①修订完善公司层面绩效考核制度。以制度标准化改造为契机，修订年度绩效考核办法、总经理奖励管理办法、全员成本目标管理考评奖励办法，增强了办法的操作性和系统性。结合构建"高度负责任、高度受尊敬"企业要求，制定进一步加强安全环保等约束性指标考核的措施，对企业领导班子明确实行3个档次的否决条款（业绩奖金一票否决、考核结果降级、A级单位否决），将对安全工作的考核提升到前所未有的高度。②推进全员绩效考核体系建设。所有企业均完成全员绩效考核制度的建设工作，石化集团公司初步建立了总部指导、企业细化的全员绩效考核制度体系，在制度上实现了全员覆盖。③强化制度执行和过程管理。重点建立完善考核目标分档机制，按照基本、提升、奋斗3个档次确定年度考核目标，并按季通报指标完成情况，改进排名方法，增强了企业完成年度目标任务的自觉性和紧迫感。

（刘向荣）

内部控制与风险管理

【整合修订企业层面内控实施细则】 为进一步完善石化集团公司、企业两级内控制度体系，建立全集团统一的管理机制，2011年，在发布实施集团统一的《内部控制手册（2011年版）》和《企业内部控制实施细则指导意见》的基础上，重点指导企业开展内控实施细则整合修订工作。先后开展了国家内控规范及新版内控手册的宣贯、全系统内控相关人员的集中培训，深入企业调研，强化指导，企业层面内控实施细则整合及修订工作全面完成，从根本上解决了石化集团上市、非上市两套运行体系不统一的问题。

（王　蕾）

【开展内控专项检查】 为推进内控工作深入开展，确保内控制度得到落实执行，按照与内外部审计、检查不重复的原则，2011年9月6日—10月20日，石化集团公司分4个检查组，选取不同板块的28家企业开展了内控专项检查。围绕内控组织机构、实施细则设计有效性、内控日常工作、自查测试等方面，通过听取情况介绍、召开座谈会、穿行测试、实地查验、个别访谈等方式，对企业内控制度建设和实施情况进行全方位分析、研究和检查，并及时向企业反馈意见。

（王　蕾）

【开发内控管理信息系统】 2011年，石化集团公司认真研究国内企业内控信息化先进经验，结合内控管理实际，开发内控管理信息系统，完成内控体系、内控手册、检查评价、跟踪整改、内部报告、对外披露、内控考核、我的工作台等模块的功能开发、功能测试和集成测试。计划于2012年由总部及企业最终用户对内控系统进行接受度测试，进一步优化系统功能后，先在部分企业试点，随后在全部企业推广上线。

（王　蕾）

【风险管理工作】 2011年，石化集团公司强化基础，重点介入，进一步推进全面风险管理工作。组织开展年度风险识别、评估，尤其是针对重大风险、重要风险，研究制定加强风险管理的方案和措施。编制全面风险管理报告，并上报国务院国资委。在深入调查研究的基础上，制定了石化集团公司全面风险管理工作方案，完善风险管理有关方法和标准，为深入开展工作奠定基础。

（李军航）

【组织开展内控征文活动】 按照国家财政部及证监会《关于开展2011年中国企业内部控制建设有奖征文活动的通知》要求，石化集团公司组织开展了全系统的内控征文活动。总部各部门、各企业结合实际，认真总结内控实践经验，积极组织人员撰写，其间共收到征文159篇，经过内部评审，100篇征文获奖励。优选8篇参加了全国内控征文评审，全部获奖，其中一等奖1篇，二等奖1篇，三等奖4篇，鼓励奖2篇。在20个组织奖中，石化集团公司位列其中，成为获奖最多的单位。

（王　蕾）

资本运作

【概述】 2011年，石化集团公司按照"十二五"总体发展规划，参考借鉴国外能源化工公司的成功经验，继续开展收购兼并、市场融资、权益运作等各项工作，强化股权管理，加强资本市场研究，持续提升资本运营工作的系统性、科学性和收益水平。以“资源战略、市场战略、一体化战略、国际化战略、差异化战略、绿色低碳战略”为统领，积极发挥资本运营的助推器作用，促进调整结构，优化资源配置，增强竞争能力，提升公司价值，努力实现跨越式发展。

（郑子翔）

【石化股份公司下调 230 亿元 A 股可转换债券转股价格】 2011 年 3 月 1 日，230 亿元募集资金到账，3 月 7 日，可转债在上海证券交易所上市交易，中国石化 230 亿元可转换债券的发行工作圆满完成。该次发行在国内加息伴随中东局势紧张、国际油价大幅波动、资本市场不确定性进一步加剧的情况下，抓住了转瞬即逝的发行窗口，投资者累计申购资金 28 621 亿元，累计认购倍数 123 倍，中签和配售比率 0.59%，创出 A 股市场可转债发行的新纪录，实现了发行人、资本市场、投资者的多方共赢。鉴于市场波动，2011 年 10 月 27 日，石化股份公司董事会根据《募集说明书》转股价格向下修正条款，下调了可转债的转股价格，公告发布后，市场反应良好。12 月 15 日，转股价格调整议案获得石化股份公司股东大会批准。同日，石化股份公司召开书面董事会，通过了向下修正可转债转股价格为 7.28 元/股的议案。

（郑子翔）

【石化股份公司发行 300 亿元 A 股可转换债券】 根据公司发展战略需要，2011 年 8 月 26 日，石化股份公司董事会通过了拟发行不超过 300 亿元可转换债券的议案。9 月 19 日，召开可转债项目发行启动会，成立了项目工作团队，对工作内容和完成时间要求进行了具体部署。10 月 10 日，国务院国资委对该次发行方案审核通过。10 月 12 日，可转债发行获得石化股份公司股东大会批准。

（郑子翔）

【中石化冠德公司收购 5 家码头公司股权】 2011 年 6 月，为把旗下冠德公司打造成国际一流仓储物流公司，中国石化启动了冠德资本运作项目。经过多方共同努力，12 月 2 日，香港联交所审查通过了中石化冠德公司供股并收购石化股份公司天津港、日照港、曹妃甸港、青岛港、宁波港等港口股权的议案。12 月 31 日，冠德公司特别股东大会通过资本运作方案。

（郑子翔）

【中海深圳、青岛船舶燃料公司股权协议转让】 2011 年，根据石化股份公司产业结构调整和业务整合需要，将石化股份公司广东石油分公司所持的中石化中海深圳船舶燃料有限公司、山东石油分公司所持的中石化中海青岛船舶燃料油有限公司股权协议转让给中国石化燃料油销售有限公司。11 月 29 日，此次股权转让行为正式生效。

（郑子翔）

【东上海石化实业有限公司股权协议转让】 2011 年，为理顺投资关系，根据石化股份公司产业结构调整和业务整合需要，将旗下联合石化持有的东上海石化实业有限公司 26.65% 股权协议转让给中国石化国际事业公司。自 4 月起，经过共同努力，对东上海石化实业有限公司股权进行审计评估，确定交易价格，并取得对方股东出具的放弃股权优先购买权文件。12 月 21 日，此次股权转让行为正式生效。

（郑子翔）

【燕山、普光、北海分公司分别与当地政府成立合资公司】 为加强企地合作，创造良好的企业发展外部环境，实现合作共赢，优势互补，燕山分公司、中原油田普光分公司和北海炼油异地改造项目组分别与当地政府设立合资公司。经过一年多的努力，2011 年 9 月 1 日，燕山合资公司工商注册成立；12 月 25 日，达州天然气净化有限公司工商注册成立；12 月 31 日，北海炼化有限责任公司工商注册成立。3 个公司的资产注入工作正在积极稳妥推进之中。

（郑子翔）

【股权投资总体情况】 截至 2011 年底，石化集团公司共有境内股权投资 1 325 项，涉及原始投资 515.12 亿元，账面投资余额 755.44 亿元，已计提减值准备 7.66 亿元，账面投资净值 747.78 亿元。全年合计实现股权投资收益 66.89 亿元，投资收益率 8.85%。

（高卫国）

【完善股权管理制度】 2011 年，石化集团公司下发《中国石化股权管理暂行办法》，明确了总部部门和所属企业股权管理职责，对专职董事监事管理、重大事项管理和考核评价等进一步加以明确规定。转发国务院国资委《关于中央企业国有产权协议转让有关事项的通知》，在此基础上进一步明确了总部相关部门审批职责，细化了国有产权内部协议转让审批流程和报备材料要求。

（高卫国）

【做好股权管理基础工作】 2011年，石化集团公司建立股权投资统计报表体系和股权管理年度分析报告制度，规范编制标准，组织企业完成报表编制和管理分析工作，汇总形成中国石化2010年度股权管理分析报告。启动股权管理信息系统建设，开展需求调研分析，编制可行性研究报告，完成立项和初步程序设计开发工作。

（高卫国）

【强化重点股权投资单位监管】 2011年，石化集团公司明确总部和企业共同投资股权单位的管理职责，规范托管工作流程。重点加强总部直接管理股权投资单位的行权管理，完成人民网股份认购、招商轮船非公开发行股票认购相关工作。进一步加强上市公司监管工作，定期向国务院国资委上报国有控股上市公司运行信息，并完成财务公司所持南京银行等3家上市公司部分国有股转持方案上报工作。

（高卫国）

【加强资本市场跟踪、分析和研究】 2011年，资本运营部密切跟踪分析资本市场政策变化和国内外主要石化公司资本运营举措，编制、编写国内外资本市场动态等专刊及专题分析。汇总国内资本市场相关政策和石化集团公司有关制度，编制《资本市场常用法律法规汇编》。

（郑仰南）

【加强中央企业间业务合作】 落实国务院国资委要求，石化集团公司秉承合作发展理念，本着"优势互补、互利供应、共同发展"的原则，加强在油气运输、仓储物流、海外油气勘探开发、新能源和替代能源、绿色低碳产业等方面与其他中央企业开展更高水平、更宽领域、更深层次的合作。2011年10月28日，石化集团公司在国务院国资委组织召开的中央企业业务合作暨内部招商会上，与部分中央企业签署业务合作协议。

（郑仰南）

信息化建设与管理

【概述】 2011年，中国石化信息化紧紧围绕"建设世界一流能源化工公司"目标和"资源、市场、一体化、国际化、差异化、绿色低碳"发展战略，按照信息化与公司业务深度融合的要求，不断完善经营管理平台、生产营运平台、信息基础设施及运维平台，进一步提升了"三大平台"信息系统功能，大力开展了以系统深化应用为主线的信息化"比学赶帮超"活动，促进了企业系统应用水平进一步提高，信息化各项工作又取得了新进展，中国石化信息化综合水平又上了一个新台阶。在2011年中国石油和化工行业两化融合推进大会上，中国石化被授予融合创新奖，胜利油田、燕山石化、浙江石油等36家企业被授予优秀实践奖。信息化在中国石化加快转变发展方式、提升竞争优势、打造世界一流企业中发挥了强有力的支撑作用。

（王景涛）

【ERP系统建设与应用】 ERP建设在中国石化境外公司取得突破，实现了石化股份公司境内外单位全覆盖。物资装备部（国际事业公司）、化工销售分公司、燃料油销售公司等企业所属境外公司ERP系统建成投用，黑龙江、辽宁、吉林三省石油公司ERP系统上线运行，ERP应用已延伸至企业下属控股单位。根据石化集团公司管理体制、机制变革要求，完成了安全生产费用、科研国家拨款项目、物资储备制度等ERP系统功能的完善提升；实现了投资计划管理系统与108家企业ERP系统集成，加大了投资计划执行的控制力度；以企业ERP系统和石化股份公司会计报表合并系统（BW&BCS）为基础建成了油田经营管理分析系统，预算管控层级由二级单位延伸至采油厂，实现了油田板块统一在线预算管理和企业相关生产经营状况的及时掌握。ERP深化应用又取得新成效。①企业整体规范应用水平又迈上新台阶，2011年在月度监控指标增加50%的情况下，企业规范应用问题数同比下降67%，问题总数由上年的1 137个下降到380个；②典型企业积极探索ERP应用的新领域、新方法，推进管理创新、支持管理决策、促进降本增效。胜利油田、河南油田、中原油田等企业应用ERP系统实现了井下作业的单井、单次成本核算，细化了成本核算单元，有效支撑了以吨油成本为管理目标的投入产出分析与效益评价；燕山石化、镇海炼化、扬子石化、茂名石化等企业将ERP与生产执行系统（MES）等专业系统集成，提高了生产、销售、采购、成本、费用等业务的协同运作能力和自动化处理水平；广州石化、金陵石化、齐鲁石化、天津石化等企业通过综合应用ERP系统，对管理层重点关注的生产经营指标进行深度数据挖掘和分析应用，有力支持了生产经营活动分析和管理决策。浙江石油、广东石油、江苏石油、北京石油等企业 ERP 应用向全业务覆盖方向发展，油品资源配置、管控能力和业务风险防范、资金风险防范能力大幅增强；③总部应用 ERP 系统又取得新突破，计划、财务、审计、人事、企改、法律、监察等部门已将该系统应用融入日常工作，逐步形成了新的管理模式；各事业部在预算管理、销售价格、经营过程监控分析等方面的应用水平也明显提高。

（王景涛）

【重点管理系统建设与应用】　石化集团公司会计集中核算、资金集中管理系统，石化股份公司会计报表合并系统实现了全覆盖应用，促进了财务管理水平进一步提高。石化集团公司会计集中核算系统全面单轨运行，实现了集团非上市部分的会计信息“一本账”，提高了会计核算业务的规范性；通过交易平台初步实现了集团内部交易确认、挂账和结算封闭运行，加速了内部交易结算流程，提高了关联交易的准确性、一致性。石化股份公司会计报表合并系统（BW&BCS）实现企业单轨运行、总部大合并切换上线，实现了直接利用 ERP 系统数据出具报表的目标，开创了“以账出表”、“以账汇表”的新模式，减少了人为干扰因素，提高了会计信息质量和报表编报效率。石化集团公司资金集中管理系统性能和功能进一步提升，应用范围不断扩大，2011 年境内外资金集中度超过了 90%，集中结算金额同比增长了 120%，节约资金运营成本成效显著。

（王景涛）

【生产营运系统建设与应用】　总部生产营运指挥系统在集成应用方面取得新突破。在生产运行每日动态数据方面，实现了与 19 家炼化企业 MES 系统，1.5 万余座加油站经营动态，33 家炼化及销售企业重点装置、罐区视频监控的集成，实现了与部分企业应急指挥中心的应急联动。总部与企业的数据集成度有了较大提升，提高了炼化板块生产营运动态数据分析质量和工作效率；在企业“装置级”实时运行管理方面，实现了对炼油板块六大类装置开停工的实时报警，2011 年对 27 家企业 120 余次装置停工进行了实时报警，提高了炼油装置运行异常处置能力。“三剂”管理系统在 20 家炼化企业上线运行，涉及油田、炼油、化工三大板块，覆盖了采购、科研、技术管理等业务领域，初步形成了计划、采购、使用、分析的全生命周期管理模式，规范了总部和企业的“三剂”管理，提升了“三剂”整体管理水平。

（王景涛）

【供应链与物流管理系统建设与应用】　完成了石化集团公司 7 家非上市企业的生产计划优化系统（PIMS）建设和石化股份公司 37 家炼化企业 PIMS 模型升级，石化集团公司整体资源配置优化效果显著。石化股份公司炼油企业利用新模型共测算生产方案 782 个、实施优化方案 398 个，全年综合降本增效显著；石化股份公司化工企业在新模型中统一规范了化工装置的投入产出物料名称，为化工小板块的考核和管理提供了支撑；新建成的华北、沿江两个区域性优化模型已用于华北、仪长管线的原油管输方案优化，以及两个区域内企业的原油资源配置和企业间产品互供等整体优化工作，降低原油采购成本作用明显，区域内协同生产能力得到提高。

（王景涛）

【其他业务系统建设与应用】　2011 年，远程教育系统已全面投用，共发布课件 678 个，学习用户超过 5 万人，学习次数达到 68 万人次。人力资源（HR）管理系统完成 65 家企业推广，累计已有 78 家单位上线运行，系统管理组织机构 6 万个、员工 94 万余名。合同管理系统完成了 52 家单位上线运行，在线运行合同数量已达 7 万多份。制度与内控管理系统完成了上载查询模块推广应用，完成了 15 家企业的制度编制模块试点运行。档案管理系统在总部及 5 家企业上线运行。客户关系管理（CRM）系统完成了石化股份公司区外 10 个省石油分公司的系统建设，支撑了垂直化服务管理；优化提升了润滑油公司、化工销售分公司的 CRM 系统功能，提高了运转效率和服务能力。建成了化工产品价格分析系统，为合理定价、锁定盈利、确定销售策略提供了支撑，增强了化工销售分析和营销决策能力。完成了基础信息资源项目建设，建成涵盖 15 个大类 600 多万条结构信息、5 个大类 1.6 万个非结构化文档的外部信息资源池，为中国石化战略规划、产业安全、国际投资等业务工作提供了在线信息服务。

（王景涛）

【油田企业信息化建设与应用】　加快了源头数据采集建设，已完成 9 家油田企业推广，共有 4 200 个基层队、6 万多口油气水井的生产数据实现了每天及时规范采集，日入库数据量达 14 万多条，油气水等开发生产主要指标数据实现了数出一门和规范管理。河南油田、江汉油田等企业级数据中心扩大试点建设进展顺利，胜利油田数据中心应用效果明显，实现了13个跨专业系统综合应用的数据共享和6类地质综合研究专业系统的数据服务，使地质综合研究收集数据时间缩短1/3以上。拥有自主知识产权的软件推广和集成应用不断深入。钻井工程系列软件已成为钻井设计的必备工具，正在逐步取代国外进口软件，已累计完成1万多口井的钻井设计，平均单井设计工期大幅缩短；利用NEWS油气藏综合解释软件累计完成10个科研、生产项目，涵盖了东部、西部、南方和境外等地区的不同油气藏类型；DGR3000地质图形工具软件已安装应用230余套，有效地解决了石油地质图件绘制、管理和图册制作等问题。油气集输与注水系统扩大试点应用取得成功。系统在江苏、中原等油田企业扩大试点应用后，节能效果明显，其中江苏油田应用该系统后，每年减少碳排放1.1万吨，综合节能率达到5.7%；中原油田2个采油厂应用该系统5个月，已节气近百万立方米，节电21万千瓦·时，能耗同比下降4%以上。

（王景涛）

【炼化企业信息化建设与应用】 MES实现了主要炼化企业全覆盖。完成了高桥石化等6家企业MES建设，MES应用企业已达到30家。通过系统应用，促进了企业精细化管理，提高了管理效率，物料管理实现了班跟踪、日平衡、旬确认、月结算，生产数据实现了数出一门、量出一家，支持了财务月结提速。通过开展MES应用评价活动，企业MES应用水平大幅提高，被纳入评价的18家企业，平均应用成绩由年初的67分提高到年底的96分，MES达标率由22%上升到100%，形成了"比学赶帮超"的良好局面。MES创新应用取得突破，完成了操作管理模块在2家企业试点建设，完成了9家企业生产营运监控试点建设，燕山石化利用MES开展了班组考核、绩效管理，实现了装置及关键设备用能效率的综合评价，支撑了数字化调度例会。齐鲁石化利用MES开展了小指标动态竞赛应用，对提升经济技术指标起到了促进作用。先进过程控制系统(APC)在20套装置上顺利投用，累计已在25家炼化企业的122套生产装置上投用，平均投用率达到90%。系统在控制质量、提高收率、节能降耗等方面的作用显著，平均每套系统可年增效100万元以上。镇海炼化PX装置投用APC后，质量指标波动幅度平均下降56.37%，每年增创效益1 000多万元；上海石化13套主要生产装置的APC系统投用率保持在96%以上，全年增创效益超过亿元。完成了5家企业实验室信息管理系统(LIMS)推广，LIMS已在总部和37家炼化企业全面建成。LIMS的建设和应用，统一了质量管理标准，规范了化验分析业务流程，提升了企业的产品质量管控能力。

（王景涛）

【销售企业信息化建设与应用】 新加油卡系统在区外9个省市公司实现了试点目标。完成了新加油卡系统的开发、测试，实施部署卡机联动加油站275座。零售管理系统在总部和31家企业全面建成。基层加油站的人财物、数质量、安全、油站改造等基础管理实现了信息化，加油站经营数据上报及时率达到99%以上，支撑了总部、省市、片区、加油站4个层面的管理控制与监督分析，零售业务的精细化管理水平和业务拓展能力得到提高。非油品管理系统全面实施。实现了非油品业务的供应商、商品等主数据规范管理，主数据标准化率达到99%以上；促进了非油品业务规范管理，便利店资金管理和存货管理得到明显改善；实现了非油品经营数据的集中管理，为总部统一采购和非油品经营分析提供了支撑。

（王景涛）

【科研和工程建设单位信息化建设与应用】 科研单位开展了勘探开发、炼油技术管理等远程技术服务。石油勘探开发研究院通过三维远程应用技术，为境内外勘探开发综合研究提供服务，实现了境外1 000多口开发井的生产动态数据及时掌握，保障了境外勘探开发工作顺利进行；石油工程技术研究院通过研发石油工程决策支持系统，实现了钻井远程实时预警、卡点计算、测斜数据处理等应用，在元坝地区钻井生产中发挥了远程决策指导作用；石油化工科学研究院、抚顺石油化工研究院通过炼油技术分析与远程诊断系统，对所有炼油企业的炼油装置运行进行远程分析评估和网上巡检，提高了技术服务效率和炼油技术管理水平。炼化工程企业初步构建了协同工作平台。工程建设公司、洛阳工程公司、宁波工程公司、上海工程公司等单位通过将三维设计、文档管理、综合项目管理、施工管理等专业系统集成，初步建立了基于网络的协同工作平台，进一步发挥了信息系统的整体效能，有效提高了设计质量，缩短了建设周期，降低了工程费用，提高了炼化工程企业竞争力。

（王景涛）

【信息基础设施与安全建设】 企业网络得到进一步完善。完成了胜利石油局、华北石油局、南京工程公司等 50 多家非上市企业网络提升，完成了上海、广东和山东等区域网络中心建设，开通了沙特、巴西、英国等 12 个国家和地区的境外网络专线。信息安全等级保护工作全面展开。制定了信息系统等级保护标准，完成了 83 家单位 1 000 多个信息系统的定级审查；完成了石化集团公司和石化股份公司网站、成品油物流、销售 BW 三级系统安全防护合规建设；完成了 141 家企业主干网络安全提升，在 103 家企业部署了数字证书管理系统，对总部 13 个重要系统和 40 家企业进行了信息安全检查。统一运维体系进一步健全。提升了信息标准化平台功能，整合了总部标准化管理运维队伍，提高了主数据标准化运维质量；总部 IT 运维中心增加了 MES、BW&BCS、资金集中管理等系统的统一运维服务。

（王景涛）

【新技术应用】 中国石化关注并积极推进 IT 新技术的转化应用，已将云计算、物联网、智能工厂、共享服务等列入“十二五”信息化建设与应用发展规划。2011 年加强了新技术研究与应用，物联网技术在物流管理中取得应用突破，化工销售分公司所有公路车辆和自备罐车的运行动态全部被纳入监控，危险化学品公路运输的实时监控面达到 95% 以上；开展了中国石化企业云总体规划、方案的编制工作，搭建了 ERP、加油卡等系统的开发测试云环境，为加快云计算的研究和应用创造了条件。开展了炼油技术管理共享服务建设，开发了炼油技术分析及远程诊断系统，已在石化集团公司的 106 套加氢类装置上完成实施，并在常减压、催化裂化、延迟焦化等装置上进行了试点，实现了生产数据、工艺模型及专家资源共享，为科研单位技术服务、炼油企业生产优化和总部炼油技术管理等工作提供了共享服务平台支撑。

（王景涛）

【信息化管理】 加强信息标准化管理。完善了信息标准化管理体系，提高了 ERP、HR、合同管理等系统主数据应用质量，完成了 ERP 集中服务器物料编码转换工作，开展了生产层面信息标准化的研究与应用；发布了勘探开发源头数据采集和业务模型标准 51 项，编制图层、图幅标准 6 项，基本形成了涵盖勘探开发生产主营业务的数据和业务模型标准，为油田企业数据资源建设和专业应用提供了标准支撑。加强信息化培训和评价管理。组织了 ERP、MES、源头数据采集等重点系统应用和新技术知识培训，2011 年共培训各级人员 2 万人次以上。举办综合网管和桌面安全技术比武大赛，参赛人数超过千人。完善企业信息化水平评价办法，在全集团开展了信息化水平评价工作，2011 年参评企业达到 101 家，共评出 A 级企业 50 家、B 级企业 37 家、C 级企业 14 家。全面开展信息化“比学赶帮超”活动。通过组织 ERP、MES、APC、油田源头数据采集等系统达标评比活动，深入企业开展 ERP 应用调研、评估和信息化帮扶工作，促进了总部和企业系统规范应用水平大幅提升，年内评出 ERP 应用综合先进单位 19 家、ERP 应用模块先进单位 27 家。根据石化集团公司新的发展目标和发展战略，调整了“十二五”时期的信息化发展思路，制定了“集中集成，创新提升，共享服务，协同智能”的信息化工作方针，完善并发布了《中国石化集团公司“十二五”信息化建设与应用发展规划》。

（王景涛）

财务资产管理

◇ 综述

◇ 预算管理

◇ 会计管理

◇ 资金管理

◇ 资产管理

◇ 土地管理

◇ 年金管理

◇ 总部机关财务管理

◇ 财税政策

◇ 财会队伍建设

◇ 财务状况

综　　述

2011年是石化集团公司提出并开始建设“世界一流能源化工公司”的起步之年，也是生产经营取得显著成绩，经济效益和经济规模迈上新台阶的一年。在石化集团公司党组领导下，财务系统面对复杂严峻的国内外经济形势，坚持以经济效益为中心，发扬积极进取、拼搏奉献的优良传统，积极应对各种困难和挑战，全力加强财务管理，不断提升管理水平，在决策支持、资金保障、成本控制、风险管控等方面做了大量卓有成效的工作，为石化集团公司加快发展发挥了保障和促进作用。

（巩祎昌）

预算管理

【深化全面预算管理】 面对复杂多变的市场形势，总部充分发挥资源配置中心的作用，以EVA为导向，以深化预算管理为手段，通过加强经营环境的研判分析、实施预算目标分档考核、建立薪酬与效益联动机制、加强月度预算管理等措施，不断提升预算管理水平；通过不断强化与业务的协同配合，加强对收入、效益、现金流、成本费用等重点指标的监控分析，深入查找和整改经济运行中的问题和“短板”，不断提高财务分析的深度和力度。各企业健全预算工作机制，完善预算考核指标体系，层层开展经济分析活动，绝大多数企业都较好地完成了各项预算指标。

（巩祎昌）

【推进全员成本目标管理】 总部通过加强对财务工作的统筹协调、强化对重点成本费用的优化管控、加强典型引导和后进帮促、加大成本考核奖励力度，督促引导企业不断强化成本管理，取得了较好的成本管控效果。在CPI不断上涨，人工成本和资产折旧大幅增加的情况下，2011年石化集团公司各项单位成本费用指标得到有效控制。各企业按照总部的统一部署要求，从细分成本管理单元、构建标准成本体系、开展“建标对标追标创标”等方面入手，进一步落实成本管理责任，完善工作机制，加强成本管控。

（巩祎昌）

会计管理

【年度财务决算工作质量不断提升】 在2011年财务决算中，坚持以“严肃财经纪律、加强财务管理”专题教育活动、会计集中核算推广上线和《会计手册》应用执行为推手，以“基础规范、问题整改、强化管理、优化方式”为核心，坚持不断地深化落实严肃财务决算纪律工作，深化推行审计抽查监督机制，深化境外项目重大事项现场复核程序，深化执行财务决算工作周报制度，深化重点企业帮促管理机制，深化企业内部控制建设及执行审计，尝试改进审计方式，尝试由审计机构在预审结束后对企业出具审计提示函，尝试改进财务决算评选方式，不断加强财务决算过程管理，财务决算工作质量不断提升。

（巩祎昌）

【会计集中核算目标任务基本完成】 按照石化集团公司会计集中核算项目的统一部署，加快推进项目进程，持续加强项目管理，着力解决疑难问题，不断优化系统功能，加快运维支持建设，确保系统“安稳优”运行。截至2011年底，基本建成了“一套标准、两个平台、相互链接、自动集成”的会计集中核算体系，实现了会计信息由“汇表”到“汇账”的跨越。非上市83家企业全部实现推广上线，石化股份公司交易平台推广完成80家企业上线。

（巩祎昌）

资金管理

【资金管理不断加强】 按照“落实责任、完善激励、强化管控、提高效益”的指导原则，改进资金集中管理模式下的运行机制，强化全口径资金预算管控，调整投资管理模式，统一融资成本，适当调整内部清算规则，落实激励机制，充分调动了企业的积极性，加大了资金运作的管控力度。严格资金占用指标管理，绝大多数企业均完成年度预算指标。强化现金投入产出的管理与分析，严格控制资金占用，整体协调内部结算运作等工作，提升了现金流产出能力，资金管理整体业务能力有新的提升。积极应对国际政治金融形势剧烈动荡带来的考验和压力，及时发布汇率风险和境外资金安全风险提示，不断强化授信、保证、融资、账户、资金计划等业务以及衍生业务预算的集中管理，组织企业做好结汇和币种置换，积极防范汇率风险，有效控制了财务风险。继续完善资金信息系统，境内外系统整合基本完成，境内银企直连系统开发完成；资金收支集中度、年度和月度预算执行符合率均达到95%以上，货币资金余额集中度有新的提升，资金系统操作运行规范化程度有明显提升，资金管控能力有新的提升。

（巩祎昌）

【加强筹融资运作】 按照超前筹划、及时筹措、优化结构、降低成本原则，加强预测分析，合理捕捉时间窗口，精心安排筹融资运作，完成了50亿美元银团融资、2期超短期融资债券发行、国家开发银行30多亿元人民币高利率贷款置换等工作，保证了生产经营和“走出去”项目的融资需求，取得了较好的融资效益。其中，加拿大油砂项目取得了融资规模为亚太地区近10年最大、融资成本为2011年香港地区最低的良好成绩。

（巩祎昌）

资 产 管 理

【加强资产管理标准化、制度化、信息化建设】 完成统一石化集团公司固定资产折旧年限实施工作。石化集团公司《资产管理办法》正式出台。配合国家新颁布的2010年版固定资产分类与代码标准，修订完成石化集团公司固定资产分类与代码标准，研究确定固定资产确认规则、固定资产分类标准、编码制定与系统衔接等工作，将于2012年正式实施。全面启动会计集中核算模块建设工作，确立了模块建设思路、功能框架和开发时间安排，组织开展用户需求与系统功能设置的梳理细化工作，系统建设有序推进。组织召开资产管理工作座谈会，交流经验，明确思路，通报问题，提出规范管理、提升管理的具体要求。

（巩祎昌）

【强化资产评估管理】 落实国务院国资委27号令精神，下发《关于境外产权资产评估估值有关问题的通知》，对规范境外产权评估工作提出具体要求。对近两年资产评估机构承担评估业务情况进行梳理，完成石化集团公司资产评估机构选聘范围调整工作。针对企业资产减值损失报批中存在的问题，发文《关于进一步规范资产减值损失核准工作有关问题的通知》予以明确规范。及时研究批复企业上报的资产减值计提、损失核销，资产划转、出售，增资以及资产产权历史遗留问题处理等事项。制定《在建工程完工转资管理若干规定》，进一步统一规范在建工程转资管理。

（巩祎昌）

【加强资产产权管理】 组织清理境外投资中离岸公司和个人代持股份情况，明确各层级职责分工，落实管理责任，完善制度体系，认真落实国务院国资委《中央企业境外国有资产监督管理暂行办法》和《中央企业境外国有产权管理暂行办法》精神，全面加强境外资产产权管理。加强国有产权登记管理，完成对现有各级投资情况的全面清查，编制石化集团公司产权分布图，全面、清晰、完整地反映了石化集团公司产权在各级次、境内外的分布状况，为加强产权管理、优化资源配置提供有力支撑。通过集中会审、督促指导、加强与国务院国资委沟通协调等措施，帮助企业积极解决产权登记遗留问题。

（巩祎昌）

土 地 管 理

【土地制度化、信息化建设】 结合三年来土地管理工作实际，对石化集团公司原土地管理“两法两则”部分条文进行修改，改进土地管控内容体系，为规范土地管理工作、提高管理效率、加大土地监管力度提供了制度保障。推进土地信息化建设，开发新增建设用地管理模块与土地处置管理模块，加强土地全过程管理，为规范土地进口、量化土地数据、分析地价走势、动态掌控用地情况、全程跟踪土地处置去向提供了信息化手段。

（巩祎昌）

【待用土地管理】 利用近半年时间，在深入企业调研的基础上，对企业现存的空闲、闲置、废弃或低效利用土地(统称待用土地)进行了详尽的调查摸底，查明4 243宗、15.29万亩(101.93平方千米)待用土地分布在全国23个省(自治区、直辖市)、269个市(地)、1 217个县(市、区)。总结了待用土地盘活处置的5项原则：①强化土地规划计划管理，把好土地“进口关”；②加强待用土地区域优化配置，上中下游统筹考虑；③盘活为主，处置次之，力争合理合法地保留必要的待用土地；④条件成熟一宗择机盘活处置一宗，实现单宗土地价值最大化；⑤加大考核奖惩力度，促使企业主动盘活利用待用土地。在具体分析各企业待用土地构成方式的基础上，提出了“十二五”期间待用盘活计划。

（巩祎昌）

【新增建设用地管理】 研究确定“以征地实际需要确定投资计划”的管理思路，基本形成新增建设用地投资管理固定模式，落实用地投资计划单列方案，确保土地投资专款专用，从管理机制上解决了因政策不断调整，征地费用无法预测，导致当年投资无法及时结算，真正结算时费用缺口大的实际问题，也避免了相关投资被挪用，历史遗留问题解决后新问题又堆积而出的恶性循环局面。

（巩祎昌）

【土地管理热点问题处理】 对重大土地事项严格把关，逐项依法合理地做好企业土地处置工作，确保石化集团公司土地资产保值增值。先后组织完成了中原油田加油站用地移交、川气东送管道征地后期报批、高桥石化整体搬迁等重大土地事项处理。先后赴胜利油田、新星石油公司等企业现场调研，指导企业依法合规逐步完成西南石油局曲靖片区建设定向商品房、安庆石化资产划转、福建石油分公司龙岩市永定西门加油站土地置换、湖北石油分公司襄樊万山加油站被政府征用等64项土地处置工作。

（巩祎昌）

年金管理

【年金基础建设】 认真审核企业各月缴费信息确认表，及时完成各月企业年金缴费的计算及划款工作。按照企业年金缴费资金分配原则，完成各月企业年金缴费资金的投资分配。加强与账管人、托管人密切配合，认真组织退休人员待遇支付工作，顺利完成88家企业待遇支付的资金测算、投资资产提取和待遇支付等工作。建立企业年金基金的对账制度，理顺托管人、投资管理人、账产管理人三方资金流、信息流的对应关系，确保账实相符、账账相符。建立企业年金基金对账制度、年金基金投资监督及绩效评价暂行办法、企业年金缴费归集实施细则，编写企业年金内控制度，年金基金管理制度基本健全。

（巩祎昌）

【年金基金运营管理】 根据年金基金托管人报送的企业年金估值表、资产负债表和经营业绩表，编报投资管理日报、周报、月报及投资监督季报。按期召开年金理事会会议，向理事汇报企业年金缴费、资金归集、投资分配和投资运营等相关工作。

（巩祎昌）

【年金基金投资运营监督】 定期召开企业年金业绩通报会，就企业年金投资运营收益、风险和持仓变化情况向投资管理人进行通报，听取投资管理人投资策略汇报。根据其在不同阶段的投资业绩情况及服务、风险控制等表现，多次有针对性地约谈部分投资管理人，传达石化集团公司对企业年金的关切，总结投资策略，展望投资思路，提出相关要求。

（巩祎昌）

总部机关财务管理

【总部机关财务制度建设】 为加强总部机关经费和资产管理工作，根据总部机关工作要求，制定石化集团公司《总部机关经费管理实施细则》、《总部机关固定资产管理实施细则》以及《总部机关员工出差住宿标准规定》等，为进一步规范总部机关费用和资产管理提供了制度保障。

（巩祎昌）

【总部机关财务决算工作】 根据石化集团公司财务决算会议部署，通过提前做好决算准备、妥善解决决算中遇到的问题、及时协调审计调整事项等工作，按期完成了2010年石化集团公司总部机关财务决算工作。积极配合会计师事务所完成了相关审计工作，对审计提出的问题认真组织答复，对存在的问题认真落实整改。

（巩祎昌）

【总部机关财务专项工作】 在做好总部机关经费管理的同时，按期完成了总部机关财务会计集中核算上线、总部机关代垫企业高管薪酬清收、总部机关往来款项清理、总部机关员工住房补贴的发放、总部机关员工个人所得税代扣代缴、住房公积金标准调整和缴纳、机关服务局财务管理和会计核算模式确定等工作。

（巩祎昌）

财税政策

【财政政策】 积极跟踪落实“十二五”财政支持政策，认真组织完成“十一五”财政政策执行清算，全年落实2011年财政预拨资金218亿元，争取国有资本预算资金28.2亿元。此外，争取到利用专项解困基金帮助协解人员解决基本医疗保险和基本养老保险断保、利用工资节余解决过渡性年金不足的政策。

（巩祎昌）

【税收价格政策】 配合国家发改委研究国内成品油价格机制和天然气价格机制，努力推动机制的完善和改革。争取和落实成品油优质优价政策，年末已经覆盖了北京、上海、广东、江苏4个省市；航煤价格实现与国际市场接轨，使航煤价格政策得以理顺。申请到用于乙烯、芳烃生产的石脑油免退消费税的政策延续执行；申请并落实油气田企业生产自用成品油退消费税政策。重点对资源税改革后各油气田资源税减征率进行研究和申请，中国石化资源税率由5%降低为3.79%；对石油特别收益金政策紧抓不放，申请到将起征点由每桶40美元提高至55美元。

（巩祎昌）

【内部价格管理】 认真研究完善相关的价格和税收管理制度、办法，制定和完善工作流程，内部价格管理的范围不断扩大。截至2011年底，总部统一管理的内部价格已经涵盖了原油、天然气、汽油、柴油、航煤、石脑油、燃料油、润滑油、硫黄、分子筛料、航煤组分油、饱和液化气以及油田生产自用油、炼化互供料、化工产品买断价及互供价、关联交易涉及的产品和服务定价等。逐步加强了内部价格协调，及时理顺内部价格。内部定价体系的逐步建立和完善，保证了公司整体经营战略的落实，确保了整体效益的实现。

（巩祎昌）

【税收基础管理】 组织召开境外业务管理座谈会，研究规范和深化境外业务税收筹划。借助税务信息化夯实税收基础工作，所得税申报子系统、递延税项核算子系统已经完成并上线运行，实现了ERP系统条件下的税务信息化管理，提升了税务管理水平和风险管控能力，有效发挥了总部对企业规范税收管理的指导作用。主动介入公司重大投资、重组事项，组织进行税务分析，提出税务筹划方案，提前分析解决，做好应对预案，有效降低涉税风险。

（巩祎昌）

财会队伍建设

【队伍素质不断提升】 广大财会人员踊跃参加“为民服务创先争优”活动，认真践行承诺，服务质量和工作作风不断改进。按照统一规划、分级实施的原则，总部重点抓好总会计师、财务处长、业务骨干的培养，举办总会计师培训班财务高管人员培训班以及财务管理、资金、会计集中核算、价税等各类培训班28期次，培训8 395人次。各企业结合业务需求，举办各种形式的培训活动，财会人员整体素质明显提高。

（巩祎昌）

【“严肃财经纪律、加强财务管理”专题教育活动】 为了引导广大财会人员认真学习财经法规，增强依法理财自觉性，提高依法理财能力，规范理财行为，石化集团公司在财务系统深入开展“严肃财经纪律、加强财务管理”专题教育活动。各企业充分认识加强财经纪律教育的重要性和紧迫性，坚持标本兼治的原则，综合采取教育、监督、制度、惩处等多种措施，引导财会人员进一步严肃财经纪律，杜绝违规行为。特别是结合审计、内控检查发现的问题，充分借鉴审计成果，举一反三，深刻剖析，建立完善财务管控制度，建立长效工作机制，推动了财经纪律明显好转，财会人员依法理财自觉性进一步增强，理财行为进一步规范。

（巩祎昌）

财务状况

【概况】 2011年，石化集团公司合并报表实现营业收入25 519.51亿元，同比增长29.6%；实现利润1 201.19亿元，同比增长13.68%；实现净利润831.4亿元，同比增长14.56%。截至年底，合并报表资产合计17 453.07亿元，同比增长17.47%；负债合计10 229.65亿元，同比增长19.42%；所有者权益合计7 223.43亿元（其中归属于母公司权益5 764.03亿元，占所有者权益的79.8%），同比增长14.82%；资产负债率为58.61%，比年初上升了0.96个百分点；总资产周转率、应收账款周转率和存货周转率分别为1.56次、36.24次、9.5次，同比分别增加0.16次、0.38次和0.91次。

石化集团公司2009—2011年合并会计报表见表1和表2。

（刘海燕　巩祎昌）

表 1　　2009—2011 年石化集团公司合并资产负债表

项　　目	2011 年	2010 年（调整后）	2010 年（调整前）	2009 年
流动资产：				
货币资金	77 261.49	35 398.09	35 398.09	30 795.88
应收票据	30 736.95	18 326.90	18 326.90	3 731.40
应收账款	76 336.68	58 361.74	58 361.74	44 315.85
预付款项	16 881.71	20 266.07	12 601.53	10 079.39
其他应收款	8 000.50	9 323.67	9 323.67	15 254.46
存　货	244 856.92	187 158.30	187 158.30	168 295.62
一年内到期的非流动资产	13 523.90	5 463.14	5 463.14	10 759.71
其他流动资产	13 809.63	5 332.68	5 332.68	1 991.90
流动资产合计	481 407.76	339 630.60	331 966.06	285 224.21
非流动资产：				
可供出售金融资产	4 319.41	9 206.57	9 206.57	10 649.70
长期应收款	16 621.13	37 223.86	37 223.86	32 890.24
长期股权投资	142 233.11	111 220.79	111 220.79	48 504.14
固定资产	450 874.88	435 312.98	434 854.57	398 640.94
油气资产	371 481.50	327 083.85	327 091.56	277 733.81
工程物资	2 355.15	1 437.83	1 437.83	1 012.17
在建工程	152 360.48	109 257.72	116 922.25	134 163.04
无形资产	57 385.18	50 392.22	50 392.22	46 301.25
商　誉	36 995.89	33 414.24	33 414.24	28 922.55
长期待摊费用	13 490.29	12 494.33	12 494.33	11 435.26
递延所得税资产	14 247.53	16 002.09	16 002.09	14 012.20
其他非流动资产	1 535.09	3 014.20	3 014.20	1 847.52
非流动资产合计	1 263 899.63	1 146 060.67	1 153 274.51	1 006 112.83
资产总计	1 745 307.40	1 485 691.27	1 485 240.57	1 291 337.04

注：石化集团公司执行财政部《关于企业住房制度改革中有关财务处理问题的通知》，发放一次性住房补贴，按照《企业会计准则》有关规定，对 2010 年有关数据进行了追溯调整。

百万元

项　　目	2011 年	2010 年（调整后）	2010 年（调整前）	2009 年
流动负债：				
短期借款	70 152.84	88 236.99	88 236.99	64 096.71
应付票据	7 713.13	5 896.26	5 896.26	25 590.09
应付账款	210 778.79	162 291.99	162 291.99	129 166.72
预收款项	91 128.36	79 331.21	79 331.21	53 418.75
应付职工薪酬	18 286.59	28 416.47	23 407.49	27 193.64
应交税费	49 369.74	39 838.34	39 838.34	20 534.61
应付利息	2 234.43	2 004.86	2 004.86	1 625.38
其他应付款	68 533.87	67 218.25	67 285.13	67 097.78
一年内到期的非流动负债	51 370.09	6 403.43	6 403.43	19 543.56
其他流动负债	37 907.09	17 762.21	17 762.21	57 780.45
流动负债合计	607 474.94	497 400.02	492 457.91	466 047.69
非流动负债：				
长期借款	203 626.44	157 926.06	157 926.06	111 116.72
应付债券	102 023.10	121 160.32	121 160.32	103 728.50
长期应付款	29 692.45	9 102.66	9 102.66	8 660.01
预计负债	26 109.23	18 820.88	18 820.88	14 036.56
递延所得税负债	50 095.42	48 998.24	48 998.24	39 589.89
其他非流动负债	3 943.16	3 170.73	3 170.73	2 935.29
非流动负债合计	415 489.81	359 178.90	359 178.90	280 066.97
负债合计	1 022 964.74	856 578.92	851 636.82	746 114.66
所有者权益：				
实收资本	231 620.59	206 997.62	206 997.62	182 029.35
资本公积	43 899.81	44 327.97	44 327.97	44 656.91
专项储备	2 715.88	1 049.50	1 049.50	0.00
盈余公积	161 911.42	131 218.90	131 218.90	109 155.12
一般风险准备	582.02	568.48	568.48	556.69
未分配利润	142 720.70	119 291.61	123 778.08	92 818.48
外币报表折算差额	−7 047.58	−3 569.96	−3 569.96	−1 805.79
归属于母公司所有者权益合计	576 402.84	499 884.12	504 370.59	427 410.75
少数所有者权益	145 939.82	129 228.23	129 233.16	117 811.63
所有者权益合计	722 342.66	629 112.35	633 603.75	545 222.38
负债和所有者权益总计	1 745 307.40	1 485 691.27	1 485 240.57	1 291 337.04

表 2　**2009 — 2011 年石化集团公司合并利润表**　百万元

项　　目	2011 年	2010 年（调整后）	2010 年（调整前）	2009 年
营业收入	2 551 950.93	1 969 042.21	1 969 042.21	1 391 951.96
营业总成本	2 445 224.12	1 872 750.25	1 873 200.96	1 313 092.79
营业成本	2 087 536.58	1 556 415.93	1 556 415.93	1 047 770.46
营业税金及附加	201 375.15	166 614.67	166 614.67	139 050.95
销售费用	40 524.89	33 681.97	33 681.97	29 218.86
管理费用	78 381.58	70 782.89	71 233.60	61 073.01
勘探费用	20 931.06	17 484.05	17 484.05	13 909.19
财务费用	10 290.71	9 954.63	9 954.63	9 507.35
资产减值损失	6 184.14	17 816.11	17 816.11	12 562.97
加：公允价值变动收益	1 419.92	-166.61	-166.61	-363.35
投资收益	9 330.21	8 693.25	8 693.25	5 113.19
营业利润	117 476.95	104 818.59	104 367.89	83 609.00
加：营业外收入	7 034.37	3 681.27	3 681.27	2 587.22
减：营业外支出	4 392.12	2 833.19	2 833.19	4 759.90
利润总额	120 119.19	105 666.67	105 215.96	81 436.32
减：所得税费用	36 979.33	33 091.51	33 091.51	23 578.76
净利润	83 139.86	72 575.16	72 124.46	57 857.56
减：少数股东损益	22 026.84	20 479.27	20 484.20	18 667.89
归属于母公司所有者的净利润	61 113.02	52 095.89	51 640.26	39 189.67

注：石化集团公司执行财政部《关于企业住房制度改革中有关财务处理问题的通知》，发放一次性住房补贴，按照《企业会计准则》有关规定，对 2010 年有关数据进行了追溯调整。

人事管理

- ◇ 综述
- ◇ 领导班子和干部队伍建设
- ◇ 人才队伍建设
- ◇ 劳动与薪酬管理
- ◇ 人才培训开发
- ◇ 海外人力资源管理
- ◇ 总部机关人事管理
- ◇ 综合与信息管理
- ◇ 离退休人员管理

综　述

2011 年，石化集团公司紧紧围绕“着力做强做优、打造世界一流”中心任务，以建设一流领导班子、打造一流人才队伍为目标，以深化干部人事、用工分配制度改革为动力，以提高人事工作的科学化、制度化、规范化水平为主线，着力加强领导班子和干部队伍建设，健全完善选才、育才、用才、聚才工作机制，调整优化队伍结构，提高人才队伍素质，更加突出以人为本，加大激励约束力度，充分发挥人力资源优势，领导班子和干部队伍建设、人才队伍建设等各项工作取得了新的成效。

领导班子和干部队伍建设　围绕石化集团公司生产经营和改革发展大局，积极深化干部人事制度改革，着力增强领导班子活力，持续提升领导班子整体功能，努力打造一支“想干事、能干事、干成事、好共事、不出事”的干部队伍，为建设世界一流能源化工公司提供坚强的组织保证。

以增强党性修养、改进作风形象为重点，不断加强领导班子思想政治建设。将领导班子自身建设作为一项经常性工作来抓，认真落实领导班子中心组学习、民主生活会、领导干部述学述职述廉等制度。通过开展“打造高度负责任、高度受尊敬企业”大讨论，举办第 3 期党政正职培训班，开展革命传统教育和党性党风教育，引导各级领导干部讲政治、讲大局、讲责任、讲奉献，坚定理想信念、带头加强学习、增进班子团结、密切联系群众、严格廉洁自律，始终保持积极进取、奋发有为的状态，充分发挥引领带动、模范表率作用。

以探索实施竞争性选拔工作为抓手，积极推进干部人事制度改革。一次性推出上海石化副总经理等 5 个直属单位、总部机关部门副职领导职位，面向全系统公开招聘。适应竞争性选拔工作常态化、规范化需要，研究制定了领导人员公开招聘和竞争上岗工作的相关管理办法，为全公司规范开展竞争性选拔工作提供了制度保证。

以服务公司改革发展大局为中心，进一步优化领导班子调整配备。适应实施资源战略的需要，调整充实了部分油田企业的领导班子，并按照开展非常规油气开发新兴业务工作的要求，及时把熟悉相关业务的人才充实到相关单位，完善班子的专业结构。适应实施石油工程、炼化工程专业化重组的需要，研究改进相关企业的领导人员管理体制和运行机制。进一步完善部分境外机构班子和领导人员配备，加强海外高层管理人员队伍建设，更好地为实施国际化战略服务。贯彻落实《关于加强和改进中央企业和中央金融机构纪检监察组织建设的若干意见》，完善纪检监察机构设置和人员配备，为强化党风廉政建设提供保证。

以提高选人用人公信度和满意度为主线，不断加强干部监督工作。健全完善并保证干部管理制度的严格执行，利用干部考察、参加民主生活会等时机，加强干部选拔任用工作的监督检查，防范和纠正用人上的不正之风。进一步加强党组巡视工作，重视发挥群众监督作用，切实做好信访处理工作，突出对领导班子和领导干部执行力、民主决策、选人用人、联系群众、廉洁从业等方面的监督检查，督促其增强事业心和责任感，严守政治纪律，科学民主决策，规范经营管理行为，切实关爱员工，促进企业和谐稳定。

人才队伍建设　石化集团公司牢固树立科学人才观，把员工队伍作为公司发展的宝贵资源，从充分发挥人力资源优势的角度，通过深化干部人事、用工分配制度改革，加快提高员工队伍素质，最大限度地激发各类人才的价值创造力。以高层次人才、国际化经营人才为重点，大力推进人才队伍建设。

全面实施人才成长通道建设和完善薪酬分配制度工作。2011 年，石化集团公司全面开展人才成长通道建设，在全系统构建形成了统一规范的职位序列和发展通道，为各类人才畅通了多元成长通道，拓展了职业发展空间，拓宽了创造价值的平台。通过实施完善薪酬分配制度工作，提高了薪酬制度的竞争力，进一步调动了员工积极性。

切实加强高层次人才和青年骨干人才培养。建立完善领军专家和拔尖技能人才管理机制，举办油气田开发、石油工程、炼油化工等首席专家培训班以及直属单位首席技师培训班，有针对性地抓好高层次人才培养工作。启动实施青年英才开发工程，以职业生涯管理为主线，加强青年骨干人才前瞻性培养。启动高层次人才引进计划，积极开展人才引进配置工作。围绕重点项目、重点市场、重点职位，有序推进系统内人才资源集约化配置和公开招聘。

加强海外人力资源管理工作。适应国际化经营发展需要，开展海外人力资源管理调研分析工作。组织开展国际化经营急缺人才快速培养，在开展国内英语强化训练的基础上，先后选派 82 人赴海外实岗锻炼。组织举办第 2 期优秀外籍员工培训班，提升外籍员工综合素质。组织开展外派员工薪酬福利调整实施工作，完善外派员工人工成本、薪酬福利管理。国际化经营单位加大国际化人才培养引进力度，积极推行海外员工配置多元化，海外员工队伍建设取得了新成效。

劳动薪酬管理 石化集团公司坚持以人为本，围绕推动人才队伍建设、促进企业和谐稳定，着力控制用工总量、调整用工结构、开展检查评比、规范用工管理、构建和谐劳动关系；完善人工成本调控、加强薪酬分配管理、实施企业年金制度、调整群体利益关系，取得了明显成效。

完善和加强用工总量管理，不断提高劳动生产率。进一步完善了石化集团公司用工总量管理、年度用工计划管理等办法，强化不断提高劳动生产率理念，进一步健全用工总量管控体系。做好各直属单位用工总量控制目标、年度用工总量控制指标和增补职工指标的核定、下达和考核工作，在生产经营快速发展、主业规模持续扩大的情况下，用工总量得到有效控制，劳动生产率不断提高。

进一步调整用工结构，加强劳动用工行为规范性管理，积极构建和谐劳动关系。在全系统开展进一步调整用工结构工作，对符合规定业务范围、岗位范围和相关条件的劳务派遣用工业务骨干调整用工形式，并建立长效机制，有效调动了劳务派遣人员工作、学习的积极性。组织开展了全系统劳动用工管理检查评比工作。

完善薪酬分配制度，建立正常增长机制。2011年，石化集团公司统一了基本薪酬制度，在优化薪酬结构基础上，健全了收入正常增长机制，员工基本薪酬与物价、企业效益、本人岗位、能力变化及考核结果等情况协调联动，进一步增强了薪酬分配的激励约束作用。结合人才成长通道建设，增设领军专家、拔尖技能等高端职位薪酬等级，不断提高薪酬制度的竞争力。坚持在经济效益提高的基础上，参照劳动力市场价位，不断理顺各类人员收入分配关系，保持员工收入的稳步增长。同时，协调有关群体利益，促进企业和谐稳定。

员工培训开发 石化集团公司着眼于企业和员工的共同发展，把企业发展战略与员工职业发展规划紧密结合，把员工培训与开发融入企业发展规划协调推进，全面加强各类员工培训，实现人力资本的保值增值。

倡导建设学习型企业和学习型团队，致力于构建具有中国石化特色的培训体系，为各类员工的学习、锻炼与发展搭建宽阔的平台。高度重视培训保障体系建设，保证培训经费投入，培训基地网络、师资、教材等基础建设得到不断加强。

深入实施"三项培训工程"，加大人才培训力度。2011年，石化集团公司总部直接组织培训各类重点人才3 248人；各直属单位结合实际，分层分类开展大规模全员培训，参加脱产培训员工累计达99.7万人次，促进了员工队伍整体素质的提高。

离退休人员管理 石化集团公司认真贯彻落实党和国家离退休工作方针政策，坚持围绕中心、服务大局，认真落实离退休干部的政治、生活待遇，推进离退休人员党支部建设和思想政治建设，丰富离退休人员精神文化生活，保持了离退休人员队伍的和谐稳定。

（钟文标）

领导班子和干部队伍建设

【领导班子思想政治建设】 以增强党性修养、改进作风形象为重点，不断加强领导班子思想政治建设。围绕石化集团公司党组提出的"打造高度负责任、高度受尊敬企业"目标，及时下发了《关于加强领导干部思想作风建设的通知》，引导各级领导干部讲政治、顾大局、守规矩，进一步增强自律意识，自觉接受组织和群众监督，坚持勤俭办企业，树立领导干部的良好形象。坚持把直属单位党政"一把手"作为思想作风建设重点对象，选调38人参加了为期8天的第3期党政正职培训班，傅成玉以国有企业的责任及对"一把手"能力素质要求为题讲授开班第一课，各单位两级领导班子成员实时收看远程直播，在全系统产生了强烈反响。坚持以新进班子领导人员为主体，选调83人到延安干部学院、井冈山干部学院强化思想作风培训，开展革命传统教育和基本国情教育。在督促检查直属单位领导班子中心组学习、民主生活会、领导干部述学述职述廉等制度落实情况的基础上，印发了《2010年度直属单位领导班子自身建设情况通报》，对加强和改进领导班子建设提出了明确要求。加大对民主生活会的监督指导力度，派人参加32家直属单位领导班子民主生活会，指导相关单位领导班子提高解决自身实际问题的能力。

（牟蔚亭）

【干部人事制度改革】 以探索实施竞争性选拔工作为抓手，积极推进干部人事制度改革。按照党组要求，将竞争性选拔列为2011年干部工作的一项重点任务。8月初，一次性推出外事局副局长等5个党组管理的副职领导岗位，面向全系统公开招聘。为确保公开招聘工作的公平公正，专门成立了监督检查组，加强对公开招聘工作全过程尤其是试题命制、考务组织等重点环节的监督。根据笔试、面试成绩和考察结果，经党组会讨论，确定了5个职位的拟任人选，在全系统任前公示后陆续走上领导岗位。由于领导重视、上下支持，准备充分、组织周密，命题科学、导向鲜明，操作规范、监督有力，公开招聘取得了预期效果。适应竞争性选拔工作常态化、规范化需要，在广泛征求各方面意见的基础上，经过多次修改完善并报党组审定，印发了《中国石化领导人员公开招聘工作暂行办法》和《中国石化领导人员竞争上岗工作暂行办法》，为全系统规范开展竞争性选拔工作提供了制度保证。

（牟蔚亭）

【领导班子考核调整】 以服务中国石化改革发展大局为中心，进一步优化领导班子调整配备。适应建设世界一流能源化工公司的需要，紧紧围绕中国石化科学发展大局选干部、配班子，全年完成对69家单位(部门)领导班子的考察调整，涉及175名领导人员。①为打造上游“长板”和发展新兴业务调整配备班子。适应实施资源战略的需要，适时调整充实了胜利油田、西北油田等企业领导班子。按照党组提出的加强页岩油气、致密油气等非常规油气开发工作的要求，及时把熟悉相关业务的人才充实到有关单位领导班子中，完善班子的专业结构。积极贯彻落实中国石化资源战略和一体化战略，成立了中国石化煤化工领导小组，并设立了办公室及9个管理组，为加快推进煤化工业务发展创造了条件。②完善纪检监察机构设置和人员配备。贯彻落实《关于加强和改进中央企业和中央金融机构纪检监察组织建设的若干意见》，完善了直属单位纪检监察机构及纪检监察工作人员配备。石化集团公司设立党委和纪委的118家直属单位均设置了纪检监察机构，94家单位已配备纪委书记，113家单位已配备纪委副书记和监察机构正职。③切实加强海外高层管理人员队伍建设。组织海外考察组赴Addax等单位，通过现场访谈、个别谈话、查阅资料等方式，考察了解领导班子运行、海外高管人员履职表现以及主要后备干部、外籍骨干人员等情况。进一步完善阿根廷、叙利亚等境外机构班子和领导人员配备，完成沙特延布炼厂中国石化委派人选和中亚、东南亚、英国代表处副总代表人选的推荐考察工作。④合理调整销售企业管理规格。根据党组指示精神，调整了海南石油、贵州石油、四川石油和黑龙江石油4家企业的管理规格，全面考察并充实配备了企业类型调整后的领导班子。

（牟蔚亭）

【干部选拔任用监督】 严格执行干部选拔任用工作有关事项报告制度，从2011年起要求直属单位每年一季度上报上一年领导人员选拔任用工作情况、处级干部职数总量控制情况、新提拔处级干部情况。督促直属单位利用职代会对选人用人工作和上年度新提拔的中层领导人员进行满意度测评工作。利用党组巡视之机，对部分直属单位干部选拔任用工作和新提拔领导人员进行了职工群众满意度测评。做好干部选拔任用问题信访处理，严肃查处干部选拔任用工作中的违规失责行为。对广东石油违规购买高档酒事件进行了调查处理。选人用人满意度稳步提高，中央组织部结合年度考核，对中国石化选人用人工作进行了检查，民主评议4项指标满意和基本满意率平均为94.2%。党组巡视组对24家直属单位的干部选拔任用工作进行了检查，满意和基本满意率平均为93.8%；对324名新提拔中层领导人员进行了实名制测评，满意和基本满意率平均为92.5%。

（李文德）

人才队伍建设

【人才成长通道建设】 全面实施人才成长通道建设工程，规范开展高层级职位的选聘工作，各单位设置首席专家职位165个，专家职位1 741个，首席技师职位163个，主任技师职位1 433个。

（丁新兴）

【高层次人才选拔和管理工作】 建立完善领军专家和拔尖技能人才管理机制，印发了《领军专家管理规定》、《拔尖技能人才管理规定》。向国家有关部委(单位)推荐174名专家。评选表彰2011年度石化集团公司突出贡献专家95名、闵恩泽青年科技人才奖获奖人员199名。组织院士增选，提名4人为中国工程院院士候选人。在江汉油田和茂名石化分别建立龙景庆、黄巨利2个国家级技能大师工作室。举办首席专家培训班、首席技师创新能力培训班和青年骨干人才提高创新能力研修班。（丁新兴）

【高层次人才引进】 组织实施石化集团公司“高层次人才引进计划”重大专项，19人被纳入首批石化集团公司高层次人才引进计划，推荐3名海外人才申报国家“千人计划”项目评审。召开了石化集团公司第2次高层次人才引进工作专项会议，进一步明确了高层次人才引进工作目标、任务和措施。

（丁新兴）

【人才评价】 树立重能力、重业绩、重贡献的导向，完善人才评价工作办法，加强职称评审组织建设，规范评审程序，统一组织高级技师综合评审工作，完成文件的标准化改造。组织《国家职业分类大典》石油化工专业修订工作，完成国家题库石化行业分库33个工种的修订。评审通过教授级任职资格244人，高级任职资格3 656人，中级任职资格5 942人，初级任职资格7 028人；9.4万人通过职业技能鉴定。

（丁新兴）

【博士后工作】 有25个博士后科研工作站（流动站），在站193人，出站66人，有47人出站后留在中国石化工作；承担省部级科研课题95项，博士后科研成果获省部级奖11项，申请专利83项；在核心期刊发表论文225篇。选拔1名博士服务团成员支援西部大开发工作。

（丁新兴）

【业务竞赛】 印发《关于全面开展业务竞赛活动的意见》，建立全员参与、定期组织的业务竞赛工作体系。举办井下作业工等7个工种的石化集团公司职业技能竞赛，3万余人参加了岗位练兵、内部选拔活动，68家单位的464名选手参加了集中决赛，对105名获奖选手、12个团体奖和8个优秀组织奖获奖单位进行了表彰。

（丁新兴）

劳动与薪酬管理

【用工总量管控】 修订印发了《中国石化用工总量管理办法》、《中国石化年度用工计划管理办法》等管理制度，进一步完善用工总量管控办法。在石化集团公司主业规模持续扩大的情况下，用工总量得到有效控制，年末用工总量总体与上年末持平。完成劳动定员标准体系研究工作，形成了劳动定员标准体系基本框架，继续组织开展有关劳动定员标准的制定修订，完善用工管理基础工作。

（董 烨）

【规范劳动用工管理】 在2010年试点基础上，制定进一步调整用工结构政策，全面开展调整用工结构工作，对符合规定业务范围、岗位范围和相关条件的其他用工业务骨干调整用工形式，并建立长效机制。开展全系统劳动用工管理检查评比工作，在组织全面自查基础上，对33家直属单位进行了集中抽查，向被查单位反馈问题并指导其督促整改，在全系统通报和点评检查评比情况。印发《党组管理的领导人员劳动合同管理办法》及相关配套文本，组织开展在职党组管理的领导人员重新签订劳动合同和保密协议工作，做好领导人员劳动合同日常管理工作。制定下发了《关于完善在岗员工休假疗养制度的通知》，完善了休假疗养人员范围、天数、费用标准及列支渠道等内容。积极推动构建和谐劳动关系工作，石化集团公司有6家单位被授予全国模范劳动关系和谐企业称号，受到国家表彰。加强协调、审批方案，继续组织推进并基本完成劳动家属参加养老保险社会统筹工作。

（董 烨）

【工资总额和人工成本管理】 按照国务院国资委要求，完成石化集团公司2010年度工资总额预算执行情况清算评价、2011年度工资总额预算编制工作。根据规范化、信息化管理要求，研究提出了工资总额和劳务费核定规则和程序。开展人工成本对标管理研究，探索建立人工成本综合指标评价体系、持续提高人工成本投入产出效率的总量调控机制。

（邱 颖）

【完善薪酬分配制度】 制定下发了《中国石化完善薪酬分配制度方案》，全面实施完善薪酬分配制度工作，在石化集团公司范围内建立起适应人才成长并综合体现岗位、能力和业绩因素的统一的基本薪酬制度，在优化薪酬结构、强化奖金考核激励基础上，健全了工资正常增长机制。完善了运行办法，将职工基本薪酬调整与岗位调整、能力提升、考核结果、劳动力市场价位、居民消费价格指数和中国石化效益状况等因素紧密联系。统一了各板块、各类型企业代表性岗位的基本薪酬关系，增设领军专家、拔尖技能等高端职位薪酬等级，不断提高薪酬制度的竞争力。规范了津贴补贴，统一设置高技术（技能）津贴、艰苦边远地区津贴和野外津贴。指导劳务派遣机构对劳务派遣工同步实行与正式职工相同的基本薪酬制度和绩效考核制度，建立起劳务派遣工劳动报酬正常增长机制，激励和稳定了劳务派遣工队伍。

（邱 颖）

【企业年金管理】 编制了企业年金待遇支付操作指南，全面实施了账户管理系统统一直接支付退休人员企业年金待遇工作，会同账户管理人优化账户管理系统功能，组织培训切实提高相关工作人员的实际操作能力。会同财务部做好政策研究，提出妥善解决过渡性年金资金不足问题的意见。

（邱 颖）

人才培训开发

【概述】 围绕实施企业发展战略、打造一流人才队伍的要求，突出提高培训针对性和实效性，不断优化培训设计，加强培训过程管理和资源建设，石化集团公司总部直接组织培训各类重点人才 3 248 人，关键岗位人才 5 600 人，全系统共培训员工 170 万人次。

（邹 强）

【培训基础建设】 远程培训系统开通运行，上线远程课程 600 多门，主要包括职业素养、基础管理、专业技术、技能操作、国际化等相关内容，开展了管理、技术等专题实时课堂转播，探索远程培训和面授相结合的混合式培训方式。编制了 2011—2013 年培训教材开发计划，启动了第 1 批 164 本培训教材编审工作。组织对 12 个单位的 30 个培训项目进行评估，开展了培训课程体系建设和培训规范化管理研究，编制了《新员工入职培训大纲》。

（邹 强）

【高层经营管理人员培训】 举办了第 3 期党政正职培训班，选派 43 名高层管理人员赴国际知名商学院进行培训，开展质量管理、技术创新管理、信息化管理等业务分管领导培训，共培训高层经营管理人才 674 人。

（邹 强）

【高层次专业技术人才培训】 举办了 3 期首席专家培训班，派出 19 名访问学者出国研修，组织了非常规油气开发等新兴业务领域骨干人才赴国外学习先进技术，开展油气开发技术、非常规油气资源、煤化工等关键技术高级研修班，共培训高层次专业技术人才 1 083 人。

（邹 强）

【高级技能人才培训】 举办 1 期首席技师创新能力培训班及石油钻井工、催化裂化装置操作工等 3 个工种技能拔尖人才班，开展采油工等 35 个工种高级技师资格培训，共培训高级技能人才 730 人。

（邹 强）

【国际化人才培训】 实施国际化急缺人才快速培养，组织勘探开发、炼油化工领域国际化领军人才及石油工程项目管理、法律、财税与审计、人力资源、钻井平台经理等领域国际化骨干人才培训，开展英语强化、订单培养等方面的国际化后备人才培训，共培训国际化人才 761 人。完善了《外语分级测试和分级培训初步方案》，组织了 1 500 多人参加第 1 次国际化英语分级测试。

（邹 强）

【毕业生引进】 开展毕业生引进工作调研，研究提出改进毕业生引进工作的政策措施。修订完善《高校毕业生引进工作管理办法》，开发了毕业生招聘网站系统，实行了毕业生网上公开招聘。2011 年共批复引进本科及以上毕业生 7 308 人、大专高职毕业生 1 265人，引进毕业生的综合素质和专业结构进一步优化。

（邹 强）

海外人力资源管理

【海外人力资源管理调研】 组织开展海外人力资源管理调研，加强对比分析，梳理实施国际化经营进程中人力资源管理方面的现状、存在的问题，研究政策需求和工作措施。组织开展海外关键岗位人才需求分析和国际化经营人才（后备人才）库建设等工作，加强海外人力资源管理基础工作。

（董 烨）

【国际化经营人才队伍建设】 推进国际化经营人才培养，组织开展急缺人才快速培养工作，有针对性地储备和培养国际化经营人才。开展第 2 期优秀外籍员工来华培训，进一步提升外籍员工跨文化沟通和融合能力。组织开展国际石油工程队伍和国际炼化工程项目主要岗位胜任能力素质模型研究，为规范海外关键岗位人才选拔、培养和评价提供参照依据。研究制定《派驻海外工作员工薪酬福利管理办法》实施意见，审批各单位方案，组织和指导外派员工薪酬福利政策实施工作，规范外派员工个人所得税管理，增强对国际化经营人才的激励作用。

（董 烨）

总部机关人事管理

【机构及人员】 截至 2011 年底，总部机关共设 26

个部门(其中石化集团公司、石化股份公司双跨部门17个，4个部门挂专业公司牌子)，总部机关直接管理的21个部门内设处室170个，处级及以下定员1 052人。总部机关直接管理的处级及以下员工880人，其中硕士研究生以上学历占36.7%，大学本科占57%；正高级职称占8.9%，副高级职称占58.2%，中级职称占29.9%；平均年龄41.7岁。

(徐　庆)

【机关员工队伍建设】 研究制定总部机关人才成长通道建设实施方案和员工绩效考核管理办法。组织实施发展计划部、生产经营管理部、法律事务部、工程部、石化出版社等部门(单位)的14个处级领导岗位竞聘工作；完成办公厅、资本运营部(资产公司)、工程部南京项目管理中心等40名处级人员考核聘任工作；办理10名处室领导人员转任同级非领导职务；完成22名处级人员因调入、调出和机构调整等相关聘任解聘手续。做好总部机关与所属企业、国家部委、兄弟单位之间干部交流挂职工作，选送2名处级人员到直属企业挂职，推荐到国务院国资委、北京市、南光集团交流挂职人员各1人，选送4名干部到石化集团公司定点扶贫县挂职。组织完成办公厅、离退休工作部、审计分局等部门人员招聘工作。组织思想政治工作部等7个部门开展空缺业务岗位聘任工作。组织完成总部机关和部分在京单位职称评审工作。举办高、中级业余英语培训班，60余人参加培训。

(徐　庆)

【薪酬保险工作】 研究制定总部机关完善薪酬分配制度实施方案。调整兑现奖金分配结构，做好总部机关员工薪酬发放和各类保险工作。

(徐　庆)

综合与信息管理

【组织人事部门自身建设】 广泛开展“打造高度负责任、高度受尊敬企业”大讨论，各级组织人事部门和组织人事干部进一步解放思想，转变观念，增强了政治意识、大局意识和责任意识，提高了服务“着力做强做优、打造世界一流”的自觉性和坚定性。制定下发了《关于在组织人事系统认真学习贯彻傅成玉同志重要讲话精神，开展向李林森同志学习活动的通知》，全系统学先进、见行动，对照先进、找出差距，改进作风、推动工作。强化组织人事干部培训，全系统121名组织人事处长在中国延安干部学院参加了集中培训。各级组织人事部门结合纪念建党90周年，大力开展党的光辉历史和优良传统教育，不断加强思想政治建设和能力建设，内强素质，外塑形象，创先争优，在服务企业发展、服务职工群众中充分发挥带头表率作用，得到了广大干部职工的肯定。25名组织人事干部获石化集团公司优秀共产党员、优秀党务工作者称号，人事部党支部被评为石化集团公司先进基层党组织。

(李文德)

【人力资源信息化建设】 按照HR项目建设总体进度安排，密切做好业务衔接，稳步推进系统的分步推广。研究起草系统运行应用、用户权限管理、业务处理规范和应用考核办法等制度措施，强化运行监控和问题处理反馈，组织开展各类用户培训，着力抓好上线单位的实际应用。推进人才招聘网站的开发应用，认真做好系统功能的配置调整与开发完善，逐步实现系统的集成应用。截至2011年底，78家单位实现系统上线试运行，其中37家转入正式运行，系统应用效果初步显现。同时，完成人力资源管理制度标准化改造工作，切实加强劳动人事统计分析和人事档案管理等工作，为人事业务的顺利开展提供了有效支撑。

(李利芝)

离退休人员管理

【概述】 截至2011年底，石化集团公司共有离退休人员383 832人，其中离休干部6 099人、退休干部125 524人，退休工人252 209人；另有内退人员27 179人。离退休人员和内退人员总计411 011人。离退休人员党员总数134 113人(含内退人员党员8 323人)，设有96个离退休人员党委，246个党总支，3 432个党支部。专职离退休工作人员5 420人，兼职工作人员1 056人。

(崔文生)

【积极推进创先争优活动】 按照中央组织部、中央创先争优领导小组的要求和全国老干部局长会议精神，结合石化系统实际，印发了《关于进一步开展好离退休人员党组织和党员创先争优活动的通知》，对活动开展进行了再部署。先后组织了2个督导检查组，赴20多家企业对开展活动情况进行指导检查。组织48个单位在中原油田召开了创先争优活动推进会。在《石化老年》杂志中开设了创先争优活动专栏。选树典型，营造争先进、赶先进的良好局面。挑选出40篇离退休人员党支部和68篇离退休党员先进事迹材料，汇编成《我为党旗增光辉》一书，发放供离退休人员党支部和党员学习。组成先进事迹报告团，集中拍摄了《集团公司离退休人员党支部和党员先进事迹报告会》录像片，并刻录成光盘，发放到企业供离退休党员学习，同时，组织学习了杨善洲先进事迹，引起离退休人员的强烈反响。

（崔文生）

【开展“永远跟党走”主题系列活动】 一是认真组织学习贯彻胡锦涛总书记在庆祝中国共产党成立90周年大会上的重要讲话。各级离退休党组织还配发了学习资料和辅导读本，组织了学习交流会。二是开展纪念建党90周年征文活动。全系统征得离退休人员通讯、回忆录、诗词稿件482篇。总部机关组织离退休人员学习党史党建知识，并开展了答题活动。总部机关离退休人员举办了“红色记忆”——纪念中国共产党成立90周年书画、摄影展，先后展出了456幅书法绘画作品和111幅摄影作品。石化集团公司离退休工作部在全国离退休干部纪念建党90周年“与党同呼吸、共命运、心连心”征文活动中获得组织一等奖。三是在全系统离退休人员中开展了“永远跟党走”红歌演唱活动，收到良好的宣传教育效果。总部机关老同志合唱团参加了庆祝中国共产党成立90周年——中国石化直属党委“永远跟党走”红歌会汇报演出，获特等奖。四是在建党90周年前，石化集团公司共走访慰问离退休人员8 000多人。

（崔文生）

【提高离退休干部对组织工作满意度】 承办了中央组织部老干部局举办的“提高中央单位离退休干部对组织工作满意度座谈会”。会后，按照中央要求，与石化集团公司人事部联合印发了通知，要求各单位形成制度，建立机制，采取适当方式，定期向离退休干部通报组织工作有关情况，进一步落实离退休干部政治待遇。各单位认真抓好落实，离退休人员对组织工作满意度不断提高。

（崔文生）

【认真落实离退休干部生活待遇】 狠抓石化集团公司572号文件和离退休工作会议精神的贯彻落实，让离退休人员共享公司改革发展成果。召开了由19个直属单位40名代表参加的施工、设计和科研单位离退休工作座谈会。对14家企业贯彻落实572号文件和离退休工作会议精神情况进行检查指导。认真做好提高离休干部待遇的有关工作。经中央组织部批准，为4名离休干部提高享受部长级医疗待遇，为12名离休干部调整享受副部长级医疗待遇。各单位落实提高离休干部生活补贴标准，扩大了发放范围，将生活补贴送到每位离休干部手中。同时，组织离退休人员开展丰富多彩的精神文化活动。

（崔文生）

【离退休工作部门自身建设】 以学习贯彻习近平在全国老干部工作“双先”表彰大会上的讲话为契机，大力加强队伍自身建设。“双先”表彰大会上，茂名石化公司离退休人员管理部获得全国老干部工作先进集体称号；中原石油勘探局离退休职工管理处党委书记、处长田崇亮获得全国先进老干部工作者称号。

（崔文生）

物资采购与管理

◇ 综述

◇ 物资采购

◇ 业务改造

◇ 物资供应管理

◇ 重大装备国产化

综　　述

2011年，中国石化物资供应系统紧紧围绕打造世界一流的战略目标，以规范管理和保供降本为中心，以创先争优和“比学赶帮超”活动为抓手，着力强化物资供应管理，坚定不移地推进集团化采购，出色地完成了物资供应工作各项目标任务。

有力保障了生产建设物资供应。面对复杂多变的市场形势，物资供应系统广大干部职工进一步加强市场研究，强化过程控制，严控采购风险，切实保证了生产建设物资的安全、及时和经济供应。

全面推进传统业务改造。深入推进专业化分工流程化操作运行机制建设、供应商动态量化考核和业绩引导订货机制建设、框架协议采购、过程控制、采购策略编制及应用、库存资金占用责任主体调整等工作，巩固了传统业务改造成果。

着力强化物资供应管理。深入贯彻石化集团公司领导干部座谈会精神，比照世界一流全方位展开物资供应调研工作。开展物资供应制度标准化改造和业务流程体系建设，强化供应商关系管理，大力推进科学理性采购，全面提升了物资采购的价值和内涵。

坚定不移地推进集团化采购。发挥总部和企业层面两种优势、两个积极性，进一步加大集团化力度，集团化采购规模和质量进一步提升，资源获取能力和市场议价能力显著增强。

物资供应信息化建设取得新进展。完成了中国石化三剂管理系统的推广实施，推进了储备管理信息化，进一步提升了BW系统辅助决策作用，物资供应管理信息化水平进一步提高。

重大装备国产化攻关取得新成效。坚持重要设备、材料的国产化，彻底扭转了重大设备和关键材料长期依赖进口、受制于人的被动局面，有力地支持了民族装备制造业的发展。

（罗　智）

物资采购

【生产建设物资供应】　2011年，面对复杂多变的供应形势，物资供应系统广大干部职工以保供降本为中心，全面推进科学理性采购，全年采购化工原辅料、煤炭、设备材料等物资2 653亿元，有力地保障了石化集团公司生产建设物资的安全、及时和经济供应。

以服务生产建设为中心，加强市场研究，较好地把握了采购工作主动权。物资装备部全年累计发布48期《物资管理简报》，分析通报了三剂、煤炭、钢材、大型机组设备等主要物资的市场形势。累计发布37期煤炭、化工辅料、钢材等主要品种的框架协议采购执行价和参考价，为各企业提供了可靠的价格参考。各企业定期开展经济活动分析，对大宗原料、煤炭和钢材等主要物资的采购成本和市场行情进行分析研判，为科学确定采购价格、实现理性采购提供了有力的支撑。

强化企业生产保供。在“3·11”日本特大地震发生后，迅速制定了应对措施，最大程度地降低了地震对企业生产建设的影响。面对产煤大省明令限煤出省的严峻形势，充分发挥煤炭物流基地配送调剂作用，全年芜湖港、秦皇岛港、南京港3个基地共配送调剂煤炭958万吨。截至12月底，石化集团公司平均煤炭储备天数达到34.1天，为冬季煤炭安全供应打下了坚实的基础。

强化工程项目供应协调和服务。针对石化集团公司重点工程建设实际，及时调整和组建了武汉乙烯、中原MTO、中天合创、中科项目等12个重点工程建设物资供应协调部，全年召开现场协调会43次，协调指导制造厂、总承包单位和业主解决存在的重大进度和质量问题，并组织相关企业到国内外制造厂联合催交催运，为中原MTO项目顺利建成投产，为武汉乙烯、柴油加氢等26个重点工程如期建设提供了优质的供应服务保障。

（罗　智）

【集团化采购】　2011年，集团化采购规模1 692亿元，集团化采购率63.8%，同比增长3个百分点，节约资金59.9亿元，采购资金节约率3.5%。

集团化采购结构进一步优化。全年总部直接集中采购486亿元，总部组织集中采购1 206亿元，总部直接集中采购和总部组织集中采购比例由2010年的0.57:1优化为0.4:1，进一步确立了总部组织集中采购在集团化采购中的主导地位，更好地调动了企业层面的积极性。

集团化采购模式进一步优化。一是总部直接采购持续向战略采购转化。全年战略采购率为78.7%，同比增长17.7个百分点。二是总部组织集中采购持续向框架协议采购转化。全年总部组织集中采购的框架协议采购率81.3%，同比增长6.1个百分点。框架协议采购范围不断扩大，100%的化工原辅料、90%的电气专业日常需求物资都实现了框架协议采购。三是总部授权集中采购工作稳步推进。全年新组建了7个授权集中采购中心，已组建的21个授权集中采购中心，涉及物资品种50个。充分调动了企业积极性，改变了以前企业各自为战、分散对外的采购局面，整合了企业需求批量，采购价格明显降低，其中锻钢闸阀下降了15%，国标闸阀下降了10%，抽油杆下降了10%，碳素无缝钢管下降了3%以上。

（罗　智）

【网上采购】 2011年，网上采购规模2 545亿元，网上采购率95.9%。自2000年8月中国石化电子商务系统投入运行以来，网上采购金额已经累计突破1.1万亿元。

网上采购质量持续提高。全年网上采购达标率98.9%，同比增长2.9个百分点，其中上网采购率95.9%，网上业务处理及时率98%，采购方式合理率99%，接口使用率99%。各企业网上、网下采购"两张皮"和网上业务处理不及时的问题得到有效解决，39家企业网上采购达标率超过99%，同比增加16家。

电子商务系统应用范围不断拓展。2011年4月，中国石化—天钢、中国石化—攀钢的数据交互平台成功上线，实现了供需双方采购、生产、销售信息系统的信息共享，为深化战略合作创造良好条件。

（罗　智）

业务改造

【专业化分工流程化操作运行机制建立】 2011年，全面落实各企业专业化分工、流程化操作运行机制建设情况。对尚未到位的企业责令限期整改，截至年底已经全部整改到位。至此，各企业实现了供应商选择权、价格确定权和付款申请权的分置，形成采购环节与过程控制环节的相互制衡和自我纠偏机制。物资采购工作的重心实现了转移，市场分析、需求研究、供应商关系等管理工作得到进一步强化，提高了物资采购工作的效果和效率。

（罗　智）

【供应商动态量化考核业绩引导订货机制建设】 建立健全供应商业绩引导订货机制，将供应商业绩引导订货落到实处。一是印发了《关于建立供应商业绩引导订货机制的指导意见》，要求各企业按年度或项目周期动态调整和发布供应商排名，优先选用排名靠前的供应商。二是建立了供应商网络持续动态优化的工作机制，每年对连续2年无交易业绩的供应商和供应商许可供应产品目录进行清理，每月对重要资质超过有效期的供应商进行清理，持续优化网络供应商结构。通过全面落实供应商业绩引导订货，进一步精简了供应商数量，培育了主力供应商群体，提升了供应商网络的整体质量，更好地从源头控制了采购风险。

（罗　智）

【框架协议采购】 2011年，中国石化框架协议采购率达75.1%，同比增长10.4个百分点。印发了《中国石化框架协议采购管理办法》，进一步规范了框架协议采购业务运作，在框架协议采购规模提升的同时，框架协议采购质量逐步提高，效果显著。一是框架协议采购实现规模化采购，增强了议价能力，显著降低了物资采购成本。年内，框架协议采购资金节约率比平均采购资金节约率高2.5个百分点。二是框架协议将物资采购业务向少数优秀供应商集中，浓缩了采购渠道，提高了交易供应商供应份额，供应商平均供应份额同比增长了42.6%。三是框架协议采购改造了传统的"一单一办"的采购业务模式，大幅提高了采购工作效率。

（罗　智）

【库存资金占用责任主体调整】 2011年，制定和细化了库存资金占用责任主体调整的4项评价标准，对各企业进行了综合检查评估，对难点企业进行了现场督导和帮扶。各企业初步建立了权责匹配、责任清晰的库存管理机制，进一步强化了需求计划提报单位和审核管理部门的库存管理责任意识，为更好地控制库存规模、优化库存结构创造了条件。

（罗　智）

【采购策略编制及应用】 从2011年起，中国石化废止了长期沿袭的物资集中分交办法，正式启动了企业年度采购策略和项目采购策略编制工作，要求各企业物资供应分管领导牵头、相关部门参与，一揽子制定主要物资品种的供应商选择、采购方式、订货进度、过程控制等策略，并在企业内部正式行文印发，作为约束企业年度采购和项目采购行为的重要依据。总部先后3次组织企业集中研讨和专家评审，提高了采购策略的实效性和可操作性。全年共有49家企业编制印发了企业层面的年度采购策略，有效地增强了各企业物资采购工作的计划性和主动性。

（罗　智）

【物资供应过程控制】 2011 年，各企业均设立专门机构或岗位，从事供应过程控制工作，进一步强化过程控制工作，掌握了物资供应工作主动权，有效地防控了采购风险。一是拓宽了过程控制工作范围，把技术交流、商务谈判、合同签订、技术资料交付、制造质量、制造进度、安装调试等关键环节和关键点都嵌入系统，基本实现了过程控制标准化和程序化。二是优化完善了过程控制信息平台，建成可覆盖各种采购方式和各类物资品种的共享信息平台，提高了过程控制的信息化水平。

（罗　智）

物资供应管理

【全面推进科学理性采购】 着力强化宣传贯彻工作。利用石化集团公司物资供应工作会议、物资供应管理调研、宣传报道等形式，全面宣贯了“安全供应、及时供应、经济供应”的价值取向和“性能价格比最优，供应总成本最低”的科学理性采购理念。全面加强物资供应市场分析。全年出版发布煤炭、三剂、钢材、大型机组等主要物资市场形势的《物资管理简报》20 期，指导企业及时调整采购策略和应对措施。发布框架协议采购执行价和参考价 49 期，为企业实施采购提供了合理的价格参考。全面开展物资成本构成分析工作。全年完成了全部总部直接采购物资和超过 50% 的总部组织采购物资品种的成本构成分析工作。大力推进标准化采购工作。先后发布了《10 万立方米原油储罐钢板标准技术条件》、《管线钢标准化采购技术条件》等标准，统一了 17 套 S－Zorb 装置主要设备材料技术选型标准，实现了订货技术规范的标准化。

（罗　智）

【探索构建世界一流物资供应管理体系】 比照世界一流全方位开展物资供应调研工作。一是到中国石油、中国海洋石油、宝钢集团、海尔集团、华为技术公司等 20 家企业调研，了解国内各行业顶级企业物资供应管理现状。二是到中沙、扬巴、赛科、Addax 公司调研，了解合资企业和海外项目物资供应管理状况。三是到巴斯夫、西门子等国际知名企业调研，了解国外物资供应管理现状。在调研的基础上，组织召开了物资供应管理研讨会和物资供应主管经理研讨会，紧紧围绕构建与世界一流能源化工公司相匹配的物资供应管理体系进行了专题研讨，基本明确了构建世界一流物资供应管理体系的理念、目标和举措。

（罗　智）

【巩固完善物资供应管理体制】 2011 年有 5 家企业集中统一的物资供应管理体制推进到位。至此，各企业物资供应归口管理、集中采购的体制格局基本形成。华东石油局将原华东分公司采供中心和华东石油局所属二级单位供应站全部划归供应处，明确了供应处的物资供应归口管理职能。华北石油局将原分散在非上市二级单位的物资采购划归物资装备供应中心，由物资装备供应中心负责物资供应归口管理和集中采购。西南石油局将非上市部分的物资采购业务委托西南油气分公司物资供应处统一采购，建立了集中统一的物资供应管理体制。西北油田将物资供应管理职能移交物资供应管理中心，实现了供应与管理的有机结合。上海海洋石油局成立了物资供应处，将物资供应管理职能和非上市部分各二级单位的物资采购职能全部归口到物资供应处，实现了物资供应归口管理和集中采购。

（罗　智）

【物资供应制度标准化改造和业务流程体系建设】 完成了物资供应管理标准化制度建设。对现行 72 项总部层面物资供应管理制度进行废止、合并、改造后，发布了总部层面 21 项标准化制度、24 件制度性文件；在综合信息平台开发了物资管理制度模块，实现了制度信息共享。积极开展物资供应业务流程体系建设工作。对物资供应业务流程进行全面梳理、优化、改造，完成物资供应管理战略、采购策略、计划管理等 8 个关键环节的 78 个重点采购业务的流程图、流程说明书，初步形成了规范、统一的物资供应业务流程体系。

（罗　智）

【强化供应商关系管理】 截至 2011 年底，中国石化网络供应商为 17 479 家，同比减少 10%。其中，生产商 12 566 家，占 71.9%，同比增长 2.5 个百分点；流通商 4 913 家，占 28.1%。继续暂停生产建设物资流通商准入，严格控制从流通商采购。修订了《中国石化供应商现场考察评价标准》，提高了供应商准入门槛，进一步防范了物资采购风险。持续优化网络供应商结构，停用了 2 年无交易业绩供应商 3 060 家、资质过期供应商 421 家，解除了资质差、业绩差的供应商服务关系 14 094 项，解除了供应商的许可供应产品目录 70 598 项。全面开展供应商梳理工作，根据供应商综合实力评价和动态量化考核结果，分专业、按物资品种发布年度主要供应商排名，为落实供应商业绩引导订货提供依据。总部层面，发布了总部直接集中采购供应商108家，同比减少55%；发布了总部组织集中采购主要供应商2 014家，占总部组织集中采购供应商数量的27.3%，占供应份额的84.8%。企业层面，发布了本企业重要物资品种主要供应商，占相应品种供应商数量的37.1%，占采购金额的85.4%。进一步加大违约供应商处理力度，全年累计处理存在质量缺陷、延迟交货、服务不到位、现场考察不合格等问题的供应商63家，其中取消供应商网络成员资格9家，暂停交易资格18家，石化集团公司内部通报36家，增强了对供应商的警示力。

（罗　智）

【采购成本控制】 2011年，物资供应系统发挥集团化采购优势，大力推进战略采购、框架协议采购和区域协同采购，在保证物资安全供应、及时供应的前提下，全年共节约物资采购成本166.8亿元，采购节约率达到6.3%。

（罗　智）

【物资供应质量管理】 加强对监造工作的监管和现场到货物资的质量检查工作。一是修订了《中国石化物资供应质量管理办法》、《中国石化重要设备材料监造管理办法》、《中国石化入库物资检验大纲》等管理制度，进一步完善了物资供应质量管理制度体系。二是要求各企业明确本单位物资供应质量管理责任机构和质量管理人员，进一步完善了中国石化物资供应系统质量管理组织机构网络，充实了质量管理人员队伍。三是组织修订了《工程建设质量手册》（物资供应部分），进一步明确了中国石化工程建设物资采购质量管理程序和要求，为工程建设质量管理奠定了良好的基础。

（罗　智）

【物资供应管理信息化建设】 强化网上采购监管，制定了包括3个大类16项指标的网上采购监控指标体系，加强监控，及时发现问题并督促企业整改。全年网上采购达标率达到98.1%，同比增长了2.1个百分点。推进储备管理信息化，完成了64家企业储备管理制度信息化、调度调剂、需求计划跟踪与库存责任主体报表、储备物资目录维护等ERP系统调整和功能提升，提高了储备管理的信息化水平。进一步提升BW系统辅助决策作用，实现了绩效考核相关指标的实时查询、报表的自动统计等。进一步集成了电子商务、标准编码网站数据，实现独家采购、物料编码应用等监控分析。完成三剂管理系统的推广实施，共完成19家炼化企业现场实施工作，实现了炼化三剂、油田化学剂的全生命周期管理，提升了三剂整体管理水平。

（罗　智）

【储备管理工作】 截至2011年底，中国石化物资总库存117.9亿元，同比降低9.4%，积压物资规模同比降低27.4%。加强储备调研，对38家企业进行了现场调研，帮助查找问题，督促企业对发现的问题进行整改，提升了企业储备管理水平。坚持比对通报，每月发布储备管理情况通报，比对分析各企业积压物资降低幅度、库存规模控制及周转等情况，极大地增强了各企业强化储备管理、控制积压规模的意识，取得了显著效果。初步建立了总部集中储备体系，2011年新建立了变送器、沈阳远大往复式压缩机关键配件集中储备库，启动了南京港动力煤物流基地，在应急保供、减少企业重复储备方面，发挥了重要作用。

（罗　智）

【物资供应监管】 以物资供应“比学赶帮超”为抓手，强化监管。按季度对企业物资供应工作进行比对、分析和通报。开发BW系统“比学赶帮超”报表固化功能，实现了指标自动取数，督促企业采取有效措施，提高物资供应管理水平。组织开展物资供应管理调研。共组织10个调研组，对20家企业就落实科学理性采购、推进传统业务改造和规范网上采购等方面的工作开展了物资管理调研。通过调研，全面掌握了企业物资供应管理工作的开展情况，并督促企业对存在的问题进行整改。

建立了企业通用物资采购情况月度通报制度。对煤炭、石灰石、包装袋、油井水泥、机械密封、阀门、化工辅料等物资品种的采购价格、供应商业绩排名等情况进行了比对通报。指导企业按照物资性能价格比最优、全生命周期成本最低的原则，更好地控制物资采购成本。

（罗　智）

【物资供应系统培训工作】 组织开展了物资供应主管经理、供应处长、管理科长和新上岗员工等系列培训。全年共举办物资供应主管经理、供应处长等各类培训班13期，有效地提高了物资供应人员业务素质。积极筹备物资供应系统全员岗位练兵活动。

依托中国石化远程培训系统，开发了物资供应管理培训模块，启动了网上自助学习、自测自练，不断提高物资供应系统人员的岗位技能和工作水平。组织6个物资供应管理考察团组赴美国、欧洲、中东等地学习国外知名石油石化企业好的做法和经验，开阔了视野，提升了物资供应管理水平。

（罗　智）

重大装备国产化

【概述】　2011 年，重大装备国产化办公室紧紧围绕中国石化生产建设和主营业务的发展需要，针对国内外价格悬殊、市场需求大、国外垄断和采购工作中受制于人的装备开展国产化攻关研制工作。截至年底，中国石化千万吨级炼油装置国产化率达到了95%，百万吨级乙烯工程装备国产化率达到了 80%以上。

2011 年共立项研制 12 项，2010 年结转 6 项。福建炼化连续重整装置超大型板壳式换热器、乙烯高温高压阀门、45 万吨/年 PP 多区循环反应器、30 万吨/年 LLDPE 气相反应器等重大装备国产化项目全部通过成果鉴定，填补了国内空白。扬子石化 EO 反应器成功实现国产化，扭转了中国乙烯装置高端静设备长期依赖进口的被动局面。齐鲁石化 PE 大型挤压造粒机组、武汉石化 80 万吨/年乙烯制冷压缩机组、扬子石化 PTA 空压机组等重大装备国产化研制已经取得多项技术突破，正按计划抓紧推进。

（罗　智）

法律事务

◇ 综述

◇ 体系建设

◇ 合同项目

◇ 法律纠纷

◇ 公司事务

◇ 普法培训

◇ 法律资源

综　　述

2011 年，法律系统紧紧围绕年初制定的“深化法律工作‘两个根本转变’，加大法律风险尤其是国际化业务法律风险防控力度，进一步发挥一体化优势，建立分合有序、资源共享的法律支撑保障体系，为中国石化生产经营、效益增长、改革发展、和谐稳定、国际化经营提供有力的法律支撑和保障”的总体工作要求，切实抓好全系统各项工作的落实，加强部门建设、落实“三年目标计划”、深化“两个根本转变”、推进业务国际化、抓好日常工作和基础工作，各项工作按计划、有序地推进并取得积极进展。

法制工作“三年目标计划”圆满收官。全系统深入开展“三年目标计划”对标考评，各项指标全面完成。全系统 122 家直属企业法律机构中，28 家独立设置，76 家合署办公，18 家明确了法律职能部门，取得了全系统 122 家直属企业 100% 设置总法律顾问的重要突破；进一步强化履职能力，完成新入职总法律顾问的岗位适应性培训；创新工作方法，组织 10 家企业总法律顾问代表就总法律顾问 7 项职责履行情况、存在的问题和下一步工作打算进行述职。

业务国际化取得重要进展。法律系统结合学习贯彻石化集团公司领导干部座谈会精神，以“建设与世界一流能源化工公司相适应的法律支撑保障体系”为主题，对标 IOC、NOC 的法律工作管理体制和专业水准，查找不足，明确努力方向；召开境外法律工作推进会，全面分析中国石化国际化新形势，对下一步境外法律工作开展提出具体要求。一年来，法律工作在国际化经营中的作用日益显现，境外法律工作取得重要进展，整体呈现出可喜局面。

法治文化广为传播。归纳、总结、提炼依法治企、合规经营的法治文化理念、共识和指导日常法律工作的警言警句。这些理念和共识高度概括了日常法律工作，并上升为法治文化的层面和高度，强化了领导干部和职工的法律观念、法律意识，成为法律系统内外广为认可和传颂的中国石化法治文化的重要内涵和精髓。

法律风险管理不断深入。2011 年，全系统共办结新发及往年结转案件 672 起，避免和挽回损失 5.5 亿元人民币。新发案件中，劳动争议、合同纠纷以及侵权纠纷数量位居前 3 位，合计占 87%；从板块角度看，油品销售、炼化和油田板块案件合计占 82%。研究制定法律风险防控体系建设纲要，编制《中国石化 2011 年度法律风险管理报告》；加强立法研究，参加《海洋石油天然气管道保护条例》起草和《国家石油储备条例》的立法调研和检查，先后针对 30 项法律、法规草案向全国人大法工委、国务院法制办、国务院国资委、国家能源局等提出立法建议 70 余条，积极争取和利用“话语权”，从立法源头控制法律风险。

不断加强知识产权和品牌保护。梳理摸清了中国石化商标、标识的“家底”，完成整理和建档工作；品牌保护和打假维权不断深化，全年累计发现侵权加油站 744 个，清理率为 100%，有效维护了中国石化的品牌形象；重新修订《员工保密协议》和《竞业限制协议》等标准合同示范文本；与科技开发部、人事部、工程企业管理部联合召开技术秘密法律保护专题研讨会，促进知识产权管理工作不断深化；全程服务石化集团公司的公司制改制和董事会规范运作试点工作，完成石化集团公司章程起草。在总部和企业法律人员的共同努力下，编制完成《中国石化企业工商信息》(家族图谱)。

法制宣传教育亮点纷呈。2011 年，石化集团公司获全国法制宣传教育先进单位称号，5 人获全国法制宣传教育先进个人称号。依据全国普法办、国务院国资委“六五”普法规划，下发《中国石油化工集团公司关于开展法制宣传教育的第 6 个五年规划(2011—2015 年)》；下发《集团公司 2011 年法制宣传教育工作要点》；应邀为由司法部、全国普法办主办的全国“六五”普法骨干培训班授课，反响热烈。

创先争优和“比学赶帮超”工作务实开展。制定《“为民服务创先争优”活动实施方案》，认真践行 3 个方面、17 项服务承诺，建立部门、处室、员工三级承诺落实机制，实行首问负责、公开承诺、流程公示、岗位公开、过程随访和销项回访 6 项制度，并在法律信息门户网站公示，接受公众监督和检验，确保承诺落到实处。

（王　栋）

体系建设

【概述】 2011 年，法律系统以深化“两个根本转变”、推进法律业务国际化为主线，开展“为民服务创先争优”活动，大力加强部门班子建设、制度建设、队伍建设、作风形象建设，取得积极成效。

（王　栋）

【法制工作“三年目标计划”圆满收官】 中国石化提前超额完成法制工作“三年目标计划”。

2011 年，法律事务部全面总结石化集团公司贯彻落实“三年目标计划”取得的成绩和工作经验，向国务院国资委上报石化集团公司《关于落实中央企业法制工作三年目标情况的报告》，8月23日，国务院国资委组织的法制工作“三年目标计划”检查验收组给予较高评价。国务院国资委在9月召开的中央企业法制工作会议上，充分肯定了中国石化提前全面落实“三年目标计划”，加强法律工作体制、机制、业务和队伍建设的做法、经验和取得的成绩。

总部和74家重要子企业总法律顾问设置率、法律机构设置率均达到100%；两级法律机构共有专职法律人员460人，企业法律顾问执业资格持证率达到79%；全系统实现规章制度、经济合同、重要决策法律审核率100%。总部及74家重要子企业历史遗留重大法律纠纷案件基本得到解决，未发生因违法违规或未经法律审核引发新的重大法律纠纷案件。

（王　栋）

【新“三年目标计划”正式启动】 法律系统认真贯彻国务院国资委中央企业法制工作会议的各项要求，紧密围绕“一个核心”、着力“三个完善”、实现“两个提高”，制定中国石化《落实中央企业法制工作第三个三年目标计划》。全系统自上而下形成了实施新“三年目标计划”的完整目标任务体系。

（王　栋）

【推进业务国际化】 法律系统以建设与世界一流能源化工公司相适应的法律支撑保障体系和法律风险防控体系为主题，对标国际一流IOC、NOC的法律工作管理体制和专业水准，展开大讨论，找出差距、不足和努力的方向。10月，召开境外法律工作推进会，全面分析国际化新形势，对境外法律工作提出新要求，通报中国石化海外项目法律工作机构设置、人员配备及职能作用发挥情况，国际石油勘探开发公司等4家企业交流典型经验。

完善境外法律工作制度，规范境外业务法律管理。制定《中国石化境外法律工作管理暂行办法》，对境外法律工作体制和机制建设、合同管理、纠纷管理、公司事务、法律培训、法律中介机构、突发事件法律应对等进行了全面的界定和规范。

（王　栋）

【境外法律工作体系进一步健全】 构建境外法律工作体系，充实法律工作人员。在外事局的大力支持下，法律事务部向中东代表处派出法律代表。截至2011年8月底，全系统共有25个单位在境外设有全资子公司、分公司、合资公司和项目部共156个，配备法律人员220人。其中，外派专职法律人员59人，外派兼职法律人员51人，外聘法律人员110人。156个境外机构中，22个设立专门法律事务机构、法律管理岗位和配备法律人员；30个设立法律事务职能部门、法律管理岗位和配备法律人员；28个未设立法律事务职能部门和法律管理岗位，但配备兼职法律人员；76个未设立法律事务职能部门、法律管理岗位，未配备法律人员。

（王　栋　张　希）

【制度建设】 完成了《法律顾问管理办法》、《合同管理办法》、《法律纠纷管理办法》、《授权委托管理办法》、《商标管理办法》等法律事务管理制度的标准化改造，并汇编成册；制定《中国石化境外法律工作管理暂行办法》、《中国石化法律中介机构聘用管理办法》。

（王　栋）

合同项目

【概述】 2011年，法律系统紧紧围绕深化“两个根本转变”，全面推进合同管理信息系统建设，推进法律业务国际化，加大热点敏感问题研究力度，以制度、文本、信息化、队伍、项目法律服务等日常工作为主线，扎实推进各项合同管理工作。2011年，全系统共签订、审查各类合同60万份，同比增加3万份；标的额达4.6万亿元，同比增加1.2万亿元。其中，涉外合同2.4万份，同比增加8 000余份，标的额达2.7万亿元，占全部合同标的额的59%。与上年相比，发生纠纷的合同份数比例从59‰下降至37‰，合同金额比例从22‰下降至17‰。

（王文君）

【深化国别研究】 持续深化国别研究，有效指导境外业务开展。2011年，首批沙特等7个国家《投资贸易法律指南》完成印发，共计130万字。在此基础上，总结编印经验和成果，组织胜利油田、安全工程研究院等27家企业的60多位法律人员和业务人员，编写完成俄罗斯、香港等12个国家(地区)《投资贸易法律指南》，总计250万字。组织企业法律专家赴香港就境外法律风险防控、香港网点建设、非油品经营、国际贸易、国际项目融资等内容，对驻港企业员工进行专题法律培训。

（王文君）

【热点敏感问题研究】 常态化进行重点、热点、敏感问题的研究，当好参谋智囊。2011年，重点跟踪、研究与能源企业密切相关的案例和事件，编写尼日利亚新石油法、美国制裁伊朗等《石化法制简报》、签报和专题报告，向各级领导、部门及企业提供法律分析意见、建议和对策，石化集团公司领导先后作出8次重要批示。

（王文君）

【为非油品业务保驾护航】 2011年针对非油品业务法律风险多而分散的特点，组织编写了6类标准合同示范文本以及非油品业务的《法律风险防控手册》、《标准合同示范文本解析》、《法律风险防控解析》和《法律法规汇总》。

（王文君）

【加快合同管理信息系统建设】 2011年4月18日，中国石化合同管理信息系统（CMIS）试点实施工作启动，11月底首批19家试点企业和第1批33家企业已全面上线运行，实现了与ERP、资金集中等业务系统的集成，第2批35家推广企业完成初始化工作并具备试运行上线条件，提前1个月实现了“保50、争80”的目标。截至2011年12月31日，87家上线企业在线运行合同数量6.9万份，标的金额2 450亿元，系统用户5.2万人。CMIS系统建设和实施，使合同管理突破了时空界限，消除了信息孤岛，提升了审查审批效率，降低了管理成本，法律系统在不同业务板块实现了制度、系统、文本、流程和标准的统一，为中国石化一体化战略实施提供了法律合同管理上的支撑、保障、基础和平台。同时，启动CMIS系统向海外业务的延伸覆盖工作，对部分海外企业CMIS需求进行调研，并着手编制CMIS海外延伸工作实施计划。

（王文君）

【标准合同示范文本建设】 2011年，完成物资采购、油品购销储运、境内炼化工程、管道工程、境内石油工程、天然气业务、中外合资等7类200多个文本“回头看”，编印《中国石化标准合同示范文本汇编》工具书8本。全系统开发境外上游投资、石油工程、炼化工程、国际原油贸易、物资采购等各类境外业务标准合同示范文本220个，丰富和完善了标准合同示范文本库。

（王文君）

【合同检查】 2011年，收集108家单位的合同年报和“十一五”合同统计分析表，从合同签订、审核情况、合同管理制度、合同文本的开发和推广、合同管理员队伍建设、“重合同、守信誉”6个方面分44个细项作了全面的统计分析。

（王文君）

【重大项目法律服务】 2011年，法律事务部为勘探开发、资本运作、境内外合资合作、融资担保以及新能源、工程等107个重大项目提供法律服务。完成了石化集团公司章程的起草工作。

（王文君　詹　湲）

【总部机关合同管理】 严格总部机关日常合同审核、盖章和归档工作，2011年对总部机关584份日常合同进行审核、盖章，其中石化集团公司310份、石化股份公司270份、资产公司4份。

（王文君）

法律纠纷

【概述】 2011年，法律系统按照“两个根本转变”指导方针，紧紧围绕重大案件纠纷处理这一中心工作，抓管理、抓基础，积极开展知识产权、案例汇编、不良债权审核、法律风险防控等专项工作，不断提升业务能力和维权水平。

（王凌云）

【重大外部纠纷案件】 2011年，按照石化集团公司纠纷诉讼管理相关制度，总部督办的重大外部纠纷和项目（包括未进入诉讼程序的相关事项）主要包括广西石油桂政高速BOT合同纠纷、联合石化海事救助纠纷、安徽宿州石油分公司名誉侵权纠纷等。在纠纷案件处理工作中，注重及时总结、梳理案件处理心得和风险防范启示，为更好地处理类似纠纷案件和防范法律风险积累有益经验。

（王凌云）

【不良债权（股权）核销法律审核】 2011年，审核石化集团公司上海海洋石油局、西南石油局、华东石油局等31家单位1 346笔债权，国际事业公司、江苏石油、海南石油等4家单位7笔股权；审核石化股份公司镇海炼化、安徽石油、润滑油分公司等17家单位232笔债权，镇海炼化、润滑油分公司、福建炼化等3家单位3笔股权。通过加强坏账核销的法律审核，加大维权争效力度，积极寻找和发现可以继续追索的财产线索，最大限度维护企业合法权益。

（王凌云）

【知识产权保护】 重新修订下发《员工保密协议》、《员工保密和竞业限制协议》等标准合同示范文本，以文本规范促进管理的规范。会同人事部、工程企业管理部、科技开发部联合召开技术秘密法律保护研讨会，科研、工程及专业公司27家单位参加，推动知识产权法律保护工作不断深化。进一步加大技术秘密侵权案件的处理力度，刑民并举多途径维护企业知识产权。

（吴　洁）

【案例分析总结】 完成《中国石化法律纠纷典型案例汇编》丛书编制印发工作，该丛书选取物资采购、产品销售、知识产权、加油站网点发展、侵权纠纷、工程建设、劳动争议等业务领域的真实案例，通过对案例逐一进行分析，从业务管理和法律实践两方面总结、提炼出相关提示、警示和建议，为防范类似风险提供参考和借鉴。通过案例汇编，使个案经验和收获上升为共享的知识和管理经验。

（冯后胜）

【风险防控】 根据国务院国资委关于加强央企全面法律风险管理工作的要求，结合中国石化生产经营实际，全面启动中国石化法律风险体系建设，将风险防控工作推向体系化、常态化。编写《中国石化2011年度法律风险管理报告》，全面回顾2011年度法律风险管理工作，前瞻性分析2012年全系统主要法律风险类别及防控举措，揭示各板块具体法律风险。

（王凌云）

公司事务

【法律研究与规章制度审查】 2011年，在深入研究并征求相关业务部门和直属企业意见的基础上，先后对29项法律、法规提出立法建议70余条，分别向全国人大法工委、国务院法制办、国家能源局、国务院国资委作了函复，参加专题会议5次。涉及的相关立法包括能源资源法律类4项、环境安全类4项、财税法律类12项、公共法律类9项。参加国家石油储备、《石油天然气管道保护法》执法检查。共对石化集团公司466项规章制度进行合法性审查。积极研究热点法律问题，针对资源税改革、经济安全审查等进行研究，共编发13期简报及专题材料。

（詹　湲）

【工商事务】 2011年，完成石化集团公司、石化股份公司法定代表人和组织机构代码证变更登记，以及石化集团公司、石化股份公司年检。全年共办理工商登记事项85件，审查直属企业授权管理办法，办理单项授权122份。

根据经营管理的需要，在石化股份公司营业执照的经营范围中增加了“非煤矿山”项目。积极协调国家工商行政管理总局，反映中国石化管理体系、经营实际以及《公司登记管理条例》相关规定产生的制约，为解决分支机构经营加气站、非油品业务工商登记问题创造条件。

继续推进中国石化“家族图谱”建设，“中国石化企业工商信息管理系统”基本建成并投入使用。根据企业上报的内容，法律事务部整理、分析并编写的《中国石化企业工商信息管理》（家族图谱）形成初稿，其中收录了截至2010年底的全系统绝大多数企业和加油站的工商基础信息。

（詹　湲）

【商标管理】 进一步夯实商标管理基础工作。整理完毕石化集团公司注册商标档案，基本摸清下属企业商标底数。编制完成《中国石化商标管理概览》，明确了商标管理体制，论述了商标注册原则，总结了商标运用方式和成果，汇总展示了中国石化总部注册商标的具体情况和总体面貌。

“朝阳”商标在韩国和哈萨克斯坦获得核准注册。全年共在境外7个国家和1个区域性国际组织开展“朝阳”商标和“SINOPEC”商标补充注册工作，注册范围涵盖了企业经营发展所涉及的商品和服务项目，申请注册商标93件。

积极开展商标打假维权工作，共处理商标侵权案9件。通过协助行政主管部门打击商标侵权行为，有效地维护了消费者和企业权益。

（詹　湲）

【资本运营及专项事务】 2011年共参与公司债、可转债、股权转让、企地合资、企业改制、板块业务重组与分拆上市等项目27项。

（詹　湲）

普法培训

【概述】 2011年是中国石化法制建设承前启后的一年。法制工作第2个三年目标提前超额完成、“六五”普法成果丰硕，受到上级主管部门和石化集团公司领导的充分肯定；法制工作第3个三年目标和“六五”普法全面启动，实现良好开局；中国石化法治文化理念不断强化，广大干部员工法律意识进一步增强；法律人才队伍建设目标明确，各类培训有序开展。

（张　希）

【“五五”普法成果丰硕】 2011 年是“五五”普法总结表彰之年。中国石化“五五”普法成果丰硕，受到全国普法办、司法部、国务院国资委普法办的充分肯定。石化集团公司以及中原石油勘探局、胜利石油管理局胜建公司、河南石油勘探局、齐鲁分公司、长岭分公司、安庆分公司 7 家单位获全国法制宣传教育先进单位称号；石化集团公司法律事务部以及江汉石油管理局、江苏石油勘探局、荆门分公司、北京石油分公司、上海石油化工研究院、第四建设公司获中央企业法制宣传教育先进单位称号。在第 7 次全国法制宣传教育工作会议上，中国石化题为《围绕中心工作　突出行业特色　增强法制宣传教育工作的针对性和吸引力》的总结材料作为两家企业代表之一作书面交流。

（张　希）

【“六五”普法全面启动】 2011 年是“六五”普法的启动之年。石化集团公司制定下发“六五”普法规划，成立“六五”法制宣传教育领导小组。在总结以往经验的基础上，制定下发《中国石化法制宣传教育工作管理办法》，促进法制宣传教育工作进一步规范化、制度化。研发中国石化法制宣传教育工作信息管理统计系统并上线运行，提升法制宣传教育工作信息化水平。作为唯一企业代表，为司法部、全国普法办举办的“全国‘六五’普法骨干培训班”授课。全系统各单位依据石化集团公司“六五”普法规划分别制定本单位“六五”普法规划，“六五”普法全面启动。

（张　希）

【利用新闻媒体加强法制宣传报道】 下发《关于利用中国石化内部新闻媒体加强法制工作宣传报道的通知》和《关于进一步加强法制工作宣传报道的意见》，建立普法联络员、法制宣传员队伍，用手中的笔弘扬法治文化。2011 年，《中国石化报》刊登法制宣传专版 4 期，稿件 66 篇。胜利石油管理局、河南石油勘探局、上海高桥分公司、仪征化纤股份有限公司、催化剂分公司、北京化工研究院、洛阳工程公司等单位通过法制简报、简讯、专刊、法律知识读本等方式广泛宣传法制理念、工作成绩和亮点，营造浓厚的法治文化氛围。

（张　希）

【法制宣传教育蓬勃开展】 石化集团公司制定下发《2011 年法制宣传教育工作要点》，按季度下发领导干部学法主题，确保“六五”普法开好头、起好步。编发《边学边练——企业社会责任法律法规》20 万册，系统梳理涉及企业履行社会责任的 21 部法律法规供广大干部员工学练，受到广泛欢迎。编印《普法讲坛》，制作法治文化月历、普法扑克等，成为中国石化弘扬法治文化的“名片”。开展“践行‘每一滴油都是承诺’、打造‘高度负责任、高度受尊敬’企业的法律思考”主题征文活动，70 家单位提交参赛论文 236 篇。结合“12·4”全国法制宣传日“深入学习宣传宪法，大力弘扬法治精神”的主题，组织全系统参加司法部、国家互联网信息办公室、全国普法办公室举办的全国百家网站中国特色社会主义法律体系知识竞赛活动。中原石油勘探局的社会法庭，江苏石油勘探局的法治书法展览，安庆分公司、石油勘探开发研究院的法律知识竞赛，广州分公司的法律咨询，销售华南分公司的管道保护实地宣传，国际石油工程公司的网络普法等进一步拓宽了法制宣教的覆盖面。

（张　希）

【大力加强法治文化建设】 确立中国石化“依法经营、诚信经营，依法治企、合规经营”的法治文化理念。这些理念和共识高度概括了日常法律工作，并上升到文化的层面和高度，成为中国石化法治文化的重要内涵和精髓。在国务院国资委政策法规局第 10 期法制讲堂作《积极培育央企合规文化》讲座，交流中国石化培育法治文化、合规文化的经验和做法。2011 年底，与国务院国资委政策法规局共同策划并具体承办了部分央企法律部门联谊汇演，以“培育央企合规文化　打造一流法律团队”为主题，奉献了一台精彩纷呈的法治文化节目。

（张　希）

【对新入职总法律顾问和法律机构负责人开展培训】 完成新入职总法律顾问和法律机构负责人的岗位适应性培训，进一步明确总法律顾问和法律机构负责人的职责定位，强化履职能力，提高领导艺术。

（张　希）

【对专家型法律人才开展培训】 对24名法律骨干人员进行了为期1个月的综合培训；对全系统“六五”普法联络员、法制宣传员进行培训，提高其普法工作信息统计系统操作能力和新闻写作能力；举办合同管理员培训班，培训兼职合同管理员104人。

（张 希）

【对涉外法律人才开展培训】 协助人事部举办境外项目法律与合同管理培训班，培训涉外法律人才24人；举办法律人员国际化知识培训班，全体学员参加法律英语证书(LEC)考试，储备涉外法律后备人才23人；编写《涉外及外派人员应注意的法律问题》培训课件，在国际石油勘探开发公司、炼化工程公司、华北石油局等涉外培训班进行了讲授；组织企业法律专家赴香港就境外法律风险防控、香港网点建设、非油品经营、国际贸易、国际项目融资等内容，对驻港企业员工进行专题法律培训。

（张 希）

【举办企业法律顾问知识培训班】 组织系统内专家为全系统185名学员进行为期16天的企业法律顾问知识培训，加深了法律人员对法律知识的系统理解，进一步提高法律人员企业法律顾问执业资格的持证率。

（张 希）

法律资源

【外聘法律中介机构管理】 制定中国石化《法律中介机构聘用管理办法》，进一步加强和规范公司外聘法律中介机构聘用和管理，确保公开、公正、公平地择优选聘中介机构。根据业务部门和企业对外聘法律中介机构的服务需求，先后为石化集团公司商标在非洲知识产权组织的异议和维权、海南炼化资产处置、石化集团公司商标海外补充注册、石化股份公司可转债和公司债、码头资本运作、重庆石油加油站纠纷、中国燃气收购、Matric公司收购可行性分析等项目或案件选聘法律中介机构。在重大、敏感案件和项目的法律中介机构选聘过程中，邀请监察局全程参与，全程监督。逐步建立和完善包括石化集团公司境内外业务、涵盖总部和全系统的法律中介机构资源库。

（范 辉）

【加强与同行交流】 参加国务院国资委中央企业法制工作会议，蔡希有代表中国石化作了大会典型经验交流发言，国务院国资委充分肯定中国石化提前完成“三年目标计划”，加强法律工作体制、机制、业务和队伍建设的做法、经验和取得的成绩。加强对外公共关系和业务交流，商务部条法司、公平贸易局，中国国际经济贸易仲裁委员会(简称贸仲)等应邀来总部进行法律工作交流；参加贸仲仲裁员座谈会和国务院国资委“打造世界一流企业法律保障研究”课题研究，为国务院国资委法制讲堂、全国普法办普法骨干培训班授课；与GE油气等跨国能源公司法律部门、世界经济论坛油气行业主管、新加坡仲裁中心等交流。

（范 辉）

【与法律中介机构交流】 与安理、富布赖特、曼斯、文森、昆毅、普衡、万盛、西盟斯、盛德、高伟绅、贝克·麦坚时等国际律师事务所开展工作交流，并就业务培训，加强国别研究合作，举办重点、热点、敏感问题专题研讨等事宜进行广泛交流。中国石化法律事务部连续第3年获得China Law& Practice最佳中国公司法律团队大奖。

（范 辉）

【上下联动和区域法律资源共享】 在胜利石油管理局、中原石油勘探局、西南石油局、金陵分公司、广州分公司分别牵头的5个片区试点工作的基础上，全面构建中国石化法律工作协调互助机制。将全系统122家单位划分为13个法律工作协调互助片区，每个片区由1家单位牵头，形成全系统经验交流、区域资源整合和成果共享的工作机制和平台。制定下发《关于开展区域法律资源共享协调互助工作的指导意见》，规范互助工作有序开展。

（王 栋）

审计与监察

内部审计

综　　述

2011年，石化集团公司审计部门按照新一届党组提出的"打造高度负责任、高度受尊敬企业"要求，进一步深化对国有企业责任的认知，围绕中心、服务大局、认真履行监督职责，全年共开展各类审计项目1 419项，审计工程预结算、招投标等5 663项，查出了一些违规违纪问题，提出并被采纳审计意见和建议2 044条，促进增收节支金额25.74亿元。审计工作在促进公司规范管理、堵塞漏洞、防范风险、提高效益、健康发展等方面发挥了重要作用。

（李青山）

管理和效益审计

【概述】 2011年，审计部门紧贴生产经营及改革发展和管理等中心工作，坚持抓重点、抓关键、抓薄弱环节、抓风险大的领域、抓精细化管理经验的总结和推广，全年共开展各类管理和效益审计283项，促进增收节支5.38亿元，改进和完善了管理，堵塞了漏洞，防范了风险。

（李青山）

【总部组织实施的管理和效益审计】 总部采取统一审计方案、组织企业自查和分局重点抽查的方式，集中开展了销售企业非油品业务管理及核算情况、油田企业内部工程结算情况、炼化企业非计划停工情况等6项管理和效益专项审计，同时组织企业统一开展了银行账户清理及核销情况等4项专项审计调查。通过专项审计和审计调查，揭示和反映了油田、炼化、销售企业相关业务管理中存在的体制性障碍、制度性缺陷和管理漏洞，及时向党组提交了专项审计报告和专项审计调查报告，并提出了切实可行的建设性意见和建议，引起党组领导和总部有关部门的高度重视，为领导全面深入掌握情况和实施正确决策提供了可靠依据。

（李青山）

【企业组织实施的管理和效益审计】 各企业在完成上述专项审计及审计调查的基础上，结合本单位实际和领导关心的重点问题，积极开展了其他管理效益专项审计，胜利油田坚持严考核、硬兑现，对下属二级单位开展了承包经营审计；广州石化、齐鲁石化、茂名石化等审计部门坚持从生产一线入手，分别组织开展了对"三剂"使用及管理情况、外供碱渣等多项审计调查，促进企业规范了管理，堵住了效益流失点。上述审计各有侧重，反映和揭示了企业相关业务中存在的问题和隐患，为企业进一步提升管理水平和提高经济效益起到了重要的促进作用。

（李青山）

经济责任审计

【概述】 2011年，审计部门认真执行企业领导人员经济责任审计制度，不仅把领导干部履行经济责任作为审计重点，而且关注影响和制约企业管理发展的重大问题，主动引入主题审计，提升了审计目标和层次。全年开展经济责任审计194项，查出一些违反财经纪律的问题，促进增收节支8.89亿元。

（李青山）

【总部组织实施的经济责任审计】 总部通过对企业原主要负责人的离任审计和企业现任主要领导的任中审计，查出会计核算、投资管理不规范等问题以及影响和制约企业管理发展的问题，针对性地提出规范整改的审计意见和建议，有力地促进了企业经营者依法规范经营、有效履行经济责任，并为公司客观公正考核和评价经营者提供了依据。同时，切实改进和深化经济责任审计工作，推陈出新，创新引入主题审计和开放透明审计，进一步扩大了审计成果。总部在开展对齐鲁石化主要领导的离任经济责任审计中，对其经验做法进行了深入总结，并向党组领导提交了《齐鲁石化一年来发生显著变化》的专题报告，引起领导高度重视。办公厅通过《学习与参考》予以了转发，要求全系统认真组织学习。在对江汉油田原主要领导的离任经济责任审计中，对一些普遍性、重要性或典型性问题，深入展开审计调查，并以专题报告形式向党组有关领导进行反映，引起领导重视。同时对江汉油田好的管理经验和做法及时总结提炼，并通过《审计简报》予以宣传推广，有效发挥了审计的监督、服务和预警免疫作用。另外，通过开展经济责任审计，还总结推广了河南油田"标杆管理法"、长岭炼化创新组建改制企业地区经济合作协会、南京工程公司科学管理等先进管理经验和做法，审计在促进公司提升经营管理水平方面日益发挥出重要作用。

（李青山）

【企业组织实施的经济责任审计】 为了强化对领导干部的审计监督，为组织部门考核使用干部提供参考依据，胜利油田、河南油田等审计部门接受组织部门的委托，对下属单位领导人员进行了任期经济责任审计。通过审计，既对被审计单位领导干部任职期间的经济责任作出了客观公正的评价，也揭示了被审计单位管理中存在的深层次问题，强化了各级领导干部遵规守纪意识，防范了经营管理风险和干部腐败风险。

（李青山）

内控审计评价

【概述】 2011 年，审计部门以促进公司控制力、企业执行力的提高为目标，对照《内部控制手册》和相关监督办法，开展内控独立审计评价 134 项，提出审计意见和建议并被采纳 163 条。

（李青山）

【总部组织实施的内部控制审计评价】 总部对 2011 年版《内部控制手册》的 67 个业务流程和 2 132 个控制点进行了全面梳理，编制了审计评价底稿模板，为全系统规范开展审计评价工作奠定了基础。同时，对 28 户直属企业和分(子)公司的内控开展了独立审计评价，揭示了部分企业内控执行不到位以及会计信息存在质量风险等问题，剖析了问题产生的原因，提出了改进和完善公司内部控制工作的意见和建议。从结果看，企业的风险管理控制意识和能力进一步提高，内部控制的“免疫系统”功能较好地发挥了作用。

（李青山）

【企业组织实施的内部控制审计评价】 为进一步加大内控制度的执行力度，有效防范经营风险，堵塞管理漏洞，润滑油分公司认真组织力量对本单位内部控制及其执行情况进行了全面的审计评价，并以开放心态主动邀请总部审计部门对其进行审计，有效防范了风险，促进了管理。巴陵分公司修订完善了 42 个业务流程、280 项业务类型权限、473 项配套制度，使内部控制更加完善和适用。

（李青山）

工程投资审计

【概述】 2011 年，审计部门以促进企业不断规范投资行为、提高投资效益为目标，开展固定资产投资项目审计 357 项，审计工程预结算、招投标等 5 663 项，除了查出违反工程投资管理的问题外，还促进增收节支 9.85 亿元。

（李青山）

【总部组织实施的工程投资审计】 总部首次与国家审计署联合开展了原油商业储备库和“川气东送”工程项目审计。审计组针对原油商业储备库安全和工程项目招投标以及分包管理方面存在的较为突出的问题，深入审计并分别向公司领导报送了《原油商业储备库安全隐患亟需整改的专题报告》、《关于工程招投标和分包管理专项审计调查的报告》，同时认真总结了“川气东送”工程建设的管理经验，使其得以系统总结和传承，扩大了审计的效果，促进了两个工程项目建设中有关问题的及时解决。

（李青山）

【企业组织实施的工程投资审计】 企业审计部门前移审计关口，加强过程监督，在完成总部授权审计任务的同时，积极开展工程结算审计，全年共审计预结算书 8.3 万份，促进增收节支 9.28 亿元，其中浙江石油、金陵石化、湖南石油、上海石化、江汉油田、中原油田等 30 家企业工程投资审减额均超过 1 000 万元，不仅规范了工程项目管理，而且节约了投资成本。另外，部分企业围绕长远发展问题，进一步拓展和深化审计监督工作。管道储运公司组织开展了输油管道占用和清理情况的审计，广东石油、江西石油等单位开展了加油站投资后评估审计，进一步拓展了工程投资审计的范围与内容。

（李青山）

财务收支审计

【概述】 2011 年，审计部门以维护企业合法权益和促进企业严格财务管理、提高会计信息质量为目标，改进审计方法，深化财务收支审计工作，全年开展财务收支审计 71 项，促进增收节支 0.9 亿元。

（李青山）

【总部组织实施的财务收支审计】 总部坚持各项审计监督工作都要从内控审计入手并以财务收支审计为基础，将传统的财务收支审计与管理效益审计、经济责任审计等相结合，进一步增强了服务全局、促进审计增值的意识和能力。同时，针对公司财务管理和会计核算方面存在的薄弱环节和风险问题，进一步深化对税收计缴、费用开支等成本核算与管理以及重大资金、资产处置的审计，把常规审计与主题审计结合起来，进一步增强了审计的威慑力，提升了常规审计的效果。

（李青山）

【企业组织实施的财务收支审计】 为核实下属单位财务收支的真实性、合法性及合规性，严肃财经纪律，加强内部管理，企业审计部门不断加强财务收支审计。洛阳石化为加强对下属单位财务收支及有关经济活动的真实性、合法性、效益性的审计监督，对洛阳吉利自来水有限责任公司等单位进行了财务收支审计。高桥石化为加强和改善对合资企业的管理，对高桥加德士公司财务收支、内部控制制度的建立及执行、关联交易等情况进行了审计。

（李青山）

涉 外 审 计

【概述】 2011 年，审计部门以促进石化集团公司“走出去”发展战略有效实施，总结涉外投资管理经验和防范投资管理风险为目标，逐步拓展审计范围，深化涉外审计工作。全年开展涉外审计 9 项，在查处有关问题的同时对好的管理经验进行了总结。

（李青山）

【总部组织实施的涉外审计】 2011 年，总部对石化盈科公司、炼化工程公司哈萨克斯坦阿特劳芳烃项目、联合石化、中石化香港公司等涉外企业（项目）开展了审计；同时参与对福建森美、福建联合石化 2 家合资企业股东方的联合审计。通过对涉外企业（项目）的审计，揭示并反映了涉外企业（项目）在工程管理、资金管理等方面存在的问题及风险隐患，进一步加强了对涉外企业（项目）管理及资金运作情况的审计监督。同时对成功的管理经验进行了深入系统的总结，形成专题报告上报党组，促使这些管理经验得以传承和推广，增强了审计效果。

（李青山）

【企业组织实施的涉外审计】 2011 年，国际石油工程公司、国际石油勘探开发公司等企业通过开展境外机构负责人的离任经济责任审计和项目管理审计，促进了海外市场的持续健康发展。此外，为了促进企业加强管理，年内全系统审计部门还围绕石化集团公司管理的重点环节，开展其他审计项目 371 项，进一步规范了企业的各项管理工作。

（李青山）

审计基础管理工作

【概述】 2011 年是“十二五”发展规划的开局之年。审计部门认真践行科学审计理念，扎实开展审计监督工作，着力推进审计管理创新，审计工作在有效履职、科学发展方面迈出了坚实步伐。审计部门及下属 8 家企业审计部门被国家审计署授予全国内部审计先进集体称号。

（李青山）

【进一步明晰审计工作发展目标和思路】 2011 年，总部在提出“十二五”审计工作实现“国内领先、国际一流”目标的基础上，进一步深入研究和明确了该目标的具体内涵和标志，即应当是审计体制先进、审计理念一流、监督目标高端、程序方法科学、管理规范高效、队伍素质优良、成效作用显著等。同时，通过征文与研讨，初步明确了公司“善学习、尽职守、重形象、讲奉献、顾大局、勇开拓”的审计文化内涵，使“十二五”审计工作发展目标和思路更加明晰。

（李青山）

【稳步推进审计“四化”建设】 2011 年，总部完成了 32 项审计制度的标准化改造，制定下发了经济责任审计和固定资产投资审计业务规范指引等，进一步规范了主要审计业务的审计行为；设计了定量与定性相结合的审计评价指标体系，建立了审计对象和项目组织管理的数字台账，完善了审计数据库建设，为科学开展审计评价和评价审计人员业绩提供了支撑；继续推进 AIS 和审计集成管理系统的推广上线及深化应用工作，审计集成管理系统正式通过石化集团公司验收并获得管理现代化创新成果一等奖，以审计预警为核心的审计集成系统二期建设完成了调研和立项。

（李青山）

【扎实推进审计工作的有效管理】 2011 年，总部以审计计划管理为龙头，加强了审计项目计划的动态管理，强化了过程指导，建立了审计重大问题及时报告制度；以审计项目质量控制为核心，通过加强培养培训、强化审理通报和退回机制、实行审计报告征询部门意见等措施，进一步加强了审理管理工作，促进了各级审理责任的落实；以审计督导为抓手，对江汉油田等 9 家企业开展了审计督导工作，有力促进了企业审计工作水平的提高；以部门协作为组带，主动加强与纪检监察、人事、财务、工程、企改部门和各事业部的沟通与配合，互通信息，共享成果，初步形成了公司内部监管“大格局”。

（李青山）

【大力加强审计作风建设】 2011年，总部以开展“为民服务创先争优”活动为契机，大力加强审计作风建设。结合审计工作实际，一方面大力优化审计的组织与管理，努力提高审计工作的科学性，尽量缩短现场审计时间；另一方面努力深化审计工作，积极为企业排忧解难，切实发挥审计服务于公司和企业的建设性作用。同时，加强审计廉政建设，认真落实廉洁规定。通过《审计工作简报》，大力宣传审计系统“为民服务创先争优”的好做法和企业精细化管理的好经验，扩大了审计影响，促进了公司精细化管理和“比学赶帮超”活动的深入开展。

（李青山）

【开展审计技术大比武】 2011年，总部组织全系统审计人员首次开展了审计技术大比武，并为此印发了20多万字的《审计业务比武题库》。通过网上答题、个人决赛、团体复（决）赛，促使审计人员切实加强了对审计业务和政策法规以及相关知识的学习。同时，举办了高级审计人才、审计信息化应用等各种培训班8期，培训审计人员近1 000人次。另外，通过“以审代培”培训企业审计业务骨干100余人次，派出36名员工参加了涉外业务培训和学习，派出4名员工参加了审计署历时半年的长江三峡工程的竣工决算审计等。这些措施促进了审计人员实战能力和业务素质的进一步提高。

（李青山）

【实施人才交流和岗位轮换】 2011年，总部从有关企业采用竞聘方式选聘了7名业务素质较好的人员充实到审计分局队伍。同时，首次对4位处级领导和10名员工实施了岗位轮换和内部交流，并推荐2名业务骨干到企业担任业务部门负责人。江苏油田、广东石油、巴陵石化、宁波工程公司等许多企业通过公开招聘、轮岗交流等，也进一步充实了审计队伍，提升了审计队伍的整体素质。

（李青山）

【组织开展审计理论研究与实务研讨】 2011年，总部组织全系统审计人员围绕“经济责任审计理论与实务”等课题进行认真研讨，推动学习型审计团队建设，有8篇论文在全国“经济责任审计理论与实务”研讨暨经验交流会上获奖，其中一等奖1篇、二等奖3篇、三等奖4篇，中国石化连续第3年获得组织奖。此外，总部开展了全系统2010年度优秀审计项目评选活动，评出优秀审计项目33个，并对部分优秀审计项目进行了巡展，促进了审计项目质量的提高。

（李青山）

其他工作

【协调配合国家审计署和国务院监事会的审计检查工作】 2011年，国家审计署对石化集团公司原主要领导人苏树林开展了离任经济责任审计；国务院监事会对公司驻港企业（机构）的资产及管理情况首次实施了监督检查，并对25家企业开展了调研和检查。按照石化集团公司党组领导的指示，审计部门把迎审、迎检工作作为重中之重，周密部署，认真开展自查自纠，全力配合现场审计，积极营造良好环境，切实加强日常沟通和协调，认真做好上情下达和下情上达工作，保证了审计检查工作的顺利进行，维护了公司的良好形象。此外，按照国务院国资委的统一部署和石化集团公司党组要求，认真开展了“小金库”专项治理复查工作，建立健全长效机制，巩固扩大了“小金库”专项治理成果。

（李青山）

纪检监察

综　　述

2011年，石化集团公司各级纪检监察部门坚持标本兼治、综合治理、惩防并举、注重预防的方针，全面履行党章赋予的职责，加强组织协调，推进廉洁教育，深化源头治理，规范权力运行，严肃查办案件，党风建设和反腐倡廉工作取得了新的成效，为把石化集团公司建设成为世界一流能源化工公司发挥了保障和促进作用。

（纪　健）

惩防体系建设

【概述】 2011年，石化集团公司继续推进惩防体系建设，党组制定下发了《中国石油化工集团公司惩治和预防腐败体系建设2011年工作要点及任务分解》，将54项任务分解到12个牵头部门和18个协办部门

(单位)。党组成员、纪检组组长徐槟两次主持召开专题会，听取汇报，部署工作，确保各项任务落实到位。

(纪　健)

【惩防体系建设自查】 2011年上半年，石化集团公司纪检组、监察局会同人事部、政工部组成4个检查组，对北京石油、江汉油田、扬子石化等22家直属单位惩防体系建设情况进行了抽查。4月11日，国务院国资委对石化集团公司惩防体系建设情况进行了检查。检查组认为，中国石化对惩防体系建设认识深刻，思路清晰，协调推进，促进和保证了企业健康发展。5月，纪检组、监察局对惩防体系建设牵头部门落实2008—2012年《分工方案》情况梳理汇总，形成了《通报》并下发各单位(部门)，进一步加强其惩防体系建设的责任感、紧迫感，进一步推动了石化集团公司惩防体系建设。

(纪　健)

【反腐倡廉制度建设】 2011年，石化集团公司党组制定下发《中国石油化工集团公司"三重一大"决策制度实施办法》，纪检组、监察局牵头研究起草境外国有资产监督检查及责任追究办法、职工处分等制度规定，不断夯实反腐倡廉制度基础。按照石化集团公司标准化、信息化建设的要求，纪检组、监察局修订原有的13项重点业务监督办法，新增加炼油单位完全费用管理、加油站管理2项《监督规程》。15项《监督规程》共明确101个重点监督环节、253个监控点、107条"高压线"，提高内控执行力。开展党风廉政建设责任制、廉政准则、廉洁从业若干规定、"三重一大"决策制度、加强和改进纪检监察组织建设若干意见等5项制度执行情况自查自纠，促进制度落实。年内，石化集团公司围绕重点领域和关键环节共制定反腐倡廉制度1 447项，修订制度3 708项，进一步提高了反腐倡廉的制度化、程序化、科学化水平。

(纪　健)

【落实党风廉政建设责任制】 2011年，石化集团公司认真落实党风廉政建设责任制。执行签订责任书制度，全系统签订党风廉政建设责任书2.68万份。根据党中央、国务院《关于实行党风廉政建设责任制的规定》，修订下发石化集团公司党风廉政建设责任制实施办法，进一步明确石化集团公司领导班子及成员，各直属单位、总部机关部门领导班子及成员的责任内容，并对考核、追究提出要求。纪检组、监察局会同党风建设联席会议各成员单位，研究制定石化集团公司党风建设和反腐倡廉工作联席会议制度，进一步促进反腐倡廉合力的形成。全年各级党政组织对5 469个单位落实责任制情况进行检查，对4 801个单位进行考核，责任追究84人，有效促进了党风建设和反腐倡廉各项工作任务的落实。

(纪　健)

【纪检监察调研】 围绕纪检监察工作创新开展研究，纪检组、监察局起草的《关于重点工程建设项目派驻督察的探索和思考》在中央纪委、监察部、《中国监察》杂志举办的"坚持中国特色反腐倡廉道路"理论征文中获二等奖。积极协调做好监察学会石化分会工作，各片区认真组织调研交流，年底分会评选出优秀调研成果和经验材料89篇。王作然撰写的《坚持以人为本，加强和改进国有企业纪检监察工作》、耿礼民撰写的《当前形势下国有企业反腐倡廉建设的探索与实践》两篇文章均获中国监察学会特别奖。耿礼民撰写的《增强央企反腐的前瞻性》发表在《瞭望》杂志上。编发了《纪检监察调研成果汇编(十二)》和《纪检监察调研经验材料汇编(十二)》。

(纪　健)

【纪检监察机构和干部队伍建设】 石化集团公司各级纪检监察部门积极投入"为民服务创先争优"活动，思想作风建设得到进一步加强。认真贯彻中央纪委等四部委关于加强纪检监察组织建设的要求，党组印发《关于进一步加强直属单位纪检监察机构设置及纪检监察工作人员配备工作的通知》，召开纪检监察组织建设推进视频会议，党组书记、董事长傅成玉出席会议并讲话，对加强纪检监察组织建设进一步提出了要求。纪检组、监察局、人事部按照党组的要求，督促各单位认真落实纪检监察组织建设的具体措施。截至2011年底，石化集团公司系统设立党委的118个直属单位都健全了纪检监察机构；全系统共设立纪委954个，比上年增加了8%；设立监察机构604个，比上年增加了17.7%；纪检监察干部编制总数(不含纪委书记)达到1 780人，比上年增加了8.6%，纪检监察组织建设基础进一步强化。注重纪检监察干部能力素质培养，总部举办监察处(科)长、国际化经营监管、查办案件、效能监察等培训班，培训纪检监察干部657人次；各直属单位共举办纪检监察培训班336期，培训1.4万人次。加强纪检监察监督网建设，调整聘任222名兼职纪检监察专员(员)，整合力量，统筹使用，促进了石化集团公司反腐倡廉建设重点任务的深入开展。

(纪　健)

源头治理

【概述】 2011年，石化集团公司不断拓展从源头上防治腐败的工作领域，深化业务公开，加强对重点领域和关键环节的监管，认真开展工程建设领域突出问题专项治理工作，不断规范权力运行，进一步铲除滋生腐败的土壤。

（纪 健）

【对中央和党组重大决策部署贯彻落实情况的监督检查】 围绕加快转变经济发展方式，石化集团公司纪检监察部门会同有关部门，重点就石化集团公司结构调整、资源整合、国际化经营，实施重点产业振兴和技术改造专项投入，节能减排、落实环境保护政策等开展监督检查，促进了各项工作的开展。截至2011年底，中国石化牵头承担的“十一五”国家科技重大专项9个项目和4个示范工程已通过了国家验收，18个中央投资项目已有16个建成中交并开车成功。

（纪 健）

【业务公开工作】 2011年，石化集团公司加大业务公开力度，新增25家单位业务公开信息系统上线运行，业务公开工作做到了全覆盖；全年共公开业务信息445万多条，涉及合同金额人民币2.2万亿元，美元1 157亿元。深入开展业务公开网上巡视工作，在调查问题、整改问题上下功夫，下发函询通知书、整改通知书督促有关单位进行整改。网上巡视共发现问题134个，其中已整改101个，立案调查1起。通过调查，组织处理5人，纪律处分6人，1人受到刑事追究。推进业务公开信息系统二期建设，增加预警和数据筛查、比对功能，增强系统的便捷性和针对性，提高了网上监督的效率。

（纪 健）

【在疆项目监督检查】 2011年9月，石化集团公司召开加强在疆项目监督检查工作视频会，学习贯彻“中央支持新疆经济社会发展政策落实情况监督检查工作汇报会”精神，党组领导对在疆项目监督检查工作作出部署。按照党组领导要求，纪检组、监察局会同有关部门对在疆项目的投资计划、资金管理、物资采购、工程建设等情况进行调研检查，确保在疆项目建设顺利进行。

（纪 健）

【执行签订责任书（协议书）制度】 石化集团公司强化对物资装备、工程建设等重要经济活动的监督，将石化集团公司《廉洁从业责任书》和《廉洁从业协议书》统一为《廉洁从业责任书》，并修订《签订廉洁从业责任书的规定》下发各单位执行。根据规定，有关部门通过实施“黑名单”制度，对有行贿记录的单位，根据情况分别予以通报、警告和清除出中国石化资源市场，营造了风清气正的良好环境。

（纪 健）

领导人员廉洁从业工作

【概述】 2011年，石化集团公司认真贯彻执行《国有企业领导人员廉洁从业若干规定》、《关于严格禁止领导干部利用中国石化资源和平台谋取私利的十条规定》等制度规定，促进领导人员规范用权，廉洁从业。

（纪 健）

【廉洁从业监督】 石化集团公司全系统实施领导人员任职廉洁谈话5 639人次、诫勉谈话663人次、纪委负责人同下级党政主要负责人谈话1.09万人次、对领导人员民主评议3.2万人次。认真落实领导人员报告个人有关事项的规定，1.5万名领导人员按要求上报有关事项。加强领导人员因私出国（境）管理，对因私护照进行了自查清理。各级领导人员廉洁从业的自觉性进一步增强，上缴礼品礼金、有价证券、支付凭证折合人民币467万余元。

（纪 健）

【党组巡视工作】 石化集团公司党组派出4个巡视组，对24个直属单位领导班子及170名领导班子成员进行巡视。巡视组重点对贯彻民主集中制、廉洁从业、选人用人等7个方面的情况进行监督检查，发现了部分单位管理上的薄弱环节和个别领导人员存在的一些苗头性、倾向性问题。针对这些不足和问题，巡视组向被巡视单位提出意见和建议77条，向总部提出工作建议40条，并与有关领导人员进行了提醒谈话。党组领导先后3次听取巡视工作专题汇报，对解决有关问题提出明确要求。巡视组及时反馈意见，推动问题整改，帮助企业改进管理，提高领导人员素质和能力，有力地促进了被巡视单位领导班子建设、干部队伍建设和反腐倡廉建设。按照党组关于进一步规范和改进巡视工作的要求，新建和完善13项巡视制度，为强化巡视工作提供了保证。

（纪 健）

反腐倡廉教育

【**概述**】 2011年，石化集团公司各单位共组织廉洁从业教育5 200余次，39万人受到教育，其中参观监狱220次、1.2万人次参加，与检察机关举行预防职务犯罪活动202次、1.7万人次参加，旁听庭审68次，1 100人次参加，进一步构筑了领导人员拒腐防变的思想防线。

（纪　健）

【**党性党风党纪教育**】 石化集团公司将党性党风党纪教育纳入领导班子理论中心组学习内容，各级单位中心组对十七届中央纪委六次全会精神组织了专题学习；向全系统配发了中央纪委编写的《反腐倡廉10个热点问题》一书，进一步扩大教育覆盖面；将2010年中央纪委、国务院国资委纪委及石化集团公司制定的重要制度汇编成《党纪政纪法规制度选编（十三）》，向各单位发放1.6万余本进行学习，提高各级领导人员的纪律意识。

（纪　健）

【**廉洁从业优秀领导人员评选表彰活动**】 经认真推荐、评选、公示，石化集团公司党组授予陈鸿亭等15名领导人员廉洁从业优秀领导人员先进典型称号，授予杨广林等103名领导人员廉洁从业优秀领导人员称号。加强对廉洁从业先进典型的宣传力度，先后在天津石化、燕山石化举行事迹报告会，2 000多人聆听报告。9月22日，在总部机关举行先进典型事迹报告会，党组领导集体接见先进典型，党组书记、董事长傅成玉在报告会上发表讲话，号召系统党员干部向先进典型学习，全系统2.1万人聆听了报告。中央电视台、《中国纪检监察报》、《工人日报》等媒体进行了报道。石化集团公司通过报纸、电视、网络等大力宣传先进，用先进事迹鼓舞人、激励人，营造了团结奋进、风清气正、和谐发展的良好氛围。

（纪　健）

【**廉洁文化建设**】 石化集团公司积极参加全国廉政公益广告创意征集活动，上报的两件创意作品被国务院国资委评为优秀奖。各单位、各部门扎实做好反腐倡廉日常教育工作，继续开展廉洁自律承诺活动，7.36万人签订承诺书；各级党政主要领导上廉政党课610次；中国石化党校安排反腐倡廉课程1 104学时，党员干部11 298人次接受教育；《中国石化报》、石化新闻网等媒体发表反腐倡廉报道387篇，进一步营造了“以廉为荣、以贪为耻”的良好氛围。

（纪　健）

效能监察

【**概述**】 2011年，石化集团公司总部和各直属单位效能监察共立项457项，完成342项；通过开展效能监察，提出管理建议4 215条，建章立制1 728项，避免、挽回经济损失，节约资金，增加经济效益6.75亿元。

（纪　健）

【**统一立项效能监察**】 按照党组的要求，石化集团公司对规范外协单位（队伍）管理统一立项开展效能监察。针对此项工作涉及专业领域多、部门多、外协队伍多等特点，纪检组、监察局组织召开协调会、座谈会，制定了《规范外协单位（队伍）管理效能监察工作方案》，明确清理范围、有关部门职责和工作目标要求；建立由石油工程管理部、炼化工程公司、科技开发部等19个部门（单位）参加的例会制度，各部门设立联络员，明确职责和进度，保证清理工作顺利推进；会同石化集团公司财务部、企业改革管理部、审计局等10个部门，对西南石油局等6家单位进行了检查，发现6个方面29个问题，并督促整改。在规范外协单位（队伍）效能监察工作中，全系统各单位纪检监察部门共提出监察建议496条，协助业务部门建章立制235项（条），发出监察意见书69份、决定书2份，保留外协单位（队伍）25 159家（支），清退4 750家（支），有效地促进了石化集团公司外协单位（队伍）的规范管理。

（纪　健）

【**派驻督察和重点督察**】 根据相关单位的要求，石化集团公司派出督察组，继续对武汉石化80万吨/年乙烯项目实施派驻督察；对石家庄炼化800万吨/年油品质量升级、安庆炼化一体化项目实施重点督察。派驻武汉石化乙烯项目督察组对工程建设进行了全过程督察，共参加物资采购和工程招投标、询比价121次，涉及金额2.59亿元；参加框架协议采购9次，涉及概算金额12.08亿元；组织召开效能监察专题会3次；开展工程分包项目管理和物资采购专项督察，发现问题18个，提出整改意见10条；参加质量大检查3次、HSE施工安全检查8次，发现并督促整改相关问题33个。石家庄炼化油品质量升级、安庆炼化一体化2个项目重点督察组切实担负督察责任，认真制定督察方案，开展重点督察工作7

次，发现问题 60 项，提出整改建议 63 条。

（纪　健）

【监督规程执行情况监督检查】 纪检组、监察局会同物资装备部组成 2 个检查组，对胜利油田、齐鲁石化、四川维尼纶厂等 10 家单位《煤炭采购管理监督规程》执行情况进行检查，共发现问题 81 个，提出建议 56 条。为督促相关单位整改落实到位，对 2 家单位开展了整改情况“回头看”检查。在胜利油田召开煤炭管理效能监察现场会，党组领导出席会议并讲话，要求完善制度，细化监督，进一步提高煤炭管理水平。此外，纪检组、监察局会同国际石油勘探开发公司、国际石油工程公司对海外勘探、石油工程项目进行监督检查，强化了海外项目的廉洁风险防控。

（纪　健）

执纪办案工作

【概述】 2011 年，石化集团公司各级纪检监察部门共受理群众来信来访和举报电话 1 471 件，与上年基本持平。共立案 95 件，同比上升 21.8%，其中纪检组、监察局立案 3 件；大案要案 50 件，同比上升 8.6%；各类案件共涉及 107 人，其中党组管理领导人员 2 人；85 人受到纪律处分，其中党组管理领导人员 1 人；37 人受到刑事追究。通过查办案件，为国家和企业挽回、避免了部分经济损失。

按照党组的要求，纪检组、监察局立案调查了海南炼化发生的严重违纪违法案件，涉案人员已被移送司法机关依法处理。妥善应对网络舆情，及时组织对广东石油分公司有关问题深入调查，对相关人员作出处理，回应了社会关切，维护了企业形象。河南石油分公司油品质量事故案有关涉案人员被依法追究刑事责任。

（纪　健）

企业党建与企业文化

◇ 综述

◇ 党建工作

◇ 宣传思想工作

◇ 和谐企业建设

◇ 企业文化建设

◇ 社会公益

综　　述

2011 年，石化集团公司认真贯彻落实党的十七大和十七届四中、五中、六中全会精神，紧紧围绕石化集团公司工作大局，坚持以“推动企业发展，服务职工群众”为出发点，精心组织开展“为民服务创先争优”活动，切实加强基层党建思想政治工作，持续推进企业文化建设和机关作风建设，充分发挥工会、共青团等群众组织的桥梁纽带和生力军作用，为石化集团公司的持续有效和谐发展提供了思想保证、政治保证、文化支撑和精神动力。

（刘纯斌）

党建工作

【创先争优】 石化集团公司以“推动科学发展、促进企业和谐、服务职工群众、加强基层组织”为目标，突出“大力开展‘比学赶帮超’活动，强‘三基’、除‘四害’”这一主题，更加注重在结合、深化、带动上下功夫，深入开展创先争优活动，有力地促进了企业的中心工作。从 2011 年下半年开始，按照中央突出“服务人民群众”的要求，石化集团公司创先争优的活动重点转到了“为民服务创先争优”上，以“客户、员工双满意”为目标，按照“党内带党外”、“二线保一线”、“内部促外部”的工作思路，从对内对外两条线开展活动，突出抓好公开承诺这一关键环节，全面查找并切实整改存在的问题，窗口单位的社会形象明显改善，机关作风进一步转变，干群关系更加和谐。经过动态抽样调查和群众测评，社会公众和内部员工对“为民服务创先争优”活动的满意度达 90% 以上，窗口单位的服务满意度更是高达 95% 以上。通过报纸、电视、网络以及简报及时宣传创先争优活动深入开展情况，营造了良好的舆论氛围。编辑出版了《创先争优活动典型集萃》，共收录 161 个典型，约 52 万字。先后在《中国石化报》刊载《在结合、深化、带动上下功夫》、《为民服务创先争优让客户员工双满意》等 10 多篇评论员文章。收集整理各单位创先争优活动信息，编发简报 106 期，上传门户网站创先争优活动专栏信息 380 多条。及时向中央和中央企业创先争优办公室上报石化集团公司开展创先争优活动的经验做法 20 多篇，采用 8 篇。

（刘纯斌）

【“打造高度负责任、高度受尊敬企业”大讨论活动】 石化集团公司各企事业单位按照党组要求，结合单位实际，认真组织干部职工围绕如何才能负责任、如何才能受尊敬开展大讨论，同时将讨论成效融入企业生产经营活动之中，在基层引起强烈反响。全系统局、处两级中心组开展学习讨论 1 480 多次，局、处两级领导干部到基层单位参加讨论会 2.7 万余次。广大员工主动撰写大讨论学习体会 15.48 万余篇，各企业整理上报员工精彩言论 2 600 余条，《中国石化报》专栏刊发 73 条，在国内知名搜索引擎搜索“中国石化双高大讨论”信息达 5.97 万余条。通过大讨论，干部职工的大局意识、责任意识和奉献意识进一步增强，艰苦奋斗、勤俭办企业优良传统进一步弘扬，对中国石化的热爱、忠诚度、自豪感、责任感和使命感进一步提高。

（刘纯斌）

【庆祝建党 90 周年系列活动】 石化集团公司按照中央要求，及时向各企事业单位安排部署庆祝建党 90 周年系列活动。完成了 5 年 1 次对全系统“一先两优”的评比表彰，共表彰 150 个先进基层党组织、300 名优秀共产党员、150 名优秀党务工作者。成功举办直属机关“永远跟党走”红歌会，44 个部门和单位 2 100 余人组成 39 支代表队参加选拔演出，石化集团公司党组领导和总部机关、在京单位部分干部职工近 400 人观看了汇报演出。组织总部机关党员观看电影《建党伟业》。邀请经济技术研究院院长李希宏作题为《国内外宏观环境及发展形势》讲座。组织庆祝建党 90 周年知识答题。“七一”期间慰问老党员 96 人、困难党员 44 人。

（刘纯斌）

【基层党建】 石化集团公司组织参加全国党员教育电视片观摩交流活动，共征集到 34 家企业报送的党员教育电视片选题 65 个，向中央组织部推荐 7 部作品，其中胜利油田拍摄的文艺片《血与火的嘱托》被评为最佳作品，入选《全国党员教育电视片观摩交流活动优秀作品集萃》。组织召开润滑油分公司党建共建经验现场交流会，推广介绍润滑油分公司与有业务来往单位开展党建共建工作的经验，受到中央组织部、国务院国资委党委和人民网等主流媒体的关注。印发《中国石油化工集团公司直属党委基层组织工作细则(试行)》，对党组织设置、党员领导干部民主生活会等工作作出了明确规定。对直属企业实行党务公开工作提出指导意见，根据总部和在京单位实际制定了直属党委党务公开目录。组织直属机关 40 余名优秀共产党员代表到革命圣地西柏坡参观学习。认真做好朝阳区人大代表选举工作。

（刘纯斌）

【作风建设】 石化集团公司突出“抓巩固、抓深化、抓结合、抓表率、抓长效机制”重点，开展机关作风建设“回头看”活动，进一步推动机关作风建设。编辑出版了《图说文明礼仪行为规范》，全系统共印发4.3万册，同时在《中国石化报》和中国石化新闻网上进行了推介宣传，并制作了《图说文明礼仪行为规范》幻灯片，在总部一楼大厅的电子屏滚动播出，受到总部和机关员工的欢迎，各部门、单位自觉学习规范、践行规范。开展“为民服务创先争优”优秀案例评选活动，以“服务基层、服务员工、服务客户”为根本目的，努力强化机关服务职能，转变机关工作作风，提升机关形象。举办了王志刚高级副总裁关于页岩气的机关干部知识讲座。积极筹备“党组信箱”和总部信息门户改版（机关在线）。

（刘纯斌）

宣传思想工作

【理论学习教育】 石化集团公司党组理论学习中心组先后组织学习胡锦涛总书记“七一”讲话精神、十七届六中全会精神和中央党校教授“七一”讲话辅导讲座等活动。在总部机关发放了庆祝中国共产党成立90周年大会、国家“十二五”规划纲要和人大政协“两会”报告及辅导读本3 000余册，便于职工学习。督促指导企业党委抓好党的十七届六中全会、庆祝中国共产党成立90周年大会、石化集团公司工作会议和领导干部座谈会等重要会议精神的学习。各企事业单位共组织各层次的学习会、培训班、辅导报告会等1 400场次、25万人次。

（刘纯斌）

【形势政策宣传】 石化集团公司各单位围绕贯彻落实中央重要会议和石化集团公司工作会议精神，充分发挥各类媒体作用，强化形势政策宣传，把党组的声音毫不衰减地传递到基层、传递给职工群众。共编发《石化政工简讯》12期，上报信息门户稿件96篇，组织全系统学习《国家脊梁　负重致远——中央企业“十一五”时期改革发展纪实》通讯，购买下发《从怎么看到怎么办——理论热点面对面·2011》、《余秋里回忆录》、《央企真相》和《论党的群众工作——重要论述摘编》共计1 600册供总部机关学习。各直属单位组织形势政策报告等专题辅导2 000多场次，听众14万多人次。一些企业还组织开展各种研讨活动，确保了中央和石化集团公司党组的决策和指示的贯彻落实。

（刘纯斌）

【调查研究】 石化集团公司注重抓好职工调研，为科学决策提供依据。全年赴企业进行了两次大调研。一是围绕“基层一线职工对新领导班子的期盼”，分赴胜利油田、中原油田等12家企业进行历时5天的调研，召开基层干部职工座谈会16个，和驻上海、江苏、山东、河南和西北地区43家企业党委领导、党群部门负责人座谈，把石化集团公司党组的关怀和慰问带给基层干部职工，比较全面地收集了各单位职工思想动态情况，为党组决策提供参考。二是成立由思想政治工作部牵头，办公厅、人事部、监察局、企业改革管理部等有关部门参加的5个调研组，围绕党组提出的调研课题赴41家企业进行了调研，先后召开座谈会26个，听取了大家对新形势下加强和改进全系统党建思想政治工作存在的问题以及意见建议，形成了加强和改进党的建设、企业文化建设的初步思路和措施。

（刘纯斌）

【新闻宣传】 石化集团公司围绕企业重点工作，协调石化报社将宣传计划项目逐一策划并细化为季度、月度宣传要点，通过不断沟通和参与评报工作，加强对石化报社各媒体宣传报道工作的指导和协调，组织运用总部信息门户、报社媒体开展宣传报道工作。围绕创先争优、“比学赶帮超”活动、重点工程建设、“我要安全”主题活动、质量管理、建党90周年庆祝活动、“打造高度负责任、高度受尊敬企业”大讨论、企业文化建设等工作，组织发稿5 000篇、播发电视新闻1 000余条和网络信息1万余条。为配合庆祝建党90周年活动，协调报社开辟专栏，开展“我身边的党员故事”征文活动，共征集故事近600篇，发稿66篇。

（刘纯斌）

【思想政治工作研究】 组织召开党委书记座谈会和政研会片区的研讨交流活动，共同探讨新形势下如何围绕生产经营加强和改进党建思想政治工作。从生产经营重点和职工群众反映的热点难点问题入手，组织开展政研课题成果研究、评审和表彰工作，全年确定21个参考课题，积极组织做好思想政治工作课题研究工作，评出了一等奖22篇、二等奖56篇、三等奖 56 篇。在中央企业党建政研会 2009—2010 年度优秀研究成果评审中，中国石化获得优秀组织单位奖，胜利油田的“构建企业舆情预警处置机制问题研究”被评为优秀研究成果一等奖，齐鲁石化、中原油田、北京石油、西北油田 4 家单位的 4 项成果被评为优秀研究成果三等奖。

（刘纯斌）

【选树先进典型】 石化集团公司坚持正面宣传为主的方针，着眼于发挥好先进典型以点带面和激励引导作用，继续选树和推广立足岗位、业绩突出的各类典型，努力形成“见红旗就扛、有第一就争”的生动局面。先后选树了江苏石油扬州分公司长年坚持扶贫济困的王文清、四川维尼纶厂分检车间产品质量“守护神”的罗莉、天津石油大港油库践行“班班见领导”的万国营、救助身患重病的藏族妇女的优秀援藏干部李一超等个人典型。特别是广泛宣传了王文清的先进事迹，新华网等 63 家网站、10 多家报纸电台等媒体对王文清事迹给予了 100 多次报道，网上能看到 14 万个相关报道，在社会上和企业内形成了较好的反响。重点宣传了获中央企业文明服务示范窗口称号的上海石油、广东石油、广州石化的 3 个基层单位先进事迹，中国石油行业首支外闯国际市场的中原油田 4521 钻井队的事迹。中原油田“‘六大工程’助推文明”和“典型培育工程”两个案例成功入选中央文明办《创建文明单位 100 例》和《讲文明树新风 100 例》。

（刘纯斌）

和谐企业建设

【企业民主管理】 2011 年，组织召开直属机关工会主席会议，审议通过《总部机关人才成长通道建设实施方案》和《总部机关完善薪酬分配制度实施方案》等。

（刘纯斌）

【帮扶救助】 2011 年春节期间，各单位帮扶救助各类人员共计 18.56 万人次，支出帮扶救助金（含实物折款）1.59 亿元。抓好总部机关职工食堂建设，努力把党组“最好一餐在食堂”要求落到实处。

（刘纯斌）

【青年工作】 石化集团公司各级团青组织立足服务企业中心工作和服务青年成长成才，大力开展“青年岗位能手”、“青年文明号”和“青年创新创效”等活动，充分发挥了团组织的助手和生力军作用。全系统有 11 个青年集体被评为 2009—2010 年度全国青年文明号集体，6 个青年集体被评为中央企业青年文明号集体，6 人被评为中央企业青年岗位能手，3 家单位团委被评为中央企业“五四”红旗团委，3 家单位团委被评为中央企业“五四”红旗团委创建单位，1 人获得中央企业“五四”青年奖章，2 家企业党委获得中央企业党建带团建工作先进单位称号。同时，93 个集体被评为中国石化青年文明号，406 名员工被评为中国石化青年岗位能手。

（刘纯斌）

【文体活动】 2011 年，石化集团公司组队参加了全国地掷球锦标赛，获得 4 项冠军、4 项亚军、2 项季军佳绩。举行了首届“朝阳”文学艺术奖颁奖仪式，参赛作品讴歌了石油石化人立足本职、关注社会、无私奉献的高尚情操，展现了石化人丰富多彩的业余生活与崭新的精神风貌。举行了“洛阳石化杯”第 3 届职工篮球比赛，共有 41 支队伍 365 名运动员、教练员、领队参加比赛。组织召开了中国石化第 5 届职工文艺录像调演活动评审会，211 个作品入围参加终评，共评出舞蹈、声乐、歌舞、器乐、综合、专题晚会、红歌会 7 个艺术门类的奖项。组织举办了 2011 年直属机关职工乒乓球比赛、羽毛球比赛等活动，活跃了职工文化生活，引导干部职工以良好的精神状态投入到工作中去。

（刘纯斌）

企业文化建设

【营造宣传氛围】 石化集团公司总部各部门和各企事业单位在党组领导下形成了党政统一部署、主管部门组织协调、各部门积极参与、分工落实的工作格局。在重要文件、制度和规范中及时融入了《企业文化建设纲要》的核心价值理念，推进了中国石化企业文化的制度化程度。制定、推广和实施与企业文化建设有关的 HSE 文化内容。修订下发《中国石化视觉识别手册》，规范全系统形象标识的使用，引导各企业共同推进企业文化建设。充分利用中国石化网站、总部信息门户和报社媒体，高密度、大容量、多渠道宣传《企业文化建设纲要》，在人民网、新华网、《新华每日电讯》和《中国能源报》等媒体上宣传中国石化企业宗旨、愿景等核心价值理念，颁布消息和全文刊发《企业文化建设纲要》、评论员文章以及反映直属单位贯彻落实情况的稿件1 100余篇。利用总部大楼一层大屏幕做好企业文化卡通画、企业文化价值理念、质量方针、质量目标、社会责任口号、文明礼仪等方面的宣传工作，形成了浓厚的舆论氛围。

（刘纯斌）

【加强干部培训】 石化集团公司在各类培训班中多次对中国石化文化的形成历程、主要组成部分、实施工作进行了专题辅导讲座，提高了大家对《企业文化建设纲要》的认识。组织党校班、宣传部长培训班、党办主任培训班、党支部书记培训班、党建工作负责人培训班等学员，深入大庆油田现场教学，效果很好，被学员称为“石化精神的寻根之旅”。认真组织开展“中国石化网上文化博物馆项目”工程，历时1年多，现场调研7个实体博物馆，15次易稿，完成了6万多字的网上文化博物馆可研报告，制作完成2部视频介绍片，顺利通过总部组织的专家评审，受到广泛好评。

（刘纯斌）

【促进文化融合】 2011年，石化集团公司印发1万本《石化人的歌》，供职工传唱。编辑制作下发企业文化DV片光盘1 000套，供企业宣传教育使用。编辑大庆精神培训教材，让职工了解中国石化文化，提升践行企业文化理念的自豪感和内动力。调研Addax公司、安第斯公司、圣湖能源公司和巴西公司等驻外企业开展文化融合工作的情况，提出了加强跨文化管理工作的建议。利用《Sinopec Weekly》(《中国石化周刊》)等宣传阵地，向海外员工反映中国石化的发展，让他们了解、认同中国石化。组织优秀外籍员工培训班，赴中国石化企业考察学习、短期培训，帮助了解中国石化企业文化。正在组织编辑出版《画说理念》和《我们的企业》的英文版，让外籍员工了解中国石化的发展史，从而进一步推动文化融合工作。

（刘纯斌）

社会公益

【概述】 2011年，石化集团公司继续在和谐社区建设、赈灾济危、扶贫援藏、关爱健康、捐资助学以及发展国家体育事业、推动全民健身等方面作出积极贡献，全年共计向社会捐助款项折合人民币超过1.4亿元。2011年获得民政部颁发的中华慈善奖爱心捐赠企业称号，连续第2年获得中华健康快车基金会颁发的光明功勋特别奖。

（石 鉴）

【支援贫困县】 2011年，石化集团公司在安徽颍上、岳西，湖南泸溪、凤凰4个定点扶贫县共投入扶贫资金1 280万元，实施了15个扶贫项目。其中，修建通村水泥路11条共52千米，完成劳动力转移培训1 800人，资助家庭贫困的优秀大学生和高中生1 257人，完成了修建桥梁、建设人畜饮水、资助建设蔬菜大棚等扶贫项目。

（石 鉴）

【支援西藏】 2011年，石化集团公司投入援藏资金2 786万元，共实施完成9个援藏项目，有力促进了班戈县经济社会发展和民生切实改善。8月14日，由中国石化援建的、海拔最高的援藏小学——西藏“班戈县中石化小学”正式启用。

（石 鉴）

【支援青海】 2011年是石化集团公司援青工作的起步之年。全年投入资金400万元，帮助青海茫崖修建1座建筑面积达8 008平方米的文化路集贸市场，总投资2 120万元，计划2012年建成投用。这是中国石化对口援建青海的首个项目。

（石 鉴）

【支援贵州抗旱救灾】 2011年，贵州遭遇特大旱情，黔西、大方两县受灾最为严重。中国石化贵州石油分公司援助了2 000升抗旱用柴油。同时，石化集团公司总部还向贵州省人民政府捐款700万元，重点帮扶受灾严重地区抗旱救灾，尽快恢复正常的生产生活秩序，得到了地方政府的由衷感谢。

（石 鉴）

中国石化贵州石油抗旱突击队送油到田间地头

【资助“春蕾”女童】 2011 年，中国石化出资 199.2 万元，继续资助 3 320 名女童完成高中学业，6 月她们顺利地参加了高考，其中 2 700 名“春蕾”女生考入了全国各地的高校。截至 2011 年底，中国石化共捐款 5 509.8 万元，资助 2.04 万名“春蕾”小学生完成小学学业，资助 9 960 名“春蕾”高中生，其中有 6 539 人圆了大学梦。

（石　鉴）

【资助贫困学子】 2011 年，中国石化各企业共投入 200 万元，资助家庭贫困的优秀大学生和高中生 1 257 人，其中新入学大学生 226 人、高中生 1 031 人，收到感谢信上百封。

（石　鉴）

【共建家园】 中国石化坚持“融入地方、借势发展、合作共赢”理念，2011 年先后与多个省市签署战略合作协议，建立更加紧密的企地合作机制，主动参与并大力推动当地社会就业和企业发展。开展“文明和谐示范小区”创建活动，积极推进和谐社区建设，在为社区居民提供一个设施安全、生活便利、清洁卫生、环境优美的生活环境的同时，营造健康向上的文化环境，受到当地政府及群众的称赞。

（石　鉴）

【回报当地】 中国石化海外业务的发展离不开当地各方的支持和帮助，在依法诚信经营的基础上，关注所在国的民生和社会进步，积极参与当地改善民生的重大基础设施项目建设，有效地推动了当地经济发展和社会进步；热心慈善事业，为当地社会和谐发展作出了贡献。2011 年，中国石化注册成立的 Addax 基金，在教育、医疗、社区关系和环境 4 个方面为非洲和中东的欠发达国家提供帮助。

（石　鉴）

新闻与出版

◇ 新闻媒体

◇ 图书出版

新闻媒体

【概述】 2011 年，中国石化的新闻媒体形式得到进一步丰富：1 月 11 日，一份提供给外籍员工和海外中方员工阅读的外文电子周刊——《Sinopec Weekly》(《中国石化周刊》) 创刊，中国石化的新闻媒体实现了传播渠道向海外的延伸，传播语言实现了由单一语种向多语种的转变。截至年底，中国石化形成了“三报、三刊、一台、一张复合网”的新闻媒体格局，其中《中国石化报》、《中国石化》杂志和《车友报》为纸质刊物。各媒体以围绕中心、服务大局，为建设世界一流能源化工公司营造良好的舆论氛围为主要职责，把建设与世界一流能源化工公司相匹配的媒体集群作为工作重点，传递党组声音，把握正确的舆论导向，对内提高凝聚力，对外提升影响力，唱响主旋律，提升了中国石化的品牌形象。

截至年底，《中国石化报》发行量 13.07 万份，《中国石化》杂志发行量 2.67 万份，《车友报》发行量 73.45 万份，《中国石化手机报》发行量 1.54 万份。

（庞　炜）

【《中国石化报》】 2011 年重点开办了 3 个专栏：开办《转变发展方式，打造世界一流》专栏，报道发展方式转变，结构优化调整的内容；开办《为民服务创先争优，努力打造世界一流》专栏，报道各企业为客户服务、为员工服务的鲜活事例；开办《记者走基层》专栏，讲述基层员工艰苦奋斗、爱企奉献的故事。推出了一个企业专版，即《着力做强做优、打造世界一流——企业在行动》，结合中国石化六大发展战略和一个发展目标，用近 30 块版面对 20 家企业的突出亮点进行了集中展示。此外还落实中宣部等五部委关于“走基层、转作风、改文风”的通知要求，组织开展了“汶川三周年”、“夏季安全沿江行”和冬季记者“沿边行”采访活动，派记者到最基层、最偏远、最艰苦的生产单元，展示一线员工敬业爱岗、无私奉献的精神风貌。2011 年，《中国石化报》还进行了改版，对一版从版面整体设计、字体、报头、图片等进行了调整。

（庞　炜）

【《中国石化》杂志】 2011 年，《中国石化》杂志继续以服务石化集团公司中心工作为办刊根本，策划了“最好一餐在食堂”、“领导干部座谈会”、“基层安全总监制度回顾”、“页岩油气开发”、“安全环保”、“全系统技能大赛”、“勇担社会责任”等 12 个专题，专题策划注重宏观性、行业性、前瞻性，体现党组机关刊的特色，增强权威性。为了使《中国石化》杂志更加体现世界一流企业的特色，展现央企一流媒体的风采，杂志从内容到形式都作了系统改版，更注重可读性、可视性。

（庞　炜）

【中国石化网络电视】 2011 年 11 月 7 日，中国石化网络电视二期项目——移动电视上线运行。用户可以通过平板电脑或智能手机在接入无线局域网或 3G 网络的情况下访问收看。这标志着中国石化网络电视实现了多系统、多终端、多码率收看。为配合中国石化不同时期的宣传重点，网络电视先后制作了“建设世界一流能源化工公司”、“企业在行动”、“社会公益”、“劳动者之歌”等 18 个专辑。

电视节目《中国石化新闻联播》策划了《在基层》、《劳动者之歌》、《为民服务创先争优，打造世界一流》等 21 个专栏。先后完成了“重访汶川”、“为了绿色梦想——记川气东送管道投产一周年”、“夏季安全生产企业行”、“元坝大气田勘探开发纪实”、“沿边行”等系列报道。2011 年的《中国石化新闻联播》更突出新闻报道的新闻现场感，记者、编辑、主持人、通讯员纷纷拿起话筒在新闻现场进行报道，增强了新闻的表现力和感染力。在新闻制作中，大量使用图片、图表、图示、动画等多种形式，将枯燥的数字、专业的术语转化为更容易被观众接受的视觉符号。

（庞　炜）

【中国石化新闻网】 2011 年 11 月 8 日，中国石化新闻网改版升级。在栏目上，删除“奥运频道”等过时频道、栏目，合并“时事网评”、“基层声音”、“工作随笔”等内容交叉的栏目，增加“海外发展”等新栏目。在页面上，对网站首页一级页面、频道二级页面、栏目三级页面、内容四级页面进行重新设计，做到清晰明了、美观大气、风格统一。在网站功能方面，对内容发布软件进行升级；重新建设网站搜索引擎；增加会员注册登录功能；更新网站内容分析决策系统；增加网页内容防篡改、防复制功能，保障内容安全和知识产权；建设企业远程自助上传发稿、网站近端审核发布系统；改造升级博客功能。

（庞　炜）

【《中国石化新闻界》】 2011 年，《中国石化新闻界》配合石化集团公司阶段性目标，每期组织 1 个专题研讨，组织了新型写作、杜绝虚假报道、迎接建党 90 周年、如何成为全能记者、基层通讯员培训、提升报道水平和开展“比学赶帮超”活动、落实“走转改”赴沿边基层采访等。该刊还组织了编采手记、石化荧屏、网络媒体和记者感言等16个栏目的稿件，充分体现了传递、研究、交流、展示等功能。此外，《中国石化新闻界》还于10月进行了改版，由纸质刊转变为电子刊，同时针对基层记者、通讯员的反映，增加了每期的专题策划，使新闻研讨更加具有针对性、可实施性。

（王 莹）

【《中国石化手机报》】 《中国石化手机报》在2011年实现了5点突破：一是实现了全国、全网、全球发送，在2010年的基础上，又向包括国际石油工程公司、国际石油勘探开发公司、胜利油田海外等10余家单位、130多位境外工作人员发送。二是新的发送数据库于6月1日启用，拥有用户约1.54万人。三是制作了《胜利油田发现50年》、《建党90周年》、《领导干部座谈会》等特刊。四是增加了互动，使读者通过短信参与了领导干部座谈会讨论。五是优化和调整了栏目，基本形成每天2 500字、9页的发送规模。

（高 宁）

【《Sinopec Weekly》】 《Sinopec Weekly》(《中国石化周刊》)是中国石化于2011年1月11日创办的中英文双语电子杂志，服务于中国石化的国际化战略，设有《新闻》、《观察》、《风采》、《海外公司》、《人物》、《HSE》、《中国故事》、《随感》、《风光》9个栏目，2周1期，全方位介绍中国石化涉外项目员工需要的信息、文化，通过电子邮件向中国石化的外籍员工和在海外工作的中方员工定向群发，打造了一条总部与海外员工沟通的信息渠道，推进了中国石化跨文化的融合。2011年，《Sinopec Weekly》共出刊25期，可通过 http：//www. sinopecweekly. com 或中国石化信息门户网站、中国石化新闻网下载阅读。

（张书翰）

【《车友报》】 2011年，《车友报》提出了导入新媒体表达方式的创新理念，新增了《热点新闻开开评》等栏目，加大了对言论的使用力度，强化了照片的使用，加强了对中国石化的直接宣传服务。《车友报·易捷导刊》通过坚持“服务易捷的品牌，服务易捷的渠道，服务易捷的商品，服务易捷的客户”的办刊理念，推出“易捷万店无假货”、“食品安全315”、“易捷让汽车生活更愉悦”、“你懂生活，易捷懂你”、“无论你去哪儿我都在”等专题，利用各省市公司的版面，宣传各省的精品店、省内特色商品，有力地支持了非油品业务的拓展。12月，《车友报》成功举办了第8届“汽车俱乐部高峰论坛”，扩大了《车友报》的影响力，提高其知名度。

（庞 炜）

【中国石化团购网】 2011年，中国石化团购网有效开发系统外广告客户，系统外广告客户渐趋稳定。同时全力配合合作厂商的落地活动，举办40多场试乘试驾活动。截至年底，石化员工共购买汽车8 000余台，为石化员工节省资金2 000多万元。

（杨 青）

【中国石化新闻图片网】 2011年，中国石化新闻图片网为中国石化各类期刊、年报、社会责任报告等提供了上千张图片，为石化报社各媒体提供并刊登新闻图片万余张，已成为支撑中国石化媒体集群图片索取及存储的档案平台。年内还制定了工作流程和管理制度，设主编、副主编加强管理，并配备了专职图片编辑处理图片及维护网站运行，平均每日处理图片100余张。截至年底，中国石化新闻图片网签约的摄影师达到2 700多人，图片总量约14万张，其中通过审核的图片约10万张。

（章 铮）

图书出版

【概述】 石化集团公司图书出版范围主要涵盖石油和天然气勘探开发、石油炼制、石油化工、石油与石油化工产品、化工机械与设备、安全与环保、企业经营管理与企业文化等领域，出版各类学术专著、技术图书、专业词典等手册工具书、普及读物、行业标准、规范、各类职工培训教材及大中专教材等。石化集团公司图书出版工作以传播科学、服务石化、繁荣出版为主要任务，坚持把社会效益放在首位，积极扩大图书品种和规模，增强专业优势和核心竞争力，努力为促进中国石化科技进步、提高石油石化企业生产经营和管理水平服务。

2011年出版新书747种，重印书279种(重点科技书目见表1)，出书总码洋1.15亿元，取得了较好的社会效益和经济效益。

（赵 怡）

【《中国炼油技术》(第三版)出版发行】 该书系统总结了60年来中国炼油技术的进展和成果，是完整反映中国炼油水平和特色的精粹。针对中国炼油的实际，详细阐述了原油的分析评价、各种加工工艺技术、石油产品的生产和评定、炼油催化剂、油品添加剂、油品储运、炼油厂节能、炼油厂污染的防治、计算机管理信息系统及过程控制、炼油装置腐蚀与控制等整套炼油技术。该书延续了前两版的基本框架和编写风格，针对近10年来中国炼油技术的发展，对原书内容进行了补充完善，增加了制氢、加油站、助剂、生物质燃料、产品标准及腐蚀与控制等内容，使得该书更能全面体现中国当前炼油技术的总体水平。该书集学术性、权威性于一身，内容翔实，实用性强，对交流技术成果、促进炼油生产和新技术开发都有积极作用，是广大炼油工作者提高业务素质和技术水平的经典读本，也是开展继续工程教育的参考书。该书的主要读者对象是炼油工业的广大科技工作者，包括教育、科研、设计、基建、生产、管理、销售等方面的专业人员以及院校的高年级学生。

（刘跃文）

【《石油化工工程建设项目管理机理研究》出版发行】 该书阐述了石油化工工程建设项目管理的主要过程、项目管理模式及实施方式，分析了项目管理的作用机理与内在规律，提出了项目管理作用机理理论，构建了石油化工工程建设项目管理绩效评价体系。该书是中国石油化工工程建设项目管理实践的经验总结和理论升华，不仅对石油化工工程项目建设具有普遍的指导作用和实用价值，还可供钢铁、化工、医药、水泥、电力等其他流程工业的工程项目管理者借鉴和应用，对中国工程项目管理科学研究和标准化建设提供参考和借鉴，也可用作高等院校工程管理学科的参考教材。

（刘跃文）

【《聚丙烯——原理、工艺与技术（第二版）》出版发行】 该书突出介绍了中国聚丙烯领域的重要技术进展，反映了聚丙烯工业的最新科研成果和生产技术水平。全书分为9章，分别论述了聚丙烯催化剂、聚合原理、聚丙烯的结构与性能、聚合反应工程、生产工艺及相关技术、聚丙烯树脂牌号开发、聚丙烯加工与应用以及聚丙烯行业的发展和展望。该书取材广泛，内容全面系统，资料新颖、翔实，可供从事聚丙烯科研开发、工程设计、工业生产、教学管理等领域的中高级技术人员阅读参考。

（赵以新）

【《2011年中国石油炼制技术大会论文集》出版发行】 《2011年中国石油炼制技术大会论文集》以“绿色低碳经济时代面临的机遇和挑战”为主题，汇集了2011年中国石油炼制技术大会论文271篇，分为大会分组发言、综合类、原油常减压装置类、催化裂化类、焦化装置类、加氢制氢类、润滑油蜡类、重整类、工艺设备类、信息技术应用类、节能降耗类、腐蚀脱硫类、安全环保类、产品开发类、研究实验分析检测类等。重点收录了清洁燃料生产、重质劣质油加工、环保和节能新技术、安全生产新技术、炼厂降本增效等方面的创新成果，反映了炼油行业最新技术水平，并对中国炼油工业未来一段时期的发展进行了展望。该书可供炼油行业管理人员、工程技术人员、专家学者和相关专业高校师生参考阅读。

（田　曦）

【《过程系统工程辞典（第二版）》出版发行】 由中国工程院院士、石化股份公司原总裁王基铭组织有关专家修订的《过程系统工程辞典》（第二版），充分反映了近年来过程系统工程的新进展、新领域、新成果和新应用，收录了2 000多个词条，包括通论、过程系统模拟、过程综合、过程系统优化、过程控制、过程运营、信息技术、人工智能在过程系统工程中的应用、化学产品工程与分子系统工程、生态过程系统工程、化工安全、技术经济评价方法等13个部分。

（白　桦）

【《油品计量员读本（第三版）》出版发行】 该书由石化集团公司组织多年从事计量管理和油品计量的高级技术人员编写而成，详细讲述了计量的法律、法规和油品的基本知识、最新颁布的国家标准的操作要点和要求、油品静态计量、油品动态计量、油品计量的差量分析和油品损耗及计量管理等方面的知识，被确定为石化企业计量员培训专用教材，也可供石油、化工、冶金、民航等系统的油品计量员学习使用。

（白　桦）

【《石油石化节能技术丛书》出版发行】 该书由中国石化总部有关部门组织编写，共有6个分册：《节能基础知识》、《油田企业节能技术与实例分析》、《炼油装置节能技术与实例分析》、《化工装置节能技术与实例分析》、《销售企业节能技术与实例分析》和《公用工程系统节能技术与实例分析》。该套丛书覆盖了石油石化企业从上游到下游各相关装置的节能实例，适合石油石化企业从事节能工作的管理人员和技术人员阅读参考。

（许　倩）

【《石油化工有害物质防护手册》出版发行】 该书由石化集团公司安全环保局与石化集团公司职业病防治中心组织有关人员编写而成。该手册共收录470种石油化工生产中存在的比较常见的有毒有害物质，内容涵盖了中国石化上、中、下游企业职工在作业过程中所接触的化学物质职业危害。该书旨在普及有关化学物质的理化性质、毒性、中毒表现、防护措施、职业接触限值等方面知识，让广大职工掌握和增强自我防护、自救互救的能力。

（许 倩）

【《石油产品行业标准汇编2010》等出版发行】 由中国石化科技开发部组织相关单位编写的《石油产品行业标准汇编2010》、《石油和石油产品试验方法行业标准汇编2010》及《石油化工产品及试验方法行业标准汇编2010》3种行业标准汇编，全面系统地反映了石油产品和石化产品及试验方法行业标准的最新情况，可为石油石化科技人员提供最新的石油产品和石化产品及试验方法行业标准信息，满足石油石化产品生产和销售企业、科研和教学单位以及广大用户的需要。

（李跃进）

【中国石化《投资贸易法律指南》首批出版发行】 由石化集团公司法律事务部组织编写的首批《投资贸易法律指南》出版发行，包括哈萨克斯坦、尼日利亚、加拿大、巴西、新加坡、沙特阿拉伯等7个国家。内容包括了国家/地区概况、法律环境概述、油气投资领域相关法律规定、石化工程领域相关法律规定、贸易管理体制概述、其他相关领域的法律规定以及法律风险提示。该批书将中国石化海外项目、业务的经验教训加以分析、提炼，具有较强的针对性、可操作性、知识性和实践性，可作为中国石化涉外及外派人员的培训用书，为中国石化“走出去”企业的法律风险防控提供切实的帮助和指引。

（杨文宇）

【《改革发展之路——中国石油化工集团公司“十一五”成就回顾》出版发行】 该书由石化出版社策划，并组织石化集团公司总部机关各部门及各企事业单位编写而成。该书共分11篇，从石化集团公司、各企事业单位两个层面，客观真实地记录了中国石化“十一五”时期的发展历程及在生产经营、投资建设、科技创新、改革与管理、企业文化等方面取得的重大成就，深刻总结了5年实践的经验和认识，是深入了解中国石化发展历程的一本重要的史料性图书。

（单新东）

【《钻井工程技术手册》出版发行】 该书是针对石油钻井工程需要而编写的一部工具书，系统介绍了随着钻井技术发展而配套应用的以钻井管材、工具与仪器、钻井设备、基础数据与计算等内容。主要包括钻井基础数据及有关计算、钻井设备、钻井管材、常用井口工具、钻头及辅助破岩工具、井下动力钻具、随钻震击器与减震器、钻井井控、固井、钻井取芯、钻井液、定向井与水平井专用工具及测量仪器、钻井仪器仪表、钻井事故处理工具、套管开窗侧钻与分支井工具、钻井常用材料及其他共16章，是一本供广大钻井技术人员、管理人员、监督人员和工人使用的工具书，可作为钻井科研机构、石油院校的参考资料，同时也是勘探、开发等与钻井技术关系密切行业的参考用书。

（程天阁）

【《超深高酸性气田钻井工程技术与实践》出版发行】

该书主要从应用方法和应用实践角度出发，简述了川东北地区复杂的地理与地质特点，分析了钻井技术难点，系统介绍了超深高酸性气田钻井配套技术。按照技术难点、理论依据、工艺措施、应用方法和应用成效，研究形成了复杂地貌特征的钻前工程技术、超深高酸性气田长寿命高产气井井身结构设计技术，完善了以压井理论、井控标准、井控装备、井控工艺等相互配套的超深高酸性高产气井井控技术，发展了长裸眼、窄间隙、复杂压力系统、酸性环境等工况下的固井技术，拓展并详细介绍了岩石工程力学分析与钻头合理选用技术、整装气田开发中整体配套应用的气体钻井技术、适用于坚硬岩石高陡构造的防斜打快钻井技术、超深大位移定向井水平井技术、复合钻井技术和钻井液技术，反映了具有国际先进水平的钻井理论、技术和标准，体现出川东北地区超深高酸性气田钻井技术特色，论述了先进技术和成果的应用实践效果。该书可供从事天然气勘探开发的工程技术人员、管理人员及石油院校相关专业的师生及研究人员使用，也可供为气田提供装备、工具及工程服务的人员参考。

（程天阁）

【《油气勘探开发技术进展——钻井工程》出版发行】

该书是《油气勘探开发技术进展》丛书中的一本，收录了部分普光酸性气田钻井技术总结方面的论文、部分石油高校知名教授的论文和一批中国石化海外钻井工程技术需求与进展方面的论文，全面展现了中国石化的钻井工程技术进步和应用效果，可供广大勘探开发和石油工程领域的科技工作者学习与借鉴，对于解决勘探开发过程的钻井难题具有重要的参考价值。

（程庆昭）

表 1　　**石化出版社 2011 年重点科技图书目录**

序号	书　名	作　者
1	可编程序控制器	《石油化工仪表自动化培训教材》编写组　编
2	天然气处理原理与工艺(第二版)	王遇冬　主编
3	工业管道应力分析与工程应用	宋岢岢　编著
4	钻井工程技术手册(第二版)	赵金洲　张桂林　主编
5	工业汽轮机技术	中国石化集团第五建设公司　王学义　编著
6	水力旋流器技术与应用	庞学诗　编著
7	水处理工程常用设备与工艺	蒋克彬　彭　松　陈秀珍　杨文斌　赵　挺　张秀敏　杨国艳　编
8	最优化方法	陈军斌　杨　悦　编著
9	含缺陷承压设备安全分析技术	沈士明　编著
10	石油微生物学[法]	张　煜　张　辉　郭省学　译
11	油田设备节能技术	吉效科　编著
12	锅炉运行值班员(培训教材)	中国石油化工集团公司人事部　中国石油天然气集团公司人事服务中心　编
13	中哈跨国原油管道计量站	陈群尧　吴　浩　徐　鹏　编著
14	危险化学品安全技术大典(第Ⅱ卷)	张海峰　主编
15	工业润滑油生产与应用	王先会　编
16	职业安全健康培训教材	武洪才　刘　健　王　毅　主编
17	材料科学与工程专业英语	材料科学与工程专业英语编委会　编
18	工业分析	龙彦辉　主编
19	ASME 锅炉及压力容器规范　IX　焊接和钎接评定(2010 版)	ASME 锅炉及压力容器委员会焊接分委员会　编著
20	化工原理课程设计(第二版)	马江权　冷一欣　主编
21	石油化工设备维护检修技术(2010 版)	本书编委会　编
22	石油化工厂设备检修手册——焊接(第二版)	凌星中　编著
23	石油化工厂设备检修手册——容器	王福利　主编
24	射线检测	宋天民　主编
25	化学反应工程	王　勇　主编　郭晓亚　徐　毅　贾少晋　副主编
26	天然气利用与安全	王俊奇　刘　祎　郑　欣　编著

续表

序号	书　名	作　者
27	建筑工程计量与计价	王　红　主编　马守才　袁维宏　王娟丽　编
28	化工动态学	郑远扬　著
29	供应链管理	姜大立　姜玉宏　张　军　彭良涛　编著
30	DSP 应用技术	权建军　主编　李驰新　副主编
31	石油化工工艺实训教程	何小荣　史文权　主编
32	石油公司员工标准化操作手册	《石油公司员工标准化操作手册》编委会　编
33	中国石化近期典型事故案例汇编	中国石油化工集团公司安全环保局　组织编写
34	天然气化工与利用	王俊奇　张　钊　郑　欣　编著
35	化学反应工程(修订版)	尹芳华　李为民　主编
36	特低渗透砂岩储层微观孔隙结构与渗流特征	高　辉　编著
37	管理人员安全知识题解	张振华　沈　浩　编写
38	油库消防安全管理	张斐然　王　丰　编著
39	海洋油气田开发工程概论	张　煜　冯永训　编著
40	乙烯装置长周期运行与管理	蓝春树　鲁卫国　编著
41	石油资产评估(第二版)[美]	李　阳　戴少武　郭齐军　卢广钦　王国鹏　苏永进　译
42	乙丙橡胶及聚烯烃类热塑性弹性体(第三分册)	曹湘洪　主编　蔡小平　陈文启　关　颖　等编著
43	汽车油品应用手册	卢振刚　主编
44	油气管道腐蚀与防护技术问答	石仁委　刘　璐　主编
45	环境影响评价实用技术与方法	沈洪艳　崔建升　著
46	PE100 管道系统(第三版)[德]	布鲁斯瑞普　编　魏若奇　者东梅　等译
47	ASME 锅炉及压力容器规范　Ⅱ　材料　A 篇　铁基材料(2010 版)	ASME 锅炉及压力容器委员会材料分委员会　编著
48	ASME 锅炉及压力容器规范　Ⅱ　材料　B 篇　非铁基材料(2010 版)	ASME 锅炉及压力容器委员会材料分委员会　编著
49	ASME 锅炉及压力容器规范　Ⅱ　材料　C 篇　焊条、焊丝及填充金属(2010 版)	ASME 锅炉及压力容器委员会材料分委员会　编著
50	ASME 锅炉及压力容器规范　Ⅱ　材料　D 篇　性能(公制)(2010 版)	ASME 锅炉及压力容器委员会材料分委员会　编著

续表

序号	书　名	作　者
51	渤海油田上产 3 000 万吨成果论文集	陈　壁　主编
52	油田加热炉	邓寿禄　王贵生　编著
53	海洋石油工程技术论文(第二集)	中国石油学会石油工程专业委员会海洋工程工作部　编
54	钢质石油储罐防腐蚀工程	王菁辉　主编
55	中国石化典型电气事故汇编(1998—2010 年)	中国石油化工集团公司生产经营管理部组织编写
56	ASME 锅炉及压力容器规范　Ⅷ　第一册　压力容器建造规则(2010 版)	ASME 锅炉及压力容器委员会压力容器分委员会　编著
57	ASME 锅炉及压力容器规范　Ⅷ　第二册　压力容器建造另一规则(2010 版)	ASME 锅炉及压力容器委员会压力容器分委员会　编著
58	ASME 锅炉及压力容器规范　Ⅷ　第三册　高压容器建造规则(2010 版)	ASME 锅炉及压力容器委员会压力容器分委员会　编著
59	化工热力学	鄢　浩　陈晋阳　主编
60	高分子研究方法	董炎明　熊晓鹏　郑　薇　杨柳林　编著
61	ASME 锅炉及压力容器规范　Ⅴ　无损检测(2010 版)	ASME 锅炉及压力容器委员会无损检测分委员会　编著
62	塔河油田碳酸盐岩深层稠油油藏开发实践新进展	梁尚斌　潘从文　主编
63	精细有机合成试验	杨黎明　陈　捷　主编
64	超深高酸性气田钻井工程技术与实践	曹耀峰　编著
65	ASME 锅炉及压力容器规范　Ⅰ　动力锅炉建造规则(2010 版)	ASME 锅炉及压力容器委员会动力锅炉分委员会　编著
66	流程模拟软件 ChemCAD 在化工中的应用	傅承碧　徐铁军　沈国良　阎金城　编著
67	聚丙烯——原理、工艺与技术(第二版)	洪定一　主编
68	ASME 锅炉及压力容器规范　Ⅳ　采暖锅炉建造规则(2010 版)	ASME 锅炉及压力容器委员会采暖锅炉分委员会　编著
69	石油化工工艺学	封瑞江　时维振　主编
70	溶剂脱蜡	梁朝林　梁文雄　编
71	天然气深井超深井钻井技术	蒋祖军　郭新江　王希勇　主编
72	炼油与石化工业技术进展(2011)	洪定一　主编
73	第五届(2011)北京国际炼油技术进展交流会论文集	大会组委会　编
74	管理人员工程知识题解	沈　浩　编写
75	石油化工设备检验	闵平秋　陈　克　编著

续表

序号	书　名	作　者
76	危险化学品安全生产管理与监督实务	王卫东　邵　辉　编著
77	硫化氢防护培训教材(第二版)	杨延美　林　波　潘积鹏　周德才　强永和　张红艳　编著
78	工业行业安全生产长效机制建立指南	范卫国　刘　健　王　毅　主编
79	Visual Basic 程序设计案例教程	吴雅娟　王莉利　李瑞芳　倪红梅　编著
80	节能基础知识	吕长江　主编
81	汽车维修中级工培训教程	石允国　张鸿雁　主编　冯志祥　王加升　孙国君　副主编
82	油品计量员读本(第三版)	肖素琴　编著
83	油料学与炼油技术	戴跃玲　编著
84	石油钻井	张之悦　王会珍　严德熙　编
85	"十一五"海洋石油科学技术论文集	傅成玉　主编
86	采油工艺	连经社　王树山　编
87	油气科技创新思维决策及战略管理	郭小哲　葛家理　著
88	新型煤化工与实践	徐振刚　曲思建　主编
89	石油钻井作业指导书	薄和秋　主编
90	数理方程与特殊函数学习指导	陈军斌　主编
91	西英汉石油词典	李乐中　编
92	催化剂制备及应用技术	朱洪法　刘丽芝　编著
93	测录井专业岗位操作安全培训视频教材	中国石油化工集团公司安全环保局　组织编制
94	高含硫天然气采气集输专业岗位操作安全培训视频教材	中国石油化工集团公司安全环保局　组织编制
95	管道施工专业岗位操作安全培训视频教材	中国石油化工集团公司安全环保局　组织编制
96	机械制造专业岗位操作安全培训视频教材	中国石油化工集团公司安全环保局　组织编制
97	采油专业岗位操作安全培训视频教材	中国石油化工集团公司安全环保局　组织编制
98	采气专业岗位操作安全培训视频教材	中国石油化工集团公司安全环保局　组织编制
99	井下专业岗位操作安全培训视频教材	中国石油化工集团公司安全环保局　组织编制

续表

序号	书　名	作　者
100	电力专业岗位操作安全培训视频教材	中国石油化工集团公司安全环保局　组织编制
101	油建专业岗位操作安全培训视频教材	中国石油化工集团公司安全环保局　组织编制
102	海上专业岗位操作安全培训视频教材	中国石油化工集团公司安全环保局　组织编制
103	川东北和川西地区试气投产专业岗位操作安全培训视频教材	中国石油化工集团公司安全环保局　组织编制
104	钻井专业岗位操作安全培训视频教材	中国石油化工集团公司安全环保局　组织编制
105	物探专业岗位操作安全培训视频教材	中国石油化工集团公司安全环保局　组织编制
106	现代仪器分析技术及应用	魏福祥　等著
107	石油生产及钻采机械概论	孙庆群　主编
108	机械工程控制基础	王　伟　申爱明　王殿君　林顺英　编著
109	有机颜料品种及应用手册(修订版)	周春隆　穆振义　编
110	炼油工艺学(本科)	王　雷　李会鹏　编著
111	事故案例分析内容精讲与试题解析	宋大成　主编
112	安全生产法规与安全生产管理内容精讲与试题解析	宋大成　主编
113	安全生产技术内容精讲与试题解析	宋大成　主编
114	化工原理考研真题及习题精解	郭晓艳　段红玲　主编
115	石油化工有害物质防护手册	中国石化集团公司安全环保局　中国石化集团公司职业病防治中心　组织编写
116	节能管理基础	王贵生　邓禄寿　编著
117	催化剂制备过程技术(第二版)	张继光　主编
118	管理人员设备知识题解	沈　浩　张　明　编写
119	环境监测(双语教材)	李　萍　主编
120	污水处理工(培训教材)	中国石油化工集团公司人事部　中国石油天然气集团公司人事服务中心　编
121	中海石油炼化与销售事业部“十一五”科技论文集	陈　淳　主编
122	汽轮机技术问答(第三版)	张克舫　沈惠坊　编著
123	油品化学及应用	吴艳波　李彦生　主编
124	世界航空燃料规格及进展	付　伟　李　明　陶志平　编著

续表

序号	书　名	作　者
125	管理人员数质量知识题解	沈　浩　张振华　编写
126	洛阳石化年鉴·2009	《洛阳石化年鉴》编纂委员会　编
127	油气勘探开发技术进展——钻井工程	蔡希源　刘汝山　主编
128	渤海油田上产3000万吨科技创新实践	陈　壁　主编
129	石油化工工程建设项目管理机理研究	王基铭　袁晴棠　等著
130	循环水操作工	中国石油化工集团公司人事部　中国石油天然气集团公司人事服务中心　编
131	《炼油技术与工程》催化重整专辑(2006—2010年)	朱华兴　张立新　主编
132	《炼油技术与工程》延迟焦化专辑(2006—2010年)	朱华兴　张立新　主编
133	理工专业俄语	《理工专业俄语》编委会　编
134	丁腈橡胶复合材料改性及应用	王　霞　周　松　陈玉祥　著
135	磁记忆检测技术及工程应用	邢海燕　徐敏强　李建伟　编著
136	电路与电子技术	许忠仁　主编　杨冶杰　姜　丽　副主编
137	《炼油技术与工程》加氢专辑(2006—2010年)	朱华兴　张立新　主编
138	化工测量与仪表	沈怀洋　主编
139	《炼油技术与工程》常减压蒸馏专辑(2006—2010年)	朱华兴　张立新　主编
140	企业安全生产主体责任管理实务	陈国华　编著
141	仪器分析原理及技术(第二版)	魏福祥　韩　菊　刘宝友　著
142	精细化工工艺学	韩长日　刘　红　方正东　主编
143	2011消防科技与工程学术会议论文集	中国消防协会学术工作委员会　中国人民武装警察部队学院消防工程系　编
144	天然气管线投产置换与安全	王俊奇　张鹏云　韩长武　编著
145	化工设备识图与制图	陆　怡　主编
146	广州石化年鉴·2010	《广州石化年鉴》编纂委员会　编
147	油气回收基础理论及其应用	黄维秋　主编
148	《炼油技术与工程》催化裂化专辑(2006—2010年)	朱华兴　张立新　主编
149	电磁场理论	唐　炼　赵　昆　主编
150	油页岩干馏工艺与工程	曹祖宾　张宗平　韩冬云　李丹东　编著
151	石油化工安全概论(第二版)	王凯全　主编
152	高温高压气井完井技术	戚　斌　龙　刚　熊昕东　主编
153	第十六届环渤海浅(滩)海油气勘探开发技术论文集	李文湘　夏庆龙　主编
154	炼油设备技术	杨启明　马　欣　编著

续表

序号	书　名	作　者
155	石油加工工艺学(上册)	王海彦　陈文艺　主编
156	化学基础实验	张四方　李　军　主编
157	中学化学实验研究	张四方　任跃红　主编
158	石油加工工艺学(下册)	王海彦　陈文艺　主编
159	石油工程多相流体力学	国丽萍　刘承婷　刘保君　编著
160	精细化学品剖析及常用技术原理	贾长英　唐丽华　张晓娟　陈　红　等　编著
161	孟浩然　杜牧诗精选	黎德良　书
162	天然气开发与利用	王遇冬　主编
163	石油天然气化工工艺	黄凤林　主编
164	油田化学专业英语	乔庆东　李　琦　李　剑　主编
165	海洋石油工程技术论文(第三集)	中国石油学会石油工程专业委员会海洋工程工作部　编
166	采油设备技术问答	范昆仑　编著
167	ASME 压力管道规范　B31.1　动力管道(2010 版)	美国机械工程师学会压力管道委员会编著
168	ASME 压力管道规范　B31.3　工艺管道(2010 版)	美国机械工程师学会压力管道委员会编著
169	江苏油田年鉴·2011	《江苏油田年鉴》编辑委员会　编　毛凤鸣　主编
170	西南石油年鉴·2011	《西南石油年鉴》编纂委员会　编
171	金属材料类专业实践教学指导	杨爱民　姚婷珍　主编
172	过程系统工程辞典(第二版)	王基铭　主编
173	全国压力管道设计审批人员培训教材(第二版)	国家质量监督检验检疫总局特种设备安全监察局
174	防腐蚀监理工程师手册	曹　备　高　瑾　朱蕴辉　林玉珍　编著
175	ASME 锅炉及压力容器规范·规范案例 2010 版(包括增补第 1—4)	美国机械工程师学会(ASME)　编著；中国《ASME 规范产品》协作网(CACI)翻译
176	柴油机技术问答	蓝富华　张　彬　主编
177	工业用水与节水管理技术	常明旺　赵海生　杜世勋　解　磊　王聪明　编著
178	新能源技术	周　锦　李　倩　主编
179	乳液聚合丁苯橡胶(第五分册)	曹湘洪　主编　刘大华　龚光碧　刘吉平　等　编著

续表

序号	书　名	作　者
180	上海石化年鉴·2011	上海石化志鉴编纂委员会　编
181	洛阳石化志·2001～2010	《洛阳石化志》编纂委员会　编
182	销售企业节能技术与实例分析	左兴凯　主编
183	2011年中国石油炼制技术大会论文集	中国石化信息学会石油炼制分会　编
184	中国石化2010年石油工程井筒技术论文集	中国石化石油工程管理部　主编
185	化工管道安装设计	刘国荣　国亚东　左海强　刘仁桓　编著
186	中国石油化工集团公司年鉴·2011	《中国石油化工集团公司年鉴》编委会　编
187	工业节水案例与技术集成	季红飞　王重庆　冯志祥　廖传华　编著
188	化学综合实验	张四方　周成勇　主编
189	炼油装置节能技术与实例分析	陈尧焕　主编
190	中国炼油技术(第三版)	候芙生　主编
191	化学探究实验	张四方　闫怀义　主编
192	改革发展之路——中国石油化工集团公司“十一五”成就回顾	中国石油化工集团公司　编
193	茂名石化年鉴·2011	《茂名石化年鉴》编纂委员会　编
194	河南油田年鉴·2011	河南石油勘探局年鉴编纂委员会　编
195	中原油田年鉴·2011	中原油田史志编纂委员会　编
196	分析化学实验	郑　莉　编
197	洞库金属油罐安装新技术	林茂光　陈国民　麦巧真　编著

企事业单位

◇ 油田企业

◇ 炼化企业

◇ 油品销售企业

◇ 科研单位

◇ 设计施工单位

◇ 专业公司及其他单位

胜利油田

【概况】 胜利油田为中国石化集团胜利石油管理局(简称胜利石油管理局)和中国石油化工股份有限公司胜利油田分公司(简称胜利油田分公司)的统称。工作区域主要分布在山东省东营、滨州、德州、济南、潍坊、淄博、聊城、烟台8个市的28个县(区)内，主体位于黄河下游的东营市。胜利油田本部位于东营市济南路258号。

1961年4月16日，在山东省垦利县东营村附近打的华8井，首次见到工业油流，标志着胜利油田的发现。1972年8月，胜利油田会战指挥部成立，1989年更名为胜利石油管理局，1998年划归石化集团公司领导和管理。2000年5月，根据中国石化重组上市的整体部署，中国石化胜利油田有限公司挂牌成立，2006年1月变更为胜利油田分公司。

截至2011年底，胜利油田共有二级单位59个、三级单位493个、四级单位3 522个。其中，胜利石油管理局有二级单位37个、三级单位267个、四级单位1 786个；胜利油田分公司有二级单位22个、三级单位226个、四级单位1 736个。胜利油田有控股公司5个、经济实体1个、派出机构2个、直属处级机构2个、全资法人单位1个。有正式职工14.88万人，其中中国工程院院士1人，山东省突出贡献专家10人，石化集团公司突出贡献专家28人。

截至2011年底，胜利油田取得探矿权勘探面积达18.48万平方千米，油、气资源总量分别为141亿吨、2.15万亿立方米；探明油田78个，探明含油面积3 291.36平方千米，探明石油地质储量52.18亿吨。固定资产总额2 841.54亿元；有主要专业设备51 615台，装机总功率1 400万千瓦。

胜利油田主要技术经济指标和主要生产建设指标见表1和表2。

(商　珂)

【油气勘探取得新突破】 2011年，胜利油田不断拓展油气勘探新领域、新空间。东部老区坚持寻找规模储量，保持稳定增储态势，连续第29年探明石油地质储量过1亿吨，连续第9年三级储量均超过1亿吨。西部新区实现战略性突破，在准噶尔盆地北缘的哈山地区部署的哈浅1井获日产10.55立方米工业油流，发现胜利油田第78个油气田——春晖油田，储量规模达到5 000万吨，在准西缘和准北缘开辟了石炭系增储新领域；春风油田含油范围继续扩大。非常规资源勘探取得积极进展，开展济阳坳陷页岩油气潜力评价，在沾化凹陷罗家地区成功实施了第1口页岩油水平探井——渤页平1井，见到良好油气显示。全年，胜利油田新增预测石油地质储量1.29亿吨，新增控制石油地质储量1.45亿吨，新增探明石油地质储量1.49亿吨。

(商　珂)

【开发水平实现新提升】 2011年，胜利油田坚持科学、精细、高效开发理念，东部产量保持稳定，新区产能规模保持稳定，老区调整单元提高采收率保持在6个百分点，产能达标率保持在95.8%以上，措施有效率同比提高0.8个百分点，稀油自然递减率连续第4年下降。西部油区上产势头强劲，强化了会战的组织协调，成立了新春采油厂，全年产量增长12.5万吨。新增动用石油地质储量7 809.45万吨。油区现井网和工艺条件下标定技术可采储量12.50亿吨，采收率28.36%。

(商　珂)

【专业板块保障能力不断增强】 2011年，胜利油田石油工程板块强化勘探开发工程一体化理念，实施钻井提速提效工程，加快提升支撑海上、非常规资源勘探开发的装备水平，生产经营和市场开拓均创历史最高水平。在井型井况更加复杂、工艺要求更高的情况下，油田本部钻机生产效率达到96.2%，进尺增长25.3%。石油工程市场开拓能力和赢利能力不断提升，全年实现收入292.53亿元，增长12.85%；实现利润7.61亿元，增长9.5%。国内市场形成以新疆、西南、西北、东北为四大支柱的发展格局，收入达到98.13亿元，增长8.61%。海外市场在沙特等国家获得多个大项目，并逐步进入高端市场，全年新签合同额6.7亿美元，增长36%，实现收入4.55亿美元，增长27.81%。胜利队伍在外部市场的品牌形象和美誉度进一步提升，在蒙古国施工的钻井队伍受到政府嘉奖，在中国石油苏里格气田刷新了多项大位移水平井施工纪录。公用工程运行效率和服务质量持续提升，发挥发供电一体化优势，提高创效能力。加大电网升压改造和结构优化力度，提高运营质量和应急处置能力，综合网损率、电网事故明显下降。热力资源布局调整初步完成，燃料结构调整见到实效。多措并举加强供水精细管理，促进了降漏增收。

(商　珂)

【科技创新成效显著】 2011年，胜利油田紧紧围绕主业发展，加强重大项目攻关，加快战略性接替技术与关键装备仪器的研发，抓好新技术推广和规模化应用，科技创新的助推支撑作用更加明显。“胜利油田特高含水期提高采收率技术”等国家重大专项取得新进展。重大先导试验有序推进，孤岛中一区Ng3聚驱后井网调整非均相复合驱先导试验初步见效，采收率可达到60%。孤岛中二北Ng5稠油热化学复合驱先导试验区产量达到试验前的4倍，采收率可超过50%。建成国内外首个燃煤电厂烟气碳捕集、驱油与封存(CCUS)示范工程，捕集规模100吨/日，配套实施的高89块低渗透油藏二氧化碳驱先导试验，可提高采收率17个百分点。在樊154－平1井应用水平井裸眼完井和多级分段压裂技术，成功实施了国内首例油井长水平段12段分段压裂，实现非常规资源勘探开发技术的阶段性突破。钻井关键技术攻关试验取得重要成果，国内陆上第1口5级分支井河3－支平1井获得成功，氮气钻井技术在坨深4井首次应用。水平井、大型压裂、油水井不压井作业、网电钻机等技术规模化应用实现了增产增效，促进了结构调整和节能减排。“胜利油田边际稠油高效开发技术与应用”等3个项目获得国家科技进步二等奖，“大位移水平探井高平1井钻井技术”获中国石化2011年度科技进步二等奖。全年组织实施各类科研项目410项，依靠科技进步新增探明储量4 401万吨，新增可采储量1 806万吨，新增原油产量357万吨。全年获得国内外专利授权331项，增长58%，其中发明专利26项，增加19项。

（商　珂）

【党建和思想政治工作全面加强】 2011年，胜利油田深入开展“创先争优、比学赶帮超暨精细管理深化年”主题活动，提升了队伍素质。围绕庆祝建党90周年、发现50周年产油10亿吨，开展了“我的油田我的家”等主题宣讲和系列教育，在油田内外引起强烈反响。组织开展基层党建巡察活动，实施党组织分级争创和“双亮”工程，党建工作科学化水平不断提高。明确“六个主攻方向”，推进党建思想政治工作向社区延伸，抓实一人一事思想政治工作，干部员工向心力和凝聚力进一步增强。完善“三基”创建标准，改进考核评价办法，强化动态管理，增强了“三基”创建的活力，油田员工技术创新经验在全国企业推广。纵深推进“胜利心田工程”，着力打造胜利文化品牌，油田获全国企业文化30年实践十大典范组织奖和中国企业文化影响力十强称号。深化推进廉洁风险防范管理，统筹推行党委巡视、班子全面考核，探索实施党务、厂务、业务公开，提升了党风廉政建设工作水平。加强信访稳定，创新社会管理，落实“真困难真帮助”，油田上下心齐气顺劲足家和的局面进一步巩固。

（商　珂）

【民生工作稳步推进】 2011年，胜利油田全面实施人才成长通道建设，配套建立标准统一、动态增长的基本薪酬制度，建立企业年金制度，与一批优秀劳务派遣工签订了直接用工合同，员工收入特别是一线员工收入实现较快增长，直接用工、劳务工实现了同工同酬。加强与地方政府沟通，积极争取石化集团公司支持，为5万多名劳动家属及1.3万名油田非从业人员办理了养老保险，提高了再就业人员小时工资标准，招聘使用部分油田子女劳务派遣工。员工住房建设加快推进，4万套限价商品房已完工2.4万套，主体完工进入安装阶段1.6万套。916套棚户区住宅和400套公共租赁住房改造工程基本完工，员工住房产权办证工作取得实质性进展。整体改造老旧小区，有24个小区被评为中国石化文明和谐示范小区，新增2个国家级示范住宅小区、6个省级优秀住宅小区，员工群众生活环境显著改善。油地联手编制西城整体规划，“三横三纵一河一桥”及公园绿地建设等改造工程基本完工，西城城市面貌不断改观。

（商　珂）

【召开胜利油田发现50周年产油10亿吨总结表彰大会】 2011年6月10日，石化集团公司在胜利油田召开中国石化胜利油田发现50周年产油10亿吨总结表彰大会，2 100多人参会。会上石化集团公司授予胜利油田中国石化重大贡献奖，表彰“中国石化胜利油田产油10亿吨”十大科技成就、十佳功勋队和十大标兵人物。

（商　珂）

【黄河钻井总公司获全国职工互助保障先进单位称号】 2011年，黄河钻井总公司针对单位一线人员多、危险岗位人员多的实际，采取“3331”工作法，积极开展职工互助保障工作，为职工群众构筑了一道抵御风险的坚实屏障。全年先后为11 103名职工办理了团体意外保险，为3 339名女职工办理了女职工特殊疾病保险，为10 815名职工办理重大疾病保险，3项保险参保率均近100%。4月，黄河钻井总公司被中国职工保险互助会授予职工互助保障先进单位称号。

（商　珂）

表1　胜利油田主要技术经济指标　亿元

指标名称＼年份	2011	2010	2009	2008	2007	2006
工业总产值	1 512.42	1 200.68	962.87	1 410.97	1 066.81	1 110.26
工业增加值	1 252.17	921.80	650.55	1 127.97	757.45	739.43
资产总计①	1 841.54	1 553.95	1 334.08	1 129.30	1 017.47	907.07
流动资产	315.90	236.82	42.63	127.15	112.04	156.14
固定资产原值	2 841.54	2 601.56	2 383.46	2 185.92	1 951.35	1 590.93
固定资产净值	1 320.46	1 214.90	1 032.43	926.86	816.91	713.99
销售收入	1 268.65	1 279.00	1 236.99	1 443.88	1 100.81	1 103.49
实现利税	960.14	579.99	418.50	937.01	583.67	639.52
税金(费)	548.39	372.42	226.95	562.78	344.51	359.54
综合能耗/吨标煤·万元$^{-1}$						
管理局	0.99	1.07	1.03	0.76	0.80	0.74
分公司	0.29	0.35	0.36	0.36	0.35	—

①含油气资产。

表2　胜利油田主要生产建设指标

指标名称＼年份	2011	2010	2009	2008	2007	2006
原油产量/万吨	2 734.00	2 734.00	2 783.50	2 774.02	2 770.08	2 741.50
天然气产量/亿立方米	5.00	5.08	7.00	7.70	7.84	8.01
新增原油生产能力/万吨	301.20	316.50	304.00	300.08	368.00	385.07
新增天然气生产能力/亿立方米	0.26	—	—	0.43	0.50	0.42
新增探明石油地质储量/万吨	14 950.50	11 223.00	10 484.00	10 408.00	10 667.00	9 179.00
新增探明天然气地质储量/亿立方米	—	—	—	4.50	—	15.77
二维地震/千米	9 745.00	9 559.00	6 389.00	5 470.00	5 017.00	3 472.00
三维地震/平方千米	7 001.00	9 147.00	3 728.00	3 027.00	2 513.00	1 312.00
石油钻井/口	4 219	1 863	1 774	1 816	1 722	1 910
钻井进尺/万米	490.26	440.18	391.38	436.67	415.84	442.55
勘探投资/亿元	46.27	35.62	32.27	32.37	35.90	22.98
开发投资/亿元	179.10	136.95	205.70	150.64	128.20	85.48

中原油田

【概况】 中原油田为中国石化集团中原石油勘探局(简称中原石油勘探局)、中国石油化工股份有限公司中原油田分公司(简称中原油田分公司)的总称，主要从事油气田勘探开发、炼油与天然气深加工、石油工程技术服务等业务，勘探开发区域主要包括东濮凹陷、普光气田、内蒙探区。本部位于河南省濮阳市华龙区，占地面积12.6平方千米。

截至2011年底，中原油田在国内拥有油气资源探矿权、采矿权登记区块50个、总面积5.59万平方千米；探矿权登记区块31个、总面积5.45万平方千米，其中东濮凹陷登记探矿权3个、面积5 294.48平方千米，东濮凹陷外围地区登记探矿权6个、面积1.28万平方千米。外部新区(内蒙古、河北、四川)登记探矿权22个、面积3.64万平方千米。采矿权登记区块19个、总面积1 412.12平方千米，其中东濮凹陷登记采矿权16个、面积1 012.95平方千米，内蒙古白音查干登记采矿权2个、面积97.63平方千米，四川普光采矿权1个、面积301.53平方千米。

1975年9月7日，濮参1井喷出工业油气流，发现中原油田。1998年，由中国石油天然气总公司划归石化集团公司管理。截至2011年底，中原油田有直属单位62个、机关处室34个、机关直属单位19个。用工总量87 974人，其中正式员工60 896人。全油田有专业技术人员10 406人(不含管理技术人员)，其中具有高级技术职称的1 504人、中级技术职称的3 395人、初级技术职称的3 929人。中原油田总资产686.77亿元，固定资产原值980.26亿元、净值435.92亿元。

2011年，中原油田新增探明石油地质储量988.72万吨、天然气地质储量35.2亿立方米，合计探明油气地质储量1 257万吨；生产原油262.38万吨、天然气64.97亿立方米。国内外部市场收入84.57亿元，同比增长43.59%；海外市场新签合同额达到8.8亿美元，收入6.5亿美元，继续保持全国50强、全球最大225家工程承包商地位。全年中原油田生产油气当量1 111万吨，跻身千万吨级油气田行列；经营规模首次突破400亿元；实现收入438.91亿元，同比增长20.91%，创历史新高。年内，中原油田被国家安全生产监督管理总局授予全国安全文化建设示范企业称号，获"十一五"全国石油石化行业节能减排先进单位、"十一五"全国石油和化学工业环境保护先进单位称号，获全国模范劳动关系和谐企业、全国"五五"普法先进单位和全国模范职工之家等称号。

(吴宝英)

【东濮老区保持基本稳定】 2011年，中原油田依托高精度三维地震，深化东濮老区复杂断块群和构造—岩性油气藏勘探，文南—刘庄、桥口、马寨等地区探明油气地质储量893万吨。加强探评建一体化，评价动用地质储量1 198万吨，新建产能20.8万吨。立足整体研究、分类治理，持续开展以井组为单元的精细注采调整，濮城等老油田水驱控制、水驱动用程度分别提高2.1和1.4个百分点，自然递减率控制在17.32%。深化老气田挖潜和溶解气管理，天然气商品量超产6 400万立方米。储气库建设按计划推进，文96储气库14口新井全部完成，文23储气库工程设计已展开。

(黄 琥)

【普光气田安全平稳运行】 2011年，中原油田加强普光气田气藏动态监测，优化开发生产方案，完善工作制度和操作规程，强化生产调度指挥，生产混合气80.49亿立方米，实现高负荷安全生产。普303－3井自2009年10月12日投产至2011年9月1日已生产天然气5.07亿立方米，成为中原油田首口产量突破5亿立方米的高产气井，在中国高酸气井开发史上亦属首例。加强集输、净化系统的技术分析和管理，优化工艺参数和腐蚀控制，经济运行效率提高，净化气、硫黄质量优于国家标准要求，其中硫黄全年产量为160万吨，占国内硫黄总产量的1/3，普光气田成为国内最大硫黄生产基地。加强风险控制，建立抢维修快速反应机制，应急管理能力进一步增强。大湾区块产能建设进展顺利，8口新井全部完钻，7口投产作业井均达到方案要求，集气、输气工程等建设按计划实施。加强陆相勘探研究，普陆1井在须二段、须六段压裂测试，日产天然气分别为3万立方米和1万立方米。

(黄 琥)

2011年5月14日，中原油田工作人员对普光天然气净化厂液硫储罐进行改造 (马洪山 摄)

【内蒙探区取得重要成果】 2011年，中原油田在内蒙探区白音查干凹陷南部超覆带稠油勘探实现突破，泥质白云岩缝洞油藏含油面积不断扩大，控制石油地质储量1 305万吨；查干凹陷乌力吉构造带探明石油地质储量271万吨。稠油热采先导试验取得较好效果，毛8块实施水平井5口，油层钻遇率和热采效果明显提高。合作区块勘探力度加大，中康3井初期自喷日产原油27吨。

（黄　琥）

【发现吉祥油田】 2011年，中原油田在内蒙探区查干凹陷毛8断块探明的石油地质储量，通过国土资源部矿产资源储量评审委员会认定，正式发现吉祥油田。该油田地处内蒙古自治区巴彦淖尔盟乌拉特后旗，勘探面积2 000平方千米，是中原油田发现的第20个油田，同时也是第1个开采稠油油藏的油田。

（黄　琥）

【首获国家矿产资源节约与综合利用奖励】 2011年，中原油田通过研发与引进新技术、新工艺和实施治理改造工程，在油气资源的节约与综合利用领域取得显著成绩，首次获国家矿产资源节约与综合利用奖励资金1 300万元。其中，"文南油田低品位储量开发"获二类奖励资金，"文13西深层异常高压低渗油藏提高采收率工程"获三类奖励资金。

（黄　琥）

【石油工程国内外部市场成效显著】 2011年，中原油田石油工程围绕建设油田三大基地和石化集团公司资源战略部署，以结构调整为主线，巩固新疆市场，打开长庆市场，开拓吉林市场，跟踪新能源市场，以不断优化市场布局，持续提速提效，实施区域管理一体化、技术服务一体化，形成西北、华北、西南、东北4个区域市场，调整配套钻机38台，国内外部市场钻机达136台。地面工程突出专业化和差异化发展，进一步提高技术服务水平，培育技术优势，中标北海原油储备、曹妃甸原油码头建设、中国海洋石油海西天然气管网等高端项目，实现收入46.63亿元。年内，中原油田石油工程国内外部市场有队伍360支，实现收入84.57亿元，同比增长43.59%。

（郑艳梅）

【海外市场成果丰硕】 2011年，中原油田以打造国内一流、国际知名的石油工程总承包商和EPC承包商为目标，转变发展方式，提升市场竞争能力，建立对外经济贸易总公司—各境外公司—基层队三级管理体系，实施市场开发、项目运作、资源配置和队伍建设4个统一，油田国际化经营实现由分散管理向集中管理、结果控制向过程控制、粗放经营向集约经营3个转变。10月首次中标中非共和国Salamat盆地B区块二维地震施工总承包项目，非洲市场物探和钻修井工作量增长30%以上；中标哈萨克斯坦深井大包项目20口，新开发吉尔吉斯斯坦市场，钻机达15台；沙特市场实现由低端日费项目向高端大包井施工项目的转型，90DB钻机首次进入沙特阿美公司超深井市场，截至年底，在沙特钻机数量达到17部，年内新签订钻修井及地面工程合同4.9亿美元。中原油田成为沙特阿美第二大战略合作伙伴、道达尔公司全球主要钻井承包商、哈里伯顿中东首选合作伙伴。年内，中原油田海外市场新签合同89项8.8亿美元，收入6.5亿美元。

（郑艳梅）

2011年2月16日，中原油田中国2号钻井队在沙特阿拉伯ABQQ－417井施工 （林卫东　摄）

【最大海外EPCC项目启动】 2011年6月19日，中原油田中标沙特农业部最大的污水再利用项目——净化水输水工程。该工程于9月13日开工，起点始于沙特东部库巴市生活污水处理厂，终点止于沙特胡福福市阿尔哈桑农业灌溉区。工程管道全长178千米，含螺旋泵站1座、输水泵站1座、升压泵站1座，合同额折合人民币12.77亿元，总工期48个月。截至年底，完成工程量的3.79%。

（郑艳梅）

【中国首例水平井与定向井连通成功】 2011年5月31日，由中原油田40583钻井队承钻的FL－H4－L多分支水平井成功与FL－H4－S定向井连通，填补了中国水平井与定向井连通施工领域空白。在施工中，40583钻井队应用水平井与三维立体空间中斜井的点连通、斜井不扩眼技术，攻克了连通点井斜大、被连通定向井井眼轨迹数据不精确、偏差较大等难题，为有效开采煤层气、提高产能提供了新的技术手段。

（郑艳梅）

【塔河顺5井创中国陆上油气田最高压力级别纪录】 塔河顺5井是中国石化西北油田分公司部署的一口重点探井。2011年1月6日，中原油田钻井管具工程处新疆项目部取得塔河顺5井施工资质。1月22日，实施现场试压，1月25日，在酸压125兆帕状态下，井口工作压力140兆帕，成功完成试压任务，创中国陆上油气田完井井口现场试压最高压力级别纪录。

（郑艳梅）

2011年2月24日，中原油田钻井工程技术研究院科研人员正在研究钻井液配剂改进方案（仝 江 摄）

【中国首口高酸气田裸眼水平井试气投产成功】 2011年5月6日，中原油田施工的中国首口高含硫裸眼水平井——毛坝503－2H井，试气作业完成。5月7日，中原油田普光试气酸压项目部在毛坝503－2H井应用分段酸化工艺、采用12毫米气嘴放喷求产，日生产天然气69.21万立方米，填补了中国高酸裸眼水平井试气投产技术空白。该井位于四川省宣汉县毛坝镇，高含硫化氢和二氧化碳，设计井深4 750米，裸眼水平段长926.42米。

（郑艳梅）

【科技进步取得新进展】 2011年，中原油田以国家科技重大专项攻关为主线，以突破非常规技术为重点，分板块、分区域建立科技创新体系，加强成熟技术推广应用，加大瓶颈技术攻关，加快前沿技术跟踪研究，获国家科技重大专项2项、石化集团公司科研项目30项、油田重点科研项目56项，申报国家专利60项，其中“酸性气田多级延时起爆分段射孔工艺技术”获4项国家专利，并创造出一次射孔井段最长838米的国内施工纪录。“高含硫气藏安全高效开发技术”新建开发理论2项，攻克关键技术8项，获专有技术23项；“东濮凹陷油气富集规律与增储领域研究”推动了深层泥岩缝洞性油藏勘探突破。高精度三维地震、高分辨率测井技术得到较好应用，水平井稠油热采、微球调驱、同井注采等技术研究应用取得突破，耐温抗盐表面活性剂驱油先导试验进展顺利；长输管道特殊地段、大型炼化装置施工技术快速发展。开发具有自主知识产权的膨胀管补贴技术、抗260℃高密度油基钻井液体系，成功实施深层及双层套管开窗侧钻；气驱提高采收率技术逐步完善，其中二氧化碳驱提高采收率6.24个百分点，达到增油与减排双重效果。

（李 丽）

【东濮非常规油气藏勘探技术研究】 2011年，中原油田加强东濮非常规油气藏勘探技术研究。①深层致密砂岩凝析气藏先导实验取得成功。对白庙平1井沙三下致密砂岩凝析气藏采用7段压裂后，稳定日产原油14吨、天然气0.76万立方米，稳定日产量是直井的3倍，达到有效产能。②致密砂岩油藏评价取得进展。对北部沙三中致密砂岩油藏整体评价，在濮卫、文留地区沙三中^{3}分别部署卫383－平1井、文88－平1井，卫383－平1井，于目的层钻遇良好油气显示。③泥岩裂缝油气藏研究取得突破。文古4井在盐间沙三中钻遇良好油气显示，中途放喷获高产油流，初步评价泥岩裂缝有利含油范围15平方千米，部署的卫383－FP2井有望获得新发现。④泥页岩油气评价加快推进。按照泥页岩油气评价的标准，加强对生烃层系油气成藏条件研究，初步明确有利成藏范围。以长井段水平井钻完井、多段压裂为重点的非常规油气开发工程技术初步形成。

（李 丽）

【自主研制设备现场试验成功】 高含硫天然气焚烧炉是“十一五”国家科技重大专项“高含硫气藏安全高效开发技术”立项研制的重大关键技术装备。针对传统焚烧炉放空燃烧方式酸性气体燃烧效率不高、引进国外焚烧炉价格高昂、供货周期长等问题，中原油田采油工程技术研究院与北京航天动力研究所合作，于2011年1月试制出首台国产高含硫天然气焚烧炉。3月12日，该设备在大湾401－1井点火一次成功。数据显示，该台焚烧炉的酸性气体燃烧效率达99.99%，其气流速度、热辐射强度、噪音震动等参数性能指标均达到设计要求，热辐射强度等指标优于国外同类产品。8月1日，中原油田在采油二厂W98－16井应用自主研制、具有自主知识产权的喷射压裂工具实施压裂首试成功，喷嘴过砂量共30.7立方米，结束了中原油田喷射压裂工具完全依靠进口的历史，打破引进工具允许过砂量30立方米的界限，单井压裂工具节约15万余元。

（李　丽）

【企业管理取得新成效】 2011年，中原油田实施制度标准化信息化工作，完成制度标准化改造406项，精简532项，其中242项制度初步实现网上查询和编制功能；改善经营管理建议不断深化，修订完善管理办法和配套细则，形成了全周期工作流程，建立奖励考核机制，纳入日常化管理，全年收到各级建议1 254项；建立全面覆盖、全员参与的对标评价体系和标杆管理体系，完善对标评价、经验传承、短板改进、专项帮扶、考核激励5项机制，组织开展“十项特色活动”、“创名优工程、树中原品牌”和服务“六比”主题竞赛，推动管理挖潜、技术挖潜、岗位挖潜的深入实施，实现挖潜增效4.35亿元。同时，中原油田增强创新认识，创新管理方法，着力研究解决制约油田发展的重大管理问题和瓶颈问题，突出项目的创新性、实践性和效益性。年内获石化集团公司管理现代化创新成果奖17项，其中一等奖4项、二等奖9项、三等奖4项，上报国家级管理创新成果1项。

（李　丽）

【“全国职工教育培训优秀示范点”揭牌】 2010年9月，中原油田培训中心被中华全国总工会命名为首批“全国职工教育培训示范点”，2011年6月3日，在该中心举行揭牌仪式。培训中心结合石化企业职工教育培训特点，引进国内外先进培训理论和培训模式，构建课程开发、项目运作、质量评估三大体系，累计完成培训28万人次。

（黄　琥）

【党建和思想政治工作取得新成效】 2011年，中原油田举办纪念中国共产党成立90周年系列活动，组织“打造高度负责任、高度受尊敬企业”和“思想新解放、发展新跨越”大讨论，增强了职工群众的大局意识、责任意识和进取意识。以生产经营为主战场，开展“为民服务创先争优”活动。深化“四好”领导班子创建，制定《处级领导干部选拔任用办法》等10项制度，提升干部队伍的能力素质。探索外部市场党建区域化管理模式，推进基层党内民主，增强党员队伍的凝聚力和战斗力。统筹推进教育、制度、监督、惩处等各项工作，扎实开展廉洁风险防控管理。落实职代会工作制度，油田及所属单位召开职代会及联席会216次，审议或决定重大事项950件。厂务公开工作网络更加健全，油田公开网发布业务信息22项6 800余条。深入实施素质、环境、平安、繁荣、阳光、温暖6项工程，持续推进精神文明建设。12月20日，油田被中央精神文明建设指导委员会授予第3届全国文明单位称号。

（黄　琥）

【社会化服务管理不断加强】 2011年，中原油田以石化集团公司推广油田社会化服务4个体系为动力，保障生产、服务生活、维护稳定、促进和谐的功能不断完善。“五型社区”建设不断深入，9个生活小区获石化集团公司文明和谐示范小区称号；开展亲情服务和零距离服务，“440”热线受理求助电话2万余个，处结率98%以上；加快住房建设进度，40万平方米住宅楼建成，60万平方米棚户区改造开工；基础设施逐步配套，维修改造道路8条，完成污雨水排放系统改造、职工体育活动中心建设、幼儿园改造等工程，实施集贸市场、小区环境治理等项目73项；新增绿地面积5.2万平方米，获全国绿化先进单位称号；黄河水源供水实现不间断运行，水质达到国家新标准；增加离退休职工活动场所，“两堂一室一舍”持续改善；千方百计扩大就业、促进再就业，实现内部就业1 062人，帮助社会就业2 092人次，向石油石化企业输送子女就业295人；加大困难家庭的帮扶力度，发放救助金1 377万元；向一线岗位职工、劳动模范、技术专家、外闯市场职工家庭和离退休职工发放慰问金1 356万元。年内，居民对油田社会化服务系统满意率达98.96%。

（黄　琥）

【油地合作成效显著】 2011年，中原油田本着“身在濮阳、建设濮阳、奉献濮阳”的指导思想，加强油地合作。7月26日，中原油田与濮阳市高层领导联席会议第一次会议召开，双方提出中原油田石化总厂改扩建项目、油区农网分离改造、老水淹地修复治理问题、油田改制企业“退城入园”、污雨水配套设施建设、濮阳石化产业园、濮阳综合物流港和涉及中原油田职工切身利益的60万平方米棚户区改造等首批12个合作议题，并形成一致意见。中原油田获濮阳市工业经济发展突出贡献奖。

（李　丽）

表 1　　**中原油田主要技术经济指标**　　亿元

指标名称 \ 年份	2011	2010	2009	2008	2007	2006
工业总产值	396.29	312.42	218.94	308.76	264.30	248.27
工业增加值	203.34	134.55	94.63	116.76	99.81	120.36
资产总计	686.77	681.24	593.87	548.33	424.37	332.07
流动资产	145.61	117.87	64.86	70.92	76.02	92.83
固定资产原值	980.26	942.00	380.68	579.26	538.97	455.45
固定资产净值	435.92	499.55	162.51	220.71	208.17	199.34
销售收入	438.91	363.00	277.61	327.16	258.97	267.24
实现利税	95.62	46.95	2.28	75.28	39.80	56.68
税　金	71.43	49.69	34.38	54.79	27.03	29.72
综合能耗①/吨标煤·万元$^{-1}$						
中原石油勘探局	0.57	0.62	0.65	0.65	0.66	0.68
中原油田分公司	0.53	0.75	0.59	0.64	0.69	0.85

①2010 年以前执行的是 2005 年不变价。

表 2　　**中原油田主要生产建设指标**

指标名称 \ 年份	2011	2010	2009	2008	2007	2006
原油产量/万吨	262.38	272.51	288.94	300.30	305.00	310.57
天然气产量/亿立方米	64.97	47.09	9.26	10.61	14.80	16.40
新增原油生产能力/万吨	20.20	23.73	25.30	28.00	28.91	28.70
新增天然气生产能力/亿立方米	0.51	76.00	0.81	1.25	1.43	1.60
新增探明石油地质储量/万吨	1 148.20	988.72	930.65	1 153.12	1 039.28	961.69
新增探明天然气地质储量/亿立方米	13.35	35.20	11.80	6.88	0	4.47
二维地震/千米	866.00	1 194.00	4 878.00	7 565.62	6 571.00	10 984.00
三维地震/平方千米	249.00	210.00	1 594.00	549.88	911.00	1 589.00
石油钻井/口(不含侧钻)	236	257	821	1 096	1 183	1 444
探　井	55	50	123	82	105	140
开发井	181	207	698	1 014	1 078	1 304
钻井进尺/万米	68.82	77.70	242.440	313.40	323.28	340.14
勘探投资/亿元	9.08	8.25	7.98	6.81	5.76	4.10
开发投资/亿元	24.97	27.22	25.23	25.42	23.37	33.71

法兴企业和投资银行

我们广博赞誉的
结构性融资专长和顾问服务
只为打造您的完美融资方案

China/Brazil 2012

Sinopec

Acquisition of a 30% stake in Galp's Brazilian subsidiary through a capital increase

USD 5,200,000,000

Financial Advisor

China/Belgium 2012

GMG Global Ltd

Acquisition of a 35% stake in SIAT SA

EUR 192,000,000

Financial Advisor

Australia 2012

Australia Pacific LNG

Project financing of a 9 mtpa LNG plant & associated facilities

USD 8,500,000,000

Mandated Lead Arranger

China/HK 2012

Sinopec

Sinopec Group USD global bond

USD 3,000,000,000

Co-manager

China/HK 2011

Sinopec

Sinopec Century Bright syndicated loan, with Sinopec Group guarantee

USD 5,000,000,000

China/Australia 2011

Sinopec

General corporate purpose

USD 750,000,000

Mandated Lead Arranger

鼓舞
世界的力

THE LINDE GROUP
Linde
林德，
以技术卓越
成就气体行业领先。
作为一个世界领先的气体和工程公司，我们不断开发环保能源等创新的解决方案，以此打造更美好和更可持续发展的未来。林德大中华区总部位于上海，下设约60家全资及合资公司，在中国主要工业中心建有200多个运行现场。
林德中国研发中心位于上海，是林德在全球的三个研发中心之一，负责开发新的工业气体应用技术和解决方案以满足我们在中国等亚太地区国家的客户需求。另外两个研发中心分别位于美国新泽西州Murray Hill和德国慕尼黑。通过这三个中心的持续研发工作，林德将概念转化成新的可持续发展技术和解决方案，帮助我们的客户实现竞争优势并获得新的市场机会。
如需了解更多信息，请登录林德集团中文网站 www.linde.com.cn

整体气体解决方案供应商

林德的专长和能力涵盖整个气体供应链——从气体生产设施的设计和建造，到运行、配送、气体应用解决方案、安装和量身定制的物流支持。林德为石油化工等行业开发一系列的气体生产装置和供应方案，提供众多气体产品和相关解决方案以适应不同客户的需求。

卓越的工程技术及执行能力

林德在交钥匙工程规划、项目开发、设计和建造领域掌握广泛的工程专有知识。其中包括低温定制化设计的和低温标准型空分装置、制氮装置、LNG装置、蒸汽甲烷重装制氢装置、冷箱、反应器、汽化器、精馏塔、绕管式换热器及板翅式换热器等装置部件。林德工程事业部在杭州和大连拥有主要的工程设计能力和制作工厂，为大中华区客户提供经济节能的解决方案。

我们对客户的承诺——安全、可靠、高效

林德大中华区拥有世界级的配送和物流支持网络，通过覆盖全国的高效客户服务和运行中心提供支持，为客户提供安全、可靠、高效的产品及服务。

林德管道供应方案

林德管道车和槽罐车供应方案

德现场供气方案

林德钢瓶供应方案

德大中华区
欧西（中国）投资有限公司 - 林德集团成员
国上海浦东新金桥路27号9号楼 201206
话 +86.400.820-1798，电邮 csc.lg.cn@linde.com
ww.linde.com.cn

Setting Standards.

精于品，诚于行

城市灯火渐熄、守候依旧闪亮、
街巷偏静幽长，关爱始终陪伴.
我在你的身边，
因为你在我的心
建行自助银行，便捷更贴心，为您提供
全方位自助服务
中国建设银行
China Construction Bank
自助银行服务
Self Service Banking

建设银行银团贷款
汇雄厚实力，领宏远格局
CCB

KPMG
cutting through complexity
精诚服务　助再谱辉煌
毕马威谨此祝贺中国石化过去一年中各项工作取得的优异成绩。展望未来，毕马威愿凭借二十年服务中国市场之经验及全球网络，继续为中国石化提供至臻完善的服务，共谱双赢新篇章！
kpmg.com/cn

About Us

- First established in 2003
- Successfully accredited to ISO 9001:2008 on 16 Dec 2008

Our Vision: We strive to achieve a zero accident rate for every organization or project it serves. We believe that every worker deserves to go home safe every workday

Our Mission: To create partnerships with our client companies in establishing and monitoring an accident free workplace. To deliver innovative and balanced services in the field of health, safety environment, while maintaining a clear focus on our clients need for positive encouragement within the workforce and safety consciousness.

Sentosa Theme Park - Longyuan-arrk (Macao) Pte Ltd

Our Professional Services:

- Provision of Workplace Safety and Health (WSH) Practitioners – WSH Officers, WSH Supervisors, WSH Coordinators, EHS Consultants and Fire Safety Managers (FSM)
- Development of Workplace Safety and Health Management System
- Risk Management Program
- Workplace Safety and Health Trainings
- Provision of Workplace Safety and Health Professionals

Our clients are in industry of:

- Construction
- Hospitals
- Government clinic
- Manufacturing
- Chemicals

Largest Mega Shipyard @ Tuas - Zhenhua (S) Engineering

Cleanroom - Applied Materials

Partners

Our partner has experience in construction, Hotel, Chemical, shipyard, safety audit and training which enables us to provide competent health and safety support to all businesses working within these sectors. Experience in safety training, site audit and the development of company policy and procedures documentation enables us to offer a practical, proactive approach to clients.

List of some clients & on-going projects but not limited to:

APPLIED MATERIALS. think it. apply it.
Tan Tock Seng HOSPITAL
National Healthcare Group
INSTITUTE of MENTAL HEALTH Loving Hearts, Beautiful Minds

Longyuan-arrk (Macao) Pte Ltd
China Railway Group Ltd
中国建筑（南洋）发展有限公司
Zhen Hua (S) Engineering Pte Ltd

中国建筑国际集团有限公司 CHINA STATE CONSTRUCTION
中国交通建设股份有限公司 CHINA COMMUNICATIONS CONSTRUCTION COMPANY Ltd.
SUMITOMO MITSUI CONSTRUCTION CO., LTD. SINGAPORE BRANCH

JNJ Safety Management Pte Ltd

ADDRESS: 207 BALESTIER ROAD, #02-05A BALESTIER TOWERS SINGAPORE 329683
PHONE: 65-6844 3986 / 6256 0766 FAX: 65-6844-3953 E-MAIL: jnj@jnjsm.com.sg
WEBSITE: www.jnjsm.com.sg

SGS ISO 9001 UKAS

COMPANY REGISTRATION NO: 200702302C

南光(集團)有限公司

NAM KWONG (GROUP) COMPANY LIMITED

南光（集团）有限公司的总部设在澳门，集团前身南光贸易公司，成立于1949年8月，是澳门较早的中资机构。在逾半个世纪的历程中，南光积极进取，勇于开拓，走过了一段艰苦创业、自强不息的不平凡里程；并较好地完成了各个历史时期国家所赋予的不同使命，为澳门回归祖国、发展内地与澳门的经贸关系、推动祖国的对外经济贸易事业、团结澳门同胞、促进澳门社会的繁荣稳定作出了应有的贡献，赢得了良好的声誉。

南光集团主营业务包括日用消费品贸易、酒店旅遊会展及配套服务业、地产经营开发和综合物流服务四大类；主要经营商品有：石油化工产品、五金矿产、粮油食品、轻纺服装、医药保健品等；拥有大型油库、加油站、酒店、百货商场、写字楼、码头、货仓冷库、运输车队等资产。

集团是澳门目前大型的石油产品和主要的鲜活冷冻食品、酒店旅遊、物流服务供应商；拥有油气中转储运和航煤专供设施；分别在澳门、桂林、杭州、西安、加拿大投资有8家星级酒店；是澳门地区办理“港澳居民来往内地通行证”和“台湾居民来往大陆通行证”的指定单位；致力于地产投资与开发业务，在澳门、海口、上海、无锡等地区自主或合作开发了大量优质地产项目；有澳门大型的内港码头、干冻仓库和跨境运输车队；与美国、欧盟、独联体、韩国、东南亚等几十个国家和地区有长期贸易往来。

集团拥有12家二级企业，分别为南光石油化工有限公司、澳门中旅（国际）酒店管理有限公司、澳门中国旅行社股份有限公司、南光实业有限公司、南光恒丰置业有限公司、南光贸易有限公司、南光物流有限公司、广东南光实业贸易公司、南光（上海）投资有限公司、南光（上海）国际旅行社有限公司、上海华高房地产开发经营有限公司、北京南光石油化工有限公司；在北京、上海、广州设有代表处。

今天的南光集团，在我国全面建设小康社会的伟大进程中和澳门推进经济适度多元化的新形势下，肩负新的使命，面临新的机遇和挑战。集团将抓住机遇，加快发展，牢固树立“求发展、讲诚信、比业绩”企业核心价值观；认真落实以人为本，全面、协调、可持续的科学发展观，不断促进企业管理提升、转型升级和提高企业核心竞争力，实现可持续发展；继承和发扬爱国爱澳的优良传统，坚决贯彻“一国两制”方针和《澳门基本法》，大力支持澳门特区政府的依法施政，为澳门社会繁荣稳定作出新的贡献。

澳门罗理基博士大马路南光大厦十六楼 Tel: (853) 83911660 Fax: (853) 28330853 http://www.namkwong.com.mo

期待与您共赢未来！

连云港市政协副主席、港口集团董事长、党委书记 俞向阳

连云港港口集团有限公司是新亚欧大陆桥东方桥头堡——连云港港的经营核心和建设主体，是中国大型服务和交通企业，控股上市公司“连云港”（601008），主要从事货物装卸堆存、现代综合物流、港口投资建设、临港产业发展等业务。“十二五”期间将抓住以连云港港口为龙头的江苏沿海地区开发战略深入实施的机遇，加快建设国家东中西合作示范区，建成区域性中心港口，更好地融入长三角，服务上海国际航运中心建设和以陇海兰新铁路为轴线的中西部地区协调发展。

LYGPORT

连云港港口集团有限公司

地址：江苏省连云港市连云区中华西路18号　邮编：222004

联系电话：0518-82386879，82382204　网址：http://www.lygport.com.cn

遵章守纪　严谨细实

科学高效　团结和谐

金桐石化系列有限公司 JINTONG PETROCHEMICAL SERIES CO., LTD

金桐石油化工有限公司位于南京经济技术开发区内，系中国石化集团资产经营管理有限公司与英属维尔京群岛宝智投资有限公司（台湾和桐化学股份有限公司全资子公司）合资组建的中外合资经营企业，1993年9月1日正式成立，该合资公司总投资为4.762亿元人民币，注册资本为1.682亿元人民币。主要生产装置为10万吨/年烷基苯装置、2万吨/年烷基苯磺酸装置。该公司主要产品有直链烷基苯、烷基苯磺酸；副产品有重烷基苯、焦油、氢气、溶剂油料。该公司生产装置引进国外先进技术和部分关键设备，生产全过程采用世界上先进的DCS集散控制系统。

2002年4月8日，双方再次合资组建了中外合资经营企业——江苏金桐化学工业有限公司。总投资29403万元人民币，注册资本1947万美元（折合16115.54万元人民币）。主要生产装置为7.2万吨/年烷基苯装置。

2011年，为了及时抓住市场，扩大生产规模，提升企业在国际市场的竞争力，合资双方鉴于二十年来卓有成效的合作基础，以及双方优势，决定再次携手创新业，在南京化学工业园区投资新建江苏金桐表面活性剂有限公司7.2万吨/年烷基苯生产装置，该装置引用国内外新型烷基苯技术成果，低消耗，高质量，低成本，项目建成后，在南京地区将形成40多万吨/年烷基苯的生产能力，地区烷基苯总规模在世界上名列前茅。在满足国内市场需求的同时，该项目将提高出口能力，在国际上将取得较强的竞争优势。

此外，金桐石化系列公司还根据目前国际和国内市场的发展，在巩固本业的前提下，进一步扩大生产规模和市场布局，搞好多元化的发展，如：在厦门成立厦门金桐合成洗涤剂有限公司，在四川成立四川金桐石油化工有限公司和四川金桐精细化学有限公司，在安徽成立安徽金桐精细化学有限公司。

MIZUHO
瑞穗实业银行(中国)有限公
Channel to Di
扎根中国 铸造辉煌
与您携手 共创未来
北京
天津
大连
青岛
武汉
无锡
苏州
上海
广州
深圳
Channel to Discovery
* “瑞穗”的日语含义是“稻青穗实”，“瑞穗之国”意为富饶的国度，被作为日本的美称。
* 标准普尔评级服务(STANDARD&POOR'S)授予瑞穗实业银行(中国)有限公司'A+'长期交易对手评级和'A-1'短期交易对手评级。

我
凭创新味道，
向世界展示理想
蔡旺家
中国旺旺控股有限公司副总裁及执行董事，
与星展银行同步向前，
这是亚洲的时代，这是我们的时代。
我们
凭强大网络，
助你实现鸿图大计
过去十五年，星展银行清楚暸解「旺旺」成功的原因：热诚、毅力、以及一个坚定不移的愿景。
作为「旺旺」的长期合作伙伴，我们提供完善周详的财务计画，协助他们在中国开拓业务，并向亚洲及全球不断扩展。
是同样的价值、信念与决心，连系着我们与「旺旺」，让我们携手在亚洲共拓新市场，实现理想。
www.dbs.asia
星展集团获《全球金融》评选为2009至2012年"亚洲最安全银行"，
《欧万利》、《亚洲金融》及《全球金融》评选为2010年"新加坡最佳银行"。
艮行，带动亚洲思维
DBS

摩科瑞能源集团有限公司为全球五大独立能源贸易公司之一，总部设在瑞士日内瓦，是一家广泛活跃于全球能源市场的国际集团公司，主要从事原油及成品油、石油化工品、天然气、电力、金属、铁矿石和二氧化碳减排指标等能源产品的实货和衍生产品的交易。2011年集团营业额突破760亿美元，能源类实货交易量达到1.3亿吨。

Mercuria Energy Group Ltd is one of the five largest energy trading hous the world. Headquartered in Geneva, it is active over a wide spectru global energy markets, including crude oil and refined prod petrochemical products, natural gas, power, metal, iron ore and ca emissions. In 2011, the group's turnover exceeded 76 billion US dollars, the volume of physical energy trading came to 130 million tons.

自2009年起，摩科瑞在全球范围内开展煤炭的实货交易，以及包括南非煤矿开采和印度尼西亚、哥伦比亚、俄罗斯的煤矿基础设施在内的一系列项目投资。

Since 2009, Mercuria has engaged in global coal trading and coal as investing business. It now owns coal mines in South Africa, and is inve in coal infrastructures in Indonesia, Colombia and Russia.

2012年，摩科瑞宣布把其全球性贸易活动拓展至基本金属领域。这项业务将分别在伦敦和上海展开，新的金属交易团队将主要专注铜、铝、锌、镍、锡和铅，在伦敦金属交易所、纽约商业期货交易所和上海进行交易活动。

In 2012, Mercuria has announced that it would expand its global tr activities into base metals. The business will be conducted in Londor Shanghai. The two trading teams will primarily be focused on the tradi Copper, Aluminum, Zinc, Nickel, Tin and Lead, spanning the London Exchange, Nymex and Shanghai.

公司在国际能源市场上充分显示其充满活力、多元化及发展迅速的特色。公司在严格实施风险管控的前提下，根据客户的能源需求，通过灵活多变的定价公式和物流体系，为其设计个性化的解决方案。

The company plays a dynamic, diversified and growing role in the g energy market. It provides its clients with customized solutions to energy needs, using creative and flexible approaches to pricing and log while maintaining strict risk management controls.

在核心的能源贸易之外，集团还投资能源的上游和下游的资产项目，包括美国加利福尼亚州和加拿大的地下石油开采以及欧洲和中国的石油仓储、码头项目等。

In addition to its core business of trading , the Group owns oil upstrear downstream assets, including oil wells in California, USA and Canada oil terminals in Europe and China.

目前，我们在中国成立了摩科瑞（中国）投资有限公司，实现对摩科瑞在华的贸易和投资业务的统一管理。我们正在与中国的业务伙伴紧密合作，向中国供应能源产品，从而为促进这一伟大国家的繁荣发展贡献力量。

Recently, Mercuria (China) Investment Co., Ltd. has established to m trading and investment activities of the Group in China. We are workin our Chinese counterparts to bring energy products to China to help this nation grow and prosper.

摩科瑞（中国）投资有限公司
北京市建外大街2号银泰中心C座4703室
电话：+86 10 8507 9800
传真：+86 10 8507 9899
www.mercuria.com

Mercuria (China) Investment Co., Ltd.
4703 Yintai Office Tower C
No. 2 Jianguomenwai Avenue
Beijing 100022, P.R. China
Tel: +86 10 8507 9800
Fax: +86 10 8507 9899
www.mercuria.com

河南油田

【概况】 河南油田为中国石化集团河南石油勘探局(简称河南石油勘探局)和中国石油化工股份有限公司河南油田分公司(简称河南油田分公司)的统称,其前身组建于1972年5月1日。1998年6月1日,河南油田由中国石油天然气总公司划归中国石油化工集团公司。2000年4月,河南石油勘探局和河南油田分公司分设分立。河南油田是以油气生产为主,集油气勘探、开发、炼油化工、施工作业、辅助生产和社会服务于一体的国有大型Ⅰ类企业,地跨河南省南阳、驻马店、平顶山、洛阳、周口、漯河、许昌,湖北省襄樊、枣阳和新疆巴音郭楞蒙古族自治州、奎屯市、伊犁地区12个市(州、区)。河南油田总部设在河南省南阳市宛城区油田五一村,其所属塔里木河南勘探公司位于新疆维吾尔自治区焉耆县县城西。截至2011年底,河南油田拥有探矿权区块14个,面积3.02万平方千米,采矿权区块9个,面积880.90平方千米。油气资源总量达20.21亿吨,已找到16个不同类型的油气田,累计探明石油地质储量3.36亿吨,探明天然气地质储量129.30亿立方米,已投入开发15个油气田,累计生产原油7 339.96万吨、天然气19.69亿立方米。

河南油田实行勘探局、分公司—二级厂(处)—矿(大队)—基层队(站)四级管理体制。截至2011年底,河南油田机关设26个职能处室。分公司下属12个二级单位,勘探局下属15个二级单位。河南油田共有107个矿(大队)、530个基层队(车间)、2 418个班组,其中地震队9个、钻井队46个、油建施工队11个;有直属党委33个,基层党总支104个,党支部930个,党员1.98万人;有职工2.08万人(分公司1.08万人),其中拥有教授级职称76人、高级职称1 747人、中级职称3 311人、初级职称3 059人,享受政府特殊津贴3人,石化集团公司有突出贡献的科技和管理专家8人,石化集团公司优秀青年知识分子16人,石化集团公司学术、技术带头人23人,河南省优秀专家2人。

河南油田主要技术经济指标和主要生产建设指标见表1和表2。

(韩 伟)

【原油产量持续稳产】 2011年,河南油田新建、新增原油生产能力23万吨,其中新区新建原油生产能力7.10万吨,老区新增原油生产能力15.10万吨,三次采油新增原油生产能力0.80万吨。全年生产原油225万吨,其中新井产量11.74万吨,措施增产16.67万吨,老井自然产量196.59万吨。春光油田产量突破50万吨,获石化集团公司一类高效开发油田称号。生产天然气6 447万立方米,其中气藏气1 305万立方米,溶解气5 142万立方米。新增可采储量227.40万吨,实现年度储采平衡。

(韩 伟)

【油气勘探取得突破】 2011年,河南油田新增探明石油地质储量2 028.35万吨,新增探明含油面积22.02平方千米。

非常规油气勘探:国内首口陆相页岩油气井安深1井经压裂后获得最高日产4.68立方米工业油流;泌页HF1井页岩目的层段油气显示良好,水平段实施15级分段压裂改造获最高日产油23.60立方米;安棚深层系致密砂岩油气勘探取得新认识,规模增储潜力大,部署钻探安HF1井;洛伊盆地屯1井试获日产7 200立方米工业气流,被评定为中国石化2011年度油气勘探4个重要发现之一,获石化集团公司2011年度石油工程重大油气资源突破二等奖。

常规油气勘探:泌阳北部斜坡三角洲前缘构造—岩性油藏、南阳凹陷北部复杂断块油藏勘探取得新进展,分别新增探明储量901万吨、控制储量733万吨,展示了东部老区良好的勘探潜力;春光探区沙湾组地层—岩性油气藏勘探取得新进展,侏罗系、白垩系发现新的含油层系,分别新增探明储量1 127万吨、预测储量1 764万吨;焉耆盆地宝16井八道湾组获高产工业油流,评价宝中区块为致密砂岩油气藏有利增储区;伊犁盆地重磁电震联合攻关取得初步成效,优选环曲鲁海次凹构造带为下步勘探突破的有利目标。

(韩 伟)

【石油工程收入创历史新高】 2011年,河南油田石油工程外部市场创收突破20亿元大关,达到22.3亿元,创历史新高。其中,国内市场全年实现创收15.03亿元,同比增长18.44%;国际市场创收7.26亿元,同比增长26.48%,新签合同额5.62亿元。物探公司在阿尔及利亚和巴基斯坦、测井公司在印度尼西亚、录井公司在吉尔吉斯斯坦均实现零突破;整合发挥设计院、油建公司资源优势,EPC项目首次获得突破,中标叙利亚欧迪赫油田地面集输项目。

(韩 伟)

【特种蜡产销量首破6万吨】 2011年,河南油田精蜡化工加工原料油57.20万吨,生产特种蜡6.83万吨，同比增加 1.82 万吨，增长 36.46%，销售特种蜡6.61 万吨，同比增加 1.67 万吨，增长 33.77%，创历史新高。成功开发 ZF－5016 橡胶防护蜡、油相基材蜡、缓释肥蜡Ⅲ型蜡、膨化炸药蜡和 JLRP－50 乳化蜡 5 个牌号特种蜡产品，并实现工业化生产，特种蜡产品达 33 个品种 82 个牌号。进一步开拓市场，开发特种蜡用户 81 家。

（韩　伟）

2011 年 8 月 7 日，南阳石蜡精细化工厂一联合车间装置技术改造氨储罐吊装现场　（楼　琪　摄）

【科技创新取得新成果】　2011 年，河南油田共开展科技进步项目 157 项，其中石化集团公司科研项目 12 项。共完成科技项目 109 项，实现科技增油 10.60 万吨，科技增效 1.70 亿元。年内获油田级科技进步奖 106 项。“泌阳凹陷中南部深化勘探研究”、“特超稠油过热蒸汽热采新技术研究与应用”、“测井微机解释系统(3.0 版)”获石化集团公司 2010 年度科技进步三等奖。申请国家专利 39 项，其中发明专利 1 项、实用新型专利 38 项；获权专利 24 项，其中发明专利 5 项、实用新型专利 19 项。

（韩　伟）

【实施降本增效项目化管理】　2011 年，河南油田安排实施局级降本增效项目 86 个，累计实现降本增效 2.47 亿元，其中勘探局 6 449 万元，分公司 1.82 亿元，确保了全年成本考核指标的完成。启动改善经营管理建议工作，征集建议 3 098 项，立项 1 421 项，实施完成 840 项，创效 1.78 亿元。

（韩　伟）

【节能减排成效显著】　2011 年，河南油田持续推进降低采油系统单耗、降低水电网损耗、降低炼化系统能耗等节能工程，大力推广先进节能技术，全年开展节能项目 79 项，完成 69 项。勘探局和分公司工业万元产值综合能耗分别比石化集团公司考核指标降低 4.15% 和 4.34%，累计实现技术措施节能 1.13 万吨标煤。

（韩　伟）

【安全环保隐患治理取得效果】　2011 年，河南油田投资 3 270 万元，开展了“沙漠运输车安全设施改造”、“江河净化站氨系统安全隐患治理”、“机采系统低压配电室隐患治理”等 13 项安全隐患治理项目，年内已完成 9 项。投资 1 915 万元，开展了“油泥砂综合治理”、“污水处理场恶臭治理”、“溢油应急设施配置”、“浅层井套损污染治理”4 项环保隐患治理项目，年内已完成 3 项。建成了日处理 5 000 立方米的废水配聚工程，减少污水外排 3 000 米^3/日，形成了 100 万吨/年的节水能力。应用油泥砂燃煤掺烧工艺技术，节约燃煤 5 000 余吨。推进泥浆回用和废弃泥浆固化工作，全年钻后固化井 199 口，无害化处理废弃物 4.06 万吨，回收利用废液 9 800 立方米，有效控制了污染物的产生和排放。

（韩　伟）

【水电供应稳中趋好】　2011 年，河南油田共完成供水量 1 648.33 万吨，同比减少了 3.02%，连续第 5 年实现供水量负增长。水网损耗从 2010 年同期的 27.78% 降到 23.33%；完成供电量 7.12 亿千瓦·时，与 2010 年持平。电网供电可靠率 99.93%，电网损耗从 2010 年同期的 6.64% 降到 6.54%。

（韩　伟）

【三次采油及稠油热采促产量提升】　2011 年，河南油田先后在双河油田、下二门油田、古城油田的 18 个层系开展了三次采油工作，采油区含油面积 44.30 平方千米，控制地质储量 4 421 万吨。注聚井开井 176 口，注入化学剂 1.50 万吨，累计化学剂用量 9.14 万吨，增油 20.27 万吨，累计增油 179.59 万吨。稠油热采区块开井 1 384 口，全年产油 41.96 万吨，累计产油 534.96 万吨。

（韩　伟）

【开展大孔道堵水技术应用】　2011 年，河南油田针对开发后期封堵井次逐年上升、封堵成功率低的问题，开展了大孔道储层化学封堵先导试验，有效解决了封堵剂在高渗油层中单向突进、在大孔道储层中驻留以及安全施工等方面的技术难题。现场共实施 19 口井，封堵 20 井次，成功 19 井次，成功率达 95%。

（韩　伟）

【完善薪酬分配制度】 2011年，河南油田按照石化集团公司的要求，梳理员工技能操作岗位，确定基本薪酬套靠额，经广泛调研讨论、征求意见，形成了《河南油田完善薪酬分配制度实施方案》及配套办法。通过开展劳资业务人员专题培训，编制基本薪酬套入程序，11月底，补发了工资，完成了基本薪酬套入工作；根据石化集团公司关于做好派驻海外工作员工薪酬福利管理办法实施工作的要求，对油田2008年以来派驻海外工作员工薪酬结构、福利制度、保险制度、休假制度等进行深入细致的研讨，经认真测算，确定了薪酬标准，修订完善了薪酬福利管理实施办法及境外项目绩效考核办法，并完成了薪酬套入工作。

（韩 伟）

【帮扶救助网络全覆盖】 2011年，河南油田依托困难职工帮扶中心、各二级单位工会和社区群众工作站，在油区构建了多层次、全方位的帮扶救助网络，实现了对困难群体帮扶救助的全覆盖。全年支出帮扶资金1 676.48万元，其中为3 075名已退休协解人员发放生活资助金904.29万元，为546名患大病职工发放救助金285.79万元，为311户特困(困难)家庭发放救助金68.39万元，为218名困难职工子女发放助学金25.2万元，为103名劳动家属发放生活补贴32.44万元，为1.75万名离退休职工发放“双节”慰问金310.50万元，劳模、住院病号等慰问支出49.67万元。

（韩 伟）

【开展群众性劳动竞赛】 2011年，河南油田以提高职工业务能力为目的，组织开展“油藏动态分析大赛”；以原油增产、稳产、超产为目的，在第一采油厂、井下作业处、第二采油厂等单位开展了“促上产、增效益”和“大干60天，超产原油2 500吨”专项劳动竞赛，确保了第一采油厂产量任务的顺利完成，促进了第二采油厂年度超产任务目标的实现；各二级单位工会结合本单位生产经营的重点、难点和薄弱点，共组织开展了86项小指标劳动竞赛活动，为完成全年的生产经营任务起到了积极的促进作用。

（韩 伟）

【职工技术创新活动】 2011年，河南油田共开展技术攻关创新项目241项，有20名职工获局技术创新能手称号，100个项目被评为局优秀技术攻关项目；开展技术创新、技术攻关项目的推广应用工作，重点把2005年以来优秀的职工技术创新成果汇编成《河南油田职工技术创新成果选编》，指导各单位进行推广应用。

（韩 伟）

【举行第15次职业技能竞赛】 2011年，河南油田组织举办了第15次职工技能竞赛，80名选手获得了参赛工种名次，被授予局技术能手称号。组织参加石化集团公司2011年职业技能竞赛活动，共选拔出5个工种的16名选手参赛，其中井下作业工5人、钻井液工5人、水质检验工3人、催化裂化装置操作工1人、机泵维修钳工2人。在10月组织的竞赛中，河南油田获优秀组织奖。

（韩 伟）

【开展职工技能培训与鉴定】 2011年，河南油田共完成各级各类培训1.87万人次，其中技师轮训、班组长轮训、国际化英语培训、新技术培训、高一等级培训、转岗培训以及新录用人员培训等各类技能培训4 827人次，各类特殊作业人员培训和取证、审证2 966人次，各单位组织开展技能操作人员HSE培训1.02万人次，井控培训649人次。完成职业技能鉴定3 504人次，其中初级工1 488人次、中级工756人次、高级工1 023人次、技师223人次、高级技师14人次。

（韩 伟）

【道路运输管理获表彰】 2011年，河南油田共完成货运量170.98万吨，货运周转量2.50亿吨·千米；完成钻井队搬迁251队次，井队搬迁合同履约率100%；井架、基础倒运232台(套)；抽油机164台(套)；作业队、试油队搬迁108队次；煤炭运输19.07万吨，其中生产用煤14.87万吨，居民冬季供暖用煤4.20万吨；西部外运原油4.30万吨。公共交通车年发运9.68万班次，通勤值班车发运9 504台次，客运正点正线率98%，旅客满意率94%。河南油田被南阳市授予2011年道路运输经营管理先进单位称号。

（韩 伟）

【3次启动一级应急行动】 2011年6月22日，河南油田区域遭遇雷暴雨，造成第一采油厂双河油矿、安棚油矿、下二门油矿、第二采油厂新庄项目部90口注水井停注，46口注聚井停注，5台锅炉停运，14口注汽井受影响。河南油田立即启动应急预案，组织进行电路抢修，6月23日恢复正常生产；7月26日，油田区域再次遭遇大风、雷暴雨强对流天气，

降雨量96毫米，风力10级，造成363口油井停产。河南油田立即组织进行电路抢修，当晚恢复生产；8月16日，油田区域第3次遭遇大风、雷暴雨强对流天气，最大降雨量90毫米，造成2 422口油井停产。河南油田立即组织进行电路抢修，8月17日恢复正常生产。

（韩　伟）

【综合治理促进油田稳定】 2011年，河南油田坚持认真贯彻全国油气田整治会议精神，开展专项整治行动18次，范围涉及南阳、信阳、漯河及湖北的襄樊、随州等地。先后破获重、特大涉油案件139起，其中盗窃变压器案件105起，捣毁大型土炼油窝点12个、大型土炼油炉18座，抓获涉油违法犯罪嫌疑人52名，追缴油田被盗生产物资千余件，截获盗油车辆22台，收缴原油、成品油300余吨。指导生产一线单位，对偏远井场的井口房进行加固，加固电机185台、变压器120台，安装变压器报警和无线移动3G摄像装置，在新庄油区试点安装了油井防盗监控系统。妥善处置"阻拦中南路改造事件"、"拦截唐河客运大巴事件"、"妨碍双河社区生产秩序事件"等一系列重大企地纠纷事件86起。

（韩　伟）

表1　　河南油田主要技术经济指标　　亿元

年份 / 指标名称	2011		2010		2009		2008		2007		2006	
	勘探局	分公司	勘探局	分公司	勘探局	分公司	勘探局	分公司	勘探局	分公司	勘探局	分公司
工业总产值	47.67	139.41	42.51	108.84	39.02	69.48	41.72	106.90	36.02	84.59	29.00	83.43
工业增加值	17.60	88.95	16.61	63.60	13.85	32.98	12.49	64.64	11.61	50.12	10.22	41.88
资产总计	52.53	124.00	47.18	116.10	41.79	100.19	40.82	86.53	36.39	74.56	32.34	65.30
流动资产	36.85	23.50	11.41	21.41	10.81	7.29	12.76	7.29	11.46	6.98	13.46	6.25
固定资产原值	42.86	223.30	37.60	202.40	31.08	185.56	30.13	141.73	29.22	141.70	22.78	116.31
固定资产净值	29.10	89.65	28.77	83.68	24.21	84.09	22.66	71.76	20.78	62.30	15.76	55.51
销售收入	54.39	127.86	44.39	99.56	41.60	68.58	43.89	96.61	39.33	74.72	32.43	69.50
实现税费①	4.07	47.11	3.59	30.35	0.38	9.95	1.24	52.78	1.93	30.41	2.25	20.11
综合能耗/吨标煤·万元$^{-1}$	0.16	0.60	0.59	0.72	0.61	0.83	0.62	0.82	—	—	—	—

①2010年起实现税项变为实现税费。

表2　　河南油田主要生产建设指标

年份 / 指标名称	2011	2010	2009	2008	2007	2006
原油产量/万吨	225.00	227.04	187.51	180.51	180.01	181.49
天然气产量/亿立方米	0.64	0.59	0.57	0.61	0.70	0.83
新增原油生产能力/万吨	23.00	17.50	20.20	21.60	24.30	30.40
新增天然气生产能力/亿立方米	—	—	—	—	0.03	0.07
新增探明石油地质储量/万吨	2 028.35	1 056.83	1 049.38	1 064.66	828.29	845.53
二维地震/千米	120.00	600.00	1 317.00	300.00	—	—
三维地震/平方千米	487.00	400.00	243.27	363.62	196.87	154.67
石油钻井/口	280	241	251	289	253	329

续表

指标名称 \ 年份	2011	2010	2009	2008	2007	2006
探　井	57	63	61	36	39	51
开发井	223	178	190	34. 58	214	278
钻井进尺/万米	12. 33	39. 37	29. 31	34. 58	32. 01	38. 25
勘探投资①/亿元	7. 80	6. 19	6. 05	4. 55	3. 30	2. 60
开发投资/亿元	14. 72	13. 73	13. 32	12. 35	10. 36	10. 95

①勘探投资含滚动勘探投资。

江汉油田

【概况】 江汉油田为中国石化集团江汉石油管理局(简称江汉石油管理局)和中国石油化工股份有限公司江汉油田分公司(简称江汉油田分公司)的统称，是以油气勘探开发为主，石油机械制造、石油工程和盐卤化工配套发展的国有特大型企业。油气生产区主要分布在湖北潜江、荆门、荆州、天门、仙桃、利川和山东寿光、广饶，陕西安塞、子长，重庆石柱等市县。截至2011年底，江汉油田有职工3. 25万人，各类专业技术人员7 040人，其中具有高级技术职称的883人、中级技术职称的2 664人；资产总额307. 82亿元，其中固定资产净值163. 35亿元。

江汉油田主要技术经济指标和主要生产建设指标见表1和表2。

(罗秋林)

【油气勘探取得一批新成果】 2011年，江汉油田推行“全层系主体勘探”理念，重点在江汉盆地、八面河地区和鄂西渝东地区展开勘探。江汉盆地江陵凹陷潜江组突破工业油流关、荆沙组获高产、新沟嘴组发现滩坝岩性油藏，万城断裂带万26井在白垩系发现油层；潜江凹陷潜江组隐蔽性油藏勘探发现多个含油区块；潜北断裂带前缘发现优质整装油藏，区带储量规模超千万吨，其中钻探钟112井发现江汉油田近20年来油层最厚、丰度最高、单块储量最大的整装油藏。滚动评价八面河地区，新增三级储量1 037. 45万吨；沙河街组实现沙四段1砂组含油大连片，探井广北2－斜6井获日产原油0. 5吨，标志中生界首次发现油藏，孔店组首次探明储量达216万吨。建南礁滩岩性圈闭落实资源量638. 5亿立方米，巴东组发现岩性圈闭16个、面积66. 5平方千米，新店1井试气获日产8. 5万立方米高产工业气流，箭竹1井在浅层侏罗系见到良好气显示。江汉油田全年完成勘探投资14. 08亿元。完成二维地震1 266. 7千米、三维地震1 088. 57平方千米；完钻探井51口，其中16口获工业油气流；新增石油探明储量829. 06万吨、控制储量699万吨、预测储量698万吨，分别为年计划的104%、117%和116%；新增天然气控制储量165. 96亿立方米、预测储量236. 6亿立方米，分别为年计划的110. 6%和118. 3%。

(罗秋林)

【油气产量任务全面完成】 2011年，江汉油区坚持滚动勘探开发一体化，加强老区综合治理，原油生产运行平稳；八面河油区加强注采结构调整和工艺技术应用，油田开发运行质量进一步提高，稠油产量稳步增长；坪北油区强化精细管理，加快产建运行节奏，原油产量实现硬稳定；荆州油区优化注采综合调整，强化生产安全管理，各项工作有序运行，原油产量快速提升。建南气田加大气井提产工艺研究，推广气井动态跟踪监测管理，天然气产量稳中有升；天然气新区隆盛1井试气投产，兴隆1井试采地面建设前期工作扎实推进。全年完成开发投资18. 6亿元，新建原油产能21. 47万吨；生产原油163万吨，为年计划的100%，其中江汉油区70. 5万吨、八面河油区66. 5万吨、坪北油区17. 5万吨、荆州油区8. 5万吨；生产天然气1. 6亿立方米；外销天然气1. 24亿立方米，推价增收1 000万元。

(罗秋林)

【页岩气勘探开发取得进展】 2011年，建南地区侏罗系页岩气勘探获得突破，建111井日产页岩气稳定在2 300立方米，累计产气78万立方米。石化股份公司首口页岩气水平井建页HF－1井试气日产1. 1万立方米，创下了页岩气单井压入液量最多、单井压裂加砂量最多、水平井单井一次压裂分层最多、水平段长度最长等中国石化工程施工新纪录。河页 1 井在龙马溪组见到天然气显示，进一步证实了湘鄂西志留系的页岩气勘探潜力。坪北油区水平井 PH 9 -1井首次在致密砂岩储层获日产 10 立方米原油；页岩油水平井潭 HF3 -1 井、潜页平 2 井见到良好油气显示。

（罗秋林）

【石油工程技术服务成效显著】 2011 年，江汉油田新签海外工程技术服务合同 24 个，合计金额 4.3 亿美元，创历史最高纪录。全年共钻井 415 口、进尺 106 万米，测井 1 466 井次、射孔 857 井次、录井 449 口，试油(气)281 口、560 层，油水井作业 4 355 井次，完成地面工程设计和施工项目 412 个。获得国内施工项目 302 个，首次以联合体投标方式进入中国石油 EPC 管道市场；首次获得国内煤制天然气管道市场亿元订单。石油工程技术服务单位全年实现收入 69.69 亿元、增长 19.83%，赢利 2.62 亿元、增长 47.19%。

（罗秋林）

【机械制造市场竞争力和影响力提升】 2011 年，江钻股份公司牙轮钻头国内市场和国际市场占有率进一步提高；金刚石钻头二期产能扩建工程有序推进，螺杆钻具二期生产线已具备月产 60 根的生产能力；首台车载式全液压顶驱地面煤层气钻机于 3 月通过石化集团公司验收；技术中心实验室被评为国家实验室，江钻股份公司获国家火炬计划重点高新技术企业称号。第四石油机械厂国家"863"项目 2500 型成套压裂机组通过中期验收，国家重大科技项目 3000 型成套压裂机组项目启动，博士后科研工作站挂牌成立，"四机"牌产品被评为湖北省名牌产品。钢管厂获得巴西、沙特、美国等国家的企业资质认证，"沙管"牌钢管被评为中国石油石化装备制造业名牌产品。四机赛瓦公司产品出口量稳定增长。石油机械装备研发中心被命名为中国石化首批重点实验室。机械制造系统全年实现产品销售收入 62.19 亿元，增长 11.58%；赢利 2.92 亿元，增长 28.44%；完成出口交货值 11.82 亿元，增长 44.31%。

（罗秋林）

【盐化工发展提速】 2011 年，江汉油田克服煤电价格大幅上涨等诸多不利因素的影响，切实抓好安全生产，精心组织盐化工项目建设，积极增产降耗，主要生产装置安全满负荷运行，生产销售呈现稳健发展势头。全年实现收入 7.2 亿元、增长 26.7%，赢利 533 万元，货款回收率 100%。盐化工一期工程氯碱、热电、110 千伏变电站 3 个项目按计划建成投产。主导产品质量进一步提高，离子膜烧碱和漂粉精被评为湖北省名牌产品。漂粉精总销量增长 30.3%，中东、非洲和北美洲漂粉精产品市场进一步拓展。

（罗秋林）

【辅助生产保障能力不断增强】 2011 年，江汉油田完成货物周转量 1.43 亿吨·千米、货运量 172 万吨。安全供电 8.44 亿千瓦·时，优质供水 1 858 万立方米；矿区污水处理和收集系统逐步完善，污水排放达到国家一级标准。完成采购工作量 32.14 亿元、供应工作量 29.04 亿元，节约采购资金 1.84 亿元。

（罗秋林）

【队伍建设扎实推进】 2011 年，江汉油田加强三支人才队伍建设，促进了各类人才成长。全面实施人才成长通道建设，调整完善薪酬分配制度，有效调动了员工的工作积极性；优化调整用工结构，219 名符合规定条件的优秀子女劳务工、劳务派遣工被纳入劳动合同制职工管理。先后培训高级技师和技能拔尖人才 60 人、技师 260 人，培训干部 6 745 人次，送石化集团公司、高等院校学习培训人员 460 人次，开办盐化工、石油工程专业大专班，进一步提高了员工队伍技能水平。帅卫军获全国工程建设系统技能竞赛金奖；龙景庆获中华技能大奖，"龙景庆技师工作室"被命名为全国首批国家级技能大师工作室；江汉油田被评为石化集团公司岗位练兵先进单位。

（罗秋林）

12 月 7 日，湖北省金蓝领开发工程启动暨龙景庆国家级技能大师工作室揭牌

【企业管理进一步加强】 2011年，江汉油田深入开展“比学赶帮超”、改善经营管理建议、制度标准化信息化3项重点工作，共修订制度4 112项，征集员工改善经营管理建议1 237条。积极开展标杆管理和深化精细管理年活动，抓好平台小经理管理模式等管理经验的总结提炼和示范推广，基层管理进一步加强。严格执行中国石化投资政策规定，强化投资项目管控，投资管理信息系统全面运行，投资效益进一步提高。管理创新取得较好成效，15项成果获得省部级以上企业管理现代化创新成果奖；质量管理不断加强，4个小组获得全国优秀QC小组称号。以规范应用和达标工作为重点，抓好ERP建设，企业信息化管理水平不断提升。严格市场准入，加强市场监管和招投标工作，油田内部市场管理进一步规范。加快装备更新改造，强化设备现场管理，油田被评为全国设备管理先进单位。会计集中核算信息系统上线运行，财务管理工作不断强化；推进内控管理、内部审计、法律事务、业务公开和效能监察工作，强化诚信经营和依法经营，内部监督体系不断完善，油田被评为湖北省企业效能监察先进单位。深入开展全员成本目标管理，严格经济责任制考核，持续改善技术经济指标，企业管理水平和创效能力显著提升。

（罗秋林）

【安全环保和节能降耗工作不断强化】 2011年，江汉油田全面落实安全生产责任制，进一步完善HSE管理体系。持续开展“我要安全”主题活动，多层面开展安全生产教育培训，安全文化氛围日益浓厚。强化《安全生产禁令》的执行，加强安全风险防控，抓好高风险作业环节监管和承包商安全管理，促进了消除安全隐患。全力迎战汉江20年一遇特大秋汛，将汛期带来的损失降到最低。加大“三废”处理处置和工区环境保护力度，做到清洁生产。狠抓节能降耗措施执行，油田万元产值综合能耗控制在石化集团公司指标范围内。江汉油田被评为石化集团公司安全生产先进单位、湖北省安全生产红旗单位。

（罗秋林）

【科技创新水平进一步提高】 2011年，江汉油田组织实施国家科技项目3项，承担石化集团公司、石化股份公司及湖北省科技项目33项，完成油田科技项目130项；申请国家专利39项，获得国家授权专利30项。其中，通过对潜江凹陷潜江组、八面河地区孔店组油气成藏条件研究，发现和落实了一批有利的勘探目标；王场油田潜三段北断块精细开发、注水井无线遥控分层配水等技术研究，为油田老区调整挖潜提供了技术支撑；可钻式复合材料桥塞、抗高温双保型钻井液等技术及材料研究，促进了工程施工质量和速度的提高。2500型成套压裂装备现场应用效果良好，单机输出功率、工作压力及施工规模等多项指标创国内之最；海洋深水水下井口头系统与平台采油井口系统样机试制成功。

（罗秋林）

【维稳帮扶工作有力有效】 2011年，江汉油田狠抓维稳责任制落实，健全维稳工作长效机制，坚持信访突出问题联席会制度和重大事项交办制度，畅通职工群众信访渠道，加大信访纠纷排查和调解力度，保持了油田政治稳定、大局稳定。全年走访慰问困难家庭4 836户次、慰问金额555万元；为离退休职工、协解人员、离岗家属、职工遗属、残疾人发放慰问品、节日慰问金共计1 638.8万元；为497户困难家庭、1 133名困难人员、174名困难残疾人发放生活补助金90.9万元；资助困难家庭学子612人、发放助学金54.6万元；救助大病重病人员506人次、救助金额201.5万元。平稳推进职工家属参保工作，实现了油田养老保险全覆盖。为151名大病重病人员发放医疗补助金250.7万元，为离退休人员调增基本养老金5 533.66万元；发放企业补贴1.78亿元、一次性伤残补助金242.3万元、失业金90.56万元。向地方政府争取政策支持，帮助改制企业减免税费137.7万元；向湖北省申请单位社保补贴、公益性岗位补贴等专项资金共计3 170万元。为油田失业人员办理小额担保贷款960万元；实现新增就业1 402人。

（罗秋林）

【惠及民生工作有效落实】 2011年，江汉油田竣工交付集资房1 570套、新开工在建1 660套，调剂分配腾退房291套；维修住房9.66万平方米；非在职职工住房补贴发放到位。实施公共区域的绿化提档升级，全年植树10万株，新增绿地14万平方米，矿区绿化覆盖率达38.6%。小区配水管网改造二期工程顺利推进，居民生活用水质量进一步提升。加大锅炉供暖系统改造，小区供暖质量明显改善。道路改造工程全部竣工，矿区道路更加顺畅。完善小区配套设施，居民生活更加便利。7个小区通过石化集团公司文明和谐示范小区验收，江汉油田获湖北省年度最佳文明单位称号，首次被评为全国文明单位。

（罗秋林）

表 1　　江汉油田主要技术经济指标　　亿元

指标名称＼年份	2011	2010	2009	2008	2007	2006
工业总产值	182.77	148.76	131.45	158.26	113.87	110.96
工业增加值	87.34	67.21	35.47	82.57	50.89	60.87
资产总计	279.98	243.44	210.89	185.29	153.31	125.72
流动资产	95.07	73.72	56.66	58.42	46.70	41.33
固定资产原值	307.82	277.65	249.87	219.10	191.04	150.27
固定资产净值	163.35	152.62	130.43	110.88	87.38	76.44
销售收入	247.60	200.53	178.93	203.39	155.16	119.06
实现利税	30.44	17.53	-0.78	44.23	21.53	29.65
税　金	31.46	19.82	11.87	26.24	10.87	8.83

表 2　　江汉油田主要生产建设指标

指标名称＼年份	2011	2010	2009	2008	2007	2006
原油产量/万吨	163.00	163.00	162.80	162.50	162.00	163.20
天然气产量/亿立方米	1.60	1.60	1.60	1.35	1.02	1.38
新增原油生产能力/万吨	21.47	21.34	22.17	21.11	20.17	23.37
新增天然气生产能力/亿立方米	0.20	0.19	0.24	0.20	—	0.48
新增探明石油地质储量/万吨	829.06	853.66	854.00	933.02	871.00	749.96
新增探明天然气地质储量/亿立方米	0	—	36.18	23.48	—	—
二维地震/千米	1 266.70	472.00	344.67	413.74	617.53	18.03
三维地震/平方千米	1 088.57	606.39	493.41	280.00	1 246.76	580.79
石油钻井/口	317	316	295	323	231	247
探　井	51	43	35	29	33	32
开发井	266	273	260	294	198	215
注水井	45	26	19	29	13	19
钻井进尺/万米	66.94	64.43	61.39	64.88	52.64	47.04
勘探投资/亿元	14.08	8.47	6.94	5.89	4.05	3.39
开发投资/亿元	18.60	17.63	16.60	17.29	12.86	10.76

江苏油田

【概况】 江苏油田为中国石化集团江苏石油勘探局(简称江苏石油勘探局)和中国石油化工股份有限公司江苏油田分公司(简称江苏油田分公司)的统称,是以油气勘探开发为主,石油工程技术服务、石油炼制和盐卤盐硝开发生产综合发展的国有大Ⅰ型企业。江苏油田前身组建于1975年4月23日,1998年5月划归石化集团公司。1998年11月,安徽油田并入江苏油田。2001年1月,设为江苏石油勘探局、江苏油田分公司。工作区域主要分布在江苏、安徽两省的6个地市15个县(市、区)58个乡镇。油田机关及主要科研单位设在扬州市。

江苏油田实行勘探局(分公司)、二级厂(处)、基层队(站)三级管理体制。截至2011年底,共有二级厂(处)27个、主要专业队伍218支;在岗正式职工17 053人,长期合同工和直接使用非全日制用工1 577人。干部总数6 271人,其中具有高级技术职称的1 550人,中级技术职称的2 451人。

截至2011年底,江苏油田总资产183.10亿元,其中固定资产净值126.96亿元。江苏油田分公司有油气勘探开采项目区块27个,总面积3.74万平方千米。其中,探矿权项目区块8个,面积3.65万平方千米;采矿权项目区块19个,面积922平方千米。共探明油气田38个、面积229.97平方千米,累计探明天然气地质储量85.18亿立方米、石油地质储量2.67亿吨,生产原油3 631.58万吨。

2011年,江苏油田新增三级储量已连续第10年超过3个1 000万吨,其中新增探明储量连续第16年超过1 000万吨,原油产量连续第18年保持稳定增长。全年生产原油171.02万吨、天然气5 422万立方米,实现经营收入164.2亿元,创历史新高,实现利税总额53.85亿元,实现利润20.96亿元。

江苏油田主要技术经济指标和主要生产建设指标见表1和表2。

(黄俊良)

【领导班子调整】 2011年3月11日,石化集团公司党组下发中国石化党组〔2011〕13号文,对江苏油田领导班子进行调整,李东海任中共江苏石油勘探局委员会书记,兼任江苏石油勘探局副局长,仍任江苏油田分公司副总经理。免去周恒友江苏石油勘探局党委书记、常委、委员、副局长职务,调出另有任用。5月9日,石化集团公司党组下发中国石化党组〔2011〕42号文,对江苏油田领导班子再次作出调整,李浩任中共江苏石油勘探局委员会副书记、纪律检查委员会书记,为江苏石油勘探局工会主席人选。免去谈正鑫的中共江苏石油勘探局委员会副书记、常委、委员、纪律检查委员会书记职务,不再担任江苏石油勘探局工会主席职务,任调研员。

(黄俊良)

【石油勘探取得进展】 2011年,江苏油田在隐蔽油气藏方面,高邮深凹带部署的邵X20、联X38、永38井相继获得成功,新增三级储量1 844万吨。在老区滚动勘探方面,沙埝、花庄地区新增探明储量348万吨,花X26井分别在戴一段发现构造岩性复合油藏、在阜三段发现低渗油藏;在方许结合部钻探的许X33井新增探明储量113万吨;在汉涧西斜坡、铜城断裂带和唐港构造带上发现了秦3、唐11、天33-1等新含油断块,新增三级储量321万吨。在外围新区评价和非常规油气勘探方面,徐闻探区在沉积体系、成藏模式上取得了新的认识;阜阳、盐阜等地区发现了一批有利目标;非常规油气勘探按照石化集团公司决策部署,以非常规的思路、举措开展了工作。

(黄俊良)

【油田开发取得新成效】 2011年,江苏油田坚持老区稳产"一号工程"不动摇,全年投转注水井73口,新增注水储量522万吨,自然递减率、综合递减率分别控制在14%与8%以内;陈堡、沙埝等主力油田通过细分层系开发,连续12年保持稳产态势;富民、黄珏等老油田通过模式重构、井网重建、层系重组,产量大幅回升;范庄、南湖等油田剩余油挖潜由构造高部位向油水过渡带转移并取得成功。年内形成了"新区快速建产、老区滚动增储、致密储量有效动用"的新格局,真富、高杨分别建产能8万吨和6万吨,真许、大高集、大程庄连片格局初步形成,韦庄、永安—联盟庄新一轮产能建设顺利启动。桥12-2井大型压裂初期日产油15吨以上,桥7平1长水平段钻井暨分段压裂项目启动实施;韦5-4、杨37等径向井成功实施,水平井、侧钻井应用规模创历史新纪录。截至年底,特殊结构井日产油超过1 300吨,占全油田日产油1/4以上。沙7断块重大先导试验开始试注,真35断块聚合物驱进入主段塞阶段,探索适合江苏油田特点的三采技术迈出坚实步伐。

(黄俊良)

【向致密型油藏进军】 2011年12月21日,永安—联盟庄产能建设项目方案获得通过,该项目投资5.6亿元,将新建产能8万吨。该项目建设区块具有油藏埋藏深、渗透率低、水平井水平段长等特点，是油田首次采用水平井分段压裂技术开展产能建设的项目，是油田第1次整体动用深层致密油藏的产能建设项目，也是落实中国石化总部指示，为油田再创10年黄金发展期打基础的项目，标志着江苏油田全面吹响了向致密油藏进军的号角。

（黄俊良）

【加快内外部市场扩展步伐】 2011年，江苏油田内部市场实现收入25.51亿元，其中石油工程业务实现收入18.61亿元、同比增长10.7%；完成钻井进尺66.85万米、井下作业1 913井次、测录井1 875井次，工作量创历史新高；城区及海陆过渡带地震施工、高温深井钻探、单队月进尺、多级射孔起爆、大型压裂施工等多项指标被刷新。外部市场实现收入23.85亿元，其中海外市场实现收入8.81亿元。地面建设在圆满完成阿尔及利亚沙漠水管道项目的基础上，成功中标沙特、肯尼亚等项目；物探新签了阿尔及利亚、尼日利亚等项目；井筒业务依托在厄瓜多尔修井时树立的品牌，成功敲开南美钻井市场大门；紫京集团将业务拓展到15个国家46个项目，实现了集团化、品牌化发展。在区外新疆、内蒙古、海南、广东等10多个省市开展了多项业务。

（黄俊良）

【阿尔及利亚沙漠供水管线工程完工】 该项目合同总金额超过60亿元人民币，是中国石化迄今承揽的海外最大地面工程项目之一。江苏油田油建项目部承建该项目总长度超过800千米的工作量。该项目于2008年6月18日正式开焊，于2011年3月21日全线贯通。油建项目部在施工中成功运用了大口径管道下沟器、管道内防腐机器人作业等5项施工技术，开创了国外沙漠管道施工史上的先河。

（黄俊良）

【多元开发同步发展】 2011年，全国首套25万吨/年MCP催化装置和12万吨/年气分扩能改造项目在江苏油田扬州石化厂一次开车成功，使该公司高附加值产品比例明显提高。全年江苏油田非烃类资源矿业开发实现劳务收入4.55亿元，同比增长24.6%，经济规模和效益创历史新高。开发外输合格硝水76.5万立方米，同比增加20%；外销合格卤水489.69万立方米，实现收入1.1亿元；年产26万吨元明粉项目主体工程通过验收，为按时投产奠定了坚实基础。

（黄俊良）

【科技创新取得硕果】 2011年，江苏油田安排油田科技攻关项目81项、石化集团公司项目11项、博士后科技攻关项目7项，安排经费3 655万元。申请专利45项，获得国家专利28项。有1项成果被评为中国石化技术发明一等奖，6项成果通过石化集团公司科技成果鉴定，其中1项成果达到国际领先水平，3项成果达到国际先进水平。全面建成勘探开发一体化数据中心，数字油田建设走在中国石化前列。扎实推进高邮南部断裂带滚动勘探开发科技重大专项，在沉积和构造体系、地层划分与油气富集规律等方面取得重要进展；全面启动主力油田再稳产综合技术研究科技重大专项，6个主力油田通过分类调整挖潜，全年采收率从28.8%提高到29.3%。

（黄俊良）

【生产科研中心奠基】 2011年4月18日，江苏油田生产科研中心奠基仪式在扬州基地举行。该中心占地面积1.5万多平方米，建筑面积近3万平方米，是集生产科研、会议办公、后勤保障于一体的综合性基地。

（黄俊良）

【队伍建设再上台阶】 2011年，江苏油田组织200多名处级干部脱产轮训，选拔推荐590人次参加各类专业研修培训，扎实开展全员培训584期1.53万人次。承办石化集团公司技能大赛和开展油田第12届技能大赛组织工作，在石化集团公司技能竞赛中获得比赛团体奖和优秀组织奖，个人单项比赛取得4金、2银、1铜的历史最好成绩。引进了一批复合型经营管理人才、特长型专业技术人才、技能型操作人才。制定出台全员绩效考核、人才成长通道建设、完善薪酬分配等制度。

（黄俊良）

【HSE管理获得成效】 2011年，江苏油田持续深化“我要安全”主题活动，“四不”安全理念更加深入人心；组织各类HSE培训226期1.22万人次；油田领导带队值查97次，开展“三特”情况下带班工作189次；推行“七想七不干”安全提示卡，开展“两书”实施效果检查，油田领导班子全程带队深入95个基层单位和作业现场进行检查；开展查找身边“十大薄弱环节”活动，重点对直接作业环节、交通安全等方面存在的问题进行“查、找、摆、改”，全年排查各类隐患9 044个，落实隐患治理项目11项3 107万元、安全技术措施173项1 939万元；组织1.52万人进行了职业健康体检；强化环境保护，连续第7年获得石化集团公司环保先进单位称号。

（黄俊良）

2011年6月22日，江苏油田首次举行地震消防演练 （潘月斌 摄）

【经营管理水平得到提升】 2011年，江苏油田优化投资结构，实现投资规模、质量和效益的有效增长；推进全员成本目标管理，优化预算管理，圆满完成会计集中核算系统推广上线、关联交易平台上线和境内外资金业务整合试点工作；深化ERP应用，全面整合内控流程，着力推进管理效益审计，“五把锁”功能得到充分发挥；开展“比学赶帮超与达标创优”、“改善经营管理建议”、“制度标准化信息化”3项工作，刷新油田指标51个，获得中国石化总部红旗33面、红星34颗；实施完成改善经营管理建议57项、制度改造2 112项，各项基础工作不断向精细化、标准化、信息化方向迈进；完善绩效分档考核机制。

（黄俊良）

【党建和思想政治工作获表彰】 2011年，江苏油田开展“辉煌‘十一五’、奋进‘十二五’”系列宣传教育活动，启动“为民服务创先争优”活动，开展“高度负责任、高度受尊敬”和“责任、潜力、办法”大讨论，认真落实党建联系点、民情联系点、安全承包点和职工生活联系点制度，营造氛围，开展纪念建党90周年系列活动，扎实推进廉洁文化“六进”工程，发挥工会、共青团、关工委等群众组织和公安、综治、信访等部门的作用，继续保持了全国思想政治工作优秀企业、江苏省文明单位标兵等称号。

（黄俊良）

【民生工程促和谐】 2011年，江苏油田顺利完成3 623名职工家属参保工作，职工家属大病救助工作平稳推进；为6 262人次老职工进行了健康体检和疗养，离退休职工“两项待遇”有效落实；有序推进住房分配货币化工作、企业年金、基本养老金调整、帮扶救困、职工子女就业等工作；将油田职工家属纳入省基本养老保险社会统筹范围，年内有3 029名油田参保职工家属领到养老金。发放退休军转干部生活补贴，顺利实施难采储量职工倒班点工程建设，全面开展矿区建设，完善薪酬分配制度。在融入地方、借势发展中支持了当地经济社会发展，促进了和谐油田建设。

（黄俊良）

表1 江苏油田主要技术经济指标 亿元

指标名称＼年份	2011	2010	2009	2008	2007	2006
工业总产值	105.11	82.69	64.25	99.75	77.76	73.61
江苏石油勘探局	23.41	21.44	19.68	20.00	17.16	14.36
江苏油田分公司	81.70	61.25	44.57	79.75	60.60	59.25
工业增加值	77.94	59.61	40.11	77.84	54.68	49.18
江苏石油勘探局	7.96	7.87	6.81	6.86	5.50	4.26
江苏油田分公司	69.98	51.24	33.30	70.98	49.18	44.92
资产总计	183.10	162.97	130.15	113.72	89.58	72.39
江苏石油勘探局	52.61	47.46	44.05	43.43	31.69	26.98

续表

年份 指标名称	2011	2010	2009	2008	2007	2006
江苏油田分公司	130.49	115.51	86.10	70.29	57.89	45.41
流动资产	45.64	39.30	19.37	23.87	14.74	11.73
江苏石油勘探局	17.92	16.35	15.96	20.19	10.90	9.24
江苏油田分公司	27.72	22.95	3.41	3.68	3.84	2.49
固定资产原值	243.81	218.49	193.26	169.76	145.85	126.57
江苏石油勘探局	45.31	41.08	35.66	31.21	27.17	25.77
江苏油田分公司	198.50	177.41	157.60	138.55	118.68	100.80
固定资产净值	126.96	115.84	103.63	85.16	69.53	59.80
江苏石油勘探局	28.77	26.89	23.42	20.69	16.56	16.06
江苏油田分公司	98.19	88.95	80.21	64.47	52.97	43.74
销售收入	148.60	140.97	114.32	139.87	104.86	86.18
江苏油田勘探局	49.36	50.68	50.55	46.89	32.72	26.94
江苏油田分公司	99.24	90.29	63.77	92.98	72.14	59.24
实现利税	53.85	35.77	22.02	61.95	42.46	38.16
江苏石油勘探局	2.32	1.84	2.07	2.92	1.94	1.81
江苏油田分公司	51.53	33.93	19.95	59.04	40.52	36.35
税　金	32.85	20.19	12.37	29.55	17.69	9.65
江苏石油勘探局	3.29	2.37	2.00	2.78	2.71	2.21
江苏油田分公司	29.56	17.82	10.37	26.77	14.98	7.44
综合能耗/吨标煤·万元$^{-1}$						
江苏石油勘探局	0.42	0.46	0.46	0.46	0.47	0.49
江苏油田分公司	0.30	0.36	0.35	0.34	0.35	0.37

表 2　　江苏油田主要生产建设指标

年份 指标名称	2011	2010	2009	2008	2007	2006
原油产量/万吨	171.02	171.01	171.01	171.00	170.20	167.40
天然气产量/亿立方米	0.54	0.56	0.57	0.58	0.55	0.61
新增原油生产能力/万吨	24.56	24.57	26.30	26.18	24.60	24.50
新增探明石油地质储量/万吨	1 059.00	1 063.00	1 067.00	1 056.00	1 047.00	1 042.00
二维地震/千米	4 084.66	3 211.79	3 247.97	3 760.80	3 240.00	3 521.92

续表

年 份 指标名称	2011	2010	2009	2008	2007	2006
三维地震/平方千米	776.79	816.58	562.21	382.45	588.89	525.80
完井/口	40	380	323	311	266	278
探 井	85	93	77	77	49	53
开发井	321	287	246	234	217	225
钻井进尺/万米	97.42	93.37	81.59	76.45	63.98	62.84

新星石油公司

【概况】 中国石化集团新星石油有限责任公司(简称新星石油公司)是石化集团公司的全资子公司，本部设在北京；主要从事海外工程服务、地热资源开发利用、矿业开发等业务，产业分布在北京、广州、西安、咸阳、黄山等国内城市及埃及、尼日利亚、埃塞俄比亚、乍得、哈萨克斯坦、喀麦隆、安哥拉等国家；拥有中国外经贸部授予的进出口贸易、对外经济技术合作和对外承包工程经营资质。

新星石油公司前身是原地质矿产部石油地质海洋地质局，1996年12月7日，根据中央部署，以原地质矿产部石油地质海洋地质局及其所属石油系统的普查勘探、科研队伍为基础，成立了中国新星石油有限责任公司。2000年2月29日，中国新星石油有限责任公司整体并入石化集团公司，更名为中国石化集团新星石油有限责任公司。经多次重组，2006年12月，新星石油公司整体进入中国石化集团资产经营管理公司。2009年4月1日，新星石油公司正式划归石化集团公司上游板块，明确了发展定位。

截至2011年底，新星石油公司下设办公室等19个(处室)部门、广州公司等5个分子公司及基地和离退休2个管理服务中心，控股中地海外建设集团公司、陕西绿源地热能源开发公司、陕西中地能源建设公司3家企业，参股中萨钻井公司1家企业。在职职工356人，离退休职工734人。

新星石油公司主要经济指标见表1。

(何国良)

【多项指标超额完成】 2011年，新星石油公司实现营业收入70.16亿元，完成年初预算的127.56%；实现利润总额3.97亿元，实现年初确定的奋斗目标；实现利税总额9.28亿元；4项费用基本控制在年度预算范围内。完成投资6.5亿元，完成合同额10亿美元，完成年度计划的138.3%；新签合同额8.32亿美元，完成年度计划的115.6%。新增地热供暖面积300万平方米，实现地热供暖面积“翻番”目标。生产销售液体盐(折盐)25万吨，其中新星盐矿13.94万吨，完成预算的116.2%。广州公司、中地能源公司生产经营实现扭亏目标。万元产值综合能耗0.505吨标煤，节能指标控制在石化集团公司下达的指标之内。

(何国良)

【中国驻冰岛大使苏格访问新星石油公司】 2011年7月22日，中国驻冰岛大使苏格访问新星石油公司，听取了与冰岛绿源签署的中冰合作框架协议的落实情况、新星石油公司地热发展情况。苏格表示将一如既往地支持中冰合作，也希望新星石油公司加强与冰方的友好合作，将地热项目作为中冰关系的压舱物不断发展，为中冰友谊作出新的贡献。

(何国良)

【2011年工作会暨一届三次职代会在京圆满召开】 2011年1月19—20日，新星石油公司2011年工作会暨一届三次职代会在北京召开。会议审议并通过了有关报告和决议，民主评议了公司领导班子及成员，对公司2010年选人用人满意度进行了测评，签订了有关责任书，表彰了先进。

(何国良)

【地热资源产业链条变长加宽】 2011年9月16日，新星石油公司与四川省地矿局在京签订《地热资源开发利用战略合作框架协议书》。根据协议，双方将发挥各自优势，合作开展四川省、西藏昌都地区地热资源勘查评价、开发利用和综合研究等工作，重点是围绕地热发电，查明上述地区地热地质背景、确定地热资源开发利用靶区、共同建设地热综合开发利用示范项目、研发推广地热开发利用新技术。该协议的签订，标志着新星石油公司地热资源开发利用在地域上正式挺进西部，在产业链上开始从供暖走向发电。

（何国良）

地热资源开发利用战略合作框架协议在京签订

【举办陕西绿源公司“增资扩股”签约仪式】 2011 年 8 月 24 日，新星石油公司与冰岛合资的陕西绿源公司“增资扩股”签约仪式在中国石化总部举行。根据协议，双方决定以新星石油公司占 51%、冰岛恩莱克斯公司占 49% 的股权比例为陕西绿源公司增资 5 000万美元。该次增资扩股标志着中国石化与冰岛企业在地热领域合作层次的提升，并为新星石油公司地热项目的快速发展奠定良好基础。

（何国良）

【与保定市共同打造全国地热示范基地】 2011 年 10 月 14 日，新星石油公司与保定市人民政府在保定签署《地热资源开发利用战略合作框架协议书》。根据协议，双方将以中低温地热资源直接利用为基础，研究推广地热发电及尾水回灌等可持续利用技术，扩大地热资源应用领域，延长开发利用产业链，共同打造国家级地热资源开发利用示范基地。

（何国良）

【与乐陵市人民政府签订地热合作开发协议】 2011 年 9 月 15 日，新星石油公司与山东省乐陵市人民政府在乐陵市签订了《综合开发利用山东省乐陵市地热资源合作协议》。根据协议，新星石油公司获得乐陵市地热资源的排他性开采权，并开展地热供暖、地热养殖等地热资源的多级综合利用，乐陵市新建城区将率先采用地热采暖技术。

（何国良）

【海洋一号平台顺利开钻】 2011 年 12 月 21 日，中萨钻井公司海洋一号自升式钻井平台承担的位于埃及红海苏伊士湾的海上勘探钻井作业正式启动，这是该平台的首次海上钻井作业。

（何国良）

海洋一号平台顺利开钻

【勘探四号钻井平台找到新“管家”】 2011 年 6 月 6 日，新星石油公司在本部与塞浦路斯 Frigstad 公司签署了联合管理勘探四号钻井平台的合作协议。该次签约意味着勘探四号钻井平台由“委托式”管理向“联合”管理方式转变，标志着新星石油公司的海洋石油工程业务进入了一个新时期。

（何国良）

【小油气项目取得突破】 2011 年 4 月 29 日，新星石油公司与中原油田在北京签订《广东三水盆地油气、二氧化碳资源合作勘探开发协议》。根据协议，双方将加强在资源、资料、资金、技术和人才方面的优势结合，加快推动三水盆地油气、二氧化碳资源勘探开发，促进资源有效利用；充分发挥中国石化整体优势，以内部合作方式加大勘探开发力度、加快勘探开发进度。

（何国良）

【邀请“洋先进”参访交流】 2011 年 10 月 12 日，中埃合资中萨钻井公司的苏丹、默罕默德和侯赛因应邀来到北京，传递中埃员工友谊，交流跨国企业文化融合。该 3 人分别是新星石油公司 2010 年度首次评出的“洋先进”个人和集体代表，也是首批应邀到新星石油公司参访交流的“洋先进”。

（何国良）

“洋先进”参观访问新星石油公司

【举办第1期骨干人才培训班】 2011年7月25日—8月3日，新星石油公司在京举办第1期骨干人才培训班。来自公司机关和所属单位的26名青年骨干人员参加了培训。培训期间，邀请了中央党校、国防大学、中国社会科学院、石油化工管理干部学院的教授就胡锦涛“七一”讲话精神、中国石化企业文化、系统科学与战略思维等课程进行了深入讲解，开展了实地考察、学员论坛、主题演讲等活动。

（何国良）

【召开纪念建党90周年暨创先争优推进表彰大会】 2011年6月29日，新星石油公司在京召开纪念建党90周年暨创先争优推进表彰大会，对创先争优活动第一阶段情况进行了点评，对先进基层党组织、优秀共产党员和优秀党务工作者进行了表彰，与会全体共产党员重温了入党誓词。

（何国良）

表1 **新星石油公司主要经济指标** 亿元

指标名称＼年份	2011	2010	2009③	2008②	2007①	2006
工业总产值	70.16	56.64	50.85	43.79	43.66	37.60
企业增加值	20.35	16.33	12.14	10.40	7.05	-2.00
资产总计	82.64	73.08	69.66	58.00	47.76	45.35
流动资产	63.35	54.79	51.77	42.72	35.68	29.73
固定资产原值	34.52	31.50	28.38	24.56	26.70	25.54
固定资产净值	12.74	12.38	11.47	8.80	9.97	10.39
销售收入	70.16	56.64	50.85	43.79	43.91	37.71
实现利税	9.28	8.46	6.67	5.72	4.48	4.66
税　金	7.39	6.64	4.63	1.63	1.84	1.45

①2007年数据含泰州石化总厂、辽宁物装公司。
②2008年数据不含泰州石化总厂、钦州国星公司，含辽宁分公司（原辽宁物装公司）。
③2009年数据不含辽宁分公司。

上海海洋石油局暨上海海洋油气分公司

【概况】 中国石化集团上海海洋石油局（简称上海海洋石油局）和中国石油化工股份有限公司上海海洋油气分公司（简称上海海洋油气分公司）位于上海，是石化集团公司下属主要从事海洋油气勘探开发及工程服务的上游油田企业。上海海洋石油局主要提供海洋钻井、海洋物探、船舶拖带、井筒服务、岸基服务等海洋石油工程服务；上海海洋油气分公司主要在东海、南海、黄海等海域开展自营勘探，并承担中国石化部分海外海域油气资源勘探开发项目的评价研究，同时代表中国石化参与管理东海平湖油气田、西湖油气田的开发生产。

上海海洋石油局、上海海洋油气分公司的前身为地质矿产部上海海洋地质调查局，组建于1973年4月，1997年1月整体归入中国新星石油公司，2000年3月随中国新星石油公司整体并入石化集团公司，2002年7月，分别直属石化集团公司和石化股份公司管理。2009年，按照石化集团公司要求，上海海洋石油局、上海海洋油气分公司实行“一体化”管理。

截至2011年底，上海海洋石油局、上海海洋油气分公司下设18个机关职能处室、6个二级单位、6

个直属单位、3 个其他机构；拥有从业人员 1 796 人，其中经营管理人员 485 人，专业技术人员 550 人，具有高级专业技术职称 204 人。

截至 2011 年底，上海海洋油气分公司拥有勘查区块 26 个，所属探区主要分布在东海、南海等海域，自营和联合矿权区块面积 8.71 万平方千米；自营探区拥有石油总资源量 2.9 亿吨、天然气总资源量 5.2 万亿立方米。合作探区拥有石油天然气三级地质储量 2.24 亿吨油当量，其中探明储量 1.21 亿吨油当量。

2011 年，上海海洋油气分公司生产份额原油 2.50 万吨、份额天然气 2.56 亿立方米；实现销售收入 4.31 亿元、投资收益 1.32 亿元，利润总额亏损 4.42 亿元，控制在中国石化总部下达的限亏指标内。上海海洋石油局实现营业收入 10.63 亿元，实现利润总额 1.97 亿元。上海海洋石油局、上海海洋油气分公司主要技术经济指标见表 1。

2011 年，上海海洋油气分公司获石化股份公司颁发的海域勘探重大突破一等奖和高效气田提高采收率项目奖。

（林雪梅）

【领导班子调整】 2011 年 11 月 15 日，上海海洋石油局、上海海洋油气分公司召开干部大会，石化集团公司党组成员、石化股份公司高级副总裁王志刚宣布了对上海海洋石油局、上海海洋油气分公司领导班子调整的决定：张旭任上海海洋石油局党委书记、副局长，分公司副总经理；局长、分公司总经理左文岐兼任局党委副书记。

（林雪梅）

【涠西探区自营井获油气发现】 2011 年 7—11 月，南海北部湾盆地涠西探区 2 口自营井顺利完钻，总进尺 5 932 米，按照设计要求取全取准了各项地质资料。其中，涠 3 井发现了大套的流沙港组优质烃源岩，见到了活跃的油气显示，证实该区块具备良好的资源条件。

（林雪梅）

【琼东南探区确定首批钻探目标】 2011 年，针对南海北部湾琼东南探区勘探难点，开展了有利靶区预测、生物礁识别及储层预测、三维地震资料“结构特征法”含气性预测、勘探突破目标评价及井位论证等项目研究，明确了琼东南探区具备海相砂岩、生物礁、潜山基岩 3 个勘探领域，确定了该探区 3 口深水探井井位，为下一步实施钻探奠定了基础。

（林雪梅）

【合作探区油气勘探取得突破】 2011 年，东海西湖合作探区金鼓 1 井等 7 口探井均获重大油气突破，钻探成功率 100%，并在 4 000 米以下深层获工业气流，突破苏堤、平湖构造带有效勘探深度极限，拓展了西湖凹陷的勘探空间。年内新增三级地质储量 3 457 万吨油当量，其中探明储量 1 767 万吨油当量，该储量已获国家油气资源储量管理委员会批准。

（林雪梅）

【勘探六号平台首钻成功】 2011 年 9 月 14 日，勘探六号平台建成后承钻的首口井——宁波 13－4－2 井顺利完钻，完钻井深 4 268 米；11 月 29 日完钻宁波 14－1－1 井。2 口井均试获高产工业油气流。该平台首钻成功，显示了上海海洋石油局拥有了操作这艘具有国际领先水平的钻井平台的技术和实力。

（林雪梅）

【两条多用途工作船建成】 2011 年 9 月 23 日，勘探 311 海洋平台多用途工作船建成交付，该轮命名和船舶产权交接仪式在镇江市举行。建成交付后，该轮经过短时间调试和运行，于 10 月 21 日赶赴渤海海域为油田提供服务。该轮是上海海洋石油局首条能在中深海域为平台提供服务的多用途工作船，丰富了海洋油气工程作业手段，增强了海洋石油工程力量。10 月 28 日，1.6 万马力多用途工作船在广州粤新船厂下水成功。该船配备先进，自动化程度高，可用于深水作业，在国内同类在建船舶中位居前列。

（林雪梅）

【多缆物探船开工建造】 2011 年 9 月 28 日，上海海洋石油局多缆物探船开工仪式在上海船厂崇明造船基地举行。该船具备 12 缆工作能力，可在全球海域进行三维、四维地震等作业，其作业能力和作业效率处于世界先进水平。

（林雪梅）

多缆物探船开工仪式 （白雪松 摄）

【发现号物探船创多项新纪录】 2011年2月，发现号物探船在墨西哥湾开展地震作业时，拖带1.5万米电缆，创国际同类物探船地震作业新纪录。1月11日和10月15日，该船在开展二维勘探项目前，分别以零缺陷通过了美国和巴西港口国控制(PSC)检查，获得作业许可。12月8日，该船在巴西海域二维勘探作业中创下了最高日工作量232.55千米的新纪录，又一次刷新了石化集团公司海上地震勘探作业纪录。

(林雪梅)

【东方勇士2号大马力拖轮出征柬埔寨首战告捷】 2011年12月1日，东方勇士2号大马力拖轮航行1 200多海里(2 222.4千米)，安全抵达柬埔寨西哈努克港。该拖轮在柬埔寨海城承担了将平台从干拖船拖至井位的重任。年内顺利完成了主拖任务，赢得了征战柬埔寨的首场胜利。

(林雪梅)

【第三海洋地质调查大队顺利通过年度核验】 2011年8月4日，上海市交通运输和港口管理局对上海海洋石油局第三海洋地质调查大队(简称三海大队)港口设施保安工作(ISPS)进行年度核验。检查组在听取三海大队的专题汇报后，对照《港口设施年度核验检查表》逐项进行打分，给出105分的高分，认为三海大队码头可作为上海市工程船样板码头，批准其通过核验。

(林雪梅)

【安全生产获多项荣誉】 2011年，上海海洋石油局、上海海洋油气分公司连续第5年被评为石化集团公司年度安全生产先进单位；同时，获国家安监总局海油安办石化分部海(水)上石油作业安全工作先进单位称号；连续第3年在上海市安全生产履职考核中被评为一等优秀单位，并被评为上海市2011年度行业(系统)安全生产三星级优胜单位，这是上海市给予生产企业安全生产的最高荣誉。

(林雪梅)

【海洋石油工程技术研究院成立】 2011年5月28日，海洋石油工程技术研究院(简称海工院)正式成立。成立海工院是上海海洋石油局为满足海洋油气主业发展需求，进一步完善海洋石油工程科技创新体系而采取的一项重大举措。海工院将承担起上海海洋石油局乃至石化集团公司海洋石油工程技术发展战略、规划等方面的研究，组织开展深水海洋石油工程的相关技术攻关与准备，同时为石化集团公司海洋油气勘探开发重大项目提供工程技术支撑。

(林雪梅)

海工院成立大会暨揭牌仪式 (陈树芳 摄)

【获国家知识产权局实用新型专利授权】 2011年6月8日，上海海洋石油局第一海洋地质调查大队研制的“地震勘探用声脉冲发生装置”获国家知识产权局颁发的“实用新型专利证书”。该实用新型专利降低了气枪故障率，大幅度提高了地震勘探的工作效率。

(林雪梅)

【举办积极向上的文体活动】 2011年5月27日，上海海洋石油局、上海海洋油气分公司第2届职工运动会在上海第二工业大学体育场举行，500余名职工参加盛会。运动会设立了男子100米、女子100米等15个田径项目和足球、2分钟跳绳等4个团体项目。赛后还举行了颁奖仪式。6月27日，上海海洋石油局、上海海洋油气分公司红歌会在上海双拥大厦举行，300多位干部职工参加了盛会。红歌会后为获得优秀组织奖的10支代表队和获得优秀表演奖的2支代表队颁发锦旗。

(林雪梅)

表 1　　上海海洋石油局和上海海洋油气分公司主要技术经济指标　　亿元

指标名称＼年份	2011	2010	2009	2008	2007	2006
工业(企业)增加值	6.63	3.67	4.13	1.68	3.90	4.30
上海海洋石油局	6.81	7.18	5.93	2.26	3.13	2.95
上海海洋油气分公司	-0.18	-3.51	-1.8	-0.58	0.77	1.35
资产总计	91.35	85.16	68.18	53.21	53.22	50.82
上海海洋石油局	34.66	29.91	21.19	12.57	10.03	9.77
上海海洋油气分公司	56.69	55.25	46.99	40.64	43.19	41.05
流动资产	9.97	11.63	8.52	5.68	5.48	4.71
上海海洋石油局	3.90	3.41	7.09	4.00	3.79	3.83
上海海洋油气分公司	6.07	8.22	1.43	1.68	1.69	0.88
固定资产原值	37.04	33.27	16.59	15.09	16.02	15.08
上海海洋石油局	36.69	32.97	16.31	14.82	15.74	14.80
上海海洋油气分公司	0.35	0.30	0.28	0.27	0.28	0.28
固定资产净值	24.17	21.54	5.74	4.87	6.18	5.82
上海海洋石油局	24.07	21.47	5.66	4.76	6.09	5.69
上海海洋油气分公司	0.10	0.07	0.08	0.11	0.09	0.13
销售收入	14.94	10.02	11.37	10.78	9.86	7.67
上海海洋石油局	10.63	8.59	9.91	9.23	7.89	7.54
上海海洋油气分公司	4.31	1.43	1.46	1.55	1.97	0.13
实现利税	-1.74	-2.69	0.73	0.39	-1.46	1.94
上海海洋石油局	2.44	2.13	3.85	3.20	1.42	0.84
上海海洋油气分公司	-4.18	-4.82	-3.12	-2.81	-2.88	1.10
税　金	0.71	0.72	0.36	1.06	0.40	0.23
上海海洋石油局	0.47	0.63	0.29	0.97	0.29	0.22
上海海洋油气分公司	0.24	0.09	0.07	0.09	0.11	0.01
综合能耗/吨标煤·万元$^{-1}$	0.38	0	0.26	0.39	—	—
上海海洋石油局	0.38	0	0.26	0.39	—	—
上海海洋油气分公司	—	—	—	—	—	—

西北石油局暨西北油田分公司

【概况】 中国石化集团西北石油局(简称西北石油局)和中国石油化工股份有限公司西北油田分公司(简称西北油田分公司)位于新疆维吾尔自治区,是石化集团公司上游油田企业之一,主要从事油气田勘探开发与油气销售业务。本部机关设在新疆维吾尔自治区首府乌鲁木齐,在巴音郭楞蒙古自治州轮台县建立了前线生产指挥基地。主力油田——塔河油田位于塔里木盆地北部沙雅隆起阿克库勒凸起南部,地处库车县和轮台县境内。

西北石油局和西北油田分公司的前身是组建于1955年的华北地质局二二六队,1997年1月整体归入中国新星石油公司,2000年3月随中国新星石油公司整体并入石化集团公司,并于2003年6月整体划归石化集团公司、石化股份公司直属。2008年5月,西北油田分公司与勘探西北分公司整合重组,组合成新的西北油田分公司。

截至2011年底,西北石油局和西北油田分公司建有1个党委、2套行政领导班子(共11人),下设21个机关职能处室、17个二级单位、7个直属单位;拥有职工4 129人,其中经营管理人员1 940人、专业技术人员1 396人,具有高级(含教授级)专业技术职称的547人。

截至2011年底,西北油田分公司拥有有效矿权区块43个,区块登记面积16.67万平方千米(其中勘查区块34个14.21万平方千米,开采区块9个0.47万平方千米),全部分布在新疆维吾尔自治区的塔里木盆地;拥有油气远景资源量134.39亿吨油当量,其中石油75.45亿吨油当量、天然气58.94亿吨油当量;累计完成三级石油地质储量31.68亿吨油当量,其中探明石油地质储量13.78亿吨油当量、控制石油地质储量5.37亿吨油当量、预测石油地质储量12.53亿吨油当量。开发塔河、西达里亚、巴什托3个油气田及雅克拉、轮台S3-1、大涝坝3个凝析气田;拥有采油气井1 326口,开井1 080口,其中自喷井380口、机抽井700口;累计生产原油5 767.99万吨、天然气123.41亿立方米。

西北石油局和西北油田分公司主要经济指标和主要生产建设指标见表1和表2。

(陈兰凤 王爱敏)

【领导班子调整】 2011年12月12日,石化股份公司下发"石化股份人〔2011〕563号"文,决定聘任漆立新为西北油田分公司副总经理、总地质师;聘任唐世春为西北油田分公司副总经理。解聘翟晓先西北油田分公司副总经理(正局级)职务,调出另有任用。石化集团公司党组下发"中国石化党组〔2011〕110号"文,决定张洪安任中共中国石化集团西北石油局委员会委员、纪律检查委员会书记;漆立新、唐世春任中共中国石化集团西北石油局委员会委员。免去元涛中共中国石化集团西北石油局委员会副书记、委员、纪律检查委员会书记职务,不再担任中国石化集团西北石油局工会主席职务,调出另有任用;免去翟晓先中共中国石化集团西北石油局委员会委员职务。

(陈兰凤 王爱敏)

【油气勘探取得"353"成果】 2011年,西北油田分公司累计提交三级油气地质储量3.44亿吨油当量(探明石油地质储量9 639.53万吨、溶解气62.42亿立方米,控制石油地质储量8 212.06万吨、溶解气174.38亿立方米,预测石油地质储量1.24亿吨、溶解气182.3亿立方米),超额完成三级油气储量任务。油气勘探工作取得3个突破、5个扩大、3个新苗头,实现了从老区走向新区、大踏步走向外围的目标。

3个突破:①部署在沙雅县境内塔中北坡的顺9井在志留系柯坪塔格组下段试获油流,实现了卡塔克隆起北坡碎屑岩领域的勘探突破,有望建成新的产能接替阵地。②部署在沙雅县境内塔中1号断裂带西端的顺7井在奥陶系鹰山组酸压获油气流,实现了顺西区块奥陶系鹰山组天然气勘探的突破,展示了该区奥陶系良好的勘探前景。③部署在巴楚县境内的巴探5井在奥陶系鹰山组酸压获工业气流,实现了小海子区块奥陶系鹰山组天然气勘探的突破,为该区下步勘探工作指明了方向。

5个扩大:①部署在墨玉县境内的玉北1-2X井、玉北3井、玉北1-1井和玉北4井在奥陶系钻获油气显示,扩大了玉北地区奥陶系含油气面积。其中,玉北1-2X井取得实质性重大油气突破,日产原油120吨。②部署在库车县境内的桥古2井、桥古3井、桥古4井和桥古101井,在中新生界及潜山钻遇良好油气显示,扩大了三道桥地区天然气勘探成果。③部署在民丰县境内塔中1区块的中12CX井在鹰山组获工业油气流,顺西1井在奥陶系钻遇良好油气显示,扩大了塔中地区奥陶系油气勘探成果。④部署在沙雅县境内托甫台区块的TP28XCX井在白垩系测试获高产工业气流,扩大了塔河碎屑岩油气勘探成果。⑤部署在托甫台南部以及塔河南盐下的多口井,在奥陶系一间房组获工业油气流,扩大了塔河南部奥陶系油气勘探成果。

3个新苗头:部署在且末县境内的顺南1井和皮

山县境内的皮山北1井、皮山北2井分别钻遇良好油气显示，预示顺南地区奥陶系、麦盖提斜坡新生界和古生界碎屑岩目的层具有良好勘探前景。

（陈兰凤　王爱敏）

【油气开发取得4项主要进展】 2011年，西北油田分公司油气开发紧紧围绕产量任务目标，不断加快滚动勘探、油藏评价和产能建设步伐，切实强化老区综合治理力度，持续扩大注水规模，深入推进油藏精细管理，有效改善了油气田稳产基础，取得4项主要进展。①产建阵地有效拓展。针对碎屑岩油藏，强化各类圈闭综合评价，进一步加大河道砂岩性油藏滚动评价力度；针对碳酸盐岩油藏，不断深化古岩溶、古水系、古构造认识，重点开展了局部油气富集控制因素研究。全年部署油藏评价井48口，投产29口，落实原油地质储量3 463万吨、天然气48亿立方米。特别是玉北1-2X井油藏评价工作的突破，打开了该区1.3万平方千米油气资源勘探开发的新局面，标志着分公司朝着建设千万吨级大油气田、打造西部资源接替阵地迈出了坚实一步。②老区稳产基础得到改善。按照“老区综合治理、扩大注水规模、优化配注方案、深化老区潜力认识、强化措施挖潜”思路，有效缓解了油气田递减，老区稳产基础得到改善。通过上述工作，老区较快递减的趋势得到有效遏制。全年自然递减率21.4%，较中国石化总部考核指标低2.6个百分点，较年计划低1.4个百分点；综合递减率较年计划低1.3个百分点。③措施增油效果明显。积极开展“五个一百”排查活动，深挖措施潜力，深抽、酸化和下大泵3类措施增油量大幅增加，措施结构得到优化。全年累计实施各类措施436井次，有效355井次，有效率81.42%，年增油64.5万吨。④油藏管理水平不断提高。大力开展“四个分析”，强化油藏精细管理，开井率、稳升单元、稳升井组保有率得到提高。老井自然产量月递减幅度由年初的4.6%逐步降至12月的3.16%。在59个开发管理单元中，稳升井组比率42%。在113口长寿井培养对象中，长寿井保有率51%。

（陈兰凤　王爱敏）

【科技工作获得新突破】 2011年，西北油田分公司基础地质研究不断取得新认识，在统一全盆层序地层划分对比的基础上，深入研究寒武系—奥陶系构造沉积演化，明确麦盖提北部和塔中地区主要以斜坡相油源为主；对玉北、塔中等重点勘探突破区奥陶系碳酸盐岩的成藏条件、油气富集有利区带有了较为深入的认识，在盆地古隆起研究基础上，划分出4种构造成藏演化类型，指出玉北、塔中北部奥陶系古斜坡（围斜）属“持续隆起、多期叠加改造”模式，其油气成藏以“多期成藏，早期保存”为主，具备形成大油气田潜力。增储上产支撑研究取得重要进展，麦盖提奥陶系碳酸盐岩储层预测技术、顺西地区奥陶系地震成像处理技术、塔河老区油藏精细描述技术等10项重要技术在增储上产活动中得到有效应用。年内承担国家、中国石化及分公司各类科研项目79个。申报省部级科技进步奖8项，其中“塔河碳酸盐岩缝洞型油藏注水替油技术研究与应用”和“超稠油水溶性化学降黏工艺研究与应用”项目分获自治区一等奖、三等奖。获国家受理专利25项，超额完成中国石化总部下达的20项考核指标。

（陈兰凤　王爱敏）

【自主研发超低密度堵剂试验获成功】 2011年4月8日采用自主研发的超低密度可固化颗粒堵剂对TK849井进行深部堵水作业，堵水后油井含水由堵水前的99%下降至22%，日增油达33吨。超低密度堵剂可选用地层与原油的密度差，在油水界面上形成固化“隔板”，阻止底水窜入，且增油效果明显，成本仅为同类堵剂的1/3。

（陈兰凤　王爱敏）

【塔河油田奥陶系主力区块实现注水网络全覆盖】 针对塔河油田奥陶系油藏地层压力逐年下降、自喷井逐渐减少、转抽井不断增多的趋势，为提高油田采收率，2010年10月10日，西北油田分公司正式开工兴建塔河油田奥陶系注水（二期）工程。该工程（包括续建、增压部分）包括新建9条主干管线，全长94千米，遍布塔河油田一号、二号、三号联合站的管辖区域，注水网络覆盖到整个塔河油田奥陶系的主力区块，设计日注水规模达1.15万立方米，总投资9 100万元。2011年5月30日，该工程顺利投运，塔河油田10区、12区等区块注水支干线敷设基本完成，实现了奥陶系主力区块注水网络全覆盖。

（陈兰凤　王爱敏）

【涡轮钻井工艺在玉北4井成功应用】 涡轮钻井工艺适用于深井、超深井和高温高压井，与普通牙轮钻头相比，机械钻速可提高1倍以上。2011年7月10日，西北油田分公司在玉北4井二叠系火山岩地层应用“涡轮+孕镶钻头”钻具组合施工获成功，使机械钻速达到3.06米/时，成功钻开火山岩层段，为玉北地区钻井提速提供了新思路。

（陈兰凤　王爱敏）

【安全环保工作成效显著】 2011年，西北油田分公司安全生产工作始终坚持“安全第一、预防为主”的方针，深入开展“我要安全”主题活动，推行“七想七不干”提示卡制度，严格执行“三重一险”领导跟班规定，分级落实监控责任，确保油气田安全生产工作持续稳定。全年颁布实施新管理制度33项，落实领导干部承包点36个，督察甲、乙方单位1 398点次，组织应急演练536次，开展专项综合检查18次。扎实开展防污、治污工作，回收钻井液7.96万立方米，实施6口井钻井废弃泥浆不落地处理项目，实现采油废水“零”排放。建立了环境监测数据库，完善了环境监测跟踪、监督、反馈机制，完成了水、气、声、渣4类监测510点次，监测项目4 927个，绿色低碳油气田建设取得积极成效。

（陈兰凤 王爱敏）

【人力资源管理水平不断提升】 2011年，西北油田分公司加强人力资源现状分析，优化组织结构和岗位人员配置，加强“三支队伍”建设和用工管理，大胆探索人才培养新机制，实现了人力资源队伍的优化和员工素质的提高，劳动生产率再创佳绩。制定完善《人才成长通道建设实施方案》，统一职位序列。首次对分公司4名首席专家、5名专家进行竞聘与聘任，并与38名二级单位高级技师和技师签订聘约，调整优秀劳务工用工形式，开通促进专业技术、技能人才的成长通道。通过积极推进用工与薪酬项目管理和建立正常的职工工资增长新机制，调动了基层单位优化用工的积极性和员工工作的积极性，人才资源优势得到发挥。

（陈兰凤 王爱敏）

【企业文化建设成果丰硕】 2011年，西北油田分公司通过开展核心价值理念有奖征集活动、企业文化研讨会，确定并发布以“激情塔河、幸福西北”为宗旨、“建设千万吨级大油气田”为愿景、“坚韧、务实、精细、高效”为作风、“诚信、规范、和谐、共赢”为主题的核心价值理念。形成企业文化宣传片《激情塔河》、宣传册《塔河脉》、视觉识别手册《塔河窗》和典型事迹材料集《塔河旗》等系列文化作品，为“建设千万吨级大油气田”的发展目标提供丰富的文化内容。通过开展建党90周年和第3届职工运动会等系列活动，进一步丰富和满足了广大职工特别是一线职工的精神文化需求。

（陈兰凤 王爱敏）

党员们在塔河油田示范井S48井开展纪念中国共产党成立90周年活动

【民生工程又上新台阶】 2011年，西北油田分公司先后新建了一线生产单位职工宿舍、体育活动中心等配套设施，整体规划了分公司轮台前线生产指挥基地和乌鲁木齐米泉生活基地，加快推进米泉集资建房进程，完善薪酬分配实施方案，调增一线职工的岗位补贴和交通费补贴，提高离退休金发放标准和职工就餐费标准，使油气田发展成果进一步惠及职工。帮扶困难家庭13户，发放帮困救助金（教育救助、生活救助、医疗救助、灾难救助）15.38万元，解决20名困难家庭及零就业家庭职工子女的工作。

（陈兰凤 王爱敏）

【西北石油大厦建成试营业】 西北石油大厦是西北石油局所属的一家以国际五星级标准兴建的高端、商务酒店，位于乌鲁木齐市北京北路和河南东路交汇处，占地面积1.24万平方米，总建筑面积4.07万平方米，主体楼层为9层，整体建筑装修风格以简欧为主，总投资3.06亿元，2011年5月28日建成投入试营业。

（陈兰凤 王爱敏）

表1 西北石油局和西北油田分公司主要经济指标 亿元

指标名称 \ 年份	2011	2010	2009	2008	2007	2006
企业增加值	276.56	197.13	116.32	195.39	130.18	108.85
西北石油局	1.91	0.35	0.25	0.33	-0.05	1.04
西北油田分公司	274.65	196.78	116.07	195.06	130.23	107.81

续表

年份 指标名称	2011	2010	2009	2008	2007	2006
资产总计	367. 15	309. 66	253. 60	255. 59	207. 12	164. 01
西北石油局	11. 55	11. 83	12. 10	8. 29	5. 54	3. 19
西北油田分公司	355. 59	297. 83	241. 40	247. 30	201. 58	160. 82
流动资产	46. 26	35. 11	16. 45	14. 24	11. 14	17. 75
西北石油局	2. 10	2. 28	2. 88	1. 77	0. 58	1. 07
西北油田分公司	44. 17	32. 83	13. 57	12. 47	10. 56	16. 68
固定资产原值	537. 59	423. 29	361. 23	292. 60	234. 71	172. 20
西北石油局	10. 46	7. 31	6. 94	0. 98	1. 03	1. 09
西北油田分公司	527. 14	415. 98	354. 29	291. 62	234. 68	171. 11
固定资产净值	264. 23	202. 72	183. 85	200. 53	167. 30	125. 99
西北石油局	9. 47	6. 62	6. 66	0. 72	0. 74	0. 74
西北油田分公司	254. 76	196. 10	177. 19	199. 81	166. 56	125. 25
总收入	288. 01	212. 09	140. 28	205. 35	143. 99	128. 13
西北石油局	1. 41	0. 34	0. 10	0. 06	0. 27	2. 97
西北油田分公司	286. 61	211. 75	140. 18	205. 29	143. 72	125. 16
实现利税	233. 28	144. 73	74. 52	167. 19	108. 15	91. 52
西北石油局	0. 19	0. 11	0. 07	0. 02	-0. 08	0. 56
西北油田分公司	233. 09	144. 62	74. 45	167. 17	108. 23	90. 96
税　金	112. 22	64. 91	17. 20	57. 64	24. 62	15. 32
西北石油局	0. 25	0. 09	0. 07	0. 02	-0. 07	0. 48
西北油田分公司	111. 97	64. 82	17. 13	57. 62	24. 69	14. 84

表 2　　西北石油局和西北油田分公司主要生产建设指标

年份 指标名称	2011	2010	2009	2008	2007	2006
原油产量/万吨	725. 00	700. 02	660. 01	600. 13	536. 25	472. 00
天然气产量/亿立方米	15. 94	15. 80	13. 45	12. 72	9. 53	8. 71
新增原油生产能力/万吨	159. 70	176. 48	166. 21	163. 10	160. 00	141. 03
新增天然气生产能力/亿立方米	2. 02	1. 03	1. 94	2. 89	2. 83	4. 31
新增探明石油地质储量/万吨	9 639. 53	9 655. 80	12 483. 03	12 955. 50	9 411. 15	8 045. 28
新增探明天然气地质储量/亿立方米	62. 42	40. 02	5. 25	16. 03	74. 16	90. 42
二维地震/千米	4 834. 00	5 243. 00	4 892. 00	8 229. 00		—
三维地震/平方千米	2 750. 00	1 858. 00	1 302. 00	1 106. 00	1 741. 00	1 378. 00
石油钻井/口	266	193	191	185	160	143
探井（含侧钻）	50	36	47	44	40	39
开发井	216	157	144	141	120	104
钻井进尺/万米	157. 53	114. 49	107. 92	108. 31	86. 92	77. 55
勘探投资/亿元	35. 45	26. 62	25. 96	25. 31	22. 19	17. 75
开发投资/亿元	77. 62	62. 27	57. 55	56. 33	47. 91	35. 74
综合能耗/吨标煤·万元$^{-1}$	0. 34	0. 39	0. 41	0. 43	—	—

西南油气田

【概况】 西南油气田是中国石化集团西南石油局(简称西南石油局)和中国石油化工股份有限公司西南油气分公司(简称西南油气分公司)的统称，是石化集团公司油气生产企业之一。西南石油局是负责西南油气田基地管理与服务、石油工程技术服务的区域性法人经营实体，西南油气分公司是负责西南地区油气勘探开发业务的经营实体。队伍主要分布在四川、重庆、贵州、云南、广西、湖南等四省一市一区。本部机关设在四川省成都市提督街108号。

西南油气田的前身是组建于1976年的国家地质总局四川石油普查勘探指挥部，1997年1月整体归入中国新星石油公司，2000年3月随中国新星石油公司整体并入石化集团公司，并于2003年5月整体划归石化集团公司和石化股份公司直属。2007年3月，西南石油局和西南分公司与中南石油局、中南分公司、滇黔桂石油勘探局、南方勘探开发分公司整合重组，组成西南石油局、西南油气分公司、石油工程西南公司。2009年12月，西南石油局与石油工程西南公司整合重组为新的西南石油局。

截至2011年底，西南油气田下设29个职能处室，6个附属机构，38个二级单位；拥有正式职工10 673人，其中拥有教授级高级职称的45人，高级技术职称的982人。

截至2011年底，西南油气田拥有矿权区块38个，勘探面积2.08万平方千米，开采面积1 182.82平方千米。拥有天然气资源量4.79万亿立方米，石油资源量8 551.32万吨；累计提交天然气探明地质储量3 953.24亿立方米。累计提交原油探明地质储量1 519.6万吨，标定可采储量170.7万吨。拥有油气井1 397口，集输气站434座，各类输油气管线3 589.74千米。共开井1 315口，日产气767万立方米，年产气28.01亿立方米，历年累计生产天然气335.86亿立方米。

2011年是西南油气田在改革中不断发展，在发展中不断提高，在提高中不断完善的一年，也是思想观念转变最快、内部管理关系最顺、生产运行效率最高、利益调整力度最大的一年。西南油气田围绕组织打好"三大会战"、加强生产组织运行、加大市场开拓力度、强化生产经营管理、提升社区服务水平、提高队伍整体素质等工作，齐心协力，扎实工作，全面完成各项目标任务，实现了"十二五"的良好开局。

西南油气田主要技术经济指标和主要生产建设指标见表1、表2和表3。

(罗兴平　魏凌琛)

【指标全面完成】 2011年，西南油气田新增天然气探明储量526.27亿立方米、控制储量511.42亿立方米、预测储量1 038.72亿立方米，分别完成中国石化总部下达计划的105.25%、102.28%、173.12%。生产天然气28.01亿立方米、原油2.07万吨，分别完成总部下达计划的100.04%、103.5%。西南石油局实现营业收入100.5亿元，完成总部下达预算的159.52%，完成内部奋斗目标的124.91%；实现利润1.5亿元，完成内部预算指标的132.74%；上报总部利润3 280万元，完成总部下达预算的109.33%。西南油气分公司实现油气销售收入35.83亿元，完成年预算的100.82%；扣除总部认可增加的成本因素后实现利润1.56亿元；油气单位完全成本1 730.12元/吨(含勘探南方分公司划转勘探费用2 243.76元/吨)，扣除总部认可增加的成本因素后为1 142.4元/吨，比预算降低12.9元/吨。局完成投资6.97亿元，完成总部下达计划的99.57%。分公司完成投资62.82亿元，完成总部下达计划的100.15%。

(罗兴平　魏凌琛)

【勘探获得突破】 2011年，西南油气田共实施二维地震600.2千米、三维地震1 574.28平方千米，分别完成年计划的100.04%和100%；实施探井39口，完钻25口，进尺8.63万米，完成年进尺计划的102.03%；完成探井测试23口，其中11口获工业气流，成功率47.8%；取得了"1项重大突破、1项重大发现、2项重要进展、2项重要苗头"的勘探成果，超额完成了年度三级储量任务。

1项重大突破：按照岩性气藏的思路突破，在什邡深凹甩开勘探，相继在什邡2井、3井、5井、6井、7井获得工业气流，发现了什邡气田，取得了川西坳陷中浅层勘探的重大突破。2011年度川西中浅层岩性气藏勘探获石化集团公司重大突破一等奖。

1项重大发现：知新31井在沙溪庙组获日产天然气2.42万立方米，落实浅中层圈闭资源量357.73亿立方米，获得了石泉场—知新场构造带沙溪庙组油气勘探重大发现。

2项重要进展：新场须家河组油气勘探取得重要进展，新场须四、须二气藏多口探井获得工业气流或钻遇良好油气显示，2010年度新场须家河组天然气勘探获石化集团公司储量成果一等奖；川西海相油气勘探取得重要进展，新深1井在马鞍塘、雷口坡组钻遇良好油气显示，进一步揭示川西海相具有良好的勘探前景。

2项重要苗头：东峰3井钻遇良好油气显示，资阳海陆相油气勘探发现重要苗头；德阳1井在须二、须四、须五段钻遇良好油气显示，成都凹陷深层须家河组油气勘探发现重要苗头。

（罗兴平　魏凌琛）

【开发迈上台阶】　2011 年，西南油气田在西南地区钻井 114 口，完钻 100 口，进尺 26.55 万米；投产新井 94 口，新建（增）天然气产能 3.36 亿立方米，完成年计划的 101%；新增天然气可采储量 28.48 亿立方米。老区老井生产天然气 25.37 亿立方米，老井自然递减率 7.4%，综合递减率 4.4%；实施老井挖潜 185 井（层）次，增产天然气 8 598 万立方米、原油 1 246吨，分别完成中国石化总部下达措施增产任务的 111.7% 和 124.6%。元坝地区多口井获日产 100 万立方米以上高产，其中元坝 103H 井系统测试获无阻流量 751.6 万米^3/日；元坝气田一期 20 亿立方米混合气产能建设工程顺利启动。为开发新场沙溪庙组气藏难采储量，全年实施水平井 17 口，新增动用储量 24 亿立方米，平均单井产量 3.22 万米^3/日，是邻近直井的 6—7 倍；新场、洛带中浅层气藏实施滚动扩边井 15 口，新增地质储量 60 亿立方米，新建产能 6 500 万立方米。新马滚动区通过多轮次气藏描述、多口井分析评价，明确了该区主力气层和含气富集区，完钻的 8 口水平井砂体钻遇率平均达到 85%，其中马蓬 75-1H 井实钻水平段 1 104 米，在油压 11.68 兆帕下输气 5.15 万米^3/日；马路背区块发现了珍珠冲和须二气藏，增加了该区的含气层位；百色盆地 2 口直井评价井获得较好工业油流，在阆中、百色启动了水平井开发评价试验。

（罗兴平　魏凌琛）

【地面工程建设及时配套】　2011 年，西南油气田在产能配套方面，共完成站场建设 96 座，采集气管线 148.6 千米。系统配套方面，完成了川东北—川西输气联络线平昌—元坝段工程建设年度计划，元坝气田地面工程建设前期工作按照统筹控制计划有序推进，川科 1 井试采脱硫装置顺利建成并成功投产，袁家—花荄输气管道建成投运，塔水—永昌输气管道主体工程完工，实施了川西地区高氯废水无害化处理和川西、川东北泥浆中转站以及川西 5 个增压站等项目。

（罗兴平　魏凌琛）

【三大会战启动】　2011 年，西南油气田根据中国石化总部统一部署，按照“三新三高”（新体制、新机制、新技术，高速度、高水平、高效益）的要求，精心组织增储上产会战。8 月 29 日正式启动元坝气田开发建设会战。该项目拥有矿权面积 3 251 平方千米，天然气总资源量 1.77 万亿立方米。截至年底获天然气三级储量 4 327.31 亿立方米。11 月上旬正式打响川西增储上产会战。与此同时，非常规油气增储上产会战启动，有关工作在积极推进中。“三大会战”的全面启动，开创了建设双百亿气田、推进跨越式发展的新局面。

（罗兴平　魏凌琛）

【石油工程加快发展】　2011 年，西南油气田工程系统在国内外部市场实现营业收入同比增幅 12.42%，实现营业利润同比增幅 45.76%。国外工程构建了以南美（厄瓜多尔）、东南亚（缅甸）、中东（科威特）为中心的市场格局。全年共完成二维地震 8 440 千米，完成年度预算的 175.8%，同比增幅 87%。完成三维地震 2 456 平方千米，完成年度预算的 136%。开钻 377 口，完井 371 口，进尺 112 万米，完成年度预算的 109.8%，同比增幅 17.9%。完成测试 299 井次 312 层次，压裂酸化 396 井次 702 层次，修井 302 井次，测井 1 172 井次 3 354.6 万标准米，射孔 620 井次、取芯 2 268 颗，录井 408 口、进尺 127.25 万米，固井 875 井次、入井套管总长 120.63 万米、水泥用量 6.43 万吨，上述指标以及油服、油建完成工作量同比均有较大增加。全年石油工程板块营业收入同比增加 14.66 亿元，增幅 24.78%；实现报表利润同比增加 0.18 亿元，增幅 7.5%；摘掉了亏损单位帽子。

（罗兴平　魏凌琛）

【油气营销创绩佳】　2011 年，西南油气田完成天然气商品量 26.62 亿立方米、原油商品量 2.04 万吨，分别完成年计划的 100.08%、103.55%；天然气商品化率 95.04%，原油商品化率 98.44%，油气款回收率 100%。全年综合含税销售价 1.47 元/米^3，同比提高 0.15 元/米^3，增幅 11.5%；实现含税销售收入同比增加 5.31 亿元，增幅 15.08%。扎实抓好季节性调峰和日调峰工作，确保了营销调度和产销动态平衡，保障了安全平稳供气。积极调整资源，加大了对天然气主产区的供气力度，保障了向中国石化内部企业和战略合作伙伴的供气。全年共完成天然气终端销售 5.7 亿立方米，完成年计划的 105%，同比增幅 19%；实现销售收入完成年计划的 129.38%，同比增加 2.7 亿元，经济效益大幅提升。销售液化气 13 万吨、成品油 8.79 万吨，分别完成年计划的 100% 和 147%，实现销售收入、利润分别完成年计划的 126.82% 和 202.81%。

（罗兴平　魏凌琛）

【安全环保形势平稳】 2011年，西南油气田严格执行HSE目标管理责任制和HSE监督管理制度，开展"我要安全"、查找身边"十大薄弱环节"等活动。加强井控安全、硫化氢防护和交通运输、治安消防等专项安全管理工作；落实关键作业环节、重点要害部位、特殊时段节点的安全生产措施；加强现场管理；监督检查、隐患整改和承包商安全管理；进一步加强环保管理，推进清洁生产，扎实抓好各级安全环保隐患治理项目的实施；加强应急管理和应急救援体系建设，妥善处置"7·6"自然灾害突发事件。全年安全环保态势总体平稳，未发生上报安全环保事故。扎实开展职业卫生管理工作，有力维护职工群众的身心健康。

（罗兴平 魏凌琛）

【节能减排效果显著】 2011年，西南石油局工业万元产值综合能耗0.41吨标煤，比总部下达指标低1.17%。西南油气分公司单位油气综合能耗83.04吨标煤、万元产值综合能耗0.57吨标煤，比总部下达指标分别低0.5%和0.9%。扎实抓好节水减排、废弃物减量化、泥浆循环综合利用等工作，污水排放控制在指标内，钻井废水处理、废弃泥浆处理、作业废液处理达标率达到100%。

（罗兴平 魏凌琛）

【科技成果丰硕】 2011年，西南油气田承担的"十二五"国家重大专项攻关研究工作全面启动；承担中国石化总部科技项目4项、先导项目36项，局、分公司设立2011年度科研项目24项、生产性支撑项目33项，研究工作取得理论创新和技术创新成果，有力保障勘探开发和增储上产工作。突破构造控制气藏的传统认识，形成"满盆地富砂、满坳陷含气"的新认识，提出叠覆型致密砂岩成藏地质新理论，取得川西坳陷中浅层油气勘探的重大突破，展现该区规模增储上产的广阔前景；地球物理勘探应用地震储层预测配套技术，有力支撑川西中浅层气藏的勘探开发部署，中浅层评价井及开发井的成功率达到90%以上。不断加大自主创新的水平井分段压裂工艺技术体系的试验及推广应用力度，已实现8段15缝压裂改造，取得显著的增产效果；集成应用四川陆相高压超致密复杂地层提高钻井速度的配套技术体系，进一步提高钻井速度，缩短钻井周期，创造多项工程施工新纪录，年内59口井实现提速目标，占完钻井总数的54.13%；创新应用海相碳酸盐岩储层预测技术和气藏精细描述技术，有效指导元坝地区开发钻井的部署和实施，进一步落实元坝海相高产富集带和气田储量规模，有力支撑元坝气藏开发方案的编制。年内向中国石化和四川省申报成果鉴定7项，鉴定结果"国际先进"4项、"国内领先"3项；获中国石化科技进步二等奖2项、四川省科技进步三等奖1项，9人分获李四光地质科学奖、青年地质科技金锤奖、中国石化突出贡献专家称号、科技创新功勋奖、闵恩泽青年科技奖；向国家知识产权局申请专利49项，获得专利申请号34项、国家授权实用新型专利13项、国家授权发明专利2项，其中首次获得国家授权发明专利，实现历史性的突破。

（罗兴平 魏凌琛）

【理顺生产运行机制】 2011年，西南油气田生产运行机制逐步理顺，相关管理制度进一步健全完善，生产运行效率得到大幅提高。在勘探、开发井部署实施的节奏明显加快，完成钻井进尺同比大幅增加，扭转钻井生产进度严重滞后的被动局面，实现勘探开发生产的良性循环。加强油地协调工作，及时协调解决各类油地矛盾与纠纷，促进勘探开发顺利进行。技术监督管理、工程监督工作进一步加强，质量、计量、标准化管理水平明显提升，无上报质量事故发生。市场准入、招标投标、外协管理有效加强。

（罗兴平 魏凌琛）

【改进经济运行方式】 2011年，西南油气田在中国石化总部的大力支持下，较妥善地解决投资计划、成本费用等方面的遗留问题，投资计划、工程造价管理逐步理顺。内部控制、风险防范等工作进一步加强，财务管理水平持续提升，成本费用得到有效控制。物资保供、"降库利库"取得积极进展，实现总部提出的降库目标。设备更新改造、现场管理等工作扎实开展，网电钻机等节能降本技术装备的推广应用取得明显成效，设备管理考核指标全面完成，确保设备本质安全和高效运行。积极配合中国石化总部的审计工作，对经济责任审计和内控审计评价发现的问题认真整改落实。实施内部审计项目33个、效能监察项目44个，内控自查、财务稽核、"小金库"清理和相关专项自查自纠等工作深入开展，促进生产经营健康发展。

（罗兴平 魏凌琛）

【加强基础管理】 2011年，西南油气田进一步规范三支人才队伍的岗位职位序列，有效拓宽人才成长通道。完善薪酬分配制度，加大绩效考核力度。职称评聘、技能鉴定、教育培训、人才引进、社会保险等工作扎实开展，人工成本得到有效控制。用工结构调整稳步实施，300余名符合条件的优秀劳务工被转为正式工。“三基”管理、资质认证、金银牌基层队创建、“五项劳动竞赛”等工作进一步加强，3 支基层队获石化集团公司优秀基层队称号，2 人被石化集团公司表彰为“三基”先进工作者。扎实开展改善经营管理建议工作，立项 247 个、实施完毕 147 个，效益合计 1.66 亿元。积极推进管理创新，获石化集团公司管理现代化创新成果奖 12 项。合同管理信息系统、制度管理信息系统、ERP 关联交易平台和局会计集中核算系统成功上线运行，信息系统开发应用、网络建设及运维管理取得新成效。机关各部门共梳理制度 188 个，改造印发制度 110 个，推进制度化、规范化管理进程。

（罗兴平 魏凌琛）

【有序推进改革】 2011 年，西南油气田将勘探开发生产划分为勘探、开发、钻井工程、采油气工程和基本建设 5 个专业管理单元，进一步优化调整机关有关部门的设置及其职能职责，构建新的管理运行组织架构；着力健全完善投资计划和生产运行管理的机制、制度，逐步理顺各方面生产关系和经济关系，全面推进了一体化管理；及时组建元坝项目部和川西前线工作部，构建全新的项目管理模式、会战管理模式和相应的运行机制；稳妥完成将北海石油基地服务中心向北海分公司整体移交的工作；调整了管具中心的体制和职能，设立局管具公司，理顺相关管理关系。

（罗兴平 魏凌琛）

【维稳效果明显】 2011 年，西南油气田开展信访稳定突出问题专项集中排查 12 次，排查化解矛盾纠纷 366 个，较好地把问题解决在基层、把矛盾化解在萌芽状态。落实各特殊时段、敏感节点维稳预案，实现年内“零进京”上访。妥善处理职工群众来信 72 件、来访 50 人次，做到有访必接、有问必答，推动信访秩序持续好转。妥善处置突发舆情，针对部分退休人员反映的有关待遇问题，扎实做好政策研究、座谈沟通、调研汇报等工作，维护队伍总体稳定。

（罗兴平 魏凌琛）

【强化社区服务】 2011 年，西南油气田深入开展文明和谐示范小区创建活动，基地管理服务水平进一步提高，6 个文明和谐示范小区顺利通过中国石化总部复查。继续推进社会化职能移交工作，启动“三表”改造，年内已移交 3 597 户。扎实做好离退休管理服务工作，确保养老金、企业补贴按时足额发放，“两项待遇”全面落实，组织开展形式多样的老年文化体育活动，极大地丰富老职工的精神文化生活。

（罗兴平 魏凌琛）

【落实民生工程】 2011 年，西南油气田完成成都地区团购商品房选售工作。部分地区职工住房建设前期工作积极推进，广西田东 612 套经济适用住房项目已获地方政府批复，前期报建及规划工作有序进行。启动在职职工住房分配货币化工作，完成在职职工住房补贴发放 7 130 人、8 987.99 万元。通过完善薪酬分配制度，员工收入得到较大增长。增发离退休人员慰问金人均 600 余元，帮扶困难职工群众 717 人次、111.87 万元，“金秋助学”486 人、126 万元，帮助 442 户困难人员办理低保、领取低保金 100 多万元，组织员工参加地方医疗互助活动，一定程度上减轻患重大疾病参保人员的医疗费用负担。通过加强实事办理，进一步巩固稳定和谐的良好局面。

（罗兴平 魏凌琛）

【扎实开展党建工作】 2011 年，西南油气田深入开展创先争优主题活动和庆祝建党 90 周年活动，切实加强领导班子、干部队伍、人才队伍、党员队伍和党组织自身建设。年内共选拔使用中层干部 37 人，调整交流中层干部 126 人次，选聘首席专家 2 人、专家 43 人、首席技师 3 人、主任技师 14 人。全面落实党风廉政建设责任制，严格执行“三重一大”集体决策等制度，持续推进惩治和预防腐败体系建设，狠抓党风廉政教育、干部廉洁自律、信访举报核查、违规违纪查处和效能监察、业务公开等工作，为生产经营健康发展、促进干部健康成长起到了保驾护航作用。

（罗兴平 魏凌琛）

表 1 **西南油气田主要技术经济指标**[①] 亿元

指标名称 \ 年份	2011	2010	2009	2008	2007	2006
工业总产值						
西南石油局	54.22	40.33	—	22.80	25.80	8.56
西南油气分公司	35.71	31.75	27.49	27.12	25.53	17.92

续表

年份 指标名称	2011	2010	2009	2008	2007	2006
工业增加值						
西南石油局	16.31	13.78	—	5.36	—	2.14
西南油气分公司	20.27	18.02	15.60	—	4.95	7.94
资产总计						
西南石油局	106.44	92.69	27.41	26.36	25.80	22.42
西南油气分公司	220.53	199.24	148.12	128.53	93.44	45.89
流动资产						
西南石油局	48.66	40.52	7.08	6.68	8.22	8.10
西南油气分公司	6.35	31.32	10.33	9.72	7.76	6.19
固定资产原值						
西南石油局	65.00	64.01	22.28	20.59	18.14	17.01
西南油气分公司	196.51	165.53	137.18	110.30	97.43	62.61
固定资产净值						
西南石油局	40.66	41.59	15.26	14.43	12.40	11.76
西南油气分公司	91.46	81.16	65.89	60.49	54.69	38.35
销售收入						
西南石油局	100.50	74.55	23.87	22.04	25.81	15.78
西南油气分公司	35.83	31.78	27.62	27.12	25.53	17.92
实现利税						
西南石油局	10.15	3.17	1.00	—	0.19	1.56
西南油气分公司	-12.33	-14.43	-6.68	-13.68	3.41	4.07
税　金						
西南石油局	9.59	5.07	1.77	—	2.12	1.01
西南油气分公司	3.04	1.41	1.32	-9.14	-0.45	1.05
综合能耗/吨标煤·万元$^{-1}$						
西南石油局	0.41	0.48	0.05	0.05	—	—
西南油气分公司	0.57	0.93	0.80	0.78	—	—

①2006—2009 年数据含原石油工程西南公司。

表 2　　西南石油局主要生产建设指标

年份 指标名称	2011	2010	2009	2008	2007	2006
完成二维地震采集量/千米	8 440.00	4 512.00	5 805.00	3 787.00	2 672.00	2 602.00
完成三维地震采集量/平方千米	2 456.00	2 060.00	2 271.00	1 543.00	2 796.00	6 53.00
完成钻井数/口	371	335	—	—	—	86
完成进尺数/万米	112.00	95.23	—	—	—	26.28

表 3　　西南油气分公司主要生产建设指标

指标名称＼年份	2011	2010	2009	2008	2007	2006
原油产量/万吨	2.07	2.50	2.68	3.01	3.00	0.69
天然气产量/亿立方米	28.01	27.16	29.02	27.05	27.02	22.07
新增原油生产能力/万吨	0.05	1.90	—	0.30	0.05	—
新增天然气生产能力/亿立方米	3.36	2.56	4.74	0.03	4.95	1.05
新增原油地质储量/万吨	—	170.70	221.32	125.27	154.49	—
新增天然气地质储量/亿立方米	2 076.41	1 839.04	1 580.45	1 953.00	1 567.00	1 641.00
勘探开发投资额/亿元	62.82	39.51	35.56	33.72	36.99	14.16

东北石油局暨东北油气分公司

【概况】 中国石化集团东北石油局(简称东北石油局)和中国石油化工股份有限公司东北油气分公司(简称东北油气分公司)是中国石化在东北地区唯一一支从事石油天然气勘探开发研究的主体专业化油公司，有员工 2 094 人，负责实施中国石化东北地区勘探开发一体化战略，加快实现油气资源发展目标。本部机关在吉林省长春市西安大路 4936 号。

东北石油局和东北油气分公司前身成立于 1977 年，2000 年并入中国石化，2008 年 1 月 9 日，中国石化将原东北分公司、东北石油局、勘探北方分公司、华东分公司吉林项目部腰英台油田重组为新的东北石油局暨东北油气分公司。

截至 2011 年底，东北油气分公司辖有油气勘查与采矿区块 44 个，总面积约 11.1 万平方千米，分布在黑龙江省、吉林省、辽宁省和内蒙古自治区。其中，油气勘查区块 36 个，勘查面积约 11.04 万平方千米，采矿区块 8 个，开采面积约 625.52 平方千米。油气总资源量 22.89 亿吨油当量。非常规(页岩气)资源总量为 5.48 万亿立方米。已获得石油探明储量 9 472 万吨，天然气探明储量 758 亿立方米。年油气生产能力达 100 万吨油当量。固定资产总额 50.34 亿元，固定资产净值 25.64 亿元。

东北石油局和东北油气分公司主要技术经济指标和主要生产建指标见表 1 和表 2。

(王少双)

【领导班子调整】 2011 年 12 月 28 日，东北石油局和东北油气分公司召开干部大会，由石化集团公司人事部主任周世良宣读了石化集团公司党组关于东北石油局和东北油气分公司领导班子调整的决定：元涛任东北石油局党委书记、副局长、分公司副总经理；张玉明任党委副书记、纪委书记、工会主席人选；秦都、李江龙任党委委员、分公司副总经理。

(杜娟娟)

【油气勘探获重大突破、发现和进展】 2011 年，东北油气分公司以“松南新区突破”获得石化股份公司油气重大突破一等奖。油气勘探取得“1 个重大突破、2 个重要发现和 5 项重要进展”的勘探成果，提交的三级油气地质储量(当量)合计达到 1 亿吨。

1 个重大突破：松南新区彰武断陷勘探获重大突破，提交石油预测储量超 5 000 万吨。

2 个重要发现：梨树断陷苏家屯次洼油气勘探获得重要发现，苏家屯次洼“满洼含油”基本显现，提交石油控制储量 1 205 万吨；梨树断陷南部天然气勘探获得重要发现，金山地区获得工业气流，拓展了梨树断陷南部勘探领域，提交天然气预测储量 521 亿立方米。

5 项重要进展：梨树断陷七棵树油田整体探明，石油探明储量 1 013 万吨；梨树断陷北坡天然气勘探获新进展，预测天然气资源量超 150 亿立方米；梨树断陷秦家屯深层营城组获工业油流，发现新的含油层系；昌图断陷勘探取得新进展，泉 1 井于下白垩统九佛堂组试获油流，突破昌图断陷油流关；松南新区区域勘探取得新进展，发现大冷、东大坝、彰东和东胜等一批有勘探前景的小断陷。

（杜娟娟）

作业队员在梨树断陷进行地震资料采集

【水平井技术促进油气田高效开发】 2011年，东北油气分公司围绕提高储量动用率与单井产能的目标，地质与工程密切配合，强化水平井技术应用，实现油气田的科学高效开发。油气产能建设全年共部署实施钻井30口，其中水平井11口，成功率100%。七棵树油田部署的水平井采用裸眼分隔预置管柱分段压裂技术，平均井深2 694.5米，平均水平段长488.7米，平均钻井周期47天，纯钻时效提高55%，单井产量达到直井的近4倍。水平井技术的成功应用，为十屋低渗油田的开发动用提供了有效的技术支撑。

（杜娟娟）

【腰英台油田二氧化碳驱油项目顺利投产】 2011年，东北油气分公司积极推进二氧化碳驱油重大先导试验，腰英台腰西区块开展连续注气、气水交替2种方式7个井组试注试验，累计注入二氧化碳3.92万立方米，其中18口油井见效，见效率50%，与水驱相比，累计增油810吨。4月，腰英台油田腰西33区块二氧化碳驱油项目顺利投产。通过二氧化碳驱油重大先导试验的实施，探索了应用精细三维地质模型和数值模拟研究二氧化碳驱油方向、混相程度和推进速度的预测技术，二氧化碳驱地面工程、防腐和防气窜工艺技术，以及二氧化碳注入的管柱结构等，初步建立了低渗透油藏二氧化碳驱开发效果评价方法。

（杜娟娟）

进行二氧化碳压注施工

【地面建设工程取得积极进展】 2011年11月，八屋—四平输气管道工程开工，该管道全线长70.88千米，输气量建设规模为3.5亿米^3/年，实现了管道线路工程当年设计、当年实施的既定目标。伏龙泉气田地面工程共完成25口生产气井的集气、处理、外输工艺流程设计与现场实施，实现了伏龙泉区块当年完钻、当年设计施工的最快速度。经过紧张的设计、采购与施工，七棵树油田产能扩建工程生产系统已经完成中交，运行正常。

（杜娟娟）

【调整完善机构设置】 2011年，东北油气分公司调整完善机构设置，成立概预算中心，全面履行油气勘探开发预结算管理职能，加快了投资项目的安排和结算；成立销售处并根据中国石化总部的要求，成立了东北天然气销售有限公司，使原油、天然气、二氧化碳气的销售业务实现了统一规划、统一管理；调整东北油气分公司油田维修中心，成立东北石油局工程公司，承担油建工程、管道维护、应急抢险等业务，提供专业化服务。局（分公司）保障生产建设机制基本建立。

（杜娟娟）

【编制制度体系】 2011年，东北石油局和东北油气分公司对现行制度进行了分类、补充、修订、规范、健全、完善和创新。按照“决策体系、运行体系、支撑体系、监控体系、保障体系”5个体系框架，对各项规章制度进行划分；重点放在对缺失制度的制定上，共新制定制度办法80余项、40余万字。5次召集部分专家、编制人员、管理人员共60余人次进行讨论、会审、审定，最终编纂完成了254项、90余万字的“五大制度体系”汇编。

（杜娟娟）

【共青团东北石油局第三次代表大会召开】 2011 年 5 月 27 日，共青团东北石油局第三次代表大会在长春市召开。会议总结了二次团代会以来局团委工作，分析了共青团工作面临的新形势，明确了今后一个时期共青团工作的主要任务，确定了“十二五”期间共青团工作“1243”目标。会议选举产生局团委 7 人、团委副书记 1 人。

（杜娟娟）

【开展建党 90 周年系列活动】 2011 年，东北石油局和东北油气分公司成功举办“永远跟党走”大型红歌会，红歌会分为红船起航、革命征途、中华崛起、开创未来 4 个篇章，参演人员 834 人。组织开展“学党史 知党情 石油青年跟党走”党史知识竞赛活动，使青年职工进一步掌握了党的历史、路线方针政策和丰功伟绩。深入 12 个党总支开展“光辉的历程”图片展巡回展出，受到广大党员的一致好评，党员参与人数达 300 多人。“七一”走访慰问老党员、老干部，向他们介绍局和分公司发展形势，听取他们的意见和建议。

（杜娟娟）

青年党史知识竞赛现场

表 1 **东北石油局和东北油气分公司主要技术经济指标** 亿元

指标名称 \ 年份	2011	2010	2009[①]	2008	2007	2006
工业增加值	4. 35	2. 45	0. 95	2. 89	1. 27	1. 47
东北油气分公司	4. 02	2. 45	0. 95	2. 75	1. 14	1. 21
东北石油局	0. 33	—	0. 14	0. 13	0. 26	0. 19
资产总计	50. 34	52. 12	46. 84	47. 33	13. 22	10. 56
东北油气分公司	48. 32	50. 45	45. 17	45. 59	11. 36	9. 37
东北石油局	2. 02	1. 67	1. 67	1. 74	1. 86	1. 19
流动资产	2. 25	7. 10	3. 08	2. 30	1. 93	1. 18
东北油气分公司	1. 41	6. 73	2. 19	1. 43	0. 97	0. 89
东北石油局	0. 84	0. 37	0. 89	0. 87	0. 96	0. 29
固定资产原值	67. 96	61. 43	57. 28	42. 64	17. 80	13. 63
东北油气分公司	66. 92	60. 52	56. 38	41. 60	16. 61	12. 43
东北石油局	1. 04	0. 91	0. 90	1. 04	1. 19	1. 20
固定资产净值	25. 64	23. 96	25. 16	29. 30	10. 29	8. 81
东北油气分公司	25. 11	23. 43	24. 60	28. 65	9. 51	7. 97
东北石油局	0. 53	0. 53	0. 56	0. 65	0. 78	0. 84
销售收入	17. 41	12. 53	8. 70	12. 65	3. 05	3. 65
东北油气分公司	16. 25	12. 27	8. 67	12. 32	2. 84	3. 04
东北石油局	1. 16	0. 26	0. 03	0. 33	0. 21	0. 61
实现利税	－2. 72	－3. 68	－15. 81	－1. 66	－0. 76	0. 50
东北油气分公司	－2. 83	－3. 72	－15. 84	－1. 91	－0. 81	0. 44

续表

指标名称 \ 年份	2011	2010	2009①	2008	2007	2006
东北石油局	0.11	0.04	0.03	0.25	0.05	0.06
税　金	0.24	0.24	0.193	0.31	0.27	0.15
东北油气分公司	0.17	0.24	0.19	0.24	0.24	0.08
东北石油局	0.07	0.004	0.003	0.07	0.03	0.07
综合能耗/吨标煤·万元$^{-1}$	0.62	0.62	0.65	0.49	—	—

①2009 年数据重新调整。

表 2　**东北油气分公司主要生产建设指标**

指标名称 \ 年份	2011	2010	2009	2008	2007	2006
原油产量/万吨	21.01	22.51	24.12	24.72	5.02	4.87
天然气产量/亿立方米	3.81	3.95	2.22	1.40	1.16	1.70
二氧化碳产量/万吨	3.10	3.40	4.25	3.84	3.71	4.76
新增原油生产能力/万吨	2.50	3.50	2.50	9.96	0.78	2.00
新增天然气生产能力/亿立方米	2.35	0.53	2.81	2.26	0.42	0.52
新增探明石油地质储量/万吨	1 013.73	634.55	788.30	1 875.93	674.76	536.00
新增探明天然气地质储量/亿立方米	26.79	42.99	126.85	51.05	—	—
二维地震/千米	3 908.00	1 719.00	2 111.00	1 456.19	—	—
三维地震/平方千米	602.00	213.00	490.00	661.61	196.00	—
石油钻井/口	70	74	103	282	50	57
探　井	27	30	30	32	16	8
开发井	43	44	73	250	34	49
钻井进尺/万米	16.16	17.37	22.27	62.00	9.85	9.40
勘探投资/亿元	9.50	6.27	8.37	8.04	1.77	0.76
开发投资/亿元	4.40	5.05	8.79	18.44	1.38	1.75

华北石油局暨华北分公司

【概况】 中国石化集团华北石油局(简称华北石油局)和中国石油化工股份有限公司华北分公司(简称华北分公司)的前身为地质部第二石油普查勘探指挥部，1997 年并入新星石油公司，2000 年，随新星石油公司并入石化集团公司，2002 年 5 月，根据石化集团公司重组改制总体部署，组建了中国石化新星公司华北石油局和中国石油化工股份有限公司新星华北分公司，2003 年 7 月分别划归石化集团公司、石化股份公司直接管理并更为现名。

华北石油局和华北分公司机关本部位于河南省郑州市陇海西路 199 号。油气生产基地位于陕西省榆林市、内蒙古鄂尔多斯市、宁夏盐池县和甘肃省庆阳市、平凉市。

截至 2011 年底，华北石油局和华北分公司建有 1 套党政领导班子(成员共 8 人)，下设 28 个机关职能处室、14 个二级生产单位。拥有正式职工 4 512 人，劳务用工 5 785 人，离退休人员 2 757 人。

华北石油局主要从事石油工程施工业务，拥有钻井、测井、录井、固井、压裂等油气工程专业施工队伍255支，年钻井施工能力超过100万米，可承担全套油气勘探开发施工任务。工程队伍主要分布在国内的新疆、鄂尔多斯工区，以及四川、东北和国外的哈萨克斯坦、沙特等工区。

华北分公司主要从事油气勘探开发和销售业务。截至2011年底，华北分公司拥有油气勘探开发区块16个，总面积2.85万平方千米。其中，鄂尔多斯盆地13个，合计面积2.79平方千米；二连盆地2个，面积541.32平方千米；巴丹吉林盆地1个，面积102.10平方千米。年末累计拥有石油探明储量7 086.02万吨，三级储量合计4亿吨；累计拥有天然气探明储量4 331.15亿立方米，三级储量合计1.09万亿立方米。

2011年，华北石油局和华北分公司被石化集团公司评为安全生产先进单位、信访稳定工作先进单位，获河南省十佳科技创新企业、河南省安全生产先进单位称号，局团委获中央企业五四红旗团委和河南省五四红旗团委称号。

华北石油局和华北分公司主要技术经济指标和主要生产建设指标见表1和表2。

（张新悦）

【鄂尔多斯致密油气增储上产会战顺利启动】 2011年12月4日，中国石化鄂尔多斯致密油气上产会战启动大会在甘肃省庆阳市召开。石化集团公司董事长、党组书记，石化股份公司董事长傅成玉出席大会并宣布会战启动。该会战是石化集团公司"十二五"油气增储上产五大会战重点之一，承担着石化股份公司"十二五"国内石油生产增量44%和天然气生产增量21.7%的重任。

（林彦兵　张新悦）

鄂尔多斯致密油气上产会战启动大会　（李俊颖　摄）

【油气资源基础进一步夯实】 2011年，华北石油局和华北分公司新增石油探明储量4 312万吨、控制储量4 442万吨、预测储量7 702万吨，分别完成年度计划的431.2%、317.3%和481.4%；新增天然气探明储量299.2亿立方米、控制储量749.3亿立方米、预测储量537.6亿立方米，分别完成年度计划的149.6%、249.8%和179.2%。

（林彦兵）

【油气生产任务全面完成】 2011年，华北分公司生产原油15.36万吨，原油商品量15.14万吨，完成102.5%，原油商品率98.5%。生产天然气23.33亿立方米，天然气商品量22.7亿立方米，完成101.7%，天然气商品率97.3%。新建原油产能10.61万吨，新建天然气产能4.75亿立方米，产能建设达标率分别为101.8%和100.2%。

（林彦兵）

【石油工程工作量超额完成】 2011年，华北石油局完成二维地震2 127千米、三维地震1 558平方千米，分别完成年度计划的212.7%和311.6%；钻井266口，进尺76.5万米，完成年度计划的125.4%；完成井下作业工作量1 630层次；完成测井进尺5 253万标准米、录井进尺173万米，分别完成年度计划的119.4%和150.4%。石油工程板块实现收入38.32亿元，完成年度计划的159.66%。

（林彦兵）

【油气勘探取得丰硕成果】 2011年，油气勘探主攻新区战略突破，强化老区精细勘探，突出后备资源接替，统筹规划，科学部署，取得"4项重大突破、5项重要进展"。

4项重大突破：①镇泾区块落实亿吨级储量含油富集区。落实红河42—红河55井区长9油藏探明储量3 313万吨，新增红河267—红河31A井区长9油藏有利区面积60平方千米，圈闭资源量2 100万吨。基本落实长8油藏有利区面积595平方千米，圈闭资源量达1.76亿吨，提交红河73井区长8油藏控制储量4 442万吨。控制中原目标区长6油藏含油富集面积约360平方千米，圈闭资源量4 800万吨。②彬长区块发现亿吨级储量目标区。提交泾河9井区长81油藏预测储量7 702万吨，初步控制泾河8—泾河11井区长82油藏含油富集面积约590平方千米，圈闭资源量达1.18亿吨。③塔巴庙区块挖潜增储进展顺利。完成测试的6口探井有5口井达到工业气流标准，提交探明储量241.5亿立方米，开辟了新的有利建产区。④杭锦旗区块明确了新召、十里加汗、什股壕3个千亿立方米规模储量有利勘探目标区。

5项重要进展：①旬邑—宜君区块浅层石油勘探

取得重要进展。渭北2井、渭北7井在长3油层分别试获2.6米^3/日和1.5米^3/日的工业油流，展示了区块良好的勘探开发前景。②麻黄山区块延长组石油勘探取得重要进展。宁东38井在长8油层试获1.6米^3/日的工业油流，宁东42井、宁东48井在长9油层分别试获1.7米^3/日和2.6米^3/日的工业油流，有望实现延长组增储上产新突破。③富县区块中生界石油、古生界天然气勘探取得重要进展。初步落实中富13井区长62油藏富集面积约560平方千米，储量规模达1.12亿吨，控制中富17—中富19井区长7油藏含油面积79平方千米、圈闭资源量2 856万吨。提交新富3井区盒1天然气预测储量537.6亿立方米，控制新富5、新富6井有利区面积705平方千米，圈闭资源量350亿立方米。④定北区块天然气勘探取得重要进展。定北11井钻井揭示该区发育5套主力气层，证实区块具有多层叠合、整体含气的特征，探区探明储量规模可达1 150亿立方米。⑤矿权管理、区块登记和后备资源储备取得重要进展。对镇泾、麻黄山合作区块依法实施管理，区块回收工作取得重要进展。取得了红河油田948.5平方千米的油气采矿权，为会战提供了便利条件。取得了渭河盆地蓝田区块2 930平方千米的油气勘查权，南华北和山西沁水盆地2.69万平方千米探矿区块申报工作进展顺利，为企业可持续发展奠定了基础。

（林彦兵）

【油气藏开发评价成果显著】 2011年，华北分公司评价落实红河油田长8油藏可动用储量1 605万吨、长9油藏可动用储量1 780万吨，优选出红河37井区和红河42—红河55井区2个建产主力阵地。大牛地气田完钻的10口开发准备直井平均单井钻遇气层23.8米，平均单井配产0.7万米^3/日；完成测试的2口开发准备水平井平均单井无阻流量15.15万米^3/日，平均单井配产4.5万米^3/日。评价出大8井区、大10井区两个天然气产能建设会战目标区，可动用面积445平方千米，可动用地质储量804亿立方米。

（林彦兵）

【石油工程施工提速提效明显】 2011年，华北石油局强化石油工程先导项目攻关，推动了各项新工艺、新技术的推广应用，促进了提速提效，服务了油气增储上产。立项实施了“巴麦地区钻井提速提效”、“GPU/CPU协同地震采集处理监控系统先导试验”等11项石油工程先导试验项目和局控科研项目，全年共刷新和创造56项油田级、石化集团公司级和国家级石油工程新纪录。其中，西部工程公司90105HB钻井队施工的元坝121H井创世界陆上水平井钻井垂深最深纪录，井下作业公司202压裂队施工的DP30H井创中国石化水平井单层加砂量最大、分段最多2项纪录，五普钻井公司50175HB钻井队施工的DP31H井创塔巴庙工区水平位移最长新纪录，三普石油工程公司50841HB钻井队施工的D12－52井创大牛地气田大12井区钻井日进尺最多、周期最短和全井平均机械钻速最快3项纪录。

（林彦兵）

【节能减排指标圆满完成】 2011年，华北石油局万元产值综合能耗0.43吨标煤，控制在年度指标之内。分公司万元产值综合能耗0.32吨标煤，油气单位综合能耗48.79千克标煤/吨，油气单位综合电耗15.06（千瓦·时）/吨，分别较年度指标降低1.59%、1.73%和5.62%。

（林彦兵）

【进一步完善干部管理制度】 2011年，华北石油局和华北分公司初步形成处、科两级干部选、育、管、用一体化的制度体系，制定《基层领导干部选拔任用和监督检查办法》。注重加速培养锻炼干部，组织了11个副处级干部岗位的公开竞聘；组织3批次为期25天的处级干部、中青年干部和基层干部脱产系统化培训，170余名各级干部参加了培训；安排了2批次50名后备干部和青年人才挂职锻炼。调整交流处级干部29人，为前线指挥部（项目部）、工程监督中心、第一采气厂、镇泾采油厂等产能建设和生产运行重点单位配齐配强了领导班子。

（张新悦）

【民生工程扎实推进】 2011年，按照“共建共享、和谐发展”的思路，华北石油局结合石化集团公司创建文明社区的要求，加大对社区改造和建设的投入。郑州基地“锦绣华北”小区达到入住条件，提前实现冬季供暖目标；职工公寓、食堂投入使用。新乡基地排污改造顺利完成；建设保障性住房申请已获批复。须水、榆次、咸阳等主要社区实施硬化、绿化、亮化工程，人居环境得到较大改善；前线生产生活基地建设项目全面启动。对2 647名协解（含大集体协解）人员进行了健康体检；完成五七工、家属工基本养老保险参保工作；考试选拔安排了105名就业困难的职工子女作为劳务工到一线岗位工作。

（张新悦）

表 1　　华北石油局和华北分公司主要技术经济指标　　亿元

指标名称 \ 年份	2011	2010	2009	2008	2007	2006
工业总产值	66.82	52.11	41.31	32.88	29.85	23.21
华北石油局	32.54	22.81	18.86	18.27	14.73	13.43
华北分公司	34.28	29.30	22.45	14.61	15.12	9.78
工业增加值	33.11	28.98	24.24	19.54	17.44	12.80
华北石油局	10.76	8.32	7.22	7.68	7.09	5.82
华北分公司	22.35	20.66	17.02	11.86	10.35	6.98
资产总计	158.56	125.19	110.46	110.79	93.06	67.44
华北石油局	36.45	28.82	27.41	26.30	17.93	15.45
华北分公司	122.11	96.37	83.05	84.49	75.13	51.99
流动资产	18.59	15.62	12.41	38.26	12.68	11.70
华北石油局	12.95	7.55	9.35	10.61	10.23	8.53
华北分公司	5.64	8.07	3.06	27.65	2.45	3.17
固定资产原值	184.38	152.89	130.59	23.94	97.18	66.09
华北石油局	29.82	27.50	24.07	20.40	13.75	12.06
华北分公司	154.56	125.39	106.52	3.54	83.43	54.03
固定资产净值	108.63	92.92	84.81	16.41	78.64	54.13
华北石油局	18.61	16.96	15.84	13.67	6.51	5.96
华北分公司	90.02	75.96	68.97	2.74	72.13	48.17
销售收入	84.72	63.50	52.06	48.51	36.25	29.21
华北石油局	40.70	28.44	24.07	21.68	18.74	17.47
华北分公司	44.02	35.06	27.99	26.83	17.51	11.74
实现利税	14.31	9.04	4.49	13.26	6.87	5.88
华北石油局	4.18	2.30	2.12	3.29	1.39	1.13
华北分公司	10.13	6.74	2.37	9.97	5.48	4.75
税　金	7.90	4.26	2.86	2.22	4.86	1.47
华北石油局	3.67	1.65	1.85	1.42	2.12	1.67
华北分公司	4.23	2.61	1.01	0.80	2.74	-0.20
综合能耗/吨标煤·万元$^{-1}$	0.37	0.49	0.48	0.48	—	—
华北石油局	0.43	0.47	0.48	0.48	—	—
华北分公司	0.32	0.50	0.48	0.47	—	—

表 2　　华北石油局和华北分公司主要生产建设指标

指标名称＼年份	2011	2010	2009	2008	2007	2006
油气产量/万吨	248.65	236.14	203.80	203.06	156.53	115.50
新增油气生产能力/万吨	46.84	43.60	125.00	21.96	43.20	48.80
新增油气探明地质储量/万吨	7 304.00	3 887.00	2 784.83	2 529.20	2 161.70	1 625.38
三维地震/平方千米	1 558.00	102.99	240.00	—	—	590.98
二维地震/剖面千米	2 127.00	2 325.30	560.30	750	523.15	1 258.55
油气钻井/口	399	245	223	149	218	206
探　井	161	75	72	18	23	20
开发井	238	170	151	131	195	186
钻井进尺/万米	76.50	68.39	17.82	38.47	60.32	55.94
勘探投资/亿元	11.41	7.02	6.25	2.61	2.91	2.29
开发投资/亿元	33.93	16.36	11.04	12.46	21.73	20.47

华东石油局暨华东分公司

【概况】 中国石化集团华东石油局(简称华东石油局)和中国石油化工股份有限公司华东分公司(简称华东分公司)是中国石化常规与非常规油气勘探开发的专业队伍，本部位于南京市建邺区江东中路315号中泰国际广场6号楼。华东石油局前身是江苏省石油勘探指挥所，成立于1970年5月6日，1997年1月归入中国新星石油公司，2000年4月随新星石油公司整体并入石化集团公司。2003年5月，华东石油局和华东分公司调整为石化集团公司直接管理。

截至2011年底，华东石油局和华东分公司共设有职能部门和党群工作部门27个，下属生产科研单位15个(其中华东石油局11个，华东分公司4个)；用工总量8 546人，其中在职职工3 333人(华东石油局2 040人，华东分公司1 293人)、劳务工5 165人(华东石油局4 116人，华东分公司1 049人)，具有各类高级专业职称的有386人，中级专业职称的有584人，累计27人享受政府特殊津贴。

截至2011年底，华东分公司在苏北和下扬子拥有油气勘探区块15个，总探矿权面积为2.27万平方千米。其中，苏北油气勘查面积为1 336.27平方千米，下扬子中古生界油气勘查面积为2.14万平方千米。石油矿产开发权区块6个，面积约354.97平方千米。华东分公司在山西、陕西、河南、安徽、宁夏、内蒙古、贵州等地拥有非常规勘探区块47个，其中煤层气勘探区块24个，区块总面积7.51万平方千米，含煤面积3.97万平方千米，煤层气资源量4.83万亿立方米。页岩气勘探区块23个，区块面积11.23万平方米，预测页岩气地质资源量6.98万亿立方米。

华东石油局和华东分公司主要技术经济指标和主要生产建设指标见表1和表2。

(廖志英)

【领导班子调整】 2011年12月19日，华东石油局和华东分公司召开干部大会，由石化集团公司党组成员、股份公司高级副总裁王志刚和石化集团公司人事部副主任谭克非宣布石化集团公司党组、石化集团公司和股份公司人事任职决定：周松任华东石油局党委书记、副局长(兼)，分公司副总经理；吴聿元任中共华东石油局委员会委员、分公司副总经理。

(廖志英)

【生产经营收入创历史新高】 2011年，华东石油局和华东分公司实现生产经营收入41.13亿元，其中华东石油局实现收入28.21亿元，同比增长15.9%，利润9 684万元，石油工程板块收入23.97亿元，工程专业队伍全面实现赢利；华东分公司实现收入12.92亿元，同比增长25.9%，比计划减少亏损2 564万元。

(廖志英)

【探矿权区块进一步拓展】 2011 年，华东石油局和华东分公司主动参与国土资源部探矿权招标活动，开展新矿权申报登记；充分利用前期勘探成果开展选区评价，针对区块资源勘探前景，对矿权矿种和矿权区块提出变更建议。年内，通过国土资源部招标获得南川页岩气探矿权和南黄海海安东常规探矿权，面积分别为 2 197.94 平方千米和 3 868.57 平方千米。通过矿权变更，扩大了黄平区块的探矿权，增加面积 2 211 平方千米；接受了合肥、长兴区块探矿权，面积为 655.9 平方千米。优选出南昌、郑州、开封 3 个页岩气有利区块进行矿权登记，面积为 2.04 万平方千米。

（廖志英）

【煤层气勘探开发实现一体化转变】 2011 年，华东分公司在延川南、织金、和顺重点区块，针对区块构造特征和煤层气成藏条件，密切生产跟踪，深化储层地质特征的认识，并根据区块探井评价、地质特征在各区块开展针对性勘探开发。延川南区块全年完成 66 口参数井和排采井，其中 39 口井见气，11 口井日产气大于 1 000 立方米，提交地质储量 107 亿立方米，探明含气面积 142 平方千米，表明延川南区块具备产能建设条件。和顺区块甩开勘探，其中和 6 井采用优化射孔、压裂、排采与工程工艺技术，日产气 1 500 立方米。织金区块针对煤层层数多、累计厚度大的特点，探索提高单井产量的工程工艺，在织 1 井、织 2 井展开多层分压合采试验，两口井均解释出气，其中织 2 井单井日产量达 529 立方米，且显现稳定增长趋势，表明多煤层排采降压能够实现。

（朱杰平　廖志英）

延川南施工现场技术人员动态监测排采井生产状况　（邱江良　摄）

【页岩气勘探取得成果】 2011 年，华东分公司依据建立的评价体系和选区标准，并通过地层岩性、电性、地化、物性等剖面的建立与解剖，指出南方海相页岩气的有利勘探层系，在黔南、川东南、湘中 3 个不同类型页岩层系，分别部署页岩气参数井并均见到较好显示。其中，川东南彭页 1 井解释页岩气层 4 层 88 米，湘中湘页 1 井解释页岩气层 6 层 107 米，黔东南黄页 1 井解释页岩气 6 层 112 米，表明有利目标区块良好的含气性和勘探前景。鉴于中国南方页岩气成藏机理复杂，为加强资源评价和选区研究，华东分公司分别与世界知名石油公司在宣城—桐庐北部区块开展联合勘探开发并签署联合研究协议，在钻井、页岩气勘探和开发技术等方面开展一系列合作。

（朱杰平　廖志英）

【油气储量和产量持续增长】 2011 年，华东分公司首次代表中国石化提交煤层气储量 100 亿立方米。新增三级石油储量 1 969.99 万吨，其中新增石油探明储量 609.86 万吨，同比增长 34%，提交石油控制储量 536.67 万吨，新增石油预测储量 823.46 万吨，储量替代率 100%；完成原油产量 18.01 万吨，新建原油产能 5.05 万吨，落实可动用储量 609.86 万吨。全年开发成本、储量替代率、产能达标率等 8 项指标均好于往年。

（廖志英）

【常规油气勘探获新成果】 2011 年，在下扬子探区，华东分公司通过目标评价、加密测网、落实靶点等措施，开展老井复查和复试工作，在容 2 井获稳定工业油流，证实该区具有油藏埋藏浅、含油层位多、油值好等特点，落实句容构造面积 11.35 平方千米。在黄桥地区，通过三维地震攻关，建立了下扬子上古生界晚期成藏评价体系，优选的华泰 3 井在龙潭组经致密砂岩测试，压后日产油稳定在 1.2 吨，实现下扬子第 1 口油井的突破。在苏北老区海安张家垛，依靠精细储层预测、构造解释，部署的张 3 井获 4.76 毫米油嘴放喷日产量 23.8 吨。在海安曲塘 1 井，首次成功钻探岩性圈闭目标，获得岩性油气藏勘探和成藏主控因素认识，提升了隐蔽圈闭描述和评价技术水平。溱潼凹陷通过构造精细解释和储层预测，在帅垛、俞垛、华庄共部署实施了探井和评价井 11 口，均获工业油气，并实现了帅垛—俞垛—华庄油田的连片。全年共发现三级圈闭 21 个、四级圈闭 59 个、层圈闭 74 个，新发现圈闭叠加面积 133.67 平方千米，圈闭资源量 6 447.21 万吨。

（余文端　廖志英）

【U 型水平井穿针对接一次成功】 延平 1 井是中国石化第 1 口煤层气水平连通井组，于 2011 年 7 月 2

日开钻，8月5日完钻，井深1 732米。华东分公司应用煤层气水平井轨迹控制技术和精确连通技术，通过双向伽马电磁波随钻测量仪和强磁导向仪进行轨迹控制和连通，将延平1井与距其914米的延平1V井进行穿针对接，并一次性对接成功。该技术是煤层气特殊工艺井的核心技术，由华东分公司自主设计和施工。

（廖志英）

【开展二氧化碳驱油与封存关键技术研究】 该项目是国家"863"计划重点攻关课题。2011年，华东石油局联合南化集团研究院开展了含二氧化碳天然气的高效低耗分离与提纯、二氧化碳气体回收工艺技术研究，在松南气田通过改进工艺流程，采用化学溶剂吸收法(MDEA)工艺脱碳，研发了吸收与再生性能良好的吸收液新配方，并申报了"从气体混合物中部分脱除二氧化碳的方法"和"从气体混合物中深度脱除二氧化碳的方法"2项发明专利。在草舍油田研发并形成具有自主知识产权的"油田驱油穿透气中二氧化碳精馏与低温提馏耦合分离回收新技术"。对二氧化碳驱油过程中地层压力、温度以及储盖层中的矿物组成、储层原油性质对二氧化碳的吸附、沉积等影响因素进行了研究，得出在地层温压条件下，储层对二氧化碳的吸附量较少的认识。

（刘 伟 廖志英）

【技术进步和产品开发取得成效】 2011年，华东石油局着力以技术进步解决生产实践中存在的难题，在非常规资源勘探和常规油气勘探开发方面形成页岩气选区评价方法、煤层气分析测试技术和物探、钻井、压裂、排采工程工艺技术系列，常规油气精细地震勘探技术和复杂断块、构造—岩性油藏立体勘探技术。通过应用特色技术，建立了中国南方页岩气选区评价体系及评价标准，提高了非常规资源勘探精度；查明黄桥地区4个构造高带、6个Ⅰ类圈闭，发现俞垛油田，扩大了张家垛油田。年内，华东石油局和华东分公司申请专利10项，其中发明专利3项、实用新型专利7项。"变扭矩石油钻井液压大钳"和"煤层气井测试装置用井下开关井阀"获国家实用新型专利授权。

（刘 伟 廖志英）

【节能达标工作取得实效】 2011年，华东石油局和华东分公司节能达标工作推行全员目标成本管理、成本控制，优化调整生产运行方案，加强系统效率监测，实现源头节能。采用太阳能复合空气源加热工艺优化集输系统；应用能耗最低设计软件优化机采系统；对油井管柱和集输管线安装变频电磁防蜡降黏装置；对部分油田区块集输、注水、供电实行优化并网运行，减少临时拉油点和供电点；选用可以利用排采天然气作为燃料的发电设备，避免能源放空燃烧；实行钻机提速提效，更新高耗能设备，用乳化蜡替代原油润滑等。通过一系列措施，年内，华东石油局实现工业万元产值综合能耗0.43吨标煤，比年度指标降低1.82%，实现节能量1 200吨标煤，华东分公司工业万元产值综合能耗0.42吨标煤，较年度指标降低3.25%，节能工作取得实效。

（廖志英 李海燕）

技术人员调试油井变频电磁防蜡降黏装置

（程旺林 摄）

【加强队伍建设】 为进一步加强经营管理、专业技术、技能操作三支人才队伍建设，2011年，华东石油局和华东分公司出台了《华东石油局、华东分公司人才成长通道建设方案》，并提交四届二次职代会联席会议和四届三次职代会审议获通过。该方案规划了人才成长通道建设目标，明确了基本原则，规范了3个职位序列体系的构建及运行管理，同时对人员结构优化的动态机制、考核评价体系、员工培训、薪酬分配制度提出保障措施，以促进建立完善的职位序列，科学的人才培养、选拔和使用机制，确保方案的有效运行。年内，华东石油局和华东分公司评选了3名首席专家和10名技术专家，完成了8个主体工种1 033名员工的职业技能等级鉴定，为65名优秀劳务工转变了用工方式，举办各类培训班52期，6 061人次参加了培训。

（廖志英）

【发布执行2011版内控实施细则】 2011年7月1日，华东石油局和华东分公司发布执行2011版内控实施细则。该细则对47个适用业务流程和1 238个控制节点均明确了责任部门和责任岗位，不仅为季度测试、检查和考核提供了依据，还为实现内控工作上下互动、左右联动、主体自动奠定了基础。为强化内控主体的执行力，10 月 20—21 日，华东石油局和华东分公司在在南京举办领导干部内控培训班，各单位党政主要领导、分管负责人、内控办主任和机关各部门负责人等参加了培训。

（廖志英）

【发行《油气藏评价与开发》刊物】 2011 年 4 月 29 日，《油气藏评价与开发》首刊发行。该刊物是经国家新闻出版总署批准，在国内外公开发行的双月刊物，由华东石油局主办，设有《油气地质》、《油气藏评价》、《石油工程》、《非常规油气》、《综合信息》5 个栏目，具有英文目录和摘要，旨在为加强国内外能源界的学术联系、推动国内外油田开发技术交流搭建平台。

（廖志英）

【建党 90 周年系列庆祝活动丰富多彩】 2011 年是建党 90 周年，华东石油局、华东分公司广泛开展学党史、唱红歌、游圣地等系列庆祝活动。6 月 19 日，华东石油局党委在扬州电视台举办了《永远跟党走》经典红歌大型情景电视演唱会并进行了网络实况直播，演唱会主创、策划和演员达 360 余人，近 400 人现场观看了演出。11 月 10 日，该节目在纪念中国共产党建立 90 周年——全国优秀电视文艺节目推选研讨暨表彰活动中，获全国优秀电视文艺晚会好作品奖。

（廖志英）

表 1　　华东石油局和华东分公司主要技术经济指标　　亿元

指标名称 \ 年份	2011	2010	2009	2008	2007	2006
工业总产值	23.26	16.88	13.71	15.72	17.44	15.15
华东石油局	14.81	11.63	10.45	9.85	8.15	7.44
华东分公司	8.45	5.25	3.26	5.87	9.29	7.71
企业增加值	3.52	-1.45	5.23	9.24	10.17	6.92
华东石油局	10.53	6.83	6.31	6.33	4.54	3.23
华东分公司	-7.01	-8.28	-1.08	2.91	5.63	3.69
资产总计	57.89	50.90	34.84	34.57	41.16	30.76
华东石油局	26.41	22.45	19.54	18.37	14.29	12.90
华东分公司	31.48	28.45	15.30	16.20	26.87	17.86
流动资产	18.91	18.23	8.55	13.73	9.78	8.38
华东石油局	12.52	8.79	7.63	10.81	8.17	6.90
华东分公司	6.39	9.44	0.92	2.92	1.61	1.48
固定资产原值	55.10	48.20	40.69	32.99	44.00	30.77
华东石油局	17.25	16.05	13.52	9.34	8.42	7.94
华东分公司	37.85	32.15	27.17	23.65	35.58	22.83
固定资产净值	27.64	24.25	19.19	17.27	28.74	19.49
华东石油局	11.79	11.79	9.58	6.09	5.30	5.13

续表

年份 指标名称	2011	2010	2009	2008	2007	2006
华东分公司	15.85	12.46	9.61	11.18	23.44	14.36
销售收入	41.13	34.62	21.38	38.31	24.10	23.01
华东石油局	28.21	24.35	18.12	17.54	14.77	13.57
华东分公司	12.92	10.27	8.16	20.77	9.33	9.44
实现利税	-2.26	-4.91	-2.18	2.83	4.38	2.60
华东石油局	3.40	1.90	1.89	2.23	1.72	0.87
华东分公司	-5.66	-6.81	-4.07	0.60	2.66	1.73
税　金	4.53	1.77	1.81	3.59	3.22	1.56
华东石油局	3.04	1.44	1.24	1.51	1.43	0.75
华东分公司	1.49	0.33	0.57	2.08	1.79	0.81
综合能耗①/吨标煤·万元$^{-1}$	0.85	0.78	1.12	1.05	0.37	0.40
华东石油局	0.43	0.47	0.48	0.48	—	—
华东分公司	0.42	0.31	0.64	0.57	0.37	0.40

①2006—2010 年综合能耗按 2005 年不变价计算，2011 年综合能耗按 2010 年不变价计算。

表 2　　　　华东石油局和华东分公司主要生产建设指标

年份 指标名称	2011	2010	2009	2008	2007	2006
原油产量/万吨	18.01	15.01	13.02	13.00	25.51	21.09
新增原油生产能力/万吨	5.05	6.03	4.06	3.07	11.41	13.30
新增探明石油地质储量/万吨	609.86	454.93	333.00	102.28	624.38	774.20
二维地震/千米	3 565.95	2 235.70	210.00	70.00	—	—
三维地震/平方千米	283.30	205.50	219.00	153.00	229.00	153.00
石油钻井/口	145	114	74	47	190	162
探　井	100	57	38	18	19	20
开发井	45	57	36	29	171	142
钻井进尺/万米	29.78	23.39	16.27	18.25	44.03	40.31
勘探投资/亿元	10.95	8.01	3.91	3.00	1.89	1.73
开发投资/亿元	4.50	4.83	3.17	2.34	9.18	7.20

天然气分公司

【概况】 中国石油化工股份有限公司天然气分公司(简称天然气分公司)成立于2005年6月6日，是石化股份公司负责天然气工程建设、营运和天然气销售的专业化公司，是独立核算的经济实体和利润中心。2009年7月21日，石化股份公司设立天然气有限责任公司，与天然气分公司实行“一个机构、两块牌子”。

天然气分公司暨天然气有限责任公司的主要职责为：负责中国石化天然气长输管道、LNG接收站、CNG加气母站、储气库等的建设和运行管理；负责中国石化天然气市场开发和天然气销售；负责中国石化天然气业务合资合作，建设和运营省级管网、地市级管网，以及拓展终端销售业务；负责管理区域性公司和合资公司。2011年3月10日，为进一步落实天然气大发展战略，石化股份有限公司赋予天然气分公司中国石化天然气经营管理职能，加强对油气田企业销售业务的管理与指导，统筹运销管理，统筹市场发展，促进天然气经营效益最大化。

截至2011年底，天然气分公司拥有直属单位6个、合(独)资公司12个、工程项目经理部7个，天然气管道4 546千米，用工总量2 840人，年供气规模82.5亿立方米，市场覆盖范围15个省(市)。

(杨延平)

【市场经营成效显著】 2011年，天然气分公司深入研究天然气市场，完善市场战略和经营策略，积极应对市场竞争，努力抢占高端市场、高端用户和重点区域市场，市场得到了巩固和发展；妥善处置突发事件，强化用户需求侧管理，优化用户结构，优化资源流向，保证了重点区域天然气市场供应。川气东送管道沿线用户增至26家，销售天然气量从2010年的37.6亿立方米增至56.5亿立方米；榆济输气管道沿线用户增至55家，销售天然气量从2010年的13.6亿立方米增至20亿立方米。继续拓展二级市场，完成了浙江天然气开发有限公司股权收购、广西管网合资公司注册及LNG接收站合资合同谈判，签订了天津LNG项目合资合作框架协议，与安徽、四川等省合资合作达成了初步意见。积极进入终端市场，山东拥有终端合资公司12家，江西燃气公司进入下游城市12个；签订了青岛天然气综合利用项目合资协议；与安阳、青岛等地方的电力企业签订了开展分布式能源项目框架协议。加强对合资企业业务指导与监督，对外投资效益开始显现，江苏、浙江、山东的合资公司投资收益逐年增加，江西合资公司实现盈亏平衡，广东合资公司开始运营。配合中国石化总部开展LNG采购工作，与澳大利亚APLNG公司签署了760万吨/年的LNG采购合同。

(杨延平)

【安全生产管理进一步强化】 2011年，天然气分公司以安全、平稳、高效运行为目标，完善安全生产制度，理清工作流程，健全70个重要岗位的HSE职责，进一步推进生产体系的系统化、规范化、标准化、科学化建设；深入开展“我要安全”、查找身边“十大薄弱环节”等活动，推行“特殊时间”、“特殊作业”期间领导带班、干部值班制度，实现了安全生产。精心组织生产运行管理，加强生产动态监控和分析，为管道安全平稳运行提供了依据；投运武汉调控中心，完善济南调控中心，积极推进集中调控目标的实现；加大设备检维修工作的执行力度，及时整改存在的问题，确保了生产设备设施运行正常；加强生产组织与协调，合理统筹资源、管网、用户三者的综合平衡，成功应对了普光气田批处理作业、下游用户紧急停车等突发事件；稳妥实施川气东送和榆济输气管道清管作业，提高了管道输送效率，积累了大口径、高压力管道不停输状态下清管作业的经验。健全计量管理体系，输差得到有效控制。持续抓好管道保护工作，完善三级巡护体系，全面管控第三方施工，实现了管道“无新增占压、负增长”的目标；全面启动管道检测与修复，积极做好管道完整性技术准备；加强灾害防治和风险治理，降低了管道风险；组织开展火灾、管道泄漏等应急演练30余次，锻炼了维修队伍，提高了员工实际操作水平。

(杨延平)

【重点工程项目顺利推进】 2011年，天然气分公司认真落实工程统筹控制计划，努力推进重点项目建设，各项工作取得了积极进展。川气东送管道开展了压缩机安装、场站新扩建、工程结算等收尾工作；榆济输气管道完成了工程水工、伴行路、部分场站建设，开展了竣工专项验收；武汉石化供气管道工程已焊接24千米；新疆煤制天然气管道工程开展了前期工作，完成了公司注册。山东LNG项目完成了基础设计，详细设计已提交了部分图纸；码头与陆域形成、接收站和LNG储罐工程正在施工，开展了部分长周期关键设备采购。广西LNG项目完成了可研报告，申请报告已上报国家发改委。天津LNG项目正在进行前期评价和选址协调工作。文96储气库新井钻井已完成，老井封修井完成68.25%，线路、站场工程正在施工。金坛储气库已获水利部、环境保护部批复，正在开展先导性试验准备。齐河、聊城、安阳、扬子CNG加气母站建设正在抓紧推进。武汉大流量计量站工程完成初步设计与施工图设计招标，移动式天然气计量标准装置车辆完成了清关工作。

（杨延平）

【企业管理不断深化】 2011年，天然气分公司结合中国石化总部制度标准化工作要求，对公司168项管理制度进行了梳理和完善。强化投资计划管理，深入现场勘查，优化设计方案，加大内部审查力度，切实将投资控制在计划之内。强化全员成本管理，完善预算分析和经济活动分析，提高了预算符合率；大力加强筹融资管理和货币资金集中管控，提高了资金效益。强化对外合作管理，拟定了工作流程，明确了工作程序、派驻管理人员职责，增强了对外投资风险管控能力。持续推进框架协议采购、网上采购，加大协调和过程控制力度，确保了物资安全、及时、经济供应。切实做好信息项目建设，提升了信息化应用水平；开展了5个部级科研项目和12个公司级科研项目的立项实施工作。实施规范外协单位（队伍）管理等效能监察项目5个，开展了项目在建跟踪、内部控制执行、经济责任等审计项目10个，促进了工程建设和经营管理活动的规范操作、阳光操作。

（杨延平）

【员工队伍建设成绩突出】 2011年，天然气分公司引进各类专业技术人才39人，系统内借调50余人，到石油大学或专科院校选拔招聘技能操作人员500人，保证了生产经营和重点项目的顺利开展。突出抓好三支人才队伍培养工作，全年共有493人次参加工程项目管理、安全技能、天然气技术、中青年领军后备人才、国际化人才等培训班。制定了人才通道建设实施方案，健全完善技能操作人员激励竞争机制。按照中国石化总部要求，开展了薪酬分配制度改革，统一了薪酬标准，提高了员工收入。完成了职工住房货币化分配工作，正在实施易地调动职工住房补贴工作。

（杨延平）

【党建思想政治工作得到加强】 2011年，天然气分公司将"为民服务创先争优"与"四强四优"活动紧密结合，及时调整基层党组织，加强合资公司党组织建设，加强流动党员管理，开展党员民主评议活动。各单位根据各自特点，坚持服务基层、服务员工、服务客户，取得了初步成果。强化督导、树立精品意识的经验和做法，得到石化集团公司活动领导小组办公室的肯定。认真贯彻领导班子和领导人员管理暂行规定等制度，以创建"四好"班子为目标，加强思想政治建设，强化理论学习，增强党性修养，坚定理想信念，两级班子思想政治素质进一步提高。着眼于业务发展和队伍建设的需要，切实抓好干部培训工作，不断提高干部队伍的整体素质和能力。严格遵循干部选拔任用的标准和条件，不断提高选人用人的满意度和公信度。

（杨延平）

【企业凝聚力进一步增强】 2011年，天然气分公司进一步完善职工代表大会制度，认真落实职代会的各项职权；及时调整完善工会组织，保障职工民主权利。以强化"三基"工作为目标，加快标准化站场建设，健全帮扶救困制度，在全公司范围内对困难员工情况进行摸底调查，建立困难员工台账，及时开展"送温暖"活动。紧紧围绕中心工作，深入开展合理化建议征集、技术革新等群众性技术创新活动，为企业增收创效。以创建星级站、"比学赶帮超"为重点，开展"创四星、争五星"、"流动红旗到我站"、"销售明星"评比等劳动竞赛活动。组织召开了庆祝中国共产党成立90周年大会及系列活动，举办了公司首届篮球、羽毛球比赛和青工外语风采大赛，参加了直属工会职工羽毛球比赛等。

（杨延平）

勘探南方分公司

【概况】 中国石油化工股份有限公司勘探南方分公司（简称勘探南方分公司）的前身成立于2002年4月。2007年3月重组成立勘探南方分公司，是中国石化直属单位，业务上归口石化股份公司油田勘探开发事业部管理。勘探南方分公司是中国石化专业化的油气勘探公司，肩负着中国石化"加快南方"资源战略重任，全面负责中国石化南方新区风险勘探。

截至2011年底，勘探南分公司拥有正式职工446人，其中管理和专业人员436人，具有中高级职称275人，党员286人。机关设置勘探处、物探技术处、井筒技术处、安全环保处等11个职能处室，设置环境保护管理中心、信息中心等4个机关附属机构，下设勘探研究院、外围工作部、区域勘探项目管理部、页岩气勘探项目管理部、物资供应中心5个二级单位和元坝工作部、通南巴工作部、川东南工作部3个派出机构。

截至2011年底，勘探南方分公司管理勘查区块41个，面积17.68万平方千米，总资源量8.6万亿立方米。2011年，勘探南方分公司新增天然气探明地质储量1 757.90亿立方米、新增天然气控制地质储量1 371.82亿立方米、新增天然气预测地质储量1 336.73亿立方米，三级储量合计4 466.45亿立方米。

勘探南方分公司主要经济指标和主要生产建设指标见表1和表2。

（侯玉梅）

【发现国内埋藏最深的大气田】 2011年9月16日，中国石化正式对外宣布发现元坝气田。经国土资源部油气储量办公室专家组审定，勘探南方分公司发现的元坝气田长兴组气藏提交第1期探明天然气地质储量1 592.53亿立方米，最大埋深6 950米，是国内埋藏最深的大气田。

（侯玉梅）

国内埋藏最深的大气田——元坝气田

【元坝多井多层段获百万立方米天然气】 2011年4月24日，元坝29井在海相新层系吴家坪组取得重大突破，试获日产天然气135.9万立方米，7月30日在长兴组二段经酸压测试，获日产天然气142.97万立方米，这是迄今为止元坝探区天然气测试日产量最高纪录。4月29日，完钻井深6 963米的评价井元坝104井在长兴组二段储层试获日产天然气123.28万立方米，为元坝Ⅰ区块的最高日产量。5月13日，元坝205井在长兴组一段经射孔酸压测试，获日产天然气105.6万立方米，这是长兴组一段首次获得超百万立方米高产工业气流；6月9日，该井在长兴组二段经酸压测试，获日产天然气112.21万立方米。9月8日，元坝271井试获日产124.36万立方米高产工业气流。至此，元坝探区海相勘探在7井9层喜获日产超百万立方米工业气流，其中2口井同时在2个层段各获得日产超百万立方米天然气。

（侯玉梅）

【部署页岩气勘探】 2011年4月25日，勘探南方分公司部署在重庆市梁平县福禄镇第1口页岩气专探井——涪页HF-1井的地质设计通过石化集团公司审查。涪页HF-1井是中国石化第1口页岩气水平井，构造位于川东弧形高陡褶皱带跋山寺向斜，以页岩气勘探有利层系下侏罗统自流井组大安寨段页岩层为目的层，设计完钻井深3 692米，水平段长度1 200米左右。9月2日，焦页1井井位论证通过石化集团公司审查。焦页1井是勘探南方分公司第1口下组合页岩气参数井，位于川东南地区焦石坝，目的层是下志留统龙马溪组—上奥陶统五峰组页岩，该井设计完钻井深2 540米。11月29日，勘探南方分公司部署在元坝区块的页岩油气专探井——元页HF-1井开钻。元页HF-1井构造上位于川东北元坝南部低缓断褶带，以千佛崖组二段泥页岩油气层为主要钻探目的层。该井设计完钻井深4 897米，是一口水平井，水平段长度1 050米。

（侯玉梅）

【获中国石化多项奖励】 2011年1月底，石化集团公司2010年度科技进步获奖成果公布，勘探南方分公司主持完成的“川东北地区大型气田勘探目标及关键技术”和“川东北高温高压高含硫气井试气工艺配套技术”两项成果获得科技进步一等奖。10月31日，勘探南方分公司科技成果“非常规钻井井身结构技术与应用”获石化股份公司2010年度企业实施新技术奖，这是勘探南方分公司首次获得该奖项。11月中旬，在中国石化召开的2011年油气勘探总结会上，勘探南方分公司完成的“元坝礁滩相天然气勘探”获储量成果特等奖，“元坝海相新层系天然气勘探”获重大突破二等奖。

（侯玉梅）

【获国家能源科技进步一等奖】 2011年10月初，勘探南方分公司完成的“川东北地区大型气田勘探目标及关键技术研究”获2010年度国家能源科技进步一等奖。

（侯玉梅）

【地质理论取得创新】 勘探南方分公司在普光、元坝气田的勘探过程中，创新了2项地质理论：深层碳酸盐岩优质储层形成机理和深层碳酸岩盐油气成藏富集机理。这两项地质理论的创新，改变了单纯寻找构造圈闭的勘探思路，确立了以寻找构造—岩性圈闭和岩性圈闭为目标的勘探思路，并在后续系列勘探发现中得到了充分的验证。

（侯玉梅）

【物探技术取得新进展】 2011年，勘探南方分公司针对超深层复杂礁滩储层的地震精细描述与气水识别技术，进行采集、处理、解释一体化攻关，提高深层超深层地震成像精度和储层预测精度，在平均深度7 000米的超深层地震储层预测中，厚度误差小于7%，孔隙度误差小于10%，钻遇储层成功率100%。勘探南方分公司完成的“南方复杂山地三维地震勘探技术研究”获得中国石化2011年度科技进步三等奖。

（侯玉梅）

【国家专项课题通过“十一五”阶段成果验收】 2011年5月31日，勘探南方分公司联合江汉油田、江苏油田、中国地质大学(武汉)、浙江大学、中国石油大学(北京)、成都理工大学共同完成的“南方海相碳酸盐岩层系大中型气田形成规律与勘探评价”“十一五”阶段成果在北京通过了国家重大科技专项办公室组织的验收。该课题是国家科技重大油气专项“海相碳酸盐岩层系大中型油气田分布规律及勘探评价”的重要支撑课题。研究成果在四川盆地川东北元坝区块、川东南川西海相等领域得到了规模应用，效果显著。课题开展期间为油田培养技术带头人20人，培养研究生25名，发表论文54篇，获发明专利1项。

（侯玉梅）

【与埃克森美孚开展合作研究】 2011年7月7日，经中国石化授权，勘探南方分公司与埃克森美孚中国(四川)有限公司在北京签署了《川西南五指山地区页岩所联合研究协议》。联合协议区块位于中国石化五指山—美姑区块东部，面积3 643.59平方千米，联合研究的目的是查明区块页岩气勘探开发潜力，时间为协议签署之日起6个月。

（侯玉梅）

【元坝工区钻井提速提效获表彰】 2011年1月18日，中国石化在成都召开元坝、川西工区钻井提速提效活动总结表彰会。勘探南方分公司在元坝工区已完钻5口海相提速井，平均井深7 120米，平均钻进周期379.83天，比提速目标少10.47天，比提速前的平均钻井周期少了131.71天，提速活动共创造了33项地区钻井新纪录。

（侯玉梅）

【通南巴探区经受住特大山洪考验】 2011年7月6日，四川巴中通江县、南江县遭遇特大暴雨，并引发特大山洪和泥石流，勘探南方分公司在通南巴探区的两口探井——九龙井和新黑池1井地处重灾区。勘探南方分公司和钻井施工单位及时启动应急预案，措施及时、撤离组织有序，分管安全的领导第一时间赶到现场检查指导抗洪救灾工作，确保了人员安全无伤亡。

（侯玉梅）

【元坝273井企地联动应急演练】 2011年12月9日，石化集团公司在四川省苍溪县境内的元坝273井现场举行了一场模拟井涌和硫化氢泄漏的应急演练。该应急演练首次由中国石化总部与企业联合举行，由勘探南方分公司具体组织。演练真实模拟元坝273井钻井溢流及硫化氢泄漏后，关井、放喷点火、疏散居民、压井作业等处置程序。首次动用了无线遥控应急指挥车和硫化氢庇护(指挥)舱、长时间空气呼吸器等高端设备，出动各类应急车辆50余台，各类参演人数千余人，实现了现场应急抢险指挥部与勘探南方分公司应急中心、胜利油田应急中心和中国石化总部应急指挥中心的“四地互动”。演练检验了石化集团公司在高含硫化氢区域，在突发情况下的应急预警、资源保障、行为反应、工程抢险、地面救援、社会控制6种能力，提升了应急管理水平。

（侯玉梅）

中国石化举行元坝273井企地联动应急演练

【连续6年获得安全生产先进单位称号】 针对南方海相探区地层压力高、单井产量高、硫化氢含量高等特点，勘探南方分公司进一步健全监管机构，加强监管力量，落实监管责任；深入开展“我要安全”主题活动，认真查找“十大薄弱环节”；严查安全事件，按照“四不放过”原则追究责任；成功组织大型企地联合应急演练；定期开展安全检查，督促各单位加大隐患整改力度，确保了一系列勘探成果安全获得，实现了企业安全环保和谐发展，连续6年获得石化集团公司安全生产先进单位称号。

（侯玉梅）

【媒体记者元坝行】 2011年9月14—17日，由石化集团公司主办、勘探南方分公司承办的“走进中国石化——媒体记者元坝行”活动圆满成功。新华社、人民日报社、中央电视台、中央人民广播电台等国内18家主流媒体25名记者组成的采访团走进元坝气田，实地采访报道了元坝气田勘探发现的油气成果、理论成果、技术成就和人文精神，向公众展示中国石化“高度负责任”的态度、“高度受尊重”的愿望。

（侯玉梅）

【开展庆祝建党90周年系列活动】 2011年，为纪念中国共产党成立90周年，勘探南方分公司党委对党员、干部加强党史、党建知识宣传教育活动。“七一”前夕，展出了“纪念中国共产党成立90周年宣传图片展”。7月1日，勘探南方分公司党委隆重举行庆祝建党90周年系列活动，召开了党建工作会，举行了新党员入党宣誓，举办了党史知识竞赛，组织了“红歌大家唱”等活动。在党支部组织活动和民主生活会中，把纪念建党90周年主题贯穿始终，加强理论学习和教育，认真学习了胡锦涛总书记“七一”讲话精神。

（侯玉梅）

【进一步畅通人才成长通道】 2011年11月15日，勘探南方分公司召开一届六次专题职代会，审议通过了《勘探南方分公司人才成长通道建设实施方案（草案）》和《勘探南方分公司完善薪酬制度实施方案（草案）》以及与之配套的相关材料。勘探南方分公司理顺岗位通道、统一基本薪酬制度工作全面展开，以有效梳理岗位设置、拓展专业技术人才的职业发展空间为重点，引入市场化理念，规范津（补）贴、强化岗位管理和绩效考核等激励约束作用，建立收入正常增长机制，激励员工岗位成才，有效促进“三支队伍”的协调发展。

（侯玉梅）

表1　　勘探南方分公司主要经济指标①　　亿元

指标名称 \ 年份	2011	2010	2009	2008	2007	2006
资产总计	42.15	35.73	35.12	30.38	64.42	27.64
流动资产	41.06	34.84	34.21	29.41	63.42	5.32
固定资产原值	2.30	2.20	2.10	1.88	1.73	1.68
固定资产净值	0.76	0.71	0.78	0.78	0.87	0.81
销售收入	32.03	28.00	24.12	29.74	66.80	—
实现利税	0.88	0.73	0.50	0.71	-2.31	-17.60

①2007年以后经济指标不含开发业务。

表2 勘探南方分公司主要生产建设指标①

指标名称 \ 年份	2011	2010	2009	2008	2007	2006
新增天然气探明地质储量/亿立方米	1 757.90	405.10	537.76	630.66	251.85	1 050.02
新增天然气控制地质储量/亿立方米	1 371.82	1 472.67	907.62	1 683.10	1 035.35	2 164.35
新增天然气预测地质储量/亿立方米	1 336.73	1 737.58	1 235.39	2 323.07	3 060.03	917.19
二维地震/千米	2 239.02	1 599.04	2 654.56	319.00	3 735.00	4 920.00
三维地震/平方千米	560.00	803.66	1 839.46	631.00	3 080.00	1 713.00
新开钻井/口	14	21	9	118	24	15
完　井/口	27	11	16	22	15	7
钻井进尺/万米	9.69	11.60	6.05	10.00	12.59	9.68
勘探投资/亿元	31.69	27.82	22.94	25.84	45.03	26.74

①生产指标含前瞻、风险、非常规勘探。

天然气工程项目管理部

【概况】 中国石油化工股份有限公司天然气工程项目管理部(简称天然气工程项目管理部)的前身川气东送建设工程党工委(指挥部)成立于2007年，2011年1月在其基础上组建天然气工程项目管理部，驻地位于四川省成都市金牛区。天然气工程项目管理部是石化股份公司下属非法人机构，管理规格为正局级，是中国石化总部在酸性气田勘探开发领域部署的监督管理、技术支持及协调服务机构，业务归口油田勘探开发事业部管理。

截至2011年底，天然气工程项目管理部设工程技术处、施工管理处、安全环保处、生产协调处、计划财务(法律)处、综合办公室和物资供应管理处7个处室；员工82人，其中具有高级职称的53人，中级职称的22人；平均年龄43岁。

(何云均)

【实现平稳过渡】 天然气工程项目管理部成立初期，一手抓单位组建，一手抓工程监管协调服务。选聘干部，配备班子，完善基层党组织，加强领导班子和职工队伍建设；及时开展“四定”，设置部门，调整人员，明确职责分工；积极与中国石化总部有关部门及相关企业对接，理清业务关系和工作界面；修订完善工作规则、管理规定，建章立制；加强协调，积极走访，妥善安排自愿回原单位或调入新单位人员。经过系列扎实细致的工作，确保了调整期间队伍稳定、工作稳定，各项工作快速启动、有序展开、高效推进。

(何云均)

【组织安全环保监督检查】 2011年，天然气工程项目管理部以井控和硫化氢防护为重点，进一步加强现场安全环保监督管理；以现场直接作业环节为关键，组织工区相关单位，开展井控专项检查、石化集团公司HSE大检查、节日专项检查、废弃井长停井安全检查、川科1井复产前条件确认检查，以及迎接国家安全生产监督管理总局防井喷、防硫化氢中毒专项检查，组织开展环保治理单位资质准入审查等，及时发现问题隐患，督促落实整改，进一步夯实工区安全环保工作基础。

(何云均)

【成立四川地区防洪抗灾工作领导小组】 为了加强四川地区汛期安全生产管理，统筹协调有关单位防洪抗灾和应急处置工作，2011年7月8日，石化集团公司要求，由天然气工程项目管理部代表中国石化总部，牵头组织西南石油局、勘探南方分公司、中原油田普光分公司、四川石油分公司4家单位，成立四川地区防洪抗灾工作领导小组。领导小组建立并实施汛期隐患排查制度、工作例会制度、零报告制度、汛期预警制度和汛期应急值守制度，形成了有效的防汛抗灾科学预防和协调处置机制。

（何云均）

【元坝钻井工程提速明显】 元坝地区井深，地质情况复杂，施工难度大，多种因素影响钻井速度。2011 年，天然气工程项目管理部组织有关单位，对元坝气田 40 口井原始资料进行分析研究，提出了陆相地层气侵、海相地层水侵的解决措施，分段分层优化钻井方式，按不同区块和不同井别优化井身结构和完井方式。通过优化钻井工艺、井身结构等，元坝钻井工程提速明显，提速后平均建井周期 455.91 天，比提速前缩短 144.98 天。

（何云均）

【组织科研攻关成效显著】 2011 年，围绕工区超深、高酸等难题，天然气工程项目管理部组织工区相关单位，结合科研院校及生产厂家的力量开展科研攻关，共完成 1 个石化集团公司和 13 个川东北勘探开发先导试验项目的立项工作，完成 9 个元坝开发方案前期研究项目和 17 个川东北勘探开发先导试验项目的结题验收。另外，1 项获实用新型专利授权。

（何云均）

【技术管理】 2011 年，天然气工程项目管理部对西南油气田、胜利油田、中原油田和勘探南方分公司等单位在工区的 60 多名石油工程监督员进行工程监督培训，提高了监督人员的能力和水平。对工区钻井、录井、物探施工队伍进行石油工程队伍资质认证。组织开展川东北工区“质量管理年”活动，推进工区质量管理工作。制定《天然气工程项目管理部酸性气田勘探开发新技术应用管理办法》和《天然气工程项目管理部酸性气田勘探开发工程设计管理办法》，进一步规范完善酸性气田勘探开发技术管理。

（何云均）

【坚持“三报”和“三会”制度】 2011 年，天然气工程项目管理部坚持 24 小时生产运行值班制，组织编写反映工区工程建设、气田生产动态及进展情况的生产日报、周报和月报，为中国石化总部领导、有关部门及参建单位及时、全面、准确地提供工区生产信息。坚持召开天然气工程项目管理部周例会、参建单位参加的月度生产协调会和油地关系协调会，及时协调解决各方面的困难和问题，检查落实总部对酸性气田开发建设的部署，讲评生产运行计划完成情况，通报主要工程施工队伍综合量化考核情况，有效推动工程建设。

（何云均）

【设置前线协调服务组】 2011 年，针对工区施工难度大、队伍远离基地支持保障弱的情况，天然气工程项目管理部抽派安全、技术、施工、生产、物资等方面的业务骨干，与甲方、乙方单位人员一起，分别在阆中和普光 2 个前线设立服务协调组。各方面人员轮流值班，长期驻扎前线，集中力量协调各方面关系，加强安全环保监管，强化技术支持和物资保障，帮助施工单位解决困难和问题，有效发挥了服务协调组区域协调监督服务作用。

（何云均）

【开展川气东送建设工程结算与审计】 2011 年，天然气工程项目管理部组织完成川气东送建设工程结算审查 137 份，建设单位报审值 13.71 亿元，审核结算值 13.59 亿元，审减 0.12 亿元。截至年底，累计完成川气东送工程结算审核 259 份，建设单位报审值 63.50 亿元，审核结算值 62.48 亿元，审减金额 1.02 亿元，审减率 1.61%。另外，天然气工程项目管理部还组织中胜会计师事务所开展 2010 年投资完成额确认审计。

（何云均）

【投资计划管理】 2011 年，天然气工程项目管理部结合工程进度和结算，下达川气东送建设工程投资计划 4 批次、投资额 17.06 亿元。截至年底，川气东送建设工程累计完成投资 564.48 亿元。

（何云均）

【协调地面工程】 2011 年，为保证大湾毛坝气田开发建设按计划有序推进，天然气工程项目管理部每月组织召开现场协调会，检查落实设计、施工、采购全过程的安排部署；深入生产厂家，落实集输管材、分离器等关键物资调配和焊接工艺评定等工作；组织开展“设计回头看”，检查、整改土建、工艺等方面问题 62 项。每月组织甲方、设计、总承包方、施工、物资供应等单位，召开设计协调会，积极推动元坝气田地面工程建设。

（何云均）

【发挥元坝气田产能建设领导小组成员单位及办公室作用】 作为石化集团公司元坝气田产能建设领导小组下设办公室、领导小组成员单位之一，2011 年，天然气工程项目管理部组织编制元坝气田产能建设总体统筹控制计划；组织召开元坝气田地面工程设备、材料、缓蚀剂国产化研讨会，推进气田建设物资国产化；开展项目前期工作，优化气田开发方案，研究确定完井方案；介入现场管理，认真落实石化集团公司的决策部署和领导小组的工作安排；做好服务，推广普光气田开发建设经验，指导项目组织运行。

（何云均）

【推进工区“标准化设计、标准化采购”工作】 2011 年，天然气工程项目管理部制定下发《推进川东北标准化设计和标准化采购的实施意见》，联合相关单位成立工区实施组织机构；建立“工程技术抓标准化设计，物资供应抓标准化采购”双轮驱动机制，完善建设物资技术标准；以物资框架协议为载体，推进工区标准化采购的实施。截至年底，工区框架协议采购已涵盖 10 个重要物资品种。

（何云均）

【强化工区物资库存管理】 2011 年，天然气工程项目管理部按月召开物资降库调剂例会，定期发布储备通报，督促各单位制定降库使用计划。积极协调工程技术、设计和财务等部门，制定各种措施，推动库存改代利用。加强工区企业间统一调度，实现资源共享、优势互补，强化物资需求计划管理，避免新增库存。全年工区各企业库存改代利用 2.3 亿元，物资调剂 1.15 亿元，降库成效显著。

（何云均）

【加强党建和思想政治工作】 2011 年，天然气工程项目管理部以“传承革命精神，重温红色历程”为主题，组织员工到井冈山、延安、百色等地接受红色教育；组织开展“永远跟党走”红歌比赛、观看红色影片、党史知识竞赛、重温入党誓词、召开庆祝大会，隆重纪念建党 90 周年。以“让参建单位、内部员工双满意”为主题，深入推进“为民服务创先争优”活动，开展打造“双高”员工大讨论活动，增强了全体员工“为气拼搏、为气奉献”的服务意识、责任意识和大局意识。

（何云均）

【人文关怀落到实处】 2011 年，针对全体员工远离家乡和亲人、长期独身在外地工作生活的实际情况，天然气工程项目管理部从多方面关心员工的工作和生活。将驻地搬迁到成都，为员工营造了一个全新的环境。落实健康体检制度、定期休假制度、家属探亲制度及健康疗养政策，关爱员工身心健康。加强食堂和宿舍管理，不断改善员工生活条件，提高生活质量。提供活动场所，经常性组织开展文体活动，丰富员工的业余文化生活。落实薪酬待遇，开展知识培训，加强人才通道建设，关心员工成长成才。

（何云均）

管道公司

【概况】 中国石化集团管道储运公司（简称管道储运公司）暨中国石油化工股份有限公司管道储运分公司（简称管道储运分公司）统称管道公司，是中国石化从事油气储运的专业化管理企业。基地位于江苏省徐州市，创建于 1975 年 2 月 17 日，始称华东输油管线指挥部。1998 年 6 月，石油、石化两大集团公司重组，成立管道储运公司。2000 年 3 月分立运行管道储运公司和管道储运分公司。

截至 2011 年底，管道公司管辖原油管道 38 条，全长 6 503 千米，油罐总罐容 2 642 万立方米，30 万吨级原油码头 6 座，业务范围涉及北京、天津、河北、山东、江苏、河南、安徽、浙江、上海、湖北、湖南、江西、广西、广东 14 个省、自治区和直辖市，担负着胜利、中原、河南等油田的原油以及部分进口原油的输送任务，为燕山石化、齐鲁石化、上海石化、金陵石化、扬子石化、镇海炼化、安庆石化、九江石化等 21 个长江中下游及华北、东南沿海地区的炼油、化工企业输转原油。资产总计 551 亿元，其中管道储运公司 21 亿元，管道储运分公司 530 亿元；在册职工 8 254 人，其中管道储运公司 1 823 人，管道储运分公司 6 431 人。

管道公司主要经济指标和管道储运分公司主要生产指标见表 1 和表 2。

（周先锋）

【输油量连续第 2 年超亿吨】 2011 年，管道公司输油 1.08 亿吨，同比增加 500 多万吨，输油量再创历史新高，连续第 2 年超亿吨。输油生产安全平稳低耗运行，全面完成了中国石化总部下达的节能考核指标，被石化股份公司评为 2011 年度炼油“比学赶帮超”优胜单位。

（周先锋）

【连续12年被评为安全生产先进单位】 2011年，管道公司持续深入开展“我要安全”主题活动，严格落实安全生产责任制，强化领导干部带班制度，切实做好隐患排查整治。通过查找身边“十大薄弱环节”、“书记说安全”演讲比赛、推荐“安全卫士”、HSE宣传教育培训等多种形式，进一步增强职工安全意识。认真做好车辆运行管理，全年安全行车2 170万千米。加强直接作业环节的安全监管，全年安全输送凝析油94万吨。安全生产形势总体保持平稳，连续12年实现安全生产，被石化集团公司评为安全生产先进单位。连续3年被徐州市评为安全生产优秀单位。

（周先锋）

【日照—仪征原油管道工程建成投产】 2011年10月13日，中国管径最大、输量最多、技术最先进的日照—仪征原油管道及配套工程一次投产成功。它的建成投产对于提高中国石化能源保障能力、满足南京地区和沿江炼化企业能源需求意义重大。

（周先锋）

日照—仪征原油管道工程投产仪式 （阎新疆 摄）

【湛江—北海原油管道工程建成投产】 2011年1月，湛江—北海原油管道工程开工，10月23日建成投产。该管道是北海炼油异地改造项目的配套工程之一，也是中国石化在华南地区优化原油资源配置的重要组成部分。该管道起点为广东湛江，终点为广西北海，全长198千米，途经广东、广西的3个市18个镇，全线设3座输油站，设计年输油量1 000万吨。

（周先锋）

【亚洲最大的原油码头建成投产】 2011年10月27日，大榭岛45万吨级原油码头投产成功。大榭岛原油码头是亚洲最大的原油接卸码头，设计年通过能力1 800万吨，码头长度为490米，采用“蝶”形布置、高桩墩式结构。它的建成投产将进一步完善长三角洲地区原油运输体系，适应国内原油日益增长的需求及国际船舶大型化的需要，有效降低运输成本。

（周先锋）

大榭岛码头卸油作业现场 （常亚男 摄）

【册子岛商储及二期储油罐建成投产】 2011年11月25日，册子岛原油商业储备基地及二期的15座储油罐正式投入运行。投产后，册子岛油库总储备能力达到205万立方米。原油进库依托舟山实华30万吨级码头，出库依托册子岛油库外输系统，通过甬沪宁管道，经镇海中转油库送至上海、南京及长江中上游地区的炼化企业，对加强原油中转调控能力、有效弥补炼油企业加工不足、促进市场经营平稳运行等起到积极的推动作用。

（周先锋）

【两管道工程通过竣工验收】 由管道公司组织建设的甬沪宁原油管网工程和仪长原油管道工程，是进入21世纪后中国石化投资建设的重大项目，在石化管道建设发展史上具有里程碑意义，这两项工程于2006年全面建成投产，为保障中国石化炼化企业原油资源供应发挥了重要作用，产生了显著的经济效益。2011 年 3 月 29 日，石化集团公司组织了正式竣工验收并颁发了竣工验收证书。

（周先锋）

【原油试验环道项目交工验收】 2011 年 12 月 23 日，管道公司原油试验环道工程建设项目通过交工验收，标志着具有国内先进水平的管道综合实验平台正式建成。原油试验环道是石化股份公司的重点科研项目，主要有 2 座原油拱顶储罐、5 台输油泵机组、冷水机房、空压机房、综合试验楼、室内试验环道和 900 米室外环道等设施。主要用于原油输送工艺试验、管道停输再启动、管道结蜡规律、不同土壤环境管道散热和土壤温度场分布规律等研究工作。

（周先锋）

【节能减排工作成效显著】 2011 年，管道公司组织开展了以“节能我行动、低碳新生活”为主题的节能宣传活动，切实抓好输油用能的宏观控制和成熟节能技术的实施，进一步加强对主要耗能设备的维护和运行管理，不断挖潜增效，提高能源利用水平，全面完成了中国石化总部下达的节能考核指标。截至年底，已有 10 条管线的 23 个站场使用天然气或蒸汽替代燃料原油，全年共替代燃料原油 3.28 万吨，替代效益 7 670 万元。

（周先锋）

【管道数字化建设步伐加快】 2011 年，管道公司分别在新建的日仪线和在役的中洛线开展了数字化建设试点工作，收集整理各类数据近百万条，开发应用了数字站场、智能调控管理等一批新技术，在国内管道行业达到领先水平。已运行 27 年的中洛线从传统模式进入全程数字化管理新阶段。

（周先锋）

【首次举行海底管道抢修演练】 2011 年 11 月 12 日，管道公司在交通部上海打捞局的黄浦江码头举行了首次海底管道抢修演练，目的是为了检验海底管道抢修单位的快速反应能力及抢修能力。管道公司运行管理 3 条海底管道，总长 144.5 千米。

（周先锋）

【科技成果获石化集团公司科技进步奖】 2011 年，管道公司有 3 项科技成果获 2011 年度石化集团公司科技进步奖，其中“长输管道内检测技术研究”和“川气东送管道工程技术”2 个项目获一等奖，“管道泄漏检测技术”项目获二等奖。此外，还有合成减阻剂的助催化剂等 3 个项目研究成果的创新点获得国家专利授权。

（周先锋）

【3 人获中央企业技术能手称号】 由国务院国资委与国家外国专家局联合主办，国家外国专家局培训中心承办的“中央企业项目管理技能大赛”于 2011 年 12 月在广州举行。经过初赛和复决赛，由管道公司职工司刚强、陈学武、杜华东组成的中国石化集团一队获团体三等奖，3 人获国务院国资委授予的中央企业技术能手称号。

（周先锋）

【定向钻穿越岩石层施工工法获殊荣】 2011 年，管道公司组织实施并撰写的《水平定向钻穿越长距离岩石层施工工法》获 2009—2010 年度石化集团公司级工程建设工法。该工法是针对长距离岩石层、软硬地层交错等复杂地质条件下定向钻穿越遇到的实际困难，总结施工经验，优化技术方案，其关键技术达到国内领先水平。在川气东送、仪长、日仪等管道工程建设中投入应用，穿越成功率达 100%，并创造了 2 项世界纪录和 4 项中国企业新纪录。

（周先锋）

【获中国企业文化建设先进单位称号】 2011 年，在中国企业文化管理年会上，管道公司被中国文化管理学会企业文化管理专业委员会授予中国企业文化建设先进单位称号。管道公司高度重视企业文化建设，继承和发扬石油石化传统企业文化，学习借鉴现代先进企业文化建设理念，先后建设了富有管道特色的安全文化、廉洁文化、荣誉文化和礼仪文化，进一步增强了企业的软实力，为做强石化管道提供了有效支撑。

（周先锋）

【党建工作持续强化】 2011 年，管道公司党委以推进党建工作的科学化为主线，认真组织开展党员先进性集中教育、“为民服务创先争优”等活动，并使之与党建“四五一”工程有机结合。深入推进党建“贯标”工作，把工作重点放在标准的执行上，“贯标”检查考核与经济责任制考核、“三基”考核等紧密结合，提高了工作效率，减轻了基层负担。年内管道公司党委被江苏省委授予先进基层党组织称号。

（周先锋）

表 1 管道公司主要经济指标 亿元

指标名称 \ 年份	2011		2010		2009		2008		2007		2006	
	公司	分公司	公司	分公司	公司	分公司	公司	分公司	公司	分公司	公司	分公司
工业总产值	20.35	69.87	16.40	60.07	18.42	49.38	20.00	48.51	25.46	44.70	20.18	38.78
工业增加值	3.91	26.41	3.97	18.78	4.11	21.26	3.99	13.27	3.96	17.49	1.99	11.61
资产总计	21.41	529.19	20.80	437.30	16.68	403.02	18.07	446.27	19.49	305.86	20.11	290.19
流动资产	13.92	282.36	13.05	206.08	8.91	179.64	10.66	222.13	12.34	90.31	12.81	118.22
固定资产原值	12.30	305.67	11.84	272.88	11.39	267.80	11.07	254.82	10.20	214.70	9.80	199.99
固定资产净值	6.50	207.18	7.63	183.27	7.57	186.34	7.56	180.94	7.17	149.25	7.08	143.87
销售收入	20.43	81.99	16.59	69.87	18.61	51.61	20.10	55.00	25.46	53.39	22.23	38.78
利润总额	-0.19	5.10	0.36	-0.07	0.48	3.67	0.66	-2.18	1.28	3.89	0.34	0.92
税　金	0.73	3.84	0.62	3.73	0.85	2.95	0.65	2.43	0.56	3.26	0.54	1.96

表 2 管道储运分公司主要生产指标

指标名称 \ 年份	2011	2010	2009	2008	2007	2006
收油量/万吨	5 263.89	5 092.69	5 541.61	6 317.40	5 941.18	5 793.67
输油量/万吨	10 839.00	10 316.63	8 931.24	8 085.84	6 656.13	6 310.83
销油量/万吨	5 197.01	5 071.78	5 631.06	6 129.27	5 948.13	5 788.71
周转量/万吨·千米	5 624 145	5 291 303	4 867 380	4 576 746	4 361 649	3 770 164
原油总耗/万吨	3.35	4.55	2.67	2.65	5.62	7.38
电总耗①/万千瓦·时	124 534.53	123 161.71	117 815.62	109 681.58	108 171.46	92 605.82
煤焦轻油总耗/万吨	—	—	2.32	2.40	0.31	—
蒸汽总耗/万吨	19.78	22.37	19.14	14.89	9.63	—
天然气总耗/万立方米	2 282.07	1 945.27	2 190.64	2 184.23	1 136.51	326.79
综合能耗/千克标煤·(万吨·千米)$^{-1}$	46.69	49.78	56.32	57.36	127.58	128.20

①2007 年之前综合能耗数据电单耗采用等价值进行折算，2008 年起综合能耗数据电单耗采用当量值进行折算。

燕山石化

【概况】 燕山石化前身是1970年成立的北京石油化工总厂，后曾更名为北京燕山石油化学总公司、中国石油化工总公司北京燕山石油化工公司、北京燕山石油化工集团有限公司。2011年，燕山石化包括中国石油化工股份有限公司北京燕山分公司(简称燕山分公司)和中国石化集团北京燕山石油化工有限公司(简称燕化有限公司)。北京东方石油化工有限公司(简称东方石化公司)为燕化有限公司全资子公司，保定石油化工厂(简称保定石化厂)由石化集团公司划归燕化有限公司作为二级单位管理。燕山石化位于北京市房山区燕山岗南路1号。

截至2011年底，燕山石化共有在岗职工1.6万人。拥有63套主要生产装置、68套辅助生产装置，原油加工能力超过1 000万吨/年，是中国第一家生产欧Ⅳ标准清洁油品的千万吨级炼油基地；乙烯生产能力超过80万吨/年，合成树脂生产能力101万吨/年，其中聚乙烯56万吨/年、聚丙烯40万吨/年，合成橡胶生产能力24万吨/年，苯酚丙酮生产能力24万吨/年，是中国最大的合成橡胶、合成树脂、苯酚、丙酮和高品质成品油生产基地之一。燕山石化本部可生产94个品种431个牌号的石油化工产品，东方石化公司可生产醋酸乙烯、丙烯酸及酯、丁辛醇等5个系列37个品种145个牌号产品，保定石化厂可年产20万吨道路沥青。

截至2011年底，燕山石化累计加工原油2.7亿吨，生产乙烯1 616万吨，实现销售收入8 236亿元，利税989亿元。

燕山石化主要技术经济指标和主要产品产量见表1和表2。

(潘　喆)

【油品生产保障市场供应】 2011年，燕山石化原油加工总量为1 084.88万吨，其中加工大庆原油336.51万吨，海洋原油11.91万吨，进口原油736.45万吨。生产汽油245.34万吨，其中京标Ⅳ汽油157.12万吨；柴油309.29万吨，其中京标Ⅳ柴油90.73万吨；航煤126.35万吨，供应中航油公司航煤首次突破100万吨。轻油收率和综合商品率分别达到78.39%和95.01%，高附加值产品收率为87.05%，炼油综合能耗为56.39千克(标油)/吨，炼油全厂综合损失率为0.62%，炼油加工损失率为0.46%，其中综合损失率和综合能耗创历史最好水平。炼油三厂连续6个月100%生产全炼蜡，创历史纪录。

(潘　喆)

【化工产品生产状况良好】 2011年，燕山石化生产乙烯89.63万吨，其中本部75.31万吨，东方石化公司14.32万吨，本部乙烯收率为31.14%，双烯收率为45.9%，乙烯能耗569.91千克(标油)/吨。生产合成树脂104.05万吨，其中本部97.61万吨，东方石化公司6.44万吨，本部合成树脂中专用料完成76万吨，专用料比例为85.14%。生产合成橡胶21.92万吨，其中顺丁橡胶13.3万吨、SBS 4.87万吨、丁基橡胶3.65万吨、溴化丁基橡胶841吨。生产苯酚、丙酮共31.3万吨，间二甲苯5.6万吨，间苯二甲酸3.99万吨，间二甲苯和间苯二甲酸产量创历史最高水平。

(潘　喆)

【化工系统顺利实现四年一修】 2011年8月15日，燕山石化化工系统生产装置开始四年一次大检修，也是专业化重组后第1次大检修，共有27套生产装置、23套公用工程装置全面停工检修。共实施检修项目6 490项，完成技术改造项目63项，公司级重点项目16项，技改甩头250个，检修同步实施的设备更新项目35项；完成压力容器检验1 204台，锅炉检验12台，压力管道检验107.7千米，大修关键机组17台。9月15日，裂解装置一次开车成功，产出合格乙烯产品，其后化工系统各套装置陆续开车，进入正常生产。

(潘　喆)

【成功产出国Ⅴ油品】 2011年4月2日，燕山石化成功研制调和出92#国Ⅴ车用实验汽油和0#国Ⅴ车用实验柴油，经化验分析，油品各项性能指标均合格，其中关键指标硫含量分别为6×10^{-6}和4×10^{-6}，低于国标10×10^{-6}的指标上限值。5月23日，首批26吨92#国Ⅴ车用实验汽油调和成功，标志着公司自主调和研制的两种新牌号国Ⅴ汽、柴油产品进入批量生产环节，该批油品全部供应中国汽车技术研究中心。

(潘　喆)

【首次利用中试装置副产物调和汽油获得成功】 2011年，燕山石化利用原作污油处理的异丙基甲苯精馏中试装置12吨副产物异丙基甲苯，替代碳七、碳八等高辛烷值组分调和汽油，经检测所调汽油质量完全符合车用汽油DB 11/238—2007标准，提高了化工副产品附加值。

(潘　喆)

【EVA 生产取得突破】 2011 年，燕山石化加大产品结构调整力度，二高压聚乙烯装置生产 EVA，可生产 VA 含量 4%—21% 的 EVA 产品，促进了合成树脂向高端方向的转型。同时，二高压装置在国内首次成功实现 EVA 产品与 LDPE 产品不停车切换且 LDPE 膜料产品质量合格，有利于装置长周期运行和效益最大化。

（潘　喆）

【三元共聚聚丙烯和氢调法高流动聚丙烯实现工业化生产】 2011 年 3 月 25 日，燕山石化自主研发的三元共聚聚丙烯和氢调法高流动聚丙烯成套工业技术通过石化集团公司鉴定。两项成套工业技术分别在化工二厂一聚和三聚装置上成功实现了大规模工业化生产，产品各项性能指标均达到国际同类产品水平，可完全替代进口产品。

（潘　喆）

【聚乙烯两种新产品通过鉴定】 2011 年 7 月 13 日，“超细纤维用 LDPE 专用树脂开发及推广应用”和“高流动低密度聚乙烯 LD450 的开发”两课题顺利通过石化集团公司专家组鉴定。检测及用户应用结果表明，两产品各项性能指标均达到或优于进口料工艺水平，可完全替代进口。这两种新产品具有出粉率高、流平性好、涂层光泽度高的特点，主要用于铁路隔离板、护栏和汽车内饰革等产品的生产，综合性能优于进口的同类产品。

（潘　喆）

【成功试产高附加值聚丙烯新产品】 2011 年，燕山石化采用自主研发的氢调法高流动聚丙烯工业技术，首次成功试产超高流动均聚聚丙烯新品 K1860、K1885，产量各 100 吨。新产品熔融指数均值达到 60 克/10 分以上，其中 K1885 熔融指数国内首次达到 100 克/10 分以上，具有较强刚性，可广泛应用于饭盒、集装箱、汽车零部件等快速成形薄壁制品生产领域，市场售价明显高于共聚料价格。

（潘　喆）

【溴化丁基橡胶装置产出合格产品】 2011 年 10 月 28 日，燕山石化 3 万吨/年溴化丁基橡胶装置开车，并产出合格产品。该装置利用具有公司自主知识产权的溴化丁基橡胶工艺包。国内只有燕山石化可以生产溴化丁基橡胶。

（潘　喆）

【双酚 A 装置成功投料生产】 2011 年 11 月 3 日，由中国石化和日本三菱化学共同出资建设的 15 万吨/年双酚 A 和 6 万吨/年聚碳酸酯装置是中国石化重点建设项目，8 月 23 日双酚 A 装置中交，9 月 28 日聚碳酸酯装置中交。双酚 A 装置正式从储运二厂引入生产原料苯酚，标志着该装置正式进入投料试生产阶段。经过连续生产运行，装置开车工作进展顺利，主要生产单元流程全部打通，12 月 13 日产出合格产品。

（潘　喆）

【首次开发应用节能型 SBS 凝聚工艺技术】 2011 年，燕山石化实现了 SBS 凝聚工艺的新突破，该技术在国内首次开发应用，在同类装置上具有较高推广价值。该技术解决了产品中溶剂含量偏高的难题，蒸汽用量下降，SBS 溶剂单耗较改造前降低 11.3 千克/吨，低压蒸汽单耗降低 4 吨/时，节能降耗效果显著，年可创效 900 万元。

（潘　喆）

【延迟焦化在线清焦技术通过鉴定】 2011 年，燕山石化开发的国产延迟焦化加热炉在线清焦技术的开发与工业应用通过石化集团公司鉴定。该技术的开发应用实现了延迟焦化加热炉不停工在线清焦，不仅可有效延长加热炉连续运行周期，而且可减少因装置多次停工进行机械清焦造成的环境污染，经济效益和社会效益显著。该技术属国内首创，具有创新性。

（潘　喆）

【S－Zorb 装置耐磨球阀国产化应用首获成功】 截至 2011 年 9 月，燕山石化参与研制的 S－Zorb 装置程控耐磨球阀实现连续 22 个月稳定运行，表明国产耐磨球阀整体技术已达到国际先进水平。该项应用打破了国际品牌对 S－Zorb 装置关键阀门的技术垄断，减少了国内厂家对进口设备的依赖，同时对于缩短供货周期、降低设备成本、延长设备使用寿命、便于维护等方面均具有重要意义。

（潘　喆）

【醋酸乙烯反应器成功实现国产化】 2011 年，东方石化公司全程参与该国产反应器技术攻关，成功解决反应器氧化铝球与催化剂漏出、格栅与管板密封不严等问题。经过长期连续运转，设备运行平稳，生产能力、产品指标完全满足生产需要，并顺利通过石化集团公司鉴定，可完全替代进口，具备了参与国际竞争的条件，填补了国内空白。

（潘　喆）

【保定石化厂扭转10年亏损局面】 2011年5月19日，保定石化厂20万吨/年道路沥青改造项目开工仪式举行。保定石化厂利用燕山石化重油资源，以丙脱沥青、抽出油和回炼油浆为原料，按不同比例调和生成沥青产品，应用于公路建设中。截至2011年底，保定石化厂累计生产沥青15万吨，赢利1 502万元，彻底扭转了10年亏损的不利局面。

（潘 喆）

2011年5月19日，保定石化厂举行20万吨/年道路沥青改造项目开工仪式

【信息化建设取得积极进展】 2011年，燕山石化投入试运行新一代网络视频会议系统，生产调度例会实现网络视频模式，各二级单位负责人在办公室即可参加生产调度会，有效提高了会议效率。此外，燕山石化已先后投用企业资源计划(ERP)系统、生产执行系统(MES)、生产实时指挥系统平台等50多个信息系统，实现主要业务领域的信息化全覆盖，“打造数字燕山、建设智能工厂”取得积极进展。

（潘 喆）

【成立首席专家委员会】 2011年5月26日，燕山石化第一届首席专家委员会第一次代表大会召开。共有120人当选燕山石化第一届首席专家委员会委员，最终产生27名专家，其中9名是一线专业技术人员和技术工人。首席专家委员会的成立是贯彻落实石化集团公司部署、畅通人才成长通道、加快培育专家队伍的一项重要举措。

（潘 喆）

【蒙古国总理来访】 2011年6月16日，蒙古国总理巴特包勒德到燕山石化进行参观考察。巴特包勒德总理一行首先参观了燕山石化展览馆，听取了关于燕山石化生产建设、技术研发、产品结构等方面的情况介绍，随后参观了炼油生产现场，听取了炼油一厂生产工艺流程介绍，蒙古国客人对装置的生产技术和自动化程度给予赞赏。蒙古国能源矿产部部长、蒙古国驻华大使等陪同参观。

（潘 喆）

【社区服务卡正式启用】 2011年1月13日，燕山石化举行社区服务卡启用仪式，标志着企业社区服务市场化机制建设取得重大进展。这项改革将物业费、采暖费由企业暗补改为明补，职工可凭卡缴费，加大对非企业住户各项费用的收缴力度，实现职工不增负担、企业多得效益，促进了社区服务水平的不断提升。社区服务卡的覆盖范围不仅包括居住燕山石化房改房且拥有所居住房屋产权或具有标准租住资格的燕山石化在职干部职工，同时也覆盖了具有相同条件的公司离退休职工和协议解除劳动合同人员。

（徐正师）

【承办中国石化社会责任发布会】 2011年5月31日，“走进中国石化——社会责任报告发布会暨公众开放日活动”在燕山石化举行，这是中国石化第2次召开企业社会责任报告发布会。发布会上，中国石化首次聘请了12名来自高校、媒体、能源行业、财经界和消费者群的社会各界人士担任社会监督员。人民日报、新华社等70多家媒体的记者参加了发布会并参观了燕山石化展览馆、炼油一厂、燕山威立雅水务公司东区污水净化车间以及牛口峪生态中心。

（潘 喆）

2011年5月31日，多家新闻媒体的记者在燕山石化威立雅水务公司东区污水净化车间品尝处理过的污水

【燕山地区被命名为全国安全社区】 2011 年 9 月 27—28 日，全国安全社区建设现场评定组对燕山石化和燕山办事处联合推进的企业主导型全国安全社区建设工作进行了为期 2 天的现场评定。评定组考察评审后认为，燕山石化和燕山办事处合作推进的全国安全社区建设已经完成了预定的促进项目，基本上实现了 2 年完成安全社区建设的目标，并创新了建设模式，具有石化工业区特色。11 月 23 日，中国职业安全健康协会召开全国安全社区建设会议，正式命名燕山地区等 62 个地区为“全国安全社区”，并举行了授牌仪式。

（潘　喆）

表 1　　**燕山石化主要技术经济指标**　　亿元

指标名称 \ 年份	2011	2010	2009	2008	2007	2006
原油加工量/万吨	1 084.88	1 099.53	1 079.06	1 064.83	859.24	793.60
工业总产值	859.34	763.16	588.18	687.58	540.38	497.95
燕山分公司	762.41	682.02	545.59	640.73	467.20	427.63
燕化有限公司	96.93	81.14	42.59	10.99	10.78	9.68
工业增加值	144.23	188.34	153.64	-1.70	62.61	51.76
燕山分公司	122.28	169.85	145.52	-9.22	47.59	41.48
燕化有限公司	21.95	18.49	8.12	2.08	3.68	2.28
资产总计	296.61	290.70	298.08	318.74	340.57	351.38
燕山分公司	192.14	194.15	200.84	188.78	193.84	223.24
燕化有限公司	104.47	96.55	97.24	58.41	64.21	59.69
营业收入	891.58	803.84	612.11	709.15	563.86	558.63
燕山分公司	781.56	708.55	555.35	644.90	474.97	463.56
燕化有限公司	110.02	95.29	56.76	23.74	25.74	34.47
实现利税	112.90	158.89	131.33	-26.96	31.61	24.36
燕山分公司	96.42	156.24	142.63	-21.79	30.84	23.13
燕化有限公司	16.48	2.65	-11.30	-0.97	-2.20	1.74
实现利润	3.47	46.62	30.01	-45.49	6.54	4.18
燕山分公司	-9.24	46.07	42.50	-37.13	9.28	6.22
燕化有限公司	12.71	0.55	-12.49	-1.86	-3.25	0.78

表2 **燕山石化主要产品产量** 万吨

产品名称 \ 年份	2011	2010	2009	2008	2007	2006
燕山分公司						
汽 油	245.34	247.69	242.12	202.26	160.39	159.26
煤 油	126.35	116.10	111.61	85.23	36.39	11.60
柴 油	309.29	314.54	314.79	354.76	244.71	185.92
润滑油基础油	23.30	26.53	14.11	17.49	22.63	22.97
商品燃料油	21.28	33.60	27.52	39.66	40.62	57.35
裂解料	211.72	232.36	230.42	217.01	211.00	235.90
商品液化气	12.94	11.98	9.82	14.33	14.20	13.54
石 蜡	9.29	9.16	6.33	7.95	9.45	9.89
纯 苯	17.53	18.79	18.66	32.97	17.14	3.54
乙 烯	75.31	84.16	84.13	78.40	78.08	82.00
丙 烯	50.10	53.28	56.08	37.56	49.46	39.76
丁二烯	10.56	12.37	12.79	12.29	12.68	14.35
间二甲苯	5.59	3.79	3.43	4.00	4.25	3.59
苯乙烯	6.40	7.93	8.55	8.69	8.07	8.02
乙二醇	0.78	0.63	6.37	5.98	6.13	6.61
苯 酚	19.36	20.29	18.69	17.44	18.87	18.73
丙 酮	11.93	12.58	11.71	10.89	11.79	11.65
低密度聚乙烯	29.44	39.51	43.43	44.68	42.73	46.35
高密度聚乙烯	18.13	20.73	19.25	18.57	16.93	18.53
聚苯乙烯	4.32	5.17	5.58	5.30	4.69	4.73
聚丙烯	41.72	45.29	45.69	44.24	39.71	43.36
顺丁橡胶	13.30	14.70	14.36	14.41	13.41	13.66
SBS	4.87	9.22	9.09	7.91	8.80	8.62
丁基橡胶	3.65	3.56	4.03	4.40	3.69	3.98
间苯二甲酸	3.99	2.05	2.50	2.93	3.08	2.90
1-己烯	1.84	2.02	1.12	1.23	0.69	—
塑料制品	2.59	3.86	6.19	4.55	5.04	3.81
燕化有限公司						
发电量/万千瓦·时	49 574.00	55 467.00	52 923.00	48 900.00	41 682.00	26 373.00
乙 烯	14.32	13.03	—	7.04	16.01	16.82
聚氯乙烯	—	—	—	—	8.64	14.53
低压聚乙烯	2.46	2.51	2.22	1.58	2.42	2.29
EVA	3.97	4.40	—	2.19	4.61	4.50

齐鲁石化

【概况】 中国石油化工股份有限公司齐鲁分公司(简称齐鲁分公司)和中国石化集团资产经营管理有限公司齐鲁石化分公司(简称齐鲁石化分公司)统称齐鲁石化，是石化集团公司直属的拥有石油化工、盐化工、煤化工、天然气化工等加工工艺最为齐全的炼化企业之一，位于山东省淄博市临淄区南部。齐鲁石化前身始建于1966年4月，第1个生产厂是胜利炼油厂，1983年7月划归中国石油化工总公司。

截至2011年底，齐鲁石化拥有固定资产原值397.72亿元，净值156.91亿元。拥有大型石油化工生产装置112套，炼油加工能力1 000万吨/年，乙烯生产能力80万吨/年，合成树脂110万吨/年，烧碱45万吨/年，橡胶17万吨/年，苯类产品45万吨/年，醇类产品43.5万吨/年，尿素48万吨/年，热电装机容量50万千瓦。可生产石油化工产品120多种，其中烧碱、聚氯乙烯产品被评为中国名牌。齐鲁石化设有直属单位27个，机关部门23个，直属机构9个，部门挂靠机构8个，驻外机构4个；用工总量34 162人，其中正式员工26 939人，劳务用工7 223人；共有专业技术人员5 146人，其中具有高级职称的501人，中级职称的1 625人。

2011年，齐鲁石化原油加工量和成品油、橡胶、丙烯腈的产量均创历史新高。在国内首家开发生产了茂金属催化剂聚乙烯产品，全年取得专利授权9项。

齐鲁石化主要技术经济指标和主要产品产量见表1和表2。

（曹钰梅）

【实现安全环保无事故】 2011年，齐鲁石化持续深化“我要安全”和“今天我是安全员”活动，干部职工的安全责任意识明显增强，装置长周期运行水平不断提高。第二化肥厂煤气化装置连续运行287天，创历史最长纪录。强化HSE督察和专项审核，严格直接作业环节和对承包商的监管，深入推进隐患排查，实施了“十大薄弱环节”的查改，年内完成重大隐患治理项目19个，35千伏及以上重要变电站快切设施全部投运。深入开展以整治“跑冒滴漏”为重点的化工异味治理，现场面貌明显改观。供排水厂污水处理装置按炼化企业排污最高标准，实现连续达标排放300天，创建厂26年来的最好水平。全年工业废水、COD和二氧化硫排放量同比分别下降15%、38%和3%，按照国内最严格的污水排放标准，乙烯污水场全年连续达标，有效履行了国有企业的社会责任。全年无安全、环保上报事故。

（曹钰梅）

【优化生产成效显著】 2011年，齐鲁石化坚持用系统工程理论指导炼化一体化优化工作，建立了公司、厂、车间三级优化组织，全年完成重点优化项目114个，增效14.2亿元。开辟了南帕斯凝析油等3个进口原油新油种，全年进口原油采购价格比石化集团公司平均水平低1.42美元/桶。提高自产石脑油质量，裂解原料中轻烃投用比例同比增加了4个百分点。炼油高标号汽油增产36万吨、增长近2倍，比例达到37%；航煤增产6万吨、增长16%；低凝点和国Ⅲ柴油增产19万吨、增长25%；沥青产量突破60万吨、增长49%；化工聚合级丙烯的比例达到89%，增产7万吨；高压聚乙烯增产8 000吨；丙烯腈增产1.92万吨；新产品和专用料比例提高了35个百分点。开好新建催化干气回收乙烯装置，提高了芳烃抽提负荷。适时推迟第二化肥厂、氯碱厂及部分炼油装置的检修时间，并高质量提前完成。全年催化油浆同比少出厂10万吨；炼油氢气单耗降低14%，节约氢气1.4万吨；原油加工损失和乙烯加工损失分别降低0.19和0.08个百分点；炼油综合能耗和乙烯燃动能耗分别降低4.06和36.7个单位。全年累计节能15万吨标油，节水524万吨，节电1.2亿千瓦·时，节约氮气4 708万立方米；外购橡胶原料实现了零途耗，醇、苯、碱类等储运损耗实现奋斗目标。

（曹钰梅）

【精细化管理取得进步】 2011年，齐鲁石化用好中国石化总部增产奖励政策，争取高价成品油配置20.2万吨，在中国石化炼化企业中排名第3位。强化全面预算管理，开发了全员成本目标管理系统并投入试运行。加快出厂进度，优化结算流程，搞好税收筹划，全年完成财务费用9 396万元，实现了不超过1亿元的奋斗目标。加强物资供应管理，全年采购降本4亿元，节约率达5.1%；清理1年以上无动态物资7 520万元，库存结构进一步优化。坚持贴近市场、灵活经营，“财务定价格、销售卖产品”的自销产品定价推价机制收效明显，全年财务定价增效7 500万元，销售推价增效1.1亿元，其中液化气的售价连续17个月在中国石化驻鲁企业排名第1位，5个月在全系统排名第1位。主动上延下伸，在保证统配产品、集中销售产品全产全销的同时，强化价格监督，增效5 700万元。向资产管理要效益，全年清欠1.56亿元，实现了历史性突破。加强土地资产管理，盘活了胜利大厦、钻石商务大厦等闲置房产，完成了部分单位办公场所的优化。规范处置报废资产，累计实现处置收入5 700万元；宾馆和驻外机构灵活经营、增收创效，同比减亏989万元。建立了法律风险报告制度，完成了重大合同管理流程的再造，规章制度的标准化、信息化改造稳步推进。

（曹钰梅）

【橡胶年产量突破40万吨】 2011年，齐鲁石化抓住市场机遇，大力增产橡胶，合成橡胶产量突破40万吨大关，位居国内首位，齐鲁石化成为国内第1家年产量超过40万吨的合成橡胶生产企业。齐鲁石化橡胶产量占到中国石化年总产量的30%，占国内总产量的16%。全年橡胶产值超过100亿元，为企业创效作出了突出贡献。

（曹钰梅）

橡胶厂职工精细化管理夺高产

【高压聚乙烯装置连续运行210天】 2011年，齐鲁石化按照“安全生产是天职，经济运行是水平”的科学理念，成立了塑料厂高压聚乙烯装置长周期运行攻关组，瞄准压缩机填料寿命短、反应器压力波动等难点，积极组织攻关，解决了影响高压聚乙烯装置稳定运行的因素300余项；深入开展长周期运行劳动竞赛，落实特护措施，努力把设备故障消除在萌芽状态。至6月26日，高压聚乙烯装置创出连续运行210天的新纪录，创造了装置开工13年来的历史最高水平，并居国内领先水平。较上年同期超产1.3万吨，多创效益2 630万元。

（刘文杰）

【丙烯腈装置技术改造项目开车成功】 齐鲁分公司腈纶厂8万吨/年丙烯腈装置技术改造项目总投资2.23亿元，2010年1月8日获中国石化总部批复，2月1日破土动工；2011年6月5日实现中间交接。6月10日装置开工点火；6月13日产出合格产品，比原计划提前17天，实现了一次投料开车成功。改造后该装置产能由4万吨/年达到8万吨/年。7月13日，完成改造的丙烯腈装置负荷达到设计值的110%，装置进入高负荷生产状态。

（曹钰梅）

8万吨/年丙烯腈装置 （翟小妹 摄）

【炼油厂催化干气回收乙烯装置建成投产】 齐鲁分公司炼油厂催化干气回收乙烯建设项目是国内首套浅冷吸收工艺催化干气回收乙烯装置，总投资9 000余万元。2010年9月20日开工建设；2011年9月9日实现中交，9月22日一次开车成功。该项目工艺包由中国石化北京化工研究院与齐鲁石化共同研究开发，核心技术是采用浅冷油吸收工艺回收催化干气中碳二组分作为乙烯原料，属国内首创。该装置由山东三维石化工程股份有限公司工程总承包，工艺先进，自动化程度高，每年可回收催化干气中的碳二组分5.59万吨，既解决了炼油厂燃料气过剩、效益损失的问题，又增加了乙烯原料来源，每年可减少约10万吨的石脑油消耗，对提高齐鲁石化的整体效益有着重要意义。

（曹钰梅）

【橡胶厂停用水煤浆锅炉改造项目完成】 2011年，齐鲁分公司橡胶厂停用水煤浆锅炉、优化氨制冷改造项目总投资2 980万元，主要将蒸汽冰机更新为2台电动冰机，并对尾气系统、脱氧水系统、蒸汽管网进行优化改造。6月17日破土动工；11月10日实现中间交接；11月30日，新建大功率冰机CM－807率先开启，实现一次开车成功。投用后，每月可增效300万元，并具有较好的环保效益。运行了30多年的 65 吨/时蒸汽锅炉停止使用。

（曹钰梅）

【第二化肥厂甲烷化改造项目开车成功】 齐鲁分公司第二化肥厂甲烷化改造项目投资 949 万元，新增氧化锌脱硫槽、甲烷化炉、甲烷化换热器、甲烷化水冷和水分离器及相应的配套改造。改造自 2011 年 5 月 26 日第 1 台设备吊装到 11 月 17 日项目一次投料成功，历时 176 天。投用后，氢气产能由 3.6 万米^3/时扩至 5 万米^3/时，有效增大煤制氢比例，降低氢气成本。

（曹钰梅）

【第一催化裂化装置技术改造项目启动】 齐鲁石化第一催化裂化装置安全隐患治理及节能技术改造项目于 2011 年 2 月 11 日获石化集团公司总部批复，总投资 13.83 亿元。2 月 27 日，项目正式启动。主要包括建设 260 万吨/年催化裂化装置，新建干气液化气脱硫和液化气纤维膜脱硫醇设施，新建 50 万吨/年气体分馏装置。项目及后续配套工程建成投产后，齐鲁石化炼油综合加工能力将达到 1 300 万吨/年。

（曹钰梅）

【开展大规模培训】 2011 年，齐鲁石化开展了大规模培训。培训自 2010 年四季度启动，截至 2011 年底，累计举办各类培训班 5 016 个、培训 8.35 万人次，相继完成了一线工人、两级管理人员、科级干部、处级干部等 4 个层面的轮训。一线工人培训突出了增强责任心、提高操作技能这一重点，并通过严格考试考核，推行持证上岗，为安全生产奠定了坚实基础。两级管理人员和科级干部培训，强调了敬业精神、提升专业素质的要求，为优化生产、细化管理提供了有力支撑。在处级干部轮训中，提出了变革思维方式、提高领导水平、把齐鲁石化建成受人尊敬企业的要求和目标。

（曹钰梅）

【巩固和谐稳定局面】 2011 年，齐鲁石化以服务地方、服务员工、服务客户为着力点，深入推进“为民服务创先争优”活动，突出了齐鲁特色。公司党委扎实开展形势任务教育，组织了“两个为什么”、“三个想没想到”和“打造高度负责任、高度受尊敬企业”的大讨论，举办了“想齐鲁石化好、会干自己岗位活”一线职工事迹报告会和“变革思维、提高素质、打造一流”经验交流会，推出了一批精细管理、精心操作、用心服务的先进典型。拓展舆论宣传阵地，《齐鲁石化报》改版为日报，开通了齐鲁石化电视教育频道，在国内 4 个知名网站建立了企业官方微博。“七一”前夕，评选出百名“齐鲁先锋”，召开了隆重的表彰大会，举办了以“永远跟党走”为主题的歌舞晚会，3 堂生动党课彰显了党建工作的成效。妥善解决了 10 余个历史遗留问题，“管理出效益”的成果惠及了齐鲁石化大家庭的方方面面。完善了薪酬分配制度工作，员工收入大幅增长，取得了前所未有的职工满意度，巩固了“心齐风正气顺劲足”的良好局面。

（曹钰梅）

表 1　齐鲁石化主要技术经济指标　亿元

指标名称＼年份	2011	2010	2009	2008	2007	2006
原油加工量/万吨	1 072.36	1 049.05	1 006.14	1 002.97	1 055.35	1 036.77
工业总产值	814.65	660.35	494.00	602.88	629.02	665.32
工业增加值	151.17	158.01	137.13	-8.00	100.73	53.10
资产总计	208.47	231.29	222.60	218.15	227.77	250.89
流动资产	51.89	66.45	40.54	35.78	48.78	77.00
固定资产原值	397.72	401.22	384.83	374.31	357.12	353.51
固定资产净值	156.91	151.45	162.11	159.09	155.18	163.11
销售收入	828.25	684.35	518.40	625.55	673.13	675.29
实现利税	103.57	99.55	97.62	-29.96	67.25	41.88
税　金	95.56	94.80	87.27	14.00	31.00	25.66

表 2 **齐鲁石化主要产品产量** 万吨

产品名称 \ 年份	2011	2010	2009	2008	2007	2006
汽　油	145.41	132.23	129.89	114.03	114.01	106.92
柴　油	410.47	394.14	386.69	405.04	407.69	405.94
煤　油	41.95	35.99	31.45	25.45	35.07	31.71
液化气	23.58	34.00	34.87	32.85	33.96	33.03
沥　青	61.85	41.35	36.59	18.91	32.46	28.81
合成橡胶	40.36	34.63	24.89	21.19	21.26	20.59
炼油催化剂		0	0	0	0	0
烧　碱	45.93	48.76	41.49	52.01	51.88	50.91
乙　烯	85.17	85.57	76.01	80.04	84.68	83.88
聚乙烯	46.79	47.79	43.32	45.19	48.83	48.61
聚氯乙烯	58.93	59.63	51.37	57.46	58.54	57.53
苯乙烯	21.52	21.00	19.64	20.04	21.96	21.25
丙烯腈	6.35	4.43	4.26	4.21	4.45	4.30
腈纶纤维	5.92	6.52	6.53	6.05	6.07	6.57
甲　醇		0	0	0	0	0
丁　醇	5.74	5.79	5.42	5.52	6.91	6.29
辛　醇	26.33	25.92	22.50	25.41	25.64	26.36
纯　苯	24.17	24.41	18.61	17.12	18.16	17.15
对二甲苯	9.16	3.90	4.72	6.21	7.10	6.83
邻二甲苯	3.70	5.30	3.70	4.13	4.09	4.34
苯　酐	3.00	3.43	3.33	3.48	3.42	3.77
甲基叔丁基醚	5.06	5.36	5.02	6.09	6.44	6.67
1－丁烯	1.70	1.76	1.83	2.24	2.32	2.43
发电/亿千瓦·时	45.99	44.97	39.38	40.00	42.83	38.26

茂名石化

【概况】 中国石化集团茂名石油化工公司、中国石化集团资产经营管理有限公司茂名石化分公司(简称茂名石化分公司)、中国石油化工股份有限公司茂名分公司(简称茂名分公司)统称茂名石化，位于广东省茂名市，东毗阳江，西临湛江，北连云浮和广西壮族自治区，南临南海，东北距广州362千米，西南距湛江121千米。茂名石化占地面积38平方千米，创建于1955年5月，是国有特大型综合石化企业，1983年整体并入中国石油化工总公司。

茂名石化拥有70套主要炼油、化工生产装置，1座动力厂，还有港口码头、铁路运输以及完善的管道、原油和成品油储存、海上原油接卸等储运设施。原油加工能力1 350万吨/年，乙烯生产能力100万吨/年。主要生产汽油、煤油、柴油、润滑油、溶剂油、石脑油、沥青、乙烯、甲苯、聚丙烯、乙二醇、苯乙烯、丁苯橡胶、SBS等30多类石油化工产品。

截至2011年底，茂名石化共设5个二级单位，21个机关处部室，6个直属单位，2个驻外机构，1个挂靠单位。职工总数10 701人，其中具有教授级职称的14人，高级职称的485人，中级职称的1 660人。固定资产原值345.33亿元。

茂名石化主要技术经济指标和主要产品产量见表1和表2。

（杨智勇　韩泉梅）

【确立率先打造世界一流炼化一体化企业目标】 根据中国石化“建设世界一流能源化工公司”的发展目

标和发展战略、发展模式，茂名石化确立了“打造中国石化炼化企业排头兵，率先把茂名石化建设成为世界一流大型炼化一体化企业和石油化工产业基地”的发展目标和“到‘十二五’末，炼油、化工确保达到世界先进，力争世界领先”的“十二五”目标。总体发展要求是：深入贯彻落实科学发展观，加快转变发展方式，全面实施精细化、差异化、绿色低碳、人才“四大”战略和改革调整，着力做优做特、做强做大，打造排头兵，融入珠三角，实现新跨越，把茂名石化建设成为资产优良、结构优化、管理卓越、技术领先、团队精干、绿色低碳、幸福和谐的世界一流大型炼化一体化企业和石油化工产业基地。

（杨智勇　韩泉梅）

【炼油改扩建工程正式开工建设】　2011 年 1 月 19 日，茂名石化 2 000 万吨/年炼油改扩建工程正式开工建设，标志着茂名石化第 3 次跨越式发展正式起步。炼油改扩建工程是国家《石化产业调整和振兴规划》中的石化技术改造项目、中国石化重点工程建设项目、广东省“新十大工程”之一。工程包括油品质量升级改造及同步建设配套项目，依托老厂已有土地及设施进行改造建设，总体设计批复概算 44.14 亿元，工程计划于 2013 年 6 月全面建成投产。该工程采用国内先进工艺技术，建设 10 万吨/年硫黄回收装置、300 吨/时高浓度污水处理场、CFB 锅炉增设烟气脱硫装置等一批环保装置及配套设施，确保实现增产减污的目标。

（杨智勇　韩泉梅）

茂名石化 2 000 万吨/年炼油改扩建工程正式开工建设　（张　琼　摄）

【13 个调结构项目获批准并逐步开工建设】　2011 年，茂名石化大力实施结构调整和差异化发展战略，10 万吨/年顺丁橡胶、20 万吨/年聚丙烯等 13 个调结构项目获石化集团公司总部批准，这些项目正按照“确保 2013 年一季度、力争 2012 年底建成投产”的目标加快推进。

（杨智勇　韩泉梅）

【生产经营实现突破】　2011 年，茂名石化加工原油 1 450万吨，超设计能力 100 万吨，生产乙烯 108.52 万吨，比计划多 5.52 万吨，均创历史最高水平。其中，成品油产量达到 742.04 万吨，同比增长 10.86%，增产汽柴油 68.33 万吨，位居中国石化第 1 位；实现销售收入 1 107.37 亿元，首次突破千亿大关；实现利税 250.12 亿元，首次突破 250 亿元，上缴税金 231.42 亿元，首次超过 200 亿元；实现利润 18.70 亿元，位居中国石化炼化企业前列，其中炼油赢利 201 万元，吨油利润 0.14 元，均列中国石化炼化一体化企业首位；按预算条件还原赢利 71.35 亿元，比总部下达指标多赢利 13.47 亿元，超过奋斗指标 10.69 亿元。

（杨智勇　韩泉梅）

【彻底扭转安全生产被动局面】　2011 年，茂名石化抓住安全生产这一首要工作，持续深化“我要安全”主题活动，创新强化安全管理，努力追求本质安全，消灭了分部级以上安全环保事故和非计划停工，实现了重大生产、火灾、人身伤亡事故 3 个为“零”，彻底扭转了安全生产的被动局面。时隔 3 年，公司再次获得石化集团公司安全管理先进单位称号，继续保持全国“安康杯”竞赛活动优胜单位和石化集团公司环保、消防管理先进单位称号。

（杨智勇　韩泉梅）

【炼油综合能耗创新低】　2011 年，茂名石化通过优化装置开停、完成装置优化措施、利用装置大修实施节能改造等措施，实现了七成以上装置能耗下降，在中国石化同类装置竞赛中，12 套装置能耗排名前三。全年炼油综合能耗 49.75 千克(标油)/吨，创历史新低，比上年下降 3.77 千克(标油)/吨，相当于节约燃料消耗 5.58 万吨标油，节约成本 2.1 亿元。

（杨智勇　韩泉梅）

【炼油 3 项技术经济指标创历史最好水平】　2011 年，茂名石化通过强化炼油生产全过程严格管理，优化生产方案，使炼油主要技术经济指标持续提升。其中，可比综合商品率 95.65%，比上年提高 0.08 个百分点；加工损失率 0.38%，比上年降低 0.03 个百分点；自用率 3.97%，比上年降低 0.04 个百分点，均创历史最好水平。

（杨智勇　韩泉梅）

【裂解损失率、乙烯燃动能耗保持国内最低】 2011年，茂名石化节能降耗取得显著成效。通过成功实施1#裂解装置跨年度检修和2#裂解装置CB－301检修开停车“零排放”方案，完成1#裂解装置样板炉H－111炉改造项目并投用，强化裂解炉攻关以及火炬的排放管理，有效堵塞了能源、物料流失的主要渠道。全年裂解损失率、乙烯燃动能耗分别降至0.22%和539.97千克(标油)/吨，同比分别降低0.09个百分点和19.14个单位，继续保持国内最低。

(杨智勇　韩泉梅)

【乙烯收率、双烯收率创百万吨乙烯最好水平】 2011年，茂名石化突出抓好装置生产运行管理，实施生产经营全过程滚动优化，坚持每日对装置运行情况总结分析、查找问题、调整优化，做到了日分析、日平衡、日优化，各项指标大幅提升。其中，乙烯收率、双烯收率分别为31.65%和46.88%，同比分别提高1.07和1.27个百分点，创2006年9月百万吨乙烯改扩建工程投产以来的最好水平。

(杨智勇　韩泉梅)

【茂名北山岭原油商业储备基地建成投用】 2011年4月24日，茂名北山岭原油商业储备基地建成投用，比计划提前23天，结束了粤西地区没有大型原油储备库的历史。

(杨智勇　韩泉梅)

茂名北山岭原油商业储备基地　(周祥燊　摄)

【单点系泊接卸国内最大油轮】 2011年8月，30万吨级单点系泊接卸国内自行设计制造最大超级油轮“新甬洋”号，该油轮长333米，型宽60米，型深29.8米，总载重量30.92万吨，满载总排水量35.3万吨，创造了华南沿海接卸船舶最大吨位的纪录，这是单点投产以来接卸的载重量最大的油轮。

(杨智勇　韩泉梅)

【做大新产品专用料产量】 2011年，茂名石化大力开发新产品，积极推进新产品和专用料的大批量生产，进一步优化了产品结构，提高了产品的市场竞争力和赢利能力。全年，成功开发高密度聚乙烯土工膜料、聚丙烯镀铝膜料等7个牌号新产品，生产专用料及新产品87.28万吨，占树脂总产量59.98%，创效1.22亿元。其中，新开发的土工膜产品TR400M填补了国内空白。

(杨智勇　韩泉梅)

【2#高压聚乙烯装置成功开发生产医用卫生包装料3330F】 2011年4月14日，茂名石化2#高压聚乙烯装置成功开发出医用卫生包装料3330F，首批产品产量达到500吨。经过检验，产品全部达到优等品指标，其中凝胶含量为3，浊度达到6。该牌号产品具有优良的加工性能，安全无毒，主要用于医用输液袋、输液管、药水瓶等，市场售价比普通产品高出约2 000元/吨，填补了国内同类产品的空白。

(杨智勇　韩泉梅)

【全密度聚乙烯装置全面实现“三剂”国产化】 2011年5月12日，茂名石化全密度聚乙烯装置的助催化剂三正己基铝成功实现了国产化应用，加上4月底已经实现了国产化应用的助催化剂三乙基铝、一正二乙基铝，全密度聚乙烯装置所有“三剂”都已经实现了国产化，每年可节约助催化剂成本15万元以上。

(杨智勇　韩泉梅)

【10万吨/年顺丁橡胶项目开工建设】 2011年9月1日，茂名石化10万吨/年顺丁橡胶装置开工建设。该项目总投资5.27亿元，由北京燕山玉龙石化工程有限公司设计、中国石化第十建设公司承建，计划2012年12月建成投产。

(杨智勇　韩泉梅)

【煤制氢装置正式开工建设】 2011年9月18日，茂名石化煤制氢装置1000号单元桩基工程开工，标志着煤制氢装置项目正式开工建设。煤制氢装置及配套项目是炼油改扩建工程的重要配套工程，该项目建设是炼油改扩建工程的关键线路，是炼油改扩建工程的重中之重。装置计划2013年4月30日全面建成中交，2013年6月30日投料开车。

(杨智勇　韩泉梅)

【合同管理信息系统上线运行】 2011年5月10日，茂名石化合同管理信息系统(CMIS)上线运行，成为中国石化炼化板块第1家上线实施CMIS的单位。这次上线运行是在中国石化CMIS与ERP系统打通条件下的试运行，解决了CMIS与中国石化已有主要信息系统连通的难题，实现了“数据同源、信息共享”。项目的应用，实现了合同网上实行、审批、终结，由此形成合同的闭环管理，提高了合同会签的效率，规范了合同审批流程，并加强了风险防控。

（杨智勇　韩泉梅）

【建立一体化管理体系】 2011年，茂名石化全力推进一体化管理体系建设。按照共性兼容、个性互补的原则，以质量管理体系GB/T 19001的管理要素为主线，有机整合职业健康安全管理体系、环境管理体系、HSE管理体系、能源管理体系、测量管理体系的要求，确定了包含“管理职责”、“资源管理”、“产品实现”、“测量、分析和改进”四大过程的一体化管理体系框架，组织制定了茂名石化一体化管理体系《管理手册》、58个程序文件、299个公司层面制度以及448个二级单位、直属中心级制度，并修订完善记录1 751份，在公司内部建立了一套切合企业实际需要，融科学性、系统性、规范性、完整性、实用性、有效性于一体的文本化的一体化管理体系。

（杨智勇　韩泉梅）

【“比学赶帮超”成绩显著】 2011年，茂名石化新领导班子高度重视“比学赶帮超”工作，大力营造“比学赶帮超”氛围，通过制定工作方案，层层分解指标、落实单位和部门责任及配套奖惩办法、组织调研督导、指标分析、短板改进及经验交流等一系列措施，“比学赶帮超”成绩显著。炼油业务获总部评比76面红旗，在总部排名第1位，化工业务获总部评比106面红旗，在总部排名第2位；公司全年获省部级以上荣誉58项。

（杨智勇　韩泉梅）

【党委被评为全国先进基层党组织】 茂名石化公司党委以企业生产经营、改革发展为中心，按照“抓班子、带队伍、保稳定、促发展”的思路，紧紧抓住开展保持共产党员先进性教育、深入学习实践科学发展观和创先争优活动的机遇，以改革创新的精神推进企业党建工作。2011年，茂名石化党委获全国先进基层党组织称号。

（杨智勇　韩泉梅）

表1　　茂名石化主要技术经济指标　　亿元

指标名称 \ 年份	2011	2010	2009	2008	2007	2006
原料油加工量/万吨						
茂名分公司	1 450.00	1 386.03	1 298.04	1 303.24	1 313.68	1 400.33
工业总产值						
茂名分公司	952.88	772.89	620.18	742.63	658.84	569.18
茂名石化分公司	13.76	11.83	10.92	11.01	10.87	4.69
工业增加值						
茂名石化分公司	4.98	2.53	4.00	2.59	4.37	3.59
资产总计						
茂名分公司	220.64	200.87	197.27	174.97	189.05	194.05
茂名石化分公司	48.42	53.70	55.10	52.80	52.36	53.20
流动资产						
茂名分公司	103.48	79.58	65.86	38.81	45.69	45.80
茂名石化分公司	15.07	14.21	14.65	13.44	12.78	2.27
固定资产原值						
茂名分公司	277.40	276.90	275.87	260.17	258.58	240.48
茂名石化分公司	67.31	68.43	68.98	68.53	68.15	67.54
固定资产净值						
茂名分公司	98.88	108.96	120.70	120.21	135.45	134.22

续表

指标名称＼年份	2011	2010	2009	2008	2007	2006
茂名石化分公司	25.76	34.43	30.79	37.96	39.76	41.48
销售收入						
茂名分公司①	936.48	757.36	623.39	744.64	643.08	547.88
茂名石化分公司	27.24	24.98	23.74	24.30	23.96	20.40
实现利税						
茂名分公司	246.76	162.13	169.19	-3.16	72.37	19.86
茂名石化分公司	3.36	3.20	2.37	2.49	3.88	1.99
税　金						
茂名分公司②	229.16	193.94	176.23	120.37	105.14	96.07
茂名石化分公司	2.26	1.79	1.77	1.67	2.50	1.30

①茂名分公司销售收入不含炼化互供。

②茂名分公司税金为当年实际缴纳数，含进口原油增值税。

表2　　**茂名石化主要产品产量**　　万吨

产品名称＼年份	2011	2010	2009	2008	2007	2006
乙　烯	108.52	98.14	106.06	95.48	96.26	52.21
丙　烯	52.22	48.13	53.75	47.83	49.10	26.52
混合芳烃	49.66	50.68	56.35	50.74	51.18	28.44
三苯(化工)	39.95	40.61	43.06	38.27	39.13	23.25
三苯(炼油)	3.50	3.60	1.00	0.85	1.54	1.19
聚丙烯	56.06	49.50	55.64	47.36	50.37	25.85
线性聚乙烯	16.59	18.59	21.46	17.73	20.00	17.32
高密度聚乙烯	34.42	28.24	36.03	30.88	34.60	10.66
高压聚乙烯	41.45	37.48	38.85	33.87	27.12	11.71
丁二烯	14.28	12.78	14.72	13.28	14.09	7.75
甲基叔丁基醚(MTBE)	6.86	6.55	6.93	6.08	5.46	4.76
1-丁烯	1.79	1.56	2.00	2.08	1.95	1.68
乙二醇	7.62	6.61	3.66	8.33	9.22	10.24
环氧乙烷	8.15	8.12	5.64	4.73	5.30	2.75
苯乙烯	12.08	8.82	11.22	11.47	10.27	11.41
SBS橡胶	8.49	8.44	10.28	8.62	7.54	7.34
液化气	82.10	68.81	61.72	66.36	64.68	58.06
石脑油	168.13	157.18	160.34	139.61	148.87	175.16
汽　油	221.02	210.52	209.82	219.18	195.03	179.27
高标号汽油	219.49	205.98	206.07	217.47	173.58	157.21

续表

产品名称 \ 年份	2011	2010	2009	2008	2007	2006
煤　油	129.00	124.07	127.89	107.15	123.70	121.18
柴　油	450.96	396.35	401.86	486.71	420.05	516.17
基础油	29.53	29.07	25.39	23.89	26.79	23.83
石　蜡	8.49	10.72	9.83	8.08	10.92	9.76
商品重油	0.00	1.06	10.61	34.80	47.55	22.04
沥　青	71.10	88.70	64.94	34.34	30.86	38.33
石油焦	75.66	60.04	60.39	76.49	72.51	65.20
硫　黄	15.12	11.35	10.62	13.64	13.09	14.70

镇海炼化

【概况】 中国石油化工股份有限公司镇海炼化分公司(简称镇海炼化)是中国石化旗下的特大型炼油化工骨干企业，位于浙江省宁波市。前身为始建于1975年的浙江炼油厂，1983年划归原中国石油化工总公司。

截至2011年底，镇海炼化拥有2 300万吨/年原油加工能力、100万吨/年乙烯和200万吨/年芳烃生产能力、4 500万吨/年深水海运码头吞吐能力以及超过330万立方米的储存能力，形成了“大炼油、大乙烯、大芳烃、大码头、大仓储”的产业格局，是中国最大的炼化一体化企业。主要生产各种规格的汽油、柴油、航空煤油、液化气、道路沥青、苯类、乙烯、丙烯、丁二烯、环氧乙烷、乙二醇、环氧丙烷、苯乙烯、聚丙烯树脂、聚乙烯树脂等50多种优质石油化工产品。管理上实行以“三项制度”为核心的“一体化管理体系”；同时不断优化项目发展、管理变革、人力资源“三位一体”发展规划，积极探索符合镇海炼化实际的信息化之路；设15个管理处室(含党群部门)、9个业务中心、12个生产运行(专业)部，另有中国石化授权管理的杭州石化有限责任公司(简称杭州石化)等6家主要子公司。有在岗职工6 201人(不含杭州石化)，其中具有高级职称的283人，中级职称的837人。

镇海炼化主要技术经济指标及主要产品产量见表1和表2。

(庄美琦)

【获中国石化2011年度特别贡献奖】 2011年，镇海炼化生产经营创出“五个新高”：一是原油加工量达到2 198.61万吨(不含杭州石化)，连续保持国内第一；二是乙烯产量达到110.84万吨，第1个运行整年就全面超过设计能力；三是营业收入达到1 410.8亿元(不含杭州石化)，比上年增长39%；四是实现利税230.05亿元(不含杭州石化)，比上年增长13.2%；五是实现利润58.53亿元(不含杭州石化)，比上年增长11.5%。12月31日，镇海炼化被石化集团公司授予2011年度特别贡献奖，在全系统40多家炼化企业中首获此殊荣。

(庄美琦)

镇海炼化获2011年度中国石化特别贡献奖

【以“分子管理”理念为核心的炼化一体化优化机制形成】 2011年，镇海炼化通过深化“分子管理”，一方面统筹氢气、碳一到碳六资源的综合利用，使低价值的干气、富乙烷气、饱和液化气、正构碳五等多种炼油副产品成为优质裂解原料，不仅使乙烯原料更丰富、更轻质、成本更低，还大大降低了乙烯对石脑油的依赖度，并使“双烯”收率更高；另一方面大乙烯反哺大炼油提升了各类分子的价值，抽余油、高辛烷值组分、氢气、氮气等低价值的乙烯副产品反哺炼油，转变为高价值产品，直接提升了炼油竞争力，实现了炼油、化工的相互促进提升。全年镇海炼化化工板块实现利润58.33亿元，炼油板块在整个炼油行业巨亏的情况下仍略有盈余。

（庄美琦）

【300万吨/年柴油加氢精制装置建成投产】 2011年5月3日，镇海炼化新建300万吨/年柴油加氢精制装置建成中交，6月19日开车一次成功。至此，镇海炼化的柴油加氢能力达到860万吨/年，可对柴油馏分进行全加氢处理，生产的车用柴油全部升级到国Ⅲ标准，每年可减少汽车尾气二氧化硫排放1.6万吨。该装置总投资约5.1亿元，由反应、分馏、脱硫、溶剂再生以及配套公用工程设施组成，是中国石化11个在建的柴油质量升级项目中最早建成中交的项目。

（庄美琦）

镇海炼化300万吨/年柴油加氢精制装置建成投产

【化工产品生产开发成效显著】 2011年，镇海炼化坚持以市场为导向，及时调整化工产品结构，增产丁二烯、环氧乙烷等高附加值产品，增效显著。同时，稳步推进高端化工新产品开发，成功生产了双向拉伸聚丙烯薄膜料F03DB、高熔指抗冲共聚料M30RH等新产品，生产销售聚烯烃专用料33.7万吨、新产品9 490吨，其中DNDA－8320成为国内市场高熔指线性料的标杆牌号。

（庄美琦）

【8种物料直供宁波石化经济技术开发区】 2011年3月22日，镇海炼化乙烯单体首次管输阿克苏诺贝尔乙烯胺（宁波）有限公司。该公司位于宁波石化经济技术开发区内，镇海炼化每年向其管输气相乙烯约4.4万吨，是项目的主要原料供应商。至此，镇海炼化乙烯工程共有甲烷氢、乙烯、丁二烯、碳五、碳九、苯乙烯、轻裂解焦油、重裂解焦油8种物料产品供宁波石化经济技术开发区6家企业。全年供物料总量达到72.9万吨，成为拉动宁波石化经济快速发展的强力引擎。

（庄美琦）

【生产沪Ⅳ柴油供应市场】 2011年3月24日，镇海炼化成功生产出3 500吨沪Ⅳ标准的0#车用柴油。至此，镇海炼化已具备同时生产国标轻柴油、粤国Ⅲ、沪Ⅳ、欧Ⅴ标准柴油的能力，形成4套独立的“专罐专线专泵”的生产储运系统。

（庄美琦）

【化肥装置全面完成转产改造】 2011年5月，结合炼油生产总流程需要，为充分发挥总流程油化一体化深度联合优势，按照“原料路线不变、工艺技术不变”的原则，镇海炼化对化肥装置部分操作单元进行局部优化改造，使装置实际供氢能力达到9万米^3（标准）/时。该项目总投资5 500万元，与新建1套同规模制氢装置相比，节约近4亿元。

（庄美琦）

【3 000吨/年浆态床合成油示范装置中试运行成功】 3 000吨/年浆态床合成油示范装置（简称SDF装置）是中国石化首套浆态床合成油项目，是中国石化为实施煤制油、天然气制油产业化资源战略作出的重要部署。2009年，为加快中国石化浆态床合成油研究开发进程，中国石化总部研究决定在镇海炼化还建美国Syntroleum公司浆态床合成油技术中试装置，并开展相关试验。项目由石油化工科学研究院负责总体试验方案的策划制定和催化剂研制，宁波工程公司负责工艺包开发和工程总承包，镇海炼化负责装置运行和检维修。2011年6月25日，SDF装置顺利产出合格产品，标志着投料试车一次成功；8月19日，顺利完成第二阶段试验，并平稳切换至纯合成气循环工况，标志着中国石化合成油技术取得重大突破；11月19日，装置首批催化剂再生工作圆满结束，为单系列70万吨/年浆态床装置工艺包设计提供了数据。

（庄美琦）

中国石化 3 000 吨/年浆态床合成油示范装置中试运行成功

【全生物航煤组分在杭州石化试生产】 2011 年，中国石化采用具有自主知识产权的生物航煤生产技术，组织研究（石油化工科学研究院）、设计（工程建设公司）和生产（杭州石化）等单位，将杭州石化原有一套加氢装置改造成全生物航煤试生产装置，同时在镇海炼化建立了调和设施，可以按要求调和合适比例的生物航煤调和产品。12 月 12 日，改造后的全生物航煤装置开工进油，开始以棕榈油为原料生产全生物航煤组分，装置运行平稳。

（庄美琦）

【深入培育以“安全从心出发”理念为核心的 HSE 文化】 2011 年，镇海炼化认真贯彻中国石化总部“我要安全”主题活动的各项部署，不断深化“从心出发、从行出发、从新出发”的 HSE 管理理念，即坚持“从心出发”，确保责任到位；坚持“从行出发”，确保控制有效、保障有力；坚持“从新出发”，在继承中创新管理。建立领导干部现场带班制和安全总监制，编制完成全员、全岗位安全生产职责，全面推行 HSE 观察，建立全员 HSE 绩效档案，发布《外操工作行为规范》，实施“安全马甲”，坚持“小题大做”扩大事故的教育面，HSE 管理的基础更加稳固；以“五个不一样”深化完善安全环保即时奖励机制，充分调动广大员工主动排查问题隐患、“低头捡黄金”的积极性，全年奖励 1 万余人次、发放奖金 112.9 万元；开展设备寿命管理，实施“仿真系统进操作室”，投用智能巡检系统，加强 DCS 功能开发，推行开停工方案模板、操作指令文本化，推广每日“七位一体”协调会，使 HSE 管理更注重源头和过程控制，从被动防守到主动防御。2011 年，镇海炼化实现安全生产“十连冠”。

（庄美琦）

【正式告别燃油锅炉时代】 2011 年，镇海炼化 I 电站 2 台 130 吨/时燃油锅炉及高 100 米烟囱拆除工作全部完成。I 电站于 1977 年建成，曾是镇海炼化创业的标志之一。锅炉和烟囱的拆除，标志着镇海炼化彻底告别燃油锅炉、进入 CFB 锅炉时代，成为中国石化系统内唯一一家没有燃油锅炉的炼化一体化企业。

（庄美琦）

【建立污染物在线浓度波动监控预警机制】 2011 年，镇海炼化坚持“环保从心出发”，按国家排放标准的 50%—80% 制定了更为严格的预警标准，对 16 个点位 49 项石化特征污染因子实施在线监控预警。在线数据一旦超过预警值，环保管理部门和相关运行部可根据预警报告提供的异动项目和风向等信息，准确查找原因并进行处置，保证联网环境在线监测数据 100% 达标。

（庄美琦）

【全面推进制度信息化】 截至 2011 年底，镇海炼化成功开发并投用出差管理、ERP 主数据管理、物资领用和配送等 67 个业务全流程，2011 年累计应用量超过 4 万多次，实现了管理从“人控”到“机控”的转变，确保了制度要求的不可逾越、不可替代、不可或缺。围绕制度信息化建设，公司各单位全年共提出管理优化提升建议 439 项，涉及“三项制度”817 条，被列入信息化开发项目 76 个，实现了制度体系与信息化的双向促进提升。

（庄美琦）

【成立动设备专业化管理团队】 2011 年 8 月，在前期成立动设备专业化工作筹备小组的基础上，镇海炼化正式成立了泵专业、离心压缩机专业、容积压缩机专业、专用机械专业、状态监测专业、备品配件专业 6 个动设备专业团队，标志着动设备管理模式由“以块为主、条块结合” 向“以条（专业）为主、区块（协调）为辅” 转变。

（庄美琦）

【成立计量中心】 根据公司项目发展、管理变革、人力资源“三位一体”发展规划和“行政管理集约化、技术管理专业化、运行管理现场化”的管理理念，2009 年起镇海炼化开始酝酿计量管理职能优化调整，并在充分调研论证和吸收借鉴的基础上，形成了具有镇海炼化特色的计量管理职能全覆盖的改革方案。2011 年 9 月 29 日，镇海炼化成立计量中心，成为公司9个业务机构之一。新成立的计量中心负责抓好公司计量器具的管理和维修标定，同时负责公司计量数据的管理。

（庄美琦）

【外包业务管理模式获国家级创新成果二等奖】 为提高企业核心竞争力，有效降低外包业务管理风险，确保对外包业务有效监控，镇海炼化按照“有所为有所不为”的原则，全面界定外包业务范围；按照“做什么、谁来做、怎么做”，对业务外包全流程进行全面剖析，重塑外包业务管理流程，强化文本化管理；并且通过建立“管用”分开的资源市场管理机制、矩阵式的现场监管机制、一体化的检查机制、即时有效的考核机制，强化外包业务的全流程管理、现场管理，确保业务外包“有人管、有权管、管得好”，从而有效地保障企业的安全生产，提升企业管理水平，实现企业与外包商的“双赢”。2011年12月，镇海炼化外包业务管理模式获第18届国家级企业管理现代化创新成果二等奖。

（庄美琦）

【实施“4+1”倒班新模式】 2011年，镇海炼化通过对公司新老催化装置的剖析以及对各生产装置写实、测算，以安全生产为前提，进一步压缩生产一线单班定员编制，将原四班二倒工作制优化为“4+1”四班二倒新模式，即设4个正班和1个运行支持班，采用四班二倒与常白班相结合的工作制，保障员工学习培训和休息调整的时间，被广大一线员工称为“以人为本”的好创举。截至年底，实施率达52.9%。

（庄美琦）

【实施月收入薪酬制度改革】 2011年8月，在中国石化总部统一基本薪酬制度试点和新一轮定岗定编工作的基础上，镇海炼化平稳实施月收入薪酬制度改革，即“月收入=月基本薪酬+月绩效奖”，并以岗位为基础，以市场为导向，调整优化薪酬结构，显化员工月收入标准，加大月分配力度，增强员工对收入的掌控能力，变“领导发钱”为“职工挣钱”，提高薪酬激励的时效性和竞争性。

（庄美琦）

【获全国模范劳动关系和谐企业称号】 2011年8月15日，在北京人民大会堂召开的全国创建劳动关系和谐企业与工业园区活动表彰大会上，镇海炼化被人力资源和社会保障部、全国总工会、中国企业联合会(中国企业家协会)和全国工商业联合会授予全国模范劳动关系和谐企业称号。

（庄美琦）

【向第8届全国残运会捐赠100万元】 2011年9月，经石化集团公司审批同意，镇海炼化向浙江省第8届全国残疾人运动会筹委会捐赠100万元，积极承担大企业社会责任，支持当地公益事业，塑造中国石化企业的良好社会形象。

（庄美琦）

表1 **镇海炼化主要技术经济指标** 亿元

指标名称 \ 年份	2011	2010	2009	2008	2007	2006
原油加工量/万吨	2 261.14	2 159.80	1 976.16	1 997.99	1 861.25	1 750.36
工业总产值	1 350.91	1 031.35	736.65	942.97	718.61	684.95
工业增加值	264.68	243.56	213.32	-48.90	77.56	51.78
资产总计	443.73	389.29	388.14	278.78	258.83	174.45
流动资产	187.94	119.25	79.77	67.96	89.00	72.77
固定资产原值	360.05	353.86	190.69	180.62	170.29	167.73
固定资产净值	215.86	230.56	81.61	81.76	85.67	91.70
销售收入	1 457.57	1 061.12	742.52	943.36	726.89	691.51

续表

年　份 指标名称	2011	2010	2009	2008	2007	2006
实现利税	236.80	214.34	193.59	-16.65	58.67	39.07
税　金	183.99	160.70	136.37	24.56	36.86	25.78
综合能耗/吨标煤·万元$^{-1}$	0.53	0.63	0.47	0.48	0.53	0.55

表 2　　**镇海炼化主要产品产量**　　万吨

年　份 产品名称	2011	2010	2009	2008	2007	2006
汽　油	314.95	304.86	320.82	285.77	246.06	241.67
航空煤油	162.89	154.56	146.08	129.41	150.89	123.43
柴　油	763.22	763.00	754.67	832.03	738.93	726.32
石脑油	275.85	232.06	118.84	136.44	133.70	121.11
燃料油	48.97	37.80	35.09	51.64	65.83	55.45
液化气	114.71	114.54	110.43	110.15	98.12	91.54
白色油	5.33	41.76	32.32	20.18	18.13	13.99
溶剂油	3.18	3.18	5.83	7.23	7.31	7.97
沥　青	128.03	117.80	85.63	45.12	47.87	55.56
丙　烯	90.93	62.49	34.74	34.38	28.25	28.36
聚丙烯	56.40	37.42	24.36	25.41	22.57	22.47
苯	40.95	28.93	16.60	22.03	21.99	21.52
甲　苯	17.18	12.92	8.82	12.57	13.23	10.26
混合二甲苯	17.51	6.28	6.83	8.77	6.28	1.87
邻二甲苯	15.65	16.03	15.87	15.21	15.73	15.12
对二甲苯	43.69	49.27	51.85	50.05	51.51	54.24
硫　黄	21.71	17.92	17.49	18.68	15.86	16.03
石油焦	130.12	120.65	117.91	124.19	92.74	87.30
尿　素	—	10.47	32.20	33.70	47.81	52.43
乙　烯	110.84	52.59	—	—	—	—
丁二烯	16.32	7.91	—	—	—	—
聚乙烯	47.36	19.81	—	—	—	—
环氧乙烷	11.18	4.53	—	—	—	—
乙二醇	56.85	30.01	—	—	—	—

天津石化

【概况】 中国石油化工股份有限公司天津分公司(简称天津分公司)和中国石化集团资产经营管理有限公司天津石化分公司(简称天津石化分公司)统称天津石化，是隶属于中国石化的国家特大型炼油、乙烯、化工、化纤联合企业，位于天津市滨海新区，东临渤海油田，南靠大港油田，占地面积14平方千米，与天津市区和塘沽新港有铁路、公路相通，与天津港南疆石化码头有输油管线相连。其前身为中国石化天津石油化工公司(由天津市石油化学工业公司和天津市石油化纤总厂组成)，成立于1983年12月28日，2000年，分设为中国石化集团天津石油化工公司和天津分公司；2005年，两个公司进行一体化重组整合，实现机构的统一管理；2007年5月22日，注册成立天津石化分公司，10月正式注销中国石化集团天津石油化工公司；2010年6月，两个公司实行一体化管理。

天津石化实行“公司—作业部—车间”三层管理模式，下设发展规划部、计划部、生产部、安全环保部、企业管理部等25个机关部室和炼油部、烯烃部、化工部、聚醚部等18个生产作业部及直属专业服务单位。天津分公司有2家合资公司：中沙(天津)石化有限公司和天津石化液化空气气体有限公司，后者由天津分公司和法国液化空气(中国)投资有限公司各出资50%组建。天津石化分公司有1家合资公司——天津天寰聚氨酯有限公司，日本三井化学株式会社持有70%股份，天津石化分公司持有25%股份，日本蝶理株式会社持有5%股份。

截至2011年底，天津石化正式职工总数为9 355人，资产总额319.02亿元。拥有炼油装置23套，化工装置25套，化纤装置3套；原油一次加工能力1 550万吨/年，综合配套加工能力1 250万吨/年，其他装置生产能力为：乙烯120万吨/年(含中沙石化)，对二甲苯38万吨/年，PTA 34万吨/年，聚酯20万吨/年，聚醚10万吨/年；原油储存能力27万立方米，拥有与主要生产装置相配套的装机容量40万千瓦、供水10万吨/日等公用工程系统。主要生产石油炼制、石油化工、石油化纤三大类产品，均具有较好的市场知名度，其中涤纶短纤维、3#喷气燃料为国优产品；“天仙”牌涤纶短纤维，“津港”牌轻柴油、车用汽油、3#喷气燃料，“大港”牌工业用纯苯被评为天津市名牌产品。

天津石化主要技术经济指标及主要产品产量见表1和表2。

(王 进)

【全面开展“效益年”活动】 2011年，天津石化制定并落实了《天津石化2011年深化精细管理暨“效益年”活动实施方案》，公司上下紧紧围绕“上下同欲，决战决胜，全力打好效益翻身仗”这一主题，提高认识，解放思想，精细管理，真抓实干，形成了“一切工作为效益，人人手中有效益”的良好局面。通过调整完善生产经营攻关优化机构，强化绩效考核管理，狠抓各项优化措施的督办和考核，向全过程优化、滚动优化要效益，确保了效率、效益全面提升。天津分公司全年完成销售收入1 158亿元(含中沙石化296亿元)，实现利润5.38亿元(石化集团公司可比口径10.51亿元)、利税109.45亿元(含中沙石化22.22亿元)，效益排名历史性进入石化集团公司炼化企业前5名；天津石化分公司圆满完成了中国石化总部下达的各项考核指标。天津石化年度整体绩效评价首次进入石化集团公司A类企业行列。

(王 进)

【生产经营实现新突破】 2011年，天津石化原油加工量突破1 300万吨，高标号汽油比例首次实现100%，航煤产量突破100万吨，生产高附加值油品累计增效近2亿元。京标Ⅳ汽油、国Ⅲ车用柴油实现了大批量生产，汽柴油质量升级迈上了新台阶。全年生产乙烯134.26万吨(含中沙石化)，产量居国内第1位。吨油完全费用201.33元，化工吨产品完全费用2 608.08元，同比分别降低20.34元和597.61元。进口原油CIF平均价格比石化集团公司平均水平低1.79美元/桶，在12家大型炼油企业中排名第3位，取得了历史性突破。同时，主要技术经济指标得到进一步提升，在石化集团公司年度重点考核的31项能耗、物耗指标中，有17项创历史最好水平，其中15项位居炼化企业前3名，聚乙烯能耗、短丝能耗、聚酯耗EG排名第1位。

(王 进)

【技术进步取得新成果】 2011年，天津石化围绕贴近生产、贴近实际，大力推动科技创新与技术进步，努力增强高新技术研发转化能力，充分发挥“推进器”作用，全面支撑公司的有效发展。国内首套芳烃5 000吨/年PX结晶中试装置、中国石化首条异型截面聚苯硫醚短纤维生产线等科研项目取得阶段性成果，1万吨/年连续工艺合成聚醚多元醇技术开发项目通过石化集团公司鉴定，综合性能达到国际先进水平，国产最新型异构化催化剂RIC－200成功应用，细旦中空涤纶短纤维生产技术及产品质量达到国际先进水平，聚酯差别化实现了零突破，成功生产硬泡聚醚新产品TZM440、TPZ425，填补了国内空白。

(王 进)

【国内首套单独加工凝析油装置开车成功】 2011年4月，天津石化1#常减压装置改造项目一次开车成功并保持稳定运行，成为国内首套单独加工凝析油的装置。年内共加工凝析油77.72万吨，缓解了乙烯原料短缺的问题，优化了炼油产品结构，有效发挥了炼化一体化优势。是年，天津石化在国内首家开展的凝析油炼制作业场所职业健康风险分析研究通过了天津市组织的专家鉴定。

（王　进）

【2万吨/年聚醚装置竣工投产】 2011年4月28日，天津石化2万吨/年聚醚装置异地扩能改建工程竣工，5月18日生产出第1批合格产品MN－3050并投放市场。至此，天津石化聚醚年产能达到10万吨。

（王　进）

【安全环保实现预期目标】 2011年，天津石化大力倡导“安全事故零容忍”、“一切事故都可以避免”的理念，严格执行国务院国资委、石化集团公司、天津石化《安全生产禁令》，实行了“两特”期间领导干部带班制度，试点设立了安全总监，推行了HSE观察卡和未遂事件报告卡制度，促进了各级HSE责任制的有效落实，实现了重大事故为零，未发生界外环境污染和职业病危害上报事故，成为石化集团公司同时获得安全生产、环境保护、职业卫生、消防、“我要安全”主题活动先进(优秀)的3家企业之一，连续11年被评为全国“安康杯”竞赛优胜企业。同时，从强化管理、推进立项、开展科研等多方面入手，扎实推进节能减排工作，工业废水排放量、COD排放量、二氧化硫排放量、吨油排水量同比分别减少了25%、44%、58%和46%。

（王　进）

【党建和队伍建设得到加强】 2011年，天津石化深入推进“建功立业”、“为民服务创先争优”主题活动，广泛开展“打造高度负责任、高度受尊敬企业”员工大讨论，进一步提升了党组织和党员“服务企业发展、服务职工群众”的能力和水平。完成了全员岗位测评，岗位设置更加规范，人才成长通道建设进一步完善。深入实施职工素质工程，职工培训覆盖率、技能操作培训率和技能鉴定率均达到100%，涌现出全国工人先锋号、全国“五一”巾帼标兵等一大批先进集体和先进个人。

（王　进）

【和谐企业建设取得新进展】 2011年，天津石化坚持“量力而行、尽力而为、远近兼顾、左右平衡”的原则，高起点规划、高标准建设、高效能管理，不断加强工作、生活、学习、文化“四个环境”建设，促进了企业的和谐稳定。年内完成了职代会确定的“一卡通”上线运行、社区环境综合整治等8件实事，开发投用了数字图书馆，修缮了职工文化宫，开展了第3届企业文化月活动，发布了《天津石化企业文化故事第一集》和《天津石化质量文化手册》。职工住房分配货币化工作基本结束，惠及2万多人，涉及金额5亿多元。全年帮扶救助困难职工5 000余人，发放金额1 400余万元。天津石化先后获得全国模范劳动关系和谐企业、全国文明单位、全国全民健身活动优秀组织奖、天津市平安示范单位等称号。

（王　进）

【企业发展目标正式确定】 2011年，天津石化认真学习贯彻石化集团公司领导干部座谈会议精神，结合中国石化确定的“建设世界一流能源化工公司”的目标，进一步明确了“十二五”的总体发展思路，即认真践行科学发展观，完善体制机制，建立具有天津石化特色的精简高效的管理模式，坚持一体化战略、绿色低碳战略、差异化战略，注重发展质量，突出做强做优，深化和谐企业建设，做到“主业突出、结构优良、管理科学、文化先进、环境友好、企业和谐，努力把天津石化建设成为国内领先、世界一流的现代化石油化工企业，实现企业受尊重、员工受尊敬”。

（王　进）

【“总经理信箱”正式开通】 2011年，天津石化开通了“总经理信箱”，全年累计回复来信233封，回复率100%，成为上下交流的通道、凝心聚力的纽带、建言献策的平台，得到了石化集团公司主要领导的高度肯定。

（王　进）

【薪酬分配制度进一步完善】 2011年，天津石化根据石化集团公司的统一部署，本着“按岗定级、按人定档、按绩取酬”的原则，从“用足增量、优化存量、调整结构、突出一线、兼顾公平、体现效益”的角度出发，通过统一基本薪酬、规范津贴补贴、强化考核激励三方面工作，完善了薪酬分配制度，职工的收入有了较大增长，同时建立了宽带薪酬体系和工资正常增长机制，得到了广大职工的高度认可。

（王　进）

【第7届职工运动会成功举行】 2011年7月8日，天津石化第7届职工田径运动会隆重举行，共进行了16个田径项目、3个大众创编项目、3个领导干部趣味项目的比赛。运动会以“健康、活力、和谐、发展”为活动主题，全部赛事历时4天，来自17个单位近9 000余人次的运动员参加了17个项目的比赛。

（王　进）

【职业技能大赛再获佳绩】 2011年，天津石化获石化集团公司职工职业技能竞赛4枚个人金牌、3枚个人银牌和3枚个人铜牌，4个参赛工种分别获得团体总分第1、第2、第3和第5名，创历史最好成绩。同时，获第1届全国无损检测技能竞赛团体第1名，个人第3、第4名。

（王 进）

表1 **天津石化主要技术经济指标** 亿元

指标名称 \ 年份	2011	2010	2009	2008	2007	2006
原油加工量/万吨①	1 300.97	1 149.48	428.26	362.02	529.54	528.33
工业总产值②	834.80	582.03	182.53	197.83	248.08	237.15
工业增加值②	113.81	86.35	11.63	-34.75	13.26	10.52
资产总计	319.02	318.73	343.57	96.67	173.06	129.99
流动资产	160.79	153.70	62.25	28.65	51.52	39.15
固定资产原值	267.34	263.61	263.52	198.29	196.67	202.21
固定资产净值	111.12	118.49	126.46	54.88	63.05	99.49
销售收入	862.79	632.79	193.06	218.63	270.90	251.63
实现利税	87.66	71.77	-7.40	-72.69	-4.90	-6.40
税　金	84.20	63.42	15.18	-1.64	11.50	10.90

①原油加工量不含原料油加工量。

②均为天津分公司数据，不含存续部分数据。

表2 **天津石化主要产品产量** 万吨

产品名称 \ 年份	2011	2010	2009	2008	2007	2006
汽　油	87.51	70.49	42.21	32.74	47.09	43.50
煤　油	114.95	81.22	32.74	21.80	35.12	27.42
柴　油	419.27	383.88	156.57	148.10	211.25	235.98
化工轻油①	401.50	385.93	113.81	98.51	144.18	139.86
商品液化气	51.27	42.98	10.17	10.60	13.62	12.65
石油苯	43.02	35.67	10.70	11.24	16.51	15.50
对二甲苯	42.74	37.30	29.02	26.36	38.26	36.86
精对苯二甲酸	32.76	32.83	24.76	22.46	32.10	32.02
聚　酯	29.83	28.55	22.48	18.77	26.02	24.38
聚酯切片	17.70	16.17	12.73	8.04	8.72	5.59
涤纶短丝②	12.12	12.41	9.73	8.88	12.08	14.65
涤纶长丝	—	—	—	1.91	5.06	3.99
聚醚多元醇	8.21	7.60	7.51	6.43	7.36	7.19
丙　烯	16.68	16.72	12.86	11.55	16.30	15.58
乙　烯	23.05	23.76	18.91	17.02	22.55	23.19
聚乙烯	14.24	14.49	11.46	10.21	14.25	14.60
聚丙烯	7.27	7.43	5.48	5.12	6.78	6.78
乙二醇	4.19	3.88	3.30	2.98	4.11	4.61
环氧乙烷	4.48	4.74	3.46	3.06	4.04	3.95

①化工轻油数据中含尾油产量。

②短丝产量中含新品短丝产量。

中沙(天津)石化

【概况】 中沙(天津)石化有限公司〔简称中沙(天津)石化〕是由石化股份公司和沙特基础工业公司以50∶50的股比共同出资设立的大型石油化工企业，主要业务包括乙烯及其衍生产品的生产、销售和研发。公司位于天津市滨海新区大港，占地面积约172公顷(1.72平方千米)，是中国环渤海地区一家大型乙烯合资企业。中沙(天津)石化于2009年10月20日正式注册成立，2010年5月正式投入商业运营。

中沙(天津)石化一期项目总投资183.8亿元人民币，包括100万吨/年乙烯装置(ET)、65万吨/年裂解汽油加氢装置(DPG)、30万吨/年高密度聚乙烯装置(HDPE)、30万吨/年线性低密度聚乙烯装置(LLDPE)、4/36万吨/年环氧乙烷/乙二醇装置(EO/EG)、45万吨/年聚丙烯装置(PP)、35万吨/年苯酚丙酮装置(PH/AC)、20/12万吨/年丁二烯抽提和MTBE联合装置(BD/MTBE)等8套主生产装置，以及配套公用工程及辅助设施。项目于2010年1月建成投产，并实现了一次开车成功。

2011年，中沙(天津)石化生产主要化工产品400.61万吨，累计实现销售收入296.27亿元，利润总额达19.72亿元，超额完成年度利润指标。

中沙(天津)石化主要技术经济指标及主要产品产量见表1和表2。

(黄　璐)

【30万吨/年HDPE装置首次成功试用国产1-己烯】 2011年3月31日，中沙(天津)石化HDPE装置首次成功试用国产1-己烯。试用阶段，该装置共试用国产1-己烯80吨，反应系统生产稳定，取样分析符合使用标准，直接节省了生产成本500万元。

(黄　璐)

【26万吨/年聚碳酸酯项目环境影响报告书正式获批】 2011年9月15日，天津市环境保护局对《中沙(天津)石化有限公司26万吨/年聚碳酸酯项目环境影响报告书》作出批复，同意中沙(天津)石化按照报告书中所列建设项目的性质、规模、地点、采取的环境保护措施进行项目建设。

(黄　璐)

【乙烯装置提前达设计产能】 2011年11月24日，乙烯装置提前38天完成年产100万吨乙烯的生产计划，标志着100万吨/年乙烯装置已达到设计产能。全年生产乙烯111.2万吨，超过设计目标，BD/MTBE装置、LLDPE装置、EO/EG装置、PP装置等也先后达到设计产能，各项技术经济指标始终保持行业先进水平。其中，乙烯装置充分利用炼化一体化的优势，能耗达到508千克(标油)/吨，创当年国内最好纪录。

(黄　璐)

乙烯装置裂解炉　(薛桂臣　摄)

【加大聚烯烃产品牌号开发力度】 2011年，在稳定市场占有率的基础上，中沙(天津)石化以效益最大化为目标，加大了聚烯烃产品牌号开发力度，LLDPE装置在稳定生产通用产品的基础上，新增218NT、218WT、518NT三个薄膜专用牌号；HDPE装置继续提高中空、管材等高附加值产品比例达89.6%，比上年增加60.5%；PP装置新增共聚产品2个、双峰产品1个，努力多生产高附加值共聚产品，逐渐减少通用均聚产品生产量，共聚产品比例62.5%，比上年增加48.9%，均聚产品比例26.9%，比上年减少29.8%。多牌号产品的生产满足了市场的不同需求，为公司取得良好效益提供了支撑。

(黄　璐)

【进一步规范内部管理】 2011年，中沙(天津)石化全面实施内控体系，及时组织体系运行评估和修订；正式启动绩效考核体系，完善市场化的人力资源管理体系；ERP、MES、LIMS等信息化项目逐步投入运行，办公自动化管理系统进入试运阶段；成立PC项目部及工程管理部，对第4层组织机构中的财务管理部等部分岗位模块进行了调整，职责进行完善，健全各项规章制度192个，公司内部管理体系开始趋于完善。

(黄　璐)

【积极回馈社会】 2011年4月26日，中沙(天津)石化向天津蓟县罗庄子中心小学捐赠25万元人民币，以帮助家庭困难的学生们继续求学。

（黄　璐）

向蓟县小学捐赠仪式　（王志磊　摄）

【实现安全平稳生产】　2011年，中沙（天津）石化保持安全平稳生产，实现可记录伤害IR为0.09，未发生员工人身伤亡事故和界外环境污染事故。

（黄　璐）

表1　中沙（天津）石化主要技术经济指标　亿元

指标名称＼年份	2011	2010
工业总产值	294.93	192.03
工业增加值	33.77	14.70
销售收入	296.27	186.88
利润总额	19.72	6.55

表2　中沙（天津）石化主要产品产量　万吨

产品名称＼年份	2011	2010
乙　烯	111.21	85.49
丙　烯	56.42	43.27
LLDPE	35.15	24.28
HDPE	28.14	25.29
PP	47.03	31.72
环氧乙烷	6.42	3.20
乙二醇	39.00	34.64
丁二烯	21.33	16.97
1-丁烯	5.21	3.92
MTBE	15.11	11.09
苯　酚	21.91	13.37
丙　酮	13.68	8.32

上海石化

【概况】　中国石化上海石油化工股份有限公司(简称上海石化)位于上海市金山区，占地面积9.4平方千米，是集炼油、化工、塑料、化纤生产经营于一体，高度综合的现代化石油化工企业之一，也是中国第1家股票在上海、香港、纽约三地同时上市的股份制有限公司。上海石化前身为创建于1972年的上海石油化工总厂，1993年6月改制为上海石油化工股份有限公司，2000年10月更名为现名。

上海石化下设炼油部、烯烃部、芳烃部、化工部、腈纶部、涤纶部、塑料部、热电部、物资供应部、销售部、储运部、环保水务部、公用事业部和精细化工部以及质量管理中心、统计中心、保卫部、总务部、培训中心、新闻中心、员工交流安置中心等单位，并由上海石化投资发展有限公司管理对外投资企业。截至2011年底，上海石化在册员工总数15 655人；具有一次加工原油1 400万吨/年(综合加工原油1 200万吨/年)、乙烯84.5万吨/年、有机化工原料326万吨/年、塑料树脂97万吨/年、合纤原料114万吨/年、合纤聚合物59万吨/年、合成纤维34万吨/年的生产能力。上海石化主要生产石油制品、中间化工原料、合成树脂及塑料制品、合纤原料及合成纤维4类产品。

上海石化主要技术经济指标及主要产品产量见表1和表2。

（万　军）

【欧Ⅴ标准柴油成功投放香港市场】　2011年5月，上海石化成功生产出符合欧Ⅴ标准柴油，并于6月12日通过“卡里普索”号万吨货轮向香港运送欧Ⅴ标准柴油1万吨。欧Ⅴ标准柴油硫含量小于10×10^{-6}，是一种更高标准的清洁柴油。全年投放香港市场3万吨。

（万　军）

【NEP聚酯切片首次出口欧盟】　2011年3月24日，上海石化首批180吨采用新型催化剂研发生产的NEP聚酯切片出口欧盟。NEP聚酯切片具有不含重金属、生态环保等特性，在国外被广泛用于食品包装等行业，之前为美国和日本的3家公司所垄断。

（万　军）

【1万吨/年异戊烯装置投料开车】　1万吨/年异戊烯生产装置于2011年2月18日开工，10月20日中交，12月21日完工，投资9 870.46万元，由上海众一石

化工程公司设计施工。该装置于12月23日打通全流程，产出合格产品。装置建成后，进一步提高高附加值精细化工产品利用率。

（万　军）

1万吨/年异戊烯联合装置

【工业丝用阻燃聚酯及其应用开发项目通过鉴定】 2011年1月25日，工业丝用阻燃聚酯及其应用开发项目通过石化股份公司鉴定。项目开发了连续化工业丝用阻燃聚酯切片生产技术，通过筛选阻燃剂、改进共聚合成工艺及改性添加剂，改善基础切片分子结构，减少阻燃剂对增黏过程中切片降解和纺丝性能的不利影响；探索工业丝用阻燃聚酯切片连续固相聚合增黏技术，使基础切片增黏至特性黏度（黏度不小于0.9分升/克）；进行高黏度阻燃切片纺制工业丝生产技术研究。

（万　军）

【涤纶废水处理装置改造工程建成投用】 2011年6月，上海石化涤纶废水处理装置改造工程投用，总投资3 577万元。工程主要是提高废水处理装置负荷，使涤纶废水处理能力从200米^3/时提升到260米^3/时，解决2$^{\#}$氧化装置产量增加导致COD（化学需氧量）废水排放量急剧增加的问题。工程于2010年9月16日开工，2011年4月20日中交。

（万　军）

【炼化一体化PPIMS模型系统投运】 2010年10月，上海石化启动炼化一体化PPIMS项目，2011年8月系统投运。项目覆盖上海石化生产装置和部分辅助生产装置系统，适用原料选购、装置负荷、装置边际效益、产品结构和炼油与化工之间的原料互供等方面优化，满足炼化一体化企业在原油及加工方案选择时"宜烯则烯、宜芳则芳、宜油则油"的要求，提高编制计划效率和科学性，实现炼化一体整体效益最大化。

（万　军）

【碳纤维原丝中试装置项目通过鉴定】 2011年7月18日，碳纤维原丝中试装置通过石化集团公司鉴定。项目采用自行开发的PAN基碳纤维原丝聚合物生产技术，新建200吨/年12KPAN基碳纤维原丝中试装置。装置投运后，连续稳定生产出符合T300质量指标的PAN基碳纤维原丝产品，达到国际先进标准。

（万　军）

【聚丙烯输液瓶专用料填补国内空白】 2011年5月30日，聚丙烯输液瓶专用料GM750E通过上海市食品药品包装材料测试所的性能测试，产品可安全应用于医用输液瓶领域，制成的聚丙烯输液瓶内的葡萄糖注射液、氯化钠注射液性状均稳定，并对利巴韦林、头孢哌酮钠等治疗性药物无明显吸附。全年累计生产4 649吨、销售5 107吨。

（万　军）

【聚烯烃产品未检测出增塑剂】 2011年6月14日和17日，上海市出入境检验检疫局就上海石化送检的高压聚乙烯、低压聚乙烯、聚丙烯3个大类13个牌号产品，分2批出具检测报告，未检测出邻苯二甲酸酯之类物质（即增塑剂），产品符合国家相关标准。

（万　军）

【单线80万吨/年PTA工艺包通过审查】 2011年9月29日，由上海石化和中国石化上海工程公司共同研发的单线80万吨/年PTA工艺包通过石化集团公司组织的专家审查。工艺包为国内单线年产量最大的PTA工艺包，具有工艺流程短、装置投资省、废水排放量少等特点，整体技术指标达到国际先进水平。工艺包共申请12项国家专利，其中3项获得授权。

（万　军）

【丙烯/1－丁烯无规共聚透明聚丙烯系列产品填补国内空白】 2010年1月，上海石化启动丙烯/1－丁烯无规共聚研发项目，2011年10月通过中国石化北京化工研究院和石化集团公司科技开发部测试。测试及评价显示，丙烯/1－丁烯无规共聚透明聚丙烯系列新产品的正己烷提取物含量低，实现了刚性、韧性及透明性的平衡，综合性能优异，提升了透明聚丙烯的卫生安全档次，在食品接触包装和医疗用品（如食品包装盒、奶瓶和太空杯、热罐装瓶、医用针筒等）方面具有明显优势。

（万 军）

表1 **上海石化主要技术经济指标** 亿元

指标名称 \ 年份	2011	2010	2009	2008	2007	2006
原油加工量/万吨	1 086.67	1 052.07	875.78	923.87	907.32	892.02
工业总产值	858.73	698.01	437.20	552.12	550.50	448.84
工业增加值	135.65	150.37	102.05	－53.32	77.25	48.97
资产总计	311.10	291.58	304.58	279.33	304.94	280.56
流动资产	96.66	85.32	90.61	62.55	88.33	75.41
固定资产原值	390.78	389.00	388.09	359.30	356.66	325.00
固定资产净值	126.59	138.02	152.06	135.28	152.59	136.07
销售收入	956.01	775.91	517.23	603.11	554.05	514.79
利润总额	12.92	34.54	21.36	－80.22	21.21	9.25
所得税	3.17	7.25	5.10	－18.14	4.80	0.53

表2 **上海石化主要产品产量** 万吨

产品名称 \ 年份	2011	2010	2009	2008	2007	2006
汽　油	96.85	93.24	80.60	77.29	64.59	76.15
航空煤油	79.73	76.57	67.90	63.47	69.57	53.38
柴　油	397.98	367.59	280.26	341.87	292.91	274.21
乙　烯	91.01	97.29	92.77	88.56	86.94	96.03
丙　烯	48.17	52.32	48.76	48.73	45.59	51.77
纯　苯	40.68	43.78	28.25	23.92	27.44	28.03
对二甲苯	92.31	84.06	34.58	18.37	24.75	25.09
乙二醇	42.31	41.23	39.40	42.13	39.13	19.06
乙　醛	1.05	3.13	3.35	2.39	1.94	3.14
醋　酸	—	0.30	2.36	2.78	1.10	1.45
聚乙烯	43.77	45.30	43.96	41.75	40.80	45.15
聚丙烯	46.61	48.24	46.62	42.47	44.86	45.87
合纤单体	52.31	53.79	50.87	46.19	53.24	54.95
PTA	39.14	39.15	38.09	34.28	40.01	40.63
丙烯腈	13.17	14.64	12.78	11.90	13.23	14.32
合纤聚合物	66.42	64.32	59.97	58.55	63.19	60.45
聚乙烯醇	4.34	4.01	4.36	4.16	4.27	4.54
聚　酯	62.08	60.31	55.61	54.39	58.93	55.91
合成纤维	25.01	25.36	24.13	23.77	24.76	26.25
涤　纶	8.92	8.72	8.06	8.52	8.90	10.38
腈　纶	16.09	16.64	16.07	15.25	15.86	15.87

上海赛科公司

【概况】 上海赛科石油化工有限责任公司(简称上海赛科公司)成立于2001年10月29日，是由石化股份公司、上海石化和碧辟(BP)化工华东投资有限公司分别按30%、20%、50%的比例出资组建的大型石油化工合资企业。公司位于上海化学工业区内，占地约2.04平方千米。

截至2011年底，上海赛科公司拥有年产109万吨乙烯、61.5万吨芳烃抽提、10.5万吨丁二烯、67.5万吨苯乙烯、30万吨聚苯乙烯、60万吨聚乙烯、25万吨聚丙烯、26万吨丙烯腈、28万吨硫酸回收生产装置和动力中心、罐区、空压站、循环水场、污水处理站、变电站、地面火炬、聚合物仓库和行政管理区等公用工程和辅助设施，设有生产部、商务部、财务部、人力资源部、HSSE和质量部(健康/安全/保安/环境和质量)及其他职能部门等；拥有员工1 129人。

2011年，上海赛科公司充分利用能源管理系统，协调各生产装置进行燃料结构、蒸汽消耗和发电等方面的优化运行，与上年相比，降低成本1.41亿元。全年现场整体装置总利用率为76.3%，其中乙烯装置利用率为76.4%。9月8日，上海赛科公司低温罐区乙烯管道发生泄漏，引发火灾事故。事故得到迅速处置，未造成人员伤亡，也未对现场造成污染。

2011年，上海赛科公司获得国家统计局上海调查总队颁发的上海市工业品价格统计工作一等奖，获上海市消防安全委员会颁发的2011年度社会消防工作先进集体称号，获上海海关颁发的海关实施AA类管理类别，获中国人民银行上海分行授权的评级机构评定的2010年度上海市资信等级AAA级单位称号。商务部杨勇承获得石化集团公司授予的中国石化物资供应管理先进个人称号。

上海赛科公司主要技术经济指标和主要产品产量见表1和表2。

(周　光)

【首次获得国家发明专利授权】 2011年12月，上海赛科公司自主研发的“一种高抗冲高光泽双峰聚苯乙烯材料及其制备方法”获国家发明专利授权。这是上海赛科公司首次获得国家发明专利授权。该专利成果已成功应用于HIPS532产品的开发，解决了产品冲击强度和断裂延伸率矛盾的问题，开拓了高长径比酸奶杯的应用市场。2009—2011年已销售HIPS532产品5.2万多吨，为上海赛科公司创利1 000万元以上，节约原材料成本100多万元。同时，由于获得该专利的授权，使得HIPS532高新技术成果转化项目的财税优惠期限由5年延长至8年。

(黄　晨)

【90万吨/年乙烯工程竣工验收】 2011年7月26日，上海赛科公司90万吨/年乙烯工程通过中国石化组织的工程竣工验收。工程由9套生产装置和相应配套的公用工程组成，包括90万吨/年乙烯装置(含汽油加氢、烯烃转换)、50万吨/年芳烃抽提装置、9万吨/年丁二烯抽提装置、50万吨/年乙苯/苯乙烯装置、30万吨/年聚苯乙烯装置、60万吨/年聚乙烯装置、25万吨/年聚丙烯装置、26万吨/年丙烯腈装置、28万吨/年硫酸回收装置，以及动力中心、罐区、空压站、循环水场、污水处理站、变电站、地面火炬、厂前区和聚合物仓库等公用工程和配套部分。该工程实际总投资为198.6亿元。

(周　光)

【公路运输全面推广全球定位系统】 在上海赛科公司购买自主的服务器和完成调试后，从2011年3月开始全面使用新一代的全球定位系统。该系统监控范围覆盖公路箱式运输、危险液体运输、集装箱运输和行政车辆的行驶。该系统具有监控车辆行驶速度、驾驶时间、驾驶路线和事故记录等多项功能。通过使用全球定位系统，为驾驶员管理提供了大量分析报告，高效开展驾驶时间的管理及疲劳驾驶管理，显著降低交通事故风险。

(曲焕涛)

【火炬气在线回收节能改造项目投用】 2011年7月下旬，上海赛科公司申报的火炬气在线回收节能改造项目获得上海市政府节能奖励300万元人民币。火炬气在线回收节能改造项目在2009年立项，2010年确定技术路线和组织实施，2011年5月投用。自投用以来系统运行良好，不仅回收利用装置排放的有机物，而且降低外购能源的数量，节约生产成本，取得显著的节能效果。初步测算，每年节约能量在1.4万吨标煤以上，并且能减少大量废气的排放。

(薛　峰)

【苯乙烯完善化项目建成投产】 该项目采用美国CBI Lummus公司的工艺技术，通过并联新的三联换热器，实现提高装置产能、降低装置能耗和增加操作可靠性。中国石化上海工程有限公司承担工程的设计工作，北京燕华工程建设有限公司负责施工，山东齐鲁石化工程有限公司负责监理。该项目于2011年4月18日开始打桩，9月5日完成建设和实现中交，9月8日开车成功。每年可以增加苯乙烯产量2.5万吨。

（周　光）

【开发聚丙烯K1013新产品】 上海赛科公司利用已有装置，采取新的生产工艺技术，用不到2个月的时间，于2011年6月成功开发聚丙烯K1013新产品。该产品是中等熔融指数的均聚聚丙烯，具有优良的刚性、耐热性、制品透明性及加工流动性，可应用于汽车及各种电器零部件的改性原料、制作容器及各种硬包装的片材和各种日用小型注塑件的生产。该产品推出后，已获得日用塑料制品生产厂家、塑料改性原料生产公司等用户的认可。

（冯友岳）

【获禁化武履约技术进步奖】 2010年8月，上海赛科公司通过上海市履行禁止化学武器公约办公室向中国监控化学品协会申报了中国监控化学品技术进步奖。上海赛科公司申报主要以丙烯腈装置的技术改进为内容，包括活性氧化铝吸附技术的应用、新型阻聚剂和分散剂的应用以及先进过程控制系统的应用等。这些技术改进不仅提高了企业技术水平和管理水平，而且在国内丙烯腈行业具有较强的示范和带动作用。2011年6月9日，上述申报获得中国监控化学品协会颁发的禁化武履约技术进步三等奖。

（关　莹）

【组建项目部】 2011年9月29日，上海赛科公司正式颁布《上海赛科建设项目管理部门职责》。该文件明确项目管理相关的工作职责和项目部组织结构。新组建的项目部成为公司一个单独的职能部门，负责包括新建、改建及扩建项目在内的所有建设项目，并在严格规定的时间和预算内，负责项目的实施和管理。

（周　光）

【建立电子审批系统】 2011年12月16日，上海赛科公司电子审批系统正式上线投用，体现管理手段和流程的发展与变革。该次电子审批的实施范围覆盖大部分采购业务。该系统部分地采纳了股东方公司合同审批系统的技术路线，并结合上海赛科公司的实际情况进行扩充和创新，有效地将公司组织架构、财务授权体系和SAP系统三者紧密地构成一个有机的整体。电子审批上线实现审批流转的自动化、无纸化和远程移动办公，提高审批效率，提升审批流程的透明度和合规性。

（许　颖）

【3.5万吨/年碳八馏分苯乙烯抽提装置基本建成】 上海赛科公司3.5万吨/年碳八馏分苯乙烯抽提装置完成项目中间交接工作。该装置采用美国GTC公司GT－Styrene工艺技术，具有技术先进、流程简单的特点。由美国GTC公司提供工艺包设计，中国石化上海工程有限公司承担工程设计工作，北京燕华工程建设有限公司、上海市安装工程有限公司和上海浦高地基基础工程有限公司负责施工，山东齐鲁石化工程有限公司负责监理，中国石化工程质量监督站上海石化分站负责质量监督。工程于2011年3月15日全面开工建设，12月28日实现中间交接。

（周　光）

【5.5万米^3（标准）/时PSA氢提纯装置建成】 上海赛科公司5.5万米^3（标准）/时PSA氢提纯装置完成项目中间交接工作。该装置采用四川天一科技股份有限公司的变压吸附气体分离专有技术，既可处理苯乙烯氢和乙烯氢气两种气体混合气，也可单独处理苯乙烯氢或乙烯氢气。四川天一科技股份有限公司负责专利设计，惠生工程（中国）有限公司负责配套设计及采购和施工总承包，山东齐鲁石化工程有限公司负责监理，中国石化工程质量监督站上海石化分站负责质量监督。该工程于2011年8月15日开工，12月11日实现中间交接。

（周　光）

【举行10周年庆系列活动】 2011年11月22日，上海赛科公司成立10周年庆祝招待会在上海化学工业区隆重举行。来自政府部门、股东方和相关合作伙伴的代表共170余人出席了招待会。10周年庆祝活动期间，上海赛科公司还开展与社区“双结对、好邻居”、学校捐助、社区开放日和员工活动日等系列活动。

（王　衍）

【109万吨/年乙烯工程竣工验收】 2011年9月14日，上海赛科公司109万吨/年乙烯装置分离改造项目、15万吨/年乙烯裂解炉项目、裂解汽油加氢装置和芳烃抽提装置改造项目、新增10#乙烯裂解炉项目、50万吨/年乙苯—苯乙烯装置扩建改造项目和储

运及公用工程系统优化项目 6 个项目通过工程竣工验收。6 个项目实际总投资为 19.1 亿元。

（周　光）

【首次大规模开展道德培训】 2011 年 12 月 6—9 日，上海赛科公司举办了员工道德培训周活动，对公司生产部、HSSE 和质量部等部门主管和主任工程师以上员工，以及商务部、财务部和人力资源部等部门全体员工近 300 人进行了道德培训。公司总经理和副总经理在培训开幕式上作了视频动员讲话，来自 BP 以及上海赛科公司的专家分别就行为准则回顾，防舞弊，反贿赂、反腐败，保密，利益冲突，反垄断和信息共享共 7 个主题，对员工进行集中讲解和培训。这是第 1 次大规模地组织员工参与道德文化的培训。

（徐怀兵）

表 1　　上海赛科公司主要技术经济指标　　亿元

指标名称＼年份	2011	2010	2009	2008	2007	2006
工业总产值	268.01	291.77	164.20	224.31	241.65	220.36
工业增加值	14.40	47.08	20.30	15.37	49.21	46.21
销售收入	275.14	291.56	164.22	228.51	242.19	217.77
利润总额	0.31	28.24	7.02	-4.94	29.06	27.08
综合能耗/吨标煤 · 万元$^{-1}$	1.44	1.58	1.91	1.43	1.40	1.43

表 2　　上海赛科公司主要产品产量　　万吨

产品名称＼年份	2011	2010	2009	2008	2007	2006
乙　烯	106.52	129.43	87.53	93.46	100.29	97.80
丙　烯	61.07	74.07	54.22	59.48	65.46	61.42
丙烯腈	25.40	29.32	24.02	24.89	27.94	25.38
苯乙烯	53.90	65.80	50.06	49.03	53.37	47.79
聚苯乙烯	25.78	27.84	21.73	19.94	25.14	19.85
聚乙烯	66.00	76.64	59.43	70.27	68.27	63.45
聚丙烯	25.39	29.70	23.83	26.90	25.57	24.22

高 桥 石 化

【概况】 中国石油化工股份有限公司上海高桥分公司（简称上海高桥分公司）和中国石化集团资产经营管理有限公司上海高桥分公司（简称上海高桥资产分公司）统称高桥石化，地处浦东新区，西临黄浦江，北近吴淞口，占地 4.2 平方千米。高桥石化的前身上海高桥石油化工公司创立于 1981 年 11 月，是中国第 1 个跨部门、跨行业的特大型石油化工联合企业，1983 年 7 月划归中国石油化工总公司。2000 年 1 月，按照石化集团公司重组改制的统一部署，上海高桥石油化工公司下属炼油厂、化工厂、供销公司的主业部分分离，成立上海高桥分公司。2003 年 10 月，高桥石化根据扁平化改革的要求，撤销了下属单位的工厂建制，实行事业部制管理模式。2007 年 4 月，按照石化集团公司改革部署，上海高桥石油化工公司实施体制转换，工商注册成立上海高桥资产分公司。2010 年 8 月，高桥石化改事业部制管理模式为作业部制管理模式。

截至 2011 年底，高桥石化拥有年原油加工能力 1 250 万吨，年化工产品生产能力 100 万吨，自备电厂具有装机容量19.5万千瓦；共有76套生产装置，可生产汽油、航空煤油、柴油、润滑油基础油、石蜡、合成橡胶、有机化工原料、合成塑料以及过氧化物等200余种产品。高桥石化机关设26个处室，下辖15个生产作业部(业务中心)及7个职能中心；职工总数6 023人，其中专业管理人员1 897人。

高桥石化主要技术经济指标和主要产品产量见表1和表2。

(陈建浩)

【80万吨/年连续重整—苯抽提装置建成投产】 2011年12月16日，高桥石化80万吨/年连续重整—苯抽提装置开车一次成功。该装置是高桥石化润滑油系统改造系列项目之一，占地面积2.55万平方米，总投资8.41亿元，由预处理、重整反应、催化剂再生、碳六馏分加氢、苯抽提、氢气提纯及配套的公用工程组成，采用美国UOP专利技术对汽油进行深度加工，主要生产高辛烷值汽油组分及混合二甲苯等产品，同时还生产含氢气体、拔头油、液化气、戊烷等副产品。装置建成投产后，将提升高桥石化高标号汽油的生产和调和能力。该装置于2010年1月25日正式动工建设，2011年4月18日建成，其中36万吨/年苯抽提装置于2011年11月10日先行开车正常。装置由工程建设公司设计，宁波工程公司承建。

(陈建浩)

【40万吨/年苯酚丙酮项目奠基动工】 2011年11月18日，上海中石化三井化工有限公司40万吨/年苯酚丙酮项目在上海化学工业区正式奠基动工。该项目是国内最大的苯酚丙酮装置，总投资约为19.7亿元人民币，采用三井化学的工艺技术，年产苯酚25万吨、丙酮15万吨，预计于2013年投入商业运营。上海中石化三井化工有限公司由石化股份公司与日本三井化学株式会社合资成立，双方股比各占50%，高桥石化代表石化股份公司履行中方出资人管理责任。

(陈建浩)

【7.5万吨/年三元乙丙橡胶项目合资合同签订】 2011年12月13日，石化股份公司与日本三井化学株式会社签订了7.5万吨/年三元乙丙橡胶项目的合资合同和相关章程。该项目将设立在上海化学工业区，预计2014年一季度投入商业运营，由高桥石化代表石化股份公司履行中方出资人管理责任。

(陈建浩)

【50万吨/年糠醛精制装置开工一次成功】 2011年3月18日，高桥石化50万吨/年糠醛精制装置开工一次成功。该装置是高桥石化润滑油系统改造系列项目之一，占地面积5 558平方米，总投资1亿元。该装置投产后，高桥石化润滑油生产流程由反序生产调整为正序生产，有利于减少酮苯脱蜡装置的反应苛刻度，提高高熔点石蜡的产品收率。

(陈建浩)

【实现向上海两大国际机场管输航煤目标】 2011年11月10日，高桥石化正式通过管道向上海虹桥国际机场输送航煤，首批次为1 000吨，计划每年直供虹桥国际机场航煤约40万吨。加上1998年投用的高桥石化直供浦东国际机场航煤长输管线，高桥石化实现了向上海两大国际机场管输航煤目标。

(陈建浩)

【成功产出HVIⅢ(4)润滑油基础油】 2011年10月，高桥石化成功研制生产出300吨HVIⅢ(4)润滑油基础油，填补了国内空白，打破了国内调和高档润滑油基础油依赖进口的局面。HVIⅢ(4)基础油黏度指数、饱和烃含量高，热稳定性较好，蒸发损失低于15%，适用于内燃机油的调和，满足高端汽车行业的应用需要。

(陈建浩)

【高舒适性汽车用环保聚醚多元醇开发技术填补国内空白】 2011年5月，高桥石化高舒适性汽车用环保聚醚多元醇的开发项目通过石化集团公司技术鉴定。该技术通过采用氧化烯烃与微量水分反应等方法，使聚醚多元醇产品的伯羟基含量达90%以上，同时外观保持清澈透明；通过分子结构设计，解决了聚醚在聚氨酯发泡过程中易收缩、易塌泡的问题。高桥石化所开发的GEP－925/GED－30生产工艺和配方技术达到国际先进水平，获得中国发明专利授权1项，具有自主知识产权。

(陈建浩)

【阻燃聚醚研发成功】 2011年11月，高桥石化新开发产品阻燃聚醚GPM－2中试生产获得成功。首批产品共计出料12桶、2.4吨，所有指标均符合要求。以GPM－2聚醚为原料制备的泡沫具有较好的阻燃性能，符合安全低碳的需求，具有较好的经济效益和社会效益。

(陈建浩)

【为职工配发消防应急包】 为保障职工人身安全，提高职工家庭消防应急处置能力，2011 年 2 月，高桥石化为全体在岗职工配备了个人家庭使用的消防应急包。每个消防应急包组合了 4 件装备：含简易全头罩保护的消防过滤式自救呼吸器 1 只、活性炭型防烟口罩 2 只、手摇发电应急手电筒 1 只、《消防应急用品指导手册》1 本。

（陈建浩）

【举办成立 30 周年活动】 2011 年 11 月 6 日是高桥石化成立 30 周年纪念日，高桥石化按照隆重、节俭、讲求实效的原则，举办了以“回眸 30 年、展望新发展”为主题的系列活动，主要内容包括编撰 30 年发展画册、拍摄专题宣传片、内部媒体开展系列报道、举办老同志座谈会等，并向坚持一线倒班的职工(男满 30 年、女满 25 年)发放了荣誉证书和慰问金。

（陈建浩）

【开展“强化基础管理年”活动】 2011 年，高桥石化开展了“强化基础管理年”活动。根据年度方针目标，结合各阶段工作特点，确定月度行政工作重点，进行跟踪考核；修订完善了岗检标准，推进了岗检质量评价，形成了计划岗检和专项岗检相结合的岗检新模式；将“比学赶帮超”由生产经营领域推广到企业管理的各个方面，建立健全了指标体系，并把部分指标纳入了绩效考核体系，落实了经济责任制考核；推进了管理绩效评价，促进了个人绩效与部门绩效的紧密结合、月度考核与年终考评的紧密联系。

（陈建浩）

【推进“三定”工作】 2011 年，高桥石化根据石化集团公司统一要求，结合自身实际，推进实施了完善薪酬分配制度和人才成长通道建设改革，开展了定岗、定编、定员工作。按经营管理、专业技术和技能操作“三支队伍”序列制定统一的基本薪酬标准，纵向设 23 个等级，从低到高设置薪酬等级，体现岗位、职位的差别；每个等级横向设 18—24 个档次，从小到大设置薪酬档次，体现能力提升、考核差异和运行空间；并根据专业技术任职资格和职业技能等级，设置基本薪酬运行区间。设置了“三支队伍”的职位序列，首次设置首席专家职位 1 个、专家职位 7 个、主任师职位 14 个；设置首席技师职位 1 个、主任技师职位 8 个，并按照程序完成了选聘工作。定岗、定编主要涉及经营管理和专业技术岗位，根据高桥石化扁平化、专业化、集约化管理体制要求，结合经营管理实际需要设置管理岗位，其中在机关处室设置了科室及相应的管理岗位，在作业部、业务中心、职能中心设置了组室及相应的管理岗位。

（陈建浩）

表 1 **高桥石化主要技术经济指标** 亿元

指标名称＼年份	2011	2010	2009	2008	2007	2006
原油加工量/万吨	1 044.33	1 067.00	1 049.43	1 016.06	809.89	931.04
工业总产值	718.00	600.37	457.19	559.27	416.01	417.41
炼　油	594.71	486.05	386.51	457.93	308.69	341.55
化　工	121.66	111.76	66.03	99.06	105.57	74.58
工业增加值	—	—	116.09	-58.28	21.07	2.18
资产总计	203.77	185.04	179.20	162.77	165.93	150.99
流动资产	88.58	68.63	67.20	47.32	52.59	70.84
固定资产原值	187.31	173.04	172.33	166.46	155.05	146.57
固定资产净值	82.87	76.22	80.25	83.13	80.22	79.31
销售收入	716.38	602.23	461.70	562.98	421.66	415.95
实现利税	76.48	116.85	107.90	-42.74	-5.78	-3.99
税　金	93.24	85.29	84.29	11.60	20.93	12.07

表2 **高桥石化主要产品产量** 万吨

产品名称＼年份	2011	2010	2009	2008	2007	2006
汽　油	177.52	166.43	179.43	167.59	146.51	172.00
煤　油	70.38	72.73	81.81	73.51	51.62	58.89
柴　油	400.87	406.02	402.37	406.11	310.56	365.12
石油芳烃	2.25	1.76	1.86	2.59	1.81	2.44
润滑油基础油	35.07	37.67	38.71	33.93	33.22	39.15
商品燃料油	20.36	12.52	8.38	18.65	22.32	21.70
石　蜡	11.52	11.64	11.72	14.76	14.21	14.05
石油焦	56.00	66.55	68.75	67.03	26.42	31.18
合成橡胶	17.02	16.90	16.59	24.97	26.40	18.83
顺丁橡胶	11.09	11.53	10.49	9.70	10.84	11.02
丁苯橡胶	5.93	5.37	5.95	6.30	7.63	1.11
丁苯乳胶①	—	—	0.15	8.97	7.93	6.70
丙　烯	11.56	11.76	12.18	13.22	12.26	13.63
丁二烯	—	—	0.88	1.97	3.56	2.98
苯　酚	21.87	21.28	13.52	17.18	20.62	20.25
丙　酮	13.63	13.20	8.39	10.76	12.83	12.61
ABS	13.58	16.62	14.24	13.50	13.37	—
发电量/亿千瓦·时	9.53	10.16	9.44	10.15	13.09	12.94
供热量/万吉焦	1 120.00	1 142.00	1 083.00	1 265.00	1 368.00	1 361.00
环氧丙烷	0	5.30	8.40	8.40	8.84	8.82
聚　醚	15.07	17.71	15.58	14.66	16.72	16.14
DCP	2.30	2.17	1.91	1.90	2.00	1.77

①2009年起不含合资企业生产量。

金陵石化

【概况】 中国石油化工股份有限公司金陵分公司(简称金陵分公司)和中国石化集团金陵石油化工有限责任公司(简称金陵石化有限公司)统称金陵石化，占地面积778.93万平方米，位于南京市东北郊，北依长江，南临京沪铁路和沪宁高速公路，西与新生圩港相接，与禄口国际机场有快速通道相通，水陆空交通十分便捷。

金陵石化前身始建于1982年1月，1998年7月整体并入石化集团公司。截至2011年底，金陵石化下设18个职能处室、2个工厂、10个专业化管理单位、9个生产运行部、2个科级直属单位；职工总数8 421人，其中教授级高级工程师6人、高级专业技术职务296人、中级专业技术职务1 045人。公司评聘专业技术专家4人、主任师7人、副主任师18人。公司遴选首席技师2人，选聘主任技师11人，具有高级技师资格52人、技师资格394人、高级工资格2 409人。资产总额215.88亿元。

金陵分公司主要从事石油炼制及石化产品的加工生产和销售，拥有炼油、水煤浆、芳烃、热电等40余套大型生产装置。原油加工手段齐全，生产技术力量雄厚，原油综合加工能力达1 350万吨/年；

化工板块相继建成了水煤浆装置和60万吨/年对二甲苯联合装置；热电装置有6台220吨/时的燃煤锅炉(其中2台为循环流化床锅炉)和20万千瓦的发电机组。金陵石化有限公司拥有40万吨/年烷基苯、10万吨/年苯酐的生产能力，是亚洲最大、世界第二的洗涤剂原料生产基地。公司内部油、化、电一体化产业格局更加完备，综合竞争力进一步提升。金陵石化生产石油化工产品70多种，其中有30余种产品先后获国家、部、省及石化集团公司优质产品称号，产品除供应华东地区外，还远销全国各地，部分产品还出口至韩国、朝鲜、日本、新加坡、中国香港等30多个国家和地区。

金陵石化主要技术经济指标及主要产品产量见表1和表2。

（许顺禄）

【经营业绩持续增长】 2011年，金陵石化加工原油1 315万吨，生产汽、煤、柴油704万吨，有9种产品刷新年度产量纪录。实现销售收入824.41亿元，同比增加106.79亿元；利税165.23亿元。金陵分公司化工板块和金陵石化有限公司利润分别达到5.05亿元和3.58亿元，双双创造历史最好经营业绩。

（许顺禄）

【环保治理成效显著】 2011年5月25日，金陵石化汽油铁路装车尾气回收系统正式投用。该回收装置采用安全工程研究院活性炭真空吸附技术，设计规模为400米^3(标准)/时汽油装车量，油气回收率达98%以上，每年可回收汽油400余吨。7月中旬，金陵石化炼油区域污水处理场近1万平方米的生化曝气池密闭改造项目完工，投用后经现场检测，各项指标均达到设计要求，社会效益和环境效益显著。

（许顺禄）

汽油铁路装车尾气回收系统正式投用 （徐 捷 摄）

【产品抽检合格率达100%】 2011年，国家石油产品质量监督检验中心、国家燃料油质量监督检验中心等4家主管产品质量监督的上级部门对金陵石化6个批次的产品抽检，涉及93#车用汽油、97#车用汽油、3#喷气燃料、0#普通柴油、食品工业抽提用正己烷、植物油抽提溶剂、橡胶工业用溶剂油、石油对二甲苯、工业硫黄9个产品，出具抽检报告14份，报告显示206个分析数据全部满足产品标准要求。

（许顺禄）

【航煤年产量突破160万吨】 2011年，金陵石化抓住航煤价格与国际接轨的有利政策，统筹优化生产安排，航煤产量连创新高，全年生产航煤164.34万吨，同比增加24.12万吨。8月，开辟成都机场航煤供应渠道及禄口机场和重庆机场保税航煤业务，全年供应成都机场航煤10.84万吨、保税航煤9 000吨。

（许顺禄）

【生产国Ⅲ车用柴油供应市场】 按照石化集团公司要求，从2011年9月开始，金陵石化每月生产10万吨国Ⅲ车用柴油供应市场。9月17日，公司首批7 000吨国Ⅲ车用柴油管输至江苏石油分公司。全年共生产国Ⅲ车用柴油46.95万吨。

（许顺禄）

【产品出口增效明显】 2011年3月3日，金陵石化完成首次单批3.3万吨航煤出口；28日，第1船3万吨汽油顺利出口东南亚地区。全年出口产品73.01万吨，其中航煤57.72万吨、对二甲苯6.32万吨、汽油8.97万吨，增效3.78亿元。

（许顺禄）

【成功生产食品级正己烷产品】 2011年2月20日，金陵石化具有自主知识产权的1万吨/年食品工业用高纯度正己烷装置一次开工成功，生产出合格产品。该产品是一种绿色环保、高效低耗、健康型食品工业用溶剂，广泛用于食品、医药工业。产品纯度达到80%，完全符合国家最新食品级质量标准，具有很好的经济效益和社会效益。全年销售正己烷5 900吨，均价9 560元/吨。

（许顺禄）

【项目建设扎实推进】 2011年，金陵石化油品质量升级改造项目800万吨/年常减压、10万吨/年硫黄回收装置及相关系统配套工程进入施工收尾和装置开工阶段；350万吨/年催化裂化、180万吨/年渣油加氢装置设计和物资订货工作基本完成。碱渣再生、正丁烷、轻烃回收和S－Zorb项目建设有序开展。原油优化调和、成品油出口设施完善、Ⅰ加氢裂化节能改造、扬子汽油质量升级完善和煤化工酸性气就地制硫黄等项目建成投用。

（许顺禄）

油品质量升级改造工程施工现场 （徐 捷 摄）

【烷基苯厂彻底熄灭系统火炬】 2011年6月1日起，金陵石化烷基苯厂新建3 000立方米气柜投用，熄灭了燃烧30多年的火炬，实现了正常生产时彻底熄灭火炬的目标，每年可回收火炬气360万立方米，降低天然气燃用的同时，也减少了对大气环境的污染，在业内率先成为“无火焰、无烟尘、无异味、无噪音”的“四无”企业。

（许顺禄）

【联合开发的多级液力透平填补国内空白】 2011年，金陵石化与沈阳格瑞德泵业集团联合开发制造出国内第1台多级液力透平，4月底在公司投入运行，其振动值、噪音值、温度、压力等多项指标均达到国外同类产品水平，每年可节电168万千瓦·时，造价仅为同类进口设备的1/5，结束了国外液力透平垄断国内市场的历史。

（许顺禄）

【江苏成品油管道汽油管线正式投用】 2011年2月21日，1.2万吨93#汽油以自压方式，由金陵石化输送到销售华东分公司栖霞首站油罐，标志着江苏成品油管道汽油管线正式投用。24日，该批汽油管输到常州、无锡站，供应当地市场。

（许顺禄）

【两合资项目启动搬迁】 根据南京市城市发展规划要求，燕子矶地区化工企业须于2011年整体动迁。5月13日，金陵帝斯曼树脂有限公司10万吨/年不饱和树脂项目在南京化学工业园区正式奠基开建。荷兰王国第一副首相马克西姆·费尔哈亨与南京市和金陵石化有关领导出席奠基仪式。该公司是由荷兰皇家帝斯曼集团与中国石化于1989年合资成立的，生产广泛用于汽车、造船、风力发电、电子电器、市政工程等领域的高端不饱和聚酯树脂产品。合资双方决定，利用该次搬迁之机，追加投资5亿元建造1座世界最大的复合材料树脂工厂，计划2012年建成投产。

另外，中国石化与芬兰奥普特集团合资成立的南京金陵奥普特高分子材料有限公司于5月7日启动搬迁，新厂搬至句容经济技术开发区。

（许顺禄）

金陵帝斯曼树脂有限公司10万吨/年不饱和树脂项目正式奠基开建 （徐 捷 摄）

【职业技能竞赛再创佳绩】 在石化集团公司2011年职业技能竞赛中，金陵石化选手包江滔获得催化裂化工种个人金奖，杨明辉获得二甲苯工种个人金奖，3个工种共取得个人2金、1银、2铜和催化裂化工种团体第3名的好成绩。

（许顺禄）

【现代化管理成果丰硕】 2011年，金陵石化质量管理再获佳绩，1个QC小组获全国优秀QC小组称号，2个QC小组获中国石化一等奖，2个QC小组获江苏省优秀QC小组称号，1个QC小组获南京市优秀QC小组称号。9项成果被评为石化集团公司管理现代化创新成果。其中，“全息化环保监控体系的创建与实施”获一等奖，“点对点交互模式的产品进出厂流程跟踪体系的创建与实施”等5项获二等奖，“班组精细化管理模式的创建与实施”等3项获三等奖。

（许顺禄）

表 1　　**金陵石化主要技术经济指标**　　亿元

指标名称＼年份	2011	2010	2009	2008	2007	2006
原油加工量/万吨	1 315.16	1 347.60	1 237.00	1 124.27	1 152.10	1 076.63
工业总产值	810.69	686.39	520.57	620.41	543.48	476
炼　油	671.17	607.29	437.88	524.69	445.54	413.98
化　工	136.21	76.64	78.10	92.68	86.90	55.55
化　肥	0	0	2.88	1.95	3.04	4.32
其　他	3.31	2.46	1.71	1.09	8.00	2.15
工业增加值	103.56	150.30	128.87	－17.19	51.33	14.81
资产总计	215.88	207.22	189.86	160.01	148.56	142.71
流动资产	87.18	91.49	76.31	47.13	47.78	55.28
固定资产原值	189.39	190.49	188.32	187.36	156.21	153.96
固定资产净值	89.16	97.83	103.15	98.66	73.68	77.84
销售收入	824.41	717.62	528.65	635.63	572.48	523.41
实现利税	165.23	185.10	161.14	－21.43	36.35	2.39
税　金	165.19	172.36	143.31	13.27	24.73	14.19
综合能耗①/吨标煤·万元$^{-1}$	0.35	0.51	0.55	0.56	0.51	0.57

①2011 年数据按 2010 年不变价计算，2006—2010 年数据按 2005 年不变价计算。

表 2　　**金陵石化主要产品产量**　　万吨

产品名称＼年份	2011	2010	2009	2008	2007	2006
汽　油	177.16	215.21	188.76	144.26	128.80	115.76
煤　油	164.34	140.22	125.28	83.22	118.28	80.48
柴　油	362.19	438.35	429.36	429.00	405.93	442.31
溶剂油	1.84	3.50	5.11	4.29	7.18	7.54
石脑油	197.78	148.69	252.09	204.94	142.15	136.91
烷基苯料	95.82	64.58	60.10	42.54	45.47	37.70
商品燃料油	0.29	1.13	1.97	57.11	57.83	14.42
商品液化气	46.95	45.99	39.43	34.99	40.25	34.49
石油焦	113.84	113.75	103.45	88.64	97.73	89.31
沥　青	41.38	80.97	61.67	10.64	0.37	0
苯类合计	95.91	79.19	67.12	24.73	29.58	32.02
合成氨	0	0	10.02	6.65	10.51	14.70
尿　素	0	0	17.28	11.33	18.36	25.61
烷基苯	12.25	11.88	12.55	10.55	11.33	10.37
轻　蜡	18.92	15.28	13.11	11.64	12.53	11.81
苯　酐	8.61	8.62	8.31	6.65	9.64	8.91
增塑剂	3.59	4.08	3.68	5.32	7.65	6.30

扬子石化

【概况】 中国石化扬子石油化工有限公司(简称扬子石化有限公司)和中国石化集团资产经营管理有限公司扬子石化分公司(简称扬子资产分公司)统称扬子石化，位于江苏省南京市北郊，南临长江，北接京沪铁路，与沪宁、宁杭、宁通、宁洛等多条高速公路相连，与南京化学工业园融为一体。其前身是成立于1983年9月的扬子石油化工公司。1998年，扬子石油化工公司实施资产重组，创立了以石油炼制和烯烃、芳烃等烃类及衍生物生产加工为主业的中国石化扬子石油化工股份有限公司和以公用工程为主业的中国石化集团扬子石油化工有限责任公司；2007年，前者划归石化股份公司所有，后者转制为扬子资产分公司。2008年，扬子石化有限公司成功收购泰州石化和清江石化。

扬子石化有限公司本部拥有800万吨/年炼油、70万吨/年乙烯、140万吨/年芳烃等45套大型石油化工装置，可生产聚烯烃树脂、合成纤维原料、基本有机化工原料、成品油等4个大类50多种产品，是精对苯二甲酸、乙二醇、聚乙烯树脂、聚丙烯树脂、纯苯、对二甲苯、邻二甲苯、丁二烯和环氧乙烷等产品在华东市场的主要生产商；扬子资产分公司拥有与石油化工生产相配套的36万千瓦发电能力、65万吨/日供水及2 800米^3/时二级污水生化处理能力；清江石化拥有180万吨/年炼油、62万吨/年催化裂化、8万吨/年溶剂油加氢、3万吨/年聚丙烯等12套石油化工装置；泰州石化拥有120万吨/年炼油、12万吨/年酮苯、4万吨/年甲乙酮等10套石油化工装置。

截至2011年底，扬子石化占地12.36平方千米；总资产284.90亿元；职工总数为10 747人，其中在岗经营管理/专业技术人员3 273人，具有高级及以上职称的478人，中级职称的1 340人；下设21个机关部(处)室、16个分支机构、2个全资子公司、1个控股子公司。

2011年，扬子石化有限公司获全国文明单位称号并被授予全国质量工作先进单位称号。

扬子石化主要技术经济指标和主要产品产量见表1和表2。

(徐　杰　朱军涛)

【商品总量创历史新高】 2011年，扬子石化有限公司本部原料总投入1 043.76万吨，产出商品964.88万吨，同比分别提高14.53%和17.22%；生产“三烯”(乙烯、丙烯和丁二烯)138.68万吨，其中乙烯81.81万吨；“三苯”(苯、对二甲苯、邻二甲苯)158.25万吨；聚烯烃树脂103.65万吨；合成纤维原料154.8万吨；成品油380.18万吨。原料总投入、“三烯”、“三苯”、聚烯烃树脂、合成纤维原料产量及商品总量创历史新高。

(徐　杰　朱军涛)

【经营业绩名列前茅】 2011年，扬子石化有限公司本部实现营业收入668.35亿元，利税87.87亿元，其中利润28.46亿元，完成年度预算指标的107.40%，利润在中国石化炼化板块排名第2位；合并报表实现营业收入759.56亿元，利税103.76亿元，其中利润27.44亿元；扬子资产分公司实现营业收入27.57亿元，利税4.33亿元，其中利润3.20亿元，完成年度预算指标的133.33%，利润在中国石化资产公司排名第4位；扬子石化—巴斯夫等6家合资企业全面赢利。

(徐　杰　朱军涛)

【科技创新成果显著】 2011年，扬子石化对二甲苯吸附分离示范装置顺利建成投用并实现成功开车，为中国石化芳烃成套技术开发提供了重要支撑；成功开发YES－5320聚乙烯纤维料、YEM－4705T热水管材料等5个塑料新产品，耐热聚乙烯管材料实现国内首次工业化生产，生产专用料和新产品46.52万吨，创历史新高；全年申请专利74项，授权专利12项，科技成果及专利申请数创历史新高；获国家科技进步二等奖1项、省部级奖5项；扬子石化“烯烃聚合(非茂)及加工实验室”被首批命名为“中国石化重点实验室”。

(徐　杰　朱军涛)

【油品质量升级及原油劣质化改造项目开工建设】 2011年10月28日，扬子石化油品质量升级及原油劣质化改造项目渣油加氢总降压站建筑工程首先开始土建施工，标志该项目进入建设阶段。该项目批复总投资78.65亿元，包括新建800万吨/年常减压装置、200万吨/年渣油加氢装置等13套新装置，改造4#柴油加氢精制装置、2#硫黄回收装置等4套现有装置，配套的储运、公用工程和环保设施等同步新建或改造，同步关停80万吨/年催化裂化等装置。建成投产后，扬子石化将进一步提高原油加工能力和成品油产能，向社会持续奉献高品质油品，满足社会需要。

(徐　杰　朱军涛)

扬子石化渣油加氢总降压站建筑工程开工仪式　　（李树鹏　摄）

【对二甲苯示范装置投产】 2011 年 10 月 9 日，中国石化 3 万吨/年对二甲苯(PX)吸附分离技术开发及工业示范装置在扬子石化建成并开车一次成功。该示范装置是石化集团公司重大科研项目，对形成中国石化自主知识产权的芳烃成套技术至关重要。该示范装置建成投产成功实现 PX 吸附分离技术突破，标志着中国石化成为全球第 3 个拥有芳烃成套技术的公司，为提高芳烃业务核心竞争力提供重要技术支撑。

（徐　杰　朱军涛）

【合成气制乙二醇中试装置投产】 2011 年 7 月 11 日，中国石化 1 000 吨/年合成气制乙二醇中试装置在扬子石化建成并开车一次投产。该中试项目是石化集团公司重大科研开发项目，采用中国石化自主研发的合成气制乙二醇技术的新型工艺路线，是中国石化拓展煤化工领域的重要技术试验。

（徐　杰　朱军涛）

【顺丁橡胶合资装置开工建设】 2011 年 4 月 11 日，扬子石化有限公司和江苏金浦集团公司双方签署谅解备忘录，同意按 60∶40 投资比例，新建 10 万吨/年顺丁橡胶装置。该项目总投资 5.93 亿元，2011 年 12 月 28 日装置开工建设，预计 2012 年 12 月中交。该项目依托已有的公用工程及辅助设施，采用新工艺、新技术，低物耗、低能耗，产品具有较强的市场竞争力。

（徐　杰　朱军涛）

【污水深度处理装置改造项目投运】 2011 年 6 月 18 日，扬子石化污水深度处理装置改造项目投入运行，该项目总投资 6 350 万元。投运后，扬子石化污水深度处理能力显著提高，污水处理排放标准由 80 毫克/升变为 60 毫克/升，外排污水 COD(化学耗氧量)含量下降 15%，满足政府新标准要求。

（徐　杰　朱军涛）

【中央媒体联合采访扬子石化】 2011 年 9 月 16 日，人民日报、新华社、中央人民广播电台等多家中央媒体和新华日报、扬子晚报、江苏电视台、江苏广播电台等江苏省地方媒体深入装置现场，实地采访扬子石化节能减排先进事迹。扬子石化是江苏省和南京市节能减排先进典型，已建立了一套完整的节能减排制度，通过加大投入、引进新技术、实施技术改造，不断提高装置经济技术水平，提升节能减排技术含量。

（徐　杰　朱军涛）

【一员工当选江苏省道德模范】 王玉军是扬子物流公司汽车运输分公司航煤班驾驶员，是一名参加过对越自卫反击战的退伍兵、一位普通共产党员。他兑现战友间的生死承诺，24 年坚持照顾烈士吴建林的亲人，他默默地担当“儿子”的责任，谱写一曲人间大爱。在坚持 24 年后，他的事迹方为人知，让人们感动。2011 年，王玉军获南京市好市民称号，当选“感动南京”2011 年度人物，当选江苏省道德模范。

（徐　杰　朱军涛）

表 1　　扬子石化主要技术经济指标　　亿元

指标名称＼年份	2011	2010	2009	2008	2007	2006
原油加工量/万吨	1 001.84	876.80	934.02	750.79	820.68	771.53
工业总产值	683.28	507.03	446.84	501.68	499.15	436.33
扬子石化有限公司	658.83	486.67	426.47	482.44	480.23	418.11

续表

指标名称＼年份	2011	2010	2009	2008	2007	2006
扬子资产分公司	24.45	20.36	20.37	19.24	18.92	18.22
工业增加值	105.48	88.84	106.94	-18.51	89.02	54.08
扬子石化有限公司	100.87	85.96	101.06	-20.76	71.76	47.95
扬子资产分公司	4.61	2.88	5.88	2.25	17.26	6.13
资产总计	284.90	286.40	310.11	257.30	322.41	285.34
扬子石化有限公司	223.85	225.32	242.65	192.95	251.76	219.43
扬子资产分公司	61.05	61.08	67.46	64.35	70.65	65.91
流动资产	117.67	117.09	141.10	81.44	141.55	108.46
扬子石化有限公司	103.24	101.90	121.29	61.88	127.92	95.37
扬子资产分公司	14.43	15.19	19.81	19.56	13.63	13.09
固定资产原值	336.48	330.09	315.30	313.01	306.06	301.79
扬子石化有限公司	290.46	285.66	271.74	269.32	263.45	257.10
扬子资产分公司	46.02	44.43	43.56	43.69	42.61	44.69
固定资产净值	100.80	106.37	103.80	113.26	118.64	125.02
扬子石化有限公司	80.42	86.18	83.37	91.73	96.54	101.16
扬子资产分公司	20.38	20.19	20.43	21.53	22.10	23.86
营业收入	787.13	586.43	517.68	618.57	622.92	552.15
扬子石化有限公司	759.56	562.77	494.57	596.56	595.60	495.15
扬子资产分公司	27.57	23.66	23.11	22.01	27.32	57.00
利　税	108.07	92.15	110.20	-26.21	69.66	40.93
扬子石化有限公司	103.74	88.86	104.26	-29.77	55.54	36.40
扬子资产分公司	4.33	3.29	5.94	3.56	14.12	4.53
税　金	77.45	65.11	67.53	12.94	24.44	15.29
扬子石化有限公司	76.32	64.05	65.92	11.33	22.48	13.08
扬子资产分公司	1.13	1.06	1.61	1.61	1.96	2.21
综合能耗①/吨标煤·万元$^{-1}$						
扬子石化有限公司	1.13	1.37	1.38	1.40	1.49	1.55
扬子资产分公司	3.17	4.34	4.40	4.43	4.60	4.73

①2011 年开始，综合能耗数据按 2010 年不变价计算，其他数据按 2005 年不变价计算。

表 2　　**扬子石化主要产品产量**　　万吨

产品名称＼年份	2011	2010	2009	2008	2007	2006
乙　烯	81. 81	67. 85	79. 60	74. 36	80. 11	75. 50
丙　烯	47. 93	39. 62	47. 21	36. 18	38. 50	35. 94
丁二烯	18. 66	16. 76	19. 24	17. 82	13. 86	13. 60
聚乙烯	57. 84	49. 09	56. 06	52. 32	54. 78	50. 84
聚丙烯	45. 81	41. 60	48. 63	42. 38	47. 64	40. 69
精对苯二甲酸	141. 49	130. 08	132. 48	111. 13	127. 71	77. 69
乙二醇	13. 31	15. 66	16. 00	16. 55	17. 17	17. 75
纯　苯	37. 73	33. 93	37. 83	38. 37	43. 98	39. 38
对二甲苯	96. 30	83. 58	87. 03	75. 60	91. 43	77. 09
邻二甲苯	24. 22	18. 22	20. 75	16. 27	26. 28	19. 23
环氧乙烷	12. 57	9. 90	11. 76	8. 99	11. 27	11. 02
柴　油	303. 53	277. 77	271. 70	267. 60	254. 95	226. 45
汽　油	94. 47	53. 91	94. 81	43. 52	40. 30	34. 40
丁苯橡胶	11. 27	9. 23	9. 14	10. 40	6. 33	—

扬巴公司

【概况】 扬子石化—巴斯夫有限责任公司(简称扬巴公司)成立于2000年12月，由中国石化和德国巴斯夫以50∶50的股比共同投资设立，是中国第1个完成审批程序、进入实施阶段的大型石化合资项目，也是国内最大的中德合资化工企业。公司位于南京市六合区，毗邻南京化学工业园，占地220公顷(2.2平方千米)，一期工程总投资约29亿美元。

扬巴公司一期工程于2001年9月开工建设，2005年6月28日全面投入商业运营，由10套世界级规模的工艺装置组成。继一期项目成功实施后，双方母公司再次共同投资约14亿美元进行扬巴公司二期工程建设，对一体化基地进行改扩建。原有的蒸汽裂解装置扩建至74万吨/年；环氧乙烷装置扩建至33万吨/年，并新建15万吨/年环氧乙烷精制单元；环氧乙烷衍生产品价值链的新建装置包括6万吨/年非离子表面活性剂装置，用于生产乙醇胺、乙烯胺和二甲基乙醇胺的13万吨/年醇胺联合装置以及2.5万吨/年丙烯酸二甲氨基乙酯装置；碳四联合产品链新建装置包括13万吨/年丁二烯抽提装置、6万吨/年异丁烯装置、5万吨/年高活性聚异丁烯装置以及8万吨/年2－丙基庚醇装置。原有的羟基醇—碳四装置扩建至30.5万吨/年。二期项目于2009年9月开工，2011年起陆续投产。主要产品有低密度聚乙烯、乙二醇、丁醇、辛醇、丙烯酸、丙烯酸甲酯及丁酯、甲酸、丙酸、甲胺、二甲基甲酰胺、苯、甲苯、混合二甲苯等，主要供应国内市场，少量销往国外。公司还拥有1个自备电厂和3个对外开放码头，保证能源供应和物流运输，电厂以天然气做燃料，效率更高也更环保。

截至2011年底，扬巴公司共有员工1 855名。2011年销售255万吨化学品和聚合物，实现销售收入248亿元人民币。

(李时艳)

【获江苏省节能先进集体称号】 2011年5月17日，在江苏省节能工作会议上，扬巴公司等50家"十一五"节能先进单位获江苏省节能先进集体称号并被授予奖牌。

(李时艳)

【做绿色化工践行者】 2011年6月18日，扬巴公司联合南京市环境保护局、南京化学工业园区管委会和南京工业大学举办了主题为“发展绿色化工，创造美好未来”的论坛；9月2日，扬巴公司举办了主题为“可持续发展，与客户同行”的论坛；11月25日，扬巴公司和江苏海事局联合举办了“内河化学品运输和可持续发展”论坛。扬巴公司通过举行3场可持续发展论坛，倡导发展绿色化工的理念，交流化工行业在一体化生产、节能减排、资源循环利用、物流运输等方面的经验和体会，并分享化工行业在可持续发展领域中的最新观点和解决方案。

（李时艳）

【召开环境影响对话会】 2011年4月26日，扬巴公司再次与周边社区的居民代表召开环境影响对话会。16位居民代表与扬巴公司管理层就公司的环保问题特别是二期项目的环保方针和措施展开坦诚对话，并参观了二期项目施工现场。代表们对扬巴公司的环保理念、投入和措施表示肯定，对公司进一步加强环保管理、降低事故状态下火炬的噪声以及加强沟通和合作提出了希望和建议。扬巴公司管理层表示，公司在实现效益增长的同时，将更加关注可持续发展，尽最大努力做好环保工作，保护好周边环境；公司要与周边社区保持密切的沟通，接受社会的监督，与社区共同发展。

（李时艳）

【举办社区开放日活动】 2011年5月8日，扬巴公司举办了主题为“爱·成长”的社区开放日活动。来自六合城区、玉带、长芦、龙池、扬子等街道和乡镇社区的70多个家庭参观了扬巴装置现场。居民们对此次活动表现出了浓厚的兴趣，参观和讲解使他们增加了对化工企业的认识，了解了化工产品与人们生活的密切联系，感受到石化企业对社会的贡献，扬巴公司积极承担社会责任的种种努力也给他们留下了深刻的印象。扬巴公司希望通过开放工厂、让周边居民通过在厂内的亲身体验更多地了解公司的生产、环保状况，让居民们通过与企业的互动，拓宽沟通交流渠道，从而建立起企业与社区居民之间的良好关系，营造和谐的社区环境。

（李时艳）

【捐建的博爱小学落成】 2011年4月28日，由扬巴公司出资147.18万元捐建、位于四川省德阳市中江县南山镇的严家坝红十字博爱小学举行了落成典礼和揭牌仪式。该小学于2009年6月正式立项，同年12月开工。

（李时艳）

【积极承担社会责任】 2011年1月，扬巴公司向沿江工业开发区捐赠10万元人民币，作为该区困难家庭的新春慰问金；2月，向六合区教育局提供扬巴奖学金、助学金15万元人民币，以帮助那些家庭贫困的学生继续求学；3月，在中国云南盈江和日本东北海岸先后发生地震灾害之后，公司员工自发积极捐款，公司捐款会同员工捐款共19.5万元和6.85万元分别转给中国红十字会和日本红十字会，用于帮助灾区人民解决困难；4月，向以抗战时在南京成立国际安全区、挽救了上万名中国军民生命的德国人约翰·拉贝命名的研究基金会捐赠10万元人民币；5月，向南京市慈善总会发起的“心蕊工程”捐赠9万元人民币，用于支付六合区3名先心病患儿的手术费用，让他们和其他孩子一样享受健康快乐的人生；7月，分别向邻近的长芦街道和玉带镇捐款10万元，用于帮助当地贫困学生、改善当地教育设施，为孩子们创造更好的学习条件；11月，向六合区马鞍镇初级中学捐款15万元及20余台电脑，对该校图书馆进行改造，为学校师生提供了一个设备齐全、环境优良的学习和交流的空间。

（李时艳）

福建炼化

【概况】 福建炼油化工有限公司（简称福建炼化）是由石化股份公司和福建省石油化学工业公司各出资50%合资建设的具有独立法人单位资格的大型炼油化工企业，位于福建省泉州市泉港区，紧靠全国四大良港之一的湄洲湾。其前身福建炼油厂始建于1989年1月。福建炼化下设8个机关处室、2家全资子公司、3家合资公司。本部职工总数160人，其中本科及以上学历人员99人。

福建联合石油化工有限公司（简称福建联合石化公司）是由福建炼化、埃克森美孚中国石油化工公司、沙特阿美中国有限公司按50∶25∶25比例合资建设的大型石油化工企业，总投资概算384.8亿元，总占地面积478.7万平方米，2007年6月成立，拥有1 200万吨/年炼油、80万吨/年乙烯裂解、80万吨/年聚乙烯、40万吨/年聚丙烯、70万吨/年芳烃、部分氧化/汽电联产装置（IGCC）等23套炼油及化工联合装置，主要加工沙特原油，生产车用无铅汽油、轻柴油、聚乙烯、聚丙烯、对二甲苯、工业用纯苯、丁二烯等50多个牌号的石化产品。

福建炼化林德气体公司(简称福林气体公司)由福建炼化与林德气体(香港)公司按 50：50 比例合资建设，2008 年 8 月正式成立，2010 年底正式投入商业运行，主要为福建炼油乙烯项目提供专业气体产品。

福建省福橡化工有限责任公司(简称福橡化工公司)由福建炼化与福建省石油化学工业公司以49：51 的比例合资建设，2011 年 5 月 27 日正式成立，主要生产顺丁橡胶和丁苯橡胶产品。

福建炼化主要技术经济指标和主要产品产量分别见表 1 和表 2。

(李　晟)

【福建联合石化公司落实生产优化措施实现减亏】 2011 年，福建联合石化公司认真落实石化集团公司提出的优化运行建议，公司班子赴茂名石化、镇海炼化等兄弟单位学习先进经验，围绕“安全、可靠性、毛利、运营费用、人员”5 个重点关注领域认真制定了生产运行优化措施，在世界原油价格保持高位等不利条件下，实现了减亏。拓宽原油采购范围，通过采购沙特重质原油 73 万吨，增加效益 2.82 亿元；通过优化生产、引进南埔蒸汽、开发新产品、降低聚烯烃分销费等措施，全年提升效益 6.64 亿元；通过回收聚乙烯低压火炬、回收 IGCC 解析气、实现 IGCC 气化炉冷备等 18 项降本减费措施，全年降本减费 2.01 亿元；通过降低 IGCC 负荷、减少燃料消耗和系统排放等措施降低了损失，原油的加工损失由 2010 年的 0.99% 降至 0.51%，同比降低了 0.48 个百分点，节约原油约 4.6 万吨，增加效益约 2.33 亿元；通过系统优化，改善了乙烯能耗、加工损失以及芳烃能耗、加工损失等指标，其中芳烃装置加工损失 0.16%，在石化股份公司 10 套芳烃中排名第 1 位；通过新增 70#道路沥青、清洗油 、乙烯焦油、重芳烃等炼油和化工产品，增加了企业效益。全年福建联合石化公司共实现减亏增盈 13.8 亿元。

(李　晟)

【福建联合石化公司操作完整性体系建设取得实效】 2011 年，福建联合石化公司推动了旨在提高“安稳长满优”运行水平、赶超国际先进管理水平的操作完整性体系(OIMS)建设。操作完整性系统的核心在于识别危险和管理风险，包括风险评估和管理、工厂设计和施工、资料和文件、人员和培训、社区意识、应急准备等 11 个要素，目的在于通过对企业业务全过程进行风险分析，对各环节可能发生的风险进行评估，制定有效的管理制度和程序控制，避免风险的发生，使企业业务执行的全过程处于完整、规范的良好状态。成立了跨部门的领导小组，详细制定了实施计划，编制了管理程序和制度，完善了考核体系和评估问责机制，实现了体系建设过程的平稳有序。操作完整性体系建设开展后，完善和提升了原有的管理制度和管理体系，把 HAZOP 审查和 HSE 观察拓展到了对行为的问责，提升了设备的可靠性和风险防控水平，保证了装置安全平衡运行。全年福建联合石化公司员工损失工时事故率和员工总事故率较 2010 年均有所下降。

(李　晟)

【福建联合石化公司完成老炼油装置检修】 2011 年 3 月 28 日，福建联合石化公司按照计划对老厂区炼油装置及化工二、四联合团队部分装置进行了停工检修，共涉及 400 万吨/年炼油和小聚丙烯等 11 套装置，包括了催化四塔半改造、芳烃歧化催化剂更换等检维修及技改项目 2 750 项，在老厂区装置停工检修的同时，新厂区装置继续运行。经过精心的准备和筹划，停工检修各项工作进展顺利。5 月初，各装置转入试压、吹扫、置换、预试车及开车投料阶段；5 月中旬，各装置实现开车一次成功，实现了“零伤害、零事故、零污染、高质量、高效率”的预期目标。

(李　晟)

【福建炼油乙烯一体化项目主体装置全部获石化集团公司优质工程奖】 继福建炼油乙烯一体化项目中的 70 万吨/年芳烃联合装置和炼油包 3#获得 2009 年度石化集团公司优质工程奖后，2011 年 4 月 7 日，项目主体装置中的炼油包 1#、炼油包 2#、炼油包 4#、80 万吨/年乙烯裂解装置、80 万吨/年聚乙烯装置、40 万吨/年聚丙烯装置、IGCC 装置等 8 个区域的 14 套装置获评 2010 年度石化集团公司优质工程奖。至此，福建炼油乙烯一体化项目所有新建的 18 套工艺装置均被评为石化集团公司优质工程奖。

(李　晟)

【福林气体公司正式运营首个年度超额完成利润指标】 2011 年是福林气体公司正式全面投入商业运营后的首个完整年度，福林气体公司通过开展工程审计和安全审计、加强现场隐患治理和作业证检查、编制装置一般性风险评估模板进行风险评估以及强化隐患治理和承包商管理等方式，保证了两套空分装置的安全平稳运行。同时，福林气体公司根据液氧产品销售的特点和市场实际，开展了液氧销售效能监察工作，控制好销售计划、产品价格和业务流程，取得了很好的效果。全年液氧月均销售量上升约1 000吨，销售均价比年初均价增加约200元/吨，高出福建省其他液氧生产企业约70元/吨，累计多创效益536万元；实现利润4 454.28万元，高于年初2 400万元的利润指标。

（李　晟）

【福橡化工公司正式成立】 2011年5月27日，福建炼化与福建省石油化学工业公司签订了福橡化工公司《合资经营协议》、《合资章程》、《股权转让协议》。福橡化工公司是福建省第1家合成橡胶公司，注册资本4.10亿元，福建炼化与福建省石油化学工业公司出资比例为49∶51，利用福建炼油乙烯一体化项目提供的丁二烯资源形成10万吨/年丁苯橡胶和5万吨/年顺丁橡胶的生产能力。6月27日顺丁橡胶装置中交，7月31日实现投料试车一次成功；9月20日丁苯橡胶装置中交，12月9日一次开车成功。

（李　晟）

福橡化工公司丁苯橡胶装置全景图

【福建漳州古雷炼化一体化项目上报国家发改委】 根据2011年8月16日石化集团公司、古雷石化、福建省人民政府签署的《海峡两岸古雷炼化一体化项目框架协议》以及2011年9月26日石化集团公司和福建省人民政府签署的《关于进一步加强石化产业合作的协议》精神，福建炼化和古雷石化共同推进福建漳州古雷炼化一体化项目。12月26日，石化集团公司和福建省人民政府向国家发改委上报了《关于上报福建漳州古雷炼化一体化项目申请报告的请示》。根据申请报告，福建漳州古雷炼化一体化项目拟建设1 600万吨/年炼油、120万吨/年乙烯及下游26套化工装置，总投资约920.78亿元，由福建炼化和古雷石化各出资50%合资建设，占地面积约9.7平方千米，投产后每年可生产126万吨汽油、80万吨航煤、500万吨柴油、97万吨对二甲苯及55种其他化工产品。

（李　晟）

【福建炼油乙烯“脱瓶颈”及配套工程全面启动】 福建炼油乙烯“脱瓶颈”及配套工程项目于2011年8月1日正式启动。乙烯“脱瓶颈”改造及配套工程项目的主要目标是对乙烯装置及其下游装置进行扩能改造，新建乙烯衍生物装置，同时对炼油装置进行油品质量升级和原油适应性改造；项目预计总投资55.33亿元，计划在2013年12月建成投产。2011年底，《油品质量升级及原油适应性改造项目可行性研究报告》、《乙烯装置脱瓶颈改造项目可行性研究报告》及《新建化工装置可行性研究报告》正式上报石化股份公司审批。同时，碳五分离和异戊橡胶项目基本可行性研究报告于2011年底编制完成。

（李　晟）

【福建炼化获全国文明单位称号】 福建炼化高度重视文明创建工作，提出并践行“共建和谐大福炼，共享大福炼和谐”，连续2届获得全国精神文明建设工作先进单位称号 。2011年底，福建炼化被中央文明委授予全国文明单位称号。

（李　晟）

表1　　福建炼化主要技术经济指标[①]　　亿元

指标名称＼年份	2011	2010	2009	2008	2007	2006
原油加工量/万吨	959.46	1 138.72	704.28	310.96	352.33	375.03
工业总产值[②]	—	—	275.70	126.03	138.88	144.80
工业增加值	—	—	—	—	—	-1.91
资产总计	55.86	58.30	51.89	47.20	34.57	66.08
流动资产	6.48	7.92	7.80	7.34	9.00	44.91
固定资产原值	2.65	2.24	2.56	2.56	2.59	45.46

续表

年份 指标名称	2011	2010	2009	2008	2007	2006
固定资产净值	1.38	1.41	1.34	1.44	1.53	14.68
吨油利润/元	—	—	—	—	—	-155.21
销售收入	647.80	640.52	206.81	156.33	149.72	144.00
实现利税	-2.37	6.40	2.07	-8.99	5.24	0.19
税　金	0.23	0.26	0.09	0.06	6.34	6.04
炼油综合能耗/千克标油·吨$^{-1}$	57.22	74.59	90.15	79.78	—	—

①2008 年起，资产总计、税金为福建炼化本部，其余指标包含福建联合石化公司；福建联合石化公司无工业增加值、吨油利润两项指标。

② 分置运营后，福建炼化本部没有工业产品生产，无工业总产值，企业集团工业总产值未作统计。

表 2　　福建炼化主要产品产量　　万吨

年份 产品名称	2011	2010	2009	2008	2007	2006
汽　油	133.51	150.29	122.38	85.64	97.96	102.63
柴　油	245.77	388.52	258.83	109.81	134.52	155.89
航空煤油	98.52	96.45	32.35	5.10	5.39	5.83
灯用煤油	—	—	—	0.36	0.66	0.49
石脑油	276.23	265.78	12.56	14.20	17.78	15.01
液化气	20.99	25.74	30.83	21.52	22.02	22.05
燃料油①	2.19	0.98	11.42	27.95	8.31	7.31
溶剂油	—	—	0.51	1.09	2.36	2.44
石油焦	13.71	14.23	13.05	1.70	13.30	12.76
硫　黄	17.12	18.05	7.12	0.91	1.10	1.14
液　氨	—	—	0.05	0.05	0.07	0.07
丙　烯	58.47	57.33	24.41	9.51	9.94	10.25
聚丙烯	50.66	47.48	18.90	8.93	10.33	11.07
乙　烯	85.23	84.36	7.17	—	—	—
聚乙烯	88.66	87.29	20.07	—	—	—
对二甲苯	67.93	65.92	23.86	—	—	—
苯	31.62	33.11	10.10	—	—	—
丁二烯	13.59	13.10	3.17	—	—	—

①2008 年燃料油产量含工业重油、船用馏分燃料油、工艺陶瓷燃料油和不锈钢固溶油。

巴陵石化

【概况】 中国石油化工股份有限公司巴陵公司（简称巴陵分公司）和中国石化集团资产经营管理有限公司（简称巴陵资产分公司）统称巴陵石化，位于湖南省岳阳市云溪区和岳阳楼区，紧邻京广铁路、武广高铁、107国道、京珠高速和随岳高速，西靠洞庭，北倚长江，厂区总面积9.45平方千米。其前身始建于1969年，由原岳阳石油化工总厂、洞庭氮肥厂、鹰山石化厂组成。巴陵石化是集油、化、纤、肥于一体的大型石化联合企业，也是国内最大的锂系聚合物、环氧树脂、己内酰胺和商品环己酮生产企业。巴陵石化下辖烯烃事业部、环己酮事业部、合成橡胶事业部、环氧树脂事业部、己内酰胺事业部、化肥事业部等17个直属单位，有固定资产原值128.4亿元，在岗职工1.06万人；主要生产装置包括年产200万吨炼油、6万吨MTBE、10万吨环己酮、20万吨SBS、2万吨SEBS、4万吨顺丁橡胶、6万吨聚丙烯、10万吨烧碱、3.2万吨环氧氯丙烷、5万吨氯丙烯、5.5万吨环氧树脂、20万吨己内酰胺、60万吨尿素、15万吨硫酸、12万吨双氧水，日耗煤2 000吨煤气化装置等；主要产品有汽柴油、MTBE、溶剂油/稀释剂、环己酮、SBS、SIS、SEBS、聚丙烯、顺丁橡胶、环氧树脂、氯丙烯、环氧氯丙烷、己内酰胺、尿素、双氧水等50多种170多个牌号，产品远销20多个国家和地区，企业通过了ISO 9000质量体系、HSE体系认证。

2011年，巴陵石化坚持以科学发展观为指导，深入开展创先争优活动，持续优化经营，强化管理，加快发展，实现了“十二五”的良好开局。全年生产主要炼化产品399万吨；实现不含税销售收入235.3亿元，同比增加17.8亿元；整体赢利1.14亿元；上缴税费31.55亿元。

巴陵石化主要技术经济指标和主要产品产量见表1和表2。

（黄 洋）

【上市部分实现首次赢利】 2011年，巴陵石化上市部分赢利6.6亿元，实现了自2000年重组以来的首次赢利。

（黄 洋）

【己内酰胺创效10.8亿元】 2011年，巴陵石化生产己内酰胺20.03万吨，创效10.8亿元，同比增利6.7亿元，创历史新高。

（黄 洋）

【持续强化安全环保】 2011年，巴陵石化落实中国石化总部“七想七不干”要求，深化“我要安全”主题活动，深入查找身边“十大薄弱环节”，组织应急管理、预防火灾暨清洁生产、长输管线管理等6项专题活动，落实安全生产责任制和领导带班制度，细化生产建设现场安全监管，强化外来承包商管理，加大隐患治理力度，实现了安全环保“5个为零”，连续2年被评为石化集团公司安全生产先进单位。以创建清洁生产企业为目标，制定考核细则，构建长效机制，通过了总部清洁生产预评估；以管治并重为手段，外排废水达标率98.7%，同比提高4.89个百分点，减排COD 610吨、二氧化硫3 013吨。

（黄 洋）

【生产组织不断优化】 2011年，巴陵石化装置非计划停工同比减少55%，炼油、己内酰胺、合成橡胶等17套装置检修高效完成；己内酰胺产量突破20万吨，SIS创日产110吨新纪录；炼油、煤气化装置分别连续运行717天和113天；累计生产主要炼化产品399万吨。主要的42项能耗指标和52项物耗指标中，分别有25项和39项创历史最好水平，产品质量稳定提高率96.08%，累计节能降耗、提质创效1.98亿元。同时，上市部分自产氢气用于化工产品的比例同比增加11.73%，化纤级环己酮增产3.57万吨，汽油收率达40.9%。

（黄 洋）

【经营水平有效提升】 2011年，巴陵石化采购海洋原油比例达92.3%，实现原油运输直航进江41船次，原油途耗同比下降0.081%。采购大宗化工原料82万吨，采取串换、借货、代储等办法，实现丁二烯、异戊二烯采购创效9 700万元。动力煤平均热值同比提高148大卡，原料煤单一煤种切换周期创42天新纪录。强化市场分析和统销管理，自销化工产品直销率达77%，同比提高2个百分点，液化气销售2次获石化集团公司月度金牌；拓展境外市场，全年出口产品13万吨；构建3个层次产销衔接机制，强化沟通协调，统销产品销售顺畅。加大上市、非上市资源优化力度，强化环己烷、环己酮等物料互供，保障了赢利产品满产满销。

（黄 洋）

【发展建设取得成效】 2011年，巴陵石化12万吨/

年苯乙烯装置建设、20 万吨/年己内酰胺装置改造、10 万吨/年双氧水装置建设、1 万吨/年邻甲酚醛环氧树脂装置建设、厂际外管线建设 5 个项目顺利中交；6 万吨/年特种锂系聚合物、热电一炉一机等 4 个项目进入设备安装阶段。同时，编制上报重点项目可研报告 14 个，其中炼油常压蒸馏与催化裂化装置隐患治理、30 万吨/年己内酰胺挖潜改造、氢气提纯及输送管线建设等 12 个项目获批。

（黄 洋）

【科技创新成果明显】 2011 年，巴陵石化 SIS 加氢技术、己内酯中试技术、TVA 发泡材料专用料开发等 8 个研发项目通过中国石化总部鉴定；完成了环己酮肟气相重排、特种环氧树脂系列技术开发等 5 个工艺包，开发新产品新牌号 10 个，获得授权专利 8 项。“高档粉末涂料用固体环氧树脂开发”、“80 立方米加氢聚合釜技术开发”2 个项目获湖南省 2010 年度科技进步二等奖。

（黄 洋）

【深入开展创先争优活动】 2011 年，巴陵石化把创先争优活动与“比学赶帮超”、“两高”大讨论、党建巡视、形势任务教育、企业文化创新紧密结合起来，活动成效受到中央领导肯定。从 8 月开始，将活动重点转到“为民服务创先争优”上，着眼于客户、职工“双满意”，突出“三亮三比三评”，深化窗口创建和服务承诺，收到良好效果。

（黄 洋）

【一改制企业在深圳上市】 2011 年 2 月 18 日，巴陵石化改制企业——湖南凯美特气体股份有限公司正式在深圳证券交易所挂牌上市，股票简称凯美特气，股票代码 002549。

（黄 洋）

【获湖南省加速推进新型工业化一等奖】 2011 年 2 月 22 日，湖南省委、省政府发布《关于表彰 2010 年度全省加速推进新型工业化获奖单位的决定》，巴陵石化获湖南省加速推进新型工业化一等奖。湖南省获此奖项的共有 10 家企业，中国石化驻湘企业仅巴陵石化一家。

（黄 洋）

【氨法烟气脱硫脱硝装置一次开车成功】 2011 年 3 月 20 日，巴陵石化动力事业部 1#炉脱硫装置实现一次开车成功。该装置是国内首套采用流光放电氨法烟气脱硫脱硝的装置，解决了常规氨法中亚硫酸铵氧化速率低、尾气逸氨、硫铵夹带以及气溶胶酸雾等难题，同时增加一体化脱硝能力，具有自主知识产权。

（黄 洋）

【贺国强视察巴陵石化】 2011 年 5 月 9 日，中共中央政治局常委、中央纪委书记贺国强，在湖南省委书记、省人大常委会主任周强，石化集团公司董事长、党组书记傅成玉等陪同下，到巴陵石化视察。

（黄 洋）

【巴陵石化党委被评为全国先进基层党组织】 2011 年 7 月 1 日，在庆祝中国共产党成立 90 周年大会上，中共中央表彰一批全国先进基层党组织和优秀共产党员、优秀党务工作者，巴陵石化党委被评为全国先进基层党组织。

（黄 洋）

【炼油装置创连续运行最长纪录】 截至 2011 年 7 月 1 日停车检修，巴陵石化炼油装置连续运行 717 天，创历史最长纪录。

（黄 洋）

【煤代油装置通过竣工验收】 2011 年 7 月 9 日，巴陵石化煤代油工程安全设施通过国家危险化学品专家组竣工验收。

（黄 洋）

【明确“十二五”发展思路】 2011 年 8 月 16—17 日，巴陵石化在既定《“十二五”发展规划》基础上，按照石化集团公司有关精神，召开传达贯彻石化集团公司领导干部座谈会精神暨“十二五”发展规划务虚会，对巴陵石化“十二五”及中长期发展规划进行重新审视与完善，提出了“建设世界一流非乙烯精细化工企业”的发展目标，明确了“五大业务、六大战略”，即：改造炼油业务、发展优势业务、提升特色业务、退出劣势业务、拓展新兴业务，大力实施人才战略、技术创新战略、一体化战略、差异化战略、异地发展战略、绿色低碳战略。

（黄 洋）

【风力发电环氧树脂通过 GL 认证】 2011 年 9 月 6 日，巴陵石化风力发电用环氧树脂体系正式通过德国劳氏船级社（GL）认证，成为国内第 2 家通过 GL 认证的同类企业。产品通过认证后可用于风力发电领域。

（黄　洋）

【巴陵石化地区企业联合会成立】 2011年10月28日，岳阳市巴陵石化地区企业联合会正式成立，并召开了第1次会员大会和一届一次理事会。巴陵石化地区原属巴陵石化的39家改制企业加入该会，巴陵石化总经理朱建民任联合会名誉理事长。

（黄　洋）

【浙江巴陵恒逸己内酰胺有限责任公司成立】 2011年12月6日，巴陵恒逸己内酰胺有限公司在浙江杭州成立。该公司由巴陵石化代表中国石化与浙江恒逸石化有限公司合资组建，双方按50:50对等持股。该公司主要从事己内酰胺生产，装置设计产能20万吨/年，注册资本金12亿元，巴陵石化以现金6亿元出资。这是中国石化与国内民营企业在己内酰胺领域合作的首个合资公司，也是中国石化与杭州市“2+4”战略合作重点工程之一。

（黄　洋）

【环己酮废碱焚烧装置投产】 2011年，巴陵石化环己酮碱焚烧装置投产，该装置为世界最大规模同类综合处理环保装置，年处理废碱13万吨，外排烟气一氧化碳、二氧化硫、氮氧化物为零，每立方米烟气粉尘浓度小于50毫克，各项指标均低于国家一级排放标准。

（黄　洋）

【民生工程稳步落实】 2011年，巴陵石化全面实施企业年金，发放在职职工住房补贴，提高夜班津贴和工作餐补贴标准，调整退休人员养老金，启动职工保障性住房建设相关工作，完成“和”文化广场、鹰山运动广场、岳化大道、社区便民服务中心、部分单身公寓等一系列社区改造建设项目，深化社区“九防”和安全社区创建活动，优化通勤运行，改建投用4个职工食堂，改善了职工群众工作、生活条件。落实独生子女父母奖励政策，加大就业帮扶力度，坚持“真困难、真帮助，特别困难、特别帮助”原则，发放救助、慰问金244万元。

（黄　洋）

表1　**巴陵石化主要技术经济指标**　亿元

指标名称 \ 年份	2011	2010	2009	2008	2007	2006
原油加工量/万吨						
巴陵资产分公司	155.62	183.21	165.86	180.14	176.31	169.03
工业总产值						
巴陵分公司	58.02	43.19	22.09	30.10	22.31	18.83
巴陵资产分公司	170.32	165.05	121.68	144.10	133.40	127.74
炼　油						
巴陵资产分公司	87.14	87.87	67.20	80.66	69.10	62.09
化　工						
巴陵分公司	51.09	37.00	2.88	25.77	21.07	16.81
巴陵资产分公司	73.37	68.66	54.48	55.04	57.43	55.09
化　纤						
巴陵分公司	—	—	—	—	0.02	0.95
其　他						
巴陵资产分公司	9.81	8.50	0	8.40	6.87	10.56
工业增加值						
巴陵分公司	14.10	4.77	0	0	-1.90	0

续表

年份 指标名称	2011	2010	2009	2008	2007	2006
巴陵资产分公司	34.03	45.88	39.91	—	22.69	22.70
资产总计						
巴陵分公司	33.45	23.40	23.51	27.80	31.20	30.74
巴陵资产分公司	68.08	61.57	53.47	47.69	58.34	58.21
流动资产						
巴陵分公司	6.00	4.11	3.53	4.68	9.39	7.55
巴陵资产分公司	21.55	22.48	19.31	13.19	21.54	22.87
固定资产原值						
巴陵分公司	55.49	61.31	57.68	58.28	56.13	55.78
巴陵资产分公司	72.91	68.20	67.32	64.70	63.02	61.46
固定资产净值						
巴陵分公司	24.18	27.42	25.10	26.66	23.77	25.21
巴陵资产分公司	35.06	34.75	36.61	36.44	37.15	38.29
销售收入						
巴陵分公司	59.81	44.36	22.76	30.94	24.97	19.96
巴陵资产分公司	175.54	173.16	124.41	145.83	132.24	127.00
实现利税						
巴陵分公司	6.82	-23.43	-15.05	-8.19	-6.13	-6.51
巴陵资产分公司	21.85	35.55	29.57	-1.99	14.17	15.10
税　金						
巴陵分公司	2.84	0.66	0.92	0.34	0.57	0.10
巴陵资产分公司	28.71	30.43	25.57	12.87	13.61	11.80

表2　巴陵石化主要产品产量　万吨

年份 指标名称	2011	2010	2009	2008	2007	2006
巴陵资产分公司						
90#汽油	0	0	—	0	0.70	1.83
93#汽油	24.57	24.71	22.41	23.33	23.52	21.73
97#汽油	24.16	27.12	24.44	22.47	22.01	18.11
0#柴油	36.43	46.36	39.57	43.88	43.92	46.99

续表

产品名称＼年份	2011	2010	2009	2008	2007	2006
石脑油	8.48	9.25	6.06	9.77	4.94	7.30
液化气	18.49	20.47	18.55	19.06	19.80	18.86
干　气	3.61	4.47	4.22	4.99	5.70	5.41
丙　烯	9.18	10.21	9.82	10.25	10.99	10.24
烷基苯	0	0	2.59	3.14	3.63	3.48
油　浆	3.69	1.48	4.83	4.00	4.08	3.94
溶剂油	6.14	5.08	7.14	7.40	8.03	6.17
合成橡胶	19.26	23.14	20.95	16.42	19.22	17.76
顺丁橡胶	3.13	4.10	3.77	3.43	3.69	3.38
SBS 热塑弹性体	12.53	15.38	14.21	11.10	14.08	13.28
环氧树脂	4.11	4.04	4.11	3.73	3.35	3.06
环己酮	11.41	9.94	9.00	7.84	7.41	7.36
烧　碱	10.05	10.36	9.31	9.95	11.52	11.27
盐　酸	4.20	3.78	3.36	3.57	4.19	3.61
液　氯	7.99	8.40	7.61	8.12	9.36	9.21
聚丙烯	5.57	6.49	6.32	6.27	6.50	5.95
氯丙烯	4.89	5.18	4.60	4.55	5.31	4.64
环氧丙烷	0	0	0.21	0.63	0.60	0.76
环氧氯丙烷	2.17	2.13	2.15	2.18	2.78	2.44
巴陵分公司						
合成氨	32.49	25.94	18.55	21.13	7.64	0
尿　素	18.28	25.65	19.17	24.93	7.75	0
己内酰胺	20.03	19.29	13.81	13.62	11.73	10.24
绵纶纤维(原丝)	0	0	0	0	0.83	0.51
尼龙 6 切片	3.82	3.71	3.17	2.46	2.01	3.05
硫酸铵	28.03	27.64	19.79	20.73	16.34	15.68
环己酮	8.27	9.36	7.15	7.51	7.55	6.89
双氧水	11.10	11.28	7.81	9.81	7.03	7.52

长岭炼化

【概况】 中国石油化工股份有限公司长岭分公司(简称长岭分公司)和中国石化集团资产经营管理有限公司长岭分公司(简称长岭资产分公司)统称长岭炼化，坐落在湖南岳阳风景秀丽的洞庭湖畔，北临长江，南靠京广铁路，与武广高速铁路、107国道、京珠高速公路相邻，水陆交通便利。

长岭炼化前身为长岭炼油厂，始建于1965年，1971年5月建成投产。2000年4月，按照石化集团公司整体重组改制的要求，炼油主业部分重组改制为长岭分公司，存续部分改制为中国石化集团长岭炼油化工有限责任公司(简称长岭炼化公司)。2007年5月，按照体制转换的要求，长岭炼化公司改制为长岭资产分公司。截至2011年底，长岭炼化有正式员工3 793人，其中长岭分公司有正式员工2 393人，长岭资产分公司有正式员工1 400人。

截至2011年底，长岭炼化拥有30套炼油化工装置，原油加工能力800万吨/年，聚丙烯、改性和乳化沥青年生产能力分别达到13万吨、20万吨和10万吨，是中南地区重要的石油化工产业基地。主要生产汽油、煤油、柴油、丙烯、液化石油气、石脑油、苯类、沥青、乙酸酯等60余种产品，有17种产品获省部级以上优质产品称号，其中出口轻柴油和6#抽提溶剂油获国家金质奖，石油甲苯、二甲苯和120#溶剂油等产品获国家银质奖。“东海牌”改性沥青铺上了奥运会国家体育场鸟巢的主跑道；高铁专用乳化沥青成功应用于武广高铁建设，实现了高铁专用乳化沥青的国产化，打破了日本、德国的垄断。

2011年，长岭炼化紧紧围绕“强素质、抓管理、创效益”这一工作主题，加快推进项目建设，精心组织生产经营，统筹做好管理和培训工作，全面建成投产了炼油改扩建项目，较好地完成了全年各项工作任务。全年长岭分公司共加工原料油609.6万吨，实现销售收入353亿元，账面利润亏损21.5亿元，上缴各类税收57亿元，连续12年实现炼油专业达标。长岭资产分公司共接卸原料油68.79万吨，卸转0#柴油86.12万吨，生产、中转、仓储沥青8.33万吨，液化气充装接卸31.11万吨；实现销售收入4.23亿元，亏损1.51亿元，比总部限亏指标减亏537万元。

长岭分公司主要技术经济指标和主要产品产量见表1和表2。

(王毅平 易启明)

【贺国强视察长岭炼化】 2011年5月9日，中共中央政治局常委、中央纪委书记贺国强视察了长岭炼化。贺国强先后视察了长岭炼化800万吨/年炼油改扩建项目装置全貌以及中心控制室，充分肯定了长岭炼化建设发展取得的成绩，并寄语员工不断开拓创新，把长岭炼化建设成为一个高水平的、现代化的企业。

(易启明)

【炼油改扩建项目全面建成投产】 2011年，长岭炼化炼油改扩建项目全体参建人员以强化收尾、优质中交为重点，管好项目建设的各个环节，同步抓好资产交付、竣工验收、效能监察等多项工作，完成了投资计划。渣油加氢、制氢装置于8月下旬实现一次开工正常，再次刷新了同类装置建设及开车用时最短的纪录。10月18日，隆重举行了长岭炼化炼油改扩建项目全面建成投产暨厂庆40周年庆典仪式，宣告800万吨/年炼油改扩建项目正式投产。

(肖 军)

【生产经营指标显著提升】 2011年，长岭炼化共加工原料油609.6万吨，首次突破600万吨，创年度加工量历史新高，在成品油紧张之时，有力保障了市场稳定供应，赢得了石化集团公司总部和新闻媒体的赞誉。主要技术经济指标进一步提升，综合商品率、交库轻油收率、综合能耗等关键指标均达到或超过总部考核指标。营业收入取得了明显增长，共销售石油产品559.7万吨，实现销售收入353亿元，同比增长156亿元。

(肖 军)

【获全国文明单位称号】 长岭炼化始终坚持文化引领，抓好载体建设，增强创建实效，积极开展精神文明示范点、十佳文明道德员工评选、公民道德社会责任教育和“负责任受尊敬”员工大讨论等活动，企业文化建设稳步推进，企业活力与竞争力不断增强。2011年12月20日，长岭炼化被评为全国文明单位。

(易启明)

【连续第8年获石化集团公司安全生产先进单位称号】 2011年，长岭炼化按照石化集团公司党组的安排部署，继续深化“我要安全”主题活动，深入开展“查找十大薄弱环节”、“两个识别”、“七想七不干”活动，共识别不安全行为和HSE管理薄弱环节3 492项，识别重大风险37项，避免各类事故143起。强化直接作业环节安全监管，开展了整治安全生产环境、整治厂区交通安全等专项行动，查处各类问题32项，处罚违章作业承包商16家，安全生产环境进一步改善。注重安全和环保隐患治理，实施总部及公司级隐患治理36项。公司连续第10年无上报石化集团公司事故，连续第8年被评为石化集团公司安全生产先进单位。

（易启明）

【社区环境综合改造完成】 2011年，长岭炼化以厂庆40周年和创建国家安全文明社区为契机，在石化集团公司总部及改制企业的大力支持下，继续抓好社区环境的综合改造，先后完成了长岭社区主干道路、CEA广场、体育馆、影剧院、文化宫、四化村集贸市场、得趣园、厂史馆等综合改造，长岭社区环境得到进一步改善，员工家属的认可度和满意度显著提高。

（易启明）

表1　长岭分公司主要技术经济指标　亿元

指标名称＼年份	2011	2010	2009	2008	2007	2006
原油加工量/万吨	601.59	405.75	404.25	442.84	453.47	417.51
工业总产值	352.17	199.26	167.37	205.06	180.87	162.24
炼　油	348.98	190.43	158.67	192.39	167.24	148.58
化　工	11.90	8.83	8.69	12.67	13.62	13.65
工业增加值	149.72	32.63	43.47	-24.81	5.48	-3.37
资产总计	79.65	67.89	31.27	25.31	26.47	35.30
流动资金	16.82	18.45	7.32	10.05	12.21	16.44
固定资产原值	84.56	45.90	44.57	43.23	41.93	41.70
固定资产净值	46.99	9.83	7.97	8.17	8.93	16.98
销售收入	353.00	194.77	166.68	205.55	181.04	164.42
实现利税	34.19	27.53	39.36	-17.05	-4.00	-6.07
税　金	57.00	32.15	35.87	5.81	7.54	5.15

表2　长岭分公司主要产品产量　万吨

产品名称＼年份	2011	2010	2009	2008	2007	2006
汽　油	136.80	69.57	84.20	83.35	83.64	82.54
柴　油	252.88	171.32	165.45	187.28	184.72	169.87
航　煤	12.63	4.76	3.84	3.56	8.13	7.42
重　油	17.80	9.15	11.85	15.04	17.15	12.61
石油焦	37.82	33.91	30.01	31.91	31.26	27.50
三　苯	16.50	13.99	9.93	14.05	16.41	13.75
溶剂油	5.43	5.28	4.71	9.60	9.68	9.51
聚丙烯	11.86	9.59	11.21	12.23	13.72	13.10

仪化公司

【概况】 中国石化仪征化纤股份有限公司(简称仪化股份公司)和中国石化集团资产经营管理有限公司仪征分公司(简称仪征资产分公司)统称仪化公司，位于江苏省仪征市，占地10平方千米。前身为仪征化纤工业联合公司，1978年筹建，1981年设立，1993年进行股份制改组，分为上市和非上市部分，1997年整体加入中国东联石化集团公司，1998年随中国东联石化集团公司整体加入中国石化集团公司。2000年，上市部分更名为仪化股份公司，成为石化股份公司的控股子公司。2006年11月，非上市部分进行体制转换，更名为仪征资产分公司。2010年底两个公司实行一体化管理。

仪化股份公司主要从事聚酯和涤纶纤维的生产及销售，并配套生产聚酯主要原料精对苯二甲酸(PTA)。截至2011年底，拥有PTA生产装置2套，产能100万吨/年；有14条聚酯生产线，聚酯聚合产能175万吨/年。聚酯切片63万吨/年；5条瓶级切片生产线，产能45.5万吨/年；26条涤纶短纤维生产线，产能57.6万吨/年；29条长丝生产线，产能17.1万吨/年；2套超高分子量聚乙烯纤维干法纺丝装置，产能1 300吨/年；1套对位芳纶试验装置，产能100吨/年。下设14个生产单位、5个直属机构、16个机关管理部室。仪征资产分公司下属4个生产单位和社区管理中心。PBT生产中心主要生产工程塑料(PBT)，2套装置产能共计8万吨/年。仪化东丽聚酯薄膜有限公司为仪征资产分公司和日本东丽株式会社以50∶50股权合资设立，主要生产聚酯薄膜，产能3万吨/年。仪化博纳织物有限公司是仪征资产分公司与英国博纳国际控股有限公司以40∶60股权设立，可生产聚丙烯织物7 500万米^2/年。海南盛之业高新技术有限公司位于海口市港澳工业区，主要生产和销售瓶级聚酯切片，产能24万吨/年。

截至2011年底，仪化公司有在岗正式职工7 653人，其中具有高级专业技术职称的404人，中级专业技术职称的720人，初级专业技术职称的639人。

仪化公司主要技术经济指标和主要产品产量见表1和表2。

(于　岚)

【清洁生产成效明显】 2011年，仪化公司不断强化节能、减排、节水、治污等各项措施，工作成效显著。仪化股份公司主产品单位综合能耗同比下降0.83%，万元产值综合能耗0.51吨标煤，同比下降2.07%；外排工业废水COD量534吨，外排废水达标率100%，超额完成节能减排任务。在中国石化同类装置竞赛中，PTA装置物耗、能耗指标连续4年排名第1位，PTA、短纤、POY装置单位成本最低。仪征资产分公司万元产值综合能耗0.12吨标煤，同比下降7.69%。

(于　岚)

【科学采购降成本】 2011年，仪化公司通过深化框架协议采购，不断完善供应商动态量化考核，充分利用中国石化电子商务平台，强化物资采购质量与进度控制，实现了安全供应、及时供应和经济供应。在提升外采业务水平的同时，进一步明确库存资金占用责任主体，分解利库指标，提高需求计划准确率，加强积压、超储物资考核，完成了中国石化下达的压降总库存和积压物资考核指标。将煤炭作为战略资源，优化采购节奏，充分利用中国石化集中储备优势，调整组采、直采比例，全年节约煤炭采购成本1 300万元；严格控制量差，低于中国石化总部控制指标1.17%，减少煤炭损耗1.18万吨。连续第3年被中国石化评为物资供应管理先进单位，全年煤炭采购管理考核综合排名位居中国石化第1位。

(于　岚)

【内部管理持续深化】 2011年，仪化公司实行计划、财务、采购、销售业务集中，规范合资企业和海南盛之业公司管理，推进一体化管理考核；完成了468项制度标准化改造，加强与“四标一体化”、内控体系的融合，健全了制度体系；持续开展改善经营管理建议工作，全年征集建议1 687项，滚动梳理，优化实施；优化“比学赶帮超”指标体系，构建6个大类50项建标、对标体系，每月分析、排名，促进了“比学赶帮超”工作的常态化；增强预算执行力，持续推动全员成本目标管理，实施13项降本增效措施，挖潜增效3.99亿元；强化质量过程控制，开展群众性质量活动，完成60项质量改进攻关和12项产品标准的起草、修订，仪化股份公司被评为中国石化质量工作先进单位；全力推进信息化系统建设和应用，仪化股份公司实现了ERP系统升级和资金集中、MES、合同管理、LIMS、实时数据库成功上线，仪征资产分公司ERP等系统成功上线，促进了管理效率的提升，被中国石化总部评为ERP应用先进单位，进入信息化管理A级行列。

(于　岚)

【科技攻关成果显著】 2011年，仪化公司千吨级对位芳纶工艺软件包和高速拉膜用聚酯切片开发项目顺利通过中国石化总部鉴定；PBT从小试到中试的全过程聚合试验平台顺利建成；膜级母粒FG610获江苏省高新技术产品称号；超仿棉共聚酯短纤维产业化技术的开发获得国家"十二五"科技支撑项目立项；钛系催化剂成功扩大试用。全年申请专利24项，授权19项，其中发明专利10项，专利申请量和授权量创历年来最好成绩。在国家认定企业技术中心评价排名中名列江苏省第4位、中国石化第1位。

（于 岚）

【产品开发持续深化】 2011年，仪化公司新开发功能性膜级母粒FG611，膜级切片形成基料和母粒2个大类9个系列化产品；开发有光缝纫线短纤升级产品FR212顺利通过用户试用；1.33分特针织专用料生产技术实现向大容量生产线的转移；实现了长丝POY单板263/288品种批量生产，产品质量稳步提升；新开发无纬布、防切割手套等高纤专用料，形成200—3 000旦系列产品。全年，仪化股份公司聚酯专用料率为89.4%，纤维差别化率为88.6%，差别化产品比常规产品多增加毛利3.5亿元。

（于 岚）

【技术改造取得实效】 2011年，仪化公司实施了PTA 1#装置压力过滤机代替压力离心机改造，每年可节约脱盐水32万标准立方米，节电640万千瓦·时；完成了PTA 2#装置空压机控制系统升级改造，提高了运行可靠性；实施了循环泵高效叶轮改造，每年节电670万千瓦·时；全面推进锅炉达标提效工作；脱硫设施投运率达99.5%；烟气在线监控系统成功联网；实现上网电脱硫电价，增收182万元；优化改造污泥干化送烧装置，生化一装置污泥无害化处理率达100%。

（于 岚）

【10万吨/年1，4-丁二醇（BDO）项目开工建设】 该项目于2011年3月28日正式开工建设，计划于2012年10月投产，总投资16.4亿元。项目采用美国Huntsman公司马来酸酐工艺和英国Davy公司1，4-丁二醇工艺的联产技术，年产1，4-丁二醇（BDO）5万吨、四氢呋喃（THF）3.58万吨、γ-丁内酯（GBL）0.49万吨。项目的建成将有助于仪化公司构建BDO-PBT-THF产业链。

（于 岚）

10万吨/年1，4-丁二醇（BOD）项目开工仪式 （刘玉福 摄）

【40万吨/年聚酯专用料项目开工建设】 该项目分为年产20万吨膜级切片的聚酯十五单元和年产20万吨全消光和工业丝专用切片的聚酯十六单元，总投资3.6亿元。其中，聚酯十六单元于2011年9月开工建设，计划于2012年8月投产；聚酯十五单元于2012年4月开工建设，计划于2013年3月投产。

（于 岚）

【20万吨/年差别化短纤项目开工建设】 该项目分为以生产有光缝纫线和水刺型短纤维为主的年产10万吨27-30K短纤装置、以生产水刺专用料和有光缝纫线型涤纶短纤维为主31-34K短纤装置，总投资4.75亿元。27-30K短纤于2011年9月开工建设，计划于2012年8月投产；31-34K短纤于2012年4月开工建设，计划于2013年3月投产。

（于 岚）

【仪化东丽6 000吨/年薄膜4号线项目建成投产】 该项目于2011年6月14日顺利建成投产，并实现一次开车成功，总投资2.1亿元。项目引进日本东丽先进工艺技术，于2010年5月开工建设，主要设备从日本东丽公司搬迁。产品为技术含量和附加值较高的扩散膜、太阳能背板膜，主要应用于液晶技术、太阳能利用领域，发展前景较为广阔。

（于 岚）

【仪化东丽1.5万吨/年薄膜5号线项目开工建设】 该项目于2011年11月开工建设，计划于2012年12月投产，总投资4.38亿元。项目引进日本东丽最新技术生产，其产品用于制造以液晶显示器（LCD）为代表的平板显示器背光模组的扩散膜和增亮膜，填补了国内该行业尖端产品的空白。

（于　岚）

【3 000 吨/年干法纺丝高性能聚乙烯纤维一期项目顺利开车】 该项目于 2011 年 7 月 3 日顺利开车并生产出合格产品。项目采用中国石化自有专利技术，是国内唯一的千吨级干法纺丝高性能聚乙烯纤维生产线，被列为国家国债支持项目，支持金额为 3 964 万元。项目采用一次规划、分步实施的方式建设，在已有 300 吨/年工业化装置基础上进一步扩大生产规模，于 2010 年 6 月 28 日开工。该项目的实施，打破了国外技术垄断，填补了国内空白，提高了中国高性能聚乙烯纤维产品档次，加快了中国石化特种纤维产业发展。与湿法纺丝工艺相比，干法纺丝工艺产品质量稳定、档次高，工艺流程短，成本较低，生产过程几乎无排放，具有突出的环保优势。

（于　岚）

【合资合作取得新成效】 2011 年，仪化公司与台湾远东集团就 200 万吨/年 PTA 项目合资成立公司达成一致意见，并就项目规划、股权结构、业务范围、运营模式等形成了共识，11 月 30 日，双方签署了合资合同，总投资 38.8 亿元，仪化公司占 40% 股份。12 月 9 日，远东仪化石化(扬州)化工有限公司正式成立，并同步完成了注资、引进技术交流和谈判，落实了项目用地。项目计划于 2012 年 5 月开工，2014 年底投产。

（于　岚）

【积极稳妥推进煤化工项目】 仪化公司高度重视中安煤化一体化项目建设，2011 年 4 月 29 日，中安公司顺利召开了股东会、董事会和监事会，批准了公司章程，明确了管理框架、议事规则和有关规章制度，初步建立了正常的运作体制机制。5 月 20 日，朱集西煤矿项目获得国家发改委核准。9 月 30 日，完成 60 万吨/年甲醇转烯烃项目可研报告。组织了煤矿建设“大会战”，矿建工程超额完成年度计划进度。12 月 30 日，完成了煤化工项目审批备案。

（于　岚）

【开展“质量大使”送服务活动】 仪化公司在 2011 年 4 月 7 日第 1 个“中国石化质量日”到来之际，开展“质量大使”送服务活动。有关生产单位选派“质量大使”到下道工序听取工作人员的意见和建议。同时，对下游用户按照重点突出、全面覆盖的原则，安排销售服务人员、技术人员以“质量大使”的身份开展多层次的用户走访和质量服务工作。仪化公司主要领导也对切片、短纤等重要用户进行了高层访问，了解用户需求，听取用户意见。

（于　岚）

【科技成果展示系统平台顺利建成】 2011 年 12 月 26 日，仪化公司建成科技成果展示系统平台。该平台由多媒体投影与电脑储存系统、灯箱展示系统、照明系统、空调系统、控制系统组成。通过对化工技术平台、聚酯技术平台、纤维技术平台、瓶片技术平台、高性能纤维技术平台、分析表征应用技术平台展示设计，采取多媒体展示与图片灯箱相结合、文字表述与实物展示相结合、成果介绍与荣誉展示相结合的方式，对科技成果进行展示，系统反映了仪化公司科学技术进步成果。

（于　岚）

【创建“劳模创新工作室”】 2011 年 6 月 3 日，仪化公司启动了“劳模创新工作室”创建工作，由有理论水平、业务专长、工作经验和创新能力的仪化公司劳模乔成斌、江苏省劳模封益民牵头，围绕本单位的生产经营和工作重点、难点问题开展技术创新和管理创新。通过劳模示范、克坚攻关、发展创新、群众性活动平台和群众工作桥梁等功能，弘扬生产一线劳模精神，发挥基层团队的创新作用，把“劳模创新工作室”打造成企业创新发展的基层品牌。

（于　岚）

【强化企业文化建设】 2011 年，仪化公司紧扣年度经营目标任务，有针对性地开展形势任务和思想教育工作，深入开展“遵章守纪年”活动，着力推进企业文化建设，认真总结和提炼建厂 30 年来积累形成的企业文化，结合企业中长期发展目标，提出了“国内领先，世界一流”的企业愿景，“求真务实、开拓进取、精细严谨、追求卓越”的企业精神，以及“两有”(领导心中有职工，职工心中有企业)、“双靠”(岗位靠竞争、收入靠绩效)、“三个不一样”(干与不干不一样，干多干少不一样，干好干坏不一样)的治企原则。通过宣讲团巡回宣贯，组织干部职工讨论、考试，报纸电视宣传等方式，积极营造践行企业文化、自觉遵章守纪、维护稳定促发展的氛围。

（于　岚）

【扎实推进反腐倡廉建设】 2011 年，仪征化纤紧紧围绕生产经营中心，抓源头、抓重点、抓关键、抓惩处，构建惩治和预防腐败体系，推进党风建设和反腐倡廉工作，为企业改革发展稳定提供有力保障。强化制度约束，提出了惩防体系“1+1+4”基本框架，建设有仪化特色的惩防体系。落实党风廉政建设责任制，将责任制落实情况纳入一体化考核体系，考核结果与经济责任制挂钩。执行有关重点领域和关键环节监督规程，严禁领导干部利用中国石化以及仪化资源和平台牟取私利，落实廉洁从业有关规定，不断增强制度的约束力。强化教育引导，始终把各级领导和关键岗位人员作为廉洁教育的重点，坚持示范教育与警示教育相结合。持续强化“诚信、崇廉、律己、敬业”的廉洁文化理念，推进廉洁文化建设工程。实施关键岗位廉洁风险管理，深入开展以外协队伍清理、新建项目、煤炭采购及使用管理、大宗液体化工料进货管理等为重点的效能监察，不断推进和深化业务公开，进行日登录、周分析、月汇总，确保业务公开管用、有效。

（于 岚）

【关爱职工】 2011年，仪化公司以开展“为民服务创先争优”活动为主线，着力加强企业文化建设，坚持一手抓科学发展、一手抓和谐稳定，采取有力措施，营造企业发展良好环境。落实领导干部带班、参加交接班制度以及领导干部接访日制度，在强化现场安全生产的同时，促进与职工群众的感情交流。完善薪酬分配制度和三支人才队伍成长通道建设，建立了职工收入增长机制，拓宽了人才成长空间。广泛开展职工培训和技能竞赛，进一步提升职工素质。解决职工关心的实际问题，先后投入3 200多万元，对短纤生产现场隔音房、大学生公寓、职工食堂进行改造，实施了小区道路拓宽、停车场等社区综合治理工程。坚持“真困难、真帮助”，建立生活、医疗、大病、保险、灾难等九大帮扶机制，修订完善职工困难帮扶救助实施细则，扩大帮扶范围、加大帮扶力度。

（于 岚）

【组织开展离退休职工“仪化发展行”活动】 2011年5月30日，仪化公司启动了“忆往昔、走现场、谋发展”的离退休职工“仪化发展行”活动，计划用2年时间，组织130批次6 000多人参观生产一线。这项活动得到了广大离退休职工的一致肯定，并踊跃报名参加。通过实地参观，他们回顾仪化公司建设的激情岁月，了解企业生产经营现状，切身感受仪化公司的变化和发展，共同展望发展蓝图，增强了维护企业和谐稳定环境的自觉性和责任感。

（于 岚）

表1 **仪化公司主要技术经济指标** 亿元

指标名称＼年份	2011	2010	2009	2008	2007	2006
工业总产值						
仪化股份公司	201.00	162.23	131.50	150.81	168.72	160.89
仪征资产分公司	28.78	22.81	6.10	7.83	8.09	9.85
工业增加值						
仪化股份公司	28.70	34.55	21.82	6.56	18.53	17.45
仪征资产分公司	4.29	1.54	1.54	1.49	1.66	1.92
资产总计						
仪化股份公司	113.82	104.68	89.03	84.17	98.77	101.16
仪征资产分公司	16.89	15.54	11.34	11.94	12.52	15.36
流动资产						
仪化股份公司	64.58	60.14	38.05	38.43	42.68	38.76
仪征资产分公司	4.79	3.78	2.65	2.41	2.43	4.18
固定资产原值						
仪化股份公司	133.07	131.72	128.95	123.61	123.38	130.37

续表

年 份 指标名称	2011	2010	2009	2008	2007	2006
仪征资产分公司	13.97	13.86	15.23	15.39	15.39	16.23
固定资产净值						
仪化股份公司	33.67	34.13	36.96	38.71	48.32	59.01
仪征资产分公司	9.05	9.78	10.24	10.85	11.31	12.49
销售收入						
仪化股份公司	201.80	163.48	132.25	152.24	171.76	170.28
仪征资产分公司	28.80	23.47	5.87	7.74	8.24	9.85
实现利税						
仪化股份公司	14.37	19.96	7.18	-14.01	5.15	3.98
仪征资产分公司	3.04	0.36	0.42	0.43	0.38	-5.34
税 金						
仪化股份公司	5.98	7.69	3.36	2.44	4.97	3.37
仪征资产分公司	0.47	0.35	0.38	0.41	0.39	0.43
综合能耗/吨标煤·万元$^{-1}$						
仪化股份公司	0.51	0.52	0.52	0.53	—	—
仪征资产分公司	0.12	0.13	0.18	0.18	—	—

表 2 **仪化公司主要产品产量**① 万吨

年 份 产品名称	2011	2010	2009	2008	2007	2006
涤 纶	240.98	236.36	224.05	205.04	213.31	205.79
聚酯切片	107.26	104.64	108.69	100.28	104.16	100.17
瓶级切片	57.99	54.42	41.17	37.57	41.63	39.61
涤纶短纤维	57.05	55.39	51.16	50.05	44.76	50.54
中空纤维	4.48	5.55	5.27	5.18	5.28	5.23
涤纶长丝	14.62	15.26	16.32	17.15	17.48	17.32
加弹丝	4.07	6.65	6.71	—	—	7.27
PTA	104.20	104.12	102.33	98.79	102.49	100.30
PBT 树脂	2.49	2.40	2.32	2.30	2.43	2.41
四氢呋喃	0.12	0.11	0.12	0.11	0.12	0.12
聚酯薄膜	—	—	2.39	2.42	2.15	2.32

①从 2010 年 1 月起，仪化东丽公司数据不再计入，海南盛之业公司数据计入。

南京化工公司

【概况】 中国石化集团南京化学工业有限公司(简称南京化工公司)位于南京市六合区，占地面积881.79万平方米。南京化工公司的前身创建于1934年；1998年7月，随中国东联石化集团公司整体进入中国石化集团公司；2005年5月23日，原南京化工公司与南京化工厂改革重组，成立新的南京化工公司。南京化工公司是生产经营化肥、无机和有机化工原料、精细化工、化工机械、化学纤维6个大类200多个产品，并从事化工工程的科研、设计、制造、施工和安装的特大型化工企业，也是国内化肥、精细化工、纯碱和化工机械制造的基地之一。

截至2011年底，南京化工公司下辖13个运行部、2个分公司、1个子公司、1个集体所有制托管单位，有1家参股合资公司。有全民正式职工11 638人，其中各类专业技术人员2 415人，专业技术人员中具有高级职称的292人(其中正高2人)，中级职称的1 168人。总资产87.87亿元。主要产品年生产能力：合成氨26.5万吨，硫酸75万吨，浓硝酸22万吨，硝酸铵15万吨，纯碱120万吨，苯胺25万吨，硝基苯35万吨，氯苯12万吨，硝基氯苯15万吨，烧碱10万吨，RT培司3万吨，橡胶助剂7.2万吨，硫基复合肥40万吨，化工机械1万吨。

南京化工公司主要技术经济指标和主要产品产量见表1和表2。

(潘　春)

【生产经营指标创历史新高】 2011年，南京化工公司实现不变价产值82.29亿元，同比增长7.7%；实现销售收入94.68亿元，同比增长14.3%；化机厂产值超10亿元，增长17.6%。产值、销售收入和烧碱、氯化苯、苯胺、硝基苯、环己酮、防老剂RD等主要产品产量均创造历史最高水平。

(潘　春)

【项目建设积极推进】 2011年，南京化工公司天然气管线、第2条氢气管线、第2套PSA装置建成投产，同时停运白煤制氢装置，为降低氢气成本，实现结构调整创造条件；新建2 000吨/年耐温抗盐表面活性剂装置，产品已在河南油田进行试验，为石化集团公司提高原油采收率和公司开发新的产品系列作出贡献。化机厂技术改造顺利推进，铆焊厂房、重型加工设备、大件出厂码头投入使用；鄂尔多斯制造基地基本建成，公司注册成立。20万吨/年己内酰胺项目开工建设。9万吨/年制氢项目、10万吨/年环己酮项目完成技术引进、初步设计、厂地平整、管廊拆建，具备开工建设条件。

(潘　春)

【科研开发取得成果】 2011年，南京化工公司研究院合成气制天然气开发项目模试研究、中试装置建设、甲烷合成催化剂研制工作进展顺利。与橡胶化学品部联合攻关的4－甲基－2－戊醇脱氢回收装置开车成功，每年为公司降本近2 000万元。申请专利55项，获专利授权20项，超额完成石化集团公司考核指标；石化集团公司合成气制天然气重点实验室、江苏省气体净化新型溶剂工程技术研究中心、江苏省企业院士工作站落户该院；该院气体净化所胺法课题组获石化集团公司优秀创新团队称号。南京化工公司连云港碱厂田恒余“七字操作法”获江苏省十大科学技术奖，化机厂沈宗文、研究院魏士新获南京市首届职工十大发明之星称号。

(潘　春)

【南化—扬子天然气管线建成通气】 2011年4月18日，南化—扬子天然气管线项目竣工并通气。该管线全长9 300米，流量为1万米^3/时，与川气东输项目相连接，通过引入天然气替代煤气，弥补煤气供气耗能大及燃烧值不高等方面的不足。

(潘　春)

【制气装置停止运行】 2011年4月19日，南京化工公司合成气部制气装置8$^{\#}$炉安全停止运行，这不仅标志着1934年建成的合成气部生产系统完成77年的历史使命，同时也标志着南京化工公司进入结构全面调整、快速发展的新时代。

(潘　春)

【国内首台大型环氧乙烷反应器出厂】 2011年9月22日，南京化工公司化机厂研制的国内首台年产18万吨大型环氧乙烷(EO)反应器出厂。该设备最大直径7米，长22米，重835吨，关键技术指标达世界先进水平，标志着中国大型石化关键设备国产化有了新的突破。

(潘　春)

【全球最大己内酰胺生产基地在南京化工公司合资公司奠基】 2011年9月26日，由南京化工公司、荷兰帝斯曼公司、江苏省国信集团合资组建的南京帝斯曼东方化工有限公司新建年产20万吨己内酰胺生产线在合资公司厂区举行开工奠基仪式。该生产线是世界上最大的己内酰胺生产线，同时也是能源和原料消耗最低的生产线。该生产线将于2013年投入生产。

（潘　春）

全球最大己内酰胺生产基地奠基仪式

【获批创建江苏省企业院士工作站】 2011年12月，南京化工公司研究院获批与中国工程院院士、石化股份公司高级顾问曹湘洪教授及其科研团队合作，创建江苏省企业院士工作站。该院士工作站将围绕工业排放气二氧化碳捕集、利用技术，建立集基础研究、中试研究及工程技术为一体的研发平台，承担相关的基础理论及应用研究、高新技术研究开发以及高水平人才培养工作，开发具有自主知识产权的二氧化碳捕集、利用技术。该院士工作站的目标是成为二氧化碳捕集、利用领域国内领先并具有一定国际影响力的重要研究基地、技术应用与辐射基地、凝聚和培养拔尖创新人才的基地和高技术产业的关键核心技术源泉。

（潘　春）

【4个污染治理项目建成】 2011年，南京化工公司完成4个重要污染治理项目建设并投运，实现向南京市政府的承诺。①动力锅炉烟气脱硫项目。8月，一期3#装置建成并投运；11月，二期1#、2#装置建成，12月20日投运。该项目投资9 500万元，投入运行后二氧化硫尾气排放低于国家标准，一年可减少二氧化硫排放量3 000吨。②环己酮废碱液处理技术升级改造项目。11月建成，12月19日投运。项目投资5 000万元，一年可减少危险废弃物3万吨。③氯化苯尾气治理项目。该项目与南京大学合作研发，12月29日投入运行，投资700万元，治理后氯化苯尾气实现达标排放。④硝基氯苯废水强化氧化项目。与北京化工研究院合作研发该项目，8月完成建设并投运，投资800万元，投入运行后废水COD去除率达90%，色度去除率达95%以上。

（潘　春）

表1　　南京化工公司主要技术经济指标　　亿元

指标名称＼年份	2011	2010	2009	2008	2007	2006
工业总产值	93.15	76.42	56.72	56.19	72.48	64.40
工业增加值	17.09	17.13	12.18	10.76	14.28	16.34
资产总计	87.87	88.36	87.84	91.13	98.63	90.65
流动资产	20.75	22.13	18.92	19.56	26.55	24.76
固定资产原值	95.77	104.19	96.84	95.38	78.18	71.77
固定资产净值	57.47	65.24	61.96	64.74	51.49	48.11
销售收入	94.68	82.84	65.60	79.85	80.06	69.41
实现利税	1.23	0.22	－6.12	－1.70	－0.40	3.06
税　金	2.92	3.17	3.09	3.61	3.19	2.91
综合能耗/吨标煤·万元$^{-1}$	2.12①	2.29①	2.33	2.60	2.56	2.70

①按2010年不变价计算。

表2 南京化工公司主要产品产量 万吨

产品名称 \ 年份	2011	2010	2009	2008	2007	2006
硫　酸	53.74	58.77	46.38	34.70	48.95	51.85
浓硝酸	17.76	20.56	15.60	11.32	10.36	9.26
稀硝酸	83.67	86.87	67.64	59.27	60.03	59.06
盐　酸	20.67	21.95	19.18	11.08	18.06	15.91
磷　酸	4.05	4.95	4.22	2.41	4.80	4.46
烧　碱	8.93	8.77	7.89	5.07	5.59	5.38
纯　碱	113.69	106.10	102.30	116.23	117.61	106.09
氢　气	3.00	3.00	2.47	2.12	2.66	1.90
合成氨	22.50	18.72	21.69	15.44	16.84	13.33
硝酸铵	13.60	14.64	12.78	15.46	13.53	15.05
NPK 复合肥	22.08	27.31	23.52	13.36	32.49	27.59
氯化苯	11.48	10.89	10.22	6.85	7.51	7.39
环己酮	6.48	6.47	4.94	3.96	4.37	0.09
苯　胺	23.95	20.97	16.16	15.55	19.53	17.07
环己胺	0.78	0.83	0.58	0.31	0.41	0.55
硝基苯	33.98	27.71	22.87	22.59	26.95	23.13
对硝基氯化苯	9.05	9.39	8.77	5.73	6.33	6.27
邻硝基氯化苯	4.94	5.11	4.71	3.09	3.66	3.49
RT 培司	0.79	1.36	1.08	0.66	1.50	1.64
橡胶促进剂总量	–	0.12	–	0.02	0.47	0.49
防老剂 RD	2.92	2.93	2.13	1.31	1.63	1.47
防老剂 4020	1.42	1.44	1.16	0.75	1.48	1.38
防老剂 4010NA	0.34	0.37	0.30	0.16	0.48	0.74
化工设备制造	1.59	1.38	1.68	1.48	1.05	0.88

广州石化

【概况】 中国石油化工股份有限公司广州分公司(简称广州分公司)和中国石化集团资产经营管理有限公司广州分公司(简称广州资产分公司)统称广州石化，是以石油炼制、高分子聚合物以及塑料制品制造为主，销售石油化工产品及提供石油化工产品技术咨询、技术服务等综合发展的特大型石油化工联合企业，厂区位于广州市黄埔区石化路，占地面积445万平方米。其前身是成立于1973年6月18日的广州石油化工总厂，1983年11月划归中国石油化工总公司。

广州石化拥有炼油、化工生产主要装置57套、辅助装置23套、30.9万千瓦装机容量的自备热电站以及原油码头、80万立方米首站原油罐区及完善的长输管道。原油综合加工能力1 320万吨/年、乙烯生产能力22万吨/年。可生产石油化工产品60多种，主要出厂产品33种，其中石油产品有汽油、柴油、航空煤油、石脑油、重油、溶剂油、液化气、道路沥青、石油焦、硫黄、聚乙烯、聚丙烯、聚苯乙烯等19种，固体塑料产品有聚乙烯、聚丙烯、聚苯乙烯3个大类14种共180多个牌号。

截至2011年底，广州石化设有16个职能部室、6个专业中心、9个作业部及3家全资或控股子公司。共有在册职工5 728人，其中具有教授级职称的10

人，高级职称的284人，中级职称的858人；专业技术人员682人，占在岗人数12.5%，大专以上学历人员占87.5%，具有中、高级专业技术职称的人员占60%；技能操作人员3 681人，占在岗人数的67.5%。

广州资产分公司主要技术经济指标见表1，广州分公司主要技术经济指标和主要产品产量见表2和表3。

（王新忠　曾淑华）

【炼油生产持续向好】 2011年，广州分公司加工原油1 201万吨，创历史新高，全部为进口原油。生产汽油201.11万吨，其中粤Ⅳ汽油121.78万吨，比上年增加229.49%；生产柴油429.29万吨，航煤118.32万吨。综合商品率95.49%，轻油收率78.02%；全年万元产值综合能耗0.43吨标煤，同比下降41.89%；综合能耗59.8千克（标油）/吨，同比下降1.48%；炼油综合损失率0.5%，同比下降16.66%；加工损失率0.5%，同比下降20.63%。

（王新忠　曾淑华）

【化工生产稳步提高】 2011年，广州分公司化工专业装置保持高负荷生产，全年累计生产乙烯20.4万吨、合成树脂43.56万吨、丙烯9万吨。主要技术经济指标显著提升，乙烯、双烯收率分别为34.8%、50.2%，三烯收率54.4%，均创历史新高；乙烯燃动能耗621.41千克（标油）/吨，乙烯损失率0.36%。

（王新忠　曾淑华）

【原油采购获中国石化银奖】 2011年，针对国际原油市场价格高位震荡局势，广州分公司努力控制原油成本，作好原油性价比测算及计价风险分析研究，制定采购计划，捕捉市场有利时机优先采购性价比较高的油种，同时优化原油拼装方案，降低运输成本。全年累计采购进口原油1 209.87万吨，入库成本为每吨4 919.69元人民币，原油采购全口径回归价格为106.19美元/桶，获中国石化总部2011年度进口原油采购评比活动银奖。

（王新忠　曾淑华）

【30套装置首次同时大修】 2011年2月15日—5月11日，广州分公司化工区、炼油区Ⅰ系列共30套装置首次同时停车大修。大修主要完成520万吨/年蒸馏装置样板炉改造、100万吨/年延迟焦化装置焦炭塔更换、裂解装置"三机"检修及干气密封改造、裂解装置冷箱国产化更换等重点项目。共完成大修改造项目5 600余项，检修静设备1 424台，动设备183台，电机1 177台，变压器87台，高低压柜899台，UPS 31台，变频器102台，更新和检修仪表回路5 144项，更新和检修仪表控制系统27套，投入费用2亿元。同步实施技改技措项目84项，隐患整改136项，炼油区10套装置消缺，完成费用约5.8亿元。

（王新忠　曾淑华）

大修现场　（肖冠希　摄）

【8万吨/年催化干气制乙苯装置开车成功】 2010年12月7日，广州分公司8万吨/年催化干气制乙苯装置动工，2011年10月31日完成中间交接，12月28日一次开车成功，产出合格产品。该装置占地面积1 504平方米，总投资1.92亿元。项目充分利用炼油区催化干气，减少火炬排放，是公司化工专业自2003年以来建设的第1套成套装置，实现化工专业发展突破。

（王新忠　曾淑华）

【20万吨/年高性能聚丙烯装置动工】 2011年7月8日，广州分公司20万吨/年高性能聚丙烯装置动工，项目工艺装置由专利商日本聚丙烯公司（JPP）提供工艺包，采用气相卧式搅拌床反应器生产聚丙烯产品。该装置是公司近年来唯一一套成套引进技术的生产装置，包括催化剂配制、聚合、粉料脱气、尾气压缩、造粒、丙烯精制及系统配套工程共10个单元。项目总占地面积3.19万平方米，计划投资7.4亿元，由上海工程公司实行EPC总承包，第四建设公司、第五建设公司施工。

（王新忠　曾淑华）

【200万吨/年柴油加氢改质装置完工】 2010年12月15日，广州分公司200万吨/年柴油加氢改质装置动工，2011年12月30日工程完工实现中间交接。项目主要包括新建200万吨/年柴油加氢改质装置、改造加氢二（B）装置2套主体工艺装置及系统配套工程共7个单元，总投资7.07亿元。项目投用后，公

司柴油产品可全部达到国Ⅳ排放标准，对改善环境、满足广州市政府及珠三角地区车用柴油质量标准要求、提升企业综合竞争力有重要意义，具有良好的经济效益和社会效益。

（王新忠　曾淑华）

200万吨/年柴油加氢改质装置　（邓志伸　摄）

【首个企地合作项目签约】 2011年12月28日，广州石化与广州市金埔化工有限公司、黄埔区大沙街姬堂股份经济联合社合作的广东金姬石化项目举行签约仪式。项目为20万吨/年15#白油产品综合利用，选址广州石化炼油区北侧黄埔区姬堂社区新围村樟头山，占地45亩(3万平方米)，总投资4.05亿元。该项目属国家产业政策鼓励类绿色低碳项目，生产高档润滑油基础油、高品质工业白油、化妆品级白油、食品级白油4种产品，是广州石化加强扶持改制企业的首个企地合作项目。

（王新忠　曾淑华）

【节能降耗成绩显著】 2011年，广州分公司在炼油专业装置及加工总量增加情况下，蒸汽单耗10.76千克(标油)/吨，比上年减少8.19%；化工专业蒸汽单耗98.14千克(标油)/吨，比上年减少4.30%；管网损失量减少2.1万吨，比上年减少3.11%；炼油、化工两区装置用电量同比下降4 000万千瓦·时，热电站外供4.0兆帕蒸汽减少16.38万吨，外供1.0兆帕蒸汽减少15.18万吨，累计减少31.56万吨，约节省6 000余万元；加热炉、锅炉按实际热负荷加权平均炉效率91.26%，同比提高0.49个百分点，比年度力争目标值高0.26个百分点。2月22日，国家监管重点耗能企业2010年度暨“十一五”节能目标责任评价考核现场核查，确认广州分公司“十一五”完成节能量44.89万吨标煤，超额完成节能目标任务30.68%。8月，“炼油四部加氢处理装置增加新氢机无级调节系统”、“化工区乙烯总降110千伏电源系统改造”等4个项目合计节能量5 593吨标煤，获得广州市节能专项资金财政奖励128.64万元；11月，广州石化被评为广东省节能先进单位。

（王新忠　曾淑华）

【启动新一轮清洁生产工作】 2011年3月23日，广州石化新一轮创建清洁生产企业工作全面启动。制定、完善《广州石化清洁生产管理》、《清洁生产奖励管理办法》等多项清洁生产、环保管理规章制度，细化清洁生产审核和持续清洁生产工作内容，明确责任，落实考核。通过开展查找身边清洁生产机会、清洁生产方案征集、清洁生产装置竞赛等活动，提高全员清洁生产意识，推进清洁生产工作。全年共收到职工清洁生产合理化建议3 196条，年内实施242条；加强环境投入、监测和监管，搅拌油泥、活性污泥、浮渣固体废物综合利用试验项目、外排污水监测系统相继投产，各项环保和清洁生产指标持续改善。石化集团公司下达的5项环保考核指标和地方各级政府考核控制指标全部达标，外排废水达标率100%，工业废水排放量比上年减少24.87%，COD下降6.11%，二氧化硫排放量减少6.63%。危险废物规范化工作通过广东省环保厅验收，被评为广东省危险废物规范化处理示范单位。

（王新忠　曾淑华）

【新产品开发】 2011年，广州分公司成功开发出粤Ⅳ98#汽油，50#A等级沥青，无规共聚管材料PP－R 4220，抗冲共聚管材料PP－B1801，高熔指注塑料S960、S980等6个石油化工新产品。全年累计生产化工新产品4.35万吨，为年度计划的114.46%，化工专用料11.7万吨，为年度计划的130.05%；生产粤Ⅳ汽油2.99万吨，50#A等级沥青3 037吨。

（王新忠　曾淑华）

【一体化管理体系通过中国石化总部验收】 2011年3月8日，广州石化管理体系正式上线试运行，63份程序文件基本达到中国石化总部要求，实现“一套制度文本支持多个管理体系”目标。一体化管理体系范围包括质量、安全、环境、职业健康、测量、TnPM、标准化、“三基”、内控、财务、人力资源、审计、监察、党工团、法律等企业管理工作。8月，完成一体化管理体系培训、宣贯；9月27日，一体化管理体系通过内部审核；11月，质量管理体系、测量管理体系在构建一体化管理体系后首次通过广州赛宝认证中心监督审核认证；12月，环境管理体系、职业健康安全管理体系通过广州赛宝认证中心认证审核；12月23日，一体化管理体系通过中国石化总部专家组验收。

（王新忠　曾淑华）

【加强基层建设】 2011年，广州石化通过企业内外调研及方案论证，结合实际着力加强基层建设，夯实基层管理。6月，在炼油、化工、公用工程、华德公司等13个基层作业部和专业中心设置HSE总监，加强基层安全环保管理；8月，在炼油、化工等8个生产作业部组建横班党支部，设置32名横班党支部书记(兼值班长)和64名支委。首次以党员自荐、群众推荐、组织推荐、组织考察及党员直选等“公推直选”程序产生党支部书记和委员，实现党支部与班组零距离，基层班组自我管理能力加强。

（王新忠　曾淑华）

【首卷《广州石化年鉴》出版】 《广州石化年鉴》(2010)是广州石化编纂出版的首卷年鉴，按企业专业条线分类，设特载、大事记、概况、生产管理、经营管理、规划·工程、科学技术等14个类目。全书34.2万字，印数1 000册，有分目45个，条目596个，彩页20页，随文照46幅，表格68张，索引580条。

（王新忠　曾淑华）

【首次举办直属单位领导班子成员轮训班】 2011年9月14日—10月29日，广州石化分4期在华南理工大学举办了直属单位领导班子成员轮训班，共有各直属单位领导班子成员121人参加培训。

（张建国）

【建立新闻快速反应机制】 针对石化企业特点及地方政府、新闻媒体、市民对石化企业安全环保等关注度的提高，2011年，广州石化建立完善新闻快速反应机制和工作程序，成立网络通讯员队伍，负责日常舆情收集及突发事件应对。在广州石化突发的“5·10”火灾事故等几起事件中及时启动快速反应机制，第一时间召开新闻发布会，向媒体通报实情，取得良好效果。全年未出现负面新闻现象，得到中国石化总部的肯定。

（王新忠　曾淑华）

【和谐企业建设】 2011年，广州石化持续坚持为职工群众办好事、办实事、解难事。4月1日开始，职工工作餐免费供应；出台《广州石化人才成长通道建设实施方案》，进一步拓宽职工尤其是专业技术人才、技能操作人才队伍的职业发展空间；建立基本薪酬增长机制，一线职工倒班津贴显著提高，职工收入增长，离退休职工政治、生活待遇有效落实，企业劳务工待遇同步提高；继续完善企业补充医疗保险制度，有效减轻患病职工负担；开展节日慰问、金秋助学、帮扶救助等活动，全年帮扶困难职工578人次；坚持每月1次的公司领导接待信访日制度，同时通过组织职工、班组长座谈，开设职工心声热线电话、工会主席手机短信平台等，扩展职工诉求渠道，及时化解内部矛盾，有效维护企业稳定和职工合法权益，和谐企业建设得到加强。

（王新忠　曾淑华）

表1　　广州资产分公司主要技术经济指标　　亿元

指标名称＼年份	2011	2010	2009	2008	2007	2006
工业总产值	1.53	1.46	1.34	3.11	1.35	3.42
工业增加值	0.16	0.17	0.35	0.50	-0.08	-0.21
资产总计	5.91	6.56	6.96	7.04	13.04	13.83
流动资产	0.73	1.47	1.86	1.88	7.39	8.06
固定资产原值	5.76	6.21	6.01	5.95	6.50	6.54
固定资产净值	4.14	4.57	4.57	4.60	4.94	5.06
主营业务收入	2.62	2.21	2.06	29.20	22.52	20.02
实现利税	0.15	0.16	…	0.56	-0.01	1.43
税　金	0.33	0.33	0.41	0.51	0.41	0.32

表2 **广州分公司主要技术经济指标** 亿元

指标名称 \ 年份	2011	2010	2009	2008	2007	2006
原油加工量/万吨	1 201.00	1 176.72	1 120.78	1 160.63	1 035.25	739.08
工业总产值	649.21	535.43	413.94	525.52	401.52	291.58
工业增加值	95.97	133.00	112.59	-46.64	20.15	8.41
资产总计	209.68	163.27	163.16	139.86	159.75	130.17
流动资产	116.49	67.71	69.98	43.96	69.20	44.33
固定资产原值	191.58	185.28	177.19	164.15	163.77	145.62
固定资产净值	81.30	81.68	81.78	74.26	81.66	72.55
主营业务收入	645.06	524.41	404.31	523.62	396.87	274.25
实现利税	166.21	107.72	90.76	-40.72	3.67	-3.33
税　金	183.74	165.56	75.57	12.45	17.14	11.67
综合能耗/吨标煤·万元$^{-1}$	0.43	0.74	0.80	0.74	0.85	0.95

表3 **广州分公司主要产品产量** 万吨

产品名称 \ 年份	2011	2010	2009	2008	2007	2006
汽　油	201.11	217.43	192.96	155.98	141.45	127.17
煤　油	118.32	114.86	94.21	81.45	81.11	43.07
柴　油	429.29	436.99	440.80	490.04	420.89	296.25
燃料油	18.93	15.64	35.83	60.98	42.06	35.66
液化气	48.29	42.27	44.47	42.28	39.47	29.48
沥　青	39.89	47.86	30.17	12.86	10.95	8.44
石油焦	92.38	72.27	66.44	73.54	62.22	41.81
乙　烯	20.40	22.46	22.50	21.98	21.06	19.57
聚乙烯	19.33	21.50	21.82	20.65	19.30	18.30
聚丙烯	18.66	21.03	19.67	20.32	18.42	18.28
聚苯乙烯	5.56	6.20	6.12	5.42	5.08	5.52

洛阳石化

【概况】 中国石油化工股份有限公司洛阳分公司（简称洛阳分公司）和中国石化集团资产经营管理有限公司洛阳分公司（简称洛阳资产分公司）统称洛阳石化，位于洛阳市东北郊的黄河北岸吉利区境内，是中国石化直属的特大型油、化、纤一体化石油化工企业。

洛阳石化的前身是国家第5个“五年计划”期间批准建设的500万吨/年燃料型炼油企业，1977年底开工建设，1984年部分建成投产，1993年全面建成并通过国家竣工验收。2000年，化纤工程建成投产，洛阳石化形成油、化、纤一体化发展格局，逐步从单纯的燃料型企业发展成为集炼油、化工、化纤于一体的综合型炼化企业。2010年10月16日，260万吨/年柴油加氢装置开工投产，标志着油品质量升级改造项目完工，洛阳石化跨入千万吨级炼厂行列。截至2011年底，洛阳石化有各类用工5 927人，其中正式职工 4 283 人。

2011 年，洛阳石化加工原料油 657.5 万吨，生产炼油商品 616.6 万吨、化工化纤商品 71.7 万吨；实现销售收入 468.4 亿元，同比增长 4.79%。洛阳分公司实现利润 -26.3 亿元，洛阳资产分公司实现利润 -0.41 亿元，完成了限亏指标。

洛阳石化主要技术经济指标和主要产品产量见表 1 和表 2。

（王明堂　于　玲）

【实现安全清洁生产】 2011 年，洛阳石化实现安全生产，生产异常和装置计划停运次数同比下降 21.6%，累计时间同比下降 62.3%，没有发生上报石化集团公司总部的非计划停工。大力推进清洁生产，实现全过程污染控制，污水排放综合合格率 100%；吨油污水排放量 0.2 吨，同比降低 4.8%；工业废水排放量 235.5 万吨，同比下降 9.3%；COD 排放总量 218.3 吨，同比减少 14.5%；二氧化硫排放量 3 599.6 吨，同比减少 597.4 吨，未发生环境污染事件。

（王明堂　于　玲）

【各项指标明显改善】 2011 年，洛阳石化各项指标明显改善，轻油收率 75.55%，同比提高 0.93 个百分点；原油加工损失率 0.67%，同比下降 0.04 个百分点；原油储运损失率 0.29%，同比降低 0.04 个百分点；炼油高价值产品收率 82.78%，同比增加 0.78 个百分点；化纤产品差别化率（含聚酯切片）35.14%，同比提高 3.49 个百分点，增效 1 237 万元；万元产值综合能耗 0.48 吨标煤，炼油综合能耗 66.7 千克（标油）/吨，完成了石化集团公司总部下达的考核指标；化纤综合能耗 195.95 千克（标油）/吨，同比下降 9.86 个单位。

（王明堂　于　玲）

【4 万吨/年硫黄回收（二期）项目交接安装】 2010 年 4 月 19 日，洛阳石化 4 万吨/年硫黄回收（二期）项目可行性研究报告获批复。2011 年 1 月 28 日，基础设计得到中国石化总部批复，进入设计阶段。截至 2011 年底，4 万吨/年硫黄回收装置（二期）完成土建交接安装，安装工程完成 20%，共提报纸版设备计划 2 041 台（套）（包括外部系统）。

（王明堂　于　玲）

【14 万吨/年聚丙烯装置土建工程稳步推进】 2011 年，洛阳石化 14 万吨/年聚丙烯装置土建工程完成聚合区设备基础 6 个，完成总量的 19%；挤压造粒区钢筋绑扎完成 50 吨，完成总量的 45%；化学品库基础、柜架、柱钢筋绑扎完成 15 吨，完成总量的 37.5%；丙烯进料泵棚钢筋绑扎完成 13 吨，完成总量的 81%；铸铁管安装完成 2 400 米，完成总量的 52%。

（王明堂　于　玲）

14 万吨/年聚丙烯装置土建工程施工现场

【增上汽柴油罐区项目投用】 2011 年 7 月 29 日，洛阳石化增上汽柴油储罐项目建成中交，10 月 26 日投用。完成主要工程量：灰土挤密桩 1 413 立方米，安装 1 万立方米内浮顶储罐 8 台、总重 1 600 吨，泵 5 台，工艺管线 6 千米，电气及仪表设备安装调试完成。

（王明堂　于　玲）

【成功生产 98# 乙醇汽油】 2011 年 12 月 5 日，洛阳分公司首批 70 车共 3 360 吨 98# 车用乙醇汽油调和组分油出厂，标志着洛阳石化具备生产 98# 车用乙醇汽油调和组分油的能力。

（王明堂　于　玲）

【全面完成设备大检修工作】 2011 年 9—10 月中旬，洛阳石化进行为期 1.5 个月的装置停工大检修。检修涵盖炼油、化工、化纤所有生产装置以及公用工程和辅助系统，其中延迟焦化装置、蜡油加氢装置、260 万吨/年柴油加氢等装置是开工投产后首次进行全面检修。检修共完成常规检修计划 7 249 项、更新计划 65 项、技术改造项目 47 项、一般措施项目 41 项，实现“无事故、无污染、无扰民”和“修得好、开得顺、稳得住”的目标。

（王明堂　于　玲）

【进行事故预案演练】 2011 年 4 月 7 日，洛阳分公司与河南省消防总队联合在液态烃球罐区进行事故预案演练。演练分关阀断料、注水堵漏、倒罐灭火3个阶段进行。消防演练进一步加强了对生产要害部位和重大危险源的安全管理，预防和减少重大事故的发生，检验和提高了洛阳分公司对突发事件的应急处理能力。

（王明堂　于　玲）

在液态烃球罐区进行事故预案演练

【加强专业技术队伍建设】 2011年7月，洛阳石化引进各类高校毕业生100名，其中硕士研究生31人，重点院校生源占52%。做好职称评审工作，组织评审论文411篇，举办6场论文答辩会，对91名申报高、中级任职资格人员进行了答辩考核。对在岗的第7批洛阳市优秀专家、洛阳市学术技术带头人进行考核，增强优秀人才建功立业、奉献企业的责任意识。注重利用外部智力资源，引入2名博士进入博士后科研工作站工作。

（王明堂　于　玲）

【再次获河南省全省先进基层党组织称号】 2011年，洛阳分公司党委贯彻党的十七届四中、五中、六中全会精神，落实石化集团公司党组和省市党委要求，以庆祝建党90周年为契机，深入开展创先争优活动，进一步提升了党建工作水平，有力地促进了企业中心工作，再次被河南省委授予全省先进基层党组织称号。

（王明堂　于　玲）

表1　　洛阳石化主要技术经济指标　　亿元

指标名称＼年份	2011	2010	2009	2008	2007	2006
原料油加工量/万吨	657.50	757.00	709.00	545.00	603.00	605.00
工业总产值	384.08	378.31	292.70	257.33	256.77	251.97
炼　油	335.46	331.65	256.89	225.29	203.92	200.16
化　工	48.62	46.66	35.82	32.04	52.85	51.81
工业增加值	29.18	69.99	62.60	-47.39	3.31	-8.83
资产总计	97.79	94.53	91.75	81.31	80.66	76.21
流动资产	43.73	43.51	32.78	19.73	25.80	26.89
固定资产原值	148.32	143.34	137.22	115.09	112.94	111.32
固定资产净值	47.00	44.65	54.39	35.54	40.22	58.31
销售收入	468.40	447.00	337.00	311.00	309.00	294.00
实现利税	25.28	45.07	54.74	-48.91	-6.92	-17.54
税　金	66.10	66.40	51.79	6.29	8.56	7.95
综合能耗①/吨标煤·万元$^{-1}$	0.48	0.62	0.61	0.65	0.67	0.68

①从2011年起，按2010年不变价格计算(2006—2010年按2005年不变价格计算)。

表2 洛阳石化主要产品产量 万吨

产品名称＼年份	2011	2010	2009	2008	2007	2006
90#汽油	1.68	22.18	38.65	22.10	22.27	53.19
93#汽油	112.07	105.76	85.49	80.06	74.80	44.16
97#汽油	24.53	23.86	18.14	9.63	13.85	9.28
98#汽油	0.99	—	—	—	—	—
3#喷气燃料	47.70	56.93	41.66	25.68	32.44	21.18
分子筛料	5.50	4.40	8.23	19.32	23.43	25.00
0#柴油	199.25	228.38	230.13	154.66	156.35	184.26
-10#柴油	13.45	16.53	10.07	32.03	32.50	33.51
-20#柴油	2.14	1.96	—	—	0.69	0.75
-35#柴油	1.14	—	—	—	—	—
4#燃料油	—	—	—	—	—	1.22
化工石脑油	27.81	32.24	26.76	19.00	23.78	24.28
溶剂油	0.64	2.50	3.67	0.83	1.29	2.64
商品重油	3.61	4.04	0.58	9.73	31.31	23.32
沥　青	24.61	30.24	27.94	19.15	20.32	19.69
液化气	33.84	42.01	38.81	30.29	32.57	33.55
丙　烯	13.71	13.97	14.45	9.07	9.88	9.71
丙　烷	0.03	0.03	0.03	0.03	0.15	0.43
硫　黄	3.06	3.22	2.49	1.51	1.30	1.27
液　氨	0.26	0.12	0.10	0.14	0.13	0.13
聚丙烯	7.35	9.14	8.26	6.61	9.45	9.14
聚丙烯(粉料)	—	—	—	—	—	1.51
双向拉伸薄膜	1.65	1.59	1.58	1.42	1.72	1.59
丙纶强力丝	—	—	—	—	—	0.71
纯　苯	8.58	10.59	9.86	7.69	12.58	12.77
对二甲苯	19.85	22.70	23.69	16.38	24.22	23.89
精对苯二甲酸	30.11	32.10	31.24	22.78	31.21	33.09
聚　酯	18.45	19.90	18.30	11.36	17.60	20.68
涤纶长丝	6.41	5.92	5.91	3.78	6.18	7.57
涤纶短纤维	9.26	9.98	7.92	3.80	6.29	10.17

安庆石化

【概况】 中国石油化工股份有限公司安庆分公司(简称安庆分公司)和中国石化集团资产经营管理有限公司安庆分公司(简称安庆资产分公司)统称安庆石化，始建于1974年7月，是安徽省最大的中央直属生产企业，也是中国石化在沿江中上游炼化企业当中唯一的“油、化、纤、电”一体化企业。截至2011年底，安庆分公司炼油综合配套能力为500万吨/年，拥有日处理煤2 000吨的壳牌粉煤气化装置以及年产33万吨合成氨、58万吨尿素、8万吨丙烯腈、7万吨腈纶、10万吨乙苯—苯乙烯等生产装置41套，拥有吞吐能力50万吨/年的化肥装船码头、20万吨/年的液态烃码头、全长13千米的厂内铁路专用线和1个工业编组站。安庆资产分公司拥有1台

220吨/时、2台410吨/时、1台630吨/时燃煤锅炉和4台5万千瓦发电机组，以及吞吐能力760万吨/年的油品码头、80万吨/年的卸煤码头和日产24万吨的供水系统。

截至2011年底，安庆石化有作业部及二级单位12个，业务部及机关附属单位17个，管理部门19个；有正式职工6 112人，其中经营管理人员756人，各类专业技术人员1 866人，具有高、中级职称的人员占技术人员比例达到64.1%，高级工以上占操作人员的比例达到69.2%。

安庆石化主要技术经济指标和主要产品产量见表1和表2。

（张　强）

【生产经营总量刷新历史纪录】 2011年，安庆石化克服装置运行后期出现的诸多困难，积极挖掘加工潜力，开足马力增产增供。全年累计加工原油482.52万吨，生产成品油305万吨，发电8.8亿千瓦·时，供热1 339万吉焦；实现营业收入319亿元，税费45亿元。营业收入、原油加工量、成品油产量、丙烯腈产量、苯乙烯产量、腈纶产量等均创历史新高。原油加工计划和成品油计划完成率排名石化集团公司沿江炼化企业第1位，产品出厂合格率保持100%。

（张　强）

【装置安稳运行迈上新台阶】 2011年，安庆石化共投入维修费和隐患治理费4.94亿元，整改各类隐患4 958项，主要设备完好率99.92%，大机组平均故障率0.08%，仪表完好率99.58%，工业废水、COD、二氧化硫排放量均优于控制指标，炼油主要装置运行周期超过3年，化工装置、热电机炉运行水平进一步提升，公司保持“5个重大事故”为零，连续4年获石化集团公司安全生产先进单位称号。

（张　强）

【精细管理水平进一步提升】 2011年，安庆石化坚持以“比学先进、打造一流”为目标，扎实推进全员成本目标管理，深化制度标准化改造、改善经营管理建议和信息化建设。全年挖潜降本增效超过4亿元，有60%以上的方针目标达到或优于奋斗指标，万元产值综合能耗、综合商品率、高价值产品收率、炼油综合损失率、炼油综合能耗、丙烯腈综合能耗、乙苯耗苯、苯乙烯耗乙苯、腈纶耗三单、腈纶综合能耗、腈纶差别化率、供电标煤耗、吨氨耗煤、配煤合格率等14项关键指标刷新历史纪录，吨油完全费用（含自用）指标继续排名石化集团公司沿江中上游炼化企业第1位。

（张　强）

【重点工程建设与企业发展扎实推进】 2011年11月22日，直径4.4米、高24.5米、总重218吨的柴油加氢装置热高压汽提分离罐C101一次吊装成功，标志着安庆炼化一体化项目炼油新区大件设备安装全面展开。截至年底，安庆炼化一体化项目累计安全施工607天，完成投资19.22亿元，长周期、次长周期设备订货全部完成，质量总体处于受控状态。公司“十二五”及中长期发展纲要编制完成，完成了合资建设25万吨/年丁辛醇项目可研报告的编制、上报工作，与上海华谊液化气深加工框架协议已正式签订。

（张　强）

2011年11月22日，安庆石化炼化一体化项目柴油加氢热高压汽提分离罐首吊成功

【加氢精制柴油脱水系统成功投用】 2011年11月15日，加氢精制装置柴油脱水系统成功投用。该系统包括闪蒸罐、分液罐、空冷、水环式真空泵等设

施。分析结果显示，改造后的柴油脱水量降到 200×10^{-6}以下，脱水率达到 73%，取得了较好的脱水效果，有效保证了柴油质量。

（张 强）

【细旦腈纶纤维开发成功】 该项目于 2011 年 1 月启动，被列入石化集团公司化工事业部 2011 年 C 类科技开发项目计划，总费用 150 万元。6 月底，完成了原液系统过滤和喷丝板选型、纺丝工艺参数调整等基础试验；7 月上旬，完成了工业试纺方案的审查并进行细旦纤维产品工业试纺试验；8 月，开始批量工业试生产，并对开发的新产品进行后纺评价试验，研究确定适合细旦腈纶面料加工的染整工艺条件。该项目的成功研发填补了“十一五”以来安庆石化新产品开发领域的空白。

（张 强）

【壳牌粉煤气化装置长周期运行创纪录】 截至 2011 年 9 月 7 日，该装置实现 A 类连续运行 153 天，打破世界同类型装置运行纪录，创造了世界同类型装置运行最好水平。

（张 强）

安庆石化日处理煤 2 000 吨的壳牌煤气化装置

【绿色自动电位测定油品酸值技术开发成功】 该项目于 2010 年 1 月启动，被列为石化集团公司炼油事业部企业自筹科技开发项目，总费用 30 万元。开发出绿色溶剂—基于电位突跃判定终点测定法和绿色溶剂—免滴定—标准加入直接 pH 测量法以及初始 pH 值复原法酸值分析测定方法，编制出分析与后续处理程序，并集成到自行开发的油品酸值自动测定仪上。该项目于 2011 年 10 月 26 日被国家知识产权局授予实用新型专利权，11 月 18 日通过安徽省科技厅组织的技术鉴定。

（张 强）

【降低干气中丙烯含量的技术开发项目获得成功】 该项目于 2010 年 1 月启动，被列为石化集团公司科技开发项目，与浙江大学合作，总费用 140 万元。通过开展吸附分离脱除干气中丙烯的实验室研究，测定了干气的动态吸附特性，考察干气中丙烯的脱除效果和吸附剂的解吸效果，结果表明该技术脱后干气的丙烯含量为 0.016%（重量），乙烯收率为 97.1%，再生后吸附剂的吸附能力不变。该项目于 2011 年 6 月 22 日被国家知识产权局受理国家发明专利申请，12 月 6 日通过石化集团公司科技开发部评议。

（张 强）

【合同管理信息系统成功上线】 2011 年 11 月 11 日，安庆石化合同管理信息系统成功上线，标志着安庆石化实现了合同管理工作的规范化、标准化、专业化、一体化、信息化。该系统引进先进的云计算技术，导入了涉及合同业务的 36 个组织机构及编码，实现了 272 个用户角色及权限、39 个部门初审流程、6 个会签流程、1 个企业主流程及 1 个企业上报流程的配置，大幅提高了合同管理工作效率。

（张 强）

【档案管理系统成功上线】 该项目是安庆石化数字档案馆项目建设的一个重要组成部分，于 2011 年 9 月 22 日正式启动，先后完成 14 个档案类的配置、85 个报表制作、4 种档案视图、年度视图 678 个节点、分类视图 886 个节点规则的设置，迁移数据共 34 万多条，于 12 月 5 日成功上线。

（张 强）

【职工医保全部纳入地方管理】 自 2011 年 1 月 1 日起，安庆石化职工执行统一的安庆市本级城镇职工基本医疗保险政策，实现了央企职工医保与地方医保并轨运行、职工缴费年限合并计算，满足了职工群众日益增长的医药卫生需要。

（张 强）

【稳步推进定岗定编工作】 2011 年，安庆石化启动了新一轮定岗定编工作，《安庆石化完善薪酬分配制度方案》在安庆石化十届七次职代会上获得通过，“五改四”轮班作业调整稳步推进，制定并实施了《关于调整倒班津贴、生产装置轮班作业津贴及夜餐费调整的意见》，利用绩效考核增量上调了生产装置轮班作业津贴及夜餐费标准。同时成立了炼油三部，对股份财务和资产财务实行机构合并，将热电部计量业务与计量中心进行业务整合。

（张 强）

【队伍整体素质稳步提高】 2011年，安庆石化强化领导班子建设，深化人事制度改革，加大领导人员竞争性选拔和人才引进力度，全年公开招聘处科级领导人员30名、专业技术人员59名，引进高校毕业生138名。深化"创建学习型组织，争做知识型职工"活动，完成了远程教育系统建设及职工注册入网，举办了112期管理、技术岗位培训班和488期技能操作人员岗位培训，累计培训2万余人次。

（张　强）

【党建与和谐稳定工作成效显著】 2011年，安庆石化围绕庆祝建党90周年，深入开展创先争优和"打造高度负责任、高度受尊敬企业"员工大讨论活动，深化党建思想政治工作"1153"体系建设，党建质量工作体系顺利通过监督审核。关心关爱职工，健全公司领导联系群众的"五个一"活动机制，组织开展了"双促"调研座谈会，开通"员工心声"网络交流平台，完善"总经理信箱"处理机制，进一步密切了党群干群关系。

（张　强）

表1　　**安庆石化主要技术经济指标**　　亿元

指标名称＼年份	2011	2010	2009	2008	2007	2006
原油加工量/万吨	482.52	476.62	452.55	423.61	447.49	442.24
工业总产值①	311.32	262.95	208.39	212.07	190.44	177.73
炼　油	268.21	226.11	179.23	184.65	164.29	156.55
化　工	31.02	26.48	18.77	18.33	18.24	14.33
其　他	12.09	10.36	10.39	9.09	7.91	6.85
工业增加值	37.91	60.60	61.68	-23.15	15.90	-1.54
资产总计	84.65	62.44	65.35	61.97	62.05	62.28
流动资产	24.42	14.26	18.47	11.88	14.75	15.83
固定资产原值	116.04	118.23	117.24	103.06	100.68	95.18
固定资产净值	53.55	34.76	57.02	44.44	43.14	41.33
营业收入	318.84	275.28	214.82	221.17	197.41	185.19
实现利税①	26.65	53.32	51.36	-19.98	8.06	-6.99
税　金	44.73	49.95	47.00	3.76	10.65	7.72

①2010年、2009年数据剔除化肥资产减值因素。

表2　　**安庆石化主要产品产量**　　万吨

产品名称＼年份	2011	2010	2009	2008	2007	2006
汽　油	96.32	96.97	97.49	87.69	89.37	86.89
柴　油	208.22	195.94	184.55	177.93	188.20	193.75
燃料油	7.89	12.32	16.57	13.13	13.41	8.07
原料油	42.85	40.98	30.02	29.92	33.88	40.26
液化气	34.88	34.05	33.26	30.80	32.93	31.82
石油焦	42.41	43.44	39.30	37.97	38.07	35.95
聚丙烯	3.06	3.71	4.00	3.56	3.85	3.27
合成氨	18.12	15.82	20.34	20.10	13.85	0.66
尿　素	26.57	22.80	29.82	27.62	17.70	0.27
丙烯腈	8.67	8.64	8.57	8.39	8.64	8.50
腈　纶	7.88	7.87	7.87	6.90	7.71	7.76
苯乙烯	7.22	6.67	1.72	—	—	—

荆门石化

【概况】 中国石油化工股份有限公司荆门分公司(简称荆门分公司)和中国石化集团资产经营管理有限公司荆门分公司(简称荆门资产分公司)统称荆门石化，位于湖北省荆门市掇刀区。荆门石化前身始建于1970年，1983年划归中国石油化工总公司，1998年11月更名为中国石化集团荆门石油化工总厂(简称荆门石化总厂)，2000年3月，企业重组改制成立了荆门分公司，2007年10月，荆门石化总厂注销，设立荆门资产分公司。企业占地面积11.67平方千米，辖区总人口3万多人。

截至2011年底，荆门石化下设31个直属单位，18个机关处室；职工总数为5 111人，其中各类专业技术人员870人，技术人员中具有高级职称的58人，中级职称的639人。

截至2011年底，荆门石化有生产装置43套，其中燃料油装置18套、润滑油装置15套、化工装置3套、综合利用装置7套，以及油品储运、水、电、汽、风等配套公用工程和能力为1 000吨/时的污水处理设施等，是石化集团公司系统内加工手段比较齐全、生产灵活性较大的炼油化工企业之一。荆门石化原油加工能力为600万吨/年，主要加工南阳油田和江汉油田管输进厂的原油，通过沿江管线和洪荆管线管输进厂的鲁宁原油、进口原油、海洋原油以及通过铁路运输的西北原油，能生产燃料油、润滑油基础油、溶剂油、化工原料、石蜡、沥青、石油焦、液化气、聚丙烯9个大类100多个牌号的石油化工产品。

荆门石化主要技术经济指标及主要产品产量见表1和表2。

(周东平)

【加强技术改造与技术开发】 2011年，荆门石化实施重点技术改造项目4项，完成固定资产投资8.6亿元，主要有新建60万吨/年连续重整装置、国Ⅲ柴油质量升级、新建3万吨/年硫黄回收装置、润滑油基础油质量升级措施等。全年完成技术开发项目16项，完成技术开发费481万元，主要有B级道路沥青的配方研究、ND－Ⅲ催化剂单环管工艺高熔指聚丙烯的开发、炼油全流程优化模型建立、基础油与石蜡性能评价等。

(周东平)

【60万吨/年连续重整装置投产成功】 2011年12月，荆门分公司60万吨/年连续重整装置投料试车一次成功，生产出合格产品。该工艺采用了超低压连续重整工艺和催化再生技术，能有效利用石脑油资源，生产低硫高辛烷值汽油调和组分及高纯度氢资源，对于优化产品结构、节能降耗及提高油品质量具有重要意义。

(周东平)

【3#白油装置扩能投产成功】 2011年，荆门分公司3#白油预加氢、后加氢装置扩能改造后投产成功，实现了精密切割，产能由原来的2.5万吨/年增至8万吨/年。改造后的产品质量床层平均温度下降110℃，高分压力降到4.90兆帕，氢油比和催化剂的使用周期得到延长，产品颜色稳定在＋30，芳烃含量低于0.01%，刷新了同行业白油芳烃含量低于0.05%的纪录。该白油产品属国内玻璃胶领域的拳头产品，主要用作生产玻璃溶胶的原料以及喷雾剂、清洗剂等，产品档次较多，国内市场需求量大，附加值高，年利润可达亿元以上。

(周东平)

【1 000万吨/年炼油扩能改造项目启动】 2011年，荆门石化启动了1 000万吨/年炼油扩能改造和原油进厂管道建设的可行性研究工作。该项目建设投资68.35亿元，实施投产后主营业务收入将达到720亿元/年，税金130.63亿元/年。该项目通过中国石化已被列入国家发改委“十二五”能源规划，并得到了省市地方政府的大力扶持，中国石化已同意将170万吨/年渣油加氢装置建设作为其启动项目。

(周东平)

【8万吨/年乙苯—苯乙烯装置通过可研评审】 2011年6月，荆门分公司8万吨/年乙苯—苯乙烯装置及系统配套项目可行性研究报告通过中国石化总部评审。该项目采用气相法第3代干气制乙苯和乙苯负压绝热脱氢制苯乙烯工艺技术，总投资6.75亿元，拟于2013年建成投产。该项目属于资源综合利用项目，可有效提高炼油副产品的附加值，主要产品苯乙烯是重要的基本有机原料，广泛用于合成树脂、合成橡胶及其他化工产品的生产。

(周东平)

【55万吨/年润滑油高压加氢装置基础设计通过审查】 2011年10月，荆门分公司55万吨/年润滑油高压加氢装置基础设计顺利通过审查。该装置建成投产后，将有效利用适宜生产润滑油基础油的资源，提升润滑油及白油质量，优化产品结构，满足中国石化润滑油分公司对HVIⅡ、Ⅱ＋重质基础油以及市

场对高档白油和环保橡胶填充油的需求。

（周东平）

【启动炼油全流程优化模型建设工作】 2011年8月，荆门分公司炼油全流程优化模型建设工作正式启动。该模型利用英国KBC公司Petro－SIM流程模拟软件，针对炼油生产的优化，对产品结构、装置生产方案、系统、氢气资源及用氢过程、产品质量、原油采购加工等，通过定性、定量评估找差距、提措施，从产率、质量和能耗角度全方位分析炼油厂的加工流程，建立模拟优化的模型，定量评估优化措施的可实施性，建立跟踪平台，监测实施效果。建模投入使用后，可实现规划阶段的项目与总流程的匹配和优化，使价格体系与产品结构更加合理，有效解决局部优化与整体优化，提高降低加工损失的管理水平。

（周东平）

【催化裂化FCC专用设备开发项目获石化集团公司科技进步二等奖】 2011年7月，荆门分公司催化裂化FCC专用设备开发项目获石化集团公司科技进步二等奖。该项技术主要包括BWJ－ⅢA型高效雾化进料喷嘴、SHS陶瓷—不锈钢耐磨短管、椭圆弯锥四旋改造。该项技术投用后，可有效防止提升管结焦，降低烟囱排尘浓度，减少干气产率和催化剂的破碎，年节约生产运行成本643万元。

（周东平）

【含硫污水信息平台正式上网】 2011年10月，荆门分公司将企业含硫污水计量网点纳入实时数据库信息平台和MES管理平台，实现上网运行。该平台是利用SMES系统和实时数据库系统的共享、及时、准确的特点，收集含硫污水相关数据信息，编制成日、月统计报表及计量网络图，真正做到了“一网一库一源一数”和“一源多用”，能对生产装置环保排放进行实时状态监控，确保装置安全平稳运行，为生产日常管理及重大决策提供了可靠的数据支撑。

（周东平）

【“三基”工作卓有成效】 2011年，荆门分公司将“三基”工作作为提升企业软实力的重要管理方法加以运用，形成了包括综合管理标准、基层建设标准、生产管理标准、设备管理标准、HSE管理标准和机关“三基”标准等6个标准的《三基标准》体系，《三基标准》成为企业管理的蓝本。同时，建立了“三基”工作执行体系、PDCA管理循环的“三基”检查体系、定性评价与量化评分相结合的“三基”工作评价体系，探索开展了“五型”班组创建、岗位职责模板化管理、企业管理课题研究和DCS室规范化管理，“上标准岗、干标准活”的理念深入人心。同年4月，企业获得中国石化2010年“三基”工作先进组织单位称号；企业下属的分子筛脱蜡车间获得中国石化“三基”工作先进基层单位称号。

（周东平）

【质量体系、测量体系和职业健康安全与环境体系整合通过认证】 2011年5月，荆门分公司将质量管理体系、测量管理体系和职业健康安全与环境管理体系整合为一个综合体系（QMHSE管理体系）。该体系通过北京三星九千认证中心和中启计量体系认证中心现场审核，并陆续获得了认证证书。整合后的QMHSE体系可有效利用管理资源，简化管理程序，有利于减轻企业负担和提高企业管理水平。

（周东平）

【实施制度标准化改造建设】 2011年，荆门石化积极推进制度标准化改造工作，按照制度的归口管理，建立制度日常管理机制，实行动态管理。依托中国石化制度管理信息系统，从制度的立项、起草、预审、会签、审核、签发等环节进行规范，对制度运行中存在的问题开展评估、优化工作，推进制度全生命周期的运行管理与信息化的融合，实现了制度管理、查询的集中化、信息化。

（周东平）

【合同信息系统全面上线运行】 2011年7月，荆门分公司合同管理信息系统成功实现了全面上线运行。该系统涉及主要流程2 216个，配置723个流程规则以及流程Visio图、合同防伪水印、用户电子签名印模等。该系统的业务流程简洁合理、功能设计齐全，实现了合同在线审查审批，合同审批周期大为缩短，劳动效率得到显著提高。

（周东平）

【远程教育系统建成投用】 2011年5月，荆门石化远程教育系统直播教室建成投用，可容纳90人同时在线培训。该系统通过搭建中国石化统一的远程教育平台，按远程教育中心和远程教育站两级体系架构建设，支持企业全体员工注册学习。

（周东平）

【石化家苑破土动工】 2011年11月，荆门石化的民生工程——石化家苑项目一期工程第二标段破土动工。项目总用地面积 18.6 万平方米，净用地面积 16 万平方米，计容建筑面积 33.7 万平方米。该项目在同年 8 月启动“三通一平”工程，计划于 2012 年 6 月主体工程封顶。

（周东平）

【文学艺术界联合会成立】 2011 年 4 月，荆门石化文学艺术界联合会正式成立。该文联下设作家协会、书法协会、美术协会、音乐舞蹈协会、摄影协会 5 个单项协会，会员总数近 500 人。荆门石化有 3 人获得首届中国石化“朝阳”文学艺术奖。

（周东平）

【抗旱哺农服务为民】 2011 年 5 月，荆门地区遇到持续旱情，城区周边乡村人畜饮水困难、4 000 亩(2.67 平方千米)农田无水灌溉。荆门分公司利用穿越灌区的漳河水源地取水管线为旱区供水 30 万吨，为当地农民送去抗旱保苗的“及时雨”，当地政府回赠“工业龙头、哺农先锋”的锦旗和牌匾。

（周东平）

表 1　　荆门石化主要技术经济指标　　亿元

指标名称 \ 年份	2011	2010	2009	2008	2007	2006
原油加工量/万吨	502.60	505.97	480.01	426.28	462.81	425.18
工业总产值	292.59	250.00	196.25	196.75	181.33	163.05
工业增加值	36.75	57.35	56.20	-21.09	8.55	-2.31
资产总计	49.23	43.72	41.03	37.56	34.72	34.01
流动资产	15.01	19.03	13.66	16.27	16.60	10.48
固定资产原值	62.20	60.17	58.12	54.22	51.94	52.47
固定资产净值	23.84	22.72	22.70	20.83	21.16	22.95
销售收入	317.22	262.69	207.15	208.98	196.61	175.42
实现利税	29.33	52.67	51.15	-15.32	5.36	-3.62
税　金	44.73	50.76	42.64	5.65	7.57	5.98

表 2　　荆门石化主要产品产量　　万吨

产品名称 \ 年份	2011	2010	2009	2008	2007	2006
汽　油	105.41	105.29	97.93	80.18	80.66	80.12
柴　油	174.40	179.91	173.83	168.43	193.41	176.32
煤　油	26.71	25.70	23.49	15.60	12.51	7.78
重　油	3.87	1.38	0.69	4.31	2.58	3.33
石　蜡	13.08	9.84	10.45	8.56	9.67	8.91
沥　青	12.94	17.10	15.55	7.07	6.40	6.57
石油焦	37.27	36.51	35.15	35.57	40.37	34.83
聚丙烯	13.57	13.30	13.39	12.28	13.02	13.70

四川维尼纶厂

【概况】 中国石化集团四川维尼纶厂(简称四川维尼纶厂)位于重庆市长寿区境内的长寿经济技术开发区，占地5 050亩(3.37平方千米)。其前身于1973年由国家计委下达项目计划，1974年破土动工，1979年投料试生产，1983年经国家竣工验收投产，同年整体进入中国石化。主要生产装置分别从英、法、德、日等国引进。

四川维尼纶厂是国内最大的以天然气为主要原料，生产精细化工、特色化工及化纤产品的大型联合企业，是石化集团公司唯一的天然气化工企业，具有年加工天然气15.5亿立方米，年产乙炔16.75万吨、甲醇100万吨、醋酸乙烯50万吨、聚乙烯醇16万吨、醋酸乙烯—乙烯共聚乳液6万吨、液氨20万吨、维纶2万吨能力，其中醋酸乙烯产能位居中国大陆第1位、世界第2位。截至2011年底，四川维尼纶厂下设20个部门、9个车间，拥有扬子江乙酰化工有限公司、新疆维美化工有限公司、重庆川维林德气体有限责任公司3家合资企业；企业资产总值85.41亿元，资产负债率41.38%；在岗职工3 896人。

2011年12月20日，四川维尼纶厂被中央精神文明建设指导委员会评为全国文明单位称号。

四川维尼纶厂主要技术经济指标和主要产品产量见表1和表2。

(罗雪飞 尹 威)

【新老区实现安全稳定运行】 2011年，四川维尼纶厂加工天然气10.3亿立方米(含合资企业)。新区30万吨/年醋酸乙烯装置试生产顺利，主线运行负荷最高达到95.5%，老区装置平均负荷78.5%，新老区实现安全稳定运行。3月1日，四川维尼纶厂成为重庆市首家通过安全生产主体责任A级评估考核的中央企业。年内获全国多种形式消防队伍建设先进集体、重庆市2008—2010年度安全生产先进集体等荣誉，连续第5年获石化集团公司安全先进单位称号，连续第2年获石化集团公司环保先进单位称号，连续第4年获石化集团公司消防先进单位称号，连续第18年无上报石化集团公司重、特大事故，无死亡、重大人身伤亡事故，无污染事故。

(罗雪飞 尹 威)

【30万吨/年醋酸乙烯项目开车成功】 2011年7月13日，30万吨/年醋酸乙烯项目实现安全、环保、全面投料开车一次成功，标志着四川维尼纶厂“百亿川维”目标实现。该项目中除甲醇装置外，乙炔、醋酸乙烯、聚乙烯醇等主要装置全部采用四川维尼纶厂自有技术建设。该项目累计实现安全施工805天、2 143万安全人工时，各类上报事故为零，创中国石化工程建设系统安全施工纪录。

(罗雪飞 尹 威)

30万吨/年醋酸乙烯项目全景 (罗 林 摄)

【“川维牌”被认定为重庆市著名商标】 2011年3月，重庆市著名商标评审委员会审查通过四川维尼纶厂申报的“川维牌”商标(聚乙烯醇类)，并授予其著名商标荣誉证书。这将进一步提升四川维尼纶厂聚乙烯醇系列产品的品牌形象。

(罗雪飞 尹 威)

【处置场一期工程正式启用】 2011年10月21日，四川维尼纶厂一般工业固体废弃物处置场一期工程启用。该项目是重庆市重点环保建设项目，总投资9 941.99万元，一次规划，分期实施，其中一期工程占地面积约18万平方米，处置规模为9.36万吨/年，建设总库容为121.60万立方米。一期工程建成后，四川维尼纶厂成为重庆市首家拥有现代化一般工业固体废弃物处置能力的企业，彻底解决了企业炭黑、活性污泥等一般工业固体废物的处置问题，具有良好的社会效益，展示了中国石化良好的企业形象。

(罗雪飞 尹 威)

【新疆维美二期项目建设稳步推进】 2011年7月，新疆维美二期项目开工建设。截至年底，项目基础设计已获中国石化总部批复，全部长周期和次长周期设备均签订了采购合同。

(罗雪飞 尹 威)

【中国石化贵州织金60万吨/年聚烯烃项目奠基】 2011年9月28日，中国石化贵州织金新型能源化工基地“煤电化一体化”产业项目一期工程——60万吨/年聚烯烃项目举行奠基仪式。“煤电化一体化”项目将分三期建设，总投资520亿元，由中国石化授权四川维尼纶厂负责推进。其中一期工程60万吨/年聚烯烃项目投资180亿元，主要建设180万吨/年甲醇装置、60万吨/年甲醇制烯烃（MTO）装置、30万吨/年线性低密度聚乙烯装置和30万吨/年聚丙烯装置，配套建设公用工程、辅助设施、储运设施和环保设施等。主产品为低密度聚乙烯30万吨/年、聚丙烯30.80万吨/年，副产品为碳四液化气8.23万吨/年、碳五汽油2.35万吨/年、硫黄4万吨/年，全部装置拟采用国内技术，其中甲醇制烯烃、聚乙烯和聚丙烯等核心装置全部采用中国石化自有技术，计划2014年建成投产。

（罗雪飞　尹　威）

中国石化贵州织金60万吨/年聚烯烃项目奠基仪式会场全景　　（王　磊　摄）

【科技创新工作加快推进】　2011年，四川维尼纶厂30万吨/年天然气乙炔法制醋酸乙烯成套技术开发"十条龙"科技攻关项目基本具备"出龙"条件。天然气制乙炔小试装置建成投用，1.5万吨/（年·列）乙炔炉工业化实验装置项目和维纶产品技术升级项目按计划积极推进。全年开发新产品7个，新产品和高附加值产品产量率、产值率分别为70.27%、75.82%，再创历史新高。全年申报国家专利25项，获得授权10项。

（罗雪飞　尹　威）

【产品质量升级技术改造项目完成】　为促进聚乙烯醇（PVA）、乙烯—醋酸乙烯共聚物（VAE）、维纶三大产品的结构优化和产品升级，进一步占领高端市场，2010年，四川维尼纶厂确立军用作训服专用纤维生产线升级改造（一期工程）、烟胶专用VAE产品质量升级改造、PVA装置引发剂低温储存技术改造、PVA料仓群建设和分散剂扩能改造5个产品质量升级项目，并在当年完成前4个项目。2011年1月18日，分散剂扩能改造项目顺利打通全流程，生产出合格产品，至此，5个产品质量升级项目全面建成投运。

（罗雪飞　尹　威）

【实施人才成长通道建设和完善薪酬分配制度】　2011年，四川维尼纶厂根据石化集团公司统一部署，积极稳妥地实施了人才成长通道建设，并同步完善了薪酬分配制度，建立起新的职位管理体系和薪酬体系。为各类人才搭建了职业发展平台，并完成了首次专业技术和技能操作高层级职位选聘工作。

（罗雪飞　尹　威）

表1　　四川维尼纶厂主要技术经济指标①　　亿元

指标名称 \ 年份	2011	2010	2009	2008	2007	2006
天然气加工量/亿立方米	7.49	5.23	3.28	4.28	4.58	4.53
工业总产值	38.70	24.91	15.68	27.38	25.30	23.49
工业增加值	2.90	6.14	5.21	12.66	14.33	9.92
资产总计	85.41	71.61	44.62	40.56	39.89	36.37
流动资产	6.60	60.08	44.96	12.32	13.07	10.88
固定资产原值	45.29	43.65	39.82	35.79	33.28	33.96
固定资产净值	18.68	19.04	16.47	13.44	13.36	15.42
营业收入	43.57	28.93	19.01	28.00	25.52	23.94
实现利税	4.62	1.20	1.23	6.87	9.23	6.89
税金及附加	0.28	0.69	1.12	2.36	2.39	1.86
综合能耗/吨标煤·万元$^{-1}$	4.34	4.45	4.86	4.96	4.96	5.41

①数据不含合资企业。

表2 四川维尼纶厂主要产品产量 万吨

产品名称＼年份	2011	2010	2009	2008	2007	2006
甲　醇	41.46	32.97	18.84	26.64	29.66	28.30
醋酸乙烯	30.15	20.11	14.39	17.54	17.12	18.20
聚乙烯醇	9.94	6.15	5.33	5.93	5.69	6.02
醋酸乙烯—乙烯共聚乳液	5.52	5.19	4.90	5.60	4.85	4.91
维纶纤维	1.55	1.29	1.25	1.48	1.57	1.52
液　氨	15.73	11.31	1.31	1.49	—	—

九江石化

【概况】 中国石油化工股份有限公司九江分公司(简称九江分公司)和中国石化集团资产经营管理有限公司九江分公司(简称九江资产分公司)统称九江石化，地处江西省九江市东郊，占地面积4.2平方千米。其前身九江炼油厂于1977年6月正式开工建设，1980年10月建成投产，1991年10月更名为中国石化九江石油化工总厂，1998年10月更名为中国石化集团九江石油化工总厂。2000年，根据石化集团公司重组改制统一部署，原九江石油化工总厂主业部分划入石化集团公司上市部分，组建了九江分公司。2006年，非上市部分成立了九江资产分公司。

九江分公司主营业务有炼油、化工生产经营，具有650万吨/年原油加工能力和10万吨/年聚丙烯生产能力。截至2011年底，拥有固定资产原值67.21亿元，在岗职工总数2 487人，主要生产装置有常减压、催化裂化、焦化、催化重整、加氢精制、气体分馏、沥青、甲基叔丁基醚(MTBE)、芳烃抽提、硫黄、聚丙烯等。主要产品有汽油、煤油、柴油、燃料油、沥青、液化气、精丙烯、苯类、溶剂油、硫黄、焦炭、聚丙烯等42个品种60多个牌号。

九江资产分公司主要业务有供水、排水、石化社区服务(包括离退休管理、居委会)、教育培训、压力容器检测，主要生产能力：4 000吨/时的供水系统、1 000吨/时污水处理装置等。截至2011年底，拥有固定资产原值7.23亿元，在岗职工总数351人，涉及的生产、技术、安全环保、武装保卫等委托九江分公司相关职能部门管理。

九江分公司主要技术经济指标和主要产品产量见表1和表2。

（罗　玲）

【完成全年生产经营任务】 2011年是九江石化停产化肥装置后的第1个完整日历年，各主装置克服困难保持高负荷运行，有效日均加工负荷达到1.38万吨。全年加工原(料)油437.12万吨，生产聚丙烯8.51万吨，分别完成年度目标的100.84%、96.27%；实现主营业务收入254.07亿元，利税23.92亿元，其中账面利润－18.36亿元(其中固定资产减值2 313万元、日元汇兑收益170万元、金融衍生品公允价值变动收益6 927万元、安全生产费用1 270万元，化肥并入炼油核算列支完全费用1.56亿元)，税收42.27亿元。九江资产分公司累计实现收入1.21亿元，亏损7 439万元。

（罗　玲）

【HSE管理创历史最好水平】 2011年，九江石化深化“我要安全”主题活动，试点配备车间安全总监，领导干部“两特”情况下现场带班，开展创“完好装置”活动，引进2家第三方安全监管机构。在系统内首家实施HSE网上备案管理，处罚63家违规承包商，淘汰了15家承包商，全年避免未遂事件84起。抓污染物分级控制和污染治理，推进清洁生产，全年未发生环境污染和生态破坏事件。全年实现安全生产“三大事故”为零，连续第2年获得石化集团公司安全生产先进单位称号。

（罗　玲）

【安全平稳实施装置检修改造】 2011 年 9 月 20 日，九江石化全厂装置停工检修改造，共涉及 12 个车间 25 套装置，检修项目 1 999 项，参检人数近 5 000 人。检修改造实现绿色停工、平安检修、文明开车，大检修 34 天两头见产品，1# 催化装置改造 52 天两头见产品，各装置一次开车成功。检修改造期间，未发生一次火警，未发生一起事故，未发生一次扰民事件，实现了“三个为零，一个减少”(即人身伤亡事故为零、重大火灾为零、爆炸事故为零，减少一般事故)的 HSE 目标。

(罗　玲)

【优化经营创效明显】 2011 年，九江石化优化产品结构，采取多种措施增产石脑油，石脑油产率达到 3.8%，同比增加 0.8 个百分点；最大化利用汽油辛烷值资源，同比增产 97# 汽油 2.3 万吨，取消了 90# 汽油的生产；全年增产军用柴油 9 100 吨，增效 2 100万元。炼油高附加值产品收率 81.29%，同比提高 1.38 个百分点。用足用好石化集团公司总部超产汽柴油奖励政策，获得超产汽柴油奖励 9 079 万元，在沿江炼化企业中排名第 2 位。原油到厂净价格为沿江炼化企业最低；液化气终端直销率达 92%；理顺与改制企业交易价格，全年增效近 600 万元；优化用电运行方式，全年减少基本电费 452 万元；做好应收尽收，全年收回历史欠款 329 万元。

(罗　玲)

【油品质量升级改造工程开工奠基】 2011 年 7 月 21 日，九江石化 800 万吨/年油品质量升级改造项目环境评估报告获国家环保部批复，创造了环评报告从正式上报到获得批复不到 7 个月的“九江速度”；11 月 25 日，工程开工奠基。

(罗　玲)

800 万吨/年油品质量升级改造工程开工奠基

(汪光华　摄)

【三大项目建设进入收尾阶段】 2011 年，九江石化实施了 150 万吨/年柴油加氢、120 万吨/年连续重整、煤焦代油三大项目建设，项目建成投产后，将为公司 800 万吨/年油品质量升级改造工程奠定坚实基础。其中，150 万吨/年柴油加氢已建成进入试车程序；120 万吨/年连续重整装置建设总体进度完成 81%，计划于 2012 年 5 月建成投产；煤焦代油改造工程总体进度完成 70%，计划于 2012 年 9 月底投入运行。

(罗　玲)

【开展中长期发展策略研究】 2011 年，九江石化开展了中长期发展策略研究和三年滚动计划编制等工作。4 月正式推出《九江分公司争上游发展策略研究》和《九江石化 2011—2013 年滚动计划纲要》，每年滚动优化调整。在石化集团公司总部指导下，按照“前台简洁易用，后台强化运维，支撑特色模式，建设智慧炼厂”的方针，初步编制完成了九江石化“十二五”信息化规划，结合 800 万吨/年油品质量升级改造工程分步实施完成。

(罗　玲)

【第三次党代会召开】 2011 年 11 月 28—29 日，中共九江石油化工总厂第三次代表大会召开。大会选举产生了九江石油化工总厂第三届委员会和第三届纪律检查委员会。中共九江石油化工总厂第三届委员会由徐盛龙、覃伟中、高金初、谢道雄、蔡智、赖万寿、杨爱蓉组成，中共九江石油化工总厂第三届纪律检查委员会由徐盛龙、周皇旗、仲建文、胡继平、朱玉山组成。

(罗　玲)

【狠反“低、老、坏”实现 4 个明显转变】 2011 年，九江石化开展狠反“低、老、坏”工作。共辨识“低、老、坏”问题 3 220 项，组织制修订高标准 113 项，重点整改厂区门卫管理、劳动纪律、设备现场面貌、装置现场和办公室定置等问题；逐人逐岗清理，解决了部分劳动纪律方面的深层次问题；开展对检安公司维保班组的评比考核，促使其提高服务质量。问卷调查表明，近九成员工认为狠反“低、老、坏”实现了预期目标，超过 80% 的员工认为九江石化管理水平有明显提升。实现了干部员工日常工作的标准和质量有明显提高、老毛病和坏习惯有明显减少、精神面貌和现场环境面貌有明显改善、企业管理水平有明显提高的预期目标。

(罗　玲)

【卓越文化初步形成】 2011年，九江石化制定了三年推进计划，确立以企业宗旨、企业愿景、企业精神为主要内容的核心价值理念和追求卓越的核心价值观。“把简单的事做到极致，把平凡的事做到卓越，把本职工作做到尽善尽美”逐步得到广泛认同和践行，卓越案例不断涌现，卓越文化和家园文化氛围日渐浓厚。

（罗 玲）

【民生投入不断加大】 2011年，九江石化将机关职工体检由4年1检改为1年1检，组织500余名员工和200余名劳模先进外出疗休养，在册职工被纳入《特种重病团体互助医疗保障计划》，检修改造期间外购热水供应社区居民使用，不断改善职工工作餐质量，做好住房补贴发放工作，推进八里湖商品房团购工作并取得突破性进展，投用室内游泳馆和综合训练馆，完成16栋住房坡屋顶改造和2栋单身公寓改造，修建职工交通车候车亭3座。

（罗 玲）

【营造人心思进的良好氛围】 九江石化依靠员工办企业，注重发挥党组织和群团组织作用。实施了以职代会为主渠道的民主管理和厂务公开。广泛征集改善经营管理合理化建议，组织QC攻关等活动。坚持勤俭办企业，开展“打造高度负责任、高度受尊敬企业”员工大讨论活动和“为民服务创先争优”主题活动。举办以庆祝建党90周年，共建九江石化美好家园为主题的演讲赛、知识竞赛和诗歌朗诵等活动，营造积极向上、人心思进的良好氛围。

（罗 玲）

表1 九江分公司主要技术经济指标 亿元

指标名称＼年份	2011	2010	2009	2008	2007	2006
原油加工量①/万吨	437.12	473.19	453.54	431.21	403.08	419.96
工业总产值	249.56	233.08	183.60	196.66	154.07	153.56
炼　油	237.72	217.07	170.66	175.96	134.32	129.63
化　工	11.84	11.79	8.99	16.58	15.40	15.89
化　肥	0.00	4.21	7.74	7.95	7.64	8.04
工业增加值	28.92	43.90	50.31	-25.03	8.88	0.10
资产总计	53.75	38.68	39.09	40.99	46.23	40.96
流动资产	16.97	12.15	11.12	9.94	13.53	10.02
固定资产原值	68.16	67.21	67.29	64.19	59.97	59.97
固定资产净值	17.23	18.44	22.90	26.17	26.27	29.46
销售收入	254.07	234.37	182.95	196.18	153.34	155.80
实现利税	23.92	38.50	45.93	-17.30	4.10	-5.99
税　金	42.27	46.89	46.61	6.70	7.29	6.80
综合能耗/吨标煤·万元$^{-1}$	0.29	0.60	0.77	0.88	0.87	1.01

①2006—2011年原油加工量含原料油分别为6.64万吨、8.82万吨、22.06万吨、3.46万吨、4.75万吨、5.27万吨。

表 2　　九江分公司主要产品产量　　万吨

产品名称＼年份	2011	2010	2009	2008	2007	2006
97#汽油	8.53	6.35	3.62	4.97	3.29	2.91
93#汽油	92.28	92.58	83.44	71.18	66.20	60.68
90#汽油		9.14	9.50	10.27	11.84	23.27
柴　油	193.88	190.85	187.47	182.85	166.86	179.04
煤　油	—	—	—	0.07	1.25	1.57
3#航煤	—	—	—	—	0.43	0.50
燃料油	7.77	20.89	22.07	18.50	15.76	20.00
溶剂油	0.94	1.80	1.47	0.96	2.28	3.16
烷基苯料	—	—	0.18	1.20	1.70	—
液化气	21.27	24.27	22.75	25.12	24.25	25.27
沥　青	14.74	28.65	21.64	18.40	19.02	19.87
聚丙烯	8.51	9.69	10.32	11.33	11.33	11.56
苯　类	3.46	3.97	4.51	5.55	5.01	6.67
硫　黄	1.71	1.84	1.99	2.05	1.81	1.56
尿　素	—	24.05	46.68	46.00	44.68	54.26
石油焦	32.22	31.17	30.78	28.72	26.02	18.90

湖北化肥

【概况】 中国石油化工股份有限公司湖北化肥分公司(简称湖北化肥分公司)暨中国石化集团资产经营管理有限公司宜昌分公司(简称宜昌资产分公司)统称湖北化肥，前身为湖北省化肥厂，生产装置是国家20世纪70年代引进的13套大型化肥装置之一，于1974年10月开工建设，1980年1月投产。湖北化肥位于湖北省枝江市，占地面积160万平方米，1983年7月1日整体并入中国石油化工总公司。截至2011年底，湖北化肥拥有30万吨/年合成氨、52万吨/年尿素的生产能力；下设18个部门和17个直属单位，职工1 317人。其中，各类专业技术人员244人，具有高级职称的有36人。主要生产装置有3台高压燃煤锅炉，2台2.5万千瓦发电机组，煤气化、空分、净化、合成氨、尿素装置等，另外有1条与焦柳线接轨的23千米专用铁路和工业编组站。

湖北化肥主要技术经济指标和主要产品产量见表1和表2。

（刘　焱）

【低水气比变换改造示范项目被列为国家低碳技术创新示范工程】 根据国家发改委《关于组织实施低碳技术创新及产业化示范工程的通知》的要求，湖北化肥与有关技术研究单位完成粉煤气化—低水/气耐硫变换新工艺技术方案，在完成项目资金申请报告编制、项目备案、项目环评，协调石化集团公司总部落实项目资金和内部审批后上报国家发改委。2011年5月9日，湖北化肥低水气比变换改造示范项目得到国家发改委批复并予以500万元补助。

（刘　焱）

【氨法烟气脱硫技术通过石化集团公司鉴定】 2011年3月31日，石化集团公司科技开发部在湖北化肥召开氨法烟气脱硫技术鉴定会。鉴定认为：湖北化肥氨法烟气脱硫技术成熟，整体技术达到国内领先水平，环保效果和经济效益明显，建议结合企业实际推广应用。为此，石化集团公司专门颁发了《中国石化集团公司科技成果鉴定证书》。

（刘 焱）

【合成气制乙二醇示范工程列为重点科技攻关项目】 2011年，湖北化肥开始着手利用中国石化自主开发的技术建设乙二醇工业示范装置工作。9月2日，在合成气制乙二醇技术开发工作会议上，湖北化肥被确定筹建乙二醇工业示范工程，这一示范工程被列为总部2012年"十条龙"重点科技攻关项目和中国石化重点建设工程。

（刘 焱）

【湖北化肥"十二五"发展规划编制完成】 2011年，湖北化肥根据中国石化"十二五"发展规划和企业实际情况，确定企业总体发展思路，即"从两方面着手：一方面优化稳定已有装置，依托中国石化资源，合理利用合成气及氨，选择适宜的产品，实施结构调整；另一方面开拓思路，采取'走出去'战略，积极参与中国石化煤资源及煤化工项目布点，参与武汉石化80万吨/年乙烯化工园区的项目开发"。按照总体思路，最终制定出企业"十二五"扭亏脱困调整产品结构的发展规划。

（刘 焱）

【对规章制度进行标准化改造】 2011年，湖北化肥在规章制度标准化改造工作中，一是对原有的352个制度进行梳理核查，对其制定改造、整合、废止计划，提出《标准化制度改造方案》；二是先后在5月和9月，对相关人员进行集中培训；三是在改造过程中，采取分步实施、一对一对接、对每一个部门修订一个改造样板等方式，正确使用新的模板表格和填写条款内容，实现老制度文本向新制度文本过渡，到12月有70%的制度达到上线要求。

（刘 焱）

【完成用工结构调整】 2011年3月，湖北化肥调整用工结构工作启动。根据石化集团公司总部《关于进一步调整用工结构的有关意见》文件精神，在摸底调查的基础上，制定湖北化肥《调整用工结构实施办法》。在报经总部审批同意后，按照宣讲政策、个人申报、工作办公室复核、领导小组审批、内部公示、录用、办理社会保险关系及人事档案转接手续等程序，到9月中旬，平稳顺利地完成调整用工结构工作。

（刘 焱）

【创建全员绩效考核体系】 2011年，湖北化肥根据石化集团公司总部关于全员绩效考核工作要求，在完善薪酬分配制度的基础上，创建全员绩效考核系统，在工作中坚持5个结合，一是与员工所在岗位职责相结合，二是与所管理事项相结合，三是与生产经营相结合，四是与绩效考核细则相结合，五是定性与量化相结合。通过近一年的工作，共建立1 520张绩效考核表，考核数据自动生成并保存，基本建立考核数据的采集汇总体系。

（刘 焱）

【开展人才通道建设和完善分配制度】 2011年，湖北化肥根据《关于印发〈中国石化完善薪酬分配制度方案〉的通知》，成立人才通道建设和完善分配制度工作领导机构，采集完善薪酬分配的各项有关基础信息，制定《完善薪酬分配制度实施办法》，对不同的薪点值进行测算。完成人才通道建设和完善薪酬分配制度工作，开通人才多元化成长通道，建立基本薪酬正常增长机制，实现人才发展与企业发展协调统一。

（刘 焱）

【企业年金账管系统上线运行】 2011年7月，湖北化肥建立企业年金账管系统工作启动。经过数据信息采集、年金数据测算与方案制定、方案实施3个阶段，报经石化集团公司总部批复和湖北化肥职工代表大会审议，8月16日，企业年金账管系统正式上线运行。

（刘 焱）

【7套信息系统建成上线】 2011年，湖北化肥按照石化集团公司总部信息化建设统一部署及分公司信息系统建设年度计划，组织开展信息系统建设与推广应用工作。先后建成生产执行（MES）、人力资源（SAP－HR）、合同管理（CMIS）和设备缺陷管理等7套信息系统，其中的MES系统将成为以生产物流管理为核心的企业生产管理业务平台，在生产经营中发挥关键作用。

（刘 焱）

表 1 **湖北化肥主要技术经济指标** 亿元

指标名称＼年份	2011	2010	2009	2008	2007	2006
工业总产值						
湖北化肥分公司	8.36	6.09	5.59	4.90	3.38	5.20
宜昌资产分公司	3.18	1.57	3.59	2.11	2.48	2.51
工业增加值						
湖北化肥分公司	-1.11	-1.54	-2.90	-1.29	-2.16	-0.39
宜昌资产分公司	0.20	-0.09	0.98	-0.01	0.58	0.40
资产总计						
湖北化肥分公司	6.68	6.59	9.56	17.49	15.94	16.42
宜昌资产分公司	5.52	5.92	6.15	6.31	6.69	5.44
流动资产						
湖北化肥分公司	1.35	1.36	1.11	1.76	1.36	0.55
宜昌资产分公司	0.29	0.46	0.33	0.47	1.26	0.73
固定资产原值						
湖北化肥分公司	30.81	30.30	30.15	30.37	26.89	28.88
宜昌资产分公司	8.05	7.80	7.87	7.60	6.00	5.29
固定资产净值						
湖北化肥分公司	1.42	0.92	4.34	13.98	13.60	14.32
宜昌资产分公司	5.02	5.30	5.70	5.76	4.52	3.95
销售收入						
湖北化肥分公司	8.07	7.50	7.14	5.12	3.44	5.20
宜昌资产分公司	3.72	1.82	4.01	2.51	3.02	2.16
实现利税						
湖北化肥分公司	-2.84	-7.20	-11.48	-4.07	-3.68	-1.60
宜昌资产分公司	-0.64	-0.83	0.07	-0.81	0.08	-0.09
税　金						
湖北化肥分公司	…	…	…	0.01	0.01	0.02
宜昌资产分公司	0.06	0.11	0.13	0.46	0.21	0.07
综合能耗/吨标煤·万元$^{-1}$						
湖北化肥分公司	7.41	7.86	9.04	10.99	—	—
宜昌资产分公司	2.01	3.18	3.06	3.28	—	—

表 2　　湖北化肥主要产品产量　　万吨

年份 产品名称	2011	2010	2009	2008	2007	2006
湖北化肥分公司						
合成氨	22.28	21.74	18.58	14.79	12.67	18.61
尿　素	32.63	30.64	31.74	21.29	18.78	28.33
宜昌资产分公司						
蒸　汽	236.90	134.98	242.99	177.92	254.61	204.00
电/亿千瓦·时	1.58	1.09	1.16	0.85	1.31	1.55

石家庄炼化

【概况】 中国石油化工股份有限公司石家庄炼化分公司(简称石家庄炼化分公司)和中国石化集团资产经营管理有限公司石家庄分公司(简称石家庄资产分公司)统称石家庄炼化，位于河北省石家庄市。其前身为石家庄炼油厂，始建于1978年，1983年建成投产，1983年7月1日划归中国石油化工总公司。1997年采用局部改制方式，募集发起设立石家庄炼油化工股份有限公司，上市所筹集资金投入到当年河北省人民政府与中国石油化工总公司合资设立的石家庄化纤有限责任公司(简称石家庄化纤公司)，共同建设石家庄5万吨/年己内酰胺工程。石家庄化纤公司的股权几经变更，2009年3月成为石化股份公司的分公司。根据石化集团公司改革重组的统一部署，2006年注销石家庄炼油厂，注册成立石家庄资产分公司，2007年注册成立石家庄炼化分公司。2009年5月，根据“一企一制”的整体要求，石家庄化纤公司整体、石家庄资产分公司部分资产和人员被整合并入石家庄炼化分公司。

截至2011年底，石家庄炼化共设生产调度部、计划部、安环部、机械动力部等职能部门16个，总务部、物资供应中心、营销中心等直属机构8个，炼油作业一部、化工作业部等二级单位6个；共有职工2 762人，其中具有高级职称的181人，中级职称的415人。

石家庄炼化分公司炼油部分主要包括500万吨/年常减压装置、200万吨/年催化裂化装置、80万吨/年延迟焦化装置等20余套炼油生产装置，化工部分主要包括16万吨/年己内酰胺装置和2.5万吨/年锦纶装置；主要产品有汽油、柴油、航空煤油、己内酰胺、聚酰胺切片、硫酸铵、液化气、聚丙烯等30多个品种。

石家庄炼化分公司主要技术经济指标和主要产品产量见表1和表2。

(马立亚)

【800万吨项目建设扎实推进】 2011年，石家庄炼化分公司紧密围绕800万吨项目里程碑控制点，积极推进项目设计、采购工作进度，切实抓好施工策划及组织协调，强化HSE监督和质量管理，加强工程建设过程控制，按照“优质工程、安全工程、绿色工程、效益工程、阳光工程”的目标要求，努力推进工程建设。8月，常减压蒸馏、渣油加氢等7套主装置基础设计获石化集团公司总部批复；11月，催化裂化、重整抽提和脱硫脱硫醇3套主装置基础设计获总部批复；12月，系统配套基础设计获总部批复。项目土建工程全面启动，火炬塔架安装、老区拆搬迁稳步推进。

(马立亚)

【260万吨/年柴油加氢精制装置建成投产】 2011年7月15日，石家庄炼化分公司建设的260万吨/年柴油加氢精制装置配套工程实现中交，9月6日主装置中交。12月9日，装置试生产方案通过河北省安全生产监督管理局组织的专家审查，获地方政府试生产许可，12月18日装置气密结束，12月19日引油硫化，12月23日产品柴油满足了车用柴油国Ⅲ标准要求，顺利实现一次开车成功，标志着具有中国石化自主知识产权的柴油液相循环加氢技术首次成功实现工业化应用。

(马立亚)

260 万吨/年柴油加氢精制装置中交仪式
（石炼宣　摄）

【部分技术经济指标创历史最好水平】 2011 年，石家庄炼化炼油部分原油加工损失率 0.65%，同比降低 0.06 个百分点；原油储运损耗 0.21%，同比降低 0.02 个百分点；综合能耗 61.72 千克(标油)/吨，同比降低 2.21 个单位。化工部分共生产己内酰胺 10.86 万吨，同比增加 0.37 万吨；利润 5.18 亿元，同比增加 3.87 亿元。上述技术经济指标均创历史最好水平。

（马立亚）

【完成装置轮修】 2011 年，石家庄炼化炼油部分顺利完成了常减压、二催化等 10 套装置检修，共实施检修项目 808 项、技措项目 35 项；化工部分顺利完成 02—08 单元、组合工艺、新精制等装置检修。在停、开工整个过程中，各装置实施了详细可行的密闭吹扫方案，基本做到了“油不落地、气不上天”，均实现了“停得好、修得好、开得好”的既定目标。

（马立亚）

【完成制度标准化改造】 2011 年，石家庄炼化分公司根据石化集团公司总部实施制度标准化建设的统一部署，结合公司制度体系的特点，制定了既满足总部制度要求，又符合公司实际的制度模板，保留了原有的 5W1H + 考核标准的特点，完成了 401 个制度的标准化改造。

（马立亚）

【“班校家”建设取得初步成果】 2011 年，石家庄炼化分公司在继承石化行业“三基”工作好传统的基础上，借鉴“六型班组”、学习型组织等国内外较为先进的班组建设管理理论和实践经验，把为企业创效的“班”、助员工成长的“校”和促社会和谐的“家”融为一体，积极探索“班校家”班组建设和管理模式。“班校家”试点班组在职工心态、班组文化、民主建设、员工培训、团队凝聚力、生产任务完成等方面都有突出的表现，职工精神面貌发生了深刻变化，形成了“人人想干事，事事有人管”、气顺心齐、和谐争先的良好局面。

（马立亚）

【启动六西格玛管理项目】 按照石化集团公司总部的安排部署，2011 年 11 月，石家庄炼化分公司启动了先进的精细化管理项目——六西格玛管理，组织多个部门精心策划，制定了六西格玛项目总体工作方案，本着“围绕企业中心工作，解决企业根本问题”的指导思想，针对企业生产经营中的突出问题，确定了提高己内酰胺一等品率、增加 97# 乙醇汽油组分油产能等 4 个课题。

（马立亚）

六西格玛管理启动仪式　（石炼宣　摄）

【开展改善经营管理建议工作】 2011 年，石家庄炼化分公司建立了改善经营管理建议的组织机构，组建了由 10 个专业、80 位专家组成的专家评审组，发动广大干部职工积极参与改善经营管理建议活动，全年共收集建议 2 169 项，采纳 325 项，其中已实施 266 项，正在实施 27 项，32 项待条件具备后实施，已实施的建议每年可为公司创效 1.47 亿元。

（马立亚）

【信息化建设水平进一步提升】 2011 年，石家庄炼化分公司紧紧围绕“优化生产经营、强化精细管理、提高企业经济效益”这一核心任务，扎实开展企业信息化建设工作，组织完成了一体化计量、生产经营分析系统、在建工程转资管理系统、网上审批系统、合同管理信息系统、人力资源信息系统和 LIMS 实验室信息管理系统等 11 个信息化项目。同时，结合企业实际工作需要，开发了固定资产处置系统、个人工资所得税计算查询系统、资产公司维修工程审计计划管理3个信息系统，为规范管理提高工作效率提供了有力支撑。

（马立亚）

【完成组织机构优化调整】 2011年，石家庄炼化分公司结合自身生产经营和建设发展的需要，在报请石化集团公司人事部批准后，实施了近年来企业最大的一次组织机构优化调整。6月16日，新组织机构正式运行，68个单位整合为30个单位，其中公司原有职能处室由31个整合为24个，基层37个车间整合成立了6个作业部，有效地整合了公司人力资源，强化了专业管理。

（马立亚）

【平稳实施人才成长通道建设和完善薪酬分配制度实施方案】 2011年，按照石化集团公司总部人才成长通道建设和完善薪酬分配制度的统一部署，石家庄炼化分公司制定了人才成长通道建设和完善薪酬分配制度实施方案，经石化集团公司总部审批后，10月召开了公司职代会，认真听取职工代表意见，与职工代表充分沟通、释疑，顺利实施了方案。

（马立亚）

【“比学赶帮超”活动取得新成果】 2011年，石家庄炼化分公司修订完善了“比学赶帮超”对标体系和考评方案，形成了3个专业、2级管理的全方位、全覆盖的对标体系。全年在76项公司级指标中，加工损失、综合能耗等30项指标取得较大进步，在石化集团公司“比学赶帮超”活动评比中，炼油部分单因耗能、高价值产品收率、工业水重复利用率等6项指标位列前10名，共获银牌1枚、铜牌3枚、红旗15面、红星10颗；化工部分共获红旗28面、红星18颗，累计红旗数位列第3位。

（马立亚）

【推进和谐大石炼建设】 2011年，石家庄炼化分公司持续推进“职工健康”工程，为职工配备了跳绳、哑铃、敲背锤等小型健身器械，发放健康订报卡，在员工中树立“我运动、我健康、我快乐”的健康生活理念；积极推动职工技术创新工作室建设，创建了4个以工人技师命名的职工创新工作室，其中剧国强电器创新工作室获全国工人先锋号称号。同时，坚持党建带团建，关心关爱青年，积极开展青年团队学习和兴趣小组活动，帮助青年成长成才，通过青年志愿者、青年突击队发挥青年的助手和生力军作用，公司首次获得由中央企业团工委授予的中央企业五四红旗团委称号。

（马立亚）

表1　　石家庄炼化分公司主要技术经济指标　　亿元

指标名称＼年份	2011	2010	2009	2008	2007	2006
原油加工量/万吨	412.18	420.09	355.46	381.97	334.54	392.46
工业总产值	266.25	229.57	188.24①	180.38	134.32	148.28
工业增加值	37.32	50.11	33.59	-29.99	-3.04	-8.99
资产总计	86.77	70.78	60.69	32.00	34.82	27.92
流动资产	43.01	28.85	22.92	15.27	20.28	14.57
固定资产原值	85.58	83.71	81.98	29.85	28.16	26.96
固定资产净值	24.83	23.94	24.58	13.07	12.70	12.86
销售收入	267.86	231.48	158.31	184.54	132.79	149.48
实现利税	30.74	46.85	24.90	-23.30	-5.56	-10.24
税　金	40.83	42.19	29.07	4.82	4.07	5.15
综合能耗②/吨标煤·万元$^{-1}$	0.383	0.515	0.497	0.520	0.578	0.827

①包括石家庄化纤公司数据。

②2011年为2010年不变价，2006—2010年为2005年不变价。

表2　石家庄炼化分公司主要产品产量　万吨

产品名称＼年份	2011	2010	2009	2008	2007	2006
汽　油	87.04	88.64	78.75	78.59	61.33	77.06
煤　油	—	4.31	7.05	12.10	11.14	13.15
柴　油	186.43	187.09	159.77	171.69	143.71	169.88
燃料油	6.15	6.87	3.31	5.74	5.31	7.77
液化气	22.11	20.95	19.63	19.86	17.49	20.03
硫　黄	2.25	1.87	1.43	1.42	1.32	1.57
精丙烯	9.63	9.69	8.47	8.65	7.78	9.43
聚丙烯	4.95	4.74	4.23	4.44	5.17	5.30
石油焦	25.71	26.50	23.48	22.42	24.25	22.80
己内酰胺	10.86	10.50	4.82	5.63	6.56	7.19
硫　胺		27.40	18.23	21.35	25.52	27.79
苯甲醛		0.57	0.33	0.40	0.44	0.46
切　片		2.14	1.47	1.78	2.33	2.43

济南炼化

【概况】 中国石油化工股份有限公司济南分公司(简称济南分公司)和中国石化集团资产经营管理有限公司济南分公司(简称济南资产分公司)统称济南炼化，其前身始建于1971年，1975年投产，1983年划归中国石化总公司，1998年留转至石化集团公司，2000年根据重组改制方案，企业进行主辅分离，主业进入石化股份公司，成为济南分公司；辅业部分于2006年11月经过体制转换，成为济南资产分公司。

济南炼化位于山东省济南市历下区，占地面积2.4平方千米，地处胜利、中原两大油田之间，自备铁路与胶济线相连，厂区南北有济王路、309国道和济青高速公路，地理位置优越，交通运输四通八达。

截至2011年底，济南炼化固定资产原值53.23亿元，具备500万吨/年原油综合加工配套能力，拥有常减压蒸馏、重油催化裂化、延迟焦化、汽油催化重整、柴油加氢精制、丙烷脱沥青、糠醛精制、酮苯脱蜡、白土补充精制、气体分馏、甲基叔丁基醚、聚丙烯等30余套主要生产装置，可生产汽油、煤油、柴油、液化气、石油焦、聚丙烯、硫黄、润滑油基础油等50余种产品，产品出厂合格率始终保持100%。济南分公司职工人数为1 960人，其中各类专业技术人员537人(具有高级职称的195人，中级职称的298人)；济南资产分公司职工人数为130人，其中各类专业技术人员44人(具有高级职称的3人，中级职称的17人)。

济南分公司主要技术经济指标和主要产品产量见表1和表2。

(邓顺平)

【重质基础油光亮油生产基地建设取得阶段性成果】 2011年，济南炼化立足企业实际，以差异化发展战略为指引，全力推进重质基础油光亮油生产基地建设。该项目作为企业实施特色发展的核心措施，能够充分发挥临盘原油的品质优势，生产优质光亮油、重质基础油和市场紧俏的全精炼蜡，提高原油一次加工量，符合中国石化总部润滑油基础油发展思路和公司的特色发展定位，大幅提高企业经济效益和产品竞争力。截至年底，各配套项目建设取得阶段性成果，其中200万吨/年原料预处理装置于3月18日开工建设，项目“三查四定”工作于12月25日完成，进入施工尾项问题整改阶段。30万吨/年润滑油加氢装置于7月28日举行开工仪式，土建基础施工收尾，系统管沟开挖、地下管网施工、钢结构预制等加紧开展。丙烷脱沥青装置于11月10日停工，进入60万吨/年加工能力扩能改造阶段。“老三套”改造工程、系统配套和罐区改造施工也在积极推进。

（邓顺平）

【7万吨/年环保型芳烃橡胶填充油工业示范装置通过鉴定】 2011年10月20日，石化集团公司组织召开“环保型芳烃橡胶填充油生产技术开发及工业应用”项目鉴定会，济南炼化7万吨/年环保型芳烃橡胶填充油工业示范装置顺利通过鉴定。鉴定结果表明，该装置完成了总部环保型芳烃橡胶填充油生产技术工业应用试验，生产的环保油产品符合欧盟2005/69/EC指令要求，充胶性能满足环保油丁苯橡胶填充质量要求；环保油ARE溶剂精制工业示范装置技术先进、可靠，具有明显的环保效益，填补了国内空白，已达到国际同类技术先进水平。

（邓顺平）

【柴油质量升级配套装置建成投产】 2011年7月18日，济南炼化160万吨/年柴油加氢装置顺利建成中交；9月3日，装置一次开车成功，并产出合格产品。该装置采用工程建设公司开发的加氢工艺技术和石油化工科学研究院开发的RS－1000加氢精制催化剂。11月28日，作为柴油质量升级的配套项目，120万吨/年柴油加氢精制装置改造为80万吨/年柴油加氢改质装置项目建成中交，该项目能够满足柴油质量升级的需要，加工低十六烷值的催化裂化柴油和焦化柴油的混合油，大幅提高改质柴油产品十六烷值、降低硫含量。

（邓顺平）

【4万吨/年硫黄回收装置技术改造项目开工建设】 2011年6月28日，4万吨/年硫黄回收装置技术改造项目正式开工建设。该项目基础设计于4月获石化集团公司总部批复，工程建设总概算为9 700.88万元。装置采用二级转化克劳斯制硫工艺，尾气处理采用还原—吸收工艺，设计规模由5 000吨/年改扩至4万吨/年，建设制硫燃烧炉和尾气焚烧炉各1台、尾气急冷塔和吸收塔各1座、反应器类3台、冷换设备10余台，配套设施有各种容器、机泵、成型机、自动包装以及固硫库房等。装置投产后，能够大幅提高酸性气和含硫污水的处理能力，进一步提升环保指标，为济南炼化实现绿色低碳发展发挥积极作用。

（邓顺平）

【60万吨/年逆流移动床重整装置改造项目可研报告获批】 2011年4月7日，济南炼化召开60万吨/年逆流移动床重整装置改造可行性研究报告评估会，石化集团公司有关部门、相关单位的领导和专家参加。该装置采用具有中国石化自主知识产权的逆流移动床催化重整技术，重整单元设计处理能力60万吨/年，可以处理500万吨/年加工量时全部常压石脑油和焦化加氢石脑油。项目建设内容主要包括原料预加氢单元、催化重整单元、催化剂再生单元，配套改造苯抽提装置、新建氢气提浓装置及相应储运配套设施。11月2日，可研报告获中国石化总部批复，总投资5.62亿元。

（邓顺平）

【“比学赶帮超”工作再创佳绩】 根据石化集团公司统一部署，济南炼化制定了《济南炼化“比学赶帮超”工作实施细则》，掀起了“比学赶帮超”的新一轮热潮，取得了良好效果。公司全年原料加工量和销售收入再创新纪录；核心指标持续提升，达标任务全面完成。在资源采购上，通过加强分析预测、控制采购节奏、保持合理库存等，降低原油成本1 600万元；加强原油进厂监护和计量交接，全年原油储运损失同比降低0.04个百分点，相当于增加原油资源1 822吨。在产品结构上，以增产汽油、润滑油基础油为主线，在原油加工量较年初计划增加5.5%的情况下，汽油增产11.4%，润滑油基础油增产20.2%，聚丙烯同比增长12.48%；生产环保型芳烃橡胶填充油7 400吨，超年度计划5.71%，销售均价较普通橡胶填充油高出近4 000元/吨，实现了优质优价。在自营产品销售中，坚持气体产品的市场细分，抓好车用气、重碳四的市场开发，努力挖掘产品附加值，增效4 000多万元。炼油综合能耗同比降低1.07个单位，相当于节约燃料油4 881吨；加工损失率降低0.12个百分点，相当于增加原油资源5 474吨。

（邓顺平）

【一体化管理体系建立并通过现场审核】 2011年3月4日，济南炼化一体化管理体系发布实施，进入为期3个月的试行阶段。经过试运行后的修订完善，8月发布了第2版体系文件，进入正式运行阶段。9月19—23日，公司对一体化管理体系运行情况进行了首次内部审核。12月5日，北京三星九千认证中心对济南炼化一体化管理体系开展认证审核，审核的目的和意义在于检验公司一体化管理体系运行的合规性、有效性，发现问题、提出问题，以利于公司采取更为合理的措施，改进整体绩效，实现持续改进。12 月 9 日召开审核工作末次会议，审核组认为：济南炼化建立的质量、环境、职业健康安全管理体系基本符合 GB/T 19001—2008、GB/T 24001—2004、GB/T 28001—2001 标准要求，运行初步见效，同意推荐环境、职业健康安全管理体系认证注册。同意推荐质量管理体系保持认证注册。现场审核顺利通过。

（邓顺平）

【领导班子调整】 2011 年 3 月 22 日，济南炼化召开领导干部大会，总经理吕亮宣布了石化集团公司党组关于夏季祥、胥晓东任中共中国石油化工股份有限公司济南分公司委员会委员的决定和石化股份公司关于聘任夏季祥、胥晓东为中国石油化工股份有限公司济南分公司副总经理的决定，并对公司领导班子成员分工情况进行了说明。

（邓顺平）

【获全国文明单位称号】 2011 年 12 月 20 日，全国精神文明建设工作表彰大会召开，济南炼化继 2005 年和 2008 年获全国文明单位称号后，第 3 次获得这一称号。

（邓顺平）

表 1　济南分公司主要技术经济指标　　亿元

指标名称＼年份	2011	2010	2009	2008	2007	2006
原油加工量/万吨	454.61	407.35	393.70	400.01	357.51	400.16
工业总产值	268.62	205.04	165.98	188.94	135.02	148.22
工业增加值	43.81	53.45	57.36	-12.02	1.09	-2.67
资产总计	38.38	34.98	29.88	25.07	29.62	25.36
流动资产	10.84	13.48	9.75	8.16	12.14	7.77
固定资产原值	49.61	47.18	46.57	40.31	39.41	38.34
固定资产净值	20.62	18.40	19.49	15.30	15.65	16.78
销售收入	268.11	208.66	167.34	188.94	133.90	148.18
实现利税	37.49	48.88	54.61	-7.51	-1.06	-5.40
税　金	46.93	44.66	43.31	5.92	5.53	5.71

表 2　济南分公司主要产品产量　　万吨

产品名称＼年份	2011	2010	2009	2008	2007	2006
汽　油	121.75	104.19	106.56	105.27	82.83	97.47
柴　油	186.14	167.37	155.20	171.44	144.64	169.40
沥青料	10.47	15.18	19.27	1.24	13.17	13.75
商品重油	—	—	1.67	1.83	10.09	7.14
液化石油气	24.82	21.71	21.14	22.77	18.33	22.39
润滑油基础油	9.28	8.35	7.25	6.71	6.07	6.34
聚丙烯	10.70	9.10	9.68	10.87	9.30	11.15
化工轻油	19.38	16.98	4.48	8.61	13.96	12.85

武汉石化

【概况】 中国石油化工股份有限公司武汉分公司(简称武汉分公司)和中国石化集团资产经营管理有限公司武汉分公司(简称武汉资产分公司)统称武汉石化，是石化集团公司直属大型工业企业，前身为武汉石油化工厂，始建于1971年，投产于1977年。武汉石化炼油部分位于湖北省武汉市青山区，占地239公顷(239万平方米)，北濒长江水道，水路交通便利；化工部分即武汉80万吨/年乙烯项目(在建)位于武汉市洪山区建设乡八吉府地区，占地294.8公顷(294.8万平方米)。

截至2011年底，武汉石化共有在册职工3 669人，44个二级单位(包括25个处室、18个车间和1个待清理公司)。有生产装置28套，原油一次加工能力850万吨/年。主要产品有汽油(90#、93#、97#、E90#、E93#、E97#)、灯用煤油、3#喷气式航空燃料油、轻柴油(0#、-10#)、石脑油、溶剂油(工业用轻质溶剂、120#)、烷基苯料、环烷酸、MTBE、专用重油(1#、2#、3#)、燃料油(30#、180#)、工业片状硫黄、石油焦、聚丙烯树脂(粉料、粒料)、苯、甲苯、二甲苯、石油液化气等25种产品。产品行销鄂、湘、川、渝等12个省区。

武汉石化主要技术经济指标和主要产品产量见表1和表2。

(任丽娜)

【原料油加工量和销售收入创历史新高】 2011年，武汉石化紧密围绕生产经营中心，深入开展“比学赶帮超”和“为民服务创先争优”活动，在确保安全的前提下认真组织满负荷生产，积极做大加工总量，生产经营取得了良好业绩，原料油加工量、销售收入均创历史最好水平。其中，原料油加工量505.68万吨，同比增长1.13%；模拟合并实现销售收入约300亿元，同比增长19%。

(任丽娜)

【炼油专业达标指标不断提升】 2011年，武汉石化不断深化达标管理，积极开展重点难点攻关活动，炼油专业达标指标不断提升，均创历史最好水平。其中，综合商品率95.41%，同比提高1.34个百分点；轻质油收率75.74个百分点，同比提高1.6个百分点；综合能耗66.43千克(标油)/吨，同比降低2.56千克(标油)/吨；加工损失率0.59%，同比降低0.1个百分点；原油储运损失率0.13%，同比降低0.1个百分点；高价值产品收率83.17%，同比提高1.46个百分点。

(任丽娜)

【不断强化作业现场安全管理】 2011年，武汉石化认真制定并落实领导干部带班制度，明确要求在节假日、检修、施工等关键时间必须有领导干部带班。持续开展“一日监督员”活动。“动火票”、“作业票”实施网上监控。重新修订完善了HSE责任制，颁布并执行《2011年下半年安全、环保、质量、稳定包保考核办法》。按照“四不放过”原则，对11名管理人员进行问责，对5名事故责任人进行处罚。

(任丽娜)

【获石化集团公司和武汉市清洁生产企业称号】 2011年，武汉石化持续深化环保隐患治理和清洁生产工作，重新修订并逐级分解落实环保考核指标，对公司环境因素进行识别分析，修订《环境风险应急预案》，对全厂雨水边沟、雨水隔油池等进行专项清理。COD排放总量下降10.42%，吨原油排水量下降8.33%，吨原油取水量下降15.10%，工业取水量下降12.60%。武汉石化获石化集团公司和武汉市清洁生产企业称号。

(任丽娜)

【扎实推进设备基础工作】 2011年，武汉石化加强了设备预防性维修管理，机泵、电气设备、仪表故障同比分别下降47.3%、42.8%、23.6%。规范运行两级设备故障日报平台和“三检”特护信息化巡检平台；健全设备维护评价机制，考核改制公司84次，考核设备问题责任人423项次；健全防腐管理网络；坚持开展设备疑难问题攻关，高温油泵运行平稳，挤压造粒机停机次数逐年减少，加热炉热效率91.17%，同比提高0.47个百分点。

(任丽娜)

【努力增产成品油保供市场】 2011年，武汉石化按照石化集团公司关于增产成品油的有关精神，积极组织满负荷生产，优化产品结构，全年生产成品油(汽柴油、航煤)354.52万吨，增产汽柴油12.5万吨保供市场。同时，按总部奖励政策兑现，增产汽柴油减少亏损9 146万元。

(任丽娜)

【大力开展生产经营优化】 2011年，武汉石化积极营造创先争优的氛围，建立“比学赶帮超”活动长效机制，深入开展优化工作。对中国石化总部提出的79项优化措施，逐项进行研究并分步实施，已落实31项。通过优化原油库存运作，按照“高油价低库存、低油价高库存”原则组织原油采购，加强储运协调，严把原油进厂监督计量关，确保了原料油采购成本沿江最低。根据市场需求，组织开展聚丙烯新产品研发，生产聚丙烯T38F成功投放市场。加强PIMS应用，累计测算176项生产方案，及时指导生产经营工作。建立计划、调度、运销一体化协调机制，提高生产和销售计划管理的准确性、主动性。

（任丽娜）

【加强财税筹划创效】 2011年，武汉石化认真研究国家流转税制改革特别是成品油税费改革的相关法规，密切跟踪财税政策的新动向，加强与省市政府以及税务部门的沟通协调，积极开展税费筹划，实现税费减免1.02亿元，获得财政补贴2 143万元，取得了社会效益和经济效益的双丰收。

（任丽娜）

【顺利完成“五班改四班”工作】 从2010年下半年至2011年上半年，武汉石化分批将公司12个“五班三运转”的车间调整为“四班二运转”，“五改四”工作全部顺利完成。共抽调311名操作人员，其中249人到乙烯项目，62人到炼油二期项目，保证了两项目人员配备基本到位。同时，通过上调中夜班津贴标准、增加夜宵等方式，提高了一线倒班职工工资待遇。

（任丽娜）

【乙烯工程全面进入安装高峰阶段】 2011年，武汉80万吨/年乙烯工程完成投资58亿元(累计85亿元)，总体进度完成65.4%。56个主项详细设计全部完成。装置和公用工程的土建施工陆续收尾，232台长周期设备、293台次长周期设备全部订货，大件到货83件(吊装54件)。110千伏变电站、码头陆域、设备材料库、劳保库、机电仪维修库等已中交，大件码头和220千伏变电站已正常运行。

（任丽娜）

【炼油改造二期项目大型塔器基本就位】 2011年，武汉石化炼油改造二期项目完成投资7.8亿元(累计10.96亿元)，总体进度完成60%。24个主项基础设计审查批复23个，21个进入现场实施阶段，完成主体装置详细设计。设备订货886台，到货107台，安装95台，3台加氢反应器安装就位。各主项土建施工收尾，逐步进入设备安装阶段。

（任丽娜）

【信息化水平被石化集团公司评为A级】 2011年，武汉石化不断深化ERP应用，规范MES操作；开展炼油生产调度系统项目建设，自主开发了人力资源及工资保险管理系统和手机移动办公平台。武汉资产分公司会计集中核算系统成功上线并实现单轨运行。合同管理信息系统和人力资源模块全面上线运行。设备信息管理系统推广项目正在实施。武汉分公司信息化水平被石化集团公司评定为A级。

（任丽娜）

【全员培训工作突出实效】 2011年，武汉石化规范“三支队伍”培训管理流程，举办培训班106个，培训6 839人次。全员网上岗位练兵参与率93%，新职工师徒合同培训考核合格率98.6%。完成了炼油24个工种、乙烯17个工种的技能鉴定工作，高级工以上人员占操作人员比例达50%。先后组织乙烯和炼油二期人员约1 000人次到茂名石化、镇海炼化、天津石化等企业的同类装置实习培训。同时，不断探索与地方党校和大专院校联合办班新模式。

（任丽娜）

【平稳实施完善分配制度改革】 2011年，武汉石化按照石化集团公司总部统一部署和规定，出台了武汉石化人才成长通道建设实施方案和完善薪酬分配制度等文件，规范了三支人才队伍的职位序列，畅通各类人才成长通道，调整优化薪酬收入结构，加大对管理人员考核权重，初步建立了基本薪酬正常增长机制，对职工自觉提高技术素质发挥了很好的导向作用。

（任丽娜）

【持续开展清理整顿后续工作】 2011年，武汉石化完成了金昌土地和逻洲油库现场实物资产交接；完成逻洲油库值守人员的竞聘上岗工作，实现清算公司部分人员的分流安置。积极帮助协调改制公司拓展市场业务。

（任丽娜）

【坚持为职工办实事】 2011年，武汉石化完成2 914名在职职工住房货币化补贴发放，发放率达96.6%。按照年初确定的“5件实事”工作目标，积极推进，基本完成各项工作任务：东方雅园一期公租房已交房；完成离退休活动楼、补充医疗报销室改造；完成幼儿园安全隐患整治、厂内外26处绿化和生活区部分路灯更换；新增15个自行车棚；3#楼电梯正在进行更换；除铁路站延至2012年上半年外，车间“三室”改造全部完成。

（任丽娜）

表1 **武汉石化主要技术经济指标** 亿元

指标名称＼年份	2011	2010	2009	2008	2007	2006
原油加工量/万吨	503.38	498.23	451.08	396.55	424.67	403.66
工业总产值						
武汉分公司	293.71	246.35	181.19	182.19	163.27	154.97
武汉资产分公司	2.61	2.59	2.94	2.97	2.78	6.70
工业增加值						
武汉分公司	38.93	58.47	56.11	-22.62	6.41	0.97
武汉资产分公司	0.97	0.96	0.78	—	—	—
资产总计						
武汉分公司	162.50	79.05	53.26	47.95	52.68	39.97
武汉资产分公司	5.69	5.48	5.83	5.89	4.79	7.08
流动资产						
武汉分公司	71.77	17.96	13.05	10.47	18.16	14.67
武汉资产分公司	2.52	2.47	2.80	2.81	1.55	2.64
固定资产原值						
武汉分公司	54.12	53.18	48.79	43.23	33.97	33.95
武汉资产分公司	7.40	7.26	6.97	7.10	6.86	7.40
固定资产净值						
武汉分公司	25.07	26.68	24.74	20.42	13.46	15.53
武汉资产分公司	2.99	2.96	2.85	3.01	2.88	3.33
销售收入						
武汉分公司	294.79	247.08	183.51	183.45	164.63	154.13
武汉资产分公司	4.53	4.47	4.59	6.15	10.79	17.92
实现利税						
武汉分公司	30.83	54.55	53.65	-16.12	4.14	-1.96
武汉资产分公司	-0.13	-0.10	0.24	-0.12	0.94	-0.28
税金						
武汉分公司	46.74	52.02	45.62	3.47	7.31	6.25
武汉资产分公司	0.19	0.20	0.25	0.13	0.23	0.16
综合能耗/吨标煤·万元$^{-1}$						
武汉分公司	0.26	0.35	0.40	0.44	0.49	0.48
武汉资产分公司	1.99	2.33	4.30	3.80	3.49	1.48

表 2　　武汉石化主要产品产量　　万吨

产品名称＼年份	2011	2010	2009	2008	2007	2006
汽　油	126.20	124.51	113.94	92.36	94.03	97.42
柴　油	203.83	194.79	183.34	170.48	180.92	171.87
航　煤	24.49	20.52	8.51	—	—	—
化工轻油	21.24	16.49	12.31	8.14	8.22	4.30
燃料油	13.44	12.70	11.46	8.92	20.00	19.63
溶剂油	2.85	3.25	1.23	2.53	4.68	1.78
液化气	24.86	24.88	25.80	23.98	25.24	23.98
聚丙烯	11.43	11.21	11.48	11.41	13.10	12.90
硫　黄	2.41	2.26	2.17	1.59	1.60	1.68
环烷酸	0.10	0.10	0.10	0.18	0.23	0.22
苯　类	2.48	5.02	2.52	6.69	9.35	9.21
焦　炭	41.56	40.80	38.56	31.43	27.70	28.96
MTBE	4.69	4.78	4.78	4.67	2.33	0.40
丙　烷	1.06	1.33	0.96	0.86	0.92	0.62

和表 2。

（李继增）

中 原 石 化

【概况】 中国石化中原石油化工有限责任公司（简称中原石化）是石化股份公司控股企业，位于河南省濮阳市。公司占地 2 599 亩（173 万平方米）。1987 年经国家批准立项建设，1996 年建成投产，1998 年 4 月划归石化集团公司，2005 年 1 月进入石化股份公司。截至 2011 年底，中原石化拥有新、老两套生产系统，老系统为石油化工生产路线，有 8 套化工生产装置，包括 18 万吨/年（实际产能超过 21 万吨/年）乙烯装置、26 万吨/年聚乙烯装置、6 万吨/年聚丙烯装置，另有汽油加氢、苯抽提、制氢、1－丁烯、催化裂解制丙烯（OCC）5 套副产品深加工装置；新系统为煤化工生产路线，包括 1 套 60 万吨/年甲醇制烯烃（MTO）装置和配套的 1 套 10 万吨/年聚丙烯装置。中原石化主要生产聚乙烯、聚丙烯、苯、MTBE 等产品。中原石化实行公司—车间两级管理模式，截至年底下设 11 个机关处室、11 个车间和 3 个基层单位，有在册职工 1 383 人。

中原石化主要经济指标和主要产品产量见表 1

【60 万吨/年 MTO 项目一次开车成功】 2011 年 9 月 19 日，中原石化 60 万吨/年 MTO 装置配套项目——10 万吨/年聚丙烯装置实现投料试车一次成功，10 月 10 日，MTO 装置产出合格乙烯、丙烯，实现开车一次成功，标志着中国石化煤化工技术取得了重要突破，对中国石化综合利用能源、拓展低碳烯烃生产原料多样化、实现“以煤代油”的战略目标具有重大的经济意义和战略意义。

（李继增）

【完成年度生产经营任务】 2011 年，中原石化紧紧围绕 MTO 项目建设、装置大检修和精细管理三大任务，努力克服市场带来的不利影响，较好地完成了各项任务。实现销售收入 36.36 亿元，生产乙烯 18.26 万吨、聚乙烯 19.08 万吨、聚丙烯 8.14 万吨、纯苯 3.11 万吨，均超过年计划；乙烯收率为 35.11%，丙烯收率为 14.31%，在化工板块 11 套乙烯装置中，乙烯收率排名第 1 位，“双烯”收率排名第2位。全年亏损5.9亿元，按还原预算口径完成了石化集团公司下达的经营任务。

（李继增）

【OCC项目通过消防验收】 中国石化资源综合试验项目中原石化OCC装置经过1年多的试运行后，于2011年1月22日由濮阳市公安消防支队组织有关部门和专家进行检查，经资料审查，对现场的消防水系统、火灾报警系统、可燃气体报警系统、固定消防炮、消防栓等消防设施进行测试，认为该装置施工符合国家消防技术规范要求，综合判定该工程消防验收合格。

（李继增）

【HSE工作扎实有效】 2011年，针对项目建设、现场生产和大检修高度交叉的实际，中原石化大力倡导HSE事故"零容忍"的理念，层层落实安全生产责任制，狠抓隐患排查治理，加强现场直接作业环节监管，深入开展"我要安全"主题活动、查找身边"十大薄弱环节"活动和危害分析活动，实施HSE观察制度，为部分车间配备安全总监，狠抓"三废"达标排放，规范职业卫生管理，确保了全年安全环保无重大事故发生。

（李继增）

【安全优质完成大检修】 2011年5月5日—7月20日，中原石化进行了装置大检修。该次大修要完成例行检修、聚乙烯扩能改造、乙烯节能优化改造以及与MTO项目连接配套等项目，是历年来任务最重、投入最大、停工时间最长的一次检修。中原石化按照"科学管理、严密组织、安全优质、高效节约"的原则，认真落实大修项目，细化完善检修方案，加强过程管理，严格安全和质量控制，检修后实现开车一次成功，实现了安全检修、优质检修、经济检修的目标，为生产系统长周期稳定运行打下了坚实的基础。

（李继增）

【精细管理持续推进】 面对严峻的经营形势，中原石化认真学习石化集团公司领导干部座谈会精神，深入开展"比学赶帮超"工作，强化全员目标成本管理。深入开展挖潜增效活动，优化资源配置，合理控制石脑油库存，轻烃原料比例达到24.2%，混合碳四与抽余碳四串换创效2 400万元。相继开发成功PPH－M16、PPR－MT20两种专用料，增加了产品品种，优化了产品结构。利用国家和石化集团公司政策降低税费，减免税收200多万元。

（李继增）

【企业保持和谐稳定】 2011年，中原石化紧密结合庆祝建党90周年活动，围绕"三大任务"，积极开展"为民服务创先争优"活动，全员开展"全力打造高度负责任、高度受尊敬企业"大讨论，加强形势任务、宣传思想教育，支持、服务职工群众，及时解决职工群众的实际困难，稳妥推进"三支队伍"建设和完善薪酬分配制度，加强生活服务和文化设施建设，职工对企业的认同感和归属感不断增强，保持了队伍和谐稳定。

（李继增）

表1　　中原石化主要经济指标　　亿元

指标名称＼年份	2011	2010	2009	2008	2007	2006
工业总产值	36.30	36.68	30.20	33.03	39.86	39.63
工业增加值	－4.23	2.99	8.53	－3.30	7.98	8.08
资产总计	26.40	18.96	18.37	14.82	24.45	24.29
流动资产	4.70	5.95	9.43	5.18	13.89	9.81
固定资产原值	68.88	54.24	53.93	52.36	51.33	51.30
固定资产净值	20.77	18.52	18.95	18.37	18.62	21.45
销售收入	36.36	36.55	30.02	33.28	39.62	39.46
实现利税	－5.40	1.22	5.31	－5.62	2.78	3.38
税　金	0.55	1.19	1.19	0.54	1.53	1.57

表2　　中原石化主要产品产量　　万吨

产品名称＼年份	2011	2010	2009	2008	2007	2006
聚乙烯	19.08	22.38	21.71	18.48	22.48	22.78
聚丙烯	8.14	8.52	7.97	7.08	8.10	8.29
乙　烯	18.26	21.20	20.58	17.48	21.15	21.45
丙　烯	8.51	8.71	8.15	7.17	8.44	8.77
1#苯	9.34	11.84	11.39	10.06	11.05	12.37
商品量	0.06	0.02	…	…	—	—
2#苯	6.64	8.10	8.23	7.03	8.28	8.86
商品量	0.05	0.23	0.31	0.08	…	0.09
碳　四	3.83	4.52	4.50	4.33	5.30	5.68
商品量	3.83	0.90	0.45	1.74	1.43	2.00
碳　五	1.56	1.91	1.84	1.73	1.78	1.87
碳　六	1.05	1.26	1.17	0.02	…	—
碳　九	0.98	1.56	1.17	1.10	1.50	1.65
裂解焦油	1.73	2.18	2.20	1.59	1.86	1.91
1－丁烯	0.48	1.44	1.63	0.92	1.37	1.23
2－丁烯	0.76	1.39	1.43	0.92	1.34	1.45
MTBE	1.55	1.41	1.49	1.01	1.53	1.42
纯　苯	3.11	3.73	4.09	3.46	4.11	4.28
3#苯	2.37	2.79	2.62	2.23	2.97	3.29

沧州炼化

【概况】 中国石油化工股份有限公司沧州分公司(简称沧州分公司)暨中国石化集团资产经营管理有限公司沧州分公司(简称沧州资产分公司)统称沧州炼化，位于河北省沧州市北郊，占地面积1.8平方千米，地处胜利、中原、大港、华北四大油田之间，紧依京杭大运河、朔黄铁路、京沪铁路和京沪高速公路，地理位置优越，交通便利。沧州炼化始建于1971年，1975年10月建成投产，建厂初期生产规模50万吨/年，时称河北沧州石油化工厂。1984年1月1日划归中国石油化工总公司。2000年1月，按照石化集团公司统一部署，企业资产重组为上市部分沧州分公司和存续部分沧州炼油厂。2007年8月，沧州炼油厂体制转换为沧州资产分公司。

截至2011年底，沧州炼化用工总量2 056人，其中上市部分1 477人，存续部分579人；有正式职工1 697人，其中上市部分1 243人，存续部分454人。正式职工中，硕士、博士研究生学历20人，本科学历307人，专科学历365人。有各类专业技术人员531人，其中具有高级职称的97人，中级职称的255人。有职能处室19个，党群部门6个，基层单位11个；有30个党支部，在职党员645人。

截至2011年底，沧州炼化总资产33.63亿元，原油一次加工能力350万吨/年，可加工多种含硫、重质原油。主体装置有：350万吨/年常减压蒸馏装置、120万吨/年重油催化裂化装置、120万吨/年延迟焦化装置、160万吨/年和80万吨/年汽柴油加氢精制装置、90万吨/年催化汽油吸附脱硫装置、18万吨/年催化重整装置、8万吨/年苯抽提装置、2万米^3(标准)/时焦化干气制氢装置、30万吨/年气体分馏装置、5万吨/年MTBE装置、6万吨/年小本体聚丙烯装置、2万吨/年硫黄回收装置，以及配套的蒸汽锅炉、发电机组、新水供应、污水处理、油品储运等设施。沧州资产分公司与日本东丽集团共同出资建设的1万吨/年二甲基亚砜项目于2011年12月12日产出合格产品。

沧州炼化主要产品有：汽油、柴油、溶剂油、聚丙烯、液化石油气、石油焦、硫黄、特种油基础料等。产品销往河北、河南、山东、山西、江苏、浙江、云南、广西等省区，产品合格率始终保持100%。

沧州炼化主要技术经济指标和主要产品产量见表1和表2。

（喻志浩）

【连续8年实现安全生产】 2011年，沧州炼化认真贯彻石化集团公司HSE工作会议精神，严格落实安全生产责任制，深入开展"我要安全"主题活动，大力推行"问题管理法"，深化安全管理"六个坚持"，积极推进安全标准化建设，加大隐患排查和治理力度，扎实开展环境保护和职业卫生工作，全年未发生安全生产事故，未发生职业病事件，污染物全部达标排放。截至年底，沧州炼化已连续8年实现安全生产，连续6年被石化集团公司评为安全生产先进单位。是年，沧州炼化被河北省评为安全生产明星企业。

（喻志浩）

【生产经营任务全面完成】 2011年，沧州炼化以"比学赶帮超"工作为抓手，在优化生产经营上做文章，开展技术攻关，努力提高装置运行水平，全年加工原油及原料油333.53万吨，生产成品油总量255.41万吨，创历史新高；轻质油收率76.58%，综合商品率93.26%，加工损失率0.65%，综合能耗62.08千克（标油）/吨，原油储运损失率0.21%，吨油取水0.64吨；全年主营业务收入合计195.97亿元，利润合计-13.08亿元，上市部分还原利润6 361万元，全面完成了石化集团公司下达的生产经营任务。

（喻志浩）

【产品出厂合格率100%】 2011年，沧州炼化产品质量得到进一步提升，汽油、柴油质量达到国Ⅲ标准，通过建设90万吨/年S-Zorb和160万吨/年汽柴油加氢精制装置，彻底解决了汽油质量卡边出厂、柴油带水等一系列问题，实现了产品质量本质安全。强化产品质量管理，加强调和监控，积极开展装置馏出口合格率攻关，产品出厂合格率达100%。

（喻志浩）

【企业发展稳步推进】 2011年，沧州炼化强化施工管理，深化"安全零事故、质量零缺陷"目标要求，主要建设项目160万吨/年汽柴油加氢精制装置于7月21日正式投产，生产出合格的国Ⅲ车用柴油。合资企业沧州东丽精细化工有限公司1万吨/年二甲基亚砜装置于8月8日建成中交，12月12日生产出合格产品。炼油质量环保升级改造项目取得进展，项目已被列入《河北省沿海地区发展规划》及河北省与中国石化《战略合作框架协议》，项目前期工作已经开展。

（喻志浩）

【"比学赶帮超"工作扎实有效】 2011年，在中国石化总部开展的"比学赶帮超"竞赛中，沧州炼化炼油专业累计获得1枚金牌、4枚银牌、1枚铜牌、22面红旗、51颗红星；物资采购专业全年采购资金节约率6.1%，夺得物资供应管理体制、传统业务改造和网上采购达标率3面红旗，自采进口原油回归价格排名第2位。在公司内部开展的"扛红旗、争第一"活动中，7项综合技术经济指标全部达标，吨油取水、吨油排水、加工损失率、原油储运损失率创历史最好水平；40项装置技术经济指标中，有18项指标创公司历史最好水平，1项指标创总部最好水平。

（喻志浩）

【深入开展创先争优活动】 2011年，沧州炼化紧紧围绕企业中心任务和重点工作开展创先争优活动，重点在结合、深化、带动方面下功夫。组织开展纪念建党90周年系列活动，召开了总结表彰大会，开展了"把党的旗帜亮出来"活动，举办了红歌演唱会、"学党史、强党性、知厂情、比贡献"知识竞赛、职工书画摄影展、红色电影周等活动，慰问了生活困难的老干部、老党员，开展向郭明义、杨善洲学习活动，带动广大职工群众在实际工作中创先争优。开展了"负责任、受尊敬"大讨论，进一步提高了干部职工爱石化、爱企业、维护公司形象的意识和责任感。开展了"为民服务创先争优"活动，明确了实施"五项工程"和"六件实事"。

（喻志浩）

【队伍建设进一步加强】 2011年，沧州炼化积极推进人才成长通道建设，规范经营管理、专业技术和技能操作职位序列，实现了各类人才"成长有通道、发展有空间"。加强对中层干部业务能力培训，举办中层干部管理提升、学习石化集团公司领导讲话、社会管理创新等培训班，全年共培训中层干部205人次。有针对性地开展典型教育、警示教育和廉政从业教育，增强了领导干部和重点岗位管理人员廉洁从业的自觉性。开展岗位练兵、技术培训、技能鉴定、业务竞赛等活动，职工队伍的业务和技能素质得到提高。

（喻志浩）

【开展建厂 40 周年系列庆祝活动】 2011 年是沧州炼化建厂 40 周年，公司召开了建厂 40 周年庆祝大会，举办了职工运动会、文艺汇演，编印了历史图片集和艺术作品集，举办了电视散文朗诵会和职工摄影展、书画图片展。一系列庆祝活动组织得节俭、隆重、热烈，既活跃了职工的文化生活，又使广大干部职工受到了很好的爱厂爱岗教育。

（喻志浩）

沧州炼化庆祝建厂 40 周年大会 （胡荣德 摄）

【积极构建和谐企业】 2011 年，沧州炼化坚持推行民主管理，组织召开第十三届二次职代会和两次职代会联席会议，职代会提案得到较好落实。坚持为职工群众办实事、办好事：按照石化集团公司工作部署，调整了用工结构；完善了职工薪酬体系，规范了薪酬分配制度，建立了职工收入正常增长机制，实现了劳务工薪酬体系与正式工接轨，劳务工收入水平进一步提高；为在职职工发放了房补，对五七工、家属工给予了养老保险金补助；对生活社区地面进行修缮硬化，修建了职工停车场和休闲广场，投用了综合体育馆；积极开展献爱心捐助和帮扶救助活动，全年发放困难补助、慰问金、救助金总计 20.8 万元，为困难职工提供救助。层层落实信访稳定、思想政治工作责任制，坚持开展定期矛盾排查和日常矛盾排查，对影响企业的各类不稳定因素做到抓早、抓小、抓苗头，及时妥善地进行了处理，企业保持总体稳定。

（喻志浩）

表 1 　　**沧州炼化主要技术经济指标** 　　亿元

指标名称 \ 年份	2011	2010	2009	2008	2007	2006
原油加工量/万吨	333.53	223.33	293.88	293.94	265.92	300.11
工业总产值	193.91	115.60	122.98	139.78	105.01	112.46
沧州资产分公司	3.96	2.60	2.98	4.71	3.91	4.06
沧州分公司	189.95	113.00	120.00	135.07	101.10	108.40
工业增加值	20.44	16.52	18.45	−17.98	0.61	−6.84
沧州资产分公司	0.61	0.37	0.45	0.54	0.46	0.97
沧州分公司	19.83	16.15	18.00	−18.52	0.15	−7.81
资产总计	33.63	33.47	26.91	23.99	24.99	22.71
沧州资产分公司	3.33	3.43	3.60	3.47	3.63	3.46
沧州分公司	30.3	30.04	23.31	20.52	21.36	19.25
流动资产	14.46	15.71	10.49	6.79	10.64	8.66
沧州资产分公司	0.48	0.40	0.42	0.56	0.72	0.75
沧州分公司	13.98	15.31	10.07	6.23	9.92	7.91
固定资产原值	37.67	32.56	26.95	26.98	25.30	23.95
沧州资产分公司	5.05	4.95	4.78	4.91	4.58	4.10
沧州分公司	32.62	27.61	22.17	22.07	20.72	19.85

续表

指标名称＼年份	2011	2010	2009	2008	2007	2006
固定资产净值	16.97	12.28	11.29	12.59	12.52	12.90
沧州资产分公司	2.42	2.51	2.53	2.72	2.61	2.37
沧州分公司	14.55	9.77	8.76	9.87	9.91	10.53
销售收入	197.06	113.87	125.88	144.67	107.79	114.66
沧州资产分公司	4.44	2.96	5.12	8.10	6.47	7.81
沧州分公司	192.62	110.91	120.76	136.57	101.32	106.85
实现利税	18.13	14.22	32.36	-13.85	-1.76	-8.87
沧州资产分公司	-0.19	-0.30	-0.09	-0.25	-0.08	0.06
沧州分公司	18.32	14.52	32.45	-13.60	-1.68	-8.93
税　金	31.24	22.42	28.30	1.71	4.06	4.00
沧州资产分公司	0.21	0.15	0.16	0.24	0.18	0.19
沧州分公司	31.03	22.27	28.14	1.47	3.88	3.81

表2　　沧州炼化主要产品产量　　万吨

产品名称＼年份	2011	2010	2009	2008	2007	2006
沧州资产分公司						
聚丙烯	3.09	2.19	3.06	7.26	3.35	3.63
硫　醚	—	—	0.14	0.36	0.19	0.47
新　水		37.24	65.39	278.00	211.44	249.18
氮　气	1.93	1.45	1.02	1.18	0.89	0.80
净化风/万立方米	4 181.35	3 241.71	3 051.98	3 616.00	3 231.93	3 165.52
非净化风/万立方米	5 208.32	4 753.44	5 976.56	5 933.00	4 969.22	5 419.35
沧州分公司						
汽　油	70.45	48.31	65.34	57.22	48.74	51.86
柴　油	146.12	98.23	132.24	139.97	126.42	148.86
溶剂油		0.75	1.99	0.76	0.84	1.05
液化气	15.42	10.00	13.60	16.57	13.41	14.88
铝箔油料	11.41	6.42	7.32	6.79	5.69	6.64
石油焦	27.46	14.95	17.37	17.52	16.53	18.10
硫　黄	1.51	0.73	0.90	0.88	0.73	0.63

润滑油分公司

【概况】 中国石油化工股份有限公司润滑油分公司(简称润滑油分公司)于2002年5月29日正式挂牌组建，本部设在北京市海淀区新技术产业开发区。润滑油分公司总占地面积142万平方米，是国内最大的高档润滑油产销企业，可生产20个大类700多个品种的润滑油产品。截至2011年底，润滑油分公司有正式职工3 761人，其中各类专业技术人员1 574人，高级专业技术人员195人，中级专业技术人员717人。

截至2011年底，润滑油分公司共设立分公司及石化股份公司托管参股企业18个，含2个研究单位。其中，设立了润滑油北京分公司、重庆分公司、济南分公司、荆门分公司、茂名分公司、上海分公司、天津分公司、武汉分公司、燕化分公司、郑州分公司、滨海分公司、北京销售中心及北京研发中心、上海研发中心等14个直属单位；海外分公司1家，即新加坡分公司；中外合资公司3个，包括上海海润添加剂有限公司、天津日石润滑油脂有限公司和天津长城协同油脂有限公司。

2011年，润滑油分公司调和生产能力为165万吨/年，包装油脂生产能力为146万吨/年；实现经营总量179.1万吨，同比增长12%；获得全国文明单位和首都文明单位标兵称号。

润滑油分公司主要技术经济指标见表1。

(姚建国)

【安全生产和质量管理创佳绩】 2011年，润滑油分公司克服多个投资项目同时启动和边生产、边施工的困难，严格落实领导干部带班制和“七想七不干”工作要求，全年实现了公司级事故为零、环保事故为零、职业病中毒事故为零；外排工业废水达标率100%，危险废物妥善处理处置率100%，新建、改扩建工程项目HSE“三同时”执行率100%，获石化集团公司安全生产先进单位称号。同时，深化“质量月”主题活动，集中开展质量培训和质量经营价值观的宣传，对各直属单位的41种原材料进行实物质量抽查，组织对12个国家的44家实验室进行数据对比，提升质量评估水平，获石化集团公司质量工作先进单位称号。

(姚建国)

【推出最高技术规格的车用油新产品】 2011年8月26日，润滑油分公司在北京举办“润动世界、驾驭未来”新品发布会，正式推出最高技术规格的SN高档汽油机油和CJ－4高档柴油机油。同时推出以“尊龙TULUX”为柴油机油子品牌，以“金吉星JUSTAR”为汽油机油子品牌的新系列产品。此次发布会是润滑油分公司重新规划车用油产品线、促进产品结构优化和技术升级的战略举措。全年润滑油分公司以车用油分销网络建设为重点，推进高档车用油市场销售，其中高档汽油机油销量同比增长14%。

(姚建国)

【长城润滑油品牌价值连续8年保持行业第一】 2011年6月，世界品牌实验室发布了“2011年(第8届)中国500最具价值品牌排行榜”，长城润滑油以174.39亿元的品牌价值名列榜单第52位，较2010年增长超过30亿元，继续保持在中国润滑油行业的领先地位。自2004年世界品牌实验室发布中国500最具价值品牌排行榜以来，长城润滑油品牌价值连续8年处于行业榜首。

(姚建国)

【新加坡润滑油脂生产基地开工建设】 2011年7月28日，润滑油分公司在新加坡举行中国石化新加坡润滑油脂项目奠基仪式。该项目是中国石化炼化板块第1个海外直接投资建设的项目，位于新加坡本岛西南部，设计生产规模10万吨/年(包括3万吨/年润滑脂和7万吨/年润滑油)，建成后将成为中国石化在亚太地区润滑油的生产、服务和物流中心。借助新加坡基地的运营平台，润滑油分公司将实现由产品贸易到技术和品牌输出的转变，在海外市场建立起投资、生产、营销和管理一体化的经营模式。全年润滑油分公司实现国际市场销量2.4万吨，同比增长17%。

(姚建国)

中国石化新加坡润滑油脂项目新厂奠基仪式

(王荣城　供图)

【海润添加剂公司2万吨/年润滑油复合添加剂调配装置扩建竣工投产】 2011年1月，上海海润添加剂公司2万吨/年润滑油复合添加剂调配装置扩建项目竣工并实现一次投料试产成功，标志着润滑油分公司复合添加剂产能由原来的2万吨/年提升到4万吨/年，增强了中国石化润滑油业务的核心竞争力。

（姚建国）

【特种合成油脂为中国航天事业再作贡献】 2011年，润滑油分公司生产的谐波减速器高低温润滑脂等产品成功应用于“天宫一号”和“神州八号”飞船的发射；相关的特种合成润滑油脂通过了中国液体火箭发动机新型环保高能燃料的兼容性验证，成为中国新一代液体火箭发动机的指定润滑材料。

（姚建国）

【生产营运及物流管理系统投入运行】 2011年6月17日，润滑油分公司生产营运及物流管理系统上线运行。该系统包括计划、调度、统计、物流等主题板块，以润滑油产品的生产营运为主，通过对基础油入厂到成品生产、销售、库存以及调拨整个过程的执行跟踪和统计分析，实现生产计划和调度业务的闭环管理。10月，系统通过中国石化总部的验收评审，正式投入日常运行。

（姚建国）

【开展内部规范性检查提升经营管理】 2011年4—8月，润滑油分公司组织开展第2次内部规范管理检查，从产品销售、物流优化、业务外包、物资采购、维修及隐患治理、实物资产管理、财务核算与管理等方面对所属14个单位进行了检查，并落实整改措施及完成时限。在此基础上，10月，润滑油分公司主动邀请石化集团公司审计局开展内控审计评价，为经营管理把脉，促进公司在发展中不断规范。

（姚建国）

【持续开展长城润滑油航天员体验营活动】 2011年7月10—13日，“中国石化长城润滑油·2011年中国航天员体验营”在北京航天城举行。活动由石化集团公司思想政治工作部、润滑油分公司及中国航天员科研训练中心、《航天员》杂志社联合主办。在4天的活动中，50名小营员零距离参观了离心机、模拟失重水槽、出舱程序模拟器等先进航天设施，试穿了宇航服，品尝了太空食品，还抢先目睹了“天宫一号”和中国首个“空间实验室”的原比例模型。杨利伟、景海鹏、刘伯明等航天英雄与小营员进行现场互动。

（姚建国）

【举办“畅行北京，润滑交通”公益宣传活动】 2011年8—11月中旬，润滑油分公司和北京交通广播电台联合举办“畅行北京，润滑交通”大型公益宣传活动。该活动是北京奥运期间长城润滑油“畅行2008”大型文明行车公益活动的延续，旨在倡议广大市民、车主自觉遵守文明交通行为，携手构建和谐有序的出行环境。活动期间，数以万计的车主通过电话、短信、网络的形式进行了参与，累计发送奖品3 500份。活动强化了长城润滑油服务汽车生活的品牌形象，拉近了与消费者的距离。

（姚建国）

“畅行北京，润滑交通”公益宣传活动启动仪式 （王京城 摄）

【中国石化推广润滑油分公司党建共建经验】 2011年8月，中国石化在京召开国有企业党建共建经验交流会，推广润滑油分公司与业务单位开展党建共建的做法。17个中国石化直属单位和鞍山钢铁股份有限公司、宝山钢铁股份公司、重庆长安股份公司等10个战略合作单位党组织参加会议。润滑油分公司于2008年首创党建共建，截至2011年7月底，已有12家基层单位与25家客户单位签署党建互联共建协议，开展党建交流75次、业务交流68次，联合攻关立项109个，较好地发挥了促进市场开发和深化战略合作的作用。2011年，润滑油分公司获得国务院国资委党委授予的中央企业思想政治工作先进单位称号。

（姚建国）

【举行庆祝建党90周年活动】 2011年7月，润滑油分公司召开庆祝中国共产党成立90周年大会，表彰了3个先进基层党委、25个先进基层党支部、46名优秀共产党员、16名优秀党务工作者和10名优秀党员领导干部，举办了以"永远跟党走"为主题的文艺汇演，积极组织参加中国石化红歌会比赛，合唱节目《旗帜颂》、《中国人民解放军占领南京》获得比赛一等奖。一系列纪念活动展现了干部职工的新风采、新风貌，激发了对党、对社会主义的坚定信念。

（姚建国）

表1　**润滑油分公司主要技术经济指标**　亿元

指标名称 \ 年份	2011	2010	2009	2008	2007	2006
工业总产值	171.73	154.40	129.15	120.49	114.82	101.19
工业增加值	14.67	15.14	21.40	3.23	10.60	7.20
资产总计	65.07	55.44	48.60	50.51	44.45	44.49
流动资产	43.42	36.11	31.39	32.03	25.52	31.67
固定资产原值	28.93	25.95	21.52	23.39	19.96	20.25
固定资产净值	14.80	12.88	12.99	12.07	9.83	11.38
销售收入	194.20	153.03	122.51	120.49	114.87	100.01
实现利税	4.88	7.24	14.11	-8.78	6.13	3.12
税　金	4.03	3.84	5.29	2.15	3.42	1.55
综合能耗/吨标煤·万元$^{-1}$	0.02	0.03	0.03	0.03	0.03	0.04

青岛石化

【概况】 中国石化青岛石油化工有限责任公司(简称青岛石化)位于青岛市李沧区，占地1 406亩(93.72万平方米)。厂区临近环岛油港，1条原油输油管线分别连接黄岛油库与东黄输油管线，另有2条汽、柴油输油管线连接青岛石油公司油库。自备铁路专用线与胶济铁路相连，厂外公路与济青、青银高速公路相接。

截至2011年底，青岛石化资产总额为65.12亿元；在册职工总数为1 332人，其中在岗职工1 217人。原油加工能力为500万吨/年，生产装置主要包括500万吨/年常减压蒸馏、140万吨/年重油催化裂化、160万吨/年延迟焦化、100万吨/年汽柴油加氢精制、60万吨/年柴油加氢精制、60万吨/年催化汽油选择性加氢脱硫、25万吨/年催化重整、1.5万米^3/时制氢、2万吨/年硫黄回收及溶剂再生、20万吨/年及15万吨/年气体分馏、8万吨/年苯抽提、7万吨/年聚丙烯及汽油脱硫醇、7万吨/年MTBE、干气回收等10余套。产品主要有汽油、柴油、石脑油、石油焦、船用燃料油、燃料油浆、石油液化气、车用液化气、丙烷、丙烯、聚丙烯、工业硫黄、纯苯、MTBE等近20个品种。

2011年，青岛石化加工总量364.68万吨；同比提高3.59%，其中加工原油362.88万吨；累计生产汽油75.6万吨、柴油166.01万吨、船舶燃料油16.43万吨、石脑油7.06万吨；实现销售收入203.07亿元、同比提高17.27%，利润-6.53亿元，税金34.87亿元。青岛石化被评为青岛市工业经济运行先进单位、石化股份公司炼油经济效益优胜单位。

青岛石化主要技术经济指标和主要产品产量见表1和表2。

（丁　昊）

【积极推进安全生产工作】 2011年，青岛石化持续深入开展"我要安全"主题活动，提高全员安全意识，推动安全文化建设。通过开展宣贯石化集团公司和青岛石化《安全生产禁令》，争当"安全卫士"，查找身边"十大薄弱环节"，火眼金睛辨违章等多种形式的活动，普及安全生产法律法规和安全生产知识，提高全体职工的安全生产意识和素质，形成"我要安全”、“我能安全”的良好氛围，为持续稳定安全生产和发展提供有力保障。加强应急管理，修订完善应急预案，公司级安全环保应急预案均通过了专家组评审，各基层部门也根据安排修订完善了部门级应急预案。与李沧环保分局在原油罐区进行了以火灾、抗震、防恐及水体防控为主要内容的联合实战应急演练，各基层部门每季度组织相应的预案学习及现场实战应急演练，取得了较好效果。全年，青岛石化未发生上报事故，被评为山东省安全基层基础工作先进企业、青岛市安全生产主体责任专项行动先进企业、石化集团公司 HSE 工作先进单位。

（丁　昊）

7 万吨/年 MTBE 装置

【加强环境保护和节能减排工作】 2011 年，青岛石化结合企业实际情况，挖掘装置节能潜力，提高“三废”处理及排放达标率，节能减排、清洁生产工作取得一定成效。积极实施环保隐患治理，开展实施高浓度废水综合治理、污水处理场浮选池改造、炼厂恶臭气体治理等项目。全年回用外排达标污水 39 万吨、酸性水汽提净化水 23.7 万吨，重复水利用率 98.3%，工业废水排放达标率 100%，固体废物综合利用率 100%，环保设施运行率 100%，回收硫黄 1.48 万吨，减排二氧化硫 2.96 万吨，取得较好效果。年内青岛石化通过了青岛市环境友好企业复审验收。

（丁　昊）

【圆满完成装置停工消缺和技改项目建设】 2011 年 6 月 7 日，青岛石化开始进行装置停工消缺。常减压装置于 6 月 7 日按计划停工，6 月 16 日消缺项目施工完毕，开始引油开工。催化装置于 6 月 10 日按计划停工，6 月 20 日进入开工程序。在停工消缺期间，对常压塔、闪蒸塔、减压塔等关键部位进行腐蚀情况检查，根据发现的问题采取措施加以解决，并在常减压装置新上三级电脱盐设施。经过各部门的全力配合，圆满完成了停工消缺任务，实现装置开车一次成功。

（丁　昊）

【技改项目建成投产】 青岛石化新建 7 万吨/年 MTBE 项目总投资为 9 839.13 万元，于 2011 年 6 月 5 日开工建设，11 月 10 日实现中交，11 月 24 日完成催化剂装填，12 月 5 日醚化反应器进料开工，12 月 7 日生产出合格 MTBE 产品，实现装置试车一次成功。

（丁　昊）

【不断强化基础管理工作】 根据石化集团公司全面推进制度标准化信息化改造的工作要求，2011 年 5 月，青岛石化召开了制度标准化改造启动大会，成立了制度改造领导小组及工作组，作为试点单位积极推进实施，确定 297 件制度符合改造要求，并及时将这些制度分解到各部门，落实到具体人员。采用多级培训的方式，及时普及制度体系知识和改造方法，为改造实施奠定理论基础。通过加强资金管理、优化原油采购、强化物资集中采购和网上采购等措施，各项成本费用得到有效控制。在中国石化总部“比学赶帮超”活动中，青岛石化在生产任务、产品销售、利润总额、吨油利润、费用降低率、能源消耗、加工损失、原油储运损失及原油采购 9 个方面，共获得 4 枚金牌、8 枚银牌、4 枚铜牌、25 面红旗、49 颗红星。青岛石化根据总部要求，积极推进投资管理信息系统深化应用，完成 ERP 物码转换等深化应用工作。BW&BCS 系统、TBM 系统、安保基金管理按照总部统一部署，扩充系统功能，实现深化应用目标。LIMS 项目通过中国石化总部专家组测试评审。

（丁　昊）

【促进科技创新】 围绕石化集团公司“建设世界一流能源化工公司”的发展目标，青岛石化把握科学发展这条主线，充分发挥公司科技委的作用，积极推进科技攻关项目实施，为高酸原油配套装置消缺改造、扩能优化，破解难题、消除瓶颈，为企业异地发展做好研究规划，为企业科学发展提供全面的技术支持。引导和鼓励广大技术人员提高原始创新、集成创新和引进消化吸收再创新能力。由青岛石化和长岭分公司任组长单位的“满足欧Ⅴ排放标准的汽油生产技术开发及应用”课题被列为中国石化“十条龙”科技攻关项目。在60万吨/年催化汽油加氢脱硫装置上，以催化汽油为原料进行了工业试验，并顺利完成标定，为项目下一步研发获取了重要依据。完成了常减压装置电脱盐技术改造，电脱盐指标基本稳定在3毫克/升以下，取得良好效果。企业自主开发的科研项目成效显著，研究确定焦化液化气脱硫研究项目方案，及时组织项目实施。污水处理场恶臭治理项目由青岛石化和抚顺石油化工研究院合作，已确定工艺方案并完成工艺设计。全厂装置低温热水综合利用科研报告获中国石化总部批复。

（丁　昊）

【加强职工队伍建设】 青岛石化全面落实2011年教育工作计划，加强职业技能培训。全年举办各类二级培训班12期，受训人员达8 520人次；组织赴石化集团公司培训基地技能培训183人次，取得证书合格率100%；全年共培训高级技师2人、技师12人，高级工55人、中级工16人、初级工7人。截至年底，青岛石化具有高级技师资格的达22人，占技术工人总数的3.10%；技师50人，占技术工人总数的7.04%；高级工416人，占技术工人总数的58.59%；中级工209人，占技术工人总数的29.44%。组织开展了青岛石化第14届职业技能大赛，共有141人参加了13个工种的竞赛，55人取得了应知应会双及格的好成绩，及格率为40.74%。根据石化集团公司加强人才成长通道建设和完善薪酬分配制度的工作部署，青岛石化结合人才成长通道建设，综合体现岗位、能力和业绩，优化薪酬结构，健全工资正常增长机制，对经营管理、专业技术和操作技能等各类人员制定统一的基本薪酬标准，增强薪酬分配的激励与约束作用，使职工共享企业发展成果。

（丁　昊）

【完善职工保障体系】 2011年，青岛石化结合企业自身特点，将“送温暖工程”落到实处，从不同层面完善职工保障体系。基层部门及时做好本部门伤老病困职工的走访慰问工作，元旦、春节期间走访慰问270余人次，发放慰问金25.6万元；全年办理困难补助600余人次，补助金额达32万元。认真落实《职工医疗补助管理规定》，全年共为42名职工办理了医疗补助，金额达7.8万元。全年共办理帮扶救助13人次，金额7.6万元。企业未发生群体性事件，有效地维护了企业、社会的稳定和谐发展。

（丁　昊）

【异地发展项目获同意】 2011年8月23日，在青岛召开的中国石化驻鲁企业发展研讨会上，青岛石化提出在董家口临港产业区进行异地炼油化工发展项目，获得中国石化总部同意。会议要求青岛石化以安全生产、清洁生产为第一要务，充分发挥加工高酸原油适应性改造项目的经济效益，提升安全、环保、清洁生产、质量和效益水平；开展董家口异地发展的方案和土地征用研究。

（丁　昊）

表1　　青岛石化主要技术经济指标　　亿元

指标名称 \ 年份	2011	2010	2009	2008	2007	2006
原油加工量/万吨	362.88	352.05	136.30	234.91	250.71	245.46
工业总产值	203.37	172.67	53.39	108.96	97.33	92.60
工业增加值	33.18	43.90	15.11	−22.57	−3.22	−3.27
资产总值	65.12	54.48	68.17	43.72	38.77	36.09
流动资产	35.63	19.35	27.29	11.74	17.24	14.54
固定资产原值	39.34	38.96	36.63	25.07	24.73	25.50
固定资产净值	24.96	26.24	26.20	16.52	17.59	18.56
销售收入	203.07	173.33	52.58	111.06	99.30	92.88
实现利税	28.35	40.84	10.35	−18.10	−2.61	−4.00
税　金	34.87	36.64	11.98	3.91	3.57	3.32
综合能耗/吨标煤·万元$^{-1}$	0.26	0.33	0.37	0.33	0.39	0.52

表2 青岛石化主要产品产量 万吨

产品名称 \ 年份	2011	2010	2009	2008	2007	2006
93#汽油	71.67	75.78	36.21	49.30	45.33	38.10
90#汽油	—	0.37	1.41	6.52	11.21	19.12
97#汽油	3.92	2.28	0.01	—	0.94	—
0#柴油	151.88	140.10	44.08	81.04	78.79	81.95
-10#柴油	14.13	13.55	6.44	13.19	15.84	12.39
-20#柴油	—	0.03	1.00	—	—	—
石脑油	7.06	5.81	3.91	13.37	15.75	15.79
溶剂油	—	0	2.08	2.81	2.79	3.23
苯	0.72	0.93	0	0.60	0.77	0.70
混合苯	0.14	0.20	—	—	0.06	1.04
燃料油	16.55	21.61	14.26	25.74	28.67	26.90
硫　黄	1.48	1.09	0.32	0.63	0.74	0.75
液化气	18.58	18.67	7.89	14.82	17.51	17.32
车用液化气	3.43	3.63	1.50	2.62	2.11	1.17
丙　烯	2.44	1.44	0.64	2.07	2.52	4.42
聚丙烯	5.73	6.62	3.58	5.34	5.65	3.03
炼厂已烷	—	—	—	0.09	—	—

湛江东兴公司

【概况】 中国石化湛江东兴石油化工有限公司(简称湛江东兴公司)位于中国大陆最南端——广东省湛江市，厂区距离湛江港4.2千米，油轮可直靠港口30万吨级陆岸式油码头，成品油可通过西南和珠三角成品油管道直送西南三省和广东珠三角地区，地缘优势和港口优势得天独厚。厂区占地面积约74万平方米，原油一次加工能力为500万吨/年，下设10个机关处室和11个基层车间。截至2011年12月31日，在职员工总数为806人。

湛江东兴公司属中外合作企业性质，主营业务为石油提炼加工和石化产品销售。其前身为私营炼油企业，2002年3月，经国务院和原国家计委批准同意，被石化集团公司收购。收购后，湛江东兴公司保留了中外合作企业的体制和独立的法人资格。2008年，湛江东兴公司中外合作双方变更为石化股份公司和中国石化盛骏国际投资有限公司，合作权益比例变更为75%和25%，同时公司名称由湛江东兴石油企业有限公司变更为现名。

截至2011年底，湛江东兴公司拥有500万吨/年常减压蒸馏、120万吨/年加氢裂化、50万吨/年连续重整、120万吨/年催化裂化、14万吨/年聚丙烯和2万吨/年硫黄回收等装置，以及配套的动力和油品储运系统。2011年，湛江东兴公司累计完成原油加工量500.38万吨，实现主营业务收入312.59亿元，名列广东省纳税百强企业第9位，入库税收达到48.46亿元。

湛江东兴公司主要技术经济指标及主要产品产量见表1和表2。

(徐启胜)

【加工总量与指标再创新高】 2011年，面对保供与增效的双重压力，湛江东兴公司通过严格管理、精细操作，实现原油加工量和销售收入“双突破”。全年加工原油500.38万吨，首次实现满负荷生产；销售各类产品472.8万吨，同比增加39.2万吨，实现销售收入312.59亿元。轻油收率82.62%，高价值产品收率90.06%，综合商品率93.89%，加工损失率0.58%。全年节约新鲜水取用量15万吨，节约用电2 743万千瓦·时，炼油能耗降低至61.87千克(标油)/吨，同比下降4.19个单位。在中国石化32家炼油企业炼油专业竞赛评比中，湛江东兴公司综合指标排名第4位，在中型炼厂中排名第1位。

(徐启胜)

【HSE连续10年保持平稳】 2011年，湛江东兴公司针对生产施工深度交叉和装置设备故障较多的实际，坚持将管理重心放在现场，层层落实安全责任，连续10年实现了安全平稳生产，连续4年获得石化集团公司安全生产先进单位称号。全年审批特级火票311张、一级火票793张、二级火票1 266张、进入受限空间作业许可证140张、一般施工作业许可证2 220张，审查落实HSE方案措施73份，未发生上报事故。全年完成公司级隐患治理项目5项，完成石化集团公司级隐患治理项目5项，“碳五、碳六异构化料储罐安全隐患治理”、“110千伏线路防污闪及17#塔基防腐蚀隐患治理”、“厂区雨水外排管道改造”等项目完成整改并投入使用。全年取用新鲜水222.09万吨，回用污水139.82万吨，工业水重复利用率98.93%，吨油取水0.44吨，吨油排水0.06吨，废水排放量29.86万吨，COD排放量12.91吨，氨氮排放量0.79吨，锅炉烟气排放达标率100%。

(徐启胜)

【优化降本增效成果显著】 2011年，湛江东兴公司面对严峻的效益形势，将“精细化管理出效益”的理念贯穿于生产经营的每一个环节，想方设法降低成本费用，取得了明显的成效。全年采购原油507万吨，原油储运损失从2010年的0.20%降至0.16%，相当于降低原油成本1 063万元；全厂化工“三剂”成本降至15.94元/吨，节省资金421.63万元。资金运作成效显著，全年汇兑收益达到1.20亿元，在月末平均贷款余额超过50亿元的情况下，实现财务费用-27万元，比年度预算指标降低1.55亿元，现金操作费用降至123.16元/吨。全年采购物资总额1.99亿元，网上采购率97.87%，节约采购资金930.98万元

(徐启胜)

【项目建设与大修准备稳步推进】 2011年，湛江东兴公司全力推进200万吨/年液相柴油加氢、6万吨/年乙苯—苯乙烯项目的建设以及2012年全厂大修准备工作。截至年底，大修技改项目设计均已收尾，主要设备材料已经采购，部分项目基础施工已完成过半，150万吨/年催化装置扩能改造、汽油加氢装置改造、全厂蒸汽平衡利用等限上项目基础设计审查已完成。停工检修统筹已经完成，装置开停吹扫方案、新装置的操作规程、开停工方案、应急预案正在制定、审查。200万吨/年液相柴油加氢装置主要设备已经安装就位，人员培训已经结束，操作规程、开工方案、技术问答手册等技术资料正在准备，计划于2012年一季度建成，并与现有装置在大修后一起投产。6万吨/年乙苯—苯乙烯装置基础设计于10月8日获得石化集团公司批复，正在开展长周期设备订货工作。

(徐启胜)

【内部专业管理持续深化】 2011年，湛江东兴公司结合“我要安全”主题活动的开展，完成HSE管理制度和公司级突发事件应急预案修编65项，细化《湛江东兴安全生产禁令》43条，同时加强“两特”情况下非常规作业的安全管理，推动安全管理重心向作业层、操作层转移。在内控管理方面，对照中国石化《内控手册》要求，修订了34个业务流程，控制点数量由2010版的560个增加到1 165个。同时，加强了合同审核把关，加大了标准化合同文本推广应用，合同法律审核把关率达到100%。清理检维修业务承包商17家，解除服务关系供应商353家，并加强了“小金库”自查自纠专项治理和账外物资管理。管理信息化应用得到进一步深化，远程教育培训系统、生产执行系统(MES)、实验室管理系统(LIMS)、设备管理系统(EM)等项目相继建成投用。

(徐启胜)

【人事制度改革顺利推进】 2011年，湛江东兴公司为构建符合公司发展要求的“选才、育才、用才、聚才”工作机制，以提高职业能力为导向、履行岗位职责为基础、考核绩效贡献为依据，按照名称统一、职级统一、责任统一、考核统一的要求，将现行各类岗位规范为经营管理、专业技术、技能操作3个系列4个层次职级的职位管理体系，形成了统一规范的职位系列，建立健全了纵向晋升、跨系列流动和晋升畅通的三支人才队伍的成长通道。同时配套完善了薪酬分配制度，编制了基本薪酬等级对照表，在继续突出岗位管理的同时，规范了津贴补贴，强化了奖金考核激励，加大了职工能力、业绩与基本薪酬的关联度，健全了薪酬增长机制。

(徐启胜)

表1 湛江东兴公司主要技术经济指标 亿元

指标名称＼年份	2011	2010	2009	2008	2007	2006
原油加工量/万吨	500.38	485.39	331.91	386.12	371.35	377.26
工业总产值	312.17	246.78	145.10	189.29	135.20	115.79
资产总计	76.89	67.65	63.09	38.31	47.08	52.52
流动资产	40.95	31.90	24.96	13.18	26.47	29.44
固定资产原值	51.61	51.40	47.40	30.52	30.09	27.40
固定资产净值	27.90	30.76	29.75	15.07	16.56	16.82
销售收入①	312.59	245.82	138.93	192.99	131.51	114.05
实现利税	33.85	54.93	36.63	19.62	1.28	1.44
税　金	50.61	49.46	28.36	39.15	4.05	3.69

①销售收入均不含海外销售部分。

表2 湛江东兴公司主要产品产量 万吨

产品名称＼年份	2011	2010	2009	2008	2007	2006
汽　油	121.41	117.43	85.76	83.84	76.40	95.30
柴　油	253.21	245.35	173.93	210.39	191.27	182.16
化工轻油	13.87	9.61	3.73	12.11	15.08	17.61
溶剂油	—	—	—	—	0.20	1.19
芳　烃	19.34	14.54	8.68	4.26	2.61	—
聚丙烯	12.40	11.26	3.08	—	—	—
液化石油气	25.38	32.44	15.32	16.20	11.80	16.81
燃料油	21.67	21.19	17.49	37.87	37.80	41.75

北海炼化

【概况】 中国石化北海炼化有限责任公司(简称北海炼化)地处广西壮族自治区北海市铁山港区临海工业区，距北海市区约40千米，南邻铁山港码头，是中国石化在西南地区唯一的炼化企业。北海炼化前身始建于1989年，原名为北海石油化工厂，原油加工能力为60万吨/年，1998年5月划归石化集团公司。2002年7月，北海石油化工厂被划入石化股份公司，成立中国石油化工股份有限公司北海分公司(简称北海分公司)。按照战略部署，中国石化于2009年7月组建了北海炼油异地改造项目筹备组，实施北海炼油异地改造石油化工项目(20万吨/年聚丙烯)。2011年12月31日，北海炼油异地改造项目筹备组与北海分公司进行整合，与北海市人民政府共同出资组建中国石化北海炼化有限责任公司。

截至2011年底，北海炼化有正式职工692人，其中具有硕士及以上学历14人，本科学历173人；设有8个职能部门、7个运行部(基层单位)和6个附属单位。原油加工能力500万吨/年，生产装置主要包括500万吨/年原料预处理、170万吨/年催化裂化、120万吨/年延迟焦化、60万吨/年连续重整、260万吨/年柴油加氢、40万吨/年气体分馏、12万吨/年苯抽提、产品精制、50万吨/年催化汽油加氢、2×3万吨/年硫黄回收、8万吨/年MTBE及20万吨/年聚丙烯等12套，此外还有污水处理、余热回收等44套辅助系统。主要产品有成品油、石油焦、硫黄、聚丙烯、苯、液化石油气、石脑油等。中国石化还配套建设了320万立方米北海原油商业储备基地、北海—南宁成品油管道工程以及湛江—北海原油管道工程。

北海炼化主要技术经济指标及主要产品产量见表1和表2。

（刘志乾）

【北海炼油异地改造项目建成投产】 北海炼油异地改造项目于2009年7月27日获得石化股份公司批复，项目总投资67.59亿元。该项目于2010年3月3日土建开工，2011年9月底工程全部建成中交，2012年1月1日全厂打通全流程，一次投产成功，并生产出合格产品，实现了项目建设既定总目标。项目按照“大型、先进、系列、集约”原则建设，采用了多项国内外先进技术，成品油满足欧Ⅳ标准，污水自用率达到90%以上，污水排放达到国家一级排放标准。该项目的建成投产对中国北部湾经济区和西南地区的发展具有重要意义。

（刘志乾）

北海炼油异地改造项目建成投产　（刘毅坚　摄）

【商储库移交北海炼化管理】 北海原油商业储备基地(简称商储库)由中国石化集团石油商业储备有限公司建设，工程主要建设32座10万立方米储油罐及配套设施，项目总投资26.78亿元。2011年10月5日，商储库首批建成的2个罐组8座储油罐及计量站、泵房、净化水场、变电间、消防泵站、消防站、联合控制中心、雨水监控池及提升池等辅助设施被正式交付北海炼化管理。10月25日，首船16万吨原油顺利从湛江港经管道输转入库。

（刘志乾）

【中国石化北海炼化有限责任公司成立】 2011年11月28日，石化股份公司下发《关于组建中国石化北海炼化有限责任公司的通知》，决定北海炼油异地改造项目筹备组与北海分公司进行整合，与北海市人民政府共同出资组建合资公司。2011年12月31日，中国石化北海炼化有限责任公司在北海市工商局登记注册。

（刘志乾）

【第一届领导班子产生】 2011年12月6日，石化集团公司党组成员、股份公司高级副总裁章建华一行到北海炼化宣布了石化集团公司党组关于组建北海炼化领导班子的决定：李永林任北海炼化总经理、党委副书记，闫宏任副总经理，刘永胜任党委副书记、纪委书记并为工会主席人选，麦郁穗任副总经理，张存民任总会计师，姜红任党委委员、总经理助理。撤销北海炼油异地改造项目筹备组，原筹备组成员及北海分公司领导班子成员职务自然免除。

（刘志乾）

【顺利完成北海片区改制重组工作】 2011年5月23日，石化集团公司下发了《关于成立中国石油化工集团资产公司北海有限责任公司的通知》，明确了西南石油局北海石油基地服务中心和广西销售公司北海中心资产、人员重组相关事宜。北海炼油异地改造项目筹备组认真落实石化集团公司关于北海片区改制重组工作的有关精神和要求，按照“稳定第一、着眼长远发展、优化配置”的原则，积极稳妥实行重组方案。7月，基地服务中心职工162人、广西销售北海中心职工19人全部平稳进入筹备组。

（刘志乾）

【建功立业劳动竞赛活动成效显著】 2011年6月，在北海炼油异地改造项目工程建设转入开工准备阶段后，筹备组适时开展了以“立足岗位比奉献、创先争优当标兵”为主题的岗位建功立业活动。竞赛期间，共检查整改了装置工艺流程和设备的设计漏项、设计错误、材质用错、布局不合理、施工质量不合格等问题1万多项，及时消除了安全隐患，装置顺利中交，确保了开工一次成功。

（刘志乾）

表1　　北海炼化主要技术经济指标①　　亿元

指标名称 \ 年份	2011	2010	2009	2008	2007	2006
原油加工量/万吨	8.58	12.37	53.21	45.42	52.45	50.02
工业总产值	0.76	6.09	21.90	21.91	20.54	18.12
工业增加值	4.50	1.44	6.97	2.37	0.51	1.36
资产总计	85.83	34.53	5.78	1.65	2.98	6.20
流动资产	38.06	8.56	1.47	0.88	2.14	1.37
固定资产原值	43.31	2.80	3.00	2.96	2.92	2.88
固定资产净值	40.20	0.13	0.68	0.72	0.87	1.00
销售收入	0.66	6.62	21.76	22.00	20.67	18.02
实现利税	5.93	1.54	6.61	1.56	0.16	1.07
税　金	0.05	2.62	7.80	2.95	3.11	2.86
综合能耗/吨标煤·万元$^{-1}$	8.86	0.57	0.42	0.39	0.40	0.41

①2006—2010年数据为原北海分公司数据，2011年数据为北海炼化项目建设、开工投产期间数据。

表2　　北海炼化主要产品产量①　　万吨

产品名称 \ 年份	2011	2010	2009	2008	2007	2006
93#乙醇汽油组分	—	2.99	11.46	7.73	—	—
90#乙醇汽油组分	—	—	1.58	2.78	—	—
90#汽油	—	—	—	—	11.36	11.57
0#柴油	0.77	4.16	19.73	15.78	18.45	17.40
化工轻油	—	1.65	2.67	5.52	6.61	3.55
4#轻燃料油	—	0.93	2.58	3.69	5.12	4.21
溶剂油	—	—	3.41	—	—	1.03
液化石油气	—	1.28	4.96	3.98	4.68	5.39
干　气	—	—	0.56	0.37	0.51	0.44
混合芳烃	0.25	—	—	—	—	—
重油(7#燃料油)	—	0.37	1.94	1.33	1.70	2.18

①2006—2010年数据为原北海分公司数据，2011年数据为北海炼化项目开工投产期间数据。

西安石化

【概况】 中国石油化工股份有限公司西安石化分公司(简称西安石化)位于古城西安渭水之滨，东临西安机场高速公路，主要从事石油炼制和道路沥青生产，是中国石化五大沥青生产基地之一。西安石化总占地面积约84万平方米，厂区占地78.55万平方米。截至2011年底，西安石化总资产19.82亿元；年加工原油能力250万吨，有2个系列8套主要生产装置：一是以加工塔河重质原油为主的沥青生产系列3套装置，二是以加工长庆轻质原油为主的燃料油生产系列5套装置；主要产品有沥青系列产品(主要有70A、90A、110A、SBR改性沥青、温拌沥青等)、汽油、柴油、液化石油气、丙烯等。

西安石化的前身始建于1967年，1998年2月8日并入中国新星石油公司，2000年3月1日随新星石油公司进入石化集团公司，2004年1月1日进入石化股份公司。

西安石化的战略定位是：在中国石化实施西部资源接替、打造上游“长板”战略中发挥积极作用，在中国石化拓展西部市场、提升成品油市场的战略竞争力和控制力上发挥重要作用。发展战略是：依托西部资源，突出沥青特色，做强做大炼油，实现科学发展。发展目标是：将西安石化建设成为中国石化在西部具有较强竞争力的炼油企业。

西安石化主要技术经济指标和主要产品产量见表 1 和表 2。

（苏彦锋）

【技改检修顺利实施】 2011 年 10 月 10 日—12 月 23 日，西安石化进行全厂停工技改检修。技改检修总投资 2.25 亿元。西安石化树立“一切为了检修，一切围绕检修，一切服务检修，一切服从检修”理念，坚持“绿色检修、节能检修”、“安全施工、文明施工、科学施工”，创造了停工、检修和开工的新水平、新高度，实现了一次开车成功的总体目标。

（苏彦锋）

检修现场　（李小永　摄）

【油品质量升级项目实施】 2011 年，西安石化油品质量升级项目实施，主要内容包括：催化裂化装置加工规模由 50 万吨/年改扩建至 80 万吨/年，常压蒸馏由 80 万吨/年改扩建至 120 万吨/年，常减压蒸馏由 100 万吨/年改扩建至 130 万吨/年。项目计划 2012 年建成投产。

（苏彦锋）

【“比学赶帮超”活动获佳绩】 2011 年，西安石化深入开展“比学赶帮超”活动，在石化集团公司炼油事业部月度评价通报中，获 2 金、5 银、2 面红旗、11 颗红星；在石化集团公司总部物资供应评比中，获 6 面红旗；在石化集团公司总部 ERP 达标竞赛中，获 5 面红旗。

（苏彦锋）

【技术经济指标稳中有升】 2011 年，西安石化共加工原油 153.17 万吨；生产汽油 19.89 万吨、柴油 41.94 万吨、化工轻油 14.32 万吨、液化气 4.51 万吨、丙烯 2.03 万吨、沥青 49.22 万吨；实现营业收入 81.06 亿元，较上年增长 6.2%。主要技术经济指标稳中有升，实现了炼油专业达标。74 项节能降耗措施实施效果总体良好，全年实际降本增效 6 730 多万元。

（苏彦锋）

【成立二联合车间】 2011 年 1 月 7 日，西安石化成立了二联合车间，原联合车间更名为一联合车间，这是适应公司改革发展和油品质量升级项目建设需要的重要举措。5 月 1 日，停运 6 年的二联合车间加制氢装置一次开车成功，顺利产出符合国Ⅲ标准的柴油产品。

（苏彦锋）

【沥青产品系列添新丁】 2011 年 4 月 21 日，西安石化 A1 装置恢复生产，生产出首批合格 SBRⅡ－A 改性沥青产品。7 月 19 日，SBS 改性沥青工业中试 3 个牌号样品经国家交通部公路工程检测中心检测合格，成为又一类高端沥青新产品。

（苏彦锋）

【液化气实现网上竞价销售】 2011 年 3 月 27 日，西安石化与上海石油交易所西部有限公司合作，创新销售模式，实现了液化气网上竞价交易。该举措能够及时掌握价格变化，为液化气合理定价提供最新市场数据。截至年底，网上平台销售液化气总成交量 2.41 万吨，增效 156.65 万元。

（苏彦锋）

【安全环保工作获殊荣】 2011 年 4 月 28 日—10 月 22 日，世界园艺博览会在西安举办。西安石化开展“迎世园，保安全”活动，采取安保措施，确保油气生产供应安全，获石化集团公司总部西安世园会安保工作先进单位称号。动力车间锅炉运行三班被西安市总工会授予首批西安市服务世园工人先锋号称号。西安石化不断采用环保新技术、新工艺，持续加大环保设施资金投入力度，建设环境友好型和资源节约型企业，连续第 5 年获西安市环保管理先进单位称号。积极推动安全标准化体系建设，夯实安全生产基础，7月14日通过了陕西省安全标准化验收。

（苏彦锋）

【新版管理手册通过监督审核】 2011年9月13—16日，北京三星九千认证中心对西安石化TMS管理体系进行管理手册换版后的首次监督审核。新版管理手册通过了第三方监督审核。

（苏彦锋）

【加强人才队伍建设】 2011年5月12日，西安石化召开干部及人才工作会议，进一步引导干部职工树立科学正确的人才观。开展人才成长通道建设，使各类员工"成长有通道、发展有空间"，构建以"N+Y"（能力+业绩）评价体系为核心的高技能人才考核评价机制。8月31日，西安石化开展职业技能竞赛，有118名操作人员参加了4个工种技能竞赛，产生4名"技术状元"、14名"技术能手"。经过考核，聘任技师12名、助理技师27名。按照石化集团公司统一部署，认真组织实施完善薪酬分配制度，基本建立起适应人才成长、统一规范管理、实现正常增长的薪酬分配体系，职工收入大幅增加。

（苏彦锋）

【强化员工培训力度】 2011年1月8日，西安石化与陕西省化工学校合作举办炼油基础知识培训班，培训对象为基层专业技术人员，周末上课，为期3个月，有14个部门的45名技术人员接受了培训。2月26日，开展第4期炼化对口实践活动，外派26名骨干赴济南炼化学习锻炼。全年外出培训316人次；企业自办培训班16期，培训901人次；特种工培训356人次，持证率100%；岗位练兵参与率100%，联动培训率100%。

（苏彦锋）

【加强党建和思想政治工作】 2011年，西安石化各党支部瞄准技改检修目标，大力动员宣传，树立服务意识，上道工序要为下道工序负责，为施工单位服务到位。党员带头承诺、佩戴党员徽标，亮身份，做表率，在文明技改检修中发挥模范带头作用。机关干部组成现场作业义务监护（火）队伍，协助支援技改检修施工队和车间开展现场监护工作。5—7月，西安石化开展"打造高度负责任、高度受尊敬企业"员工大讨论。各党支部、部门、工会及团支部积极组织，引导职工眼睛向内，围绕"负什么样的责任"、"怎样才能受尊敬"话题开展大讨论，广大干部职工统一思想，增强了大局意识、责任意识和奉献意识。为纪念建党90周年，西安石化开展了"永远跟党走"红歌会、"我身边的党员故事"征文、党建知识竞赛、红色电影周等9项活动，进一步凝聚职工热情，激发员工活力。西安石化百人大合唱在西安市石化农林工会"红歌献给党"合唱赛中获一等奖，西安石化获优秀组织奖。

（苏彦锋）

【帮扶救助促和谐】 西安石化建立健全困难职工档案，使帮扶救助常态化、制度化，2011年慰问职工及家属150多人次，共计发放慰问金30余万元。认真落实在职职工房补工作，为711名在职职工累计发放房补820万元。9月18日，西安石化首次推出"金秋助学"活动，向新入学、小学升初中、初中升高中、高中升大学的149名各级学生发放助学金18万余元，减轻了职工家庭的经济负担。

（苏彦锋）

【积极承担社会责任】 2011年，西安石化积极参与陕西省"千企千村"扶助行动，向黄龙县三叉乡孟家山村扶贫帮困，捐助200亩（13.33万平方米）优质核桃树苗，力争用5年时间建成核桃示范种植园，并资助举办核桃实用技术培训，提高村民种植技术和田间管理能力，增强了村民持续自我积累和发展能力，为其脱贫致富打下了基础。

（苏彦锋）

表1　西安石化主要技术经济指标　亿元

指标名称 \ 年份	2011	2010	2009	2008	2007	2006
原油加工量/万吨	153.17	174.17	168.89	155.66	177.27	166.32
工业总产值	79.70	76.79	60.85	63.99	61.65	58.34
工业增加值	3.27	11.82	14.25	-8.87	-1.57	-1.99

续表

指标名称 \ 年份	2011	2010	2009	2008	2007	2006
资产总计	19.82	19.60	15.89	13.84	18.58	16.17
流动资产	7.87	9.51	6.33	3.98	8.51	5.95
固定资产原值	12.73	12.66	12.13	12.02	11.67	11.62
固定资产净值	5.69	7.48	7.72	8.31	8.64	9.32
销售收入	81.06	76.33	60.72	65.05	61.05	58.17
实现利税	1.47	10.19	12.21	-8.69	-2.92	-2.72
税　金	10.53	11.54	11.31	1.51	1.85	1.83

表 2　　**西安石化主要产品产量**　　万吨

产品名称 \ 年份	2011	2010	2009	2008	2007	2006
沥　青	49.22	62.61	52.59	30.58	32.52	38.27
汽　油	19.89	20.31	22.50	17.53	19.33	18.02
柴　油	41.94	45.61	44.96	40.29	47.47	44.12
液化气	4.51	4.82	4.63	5.70	6.48	6.37
丙　烯	2.03	2.17	2.58	2.31	2.63	1.73

塔河分公司

【概况】　中国石油化工股份有限公司塔河分公司(简称塔河分公司)地处昔日的“龟兹”古国、如今的新疆库车县，是石化集团公司在新疆唯一的炼化企业。

塔河分公司的前身是筹建于1993年的地方股份制企业——新疆塔里木油气化工有限公司，1998年11月被西北石油局全资收购，2003年12月整体划转石化股份公司，2004年4月30日设立塔河分公司，业务由石化股份公司炼油事业部管理，人事由石化集团公司西北石油局代管。2005年1月，塔河分公司整体由石化股份公司直接管理。

截至2011年底，塔河分公司拥有炼油生产装置12套，原油加工能力500万吨/年，焦化处理能力260万吨/年，汽柴油混合加氢精制能力240万吨/年，A级沥青生产能力40万吨/年，催化重整能力15万吨/年，汽油异构化能力7万吨/年，硫黄生产能力4万吨/年。塔河分公司以加工塔河油田重质原油为主，可生产汽油、柴油、溶剂油、化工轻油、沥青、石油液化气、石油焦、硫黄、石油苯、燃料油等10余种产品，产品通过企业铁路专用线销往全国各地。

截至2011年底，塔河分公司有领导班子成员7人，总经理助理、副总工程师、副总经济师各1人；下设11个机关处室、3个中心(直属单位)、8个车间。共有在册职工903人，其中教授级高级工程师2人，具有高级职称的8人，中级职称的53人，初级职称的178人；高级技师1人，技师18人，高级工247人，中级工345人，初级工76人。

塔河分公司主要技术经济指标和主要产品产量见表1和表2。

(刘希军)

【被自治区列入100户优强企业】　新疆维吾尔自治区为支持优势企业、成长型企业加快发展，重点选择100户带动能力强、优势突出的优强企业和100户有前景、扩大就业明显的成长型企业，在全区范围内予以重点支持。2011年3月28日，新疆维吾尔自治区人民政府办公厅印发《关于公布自治区重点扶持的两个100户企业名单的通知》，塔河分公司被列入新疆维吾尔自治区重点扶持的“100户优强企业”。

(刘希军)

【领导班子调整】 2011年12月27日，塔河分公司召开干部大会，石化集团公司人事部副主任戴锭到会宣布了石化集团公司关于塔河分公司领导班子调整的决定：王宏任中共塔河分公司委员会书记，不再兼任塔河分公司总经理；赵亚新任塔河分公司总经理。塔河分公司新一届领导班子由王宏、赵亚新、代长江、韩国卿、闫希华、丁智刚、施利春组成。

（刘希军）

【组织机构调整】 2011年4月20日，塔河分公司对驻乌鲁木齐办事处管理规格与职责进行调整：驻乌鲁木齐办事处由副处级单位升格为正处级单位，在塔河分公司总经理、党委书记和分管副职的领导下，对管理权限内的工作进行安排、落实、检查、考核。

（刘希军）

【党委和工会隶属关系调整】 2011年2月10日，新疆维吾尔自治区党委组织部批复，同意塔河分公司党组织关系划归新疆维吾尔自治区党委管理，党的日常工作，包括党组织管理接转、党费管理、党内统计等由新疆维吾尔自治区党委组织部管理；塔河分公司领导班子和领导干部由新疆维吾尔自治区党委协助管理。2011年3月31日，新疆维吾尔自治区总工会印发《关于中国石化塔河分公司工会组织隶属关系的批复》，同意塔河分公司工会作为新疆维吾尔自治区总工会的直属基层工会，由新疆维吾尔自治区总工会领导和管理，不再隶属于中国石化西北石油局工会。

（刘希军）

【新建铁路专用线正式投用】 塔河分公司新建铁路专用线于2010年6月开工建设，2011年7月4日正式投用。新建铁路专用线属350万吨/年塔河重质原油改质项目的附属设施，由石油焦密闭装车线、成品油线、液化气线、调车线等9条专线组成。

（刘希军）

【超额完成年度生产经营目标任务】 2011年，塔河分公司大力开展生产优化、技术攻关、双增双节和TQC课题活动，按进度要求完成了16项技术攻关项目、23项双增双节活动和18个TQC课题。优化装置生产、改善产品结构、降低公用工程消耗等生产优化工作，有效促进了全年生产经营任务的完成和关键技术经济指标的提升。全年加工原料油425.12万吨，生产各类产品406.43万吨，同比增长65.32%和65.13%；实现营业收入192.60亿元，同比增长98.05%；缴纳各种税费28.93亿元，均创历史新高。轻质油收率61.39%，优于达标指标2.39个百分点；综合商品率95.60%，优于达标指标0.7个百分点；综合能耗50.34千克（标油）/吨，优于达标指标1.66个单位；加工损失0.56%，优于达标指标0.11个百分点；储运损失0.20%，优于达标指标0.04个百分点；单位完全费用210.25元/吨，较年初预算降低42.75元/吨。其中，轻质油收率、综合商品率、储运损失、单位完全费用同时完成了年度目标任务。

（刘希军）

【安全环保管理见实效】 2011年，塔河分公司持续深入开展“我要安全”主题活动，有针对性地开展专项检查、查找“十大薄弱环节”和评估装置安全技术，推行“四级”HSE观察法和“七想七不干”工作要求，彻查彻改安全隐患。全年开展安全环保专项检查15次，共发现事故隐患41项，不安全行为431件、不安全状态492件、未遂事件2件，推荐安全行为380件，查找并整改薄弱环节206项。修订突发事件总体应急预案和专项预案，开展有针对性的预案演练和企地联动演练共71次，提高了员工处理突发事件的能力。加大隐患排查治理，落实安全环保隐患治理资金848万元，实施液化气球罐隐患治理、气柜凝液密闭排放和2套事故池互为备用项目；完善污水分级控制措施，持续推进清洁生产，进一步提高了本质安全水平和清洁生产水平。全年未发生安全环保事故，巩固了安全生产的良好势头，连续第3年获石化集团公司安全生产先进单位称号。全年吨油取水量0.4吨，同比下降2.44%；吨油排水量0.24吨，同比下降4%。

（刘希军）

塔河分公司举行火灾爆炸应急演练现场

（雷从营 摄）

【加强干部职工队伍建设】 2011年，塔河分公司坚持“德才兼备、以德为先”的原则，适时调整和选聘了4名领导班子、10名领导人员；先后举办了3期干部培训班，受训干部110余人次，特别针对2010年底新任职干部，举办了1期素质能力提升培训班，27名新任职干部脱产受训；选派10名副处级以上干部到镇海炼化对口挂职学习，分别组织全体干部、党支部书记到延安和大庆接受党性修养培训。选送3名具有较好素质和较大潜力的专业技术人员参加石化集团公司组织的专业技术领域高级研修班，组织开展了2011年专业技术职称评审工作，25名员工取得了初级专业技术职务任职资格。参加石化集团公司组织的技师、高级技师、班组长等培训班，加快技能操作人才的培养，提高了班组的运行管理水平。采取技术授课、师傅带徒、技能考核等形式，加强岗位练兵和事故预案演练，共举办公司级培训班32次，参加培训1 240人次，提高了专业技术和技能操作人员处理突发事件的应变能力。坚持开展职业技能鉴定工作，共有132名员工参加技能鉴定考试，其中40人取得高级工职业资格，81人取得中级工职业资格，11人取得初级工职业资格，技能操作队伍结构得到进一步优化。完成了603名特殊工种作业人员培训取证和复证工作，确保了岗位人员持证上岗率100%。完成了人才成长通道建设和薪酬分配制度改革，畅通了人才成长通道。

（刘希军）

【2项技术获国家专利】 2011年11月23日，塔河分公司“冷焦水循环系统”和“用于冷焦水循环系统的处理罐”2项技术获得了国家专利。这是塔河分公司技术首次获得国家专利。

（刘希军）

【党建思想政治工作扎实有效】 2011年，塔河分公司针对企业发展的新形势新任务、转型期思想政治工作的新特点、干部职工队伍状况，加强两级中心组学习的指导与检查，将课题研讨引入党委中心组的学习之中，提高了中心组学习的实效性和参与度。围绕纪念建党90周年举办了“党在我心中”主题书画摄影征文比赛、“踏寻红色之乡”延安学习、“永远跟党走”红歌会等10个系列活动。开展“打造高度负责任、高度受尊敬企业”员工大讨论活动，不断增强全员特别是领导干部的责任意识、忧患意识和大局意识，涌现了以张创团、王喜峰为代表的先进人物典型。开展监狱参观警示教育、业务公开网上巡视，引导各级领导干部始终自重、自省、自警、自励，营造了风清气正的良好环境。

（刘希军）

【推进和谐企业建设】 2011年，塔河分公司落实职代会代表团组长联席会议制度，先后审议通过了《塔河分公司人才成长通道建设方案》、《塔河分公司完善薪酬分配制度实施方案》及配套管理制度，畅通了人才成长通道，维护了职工群众的切身利益。“五件实事”得到落实：职工住房补贴年底得以兑现，乌鲁木齐米泉基地200套集资建房指标予以落实，库车集资建房工作稳步推进，生活区游泳馆等设施建设已获得石化集团公司总部批复，协调银行在生活区门口安装了自动柜员机。倒班职工倒班机制调整工作顺利实施，满足了倒班职工休假意愿。主动与地方单位举办联谊活动，千方百计为解决青年职工婚恋问题创造条件。设置和更换公司形象标识，在生产、生活区安置宣传标语870余条，营造了文明和谐的企业环境。落实生产、生活区绿化方案，共种植树木5 000多棵，绿化面积达2.3万平方米，进一步改善了职工的工作、生活环境。通过召开座谈会，举办文娱活动、演讲比赛，开展大型户外活动，展示了员工的精神风貌。

（刘希军）

表1　塔河分公司主要技术经济指标　亿元

指标名称＼年份	2011	2010	2009	2008	2007	2006
原油加工量/万吨	418.37	251.13	205.82	192.70	196.47	185.70
工业总产值	190.01	99.26	64.71	68.92	57.41	50.76
工业增加值	26.15	23.20	22.23	－1.58	7.16	2.94
资产总计	45.40	45.34	30.67	22.16	19.33	18.09
流动资产	9.64	8.67	4.17	3.03	4.51	3.38
固定资产原值	43.58	40.52	18.34	17.76	17.75	16.05

续表

指标名称＼年份	2011	2010	2009	2008	2007	2006
固定资产净值	32.86	32.72	12.14	12.88	14.16	13.71
销售收入	192.60	97.25	65.29	69.84	58.15	51.40
实现利税	22.29	20.01	21.11	0.20	6.46	1.83
税　金	28.93	16.39	16.29	1.65	3.46	2.34
综合能耗/千克标油·吨$^{-1}$	50.34	47.99	50.77	53.65	56.13	58.62

表 2　　**塔河分公司主要产品产量**　　万吨

产品名称＼年份	2011	2010	2009	2008	2007	2006
汽　油	15.39	13.90	13.13	12.17	12.72	10.07
柴　油	201.60	108.62	91.86	90.70	90.09	80.03
溶剂油	—	—	0.73	1.55	0.60	0.60
石脑油	37.86	16.78	8.27	6.94	9.16	10.20
沥　青	34.60	36.74	36.30	28.46	25.58	29.10
重交沥青	19.56	18.51	19.34	13.48	20.62	3.78
石油焦	91.21	49.54	39.70	37.26	31.87	28.07
商品液化气	11.92	6.98	5.37	5.10	4.77	3.93
石油苯	0.20	0.20	0.09	0.23	0.26	0.15

海南炼化

【概况】 中国石化海南炼油化工有限公司(简称海南炼化)位于海南省西北部洋浦半岛的洋浦经济开发区，毗邻北部湾，位于新加坡—香港—上海—大阪国际海运主航线上，拥有天然的深水良港和避风港，地理和海运条件优越，同时享受保税港区、经济特区和开发区的全部优惠政策。海南炼化占地 2.5 平方千米，投资 116 亿元，成立于 2003 年 10 月 31 日，原名海南实华炼油化工有限公司。2004 年 4 月 26 日，海南炼油项目奠基开工。2006 年 2 月 28 日，公司注册变更为现名。2008 年 7 月 1 日，海南炼化通过中国石化总部组织的项目竣工验收，正式投入商业运营。

截至 2011 年底，海南炼化拥有原油综合加工能力 800 万吨/年，有 800 万吨/年常减压蒸馏、310 万吨/年催化原料预处理、280 万吨/年重油催化裂化和脱硫脱硫醇、60 万吨/年气体分馏、10 万吨/年甲基叔丁基醚、120 万吨/年连续重整、20 万吨/年异构化、120 万吨/年加氢裂化、6 万米^3(标准)/时制氢、200 万吨/年柴油加氢精制、20 万吨/年汽油选择性加氢、8 万吨/年硫黄回收和溶剂再生、180 吨/时酸性水汽提、20 万吨/年聚丙烯、70 万吨/年航煤加氢和 8 万吨/年苯乙烯 17 套炼油化工生产装置及相应的油品储运设施、公用工程系统，主要加工中东和非洲的进口原油，生产和销售各种规格的汽油、柴油、煤油、石脑油、苯、液化气、燃料油、聚丙烯、苯乙烯等石油化工产品。海南炼化采用全加氢型加工流程工艺，汽柴油产品全部达到欧Ⅲ标准，部分达到欧Ⅳ标准，产品主要销往海南、华南及西南等地区，部分汽油、柴油、航空煤油、车用液化气出口到港澳地区，自备的深水码头位于洋浦神头港区，共拥有包括 30 万吨级原油泊位、10 万吨级成品油泊位在内的 5 座泊位，年吞吐能力 2 530 万吨。海南炼化还拥有总罐容 110 万立方米的原油和超过 90 万立方米的成品、半成品储存能力及相应的输转设施。

截至 2011 年底，海南炼化共设部门 13 个，生产单元 7 个，质量检验中心 1 个，港作中心 1 个，合资公司 1 个；有正式员工 698 人。

2011 年，海南炼化全年加工原料油 918.26 万吨，其中原油 905.89 万吨，生产各类产品 860.32 万吨，实现营业收入 543.95 亿元，工业总产值（现价）574.8 亿元，利税 107.59 亿元，完成投资 1.48 亿元。

海南炼化主要技术经济指标及主要产品产量见表 1 和表 2。

（胡　岗）

【贾庆林视察海南炼化】 2011 年 3 月 20 日下午，中共中央政治局常委、全国政协主席贾庆林在海南省委书记卫留成的陪同下，视察了海南炼化。贾庆林在海南炼化展览厅听取了海南炼化负责人的情况介绍，视察了中心控制室，慰问了在岗员工。贾庆林对海南炼化认真贯彻安全环保生产、节能减排、科学发展等理念表示高度赞赏，并指出海南炼化一定要充分利用好已有的资源和设施，做好依托，全力做好下一步发展，为海南省和洋浦经济开发区的发展继续作出贡献。

（胡　岗）

2011 年 3 月 20 日，中共中央政治局常委、全国政协主席贾庆林视察海南炼化

【原油加工量首次突破 900 万吨】 2011 年，海南炼化有针对性地选择原油品种，解决制约高负荷运行的瓶颈，充分利用海外市场扩大来料加工出口成品油，深度挖掘装置潜能，千方百计扩大原油加工总量。全年完成原油加工量 905.89 万吨，首次突破 900 万吨，创历史新高。

（胡　岗）

【技术经济指标创历史最好水平】 2011 年，海南炼化采取切实有效的措施，不断优化生产运行，深入开展“比学赶帮超”竞赛，综合商品率达到 93.69%，高附加值产品收率 90.37%，轻油收率 80.50%，原油储运损失率 0.23%，原油加工损失率 0.56%，均创历史最好水平。

（胡　岗）

【吨油利润连续 3 年位于炼油板块首位】 2011 年，海南炼化加强全面预算管理，把实现效益最优化作为自觉追求，抓住机遇、顺势而为、趁势而上，开源节流、增收节支，大力挖潜增效，实现利润 10 亿元，成为炼油板块唯一一家利润过 10 亿元的炼油企业，当年吨油利润及利润总额双双居于炼油板块首位，吨油利润连续 3 年位于炼油板块首位。2011 年，海南炼化获石化集团公司经济效益优胜单位称号。

（胡　岗）

【吨油完全费用取得突破】 2011 年，海南炼化按照“经营一元钱，节约一分钱”的理念，持续推进全面预算管理，细化分解费用构成，降低辅材、燃料等现金操作成本，压缩和控制非生产性费用，吨油完全费用由之前远高于石化集团公司总部平均水平的 260.24 元迅速降低到平均水平以下的 179.03 元，首次达到 200 元以下，取得了历史性突破。2011 年，海南炼化成为炼油板块唯一一家在全员成本目标管理工作领先程度奖项中居国际领先（一档）的企业。

（胡　岗）

【财务费用创出历史最好水平】 2011 年，海南炼化通过优化贷款结构、拓宽融资渠道，成功开展跨境人民币结算方式支付原油货款，探索多渠道购汇，寻找最优购汇方式，使用承兑汇票支付大额原油款项，降低汇票贴现利率，开立原油增值税保函，用票据和借“短贷”、还“长贷”，还清所有长期高息贷款。全年发生财务费用 0.56 亿元，较预算指标 2.8 亿元大幅降低 2.24 亿元，较历史最高纪录 6.78 亿元下降 6.22 亿元。

（胡　岗）

【安全生产获“三连冠”】 2011 年，海南炼化进一步落实安全责任制，强化安全意识，加强基础管理，消除“三违”行为，深化开展“我要安全”主题活动，严格直接作业环节的安全管理，全年实现特大环境污染事故、火灾爆炸和死亡事故为零，HSE 绩效持续提升，连续 3 年获石化集团公司安全生产先进单位称号，施正帮获石化集团公司安全标兵称号。

（胡　岗）

【节能降耗取得持续突破】 2011 年，海南炼化把节能减排作为一项重点工作，全员动员，传递压力，落实责任，紧盯能耗，采取措施，提升燃动效能、优化燃料结构、彻底熄灭火炬、用足每滴油源、降低加工损失，炼油综合能耗持续下降，降至62.41千克(标油)/吨原料，同比降低2.29个单位；与设计值相比，下降22.39个单位。年节约标油18万吨，实现年度减排二氧化碳近50万吨，万元产值能耗降低到0.3吨标煤以下。

（胡　岗）

【吨油外排废水接近“零”】 2011年，海南炼化开好污水处理装置，加大含油污水回用力度，引入洋浦污水处理厂的中水回用，尝试雨水监控池的雨水综合利用。全年吨油耗水降至0.41吨，同比下降0.08吨，万元产值耗水为0.65吨，吨油水耗跨入炼油板块领先行列，吨油外排废水为0.007吨，基本实现“零”排放，外排COD 3.54吨。

（胡　岗）

【通过“资源节约型、环境友好型”企业评审】 2011年，根据国家工业与信息化部“资源节约型、环境友好型”企业创建及试点的要求，海南炼化被确定为“资源节约型、环境友好型”企业创建试点企业。公司积极组织开展“资源节约型、环境友好型”企业试点方案的编制，2月底完成方案上报，9月上旬试点方案通过国家工业与信息化部、财政部、科技部组织的专家评审。

（胡　岗）

【装置达标名列前茅】 2011年，海南炼化自找差距，比过去、比同行、比先进，做到知己知彼。明确学习标杆，确定赶超对象，找出薄弱环节，制定有效措施，2009—2011年连续3年炼油专业达标排名位列炼油板块前3位；在常减压、催化裂化、加氢裂化等多套装置达标竞赛中名列石化集团公司总部前茅。

（胡　岗）

【科技开发工作稳步推进】 2011年，海南炼化加大科技开发力度，强化科技创新，有效发挥“推进器”作用。60万吨/年PX生产装置成套技术项目由海南炼化与石油化工科学研究院、上海石油化工研究院等科研设计单位共同承担，被列入石化集团公司“十条龙”攻关项目，该项目已完成技术目标和攻关内容确定、任务分工、进度节点等工作，吸附分离国产化技术有效推进。催化裂化废催化剂做水泥项目完成小试、工业装置试验和专家评估，进行了批量工业化使用，全年处理催化裂化废催化剂1 920吨，节约成本约410万元。

（胡　岗）

【全力以赴保证市场供应】 2011年，海南炼化按照石化集团公司总部部署和安排，讲政治、顾大局、听指挥，全力以赴，开足马力，精心调整生产方案和产品结构，努力增产汽油或柴油，挖掘成品油库存，在成品油市场出现结构性偏紧的情况下，切实保证成品油市场供应，在完成配置计划的前提下，增产汽柴油34万吨，全力保障市场成品油供应。

（胡　岗）

【公司党委获得全国先进基层党组织称号】 2011年，海南炼化党委围绕中心工作，服务发展大局，深入开展创先争优活动，强化党建和思想政治工作，充分调动干部员工的积极性，为实现公司“十二五”良好开局奠定了政治基础，得到了上级党组织的充分认可，获全国先进基层党组织称号。

（胡　岗）

【创先争优活动取得丰硕成果】 2011年，海南炼化按照石化集团公司党组的部署和要求，以“比学赶帮超”活动为载体开展创先争优活动，突出促进安全生产和“发展优化年”目标特点和实践特色，营造“见红旗就扛、有第一就争”的良好氛围，将考核指标赶超目标分解落实到部门、单元和班组，动真功、下狠劲、严考核、硬兑现，奖惩分明，推动企业生产经营不断创出新水平、迈上新台阶，取得了丰硕成果，当年原油加工量、工业总产值、营业收入、利税额均创历史最好水平。在炼油板块“比学赶帮超”活动奖牌榜上，海南炼化共获得月度红旗52面、红星18颗，其中在年度累计评价的8项指标中，吨油利润、利润总额、生产任务、费用降低率、能源消耗5项指标获得红旗，产品销售、费用降低率、加工损失3个指标获得红星，获炼油板块“比学赶帮超”活动优胜单位称号。

（胡　岗）

【职代会通过5项福利制度】 2011年，海南炼化加强民主管理，全面推行厂务公开，坚持和完善职代会制度，组织召开了职工代表大会团组长会议，审议并通过了《企业年金实施办法》、《企业补充医疗保险实施办法(试行)》、《员工健康疗养办法(试行)》、《员工考勤和休假管理规定》、《住房分配货币化实施方案》5项福利方面制度，充分调动了员工的积极性。

（胡　岗）

表1　　**海南炼化主要技术经济指标**　　亿元

指标名称 \ 年份	2011	2010	2009	2008	2007	2006
原油加工量/万吨	905.89	847.49	822.11	782.91	795.60	215.10
工业总产值	574.80	462.56	371.25	389.01	335.87	83.58
炼　油	550.77	443.63	354.28	367.51	313.69	77.54
化　工	24.04	18.93	16.97	21.50	22.18	6.04
工业增加值	31.95	57.52	51.13	-35.37	27.90	-3.37
资产总计	118.73	130.92	109.91	114.18	136.99	120.10
流动资产	51.38	57.04	27.75	29.30	46.74	19.83
固定资产原值	97.69	94.36	94.27	94.03	93.40	101.43
固定资产净值	63.78	67.02	73.53	79.69	85.09	99.17
销售收入	540.83	413.30	326.59	377.52	299.90	67.05
实现利税	107.59	113.55	111.41	-45.66	17.37	-12.36
税　金	99.56	85.13	71.37	7.93	18.12	2.64

表2　　**海南炼化主要产品产量**　　万吨

产品名称 \ 年份	2011	2010	2009	2008	2007	2006
90#汽油	—	—	—	—	3.83	9.57
93#汽油①	256.77	223.07	208.47	154.54	168.12	55.25
97#汽油①	38.48	40.16	55.83	89.51	66.71	0.85
0#柴油	319.20	345.98	341.38	344.87	359.06	94.70
石脑油	14.09	18.75	14.00	7.93	6.97	—
煤　油	68.06	41.13	35.43	31.06	32.78	3.43
苯	6.19	5.26	4.98	5.55	5.27	0.94
航煤组分油	9.44	3.45	—	—	—	—
燃料油	32.57	22.65	17.74	16.43	12.82	5.00
硫　黄	6.45	6.25	6.32	6.47	5.86	1.32
液化气	59.98	54.89	48.59	48.29	51.63	14.66
车用液化气	—	—	3.60	0.71	0.77	—
其他白油原料	21.77	14.00	7.68	—	—	—
聚丙烯	23.85	22.81	22.81	21.37	22.43	4.32

①93#汽油包括92#、95#，97#汽油包括98#。

青岛炼化

【概况】 中国石化青岛炼油化工有限责任公司(简称青岛炼化)系石化股份公司、山东省国际信托有限公司、青岛国信实业有限公司按85∶10∶5的投资比例出资设立的特大型石油化工企业，于2004年10月18日注册成立。公司位于青岛经济技术开发区重化工园区，毗邻青岛港，位置优越，配套完备，交通便捷。青岛炼化是中国石化系统内单套装置规模最大、体制机制最新、用工定员最少的炼化企业之一，截至2011年底，设10个机关职能部门和9个生产单元，共有在册正式职工638人。

青岛炼化1 000万吨/年大炼油项目于2011年10月28日通过竣工验收。截至2011年底，青岛炼化拥有1 000万吨/年常减压、250万吨/年延迟焦化、290万吨/年催化裂化、150万吨/年连续重整等17套工艺生产装置和相应的油品储运设施、公用工程系统，可年产汽煤柴成品油700多万吨，生产聚丙烯、苯乙烯、混苯、硫黄等各类石化产品200多万吨，成品油质量全部达到国Ⅲ标准，部分达到国Ⅳ标准。

2011年，青岛炼化加工原料油914.46万吨，生产各类商品866.99万吨，实现销售收入509.38亿元，实现利税71.17亿元，各项技术经济指标全部达到石化集团公司总部考核标准。

青岛炼化主要技术经济指标和主要产品产量见表1和表2。

(秦玉清　刘仕成)

【1 000万吨/年大炼油项目通过竣工验收】 2011年10月28日，青岛炼化1 000万吨/年大炼油项目通过中国石化竣工验收委员会的总体竣工验收，获《竣工验收证书》。青岛炼化1 000万吨/年大炼油项目是中国批准建设的第1个单系列千万吨级炼油项目，对国内新建大型炼油项目有着重要示范意义。

(秦玉清　刘仕成)

【200万吨/年加氢裂化装置开工建设】 2011年5月9日，青岛炼化200万吨/年加氢裂化装置及配套系统项目在工程现场举行开工仪式。项目总投资11.6亿元，计划于2012年10月建成投产。项目投产后，生产的柴油产品满足欧Ⅴ标准，全厂柴油质量可达到国Ⅲ以上标准，将进一步提升青岛炼化成品油质量等级，满足柴油质量升级和出口柴油的要求。

(秦玉清　刘仕成)

加氢裂化装置开工仪式

【首次装置大检修高标准完成】 2011年6月20日—8月10日，青岛炼化高标准完成开工3年来的首次装置大检修。该次大检修同步实施了一系列消除瓶颈、挖潜增效项目，总投资5.7亿元，检修项目总数6万余项，参检人员超过7 000人。该次检修实现了“废气不上天、污油不落地”和“工期零拖延、安全零事故、质量零缺陷”的控制要求。

(秦玉清　刘仕成)

【8.5万吨/年苯乙烯装置建成投产】 8.5万吨/年苯乙烯装置于2011年5月31日建成中交，8月27日打通全流程，产出合格产品，实现一次开车成功。该项目是青岛炼化综合利用资源、优化产品结构、推进后续发展的标志性项目，总投资5.6亿元，采用国内先进成熟的干气制乙苯和乙苯脱氢制苯乙烯工艺技术，建设有苯乙烯生产装置及储运设施、循环水和辅助生产系统等配套设施。

(秦玉清　刘仕成)

新投产的苯乙烯装置

【安全环保取得新成绩】 2011年，青岛炼化以“我要安全”主题活动为抓手，通过HSE指标细化分解、安全环保责任书签订、全面实施HSE观察制度等多种方式强化全员HSE责任意识，并采用案例教育、大检修专题培训和重点作业专项培训等多种途径，增强教育培训的针对性，有效提升了全员安全素质。全年开展安全培训110场、1.6万余人次。大检修期间，研究确立了横向“区域化”、纵向“三位一体”的HSE监管模式，保证了对现场作业环节的有效监管，实现了“零事故、零污染”的目标。年内青岛炼化被评为2011年度中国石化安全生产先进单位、环境保护先进单位。

（秦玉清　刘仕成）

【标准化管理体系初步建成】 2011年，青岛炼化认真学习借鉴国内外先进经验，紧密结合各专业管理的实际，全面推进标准化管理体系建设。截至年底，公司《管理手册》以及582个业务流程、360个规章制度、177个技术性文件、834个记录表单已发布执行，并实现了在文件管理平台上的统一管理，初步建立起符合中国石化总体要求、适应青岛炼化特点的标准化管理体系。

（秦玉清　刘仕成）

【降本增效工作成绩显著】 2011年，青岛炼化重点加强全员成本目标管理，持续推进全流程优化增效，深入开展“两控一提升”活动。原油采购通过抓效益油种、优化库存运作等措施，平均采购价格比石化集团公司同期均价低0.24美元/桶。细化物资采购方案，坚持科学理性采购，全年节约采购资金5 500万元。精心优化资金调度，调整贷款结构，提高资金使用效率，年度财务费用比石化集团公司下达指标降低1.03亿元。以市场为导向，大力调整产品结构，柴汽比降低了0.01个单位，航煤、粗三甲苯、饱和液化气收率分别较上年提高0.68、0.22和0.35个百分点。加快新产品开发成果转化，聚丙烯新产品和专用料全年产销12.4万吨，增效3 048万元。锅炉负荷率提高13.52个百分点，全年外购电量比计划减少941万千瓦·时。此外，全年实施20余项降本增效类技措项目，“干气不干”治理、控制炼厂气带氢、凝结水乏汽回收及一系列节水、节汽、节氮、节氢措施均得到有效落实。全年青岛炼化实现降本增效4.61亿元，节约1.89万吨标油。

（秦玉清　刘仕成）

【设备管理模式进一步完善】 2011年，青岛炼化切实落实设备管理岗位责任制，采用专业工程师分区负责的方式强化现场管理，提高了设备问题的处理效率。紧紧围绕装置腐蚀热点健全防腐管理网络，年内安排定点测厚5.9万点次，及时发现处理隐患18起，为装置长周期运行提供了可靠保障。加强大机组及关键设备的状态监控管理，聚丙烯挤压造粒机组、动力中心发电机组的在线状态监测系统陆续投用，机泵离线状态监测及巡检系统进一步完善。坚持大型机组“五位一体”特护和定期设备检查，广泛开展预防性维护维修，减少了故障的应急处理频次，设备安全运行始终处于受控状态。全年青岛炼化主要设备完好率不低于99.9%，常规仪表完好率不低于99.81%，加热炉管理在石化集团公司专业抽查中再次名列第1位。

（秦玉清　刘仕成）

【通过清洁生产企业审核验收】 2011年，青岛炼化积极实施绿色低碳环保战略，以持续清洁生产工作为抓手，进一步加强全员清洁生产意识，逐步将好的做法固化到公司相关管理制度和企业标准中，将清洁生产制度切实落实到日常生产的每一个环节，持续做好节能、降耗、减污各方面工作，各项环保指标、资源利用指标均已达到石化集团公司清洁生产标准要求。青岛炼化于10月26日通过中国石化清洁生产企业审核验收。

（秦玉清　刘仕成）

【人才队伍建设稳步推进】 2011年，青岛炼化以“党员树形象、职工提素质、管理上水平”活动为抓手，扎实有效地开展队伍素质建设工作。通过制定激励政策，开展岗位轮换练兵和资格考核，持续推进全流程操作员的培训，有效调动了生产一线职工岗位成才的积极性，全流程操作员比例已达30%。加大中基层领导干部和专业技术人员的培训力度，通过送外培训、岗位锻炼、内部交流压担子等各种途径加强对干部的培养教育，在检修改造、技术创新、管理创新的实践中提高干部本领，发现干部苗子，将有潜质的年轻干部放到领导岗位锤打锻炼，一批青年骨干进入单元管理团队。围绕公司年度重点工作组织内部培训班83期，参加石化集团公司举办的培训班204期，举办证书类培训18期，均达到预期培训效果。

（秦玉清　刘仕成）

【党建和思想政治工作取得实效】 2011年，青岛炼化积极开展“为民服务创先争优”主题活动，取得了提高全员素质、加强基层建设、服务职工群众、促进和谐发展的实践成果。进一步加强党的基层组织建设，开展“学技术、练本领、做有为党员”活动，注重把人才培养成党员，把党员培养成骨干，进一步增强了党组织的凝聚力和战斗力。通过建立“职工思想政治工作座谈会”定期例会制度，及时听取基层支部和一线员工意见，做到能解决的迅速解决，不能解决的耐心解释，保持了问题反馈渠道的畅通。

（秦玉清　刘仕成）

表 1　**青岛炼化主要技术经济指标**　亿元

指标名称＼年份	2011	2010	2009	2008
原油加工量/万吨	914.46	1 010.46	947.41	510.70
工业总产值	504.66	453.65	346.47	225.18
工业增加值	82.01	114.18	109.10	-47.93
资产总计	150.19	141.49	137.53	144.73
流动资产	30.96	28.52	21.61	20.57
固定资产原值	120.77	115.10	108.33	102.48
固定资产净值	93.16	95.97	96.97	98.31
销售收入	509.38	453.65	347.21	224.11
实现利税	71.17	102.75	99.70	-48.20
税　金	80.47	85.75	83.09	-1.68
综合能耗/千克标油·吨$^{-1}$	57.06	59.14	64.90	71.94

表 2　**青岛炼化主要产品产量**　万吨

产品名称＼年份	2011	2010	2009	2008
汽　油	224.24	250.56	239.67	122.51
柴　油	331.59	372.22	370.24	198.64
煤　油	50.27	50.70	36.58	12.39
液化气	69.58	75.75	72.08	35.25
石脑油	13.86	17.86	11.99	12.96
重芳烃	—	—	5.32	0.78
粗三甲苯	9.26	8.01	—	—
5#白油油料	0	0	0.80	0.49
商品石油焦	54.72	56.75	56.79	30.00
丙　烷	0	2.33	3.56	1.60
碳　五	10.28	16.44	9.07	1.29
纯　苯	2.04	5.25	3.79	1.18
混合二甲苯	23.75	26.40	24.06	5.68
MTBE	0.31	-1.00	0.36	0.57
硫　黄	16.52	16.73	16.00	7.99
聚丙烯	19.07	21.19	18.61	10.34

催化剂分公司

【概况】 中国石油化工股份有限公司催化剂分公司(简称催化剂分公司)于2004年12月29日在北京成立。催化剂分公司是集科研成果转化、生产组织优化、产品技术服务为一体的专业公司，对催化剂生产经营实行统一安排工业放大、统一生产计划、统一组织营销、统一发展规划、统一实施管理。

催化剂分公司本部位于北京市朝阳区惠新东街甲6号，机关设置11部、1室，即总经理办公室、产品事业部、安全环保质量部、技术信息部(工程技术中心)、发展计划部(工程管理部)、物资装备部、人力资源部(离退休工作部)、企业策划部(法律事务部)、党群工作部(领导人员管理部、企业文化部)、审计部、纪检监察部。拥有催化剂长岭分公司、催化剂齐鲁分公司、催化剂北京奥达分公司、催化剂北京燕山分公司、催化剂上海分公司、催化剂南京分公司、催化剂抚顺分公司、催化剂贵金属分公司8个全资单位，湖南建长石化股份有限公司、上海立得催化剂有限公司2个控股单位，以及托管单位中国石油化工科技开发有限公司。截至2011年底，催化剂分公司用工总量5 422人，拥有各类经营管理及专业技术人员1 407人，其中教授级高级工程师19人，高级职称人员243人，博士10人，硕士144人，并建有博士后工作站。

催化剂分公司是国内最大的炼油、化工催化剂生产商、供应商和服务商，能够生产炼油、化工和基本有机原料3类催化剂。产品在满足国内市场需求的同时还远销欧洲、美洲、亚洲等国际市场。

2011年，催化剂分公司坚持“四化一建”(精细化管理、规范化运作、专业化服务、科学化发展，建设世界一流的国际化催化剂公司)的工作方针，一手提升财气，一手提升人气，广泛深入开展创先争优和“比学赶帮超”工作，上下一心，抢抓机遇，克服原材料价格大幅上涨、国内外市场复杂多变等诸多困难，各项工作取得了较为显著的成效。

(王志丹)

【SMTO催化剂在MTO示范工程中成功应用】 SMTO技术是中国石化自主开发、具有自主知识产权的煤制烯烃工艺技术，催化剂分公司承担了其核心技术——SMTO催化剂工业放大和生产，首要任务是确保中原石化60万吨/年MTO装置开车及生产运行所需催化剂的按时供应。2011年9月，催化剂分公司顺利完成首批SMTO催化剂的生产任务并发往中原石化。应用中，产品双烯选择性在80%以上，优于国内其他同类催化剂，催化剂分公司的生产保供、产品性能和现场技术服务获得了中原石化好评。

(王志丹)

【新型异构化催化剂RIC-200通过中国石化技术鉴定】 2011年11月9日，新型异构化催化剂RIC-200通过了由中国石化组织的技术鉴定。该催化剂具有中国石化完全自主知识产权，已申请多项发明专利，在天津石化10万吨/年对二甲苯装置首次工业应用中，与原催化剂相比，对二甲苯增产5%，氢气消耗减少近50%，综合性能达到国外同类催化剂的先进水平。同时，该催化剂生产工艺合理，产品质量稳定，环保处理无特殊要求。该催化剂的成功工业化应用，标志着中国芳烃产业的核心技术取得重大突破。

(王志丹)

【新型对二甲苯吸附剂RAX-3000成功应用】 2011年10月，由催化剂分公司生产的新型对二甲苯吸附剂RAX-3000在扬子石化对二甲苯吸附分离工业示范装置成功应用。该吸附剂由中国石化自主研发，是对二甲苯吸附分离技术的核心之一，采用了催化剂分公司开发的吸附剂滚球新工艺，黏合剂含量较国外同类产品减低一半。此次成功应用标志着该吸附剂正式进入市场，对打破国外公司垄断，推进芳烃生产技术国产化工作具有重要意义。

(王志丹)

【国产高选择性银催化剂首次工业试应用成功】 2011年10月20日，由北京化工研究院燕山分院开发、催化剂分公司生产的高选择性银催化剂YS-8810在上海石化2#乙二醇装置进行了首次工业试应用，装置一次投料开车成功。高选择性银催化剂主要应用于环氧乙烷/乙二醇装置，与传统银催化剂相比，可大幅提高装置产品收率。YS-8810催化剂是第1款国产高选择性银催化剂，受到了中国石化有关单位的高度重视。该次工业试应用成功打破了进口高选择性银催化剂的垄断地位，预示着银催化剂市场新格局的到来。

(王志丹)

【成功承办第16届全国分子筛学术大会】 2011年10月10—13日，由中国化学会分子筛专业委员会主办、中国石化催化剂分公司和中国科学院山西煤炭化学研究所共同承办的第16届全国分子筛学术大会在北京召开。该届大会是中国分子筛领域科研机构及业界的一次重要盛会，国际国内分子筛科研机构和国内分子筛相关行业共100多家单位、550多名代表参加大会。大会以“低碳经济与分子筛材料”为主题，在分子筛、介孔材料和金属有机骨架孔材料(MOF)等多孔材料的制备、表征、改性及其在石油化工、煤化工和精细化工等领域的应用，广泛开展了学术交流，探讨和研究了分子筛的发展和在新领域及空间中的应用，交流了特邀报告6个、主题报告12个、口头报告81个，以及188篇墙报，共计292篇论文。会上，催化剂分公司代表作了题为《发展催化剂 不催生环境污染》的大会特邀报告。

（王志丹）

成功承办第16届全国分子筛学术大会

【积极采取措施应对稀土涨价】 2011年初开始，由于催化裂化催化剂主要原材料稀土出现价格暴涨、供应短缺的情况，导致催化剂生产成本大幅增加，保供也受到一定影响。3月，催化剂分公司建立催化裂化催化剂销售价格与稀土等原材料价格变化关联公式，形成催化剂调价机制；4月26日，催化剂分公司在京召开稀土涨价对策研讨会，邀请石油化工科学研究院催化剂方面专家共同商讨应对措施，达成包括优化调整催化剂配方、提高催化剂的稀土利用率、提高废催化剂的稀土回收率、开发稀土替代品和开发低稀土、无稀土催化剂等方面共识；4月，催化剂分公司开展了“原材料价格上涨、效益被蚕食，我们怎么办”专题大讨论，共汇总125条建议措施，最终筛选确定26项具体措施。

（王志丹）

【与延长集团炼化公司签署战略合作协议】 2011年7月22日，催化剂分公司与陕西延长集团炼化公司签署了战略合作协议，使双方在信息、技术、商务等方面的合作进入了新的阶段，为双方优势互补、合作共赢、共同发展奠定了坚实的基础。

（王志丹）

【6项管理成果获石化集团公司奖励】 2011年，在第20届石化集团公司管理现代化创新成果评选中，催化剂分公司6项管理成果获奖。其中，“改善用户体验 探索以国际化为导向的体验式互动营销新模式”获得一等奖，“基于精细生产成本分析的采购新模式在有色金属盐采购中的应用”、“打造‘四创四争’品牌、推动‘创争文化’建设”和“公平激励理论在绩效考核体系中的有效应用”获得二等奖，“催化剂生产企业规章制度体系的构建与实施”和“实施用工总量控制考核，不断提高企业劳动生产率”获得三等奖。

（王志丹）

【优化调整机关部门设置和职责】 2011年12月，催化剂分公司按照管理模式优化改革方案的实施步骤，在机关进行了事业部制试点，优化了机关部门设置，调整了部门职责，形成了具有初步管理职能的一个事业部(产品事业部)，强化了机关战略决策地位，实现了产销一体化、内外贸一体化等职责的统一，并强化了生产和销售的专业管理，为下一步细分产品的事业部制管理打下了基础。

（王志丹）

【成功举办第7届技术大比武】 2011年10月17—19日，催化剂分公司在催化剂北京奥达分公司成功举办第7届技术大比武，来自催化剂分公司下属各分(子)公司的57名选手参加了比赛。比赛内容包括理论知识考核、技能笔试、现场实操和视频纠错4个部分，全面考察了参赛选手的专业知识和技术水平。

（王志丹）

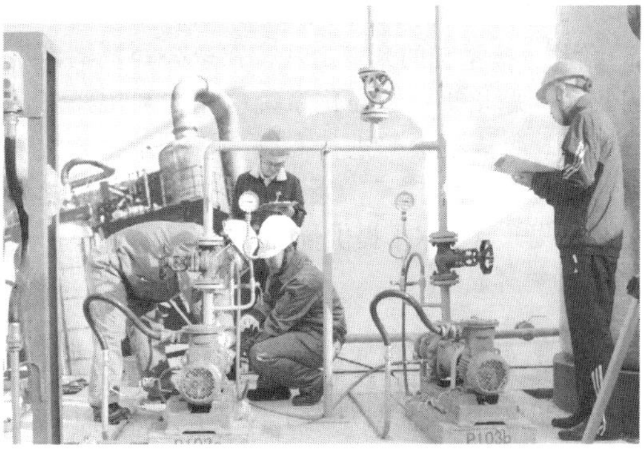

成功举办第7届技术大比武

化工销售公司

【概况】 为适应市场竞争需要，中国石化于 2005 年实施化工销售体制改革，将分散销售体制调整为集中销售体制，于同年 5 月在北京成立了中国石油化工股份有限公司化工销售分公司(简称化工销售分公司)。2009 年 4 月，为进一步完善化工营销体制机制，充分利用国内外两种资源、两个市场，中国石化对化工内外贸业务进行整合重组，成立了中国石化化工销售有限公司(简称化工销售有限公司)，与化工销售分公司实行“一套班子，两块牌子”，统称化工销售公司。化工销售公司是国内最大的石化产品供应商，主要负责中国石化统销化工产品的经营销售、仓储、贸易及互供业务，为市场提供合成树脂、合成橡胶、合纤原料及聚合物、合成纤维、有机化工及中副产品等近 50 个品种 1 800 多个牌号的产品，具备从事进出口业务的资质，能够开展中国石化化工产品出口及所需原料进口业务和化工产品进出口代理业务。截至 2011 年底，化工销售公司经营总量超 1.9 亿吨，销售收入超过 1.3 万亿元。化工销售公司在北京、上海、广州、武汉和南京等地分别设立华北、华东、华南、华中和江苏 5 家区域分公司，分别负责该区域企业化工产品销售工作，其中江苏分公司以仓储和零售为主。为实现销售前移和服务前移，更好地服务客户，在西安、沈阳、南京、杭州、汕头、泉州、昆明、长沙、成都等地设立经营部及代表处。在境外设有香港公司作为统一的进出口业务操作平台，在越南、新加坡和中国台湾地区开设办事处。

（于治宇）

【价格分析系统上线】 2011 年，化工销售公司与麦肯锡、石化盈科组成项目组，完成化工产品 Periscope 价格分析系统的开发上线，在全公司范围内组织开展了专题培训；为强化系统应用，利用经济活动分析会、每周例会等进行专题分析演示，分析查找管理上的“跑冒滴漏”，为评价营销结果、深化精细管理、提升营销水平提供科学依据。

（于治宇）

【深入开展“服务效益年”和创先争优主题活动】 2011 年，化工销售公司以“客户、生产企业和员工”为服务对象，积极实施“三服务三满意”工程，深入开展创先争优活动，制定了 3 个大类 30 余项承诺，外抓市场调研、内抓管理提升，领导走访点评，加强员工人文关怀。认真组织完成企业、客户和员工满意度调查，方案编制、问卷设计、调查组织、数据分析、问题整改工作扎实推进，生产企业和客户满意度进一步提高。营销过程中注重倾听客户心声、了解客户实际需求，第一时间将客户信息反馈给生产企业。强化客服中心人员培训，建立了特色的标准化服务流程。把“比学赶帮超”作为“服务效益年”活动的重要抓手，将利润完成率等 10 项经营性指标和客户满意度等 10 项管理性指标作为评比参数，在各区域分公司之间积极开展评比活动，在互比互学中促进了公司服务水平和创效能力的提升。在年内“比学赶帮超”活动中，华南分公司各项指标综合排名第 1 位。

（于治宇）

【完成管理标准化改造发布工作】 2011 年，作为石化集团公司管理标准化信息化试点单位，化工销售公司完成全部被列入计划的公司层面管理制度标准化改造发布工作，并将其纳入全生命周期管理，同时完成 407 个业务流程的标准化制定和手册编制。按照“统一性为主、差异性为辅”的原则，通过对区域分公司相关制度架构、职责、流程的全面分析，组织区域分公司完成执行类制度标准化改造和发布。

（于治宇）

【全面推进员工队伍建设】 2011 年，化工销售公司进一步完善领导班子“三重一大”决策制度，安排区域分公司修订了《集体决策重要事项范围》。完成人才成长通道建设和岗位序列梳理，制定基本薪酬分配实施方案。加大干部竞聘上岗力度，年内对空缺的中层管理岗位均实行了公开竞聘。推进全员绩效考核管理，增设物流降本增效奖、新产品开发奖等专项奖。制定实施《外派员工薪酬实施方案》。开展井冈山革命传统教育，举办营销物流高研班，提升了中高层管理人员思想理论素质。安排全部新入职员工到炼化企业生产车间实习锻炼 1—2 年。认真开展各类文体活动和“帮扶救助”活动，进一步增强了内部凝聚力。

（于治宇）

北京石油分公司

【概况】 中国石油化工股份有限公司北京石油分公

司(简称北京石油分公司)是中国石化所属在京成品油销售企业，主营汽油、柴油、煤油、润滑油、燃料油和非油品业务，是北京成品油市场供应主渠道。

北京石油分公司前身是北京市属的石油集团有限公司，始建于1950年4月。1998年9月，成建制划转至石化集团公司。2000年2月，主营业务组成北京石油分公司。

截至2011年底，北京石油分公司共设有16个综合管理部门、7个经营管理部门和2个专属机构，拥有员工7 083人，其中正式职工1 708人，其他用工5 375人。拥有在营油库10座，总库容41万立方米，自营加油站584座，加油站网点占有率54%，汽柴油管线158千米，航煤管线98千米，资产总额116亿元。

2011年，北京石油分公司完成经营总量620万吨，同比增长3.9%，成品油经营量563万吨，同比增长6.2%，其中汽柴油经营量479万吨，同比增长7%；市场占有率达67%，同比提高1个百分点；零售经营量281万吨，同比增长4.4%，直销经营量169万吨，同比增长9%，航煤经营量84万吨，同比增长2%，润滑油经营量23万吨，同比增长23.7%，燃料油经营量35万吨，同比下降28%；终端销售比重94.2%；发展会员45万名，发行IC卡186.8万张，累计发卡784.5万张，持卡消费比例达57.8%，同比提高7个百分点；非油品实现营业额3亿元，同比增长56%，其中便利店营业额2.9亿元，同比增长53%；实现报表利润9.74亿元，同比增长35%。

北京石油分公司主要生产经营指标见表1。

（唐　泓）

【全面开展“为民服务创先争优”活动】 2011年，北京石油分公司成立以主要领导为组长的“为民服务创先争优”活动领导小组和活动办公室，制定了实施方案；以“岗位形象建设、窗口形象建设”为抓手，打造服务水平持续提升的长效机制；公开了对消费者的“四项承诺”和对员工的“六项承诺”，并在此基础上广泛接受社会监督。年内，北京石油分公司代表石化集团公司两次接受中央创先办领导检查小组的检查，获得高度评价，“一把油枪加出满腔热情”、“支部建在站上”等做法给检查组领导留下深刻印象；《为民服务创先争优，争做窗口领域一面旗帜》一文入选中央创先办第2 095期简报上报中央领导审阅，并在人民网等相关网站上刊载；北京石油分公司开展“为民服务创先争优”活动的做法还被制成《为民服务在油站》DVD教学片在全系统推广。

（唐　泓）

【零售销量实现可喜增长】 2011年，北京石油分公司完善客户会员制管理，通过开展系列会员营销活动，提高会员服务质量，进一步锁定并扩大忠诚客户群体；深入推行客户经理制，全年走访维系客户3 800多户，新开发加油卡大客户106户；创新营销模式，通过推出“出租油补卡”扩大出租车市场份额，通过与商业卡公司合作逐步开展商业卡为加油卡充值、进便利店购物、兑换二维码加油充值卡等；积极推广自助加油，有自助销量的加油站达406座，自助销量比重达19.8%。全年完成零售量281万吨，同比增长4.4%，加油卡发卡量、持卡消费比例等主要指标在销售系统继续名列前茅。

（唐　泓）

【非油品经营保持较快发展】 2011年，北京石油分公司加强商品品类管理，优化商品结构，引进新品535种；优化库存管理，库存总量得到有效控制，中央仓库存周转天数由27天缩短至14天；拓展业务领域，增加移动手机充值、市政一卡通等业务，增加彩票门店和期刊销售门店数量；创新经营模式，12月18日，电子商务成功上线试运行，2012年1月1日正式对外运行，北京石油分公司成为销售系统首家开展电子商务的企业；新开门店42家，新开洗车网点10座。全年非油品营业额同比增长56%，传统商品营业额同比增长15.5%，实现还原利润1 500万元。

（唐　泓）

【直批经营实现量效齐增】 2011年，北京石油分公司持续加大直批终端客户开发力度，通过调整绩效考核制度、开展“决战四个月、开发三百户”终端开发竞赛活动，新开发终端客户519户，同比增长6.4%，实现销量3.14万吨；加大京标油品销售力度，以协议形式锁定社会加油站19座，销售油品40万吨；继续大力开发橇装站，全年开发橇装站31座，实现销量9.52万吨。全年直销批发经营同比增长9.2%，实现毛利6.2亿元，占毛利总额的26%。

（唐　泓）

【润滑油和燃料油经营质量明显提高】 2011年，北京石油分公司与长城润滑油公司签订战略合作协议，利用双方优势开发终端市场，经营总量同比增长21.4%，实现毛利1 734万元，包装油计划完成率系统排名由2010年第17位跃升到第2位。通过合理运用价格手段，增强了华北地区燃料油市场定价的话语权；通过积极拓展燃料油销售领域，取得化工销售华北分公司销售资质。全年燃料油实现毛利 1 726 万元，同比增长 5.6%。

（唐　泓）

【物流保障能力和优化水平进一步提高】 2011 年，北京石油分公司主动介入中国石化总部 DPO 方案制定，优化一次物流最佳运行，确保资源源头均衡合理，促使一、二次物流衔接顺畅；努力拓宽资源渠道，在燕山石化基础上新增了齐鲁石化、天津石化和青岛炼化等生产企业，形成了多渠道、多元化的京标资源供应格局，全年资源计划兑现率达 100%；加强运费监管，创新运费倒推机制，有效降低物流运行费用。全年物流优化率 93%，剔除油价上涨因素，吨油运费 33.11 元，同比基本持平，运杂费得到有效控制。

（唐　泓）

【加油站网络发展成效明显】 2011 年，北京石油分公司与朝阳等 10 个区、县签订合作协议，其中与门头沟区等 6 个区、县成立的合资公司已经取得工商营业执照；通过与政府合作，推进了石化集团公司与北京市政府签订的《合作发展协议》的落实，获市政府批准以置换方式建设经营 17 座高速路及城市联络线加油站，关停 8 年的牛街加油站于 7 月 13 日恢复营业。全年发展加油站 25 座，比下达目标多 13 座；建成充电站 2 座，其中津塘兴顺充电示范站于 11 月 16 日正式开业试运营，该站集中直流供电橇装式电动汽车充电屋取得实用新型专利，正在申请发明专利。

（唐　泓）

可同时为 200 辆电动汽车提供充电服务的津塘兴顺加油充电站

【安全环保工作获得八连冠】 北京石油分公司以“我要安全”、“安全生产月”、查找身边“十大薄弱环节”等主题活动为抓手，强化宣传教育，提高员工安全意识，强化制度和责任落实。通过多措并举，齐抓共管，初步形成了安全企业文化，实现全年“无上报石化集团公司等级安全事故、无重大环境污染事故、无上报石化集团公司等级承包商事故”，连续第 8 年被评为石化集团公司安全生产先进单位，连续第 3 年被评为石化集团公司“我要安全”主题活动先进单位。

（唐　泓）

【数质量管理工作稳步推进】 北京石油分公司于 2011 年 5 月 19 日“世界计量日”前夕和北京市质量技术监督局举行测量体系认证单位揭牌仪式，向广大客户作出诚信计量承诺。数质量科技管理取得突破，填补国内空白的油库流量计在线检定项目通过行政许可评审，于 3 月底上线运行，5 月通过专家组现场验收；车载式大口径流量计全自动在线检定装置取得发明专利；建立健全 ISO 9000 质量管理体系，3 月底通过评审，成为销售系统首家通过质量管理体系认证的企业。出台《非油品质量管理制度》和《非油品质量事件应急预案》，初步建立非油品质量管理体系。全年未发生上报石化集团公司等级数质量事故，销售油品 100% 合格。

（唐　泓）

【进一步完善专业化管理体制构架】 2011 年，北京石油分公司改革非油品经营管理体制，成立独立的非油品经营管理中心，设立非油品核算室并派驻财务总监，模拟公司化运作，强化非油品专业化运营管理；调整商业客户中心部门设置，组建橇装站经营管理部，将橇装站开发管理从零售中心划归商业客户中心，组建小额配送管理部，全面加强小额配送服务管理；组建机关服务中心，全面负责办公大楼服务保障工作；完善零售管理运行机制，按照“做精中心、做实区域、做专片区、做强油站”的总体思路，调整部分岗位职责和工作流程，将管理重心下移，充实区域力量，为一线提供更好的支撑服务；深化加油站委托管理，完善委托站检查考评体系，建立加油站受托管理公司退出机制，进一步规范了委托站管理。

（唐　泓）

【人力资源管理取得新成绩】 2011 年，经过石化集团公司考察，北京石油分公司培养的“70 后”干部担任党委副书记；调整中层领导干部 45 人次、助理级干部 31 人次；向顺义区政府输送 2 名干部任副镇长；

先后选派14名干部赴重庆石油分公司、1名干部赴西藏石油分公司支援工作。进一步完善北京石油分公司人才通道建设实施方案，为“三支队伍”的纵向晋升和横向交流提供机制保障。加强教育培训，构建处级领导干部“1241”培训体系；完成站长高级培训课程体系开发，建立起站长初、中、高三级培训课程体系；全年组织各类培训班446期，培训2.3万余人次，举办“博文课堂”系列讲座6期，外派学习287人次。全年1 581人参加职业技能鉴定，982人取得鉴定资质，其中初级工562人，中级工228人，高级工122人，技师70人。加强劳资工作，有效控制了用工总量，获得油品销售事业部2011年定员水平先进单位单项奖励；强化用工督导，有效降低加油站员工流失率，月均流失率降至3.4%；根据政策适时调整薪酬水平，确保员工收入不低于北京市最低工资标准的1.2倍；完善薪酬管理制度，调整薪酬收入结构，全年劳务工收入同比增长23%，正式工收入同比增长20%。

（唐　泓）

【基础管理水平进一步提升】 2011年，北京石油分公司强化“三基”标准化管理，持续推进管理标准化、信息化工作；全面梳理506条规章制度，拟定制度计划235条，废止不适用制度11条，合并同类制度32条，重新制定制度140条；搭建了制度管理信息平台，实现制度规范化、标准化、信息化工作目标。年内获得石化集团公司管理现代化创新成果3项，其中一等奖1项、二等奖2项；获得北京市国资委企业管理现代化创新成果2项，其中一等奖、二等奖各1项；获得全国第18届企业管理现代化创新成果二等奖；连续第3年被评为石化集团公司“三基”工作先进组织单位；被评为石化集团公司A类企业。

（唐　泓）

【财务管理创效取得进展】 2011年，北京石油分公司深入推行全员成本目标管理，明确费用归口管理部门、控制目标和管理责任，全年实现降费增效1亿元；加强资金筹划，通过办理定期存款和协定存款等手段提高资金创效能力，全年实现利息收入1.25亿元，比上年增长1倍；加强风险防控，开展“严肃经营纪律、加强财务管理”系列检查工作，对发票开具、费用管理等进行全面检查，发现问题及时督促整改，有效防范经营风险；加强投资项目跟踪管理，协调解决合资企业存在的问题，确保长期股权投资权益保值增值。

（唐　泓）

【信息化水平稳步提升】 2011年，北京石油分公司于8月18日完成设备管理信息系统建设，成为首家实现该系统上线的销售企业；高质量完成新办公楼弱电工程，成为销售系统信息化、智能化的标杆工程；在不影响业务正常开展的情况下，用时1个月，完成50多个系统、200余套服务器及设备的顺利搬迁；试点实施电子商务、合同管理等系统，深化门户网站、OA、ERP等系统的应用，率先开通加油卡网上充值业务，优化加油卡系统功能，实现系统稳定运行。连续第2年被评为销售系统信息化水平评价A级企业，被评为石化集团公司“十一五”信息化先进单位，获全国石油和化工行业两化融合优秀实践奖。

（唐　泓）

【技能竞赛和技术比武活动获佳绩】 2011年，北京石油分公司在石化集团公司组织的技能比武竞赛中，分别获得零售、信息线条团体第2名；个人奖牌13枚，其中零售线条获得2枚金牌、1枚银牌，物流线条获得2枚铜牌，财务线条获得2枚银牌、1枚铜牌，信息线条获得2个三等奖、2个优秀奖，审计线条获得1个三等奖；获得销售企业技能竞赛和技术比武优秀组织奖。

（唐　泓）

【企业在轨运行能力明显增强】 2011年，北京石油分公司强化审计职能，完成各类专项审计项目21项，审计创效1 372万元；圆满完成国家审计署等部门的现场审计配合工作，被评为北京市先进审计单位。深化依法治企，全面参与企业重大事项，出具法律意见书26份，风险提示函9期；加强打假维权，查处、整改侵权加油站13座，关闭侵权网站1家；加强诉讼管理，避免经济损失3 000万元，历史案件执行回款725万元，收回1座加油站经营权；被国务院国资委评为中央企业法制宣传教育先进单位。强化纪检监察工作，选任了公司纪委副书记（兼），零售中心设立纪检监察部；业务公开信息上传率100%，全年共巡视业务1.05万条，有查询权限人员人均登录201次，人均登录次数在石化集团公司排名第四、销售系统排名第三。

（唐　泓）

【持续推进和谐企业建设】 2011年6月18日，北京石油分公司正式搬迁入住新办公楼，在新办公楼设立职工活动室、健身房、图书室等，丰富员工业余生活，极大改善了办公条件。大力推进加油站“五小”建设，租赁站外宿舍56套，为400多名加油站员工解决了住宿问题。组织劳务工加入工会，提高劳务工对企业的归属感。将一线员工伙食补贴从每人每天10元增加到15元，与专业餐饮公司合作，利用专业餐饮公司网点就近送餐，基本解决了加油站员工的吃饭问题。搭建改善经营管理建议信息化平台，实现改善建议工作常态化，全年员工在OA建议系统受理程序中共提交建议559项，被采用17项，创效121万元。建立畅通的诉求通道和有效解决机制，实现有效诉求的初信初访事件办结率100%。

（唐　泓）

【党建思想政治工作作用有效发挥】　2011年，北京石油分公司以热烈庆祝建党90周年"八个一"活动为主线，加强思想教育，强化了员工尤其是党员领导干部的理想信念。出台《北京石油党支部建设标准》，加强基层党组织建设，"支部建到加油站"的做法得到了中央创先办的充分肯定。成立非油品经营管理中心党委和离退休管理处党委，截至年底，北京石油分公司共有党委7个，党总支14个，基层党支部100个。全年发展党员308名，其中劳务工66名。持续开展思想政治工作研究，完成84篇理论学习论文，出版了《2011年度北京石油公司领导干部论文集》，1篇论文获国家级思想政治工作研究成果提名奖。

（唐　泓）

表1　　北京石油分公司主要生产经营指标

指标名称＼年份	2011	2010	2009	2008	2007	2006
成品油销售总量/万吨	563.00	530.10	472.80	378.10	395.30	359.10
零售量	281.00	269.40	242.30	271.40	266.20	255.80
销售收入/亿元	462.00	376.20	281.80	246.40	234.90	205.50
利　润/亿元	9.74	7.20	7.50	6.50	7.60	4.90
吨油费用/元	195.00	195.00	219.00	204.00	174.00	173.00
资产总额/亿元	116.00	101.30	65.6	59.60	57.30	52.30
加油站总数/座	584	579	577	573	570	561
在营油库数量/座	10	11	11	11	11	12

天津石油分公司

【概况】　中国石油化工股份有限公司天津石油分公司(简称天津石油分公司)位于天津市南开区南京路338号，是石化股份公司直属销售企业，主要经营成品油、润滑油、燃料油的零售、直销、批发业务及其他非油品业务，是天津地区最大的成品油经营企业。公司前身为天津石油集团有限公司，始建于1950年10月，1998年6月上划石化集团公司，2000年4月改制为天津石油分公司。

截至2011年底，天津石油分公司设13个职能处室、6个专业中心；在岗员工5 108人；拥有加油站539座，油库4座，资产总额58.97亿元。

2011年，天津石油分公司实现销售总量370.97万吨。成品油销售331.85万吨，同比增长10.58%；燃料油销售35.71万吨。非油品销售额实现1.51亿元，同比增长49.5%。实现考核利润3.78亿元，同比增长9.27%。完成考核吨油费用269元，低于年度计划21元；完成考核成品油吨油费用285元，低于年度计划1元。新增和改造加油站106座，超额完成百站战略目标。

天津石油分公司主要生产经营指标见表1。

（安　宁）

【加油卡营销有力拓市】　2011年，天津石油分公司深入开展加油卡营销活动，新增加油卡联网站20座，联网站达到430余座，网点覆盖率95%，全年发卡24.7万张，充值47.9亿元，持卡消费比例24.45%。推动充值卡业务上线运行，充值卡售卡网点达到88座。开展"充值送保险"促销活动，维系加油卡客户8 000余个，实现了合作互利共赢。

（安　宁）

【创建服务示范站和精品站】　2011年，天津石油分公司"神秘顾客"共暗访检测加油站2 434站次，暗访覆盖率达到100%，加油站管理综合得分达到90分以上，基础管理日趋规范；大客户电话回访4 900余人次，满意度达 99% 以上。在此基础上，创建管理示范站 395 座，打造了 20 座精品站。

（安　宁）

【**润滑油经营扭亏为盈**】 2011 年，天津石油分公司及时调整经营策略，稳价销售，大力宣传长城品牌，扭转了润滑油亏损的状态，全年量利双收。润滑油销售 3.41 万吨，其中长城包装油销售 2.67 万吨，同比增幅 5.32%；实现毛利 1 400 万元。累计新开发客户 340 余户，新增长城包装油销量 1 252 吨。

（安　宁）

【**与天津燃气集团成立合资公司**】 2011 年，天津石油分公司积极抢占车用燃气市场，与天津燃气集团合资成立中石化津燃（天津）车用燃料有限公司，在天津中心城区范围内进行车用燃气零售及相关产品的销售。双方约定在加油站加气项目改建中，严格按照中国石化对加油站形象标识的统一管理，除加气设备、设施及加气场地范围内可以体现合资公司的形象标识以外，加油站其他区域不出现"中国石化"以外的形象标识，同时由天津石油分公司对该公司控股。

（安　宁）

【**圆满实现"1233"战略**】 2011 年，天津石油分公司围绕石化集团公司、销售公司的工作目标，结合天津石油分公司实际制定了"1233"战略（100 座加油站、200 万吨零售量、3 亿元利润、320 万吨成品油销售量）和年度 30 项重点工作。全年发展加油站 106 座，实现零售量 212.55 万吨，实现利润 3.78 亿元，实现成品油销售 331.85 万吨。

（安　宁）

【**业务经营检查把牢"6 个关口"**】 2011 年，天津石油分公司大力规范业务经营管理，把牢"6 个关口"。①自采关。严格执行"三不采"原则，坚决杜绝调和油品进货，严禁加油站自采。②进货关。坚持"一批一检"，发现问题立即上报主管领导和公司主要领导。③入库关。坚持"先检后进"，对外采油品坚持 A 级实验室全指标检验，保证入库油品质量合格；④库存关。全面检测库存商品，严格明确库存商品保质期，定期质检，杜绝不合格或质量卡边的油品出库。⑤车船运卸关。督导二次物流承运商，利用仪器监视手段，实时监控运输车辆的运行状态，确保油品运卸全程受控。⑥油站关。保证市内六区、新四区、滨海新区和其他车辆密集区加油站优先配送石化配置资源。

（安　宁）

【**强化内控监督管理制度**】 2011 年，天津石油分公司从内控环境建设入手，业务、财务、发展规划、企业管理、人事等部门出台完善了自采、发票、招投标、合同、工资薪酬等相关管理制度；审计、法律、纪检监察加强了关键岗位、关键人员、主要业务的监督检查，有效堵塞了漏洞，增加了效益，规避了内外风险，杜绝了违规现象的发生。全年完成审计项目 172 项，提出审计意见和建议 36 条，促进增收节支 3 119.39 万元，有效控制了投资成本，提高了资金使用率。修订了控制点 578 个，新增控制点 237 个，细化四级风险 384 条。审查各类合同 723 份，合同标的额共计 19.33 亿元，合同审查率达到 100%。

（安　宁）

【**纪念建党 90 周年红歌会成功举办**】 2011 年，天津石油分公司成功举办"永远跟党走"纪念建党 90 周年职工红歌会活动。来自公司机关、各片区以及相关中心的 18 支代表队参加红歌会。会后公司领导为获奖代表颁奖。

（安　宁）

表 1　　天津石油分公司主要生产经营指标

指标名称 \ 年份	2011	2010	2009	2008	2007	2006
成品油销售总量/万吨	331.85	300.10	270.41	231.59	221.69	210.55
零售量	212.55	185.21	168.32	170.56	152.16	145.39
销售收入/亿元	274.99	249.55	189.17	158.54	123.90	114.72
利　润/亿元	4.36	3.99	4.40	4.02	3.40	4.59
吨油费用/元	269.00	193.00	179.00	207.00	194.00	145.00

续表

年份 指标名称	2011	2010	2009	2008	2007	2006
加油站总数/座	539	533	493	487	479	589
自营加油站数	479	478	493	487	479	491

河北石油分公司

【概况】 中国石油化工股份有限公司河北石油分公司(简称河北石油分公司)本部位于河北省石家庄市，其机构前身成立于 1949 年。1998 年 6 月 27 日正式划归石化集团公司管理。2000 年 5 月 23 日，按照石化集团公司企业重组改制精神，其主营业务重组成立河北石油分公司，其存续部分称中国石化集团河北石油有限责任公司。后者于 2006 年更名为中国石化集团资产经营管理有限公司河北石油分公司。

河北石油分公司在全省 11 个省辖市设有分公司，拥有强大的资源保障体系和完善的经营网络体系。主要经营汽、煤、柴、润四大类成品油，销售区域覆盖河北省全境。截至 2011 年底，河北石油分公司拥有资产总额 99.86 亿元，18 座油库遍布于全省各主要交通枢纽和城镇，总容量达 65 万立方米；建有 17 条铁路专用线共 2.15 万米，连接炼油厂的输油管道 5.28 万米；拥有加油站点 2 034 个，销售网络覆盖全省城乡各地。

河北石油分公司主要生产经营指标见表 1。

(常文峰)

【经营规模创历史最高水平】 2011 年，围绕中国石化总部“两保三不降两提高”目标，河北石油分公司统筹两种资源，灵活组织营销，销售各类成品油首次突破 600 万吨大关，达到 623.7 万吨，完成年度计划的 102.5%，同比增长 6.5%。其中，轻油销售 616.3 万吨，同比增长 6.9%；润滑油销售 6.1 万吨，同比增长 3.3%。轻油零售 510.1 万吨，同比增长 19.7%；直销 71 万吨。

(常文峰)

【资源统筹保障能力进一步增强】 2011 年，河北石油分公司面对紧张的资源状况，积极协调增加配置计划，采取变更资源流向和提前执行等措施，保证配置资源的足额兑现，全年落实配置资源 461 万吨，超计划 5.7 万吨，为扩销增量提供了有力支撑；密切关注市场变化，把握进货时机，适时扩大外采规模，纯自采 130 万吨，同比增幅 30%，有效弥补了资源缺口；充分挖掘大区代采潜力，改善资源流向格局，部分地区资源短缺状况得到改观，共委托大区代采 33 万吨，同比增幅 230%。建立“每日经营调度例会”制度和库存预警机制，灵活运用多种运输方式，加大一次汽提和跨区配送力度，一次到货率达到 93%。适时启动应急预案，保证了“三夏”等特殊时期及重点行业用油。

(常文峰)

【网络质量明显提升】 2011 年，河北石油分公司紧盯中心城市、重点县城、高速公路服务区及出入口等重点区域，积极抢占网络发展“制高点”，新发展重点位置加油站 50 座。取得大广、廊沧、承唐等高速公路 37 座加油站经营权，高速公路市场占有率进一步提升。全年改造加油站 72 座；发展自助加油站 158 座，新增发卡网点 108 个；改造精品便利店 44 个，精品店累计达到 151 个，建成“万村千乡”工程农家店 100 个。继续实施“抓大促小”策略，全力打造优质高效站，新增万吨站 18 座、5 000 吨以上站 61 座，800 吨以下小站减少 138 座。加大在营站点考核力度，倒排开业周期，全年新投营加油站 56 座，连续 3 个季度获得在营站净增数先进红旗。

(常文峰)

【经营创效水平进一步提高】 2011 年，河北石油分公司坚持“托市稳价、淡储旺销”的经营理念，适时扩大外采规模，实现外采价差 5.9 亿元。认真贯彻落实中国石化总部“保民生行业、保重点行业、保枪出零售量”的经营策略，控制销售节奏，保障终端市场供应。实现销售收入 480 亿元；报表利润 7.1 亿元，完成年度预算目标任务的 129%。优化一、二次物流调度，全年运杂费节支 541 万元，吨油运杂费较年度预算低 2.1 元。

(常文峰)

【非油品业务快速发展】 2011 年，河北石油分公司用足用好各种激励政策，大力开展全员全网络营销活动，以烟草、燃油宝等重点商品，茅台、枸杞等特色商品为龙头，通过组合营销、买赠、品鉴会等促销方式，有力地推动了非油品销售。非油品营业额达到3.6亿元，完成总部下达计划的109%，位列对标单位第二。全系统百万元店达到69个，同比增加34个；日均销售千元店达到240个。

（常文峰）

【HSE管理进一步加强】 2011年，河北石油分公司坚持“一把手负总责”、“谁主管、谁负责”原则，严格执行领导干部带班和要害部位承包制度，有力地推动了安全生产责任制落实。细化事故管理规定、安全奖惩办法，增强了HSE制度的约束力。围绕“我要安全”主题，开展重温禁令、HSE观察、标准化操作、未遂事件闭环管理等活动，深入查找“十大薄弱环节”，积极推进“平安工地”创建活动，有力地促进了安全长效机制建设。为一线员工配齐了各类防护用品，在岗职工体检率达100%。加强环境污染风险排查和防控，实现了较大环境污染、生态破坏事件为零的工作目标。

（常文峰）

【数质量管理进一步强化】 2011年，河北石油分公司认真践行“每一滴油都是承诺”的社会责任，建立ISO 9000质量管理体系，进一步细化各环节质量控制要点和标准，明晰各级责任，确保油品质量全过程受控。特别是把外采质量管理作为重中之重，追加部分检验项目，防范可能出现的质量问题。全年共退货7批次，退货数量1.19万吨。加大数质量监督检查力度，积极开展“3·15”数质量自查、“中国石化质量日”、铅封专项检查等活动，实现了对在营库站检查的全覆盖。共自行抽检油库66座次、加油站1 528座次，抽检油样2 875个，合格率100%。在石化集团公司和省主管部门组织的抽检中，河北石油分公司油品质量全部合格，受到中国石化总部表扬。

（常文峰）

【财务管理水平进一步提高】 2011年，河北石油分公司深入开展全员成本目标管理，建立了省、市、片区、加油站四级对标体系，将成本控制责任落实到每个岗位；加强费用实时控制，强化正向激励，充分调动了各级公司降本增效的积极性。推行资金集中管理模式，全面开通三级总分账户系统，分账户收款和付款集中度达到100%，保证了资金安全；通过“定期存款”和“提前归还分割借款”两种措施，进一步提高了资金使用效率，节约财务费用413万元。

（常文峰）

【劳资管理进一步规范】 2011年，河北石油分公司围绕“三化一控”管理目标，细化管理措施，加强关键环节控制，进一步提升劳资管理水平。建立“超员不增费，减员不减薪”的激励机制，增强了基层单位主动控员意识，用工总量控制在上级核定的编制范围之内，被总部评为劳动定员管理先进单位。规范劳动合同和用工行为，注重证据管理，完善劳资档案，全年未发生劳动争议事件。严格落实石化集团公司薪酬分配制度，建立了基本薪酬正常增长机制，坚持薪酬分配向基层倾斜，一线员工收入大幅增长，极大地调动了员工积极性。

（常文峰）

【风险防控能力进一步加强】 2011年，河北石油分公司以制度建设为基础，规范工作流程，完善岗位责任制，共梳理制度526个，改造流程153项，初步建立起管理标准化制度体系。以风险防控为重点，全面落实内控制度，细化实施细则，加强宣贯培训，开展执行情况专项检查，促进了内控实质执行。积极开展财务预算、非油品基础管理、银行账户清理、合作业务清理整顿、内控独立审计评价等专项审计，共查出问题51个。加大建设项目审计力度，有效地规范了投资管理，审减投资1 680万元，审减率6.1%。强化零售督察作用，加强现场管理，狠抓整改落实，全年共检查加油站7 600余座次，整改问题1.9万余个，整改率98%。加强加油卡系统日常监测，及时处理异常数据2 252笔，涉及金额176万元，保障了企业和客户利益。大力推进网上巡视监督，全年网上公开信息54 432条，金额达220.5亿元。

（常文峰）

【新技术应用进一步深化】 2011年，河北石油分公司积极实施光纤入站工程，更新远程接入系统，强化核心网络容灾能力，提高了网络安全性能和运行效率，全年完成光纤入站700座。深入开展ERP监控，规范了日常操作。人力资源ERP系统、远程教育系统正式上线运行，视频监控系统有序推进。开展LED灯、地源热泵试点推广工作，一批新技术投入运行。

（常文峰）

【队伍素质进一步提高】 2011年，河北石油分公司依托培训平台，把基层员工岗前培训、岗位适应性培训做实、做细，将技能鉴定实操、竞赛比武、班组建设、基层党组织规范化建设等融入日常培训工作中，共计举办培训班1 906期，培训员工4.75万人次，基本达到了一线员工的全员轮训。全力推进零售骨干队伍“233”创建活动，组织各类培训 5 100 余人次；认真开展季度评价工作，先后评价 1.54 万人次，对排名靠后的 40 名片区经理挂黄旗警告，促进了零售骨干队伍素质提升。加强技能操作人员队伍建设，继续开展职业技能鉴定工作，全系统 3 285 人参加了技能鉴定，661 人获得了中级以上资格证书。

（常文峰）

【创先争优活动全面深入开展】 按照石化集团公司党组统一部署，河北石油分公司从 2011 年 8 月开始，将创先争优活动重点转到“为民服务创先争优”上，按照“客户、员工双满意”的目标要求，从对外对内两条线开展活动。重点开展了“争创客户满意加油站”、“争创客户满意便利店”等 5 项活动，配套实施 9 项保障措施。通过开展认责承诺、全面对标、亮牌示范、夺旗争星等活动，激发了广大干部员工立足本职创先争优的内生动力，服务作风明显改进、服务水平明显提升、服务效能明显增强、群众满意度明显提高。组织两级机关千名干部开展下基层体验行动、解难题攻坚行动、送服务暖心行动，共有 2 095名机关干部深入基层一线，查找发现问题 444 个，解决问题 323 个，开展暖心服务 541 次，凝聚了发展力量。

（常文峰）

【“比学赶帮超”工作成效突出】 2011 年，河北石油分公司按照“从经营管理上比、从经济效益上超”的总体要求，进一步完善方案，调整考核指标，提高奖励标准，激发了各级各部门抓经营、创效益、强管理、促发展的积极性和创造性，促进了各项中心工作有效落实。全年获得总部颁发的各类红旗 27 面，在同组企业中排名第 2 位，向地市公司颁发红旗 159 面，发放奖励薪酬约 1 100 万元。深入推进竞赛比武活动，在总部组织的各项竞赛中，零售线条代表队获团体第 5 名，摘得个人金牌 1 枚；审计线条代表队获团体第 4 名，摘得个人铜牌 1 枚；信息线条代表队获团体二等奖，6 人获优秀奖。

（常文峰）

【庆祝建党 90 周年系列活动有声有色】 2011 年，河北石油分公司组织开展了“颂党恩、尽职责、做奉献”党史知识竞赛活动，引导各级党员干部深刻认识中国共产党 90 年来的光辉历程和实践创新成果；举办“红色记忆”书画摄影展，辑印《河北石油分公司图志》，推进了企业文化建设；组织开展“永远跟党走——纪念建党 90 周年红歌会”活动，2 938 名干部员工参加了各级演唱比赛。

（常文峰）

【企业和谐稳定局面进一步巩固】 2011 年，河北石油分公司建立群众工作室 12 个，畅通联系群众渠道，为职工群众解决热点、难点问题 148 个。通过调整营业时间、优化用工配置、改进服务模式，员工月均劳动工时控制在 202 小时之内，劳动强度进一步降低；多渠道筹措资金，采取灵活多样的方式改善一线员工食宿条件，为基层库、站定制床单、被罩 8 650 套，基本解决了多年未解决的工作餐问题；积极推进“五小”建设，下拨配套资金 177 万元，新建及改造了一批小食堂、小浴室、小阅览室、小活动室和小菜园；广泛开展“小型化、业余化、社区化”文体活动，满足干部员工多层次、多样化的精神文化需求。按照“真困难、真帮助”原则，发放帮扶救助金 874 万元，帮扶救助各类特困、困难人员 3 089人次。衡水、唐山公司组织员工参加了“无病我帮人，有病人帮我”社会医疗互助体系，为广大员工构筑了另一道保障线。

（常文峰）

表 1　　**河北石油分公司主要生产经营指标**

年　份 / 产品名称	2011	2010	2009	2008	2007	2006
成品油销量总量 / 万吨	623.70	585.70	560.64	538.00	570.00	569.00
零售量	510.10	426.32	389.52	431.00	417.00	400.00
销售收入 / 亿元	480.00	384.70	311.68	317.00	278.38	264.65
利　润/亿元	7.10	5.80	5.10	11.00	7.60	9.31
成品油吨油费用 / 元	322.00	289.00	309.00	266.00	201.00	185.39
加油站总数 / 座	2 034	2 012	2 101	2 467	2 549	2 575

山西石油分公司

【概况】 中国石油化工股份有限公司山西石油分公司(简称山西石油分公司)本部位于山西省太原市万柏林区大王路8号，前身为成立于1951年的中国石油公司太原支公司，1998年整体上划石化集团公司，2000年10月重组改制为山西石油分公司。山西石油分公司为中国石化在山西唯一的、也是全省最大的成品油销售企业，承担着成品油资源配置、供应主要任务，主营汽油、柴油、煤油、润滑油、燃料油及非油品业务。截至2011年底，山西石油分公司下辖11个市分公司、145个县(区)片区，实行人、财、物统一管理；拥有正式职工4 292人，资产总额67.63亿元，在用油库14座，在营加油站1 498座。

2011年，山西石油分公司经营总量达528.81万吨，同比增长19.41%；实现销售收入400.33亿元，报表利润6亿元；新发展加油加气站43座。

山西石油分公司主要生产经营指标见表1。

(李志平)

【经营指标再创新高】 2011年，山西石油分公司以“比学赶帮超”工作为抓手，坚持油非同抓、量效兼顾，结合宏观经济态势和山西转型跨越发展战略及企业自身发展要求，将资源采调作为保供拓市的首要战略。积极协调中国石化总部，从山西实际出发增加配置计划；加强市场走势预测，把握时机，在保证油品质量的前提下努力做优外采，弥补资源缺口；加强与铁路部门的沟通与协调，优化资源流向，及时组织榆次管输资源的二次转储，根据实际对太原、吕梁、临汾等部分公司开展了公路跨区配送，力保各地需求。在全国资源特别紧张的9、10月份，山西未出现大面积脱销断档现象。全年资源购进量同比增长16%，其中配置资源增长23%，外采资源增长4%。润滑油、燃料油经营通过及时把脉市场，规范库存管理，实现量效同增。年内，成品油经营量495.82万吨，完成计划的117.8%，同比增长19.63%。其中，零售359.29万吨，完成计划的120.6%；直销批发136.54万吨，完成计划的111%；润滑油经营量4.08万吨，完成计划的116.5%，同比增长14.61%；燃料油经营量28.91万吨，完成计划的240.9%，同比增长16.40%。合计经营总量达528.81万吨，完成计划的121.3%，同比增长19.41%，再创历史新高。

(李志平)

【非油品营业额近翻番】 2011年，山西石油分公司将便利店建设和重点商品市场开发作为做大做优非油品业务的两大根本举措来抓，通过学习兄弟公司经验，新建、改造、扩建三管齐下，新发展非油品“易捷”便利店264座，使便利店总数达到726座，进一步扩大了非油品业务覆盖范围。同时，继续组织好日常大众商品经营，突出香烟、汾酒等重点商品的市场开发。年内，烟草销售额达到7 038万元，汾酒销售额达到5 430万元。燃油宝销量达41.36万瓶，销售额达到1 281万元，不仅在全省树立了“中石化易捷无假货”的良好口碑，而且通过实施“走出去”战略，创造了北上南下的良好销售态势，带动重点商品业务量大幅增长。各种营销拓市举措，加之“比学赶帮超”销售竞赛活动的开展，使全年非油品营业额达到2.25亿元，完成计划的103.53%，同比增长81%，实现毛利3 360万元，毛利率15%。

(李志平)

【安全经营无事故】 2011年，山西石油分公司认真贯彻落实国家、山西省及石化集团公司安全问责精神，层层落实“谁主管，谁负责”的安全生产责任制，继续深入开展“我要安全”主题活动，将安全文化建设、推行标准化操作、现场安全管理、应急管理、隐患治理等有机地融入“比学赶帮超”工作和“为民服务争先创优”活动中，不断强化全员主动安全意识，各级、各岗位结合自身特点，严格执行中国石化《安全生产禁令》，加强对承包商、承运商的安全监督，促进库站设备设施的安全可靠度进一步提高，年内安全经营无事故，被石化集团公司评为安全生产先进单位。

(李志平)

【进一步强化油品数质量管理】 2011年，山西石油分公司围绕石化集团公司制定的“质优量足，客户满意”总目标，按照“质量永远领先一步”的工作方针，认真践行“每一滴油都是承诺”，加强了外采油品质量管理，通过健全完善管理制度、单设机构、加强人员培训、提升质检技术水平、增加检验设备、严格落实岗位职责、实行外采油品入库“A + B”检验等措施，严把油品采购关和入库关，先后对锰含量、实际胶质、辛烷值超标的6批次、5 000吨油品作了退货处理。进一步加强计量检定和油品损溢管理，积极配合国家有关部门完成了汽柴油吨升折算系数的重新测定工作，着手开展ISO 9000质量管理体系建设。在山西省质量技术监督局组织的两次汽柴油质量抽检中，公司油品全部合格，较好地维护了中国石化企业信誉，提升了品牌形象。

（李志平）

【继续强化队伍建设】 2011 年，山西石油分公司继续组织干部员工参加中国石化销售企业竞赛比武，在零售、财务经济法律、油品计量、润滑油客户经理 4 个项目的竞赛中，取得 4 银、2 铜，其中计量线条获得团体第 3 名；贯彻石化集团公司人才工作会议精神，拟定了《山西石油"十二五"及未来十年人才发展规划纲要》，结合实际制定出台了《山西石油分公司人才成长通道建设实施方案》等 3 个制度，明确选聘、管理、考核等具体规定，分步实施，鼓励"三支队伍"人才脱颖而出；在加强员工培训、开展职业技能鉴定的同时，选拔引进本科及以上学历应届毕业生 30 人，继续推进"百站百人"工程，优化基层加油站、油库和非油品便利店等一线员工队伍结构；进一步规范完善加油站委托管理，推进保安、保洁、警消、食堂、物业管理、汽车服务等非主营业务外包，累计减少企业用工 3 600 多人，同时加强工时管理，优化排班，使劳动用工更为科学合理；结合经营管理目标，调整绩效考核和薪酬兑现办法，完善薪酬分配与激励机制，积极调动广大干部员工的积极性与主动性；自上而下扎实开展"四好(学习好、业绩好、服务好、廉洁好)"创建活动，增进工作交流，促进干部队伍整体执行力、凝聚力进一步提高。

（李志平）

【服务"2011 健康快车山西光明行"活动】 2011 年 8 月 5—14 日，旨在为内地贫困白内障患者重见光明筹集善款的"2011 健康快车山西光明行"活动在山西境内举行，山西石油分公司独家承担了为考察车队提供油品保障与服务的任务。先后在大同、五台山、晋中、临汾、运城等地 5 座加油站为车队提供了油品加注等服务。全程规范细致的品牌服务，展现了山西窗口形象，彰显了中国石化国企风采，受到车队的一致称赞。

（李志平）

服务"2011 健康快车山西光明行"活动

【与山西国际能源合作发展天然气业务】 2011 年 9 月 26—28 日，山西"中部六省博览会"期间，受石化股份公司委托，山西石油分公司代表石化股份公司与山西国际能源集团气化投资管理有限公司签署了能源合作协议。根据协议，双方共同出资成立山西国化压缩燃气有限责任公司，注册资金 1.2 亿元人民币，其中石化股份公司占股 49%，山西国际能源集团气化投资管理有限公司占股 51%。该合资公司在山西省境内从事天然气加气母站、子站的发展、规划、建设与运营，于 11 月 16 日正式挂牌运营。

（李志平）

表 1 山西石油分公司主要生产经营指标

指标名称 \ 年份	2011	2010	2009	2008	2007	2006
成品油销量总量 /万吨	495.82	414.50	381.42	351.49	324.28	306.32
零售量	359.29	297.70	261.00	263.77	239.34	224.60
销售收入 /亿元	400.33	290.00	228.00	232.77	182.31	163.00
利　润/亿元	6.00	4.35	4.70	10.02	4.50	3.44
吨油费用 /元	313.00	308.00	290.00	297.00	193.00	175.00
加油站总数 /座	1 498	1 502	1 400	1 386	1 419	1 406

上海石油分公司

【概况】 中国石油化工股份有限公司上海石油分公司(简称上海石油分公司)是石化股份公司直属大型销售企业，公司前身中国石油上海分公司创建于1953年10月，1998年9月成建制上划石化集团公司。2000年2月，按照石化集团公司整体重组、主辅分离、改制上市的要求，主营业务部分组建为上海石油分公司。上海石油分公司主营汽油、柴油、润滑油和其他石化产品的批发、零售、直销配送和仓储业务以及加油站汽车快修服务、快餐、便利店等非油品业务。

截至2011年底，上海石油分公司设有14个综合管理部门和6个专业中心。拥有加油站613座(按照登记证口径)，其中在营加油站576座；各类加油机2 265台、加油枪7 108把；地下储油罐2 578个、总容量8.62万立方米；加油站液位仪568套。大小油库5座；发油平台8座、车位95个，储油罐169个。油品专用泊位14座，系泊能力6.68万吨级。铁路专用线1条，长1 661米，鹤位48个；库外长输管线2条，总长55.74千米；油气回收装置3套。用工总人数7 446人，其中正式职工2 051人，其他用工5 395人。

2011年，上海石油分公司完成经营总量461万吨，完成计划的97.4%；销售成品油450万吨，完成计划的96.8%。其中，零售334.05万吨，完成计划的101.4%；直销85.01万吨，完成计划的112.3%。销售润滑油9.84万吨，完成计划的115.8%。实现销售收入368亿元，报表利润10.6亿元，完成年度指标的143%；费用总额11.7亿元，还原吨油费用240元，比考核指标减少1元。年内被评为第3届上海市场诚信经营先进单位。

上海石油分公司主要生产经营指标见表1。

(徐若茵)

【稳定零售市场】 2011年，上海石油分公司积极面对各类市场情况，通过开展并优化“点对点”竞争布局、加强内部经营分析、及时跟踪销量变化、加大宣传力度等措施，努力稳定零售份额，市场占有比例为74.53%；开展“为民服务创先争优”活动，服务窗口员工佩戴党徽、团徽及服务笑脸牌上岗，发挥党团员先进表率作用；通过开展加油站现场客户调研活动、推行神秘客户制度、优化服务评价标准、提高客服水准等措施，员工服务开口率做到92%，客服中心电话接听率基本保持在90%，在神秘顾客检测中稳居销售企业第1名；开展加油站达标创优活动，11座加油站被中国石化总部评为五星级加油站，36座被评为四星级加油站，61座被评为三星级加油站；截至年底，完成全自助加油站改造建设56座并已全部投入运营。规范小额配送业务管理，截至年底，共完成小额配送20.64万吨，同比增加3.41万吨，增幅19.8%。推广出租车加油卡，拓展物流企业加油卡大客户，发挥加油卡积分优惠作用，建立与银行、保险、汽车销售、电信和移动等企业的合作伙伴关系，全年发卡量达102.04万张，同比增加26.53万张，增幅35.13%，截至年底累计发卡量449.79万张。

(徐若茵)

【做实经营增效益】 2011年，上海石油分公司通过对近350家客户进行走访，稳定了直销销量；通过开发物流企业、制造类企业、建筑类企业等潜在客户，新增成品油直销客户147家，新增成品油销量3.56万吨；成品油批发量达30.64万吨。在润滑油方面，改善经营环境，树立先进人物，实现经营上“四个优化”(优化渠道结构、优化行业结构、优化区域销售、优化资源结构)，截至年底，改造包装油仓库15座，改造门店15家，新增润滑油客户328家，新增润滑油销量1 500吨。

(徐若茵)

【拓展非油品业务】 2011年，上海石油分公司通过结对帮扶、开展销售竞赛，提高一线销售人员积极性和技术水平；推进重点门店建设，创建精品样板店，做大业务规模，截至年底，年销售额超50万元且综合毛利率达到公司平均水平的大店有98座，创建精品样板店75座；通过优化物流配送、优化商品结构，加大供应商管理力度，提高到货率、货品上架率和流通率，年内淘汰供应商5家、引进22家，商品品牌数增加259种，增幅163%，商品种类引进765种，淘汰336种，可供商品达到1 579种。年内新增便利店57座，在营便利店达到407座，完成中国石化总部下达的380座指标的107%。开设知名品牌汽服20座，国际品牌餐饮3座，实现销售总额2.5亿元，完成总部指标的105.7%。

(徐若茵)

【打造网络建设“生命工程”】 2011年，上海石油分公司紧紧抓住上海市建设“四个中心”的契机，新增加油站12座(新建加油站11座，控股全资加油站1座)，其中新建大型居住社区加油站9座；重点区域摘牌加油站土地6宗、主干道加油站土地4宗、迁建土地2宗。签订大型居住社区配套加油站项目框架协议9座，动迁加油站3座，处于洽谈过程中13座。通过与市有关政府职能部门的沟通，将涉及上海石油分公司规划动迁风险的加油站数量由85座减少到65座；获得上海市"十二五"期间9个郊区县规划新增加油站90座建设项目中的72座，布点所占比例为80%。投入资金5.31亿元，完成油气回收和提量改造加油站541座，并全部投入使用。

（徐若茵）

【抓好油库基础设施建设】 2011年，上海石油分公司完成闵行油库扩容和自动化改造项目，新建2万立方米油罐；完成高桥油库码头输油臂工程；完成南门油库工艺及平台自控系统改造。全年固定资产投资共3.04亿元。

（徐若茵）

【确保安全生产经营】 2011年，上海石油分公司扎实开展"我要安全"主题活动和查找身边"十大薄弱环节"活动，收集"薄弱环节"5 737个；推行HSE观察卡管理规定，印制并下发观察卡片4万张，收到上报卡6 085张；邀请安全工程研究院HSE专家进行HSE知识和管理方面的培训；举办"我要安全"演讲比赛，开展应急物资器材专项检查及防汛防台、防雷雨大风的应急预案推演及实战演练等活动。年内与石化集团公司对接隐患治理项目2项，投入资金117万元；对6项公司级隐患治理项目进行了整治，投入资金133万元。上海石油分公司被石化集团公司连续第14年评为安全生产先进单位。

（徐若茵）

【财务管理得到加强】 截至2011年底，上海石油分公司559座加油站实现了上门收款，320家便利店开通了银联卡、巍康卡、斯玛特卡消费业务，100家开通了加油卡支付业务，385家开通了易捷消费卡业务。年内推动全员成本目标管理，"油库上装式公路发油平台油罐车全密闭装卸模式"获得中国石化总部成本管理优秀项目奖。提高资产处置速度，处置固定资产447项，原值1 310.84万元，净值336.58万元，计提减值28.55万元；核销固定资产1 326项，原值5 359.85万元，净值2 154.53万元，已提减值407.91万元。加强投资回报管理，收回投资收益1.26亿元，清欠应收款项1 796万元，完成石化股份公司下达确保清欠指标1 144万元的157%。18类40个内部控制矩阵1 237个控制点被列入2011版内控实施细则。

（徐若茵）

【企业管理得到加强】 2011年，上海石油分公司员工提交建议126项，受理110项，投入实施11项，内容涉及基础管理、经营业务、安全设备和仓储、信息技术等方面。整理、修订、汇编了235项规章制度，废除28项。在营加油站营业执照缺失整改率100%，逾期整改率88%，年检整改率94%。编制《风险清单》，树立风险及隐患80项；开展联营站风险评估，重点审核205座加油站基本权证等法律文件。处理各类诉讼及非诉讼纠纷案件14起，其中新发生案件6起，办结案件8起；审核各类合同2 068份，涉及金额24.89亿元；加强法律宣传教育工作，开展法律知识竞赛答题活动，做好全国法制宣传日法制宣传教育工作。

（徐若茵）

【审计监察工作得到加强】 2011年，上海石油分公司深入推行业务公开，启动党务公开工作，强化监督管理工作。全年效能监察共计14项，为企业增加效益282.76万元，避免经济损失886.15万元；建章立制18项，下发监察建议书4份，涉及金额33.02万元；共签订廉洁从业责任书917份；受理信访举报17件次，办结率100%。全年共审计项目383项；完成石化集团公司审计局"小金库"专项治理工作，配合审计局广州分局开展非油品专项审计工作和历年外部审计情况跟踪调查等非审计项目3项。共计送审金额2.74亿元，审定金额2.40亿元，核减金额为3 428万元。

（徐若茵）

【信息化建设多次获表彰】 2011年，上海石油分公司开发信息化项目21项，涉及加油卡系统应用、ERP客户化开发、经营管理等方面。促进信息系统深化应用，在石化集团公司2—10月ERP应用监控评比中，获得6次通报表扬。在石化集团公司"十一五"信息化工作表彰中，被评为信息化先进单位，信息管理处被评为信息化先进基层单位，1人被授予信息化突出贡献奖，2人被评为信息化先进工作者；在信息化水平评价指标体系考核中，被评为信息化水平A级企业；在石化集团管理现代化创新成果评比中，"精细化信息外包管理体系的构建与应用"获二等奖。

（徐若茵）

【加强员工队伍建设】 2011年，上海石油分公司共实施各类培训项目230项，培训员工1.54万人次，其中关键岗位培训178项、525人次；基层员工培训206期、1.05万人次。积极参加石化集团公司技能竞赛技术比武活动，取得2金、1银、1铜的较好成绩。

（徐若茵）

【党建工作营造和谐氛围】 2011年，上海石油分公司组织中心组学习25次，组织36名副处以上干部参加干部在线学习。组织党员开展各种活动26次，参加活动1 356人次；举办入党积极分子培训班，56名学员参加培训，其中劳务工28名；发展党员45名，其中劳务工党员20名；举办党支部书记及政工干部培训班1次；举办建党90周年红歌比赛、劳模座谈会、职工文化和体育活动；组织开展“一日捐、献爱心”活动，职工共捐款13.57万元，参加捐款职工6 834人；与崇明县竖新镇竖南村结对帮扶，捐款30万元。制定并启动以“构筑阳光心态，助力和谐企业建设”为主题的员工关爱计划，开展活动27期。安排了4 320名劳务工体检；共补助困难职工198人次，补助金额21.44万元，安排职工疗休养10批256人。上海石油分公司获上海市文明单位和全国“安康杯”优胜企业称号，公司总经理杨棣获全国“安康企业家”称号。公司工会被市总工会评为2009年度上海市模范职工之家，公司团委被评为上海市“五四”特色团委。

（徐若茵）

表1　　上海石油分公司主要生产经营指标

指标名称＼年份	2011	2010	2009	2008	2007	2006
成品油销量总量/万吨	450.00	439.00	417.00	453.88	422.07	404.99
零售量	334.05	323.00	323.20	392.38	347.22	331.11
销售收入/亿元	368.00	330.00	277.00	301.00	251.00	229.00
利　润/亿元	10.60	10.00	10.48	9.94	6.33	6.70
吨油费用/元	240.00	179.00	151.00	153.00	169.00	150.00
在营加油站总数/座	613	572	591	583	573	547

江苏石油分公司

【概况】 中国石油化工股份有限公司江苏石油分公司（简称江苏石油分公司）位于江苏省南京市中山北路395号，主营油品销售。1953年，其前身中国石油公司江苏分公司成立，1997年加入中国东联集团有限公司，1998年整体划转石化集团公司并更为现名。

江苏石油分公司下设南京、无锡、徐州、常州、苏州、南通、连云港、淮安、宿迁、盐城、扬州、泰州、镇江、江阴14个区域分公司。2004年，在江苏苏州与壳牌合资组建了中国第1家经国务院批准的从事成品油零售业务的中外合资公司——中石化壳牌（江苏）石油销售有限公司。

截至2011年底，江苏石油分公司拥有总资产149亿元，在营加油站达2 109座，在营油库30座，成品油管线465千米；累计各类用工总数22 917人，其中在岗正式工3 610人。

江苏石油分公司主要生产经营指标见表1。

（及　非）

【较好完成全年目标任务】 2011年，江苏石油分公司实现成品油经营量1 153.1万吨，同比增长6.3%，完成年度计划的103.1%，其中零售960万吨，同比增长17.5%；直分销193.1万吨；长城包装油7.4万吨。非油品销售收入6.01亿元，同比增长52.2%。实现利润22.06亿元，完成年度计划的137.9%，完成自选目标任务的133.9%。吨油费用234元，控制在中国石化总部下达的指标内。

（及　非）

【保供创效成绩显著】 2011年，江苏石油分公司开展了建设基本市场大讨论，积极转变经营理念，做实经营、做强终端，量价兼顾主导市场，经营结构持续优化，终端市场控制力和赢利能力稳步提升。终端销售比重97.2%，同比提高3.5个百分点，其中零售比重83.3%，同比提高8个百分点；吨油毛利同比提高37元。面对四季度柴油短缺严重，认真履行国有企业责任，加大外采力度，科学制定保供方案，较好地保障了市场供应；持续开展"三夏"、"三秋"双优服务月活动，得到各级政府和社会公众的充分肯定。

（及 非）

"三夏"期间开展流动加油服务

【零售综合竞争力进一步提升】 2011年，江苏石油分公司零售量、万吨站、持卡消费比重等指标创历史新高。持卡消费比重同比提高3.8个百分点；万吨站达205座，同比增加53座，单站加油量同比增长15%，97#汽油占零售比重同比提高3.6个百分点。

（及 非）

【非油品业务实现较快发展】 2011年，江苏石油分公司加强门店建设和培育，新增便利店376座，年末在营便利店1 838座，其中百万元门店102座，新增45座。强化商品统采统配，优化物流配送体系，苏州、南京中央仓投入运营。规范团购管理，开发地方特色商品，强化核心商品销售，烟酒销售额同比增长145%，燃油宝销售额同比增长70%。非油品毛利额同比增长53%。

（及 非）

【全力发展新增网点】 2011年，江苏石油分公司网络控制力稳中有升。加强与地方政府投资企业合作，分别与苏州、南京等地方政府所属投资企业组建12个合资公司。积极优化网络结构，持续提升网络创效能力。整体租赁站比例下降到20%以内。统筹实施101座加油站改造，改造后站均增量超过30%。

（及 非）

【天然气业务启动】 2011年，江苏石油分公司积极启动天然气业务，成立专项工作组，落实气源和运输方式，加强市场开发，与部分长途客运公司达成合作意向。在完成13座竣工加气站的基础上，新取得17座CNG项目核准和11座LNG站的政府支持函。累计竣工CNG加气站38座，成为江苏省拥有加气站最多的企业。

（及 非）

【苏北成品油管道建设具备开工条件】 2011年，江苏石油分公司苏北成品油管道建设各类重点审批全部结束，并取得项目核准批复。基本完成管线路径测量勘查，新建改造库"四通一平"基本到位。完成8项石化集团公司下达的油库隐患治理任务和用于储存车用柴油的14座油库改造。

（及 非）

【"我要安全"主题活动深入开展】 2011年，江苏石油分公司深化"我要安全"主题活动。建立HSE月度分析、安全检查日、领导干部定点联系和带班制度。开展"十大薄弱环节"排查，分级制定控制和整改措施。深化未遂事故管理，加强典型案例分析分享。实施岗位安全标准化，开展第3届消防技能竞赛。强化承包商、承运商安全监管。推进环保和职业卫生工作，开展油气回收改造工作。

（及 非）

【数质量管理进一步强化】 2011年，江苏石油分公司投资576万元增加质检设备。严格外采质量管理，强化油品出入库检验。狠抓油品损溢管理，完善V20考核运行机制，规范铅封管理，组织开展加油机防作弊系统的专项检查与整改。运输损耗、零售损耗同比分别下降0.2‰和0.8‰。

（及 非）

【推进精细化管理】 2011年，江苏石油分公司实施制度标准化改造，组织流程梳理。修订完善覆盖省、分公司基本岗位的工作手册。推进改善经营管理建议工作，共收集1 354条建议，其中实施130余条。制定《内部员工监督举报管理办法》，完善内部监督机制。组织开展油库商品收发存管理及运费专项审计，促进油品管理规范和物流进一步优化。

（及 非）

【完善经营管理体制】 2011年，江苏石油分公司完善县片区经营管理体制，强化县公司地方关系维护、网络发展和市场开拓职能。调整优化物流体制，加强油库现场管理。分设省公司安全数质量管理机构，充实分公司安全数质量科力量，提升专业管理水平。设立省公司客户服务中心，整合加油卡服务、呼叫中心及相关部门客服职能。

（及 非）

【加快信息化建设】 2011年，江苏石油分公司开展加油卡短信、电话和网络充值业务，自助充值5.6万笔，充值金额2 317万元。开展大客户自助预分配、圈存试点。建设加油站液位仪集成管理平台，研发水上站卡机联动系统，改造升级油库发货系统。完成人事、合同和设备管理系统上线。信息化建设为提升客户服务水平，提高科学管理能力和控制经营管理风险提供了有效支撑。

（及 非）

【强化人才队伍建设】 2011年，江苏石油分公司队伍素质进一步提高。干部的年龄、专业、学历结构得到优化。制定人才成长通道建设实施方案，探索经营管理、专业技术、技能操作“三支队伍”健康成长机制。持续推进职业技能鉴定，技能操作队伍中取得证书的人员比例达84.17%，新培养技师63名，均超额完成中国石化总部下达的目标任务。零售片区经理、站长、客户经理等营销骨干队伍中有1 685人通过了内部职业资格认证。制定薪点工资制实施方案，优化薪酬分配结构，缩小分配差距，建立了基本薪酬增长机制，职工工资得到较大幅度的增长。

（及 非）

表1　　江苏石油分公司主要生产经营指标

指标名称＼年份	2011	2010	2009	2008	2007	2006
成品油销量/万吨	1 153.10	1 085.00	975.99	1 016.74	979.00	932.00
零售量	960.00	817.00	655.00	709.31	691.00	660.00
销售收入/亿元	910.00	742.00	546.27	600.49	484.29	442.32
利　润/亿元	22.06	19.20	17.47	19.45	17.01	18.57
吨油费用/元	234.00	208.00	224.00	196.00	160.00	169.00
在营加油站总数/座	2 109	2 100	2 434	2 387	2 399	2 394

浙江石油分公司

【概况】 中国石油化工股份有限公司浙江石油分公司（简称浙江石油分公司）前身为中国石油公司杭州支公司，始建于1950年，1998年8月与省内各级石油公司一同成建制划转石化集团公司。2000年4月按照石化集团公司的统一部署实施重组，主营业务、资产、人员等划归石化股份公司，设立浙江石油分公司，本部位于浙江省省会杭州市。

浙江石油分公司经营范围涉及石油、石油产品、天然气及其他化工产品的销售、储运等，并开展便利店、汽服、餐饮等油站配套服务，是浙江省内最大的成品油销售企业。

截至2011年底，浙江石油分公司设有11个职能处室和6个专业中心（公司），下辖11个分公司，经营销售网点遍布浙江省城乡各地。有定位成品油库27座，储油总容量150万立方米，拥有各类终端零售网点2 004座，已开通镇海—杭州、金山—嘉兴—湖州两条成品油长输管线。资产总额151亿元，从业人员2.4万余人。2011年经营总量1 311.7万吨，商品销售纯收入为998亿元，各项经济指标连续多年位居中国石化集团销售系统前列。

浙江石油分公司主要生产经营指标见表1。

（戴杨越）

【资源采运降本增效】 2011年，浙江石油分公司保质保量外采成品油233.3万吨，其中汽油同比多采21.6万吨，既缓解了配置资源缺口，又实现外采毛利13亿元。利用镇海炼化算山码头和管线，全年转输外采资源26万吨，既提高了物流效率，又节约了运费成本2 600万元。加强与中国石油、中国海洋石油等企业的资源串换，在保障外采油源的前提下，降低一次到货成本。全年物流费(还原后)同比下降5.8%。

(戴杨越)

【油品营销取得进展】 2011年，浙江石油分公司加油卡保有量提升至548万张。新增独立营业厅26个、发卡点357个、充值点208个；加大充值卡推行力度，大大改善用卡环境。探索加油卡会员制，发展个人客户93.5万户，已有会员1.7万名。加油卡持卡消费比例提升至32.3%。累计开设107座全自助加油站，既培育了客户自助加油习惯，又提升了发卡量。对2 500家重点客户全部进行了走访，并专门制定了对中小忠诚客户的拜访回馈计划。设立24小时售后服务和配送热线，增加了29辆配送车。全年新发展直销客户3 880家，市场份额得到巩固。年内零售比重提高到76%。结合零售实绩适时调整直销进度，0#柴油直销价基本接近零售到位价，实现了稳市创效。提高汽油销售比重，扩大高标号汽油销量，全年汽油销量同比增长10.2%，其中97#汽油同比增长19.3%。销售润滑油30万吨，其中长城包装油8.2万吨，均列销售企业第二，终端比重达到69%。润滑油毛利继续居销售系统第一，石化资源经营量居销售系统第一。

(戴杨越)

【非油品业务持续做强】 2011年，浙江石油分公司积极开展便利店形象改造，改造后平均增量86%、增效106%；通过仓储挖潜，大幅提升配送效率，周配门店数量同比增加1.5倍，商品到货率超过90%；毛利率居销售系统首位，并带动了门店经营质量的提升，便利店零售额占非油品营业总额的比重超过72%。全省日均销售额1 000元以上的便利店有676家。

(戴杨越)

【网络发展取得显著成效】 2011年，浙江石油分公司积极扩展省内主要地段和高速公路新增加油站网络，在营网点突破2 000座大关；在建加油站20座，预备项目38个，其中20个已落实土地。全年开展合作项目36个，锁定“十二五”期间153座加油(气)站项目，其中3座已经建成，12座由租赁转为股权收购，另有12座已经启动。与省能源集团、多个地市能源(燃气)公司初步建立了加气站发展合作机制，积极做好加气站的规划布点和建设工作，投营加气站4座，发展加气站项目15个。主动参与政府部门“十二五”加气站发展规划。甬绍金衢管道主体工程完成总工程量的80%，配套油库工程量完成过半。甬台温管道初步设计已获中国石化总部批复，并被列入省重点工程项目，配套的台州临海、瑞安滨海油库已动工。绍杭、诸桐、龙常3条连接线管道及配套油库项目开展了前期工作。

(戴杨越)

【安全管理手段不断改进】 2011年，浙江石油分公司重点强化各级“一把手”和安全科长责任，实施领导干部安全联系点制度。开展为期1个多月的全省安全自查，落实了整改验收。开展安全文化建设试点工作，通过查找身边“十大薄弱环节”、使用《危害识别卡》和多媒体安全培训等措施，深化了HSE体系运行。全年投入1 683万元资金，整改设施设备隐患22个大项。连续14年被石化集团公司评为安全生产先进单位。

(戴杨越)

【数质量管理见成效】 2011年，浙江石油分公司全面建立ISO 9000质量管理体系，检验外采油品1 187个批次，退货19个批次，调和69个批次，从源头上确保了质量。加强运输环节油品损耗管理，建立了油品数质量举报奖励和投诉应急制度。各项损耗综合排名销售系统第一。

(戴杨越)

【内部管理精细化】 2011年，以ERP为核心的信息系统高度集成并全面应用，浙江石油分公司自主开发ERP系统内部审批模块，固化内控流程，既控制了经营风险又提高了工作效率。基层信息系统软硬件环境持续改善，应用不断深化，不仅提升了库站自动化水平，还有效支撑了电子商务的营销探索。完善内控细则，细化权限控制，全年抽查业务流程130次，提高了内控制度执行力。多层次实施企业内审和效能监察，做好外部迎审自查自纠，开展内审项目738项。建立并运行合同管理信息系统，有效防控了法律风险。100多项制度得到全面梳理，促进了依法治企。征集改善经营管理建议1 049条，许多创新措施直接应用于生产经营，获得了积极效果。在年内石化集团公司管理创新成果评选中，获得2个一等奖、1个二等奖，其中1项成果还被评为全国十佳企业管理案例。

(戴杨越)

【强化员工队伍建设】 2011年，浙江石油分公司全面实施人才成长通道建设，健全了在岗职工工资正常增长机制。有效开展用工结构调整，将88名优秀劳务工骨干转为合同工。顺利完成SAP－HR系统建设，促进了人力资源管理的规范化、信息化。充分利用省公司培训中心和90多个基层培训点，全年实施各类培训班2 116期，培训4.6万人次，基层员工人均受训17.8课时。初步建立了有行业特色的、拥有400多人的师资队伍，自主开发30多门课程。组织技能竞赛和岗位练兵，在2011年销售企业职业技能竞赛活动中，获得综合团体第2名。

（戴杨越）

【窗口品牌形象进一步提升】 2011年，浙江石油分公司各专业线以“为民服务创先争优”活动为契机，完成全省900多座加油站和各类营业厅的形象整改。零售专业线着力改善客服中心管理，积极开展上门办卡、流动办卡等服务；商客专业线加强培训，全面提升营销人员服务水平；润滑油专业线推广“全流程服务”；油库增设了自助开票机，提高了发货效率。活动开展以来共收到客户表扬信80多封，涌现出600多个“客户满意窗口”和3 000多名“客户满意员工”。

（戴杨越）

表1 **浙江石油分公司主要生产经营指标**

指标名称 \ 年份	2011	2010	2009	2008	2007	2006
成品油销量/万吨	1 281.70	1 219.00	1 083.00	1 104.00	1 092.00	1 026.00
零售量	976.00	849.00	763.50	838.00	780.00	722.00
销售收入/亿元	998.00	843.00	663.00	710.90	608.90	551.30
利　润/亿元	27.88	21.00	20.80	28.60	22.80	22.90
吨油费用①/元	224.00	187.00	173.00	181.00	161.00	149.00
在营加油站总数/座	2 004	1 963	1 911	1 905	1 889	1 820

①从2010年7月起不含燃料油。

安徽石油分公司

【概况】 中国石油化工股份有限公司安徽石油分公司（简称安徽石油分公司）前身中国石油公司安徽支公司成立于1952年，1998年划归石化集团公司，2000年改制为安徽石油分公司。公司主营汽油、柴油、煤油、润滑油和非油品业务，兼营油库、加油站设施的设计、安装，以及经营燃料油、液化气、沥青、化肥等多种业务。

安徽石油分公司本部位于合肥市，截至2011年底，下设12个管理部门、5个专业中心，下辖16个市级分公司；用工总量9 921人，其中正式职工2 669人；总资产76.40亿元，固定资产41.33亿元。拥有油库21座，库容总量58万立方米；铁路专用线16条，总长1.86万米；接卸油码头9座；成品油管线172千米，在营加油站1 457座，销售网络覆盖安徽省城乡各地。2011年，安徽石油分公司经营总量472万吨，其中成品油经营量466.98万吨；润滑油3.87万吨；销售收入360亿元，考核还原利润12亿元。

安徽石油分公司主要生产经营指标见表1。

（邢大全）

【量效指标取得新成绩】 2011年，安徽石油分公司紧紧围绕年度工作目标，根据成品油市场阶段性变化特征，加强市场分析、判断和预测，灵活应对市场变化，果断制定应对策略。一季度，针对柴油资源相对紧张的市场形势，坚持以效为主、以量为辅，充分利用“高进高出”的价格政策，努力实现效益最大化；二季度，针对资源基本平衡的市场形势，按照以量为主、量效兼顾，采取直销价格贴近兄弟企业、贴近周边的策略，不断提高市场占有率；进入9月后，资源整体偏紧，采取“停批控直保零售”的经营策略，有序控制销售节奏，合理安排调运，做到保供与增效的统一。全年实现经营总量472万吨，同比增长2.2%，实现报表利润9.84亿元，考核还原利润12亿元，完成进度在销售系统排第6位，量效指标完成均取得较好成绩。

（邢大全）

【网络建设持续推进】 2011年，安徽石油分公司继续加大社会重点部位加油站的发展力度，积极推动加油站整体改造、形象改造及储运设施改造，全面落实加油站“拆一还一”，网络布局得到进一步优化。全年新发展加油站78座、加气站15座，其中重点部位发展比例达83.3%；完成加油站形象改造120座、整体改造20座；成品油管道及配套库建设项目管理部各项工作有序推进，高速石化合资公司挂牌成立并运行，市场控制力和竞争力进一步得到提升。抓住中国石化与安徽省政府签订战略合作协议的机遇，全年落实300座规划预核准加油(气)站建设用地41宗，累计落实102宗。

(邢大金)

【非油品业务规模不断扩大】 2011年，安徽石油分公司按照总部把非油品作为主业来抓的经营要求，构建非油品采购、配送、销售体系，开展“油非互动”、特色产品推介、团购等促销活动，加强与电信、移动等企业之间的合作，非油品经营规模快速增长。全年实现非油品收入3亿元，同比增长16%；完成便利店营业额2.35亿元，同比增长29%，商品综合毛利率为17%。截至年底，拥有在营便利店756座，同比增加43座。

(邢大金)

安徽石油分公司首家“得来速”快餐店员工为顾客服务

【安全和数质量工作开展扎实有效】 2011年，安徽石油分公司认真贯彻落实石化集团公司HSE会议精神，深入开展“我要安全”主题活动，落实“七想七不干”工作要求，认真查找“十大薄弱环节”，加大隐患治理力度，加强承包商、承运商管理，促进了企业本质安全，获石化集团公司HSE工作先进单位称号。努力推进ISO 9000质量管理体系，制定了管理、监督、责任追究等涵盖质量管理各环节的制度，促进了质量工作规范化和标准化，ISO 9000质量管理体系顺利通过第三方审核。严把油品进、出库质量关，监控油品配送运输，加强计量检查，确保销售油品质优量足，年内获石化集团公司质量工作先进单位称号。

(邢大金)

【成本得到较好控制】 2011年，安徽石油分公司发挥独特的区位优势和管道运输优势，积极落实中国石化扩大管输量的经营部署，密切配合华北、华东、华中3个大区公司和河南、浙江、江西3个省市公司，开通安徽宿州到河南永城等3条跨省配送通道，全年跨省运输量突破5万吨，降低运行成本500余万元；先后优化宣城绩溪到黄山油库、蚌埠吴圩高速到肥西油库等9条线路，全年省内跨区优化配送8.5万吨，节约运费近267.6万元；在保证管道“安稳长满优”运行的状态下，加强对末站用水的管理、对管道修理项目的监管和对管道成本项目列支的监督检查，发挥管输优势，全年安合管道完成管输101.5万吨，安全运行6 954小时，为降低物流成本作出了重要贡献。牢固树立“每经营一元钱，节约一分钱”的理念，加强重点领域、关键环节和可控费用的监控，扎实推进全员成本目标管理工作。全年吨油费用为270元，控制在石化股份公司下达的指标以内，吨油利润208元，同比增加81元，排在销售系统前列。

(邢大金)

【“比学赶帮超”工作呈现新局面】 2011年，安徽石油分公司根据石化股份公司统一部署，将“比学赶帮超”活动固化为工作，制定工作实施方案和考评细则，发动全员比先进、找差距、定措施，营造勇于争先的赶超氛围，“比学赶帮超”工作呈现新局面，全年共夺得各类先进红旗、进步红旗和争光红旗36面，在销售系统排名第2位，获销售系统标杆企业称号，有5位员工获“比学赶帮超”工作先进个人标兵称号。

(邢大金)

【制度标准化改造工作按时完成】 2011年，安徽石油分公司围绕石化集团公司标准化制度体系建设工作思路和《中国石化标准化制度体系建设方案》，积极推动制度标准化建设工作，全面梳理、修订和完善已有制度，按时完成制度改造164项、新增41项、废除54项，有效促进了制度标准化、规范化和信息化。

(邢大金)

【"三夏"保供获好评】 2011年"三夏"期间，安徽石油分公司作为安徽省成品油供应的主渠道，自觉承担保供农业生产用油的社会责任，在全省投放柴油30多万吨，开辟农业用油专门绿色通道1 276条，在全省农业集中区设立"农业用油专供站"800多座，开展"支援农业用油、送油到田间地头"活动，出动小型配送车60多辆、2 150车次，24小时不间断地为农业用车加油提供便利。与安徽省农机局合作，为农机用户发放"农机专用加油卡"，并给予充值1%的优惠，获得政府和社会的普遍赞誉。

（邢大金）

【"为民服务创先争优"活动蓬勃开展】 2011年，安徽石油分公司按照国务院国资委和中国石化总部的部署和要求，以实现客户、员工"双满意"为目标，整体推进"为民服务创先争优"活动的深入开展。加油站、营业室、便利店的员工做到礼仪待人、微笑服务。加油站员工严格"八步法"服务流程，行为更加规范，客户满意度不断提高。加大基础设施投入，改造升级加油站、油库和营业室，为客户营造良好的消费环境。在加油站、便利店增加车辆加水、便民油桶、手机充电、轮胎充气、代收代缴水电费、手机充值、ATM机等便民服务项目，让顾客充分享受增值服务。在年末的一次客户问卷调查中，公众对公司的整体满意度达到93%，同比增长7个百分点。

（邢大金）

【成功举办第1届职工运动会】 2011年10月，安徽石油分公司在安徽省体育局、中国石化总部等各方的大力支持下，成功举办了第1届职工运动会。运动会以"传承体育精神、共建和谐石化"为主题，来自全省18个代表团的715名选手参加了6个大项、19个小项的比赛，共产生金、银、铜牌各51枚，是安徽石油分公司为期最长、规模最大、参与人数最多的一次盛会。

（邢大金）

安徽石油分公司首届职工运动会开幕式

【企业凝聚力显著增强】 2011年，安徽石油分公司积极稳妥推进住房货币化补贴发放工作，累计向在职和非在职人员发放补贴2.2亿元，为劳务工缴纳了住房公积金，按150—400元不等的标准对加油站员工进行增资，稳定了员工队伍。加快加油站"五小建设"进度，加大投入改造机关、油库食堂和职工健身场所，提高机关和一线员工的生活补贴标准，员工的工作和生活条件不断得到改善，增强了员工对企业的认同感。各级领导干部定期下油库、油站等基层一线走访，广泛开展"当一天加油工"活动，拉近了机关干部和一线员工的距离，密切了干群关系。组织"高度负责任、高度受尊敬"演讲和征文比赛，开展建党90周年红歌比赛，增强了企业的向心力。

（邢大金）

表1 安徽石油分公司主要生产经营指标①

指标名称 \ 年份	2011	2010	2009	2008	2007	2006
成品油销售总量/万吨	466.98	454.00	431.56	431.08	414.54	381.82
零售量	335.60	303.00	279.93	312.33	292.36	265.16
销售收入/亿元	360.00	302.00	244.12	259.51	212.93	190.20
报表利润/亿元	9.84	6.75	7.57	10.62	8.54	10.53
吨油费用/元	270.00	320.00	280.00	232.71	225.51	194.80
加油站总数/座	1 683	1 633	1 561	1 515	1 456	1 471

①本表往年数据按新口径重新统计。

福建石油分公司

【概况】 中国石油化工股份有限公司福建石油分公司(简称福建石油分公司)的前身为福建省石油总公司，成立于1952年10月13日。1998年7月成建制划归石化集团公司。2000年3月，按主辅业分离的原则，福建石油总公司重组为福建石油分公司(上市公司)和中国石油化工集团公司福建石油总公司。2006年10月成立中国石化集团资产经营管理有限公司福建石油分公司(简称福建石油资产分公司)，12月注销福建石油总公司。2007年7月24日，公司主营业务和埃克森美孚中国石化有限公司、沙特阿美中国有限公司合资成立了中石化森美(福建)石油有限公司(简称中石化森美公司)，合资后，公司的主营业务划归中石化森美公司，根据不竞争条款，公司不再从事成品油经营业务。合资后，福建石油分公司的业务范围为润滑油和化工产品经营、成品油管道运营管理以及联营企业的管理等。2009年，根据情况变化，福建石油分公司恢复了部分成品油经营业务，并与福建石油资产分公司合署办公。

福建石油分公司本部位于福州市鼓楼区中山路18号，设有8个职能处室，3个专业中心和管道项目经理部，下辖10个市级分公司。截至2011年底，在岗员工2 703人，其中正式工412人、劳务工2 291人。非全日制用工37人，内退职工412人，离退休职工2 278人。总资产99.02亿元。

福建石油分公司主要生产经营指标见表1。

（陈进鎏）

【福建石油分公司经营业绩优良】 2011年，福建石油分公司经营总量131.6万吨(不含中石化森美公司，下同)；实现利润2.79亿元，超预算2.63亿元；费用(成本)总额5.76亿元，比预算低1.06亿元。截至年底，福建石油分公司自有加油站数量已达到27座，成为公司新的效益增长点。润滑油中心通过准确判断时机，适时组织购进，积极组织营销，促进终端销售，实行密集分销，发挥经销商优势，加强与中石化森美公司合作，促进加油站润滑油销售等有效手段，较好地实现了量效并进和保客户增销量。全年销售润滑油7.7万吨，在“比学赶帮超”活动中再获3面红旗，在技术比武决赛中，获得1枚银牌。通过进一步理顺化工产品经营体制，扩大化工产品经营规模，化工产品经营在拓展经营品种、增强赢利能力、扩大省外销售、拓展销售空间、开展合作经营、防御经营风险等方面都取得较大进展，全年化工产品经销量达6.4万吨，比上年增长97%。

（陈进鎏）

【中石化森美公司可持续发展势头强劲】 2011年，中石化森美公司进一步巩固和保持在福建成品油市场的主渠道作用，市场控制力进一步增强。全年销售成品油553万吨，同比增长7.4%，完成计划任务的106%。实现税前利润19.68亿元，同比增长48%，完成计划任务的186%。成品油经营总量、利润均创公司运营以来最高纪录。网点控制能力持续提升，站点占有率较2010年增长3个百分点。HSE体系建设稳步推进，仓储线、零售线HSE体系分别达到3.6级和3.3级水平。自有油库顺利通过国家安全生产标准化评审，其中5座油库达到省内最高级，公司HSE做法与经验被福建省政府在全省推广。公司标准化工作得到了国家标准化管理委员会、国家质量监督检验检疫总局的充分认可，被确认为国内首个成品油商贸行业国家级服务业标准化试点单位。

（陈进鎏　葛惠芳）

【继续着力打造“生命工程”】 2011年，福建石油分公司通过签订零售网络发展目标责任书，明确各市公司网络发展任务，修订《福建石油分公司零售网络发展工作考核办法》，加大网络发展的奖罚力度；加强与中石化森美公司的协调，定期召开网络发展工作会议，两个公司相互配合，统一对外，形成合力；把握石化集团公司与福建省政府签订《关于进一步加强石化产业合作的协议》等战略协议的有利时机，取得政府大力支持，获得全部新增高速公路加油站经营权；主动协调省政府，召开由省经贸委、建设厅、国土厅等多部门参加的专题会议，形成《关于研究中石化福建石油分公司销售网络发展等问题的会议纪要》，在土地置换、网络布点、利用闲置土地发展零售网络方面取得一揽子支持。年内共发展加油站72座，超额完成网络发展目标任务。在“比学赶帮超”活动中夺得“在营站净增数”红旗。

（陈进鎏）

【联营企业效益创历史最高水平】 2011年，福建石油分公司进一步加大对联营企业的监管力度，通过制定《福建石油股权管理暂行办法》，加强对联营企业委派人员的管理考核，进一步明确委派人员的职责，年底对委派管理人员进行综合考评；实行预算管理，将中国石化总部下达的各项预算指标分解下达给联营公司，明确工作目标；加强检查分析，及时了解联营企业存在的问题，不断促进联营企业规范管理，提高企业赢利能力；加强投资收益管理，认真测算福建石油分公司应得收益，跟踪当年度税后利润完成情况，全面监督对外投资收益的真实性、完整性、合法性；年内全省联营企业销售成品油49万吨，同比增长9.3%；销售液化气3.48万吨；实现税后净利6 100万元，同比增长85%，福建石油分公司可实现投资收益2 600万元，投资回报率17%。联营企业效益和公司对外投资收益达到历史最高水平。

（陈进鎏）

【安全环保保持先进水平】 2011年，福建石油分公司总经理与各市公司、专业中心签订《年度安全环保目标管理责任书》，全省系统共签订300多份三级安全生产责任书；认真落实石化集团公司《关于进一步加强HSE管理体系建设的意见》，建立规范化的HSE管理体系并有效运行；推行HSE量级化考评，“一书一表”实施率、建立体系的二级单位内审率、要素部门覆盖率均达到100%，初步形成具有自身特色的HSE管理体系和文化，得到了福建省政府、媒体的充分肯定。开展“我要安全”主题活动；加大隐患治理力度，开展多种形式教育培训，有针对性地促进员工安全（消防）知识与技能的提高；制定《福建石油分公司HSE责任制》等多项管理制度，规范HSE与计量、质量管理，实现全年石油制品出库质量合格率100%，未发生一起油品质量事故。成立ISO 9000质量管理体系建设工作小组，完成了质量体系的各项基础工作，通过了第二方评审。年内没有发生上报石化集团公司等级事故和重大环境污染事故，连续10年被石化集团公司评为安全生产先进单位，和中石化森美公司一起连续14年被省政府评为安全生产目标管理责任制考核先进单位。

（陈进鎏）

【福建成品油管道一期建设全面完成】 截至2011年底，与福建炼化一体化工程配套的福建成品油管道项目一期工程管道线路全长328.7千米及4座配套油库的建设已全部完成，其中北线已正式投入运营，南线已具备投油条件。全年管道北线共输送油品25批次，输油量32.52万吨；配套油库接收油品147.77万吨，地付发油148.89万吨，实现运营收入5 800万元。

（陈进鎏）

【员工队伍建设扎实推进】 2011年，福建石油分公司紧紧围绕企业生产经营和改革发展中心任务，加强三支人才队伍建设，大力挖掘人力资源队伍潜能，在强化基层工作、突破重点难点、实施规范管理、提高员工素质上下功夫，促进企业内部和谐发展，基本满足了企业改革发展对各类人才的需求。通过健全人才成长通道制度、完善基本薪酬分配制度、建立用工结构调整制度等进一步完善公司的用工分配制度，打造多层面的激励机制，提高了各类人才干事创业的积极性。完善了对劳务工骨干的激励机制，稳步提高各类员工薪酬收入并重点向一线员工倾斜；通过做好中层管理人员的培养选拔，实施机关管理人员竞聘上岗，年内有4名管理骨干走上中层副职岗位，8名中层副职被提拔为正职。省市公司机关管理岗位重新定编，在省公司机关开展了竞聘上岗工作，竞聘上岗后机关一般管理人员平均年龄降低了3.5岁，本科及以上学历占75.7%，进一步改善了省市公司管理人员队伍结构，适应了公司发展的需要。全年举办培训班53个，培训员工1 377人次；建立了3座培训库，完成省公司远程培训系统设备验收、调试，并顺利投入使用。全面开展职业等级技能鉴定，31名片区经理、站长、领班等获得加油站操作员技师资格，396名员工通过加油站操作员、油品储运调和操作工工种的高级工鉴定，287名员工通过中级工鉴定，507名员工通过初级工鉴定。

（陈进鎏）

【党建基础工作创新发展】 2011年，福建石油分公司党委积极推动基层党组织达标建设，结合专业化的垂直管理与党群工作的属地化管理，调整了10个基层党支部，完成了27个党支部换届改选工作，进一步增强支部工作的针对性和实效性，不断提高基层党组织规范化水平。通过开展“为民服务创先争优”活动，有效发挥先进组织和优秀群体的整体力量，各专业线细化工作措施，提出具体做法和活动计划，推进活动深入开展。开展创先争优活动先进事迹巡回演讲，组成巡回演讲团在各分公司和部分加油站及油库进行巡回演讲13场次，1 540余名员工聆听了演讲报告会。积极开展纪念建党90周年系列活动，省市公司两级党委共举办不同规模的各类庆祝活动127场次，参与的党员和群众达4 492人次，表彰各类先进基层党组织和个人503个。全年新增入党积极分子167名，发展新党员89名。加强沟通，扩大党建工作影响，主动邀请外方人员参加诸如红歌会等党内重大活动，增强外方人员对企业党组织的亲切感、信任感，为党建工作开展赢得了信任与支持。

（陈进鎏　黄正袁）

表 1　　福建石油分公司主要生产经营指标[①]

指标名称＼年份	2011	2010	2009	2008	2007	2006
成品油销售总量/万吨	567.10	515.60	425.00	464.00	416.00	388.00
零售量	427.90	359.60	303.00	349.00	299.00	277.00
销售收入/亿元	429.73	349.29	255.08	289.80	231.66	221.20
利　润/亿元	23.22	14.87	12.99	19.98	8.82	8.07
费用总额/亿元	14.80	13.30	11.52	10.91	8.82	8.07
吨油费用/元	261.00	245.00	249.00	220.00	184.00	161.00
加油站总数/座	910	856	810	796	781	793

①本表数据含中石化森美公司。合并后的数据去除中石化森美公司和福建石油分公司重复计算部分。

江西石油分公司

【概况】 中国石油化工股份有限公司江西石油分公司(简称江西石油分公司)的前身江西省石油总公司成立于1950年10月，1998年10月成建制划转石化集团公司，2000年2月，主业重组改制为江西石油分公司，辅业组建中国石油化工集团江西石油总公司，2007年3月28日，辅业转制为中国石油化工集团资产经营管理有限公司江西石油分公司。

江西石油分公司主营成品油销售、储运及便利店等非油品业务，是江西省成品油供应主渠道。企业下辖12个地市分公司、99个县(区)分公司，经营销售网点遍布江西省城乡各地。截至2011年底，江西石油分公司用工总量为9 921人；资产总额77.85亿元，固定资产原值44.79亿元；加油站保有量1 364座，油库17座；九昌樟成品油管道230千米。

江西石油分公司主要生产经营指标见表1。

（刘　阳）

【千方百计保障成品油供应】 2011年，江西面临着资源入赣不畅、罕见旱涝急转等困难，在旱涝交替时期，江西石油分公司积极配合政府抗灾救灾，主动将油品直接配送到救灾一线；在资源紧张时期，确保“车轮子”用油，采取了一机一证、“绿色”通道等一系列措施，保障农业用油正常供应，确保了春耕、双抢、“南昌七城会”等重点时期用油供应。公司切实履行国有企业政治责任和社会责任，受到了各级党委、政府及群众的称赞。

（刘　阳）

江西抚州石油分公司送油到田间地头

【核心竞争优势继续保持】 2011年，江西石油分公司抓住中国石化与江西省政府签署备忘录的契机，获得了“十二五”期间在建设樟树—赣州、樟树—上饶等成品油管道及配套油库，以及参与江西省内高速公路新增加油(气)站、中心城市及其新规划区建设加油(气)站等方面的支持，采取领导班子分片包干的形式融洽与当地政府的关系，企业发展的公共环境得到明显优化，为拓展网络建设奠定了基础。全年共发展加油站40座(含1座油气混合站)、加气站9座，完成年度计划的140%。加油站保有量达到1 364座，占全省加油站总数的53%。网络市场和成品油市场占有率双双保持销售企业第1名。积极参与市场整顿，协助商务厅查处证照不全加油站155座，有效净化了市场环境。充分利用待用土地、低效利用土地与政府置换站、库建设用地，坚持“拆一还一，先建后拆”，想方设法保证网络的完整性。年内共涉及32宗土地置换，拟置换油库建设用地3宗(2座)，加油站建设用地37宗。

（刘　阳）

【经营指标实现新跨越】 2011年，江西石油分公司坚持保供与增效并重，密切关注市场需求和市场走势变化，加强资源预测、组织和统筹，实行了"量价互动，以价为先，力争效益最大化"的经营思路，灵活采取保零控直等经营策略，在保障市场供应的基础上，取得良好成效，成品油综合到位价格位列销售企业第1名。成品油销售达452万吨，同比增幅11%，高于销售企业年平均增幅5个百分点，完成年度计划的106.6%。其中，零售379.1万吨，完成年度计划的120%；直销72.4万吨，完成年度计划的75.4%。燃料油12.2万吨，完成年度计划的153%。非油品便利店营业额2.5亿元，完成任务的115%。销售收入突破350亿元，实现利润7.9亿元，超过奋斗目标，创历史新高，完成年度计划的140%，同比增幅35%；吨油费用(还原)316元，同比持平。

（刘 阳）

【非油品业务全方位推进】 2011年，江西石油分公司通过实施"双重点"战略，与江西邮政速递物流公司试点开展便利店服务、仓储物流等合作，努力突破仓储和物流瓶颈。实行"统进分销"模式，商品性价比大幅提升。大力开展重点商品营销促销，全年改造便利店56座，开设便利店1 105座，占可建便利店加油站座数的96%。

（刘 阳）

【润滑油销售再上台阶】 2011年，江西石油分公司深化运用润滑油直供代理模式，开展产品订货会、技术交流会等活动，使江铃集团成为长城高端柴油机油最大终端用户。建立了华中区省市公司长城包装油销售价格协调机制，实行销售价格联动；加强客户沟通协调，调整签约模式。全年终端大客户长城包装油销量0.9万吨，占总销量的40%；润滑油销量3万吨，完成年度计划的115%。

（刘 阳）

【主题活动取得成效】 2011年，江西石油分公司在中国石化总部的统一部署下，以"为石化品牌添光彩，让客户员工双满意"为主题，积极开展以"争创客户满意加油站"、"争创客户满意便利店"、"商客线条三争创"、"润滑油营销全流程服务"、"党团员亮身份做表率"为主要内容的"五个争创"活动，扎实推进"为民服务创先争优"。通过活动开展，员工主动服务意识不断增强，客户、员工满意度不断增加，企业形象不断改善。得到了省市县各级党委政府和部门、石化集团公司党组领导的肯定。《中央创先争优简报》第1 785期专刊刊载了江西石油分公司的做法，公司领导班子在年度考核中被石化集团公司党组评定为A级。在销售企业"比学赶帮超"工作中夺得年度红旗7面，同时积极组织并参加销售企业竞赛比武，共获得个人金牌4块、银牌2块、铜牌1块，团体金牌、银牌各1块，公司获销售企业综合团体奖第1名。

（刘 阳）

【连续第6年获石化集团公司安全生产先进单位称号】 2011年，江西石油分公司认真落实安全生产责任制，坚持"三保、两防、一禁"的工作思路，持续扎实开展"我要安全"主题活动。狠抓《安全生产禁令》、《安全纪律》的宣贯和落实，落实领导干部定点联系与作业带班制度，持续深化HSE体系建设。通过逐步细化库站作业现场"七想七不干"工作要求，开展应急处置和危机管理预案综合演练，抓实HSE管理进班组。积极开展油库"达标创优"活动和九昌樟管道巡检工作，狠抓隐患排查和治理工作。同时，狠抓承包商安全监管及施工作业现场安全监管，不断推进"平安工地"、"平安运输"、"平安管道"创建。连续第6年获石化集团公司安全生产先进单位称号，连续第4年获得社会治安综合治理先进单位称号，获2011年度全省消防工作先进单位称号，被江西省政府评为"十一五"期间安全生产先进单位。

（刘 阳）

【多层面谋划队伍建设】 2011年，江西石油分公司积极畅通人才成长通道，探索建立和完善促进人才成长机制，扎实推进"三支队伍"建设。专注于后备干部队伍建设，推行"多数人在多数人中选人"的人才选拔机制，得到石化集团公司党组的肯定。组织对公开选聘的片区经理助理进行全面评价考察。按照强化"兵头将尾"要求，稳步推进加油站站长竞聘工作，进一步调整优化用工结构，为优秀劳务工转正搭建平台。重视提升干部员工的素质技能，累计开展了2 086人次的培训。

（刘 阳）

【强化成本管理】 2011年，江西石油分公司以吨成品油费用作为主要指标进行科学评价，持续推进全员成本目标管理。完善内控管理，深入开展ERP权限整改和经营纪律自查。全省减少了闲置资金2 865万元，降低了财务费用131万，赊销比下降33%，位列销售企业第3名。ERP的PS模块被中国石化总部评为应用典型单位。完善法律风险防控，强化合同审核管理。深入开展了“小金库”自查自纠。积极开展管理效益和经济责任审计，促进了增收节支1 026.9万元。

（刘　阳）

【全过程强化数质量管理】 2011 年，江西石油分公司认真落实“每一滴油都是承诺”，实施 ISO 9000 质量管理体系建设，进一步规范企业质量控制管理。高度重视外采业务及供应商的管理，把好油源关和出入库检测关，确保每个环节数量、质量管理零风险。规范水路、公路承运商的管理和考核。出台了《数质量工作禁令》，开展了成品油数量管理“6 项整治”活动，制定并层层签订了油品数质量承诺书，损耗进一步降低。加强非油品质量管理，对临期商品及时协调供货商退、换货，确保销售商品“保真、保质、保期”。年内被石化股份公司授予数质量年度红旗。

（刘　阳）

【推进标准化制度管理】 2011 年，江西石油分公司按照制度“五统一”的原则，共保留运行制度 276 条，废止 42 条，发现修改问题 600 余处，制度已基本改造完成并上线。积极开展“改善经营管理建议”活动，鼓励基层员工向公司报送合理化建议，全省累计收集建议 900 余条，采纳 168 条。

（刘　阳）

【夯实党建基础工作】 2011 年，江西石油分公司建立了党群工作例会制度，配齐配强了党务和政工干部；推行“为党员过政治生日”、“支部党员轮流讲党课”活动，提高了支部生活质量，增强了党员身份意识和宗旨意识。以正面激励为主，制定出台了《江西石油基层党支部目标管理考核办法(试行)》，进行了县公司设专职党支部书记试点工作，较好解决了部分基层支部书记“不愿干、不想干、不会干”的情况。全省新发展党员 82 人，其中劳务用工党员 48 人。编写下发了警示教育材料《江西石油警示教育案例汇编》，引导广大干部员工树立“红线”意识。省公司班子带头严格执行民主集中制，坚持“三重一大”集体研究决策。紧紧围绕企业中心工作，设立了加油站形象改造等 5 个效能监察项目。强化监督制约，实行网上巡视工作机制，大力推行业务公开，全年公开信息总量 5 万多条。

（刘　阳）

【企业凝聚力进一步增强】 2011 年，江西石油分公司较大幅度提高员工收入，员工人均收入增幅创历史新高，其中一线增幅高于机关，地市公司增幅高于省公司。持续加强“五小建设”，各级班子成员多次下基层，解决基层困难。通过召开专题会、组织员工食堂厨艺技能比武等形式，将“员工最好的一餐在食堂”落到实处。丰富员工业余生活，组建了业余篮球队、足球队，举办了红歌会、征文活动、演讲比赛、收藏展、“文化体育周”等一系列员工群众喜闻乐见的文体活动，密切了干群关系，增强了企业凝聚力。

（刘　阳）

表 1　　江西石油分公司主要生产经营指标

指标名称＼年份	2011	2010	2009	2008	2007	2006
成品油销售总量/万吨	452.00	408.60	375.90	368.00	339.00	333.00
零售量	379.10	307.20	288.50	284.00	257.00	244.00
销售收入/亿元	350.00	279.00	216.00	217.00	169.00	156.00
报表利润/亿元	7.90	5.80	7.00	6.10	4.24	5.68
吨油费用/元	316.00	328.00	287.00	255.00	252.00	221.00
加油站总数/座	1 364	1 145	1 120	1 104	1 094	1 087
自营加油站数	1 364	1 142	1 116	1 100	1 090	1 067
特许经营加油站数	0	3	4	4	4	20

山东石油分公司

【概况】 中国石油化工股份有限公司山东石油分公司(简称山东石油分公司)位于山东省济南市。其前身山东省石油公司始建于1953年，1998年6月划归石化集团公司。截至2011年底，山东石油分公司下属17个市公司，129个县公司(市片区)，用工总量2万余人；有加油站2 548座，油库26座(库容量104万立方米)；固定资产原值94.3亿元。

山东石油分公司主要经营石油、天然气销售，天然气管道运输，润滑油、燃料油、沥青、其他化工产品(不含化学危险品)的销售、仓储及非油品等业务。

山东石油分公司承担着山东省成品油供应保障任务，是省内最大的成品油销售企业。2011年销售成品油1 074.5万吨，实现销售收入835.57亿元，省内成品油市场占有率约为63%。

山东石油分公司主要生产经营指标见表1。

（宋　鹏）

【主导市场保障供应】 面对2011年初的山东旱情，山东石油分公司统筹制定保供方案。针对柴油紧张状况，合理调配资源，确保了市场平稳。资源宽松时，零售环节积极采取措施，追赶计划进度；直分销环节保持价格整体稳定，保证了重点客户不丢。资源紧张时，巩固忠诚客户，开发潜在客户，全年成交客户1.12万家。采取合理价格政策，实现了价格管理梯次化。认真分析市场需求，完成了90#汽油退市工作。针对第二、四季度柴油进销倒挂，及时调整考核政策，较好控制了经营规模。全面分析市场走势，关注地炼发展，适时向政府汇报市场资源状况。跟进做好车用柴油置换和推广工作。

（宋　鹏）

【拓展营销量利兼收】 2011年，山东石油分公司开展新站开业酬宾、油非互动、品牌展销、节日促销等系列营销活动，多项指标取得历史性突破。加大加油卡宣传推介力度，密切与国内外知名企业合作，提升了市场影响力和竞争力。全年发售加油卡145.6万张、充值卡236万张。有序推广自助加油，培育打造骨干站点，进一步完善了零售网络。加大县级、区外和地炼市场的开发力度，拓展了经营规模。通过客户座谈会、联谊、走访等形式，与4 400余家客户近距离沟通交流，提升了客户满意度和忠诚度。密切与润滑油公司的合作，长城润滑油打假维权取得了突破性进展。打造了一批“易捷”主力门店。强化采购管理，做好重点商品销售。采用品鉴订货会、大宗商品送货上门、贴牌生产等多种形式，组织开展全面营销。以建立“小超市、大连锁”为目标，逐步形成了自己的经营特点和内在优势。

（宋　鹏）

【强化管理提升素质】 2011年，山东石油分公司加强领导班子和干部队伍建设，优化人才队伍配备。落实劳动定员贯标，引入动态管理机制；运用人力资源管理信息系统，提高了数据的准确性和及时性；全年共组织培训2 531期，培训员工7.4万人次。坚持实施资金与费用预算集中会审和大额成本专项会审制度，共审减退回不合理费用预算约1 200万元，审减错报和虚报维修预算近4 300万元。加大与政府部门的协调力度，减免土地使用税1 697万元。推进全员成本目标管理。量化权限标准，规范操作流程，分期分批次培训资产管理人员。重新核实闲置土地，积极实施资产重组，努力优化资产结构，全年共盘活闲置土地101宗，节约土地投资2亿余元，实现资产租赁收入1 279万元。强化加油站监督检查，坚决查处违规违纪行为。在部分市公司推广中心站管理模式，取得了较好效果。调整受托方式，增加托管公司，明确托管资质，加大考核力度，进一步规范了小站委托管理。搭建一次物流汽运管理系统，优化资源配置，提高运输效率。运用数据集成技术，实现了非油品收入凭证自动归集。深化ERP系统应用，提升办公自动化系统功能，完成全省视频会议系统升级，加油卡系统实现了平稳运行。

（宋　鹏）

【精细管理固本强基】 2011年，山东石油分公司ISO 9000质量管理体系建设顺利验收，成功运行加油机射频铅封管理系统并通过国家实验认可与计量标准复查，提高了计量检测与质量检验水平。圆满完成审计署经济责任审计及石化集团公司审计局非油品专项审计工作；审计集成管理及内控预警系统成功上线；开展专项审计项目11项，工程建设项目审计774项，促进企业增收节支4 989万元。健全“一把手”负总责的领导体制和“分级立项、分级管理、分级实施”的效能监察管理模式，监察立项67项，节约资金771万元，增加经济效益2 792万元，避免经济损失1 490万元；强化专项稽查和重点领域、关键环节、重要岗位的监督检查，保障了企业的健康发展。

（宋　鹏）

【深化改革推动创新】 2011 年，山东石油分公司针对管理、服务、发展等各方面的问题建立了涵盖经营类指标 56 项、管理类指标 90 项、服务类指标 1 项的对标管理体系。认真落实中国石化总部加强企业基层建设和深化体制改革的要求，对部分市公司所属县公司具体情况进行现场调研，分类梳理问题，制定整改意见，为全面了解基层真实情况、深化经营管理体制改革奠定了基础。健全薪酬考核办法，强化激励保障作用，明确规定市公司中层正职和一线员工的薪酬分配比例，加大向一线倾斜的力度，落实增补薪酬额度，确保一线员工收入不低于当地最低工资标准的 1.2 倍，提升了一线员工满意度，流失率大幅降低。“借助信息技术实现销售企业物流一体化”和“创新打造高效的内控测试与评价管理体系”获石化集团公司管理创新现代化成果一等奖。分层级、分类型搭建了标准化制度体系架构，将 347 项制度纳入改造范围，实现制度全生命周期的在线管理，确保了制度的落地执行。初步建立起以识别、评估、应对、监控、改进为基本思路的风险管理体系，实现了风险防控的闭环管理。征求各市公司在经营、管理、服务三方面的意见和建议 230 条，责成省公司相关部门逐条整改落实。开展省市公司经营质量分析会互动，帮助其查找问题，分析原因，制定措施，补齐短板。实施经营分析和月度通报制度，形成了较为完整规范的分析评价指标体系。建立合资企业委派负责人的归口绩效考核制度，逐步将合资企业管理纳入规范化轨道。

（宋　鹏）

【完善网络增强实力】 2011 年，山东石油分公司紧盯政府规划，加大城市中心、发达县级市及新规划区加油站发展力度，采用多方式灵活操作，力争重点位置加油站不流失。加大考核力度，及时兑现奖惩，确保新增网点任务完成。依托原有加油站拓展加气子站，选择重点位置进行新建，对加油量小、周边站点密度高的加油站实施改建，加气站布局趋于合理。全年新增加油站 95 座、加气站 21 座。新建 71 座加油站中，有 55 座加油站用地通过协议出让的方式获得，占新建数量的 77.5%。部分市公司通过与当地政府组建联营公司，以低成本控制网点取得明显成效。在地理位置优越、具备建站条件的闲置油库内，争取地方政府支持，建设经营网点；将不具备建站条件的，与政府协商置换土地，换取等价值的加油站建设用地；将无法建站和置换的土地交由政府收回，按规定给予货币补偿。部分市公司已实现多宗闲置土地置换为加油站建设用地。整合非销售板块加油站；接收胜利油田划转的 6 座加油站；与德州高铁签订合作协议，取得德州新区全部 10 座加油(气)站的建设经营权；与山东交运集团成立合资公司，以油气经营为切入点，不断扩大合作领域。完善“补一拆一”管理办法，全年关停或拆除加油站 21 座，落实政策 19 座，现金补偿 1 475 万元。发现侵权加油站 229 个，取缔率达到 100%。

（宋　鹏）

【推进“为民服务创先争优”活动】 2011 年，山东石油分公司积极推进“为民服务创先争优”主题活动，先后开展了“争创顾客满意加油站”、“争创顾客满意便利店”、“商客线条三争创”等活动。其中，重点实施“暖员工工程”，因地制宜抓好“五小”建设，全省加油站已建有小食堂 2 236 个、小浴室 1 305 个、小活动室 554 个；围绕考核分配、工时调整等员工关心的热点问题，市公司领导走访加油站 8 000 余站次，解决实际问题 2 100 余条；全年帮扶困难员工 2 116 人次，发放救助金 183 万元；积极开展创建青年文明号，开展丰富多样的联谊活动；为离退休员工提供热情周到的服务。大力实施“树形象工程”，改造新形象加油站 499 座、自助加油站 108 座、营业室 11 个、便利店 538 座、润滑油门店 2 座，把一线窗口“做亮”。实施“强服务工程”，零售线条先后召开客户座谈会 79 次，征求意见 4.5 万人次，商客线条走访客户 1 905 家。实施“惠客户工程”，通过开展一系列的增值、拓展服务，不断巩固客户忠诚度，把品牌形象做优。通过系列活动的开展，真正达到了客户、员工双满意的目的，客户对加油站员工服务满意度达到了 92.43%，较上年有较大提升。年内获销售企业“为民服务创先争优”活动先进集体称号，有 7 人获优秀个人称号，137 个集体获优质服务窗口称号，198 人获优秀服务标兵称号。

（宋　鹏）

【竞赛比武活动见成效】 2011 年，山东石油分公司各专业线条细化措施，结合自身经营管理需求和薄弱环节，安排好教育、培训、练兵等计划，统筹人力、物力、财力，先后开展了 5 个岗位的竞赛比武活动，员工累计参赛 5 300 人次，获得了 3 金、1 银、1 铜和计量专业线第 1 名、综合网管系统团体第 2 名、销售企业综合团体第 3 名的好成绩。

（宋　鹏）

【继续强化“我要安全”主题活动】 2011 年，山东石油分公司推进 HSE 管理标准化，先后修订了《领导干部定点联系(承包)要害(重点)单位安全管理规定》

《山东石油分公司承包商HSE管理规定》等7项管理制度。狠抓过程控制，加强监督检查，层层落实HSE责任，保持安全监督高压态势。年内组织了3次全省安全大检查和多次暗查，共检查出问题和隐患1 334条，并进行了整改落实。将检查考核结果与责任人及相关管理人员的奖惩挂钩，对县公司经理、站长和员工等37人因安全管理工作不到位进行了处罚，对18人进行奖励。持续开展查找“十大薄弱环节”活动，认真填写“HSE观察卡”，全年被观察人数达3 638人，不安全行为1 802起，不安全问题和隐患697起。把地理位置较偏远、管理问题较多的522座加油站，作为省市公司522名中层以上干部定点联系(承包)单位。扎实开展“安全生产月”系列活动，加大隐患排查和治理力度，建立和推行隐患治理程序化管理，全年提报隐患治理项目472项，重点解决了管道、油罐渗漏，异型罩棚维修，安全距离不足等影响安全经营的隐患。完善预案，加强预防，风险控制、应急处置能力进一步提升。年内被石化集团公司评为安全生产先进单位和职业健康先进单位，被山东省安全生产委员会评为安全生产基层基础工作先进企业。

(宋　鹏)

【夯实党建思想政治工作基础】 2011年，山东石油分公司研究确定年度政研选题19个，推荐优秀成果6篇。为纪念建党90周年，组织开展了一系列主题鲜明、健康向上的庆祝活动。落实党务公开、“三会一课”制度，推行基层党支部工作手册制度，推动了党建工作规范化。强化维稳第一责任，落实领导包案、定期接访、带案下访，领导接待来访304人次，下访接待群众790人次。强化联合接访、风险评估、会审会商、督导督办等措施，形成了全员抓稳定的工作格局。坚持“五个到位”，巩固了稳定工作的群众基础。加强排查预警、稳控化解、组织劝返，就地化解矛盾79件513人次，预警化解赴省进京上访75起159人次，进京上访起数下降40%、人次下降80%，信访量连续3年明显下降，完成了“三个确保一个不发生”的年度目标任务，维护了企业总体稳定。引导干部员工增强法纪观念，筑牢拒腐防变的思想道德防线。组织签订廉洁从业责任书414份，健全了处级领导干部廉政档案。

(宋　鹏)

表1　　山东石油分公司主要生产经营指标

指标名称 \ 年份	2011	2010	2009	2008	2007	2006
成品油销售总量/万吨	1 074.50	1 035.00	986.00	875.00	882.00	875.00
零售量	750.00	702.80	664.00	681.00	633.00	628.50
销售收入/亿元	835.57	707.99	585.93	603.78	515.65	514.33
利　润/亿元	14.65	11.02	8.66	22.63	10.52	11.13
吨油费用/元	257.00	212.00	187.00	178.00	173.00	138.00
加油站总数/座	2 548	2 637	2 591	2 528	2 511	2 459
自营加油总数/座	2 427	2 505	2 460	2 528	2 511	2 459

河南石油分公司

【概况】 中国石油化工股份有限公司河南石油分公司(简称河南石油分公司)位于河南省郑州市，是石化股份公司在河南省的唯一成品油销售分支机构。其前身为1950年7月成立的中国石油贸易分公司郑州分公司，1998年划归石化集团公司，2000年5月31日，河南石油分公司在河南省工商行政管理局注册成立。截至2011年底，河南石油分公司共设15个综合管理部门和6个专业中心(部门)，下辖19个市分公司、110个县分公司及57个市级片区，共有正式员工4 827人，拥有在营加油站(点)3 769座；在用油库24座，库容90.36万立方米；铁路专用线22条；资产总额130亿元。

河南石油分公司经营范围为汽油、煤油、柴油、润滑油的批发业务、零售业务的管理；燃料油、液化气、天然气、食品、卷烟、雪茄烟的零售；石油化工、化纤及其他化工产品、沥青的销售技术及信息的研究、开发、应用，日常百货销售、汽车清洗服务。

2011 年，河南石油分公司购进成品油 713.06 万吨。全年完成经营总量 706.01 万吨，其中成品油 695.76 万吨；终端销售比重达到 96.16%；实现非油品业务营业额 3.67 亿元，累计开设“易捷”便利店 1 259座(规模店)。

河南石油分公司主要生产经营指标见表 1。

（韩　笑）

【全面改善管理初见成效】 2011 年 3 月 10—11 日，河南石油分公司召开全面改善管理动员会，以转变作风、改进思想方法和工作方法为指导方针，梳理查找薄弱问题、完善整改方案，稳步推进全流程践行承诺，建立从供应商到用户的全流程、全方位承诺及兑现体系，积极实施 ISO 9000 质量体系建设，大力实施“两禁移交”、“双开移交”，全面强化数质量管理，启动改善经营管理建议，收集有效建议 105 条。

（韩　笑）

【网络发展取得新进展】 2011 年，河南石油分公司积极参与并促成石化集团公司与河南省政府《11 · 4 战略合作补充协议》的签署，延续已签署战略合作协议及会谈纪要中的有利政策，增加支持拓展 CNG、LNG 加气业务等新条款，为网络发展搭建了新的政策平台。着力新兴市场布局和传统区域网络优化，全年新增加油(气)站 69 座，提量改造加油站 46 座，便利店改造 84 个，建设全自助加油站 70 座，改造油库车柴储运设施项目 9 个。

（韩　笑）

【推出 98#车用乙醇汽油】 2011 年 12 月 9 日，河南石油分公司推出 98#车用乙醇汽油。河南成为中国中部地区率先推广使用 98#车用乙醇汽油的省份，填补了国内 98#车用乙醇汽油销售的空白，进一步提升了服务中原经济区建设的能力。

（韩　笑）

【获安全生产先进单位称号】 2011 年，河南石油分公司持续开展“我要安全”主题活动，推进标准化管理，加大教育培训力度，关注员工职业健康，保持了 HSE 形势总体平稳。连续第 11 年获石化集团公司安全生产先进单位称号，并被河南省政府安全生产委员会授予 2010 年度河南省安全生产先进单位称号。

（韩　笑）

【信息系统应用不断深入】 2011 年，河南石油分公司围绕信息化手段提升，深入推进以 ERP 系统为主线的信息系统应用，优化加油 IC 卡、零售电子账表册、非油品便利店等信息系统，加强网络及信息中心机房基础设备设施的运维平台管理，强化信息本质安全，以信息化手段推进管理水平持续提升。

（韩　笑）

【认真抓好信访维稳工作】 2011 年，河南石油分公司以“文明来访接待室创建”活动为契机，不断强化信访稳定工作机制建设，进一步加大矛盾纠纷排查化解力度，积极妥善处置特殊信访个案，拓展企地联动维稳机制作用，以企地两条线共同开展工作，依法依规解决各类群体矛盾，实现了建党 90 周年等敏感时期“五个不发生”的工作目标，获得了河南省平安建设工作特别贡献奖单位称号。

（韩　笑）

【竞赛比武活动再获佳绩】 2011 年，在总部组织的零售、财务、油品计量、润滑油专业线，及石化集团公司组织的油品计量工、信息综合网管系统、桌面安全管理系统及审计专业线共 8 个专业的竞赛比武中，河南石油分公司共有 4 595 人参加了初赛，228 人参加了复赛。获石化集团公司综合网络系统团体第 3 名、审计专业团体第 1 名，获个人 4 枚银牌、2 枚铜牌、2 个优秀奖。

（韩　笑）

【开展打假维权行动】 2011 年，河南石油分公司积极配合政府职能部门，发现并清理 149 座侵权加油站，维护了河南成品油零售市场秩序，宣传了中国石化的品牌形象，维护了中国石化的商标利益。第 3 次被评为销售企业打假维权最佳卫士企业。

（韩　笑）

【切实抓好党风廉政工作】 2011 年，河南石油分公司组织全省系统参观监狱 1 345 人次，387 人次参与检察机关预防职务犯罪活动，44 人次旁听法院庭审，全省系统连续 6 年副处级以上干部涉案率为零。业务公开工作成效显著，年内共上传公示信息 93 566 条，公示金额 252.3 亿元，系统用户平均登录 207 次，居石化集团公司第 4 位。持续开展创建群众满意加油站和行风评议工作，创建群众满意加油站 24 座，行风评议首次进入良好档次。全面改善管理，开展纪检监察档案标准化建设，被评为 2011 年度中国石化销售系统纪检监察年度先进红旗单位。

（韩　笑）

【河南中石化供销石油有限责任公司创立】 2011年4月21日，河南中石化供销石油有限责任公司创立大会暨第一届第一次股东会议、第一届第一次董事会会议、第一届第一次监事会会议召开。河南石油分公司与河南省供销合作总社共同出资成立河南中石化供销石油有限责任公司，旨在充分发挥双方资源优势，扩大供销合作社经营服务领域，加快中国石化在河南地区的销售网络建设，推进农产品经营与成品油流通的高效结合，最大限度地实现双赢。

（韩　笑）

表1　　河南石油分公司主要生产经营指标

指标名称＼年份	2011	2010	2009	2008	2007	2006
成品油销售总量/万吨	695.76	680.20	676.01	676.28	630.75	610.74
零售量	563.26	497.45	471.34	476.22	415.67	384.37
销售收入/亿元	535.78	454.01	386.54	389.23	309.13	286.57
利　润/亿元	7.71	7.01	8.04	6.41	3.07	4.44
吨油费用/元	350.00	307.00	280.00	261.00	257.00	297.00
在营加油站(点)总数/座	3 769	4 025	3 962	3 682	3 963	3 738

湖北石油分公司

【概况】 中国石油化工股份有限公司湖北石油分公司(简称湖北石油分公司)位于湖北省武汉市，前身是成立于1953年的湖北省石油总公司。1998年7月整体划归石化集团公司管理，2000年4月按照中国石化整体重组上市要求，改制为湖北石油分公司。

湖北石油分公司是湖北省成品油销售的主渠道企业，主要经营成品油和天然气的销售、储运及便利店等非油品业务，经营服务网络覆盖湖北省所有地区，下辖武汉、宜昌、荆州等16家市州分公司。截至2011年底，湖北石油分公司资产总额88.63亿元，用工总量1.4万人，在营油库26座，加油站2 146座。2011年，湖北石油分公司销售成品油565.97万吨、长城包装油3万吨、燃料油26万吨，实现销售收入448.66亿元，报表利润5.71亿元。

湖北石油分公司主要生产经营指标见表1。

（张方涛）

【首获石化集团公司扩销拓市总经理特别奖】 2011年，湖北石油分公司认真落实年初提出的"经营要提档升级、网点要质量并重、非油要做大做实、管理要夯实提升、成本要严谨可控、党建和队伍建设要强化支撑"六大任务，网点发展、零售增量、终端比重等指标均在销售系统排名靠前。作为唯一一家销售企业，年内首次被石化集团公司授予扩销拓市总经理特别奖。

（张方涛）

【成品油储运销网络提档升级】 2011年，湖北石油分公司发展加油(气)站111座，新增站数量连续2年高居销售企业榜首，争取中国石化总部投资计划12.5亿元，再创历史最高水平。精心编制了"十二五"网络发展规划，全面推行立项、设计等"六统一"管理。再次协调湖北省商务厅集中下达139个加油站新建商务计划，累计集中下达加油站新建商务计划463个。与湖北省供销社签订战略合作协议，与湖北省委组织部联合发文，填补乡镇成品油零售网络空白点。加快推进恩施铁路油库建设，主体已顺利完工。武汉—广水管道配套的孝感车站油库、随州广水油库的扩建已全面开工建设。着力实施卡机联动站全覆盖工程，新增卡机站455座，在营卡机联动站覆盖率达到100%。

（张方涛）

【非油品经营稳健发展】 2011年，湖北石油分公司围绕打造"汽车生活驿站"，不断丰富和完善服务功能，拓展洗车、餐饮等便民服务。非油专业化队伍进一步充实，运营水平不断提升。在营便利店达到

1 362座，开通了460座便利店加油卡进店消费功能，新购置226台POS机、129把盘点扫描枪和903个箱式售货手推车，烟柜、LED电子屏等硬件设施设备逐步完善。烟草、海龙燃油宝、茅台、长城、枸杞等重点商品销售量有较大幅度提升，重点商品销售比重达10.9%，在区内公司排名第3位。全年非油品营业额达到3.29亿元，增幅居销售企业前列，经营规模在销售企业排名第7位，同比上升1位；单店日均销售额同比增幅在区内公司排名第1位。在销售公司“比学赶帮超”活动中，共夺得6面先进红旗。

（张方涛）

【成立省级加油站管理督察队】 2011年3月9日，湖北石油分公司下发了《关于成立湖北石油分公司加油站管理督察队的通知》，标志着由省市两级督察队、省公司外聘神秘顾客、省公司客服系统和内部员工举报热线共同组成的督察体系构建完成，形成了全方位、多角度、内外结合的督察方式。年内督察大队所属6个支队全天候在全省开展督察工作，累计查出问题3 258个，处理违规违纪人员14人，有效促进了加油站的规范化管理和服务。

（张方涛）

【企业管理和“三基”工作成效显著】 2011年，湖北石油分公司共清理制度620项，建立省级制度体系288项，初步建立起省市两级制度体系并实现了制度信息系统的上线运行。年内获石化集团公司ERP应用模块先进企业称号，信息工作获中国石油和化工联合会评选的全国“两化融合”优秀实践奖。改善经营管理建议管理模式、加油站定置化管理、职业化培训、商品账务日结系统、战略合作发展网点、损耗“五抓”管理6项管理工作，被石化集团公司评为管理创新成果奖，获奖数量在销售系统排名第1位。在全省树立了33家“三基”样板基层单位，提炼总结典型经验32项，推广经验22项，连续第2年获得销售企业年度“三基”先进红旗。

（张方涛）

【改善经营管理建议工作再创佳绩】 2011年，湖北石油分公司共收到改善经营管理建议1 902条，受理评审建议1 592条，评选出优秀建议480条，“八个一”做法被石化股份公司作为抓好建议常态化工作的有效经验推广。湖北石油分公司改善经营管理建议“八个一”工作法被评为第6届全国优秀管理成功案例奖，并获石化集团公司管理创新成果一等奖。

（张方涛）

【连续8年被湖北省政府评为安全生产红旗单位】 2011年，湖北石油分公司以“我要安全”主题活动为主线，以强化责任为核心，以定期工作为抓手，较好地实现了HSE及数质量工作闭环管理，有效践行了“以人为本”的安全理念和“每一滴油都是承诺”的社会责任。成功通过了ISO 9000质量管理体系审核，油品损耗管理典型做法获得石化集团公司管理现代化创新成果二等奖，安全数质量无上报石化集团公司等级责任事故。连续第8年获得湖北省政府安全生产红旗单位称号，连续第2年获得石化集团公司“我要安全”主题活动先进单位称号。

（张方涛）

【维修管理提升库站形象】 2011年，为了最大限度发挥维修费用的使用效率，提升库站形象，湖北石油分公司制定了《湖北石油分公司修理及修理费管理实施细则》，规范了维修项目审批和费用支付流程。省公司成立了由资产、财务、安全和发展规划部门组成的维修项目评审小组，对10万元以上的维修项目定期集中审批。加强了维修现场监管。按照“一站一档、一库一档”的要求，建立了维修档案，并将维修前后的照片制成PPT进行保存。咸宁、宜昌、荆州等市州分公司组建了专业维修队，建立了维修材料仓库，配备了必要的技术人员。全年维修加油站283座、油库隐患整改项目15个、非油便利店维修项目16个。全年各地还利用日常维修费维修5 000元以上5万元以下的加油站项目达150多个，库站形象明显提升，也有效促进了成品油销售。

（张方涛）

【盘活闲置资产促效益提升】 2011年，湖北石油分公司共盘活闲置土地37宗，闲置土地的盘活率达到12.5%，被石化集团公司评为土地管理先进单位，被石化股份公司评为实物资产管理的土地盘活、资产租赁收入增长、土地使用税节支先进企业。湖北石油分公司对闲置土地或政府来文要求收回的土地，按照“占一补一、等价置换、大致匹配”的原则，置换加油站建设用地。全年土地处置项目11项，拟置换加油站用地21宗，大大降低了建设用地取得的成本。宜昌公司高峡加油站土地置换经验被石化股份公司作为典型案例转发全系统。全年共出租资产260项，出租收入673.87万元，同比增幅48.1%。配合财务部门积极争取政策，共减免土地税费603万元，资产处置税费也有相应减免。

（张方涛）

【节能管理工作再获先进】 2011年，湖北石油分公司继续坚持节能管理"六有"工作法，同时进一步抓好物流优化和成品油全程数量管理，在水电能耗、物流降费和成品油综合损耗方面取得了良好成效。"六有"目标管理法和油品损耗"五抓"管理法在石化集团公司节能工作会上作经验交流，继2007年、2010年后，年内再次被评为石化集团公司节能先进企业。

（张方涛）

表1 湖北石油分公司主要生产经营指标

指标名称 \ 年份	2011	2010	2009	2008	2007	2006
成品油销售总量/万吨	565.97	513.08	474.49	468.00	460.00	437.00
零售量	482.78	391.88	357.50	369.00	336.00	323.00
报表利润/亿元	5.71	5.40	5.20	6.36	4.63	5.74
吨油费用/元	294.00	288.00	284.00	245.00	236.00	213.00
加油站总数/座	2 146	2 055	1 925	1 853	1 801	1 823

湖南石油分公司

【概况】 中国石油化工股份有限公司湖南石油分公司(简称湖南石油分公司)位于湖南省长沙市湘春路113号。其前身为成立于1950年7月的中国石油公司长沙分公司，1998年7月整体划归石化集团公司，2000年2月按照石化集团公司实行重组改制和主辅分离的要求，分设为湖南石油分公司(上市公司)和中国石化集团湖南石油总公司(存续公司)。后者于2007年改组转制为中国石化集团资产经营管理有限公司湖南石油分公司(简称湖南石油资产分公司)，2009年7月，湖南石油资产分公司交由湖南石油分公司托管。

湖南石油分公司拥有湖南省最为完善的成品油销售网络，是湖南省成品油经营主渠道企业。主要从事汽油、柴油、煤油、润滑油和燃料油的批发、零售和直销配送，以及非油品(烟酒、饮料、百货、食品、汽车用品、其他服务)销售业务。

截至2011年底，湖南石油分公司下设15个地市级分公司，89个县级公司；省公司机关设立20个处室(中心)，1个阶段性机构(湖南成品油管道项目部)。用工总量13 816人；资产总额134.8亿元；在营加油站1 514座；在营油库25座；铁路专用线15条；成品油输油管道1条，全长270千米；在营"易捷"便利店978座。

2011年，湖南石油分公司共销售各类油品601万吨，其中销售成品油573万吨、润滑油3.03万吨、燃料油25.4万吨；非油品营业额3.05亿元；实现利润5.89亿元。

湖南石油分公司主要生产经营指标见表1。

（全青丰）

【领导班子调整】 2011年5月和11月，石化集团公司党组先后对湖南石油分公司领导班子进行调整：江景星因年龄原因不再担任湖南石油分公司总经理，由公司原党委书记潘桂妹担任湖南石油分公司总经理，兼任党委书记；公司副总经理邓扬建兼任湖南石油分公司党委副书记、纪委书记，湖南长沙石油分公司经理黄河提拔担任湖南石油分公司副总经理。调整后湖南石油分公司领导班子由潘桂妹、胡乐天、邓扬建、李向荣、陈智勇、黎晓、黄河组成。

（全青丰）

【确立今后一段时期总体发展思路】 按照石化集团公司党组建设世界一流能源化工公司发展目标的要求，湖南石油分公司结合企业实际，根据形势变化，研究提出了今后一段时期"1634"的总体发展思路。即瞄准"一个目标"：建设一流区域性销售企业；实施"六大战略"：大力实施网络立企、经营壮企、精细化管理治企、人才强企、品牌兴企及和谐发展战略；突出"三个保障"：深化体制机制改革提供动力保障，加强党建提供组织保障，强化协调提供环境保障；强化"四种意识"：进一步增强忧患意识、责任意识、纪律意识和团队意识。

（全青丰）

【妥善处置岳阳93#汽油投诉事件】 2011年5月，因外采供应商提供的93#汽油非法添加按国家标准规定化验无法检测出的有害物质，造成湖南岳阳多台车辆出现故障，发生了在全国乃至全世界都罕见的油品质量投诉事件。事件发生后，湖南石油分公司以高度负责任的态度及时受理客户投诉，采取一切措施加快故障车辆维修，竭尽全力维护社会稳定，积极协助政府查明原因，沟通协调公安机关加快案件侦破。11 月，公安部门刑拘了 4 名主要犯罪嫌疑人，涉案供应商对车辆维修等费用进行了赔偿。湖南石油分公司对该事件处置平稳有序、结局圆满，整个过程未发生大规模群体事件，得到了石化集团公司，湖南省委、省政府的高度评价。

（全青丰）

【平稳有序保障市场供应】 2011 年，湖南石油分公司加强资源统筹，全力落实中国石化总部配置计划 518 万吨，积极争取增补石化资源和储备油出库 16 万吨，拓宽渠道自采 35 万吨；深化物流统筹优化，发挥管输优势，全年管输263 万吨，在全省多座油库停用提质改造的情况下，提高超低库存条件下资源统筹优化和调度能力，保障了市场平稳有序供应。特别在四季度全国汽、柴油资源交替紧张以及春运高速公路车辆突发性聚集导致大面积交通拥堵的困难情况下，迅速启动应急预案，采取强有力的措施确保市场油品供应，并免费为受困司乘人员发放面包、水等，受到各级政府、交通部门、社会媒体和消费者广泛赞誉。

（全青丰）

【经营质量不断提高】 2011 年，湖南石油分公司认真贯彻油品销售事业部“停批、控直、保零”的要求，零售方面，着力提高单站效能，积极培育万吨级加油站，全年新增万吨站32 座；单站年均销量达3 166 吨，同比增长 27%；零售比重达 82.6%，超区内销售企业平均值6.9 个百分点。直销方面，在长时间控销的情况下，加强市场细分和差别化营销，重点保合同用户、重点工程和公交民运，着力做强县域市场，实现直销 87 万吨。非油品方面，继续强化主业意识，扩大业务规模，转变经营理念，提高管理水平，实现了收支平衡并略有赢利。

（全青丰）

【网络建设持续快速推进】 2011 年，湖南石油分公司加大协调力度，促成石化集团公司与湖南省人民政府签订《战略合作框架协议》，在“十二五”期间城区和高速公路加油站发展上，取得了更大的政策支持。全年新发展竣工加油(气)站 60 座(其中已投产 55 座)、在建 22 座、征地 78 宗，提质改造加油站 77 座，改造投产自助站 10 座，新发展加油站重要位置比例达 85%，自征自建比例达 95%。实施油库建设改造项目 11 座，竣工投产 7 座。年内获销售企业年度网络发展红旗。完成了湖南成品油输油管道二期项目所有报建报批手续办理，5 个标段全部开工，5 条大型江河定向钻成功穿越，完成管道焊接 195 千米，占总长度的 41%，配套油库工程有序推进。

（全青丰）

【高速公路服务区加油站发展实现历史突破】 2011 年，湖南石油分公司抓住机遇，加强与湖南省委、省政府和高速公路管理部门协调沟通，一次性取得 14 对高速公路服务区经营权。同时与湖南省高速公路管理局签订协议，明确“十二五”期间在建、待建(含已通车需加密的公路)的 39 对政府还贷性质高速公路服务区加油站全部交由湖南石油分公司经营。年内共取得 32 座高速公路服务区加油站经营权，就 70 座高速公路服务区加油站经营权签订了框架协议。

（全青丰）

【“三基”工作有新进步】 2011 年，湖南石油分公司大力开展“抓基层、打基础、带队伍、强管理”活动，梳理完善规章制度，推进制度标准化改造，抓实改善经营管理建议，全面加强“三基”工作。整合修订内控细则，制定管道建设内控流程，实现股份、资产内控制度一体化运行。深入开展“我要安全”主题活动，全员查找身边“十大薄弱环节”，落实“七想七不干”要求，积极创建“平安工地”，全年未发生任何安全事故。积极开展“数质量百日整治”专项行动，外采油品检测在国标基础上新增 8 项企业指标，扎实推进 ISO 9001 质量管理体系建设，切实做到“每一滴油都是承诺”。精心组织零售管理竞赛，抓实“加油站九大禁令”，规范操作流程，形成了拼管理、比服务的良好氛围。

（全青丰）

【管理增效成效明显】 2011 年，湖南石油分公司坚持“以收定支、量入为出”，提高资金运转效率，在确保经营发展资金需求的同时，日均资金占用较年初减少 4 335 万元，财务费用同比减少 1 833 万元；争取到增值税预征率下调 0.3 个百分点，全年节约税费资金 1.3 亿元；深入推进全员成本目标管理，大力开展“节约一分钱”活动，努力降本增效，吨油费用控制在总部预算内。扎实开展经济责任、投资项目以及各种专项审计，审减节约投资1.05亿元，提出审计意见和建议78条，已落实整改金额5 608万元。规范资产管理，加大盘活力度，闲置土地置换加油站用地34宗。

（全青丰）

【队伍建设继续加强】 2011年，湖南石油分公司深入开展“四好班子”和“四好处室”创建活动，不断加强领导班子和人才队伍建设。扎实开展全员培训和职业技能鉴定，全年共举办各类培训班210期，培训员工1.28万人次，979人通过技能鉴定考核并获证，38人取得技师资格。精心组织竞赛比武，获团体一等奖1个、三等奖1个，4名员工获金、银牌。着力加强人才成长通道建设，进一步完善薪酬分配制度，切实加强劳动用工和人工成本管理，员工平均收入同比增长超过20%。积极推进HR系统建设，已完成系统功能与权限测试。

（全青丰）

【党建工作有力有效】 2011年，湖南石油分公司精心组织建党90周年纪念活动，认真评选并大力宣传先进典型，全体员工唱红歌、读红书、忆红史，学先进、赶先进、当先进，激发了爱党、爱国、爱企业的热情。深入开展“为民服务争先创优”活动，创新推行“三亮”、“三评”、“三创”等措施，受到销售事业部检查组充分肯定。设立30个党支部标准化建设示范点，公司被评为湖南省“五一”先锋集体。

（全青丰）

表1　　湖南石油分公司主要生产经营指标

指标名称＼年份	2011	2010	2009	2008	2007	2006
成品油销售总量/万吨	573.00	524.52	472.20	456.60	438.20	421.00
零售量	471.80	374.41	350.00	358.00	322.50	310.00
销售收入/亿元	451.00	369.32	281.00	279.44	234.30	215.29
报表利润/亿元	5.89	6.36	8.02	4.13	6.27	7.61
吨油费用/元	327.00	287.00	296.00	289.00	248.00	204.00
加油站总数/座	1 514	1 508	1 460	1 450	1 493	1 510

广东石油分公司

【概况】 中国石油化工股份有限公司广东石油分公司（简称广东石油分公司）前身是成立于1950年6月的中国石油贸易公司广州分公司，1998年7月整体划归石化集团公司。2000年3月重组为广东石油分公司和广东省石油企业集团公司。2007年成立中国石化集团资产经营管理有限公司广东分公司。

截至2011年底，广东石油分公司下设16个综合管理部门、2个专业中心、21家地市级分公司和1个直属单位。用工总量27 415人，加油站保有量2 508座，在营油库40座，资产总额210亿元。

2011年，广东石油分公司实现经营总量1 492.3万吨，其中成品油销售1 461.7万吨（零售1 110.3万吨，直销256.8万吨，批发94.6万吨），润滑油销售30.6万吨；非油品业务总营业额8.2亿元，同比增长16.3%；全年实现销售收入1 180.62亿元，同比增长12.7%，实现报表利润25.4亿元，同比增长23%。

广东石油分公司主要生产经营指标见表1。

（邢　洁）

【领导班子调整】 2011年5月16日，石化集团公司党组成员，股份公司副董事长、总裁王天普和人事部领导到广州召开广东石油分公司中层以上干部会议，宣布石化集团公司党组对广东石油主要领导调整的决定：夏于飞任广东石油分公司总经理、党委副书记、广东石油总公司总经理；何敏君任广东石油分公司党委书记、副总经理、广东石油总公司副总经理。免去鲁广余广东石油分公司总经理、广东石油总公司总经理职务，降级使用；免去张松华广东石油分公司党委副书记职务，任调研员。

（邢　洁）

【全员营销挖掘增量潜力】 2011年，广东石油分公司拓展营销理念，整合网点、产品和人员等资源，开展全员营销、全产品营销。走访广汽集团、广东邮政、广州港、南方电网、广东移动等省级大客户，与其高层领导洽谈成品油、润滑油、加油卡、非油品等全面合作事宜，省市公司共走访11 691个客户，在835个社区(企业)开展了现场开卡充值推介活动，与客户新签合作协议723份，新开拓客户10 362个，新增销量9.5万吨，新开加油卡12.6万张，充值金额3亿元，非油品销售额3 368万元。

（邢　洁）

【提高单站销量】 2011年，广东石油分公司根据不同板块、路段和区域，做好一站一策分析，因地制宜开展营销。设立加油站专项增量奖励，开展出租车、国省道等专项营销活动，努力提高单站销量。进社区、学校、广场及企业单位等大力推广加油卡，全省系统加油卡累计发卡130.2万张，同比增长15.2%；充值金额302.5亿元，同比增长23.7%。单站零售量从4 860吨提高到5 037吨。

（邢　洁）

【提升网络发展质量】 2011年，广东石油分公司优化网络结构和布局，提高全资和联营油站比例，减少租赁油站比例。加强对社会现有加油站的动态跟踪，加大城市建成区、高速公路及出入口和旅游景区等重点位置网点投入。新发展加油站53座，其中城区油站22座，高速公路油站18座；新增投营49座，成功续租26座，网络质量和稳定性均得到较大提升。

（邢　洁）

【非油品业务获双冠】 2011年，广东石油分公司优化非油品商品品种，大力发展自有品牌商品和特色商品，形成广东石油特色经营，提升差异化经营能力。抓住节日销售旺季，积极开展促销，促销商品营业额同比增幅超过40%。积极试点开发汽服、餐饮、广告等业务，完善运营管理制度，不断提升非油品经营管理水平。2011年，非油品总营业额8.2亿元，毛利额1.1亿元，均排名销售系统第一。

（邢　洁）

【首次推出优级97#汽油】 2011年10月20日，中国石化推出的优级97#汽油在广东深圳上市，这是中国石化首次在内地推出品牌油品。广东石油分公司将逐步走出以品牌、质量和服务取胜的高端路线。

（邢　洁）

【严把油品数质量关】 2011年，广东石油分公司认真践行“每一滴油都是承诺”的质量方针，加强外采油品的管理，提高验收要求，确保源头油品质量。年内未发生数质量事故，ISO 9000质量体系顺利通过了油品销售事业部第二方评审，油品损耗同比下降0.04%。

（邢　洁）

【体制机制进一步优化】 2011年，广东石油分公司进一步优化完善经营管理体制，开拓市场提高占有率。调整润滑油经营管理体制，变省公司一级管理为省市公司两级管理，实现成品油、润滑油的整体营销。商业客户中心下设大客户部，统筹省级重要客户开发和管理，综合提供成品油、非油品、润滑油、IC卡等产品咨询和服务。非油品业务处下设运营中心，把管理和实际操作分开，进行市场化运作。优化机构设置和部门职责，明晰事权划分，简化工作流程。新成立加油站标准化改造办公室，统筹推进加油站形象改造工作。改革设备维修体制，明确由仓储公司统一开展全省重要设备的检维修。

（邢　洁）

【推进加油站岗位优化】 2011年，广东石油分公司取消了原有的副站长、站长助理、专职记账员、计量员、加油卡营业员、便利店营业员、收款员等岗位，减少冗余岗位，取消专职岗位，将加油站岗位统一规范为站长、主管、营业员(分为一级和二级)三类岗位，打破了加油站专职管理人员和操作人员的身份。加油站员工的休息时间由每月3—4天增加到6—8天，加油站员工平均收入增幅达到27%。

（邢　洁）

【全面推进信息化建设】 2011年，广东石油分公司按照“智能销售”的规划目标，搭建信息服务平台，支撑企业经营管理。开发电子商务系统，为客户提供快捷的网上充值、查询、在线咨询等服务。整合加油站账表，大部分账表实现了自动采集、自动汇总、网上报送。加快推进视频监控建设，特别是省市两级视频监控中心的建成，提高了现场管理水平以及现场突发事件应急指挥能力。

（邢　洁）

【党建工作不断深化】 2011年，广东石油分公司组织开展庆祝建党90周年一系列活动，加强党员的党性教育。组织开展“高度负责任、高度受尊敬企业”、“为民服务创先争优”等主题活动，树立企业的良好形象。加强党建带团建工作，评选出石化集团公司4个青年文明号和5个青年岗位能手。

（邢　洁）

【技术比武活动成绩喜人】 2011年，广东石油分公司技术比武活动取得了良好成绩，在润滑油业务技术比武决赛中，获个人金牌1枚、银牌1枚、铜牌1枚，并取得团体第2名；在零售系统应用技术比武中，获优秀组织奖；在财务人员经济法律技术比武中，获个人银牌1枚；在油品计量工技能竞赛暨计量管理人员技术比武中，获个人银牌1枚、铜牌1枚。

（邢　洁）

【扎实开展“为民服务创先争优”活动】 2011年，广东石油分公司内外双线同步开展活动，实现客户、员工“双满意”。对外在所有加油站网点公开了对客户8项承诺和服务监督电话；加大加油站形象改造、营业厅改造、设备设施改造等投入；在高速公路、旅游景点等加油站提供道路信息、免费供应热水、提供修理工具等服务；开通加油卡小额退款业务等具体措施，提升对客户的服务水平，客户满意度达到93%。对内推行对员工的7项承诺，合理调整岗位收入，创造公平用人环境，减轻基层负担，员工归属感、自豪感和责任感明显增强，员工满意度达到96%以上。

（邢　洁）

【广泛开展社会公益性工作】 2011年，广东石油分公司积极响应省委省政府号召，坚决打好扶贫“双到”这场硬仗，较好地完成了全省系统13个对口扶贫村的扶贫任务。在“广东扶贫济困日”，除省公司捐款100万元外，还发动全系统职工捐款60.12万元。全年共落实扶贫资金近千万元。

（邢　洁）

表1　　广东石油分公司主要生产经营指标

指标名称 \ 年份	2011	2010	2009	2008	2007	2006
成品油销售总量/万吨	1 461.70	1 495.60	1 345.30	1 452.00	1 429.00	1 332.00
零售量	1 110.30	1 043.40	934.30	1 111.00	1 048.00	954.00
销售收入/亿元	1 180.62	1 048.00	857.00	942.00	864.00	796.00
报表利润/亿元	25.40	20.60	20.78	29.62	22.72	21.02
报表吨油费用/元	354.00	255.00	247.00	239.00	195.00	163.00
在营加油站总数/座	2 240	2 232	2 164	2 111	2 075	2 049
自营加油站数	2 159	2 148	2 077	2 022	1 977	1 961
联营加油站数	81	84	87	89	98	88

广西石油分公司

【概况】 中国石油化工股份有限公司广西石油分公司(简称广西石油分公司)位于广西壮族自治区首府南宁市，前身是成立于1952年的广西壮族自治区石油总公司，1998年划归石化集团公司，1999年按照石化集团公司重组改制、主辅分离的原则，组建广西石油分公司。2009年，广西石油分公司整合上市、非上市部门职能，推进了一体化管理改革。

截至2011年底，广西石油分公司设15个职能处室和5个专业中心，下辖11个地级分公司和99个片区，主要经营汽油、柴油、煤油、润滑油和燃料油的批发零售以及加油站便利店非油品业务，控股管理广西辉煌石化公司、钦州鹰岭铁路公司、广西恒通石化公司，非控股联营广西高速石化公司、广西北投沿海石化公司。共有正式员工3 250人，其中高级专业技术人员25人，中级专业技术人员374人。拥有加油站1 213座，在用轻油油库13座。资产总额79.29亿元，其中固定资产原值39.62亿元、净值26.48亿元。全年完成固定资产投资13.39亿元，已占用资本投资回报率(ROCE)20.6%。

2011年，广西石油分公司购进成品油458.66万吨，同比增长10.34%；销售成品油491.04万吨，同比增长6.6%；其中零售量395万吨，同比增长9.38%；直销量79.08万吨，同比下降6.5%。销售长城包装润滑油2.24万吨，同比增长8.6%；销售燃料油0.09万吨。非油品业务实现销售收入2.3亿元，同比增长21.69%。全年实现销售收入378.13亿元，实现利税13.9亿元，利润10.01亿元。

广西石油分公司主要生产经营指标见表1。

（韦文海）

【多举措促进零售增量】 2011年，广西石油分公司深入开展"经营创效年"活动，以零售扩量为重点，突出抓零售、扩汽油、稳大户、增新户，努力扩大经营规模。通过加快新建站投营、恢复关歇站，全年新增投营站65座，增加销量4万吨，夯实了营销基础。加大加油站形象改造、局部改造工作力度，提升了硬件设施水平，完善了站点服务功能。全年恢复投营形象改造站38座、局部改造279座，增加销量5万吨。根据不同时段、不同板块的消费特点，开展淡季、省国道、自助站的实物促销，全年投入327万元开展促销10次，促进零售增量9万吨。

（韦文海）

【差异化营销成效显著】 2011年，广西石油分公司在客户差异化上，零售细分单位客户和个人客户，对单位客户实行积分优惠，对个人客户实行充值返利；商客实行分级分类，主要培育和维护钻石级、集团级等忠诚客户。在价格差异化上，零售推行自助加油优惠，商客实行分类分档优惠。在服务差异化上，零售开展"优质服务年"活动、"争创顾客满意加油站"活动；开展"商客线条三争创"活动，推出"理"油专家、积分回馈两个增值服务新平台，为顾客提供积分回馈、短信"及时语"、"一对一"、提油绿色通道、石化VIP易登机贵宾等个性化、差异化的增值服务。在促销差异化上，零售开展国省道骨干站促销等活动，直销开展"情系石化、今夏'油'礼"、"真情回馈、合作共赢"等主题营销活动。通过细化营销措施，促进了销量增长，零售实现差异化营销增量9万吨，全年发卡同比增长119%，持卡消费比例达29%；直销新增优质客户近500家，进一步增强了终端市场开拓能力。

（韦文海）

【非油品业务快速增长】 2011年，广西石油分公司利用节假日以及季节性、区域性消费特点，加大畅销商品促销力度，全年香烟、饮料、食品三大类畅销商品销售额增幅分别达54.75%、29.08%、66.23%。7月，首个中央仓投入运营，配送商品比重占总营业额的74%，建立和完善了非油品物流配送体系。突出重点大站门店销售，在门店改造、设施配备、营销指导上给予全力支持，全年培育100万元店50座、50万元店117座。四季度通过组织品鉴推介会的新模式，销售神舟茅台酒5 271件，实现销售额1 236万元，超过前三季度茅台系列酒的销售总额。推行"阳光采购"，扩大统采规模，增加一级供应商18家，各类商品进货成本降低3%—16%。

（韦文海）

非油品推广活动现场

【降本减费成效显著】 2011年，广西石油分公司努力在经营上创效、管理上挖潜，通过多种方式努力实现效益最大化。全年低于调拨价外采资源10.61万吨，节约成本1 913万元，获得总部考核还原3 097万元。适应市场需要，将汽油资源向高速公路、市区大站等倾斜，加大油非互动力度，坚持汽油到位价销售，实现了汽油量效齐升。坚持优化一二次物流、优化二次配送线路、优化运油车辆吨位组合、提高铁路龙组运输效率，全年节省运费4 064万元。通过扩大上门收款数量、调整活期存款结构、开展税收筹划、盘活闲置资产、深化工程及物采"阳光招投标"、工程项目"先内审、后外审"等多环节的挖潜，实现节支降费1.26亿元。

（韦文海）

【网建发展实现新突破】 2011年，广西石油分公司紧紧抓住石化集团公司和广西壮族自治区政府签署战略合作协议的良好契机，发展84座加油站，其中城市市区、高速公路等重要位置站点比例达73%，网建任务完成率列区内销售企业首位。积极开展市县网建攻关活动，全年走访地市政府14个、县(区市)政府87个，获批立项144座。主动配合国土部门开展站点前期征地工作，主动与地方政府沟通，推进闲置油库土地置换加油站建设用地，全年征地数量创新高，取得土地68块。按照设计、开工、竣工、投营4个节点分阶段下达计划，分阶段进行考核，动态衔接督办，细化了项目建设的监督考核，新建续建项目竣工44座。

（韦文海）

【领导班子年度绩效考核综合考评首次被评定为A级】 2011年，石化集团公司通过对广西石油分公司效益类、管理类、约束类3类指标进行考核，同时综合考评管理创新、投资计划执行、党风廉政建设、财经纪律执行、资金管理、内控制度执行等各项指标，广西石油分公司领导班子年度绩效考核综合考评获得120.6分，首次被评定为A级。

（韦文海）

【成立崇左石油分公司】 2011年3月，广西石油分公司下属地级崇左石油分公司成立。崇左石油分公司充分利用崇左作为“南疆国门”的地域优势，依托当地沿边、沿江、近海、连接首府和东盟的区位优势和地缘优势，为崇左经济发展做好市场供应的同时，实现企业稳步高效发展。年内崇左石油分公司成品油销量18.05万吨，实现利润3 893.33万元。

（韦文海）

【自主研发直分销价格审批系统】 2011年，广西石油分公司自主研发了直分销价格审批系统，按程序严格审批价格让利，价格监管从事后检查转变为事先审批，纪检部门每天上网监督价格执行情况，全年直销价格到位率同比增加3个百分点，促进了吨油效益最大化。

（韦文海）

【投营自助站和半自助站332座】 2011年，广西石油分公司采取“先县城、后城市，先规范、后发展，先宣传、后推广”的方式有序推进自助站建设，并根据自助站特点，制定了全自助站、半自助站、非自助站的建设和服务规范“两个标准”，得到石化股份公司肯定并向各省市公司推广。全年投营全自助站59座、半自助站273座。

（韦文海）

【安全数质量管理实现“零”事故】 2011年，广西石油分公司深入开展“我要安全”主题活动。通过推进作业现场“七想七不干”、查找身边“十大薄弱环节”等工作，加强了岗位危害识别，制定了防范措施，提高了全员安全意识和岗位安全保障能力。完善了施工安全管理流程，从源头上规范了施工安全管理，并突出抓好动火用电、高空作业、破墙动土等关键环节的监管，确保了施工安全无事故。全年组织安全检查75次，领导干部定点联系检查2 177次，对发现的隐患和问题分类建档、明确整改时限、落实人员责任。全年投入3 153万元治理各类隐患，提高了安全硬件水平。严格落实“三不采”原则，严把油源关、检测关，实行外采油品先化验、后装船，组织质量检查抽查22次，加强油品质量进销存全过程管理；新增配备186台质检仪，提高了检测能力，确保了销售油品质量100%合格。

（韦文海）

【全面加强规范化管理】 2011年，广西石油分公司从规范化管理入手，梳理出492项风险清单、1 899个风险控制点，制定防范措施，落实责任人员，健全了内控管理体系；梳理完善业务流程127个、管理流程43个，完成制度标准化改造283项，提高了制度化、规范化管理水平。

（韦文海）

【积极推进人才队伍建设】 2011年，广西石油分公司积极推进制度机制创新，明确了管理办法，畅通了人才成长的通道，激发了员工立足岗位成长成才的积极性。共调整111名优秀劳务派遣工的用工形式，调动了劳务工队伍积极性，稳定了一线骨干员工队伍。全面实施薪酬分配制度改革，统一基本薪酬制度，优化了分配结构，初步建立了员工工资正常增长机制，实现了企业发展成果惠及广大员工。

（韦文海）

【深入开展“为民服务创先争优”活动】 2011年，广西石油分公司以提高顾客满意度和员工满意度为目标，以“比学赶帮超”为抓手，扎实推进“为民服务创先争优”活动深入开展。广泛征询客户员工意见，向员工发放问卷调查2 700份，向客户问卷调查2.8万份，并组织力量对意见建议进行认真落实整改，经过动态抽样调查和测评，客户员工满意度均在95%以上。开通基层员工诉求通道，设立了“总经理信箱”、“合理化建议”邮箱，为广大员工提供了直接反映意见建议的渠道；区地两级公司领导和广大机关干部深入948个一线单位（油库、加油站），召开316场基层员工座谈会，认真倾听员工呼声，切实为基层排忧解难，参与座谈的一线基层员工达4 233人。

在加油站现场公开服务承诺，创新服务措施，推出特色服务，要求每座加油站在原来服务项目的基础上，至少新增1个以上便民服务项目，全区加油站共新增服务项目2 337个。坚持以人为本，从细节上关心员工、服务员工，把关怀措施落实到一线窗口单位，共为基层员工办实事、做好事5 625件次，给基层配备各种生活娱乐设施1 060件(套)，进一步改善了员工的生活条件，增强了员工的归属感、自豪感和责任感。

（韦文海）

表1　　广西石油分公司主要生产经营指标

指标名称＼年份	2011	2010	2009	2008	2007	2006
成品油销量总量/万吨	491.04	460.63	422.47	405.37	360.37	318.78
零售量	395.00	361.11	333.28	347.77	304.37	275.36
销售收入/亿元	378.13	306.08	241.05	245.36	187.09	162.81
利　润/亿元	10.01	6.68	6.69	10.00	5.71	8.37
吨油费用/元	322.41	304.39	276.77	259.39	275.09	235.47
加油站总数/座	1 213	1 235	1 228	1 240	1 235	1 248

海南石油分公司

【概况】 中国石油化工股份有限公司海南石油分公司(简称海南石油分公司)位于海口市滨海大道163号。其前身中国石油公司广东省海南公司创建于1953年，1998年9月划转石化集团公司。2000年实行主、辅分离，主业成立海南石油分公司，辅业为中国石化集团海南石油总公司。2006年，海南石油总公司整体转制为中国石化集团资产经营管理有限公司海南石油分公司(简称海南石油资产分公司)。2009年9月，海南石油资产分公司划转海南石油分公司。海南石油分公司主营石油、天然气、石油化工、化纤及其他化工产品的销售，日用百货便利店经营，汽车清洗服务，并经营食品、乳制品及卷烟、雪茄烟的零售，是海南省最大的成品油批发零售企业，负责海南全省的成品油供应，销售网络覆盖海南省陆、海两域。

截至2011年底，海南石油分公司资产总额22.38亿元，拥有油库4座，在营加油站(含液化气站)309座；用工总量3 662人，其中正式职工720人，管理人员377人，拥有中、高级技术职称的81人；共设有12个职能处室，8个专业中心，18个市县公司，下辖海南经济开发有限公司。

海南石油分公司主要生产经营指标见表1。

（李春贻）

【管理规格调整】 2011年3月，石化集团公司根据工作需要和海南石油分公司实际，将海南石油分公司管理规格调整为大Ⅰ型，公司领导班子成员被重新聘任，徐天民为海南石油分公司总经理，王守模为党委书记、纪委书记，贾约鹏、刘春波、黄流雄为副总经理，田惠宏为总会计师。

（李春贻）

【灵活经营策略保障利润目标实现】 2011年一季度，海南石油分公司针对汽紧柴松、竞争激烈的局面，采取“汽油保效益、柴油促销量”、“加强协调、量价兼顾”等策略，努力拓市扩销。二、三季度，针对国际油价上涨、资源偏紧的情况，以“效益最大化”为中心，采取“停批、控直、保零售”的策略，强化经营控制，把握销售节奏，稳价顺价推价，扩大零售经营，取得了良好的经营效益。四季度，国际油价震荡波动，采取适当扩销的策略，直销有所放开，海上适当调整价格，努力保持经营规模和市场份额。全年完成成品油经营总量113.05万吨，实现利润2.28亿元，提前3个月完成全年利润目标任务。

（李春贻）

【非油品营业额快速增长】 2011年，海南石油分公司加快非油品业务拓展，通过便利店改造、实施增值服务、策划各种主题促销、扩大商品种类等举措，实现营业额8 476万元，同比增长62.22%，毛利率达到20.14%。

（李春贻）

【网络建设取得新进展】 2011年，海南石油分公司加大与各级政府协调沟通力度，关注当地建设规划和发展动向，全力抢占高速公路、城市中心、新规划区的优质加油站，增强控制力，全年在营加油站点新增20座，完成任务指标的181%。同时，采取灵活有效措施，竭力落实加油站建设用地。积极推进迁建站点还建土地落实。以挖掘潜力、完善功能、隐患治理为目标，加快加油站的扩量改造，全年改造加油站16座，完成改造计划的100%。

（李春贻）

【进一步完善经营管理体制】 2011年，海南石油分公司根据总部关于全面完善专业化管理体制的总体要求，重新定位省公司和市(县)公司职能、体制模式。省公司按经营、发展、人事、企业管理法律、资产设备、安全、数质量、党建稳定、审计、监察、信息技术等职能分配设置12个处室，按零售、直销、非油品、物流、润滑油、液化气、结算、海域等专业分工设置8个专业中心；根据海南地方行政区划，相应设立15个市(县)分公司，在市(县)分公司设置了经理岗、副经理岗、网络建设岗、安全数质量管理岗、非油品管理岗、资产监管岗、客户经理岗等7类岗位。在一级专业化管理模式不变的基础上，加强区域综合管理和专业化管理相结合。省公司职能部门通过市(县)分公司，履行区域市场经营、发展、协调等各项职能，实现对加油站(船)、门市部等一级专业化管理；保持一级核算管理模式，省公司会计结算中心对各市(县)分公司所发生的会计事项按条线预算管理范畴，统一在省公司账套内核算，统一编制报表，实现全省“统一核算，统一纳税”管理；保持物流配送的垂直管理，实现物流统一调度指挥，流向统一优化，有效发挥统筹运作的效能，垂直管理到油库。

（李春贻）

【安全数质量管理有效推进】 2011年，海南石油分公司以“三基”工作为重点，积极推进安全生产标准化建设，严格落实高空、动火等作业规定，强化员工安全意识和操作技能培训，持续坚持“反三违、查隐患、抓整改”的监督检查，保持公司安全平稳运行，连续第2年获得石化集团公司安全生产先进单位称号。积极推进ISO 9000质量管理体系建设，加强油品质量监控，不断加大油品检测力度，在油品储运和终端零售环节，利用多种科技手段全程管理，确保油品质优量足。

（李春贻）

【企业管理水平进一步提高】 2011年，海南石油分公司持续推进改善经营管理建议工作，始终保持建议提请的热度不减，上报的建议在总部主管部门简报中均被收录予以肯定。土地资产管理不断加强，闲置土地得到有效处置，全年共盘活4宗土地置换加油站建设。信息系统日常应用、运维和管理得到深化，人力资源、办公自动化、非油品、GPS等各信息管理系统不断升级或上线，机房建设积极推进。法律制度进一步完善，合同文本得到规范执行，利用法律手段解决纠纷的意识逐步增强。

（李春贻）

【收入分配向基层一线员工倾斜】 2011年初，海南石油分公司全面上调基层职工最低工资保障线，使其最低工资不低于当地最低工资标准的1.2倍。为推进劳动者薪酬与劳动力市场价位接轨，海南石油分公司研究实施薪酬分配制度改革，落实职工工资增长机制。全年职工平均工资同比增长21.57%，一线员工的薪酬收入增幅在各类员工中最高，加油员平均工资增长49%。

（李春贻）

【为民服务落到实处】 2011年，海南石油分公司先后投入150多万元着力改善一线职工群众的生活、工作环境，持续推进“六小”建设。发放帮扶救助金32.3万元，帮扶困难职工，力所能及地解决协解人员子女就业问题。同时积极创造有利条件，丰富离退休职工的精神文化生活。

（李春贻）

【党建工作不断加强】 2011年，海南石油分公司深入开展创先争优活动，通过理论学习、红歌传唱、红色记忆参观、革命传统教育、佩戴党徽、落实承诺等方式，不断加强思想政治建设；开展党员经常性教育和管理，促进各级领导干部增强党性修养，坚定理想信念，注重自我约束。认真贯彻落实党风廉政建设，加强典型引导和警示教育、加强重点领域和关键环节监管，持续开展效能监察，大力推进业务公开及网上巡视，增强干部职工遵纪守法和廉洁从业意识。年内公司党委被海南省国资委评为先进党委。

（李春贻）

【人才队伍结构不断优化】 2011年，海南石油分公司通过竞聘上岗、公开招聘等形式不断改进和加强选人用人工作。积极组织竞赛比武活动，通过集中培训、自学、岗位练兵、职称评定、技能鉴定等方式，不断推进“三支队伍”建设。全年通过高级职称评定的2名，职业技能鉴定取得资格人数365名。

（李春贻）

表1　　海南石油分公司主要生产经营指标

指标名称＼年份	2011	2010	2009	2008	2007	2006
成品油经营总量/万吨	113.05	111.09	97.92	114.38	100.63	87.28
零售量	96.67	82.52	73.4	84.86	69.87	66.72
销售收入/亿元	333.00	87.02	60.59	74.65	57.91	46.82
利　润/亿元	2.28	1.81	1.65	2.25	1.98	2.08
吨油费用/元	333.00	230.00	282.00	182.00	228.00	212.00
加油站总数/座	309	289	284	281	267	246

贵州石油分公司

【概况】 中国石油化工股份有限公司贵州石油分公司（简称贵州石油分公司）位于贵州省贵阳市解放路21号，是贵州省最大的一家成品油经营企业。其前身是成立于1951年3月的贵州石油总公司，1998年划归石化集团公司，2000年3月上划组建为贵州石油分公司和中国石化集团贵州石油总公司（简称贵州石油总公司），正式分离运行。2006年10月，贵州石油总公司整体转制为中国石化集团资产经营管理有限公司贵州石油分公司。贵州石油分公司主要经营汽油、柴油、煤油、润滑油、其他石化产品及非油品等业务。

截至2011年底，贵州石油分公司共设14个职能部门和4个专业中心，下辖9个市（州、地）分公司；有员工6 991人，其中具有高级专业技术职称的12人，中级专业技术职称的202人。拥有在营加油站770座，油库10座，总库容26.65万立方米。资产总额70.82亿元。2011年完成固定资产投资4.03亿元，已占用资本回报率为17.42%，同比下降0.24%。

贵州石油分公司主要生产经营指标见表1。

（万　迪）

【多措并举扩展零售市场】 2011年，贵州石油分公司开展“加油站百日竞赛”和“亮窗口、铸品牌、构和谐”等活动，坚持发挥客户中心电话查询、神秘客户暗访、省市两级督察等制度的监督作用，持续提高加油站服务水平。在全省系统树立了94个标杆站，其示范带头作用明显。在节假日主动拜访大客户，在加油站现场为大客户提供星级服务，提高大客户的满意度。在认真分析、测算的基础上，有针对性地实施“点对点”的价格策略，巩固区域市场。坚持全方位推介加油卡，全年销售加油卡24.8万张，累计发卡118.2万张，加油卡消费比例同比上升2个百分点。年内，全省系统共有21座加油站油品销售量超过1万吨，1座突破2万吨。

（万　迪）

【非油品业务取得新突破】 2011年，贵州石油分公司培育了一批具有一定规模的便利店，并打造出日销售额超万元的贵毕便利店、油榨街—小碧城市道路精品样板便利店，年销售额超100万元的便利店已有14个。对1 200余种大宗商品进行集中采购，集中采购大宗商品销售额占总销售额的35%。非油品毛利率18.0%，同比上升2.9个百分点。5月与邮政物流合作的中央仓正式启动运行，逐步推进第三方非油品商品物流配送体系的建设，截至年底，中央仓配送商品达到1 154个品种，开通17条配送路线，为552座加油站直供商品。

（万　迪）

【润滑油销售取得新进展】 2011年，贵州石油分公司密切润滑油供货关系，拓展供货渠道，保证资源的供给。拓展经营思路，稳健开发直供代理商，提高长城润滑油销售量。发挥省公司库存管理调剂平台功能，提升润滑油库存管理水平，努力降低经营风险，保持润滑油的合理库存量。开展客户经理专业化培训，进一步完善客户经理管理制度，发挥综合培训优势，客户经理团队的整体营销能力、企业在润滑油市场的竞争力均有提升。年内，终端销售长城包装润滑油1.6万吨，终端比例97.6%，在销售系统排名第1位。

（万　迪）

【提升直销市场控制力】 2011年，贵州石油分公司紧盯新建、续建的全省重点工程项目，改“服务上门”为“服务进家”，为客户量身定制供油计划。资源紧张时发挥保供能力强的优势，与新客户签订长期购油合同，组织开展回馈客户增值活动，提高客户的忠诚度，稳定客户群；紧贴市场，坚持差异化价格策略，灵活调整量价关系；积极开展“走家串户”主题营销活动，制定严密的活动方案，对高铁、高速、电厂等重点客户进行拉网式走访，详细了解客户需求，切实根据客户需要改进服务。

（万 迪）

【网建工作取得重大进展】 2011年，贵州石油分公司新增147座加油(气)站，其中高速公路站24座，中心城市站59座，其他区域站64座。积极争取中国石化总部支持，抓住中国石化党组领导到贵州调研的机遇，取得省政府及相关部门支持贵州石油分公司“十二五”成品油网络建设的两个支撑性文件，参与贵州省“十二五”成品油网络建设规划。年内，贵州石油分公司在加气站建设方面也取得了实质性突破，新增4座加气站，并与贵州省燃气集团、贵阳公交公司等单位达成共同组建合资公司加速推进加气站网点布局的共识。收购黔西南真福加油站及3座水上加油站，填补了公司历史上无水上加油站的空白。

（万 迪）

【稳步推进工程项目建设】 2011年，贵州石油分公司完成贵阳油库扩容改造项目，按计划推进安顺、凯里等油库的扩容改造及隐患治理工程，新增投营加油站31座，完成便利店改造项目51个、“小改大”专题项目22个，终端网络设施日趋完善，品牌形象更为突出。确定每座加油站的网架、工艺管线、油罐等项目由同一家中国石化企业建设的“三合一”管理模式，逐步解决工程质量粗糙、施工建设不规范、工期拖延等问题。按照中国石化总部的要求，积极推广和逐步完善工程项目总承包模式的试点和运行，进一步规范对油库、加油站建设项目的管理。制定了加油站项目建设主要流程模板，实现对项目管理的无缝隙衔接，沟通成本减少，工作效率提高。

（万 迪）

【企业精细化管理水平提高】 2011年，贵州石油分公司把各项制度、规范、流程进行标准化，实现制度、规范、流程的文本化、表格化和信息化。在工程项目管理、资金费用管理、成本目标管理等多个领域进行创新，获得石化集团公司2项管理创新成果奖。进行全面预算管理，实现了对企业全年经营管理活动资金费用的有效安排和控制，保证了资源配置的有效运行；进行招投标管理，实现对所有投资项目和10万元以上的费用开支的“阳光”操作。全年共进行招投标、询比价87项次，节约566万元；继续施行零赊销管理，有效规避了企业潜在经营风险，年内清回欠款486万元，赊销比在销售系统排名第1位。在全省系统开展“改善经营管理”建议工作，共收集365条建议，激发了员工参企议企的热情。通过以上举措，贵州石油分公司“三个平台”(决策平台、管理平台、控制平台)日臻完善，决策力、执行力、控制力进一步增强。

（万 迪）

【信息化建设有新突破】 2011年，贵州石油分公司建成了集加油站油库实时监控、远程控制、应急报警、命令发布、电子地图和油罐车GPS定位等功能为一体的信息指挥中心。截至年底，实现对273座加油站、2个油库视频在线实时监控，对310辆油罐车实时在线监控，有效减少了经营风险。进一步深化IC卡、ERP等系统的应用，规范操作，消减、堵塞企业经营管理中的漏洞。

（万 迪）

【节能达标工作获得表彰】 2011年，贵州石油分公司继续设置零售损耗排名后20位加油站曝光台，保证对零售损耗偏大的地市公司和加油站的降耗压力不衰减。进一步提升铁路罐车装载率，铁路罐车装载率提高到93.7%，同比上升0.4个百分点，节约费用10万元。年内，在销售系统的节能达标评比中有14座加油站、1座油库、1个集体获得先进表彰。

（万 迪）

【队伍建设获得成绩】 2011年，贵州石油分公司招聘录用了438名大学生，改善了基础管理岗位专业技术能力较为薄弱的局面。“三年大学生站长推进计划”取得成效，截至年底，全省系统具有大专以上文化程度的、年龄在35岁以下的加油站站长、副站长160名，青年大学生站长比例达到27.9%。基本实现劳务工与正式工同工同酬的目标，有108位劳务工被转为正式职工，员工的忠诚度提高，加油站员工流失率降低。全方位开展副主管以上管理人员“走上讲台”活动，自制课件316份，累计授课3 117小时。建立了包括加油站、油库、地市公司、省公司本部等各层面岗位的系统的、完整的学习培训体系。全年共开设培训班 1 051 个，约有 3.5 万人次接受培训。制定了三支人才队伍建设相应的考核评价办法，完善了选用人才的制度机制。经过公开选拔、民主推荐、竞聘上岗等程序，启用一批后备人才充实到中层管理人员队伍，有重点地把工作勤奋、具备一定潜力的人员放在重要岗位上培养、锻炼。年内新增高级专业技术职务任职资格 9 人，中级专业技术职务任职资格 4 人，初级专业技术职务任职资格 21 人。对 2 581 名员工进行了技能鉴定，新增初级工 1 290人、中级工 221 人、高级工 40 人，技师增至 13 人。年内获得销售系统内 61 面红旗，在总部年度职业技能竞赛和技术比武活动中，获得 2 枚金牌、2 枚铜牌、1 座奖杯，实现竞赛比武活动金牌零的突破。

（万　迪）

【企业安全工作有保障】 2011 年，贵州石油分公司巩固“我要安全”主题活动成果，重点加强成品油承运商和施工承包商的安全管理，进一步完善与安监、消防等部门的沟通协调机制，取得良好效果。深入开展安全隐患排查治理活动，合理安排隐患治理费用，共查处安全隐患问题 2 400 个，整改 2 350 个，整改率 98%，对暂未整改的 50 个隐患落实了安全预防范措施，全年，在油库、加油站开展各种级别、贴近实战的应急预案推演 1.8 万余次，一线员工处置应对紧急状况的能力普遍增强。再次获得石化集团公司安全生产先进单位称号。

（万　迪）

【数质量管理工作上新台阶】 2011 年，贵州石油分公司严格落实“每一滴油都是承诺”，严把油品进入关，共检测 463 个油样，进行自采油入库检查 227 个批次，对指标化验不合格的坚决作退货处理；严把出库出站关，确保加注油料数量 100% 准确，质量 100% 合格，全年完成标定油罐 646 个，检测计量工具 3 636 把（支），随机抽查检测油库 13 次、加油站 150 座，合格率 100%。公司 ISO 9000 质量体系认证顺利通过油品销售事业部第二方审核。

（万　迪）

【党建思想政治工作促进企业软实力提升】 2011 年，贵州石油分公司开展以“永远跟党走”为主题的全省系统纪念建党 90 周年活动，“唱红歌”、“颂红诗”；开展以“讲团结、讲奉献、讲拼搏”和“爱岗敬业、埋头苦干、开拓进取、无私奉献”为主题的创先争优活动，并对 2009—2010 年度党内 13 个先进集体和 33 名先进个人进行了表彰。认真开展打造“高度负责任、高度受尊敬的企业”大讨论活动，进一步统一职工思想。全年在油库、加油站一线共发展党员 87 名，其中劳务工 36 名。年内，贵州石油分公司有 1 人获得省级“五一”劳动奖章，2 个集体分别获省级工人先锋号和巾帼文明岗称号。

（万　迪）

【和谐企业建设】 2011 年，贵州石油分公司深入开展“为民服务创先争优”活动，各级管理人员深入基层调研，听取一线员工的意见、建议，指导帮扶一线员工解决实际困难，切实为基层员工服务。在所有在营加油站实施了“五小”建设，其中“小食堂”覆盖率达到 100%。在年初举办了以“歌颂祖国、歌颂中石化企业、歌唱石化员工”为主题的全省系统文艺汇演；开展了以“认知企业历史，增强使命感”为主题、以《中国石油化工发展历程简明读本》为阅读对象的“读一本书”活动；并持续以“健身、健康、和谐”为主题开展野外拓展、篮球、足球、乒乓球等形式多样、员工喜爱的活动。

（万　迪）

表 1　　贵州石油分公司主要生产经营指标

指标名称 \ 年份	2011	2010	2009	2008	2007	2006
成品油销量总量 /万吨	326.64	268.18	238.99	217.21	195.11	177.11
零售量	251.78	208.78	189.11	182.62	157.74	146.06
销售收入 /亿元	254.97	183.98	141.95	136.70	109.55	95.68
吨油费用 /元	287	277	286	268	279	243
在营加油站总数 /座	770	761	741	730	734	682

云南石油分公司

【概况】 中国石油化工股份有限公司云南石油分公司(简称云南石油分公司)本部位于云南省昆明市拓东路45号。其前身云南省石油总公司建立于1952年7月，1998年6月整体划转石化集团公司，2000年2月按照主辅分离、改制上市的要求，主营业务部分组成云南石油分公司。云南石油分公司主营汽油、柴油和非油品的零售、直销配送、批发和仓储业务，是云南省内最具实力的成品油主渠道销售企业。

截至2011年底，云南石油分公司下辖16个州市分公司，4个专业中心；用工总量10 302人，总资产达103亿元，在营油库13座，总库容37.35万立方米，在营加油站1 070座。

（何　斌）

【领导班子调整】 2011年5月底，石化集团公司调整了云南石油分公司领导班子。新班子由6人组成，左志民任总经理、党委副书记，杨文化任党委书记、副总经理。

（何　斌）

【经营指标得到提升】 2011年，云南石油分公司实现销售收入412.46亿元；成品油销售量达531.18万吨，同比增长6%，完成中国石化总部下达年度计划的102%，其中零售量为443.24万吨，同比增长15%；完成非油品营业额3.11亿元，综合毛利率23.6%，其中便利店营业额2.91亿元，完成年度计划的100.2 %，同比增长26.4%；长城包装润滑油销量为2.7万吨，同比增长24.2%；报表利润为10.86亿元，完成年度指标的181%。

（何　斌）

【营销网络实现新突破】 2011年，云南石油分公司发展加油站60座，新投产43座，投资成本居高不下的情况得到初步控制。

（何　斌）

【切实履行国企社会责任】 2011年，云南省持续遭遇干旱，面对严重旱情，云南石油分公司积极组织资源，在13座在营油库分别开辟了1—2个发油绿色通道，凡是运输抗旱用油的油罐车都无需排队等待，随到随装；在全省范围内确定了510座加油站作为抗旱保供站，24小时全天候服务，优先保证抗旱农机加油；组织60辆小额配送车不间断地将柴油送到抗旱现场。其间，云南石油分公司承担了省内80%以上的保供量，认真履行国有企业的政治责任、经济责任和社会责任。

（何　斌）

【“比学赶帮超”工作获佳绩】 2011年，云南石油分公司按照石化集团公司的统一部署，全面开展“比学赶帮超”工作，全年获得销售系统“比学赶帮超”月度红旗32面，居销售企业第6位，获年度红旗8面，居销售企业第7位。

（何　斌）

【制定企业长远发展目标】 2011年，云南石油分公司科学、系统地提出了“建设国内一流成品油销售服务企业”的长远发展目标，并制定培育和提升“持续发展能力、成本竞争能力、管理控制能力、经营创效能力、优质服务能力、人力资源和思想政治工作支撑保障能力”的保障措施，加快发展、争创一流成为公司全体干部员工的思想共识和一致行动。同时，调整提升公司“十二五”发展规划，优化完善体制机制，州市公司市场竞争力和工作活力进一步增强，县域市场开发能力得到加强。

（何　斌）

【全面加强安全数质量管理】 2011年，云南石油分公司强化HSE管理，持续开展“我要安全”主题活动，严格执行安全生产责任制和“一岗一责制”，落实“七想七不干”工作要求，查找“十大薄弱环节”和设备设施“十大隐患”，开展未遂事件分析共享，投入资金966万元，加强隐患治理和重复性问题整治，开展油库标准化建设，创建“平安工地”，加强施工现场管理和承包商管理。推行ISO 9000质量体系建设，严格油品外采质量全过程管理，退回不合格油品10批次7 730吨，综合损耗率为0.08%，同比基本持平。全年未发生上报等级事故和数质量恶性事件，获得石化集团公司“我要安全”主题活动先进单位、省消防协会安全先进单位等称号。

（何　斌）

【深入推进“为民服务创先争优”活动】 2011年，云南石油分公司把为客户、政府和社会、员工服务的能力定位为企业的核心竞争力，以开展“为民服务创先争优”活动为契机，开展6个专项活动，公开进行承诺，增加服务项目，提高服务水平，建成标杆站10座，以点带面打造优秀窗口单位。真情实意关心员工，坚持挂点联系制度，深入基层倾听员工心声，帮助解决实际问题，合理调整加油站营业时间，减轻员工劳动强度，分配向一线倾斜，投入737万元“五小”建设资金开展帮贫助困工作，开展机关服务基层活动，树立党、团员示范岗，为民服务综合满意度达100%，确保了客户、员工双满意。以“强化管理、提升服务”为核心，开展加油站管理和服务提升专项活动和“优质服务月”活动，强化加油“八步法”操作，组建省地两级服务示范队送学上门，建成服务示范站18座、服务达标站241座，加大加油站零售督察力度，完善客服中心职能，重视客户投诉处理，开展客户问卷调查，客户电话接通率达到87%，投诉处理满意度达到100%。

（何　斌）

四川石油分公司

【概况】 中国石油化工股份有限公司四川石油分公司（简称四川石油分公司）是石化集团公司根据经营发展战略，在原中国石化销售川渝公司基础上重组而成的国有大型企业，是中国石化的全资分公司，2010年1月17日正式揭牌成立，本部设在成都。四川石油分公司集仓储、物流、销售、服务于一体，主要负责中国石化在四川地区成品油零售、直销和批发以及车用天然气、润滑油、非油品销售等业务。

截至2011年底，机关有处室13个，下属地市公司19个（其中合资3个），另有1个独立合资公司，员工总数4 029人；拥有油库8座，总库容11.54万立方米，在建泸州油库库容3万立方米；拥有车用压缩天然气母站1座，日产能16万立方米，在建绵阳、达州CNG母站产能16万米^3/日；拥有加气站23座、加油站355座；拥有在营便利店267座；拥有IC卡联网加油站247座、发卡网点234座。

2011年，四川石油分公司围绕中国石化总部“两保三不降两提高”要求，提出了“四两拨千斤”的增强型工作思路，精心打造“两个生命工程”，努力扩大区外市场影响力，实现从“争当区外排头兵”到“当好区外排头兵”的转变。全年实现经营总量186.68万吨，同比增长11.7%，其中成品油销售181.49万吨，同比增长11.2%；零售108.91万吨，同比增长31.6%，直销45.36万吨，同比增长24.1%，终端销售比重85%；车用天然气销售6 000万立方米，同比增长31%；便利店营业额7 659.8万元，同比增长185.6%。实现销售收入137亿元，吨油利润139.3元，报表总利润2.6亿元，同比增长29.9%。全年新增库容2.8万立方米，新增加油站69座、加气站21座，完成固定资产投资16.15亿元，配合中国石化总部完成了西南成品油管线入川项目的论证工作。

（汪姌姣　王　酩）

【品牌形象大提升】 2011年，四川石油分公司坚持诚信经营，严格实施对外采油品的全指标分析和全流程监管，严格执行食品安全管理制度，全年未发生产品质量安全事故；坚持推广“规范化服务”，在客户心中树立起了标准服务形象；配合地方政府和司法机关清理假冒站点34座，进一步统一了中国石化在川品牌形象；强化正面舆情有效引导和负面舆情适宜处置，主动做好与社会各界的沟通互动，维护了中国石化品牌形象。

（汪姌姣　王　酩）

【网络扩展实现“量的增长”】 2011年，四川石油分公司贯彻中国石化党组“融入地方、借势发展、合作共赢”的发展思路，紧盯全省“十二五”规划项目，抢占高速公路服务区及出入口、中心城区、城市新区、网络空白点等重点区域，实现了网络拓展上“量的增长”和“质的提升”。全年新签约高速路服务区项目49座，累计签约项目达到110座，占全省高速路服务区（停车区）总数的55%；依托高速路服务区已获项目，一揽子获得加气站项目29座（累计已获51座），迅速覆盖了全川11条高速公路主干网络；加快在各地市中心城区布设LNG站点，获得项目25座。

（汪姌姣　王　酩）

【加气站改造实现“质的提升”】 2011年，四川石油分公司比选出27座地段好、潜力大的加油站，增设加气站功能，提高了投资效益；整合发展部门人力资源，实施对工程项目建设的分类管理和全流程监控，有效克服了“工程任务多、管理半径大”的困难，全年新建、改造加油（气）站110座，改造便利店30座。

（汪姌姣　王　酩）

【优化资源组织取得显著效果】 2011年，四川石油分公司通过协调中国石化总部和铁路部门开通炼厂至油库的“龙组列车”，加强与中国石油的资源就地串换，将油库按照周转率进行统筹管理，有效缓解了资源进川难和库容瓶颈问题，确保了成品油资源不断档、不胀库。全年兑现成品油资源185.43万吨，同比增幅16.16%，完成年度计划的102.6%，其中与中国石油串换资源8.27万吨，节约运费80万元。

（汪嫣姣　王　酩）

【做强终端市场】 2011年，四川石油分公司在零售方面，以“达标创星”、“样板站建设”活动为抓手，培育万吨站33座，为做大零售提供了有力支撑；实施“加油卡进社区、进办公楼”活动，主动寻求与在川央企、地方国企、民营企业的战略用油合作，全年新增加油卡客户9.2万户。在直销方面，改善客户购油环境，对成都、攀枝花油库营业室进行了标准化改造；实行客户分级管理，提高售后服务质量；梳理全省重点用油行业，新开发直销客户353个，实现增量7万吨。在非油品业务方面，加大便利店开店和样板门店推广力度，全年新增门店105座，门店总数达267座，占在营站比例93%；建立了中央仓配送体系，加大商品统购力度，实现了对全省门店的全品项物流配送。

（汪嫣姣　王　酩）

【卡机联动加气机项目试点成功】 2011年4月，中国石化油品销售事业部与华气厚普公司联合研发的卡机联动加气机在四川石油分公司金堂加气站试点投营，标志着中国石化加油IC卡技术在深化加气应用领域取得新突破。

（汪嫣姣　王　酩）

【基础工作上台阶】 2011年，四川石油分公司建立了HSE和ISO 9000两个体系；成品油外采严格执行“三不采”原则，建立了对供应商的定期考核、评定、淘汰机制；针对资金、商品、发票管理等高风险环节，初步建立了“条块结合、全方位监控”的日常管理体系；终端储运设施、销售网络建设坚持“四不上会”原则，通过召开例行投资预审会，强化各专业线事前、事中、事后监督，规避了投资风险；开发和实施了油库电子提单、哨兵系统、非油品商定天下系统、OA二期系统、合同信息管理系统，加强了对重点业务和关键流程的风险防范；全面畅通人才晋升通道，持续完善薪酬体系建设，建立了一线员工收入保底制度；以经营、发展为导向，对考核指标权重进行了重新核定，优化了考核评价体系；根据公司业务和发展需要，制定了非油品、加气站财务管理制度及内部财务管理报表，完善了加油(气)站投资项目效益评价体系。此外，完成了四川石油分公司管理制度汇编，规范了各专业线管理。

（汪嫣姣　王　酩）

【队伍结构进一步优化】 2011年，四川石油分公司坚持以人为本，对全体中层干部从业绩、品行、忠诚度等方面进行考核，调整交流干部17人，形成了积极的聘用机制；以“江苏石油对口帮扶”为契机，引进帮扶人员26人，从大专院校引进应届毕业生51人；加强库站人员培训，全年共实施培训项目84个，培训人员8 391人次，年内在中国石化组织的竞赛比武决赛中，计量、人事、零售专业线取得了个人3金、1铜的好成绩，四川石油分公司获2011年度竞赛比武最佳进步奖。

（汪嫣姣　王　酩）

【坚持以党建促和谐】 2011年，四川石油分公司注重发挥“党建思想政治工作”优势，全年建立和完善基层党组织30个，选拔政工干部8人；要求党员干部深入一线工作要带上“督导单”、拟好“服务录”、寻找“特色篇”、走出“和谐路”；召开各级民主生活会30余次，认真查找企业内部不和谐因素，理顺了职工情绪；举办了建党90周年文艺汇演、书画展览、“永远跟党走”演讲比赛、党风建设作品展等10多期主题活动，积极参与救灾捐资、扶贫援藏，组织慰问和资助员工85人，发放帮扶基金16万元，增强了员工凝聚力，营造了和谐氛围。

（汪嫣姣　王　酩）

【企地合作加快发展】 2011年5月6日，根据中国石化与成都市人民政府签署的战略合作协议要求，四川石油分公司与成都交通投资集团有限公司签署合作框架协议，双方共同出资设立“中石化成都能源有限公司”，新公司计划在成都地区重要位置建设和经营5座CNG加气站、40座加油站。

（汪嫣姣　王　酩）

【签署目标责任书】 2011年4月13日，四川省人民政府与四川石油分公司签署了对48个高速公路服务区、103个公路加油站的建设改造责任书，为加快中国石化在川营销网络的建设畅通道路。

（汪嫣姣　王　酩）

【顺利整合原中石化云南云川石油分公司】 2011年9月19日，油品销售事业部牵头云南、四川2家石油公司，正式启动了对原中石化云南云川石油分公司的属地化重组划转工作；历时2个月时间，将云川分公司所辖73座加油站平稳划转至四川石油分公司旗下。

（汪嫣姣　王　酩）

中国石化云南云川公司划转工作衔接会

重庆石油分公司

【概况】 中国石油化工股份有限公司重庆石油分公司(简称重庆石油分公司)位于重庆市渝中区，其前身为中国石化销售有限公司川渝重庆分公司(简称销售川渝重庆分公司)。2009 年 12 月，石化集团公司在销售川渝重庆分公司基础上，重组成立了重庆石油分公司，管理规格为大Ⅱ型企业。主要负责重庆地区成品油零售、直销和批发以及车用天然气、非油品销售等业务。

重庆石油分公司实行“管理层次扁平、业务专业垂直、岗位权责清晰、市场反应灵敏”的经营管理体制和运行机制，集仓储、物流、销售、服务于一体。截至 2011 年底，重庆石油分公司下设 12 个部门，辖江南、三峡、涪陵、合川、江津 5 个分公司，黔江、永川 2 个筹备组和惠通、渝辉、中南石油 3 个合资公司；共有员工 2 566 人；资产总额 45 亿元；在营加油(气)站 253 座，在营油库 6 座。

2011 年，重庆石油分公司销售总量 167.15 万吨，同比增幅 48%。其中，成品油同比增幅 48%，天然气同比增幅 51%。非油品销售总额 4 520 万元，同比增幅 69%。实现销售收入 119.86 亿元。市场份额提高 4 个百分点。

重庆石油分公司主要生产经营指标见表 1。

(刘　磊)

【完成政府应急储备油任务】 2011 年，针对成品油市场供应紧张的局面，重庆市启动成品油应急储备预警机制。7 月 14 日，重庆市 2011 年度成品油应急储备签字仪式在重庆金源大酒店举行。根据重庆市政府要求，重庆石油分公司成品油年度储备任务为 6 万吨，截至年底，在中国石化总部支持下，已保质保量完成储备任务。

(高吉发)

【骨干网络培育成效突显】 2011 年，重庆石油分公司精心培育大站，创新推行“万吨级站长俱乐部”激励政策，已成功建构起万吨级站 25 座、8 000 吨级站 5 座、5 000 吨级站 20 座，年经营量近 50 万吨的骨干网络，扩大了市场影响力。

(高吉发)

【网络遍布 38 个行政区县】 2011 年，重庆石油分公司加快加油加气站网络建设，充分发挥分支机构作用，先后在铜梁、潼南、江津、巫山、巫溪 5 个区县空白市场拓展网络，实现了加油加气站网点遍布重庆 38 个行政区县。

(高吉发)

【加气站规范管理有进展】 2011 年，重庆石油分公司在油品销售事业部和天然气分公司的指导下，先后修订了《加气站 HSE 检查标准》，编写了《加气站设备事故案例》和《加气站经营管理常识》，为中国石化销售系统规范加气站营销管理提供了参考。

(高吉发)

【人才引进取得新成绩】 2011 年，重庆石油分公司通过区内招聘、调动等方式引进急需经营管理人才 22 人；校园招聘大学毕业生 110 名；分(子)公司通过中介机构等引进操作技能人员 565 名，缓解了公司各类人才紧缺局面。

(高吉发)

【共青团组织正式成立】 2011 年 6 月 29 日，共青团重庆石油分公司第一届代表大会召开。会议选举产生了重庆石油分公司共青团第一届团委会。各分(子)公司也相继成立了共青团组织。

(高吉发)

【获系统内外多项荣誉】 在 2011 年重庆市委、市政府组织的第 4 届劳模和先进工作者评选表彰活动中，重庆石油分公司总经理江建华、唐家沱油库主任助理姜涛当选为重庆市第 4 届劳动模范。重庆石油分公司获得销售企业“比学赶帮超”活动成品油经营量、直销量、利润、网点发展、油品损耗、EVA、财务管理、人均劳效、品牌形象、窗口服务 10 面年度红旗，被授予标杆企业称号。

(高吉发)

【《重庆石油》创刊】 2011年，在征得中国石化总部和重庆市新闻出版局同意后，重庆石油分公司正式出版内部刊物《重庆石油》，刊号为渝内字668号。刊物的创建为公司干部员工展示精神风貌提供了新平台，标志着重庆石油分公司在企业文化建设上迈出了新的一步。

（高吉发）

表1　　重庆石油分公司主要生产经营指标①

指标名称＼年份	2011	2010	2009	2008	2007	2006
成品油销量/万吨	160.00	108.05	56.33	32.03	36.48	33.97
零售量	99.66	51.63	36.95	26.21	26.89	26.48
销售收入/亿元	119.86	67.87	30.45	20.01	19.61	16.30
报表利润/亿元	3.01	0.45	0.24	-0.09	0.13	0.19
报表吨油费用/元	238.00	247.00	248.36	334.84	264.88	235.54
在营加油站总数/座	253	185	93	86	79	79
油库数/座	6	6	5	5	5	5

①2006—2009年数据为销售川渝重庆分公司数据。

陕西石油分公司

【概况】 中国石油化工股份有限公司陕西石油分公司（简称陕西石油分公司）是石化集团公司根据经营发展战略，在原中国石化销售西北公司和销售西北陕西分公司基础上重组而成的国有大型企业，是中国石化的全资分公司，2010年1月15日正式揭牌成立，本部设在西安。

陕西石油分公司集仓储、物流、销售、服务于一体，主要负责陕西地区成品油零售、直销和批发以及润滑油、燃料油、非油品销售等业务。截至2011年底，公司机关拥有处室12个，地市公司10个，参控股公司5个，员工总数4 106人。拥有加油站363座；拥有油库4座（西安、宝鸡、汉中、榆林），在建油库3座（西安、渭南、延安）。

2011年，陕西石油分公司实现油品总销量168万吨，其中汽油36.03万吨，柴油127.07万吨，燃料油4.26万吨，润滑油0.13万吨；柴汽比3.5∶1；零售量102万吨，同比增加61.7万吨，增幅153%，完成全年任务的139.7%；直销量40.74万吨，同比增加0.07万吨，增幅0.2%，完成全年任务的88.6%；终端销量142.74万吨，终端比例87.5%；实现报表利润6 018万元，同比增长4倍。

（余　立）

【销售储运网络进一步健全】 2011年，陕西石油分公司加快新增项目的立项、签约、接收、改造和投营进度，现场考察申报加油站项目265座，批复立项216座，项目批复率82%；累计签约171座，接收152座，项目接收率89%。特别是西安、榆林、咸阳分公司均超额完成年度网络发展任务，其市场影响力和竞争力显著提升，全年清理整顿假冒站18座。加大新建站和形改站的投营工作，全年竣工加油站205座，新增投营180座，投营总数达318座，加油站在营率由年初的75%提高到87%。在自建站、加气站、撬装站建设方面实现了零的突破，在年内已批复的7座自建加气站中，已有3座完成了设备采购工作，4座开始办理规划审批手续；合资公司中石化陕西榆林天然气发展公司第1批规划的15座LNG加气站项目已在选址报建中；橇装站达成合作意向站点25座，建成14座，投营9座。榆林油库仅用时180天完成了“旱库”的建设工作，已具备了公路收发油品的作业条件，其铁路专用线建设已获得铁道部批复同意；汉中油库主体工程已经竣工，进行资产交接和试运行工作；西安西石化油库已完成了项目可研及基础设计的上报工作；渭南油库已完成勘察选址工作，进行油库和铁路专用线的可研编制；延安油库已开始建设选址工作。

（余　立）

【加强资源统筹保市场】 2011 年，陕西石油分公司坚持“配置为主、外采为辅”的资源策略，在用好内部资源的同时，与延长集团签订了全年 50 万吨的油品互供协议，准确把握市场商机，统筹“两种资源”购进。全年兑现配置资源 77.6 万吨，兑现率 102%；外采资源 88.7 万吨，增幅 36%。按照资源平衡方案，打通了塔河分公司和荆门石化向关中发运油品的通道，增加了荆门石化向陕南地区的调运量，协调铁道部开通了洛炼龙组发运至咸阳、宝鸡地区的通道，开展了燕山石化资源通过鄂尔多斯油库向榆林地区跨区配送工作，有效缓解一次物流瓶颈。与国储、社会单位在资源代储代发业务上深入合作，全年新增租赁库 5 座，新增库容 7.45 万立方米，代储资源 53.8 万吨，代发资源 51.3 万吨，有效缓解了仓储瓶颈。通过合理测算运距运力，精心组织配站作业、专人押运、实行铅封、打击偷盗等手段，初步理顺了二次物流运行流程，提高了运行效率。承运商从年初的 1 家增加到年末的 9 家，单次运力从年初 77 辆车的 1 468 吨增加到年末 219 辆车的 5 080 吨，二次物流保障水平的提升有效保障了市场需求。精心开展直分销经营，全年新增直分销客户 305 个；灵活运用“价格杠杆”等手段，直销吨油毛利增加了 25 元。

（余 立）

【多样化营销提升油品销量】 2011 年，陕西石油分公司通过采取一站一策、“点对点”竞争、老站挖潜、新站达标、油非互动、机构客户开发、世园会组合营销等各具特色的营销手段，全面抢占市场份额。77 座老站挖潜增量 8.4 万吨，增幅 30%；180 座新投营站实现销量 28.3 万吨，占零售总量的 29%；涌现了宝鸡太白、汉中望江等一批扩销增量的标杆典型，新增万吨站 23 座，年末万吨站总数达到 32 座；新增固定客户 1 700 余家，实现销量 12 万吨。全年油品销量突破 100 万吨，达到 168 万吨。

（余 立）

【非油品销售额实现大幅增长】 2011 年，陕西石油分公司建立供应商入围集体评审和考评淘汰制度，规范省市公司采购管理职责，提高省采商品比重，发挥统采优势，降低进货成本。积极开展差异化营销。通过站内海报、泵岛销售、交通广播宣传等多种形式，开展了“迎双节”、“油非互动”、重点商品促销等多种营销活动，有力提升了非油品市场份额和“易捷”品牌形象。全年加大重点商品销售力度，在新增 5 类 604 个单品的基础上，重点商品销售比重达到 30%。持有烟草证的便利店达 152 个，烟草销售比重达到 18%。西安分公司丈八东路加油站的“必胜宅急送”项目已经建成投营，实现了公司非油国际品牌零的突破。全年新增便利店 200 座，便利店总数达到 288 座，非油品销售收入同比增幅达 364%，西安、咸阳 2 家分公司合计完成了全省非油品销售任务的一半。

（余 立）

【实现安全数质量工作无事故】 2011 年，陕西石油分公司持续开展“我要安全”主题活动，完成了 HSE 体系建设，确保了世园会和夏季汛期的安全生产，获得石化集团公司安保工作先进单位和陕西省安全生产先进单位称号。成立油品损耗管理领导小组，制定下发 12 项管理制度，注重过程控制、强化检查通报，取得明显成效。制定完善质量管理制度，增加内部抽检频次，严格执行外采油全项检验制度。年内在中国石化总部和地方的各类质量抽检中，所抽取的 40 个油样全部合格。全省 1 座质检中心、5 座准 A 级质检室、1 座 B 级质检室、3 座 C 级质检室已基本配备到位。年内实现安全数质量工作无事故。

（余 立）

【提升队伍建设水平】 2011 年，陕西石油分公司从区内公司、大专院校引进各类人才，充实了地市公司领导班子和专业干部力量。采取在 3 000 吨以上站点增设后备站长、新投产站提前 3 个月储备骨干员工等措施，确保了新开业站点工作的连续性。132 名劳务工业务骨干被调整为正式职工，理顺了劳动关系。技术比武整体成绩位居区外销售企业前列，获得销售系统 2011 年度技术比武最佳进步奖，劳资线条获得区外团体第 1 名和 1 金、1 铜的好成绩。以关键管理岗位轮训为重点，建设培训站库 11 个、培养兼职师资 79 人，共组织各类培训 262 期、培训 7 778 人次，员工综合持证率从公司组建初的 3% 提高到 82%，零售线条员工的业务技能水平进一步提升。通过“五小建设”、完善联量计酬分配制度、收入向一线倾斜、优化排班等措施稳定员工队伍，一线员工收入整体同比增长 23%，流失率由公司组建初的 37% 下降到 8%。

（余 立）

【注重信息化应用】 2011 年，陕西石油分公司通过强化零售信息管理系统的培训考核，持续提升账表册管理系统的应用功能，地市公司使用系统的及时率和准确率大幅提升。已安装调试229座加油站IC卡系统，基本具备上线条件，项目的整体实施进度、系统测试及制度建设工作得到中国石化总部肯定；液位仪和视频监控系统逐步推广。完成省市公司304项制度的标准化改造和制度上线工作。合同管理系统顺利上线运行，从源头上防范了合同管理存在的法律风险。积极推进改善经营管理建议工作，成为区外第一家实现改善经营管理建议模块上线运行的企业。启动公司系统的主干网络设备升级改造，ERP、OA办公、零售电子账表、便利店海信、视频会议等信息系统实现了平稳运行，信息化管理效率和控制能力明显提高。

（余　立）

【加油站基础管理提高服务水平】 2011年，陕西石油分公司制定下发了《零售管理经营体制指导意见》，以此逐步构建专业化管理模式。以加油站“达标创星”活动为载体，全年评定星级站18座。通过建立督察通报制度、明察暗访、逐级指导、驻点帮扶、点对点岗位培训等手段，强化了加油站基础管理。通过开通投诉热线，创建省市两级“服务示范队”，开展“优质服务月活动”，借助山东石油分公司帮扶骨干打造窗口形象样板站等多种手段，全力推动了零售一线服务水平的提高。

（余　立）

【企业管理水平显著提升】 2011年，陕西石油分公司以综合检查为契机，抽调专业力量对10个分公司及合资公司的经营管理、内控工作、财经纪律执行情况进行了全面综合检查，进一步规范各单位的经营管理行为，堵塞管理漏洞，夯实管理基础；以“规范管理年”为抓手，通过人员挂职、培训交流、现场观摩等方式与山东石油分公司、山西石油分公司开展帮扶工作，使企业的规范化管理水平得到提升；完善修订了2011版内控实施细则，制定了风险管理清单，梳理出631个四级风险点，涵盖公司各项业务，初步建立了风险防控体系；下发《销货资金监督及责任追究细则》，强化地市公司月资金检查机制，初步建立了资金“四级监督”体系，全面梳理现有ERP代码异地直销客户，强化资金、价格和发票监管；调整奖励政策，做好各项奖励工作；细化预算日常管理，充分发挥预算管理委员会职能，强化对预算外费用的审核、批复。积极开展竣工项目结算审计，截至年底，审结完毕103个项目，综合审减率9.6%，增收节支1 178万元；扎实开展加油站投资后评价、“小金库”自查整改、非油品经营管理、离任审计、银行账户清理等专项审计工作，规范了省市公司的经营行为，防范了企业的经营风险。出台《合资企业管理暂行办法》，深度参与合资企业重大事项的监管。

（余　立）

【党建思想政治工作初显成效】 2011年，陕西石油分公司制定下发《2011年党建思想政治工作要点》，举办三门峡党建推进会、西北片区延安政研会和建党90周年视频推进会，将党建融入企业中心工作。在中国石化总部创先争优活动专项检查中，名列小组第1名并受到通报表彰；获得石化股份公司“比学赶帮超”红旗31面，并列销售系统第4名；获省公司评选下发红旗119面。两级公司坚持中心组学习制度，班子成员紧密团结，互相配合，较好地发挥了整体功能。“七一”评选出4个先进基层党总支和53名优秀共产党员、党务工作者，为公司员工树立了标杆和榜样；进一步壮大党员队伍，年内共转正党员33名，新发展预备党员33名，培训入党积极分子62名。8个党总支升格为党委，同时初步搭建了两级公司的工团组织框架。开展了“崛起之春”文艺汇演、“五四”座谈会、“七一”红歌会、城墙健步行等丰富多彩的文体活动，进一步提升了员工队伍的凝聚力和向心力，初步形成了具有自身特色的企业文化。

（余　立）

内蒙古石油分公司

【概况】 中国石油化工股份有限公司内蒙古石油分公司（简称内蒙古石油分公司）总部位于内蒙古自治区呼和浩特市成吉思汗大街26号，前身是中国石化销售有限公司西北内蒙古分公司，2009年12月调整为石化股份公司直属企业，更为现名。公司主要在内蒙古地区从事成品油零售、直销和批发以及润滑油、燃料油、非油品销售等业务。

截至2011年底，内蒙古石油分公司本部设13个职能处室，下设12个盟市分公司；拥有在营油库8座，加油站275座；资产总额28.97亿元；职工总数2 815人，其中正式工189人，劳务工2 626人。控股中国石化集团内蒙古石油销售有限责任公司（简称内蒙有限公司）。内蒙有限公司本部设综合、财务、营销3个部门，下设有限赤峰分公司，参股包头有限公司，拥有在营油库2座，在营加油站8座，在册员工161人，资产总额1.21亿元。

内蒙古石油分公司主要生产经营指标见表1。

（刘海燕）

【有效应对市场变化】 2011年，内蒙古石油分公司在一季度“消费淡季”，一方面大量采购地炼低价资源，抓住了两次上调价格的机遇，增加了大量的潜盈，做到了“淡储旺销”；另一方面采取多种促销上量的措施，实现开门红。二季度，市场逐步进入需求旺季，国际油价上涨，资源紧缺，市场出现批零倒挂，公司严格执行中国石化总部“停批、控直、保零”经营策略，同政府部门协商，在部分地区争取到优惠政策，充足的资源储备保证了经营的连续性。三季度，进入市场需求高峰期，柴油供应日趋紧张，公司在东、中、西部地区优化资源流向，打开了宁夏、甘肃和黑龙江三处跨区提油通道，保证各地区资源均衡配置。四季度，自治区部分地区出现“断油”，公司积极协调资源，提前储备低凝点柴油，为冬季销售作好准备，同时开拓外采渠道，增加外采资源。

（刘海燕）

【网络建设实现又好又快发展】 2011年，呼和浩特油库、临河油库实现当年征地、当年设计、当年施工、当年投产，两库库容9.7万立方米。内蒙古石油分公司收购并改造霍林河油库，库容3.2万立方米。租赁了正镶白旗油库，库容1万立方米。乌海油库已完成招投标，正在办理征地手续，全年新增库容13.9万立方米。确立了“以新建和收购为主、租赁为辅”的加油加气站发展思路，采取多方面措施加快加油站投产速度，全年投产加油站104座，其中收购57座，新建35座，租赁12座，为2012年储备55座。形成了“重点发展地区”、“加快发展地区”、“逐步进入地区”3个层次的网络发展格局，实现了网络全覆盖。经多方协调，取得了自治区交通厅对发展高速公路加油站的支持，与自治区商务厅签署《口岸加油站发展合作协议》。

（刘海燕）

【终端零售优势进一步加强】 2011年，内蒙古石油分公司在一季度多次召开零售专业会议，下发新开业加油站促销上量指导意见，制定激励措施。严格执行“抓两头，促中间，实现整体提高”的零售思路，分阶段、分步骤对不同类的加油站进行指导督促，开展形式多样的促销活动，一站一策促销上量。通过开展“比学赶帮超”工作和“为民服务创先争优”活动，激励扩销增量，提高服务水平，全年评出管理先进盟市公司4个、管理样板站17座、销售明星片区经理33名、销售明星加油站216座、“销售能手”621名。开展客户问卷调查，增加多种便民服务项目，提高了加油站服务水平和客户满意度。全年综合检查加油站113座次，神秘客户暗访加油站1 020站次，举办加油站管理培训班14期，超过530人次参加培训。全年零售总量和单站平均销量排名区外公司第一 。加大润滑油终端客户的开拓，提供优质高效配送服务，实现润滑油销量508吨。

（刘海燕）

【非油品经营迈上新台阶】 2011年，内蒙古石油分公司理清非油品发展思路，用好扶持政策，不断强化管理，发展重点商品，做大经营规模。建立组织架构，配备业务人员，完善规章制度，梳理工作流程，基本理顺了管理机制。加快开店速度，丰富商品种类。全年紧盯开店目标，倒排进度计划，全年开店113座，在营店数达到184座，完成25座便利店升级改造，建设标准店16座，改造非油品库房4座，配备8辆厢式配送货车。积极与当地知名品牌建立长期合作，精选具有地方民族特色的大牧场牛肉干、宇航人沙棘果饮等商品在全区强力推广。开展买赠、折扣、泵岛销售、假日主题及专项营销等活动，积极开发团购客户，打造6座“百万元店”，单店月均销售额达2.1万元。

（刘海燕）

【狠抓安全数质量工作】 2011年，内蒙古石油分公司建立领导干部基层联系点制度，完成了公司HSE管理体系建设，编制总体应急预案，修订安全数质量制度46项，持续开展“我要安全”主题活动，加强现场管理、过程控制和隐患整改。全年组织安全大检查，检查油库12座次、加油站89座次、施工现场42个，查出各类问题765个，督促整改689个。建立A、B级质检室，配备人员，加大设备投入。落实“每一滴油都是承诺”，严格油品入库检验，加强代储库油品监管，强化出库化验和运输车辆的监控。加强油品损耗监控，油品零售损耗从最高时的0.73%下降到0.33%。全年共查获正在实施偷盗油案件2起，未遂3起，处理涉案涉嫌油罐车司机10人，查获涉案涉嫌油罐车10辆，追回损失60余万元。

（刘海燕）

【深入落实“抓好管理促发展”】 2011年，内蒙古石油分公司提出“突出发展抓管理，抓好管理促发展”

的工作思路，结合“规范管理年”活动，不断探索符合公司实际的管理模式。完善管理机构设置，成立了信息处、政工处、纪检监察处和审计处，进一步推动管理规范化和专业化。进一步理清区、盟市两级公司的权责关系，突出区公司决策中心的职能作用，充分发挥盟市公司一线协调指挥执行作用。建立各项管理制度，细化完善内控手册，全年制定实施了各项规章制度 90 余项。形成各种会议决策审批、议事办事、督察督办的常态机制，建立多种经营管理信息交流渠道。借助 ERP、BW 等信息系统，加强流程管控，强化信用管理，规避潜在经营风险。全面加强财务分析，更好地服务于经营发展。IC 卡系统上线站达 101 座，零售管理系统上线率达到 100%，183 座便利店上线连锁经营管理系统。

（刘海燕）

【不断提高人才队伍的战斗力】 2011 年，内蒙古石油分公司围绕急需人才需求，引进区内公司各类人员 18 人。通过校园招聘、网络招聘等方式，共引进应届高校毕业生 42 人，充实到盟市公司及各专业技术线条。组织岗位竞聘，畅通基层员工晋升通道，全年零售线条选拔 8 人，岗位竞聘选拔 28 人，11 名青年员工走上盟市公司领导岗位。积极推进用工体制调整，第 1 批符合条件的 91 名员工被转换成正式用工，并建立了用工调整的常态机制。畅通了人才成长通道，提高了员工薪酬福利待遇。重新修订了网络建设及直分销线条考核奖惩办法等激励政策，鼓励多劳多得，奖励向基层倾斜。加大人员培训力度，选送 112 人次参加系统内各种培训，自行举办各类培训班 355 期，培训约 8 000 人次。

（刘海燕）

【持续推进党建工作】 2011 年，内蒙古石油分公司在各党总支成立了党支部，并开展党支部规范化建设活动，同时将工会和团组织关系转至自治区，理顺了管理关系。大力开展“四好”创建活动，评选“四好班子”和“四好处室”，两级领导班子召开民主生活会，贯彻落实民主集中制，完善、执行“三重一大”决策制度。重点加强反腐倡廉制度建设，制定反腐倡廉制度 9 个，修订反腐倡廉制度 5 个，两级公司共 573 人签订廉政承诺书。深入开展“比学赶帮超”工作，区公司评发各类红旗 113 面。组织广大党员开展纪念建党 90 周年“永远跟党走”红歌会、“党在我心中”征文活动等。开展“负责任、受尊敬”大讨论，深入自查反思，及时整改问题，进一步规范管理，改进工作作风，促进了领导干部政治思想素质的提升。

（刘海燕）

表 1 **内蒙古石油分公司主要生产经营指标①**

指标名称＼年份	2011	2010	2009	2008	2007	2006
成品油销售总量/万吨	165.11	100.42	42.59	37.13	37.47	39.41
零售量	112.64	61.91	31.30	26.00	23.08	21.53
销售收入/亿元	121.69	62.89	23.66	21.55	18.09	18.01
利　润/万元	8 052.69	3 046.01	2 969.02	5 132.59	2 725.87	3 285.31
吨油费用/元	250.78	236.95	315.03	290.79	280.89	211.93
加油站总数/座	275	174	82	79	71	62
油库数/座	8	5	4	4	4	4
铁路专用线数/条	7	5	4	4	4	4

①以上指标均不含参股公司，2006—2009 年为改制前数据。

新疆石油分公司

【概况】 中国石油化工股份有限公司新疆石油分公司(简称新疆石油分公司)是石化股份公司在新疆唯一的成品油销售企业，公司本部位于新疆乌鲁木齐市长春南路 466 号，其前身是中国石化销售有限公司西北新疆分公司。2010 年 1 月，石化集团公司为加快在新疆地区的发展，与中国石化在疆的油田、炼厂发展相配套，确保在新疆开采的石油资源就地加工、就地销售，支持与服务于新疆的经济建设和社会发展，进行了管理体制调整，组建新疆石油分公司，隶属石化股份公司直接领导。新疆石油分公司主要负责中国石化在新疆地区的成品油销售与营销网络建设，主营汽油、柴油、润滑油、非油品和其他石化产品的零售、直销配送、批发、仓储业务。

截至 2011 年底，新疆石油分公司设有 9 个职能处室，3 个专业中心，下辖 9 个地市分公司，1 个全资子公司，1 个参股公司。拥有员工总数为 2 237 人，资产总额 20.05 亿元，在营油库 9 座，在营加油站 326 座(包括橇装式加油站 100 座)。

2011 年，新疆石油分公司经营总量达 172 万吨，增幅为 43 %；销售收入 117.92 亿元，报表利润 2 545万元。

新疆石油分公司主要生产经营指标见表 1。

(张婷艺美)

【经营指标实现增长】 2011 年，新疆石油分公司紧紧抓住新疆实现跨越式发展与长治久安的历史机遇，优化资源结构，加大资源串换，根据市场变化，及时调整销售策略，扩大零售比重，在全疆开展了“一地一策”、“一站一策”、“一户一策”的差异化营销，经营规模与质量有了很大提高。全年实现销售总量 172 万吨，增幅为43%。其中，成品油 164 万吨，增幅为38%；零售量 76.6 万吨；直销量 48.8 万吨，增幅为82%；实现终端销售 125.5 万吨，终端比重为 76.5%，同比提高 20 个百分点；润滑油销售 856 吨，增幅为275%，燃料油销售 8 万吨；单站销量达 3 390 吨，增幅为 37.2%；非油品销售 3 093 万元，增幅为 184%；实现报表利润 2 545 万元；吨油费用 217 元。

(张婷艺美)

【网络建设快速发展】 2011 年，新疆石油分公司新投营加油站 88 座，其中新建 28 座，收购 44 座，租赁 16 座，原加油站新增加气功能投营 4 座，完成加油站形象改造 20 座。全年橇装式加油站投用 100 座，加油站数量由 2009 年的 128 座增加到 2011 年底的 326 座(包括 100 座橇装式加油站)。5 座机务油库改造完工进入试运行，整体库容达到 12.4 万立方米。

(张婷艺美)

【管理体制机制进一步理顺】 2011 年，新疆石油分公司按照“经营专业化、管理扁平化”经营管理体制改革方向，定位两级公司职能，理顺管理体制。采取地市公司财务核算部主任委派制，理顺润滑油经营管理体制，加强零售片区的管理，强化南北疆驻厂办职能，设立 A 级质检室。地市分公司初步发挥了前线指挥部的职能，开拓市场的能力明显提高。

(张婷艺美)

【规范化管理水平进一步提高】 2011 年，新疆石油分公司在对口帮扶单位浙江石油分公司的帮助下，以“规范管理年”、“比学赶帮超”等活动为抓手，切实提高企业管理水平。财务工作推行全面预算管理，降低了企业经营管理成本；企管法律线条法律事务、内控管理、信息管理等方面取得较大进步；审计工作为防范企业经营风险发挥重要作用；对外宣传、舆情监控、政务信息工作常抓不懈，获得了 2011 年石化集团公司政务信息工作先进单位称号，企业全年未发生负面舆情现象；安全数质量工作推行 HSE 管理体系，企业实现全年安全无等级事故。

(张婷艺美)

【获安全生产目标管理先进单位称号】 2011 年，新疆石油分公司按照国家和新疆维吾尔自治区安全生产工作的统一部署，将石化集团公司开展的“我要安全”主题活动与自治区开展的“安全生产年”活动紧密结合起来，深入开展“三项行动”，狠抓安全生产责任落实，通过强化对作业现场的监督检查，狠抓油品数量管理，降低油品损耗，消除管理漏洞，着力提高安全管理水平，总体实现了企业安全生产，获自治区 2011 年安全生产目标管理先进单位称号。

(张婷艺美)

【企业人才队伍逐步壮大】 2011 年，新疆石油分公司根据中国石化总部统一部署和安排，调整用工人数 110 人，稳定了骨干员工队伍，增强了员工的归属感和责任感，企业的凝聚力和向心力大幅提高。加大人才的引进力度，全年引进各类人才 77 名。利用委培管理模式为基层一线储备人才，与多家院校签订委培协议，全年委培基层专业人才 108 人。

(张婷艺美)

【党建思想政治工作取得好成绩】 2011 年，新疆石油分公司积极贯彻落实“围绕中心抓党建、抓好党建促发展”的指导思想，通过开展“比学赶帮超”工作、“两个高度”大讨论、“为民服务创先争优”活动，有效激发了广大员工的工作积极性，推动了经营、发展、管理、服务指标的完成，两级公司党委通过开展意见征求、“三查”和思想状况分析工作，摸清员工思想脉络，建立了有效沟通平台，思想政治工作做到了有的放矢。

（张婷艺美）

【技术比武取得成果】 2011 年，新疆石油分公司积极参加销售系统技能竞赛与技术比武活动，零售线条在技术比武中取得区外公司第 3 名，乌鲁木齐分公司唐红梅获得全国铜牌。

（张婷艺美）

【做好“中国—亚欧国际博览会”期间安全工作】 2011 年 9 月 1—5 日，中国—亚欧博览会在新疆乌鲁木齐召开，由于加油站、油库是该次博览会安保工作的重点，新疆石油分公司按照总体安全保卫要求，在 9 个地市分公司重点敏感地区加油站、油库配备了专职安保人员，新增防护器材，安装了一批 110 电子联网报警系统、配电柜一键通控制器、进出站口防冲撞栏设施，增强了人防、物防、技防措施。此外，全体干部职工进入警戒状态，提高防范意识，严格执行请销假制度，抓好车辆管理，执行派出制度。着重加强对加油站的现场管理，停止所有对摩托车及散装油品销售，站内全员提高警惕，随时巡视观察周边环境和站内设施设备周边异常情况。夜间加油站关闭加油机电源，站长必须住站值班。各加油站、油库结合自身实际，开展防恐预案推演工作，强化应急管理。以上措施的执行，有效地保障了中国—亚欧博览会的顺利召开。

（张婷艺美）

【与自治区交通运输厅签订战略合作协议】 2011 年 11 月 8 日，新疆石油分公司与新疆维吾尔自治区交通运输厅签署战略合作框架协议，该协议明确“新疆高速公路加油（气）站中石化所占比例不低于 50%”。新疆石油分公司与自治区交通运输厅下属单位共同出资建立合资公司，对疆内已建成和正在建设的以高速公路为主的加油（气）站点进行合作建设和经营管理。自治区交通厅已批复新疆石油分公司建设克拉玛依—北屯段高速公路的 14 座加油站，伊犁、吐鲁番、巴州、阿克苏、喀什等公司的部分高速公路项目正在积极推进中。

（张婷艺美）

【积极履行央企社会责任】 2011 年 11 月 1 日，新疆伊犁州伊宁县、巩留县交界发生 6.0 级地震。地震发生后，新疆石油伊犁分公司在第一时间号召全体干部职工向灾区群众积极奉献爱心，在古尔邦节前将慰问物品和慰问金送到受灾群众手中。11 月 17 日，经石化集团公司专项批复，由新疆石油分公司代表中国石化向伊犁灾区捐赠救灾款 50 万元，帮助灾区人民重建家园，此举获得伊犁州政府和受灾群众的高度赞扬。

（张婷艺美）

表 1　　新疆石油分公司主要生产经营指标①

指标名称 \ 年份	2011	2010	2009	2008	2007	2006
成品油销售总量/万吨	164.00	119.26	84.82	79.25	82.42	59.31
零售量	76.60	33.60	20.28	20.67	14.63	13.71
销售收入/亿元	117.92	71.34	43.70	41.77	35.43	38.12
利　润②/亿元	0.25	-2.46	0.41	0.58	0.40	0.35
吨油费用/元	217.00	188.00	125.00	137.00	98.20	168.00
在营加油站总数/座	326	136	107	106	93	74

①2006—2009 年为新疆石油分公司体制调整前数据。

②2010 年利润 -2.46 亿元，主要原因系处理新疆石油分公司体制调整前不良资产 1.99 亿元所致。2006—2009 年利润是在中国石化总部让利调拨价 200 元/吨基础上完成的。

青海石油分公司

【概况】 中国石油化工股份有限公司青海石油分公司(简称青海石油分公司)的前身中国石化销售有限公司西北青海分公司于2002年6月组建成立。2009年12月经石化集团公司批准，正式更名为青海石油分公司。

青海石油分公司负责中国石化在青海省境内的成品油、非油品销售等经营业务和销售网络建设工作。截至2011年底，青海石油分公司下辖4家地市分公司，拥有103座加油站，3座自有油库，总库容7.5万立方米；共有员工1 135人，其中正式职工107人，全日劳务派遣工1 028人。

青海石油分公司主要生产经营指标见表1。

（王锦晶）

【经营工作再上新台阶】 2011年，青海石油分公司开辟了长达1 600千米的塔河石化—青海格尔木的运输通道，不仅突破了铁路运输瓶颈，节省一次物流运费，而且为塔河石化后路畅通和青海石油分公司“做大做强”提供了有力支撑。全年开发客户总计280家，较上年增长40%，其中黄金客户52家，同比增加36家；大客户78家，同比增加23家；协议客户74家，同比增加52家。搭建涵盖零售任务量考核、零配量考核、非油品考核、片区经理及站长日常工作考核等零售线条考核体系，确保零售工作有力推进。全年成品油销售总量52.19万吨，同比增加17万吨。

（王锦晶）

认真研制分析油品销量走势 （赵 明 摄）

【快速推进网络建设】 2011年，青海石油分公司确立了以西宁城市新区、海东城市群为中心，大力拓展格尔木市场和附近矿产资源相对集中地区，在海东—格尔木这条“中轴线”重点目标市场上形成相对区域优势，同时关注玉树藏族自治州的灾后重建和黄南州、果洛州的发展规划。截至2011年底，公司在营加油站数量突破100座，初步形成了基本合理、目标市场基本覆盖的加油站网络布局。新建海西柯柯油库，实现了当年施工、当年竣工的目标，一期库容达到2.4万立方米；湟源中心油库也已完成项目立项可行性研究，已进行铁路专用线可行性研究，预计总库容9.2万立方米。

（王锦晶）

【加油卡项目全面推进】 2011年，青海石油分公司积极配合石化股份公司稳步推进区外IC系统建设工作，通过可行性研究审查的站点的室内外改造完成率为100%；通过与中国联通合作，将所有加油站的网络环境升级为2兆光纤，为加油卡系统平稳运行奠定了基础。对地市分公司开展了3次省级集中培训、1次站级培训、1次区域培训，让一线员工具备必须的加油卡系统操作运用能力，为加油卡正式上线作好准备。截至10月11日，加油站站级改造、设备上架、系统上线共完成38座，完成率100%。

（王锦晶）

【全面提升安全数质量精细化管理水平】 2011年，青海石油分公司建立HSE管理体系和HSE管理长效机制，修订完善安全管理制度72项，发布《HSE管理手册》、《HSE程序文件》，提升了安全管理水平。抓实购运储销全过程监管，通过严格执行“专车专用、汽柴分运”制度，加强油品出入库检验，建立A/B级质检室，培养质检、计量、储运等方面技术骨干，制定《油品数量考核赔付办法》，对油品数量超耗部分进行实赔，对地市分公司每月损耗进行排名，推动ISO 9000质量管理体系建设等措施的实施，严把油品数质量关。

（王锦晶）

【夯实党建根基】 2011年，青海石油分公司针对党委成立初期党建基础薄弱的现状，坚持支部建设与企业发展同步推进，先后在各地市分公司成立4家分公司党委、12个基层党支部。4月2日，共青团中国石化青海石油分公司会上顺利召开，会上选举产生了共青团青海石油分公司第一届委员会。10月15日，根据石化集团公司纪检组监察局相关工作要求成立了纪检监察处(与政工、审计合署办公)，对加强青海石油分公司领导干部廉洁教育、营造健康发展环境起到了有力促进作用。8月，在加油站、便利店、开票大厅等100多个基层窗口单位开展“为民服务创先争优”活动，积极打造员工、客户“双满意”企业。活动开展中，公司通过加强“五小建设”、改善职工工作环境等形式不断提高员工的满意度，基层员工工作积极性和创造性得到了极大提高；各窗口单位向顾客提供了30余项便民服务，树立了中国石化良好的品牌形象，同时也有效地提升了销量。

（王锦晶）

【人才队伍建设双管齐下】 2011年，青海石油分公司根据中国石化总部统一规定，制定完成了《青海公司人才成长通道建设实施方案》，通过对职位序列的进一步统一规范，将现行岗位纳入相应的职位管理体系中；制定《青海公司完善薪酬分配制度实施方案》，结合人才通道建设工作，统一薪酬制度，规范津贴补贴，强化奖金考核分配。通过建立岗位与基本薪酬等级对照关系，确定基本薪酬标准，以现行薪酬分配为基础，进行基本薪酬初次套靠，建立基本薪酬动态运行办法，进一步完善青海石油分公司薪酬分配和绩效考核管理，促进公司和谐、健康发展。

（王锦晶）

【履行社会责任】 2011年6月14日，青海石油分公司协助石化集团公司赞助由卫生部中华健康快车基金会组织的“2011年健康快车·中国石化青海光明行”探访活动，为1 000多名贫困白内障患者送去了光明。在2011年“青海·绿色经济投资贸易洽谈会”上，青海石油分公司促成了石化集团公司与青海省人民政府签订《战略合作框架协议》，拓展了中国石化在青海的更深层次合作。3月，按照青海省委、省政府在全省组织开展“百企联百村”工作要求，青海石油分公司联建海北州海晏县甘子河乡德州村、尕海村2个牧区农村，在改善村容村貌、饮水设施等方面投入约300万元资金，积极开展帮扶救助活动，为牧区小学捐书300余册。6月17日，青海石油分公司与第10届环青海湖国际公路自行车赛组委会举行了赛段冠名合作签约仪式，将第10届环湖赛第4赛段“鸟岛至西海镇”冠名为“中国石化”赛段。

（王锦晶）

【《青海石油报》助推企业文化建设】 2011年，《青海石油报》创刊，该报将省公司重要工作、重大决策以文字形式及时传达到各基层单位，同时刊登基层工作亮点、员工心声，起到了上下贯通，促进和谐的媒介作用，丰富了员工的文化生活。

（王锦晶）

表1　　青海石油分公司主要生产经营指标①

指标名称 \ 年份	2011	2010	2009	2008	2007	2006
成品油销量/万吨	52.19	35.49	16.23	11.79	9.20	7.79
零售量	32.54	17.34	8.80	6.10	5.84	5.55
销售收入/亿元	37.37	21.75	8.61	6.60	4.37	3.51
利　润/亿元	0.20	0.03	-0.23②	0.07	0.03	0.05
吨油费用/元	362.89	284.30	228.34	293.32	304.56	271.39
在营加油站总数/座	92	62	38	35	26	19

①2006—2009年统计的是改制前中国石化销售有限公司西北青海分公司数据。

②2009年利润负值主要由部分加油站拆除以及西宁油库重建所致。

甘肃石油分公司

【概况】 中国石油化工股份有限公司甘肃石油分公司（简称甘肃石油分公司）成立于2010年1月，主要承担着中国石化在甘肃境内成品油市场的销售、管理和调运任务以及甘肃可利用资源的开发协调工作，经营范围涉及汽油、柴油、润滑油、车用天然气、燃料油以及非油品销售等业务，负责中国石化塔河分公司炼厂出疆资源销售工作，是中国石化在甘肃唯一成品油销售企业。

截至2011年底，甘肃石油分公司本部内设综合处、人力资源处、财务资产处、纪检监察处、安全数质量处、零售管理中心、经营管理处、发展基建处8个职能处室，下设酒泉分公司、天水分公司、张掖分公司、武威分公司、白银分公司、平凉分公司、庆阳分公司、定西分公司8个地市分公司及1个合资公司。职工总数604人，其中正式工71人，劳务工533人。拥有在营加油站48座，酒泉油库1座。

（孙晶涛）

【全力扩大市场影响力】 2011年，甘肃石油分公司新成立2家地市分公司，销售网络基本覆盖省内主要城市。继续加大与各市政府的沟通协调力度，着力落实"十二五"规划站点布局，获得兰州、定西、庆阳、天水四地政府的支持，在兰州地区，不仅取得了新建、迁建加油站点规划，还首次成功入围兰州市加气站建设行列，一次性取得6座加气站特许经营权。全年，全省共发展加油站29座，其中投营22座，进一步扩大了中国石化影响力。

（孙晶涛）

【经营指标稳步提升】 2011年，甘肃石油分公司经营总量、零售量、销售收入等各项指标均创历史新高，全年实现销售量24.17万吨，同比增加8.02万吨，增长150%。其中，直销8.12万吨，同比增加1.3万吨，增长119%，完成年度任务的90%；批发1.51万吨，同比减少0.71万吨，完成年度任务的76%；全年实现零售总量14.54万吨，同比增加7.44万吨，增幅为105%，完成年度任务的104%；实现销售收入17.36亿元，同比增加7.48亿元，增幅为176%；非油品销售收入379万元，同比增加228万元，增长151%。全年实现万吨站3座。

（孙晶涛）

【安全数质量工作扎实推进】 甘肃石油分公司将企业安全数质量工作作为公司的"生命工程"和"班子工程"，2011年以未遂事件分析和贯彻《安全生产禁令》为抓手，深入开展"我要安全"活动，全员安全意识得到进一步增强。多次邀请甘肃省消防中心专家进行安全理念和消防技能培训，组织开展了甘肃石油分公司承包商座谈会，在对承包商、承运商和加油站改造过程安全管理上收到了良好效果，积极开展创建"平安工地"活动。在广西石油分公司的帮扶下，初步完成了甘肃石油分公司HSE管理体系的建设，通过层层签订安全生产责任书，修订和推演了加油站、油库各类应急预案，提高了基层一线应对突发事件的快速反应和应急处置能力，促进了安全隐患治理，提高了公司安全管理水平和自救能力。全年组织开展各类综合应急演练5次，参加演练人数100余人次；通过安全隐患排查和治理，落实安全隐患整改资金100余万元，完成隐患治理项目58个，提高本质安全。按照加强数质量管理、落实"每一滴油都是承诺"的要求，严把加油站数质量管理，完成加油机防作弊升级，开展质量月宣传活动，彰显品牌形象。引进和培训质检专业人员，增加检化验仪器，强化质量监督，全年抽检油样28个，合格率达到100%。

（孙晶涛）

【党建工作水平进一步提升】 2011年，甘肃石油分公司扎实开展"比学赶帮超"、"为民服务创先争优"等活动，严格遵守"三重一大"集体决策制度，领导干部带头遵章守纪，强化管理，带好队伍，保证了干部队伍廉洁从业。全年新增党支部2个，新发展党员11名，转正10名，全系统党员人数达88人。"七一"前夕，甘肃石油分公司党委表彰了1个优秀党支部、4名优秀共产党员、2名优秀党务工作者，另外甘肃石油分公司1个优秀党支部、3名优秀共产党员、1名优秀党务工作者受到甘肃省国资委的表彰，1名优秀共产党员受到石化集团公司党组表彰。

（孙晶涛）

【和谐企业建设取得进展】 2011年，甘肃石油分公司分别在加油站、机关开展了"打造高度负责任、高度受尊敬企业"大讨论活动；深入基层，倾听一线的声音，疏导员工情绪，畅通意见反馈渠道；以人为本关爱员工，提高员工收入，调整优化用工结构，一批优秀劳务工转为正式工；切实抓好加油站"五小建设"，成立了公司团委，广泛开展好各类组织活动，利用党团工会凝聚人心，把解决基层困难作为日常性工作来抓，确保员工队伍的和谐稳定。开展"庆三八送好书"、"常怀感恩之心、常思成长之路"演讲比赛、"给力杯"综合管理知识竞赛及篮球比赛、拔河比赛、红歌会等纪念建党90周年系列活动，丰富了员工文化生活，展现了公司员工朝气蓬勃、奋发进取的精神，增强了企业凝聚力和向心力，营造了和谐积极向上的企业文化氛围。

（孙晶涛）

航天级润滑保护
长城润滑油全程护航
神九·天宫英雄会

金吉星
J400
金吉星
J500
金吉星
J600
金吉星
J700

销售华南分公司

SINOPEC SALES CO., LTD THE SOUTH CHI

中国石化销售有限公司华南分公司（简称销售华南分公司）于2006年11月在广州注册成立，2007年1月正式运作，2010年升格为国有大一型企业，其前身是成立于2000年的中国石化销售有限公司西南分公司。

销售华南分公司既是中国石化销售有限公司下属的四个大区公司之一，负责华南区域中国石化广州分公司、茂名分公司、湛江东兴炼厂、海南炼化和北海分公司5家炼化生产企业的资源收购，以及广东、广西、贵州、云南、海南五省区成品油的资源配置、区间调拨、协调运输和统一结算等业务；同时又是以成品油管道运营管理和规划建设为主体的企业，负责华南成品油管网的运营管理和规划建设。华南成品油管网目前建成运行的管道全长3842千米，途经广东、广西、贵州、云南四省区53个地市，年设计输油量2200万吨，2011年完成管输量1690万吨。

2006—2011年，公司累计实现销售收入7406亿元，实现管道综合效益36.5亿元，创造利税194亿元。

ANCH

中国石化销售有限公司华南分公司

地址：广东省广州市天河区体育西路191号中石化大厦A塔38－40楼　邮编：510620
电话：020－38083999　传真：020－38083909

COMPETITIVENESS
COOPERATION
NORMATIVENESS
CREDITABILITY

竞争 合作 规范 诚信

ODUCTION CORPORATION

SIPC

中国石化胜利油田

SINOPEC SHENGLI OILFIELD

2011年6月10日，中国石化集团公司在胜利油田召开“中国石化胜利油田发现50周年产油10亿吨总结表彰大会”，授予胜利油田“中国石化重大贡献奖”

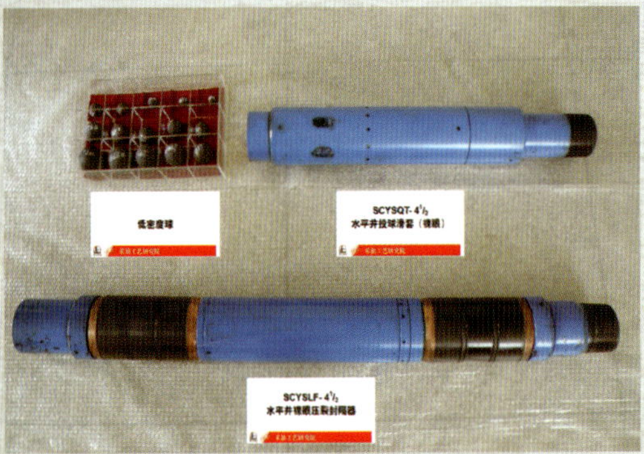

胜利油田自主研发的非常规分段压裂工具

中国石化胜利油田现为中国石化集团胜利石油管理局和中国石油化工股份有限公司胜利油田分公司的统称，是一个以油气生产为主，集勘探、开发、施工作业、后勤辅助生产等为一体，专业门类齐全的国有特大型企业。主体位于山东省东营市，工作区域分布在山东省8个市的28个县（区）以及新疆、内蒙古等5个省、自治区。

胜利油田是我国东部重要的石油工业基地，自1961年发现、1964年正式投入开发建设以来，胜利油田始终坚定为国找油、为国分忧的报国之志，始终保持艰苦奋斗、顽强拼搏的创业激情，始终发扬攻坚克难、科技领

打造世界一流　实现率先发展

先的创新精神，走出了一条开拓创新、科学发展的胜利之路,创造了石油工业发展史上的辉煌业绩。到2011年，胜利油田已找到不同类型油气田78个，投入开发油气田72个，累计生产原油10.18亿吨，约占同期全国原油产量的五分之一；已连续9年探明、控制、预测储量过亿吨，连续29年探明储量过亿吨，连续15年实现储采平衡，连续16年年产原油2700万吨以上，年产原油量始终占到中国石化总产量的三分之二以上，发挥了上游业务的支柱作用，为我国经济社会建设作出了重要贡献；创新了一系列处于世界行业前沿的勘探开发理论和技术成果，实现了勘探开发由陆地到海洋、由东部到西部、由国内到国外的巨大跨越，形成了适合复式油气区特点的滚动勘探、滚动开发生产模式，创新了系统节点精细化管理模式，创立了难动用储量开发新机制，锻造了一支特别能吃苦、特别能战斗、特别能奉献的石油大军，提炼了“从创业走向创新、从胜利走向胜利”的新时期胜利精神，勾画出“百年创新、百年胜利”的宏伟蓝图，形成了凝心聚力、催人奋进的胜利文化，成为推动中国石化科学和谐发展的强劲动力。2011年，胜利油田4项科研成果获得国家科技奖励。2000-2011年，共有24项成果获国家科技奖励，在国内同行业处于领先水平。胜利油田获“全国企业文化30年实践十大典范组织”和“中国企业文化影响力十强”称号。

成就令人鼓舞，愿景催人奋进。站在发现50年、产油10亿吨的新起点上，胜利油田将坚持以科学发展为主题，以加快转变发展方式为主线，持续推进“资源、市场、一体化、绿色低碳”四大发展战略，通过“做大油气主业，做强专业板块，做优矿区服务，做实油地合作”四大发展路径，努力“打造世界一流，实现率先发展”，朝着“百年创新、百年胜利”愿景目标迈进！

胜利油建沙特丙烷管道项目现场

胜利油田自主设计的升降式钻井平台——胜利十号

西北石油局、西北油田分公司主要从事油气田勘探、开发与油气销售业务。总部机关设在乌鲁木齐市长春南路466号“中国石化西北石油科研生产园区”，并在巴音郭楞蒙古自治州轮台县建有前线生产指挥基地。主力油田——塔河油田位于天山南麓塔克拉玛干沙漠北缘的戈壁荒漠地带，地处库车县和轮台县境内；构造位置处于塔里木盆地沙雅隆起阿克库勒凸起；现已成为中国陆上十大油田之一和中国石化第二大油田，同时也是中国石化主要的原油产量增长区和接替区。

2011年，西北油田分公司不断加快滚动勘探、油藏评价和产能建设步伐，切实强化老区综合治理力度，持续扩大注水规模，深入推进油藏精细管理，原油日产顺利达到并保持在2万吨以上水平。全年累计生产原油725万吨，生产天然气达到15.94亿立方米，进一步加快推进了千万吨级大油气田建设进程。

西北石油局、西北油田分公司全体干部职工以“激情塔河、幸福西北”的企业宗旨为引领，按照“建设世界一流能源化工公司”的目标要求，坚持“坐稳塔河、突破外围”的工作方针，大力实施资源战略、人才战略，扎实推进管理创新、技术创新，实现了“十二五”工作的“开门红”。企业呈现出了油气地质储量快速递增，原油产量大幅攀升，“油公司”管理体制基本确立，经济效益跨越式增长，和谐、绿色、平安油田建设成果丰硕的喜人局面。

2011年，西北油田分公司“塔河奥陶系碳酸盐岩特大型油气田勘探与开发项目”获国家科技进步一等奖。

西北石油局、西北油田分公司干部职工对标世界一流，肩负“补短”重

西北石油局、西

“激情塔河，幸福西北”是西北石油局、西北油田分公司的企业宗

2011年5月28日，位于乌鲁木齐市北京北路和河南东路交汇处的西北石油大厦投入试营业。

北油田分公司

塔河油田TH10336井正紧张有序转抽稠泵作业。

2011年6月3日，YQ3-1井酸压措施后获重大油气突破。

华北石油局、华北分公司

开启建设中国石化一流企业新航程

红河油田丛式井

大牛地气田DP43丛式水平井组压裂现场

年产三十亿立方米天然气的国内第四大气田——大牛地气田

盐池采油厂一景

陕北油区一景

集团公司董事长傅成玉、股份公司高级副总裁王志刚一行冒雪深入华北分公司红河油田现场调研

鄂尔多斯致密油气增储上产会战启动大会

建党九十周年红歌会

中国石化华北石油局、华北分公司是一个有着五十多年悠久历史，集石油天然气勘探开发、石油工程施工、科研技术服务和油气销售为一体的大型国有企业，总部位于河南郑州。公司在鄂尔多斯盆地拥有勘探区块总面积2.5万平方千米，油气探明储量4.3亿吨油当量，员工1.1万人，企业资产160亿元。2011年，新增石油探明储量4312万吨，新增天然气探明储量300亿立方米，全年完成投资50.8亿元，实现生产经营总收入85亿元，年产油气260万吨油当量。

近年来，华北局、分公司按照“继承光荣传统、持续创新发展、打造石化一流”的指导思想，积极跟踪整合国际一流的致密油气勘探开发新技术，形成了以黄土塬三维地震技术、水平井优快完钻井技术、水平井分段压裂技术和水平井“井工厂”技术为代表的一系列国内领先、国际先进的勘探开发工程工艺技术，取得了一系列重要勘探开发成果，成为集团上游五大会战的主力。

2011年12月4日，集团公司董事长傅成玉亲临华北局鄂尔多斯盆地南部工区，启动了中国石化鄂尔多斯致密油气增储上产会战。华北局、分公司按照建设千万吨级油气田的总体目标和“三新三高”的会战要求，组织了187支钻井队、600多支各专业施工队、2万多人展开会战，2012年投资总额将达160多亿元，新建100万吨原油、10亿立方米天然气生产能力，使公司油气生产能力突破450万吨油当量。

红河油田会战场景

上海石化

中国石化上海石油化工股份有限公司（简称上海石化）位于上海市金山区，占地面积9.4平方千米，是中国大型的炼油化工一体化综合性石油化工企业之一，是中国重要的成品油、中间石化产品、合成树脂和合成纤维生产企业。

上海石化具有一次加工原油1400万吨/年（综合加工原油1200万吨/年）、乙烯84.5万吨/年、有机化工原料326万吨/年、塑料树脂97万吨/年、合纤原料114万吨/年、合纤聚合物59万吨/年、合成纤维34万吨/年的生产能力，并拥有独立的公用工程、环境保护系统，及海运、内河航运、铁路运输、公路运输配套设施。

“三人”商标为上海石化注册的主要商品专用商标，是市场上的著名商标；“三人”产品被评为上海市名牌产品和“信得过”产品。上海石化2010年获中华环保联合会授予的中华环境友好企业称号；2011年获全国模范劳动关系和谐企业称号、连续第三次获全国文明单位称号。

上海石化前身为创建于1972年的上海石油化工总厂。1993年改制为上海石油化工股份有限公司，是我国较早的股票在上海、香港、纽约三地同时上市的国际上市公司。2000年10月，更名为现名。

上海石化罐区

1万吨/年异戊烯联合装置

上海石化炼油部

中国石化上海石油化工股份有限公司

SINOPEC SHANGHAI PETROCHEMICAL COMPANY LIMITED

打造世界一流的国际化
石油化工企业
并做到基业长青

中沙（天津）石化有限公司

中沙（天津）石化有限公司是中国石油化工股份有限公司和沙特基础工业公司以50：50的股比共同出资设立的大型石油化工企业，总投资183.8亿元人民币，主要业务包括乙烯及其衍生产品的生产、销售和研发。一期项目是100万吨/年乙烯及配套项目，包括100万吨/年乙烯装置、45万吨/年聚丙烯装置等8套主要生产装置，已于2010年1月全面投产。投产两年以来，公司经营业绩良好，2010—2011年，实现工业总产值486亿元人民币，年产化工产品突破400万吨。

SINOPEC SABIC Tianjin Petrochemical Co., Ltd. (abbreviated as SSTPC) is a mega-size petrochemical enterprise jointly invested by SINOPEC and SABIC on 50:50 basis, with the total investment of RMB 18.38 billion. Its main business concentrates on production, marketing and R&D of ethylene and derivatives. Phase I Project is 1,000 KTA Ethylene and Supporting Project. There are 8 world-class production plants including 1,000 KTA Ethylene plant and 450 KTA PP plant. All the production plants were put into operation successfully in January 2010. SSTPC has recorded sound operational performance for the two years after it went on stream. It generated industrial turnover of 48.6 billion RMB and chemical product output of 4 million tons for the two consecutive years of 2010 and 2011.

地址：天津市滨海新区（大港）北围堤路（西）235号　邮编：300271　Add: #235 Beiweidi Road West, Tianjin Binhai New Area

Build first-class international petrochemical enterprise with eternal flourishing

SINOPEC SABIC Tianjin Petrochemical Co., Ltd.

中沙（天津）石化有限公司二期项目是26万吨/年聚碳酸酯项目，总投资约110亿元人民币，占地67公顷，预计2015年建成。项目主要建设内容包括2套13万吨/年非光气法聚碳酸酯联合生产装置及配套公用工程和辅助设施，采用先进的非光气法聚碳酸酯工艺技术，具有工艺技术先进、环境友好、产品附加值高、能耗低、绿色环保等优势，生产的高端塑料产品广泛应用于汽车、建筑、家庭用品、航天航空等领域。

The 260 KTA PC project is the phase II project of SSTPC. The project investment estimates to RMB 11 billion. The land occupied by the project is about 67 hectares. The project is expected to be operational on 2015. The project includes two non-phosgene polycarbonate plants, each with a capacity of 130 KTA and associated utilities and auxiliary facilities. The project adopts international leading non-phosgene polycarbonate technology, which has the advantages of advanced process, high value added products, energy conservation and low impact upon the environment. The products produced from the plant are high-end plastic products and widely used in automotive, construction, household appliances, aerospace and other fields.

公司始终秉承“以人为本，诚信求实，员工与企业共成长”的核心价值观，以“顾客受尊崇，企业受尊重，员工受尊敬”为企业使命，努力实现“打造世界一流的国际化石油化工企业，并做到基业长青”的企业愿景。

SSTPC insists on the core value of “ people-oriented, integrity and sharing the growth of both company and our mployees”. Taking our mission as “customers, company and employees are respected”, SSTPC are striding orward to build a first-class international petrochemical enterprise with eternal flourishing.

0271, China 传真（FAX）：+86(22)63809000

http://www.ss-tpc.com

管道储运公司岚山输油站

管道储运公司黄岛油库

管道储运（分）公司

SINOPEC PIPELINE STORAGE AND TRANSPORTATION (BRANCH) COMPANY

中国石化集团管道储运公司暨中国石油化工股份有限公司管道储运分公司（以下简称管道公司），是中国石化从事原油储运的专业化公司。

管道公司下设13个输油生产单位，管辖着途经14个省、自治区和直辖市的38条输油管线、100个输油站库，全长6503千米，管理原油码头6座，已建成投用的油库总罐容3082万立方米；担负着胜利、中原等5家油田的原油以及部分进口原油的输送任务，为燕山、青岛、洛阳、扬子、金陵、高桥、武汉等21家炼化企业输转原油。公司基地位于江苏省徐州市，占地面积1.09平方千米。在徐州基地有公司机关和管道设计研究院、管道技术作业分公司、管道抢维修中心、中石化油气管道检测公司、供应处等10个二级单位。全公司资产总额551亿元，在册职工8203人。

5月18日，中国石化从事管道储运设施专业化检测的中石化长输油气管道检测有限公司在杭州举行揭牌仪式。

近年来，在中国石化集团公司党组的正确领导和在总部各部门的大力支持下，管道公司精心组织输油生产，强化内部管理，抓好重点工程建设，推进科技创新和人才队伍建设，加强党建、思想政治工作和文化建设，企业呈现持续有效快速发展、社区和职工队伍和谐稳定的良好局面。安全生产形势总体保持平稳，连续12年被集团公司评为安全生产先进单位。2011年输油1.08亿吨，再创历史新高，连续第二年超亿吨。“十五”、“十一五”期间先后组织建设了甬沪宁、仪征至长岭、华北管网以及川气东送等总长5000多千米的管道，以及2000多万立方米原油储备库等重点工程建设任务。公司先后被授予“中国企业文化建设先进单位”、“中央企业普法先进单位”、“节能减排双十佳企业”、“全国先进基层党组织”、“全国绿化模范单位”、“江苏省思想政治工作优秀企业”、“江苏省平安企业”等荣誉称号。

大榭岛30万吨级原油码

金陵石化

金陵石化始创于1982年，是中国石化旗下的千万吨级原油加工基地之一，也是目前亚洲领先的洗涤剂原料生产基地和国内重要的苯酐生产基地。公司现有职工8400余人，资产总额216亿元。2011年，加工原油1315万吨，生产成品油704万吨，实现销售收入824亿元，利税165亿元，位居江苏省工业企业前列。

金陵石化始终坚持“发展为要，环保为先”的理念，坚持内涵扩大再生产之路。“十二五”期间，金陵石化将按照集团公司的战略部署，以建设“世界领先炼化企业”为奋斗目标，大力实施差异化、国际化、绿色低碳和人才强企战略，立足质量升级、节能降耗和环保治理，加快产业布局调整，通过优化原料、装置和产品结构，提升经济效益和整体竞争能力，实现公司的可持续发展，确保主要技术经济指标和综合竞争力牢牢占据集团公司炼化板块前列，力争到“十二五”末，炼油主要技术经济指标全面达到世界领先水平。

厂区内春意盎然

晚霞映衬下的罐区

油品质量升级改造工程施工现场

庆祝建党90周年汇演

炼油区域装置夜景

地址：江苏省南京市栖霞区甘家巷街388号
邮编：210033
电话：025 58988114　传真：025 855920
网址：http://www.jlpec.com

茂名石化创建于1955年，经过57年的发展，现已成为我国生产规模较大的炼化一体化企业。公司原油加工能力1350万吨／年，乙烯生产能力100万吨／年，同时拥有完善的动力、港口、铁路运输、原油和成品油输送管道以及30万吨级单点系泊海上原油接卸系统等配套系统，固定资产原值345.33亿元。公司大力推进科技创新，按照国际标准组织生产，300多种石油化工产品出厂合格率保持在100%。产品不仅畅销华南、西南等地区，而且还出口国际市场。

近两年来，茂名石化以率先打造世界一流炼化一体化企业为目标，发扬“事争第一，打造一流”的精神，务实创新地实施精细化、差异化、绿色低碳和人才“四大”战略，各项工作又上新台阶，实现了“十二五”良好开局。2011年，加工原油1450万吨，超设计能力100万吨，生产乙烯108.52万吨，均创历史新高；实现销售收入1107.37亿元，突破千亿大关；实现利税250.11亿元，突破250亿，上缴税金231.42亿元，并超过200亿元，纳税在广东省名列前茅。

茂名石化正如火如荼地推进公司发展战略的落实，2013年上半年将全面建成投产2000万吨/年炼油改扩建工程，朝着率先成为世界一流炼化一体化企业的目标大步前进。

茂名乙烯夜景

茂名北山岭原油商业储备基地建成投用

中国石化集团茂名石油化工公司
中国石油化工股份有限公司茂名分公司

通讯地址：广东省茂名市双山四路9号大院 邮编：525000
电话：0668-2264248 传真：0668-2269317

www.mpcc.com.cn

巴陵石化SEBS装置一角

巴陵石化己内酰胺生产装置一角

巴陵石化公司

SINOPEC BALING PETROCHEMICAL COMPANY

巴陵石化公司现包括中国石油化工股份有限公司巴陵分公司（上市）和中国石化集团资产经营管理有限公司巴陵石化分公司（非上市）两个部分。经过40多年的发展建设，巴陵石化已成为集油、化、纤、肥于一体的大型石化联合企业和国内大型的锂系聚合物、环氧树脂、己内酰胺和商品环己酮生产企业。

巴陵石化现下辖烯烃事业部、环己酮事业部、合成橡胶事业部、环氧树脂事业部、己内酰胺事业部、化肥事业部、城区社区、岳化社区等16个直属单位，固定资产原值113.4亿元，在岗职工10567人；主要产品有汽柴油、MTBE、稀释剂、环己酮、SBS、SIS、SEBS、聚丙烯、顺丁橡胶、环氧树脂、氯丙烯、环氧氯丙烷、己内酰胺、尿素、双氧水等50多种170多个牌号，分别注册“巴陵牌”、“鹰王牌”、“芙蓉牌”和“白蓉牌”四大商标，产品远销20多个国家和地区，企业通过了ISO9000体系、HSE体系认证。2011年，巴陵石化产品总量逾400万吨，实现营业收入235亿元（含关联企业共286亿元），上缴税费31.1亿元（含关联企业共35亿元），纳税额连续4年位居湖南省前列。

巴陵石化注重科技创新，先后获得省部级及以上科技进步奖104项，“非晶态合金催化剂和磁稳定床反应工艺的创新与集成技术”荣获国家技术发明一等奖，SEBS成套技术开发、仿生催化氧化制环己酮等项目被列入“863”计划，一批新特产品填补国内空白。目前，己内酰胺核心技术处于国际领先水平，锂系聚合物综合技术进入世界先进水平，特种环氧树脂、化工型炼油、煤化工生产技术居国内前列。

巴陵石化先后获得全国五一劳动奖状、全国思想政治工作优秀企业、全国模范劳动关系和谐企业、全国厂务公开民主管理先进单位、全国模范职工之家、全国计划生育先进单位、全国设备管理优秀单位、全国环境优美工厂等荣誉称号，2011年公司党委被评为全国先进基层党组织。

在新的历史阶段，巴陵石化将以科学发展观为指导，改造炼油业务，发展优势业务，提升特色业务，退出劣势业务，拓展新业务，稳步推进人才战略、技术创新战略、一体化发展战略、差异化发展战略、异地发展战略和绿色低碳战略，努力建设世界一流的非乙烯精细化工企业。

巴陵石化环氧有机氯系列装置之一

己内酰胺生产装置一角

SINOPEC

中国石油化工股份有限公司石家庄炼化分公司（简称石家庄炼化分公司）位于河北省省会石家庄市东南25千米处，其前身为石家庄炼油厂，始建于1978年，1997年采用局部改制方式，募集发起设立石家庄炼油化工股份有限公司，上市所筹集资金全部投入当年成立的石家庄化纤有限责任公司（简称石化纤）的5万吨/年己内酰胺工程。根据中国石化集团公司改革重组的统一部署，2006年注销石家庄炼油厂，注册成立中国石化集团资产经营管理有限公司石家庄分公司（简称石家庄资产分公司），2007年注册成立石家庄炼化分公司。2009年5月根据总部整体部署，公司进行了“一企一制”整合，石化纤整体、石家庄资产分公司部分资产和人员并入石家庄炼化分公司。

2010年5月，石家庄炼化800万吨/年油品质量升级项目全面启动建设，该项目是被列入国家《石化产业调整和振兴规划》的重点建设项目，是中国石化与河北省的战略合作项目，项目计划2013年建成投产。

目前，石家庄炼化分公司炼油部分原油一次加工能力达到500万吨/年，全流程配套能力达到420万吨/年，现拥有500万吨/年常减压蒸馏、200万吨/年重油催化裂化、80万吨/年延迟焦化等22套生产装置；化工部分经过“5改6.5”和16万吨/年扩容改造，现拥有16万吨/年己内酰胺成套装置和2.5万吨/年锦纶等装置。公司主要产品有汽油、柴油、航空煤油、聚丙烯、液化气、己内酰胺、聚酰胺切片等30多个品种、牌号。

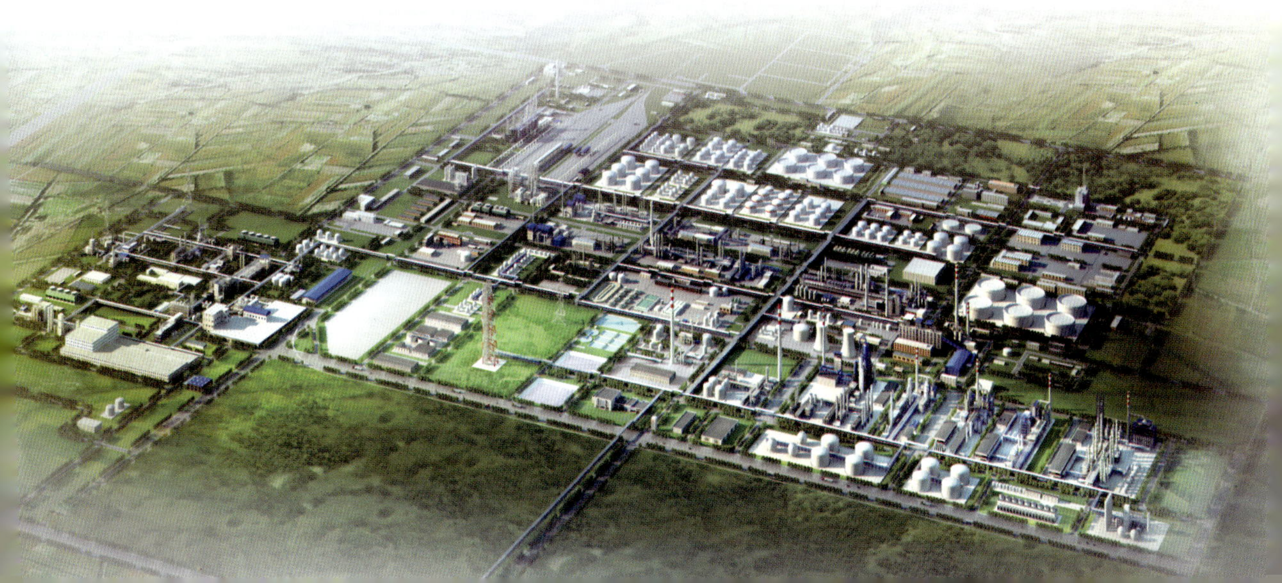

艰苦创业　严谨求实

协力攻关　开拓创新

中国石化上海石油化工研究院

SINOPEC SHANGHAI RESEARCH INSTITUTE OF PETROCHEMICAL TECHNOLOGY

中国石化上海石油化工研究院创建于1960年，在浦东新区和上海市化学工业区分设2个基地，设立5个分院；设有基本有机原料催化剂国家工程研究中心、博士后工作站、全国标准化委员会石油化学分技术委员会、中国石化有机原料科技情报中心站、中国石化有机原料标准化中心、上海市石油化工产品质量监督检验站等依托机构。

上海石油化工研究院以推进中国石油化工技术进步、服务企业发展为己任，自主创新，追求卓越，成功开发了一系列先进技术。形成了甲苯歧化、乙苯脱氢、丙烯腈、精对苯二甲酸、异丙苯、裂解汽油加氢、醋酸乙烯等成套技术或催化剂，成功应用于国内外大中型石化装置，保持了国际领先或先进水平。在基本有机原料、芳烃、增产低碳烯烃、合纤单体、煤化工、高分子材料、油田化学品及精细化工等技术领域，形成了研发特色和技术优势。

截至2011年底，上海石油化工研究院累计获省部级以上奖励39项，其中国家科技进步一等奖1项，国家技术发明二等奖3项；获得省部级奖励213项。

上海石油化工研究院立足“一部两中心”的发展定位，弘扬“艰苦创业、严谨求实、协力攻关、开拓创新”的企业精神，坚持“以人为本、科技创新、支撑石化、和谐发展”的管理方针，力争建成具有国际竞争力的一流研究院，更好地发挥科技创新的“推进器”作用。

60万吨/年MTO技术在中原石化应用开车

地址：上海市浦东北路1658号　邮编：201208
电话：+86 (21) 68462197　传真：+86 (21) 68462283，68466900
E-mail：yuanban.sshy@sinopec.com　网址：http://www.sript.com.cn

中国石化集团第五建设公司

第五建设公司承建的兰州石化公司30万吨／年合成氨、52万吨／年尿素装置，为甘肃省农业建设作出突出贡献

第五建设公司承建的茂名石化30万吨／年聚丙烯装置获全国优秀焊接工程奖

第五建设公司承建的福建炼油化工有限公司80万吨/年聚乙烯装置

中国石化集团第五建设公司成立于1953年，前身是大连工程公司。1956年迁址甘肃兰州，参加中国石油兰州石化建厂，更名为化工部第五建设公司。1999年7月，中国石化、石油实施重组后,定名为中国石化集团第五建设公司。2010年12月18日，根据中国石化集团公司战略部署，公司正式迁址广州，在广州举行办公楼入驻仪式，填补了华南没有直属工程建设企业的空白。

中国石化集团第五建设公司是我国较早从事石油化工建设的大型施工企业，也是中国石化集团公司直属大型综合性施工企业。公司具有化工石油工程施工总承包一级企业资质、国外工程承包资质、对外经济合作经营资格资质和建筑行业（建筑工程）乙级、石油化工医药行业（化工工程、石油及化工产品储运）专业乙级设计资质等，正在申报“石油化工工程施工总承包特级资质”。

中国石化集团第五建设公司始终坚持以人为本，以科学发展观为指导，以加快企业发展、提高核心竞争力为目标，每年以30%以上的速度保持递增，创造出了新的业绩。2011年，共完成施工产值24.5亿元，同比增长14.7%；自行完成建筑业劳动生产率40.41万元/人，同比增长12.4%，各项主要经济技术指标均达到了集团公司的要求。高标准建成中交长岭炼化锅炉及热力系统改造项目和5万立方米/时制氢装置、川维30万吨/年醋酸乙烯项目甲醇装置、广州石化气体分馏改造、北海炼油改造六联合装置、扬巴二期项目15万吨/年丁二烯抽提装置等国内39个单位工程项目，在建的国内75个单位工程项目均达到形象控制点目标。承建的沙特朱拜尔炼油项目、沙特延布芳烃项目和阿联酋阿布扎比炼油项目，安全、质量、进度和成本总体受控，达到了合同工期要求。

中国石化集团第五建设公司具备30亿元/年以上的施工生产能力，在大型设备吊装、大型传动设备（机组）安装、大型贮罐安装、大型DCS自动化集散控制系统安装与调试和特种材料焊接等“四大一特”方面，形成了独具特色的技术优势。培养了一大批高级工程技术人员和各专业高级技师。在国家许多重大项目建设中，充分体现了在工程管理、机具装备、专业人才、新技术开发应用等方面的实力和优势。

中国石化集团第五建设公司始终坚持“追求卓越、奉献精品、诚信服务、顾客满意”的质量方针和“诚信、规范、双赢”的经营理念。建设项目涉及冶金、炼油、化工、军工、医药、海洋等，先后建成490余套大中型石油化工装置，足迹遍布全国各地和海外市场。所到之处树立起了一座座丰碑，锤炼产生了“团结、敬业、奉献、创新”的企业精神。先后获得“全国用户满意安装企业”、“全国优秀施工企业”、全国“重合同、守信用企业”、“全国五一劳动奖状”和“中国建筑工程鲁班奖”等省部级及以上各类荣誉158项。其中，连续2年获“全国用户满意安装企业”、连续5次获“全国优秀施工企业”、连续10年获“甘肃省优秀建筑企业”、连续22年获甘肃省“重合同、守信用企业”称号。有2项工程获“中国建筑工程鲁班奖”、4项工程获“国家优质工程优质奖”、14项工程获“全国优秀焊接工程”。有4项工法获“国家级工法”、5项施工技术获“中国安装之星”、2项技术成果获国家科技创新成果二、三等奖。

中国石化集团第五建设公司将在中国石化集团公司的正确领导下，把成绩作为新的工作起点和动力，以科学发展观统揽大局，坚持走市场国际化、管理现代化、经营集约化发展之路，巩固以传统市场为基础、强化以高端市场为支撑、拓展海外市场为方向的3个领域，内强素质，外树形象，以诚信的理念和雄厚的实力，为顾客奉献优质的产品，为构建和谐社会作出积极贡献，力争把公司打造成为“世界一流工程建设企业”。

第五建设公司为主体承建的沙特千万吨炼油项目

宁夏石油分公司

【概况】 中国石油化工股份有限公司宁夏石油分公司(简称宁夏石油分公司)位于宁夏回族自治区银川市金凤区，其前身为2005年成立的中国石化销售有限公司西北宁夏分公司。2009年12月，按照石化集团公司关于区外销售企业体制调整安排，宁夏石油分公司正式成立，直接隶属石化集团公司党组管理。公司主营汽油、柴油、润滑油和其他石化产品的零售、直销配送、批发和仓储业务以及加油站便利店非油品业务。

截至2011年底，宁夏石油分公司本部设综合处、经营管理处、零售中心、商业客户中心、非油品中心、人力资源处、财务资产处、发展基建处、安全数质量处、油库管理处10个职能处室，下设银川、石嘴山、吴忠、固原、中卫5个分公司，控股中石化石嘴山市常道石化有限公司(简称常道石化)、中石化宁夏易捷石化有限公司(简称易捷石化)2家合资公司。在营加油站79座，石嘴山惠农油库1座，资产总额10.83亿元。用工总量879人，其中正式职工76人。

宁夏石油分公司主要生产经营指标见表1。

(武 桐)

【主要经营指标完成较好】 2011年，宁夏石油分公司成品油销售总量达52.49万吨，同比增长25.5%，完成中国石化总部下达任务的100.9%。其中，零售量28.68万吨，同比增长92.4%，完成总部下达任务的106.2%；直销量21.27万吨，同比增长52 %，完成总部下达任务的106.3%；实现终端销量49.95万吨，终端比例95%；零售比重54.6%，超额完成总部下达的50%的目标；实现销售收入38.46亿元，同比增长50.18%；实现非油品总收入5 223万元，其中便利店销售收入1 242万元，同比增长102.6%，易捷石化销售收入3 981万元；报表利润1 680万元，完成总部下达任务的112%。

(武 桐)

【灵活策略促销量提升】 2011年，宁夏石油分公司通过健全完善内部考核机制、一站一策开展营销促销、加大小额配送、培育万吨站、发展固定客户、提升服务水平等多种举措进行内部挖潜，同时积极参与政府定点加油招标，有13座加油站入围，有效增加了零售销量，单站平均加油量达到3 605吨。注重强化市场动态监控和经营分析，灵活运用资源统筹和价格杠杆等多种手段适时调控营销工作。加大客户经理队伍建设，着力加强直分销客户的开发和维护，经营工作的针对性明显增强。密切关注市场供需变化，灵活制定经营策略，及时调整资源购进，平衡购销关系，优化经营结构，提高零售比重和终端比例，提高资源创效水平，既保证了市场供应，又确保了效益最大化。全年成品油销量保持良好增长势头，实现市场占有率20%的目标。

(武 桐)

【非油品业务富有特色】 2011年，“国杞天香”系列枸杞产品被总部列为非油品重点销售商品。宁夏石油分公司在认真调查研究和科学分析的基础上，制定了较为翔实完善的枸杞产品营销总体方案，确定开发枸杞干果、果酒、饮料、籽油4个系列产品，建立系统便利店、专卖店、网络、出口4条销售渠道，使公司枸杞产业发展思路更加明晰。初步完成了干果、果酒产品的包装设计定型，向国家工商总局申请注册“国杞天香”品牌。枸杞干果产品已经在系统内31个省市公司2 000多家便利店铺货销售，在3个省市建立了5个专卖店，网络销售量逐步扩大，出口销售前期工作稳步推进。协调宁夏万盛生物科技有限公司完成了中宁枸杞精深加工及枸杞物流配送中心项目建设，易捷庄园科技公司建设了3.6万亩(24平方千米)种植基地，建立了稳固的枸杞产品种植加工基地。

(武 桐)

【网络布局实现新突破】 2011年，宁夏石油分公司石嘴山惠农油库完成建设并投入运营，库容达3.2万吨；银川油库已经完成选址。加油站建设采取“以自建为主、收购为辅、慎重租赁”的方式，自建站比例达到了50%以上，加油站网络覆盖到全区所有的市、县(区)。

(武 桐)

【扎实推进安全数质量工作】 2011年，宁夏石油分公司扎实开展“我要安全”主题活动，强化员工安全质量教育，层层签订安全责任书，将安全责任落实到每个岗位和员工，确保了无安全事故的发生。定期不定期地开展安全检查，查隐患、抓整改、堵塞工作漏洞，杜绝“三违”现象，有效地防范了安全隐患。组建了质检队伍，筹建了化验室，有效防范质量安全工作存在的风险。加强外采源头管理、过程监控和阶段检查，所有外采油全部进行检验。认真做好流量计、发油罐、业务系统数据核对工作，确保油品质优量足。

(武 桐)

【企业管理水平显著提升】 2011 年，宁夏石油分公司在帮扶单位天津石油分公司的帮助下，按照制度标准化要求，完成对《宁夏石油分公司成品油价格管理办法》、《宁夏石油分公司投资管理办法》、《宁夏石油分公司资金管理办法》等共 160 项制度梳理，制定了《宁夏石油内部控制实施细则(2011 版)》，细化了权限指引，完善了风险清单，增强了内控的实用性和针对性。年内在领导职能权责上进行了新的定位，并对归口管理进行了细化和明确。机构体制改革逐步开展，在一体化管理下实行专业分工。根据宁夏地理位置、地域特色及业务发展的具体规划，对省公司、地市分公司职能进行细化，加强地市分公司工作力度，使整个企业发展的组织性较为严密。

(武 桐)

【加强队伍建设】 2011 年，宁夏石油分公司调整充实地市分公司领导班子，为地市公司发展提供了有力的组织保障。出台了《宁夏石油分公司人才成长通道建设实施方案》，加大后备站长、重点人才和关键岗位人才培训力度，共组织实施了 4 期新员工入职培训，培训新员工共计 210 人，按照学员考核状况进行分配；举办 2 期计量员岗前培训班，培训人员共计 78 人；开展了非油品、记账员、站长、IC 卡等专题培训，组织相关人员进行业务指导、案例学习等。继续开展岗位练兵、竞赛比武等活动，不断提升员工的综合素质和工作能力。

(武 桐)

【关心员工落到实处】 2011 年，宁夏石油分公司认真做好用工调整工作，关心员工生活，一线员工收入比上年增长 10.9%，建立完善体现业务特点的《宁夏石油分公司完善薪酬分配制度实施方案》。加强加油站“五小”建设，努力营造拴心留人的环境。

(武 桐)

表 1 宁夏石油分公司主要生产经营指标①

指标名称 \ 年份	2011	2010	2009	2008	2007	2006
成品油销售总量/万吨	52.49	41.82	14.02	13.07	9.72	8.36
零售量	28.68	14.91	7.65	5.81	2.92	0.69
销售收入/亿元	38.46	25.61	7.36	7.18	4.47	3.68
利 润/万元	1 680.00	-666.67	1 221.67	984.89	168.74	1 225.25
吨油费用/元	291.56	225.99	198.29	187.61	196.6	127.43
加油站总数/座	79	48	25	18	10	8

①2006—2009 年为中国石化销售有限公司西北宁夏分公司数据。

销售华北分公司

【概况】 中国石化销售有限公司华北分公司(简称销售华北分公司)是中国石化所属油品销售事业部的派出机构，是中国石化大区销售企业之一，本部设在天津市。公司前身始建于 1950 年 3 月，隶属于商业部。1985 年 1 月成建制划归中国石油化工总公司。销售华北分公司主要负责华北地区六省市(北京、天津、河北、河南、山西、山东)、东北地区三省(黑龙江、吉林、辽宁)以及全国 20 多个省市成品油资源组织和调运，并对华北区内重要储运设施实行统一管理。主要担负资源组织、物流优化、储运管理、统一结算、市场监管职能。截至 2011 年底，销售华北分公司本部有职能处室 12 个，专业中心 2 个，基层单位 11 个，在华北区内炼厂设立 11 个办事处；职工总数 2 147 人，其中正式职工 699 人。公司管理资产 142 亿，拥有大区储备库 3 座，总库容 70 万立方米；管理的华北成品油管网全长 2 953 千米。2011 年，销售华北分公司成品油经营总量 4 208 万吨，销售收入 2 931 亿元，连续 6 年列“天津企业百强”之首。

销售华北分公司主要生产经营指标见表 1。

(宋立新)

【业务管理体系精准高效】 2011 年，销售华北分公司资源调运总量 4 135 万吨，同比增长 4.8%，调区外资源量 234 万吨，同比增长 24%。全方位整合操作系统外资源，利用华北区广阔的市场空间，变“散点式”串换为“集团化”串换，全年节省运杂费 1 784 万元。建立立体库存管理模式，实现油品分品种、分库位管理，实时监控进出库和库存数据，全方位展现进、出、存状态，强化库存对计划、运行、结算工作的监督和修正，充分发挥库存的管家作用。

（宋立新）

标准化建设使输油场站焕然一新 （刘玉姝 摄）

【大管网优势充分发挥】 2011年，销售华北分公司由以往管道分段式资源流动转变为管网整体运作，实现华北管网真正意义上的互联互通，并实现华北管网集中监控，自控水平进一步提高。以华北管网下载库为核心，统筹一、二次物流，加强与其他运输方式的组合联运，扩大管道辐射半径，全年管输量再创新高。稳步推进在运管道清管工作，加强流程规范和技术分析，在污油处置、防止清管器卡阻以及运行控制方面摸索出新方法，并在销售系统推广。

（宋立新）

【"我要安全"主题活动成果显现】 2011年，销售华北分公司认真组织开展查找身边"十大薄弱环节"活动和"平安工地"创建工作。全年组织HSE检查8次，针对油库和管道实际制定了377项排查标准，对照标准全面开展拉网式隐患排查工作，明确完成整改时间表和隐患整改前的安全防范措施，确保企业安全运行。制定公司领导和机关处室负责人管道定点承包制度，加强要害部位的安全管理。进一步完善应急预案体系建设，在济宁和汤阴组织了公司级应急演练，检验了应急体系运行、应急队伍配合和社会依托情况，提升了应急处置能力。

（宋立新）

【设备管理更加规范】 2011年，销售华北分公司建立设备周例会和疑难问题"三跟踪"制度，提升设备问题的处理力度和速度，推行设备预防性检维修，有效降低设备故障率。加大管道占压清理和第三方施工监管力度，全年管道新增占压为零，制止危害管道安全的第三方施工327起，对136起第三方施工进行1 463人次24小时监护。通过积极推进企地警"三位一体"管道联防新模式、建立GPS巡线管理系统、开展机关春秋季管道巡护排查活动、落实考核奖惩制度、探索管道防护新技术、多频次地毯式排查等措施，反盗打工作成效显著，全年发生打孔盗油案件在2010年下降36%的基础上再降69%。

（宋立新）

【企业风险控制力更加强化】 2011年，销售华北分公司在销售系统大区公司中首家通过ISO 9000质量管理体系评审。严把油品质量关，建立油品质量监控报告制度，坚持监督抽查与基层监控报告相结合，使公司油品质量全过程受控、可追溯。推进内控风险管理框架建设，构筑风险应对的三道防线，制定三级风险清单，将风险管理纳入日常经营管理工作之中。组建基层输油管理处法律援助团队，加大法律援助指导力度。进一步完善业务公开信息系统在线监察功能，健全网上监督制度，把问题整改与优化业务流程、强化源头治理相结合，加大巡视力度。

（宋立新）

【企业发展根基更加牢固】 2011年，销售华北分公司完成25项年度重点课题，推动落实各项工作任务目标；开展改善经营管理建议和"比学赶帮超"活动，营造了干事创业的良好工作氛围；开展创建星级班组活动，推动"三基"工作持续改进，10个班组达到五星级标准；加强媒体应对、舆情监控和政务信息报送，推动应急处置能力的提升，构建良好的内外宣平台；以"四大"审计理念为指导，完成各类审计项目44项；资金管理、核算管理、存续集中核算和交易平台上线，积极推进全员成本目标管理，建立完善了3级27项指标；以信息化建设3年规划为指导，推动ERP系统、OA系统和视频会议系统的深层开发利用。

（宋立新）

【存续企业定位更加明确】 2011年，悦泰公司以绿色低碳战略和差异化经营为契机，找准自身定位，明确发展方向，全力做好中国石化品牌油的上市推广和降凝剂的研发生产工作，抢占市场先机，"海龙"产品销售网络覆盖32个省市，全年实现利润4 882万元。金皇公司加强市场调研，实现经营项目多元化；倡导全员促销，提高市场影响力。金皇大厦被列为天津市"亿元楼宇"重点扶植对象，为企业发展赢得了政策和资金支持。

（宋立新）

【党建思想政治工作更加扎实】 2011 年，销售华北分公司全面开展“为民服务创先争优”活动，深入基层一线解决问题，畅通上下沟通渠道，形成推进企业发展的合力。通过组织脱产学习、讲座等形式加强各级干部党性修养教育，自觉维护企业形象和利益。通过规范完善后勤服务、完善“五小”建设和开展丰富多彩的职工文体活动等手段，为企业发展凝心聚力。

（宋立新）

表 1　　销售华北分公司主要生产经营指标

指标名称 \ 年份	2011	2010	2009	2008	2007	2006
成品油销售总量/万吨	4 208.00	3 934.00	3 428.31	3 227.91	2 754.22	2 637.95
销售收入/亿元	2 931.00	2 342.58	1 736.50	1 752.88	1 240.01	1 132.43
实现利税/亿元	72.70	44.36	40.76	55.92	47.36	46.71
利　润	58.30	33.89	31.97	48.95	38.23	33.41

销售华东分公司

【概况】 中国石化销售有限公司华东分公司(简称销售华东分公司)，系国有大Ⅰ型企业。办公地址为上海市长宁区愚园路 819 号，内部资本 7.28 亿元。公司前身中国石油运销公司始建于 1949 年 8 月，1985 年 1 月划归中国石油化工总公司，2002 年 10 月更为现名。销售华东分公司资源管理辖区为江苏、浙江、福建和上海等三省一市，主要履行资源组织、物流优化、储运管理、统一结算和市场监管等职能。

截至 2011 年底，销售华东分公司本部机关设办公室、财务资产处、经营管理处、管道油库处、安全数质量处、发展规划处、信息处、人力资源处、审计监察处 9 个职能处室和 1 个成品油调控中心。下设陈山油库、嘉兴输油处、南京输油处 3 个二级单位。拥有职工 369 人，其中正式工 209 人，劳务工 160 人。公司在华东区 7 家炼化企业设有办事处。

销售华东分公司拥有油库 1 座(陈山油库)，总库容 33.5 万立方米；在营成品油管道 2 条，为浙苏管线和苏南管线，总长 703 千米。

2011 年，销售华东分公司实现利润 60.17 亿元，上缴利税 25.70 亿元。

销售华东分公司主要生产经营指标见表 1。

（王文东）

【继续保持外管道管理“三零”目标】 2011 年，销售华东分公司无安全生产等级责任事故，连续第 4 年实现了外管道管理“三零”目标。

（王文东）

【高质量完成配置计划】 2011 年，销售华东分公司完成资源收购 3 500.49 万吨，完成计划的 100%。省市供应完成 2 829.21 万吨，完成计划的 100%。全年供省市管输完成达到 1 398.73 万吨，管输量占到供省市运量的 49.43%，长输管线输送量达到 894.84 万吨，同比增长 25.36%，完成率 105.28%。加大调区外计划的执行力度，全年实际完成 63.8 万吨，完成石化集团公司下达指标的 155.59%。

（王文东）

【物流运行能力有新提高】 2011 年，销售华东分公司全力深化智能调度系统运用，实现库存动态管理，提高物流运行的前瞻性、针对性、科学性。与高桥石化共同确立了“强化沟通、现场协调、统筹运力、日常监控、挖掘潜能”的调度运行模式。开通金陵石化发运安徽、镇海炼化发运浙江等流向的铁路龙组，实现了铁路自备车在现有仓储设施下的高效、平稳运行。开展浙江外采和区外调入的汽油二次中转业务，实现产销双方仓储设施统筹运用创新。进一步提高铁路装载率，全年平均装载率达到 94.1%，同比提高 0.54 个百分点，节省运杂费约 340 万元。

（王文东）

【成功开展成品油管道清管扫线工作】 2011 年 6 月 27 日—10 月 29 日，销售华东分公司对所属成品油管道开展了清管扫线工作。此次清管扫线共清管 610 多千米，不仅帮管道排出“毒素”，保证安全生产，而且为省市公司的成品油供应提供了快速、便捷的输送通道。

（王文东）

【完善管网调控中心控制功能】 2011 年，销售华东分公司实现了苏南管道反输；打通了江阴输油站注入油品流程；实现了对金嘉湖管线嘉兴、桐乡、湖州 3

个站场控制系统的调整并实现中控运行；利用生产控制系统资源，建成覆盖油库、输油处本部及其站场、所有驻厂办事处的视频会议通信系统；调研金闵管线系统配置及构架，完成了信号接入项目的实施。

（王文东）

【设备管理更加规范】 2011年，销售华东分公司针对苏南管线设备实际，建立消项表，通过日报、月报、专题会议等形式，多方协调，跟踪解决出现的设备问题，保障了苏南管线圆满完成年度输油任务。同时，建立健全管道油库处、输油处和站场三级设备档案管理体系，建立规范统一的“一台一档”工作，明确台账内容及记录要求，并开展资料收集专项工作，逐步完善调控中心、油库、输油处项目建设资料的收集整理。

（王文东）

【航煤销量创历史新高】 2011年，销售华东分公司强化了对航煤库存的监控管理，把生产企业航煤库存、出厂动态纳入调度日志进行监控，同时对供应机场航煤库存进行重点监控。全年航煤销量达到450万吨，同比增长4.6%，创历史新高。

（王文东）

【与延长集团铁路运销公司签订资源串换协议】 2011年，销售华东分公司与延长集团铁路运销公司签订资源串换协议，加强了与延长集团的沟通衔接，尽可能将出厂进度提前，并协调延长集团按时付款。全年完成串换12.04万吨，计划完成率100%。

（王文东）

【深度参与华东管网布局规划和建设】 2011年，销售华东分公司根据中国石化总部部署，协调调整了江苏、浙江成品油管道建设投资主体，明确了责权，统一了思路，签订了委托建设协议。

（王文东）

【节能降耗再上新台阶】 2011年，销售华东分公司通过做大管输量、优化跨月计划、降低出厂费用等一系列优化措施，全年节约运杂费8 760万元。同时，进一步降低管输能耗，浙苏管道耗能235.8（千瓦·时）/（万吨·千米），苏南管道耗能163.5（千瓦·时）/（万吨·千米），分别低于中国石化总部和公司内部设定的控制目标。全年定额费用及定额管道成本均控制在指标之内。

（王文东）

【数质量管理稳步推进】 2011年，销售华东分公司全面贯彻中国石化总部关于建设质量体系的要求，初步形成了ISO 9000质量体系，并通过总部组织的第二方评审，为“每一滴油都是承诺”奠定了基础。认真查找损耗环节，努力提高损耗管理水平。全年入库损耗率为0.5‰，油库保管盈余3 400吨，盈余率为0.5‰，管输损耗率为0.25‰。全口径盈余589吨，下载罐表差为1‰。水路运输综合损耗率为2.06‰，整体损耗控制较好，排在销售系统前列。

（王文东）

【有效开展改善经营管理建议工作】 2011年，销售华东分公司积极倡导“员工的每一项建议都有价值”的理念，紧紧围绕建设一流区域成品油物流中心、控制物流成本、储运及设备管理、安全生产、信息化建设及应用、精细管理6个方面，开展改善经营管理建议活动。全年共有114人提报建议，收到改善经营管理建议214条，公司领导亲自对相关建议点评或批示，在线评选出公司级优秀建议21条，将其中“优化浙苏管线混油处理”、“对华东管网调控中心网络系统总体改造”、“对华东成品油管网SCADA系统进行消缺优化”等建议上报石化股份公司，受到好评。

（王文东）

【积极开展制度标准化改造】 2011年，销售华东分公司改造标准化制度140项，在中国石化总部制度信息系统中上载140项，较好地完成了制度标准化改造任务。同时大力开展制度学习工作，提高全体员工制度的执行力，把制度、业务规范以及操作规程转化为员工的自觉行为，将学习制度情况考核结果纳入年终绩效兑现。

（王文东）

【劳务人员管理有创新】 2011年，销售华东分公司采取了多项措施，不断改进对劳务工队伍的管理。积极开展调研工作，及时掌握劳务工的思想动态、工作生活情况以及利益诉求。鼓励劳务人员申报职称，全年50多名劳务人员申报了职称，7名获得了初级专业技术职务任职资格。结合公司实际制定了用工结构调整实施方案，建立了优秀劳务工转变为正式工的工作机制。

（王文东）

【联营业务水平持续提升】 2011年，销售华东分公司联营单位上海石化物资交易中心取得了良好的工作业绩。会员总数达207家，创历史新高，会员单位的销售额累计 572 亿元，同比增长了 27.1%，销售量 828 万吨，实现经营收入超 807 万元，管理费用支出和资金安全严格控制在可控范围内，较好地实现了董事会及公司领导制定的经营管理工作目标。

（王文东）

【开展"为民服务创优争先"活动】 2011 年，销售华东分公司认真深入开展"为民服务创先争优"、"打造高度负责任、高度受尊敬企业"大讨论活动。结合公司实际，把服务生产企业、服务省市公司、服务专项用户，关爱基层员工、关爱劳务工群体、关心困难职工作为活动的主要内容，开展了 2 次基层调研，收集问题建议 98 项，并认真研究解决落实。同时认真做好主题活动宣传工作，及时展现公司员工奋发向上的精神风貌。通过有效开展主题活动，充分发挥了干部带头作用和党组织政治核心作用、党员先锋模范作用，为公司建设一流区域物流中心和全面完成上级下达的各项工作任务提供了可靠的政治保证。

（王文东）

【积极开展建党 90 周年系列活动】 2011 年，销售华东分公司先后举办了"颂党恩"主题演讲比赛、"唱响华东"红歌比赛、"红色印记"书画摄影比赛和读书征文活动，组织了井冈山革命传统教育、清明节祭奠烈士陵园等主题教育活动，开展了乒乓球比赛、广播操比赛和知识竞赛等活动。通过一系列活动不断提高广大员工的凝聚力、向心力和战斗力。

（王文东）

【建立健全各级团组织】 2011 年 5 月，经上级团组织批准，销售华东分公司组织召开了第一次团员代表大会，选举产生以王文东为书记的第一届委员会。团委成立后，公司各二级单位、站场也相继建立健全了团组织。针对青年特点，不断创新教育载体，营造浓厚氛围，组织开展拓展训练、青年联谊、争当志愿者等一系列活动。

（王文东）

第一次团员代表大会

表 1　销售华东分公司主要生产经营指标

指标名称＼年份	2011	2010	2009	2008	2007	2006
成品油资源收购/万吨	3 500.49	3 400.29	3 252.00	3 576.17	3 323.26	3 849.68
省市供应/万吨	2 829.21	2 737.40	2 566.32	3 357.36	3 318.98	3 845.13
管输量	1 398.73	1 139.54	928.00	764.00	577.00	601.00
油　库/座	1	1	1	1	1	—
管　道/条	2	2	1	1	—	—
成品油销售总量/万吨	4 208.00	3 934.00	3 428.31	3 227.91	2 754.22	2 637.95
销售收入/亿元	2 931.00	2 342.58	1 736.50	1 752.88	1 240.01	1 132.43
实现利税 /亿元	72.70	44.36	40.76	55.92	47.36	46.71
利　润	58.30	33.89	31.97	48.95	38.23	37.41

销售华中分公司

【概况】 中国石化销售有限公司华中分公司（简称销售华中分公司）位于湖北省武汉市江汉区精武路 39 号，是石化集团公司的派出机构和区域物流中心，代表油品销售事业部履行区域市场经营管理和协调职责，发挥优化资源配置、调控市场资源、协调同业竞合关系的作用。销售华中分公司主要担负"产销衔接、资源平衡、运输协调、物流优化、沟通协调"的职能，同时负责辖区内荆门石化、武汉石化、巴陵石化、安庆石化、九江石化和长岭分公司成品油的收购，负责湖北、湖南、安徽、江西、四川、重庆 6 个省市的成品油供应，负责对华中、华东、华南、华北等地区的成品油跨区调拨，担负对部队、铁路、民航、交通、渔业等专项用户的成品油供应工作。

销售华中分公司前身成立于1949年10月1日，1985年1月1日划归中国石油化工总公司，1998年更名为中国石化销售中南公司，2006年10月，根据石化集团公司区域调整精神，更为现名。截至2011年底，销售华中分公司机关设置9个处室，下设6个驻厂办事处、2座油库。公司领导班子5人，总经理助理1人，中层干部26人；共有在册员工163人，其中大专、本科、研究生共144人，占职工总数的88%；党员111人。

2011年，销售华中分公司连续第3次被湖北省委、省政府评为最佳文明单位，被湖北省总工会评为模范职工之家，武汉油库付油班被中华全国总工会、国家安全生产监督管理总局评为“安康杯”优胜班组。在石化股份公司“比学赶帮超”年度评比中，获得4面年度红旗和优秀组织奖。

销售华中分公司主要技术经济指标见表1。

（兰　珣）

【项目建设逐步推进】 2011年，武汉储备库项目一次性通过了消防、安全验收，于12月25日顺利实现投油成功。调控中心大楼项目主体工程于8月正式封顶，室内装修、设备采购等相关工作已经进入收尾阶段。武汉—广水管道项目年内完成了管线组焊122.6千米，合格率达到99.9%；长岭首站扩容改造项目组建了联合项目部，引入了“IPMT + EPC + 监理”项目管理模式，为其他工程项目的管理和运作探索了方法、积累了经验。长岭首站项目顺利实现了土石方工程开工，已转运弃土45.8万立方米；武汉—天河机场航煤管道现已完成同沟敷设6.8千米。成功召开了区内管道投资主体划转座谈会，成立了区内湖南、江西、安徽三省联合领导小组和管道项目部，签订了委托管理协议，确保了三省管道建设工作有序运转。

（兰　珣）

【统筹物流保证市场稳定】 2011年，华中片区生产企业因各种原因，非计划停工较多，区外市场扩张也较快，区内市场保供和区外市场增量的矛盾愈发突出；随着长岭炼化的扩能和逐步提量，导致华中区内资源流向变动较大，受制于各种运输瓶颈，保炼厂后路畅通压力巨大。面对不利形势，销售华中分公司开通了4条铁路龙组运行通道，提升了区内铁路地区的市场保供力，增强了区外流向铁路调运的执行力，全年完成铁路发运15.38万车，同比增加1.35万车；用足管线能力，提高输送效率，提出了管输资源备油的钢性要求，减少了混油次数，提高了汽油输送效率；调整水路运力结构，固化区外运输，双底双壳船舶比重由上年的65%提升至74%，资源保障力和配送安全性都得到大大提升，从而保证了市场稳定供应和炼厂后路畅通。全年完成成品油收购总量1 742.92万吨，供应总量1 741.17万吨，完成计划的100%；片区成品油管道输油量704.33万吨，同比增加73.23万吨，增幅11.6%；调区外资源量161.67万吨，超过计划指标。

（兰　珣）

【物流细化实现降费增效】 2011年，销售华中分公司加强一、二次物流结合，努力扩大管道地区辐射，执行运量62万吨，节约运杂费约1 900万元。广泛开展大区、省市间的外采资源串换。全年协助、配合省市共串换外采资源25.32万吨，共节约运杂费3 733万元。将成熟通道的运量直接安排在DPO运输计划之中，全年协助、指导皖赣湘鄂四省优划74条“库站绑定”通道，累计运量7.43万吨，节约运杂费约301万元。继续稳定装载率水平，全年6家办事处铁路平均装载率同比提升0.09个百分点，均达到93.8%，在中国石化总部要求的标准之上。

（兰　珣）

【人才强企】 2011年，销售华中分公司编制了《华中分公司“十二五”人才发展规划纲要（讨论稿）》，提出了“十二五”人才队伍建设的目标任务和工作措施，制定了《华中分公司人才成长通道建设实施方案》，重点以加快专业技术职务的聘任，制定劳务工激励办法，建立首席专家、专家、首席技师、技师队伍为基础，搭建了人才成长通道。在系统内外引进管道建设方面专业技术人才13名；引进高等院校毕业生10名，做好人才储备工作；引进技能操作人员45名，缓解了公司技能操作人员不足的状况。认真做好新员工招聘、引进和使用安排工作，并对技能操作队伍、专业技术队伍的定岗定薪进行了明确。

（兰　珣）

【财务管理进一步深化】 2011年，销售华中分公司合理引入权重和离散率2项指标，实现全面预算考核，确保全年预算完成率保持在90%以上；持续推进全员成本目标管理，实现费用支出比中国石化总部考核指标节约1 122万元；坚持结算“不过夜”，制定应收账款预警台账和编制库存日动态明细表，及时采取措施降低资金占压，全年节约财务费用700

多万元；采取“外沟通、内考核”的措施，不断理顺结算流程，规范核算处理，BW&BCS 系统报表通过率由上线初的 50% 提升到 100%。

（兰 珣）

【信息管理水平进一步提升】 2011 年，销售华中分公司深化 ERP 应用，新增了大庄油库公路发油业务流程，优化业务结算方式，打通了公司所属油库对省市公司库割销售流程；内部交易平台成功上线，实现了集团内部交易的确认、挂账、结算封闭运行，杜绝内部交易单边挂账，加速内部交易结算；新增了湖南、江西、安徽 3 个管道项目的成本中心、利润中心等相关配置，设置了对应的操作用户角色，满足了公司对管道项目部的管理需求。完成了 OA 系统改善经营管理建议模块的上线与测试，进一步拓展了 OA 系统的应用。顺利完成了合同管理系统的上线，搭建了合同管理系统环境。

（兰 珣）

【HSE 管理不断规范】 2011 年，销售华中分公司制定了安全管理长效机制实施方案，在 HSE 检查标准更高更严的情况下，全年检查问题数同比下降了 50%。深入开展 HSE 观察管理，全年开展 HSE 观察 1 378 人次。组织查找身边“十大薄弱环节”活动，共查找薄弱环节 118 个，逐项制定整改措施并督促落实，有效地堵塞管理漏洞。全面开展 HSE 培训，接受培训人员 138 人次，公司安全生产形势持续保持稳定。

（兰 珣）

【数质量管理体系进一步完善】 2011 年，销售华中分公司采取稳固出厂、监控运输、规范收卸的措施，使片区和自有管线管输损耗全部控制在考核指标范围之内，全年共减少损耗 5 478 吨，为公司和片区省市公司挽回经济损失约 4 930 万元。积极转变“以包代管”思想，全年重点跟踪船舶 20 多艘，先后深入 6 个省 16 座油库现场调研，协调片区油库整改工艺、严格交接手续，铁路、水路和管输等一次物流运输损耗率均下降明显，同比减少损耗 2 854 吨。一次运输、进出库油品质量合格率 100%。

（兰 珣）

【招投标及合同管理不断完善】 2011 年，销售华中分公司共组织各类招投标 26 次，涉及金额 1.57 亿元。完善了合同管理办法，对合同履行过程的监控进行了整改，确保合同能够得到较好执行，努力规避法律风险。全年共签订各类合同 227 份，涉及金额 5.4 亿元，没有发生重大法律风险和纠纷。

（兰 珣）

【管道油库管理进一步加强】 2011 年，销售华中分公司成立了调度中心和维护中心，充实了抢维修队伍，确保油库工作井然有序，管道运行正常平稳。全年武汉油库吞吐量 200.54 万吨，同比增加 30.24 万吨，增幅为 15.1%；大庄油库吞吐量 192.7 万吨，同比增加 27.7 万吨，增幅为 14.4%；武汉穿江管道完成管输 96.55 万吨，同比增加 15.55 万吨，增幅为 16.1%。以“达标创优”为目标，对照《油库达标创优检查细则》，组织油库全面检查及整改，全年共检查出问题 238 个，整改完成率 100%。

（兰 珣）

【党建和思想政治工作促和谐】 2011 年，销售华中分公司扎实开展“为民服务创先争优”活动，围绕“用心服务客户、真心服务员工、倾心服务发展”主题，在各级党组织中广泛开展“亮标准、亮身份、亮承诺”活动。认真开展作风建设年活动，下发调查问卷，以“转变作风从我做起”为主题，组织党员干部谈体会、谈感想、谈认识、献良策。采取自己找、领导点、群众提、互相帮等形式，认真查摆本部门、本岗位及自身在作风建设方面存在的问题，有针对性地制定整改措施。开展庆祝建党 90 周年系列活动，举办“我与祖国共奋进，我为企业献青春”青年演讲比赛；积极组织党员参加全国党建知识竞赛；举办了纪念建党 90 周年红歌会；表彰了 2 个先进党支部、2 名优秀党务工作者和 21 名优秀共产党员。以部门、油库、驻厂办事处为单位，开展了“负责任、受尊敬”员工大讨论活动，营造公司和谐的发展环境。

（兰 珣）

【自觉履行企业社会责任】 2011 年，销售华中分公司积极响应湖北省委开展“万名干部进万村入万户”活动的号召，与红安县高桥镇独山寨等 4 个村结对共建，帮助各村梳理、研究堰塘维修和建设的思路，并力所能及地给予支持和帮助。积极向石化集团公司申请捐助款项，向 4 个村捐资 8 万元用于生产建设；走访慰问困难户，为他们送去慰问金等。

（兰 珣）

【提出“11223”发展目标】 鉴于华中地区的区位优势及适逢发展成品油管道干网和主要支线的好时期，2011 年，销售华中分公司将 2010 年提出“11123”的发展目标升级为“11223”发展目标，即储备能力 100

万立方米以上，建立100名以上中高级经营管理、专业技术和高级技能操作人才队伍，营业收入超过2 000亿元，成品油收购总量2 000万吨以上，通过建设和划转，形成3 000千米以上的成品油管网，区域物流中心基本建成，企业实现跨越发展。

（兰 珣）

表1 销售华中分公司主要技术经济指标

指标名称＼年份	2011	2010	2009	2008	2007	2006
资产总额/亿元	41.82	34.40	27.56	31.49	36.34	20.93
成品油销售量/万吨	1 741.17	1 587.89	1 540.70	1 428.80	1 445.60	1 267.50
销售收入/亿元	1 232.64	993.00	813.00	807.00	702.30	579.00
利　润/亿元	32.11	56.05	43.30	39.00	30.90	20.00
税　金/亿元	19.44	25.90	21.42	14.70	16.39	10.70
吨油费用/元	80.96	81.32	71.30	69.15	73.87	63.61

销售华南分公司

【概况】 中国石化销售有限公司华南分公司(简称销售华南分公司)的前身是中国石化销售有限公司西南分公司(简称销售西南分公司)，成立于2000年6月，注册地在茂名。2006年11月，经石化集团公司党组批准，在广州注册成立销售华南分公司，将销售西南分公司的人员、资产、业务整体划转到销售华南分公司，销售西南分公司予以注销。从2007年1月1日起销售华南分公司正式运作，2010年升格为国有大Ⅰ型企业。

销售华南分公司是中国石化销售有限公司下属的4个大区公司之一，是中国石化在华南地区跨省际、城际的成品油区域物流中心。主要负责华南区域中国石化广州分公司、茂名分公司、湛江东兴公司、海南炼化和北海分公司5家炼化生产企业的资源收购，以及广东、广西、贵州、云南、海南五省区成品油的资源配置、区间调拨、协调运输和统一结算等业务，并负责外采成品油和进口成品油；统一负责华南成品油管网(现有西南成品油管道和珠三角成品油管道)的运营管理和规划建设。

销售华南分公司实行公司机关—管理处—输油站三级管理模式。公司机关设9个职能处室和1个调度控制中心(附属1个备用调度控制中心)、1个抢维修中心、1个培训中心；在管道沿线设6个输油管理处和43个输油站；另根据管道建设需要，设3个工程项目部，下设6个项目分部；在炼厂设5个驻厂办事处，负责与炼厂的业务衔接。截至2011年底，销售华南分公司有员工1 089人，其中正式职工596人，劳务派遣工493人。正式职工中，大学本科以上学历人员296人，占49.7%；大专以上学历人员457人，占76.7%；党员301人，占50.5%。

2011年，销售华南分公司完成成品油管输量1 690万吨，完成总部下达指标的105%。石化资源收购计划完成率100%，调区外资源量完成率100%，油品配置计划完成率100%，全年完成油品销售量2 599万吨，同比增长6.6%。经济效益创造历史最高水平，全年完成销售收入1 837亿元，同比增长24.6%；实现利税55亿元，同比增长34%；实现管道综合效益8.53亿元。公司在广东省纳税100强企业中排名第49名。

（邓远龙）

【扎实开展“我要安全”主题活动】 2011年，销售华南分公司扎实开展“我要安全”主题活动，通过开展全员重温安全责任、操作规程等活动，收集分析未遂事件417个、典型案例77个，突出事件、事故的警示教育作用，员工的安全意识进一步增强。11月19日，南宁输油管理处下辖的河池站4#主输泵因机械密封损坏导致93#汽油泄漏，站场员工根据站场可燃气体报警系统的报警提示及时、稳妥、有序地开展应急处置工作，成功避免了一起重大事故的发生。年内销售华南分公司被石化集团公司评为安全生产先进单位。

（邓远龙）

【应急演练取得实效】 2011年，销售华南分公司多次修订和完善公司应急预案，并顺利通过了石化集团公司组织的应急预案评审。公司、管理处、输油站三级应急演练工作有序开展，全年共组织应急演练507次，其中公司级的大型应急演练2次。6月在茂名管理处湛江站开展了1次公司级油罐灭火大型综合应急演练，11月在广西南宁市金沙湖库区开展了1次大规模的成品油管道油品泄漏综合应急演练，均取得了良好的效果。通过开展应急演练，大大提升了各类突发事件的应急处置能力。

（邓远龙）

成品油管道油品泄漏综合应急演练现场

【物流优化节省运行费用】 2011年，销售华南分公司以管输为主线、其他运输方式互补，进一步完善华南成品油调度运行组织体系，管输比例达到66%，自主调节能力显著提升，有效减轻了对外部运输环境的依赖。在保供基础上，紧盯市场变化，及时、合理地摆布资源流向，通过优化成品油物流分销计划、积极协调开通龙组、提高铁路罐车装载率等措施，全年调整运输计划489笔，涉及运输量59万吨，节省物流运行费用2 951万元，销售华南分公司2011年度吨油费用节约在销售系统4个大区公司中排名第一。

（邓远龙）

【深化企地警联防联治机制】 2011年，销售华南分公司协调召开省级和地市级治安联防会议，分别在管道沿线28个地市召开了管道治安联防工作会议，并将管道安全保护联席联防会议制度向县级推进，管道沿线部分县区也相应成立了领导小组，企地警联防联治工作不断得到深化。公司管道管理处被广东省公安厅授予2011年度省级治安保卫重点单位先进保卫机构。11月4日，在贵阳召开的全国石油天然气管道安全保护工作现场会上，销售华南分公司就管道安全保护工作经验作了专题介绍，得到参会代表的高度评价。

（邓远龙）

【获石化集团公司科技进步二等奖】 2011年，由销售华南分公司和中国人民解放军后勤工程学院共同承担的“油气管道应急抢险救援关键技术与实践研究”项目获石化集团公司科技进步二等奖。该项目针对西南成品油管道的应急抢险救援任务，提出了管道受挤压后的塑性变形规律，研究总结了高山林地等特殊地段油气管道抢修技术和工法，研发了用于野外管道火灾扑救的超细冷气溶胶灭火弹系统和用于管沟等爆炸危险场所的移动式气体惰化抑爆系统，研制了一整套输油管道抢维修的设备和机具，并在此基础上形成了高山林地等特殊地段油气管道抢修技术和工法。该项目部分技术和装备具有自主知识产权，整体技术达到国际先进水平。

（邓远龙）

【北海—南宁—百色成品油管道试运成功】 北海—南宁—百色成品油管道是中国石化为解决北海炼厂建成投产后油品出路而投资建设的2010年重点建设项目。管道全长约456千米，设有北海(配套建设22万立方米的成品油油库)、南宁、百色3座输油站，工程建设总投资约15亿元。2011年11月12日管道实现全线贯通，12月18日完成水联运，2012年1月18日实现投油试运一次成功，华南管网达到3 842千米。北海—南宁—百色成品油管道作为北海炼油厂油品出厂的唯一运输通道，其建成投产有力保障了大西南地区油品资源优化运行和市场保供，对于缓解广西中西部地区成品油运输压力、促进地方经济和社会和谐发展也将发挥积极的作用。

（邓远龙）

【“比学赶帮超”工作取得成绩】 2011年，销售华南分公司根据中国总部“比学赶帮超”工作要求，科学编制“比学赶帮超”工作方案及实施细则，明确总体思路、工作原则、工作内容及考核细则，并根据工作方案及实施细则精心组织各部门、各单位扎实开展“比学赶帮超”工作。全年共评出月度之星667人次、月度红旗24面、年度红旗9面，编制“比学赶帮超”工作简报80期。全年吨油费用50.27元，比下达指标节约2.01元，获石化集团公司2011年度“比学赶帮超”年度先进红旗。

（邓远龙）

【队伍素质得到提高】 2011年，销售华南分公司深入开展人才成长通道建设工作，畅通了经营管理、专业技术、技能操作三支队伍成长通道。规范干部选拔程序，强化民主推荐和组织考察，年内推荐公司级后备干部10人，调整和聘任基层干部20余人，聘任主管师及以上专业技术人员12人，选人用人满意度大幅增强。举办内部培训班35期，培训员工807人次，选派110人参加外部培训班，35人取得了管道工中级和输油工中级的资格，大大提升了生产人员技能操作水平，充实了生产技能人才队伍力量；公司员工杨大慎、倪志光被石化集团公司授予闵恩泽青年科技人才奖。

（邓远龙）

【党风廉政建设和党建工作成效显著】 2011年，销售华南分公司贯彻落实党风廉政建设责任制，公司机关、管理处、输油站三级层层签订党风廉政建设责任书，形成上下衔接、逐级负责的责任网络。健全完善惩防体系制度建设，选举成立了公司纪律检查委员会，创建了中层以上干部个人廉洁档案，惩防体系建设有序推进。强化效能检查工作，充分发挥效能监察在工程建设管理中的作用，全年共避免经济损失53.65万元。认真开展业务公开工作，全年共上传业务公开数据信息324条，涉及金额35.4亿元，确保了各环节的透明运行，有效防止了“暗箱操作”、钱权交易行为的发生。狠抓基层党组织建设，全面推行基层党组织标准化建设工作，基层党组织先进性建设取得成果。南宁输油管理处党支部被评为石化集团公司2011年度先进基层党组织，深圳输油管理处党支部被评为广东省直机关2011年度先进基层党组织。

（邓远龙）

石油勘探开发研究院

【概况】 中国石油化工股份有限公司石油勘探开发研究院(简称石油勘探开发研究院)是中国石化直属上游综合研究机构，承担国家石油勘探开发甲级工程咨询工作。石油勘探开发研究院总部设在北京，京外设有西北分院(乌鲁木齐)、无锡石油地质研究所、合肥培训测试中心。经过近50年的发展，石油勘探开发研究院已在油气勘探开发战略规划编制、海相层系碳酸盐岩油气成藏理论与资源评价、缝洞型碳酸盐岩油藏高效开发、特殊天然气藏开发、特殊储层预测、油气地球化学勘探、实验测试分析等方面形成了自己的特色和优势，石油地质实验测试中心和油气化探实验测试中心取得国家级计量认证。

石油勘探开发研究院是中国石化油气勘探开发及发展战略参谋部、勘探开发核心技术研发和技术服务部、油气勘探开发数据信息及地质资料中心。主要任务是开展国内外油气地质基础研究，承担海外油气发展战略研究及规划编制、海外新项目评价、海外重点项目的技术支持，承担国内上游战略规划与决策参谋服务、“三北一川”(西北、东北、华北、四川)地区油气增储上产技术支撑，承担国家及中国石化重大项目的科技攻关及牵头组织工作、石化股份公司油气勘探开发基础理论及应用技术研究、资源评价研究、规划部署研究，参与中国石化重大油气勘探开发科研项目和重大生产经营项目的设计审查、技术经济论证等工作。50年来，累计主持完成国家重点油气科技攻关项目、课题和省部级项目600余项，获国家级奖励54项，获省部级奖励492项。

截至2011年底，石油勘探开发研究院有各类员工1 114人，其中各类专业技术人员829人，中国工程院院士1人，国家“973”首席科学家2人，“百千万人才工程”国家级人选1人，国家千人计划人选1人，教授及教授级高工81人，高级工程师467人，具有博士学位的技术人员303人，并聘请多名中国科学院院士和中国工程院院士作为院高级科技顾问。石油勘探开发研究院是中国石化油田咨询中心和地质资料中心挂靠单位，是《石油与天然气地质》、《石油实验地质》等科技期刊的编辑、出版单位。

截至2011年底，石油勘探开发研究院总资产35.52亿元，其中固定资产原值8.71亿元，净值4.08亿元。

2011年，石油勘探开发研究院承担各类科研项目398项，重大科研项目完成率和优良率达100%；获省部级以上科技进步奖7项，申报中国石化科技成果鉴定17项；申报国家专利31项，其中发明专利27项，获得授权12项；申报专有技术11项，登记软件著作权8项。

石油勘探开发研究院2011年主要科研成果获奖情况及2006—2011年专利申请与授权情况见表1和表2。

（张　杨）

【新一轮全国油气资源评价获国家科技进步二等奖】 该项目由国土资源部油气资源战略研究中心、中国石油勘探开发研究院、中国石化石油勘探开发研究院、中海石油(中国)有限公司北京研究中心、中国石油大学(北京)共同完成。其中，由中国石化石油勘探开发研究院牵头，胜利油田分公司、中原油田分公司等12个单位参与的工作组，具体完成了中国石化常规油气和非常规油气资源评价，并对渤海湾盆地(包括济阳坳陷和东濮凹陷)、江汉盆地、南襄盆地、苏北盆地、塔里木盆地和东海陆架盆地 6 个重点盆地的近中期油气储量、产量变化趋势进行了预测。

（王　强）

【海外油气项目快速评价体系获中国石化科技进步一等奖】 （参见第 131 页）

【勘探开发全业务数据模型体系关键技术与工业应用获中国石化科技进步二等奖】 该项目由胜利油田分公司、河南油田分公司、石油勘探开发研究院共同完成。项目按业务层级运用“6W”方法描述油气勘探开发业务，实现了全业务流程的分析与建模，共划分了 6 个业务域 1 237 个业务活动，累计定义数据项 26 648 个；采用面向对象的设计思想和元数据建模技术，建立起了一套石油天然气勘探开发模型体系，共设计 1 522个业务实体对象，定义属性数据项 10 006 个；基于石油天然气勘探开发数据模型研究成果，形成了 1 套模型设计、管理及投影工具，建立了 83 项标准，建立了包括采集规范、数据质量管理和数据服务管理等方面的 7 套管理规章制度；建立了 1 套油田企业源头数据采集体系，并在中国石化油田企业全面推广应用，实现了勘探开发 12 个专业每天约 12 万条生产数据的及时、完整入库。

（王　强）

【中国石化油气储量潜力预测与评估技术获中国石化科技进步二等奖】 该项目是石油勘探开发研究院在储量信息库建设、储量跟踪分析、储量预测及评价技术研究等 12 个项目攻关基础上综合提升的成果。系统建立了国土资源部探明储量、中国石化三级储量和上市储量数据库、图形库、案例库和知识库；通过对 355 个油气田、220 多万个数据的系统整理与归类分析，全面分析了近 10 年储量序列、探明率、升级率、动用率、替代率、储采比等指标，总结中国石化油气储量增长变化规律；通过对隐蔽油气藏、碳酸盐岩油气藏、低渗透油气藏及火山岩油气藏等复杂油气藏的全面分析总结及广泛的油气评价技术调研与攻关，创建了控制储量升级率预测技术、勘探阶段采收率计算技术、经济可采储量评价配套技术、上市储量替代率预测技术，总结制定了一系列储量评价管理的标准和规范。

（王　强）

【领导班子调整】 2011 年 12 月 12 日，石化股份公司下发通知，聘任翟晓先为石油勘探开发研究院副院长（正局级）、中国石化石油勘探开发研究院有限公司副总经理（正局级）。

（张　杨）

【Addax 项目研究所暨 Addax 公司北京技术中心成立】 为了扎实做好 Addax 项目的技术支撑工作，2011 年 2 月 21 日，石油勘探开发研究院成立了 Addax 项目研究所。5 月 31 日，Addax 公司决定将石油勘探开发研究院 Addax 项目研究所同时作为 Addax 公司北京技术中心。

（张　杨）

【中国石化多波地震技术重点实验室成立】 2011 年 7 月 21 日，石油勘探开发研究院和西南油气分公司联合建设的中国石化多波地震技术重点实验室在北京成立。在揭牌仪式上，石油勘探开发研究院自主研发的多分量地震资料处理系统 MCS1. 0 版本发布。

（张　杨）

【中国石化油气成藏重点实验室成立】 2011 年 8 月 18 日，中国石化油气成藏重点实验室在石油勘探开发研究院无锡石油地质研究所成立。

（张　杨）

【加强非常规油气勘探开发研究支撑工作】 2011 年 9 月 15 日，石油勘探开发研究院与华北油田分公司签署非常规油气勘探开发战略合作协议；10 月 26 日，与江汉油田分公司签署海相及非常规油气技术联合攻关战略合作协议；11 月 23 日，与华东分公司围绕下扬子海相中古生界和非常规油气勘探开发签订战略合作协议。10 月 31 日，石油勘探开发研究院成立非常规资源勘探开发流程标准制定工作组，研究编制了非常规油气勘探开发流程和标准体系建设框架，并对其中 44 项标准开展制修订工作；11 月 8 日，成立非常规油气勘探开发技术攻关领导小组，加强非常规油气资源勘探开发技术难题攻关和技术支持的组织领导；11 月 20 日，召开专题会议，初步构建了“院统一领导、非常规技术支持部牵头、相关业务所配合”的工作体系，进一步明确了非常规油气勘探开发研究方向与领域。

（张　杨）

【全面开展管理体系建设工作】 2011 年，石油勘探开发研究院以完善工作制度、流程和标准为主线，全面开展管理体系建设工作。识别了全院业务分类，明确了制度、流程、内控、标准之间的对应关系，分别建立了制度、流程和标准的建设体系框架。将全院270余项制度整合优化至160余项，完成了80项制度的标准化改造工作；以业务为导向规划修订各级工作流程210项，完成修订160余项；对国内外现行标准适用性进行了广泛分析，确立并完成了15项院级标准制修订项目。

（张 杨）

【开展第3届全员竞聘上岗工作】 2011年4—5月，石油勘探开发研究院开展第3届全员竞聘上岗工作，共选聘了4名院首席专家、15名高级(学科)专家、49名主任师、100名副主任师以及其他各级职位人员。

（张 杨）

【黎茂稳获国家特聘专家称号】 2011年5月25日，石油勘探开发研究院首席科学家黎茂稳获得中共中央组织部授予的国家特聘专家称号。

（张 杨）

表1　石油勘探开发研究院2011年主要科研成果获奖情况

序号	项目名称	获奖名称	获奖等级
1	新一轮全国油气资源评价	国家科技进步奖	二等奖
2	超高压气藏开发动态评价技术	北京市科技进步奖	三等奖
3	海外油气项目快速评价体系	石化集团公司科技进步奖	一等奖
4	勘探开发全业务数据模型体系关键技术与工业应用	石化集团公司科技进步奖	二等奖
5	中国石化油气储量潜力预测与评估技术	石化集团公司科技进步奖	二等奖
6	深层低渗透油气藏压裂改造关键技术	石化集团公司科技进步奖	三等奖
7	非烃气地球化学勘探技术方法研究与应用	石化集团公司科技进步奖	三等奖

表2　石油勘探开发研究院2006—2011年专利申请与授权情况　　项

年　份	国内申请数	国内授权数	国外申请数	国外授权数
2011	26	11	0	0
2010	21	11	0	0
2009	31	13	0	0
2008	17	9	0	3
2007	16	8	0	1
2006	13	9	0	0

石油工程技术研究院

【概况】 中国石化集团石油工程技术研究院、中国石油化工股份有限公司石油工程技术研究院统称中国石化石油工程技术研究院(简称石油工程技术研究院)，成立于2009年，注册地北京市昌平区，是以井筒技术为主的石油工程技术研发机构，主要从事石油钻井、完井、测录井、测试、储层改造及海洋石油工程等专业技术的发展规划、攻关研究、技术支持、产品研发及推广应用。

石油工程技术研究院本部下设5个职能部门、7个研究所、3个中心，京外设有德州大陆架石油工程技术有限公司(德州所)、胜利分院、中原分院。截至2011年底，院本部有正式职工336人，其中教授级高工36人，具有高级职称的128人；有国家级突出贡献专家2人，享受政府特殊津贴专家6人，“百千万人才工程”人选1人，国家智库研究员1人，省部级突出贡献专家4人，石化集团公司学术技术带头人11人。2010年设立了博士后科研工作站和研究生工作站，在站博士后 19 人、研究生 11 人。建有钻井模拟、钻井液、储层保护、固井完井、测录井、储层改造、岩石力学 7 个配套齐全的实验室；拥有岩石力学三轴应力仪、储层损害模拟实验装置、高温高压流变仪、静胶凝强度分析仪、钻井模拟实验台架等具有国际先进水平的实验仪器装备；拥有钻井、固井、完井、测录井等先进软件数十套。在山东德州、新疆轮台、四川阆中建有试验基地，配备有专业化的移动式实验室；通过了 ISO 9001、ISO 14001、OHSAS 18001、SY/T 6276 管理体系认证；创办有中文核心期刊《石油钻探技术》；是全国石油钻采设备和工具标准化技术委员会钻修井井下工具标准化工作部挂靠单位。

石油工程技术研究院定位为“一部两中心”，即中国石化的石油工程技术发展参谋部、石油工程高新技术研发中心、国内外石油工程技术支持中心。主要负责中国石化石油工程技术发展战略、规划、部署等研究工作；组织开展石油工程技术基础性、前瞻性和重大项目研究，组织石油工程相关装备、工具、仪器、仪表和软件开发及科研成果转化应用工作；归口管理中国石化石油工程技术信息、档案及技术标准的制修订研究工作；跟踪分析国外石油工程技术进展，协助进行高级工程技术人才培养工作；参与国内外油气勘探开发重大项目研究并提供工程技术支撑工作。

石油工程技术研究院在钻井地质环境因素描述、深井超深井钻井、巨厚盐膏层钻井、电磁波随钻测量、旋转冲击钻井、复杂地层防漏堵漏技术、高压油气井防气窜固井等石油工程关键技术领域形成了以复杂地质条件下深井超深井钻井技术为核心的特色技术系列。2011 年承担各类科技项目 156 项，其中国家级课题/专题 22 项，申报国家专利 45 项，重大项目完成率和优良率达 100%。长水平段分段压裂、深井超深井钻井提速、地层压力随钻测量等 7 项技术取得重大进展和突破。

石油工程技术研究院 2011 年度主要科研成果获奖情况及 2006—2011 年专利申请与授权情况见表 1 和表 2。

（陈利源）

【非常规油气工程配套技术初步形成】 2011 年，石油工程技术研究院研制了油基钻井液乳化剂，破乳电压达 1 200 伏，基本达到国外先进水平；弹塑性水泥浆技术使水泥石的弹塑性提高一倍以上，可满足页岩气大型压裂对水泥环的技术要求；研究了裂缝转向、网缝扩展机理，初步形成了网络压裂设计方法，滑溜水压裂液的降阻率达 70% 以上，具备了非常规油气压裂设计和现场技术支持能力；攻克了多级滑套分段压裂工具滑套、低密度憋压球、投球装置等关键技术，10 级滑套联机试验成功；完成了泵送桥塞及配套工具样机试制和坐封、丢手及射孔联作试验，耐压达 70 兆帕；自膨胀封隔器遇油遇水膨胀率均达 6 倍以上，密封能力分别达 18 兆帕/米和 11 兆帕/米。

（陈利源）

【深井超深井钻井完井技术不断发展完善】 2011 年，石油工程技术研究院提出了矿物组分等钻井地质环境因素的测井解释评价方法，研制了强抑制、低密度钻井液体系，形成了井身结构优化、大井眼气体钻井和控压降密度等钻井提速技术，在元坝、巴麦等地区应用提高钻速 25% 以上；采用颗粒级配原理、超级锰粉加重材料等，解决了水泥浆流变性差、水泥石强度低等难题，开发出了 3 克/厘米^3 超高密度水泥浆体系，在官深 1 井应用密度达 2.82 克/厘米^3，创造了世界纪录。

（陈利源）

【特殊储层识别与改造技术取得显著进展】 2011 年，石油工程技术研究院在随钻录井流体监测方面研发了半透膜油气分离脱气器，实现了碳一——碳五的快速检测，突破了碳六—碳八的检测瓶颈；建立了耐温 150℃ 的地面交联酸体系，增加了酸压深度和裂缝延展长度，在西北工区创造了地层温度 162℃、施工泵压 108 兆帕两项新纪录；形成了不动管柱水力喷射分段压裂技术，具备了水平井压裂 8—10 段的作业能力。

（陈利源）

【复杂结构井钻完井技术实现突破】 2011 年，石油工程技术研究院攻克了高温地层轨迹监测和深层侧钻技术难题，形成 PDC 钻头 + 弯螺杆 + 高温 MWD 轨迹控制技术、硬地层斜井段裸眼侧钻技术，具备了垂深 7 000 米超深水平井的技术支持与服务能力；攻克了井下弱信号接收处理与自动增益控制等关键技术，研制出了电磁波中继器样机，现场试验获得成功，填补了国内空白。

（陈利源）

【战略合作关系不断加强】 2011 年，石油工程技术研究院与 EPT 公司等国际知名企业建立了战略合作伙伴关系，进一步提升了院校合作的层次与效果，与中国科学院等国内高新技术综合研究发展中心合作开展技术研究，促进了人才和技术的交流，实现了科研试验与人才资源的共享，增强了科技攻关能力，推进了科技创新步伐。

（陈利源）

【学术交流活动频繁】 2011年，石油工程技术研究院邀请美国工程院院士、斯坦福大学、TerraTek公司等国内外专家和研究机构来院进行技术交流，全年国外来访团组18个。在世界石油大会、SPE年会、API/ISO国际标准化会等高层次国内外技术会议上的参会报告引起了与会代表的广泛关注，提升了知名度。成功举办了"第2届石油工程新技术学术报告会"，有16篇论文进行了大会交流，营造了良好的学术气氛。

（陈利源）

【《石油钻探技术》期刊办刊质量不断提高】 2011年，石油工程技术研究院主办的全国中文核心期刊《石油钻探技术》推出系列举措，力促办刊质量提升，影响力不断提高。推出了中国石化海外石油工程技术专刊，开设了钻井提速专栏，办刊质量、影响因子、被引频次等指标稳中有升，核心期刊排名由第22位提高到第19位。该期刊不仅促进了石油工程技术难点的解决，作为国内石油工程技术的交流平台作用也愈加突出，在石油工程界影响越来越大。

（陈利源）

【规范行业标准】 2011年，石油工程技术研究院积极发挥中国石化石油工程标准化秘书处职能，开展了测井、录井、储层改造等专业的标准调研，制定了行业标准《定向井轨道设计与轨迹计算（中英文版）》与《胶乳水泥浆体系性能要求及评价方法》企业标准。同时，牵头制定9项非常规油气工程企业标准，并发布实施。

（陈利源）

【助推上游"半壁江山"目标实现】 2011年，石油工程技术研究院在海外钻井技术中心的基础上，组建了海外石油工程技术中心，继续与国际石油勘探开发公司共建共管，扩大了技术支持范围，提升了技术支持能力。积极发挥技术团队和专家平台优势，为国际石油勘探开发公司提供支持；协助国际石油勘探开发公司构建海外钻井工程质量管理体系，制定了SIPC《钻井现场简明实用手册》、《钻完井油气层保护技术指南》、《钻井液现场控制指南》。为重点区块和重点井提供技术支持。完成雅达油田第1批生产项目的井身结构设计、钻井提速、钻井液技术、固井技术和水平井完井等技术方案；F4井通过优化井身结构、优选钻头和钻井液体系，创造了雅达地区钻井周期新纪录；承担了缅甸D区块T-1井控压钻井和储层改造技术支持，解决了地层恶性漏失难题，压裂液返排率达到94%。

（陈利源）

【人才成长通道进一步完善】 2011年，石油工程技术研究院加强人才成长通道建设，完善了技术职位序列和岗位设置，修订完善《竞聘上岗管理办法》，通过竞聘上岗选拔了5名首席专家、28名专家，增聘中层干部9名，促进了人才队伍的和谐发展。全年有9个集体、54名个人获院级以上荣誉称号，刘修善等2人获中国石化突出贡献专家称号，王敏生获孙越崎青年科技奖，赵素丽等2人获闵恩泽青年科技人才奖，固井工具研发团队获中国石化优秀创新团队称号。

（陈利源）

【强化意识转变】 2011年，石油工程技术研究院围绕打造石油工程核心技术，强化技术手段的总体要求，解放思想，更新观念，树立"三个转变"意识，产品研发从以市场为导向向支撑勘探开发转变，产品结构从以固井工具为主向多元化转变，产品推广从粗放式向突出高端产品转变，加快研发高新技术产品，取得显著成效。

（陈利源）

【提升科研支撑能力】 2011年，石油工程技术研究院完成了阳坊实验室建设，完善了配套设施，基本满足了科学实验需求，升级改造了岩石力学实验室，配套完善试验设备，具备了非常规储层的力学特性测试能力，持续保持国内领先水平。编制了非常规实验室建设方案，制定了重大装备配套计划，落实投资1.3亿元，为加快培育非常规油气工程核心技术奠定了基础。完成了四川阆中试验基地改造，规划论证了新疆轮台新试验基地的建设方案；完成了德州大陆架中试基地的助剂生产线和井下工具生产线的主体工程建设；引进仪器设备38台（套）、专用软件15套，其中岩石超声波测量系统、E650和INT300数控加工中心等在科研生产中发挥了重要作用，提升了科研攻关、载体研发和技术支持能力。

（陈利源）

表 1　　石油工程技术研究院 2011 年度主要科研成果获奖情况

序号	项目名称	奖项名称	获奖等级
1	高应力强水敏深层钻井围岩稳定技术及工业化应用	北京市科技进步奖	一等奖
2	抗高温高压耐腐蚀特种尾管固井工具研制	中国石化科技进步	二等奖
3	适应深井复杂井的特殊尾管悬挂器的研制与应用	国家能源局科技进步奖	三等奖

表 2　　石油工程技术研究院 2006—2011 年专利申请与授权情况①　　项

年　份	国内专利		国外专利	
	申请数量	授权数量	申请数量	授权数量
2011	45	8	1	0
2010	25	0	0	0
2009	10	0	0	0
2008	9	1	0	0
2007	11	1	1	0
2006	7	4	0	0

①石油工程技术研究院 2009 年 6 月前申请的专利均授权给其前身所属单位。

石油物探技术研究院

【概况】 中国石油化工股份有限公司石油物探技术研究院(简称石油物探技术研究院)是石化股份公司的直属科研单位，成立于 2009 年 11 月 28 日(由原中国石化石油勘探开发研究院南京石油物探研究所组建)，位于江苏省南京市江宁区。

石油物探技术研究院是中国石化从事油气地球物理技术研发的专业研究机构，定位于中国石化石油物探技术发展的参谋部、物探高新技术和核心技术研发中心、物探专业软件研发及推广中心和重大物探工程技术支持中心。石油物探技术研究院的主要任务是承担国家及中国石化石油地球物理勘探方面的基础性、前瞻性和重大项目攻关与核心技术研发，自主知识产权物探专业软件开发及产品推广，新技术应用试验，并向油田企业和总部提供全方位的物探技术支持与服务，为中国石化物探技术的可持续发展提供支撑。

截至 2011 年底，石油物探技术研究院下设 8 个科研业务部门、5 个机关职能部门及直属基地综合服务部；有在册职工 382 人，其中科研生产人员 260 人、经营管理人员 69 人、后勤服务人员 53 人；拥有院首席专家 1 人、院专家 12 人、主任师 27 人、副主任师 63 人。

截至 2011 年底，石油物探技术研究院固定资产总值为 5 亿元；拥有国内领先、国际先进的全数字化地球物理模拟实验装备、高温高压岩石物理测试装备、地震采集仪器装备、地震资料处理解释软件和大型高性能计算机系统等一系列先进实用的设施装备；形成了世界先进的地球物理实验技术、复杂探区地震资料采集设计技术、高精度地震成像技术、复杂储层预测与描述技术、油藏综合地球物理技术 5 个特色技术系列，创新研发了具有自主知识产权的“NEWS 油气综合解释软件系统”、“iCluster 地震叠前偏移成像软件系统”、“地震采集质量分析与评价系统”3 个专业软件产品，具备了针对复杂地质问题开展联合技术攻关的能力、大型石油物探专业软件研发能力和一体化技术服务与支撑能力，常规地震资料年处理能力达到 1 万平方千米(含叠前时间偏移），叠前深度偏移处理能力达到3 000平方千米以上。获得局级以上科技进步奖40多项，其中获得中国石化科技进步一等奖2项、二等奖3项、三等奖2项，江苏省科技进步二等奖3项、三等奖2项；共申请国内外专利70项，获得登记计算机软件著作权9项，登记专有技术12项。2011年，石油物探技术研究院被中华全国总工会授予全国模范职工之家称号。

石油物探技术研究院是期刊《石油物探》和英文期刊《Journal of Geophysics and Engineering》(JGE)的出版发行主办单位。石油物探技术研究院2011年度主要科研成果获奖情况及2006—2011年专利申请与授权情况见表1和表2。

（张 强）

【基础性前瞻性研究项目取得实质进展】 2011年，石油物探技术研究院建立了多源地震高效地震采集新技术的处理流程，完成了地震模拟资料及实际资料的试处理；研发了基于压缩感知的数据压缩与重构新技术；开展了波形反演技术探索研究，实现了2.5D频域全波形反演速度建模，开发了地震干涉与绕射成像新技术并通过了模拟资料的试验，初步形成了各向异性速度分析和建模技术。

（张 强）

【地球物理实验技术迈上新台阶】 2011年，石油物探技术研究院自主研发了全球尺度最大、精度最高的地震物理模拟实验系统。在国内外率先应用超声激发激光接收联动地震物理模拟数据连续采集技术，实现了快速高效的数据采集。中国石化地球物理重点实验室正式挂牌成立，标志着石油物探技术研究院开放型实验室建设进入了新的发展阶段。

（张 强）

中国石化地球物理重点实验室揭牌

【碳酸盐岩缝洞型储层预测技术实现跨越】 2011年，石油物探技术研究院开发了基于变分偏微分方程(PDE)多尺度边缘检测等方法，建立了缝洞内幕充填的井地联合地球物理表征工作流程，构建形成了不同尺度缝洞体地震定量/半定量预测技术、碳酸盐岩非规则状缝洞单元体的刻画与储集性能的定量/半定量表征技术、碳酸盐岩储集空间流体检测技术系列，实现了由定性研究到定量/半定量研究的跨越。

（张 强）

【微地震监测关键技术研发取得重要进展】 2011年，石油物探技术研究院开发了不同类型噪音压制、弱信号增强等系列处理模块，开发了震源扫描和波场延拓的震源定位、波形反演的震源机制描述等关键技术，初步实现了微震资料连续显示、分时段处理、动静校正等模块，为尽快形成微地震处理解释软件产品提供了技术保证。

（张 强）

【地震成像技术及软件研发取得重大突破】 2011年，石油物探技术研究院研发的iCluster偏移成像系统具备了大规模生产部署能力。研发了具有国际先进水平的基于CPU、GPU两个平台的逆时深度偏移、高斯束叠前深度偏移技术及软件，发布了RTM V1.0逆时偏移软件产品，性能优于国外商业软件。建立了完整的叠前时间偏移速度模型、基于深度域成像道集剩余曲率速度分析、高精度层析速度反演速度模型更新的三级递进式深度域建模流程，完善了iCluster软件层析反演速度建模技术。对叠前时间体偏移、真地表叠前时间偏移、炮域波动方程叠前深度偏移和kirchhoff叠前深度偏移4个模块，分CPU、MIC、GPU 3个版本进行技术改进、并行优化和测试验证，实现了3万核级以上的部署和稳定运行，并行效率达到90%以上，具备了大规模生产部署能力。

（张 强）

【NEWS油气综合解释系统实现跨越发展】 2011年，石油物探技术研究院研发了全新实用的软件开发平台，形成了层次清晰、功能丰富的跨平台可复用软件基础图形组件库；研发了4项行业领先的特色技术：叠前反演技术、叠前叠后互动AVO解释技术、缝洞型储层预测技术和地震相分析技术；推出了适合油田勘探业务的企业办软件NEWS4.0新版本；研发了面向开发业务的I-GeoSeis1.0版本，并实现了“当年投资、当年出产品、当年见收益”的目标。

（张 强）

【打造一体化服务精品工程】 2011 年，石油物探技术研究院坚持贴近企业、贴近勘探开发需求，发挥科研、软件和生产应用三者互动的一体化研究优势，构建配套技术服务体系，不断提高技术水平、服务质量和解决生产热点、难点问题的能力，逐步形成了地震采集设计、复杂地表山地资料处理、黄土塬区静校正、密点速度分析、复杂构造成像，以及缝洞储层、礁滩相储层和致密天然气储层预测等配套技术系列，为西北、南方、华北、海外等探区提供了优质服务，并打造了一批处理、解释一体化的精品工程，得到了用户单位的好评。特别是在山前带攻关方面，针对库东山前复杂高陡构造成像的难题，生产与科研密切结合，充分应用具有自主产权的起伏地表叠前偏移和 RTM 两个先进技术和软件产品，形成了适合复杂地表山地资料连片处理流程、复杂构造偏移速度场建模方法、山地静校正方法以及长短波长静校正量分解方法，复杂构造成像效果明显改善。

（张　强）

【参谋作用不断显现】 2011 年，石油物探技术研究院参加了上游工程板块“物探专业体制机制”调研工作，主持完成了《物探技术发展趋势调研报告》和《2030 年物探技术发展规划》编制工作。创办了《石油物探科技动态》电子期刊，为领导层和科研人员提供了技术参考信息。参与重点圈闭评价，初步形成评价和后评估方法。参加中国石化总部重大工程项目设计与论证，完成了南方镇巴三维、华北镇泾玉都三维和松北新区二维地震采集设计。参与了总部组织的重点区块地震采集设计审查、二次方法论证以及试验、采集数据验收等工作，为项目的顺利实施提出了合理化的意见。

（张　强）

【坚持“产学研”紧密结合】 2011 年，石油物探技术研究院与多家油田企业、知名院校建立了战略合作关系，开展技术交流和合作研究，取得了贴近生产、合作研发、利用外脑、培养人才、互惠共赢的良好效果。举办了建院 2 周年技术交流会和软件产品发布会，组织了“中国石化缝洞型储层预测技术研讨会”等技术交流会。举办了《石油物探》创刊 50 年庆祝会，参加了 EAGE、SEG 等国际会议并组织软件产品展览。筹建了“SEG 中国南方分部”并于 2011 年 11 月 11 日揭牌，畅通了与美国 SEG 学会沟通协作的渠道；邀请国内外知名专家来院进行学术交流与研讨，搭建了中国石化与国外开展物探技术交流的平台。

（张　强）

SEG 中国南方分部成立

【不断提高科技保障能力】 2011 年，石油物探技术研究院全面建成启用了环境优美、硬件设施一流的江宁基地(占地 9.2 万平方米)，成为石油物探技术研究院快速发展新的里程碑。建设了国内一流的计算机房，并加大投入，大规模引进了高性能计算机集群，双精度计算能力达 243 万亿次，比 2010 年提高了 2 倍，云计算中心初步建成，成为中国石化最大的计算中心。购置了各类服务器、海量存储及实验设备等，提高了科研和生产装备水平，改善了科研人员的研究条件。

（张　强）

【大幅提升管理水平】 2011 年，石油物探技术研究院修改完善了 80 多项科研、生产、经营管理与考评考核等内部规章制度，规范了工作程序，使各项工作快速进入制度化、规范化、精细化的管理轨道。大力推行制度的标准化、流程化、信息化，通过 OA、ERP、QHSE 等信息化管理手段，把制度融入到信息系统之中，促进了制度的执行；物料采购、财务报销、设备管理、绩效考核、公文处理全部在网上运行，实现了“制度管人、流程办事”和远程、移动、无纸办公，提高了决策、管理水平和工作效率。

（张　强）

【积极推动科技创新和成果转化】 2011 年，为促进科技发展方式转变，提升科技创新水平，积极解放思想，挑战传统观念，石油物探技术研究院提出科研理念的“四个转变”，即从为完成项目的研究向为解决问题的研究转变，从单兵作战的研究向协同作战的研究转变，从单纯的方法研究向以打造产品为目的的方法研究转变，从科研项目数量增加向项目质量的提升转变。新的科研理念有效促进了科技创新和成果转化。

（张　强）

表1　石油物探技术研究院2011年度主要科研成果获奖情况

序号	项目名称	奖项名称	获奖等级
1	NEWS油气综合解释系统研发及推广应用	石化集团公司科技进步奖	一等奖
2	碳酸盐岩缝洞型储集体地球物理描述	江苏省科学技术奖	三等奖

表2　石油物探技术研究院2006—2011年专利申请与授权情况　项

年份	国内专利		国外专利	
	申请数量	授权数量	申请数量	授权数量
2011	36	3	3	0
2010	15	1	0	0
2009	11	3	0	0
2008	3	1	0	0
2007	3	1	0	0
2006	2	2	0	0

石油化工科学研究院

【概况】 中国石油化工股份有限公司石油化工科学研究院(简称石油化工科学研究院)位于北京市海淀区，其前身成立于1956年7月，是中国石化直属的综合性科研开发机构，主要从事石油炼制和石油化工技术领域的科学研究与开发、技术许可、技术服务、技术咨询和技术培训。围绕中国炼油工业发展的技术需求，重点开展具有全局性、前瞻性和重大战略意义的关键课题研究。科研业务领域包括：多产交通运输燃料的重油与劣质原油加工技术，清洁燃料生产技术，芳烃生产及相关技术，油化结合技术，润滑油脂及沥青生产技术，油田和石油化学品技术，清洁生产和环保技术，替代燃料及其相关技术，应用基础研究和前沿技术，信息化炼油技术，标准技术、分析技术和软课题研究，技术服务共12个方面。

截至2011年底，石油化工科学研究院下设17个研究部门，拥有炼油工艺与催化剂国家工程研究中心、石油化工催化材料与反应工程国家重点实验室、国家能源石油炼制技术研发中心、中国石化生物液体燃料重点实验室、中国石化重(劣)质油及非常规油气资源炼制技术重点实验室、中国石化润滑油评定中心、中国石化水处理技术服务中心等机构，是全国石油产品标准化归口单位，是国家石油产品质量监督检验中心、中国石油学会石油炼制分会的挂靠单位，是《石油学报》、《石油炼制与化工》和英文版的《China Petroleum Processing and Petrochemical Technology》3个科技期刊的编辑、出版单位；下设研究生部和博士后流动站，拥有化学工艺、应用化学专业博士学位，化学工艺、应用化学、工业催化和化学工程专业硕士学位的授予权。职工总数为1 299人，各类技术人员968人。其中，中国科学院、中国工程院院士6人，教授级高级工程师109人，高级技术人员458人；博士221人，硕士256人。拥有近千套中小型炼油和石油化工试验装置及各种化学分析仪器，涉及石油炼制工艺、石油化工、精细化工和添加剂以及油品应用研究等领域。

截至2011年底，石油化工科学研究院共获得部级以上奖励的科技成果872项，国家级奖励123项，其中国家最高科学技术奖1项、国家技术发明一等奖2项、国家科技进步特等奖1项、国家科技进步一等奖7项。累计申请中国专利3 774项，获准授权2 080项；拥有专有技术477项，在40多个国家和地区申请专利704项，获准授权369项。

石油化工科学研究院2011年度科研成果获奖情况及2006—2011年专利申请与授权情况见表1和表2。

（贾广华）

【环烷基稠油生产高端产品技术研究开发与工业化应用获国家科技进步一等奖】 石油化工科学研究院和中国石油克拉玛依石化分公司等单位的科研人员经过20余年的不断攻关，发明了中压加氢改质工艺、加氢改质—临氢降凝—后精制组合工艺、加氢脱金属—加氢处理—临氢降凝—补充精制4反2段高压串联工艺以及配套的专用催化剂，解决了高效开发环烷基稠油这一世界性难题，开发出变压器油生产新技术、冷冻机油生产新技术，并首创了利用全氢型高压加氢生产白色橡胶填充油和150BS光亮油的新技术，形成了具有中国自主知识产权的环烷基稠油加工系列技术。该项目填补了国内空白，打破了国外公司在环烷基稠油加工技术和特种油产品的双重垄断，总体达到国际领先水平，获2011年度国家科学技术进步一等奖。

（贾广华）

【重油高效转化的加氢处理及其与催化裂化新型组合关键技术获国家科技进步二等奖】 重油高效转化的加氢处理及其与催化裂化新型组合关键技术（简称RICP技术）由石油化工科学研究院和齐鲁分公司、工程建设公司共同完成。该技术独创性地将催化裂化装置中回炼的催化裂化重循环油（HCO）掺入渣油加氢原料中，作为渣油加氢原料的稀释油，与渣油一起加氢后作为催化裂化原料。RICP技术对渣油加氢和催化裂化两套装置均有改善效果：对渣油加氢装置，高芳香性的HCO促进了渣油加氢反应；对催化裂化装置，因HCO加氢后再作为催化裂化原料，轻油收率可提高1—3个百分点，焦炭收率下降。该技术开发出配套的多种催化剂和制备技术，已形成一整套提高轻质油收率的重油高效转化技术，获国内外授权发明专利18项，发表论文7篇，整体处于国际先进水平，获2011年度国家科学技术进步二等奖。

（贾广华）

【催化剂物性变量的耦合调控对重油制低碳烯烃的反应优化及工业实现项目获国家科技进步二等奖】 该项目由石油化工科学研究院和安庆分公司、催化剂分公司共同完成。项目创新了催化剂研发设计模式和方法，通过建立催化剂物性变量影响产品分布的新物理模型，开发了重油复杂分子断裂催化剂，工业实现了极高碳数（40—50）的重油向极低碳数（2—4）的目的产物长过程转化的烃分子导向断裂过程。该技术在世界最大的450万吨/年装置上应用表明，丙烯、乙烯收率分别达到18.5%、4.3%，比国外同类技术分别提高130%和95%，总体属国际领先水平，获2011年度国家科学技术进步二等奖。

（贾广华）

【石油化工催化材料与反应工程国家重点实验室获正式授牌】 2011年11月25日，“石油化工催化材料与反应工程国家重点实验室”获得国家科技部正式授牌，这是全国首批36个企业国家重点实验室之一，也是炼油和石油化工领域唯一的国家重点实验室。

（贾广华）

【两项专利获中国专利优秀奖】 在2011年11月8日召开的第13届中国专利奖颁奖大会上，石油化工科学研究院“一种钛硅分子筛及其制备方法”、“一种加工高酸值原油的方法”获中国专利优秀奖。这种钛硅分子筛催化剂包括一定比例的钛硅分子筛和纳米氧化铝，通过挤条成型的方法制备，具有机械强度高、催化活性和选择性高等特点。加工高酸值原油的方法取消了常规原油蒸馏过程中的加热炉和常减压蒸馏塔等设备，直接进行催化裂化，高酸原油中的环烷酸经过裂化脱羧作用转变为烃类和一氧化碳或二氧化碳，避免了对后续加工设备的腐蚀，脱酸率可以接近或达到100%，具有工业实用性强、操作成本低、脱酸效果好的特点。

（贾广华）

【生产清洁汽油和丙烯的CGP技术入选《烃加工》杂志《炼油工艺手册》】 在美国《Hydrocarbon Processing（烃加工）》杂志最新出版的《2011 Refining Processes Handbook（2011年炼油工艺手册）》中，石油化工科学研究院自主研发的生产清洁汽油和丙烯CGP（Clean Gasoline and Propylene）技术被收录其中。

（贾广华）

【对二甲苯吸附分离工业示范装置一次开车成功】 在芳烃成套技术科研攻关中，对二甲苯（PX）吸附分离技术外是国产化的最后堡垒。石油化工科学研究院与工程建设公司、扬子石化、催化剂分公司联手攻关吸附分离技术，形成了包括吸附分离新工艺、新型格栅内构件和模拟移动床控制系统、新型RAX-3000吸附剂在内的自主吸附分离成套技术，在扬子石化建成3万吨/年PX示范装置。装置于2011年7月31日建成并实现中交，10月7日正式投料开车，10月22日产品PX纯度大于99.7%，PX收率大于97%，标志着PX吸附分离工业示范试验一次开车成功，也意味着中国石化成为全球第3家对芳烃成套技术拥有自主知识产权的公司，具有里程碑意义。

（贾广华）

【“劣质重质原油高效转化”被国家科技部定为“十二五”炼油领域重点支持项目】 2011年11月，石油化工科学研究院牵头申报的国家科技支撑计划——“劣质重质原油高效转化”项目与课题，通过了国家科技部组织的材料审核、可行性论证等程序，获得批准立项。该项目共安排了多产汽油的低碳催化裂化成套技术、降低碳排放的多产柴油催化裂化成套技术、符合国V排放标准的车用燃料生产技术、高转化率的劣质重油加氢成套技术开发、重油加工组合工艺技术开发与应用、劣质重油梯度分离转化和汽油加氢改质技术等6项课题。

（贾广华）

【润滑油品用于神舟八号与天宫一号对接任务】 2011年11月3日凌晨，神舟八号与天宫一号成功实现交会对接，中国成为世界第3个独立掌握无人和载人空间对接技术的国家。石油化工科学研究院研制的特种润滑油脂被使用在对接系统的GNC分系统中，保证了神舟八号和天宫一号的精确对接。

（贾广华）

【闵恩泽院士获小行星永久命名权】 2011年5月3日，国际小行星中心发布公报，将第30991号小行星永久命名为“闵恩泽星”。小行星是各类天体中唯一可以根据发现者意愿进行提名，并经国际组织审核批准从而得到国际公认的天体。由于小行星命名的唯一性和永不可更改性，获得小行星命名是国际公认的殊荣。

（贾广华）

国家科技部部长万钢为闵恩泽院士颁发小行星命名证书 （潘德权 摄）

【生物柴油论文在世界石油大会上报告】 2011年12月，在卡塔尔首都多哈举办的第20届世界石油大会上，石油化工科学研究院的《废油脂生产生物柴油的SRCA技术工业应用及生命周期分析》论文被录用为“生物燃料和生物质—长生命周期原料的选择”论坛的口头报告，这是中国在生物能源领域入选的唯一一篇论文，也是该次世界石油大会上中国石化被录取的唯一一篇论坛口头报告。

（贾广华）

【开展“扬长补短，挑战当今技术极限”调研活动】 2011年，全院各研究室开展“扬长补短，挑战当今技术极限”调研活动，作为全年科研管理的主要抓手。广大科研人员结合各自从事的业务领域和工作定位，紧紧围绕技术层面上的“短板”与“长板”、“如何扬”及“怎样补”、“技术发展面临的极限是什么”、“采用什么举措来向极限冲刺”等核心问题，深入开展专题调研活动，进一步明晰了下一步工作的着力点与突破口，共形成17篇调研报告。

（贾广华）

【多产异构烷烃的催化裂化新技术首次海外中标】 2011年2月，在古巴Matanzas新建炼厂项目中，石油化工科学研究院的多产异构烷烃的催化裂化新技术（简称MIP技术）成功中标，实现了该技术首次海外中标，也是继DCC技术和延迟焦化技术之后，炼油技术在海外市场中的又一次新的突破。MIP技术采用两段反应新型提升管技术，提升了装置灵活性和重油裂化能力，降低了装置能耗，显著改善了催化裂化汽油质量，大幅度降低了汽油中烯烃和硫的含量。

（贾广华）

【开展庆祝建党90周年活动】 以庆祝中国共产党成立90周年为契机，石油化工科学研究院组织了深入学习胡锦涛总书记“七一”讲话座谈会、创先争优表彰大会、“永远跟党走”职工文艺汇演、职工书画摄影集邮艺术展等丰富多彩的活动，隆重庆祝党的生日。通过这些活动，增强了全院职工的凝聚力，大力弘扬了石油化工科学研究院“崇尚科学、求实创新”的企业文化，展现了55年来全院职工为了中国石化科技事业甘于奉献、勇于拼搏的精神风貌，极大地鼓舞了全院职工的信心和搞好科研的信念。

（贾广华）

表 1　　石油化工科学研究院 2011 年度科研成果获奖情况

序号	项目名称	获奖名称	获奖等级
1	环烷基稠油生产高端产品技术研究开发与工业化应用(第二完成单位)	国家科技进步奖	一等奖
2	催化剂物性变量的耦合调控对重油制低碳烯烃的反应优化及工业实现	国家科技进步奖	二等奖
3	重油高效转化的加氢处理及其与催化裂化新型组合关键技术	国家科技进步奖	二等奖
4	生产低硫汽油的选择性加氢脱硫 RSDS 技术	石化集团公司科技进步奖	一等奖
5	100 万吨/年超低压连续重整成套技术开发(第三完成单位)	石化集团公司科技进步奖	一等奖
6	机动式油料质量监测系统的研制	石化集团公司科技进步奖	二等奖
7	空间长寿命陀螺马达润滑油的研制	石化集团公司科技进步奖	二等奖
8	PRT－C/PRT－D 重整催化剂的研制及工业应用	石化集团公司科技进步奖	三等奖
9	高轻油收率重油裂化催化剂的开发与应用	石化集团公司科技进步奖	三等奖
10	显著延长渣油加氢运转周期的关键技术开发	石化集团公司科技进步奖	三等奖
11	高效绿色系列化拟薄水铝石短流程制备新工艺	石化集团公司技术发明奖	二等奖

表 2　　石油化工科学研究院 2006—2011 年专利申请与授权情况　　项

年份	中国专利		国外专利	
	申请数量	授权数量	申请数量	授权数量
2011	549	190	67	30
2010	410	160	62	35
2009	317	183	75	22
2008	266	139	45	26
2007	262	150	57	36
2006	258	206	53	36

北京化工研究院

【概况】 中国石油化工股份有限公司北京化工研究院(简称北京化工研究院)的前身成立于 1958 年 6 月，是中国最早从事石油化工综合性研究的科研机构，曾先后隶属化学工业部、燃料化学工业部及石油化学工业部。1998 年 9 月转制进入石化集团公司。院本部位于北京市北三环内，占地面积 9.7 万平方米，建筑面积 6.8 万平方米。燕山分院位于房山区向阳街道凤凰亭路 15 号，占地面积近 30 万平方米，建筑面积 6 万平方米。科学试验基地设在北京市通州区台湖镇，占地面积17万平方米，建筑面积3.8万平方米。截至2011年底，员工总数1 177人，其中专业技术人员占66%，享受政府特殊津贴13人，博士193人，硕士260人，本科生340人。

北京化工研究院形成了工业催化、有机合成、高分子聚合、塑料加工、合成橡胶、化工环保、化学工程、分析表征和科技信息等学科基础，以及乙烯技术、合成树脂、合成橡胶、有机与精细化工、化工环保等专业优势；设立了聚烯烃国家工程研究中心、橡塑新型材料合成国家工程研究中心、国家石化有机原料合成树脂质量监督检验中心、国家基本有机原料质量监督检验中心、国家化学建材测试中心和国家高分子材料与制品质量监督检验中心等全国性技术中心；创办了《石油化工》、《化工环保》和《石油化工快报》等学术期刊和行业性杂志，其中《石油化工》被中国学术期刊评价委员会评为“RCCSE中国权威学术期刊”。

北京化工研究院本部设有13个主要研究室(所)和1个配套部门，拥有从事研究开发工作所需的配套设备和现代化分析测试仪器，建有石油烃类裂解、烯烃净化催化剂、有机合成催化剂、聚烯烃催化剂、环管聚丙烯中试、气相聚乙烯中试、改性塑料等几十套中试、模试装置及烯烃聚合评价装置。燕山分院设有8个专业研究室，拥有小试、模试和中试装置80余套，大型仪器70余台(套)，建立了恒温恒湿力学性能测试实验室、水处理药剂评定实验室、离子交换树脂评定实验室等。

北京化工研究院自1964年开始招收研究生，是国务院批准的首批硕士学位授予单位之一，有材料科学与工程和化学工程与技术两个一级学科硕士学位授权点，设有博士后科研工作站。

2011年实现产品出口总计1 046万美元，创历史新高。

北京化工研究院2011年度主要科研成果获奖情况和2006—2011年专利申请与授权情况见表1和表2。

（苗莲香）

【“全硫化可控粒径粉末橡胶及其制备方法和用途”获中国专利金奖】 2011年11月8日，在第13届中国专利奖颁奖大会上，北京化工研究院“全硫化可控粒径粉末橡胶及其制备方法和用途”获中国专利金奖。该项目是北京化工研究院粉末橡胶领域的母专利，2004年获得专利权，同时还申请了美国专利，并通过PCT国际申请途径进入欧洲、日本等12个国家和地区，在除日本以外的其他国家和地区均获得专利权。

该发明提供了一种粒径为50—2 000纳米的全硫化可控粒径粉末橡胶及其制备方法和用途。这种超细橡胶粒子非常容易在高分子材料中分散，而且能保持橡胶的弹性性能，使改性的高分子材料具有优异的性能，可用于制备高性能改性高分子材料和低成本高效助剂，已在国内外的酚醛树脂改性、汽车刹车片等摩擦材料制造、环氧树脂改性、PVC改性、尼龙改性、聚丙烯改性和其他多种高分子改性材料中得到广泛应用。

（张晓红　孔德辉）

【大型气相法聚乙烯成套技术项目获石化集团公司科技进步一等奖】(参见第134页)

【高结晶聚丙烯生产技术项目获石化集团公司科技进步二等奖】 该项目在基础树脂中加入由北京化工研究院自主开发的复合粉末橡胶成核剂，使树脂的结晶性能进一步提高，得到刚性和耐热性俱佳的聚丙烯产品，弯曲模量达到2 300兆帕以上，热变形温度(HDT)达到135℃以上。分别在天津石化、上海石化和茂名石化试生产，产品生产稳定，刚性高，弯曲模量不小于2 300兆帕，耐热性能优良，能替代进口。

（张韬毅）

【YS-8520银催化剂的研究开发和工业应用项目获石化集团公司科技进步二等奖】 该项目通过对载体的细致研究，试制出一种强度高、耐磨损、堆密度大的新型载体，使银催化剂活性和稳定性显著提高，解决了YS-85系列银催化剂稳定性不足的问题；通过对中等选择性银催化剂配方的优化，以及工艺条件对催化剂性能的影响规律的研究，探索出适合此类银催化剂工业应用的使用方法。该催化剂于2009年在天津石化EO/EG装置上成功实现工业应用。3年来，凭借着良好的活性、选择性以及稳定性和适应性，创造了上亿元经济效益，打破了国外公司在此领域的垄断地位。

（陈建设）

【15万吨/年裂解炉工业化应用项目获石化集团公司科技进步二等奖】 该项目采用收率预测模型、CFD、有限元分析等先进技术和手段，对辐射段炉管构型及尺寸、炉膛烟气流动及温度场分布、急冷锅炉和对流段、供热方案及分炉膛烧焦方案等工艺和工程问题进行了系统的研究和优化。该项技术在15万

吨/年双炉膛裂解炉上运行平稳，调节更加灵活、可靠，考核一年来的结果表明，裂解目的产品的选择性、热效率、运行周期、生产能力均达到或超过设计值，主要技术经济指标达到国际同类裂解炉先进水平。

（周先锋）

【丙烯/1－丁烯无规共聚专用料的工业化开发项目通过鉴定】 2011年11月30日，由北京化工研究院与上海石化、化工销售分公司共同承担的中国石化“十条龙”项目“丙烯/1－丁烯无规共聚专用料的工业化开发”通过了中国石化组织的鉴定。该项目以丙烯/1－丁烯无规共聚物微观结构与性能的关系研究为切入点，开展了小试、中试和工业化放大试验，优化了丙烯/1－丁烯聚合的预接触及预聚条件，采用新型催化剂，研究了丁烯含量控制、闪蒸及丁烯回收等关键技术，成功开发出丙烯/1－丁烯无规共聚工业化生产技术，具有原始创新性，已申请8项包括聚合物结构专利在内的中国发明专利。

（李　雪）

【天津/镇海百万吨乙烯成套技术项目通过鉴定】 2011年10月11日，由北京化工研究院与天津分公司、镇海炼化分公司等单位共同承担的中国石化“十条龙”项目“天津/镇海百万吨乙烯成套技术”通过中国石化组织的鉴定。该项目采用了北京化工研究院开发的CBL裂解炉、扭曲片管强化传热及碳二、碳三加氢等技术。装置经过一年多的运转结果表明，乙烯装置的生产能力及能耗，裂解炉的乙烯和丙烯收率、热效率、运行周期，乙烯、氢气回收率等均优于预期目标，主要技术经济指标达到国际同类装置领先水平，具有显著的经济和社会效益。

（戴　伟　王国清）

【碳二加氢催化剂在沙比克（英国）公司乙烯装置开车成功】 2011年11月3日，北京化工研究院开发的具有自主知识产权的新型碳二选择加氢催化剂BC－H－20B装填在沙比克（英国）公司（SABIC UK）乙烯装置的绝热床反应器中，装置运行稳定，反应结果达到合同指标，开车获得成功。

（易水生　毛祖旺）

【乙烯工艺技术成功走向海外】 2011年2月21日，中国石化正式与国外乙烯生产商签订包含技术许可在内的有关协议。按照协议约定，中国石化采用由北京化工研究院等单位研发的CBL裂解炉技术为该公司建设1台年产9万吨乙烯的裂解炉。该炉设计裂解原料为乙烷，同时兼顾轻烃和石脑油，辐射段炉管采用北京化工研究院开发的扭曲片管强化传热技术。该裂解炉的成功出口，标志着中国石化的乙烯工艺技术正式走出国门。

（王国清）

【浅冷油吸收法回收炼厂干气项目成功开车】 2011年9月23日，由北京化工研究院自主开发的浅冷油吸收法回收炼厂干气技术在齐鲁分公司应用，装置一次开车成功。此次开车成功表明，浅冷油吸收法回收催化干气中的乙烯技术可靠，投资少，能耗低；产出的富乙烯气指标全部合格，乙烯的回收率达93%，超过了设计指标。该技术是北京化工研究院自主开发的首套大型成套技术，填补了中国炼油化工领域的一项空白。

（过　良）

【ND催化剂在国外气相聚丙烯工业装置上成功试用】 2011年9月中旬，由北京化工研究院研制开发的ND催化剂首次在菲律宾Novolene气相聚丙烯工艺装置上成功试用。ND催化剂是新型内给电子体的聚丙烯催化剂，试验结果表明，ND催化剂操作稳定性好、活性高，所得聚合物粉料的颗粒形态好、细粉少、氢调敏感性好。

（高明智）

【高分子物理及表征实验室被评为中国石化重点实验室】 2011年3月15日，在中国石化科技工作会议上，北京化工研究院高分子物理及表征实验室被评为中国石化重点实验室。该实验室以高分子物理及表征为切入点，进行了新产品、新工艺的开发，针对聚丙烯、聚乙烯等合成树脂工业生产和应用中的关键技术问题，进行高分子物理有关的基础研究及表征技术和方法研究，以表征促创新，为中国石化开发出更多更好的新产品、新技术服务。

（晓　雪）

【获“十一五”国家科技计划执行优秀团队奖】 2011年2月21日，由北京化工研究院和复旦大学等单位组成的国家“973”项目聚烯烃的多重结构及其高性能化的基础研究团队获国家科技部“十一五”国家科技计划执行优秀团队奖。该项目于2005年在国家正式立项，经过5年的研究，提出了聚烯烃多重结构方面的最新理论，并成功开发了PE100管材、抗冲聚丙烯等多种高性能合成树脂工业化新产品，填补了国内合成树脂领域空白。

（李 雪）

【获中国石化优秀创新团队奖】 2011年3月15日，在中国石化科技工作会议上，北京化工研究院聚烯烃新产品研发团队获中国石化优秀创新团队称号。该团队是由高分子物理表征、塑料加工、新产品开发等领域骨干人才参与，全面实施矩阵式管理的一支创新团队。该团队近3年共承担项目40项；开发新产品近20个；申请专利80余项，授权30余项，发表论文20余篇；获国家技术发明二等奖1次、中国石化技术发明奖2次、中国石化科技进步奖7次、国家知识产权局专利金奖1次。

（李 雪）

【硕士学位一级学科授权点审批通过】 2011年3月，国务院学位委员会审批通过了北京化工研究院材料科学与工程和化学工程与技术为硕士学位一级学科。一级学科点的设立，将进一步扩大北京化工研究院在学科建设上的自主权，扩展优化学科结构，完善硕士学位授权学科体系，为自主设置学科专业奠定良好基础。

（刘荣梅）

【乙烯研究室成立】 2011年11月15日，北京化工研究院乙烯研究室正式成立。该研究室将集中优势力量开发世界领先的乙烯成套技术，把中国石化核心业务做精做强做优。

（张敬梅 姜 云）

【基地办公室成立】 2011年11月15日，北京化工研究院基地办公室正式成立。该办公室的成立将为加快塑料技术中心（PTC）、橡胶技术中心（RTC）建设，为合成材料研发领域长期可持续发展创造良好的条件。

（张敬梅 姜 云）

表1　　北京化工研究院2011年度主要科研成果获奖情况

序号	项目名称	获奖名称	获奖等级
1	全硫化可控粒径粉末橡胶及其制备方法和用途	国家知识产权局专利奖	金奖
2	大型气相法聚乙烯成套技术	石化集团公司科技进步奖	一等奖
3	高结晶聚丙烯生产技术	石化集团公司科技进步奖	二等奖
4	YS－8520银催化剂的研究开发和工业应用	石化集团公司科技进步奖	二等奖
5	15万吨/年裂解炉工业化应用	石化集团公司科技进步奖	二等奖
6	BC－249型苯酐催化剂在4万吨/年装置上的工业应用	石化集团公司科技进步奖	三等奖
7	炼油污水稳定达标与资源化工业应用	石化集团公司科技进步奖	三等奖
8	前脱丙烷前加氢催化剂工业应用试验	石化集团公司科技进步奖	三等奖

表2　　北京化工研究院2006—2011年专利申请与授权情况　　项

年 份	国内申请数	国内授权数	国外申请数	国外授权数
2011	500	68	58	21
2010	455	56	46	24
2009	217	41	19	12
2008	107	54	27	12
2007	88	47	22	15
2006	69	50	32	17

抚顺石油化工研究院

【概况】 中国石油化工股份有限公司抚顺石油化工研究院(简称抚顺石油化工研究院)位于辽宁省抚顺市望花区，占地21万平方米，是石化股份公司直属科研机构。其前身创建于1953年4月，是新中国最早建立的石油研究机构。经过近60年的发展，已成为以临氢催化加工、生物化工、环境保护技术研究以及材料产品开发为核心专业领域的综合性科研开发基地。

抚顺石油化工研究院下设加氢技术研发中心、环保所、3个技术部、3个专业研究室以及分析检测中心和评价中心，设有中国实验室国家认可委员会认可的石油产品检验实验室、国家石蜡质量监督检验中心以及博士后工作站和硕士研究生工作站，是国家石油蜡类产品标准化归口单位和中国石化生物燃料及生物化工重点实验室、辽宁省精细石油化工重点实验室、辽宁省沥青材料工程技术研究中心、辽宁省石油化工环境保护工程研究中心的依托单位。石化股份公司环境监测总站、加氢技术情报站、石蜡科技情报站也设在该院。抚顺石油化工研究院拥有中小型炼油及化工试验装置300余套、各类大型分析测试仪器200余台，实现了电子化图书馆，是中国东北地区最全的石油类中外文图书、期刊图书馆。

截至2011年底，抚顺石油化工研究院正式职工总数为710人，各类专业技术人员508人。其中，中国工程院院士1人，享受政府特殊津贴专家11人，教授级高级工程师51人，高级专业技术人员208人。已取得科技成果300多项，获国家科技进步奖和发明奖21项，累计申请中国专利2 641项，申请国外专利114项，获国内外专利授权1 283项。

抚顺石油化工研究院2011年度主要科研成果获奖情况和2006—2011年专利申请及授权情况见表1和表2。

（刘建宇）

【S－RASSG 柴油超深度脱硫技术及配套催化剂的开发获中国石化科技进步一等奖】 （参见第132页）

【FHUDS－6 催化剂开发取得良好进展】 针对二次加工柴油及高干点直馏柴油等劣质柴油的超深度脱硫，抚顺石油化工研究院开发了FHUDS－6催化剂。该催化剂以含有利于大分子吸附的有效孔道比例高的新型氧化铝为载体，以Mo－Ni为活性组分，堆积密度比FHUDS－2催化剂降低近7%，具有比表面积高、加氢性能强、超深度脱硫和加氢脱氮活性好、原料油适应性强等特点。国内某炼化企业410万吨/年加氢装置采用50%左右的FHUDS－6催化剂，其柴油产品十六烷值增幅得到明显提高，为企业柴油质量升级提供了很好的技术支撑。

（刘建宇）

【SRH 液相循环加氢技术工业应用取得成功】 抚顺石油化工研究院与洛阳工程公司等单位合作开发的SHR液相循环加氢技术解决了氢气溶解、硫化氢对反应的影响及循环泵的连续稳定运转等一系列工艺工程问题。该技术于2010年在长岭分公司20万吨/年加氢装置上完成了工业试验，并通过技术鉴定。2011年，采用该技术建设的150万吨/年SRH液相循环加氢装置在九江分公司一次开车成功，生产出硫含量小于10微克/克的清洁柴油产品，达到设计要求。

（刘建宇）

【加氢裂化—尾油异构脱蜡技术生产润滑油基础油工业应用成功】 为应对高档润滑油基础油需求的增加，抚顺石油化工研究院开发了加氢裂化—尾油异构脱蜡技术。该技术在加氢裂化过程中采用具有较强异构性能的催化剂，加氢裂化尾油经异构脱蜡—补充精制一段串联工艺处理后，即可生产优质润滑油基础油，具有工艺条件缓和、基础油产品收率高、质量优良等特点。该技术在海南汉地阳光石油化工有限公司23万吨/年加氢裂化尾油异构脱蜡—补充精制装置首次工业应用获得成功，填补了国内技术加氢法生产APIⅡ类润滑油基础油的空白。

（刘建宇）

【沸腾床加氢催化剂工业应用取得成功】 FFT－1B催化剂是抚顺石油化工研究院开发的沸腾床加氢催化剂，具有磨耗低、强度高、活性好等特点。该催化剂不仅具有高芳烃饱和能力，同时还具有高脱氮能力。在大幅度改善供氢溶剂的供氢性能的同时，有效降低加氢稳定油的氮含量。2011年9月，神华煤直接液化百万吨工业化示范装置全部换用了FFT－1B催化剂。工业应用结果表明，换用FFT－1B催化剂后，反应温升增大、重馏分溶剂油密度降低，达到了预期效果。FFT－1B催化剂的成功应用，填补了国内在该领域的空白。

（刘建宇）

【成功铺筑硫黄沥青试验路】 针对硫黄产品过剩导

致其价格不断下滑的局面，为提高产品的附加值，抚顺石油化工研究院通过硫黄对沥青混合料性能影响的深入研究以及大量试验，提出了对硫黄复配改性的方法，解决了硫黄不能大量加入至混合料以及加入硫黄后混合料低温性能变差等问题，成功开发出硫黄沥青生产技术及相应的路面铺设工艺。测试结果表明，采用该技术可显著改善沥青混合料的高温抗车辙、抗拥抱能力，抗剥落性能也有所提高，同时混合料的低温性能也未降低。应用该技术于2011年在辽宁抚顺成功铺筑了6 600平方米的试验路面，铺设的路面平整稳定、效果良好。

（刘建宇）

【S－Zorb再生烟气处理技术开发成功】 S－Zorb催化汽油吸附脱硫是中国汽油产品升级换代的主要手段之一，但再生烟气对环境的污染限制了其应用。该烟气流量小、浓度高，且变化幅度较大、变化频率高，尚无稳定的处理技术。抚顺石油化工研究院针对该烟气的特点，开发了湿法两级烟气脱硫技术，包括吸收液两级循环、烟气分级处理工艺流程，并研制了与工艺技术配套的急冷器、鼓泡洗涤组件、除雾器组件、高效喷嘴等专有设备。该技术具有脱硫效率高、吸收液利用率高、投资小、能耗低、操作简单、耐冲击等特点，特别适合于处理烟气硫氧化物浓度高、浓度变化幅度大、处理深度要求高的废气。在广州分公司150万吨/年S－Zorb装置上连续17个月的运行结果表明，采用该技术可将烟气中的二氧化硫浓度从8 000—120 000毫克/米^3(标准)稳定地降至100毫克/米^3(标准)以下，二氧化硫去除率达99%以上，净化烟气符合国家及地方相关排放标准。

（刘建宇）

【FHUDS系列催化剂在国外应用取得成功】 捷克PARAMO, a. s. 炼厂超低硫柴油加氢处理装置采用抚顺石油化工研究院开发的FHUDS－5型柴油加氢精制催化剂，于2011年4月一次开汽成功。工业运转结果表明，在装置操作负荷经常变化的情况下，通过调整反应温度，产品质量稳定，催化剂呈现出优异的超深度脱硫活性，得到了用户肯定。FHUDS－5催化剂也成为中国石化首个在国外超低硫柴油生产中工业应用的催化剂。

印度国家石油公司Panipat炼厂70万吨/年柴油加氢装置换用抚顺石油化工研究院开发的FHUDS－3催化剂后，于2011年6月一次开汽成功，装置运转稳定，精制柴油产品完全满足用户要求。

（刘建宇）

【通过HSE体系认证】 2011年11月15日，青岛中化阳光管理体系认证中心审查后认为，抚顺石油化工研究院建立的安全、环境与健康管理体系符合Q/SHS 0001.1—2001标准和相关的法律、法规，并颁发证书。通过的范围包括石油化工工艺技术、催化剂、环境保护技术的研究与开发等。

（刘建宇）

【成立节能技术部】 按照中国石化的统一部署，抚顺石油化工研究院全面启动公用技术平台建设工作。2011年11月22日，节能技术部作为公用技术平台之一首先成立。该部门承担为中国石化制定节能规划提出节能领域研究方向、节能工作重点，为企业节能领域提供技术开发、技术服务、技术咨询、技术培训，进行中国石化系统装置能效评估与节能对策研究，组织节能技术与产品的研发、转化与应用等工作。

（刘建宇）

【“创新四季”活动初见成效】 2011年，抚顺石油化工研究院在全院范围内开展了“创新四季”活动。旨在通过思考季、学习季、行动季、交流季等承上启下、联系密切的系列活动，增强员工的积极性和创造性。通过这一活动，提高了全院员工的创新意识，全年提交领域及行业发展趋势分析报告132篇、应用调研报告和立项调研报告111篇，在科研领域、管理领域及工作职能发挥、工作方法研讨等方面取得了一批成果。

（刘建宇）

【中国石化生物燃料及生物化工重点实验室挂牌】 2011年，抚顺石油化工研究院申报的“中国石化生物燃料及生物化工重点实验室”被正式认定并授牌，成为中国石化首次批复重点实验室之一。该实验室主要研究方向是纤维素利用技术开发、替代石油的生物化工产品技术开发、生物质资源利用的共性和关键性技术研究等。

（佟明友）

【获准组建辽宁省石油化工环境保护工程研究中心】 2011年，辽宁省发改委正式批准依托抚顺石油化工研究院组建“辽宁省石油化工环境保护工程研究中心”。石油化工环境保护是抚顺石油化工研究院的特色领域，具有很好的技术基础和完备的试验、分析手段，可以承担从实验室研究到工业应用的系列技术开发。该中心建设完成后，可以在石油化工环境保护领域形成综合的研究平台，吸引人才进行跨学科、跨专业的研发工作，开展具有前瞻性和战略性的石油化工环境保护技术研究，全面提升石油化工环境保护技术的核心竞争力和持续创新能力。

（刘建宇）

表 1　　抚顺石油化工研究院 2011 年度主要科研成果获奖情况

序号	项目名称	获奖名称	获奖等级
1	S－RASSG 柴油超深度脱硫技术及配套催化剂的开发	石化集团公司科技进步奖	一等奖
2	加氢反应器内构件—内置集垢器技术开发及工业应用	石化集团公司发明奖	三等奖
3	加氢裂化—加氢精制（FHC－FHF）分段进料组合工艺技术	石化集团公司发明奖	三等奖
4	齿球形催化剂的开发及工业应用	石化集团公司科技进步奖	三等奖
5	FHDA－10 贵金属加氢精制深度脱芳烃催化剂的研制及应用	石化集团公司科技进步奖	三等奖
6	炼油系统基准加工损失研究及计算模型开发	石化集团公司科技进步奖	三等奖
7	单段加氢裂化装置提高运行绩效技术	石化集团公司科技进步奖	三等奖
8	S－Zorb 催化汽油吸附脱硫再生烟气处理技术开发及工业应用	石化集团公司科技进步奖	三等奖
9	FYHG 超重力技术在工业尾气治理方面的应用	辽宁省科技进步奖	二等奖

表 2　　抚顺石油化工研究院 2006—2011 年专利申请与授权情况　　项

年　份	国内申请数	国内授权数	国外申请数	国外授权数
2011	500	141	21	3
2010	401	117	1	2
2009	305	97	7	2
2008	145	84	0	4
2007	125	78	5	4
2006	123	85	4	7

上海石油化工研究院

【概况】 中国石油化工股份有限公司上海石油化工研究院（简称上海石油化工研究院）位于上海市浦东新区，创建于 1960 年 6 月（时称上海市石油化学研究所），1984 年划归原中国石油化工总公司，是石化股份公司直属综合性研究开发机构，2004 年 12 月，与上海石化科技开发公司资源整合，设立金山分部，位于上海市金山区。截至 2011 年底，共有员工 644 人，各类专业技术人员占 80%，其中中国工程院院士 1 人，国家级有突出贡献专家 2 人，享受政府特殊津贴 10 人，“百千万人才工程”国家级人选 2 人，中国石化突出贡献专家共 11 人，中国石化闵恩泽青年科技人才 19 人，高级工程师（包括教授级）180 人，博士 102 人，硕士 153 人。拥有中试小试装置（包括大型精密仪器）1 216（台）套，其中 2011 年建设或改建中试小试装置 75（台）套。2011 年末总资产 13.30 亿元。

上海石油化工研究院设 18 个研究部（室）、1 个催化剂评价中心及相应的职能管理部门，是基本有机原料国家工程研究中心和全国石油化学标准化委员会的依托单位，设有经国家人事部批准的博士后流动工作站；附设有石化股份公司有机原料情报中心站、上海市石油化工产品质量监督检验站、上海市催化剂行业测试中心等技术支持机构。上海石油化工研究院主要从事石油化工研究开发，涉及煤化工和基本有机原料催化剂和工艺技术、油田化学品、精细化工、功能高分子材料合成与加工等技术领域，涵盖前瞻性探索研究、应用性基础研究、成套工艺技术及配套催化剂研究开发、工程化放大研究等。与联合化学反应工程研究所共同主办的《化学反应工程与工艺》(双月刊)是石化集团公司主管的科学技术类期刊，于1985年创刊，是中国化学工业类核心期刊；主办有《石油化工快报(有机原料)》(半月刊)内部刊物和《石油化工期刊题录》(内网版)。

截至2011年底，上海石油化工研究院累计获得国家级奖励39项，其中国家科技进步一等奖1项，国家技术发明二等奖3项；获得省部级奖励213项，其中中国石化科技进步和技术发明一等奖30项。累计申请中国专利2 508项，授权中国专利1 080项；在20多个国家和地区申请专利60项253个专利号，授权专利80项。2011年，22个项目通过中国石化组织的技术鉴定与评议；承担或进入中国石化“十条龙”项目5项。

上海石油化工研究院2011年度主要科研成果获奖情况和2006—2011年专利申请与授权情况见表1和表2。

（潘　波）

【新技术应用与许可取得突破】 2011年，上海石油化工研究院一批新技术成果得到转化，相继在各企业进行应用。DOT-100脱烯烃催化剂在天津分公司应用并开车成功，运行稳定；MTO催化剂在中原石化成功应用，双烯收率超过81%，达到国际先进水平；20万吨/年烯烃转化装置工艺技术、60万吨/年甲醇制烯烃(S-MTO)装置工艺技术、6万吨/年稀乙烯烷基化制乙苯技术、丙烯腈装置在线清堵技术等各类新技术相继实现技术许可。

（潘　波）

【适应原料多样性的乙苯清洁生产催化剂技术及工业应用获国家技术发明二等奖】 2011年，上海石油化工研究院针对中国乙苯产需矛盾、资源短缺、原料纯度苛刻、传统技术环境污染等特点，开展了适应石油基、煤基等多种原料的乙苯清洁生产催化技术研发，掌握了原料适应性强的高效乙苯催化剂、反应分离工艺、大型化反应器等工业化关键技术，研制了抗水耐硫抗结焦催化材料，实现了催化剂生产的高效率和低排放；改进了多段绝热、原料冷激的反应工艺；研发了高效脱水与杂质分离耦合的新工艺，使同一主流程可适应多种原料路线。在改造的三氯化铝法乙苯装置首次实现了气相法乙苯清洁生产技术的国产化；建成国内最大的16万吨/年气相法苯和乙烯制乙苯生产装置，使用的催化剂性能超过国外催化剂。该项目申请发明专利32项，授权专利10项。

（潘　波）

【无黏结剂复合孔分子筛催化材料及烯烃裂解技术获石化集团公司技术发明一等奖】 （参见第130页）

【30万吨/年节能型异丙苯成套技术开发与应用获石化集团公司科技进步一等奖】 （参见第133页）

【SEB-08稀乙烯制乙苯催化剂工业试验通过技术鉴定】 2011年3月31日，由上海石油化工研究院与海南实华嘉盛化工有限公司共同承担的“SEB-08稀乙烯制乙苯催化剂工业试验”项目通过中国石化组织的技术鉴定。该催化剂具有反应活性高、稳定性好、乙苯选择性好、二甲苯等杂质生成量少等特点。开车运行时催化剂不需要活化，综合性能优于国内外同类催化剂，达到国际领先水平，具有显著的经济效益和良好的应用前景。该项目已申请中国发明专利4项。

（潘　波）

【间苯二甲酸加氢精制催化剂研制及工业应用通过鉴定】 2011年3月22日，由上海石油化工研究院和北京燕山分公司共同承担的“间苯二甲酸加氢精制催化剂研制及工业应用”项目通过中国石化组织的鉴定。该项目是对催化剂载体——活性炭的比表面、孔结构进行研究，制备高比表面、高强度、低硫含量的合适孔结构的活性炭载体技术，有利于钯载持和分散。通过掌握载持前驱体溶液技术，提高活性炭组分钯在催化剂上的分散性和有效表面积。具有工业应用活性高、选择性好、寿命长等特点。该催化剂在北京燕山分公司5万吨/年生产装置进行工业应用，解决了以往催化剂稳定性差、碱洗周期短等问题。该技术的成功开发，填补了国内PIA精制催化剂的空白，具有自主知识产权。

（潘　波）

【丙烯腈气体冷却器在线清堵技术开发及应用项目通过技术鉴定】 2011年8月16日，由上海石油化工研究院承担的“丙烯腈气体冷却器在线清堵技术开发及应用”通过中国石化组织的鉴定。采用该技术能及时清除反应气体冷却器列管内黏结的聚合物和催化剂细粉，保证反应气体冷却器的传热效果，稳定反应气体冷却器的压降和反应系统的操作压力，维持装置较低的消耗水平，延长运行周期。该技术在安庆分公司8

万吨/年丙烯腈装置的工业试验结果表明：反应气体冷却器压降得到有效控制，装置连续运行 11 个月后仍保持在 7.5 千帕以内，运行周期延长，解决了反应气体冷却器压降上升快制约装置长周期运行的技术瓶颈，主副产品质量保持稳定，提高了丙烯腈收率，具有显著的经济效益。该项目已申请中国发明专利 1 项和实用新型专利 1 项并已授权。

（潘　波）

【60 万吨/年甲醇制烯烃技术在中原石化应用成功】 2011 年，由上海石油化工研究院、工程建设公司、燕山石化共同合作开发的 60 万吨/年甲醇制烯烃(S－MTO)技术在中原石化应用成功，其技术核心 MTO 催化剂由上海石油化工研究院研发、催化剂上海分公司组织生产。该项目设备全部实现国产化，共申请专利 150 余项。

（潘　波）

【GS 系列苯乙烯催化剂首次销往台湾地区】 2011 年 11 月，由上海石油化工研究院研制的 GS－11 苯乙烯催化剂首次进入台湾市场，99 吨催化剂将应用在台湾国乔石化 13 万吨/年苯乙烯成套装置。这是继丙烯腈催化剂、甲苯歧化技术及催化剂、间苯二甲腈催化剂在海外市场成功应用之后的又一项产品进入海外市场。该催化剂在台湾国乔石化装置上应用将在台湾地区乃至全球建立起示范效应，为推动苯乙烯催化剂及成套技术在海外市场的拓展奠定基础。

（潘　波）

【“973”项目取得重要进展】 2011 年，上海石油化工研究院与中国科学院、南开大学、南京大学、复旦大学共同承担的国家科技部“973”计划项目“新结构高性能多孔催化材料的基础研究”取得重要进展。形成了多项有望工业化的催化新技术，其中丙烯环氧化、氯丙烯环氧化、甲苯甲醇烷基化、甲醇制丙烯等技术进入中试验证阶段。在年度国家科技奖励中，“973”项目形成的两项研究成果分别获得国家技术发明二等奖和自然科学二等奖，项目首席科学家谢在库教授获 2011 年度何梁何利技术创新奖。

（潘　波）

【强化技术服务和培训】 2011 年，为了加强科研与生产的结合程度，进一步做好“产学研”工作，按照“三中心”定位要求，上海石油化工研究院先后组织到中原石化、扬子石化、上海石化、镇海炼化等各企业开展技术交流与服务；科研人员深入开展煤化工、烯烃、芳烃、资源增值利用、节能降耗、提高采收率等技术服务，强化技术培训，开展模块化、标准化的专业培训。全年技术服务数累计达 5 821 人·天，技术培训 3 310 人·天，顾客满意度 95 分。

（潘　波）

【建立知识共享平台】 2011 年，为了加强学术交流，加快科技创新，上海石油化工研究院创建了信息交流、知识共享、多部门参与的科研交流平台，并召开了“科研探索创新研讨会”、“增产烯烃技术创新研讨会”、“负载金属及氧化物催化剂材料研讨会”等专题技术创新研讨会，广大科研工作者尤其是年轻博士踊跃参加，充分交流，共享知识。多项举措增强创新共享氛围，稳步推进各个领域的科技创新，实现科研成果转化 54 项。

（潘　波）

【新一届党委纪委换届改选】 2011 年 5 月 18 日，中共上海石油化工研究院召开党员大会选举第五届党委纪委，259 名党员参加，会议通过无记名投票，选举朱肖然、杜关泉、杨为民、杨毓莹、顾松园、顾建良、楼少迪(以姓氏笔画为序)7 人为中国石化上海石油化工研究院第五届委员会委员。朱肖然、吴文伟、吴庆联、周培毅、顾星 5 人为纪律检查委员会委员。随后召开的新一届党委会和纪委会分别选举产生了党委书记、纪委书记，顾松园当选为党委书记，朱肖然当选为纪委书记。

（潘　波）

【合同信息系统成功上线】 2011 年 9 月，上海石油化工研究院合同信息系统(CMIS)正式上线，是中国石化科研板块第 1 家试点单位。经过 2 个月的试运行，CMIS 系统全面实施。该系统通过流程规范化、合同文本标准化、单点登录、代办集成等功能，实现了远程管理、异地办公、数据同源、信息共享；CMIS 系统与 ERP 系统的 MRO、PS、FI 模块无缝链接，与 OA 系统功能集成，实现了合同的全过程痕迹化管理，标志着全面进入了合同管理的信息化阶段。

（潘　波）

【被评为石化集团公司 2011 年度企业信息化水平 A 级企业】 2011 年，中国石化组织开展了 2011 年度企业信息化水平评价工作，上海石油化工研究院被评为企业信息化水平 A 级企业。

（潘　波）

表1 上海石油化工研究院2011年度主要科研成果获奖情况

序号	项目名称	奖项名称	奖项等级
1	适应原料多样性的乙苯清洁生产催化技术及工业应用	国家技术发明奖	二等奖
2	无黏结剂复合孔分子筛催化材料及烯烃裂解技术	石化集团公司技术发明奖	一等奖
3	30万吨/年节能型异丙苯成套技术(S-ACT)开发与应用	石化集团公司科技进步奖	一等奖
4	SEB-08稀乙烯制乙苯高效催化剂的研制和工业应用	石化集团公司科技进步奖	二等奖
5	甲苯选择性歧化制对二甲苯的催化剂	中国专利优秀奖	优秀奖
6	增产1-丁烯的烯烃异构化成套技术开发及工业应用	上海市科技进步奖	二等奖
7	生物乙醇制乙烯成套技术	国家能源局科技奖	三等奖

表2 上海石油化工研究院2006—2011年专利申请与授权情况 项

年 份	国内申请数	国内授权数	国外申请数	国外授权数
2011	548	159	11	4
2010	490	133	0	8
2009	217	91	28	6
2008	164	101	18	4
2007	138	60	15	5
2006	150	74	23	7

安全工程研究院

【概况】 中国石油化工股份有限公司青岛安全工程研究院(简称安全工程研究院)位于山东省青岛市，是中国石化直属的安全、环保和职业卫生科研机构。其前身为创建于1979年的化工部职业安全卫生研究院，1999年7月进入石化集团公司。2004年4月，国家安全生产监督管理总局依托安全工程研究院成立国家安全生产监督管理总局化学品登记中心，为国内危险化学品安全管理提供综合性技术支持。2007年7月，国家科技部依托安全工程研究院建设化学品安全控制国家重点实验室，是首批企业国家重点实验室之一，2011年1月18日顺利通过国家科技部验收。

安全工程研究院主要从事石油化工领域HSE科技研发、技术服务与专项培训工作。其中，科技研发包括危险化学品与危险化工工艺安全技术、化学品危险性分析测试、劣质原油加工装置设备腐蚀防护、过程控制与安全仪表技术、雷电灾害危害预防、静电危害预防、石化过程及工程风险评估技术、事故技术调查与事故模拟分析、应急救援、油气回收及销售企业技术支撑等；技术服务包括建设项目安全与职业病危害评价、在役装置(设施、设备)安全状况评估、作业环境监测检验、安全设施与安全仪表检测检验、HSE管理与信息化、HSE管理体系技术咨询与审核认证、工程项目及检维修HSE监理、应急救援技术咨询指导、安全质量标准化、隐患治理及产品推广等。

截至2011年底，安全工程研究院下设8个职能部门、14个研究室(中心)。14个研究室(中心)分别是化学品安全研究室、设备安全研究室、储运与安控技术研究室、安全工程研究室、监测检验研究室、事故应急救援研究室、环境保护研究室、HSE研究室、职业卫生研究室、安全评价研究室(国家石化项目风险评估中心)、安全卫生信息中心、中化阳光认证中心(青岛中化阳光管理体系认证中心有限公司)、安全生产培训中心、健康监护研究室。

截至2011年底，安全工程研究院共有员工382人，其中特聘院士2人，教授级高级工程师15人、高级工程师91人；引进海外博士后2人，博士32人，硕士135人；石化集团公司突出贡献专家4人，中国石化优秀学术技术带头人 8 人，各类国家级 HSE 领域专家 40 余人；中国石化优秀青年知识分子 6 人；具有注册安全工程师、安全评价师、职业危害评价师、环境影响评价师、注册计量师等执业资格的人员 200 余人。

安全工程研究院 2011 年主要科研成果获奖情况及 2006—2011 年专利申请与授权情况见表 1 和表 2。

（尚艳红　王新军）

【化学品安全控制国家重点实验室通过国家科技部验收】 化学品安全控制国家重点实验室经过 3 年建设，符合建设任务书规定的各项指标，于 2011 年 1 月 18 日正式通过国家科技部验收；同年，化学品和化学反应过程安全技术实验室被石化集团公司认定为首批 16 个中国石化重点实验室之一。

（尚艳红　王新军）

【化学品和化学反应过程安全技术研究与应用开创新局面】 2011 年，安全工程研究院针对高危工艺系统风险控制存在的技术缺陷，以防护层理念为指导，结合国家重点监管的 15 种危险工艺在关键安全技术与装备方面的迫切需求，形成了“典型高危工艺本质安全保障技术与工程示范”项目研发思路；积极为企业提升生产装置的本质安全水平服务，先后完成石家庄炼化分公司双氧水装置改造危险性评估，普光气田净化厂硫黄自燃危害治理，巴陵分公司、扬子石化、天津分公司工艺危险性评估和控制等技术服务工作。

（尚艳红　王新军）

【设备本质安全技术研发与服务能力持续提升】 2011 年，安全工程研究院不断强化设备本质安全技术研发成果的推广应用，技术影响力持续增强。“普光净化厂安全防护技术研究”实现了防腐蚀策略和风险管理策略的闭环管理；劣质原油加工腐蚀应对技术已在中国石化近 30 家企业的 142 套炼油装置上得到应用；圆满完成青岛炼化第 1 周期全厂大修装置腐蚀检查工作，开创了炼厂全厂级大修装置腐蚀专项检查的新的作业模式。

（尚艳红　王新军）

【储运与安控技术研究与应用稳步推进】 2011 年，安全工程研究院在做好前期投运的近 40 套油气回收装置保运工作的基础上，进一步完善了设备选型，细化了安全与调试操作指南，新推广安装 8 套油气回收装置；开展了加油站二次油气回收国产化研发工作，为销售企业提供技术支撑的能力进一步增强。

（尚艳红　王新军）

【雷静电特色技术研发与应用推广取得新进步】 2011 年，安全工程研究院“石油库加油站综合防雷技术”成果在广东省近 20 个油库、加油站试点应用效果显著；广州分公司粒料仓静电隐患治理项目，静电消除率达 90% 以上，技术达到国际领先水平。聚烯烃料仓静电消除技术成功应用于燕山石化二高压装置加料仓；完成 12 家省级石油公司 65 件（套）防静电服检测工作，为杜绝伪劣产品进入中国石化、消除防静电服安全隐患作出了贡献。

（尚艳红　王新军）

【监测检验技术业务服务范围扩增】 2011 年，安全工程研究院监测检验业务范围从单一的报警器检定和职业卫生检测，发展形成灭火剂研发、加油站油气回收检测仪生产销售、化工装置泄漏检测等多项特色业务，同时，拓宽与油品销售事业部的合作渠道，完成了浙江省 11 个地级市的油库和部分加油站作业场所危害因素检测。

（尚艳红　王新军）

【风险评估技术研究与应用社会影响力增强】 2011 年，安全工程研究院通过对 HAZOP、LOPA、QRA 等技术的深入研究，形成从定性、半定量到定量风险评估的标准体系和技术咨询能力，为国家全面推广过程安全与风险评估技术积极提供技术支持，进一步确立了在国内风险评估技术领域的引领地位；承接和开展了中科炼化一体化、广西 LNG、天津炼化乙烯一体化等多项重大石油化工项目的安全评价工作，完成多家石化企业全厂级现状评价，业务范围全面覆盖中国石化区块开发、油气集输、炼油化工、油品销售板块。

（尚艳红　王新军）

【事故与应急救援技术研究成效明显】 2011 年 4 月 26 日，中国石化、中国石油、中国海洋石油三大公司联合发文，宣布成立“三大石油化工公司应急救援联动协调小组”，并将秘书处设在安全工程研究院。年内，安全工程研究院参与完成了 5 起系统内事故的技术调查工作；编制完成石油化工事故数据库，收录 312 个典型事故案例、5 048 个事故资料。

（尚艳红　王新军）

【职业卫生评价和健康监护创新工作模式】 2011 年，

安全工程研究院完成职业卫生评价项目39项，其中“全厂级职业危害风险辨识与控制技术研究”创造性地将“固有作业方式”引入到职业危害暴露等级评价中，针对加氢精制、硫黄回收等炼油装置的30余种作业活动的固有作业方式，进行了职业暴露分级、职业危害吸入风险和皮肤接触/吸收风险分级；积极探索职业健康技术服务新模式，将心理测评技术应用于石化企业职业健康监护，完成了管道储运公司近6 000人的心理测评工作，为管道储运公司全面掌握员工心理健康状况、及时进行心理疏导作出了贡献。

（尚艳红　王新军）

【环保技术研发与应用能力有效提升】 2011年6月，安全工程研究院获得了山东省清洁生产审核咨询资质，完成中国石化广州分公司、中海炼化惠州炼油分公司等企业的清洁生产审核咨询服务工作；编制完成了《中国石化环境保护“十二五”规划》、《中国石化绿色低碳战略实施纲要》；完成了海南炼化等7家企业的《突发环境事件应急预案》编制以及环保技术评估工作。

（尚艳红　王新军）

【HSE管理技术研究与应用能力推陈出新】 2011年，安全工程研究院完成了齐鲁分公司等4家企业的现场安全监管，以及上海赛科公司等4家生产型合资企业的HSE审核工作，实现了中国石化对国内所属及投资企业HSE审核的全覆盖；承接了上海工程公司沙特项目HSSE管理体系咨询业务，实现了海外HSSE管理咨询业务零的突破；全年完成HSE体系咨询、认证项目达300多项；完成了石化集团公司10个新改扩建项目、燕山石化等4家企业装置大检修项目的HSE监理任务。

（尚艳红　王新军）

【人才成长通道建设工作积极推进】 2011年，安全工程研究院根据专业技术领域和研究方向，设岗定员，实行分级分类管理。同时，根据石化集团公司关于统一薪酬分配制度的相关要求，进一步理顺了薪酬收入与职位、职责的关系，建立起正常的增长机制。完成了新一届中层管理职位和主任助理岗位的竞聘工作，36名中层管理人员和7名主任助理竞聘上岗。

（尚艳红　王新军）

表1　　安全工程研究院2011年主要科研成果获奖情况

序号	项目名称	奖项名称	奖项等级
1	川气东送管道工程技术	石化集团公司科技进步奖	一等奖
2	油库、加油站油气回收成套技术研发与推广应用	石化集团公司科技进步奖	二等奖
3	虚拟现实技术在石化企业安全中的应用研究	石化集团公司科技进步奖	三等奖
4	大型石化装置系统长周期运行风险的控制与评估关键技术及工程应用	国家科技部科技进步奖	二等奖
5	氧化工艺失控反应风险控制技术研究	国家安全生产监督管理总局安全生产科技成果奖	一等奖
6	危险化学品从业单位安全生产标准化系列技术标准及应用	国家安全生产监督管理总局安全生产科技成果奖	二等奖
7	大型化工企业安全控制与应急管理系统	国家安全生产监督管理总局安全生产科技成果奖	三等奖
8	硫化氢气体清除剂的研制	国家安全生产监督管理总局安全生产科技成果奖	三等奖
9	青岛市危险化学品安全风险评估与对策研究	国家安全生产监督管理总局安全生产科技成果奖	三等奖
10	水煤浆气化工艺HAZOP研究	国家安全生产监督管理总局安全生产科技成果奖	三等奖
11	石化装置异常工况预警关键技术开发与示范应用	中国石油和化学工业协会科技进步奖	三等奖

表 2　　安全工程研究院 2006—2011 年专利申请与授权情况　　项

年份	国内申请数	国内授权数	国外申请数	国外授权数
2011	51	9	0	0
2010	31	11	0	0
2009	15	4	0	0
2008	4	5	0	0
2007	4	1	0	0
2006	3	0	0	0

管理干部学院

【概况】 石油化工管理干部学院（简称管理干部学院）是集石化集团公司党校、人才培训中心、信息技术培训中心和远程教育中心于一体的高层次人才培训基地。

管理干部学院于 1985 年筹建，1987 年正式成立，2004 年迁入现址。截至 2011 年底，管理干部学院设有 12 个部门，即综合办公室、组织人事部、财务部、教务部（对外交流合作部）、管理培训部（党校部）、专业技术培训部、国际化经营培训部（外语部）、远程培训部、科研部、信息资源部、编辑部和总务部。有正式职工 171 人，劳务用工 206 人，其中博士 18 人、硕士 44 人。建立了较为完备的专兼职教师队伍，其中专职教师 45 人，聘任客座教授 53 人（包括院士 5 人、外籍教授 5 人、总部部门领导 12 人），兼职教师 837 人（包括石化集团公司党组领导，两院院士，高层管理人员和技术专家，国内外著名高校、教育培训和科研机构的专家学者以及政府官员等。）

管理干部学院占地 6.87 万平方米，建筑面积 5.24 万平方米。设有各类多功能教室 53 间，575 人和 300 人多功能报告厅各 1 个，宿舍 769 间，餐厅 6 个，可同时容纳 829 名学员在校学习。拥有千兆校园网，互联网出口带宽 130 兆。学习资源中心拥有大量电子资料和各类论文库。远程培训系统正式开通上线运行，系统平台是在 Oracle iLearning 5.2 系统基础上开发而成，采用分布式部署，数据集中管理，同时集成了软硬件视频直播系统、中国石化 SAP－HR 系统和统一身份管理系统，主要包括网络学习、培训管理、资源管理、考试测评 4 项功能。另外，在朝阳区安翔北里（健翔桥）设有分校区，建筑面积 1.6 万平方米，可同时容纳 230 名学员在校学习。

管理干部学院的功能定位是：集培训、研究、咨询于一体的石化集团公司高层次人才培训基地，在承担高层经营管理人才、高层次专业技术人才、国际化人才培训任务的同时，加强对区域性培训中心、专业化培训基地和直属单位培训机构的业务咨询和指导，发挥好在人才培训、基地建设、课程和教材体系建设、培训理论研究等方面的引领和示范作用。

管理干部学院主要承担 4 类培训任务：一是高层经营管理及后备人才培训，重点培训总部职能部门和直属企事业单位的领导干部、中青年后备干部及部分中层干部；二是高级专业技术人才培训，重点培训油气勘探开发、炼油化工、工程建设、科研、销售等领域的各类专家及青年骨干人才；三是国际化经营人才培训，重点培训国际勘探开发、国际石油工程、国际炼化工程、国际贸易等领域的经营管理、专业技术人员和外籍员工。四是培训者培训，重点培训各直属企业的培训管理人员和培训机构的专兼职骨干教师。

管理干部学院培训情况见表 1。

（陈红艳）

【圆满完成重点人才培训工作】 2011 年，管理干部学院紧紧抓住培训这一中心工作，持续改进、拓展培训内容和培训方式，努力提升培训的针对性和实效性，较好地完成了各类培训任务。全年共完成石化集团公司 2011 年度培训计划项目 114 个（其中 A 类项目 60 个，B 类项目 27 个，C 类项目 27 个）、跨年度培训项目 11 个、总部各部门和直属企业委托培训项目 92 个；共实施培训项目 217 个，培训 16 774

标准人次(14 068 人次)。各类培训中，学员满意度85 分以上的项目达到100%，培训项目的评估成绩在高位水平上依旧保持了增长趋势，达到历史最高水平。另外，承接会议、接待、出回国教育 1 671 标准人次(5 605 人次)。

(陈红艳)

【持续创新培训工作】 2011 年，管理干部学院经营管理人才培训按照培养企业家和职业经理人的要求，重点加强领导干部党性修养、理想信念和思想作风建设，拓宽全球战略和国际化经营视野，提高驾驭全局、科学决策、经营管理、开拓市场和应对复杂局面的能力。专业技术人才培训紧密围绕石化集团公司业务发展和人才队伍建设需要，初步形成了 4 个层次、58 个专业方向的分层分类的培训组织模式。国际化经营人才培训不断深化需求分析，与境外工作实际紧密结合，围绕境外项目管理实践和核心问题开发新型培训项目，细化培训主题。语言类培训围绕“新理念、新角色、新方式、新内容、新管理”思路，进行教学改革。

(陈红艳)

【中国石化远程培训系统正式开通】 2011 年 7 月 15 日，中国石化远程培训系统正式开通运行。各企业积极组织开展用户注册，尝试开展远程培训、在线考试等，系统运行取得了初步成效。截至年底，有 120 个单位的 5. 2 万人进行了系统注册，登录系统 36 万人次；发布课件 678 个，课件总播放时长达 1 850 课时；组织课程学习培训 734 次，系统共建立 1 989 个培训项目，组织考试 66 次、各种学习 79 万次。远程培训系统为培训提供了新的方式和手段，对传统培训起到了补充和提升作用。

(陈红艳)

2011 年 7 月 15 日，中国石化远程培训系统正式开通

【加快建设学院培训体系】 2011 年，管理干部学院努力推进以培训课程体系、培训质量体系、培训资源体系和知识管理体系为主要内容的培训体系建设工作。进一步加强培训过程控制，持续提高培训评估与监控工作水平，培训质量控制和管理更加严格。学风建设与学员管理进一步加强，从考勤管理、入学教育、日常管理、学员自主管理、导学与督导等方面入手，促进班级良好学风建设。大力开发兼职师资资源，特别是石化集团公司内部资源，内部兼职师资所占比例已经达到 69%。进一步加大邀请石化集团公司高层人员来院讲课力度，全年共有 111 名石化集团公司高层管理人员来院授课 325 次，其中党组领导来院授课、出席开班或结班仪式共 12 次。同时，更好地发挥客座教授和外部优秀兼职教师的作用，邀请两院院士、国家政府官员和外籍专家来院讲课达 77 次。

(陈红艳)

【增强科研对培训工作的支撑力度】 2011 年，管理干部学院紧跟培训工作需要，加强人才培训研究。“中国石化培训评估体系建设研究”等 3 项石化集团公司级项目顺利完成并通过了专家鉴定，“中国石化国际化人才队伍建设研究”等 3 项石化集团公司级项目顺利推进。完成“江汉油田职工培训中心规范化管理”和“塔河分公司绩效管理”咨询项目，受到好评。“中国石化管理、技术和技能人才培训课程体系建设”科研项目成果获石化集团公司科技进步三等奖。5 项研究和实践成果在石化集团公司第 20 届管理现代化创新成果评选中全部获奖，其中 1 项获一等奖。

(陈红艳)

【强化人力资源全过程管理】 2011 年，管理干部学院研究建立了经营管理、专业技术和技能操作三支人才队伍职位序列体系，形成了纵向畅通、横向贯通的人才发展通道；完善了薪酬分配制度，建立了薪酬正常增长机制。调整完善了年度各部门目标责任制考核指标体系，进一步细化和完善了全员个人绩效考核办法。严格按照干部选拔任用程序，新聘任 5 名正处级干部，配齐了学院总法律顾问和纪委副书记，选聘了 3 名主任助理，民主推荐了部门中层后备干部。引进硕士、博士毕业生 3 人和军转干部 1 名。进一步加大了员工培养力度，坚持每周两次学习研讨制度，继续实施“走出去、请进来”培养措施，全年共派出 25 人去国外或国内院校进行培训。加强了劳务工的全面管理，制定了劳务工薪酬管理办法，建立了纵向畅通的劳务工成长通道及工资增长体系，进一步提高了骨干劳务工的收入水平。

（陈红艳）

【持续推进信息化建设】 2011 年，管理干部学院教学设施水平进一步提升，综合管理信息系统（除一卡通外）开发基本完成，网络设备全面更新，学员宿舍门锁全面升级，建立了高保真视听室，引进了 CNN、BBC 等 6 个境外电视频道，更换了近 200 台计算机和笔记本电脑。教学保障能力进一步提升，学习资源中心建设和日常运转顺利，为学员和员工学习提供了更多便利条件。

（陈红艳）

【逐步推进基础设施建设】 2011 年，管理干部学院积极推进污水站改建、分校区太阳能改造、综合楼无负压供水改造等 8 个工程项目建设，总投入 838 万元。进一步完善校园绿化布局，新栽不同品种树木 25 棵，修建了牡丹花园和芍药花园，校园环境更加美观。

（陈红艳）

【进一步精细规范管理和服务工作】 2011 年，管理干部学院按照制度标准化要求，对原有的 226 项制度进行了梳理，按规范、精简、科学的原则完善了制度体系，并完成了标准化工作；公文处理零差错，反腐倡廉教育落实更加得力，档案管理和保密工作在迎检中获得了较高评价，重大工程项目的效能监察和审计工作进一步加强，综合管理整体效率进一步提高。成立了学院法律事务部，健全了法律事务机构。推进会计集中核算上线运行，加强资金集中管理信息系统应用，强化财务预算执行力；深入贯彻内控制度，财务管理水平得到提升；顺利完成了院长离任审计工作。加强全员 HSE 教育，认真开展 HSE 大检查和隐患排查治理工作，全年保证了设备安全、施工安全、食品安全和交通安全，进一步固化了"我要安全"主题活动成果，HSE 工作进一步深化，得到了石化集团公司的肯定。

（陈红艳）

【进一步促进学院和谐】 2011 年，管理干部学院以创先争优活动为载体，充分发挥了党支部的战斗堡垒作用和党员的先锋模范作用，深入推进机关作风建设、"比学赶帮超"等主题活动，明显促进了培训中心工作。以凝心聚力为目标，营造良好的思想政治文化工作氛围，学院整体更加和谐。

（陈红艳）

【获奖情况】 2011 年，管理干部学院圆满完成了各项工作任务，引领和示范作用进一步发挥，工作水平和质量又上了一个新台阶。人力资源和社会保障部批准管理干部学院为国家级专业技术人员继续教育基地。学院 6 个部门（科室）获得石化集团公司及有关部门授予的集体荣誉 7 项，65 人次获得个人荣誉 30 项。

（陈红艳）

表 1　　管理干部学院培训情况①

项目＼年份	2011	2010	2009	2008	2007	2006
标准人次	16 774	16 411	18 619	—	—	—
人　次	14 068	15 522	15 420	13 629	12 128	13 510

①自 2009 年起，统计口径变为标准人次，每人培训 10 天为 1 个标准人次。

工程建设公司

【概况】 中国石化工程建设公司（简称工程建设公司，英文缩写 SEI）地处北京市朝阳区奥运商圈，是石化集团公司直属的、以炼油和化工工程设计为主体、可以实施工程建设总承包和工程项目管理的工程公司。公司主要从事炼油、化工、煤化工、天然气等石化工程项目的设计、设备材料采购、施工管理、工程总承包、项目管理服务、工程监理、技术咨询、技术服务等工作。

SEI（前身）创建于 1953 年。截至 2011 年底，公司有在册员工 2 191 人，其中中国工程院院士 2 名，中国工程设计大师 5 名，教授级高级工程师 89 名，高级工程师、高级经济师等高级职称人员 1 175 名。

SEI 拥有中华人民共和国对外经济合作经营资格证书、工程设计综合甲级资格证书、工程监理甲级资格证书、工程造价咨询单位甲级资格证书、工程咨询甲级资格证书、甲级环境影响评价证书、压力容器设计单位批准书、压力管道设计资格批准书等国家顶级资质，并取得了英国劳氏公司签发的质量(ISO 9001)、职业健康安全(OHSAS 18001)和环境管理体系(ISO 14001)认证证书。

截至 2011 年底，SEI 累计拥有各项专利 226 项，其中有效授权 144 项，专有技术 107 项。年内共获省(部)级以上各类科技进步奖励 17 项。具有用自主技术高水平设计和建设千万吨级炼油和百万吨级乙烯工程的能力，在炼化一体化、技术国产化、管理科学化方面具有独特的优势。

2011 年，SEI 实现营业收入 83.58 亿元，实现利润总额 19.75 亿元，全年中交、开车投产的重点装置共 22 套。

SEI 主要生产经营指标和 2011 年开车及中交项目见表 1 和表 2。

(孙 巍 屈 波)

【再次名列全国勘察设计企业百强榜首】 2011 年，SEI 在住房和城乡建设部公布的全国勘察设计百强企业名单中再次名列榜首。此外，SEI 还以较大的领先优势在境外收入 50 强中排名第 1 位。

(孙 巍 屈 波)

【两个项目获得国家科技进步二等奖】 2011 年 1 月 14 日，2010 年度国家科学技术奖励大会在北京人民大会堂隆重举行。SEI 参与的“单系列大型化炼油技术集成开发与工业应用”和“超大加氢反应器研制及工程应用”两个项目获得国家科技进步二等奖。

(孙 巍 屈 波)

【两个项目获第 5 届全国优秀工程总承包项目奖】 2011 年，由中国勘察设计协会组织评选的全国第 5 届优秀工程总承包项目揭晓，SEI 申报的 2 个项目双双获奖。其中，中国石化青岛大炼油工程获优秀工程总承包项目金钥匙奖，黄岛国家石油储备基地工程获优秀工程总承包项目银钥匙奖。

(孙 巍 屈 波)

【科技创新取得丰硕成果】 2011 年，SEI 共获省(部)级以上各类科技进步奖励 17 项，有 26 项科研成果通过国家和石化集团公司的鉴定、评议和审查。SEI 2011 年项目获奖情况见表 3。

(肖雪军)

【获石化集团公司管理现代化创新成果奖】 在石化集团公司第 20 届企业管理现代化创新成果评审中，SEI 有 3 项成果获奖，其中“大型乙烯项目集约化管理模式建立与实施”获一等奖，“项目电子文档管理体系建设”获二等奖，“以幸福感为关键词的部门文化塑造和实施”获三等奖。

(屈 波)

【通过英国劳氏质量认证】 2011 年 4 月 28 日，SEI 通过了英国劳氏质量认证有限公司(LRQA)的质量、职业健康与安全、环境管理体系审核，获得了英国劳氏质量认证有限公司签发的质量(ISO 9001)、职业健康安全(OHSAS 18001)和环境管理体系(ISO 14001)认证证书。

(孙 巍 屈 波)

【扬巴 13 万吨/年丁二烯抽提装置开车成功】 2011 年 9 月 8 日，由 SEI 承担设计的扬巴 13 万吨/年丁二烯抽提装置开车成功，装置设备和流程运行安全、平稳、各项工艺参数达到设计要求。该装置是扬子石化—巴斯夫有限责任公司二期改造项目中 9 套新建的装置之一，采用 SEI 的专有技术，是扬巴二期改造项目中唯一一套采用中国石化技术的新建装置。

(孙 巍 屈 波)

【中原 60 万吨/年甲醇制烯烃装置开车成功】 10 月 10 日，中原石化 60 万吨/年甲醇制烯烃(MTO)装置成功投产，具有中国石化自主知识产权的 S - MTO 技术实现了工业化，成为中国第 1 套完整的具有自主知识产权的国产化装置。

(孙 巍 屈 波)

【企业文化不断升华】 2011 年，SEI 在原有企业文化的基础上，增加了“乐业奉献”的内容，赋予了企业文化新的内涵。至此，SEI 企业文化核心内涵为“宽松融洽、严格规范、竞争创新、乐业奉献”。

(孙 巍 屈 波)

表 1　　工程建设公司主要生产经营指标

指标名称＼年份	2011	2010	2009	2008	2007	2006
资产总值/亿元	158.00	166.82	167.00	129.83	121.64	71.44
建设投资/亿元	306.39	365.32	360.85	259.05	124.97	121.28
主营业务收入/亿元	83.58	155.20	154.98	97.60	65.65	46.58
利　税/亿元	20.62	19.86	17.02	12.07	5.48	4.74
承接合同数量/项	78	75	145	154	42	56
授权专利数量/项	27	41	11	18	11	8

表 2　　工程建设公司 2011 年开车及中交项目

序号	项目名称	开车时间	备注
1	海南炼化 70 万吨/年航煤加氢装置	1 月 16 日	
2	天津分公司 1#常减压装置加工凝析油	4 月 4 日	
3	惠州石化 40 万吨/年加氢尾油异构脱蜡装置	5 月 8 日	
4	延长集团榆林炼油厂 30 万吨/年重整装置	5 月 22 日	
5	延长集团榆林炼油厂 40 万吨/年加氢装置	5 月 22 日	
6	延长集团榆林炼油厂 10 万吨/年苯抽提三套装置	5 月 22 日	
7	扬子化工厂合成气制乙二醇中试装置	7 月 12 日	
8	沧州分公司 160 万吨/年柴油加氢精制装置	7 月 21 日	
9	辽阳石化 350 万吨/年常减压装置加工俄罗斯原油节能减排改造	8 月 1 日	
10	锦州石化公司制氢装置	8 月 30 日	
11	ARAK 项目预加氢重整装置	8 月 31 日	
12	扬巴 13 万吨/年丁二烯抽提装置	9 月 9 日	
13	燕山大检修—乙烯裂解装置	9 月 16 日	
14	燕山 2.7 万吨/年碳八抽提苯乙烯装置	9 月 28 日	中交
15	燕山 BPA－PC 项目	9 月 28 日	中交
16	济南 160 万吨/年柴油加氢装置	9 月 31 日	
17	扬子石油化工有限公司 PX 示范装置(2 万吨/年 PDEB)	10 月 8 日	
18	中原 60 万吨/年甲醇制烯烃(MTO)装置	10 月 10 日	
19	荆门 60 万吨/年连续重整装置	12 月 13 日	
20	沧州东丽精细化工有限公司二甲基亚砜装置	12 月 12 日	
21	石家庄 260 万吨/年连续液相柴油加氢装置	12 月 23 日	
22	杭州石化生物航煤试验装置	12 月 12 日	

表3 工程建设公司2011年项目获奖情况

序号	项目名称	获奖等级	获奖名称	授奖单位
1	黄岛国家石油储备基地工程	国家银奖	优质工程奖	国家工程建设质量奖审定委员会
2	无黏结剂复合孔分子筛催化材料及烯烃裂解技术	省部一等奖	发明奖	中国石油化工集团公司
3	大型气相法聚乙烯成套技术	省部一等奖	科技进步奖	中国石油化工集团公司
4	复杂山地大型高含硫气田开发生产安全控制与应急处置技术	省部一等奖	科技进步奖	中国石油化工集团公司
5	15万吨/年裂解炉工业化应用	省部二等奖	科技进步奖	中国石油化工集团公司
6	高效强适应性阶梯焦化炉技术	省部二等奖	科技进步奖	中国石油化工集团公司
7	45万吨/年聚丙烯多区循环反应器	省部二等奖	科技进步奖	中国石油化工集团公司
8	连续重整装置超大型板壳式换热器的开发应用	省部二等奖	科技进步奖	中国石油化工集团公司
9	重油高效转化的加氢处理及其与催化裂化新型组合关键技术	国家二等奖	科技进步奖	中华人民共和国国务院
10	乙二醇装置二氧化碳脱除工艺技术研究	省部三等奖	科技进步奖	中国石油化工集团公司
11	安全辅助集成系统	省部三等奖	科技进步奖	中国石油化工集团公司
12	30万吨/年LLDPE气相反应器国产化开发	省部三等奖	科技进步奖	中国石油化工集团公司
13	工业企业电气设备抗震设计规范GB 50556—2010	省部三等奖	科技进步奖	中国石油化工集团公司
14	普光高酸性气田开发	省部三等奖	科技进步奖	中国石油化工集团公司
15	百万吨级煤直接液化关键技术与示范	省部特等奖	科技进步奖	中国煤炭工业协会、中国煤炭学会
16	高酸重质原油加工技术的集成创新及应用	省部一等奖	科技进步奖	中国石油和化学工业联合会
17	“十一五”全国石油和化工行业节能减排优秀服务单位			中国石油和化工工业联合会

上海工程公司

【概况】 中国石化集团上海工程有限公司(简称上海工程公司，英文缩写 SSEC)，原名中国石化集团上海医药工业设计院(SPIDI)，位于上海市浦东新区张杨路 769 号，注册资本人民币 2 亿元。

上海工程公司的前身是上海医药工业设计院，成立于 1953 年，2000 年 12 月整体划归石化集团公司。2002 年，按照石化集团公司结构调整、专业化重组的部署，以上海医药工业设计院为核心，联合中国石化上海金山工程公司和上海高桥石化设计院进行重组，2003 年 4 月更为现名。

上海工程公司主要业务领域分为三大类：石化、化纤、炼油化工等，医药化工和生物能源化工等，环保、电子、轻纺食品、天然气储运工程等。服务范围覆盖工程项目的规划咨询、项目建议书、可行性研究和基础工程设计、详细工程设计，以及工程采购、工程总承包、工程项目管理、技术开发等。上海工程公司持有石化、医药、化工、石油天然气等 10 多项甲级设计资质，并持有工程勘察甲级证书和建筑业企业贰级资质证书，对药品生产符合 GMP 要求的工程设计具有专长；拥有国家住房与城乡建设部首批核发的工程设计综合甲级资质，可承接所有 21 个行业的设计和工程总承包业务。

截至 2011 年底，上海工程公司先后取得 ISO 9001、ISO 14001、GB/T 28001、HSE 管理体系认证证书，拥有多项专利技术，建立了先进的万兆以太计算机办公网络，主办出版《化工设备与管道》、《制药机械》、《医药工程设计》3 种技术刊物；有 11 个专业(部)室、2 个辅助部门、15 个管理部(室)、5 个子公司；拥有在册员工 1 128 人，86% 为从事工程设计和服务的工程技术人员。其中，设计大师 7 人，拥有高、中级职称的人员 919 人，各类执业资格人员 200 多人；硕士研究生及以上学历人员占总人数的 10%；高端人才逐年增加，具有教授级专业技术职称人数上升到 18 人。

2011 年，上海工程公司合同收费 30.52 亿元，比预期增长 22%，其中设计服务收费 5.5 亿元，比预期增长 10%；工程款收入 25 亿元，比预期增长 25%。营业总收入 30.5 亿元，营业总支出 28.9 亿元，实现利润 1.58 亿元，比预期增加 75.8%，超额完成石化集团公司各项考核指标；完成工程设计投资额 129.99 亿元，为预期指标的 162%；完成各类项目 197 项。

公司继续位列全国工程勘察设计、工程项目管理、工程总承包企业营业额百名排序、中国承包商和工程设计企业“双 60 强”前列，连续 8 年、7 年和 3 次(6 年)分别获上海市文明单位、上海市优秀公司和上海市职工最满意企业称号，连续 12 年、7 年分别获上海市安全合格单位、上海市平安单位称号。

上海工程公司主要生产经营指标和 2011 年完成的主要项目见表 1 和表 2。

(钱水根)

【系统内外市场拓展再创佳绩】 2011 年，在海外市场，上海工程公司连续中标沙特 PET、港口物流总承包项目、哈萨克斯坦 KPI IPCI 项目 OBE 阶段合同，海外业务比重达到 55%，合同额超过 4 亿美元；在国内市场，承接到扬子石化、上海石化三轮乙烯改扩建、高桥石化柴油加氢工程设计、广州石化新建聚丙烯装置及配套和上海化学工业区新一轮炼化一体化工程总体设计等重大项目；取得日照商储库、海南成品油商储库、北海炼油、中煤榆林煤制烯烃等 EPC 合同；在医药工程领域，继续奉行以重大工程、高新技术、知名企业为主的经营策略，利用领先优势，稳固市场份额，合同签约额 4 200 万元；在差异化经营领域，成功承接一批聚烯烃、EO/EG、MTO 烯烃分离、碳四综合利用、碳五分离、苯酚丙酮、苯乙烯、BDO 等工程设计、技术许可和 EPC 项目。截至年底，新签合同额 40.65 亿元，比预期增长 16.3%，其中海外及系统外合同额 28.84 亿元，比预期增长 44%，海外业务比重达到 55%，超过石化集团公司总部下达的目标；设计服务合同额达到 7.2 亿元(含 PMC 合同额 6 200 万元)，比预期增长 35.8%，全年经营业绩再次刷新历史纪录。

(钱水根)

【重大工程项目实现计划节点】 2011 年，上海工程公司先后完成项目 197 项，其中仪化公司 10 万吨/年 1，4－丁二醇、上海石化炼油改造工程及 1 500 吨/年 PAN 基碳纤维、高桥石化 260 万吨/年柴油加氢、神华包头碳四综合利用 PMC、中煤陕西榆林煤化工 EPC、凯米拉化学品(南京)工厂 PMC、张江高科生物医药等重大项目实现预定节点；哈萨克斯坦 KPI IPCI 项目 OBE 阶段完成 65.46% 工作量，沙特 SABIC 聚酯、港口物流项目完成设备采买，进入建设高峰，实现预期节点。

(钱水根)

【“比学赶帮超”活动初显成效】 2011 年，上海工程公司深入开展创先争优活动，在各项目现场大力推进

"比学赶帮超"、"五比五创"、强"三基"、除"四害"，形成"见红旗就扛、有第一就争"的良好氛围。北海炼油项目克服人力不足、高温、台风、工期紧等不利因素，精心组织，缜密施工，设计、采购、施工齐头并进，进度、安全、质量实现目标，8 个 EPC 单元按时建成中交，污水处理装置成为同类装置中工期最短项目。武汉乙烯 EO/EG、HDPE 总体考核得到 92.9 分，获"规范现场行为，创建文明工地"劳动竞赛活动第 1 名，成为武汉乙烯 26 家承包商中优胜单位，获业主劳动竞赛优胜奖。日照原油商业储备基地工程项目一期较原计划提前 2 个月建成投油，日仪原油长输管道首站建成投运，原油顺利送至仪征。

（钱水根）

【技术创新结硕果】 2011 年，上海工程公司进一步巩固夯实乙烯、苯乙烯、聚乙烯、聚丙烯、PTA、丁辛醇、纤维素制乙醇、碳纤维等传统领域技术优势，乙烯法制乙二醇，甲醇制丙烯（MTP），煤化工合成气制乙二醇，甲醇羰基合成制醋酸，双氧水法生产环氧丙烷、L 乳酸，生物法生产丁二酸和长链二元酸等生物化工项目在中国石化科技开发部立项。14 项技术开发成果通过中国石化科技开发部鉴定、验收和评议，其中 4 项投入工业化应用，10 项为工业应用奠定了技术基础。

（钱水根）

【多项技术成果获国家和省部级奖项】 2011 年，上海工程公司有 12 项技术开发成果获国家和省部级荣誉，其中黄岛国家石油储备基地工程获国家优质工程银质奖，15 万吨/年碳五分离装置工业化成套技术开发、30 万吨/年高密度聚乙烯环管反应器国产化工程技术开发、大型储罐设备基础计算机工程应用软件开发、35 万/年苯酚丙酮装置节能型异丙苯成套技术（S－ACT）开发与应用、过氧化二异丙苯成套技术工艺包开发获石化集团公司科技进步一等奖；天津分公司 100 万吨/年乙烯及配套项目 35 万吨/年苯酚丙酮装置、上海赛科 65 万吨/年苯乙烯改扩建项目、镇海炼化 100 万吨/年乙烯工程、福建炼油乙烯一体化项目主体装置、上海石化 60 万吨/年芳烃联合装置及配套工程、安庆分公司 10 万吨/年干气制乙苯—苯乙烯装置获中国石化优质工程奖。苯乙烯、北海炼油异地改造项目团队分别获中国石化创新团队和优秀设计团队称号，巴陵分公司 12 万吨/年苯乙烯建设项目可行性研究报告获中国工程咨询协会优秀工程咨询成果奖。

（钱水根）

【信息化平台建设再上新台阶】 2011 年，上海工程公司继续加强信息化集成平台建设和工厂信息系统设计，深化虚拟化技术应用，从广度深度上推进软件系统应用，完善网络设备监控系统，整合信息化基础设施，提升集成平台服务能力，Internet 网络架构得到升级，对外网站更新改版，全年置换计算机 300 多台；SPE 工厂信息集成系统在沙特 PET 项目全流程应用，为建立数字化工厂创造了条件；Documentum 系统在哈萨克斯坦 KPI、沙特 SABIC 港口物流等项目成功运用，为项目文档管理开发了自主系统。

（钱水根）

【质量管理措施行之有效】 2011 年，上海工程公司定内容、定责任人、定时间，落实质量管理要点；分阶段、分层次，组织技术评审；"样板工程"引路，规范创优程序，选准创优项目，编制创优计划，加强过程检查，月评优秀人员，组织过程评价，分解创优责任。在工程现场，试行"滚动式"质量检查，把日常检查与集中检查相结合，完成一段抽验一段，发现问题及时整改。全年组织技术评审 220 次，检查图纸 4 430 张，使工程质量得到有效控制。北海炼油污水处理装置采用新工艺、新方法，推广"首件样板制"，污水提升池获样板工程称号。上海工程公司在武汉乙烯 HDPE、EO/EG 项目中获质量管理、施工管理优胜单位称号，HDPE 变电所、机柜间桩基工程获武汉乙烯施工质量优胜奖。日照原油商业储备基地工程、神华包头碳四综合利用 1－丁烯球罐焊接一次合格率分别达到 96% 和 99.31%。

（钱水根）

【上报事故持续"零状态"】 2011 年，上海工程公司坚持"安全第一，预防为主，综合治理"方针，突出"我要安全"主题，推进 HSE 管理体系建设，加强安全宣传教育，组织"安全生产月"活动，开展各种安全培训，组织观察卡活动，强化治安消防和综合治理，加强 EPC 现场和办公场所安全管理，坚持平时监控与季节检查相结合，实现全年上报事故为零，公司总体安全运行。

（钱水根）

【日照原油商业储备基地工程一期工程建成投油】 日照原油商业储备基地工程由基地工程、输油站和日仪管线 3 个部分组成，投资总概算 26 亿元。基地工程由上海工程公司 EPC 总承包，分 2 期建设中交，分批投入运行。2010 年 6 月 26 日，一期工程开工，建设罐组1—罐组4储罐及配套的10千伏变电所、远程机柜室、给油泵棚、雨水提升泵站、污水提升泵站、泡沫站、计量区、库区管带、消防泵房和2台3 000立方米消防水罐等附属设施。2011年9月16日，一期工程建成中交；9月29日，基地首次投油，第1批装载26.9万吨原油的2艘油轮，向基地罐组2的5#、6#、7#、8#油罐输油。该基地按时建成投油，对更好发挥中国石化沿江地区炼油企业效能具有十分重要的战略意义。

（钱水根）

日照原油商储基地

【北海炼油异地改造项目8个单元建成中交】 2011年，在北海炼油异地改造项目中，上海工程公司总承包的8个单元（260万吨/年柴油加氢、50万吨/年催化汽油加氢、40万吨/年气体分馏、产品精制、铁路装车设施、汽车装车设施、化学药剂设施、污水处理场）相继建成中交，为北海炼油异地改造炼油装置打通全流程、实现安稳投产创造了条件。

（钱水根）

【扬子石化1 000吨/年合成气制乙二醇中试装置建成中交】 2011年4月18日，由上海工程公司担任总体设计的扬子石化1 000吨/年合成气制乙二醇中试装置建成中交。

（钱水根）

【哈萨克斯坦KPI项目开工】 哈萨克斯坦KPI IPCI项目于2010年3月签署合同，总金额16.24亿美元，类型为设计、采购、施工、开车（EPCC）总承包，主要内容为50万吨/年丙烷脱氢装置（PDH）和50万吨/年聚丙烯装置（PP）以及配套的公用工程设施和厂区外配套基础设施的建设。由上海工程公司为单点责任的执行主承包商。2011年5月18—19日，上海工程公司举行开工会，哈萨克斯坦KPI IPCI项目进入实施阶段。

（钱水根）

【沙特42万吨/年聚酯项目奠基开工】 2011年7月30日，由上海工程公司总承包的沙特42万吨/年聚酯项目奠基开工。该工程投资约1.77亿美金，合同工期24个月，主要建设PTA储存及风送系统、CP工艺单元（含HTM－热油炉系统）、SSP工艺单元和PET储存及后处理，CP、SSP工艺单元分别采用UIF、BUHLER专利技术。

（钱水根）

【内蒙古蒙大新能源化工基地开工】 2011年，12月19—24日，由上海工程公司承建的内蒙古蒙大新能源化工基地项目开工。该项目总投资100亿元，是上海工程公司成功承接神华包头、中煤陕西榆林煤化工项目后，又一大型煤制烯烃项目，主要建设年产50万吨工程塑料项目聚丙烯、烯烃分离及碳四综合利用3套装置。

（钱水根）

【中煤陕西榆林煤化工装置开工】 2011年11月17日，由上海工程公司EPC总承包的中煤陕西榆林能源化工甲醇醋酸系列深加工及综合利用项目一期（Ⅰ）开工。该项目主要建设内容包括30万吨/年聚丙烯、60万吨/年烯烃分离及碳四综合利用装置，预计于2013年12月建成中交。

（钱水根）

【中石化三井化工年产40万吨苯酚丙酮装置奠基】 2011年11月18日，由上海工程公司EPC总承包的上海中石化三井化工有限公司40万吨/年苯酚丙酮装置举行奠基仪式。该装置是中国石化、日本三井株式会社合资建设的国内最大规模的苯酚丙酮装置，总投资19.2亿元，主要建设34万吨/年异丙苯、40万吨/年苯酚丙酮装置和配套公用工程。项目预计于2012年5月完成基础设计；2013年5月完成详细设计；2014年一季度中间交接，二季度实现商业运行。

（钱水根）

【海南洋浦成品油保税库工程开工奠基】 2011年7月6日，中石化（香港）洋浦成品油保税库工程开工。该工程规划总占地面积1 438亩（95.86万平方米），建设总库容371万立方米。一期工程计划投资约40亿元人民币，建设库容205万立方米成品油储罐、4座专用成品油码头和配套公用工程系统。上海工程公司承担一期工程标段（一）的EPC工作，承建汽油罐区（42万立方米）、航煤罐区（43万立方米）、柴油罐区（62万立方米）以及相应辅助生产设施。

（钱水根）

【凯米拉化学品(南京)10万吨/年造纸化学品项目开工】 2011年2月，上海工程公司与芬兰凯米拉化学品(南京)公司签订EPCM合同，承建该公司制浆造纸化学品项目。该项目一期投资2 500万欧元，年产纸浆造纸化学品10万吨，其中ASA施胶剂和所产纸浆造纸化学品系亚洲最大规模生产线和最齐全品种。9月27日，项目在南京化学工业园区开工，预计2012年6月第1条生产线开车。

(钱水根)

【国产化15万吨/年碳五分离技术转让】 2011年11月21日，上海工程公司与台耀石化材料科技公司就15万吨/年碳五分离技术许可合同签字，向台耀公司转让15万吨/年碳五分离技术。这是上海工程公司首次向大陆以外公司转让国产化碳五分离技术。

(钱水根)

【新增多项苯乙烯技术许可】 2011年，上海工程公司加大苯乙烯领域创新力度，取得多项成果。苯乙烯Ⅱ型反应器和L型组合式换热器在海南实华、安庆、抚顺、青岛、巴陵等装置工业应用，节能型苯乙烯蒸汽过热炉在青岛炼化苯乙烯装置成功应用，共沸精馏节能技术和共沸换热器在巴陵苯乙烯工业应用，苯乙烯环保型阻聚剂在安庆苯乙烯投入工业试验；完成向双良、锦州、江苏利士德、东昊等16家企业年产6万—15万吨乙苯/苯乙烯装置国产化苯乙烯成套技术许可，完成湛江东兴6万吨/年苯乙烯、荆门分公司8万吨/年苯乙烯、中海油海南精细化工二期工程12万吨/年苯乙烯、九江分公司8万吨/年苯乙烯工艺包技术许可。2011年3月，上海工程公司获中国石化苯乙烯优秀创新团队称号。

(钱水根)

【综合指标排名保持行业前列】 2011年，上海工程公司继续在行业各项排序公告中保持前列。在国家住房和城乡建设部建筑市场监管司2010年全国工程勘察设计企业营业收入前100名和全年境外收入前50名排序中，分别列第50位和第47位；在中国勘察设计协会勘察设计行业工程项目管理营业收入和工程总承包完成合同额2011年度排序中，分别列第11名和第39名；在《建筑时报》和美国《工程新闻记录》(ENR)杂志第8届中国承包商和工程设计企业双60强排名中，位列2011年中国工程设计企业60强第48位和2011工程设计企业总承包营业收入排名第4名。

(钱水根)

【继续深化产学研合作】 2011年，上海工程公司继续深化产学研合作，与国内著名大学、企业、科研单位联手，发起并主办“创新与未来——产学研合作共赢”高层论坛；与浙江大学、华东理工大学、上海石油化工研究院优化了“联合化学反应工程研究所”的合作框架；邀请浙江大学来公司举办企业硕士班、华东理工大学举办第2期工程硕士班，神华包头煤制油化工公司新员工来公司接受专业化培训。

(钱水根)

【举办第3届文化艺术节】 2011年5月31日，上海工程公司以“肩并肩、走创新之路”为主题，举办第3届文化艺术节暨职工艺术创作展。结合纪念建党90周年，举办建党90周年红歌赛、诗歌原创评选、诗歌朗诵会、日常礼仪讲座、摄影艺术作品展、文艺演出、电影观摩等系列活动，宣贯《企业文化手册》，进行“打造高度负责任、高度受尊敬企业”大讨论，促进员工沟通合作，活跃员工文化生活，搭建员工文艺舞台，展示了职工创新素质，深化了职工之家建设，营造了公司人文环境，促进了“人本、诚信、进取、和谐”企业价值观的形成。

(钱水根 金 席)

表1 **上海工程公司主要生产经营指标**

指标名称 \ 年份	2011	2010	2009	2008	2007	2006
主要业务收入/亿元	30.50	23.13	22.16	21.18	14.78	9.74
完成工程投资额/亿元	129.99	86.48	71.90	66.80	56.00	56.66
完成工程项目/项	197	188	184	221	239	294
授权专利/项	60	30	19	13	9	9

表 2　　上海工程公司 2011 年完成的主要项目

委托单位	项目名称	完成日期	行业
仪化公司	仪化公司 10 万吨/年 1，4 - 丁二醇项目工程设计	1 月	化纤
中石化(香港)海南石油有限公司	中石化(香港)公司洋浦成品油保税库后期建设工程基础设计	1 月	石化
威克斯医药有限公司 (加拿大)	中石化(香港)公司洋浦成品油保税库后期建设工程基础设计	1 月	医药
天津分公司	天津分公司化工部 PTA 尾气治理工程	2 月	石化
安徽龙科马生物制药有限责任公司	安徽龙科马生物制药有限责任公司生物制品生产及研发中心项目工程	2 月	医药
天津红日药业股份有限公司	天津红日药业股份有限公司血必净扩产项目	2 月	医药
上海石洞口煤气制气有限公司	石洞口燃气生产和能源安全储备基地建设项目	3 月	石化
巴陵分公司	巴陵 12 万吨/年苯乙烯装置	3 月	石化
无锡惠山新城生命科技产业发展有限公司	无锡(惠山)生命科技产业园启动区二期工程	3 月	医药
上海津村制药有限公司	上海津村制药有限公司二期建设项目	3 月	医药
镇海炼化乙烯设计管理部	镇海炼化新增 10 万吨/年 EO 精制系统及配套设施	4 月	石化
江苏恒瑞医药股份有限公司	江苏恒瑞豪森医药工业园恒瑞小容量注射剂车间项目工程设计	4 月	医药
上海石化比欧西气体有限责任公司	上海石化比欧西气体有限责任公司氮气压缩机更新项目	5 月	石化
帝斯曼维生素(上海)有限公司	帝斯曼维生素(上海)有限公司维生素中间体产品项目	5 月	医药
广州分公司	广州分公司 20 万吨/年高性能聚丙烯装置基础设计	6 月	石化
上海赛科公司	赛科新建 3 万立方米石脑油罐项目	6 月	石化
湛江东兴公司	湛江东兴公司 6 万吨/年乙苯—苯乙烯项目	6 月	石化
江苏豪森药业股份有限公司	江苏豪森药业股份有限公司江苏豪森医药研究院项目	7 月	医药
昆山市工业技术研究院小核酸生物技术研究所有限公司	昆山小核酸研究所专业楼项目	7 月	医药
上海赛科公司	上海赛科苯乙烯扩建完善工程	8 月	石化
北海分公司	北海炼油异地改造石油化工项目	8 月	炼油
中海石油炼化有限责任公司(中海油东方石化项目组)	海南精细化工项目二期工程 12 万吨/年乙苯—苯乙烯项目	8 月	石化
上海高桥分公司	上海高桥分公司柴油质量升级项目基础设计	8 月	石化
上海石化	上海石化年产 1 500 吨 PAN 基碳纤维项目	9 月	化纤
齐鲁制药有限公司	齐鲁制药 456 项目	9 月	医药
江苏恒瑞医药股份有限公司	江苏恒瑞豪森医药工业园恒瑞软袋大输注射剂车间项目	9 月	医药

续表

委托单位	项目名称	完成日期	行业
深圳信立泰药业股份有限公司	深圳信立泰药业股份有限公司坪山产业化基地项目一期工程	9月	医药
上海石油化工股份有限公司投资计划部	上海石化 $2^{\#}$ 氧化装置系统优化节能降耗改造工程	10月	石化
尤妮佳生活用品(中国)有限公司	尤妮佳生活用品(中国)有限公司第四工厂建设项目	10月	医药
上海石化	上海石化烯烃部富乙烯气回收乙烯改造	10月	石化
上海化学工业区公共管廊有限公司	上海化学工业区公共管廊普工路东段管廊工程	10月	石化
上海第一生化药业有限公司	上海第一生化制药有限公司无菌注射剂生产线改造项目一期工程	10月	医药
扬子石化有限公司	扬子石化有限公司生物发酵发合成丁二酸中试装置	11月	石化
蓝星(化工)有限公司	蓝星(化工)有限公司20万吨/年苯乙烯装置	11月	石化
扬子石化有限公司	扬子石化异丙苯/苯酚/丙酮装置可行性研究报告	11月	石化
上海赛科公司	上海赛科苯乙烯回收装置(碳八馏分苯乙烯抽提装置)工程	12月	石化

洛阳工程公司

【概况】 中国石化集团洛阳石油化工工程公司(简称洛阳工程公司)前身是石油部抚顺设计院，创建于1956年10月。洛阳工程公司是国内能源化工领域集技术专利商与工程承包商于一体的高新技术企业，拥有国家颁发的工程设计综合甲级资质证书，是国家首批业务涵盖21个行业的工程咨询企业之一，已通过QHSE管理体系、ISO 10015培训管理体系认证。

洛阳工程公司本部位于河南省洛阳市。截至2011年底，洛阳工程公司在册职工2 066人，其中中国科学院院士1人，国家设计大师4人，享受政府特殊津贴的专家25人(含退休返聘人员)，教授级专业技术职务人员59人，高级专业技术职务人员781人，各类注册工程师417人。

洛阳工程公司具有工程设计和工程研究(R&D)相结合的结构优势，在科技发展和技术进步方面形成了独有的特色，先后承担并完成渣油加氢处理、低压组合床重整、灵活高效催化裂化(FDFCC)、甲醇制低碳烯烃(DMTO)等一批国家和石化集团公司科技攻关课题。截至2011年底，累计获国家级科技进步奖(含发明奖)35项、国家级优秀设计奖26项、省部级科技进步奖(含发明奖)257项、省部级优秀设计奖76项，拥有国内外授权专利414项。

洛阳工程公司主要生产经营指标、2011年建成中交及投产工程项目分别见表1和表2，2011年获奖情况及2006—2011年专利申请与授权情况见表3和表4。

(李建永)

【长岭分公司170万吨/年渣油加氢装置建成投产】 2011年5月30日，由洛阳工程公司实施EPC总承包的长岭分公司170万吨/年渣油加氢装置提前1天实现高标准中交。8月25日，该装置投产成功，生产出合格产品，标志着长岭油品质量升级及原油劣质化改造项目全面建成投产。

(李建永)

【北海炼化500万吨/年原油预处理装置投产成功】 2011年11月7日，由洛阳工程公司EPC总承包建设的北海炼油异地改造项目500万吨/年原油预处理装置投产成功，生产出合格产品，成为成功投运的第1套主体生产装置。

(李建永)

【哈萨克斯坦阿特劳炼油厂FCC石油深加工项目EPCC总承包合同签约】 2011年12月29日，由洛阳工程公司执行EPCC总承包的哈萨克斯坦阿特劳炼油厂 FCC 石油深加工项目合同正式签订。该项目是哈萨克斯坦政府 2010—2014 年工业战略发展规划和石油炼化厂综合发展 6 年规划的国家重点工程之一，合同金额约为 16.8 亿美元。项目包括新建 250 万吨/年催化装置(R2R)、汽油加氢装置、柴油加氢装置、异构化装置、制氢装置等 17 套装置，以及配套的系统，包括储运罐区、系统管网、全厂运输及通信等，合同工期为 41 个月。

（李小爽）

哈萨克斯坦阿特劳炼油厂 FCC 石油深加工项目 EPCC 总承包合同签约

【茂名石化炼油改扩建工程开工奠基】 2011 年 1 月 19 日，由洛阳工程公司执行工程设计、总体投资 44.14 亿元的茂名石化炼油改扩建工程开工奠基。该工程建设内容包括油品质量升级改造及同步建设配套项目，将于 2013 年全面建成投产。

（李建永）

【湛江东兴 200 万吨/年柴油加氢及其配套项目实现中交】 2011 年 3 月 26 日，由洛阳工程公司 EPC 总承包的湛江东兴 200 万吨/年柴油加氢及其配套项目开工建设。该项目总投资 3.57 亿元，设计规模为 200 万吨/年，年操作时数 8 400 小时，计划工期 9 个月，2011 年 12 月 30 日实现中交，预计于 2012 年 3 月投入运营。

（李建永）

【中科合资广东炼化一体化项目开工奠基】 2011 年 11 月 18 日，由洛阳工程公司负责总体设计的中国最大石化合资项目之一——中科合资广东炼化一体化项目在湛江开工奠基。该项目由石化集团公司和科威特石油公司按股比 50: 50 合资建设，计划总投资 590 亿元。主要建设内容包括 1 500 万吨/年炼油、100 万吨/年乙烯及其衍生物、30 万吨级原油码头及配套公用工程等，将建设常减压、加氢裂化、催化裂化等 18 套炼油装置和聚乙烯、聚丙烯等 10 套化工装置，计划于 2015 年建成投产。

（李建永）

【九江分公司 800 万吨/年油品质量升级改造工程开工奠基】 2011 年 11 月 25 日，由洛阳工程公司负责总体设计的九江分公司 800 万吨/年油品质量升级改造工程开工奠基，标志着江西省和中国石化的合作翻开了崭新的篇章。项目建设内容包括 2# 常减压装置异地改造、170 万吨/年渣油加氢、240 万吨/年加氢裂化、4 万米^3/时 PSA(电压吸附分离)、2 × 7 万吨/年硫黄回收、10 万米^3(标准)/时煤制氢以及储运系统、环保设施改造等。

（李建永）

【炼油厂腐蚀监控系统与保运技术研究通过鉴定】 2011 年 3 月 16 日，由洛阳工程公司开发的“炼油厂腐蚀监控系统与保运技术研究”通过石化集团公司总部技术鉴定。专家组对该技术给予了较高评价，认为总体上达到了国内领先水平，建议持续进行工程应用开发和推广应用。

（李建永）

【海南炼化 60 万吨/年对二甲苯项目基础设计通过审查】 2011 年 5 月 10 日，海南炼化 60 万吨/年对二甲苯项目基础设计通过审查，标志着拥有中国石化自主知识产权的对二甲苯项目进入工程建设快车道。该项目以 60 万吨/年对二甲苯联合装置为主体，含总图运输、罐区、管网、火炬、循环水场、热工设施等 33 个单元。洛阳工程公司承担总设计，并负责芳烃抽提、歧化 2 套装置和全部系统配套共 30 个单元的设计。

（李建永）

【FDFCC－HydroGAP 组合工艺开发项目通过国家验收】 2011 年 8 月 11 日，受国家科技部委托，中国石化科技开发部组织专家对国家科技支撑计划清洁汽柴油关键技术中“符合第四阶段汽车排放标准汽油技术的开发”课题进行了验收，洛阳工程公司承担了子课题——FDFCC－HydroGAP 组合工艺开发。验收专家组认为，洛阳工程公司开发的催化裂化汽油烯烃芳构化技术，解决了汽油加氢脱硫过程中由于烯烃饱和而造成的汽油辛烷值大幅度降低的难题，完成了工业试验，可以有针对性地进行推广应用。

（李建永）

【PO/SM 废气催化氧化处理成套技术通过鉴定】 2011 年 10 月 24 日，由镇海炼化、抚顺石油化工研究院和洛阳工程公司合作开发的中国石化科技攻关“十条龙”攻关项目——PO/SM 废气催化氧化处理成套技术通过了中国石化科技开发部组织的专家技术鉴定。专家一致建议该技术在丙烯腈、PTA 等氧化尾气处理上推广应用。

（李建永）

【启动岗位管理体系开发项目】 2011 年 11 月 8 日，洛阳工程公司举行岗位管理体系开发项目启动仪式，正式启动全员岗位管理体系优化工作。这是洛阳工程公司继引入 ISO 10015 国际培训管理体系和基于平衡计分卡(BSC)的战略管理体系后的又一精细化管理工程。

（李建永）

【中国石化炼油反应工程技术研究重点实验室挂牌成立】 2011 年 9 月 26 日，中国石化炼油反应工程技术研究重点实验室在洛阳工程公司揭牌，标志着中国石化炼油工程技术领域唯一一个重点实验室正式挂牌成立。该实验室是以大型冷模试验、催化反应动力学和热力学为核心，以固定床、流化床、移动床和非催化 4 类反应工程技术开发为重点，以形成自主知识产权的成套炼油技术为目标的实验室，研究课题涉及炼油行业催化、加氢、重整、焦化、环保等多个技术领域。

（李建永）

中国石化炼油反应工程技术研究重点实验室揭牌

【超大加氢反应器研制及工程应用项目获国家科技进步二等奖】 2011 年 1 月 14 日，2010 年度国家科学技术奖励大会在京隆重举行。洛阳工程公司作为第二开发单位参加的“超大加氢反应器研制及工程应用”项目获国家科技进步二等奖。该项目从实验室试验研究开始，开发、设计、制造出首台国产化钢加氢反应器，成功掌握了这一具有世界领先水平的生产制造技术，带动中国加氢反应器的设计、制造技术水平迈向新台阶。

（李建永）

【甲醇制取低碳烯烃技术获中国石油和化学工业技术发明特等奖】 2011 年 10 月 26 日，全国石油和化工科技工作会暨石化联合会科技奖励授奖大会在成都召开，洛阳工程公司参与开发的甲醇制取低碳烯烃(DMTO)技术被授予 2011 年度中国石油和化学工业技术发明特等奖。

（李建永）

【安全生产获殊荣】 2011 年 1 月 11 日，在石化集团公司 2011 年度 HSE 工作会议上，洛阳工程公司被评为 2010 年度 HSE 管理先进单位，连续第 4 年获此殊荣。同时，洛阳工程公司还被评为 2010 年“我要安全”主题活动先进单位。

（李建永）

【入选中国承包商和工程设计企业“双 60 强”】 2011 年 11 月 16 日，由美国《工程新闻记录》(ENR)与中国《建筑时报》共同主办的 2011 年度中国承包商和工程设计企业“双 60 强”排名榜单及“最值得推荐的 30 家中国工程法律律师事务所(团队)”揭晓，洛阳工程公司连续第 5 年位列中国工程设计企业 60 强榜单。

（李建永）

【洛阳分公司油品质量升级项目获全国工程总承包金钥匙奖】 2011 年 11 月 26 日，全国勘察设计行业管理创新大会召开，洛阳工程公司承担 EPC 的洛阳分公司油品质量升级项目被授予第 5 届工程总承包金钥匙奖。这是洛阳工程公司第 3 次获此殊荣。

（李建永）

【QHSE 管理体系通过监督审核】 2011 年 12 月 29 日，北京中设认证服务有限公司对洛阳工程公司 QHSE 管理体系进行了监督审核。认为洛阳工程公司的 QHSE 管理体系持续满足 GB/T 19001—2008、GB/T 24001—2004 和 GB/T 28001—2001 标准要求，产品质量稳定。工程咨询、工程设计和建设工程总承包的设计开发、采购、施工、调试和服务的实施过程及相关管理活动所涉及的环境因素、危险源得到了识别和评价，对重要环境因素和风险进行了较有效的控制。产品质量和涉及的环境影响及职业健康安全控制能够满足顾客/相关方和法律法规的要求。QHSE 管理体系持续改进机制健全并发挥作用，管理体系运行有效，洛阳工程公司保持 QHSE 管理体系认证证书。

（李建永）

表 1　　洛阳工程公司主要生产经营指标　　亿元

指标名称＼年份	2011	2010	2009	2008	2007	2006
资产总值	78.93	71.95	42.25	39.26	34.85	20.21
流动资产	75.55	68.69	39.28	36.97	32.75	18.47
固定资产原值	5.16	4.66	4.36	3.27	3.06	2.67
固定资产净值	2.88	2.78	2.59	1.94	1.84	1.66
建设投资	322.89	262.68	228.25	206.38	164.74	120.68
主营业务收入	65.75	58.41	51.04	41.70	31.67	16.04
实现利税	15.23	11.82	11.15	5.87	5.41	2.22
税　金	4.18	3.62	3.16	2.23	2.55	1.07
承接工程数量/项	1 064	717	557	557	490	395
授权专利数量/项	65	36	35	32	37	27

表 2　　洛阳工程公司 2011 年建成中交及投产工程项目

序号	投产项目	中交、投产日期	备注
1	茂名石化实华股份有限公司环保型溶剂油质量升级技术改造项目	2 月投产	工程设计
2	辽阳石化 100 万吨/年加氢裂化、200 万吨/年加氢精制	4 月投产	工程设计
3	日照岚桥港口石化项目一期工程	6 月投产	工程设计
4	中化天津港石化仓储有限公司一期项目	6 月投产	工程设计
5	山东华星 600 万吨/年原料油预处理装置、140 万吨/年延迟焦化装置	7 月投产	工程设计
6	山东华星 140 万吨/年焦化汽柴油加氢装置、2 万米^3(标准)/时制氢装置	8 月投产	工程设计
7	乍得恩贾梅纳炼油有限公司重油催化裂化联合装置	8 月投产	工程设计
8	山东华星 100 万吨/年催化汽油加氢装置	8 月投产	工程设计
9	青岛炼化消除瓶颈挖潜改造项目	9 月投产	工程设计
10	青岛炼化 8.5 万吨/年乙苯—苯乙烯项目	5 月中交、8 月投产	工程设计

续表

序号	投产项目	中交、投产日期	备注
11	洛阳分公司常减压换热流程改造、二催化反再系统改造、焦化装置改造、重整装置改造、PTA 装置改造等 6 套装置	10 月投产	工程设计
12	九江分公司 1#催化裂化装置安全隐患治理技术改造工程	11 月投产	工程设计
13	长庆石化 60 万吨/年连续重整装置	12 月投产	工程设计
14	茂名北山岭原油商业储备基地工程	3 月中交	工程总承包
15	延长石油集团榆林炼厂 180 万吨/年催化裂化装置	4 月中交、6 月投产	工程总承包
16	长岭 170 万吨/年渣油加氢装置	5 月中交、8 月投产	工程总承包
17	北海炼油异地改造石化工程项目 500 万吨/年原料预处理装置	9 月中交、11 月投产	工程总承包
18	北海连续重整装置、苯抽提装置、LPG 罐区及泵棚、燃料气回收设施、全场中心控制室、全厂供电及照明和 6 个现场机柜间共 12 个装置(单元)	9 月中交	工程总承包
19	北海催化裂化装置、延迟焦化装置和火炬设施	10 月中交	工程总承包
20	腾龙芳烃(漳州)有限公司芳烃加热炉工程	12 月中交	工程总承包

表 3　　洛阳工程公司 2011 年获奖情况

序号	项目名称	获奖名称及等级	授予单位	获奖日期
1	中国石油化工股份有限公司洛阳分公司油品质量升级改造项目	优质工程奖	中国勘察设计协会	3 月
2	安庆分公司 10 万吨/年干气制乙苯—苯乙烯装置	优质工程奖	石化集团公司	4 月
3	湛江东兴炼油配套完善工程(聚丙烯、催化、气分 3 套装置)	优质工程奖	石化集团公司	4 月
4	安庆分公司 220 万吨/年蜡油加氢装置	优质工程奖	石化集团公司	4 月
5	天津分公司 100 万吨/年乙烯及配套项目 100 万吨/年重整抽提装置	优质工程奖	石化集团公司	4 月
6	福建炼油乙烯一体化项目主体装置(炼油包一、炼油包二、炼油包四、乙烯、聚乙烯、聚丙烯、碳四、IGCC 等装置)	优质工程奖	石化集团公司	4 月
7	超大加氢反应器研制及工程应用	科技进步二等奖	国务院	1 月
8	甲醇制取低碳烯烃(DMTO)技术	科技进步特等奖	中国石油和化工联合会	10 月
9	大型蒸馏装置高轻收深总拔低能耗成套技术	科技进步一等奖	石化集团公司	3 月
10	石油替代综论	科技进步二等奖	石化集团公司	3 月
11	大型储罐建设用高强度钢板国产化研发应用	科技进步三等奖	国家能源局	1 月

表 4　　**洛阳工程公司 2006—2011 年专利申请及授权情况**　　项

年　份	国内		国外	
	申请数量	授权数量	申请数量	授权数量
2011	128	65	0	0
2010	109	36	0	0
2009	79	35	0	0
2008	40	32	0	0
2007	41	37	2	2
2006	29	27	0	0

宁波工程公司

【概况】 中国石化集团宁波工程有限公司(简称宁波工程公司，英文缩写 SNEC)是 2003 年经石化集团公司批准，由原中国石化集团兰州设计院和中国石化集团第三建设公司重组设立的国有独资公司，注册地为浙江省宁波高新区。

宁波工程公司是以技术为先导，设计为基础，工程项目承包和工程项目管理为主体，集科研开发、工程设计、设备制造、装置施工、开车服务和检维修服务于一体，拥有专利、专有技术，面向国内、国际两个市场，在能源、环保、石油化工和热能工程等领域提供咨询、设计、工程总承包、制造及专业施工总承包工程服务和管理服务的全能型工程公司。

宁波工程公司持有工程设计综合甲级资质证书、化工石油工程施工总承包一级资质证书，工程咨询、工程造价咨询、环境影响评价甲级资格证，压力容器设计、制造许可证，压力管道设计、安装许可证，锅炉和起重机械安装、改造、维修许可证，对外承包工程经营资格证书等，并取得 ISO 9001 质量体系认证证书、GB/T 24001—2004 环境管理体系和 GB/T 28001—2001 职业健康安全管理体系认证证书。

截至 2011 年底，宁波工程公司设有 25 个职能管理部门、7 个专业设计室、7 个专业公司(分公司)等业务单位。在册职工 3 000 余人，其中国家级设计大师 2 人，教授级高级工程师 12 人，具有高级职称的 272 人，中级职称的 712 人，各类注册工程师 300 余人。拥有 78 项专利、135 项专有技术，在天然气化工、石油化工、煤化工以及合成气化工等领域的设计处于全国领先地位；在管道钢结构工厂化预制、设备制造、大型储罐和长输管线施工、大型或特大型设备吊装方面构筑了强大的差异化竞争优势，已成为石化集团公司大型非标设备制造基地。

宁波工程公司主要生产经营指标和 2011 年中交或完工的主要工程项目见表 1 和见表 2。

（贺　颖）

【生产经营成绩显著】 2011 年，宁波工程公司着力扩大市场份额，持续完善“四位一体”市场营销体系建设，全力开拓国内、国际两个市场，取得了较好的成绩。全年共投标 339 项，中标 109 项；共签订工程承包合同 312 份，合同金额 63 亿元；完成营业收入 30.5 亿元，实现利润 2.9 亿元；实现降本减费 1 592万元，应收款清欠收回 2.8 亿元，经济效益创历史新高。

（贺　颖）

【烟气脱硝建设市场取得新突破】 2011 年 1 月 19 日，宁波工程公司与内蒙古康巴什热电厂在北京正式签署烟气脱硝项目 EPC 总承包建设合同。该项目是宁波工程公司承接的第 1 个烟气脱硝建设项目，标志着宁波工程公司正式进入烟气脱硝建设市场，并将为后续项目的市场拓展打下良好基础。

（贺　颖）

【工程设计综合甲级资质获得批准】 2011 年 3 月 29 日，国家住房和城乡建设部发布第961 号公告，宁波工程公司申报的“工程设计综合甲级资质”获得批准。在全国 1.3 万余家设计企业中，仅有 50 多家单位获得综合甲级资质，这一资质的获得对宁波工程公司经营业务范围的拓展和企业发展具有极重要的意义。

（贺　颖）

【福建腾龙芳烃项目设备制造再创纪录】 2011年6月2日，由宁波工程公司承担制造的福建腾龙芳烃(漳州)有限公司80万吨/年对二甲苯项目最后3台大型非标设备在镇海大件码头顺利装船交付。宁波工程公司先后承担了该项目的3批合同共27台、计1.02万吨的非标设备制造加工任务。该项目的二甲苯再蒸馏塔以长121米、重1 155吨，创造了设备制造整体交付、整体运输的亚洲纪录，同时还以5 470吨的试压总重量，创下了国内薄壁设备卧式水压试验的新纪录。

(贺 颖)

福建腾龙芳烃项目二甲苯再蒸馏塔

【扬子石化煤制合成气项目开工】 2011年12月9日，宁波工程公司召开扬子石化煤制合成气项目开工会，该项目是中国石化煤化工示范工程。该项目采用(东方炉)单喷嘴冷壁式粉煤加压工艺技术，该工艺技术是石化集团公司2012年科技“十条龙”攻关项目，并首次应用于工程项目。

(贺 颖)

【川维30万/年醋酸乙烯项目成功打通全流程】 2011年7月13日，四川维尼纶厂77万吨/年整合甲醇装置一次开车成功，生产出合格甲醇产品，标志着由宁波工程公司承接的川维30万吨/年醋酸乙烯设计项目成功打通全流程，全线开车成功。77万吨/年整合甲醇装置是宁波工程公司设计的最大规模甲醇装置，填补了超级大甲醇工程业绩的空白，标志着宁波工程公司大型甲醇装置工程设计能力达到国内领先水平。

(贺 颖)

【发布“十二五”发展规划纲要】 2011年10月18日，宁波工程公司发布了《“十二五”发展规划纲要》，明确了未来5年的发展战略、目标和主要任务，确定了市场开发、人才强企、一体化、差异化、国际化5项战略，旨在打造以发展战略为核心，以机制和制度为保障，以责任和执行力为支撑，以企业文化为底蕴的完整闭合、良好运作的战略管理体系，让宁波工程公司步入以战略规划引领企业发展的轨道。

(贺 颖)

【全面完成制度标准化改造工作】 2011年，宁波工程公司编制并下发了《制度体系建设与制度改造实施方案》、《制度文本编制实施细则》及《制度管理实施细则》等制度标准化管理规定，组织各部门和单位全面梳理并编制了制度改造计划，建立了制度立项、起草、预审、会签、审核、签发、执行、监督考核、评估和动态优化10个环节全生命周期管理流程。同时，结合“我为制度找漏洞”活动、“比学赶帮超”对标中反映出的制度问题及改善制度管理建议等，制度改造工作更扎实有效，年内全面完成了年度制度改造计划，共完成了348项制度改造。

(贺 颖)

【首次制定年度采购策略】 2011年12月29日，宁波工程公司对2012年度采购策略进行了评审，首次尝试编制年度采购策略，包括年度需求分析、重要物资市场信息、供应商选择策略、采购方式选择策略、价格控制策略、催交检验控制策略等10个方面，并作为宁波工程公司2012年度采购业务指导性文件印发实施，为监督检查与考核提供了有力依据，推进了物资采购工作重心由业务操作转向策略研究，对物资供应工作起到了指导和约束作用。

(贺 颖)

【科技创新硕果累累】 2011年，宁波工程公司在专利申请和专利授权方面均创历史最好成绩，共完成了36项专利申请，并取得了27项专利授权。“气态烃非催化部分氧化制合成气关键技术”获上海市科技进步一等奖，“中国石化润滑油分公司新加坡8万吨/年润滑油脂项目可行性研究报告”获中国工程咨询协会工程咨询成果一等奖，“内置预分离复合式飞灰过滤器的研究与开发”获石化集团公司科技进步三等奖，3项发明专利获得了中国发明协会颁发的1项银奖和2项铜奖，“固定尾排吊转法吊装大型设备施工工法”等3项工法被评为国家级工法，“离岸型海上风电机组吊装工法”等7项工法被评为石化集团公司级优秀工法。

(贺 颖)

【管理现代化创新成果再创佳绩】 2011年8月29日，石化集团公司第20届管理现代化创新成果评审结果揭晓，宁波工程公司申报的“HSE 在特种作业人员培训中的创新与实践”和“运用四则运算，深化‘9S’特色管理”获二等奖，“发挥公司 EPC 一体化优势，提升材料可获取性”和“工程项目标准设计工作分解结构(WBS)”获三等奖。

（贺　颖）

【质量管理屡获殊荣】 2011 年 4 月 18 日，宁波工程公司承建的镇海炼化 100 万吨/年乙烯工程、福建炼油乙烯一体化项目 IGCC 装置总承包工程、上海石化 60 万吨/年芳烃联合装置及配套工程、川气东送管道工程施工工程获 2010 年度石化集团公司优质工程奖。9 月，镇海炼化 100 万吨/年乙烯装置(含干气预精制)Ⅰ标段获全国优秀焊接工程一等奖。12 月，经国家工程建设质量奖委员会审定，镇海炼化扩建 800 万吨/年炼油工程歧化烷基转移装置被评为国家优质工程奖设立 30 周年精品工程。吉化 21 万吨/年丙烯腈装置扩建至 32 万吨/年项目获中国化学工业优质工程奖。白沙湾油库二期及白沙湾原油商业储备基地制作安装工程及镇海炼化 100 万吨/年乙烯低温罐区安装工程获浙江省优秀安装质量奖。

（贺　颖）

由宁波工程公司 EPC 总承包的全球单线生产规模最大的镇海乙烯 45 万吨/年聚乙烯装置

【宁波天翼装备技术有限公司(象山机械制造厂)成立】 2011 年 10 月 17 日，经石化集团公司批复，宁波工程公司成立宁波天翼装备技术有限公司(象山机械制造厂)。该公司的建设，将进一步提升公司的设备制造能力，扩大经营规模。

（贺　颖）

表 1　宁波工程公司主要生产经营指标　亿元

指标名称＼年份	2011	2010	2009	2008	2007	2006
资产总值	45.38	28.30	27.03	28.11	24.42	18.39
设计投资额	107.83	73.11	64.22	99.04	88.23	38.84
主营业务收入	30.33	22.28	32.76	42.38	40.22	29.55
利　税	3.61	2.47	2.08	1.99	1.78	1.25
承接工程数量/项	394	310	274	238	241	226
工程总承包	14	5	12	9	8	9
工程设计	79	41	32	20	14	26
工程咨询	56	49	38	34	18	19
工程建设及制造	231	215	192	175	171	172
授权专利数量/项	27	14	3	2	3	2

表2 宁波工程公司2011年中交或完工的主要工程项目

序号	项目名称	中交或完工日期
一	EPC总承包项目	
1	北海分公司催化裂化烟气脱硫	9月
2	西安石化分公司动力站改造项目	10月
二	设计项目	
1	巴陵分公司合成氨变换系统完善改造	1月
2	中国海洋石油舟山石化有限公司工程项目	1月
3	盘锦振奥化工公司丙烯、乙烯制冷系统工艺包(工艺技术方案)	1月
4	天津分公司热点部一电站GIS隐患治理改造	2月
5	茂名石化液化空气空分合资项目可行性研究	2月
6	宁夏石化分公司110千伏总降压站扩容改造项目可研	5月
7	青岛海晶化工集团有限公司低温罐项目技术咨询合同	5月
8	天津分公司热电部6#炉样板炉改造工程	5月
9	巴陵分公司氨加热器设计项目	7月
10	湖北化肥分公司合成气制油工业示范装置项目建议书	7月
11	青岛炼化公司CFB锅炉掺烧煤改造项目基础设计	7月
12	宁波银亿集团有限公司石化咨询项目	8月
13	璐彩特国际(中国)化学工业有限公司甲基丙烯酸甲酯扩建项目	9月
14	中国石油乌鲁木齐石化分公司化肥厂一合原料气压缩机节能改造等2个项目技术可研	11月
15	镇海炼化重油催化延期除尘脱硫脱硝改造项目环评	11月
16	天津分公司炼油部110千伏石总变电站改造项目	11月
17	巴陵分公司低温甲醇洗再生塔能源优化利用设计项目	12月
三	安装项目	
1	上海拜耳异氰聚酯和聚醚项目TDI联合装置TDI生产单元	3月
2	上海高桥石化80万吨/年连续重整—苯抽提项目	3月
3	宁波北仑LNG加注站	4月
4	镇海炼化300万吨/年柴油加氢精制装置及系统配套	4月
5	镇海炼化场际外管北区低压管供热管网	5月
6	镇海炼化油化一体化填平补齐	5月
7	上海石化炼油事业部3#炼油装置2011年检修	5月
8	册子岛原油商业储备基地储罐主体安装工程	8月
9	上海高桥原油罐15万立方米油罐安装工程	8月

续表

序号	项目名称	中交或完工日期
10	上海高桥润滑油改造外围功能整合项目	8 月
11	镇海炼化部分装置物料热直供项目	9 月
12	宁波北仑小港科元塑胶 7 万吨/年溶液丁苯橡胶装置(SBS)	9 月
13	镇海炼化Ⅰ加氢 DCS 改造	9 月
14	镇海炼化原煤输送项目	10 月
15	镇海炼化化肥装置全供氢项目	11 月
16	甬绍金衢成品油管道Ⅳ标段工程	12 月
17	山东日照原油商业储备基地工程	12 月

南京工程公司

【概况】 中国石化集团南京工程有限公司(简称南京工程公司，英文缩写 SNEI)位于江苏省南京市江宁区，2009 年经石化集团公司批准，由原中国石化集团第二建设公司和中国石化集团南京设计院重组设立，是石化集团公司直属企业，注册资本为人民币 5.56 亿元。

南京工程公司主营业务包括三大板块：以设计为先导的，以煤及天然气化工、环境工程及清洁能源、硫磷及催化剂等无机化工、公用工程、石化产品深加工及精细化工等为主要领域的工程产品业务；以 EPC、PMC 为主要形式的工程总承包、工程管理、工程服务、工程咨询和工程监理业务；以“四大一特”(大型设备吊装、大型机组安装、大型储罐安装、大型 DCS/ESD 安装、特殊材质焊接)为核心的石化装置安装业务。

截至 2011 年底，南京工程公司下设 24 个职能部门、10 个专业设计室、5 个专业工程分公司、6 个国内区域性分公司、1 个海外分公司，在册职工总数 2 282人，其中研发和专业设计、工程技术和项目管理人员 1 833 人，具有大专及以上学历 1 622 人，拥有中、高级专业技术职称的909 人，另外可根据需要调配协作单位专业管理人员及技术工人 1 万余人。

2011 年，南京工程公司完成营业收入 42.45 亿元，实现利润 7 500 万元。

南京工程公司主要生产经营指标和 2011 年完成的主要工程项目见表 1 和表 2。

(谢鹏飞)

【生产组织平稳运行】 2011 年，南京工程公司执行国内外项目 237 个，分布在国内 15 个省(自治区、直辖市)和国外沙特，当年完成项目 117 个。其中，设计业务执行项目 114 项，当年完成 75 项，完成设计投资额 110 亿元，产值突破 2 亿元；总承包业务执行项目 18 项，当年完成 2 项，完成产值近 14 亿元；施工业务执行项目 105 项，当年竣工 40 项。

(谢鹏飞)

【公司 HSE 管理目标全面实现】 2011 年，南京工程公司通过强化安全生产责任制的落实，加大现场监督检查的力度，开展隐患治理，提高本质安全环境，HSE 管理目标全面实现。重伤及以上事故为零，重大火灾、重大财产事故、重大交通事故、职业病新发率及环境污染事故为零，损失工时事故发生率小于 0.02。

(谢鹏飞)

【5 项专利获得授权】 2011 年，南京工程公司获得 5 项专利授权(实用新型专利 3 项，发明专利 2 项)，分别是含氯硅烷的氯化氢气体生产高纯度浓盐酸的方法，湿法磷酸两效蒸发工艺，一种灵活调节、节能型四合一重整加热炉，一种高温空气贫氧燃烧管式加热炉，卧式半错流填料脱硫洗涤器。

(谢鹏飞)

【获 2 项国家级技术奖项】 2011 年，南京工程公司承担研发和设计的兖矿鲁南化肥厂 10 万吨/年醋酐项目获煤炭行业最高奖“太阳杯”优质工程奖；南京工程公司承建的镇海乙烯工程中的 POSM 装置被评为全国优秀焊接工程一等奖。

(谢鹏飞)

【7项工程获石化集团公司优质工程奖】 2011年，南京工程公司承建的天津分公司100万吨/年乙烯及配套项目4/36万吨/年EO/EG装置、镇海炼化100万吨/年乙烯工程、福建炼油乙烯一体化项目主体装置、天津分公司100万吨/年乙烯及配套项目100万吨/年重整抽提装置、长岭—株洲成品油管道工程、鲁皖二期成品油管道工程、安庆分公司10万吨/年干气制乙烯—苯乙烯装置7项工程获石化集团公司优质工程奖。

（谢鹏飞）

【2项工法被评为国家级工程建设工法】 2011年，南京工程公司有5项工法被评为石化集团公司优秀工法，其中“大型不锈钢料仓分段制安施工工法”、“干式气柜无脚手架正装施工工法”被评为国家级工程建设工法。

（谢鹏飞）

【承办首届全国无损检测技能竞赛】 2011年12月6日，由南京工程公司承办的首届全国无损检测技能竞赛开幕，来自全国各主要工业行业以及地方的60余家无损检测机构报名参赛，近200名参赛选手进行了理论考试和实践技能的竞赛。竞赛产生了无损检测行业首批全国技术能手和首个无损检测状元。

（谢鹏飞）

【基本统一薪酬制度出台】 南京工程公司是石化集团公司完善薪酬分配制度和人才通道建设工作的试点单位。公司制定了标准统一、结构合理、晋升通畅、激励有效的基本薪酬制度，建立起基本薪酬随个人能力、绩效和企业效益正常增长的动态调整机制。该制度于2011年4月正式运行，对企业的融合、职工积极性的调动具有深远的意义。

（谢鹏飞）

【积极实施国际化人才战略】 2011年，南京工程公司改进了人才引进模式，积极实施国际化人才战略，从印度、菲律宾、尼泊尔、孟加拉国等国家招聘了外籍员工193人，从沙特聘用外籍员工341人，使外籍人员总数占到海外人员总数的近26%，外籍管理人员占海外管理人员总数的40%。

（谢鹏飞）

【新版内控手册开始运行】 2011年3月，南京工程公司新版内控制度的修订工作正式启动，6月全部完成。新版内控手册于7月1日起正式实施。新版内控制度符合石化集团公司的总体要求，体现公司的业务特点和实际需要，从设计到施工，从国内到海外，从风险管控到制度梳理，从公司层面到业务层面，内控体系完全覆盖了主要工作。

（谢鹏飞）

【中标沙特脂肪醇总承包项目】 2011年，南京工程公司中标了沙特脂肪醇(NDA)总承包项目，合同额2亿美元，标志着南京工程公司海外EPC总承包业务获得突破。

（谢鹏飞）

【举办首届“奋进杯”职工龙舟大赛】 2011年5月20日，南京工程公司首届“奋进杯”职工龙舟大赛在南京市莫愁湖举行，400余名员工参加了该次活动，展示了团队的力量和广大职工的风采。

（谢鹏飞）

【严格落实党风廉政建设责任制】 2011年，南京工程公司严格落实党风廉政建设责任制，坚持以全员诺廉、家庭助廉、读书思廉、典型倡廉等方式，因地制宜开展反腐倡廉教育活动，深入推进廉洁文化建设。共有2 722名员工签订了《廉洁自律承诺书》。制定下发8项反腐倡廉建设制度，效能监察和业务公开工作发挥了再管理再监督作用。

（谢鹏飞）

【获得荣誉】 2011年12月16日，南京工程公司获2010年度中国建筑业最具成长性百强企业(排名第9位)、全国建筑业先进企业称号。公司执行董事、总经理、党委书记向文武再次获全国建筑业优秀企业家称号并受到表彰。年内，公司还获得全国优秀企业、国家优质工程奖30年先进单位、全国“安康杯”竞赛优胜单位、全国能源化学系统先进工会、全国巾帼标兵岗、石化集团公司财务决算先进单位、石化集团公司“五五”普法先进集体、江苏省文明单位、江苏省重合同守信用企业、江苏省建筑业百强企业和建筑外经十强企业、江苏省知名建设承包商、江苏省省级机关“五五”普法先进单位、江苏省建设系统先进工会、南京市无职务犯罪先进单位、南京市城市建设立功竞赛先进单位、南京市巾帼文明岗等称号。公司领导班子被南京市委住建工委评为十大和谐领导班子，18个直属党组织、工会组织、基层班组，以及54人获得国务院国资委、行业协会、石化集团公司和省市的各类表彰。

（谢鹏飞）

表 1　　南京工程公司主要生产经营指标[①]　　亿元

指标名称＼年份	2011	2010	2009	2008	2007	2006
资产总值	44.49	32.16	18.29	12.75	13.22	9.67
建设投资	110.00	101.50	50.88	—	—	—
主营业务收入	39.30	33.20	34.92	25.97	21.54	12.36
利　税	1.17	0.92	0.66	0.45	0.38	0.26
承接工程数量/项	237	255	119	90	88	85
授权专利数量/项	5	4	10	0	0	0

①2006—2008 年为原第二建设公司数据。

表 2　　南京工程公司 2011 年完成的主要工程项目

序号	项目名称	竣工日期
一	总承包项目	
1	巴陵石化烟气脱硫	1 月
2	北海硫黄回收项目	8 月
3	武汉石化材料库房	11 月
二	设计项目	
1	中国石化天然气聊城 CNG 加气母站	4 月
2	南通醋酸纤维有限公司五期工程醋片装置、丝束装置、公用工程详细设计	5 月
3	南京化工公司新建 10 万吨/年环己酮项目初步设计	5 月
4	南京化工公司 1#—2# 220 吨/时动力锅炉及 1#—2# 220 吨/时燃煤锅炉烟气脱硫改造初步设计、施工图设计	5 月
5	云南弘祥化工有限公司二期“836”项目施工图设计	5 月
6	南京化工公司环己酮装置废碱处理技术改造施工图设计	5 月
7	陕西天宏硅材料有限责任公司 6 万吨/年氯氢化装置初步设计、施工图设计	7 月
8	东洋公司东方已内酰胺项目扩建初步设计	8 月
9	巴陵分公司硫酸装置安稳运行优化施工图设计	8 月
10	南京化工公司重点企业污染治理集成技术初步设计	8 月
11	武汉石化 80 万吨/年乙烯工程液体产品罐区及装卸、污水处理场详细设计(EPC)	8 月
12	浙江嘉化工业园投资发展有限公司 40 万吨/年功能性表面活性剂项目初步设计	9 月
13	南通醋酸纤维有限公司 1.5 万吨/年醋片增产项目施工图设计	10 月
14	埃克森美孚太仓工厂扩建项目基础设计	10 月

续表

序号	项目名称	竣工日期
15	兰精(南京)纤维有限公司3万吨/年废气制酸工程施工图设计(EPC)	11月
16	江苏蓝丰生物化工股份有限公司40万吨/年硫黄制酸、余热发电项目初步设计、施工图设计	12月
17	巴陵分公司脱硫尾气隐患治理工程施工图设计	12月
三	施工项目	
1	扬子合成气制乙二醇中式装置工程	4月
2	福建联合石化2011年催化装置大检修	5月
3	江苏海伦石化有限公司年产60万吨PTA工程	5月
4	福橡化工合成橡胶工程	5月
5	浙江逸盛精对苯二甲酸扩建工程	6月
6	北海污水处理场	7月
7	荆门石化60万吨/年连续重整装置	8月
8	北海500万吨/年原料预处理装置	9月
9	中国石化日照原油商业储备基地安装工程	9月
10	北海120万吨/年延迟焦化装置	10月

第四建设公司

【概况】 中国石化集团第四建设公司(简称第四建设公司)位于天津市滨海新区大港世纪大道180号，占地419万平方米，是石化集团公司直属的大型综合性工程建设企业，具备工程施工总承包一级企业资质，也是中国建筑业百强企业之一。其前身始建于1962年，1998年并入石化集团公司并改为现名。

第四建设公司已通过ISO 9000、ISO 14001和OHSAS 18001认证，在施工组织管理上已经形成以大型设备吊装、大型储罐安装、大型压缩机组安装调试、大型装置DCS和ESD安装调试、特殊管道和特种材料焊接为核心的专业化施工能力，同时具备工程建设总承包、工程施工总承包、代业主管理等项目管理能力，拥有施工安装机具和运输动力装备1 700台、总功率1.75万千瓦，拥有国际领先、国内独有的2 500吨液压吊装系统和亚洲单台吊装能力最大的1 600吨履带吊车，基本实现了大型吊装设备的系列化。第四建设公司主要从事国内外炼油、化工、化纤、化肥以及煤化工、风电、煤电、核电、生物环保等工程的新建、改建、扩建、检修和其他各类工业设施建设；先后承建了国内外石油化工、煤化工、风电、新能源等各类生产装置1 000余套，海外工程40多项；获省部级以上优质工程奖70余项，其中获国家优质工程奖11项，获建筑工程鲁班奖8项；有具有公司自主知识产权和自身特点的专利13项、工法9项；先后两度获得国家质量管理奖，并获得优质工程企业、全国优秀施工管理企业、全国最佳施工企业、全国建筑业优秀企业等100余项荣誉称号。

第四建设公司共设置17个职能部处室、8个专业工程公司、1个工程项目管理公司和1个物业管理公司。截至2011年底，在国内10个省、4个直辖市、4个自治区分布着30余个工程项目部，在中东地区参与5项国际工程的建设。

2011年，第四建设公司实现了新签项目合同额、经营总量、营业收入、考核利润的“六连增”，公司再次获全国建筑业先进企业称号，并入选中国建筑业最具成长性百强企业。公司还被评为国家技术创新先进企业、国家优质工程30年突出贡献单位，成为石化集团公司唯一获此殊荣的企业。

第四建设公司主要生产经营指标和2011年完成的主要工程项目见表1和表2。

（张文龙）

【市场开发成果明显扩大】 2011年，第四建设公司始终把市场开发工作作为支撑企业生存发展的"生命工程"，充分发挥市场开发"龙头"作用，适时调整运行策略，完善开发机制，灵活运作手段，注重传统、高端、海外三大业务板块市场同步开发，有效支撑和保证了公司的持续发展。全年共签订各类工程合同278份，新签项目合同额39.95亿元(含高端业务合同额2.46亿元)，完成年度市场承揽计划的160%，再创历史新高。其中，系统内业务合同额26.32亿元，系统外业务合同额13.63亿元，系统外市场依存度为37%。承揽海外业务合同额8 044万美元。

（张文龙）

【经营总量显著增长】 2011年，第四建设公司坚持"干好工程是硬道理"的宗旨，不断完善和创新项目管理机制，工程管理水平和施工生产效率持续提高。天津凝析油、广州催化等4项检修改造工程按期完成，扬子石化PX示范装置、北海炼油异地改造工程等32项工程高标准中交，福建漳州、武汉石化等工程顺利实施，石家庄炼化、燕山石化等代业主管理项目取得良好成效，沙特卡扬LDPE、阿联酋ASAB长输管道、沙特港口物流、沙特延布出口炼厂等海外项目进展顺利。全年共完成管理产值35.31亿元，完成年度计划的117.7%；完成施工费23.81亿元，同比增长5.63%，均创历史最高水平。

（张文龙）

沙特最大压缩机曲轴吊装就位一次成功

（王喜南 摄）

【内部管理不断加强】 2011年，第四建设公司注重强化"三基"建设，夯实基础工作，被评为石化集团公司"三基"工作先进组织单位。以内控制度为核心，进一步梳理制度体系、管理流程和风险清单，形成了以强化执行为重点、以防范风险为中心、以检查考核为手段的全新内控管理体系。以合同全生命周期管理为主线，强化合同统一归口管理和集中结算，加大过程管理力度，从源头上有效防范经营活动潜在风险。以选树典型为抓手，建立健全全员成本目标管理体系，在全公司范围逐步推广，福建漳州项目经验受到石化集团公司党组领导的高度赞扬。积极推进会计集中核算，完善资金集中管理，不断提升资金管理能力，确保了公司资金运作安全、规范、高效。充分发挥内部审计监督作用，实行独立审计评价，起到了防范风险、减少效益流失的作用。加强公司土地房屋等资产管理，逐步盘活存量资产，实现租赁收入1 155万元。坚持工程建设物资"安全、及时、经济供应"原则，积极推行框架协议采购，持续加大网上采购管理力度，全年节约采购资金1 264万元，通过剩余物资回收、调剂、利用，节省资金1 082万元。

（张文龙）

【赢利能力不断提升】 伴随经营规模的不断扩大，内部管理的日益加强，2011年，第四建设公司的创效能力持续提升，核心竞争实力不断增强。全年实现营业收入35.57亿元，同比增长30.39%。实现同比口径考核利润6 675万元，同比增长30.88%；实现账面利润2 019万元，超额完成了公司十四届一次职代会确定的1 900万元利润奋斗目标任务；实现利税8 097万元，全面完成了石化集团公司下达的各项考核指标。

（张文龙）

【精品战略实施】 2011年，第四建设公司坚持以技术创新为支撑、以管理创新为手段，大力推进精品工程建设，有效实施品牌战略。坚定技术创新主攻方向，积极推进传统施工技术、管理技术、专项技术的改进，积极开展煤化工等新型工艺施工技术的研发、攻关和应用，形成了一批拥有公司自主知识产权的专利施工技术和工法。全年共申请专利9项，其中发明专利2项；获得国家专利授权3项，其中发明专利1项；5项工法被评为石化集团公司级工法，2项工法被评为国家级工法。坚持全面落实质量工作方针，注重抓好体系运行，落实质量责任，加强过程监控，积极推行"首件样板"示范，已交工项目全部实现开车一次成功。曹妃甸原油码头及配套工程等5项工程被评为省部级优质工程，天津华能项目铝镁合金焊接、川维醋酸项目锆材管道焊接获全国优秀焊接工程奖，天津100万吨/年乙烯及配套项目、神华宁煤煤基烯烃项目吊装工程获全国优秀吊装工程奖，江苏启东等3项风电工程获中国电力建设优质工程奖，黄岛国家储备库工程获国家优质工程银奖。

（张文龙）

【队伍素质不断提高】 2011年，第四建设公司通过内部挖潜调动和外部引进等方式，强化人力资源配置，全年引进应届毕业生172人、技能操作劳务工91人、社会成熟人才149人，基本适应了三大板块业务发展需要。创新人才成长机制，畅通人才发展空间，制定人才成长通道建设、高层次人才建设等管理办法，规范了高层次人才的评聘标准和评审流程，使各类人才成长通道和发展途径更加多元化。建立健全人才激励机制，营造良好聚才环境，评选表彰10项优秀人才奖、3项优秀人才大奖和优秀人才特别贡献奖；实施优秀人才落户奖励政策，24名优秀骨干人才户口问题基本得到解决；改造大学毕业生结婚周转房119套，首批分配到户36套；推进素质工程建设，加快员工知识结构升级步伐，以提高员工职业技能为宗旨，坚持技能竞赛与岗位练兵、技能培训、技能鉴定有机结合，加大培训力度，年内共培训各类人才5 487人次，组织开展焊工、钣金工等各类技能竞赛20余场次，在石化集团公司焊工和钣金工技能竞赛比武中获金、银、铜牌各1枚。

（张文龙）

【改革调整稳步推进】 2011年，第四建设公司按照石化集团公司的统一部署，结合公司实际，有序推进薪酬分配制度改革工作，建立适应人才队伍建设需要的市场化薪酬分配机制，完善基本薪酬制度，优化薪酬收入结构，建立了员工工资正常增长机制，增强了薪酬分配机制的激励约束作用，使公司员工的基本薪酬收入水平明显提高。围绕管理体制一体化、业务流程规范化的要求，建立整体推动、部门负责、分期改造、统一审核、成熟一批发布一批的工作机制，制度标准化、信息化改造工作有序推进。按照石化集团公司规范支持改制企业的有关规定，深入开展调研，总结公司规范扶持改制企业的主要做法，向石化集团公司提出规范扶持工作管理建议，为进一步规范扶持改制企业和维护改制企业稳定发展奠定了基础。积极稳妥、全面完成在职员工住房分配货币化改革工作。努力推进供气、供电、供暖等社会管理职能移交社会工作，开元里供气管道改造、供电职能移交取得实质进展。

（张文龙）

【凝心聚力促发展】 2011年，第四建设公司坚持思想领先，大力宣传公司的发展战略和工作思路，引导干部职工充分认识公司面临的形势任务，增强迎接挑战、攻坚克难的坚定信念、责任心和积极性。坚持形象塑造，不断加大内外宣传力度，有效提升了公司的社会知名度和信誉度。坚持典型引路，培养选树先进模范典型，广泛宣传“四好班子”、先进单位和先进模范人物典型事迹，使干部职工学有榜样、赶有目标。坚持德才兼备、以德为先原则，认真落实干部选拔任用、考核激励制度，全年调整、交流中层管理人员164人次，公开竞聘上岗8人次，表彰奖励32人。坚持以生产经营为中心，深入开展以“比学赶帮超”为载体的“为民服务创先争优”活动，激发了广大干部职工“站排头、争第一”的拼搏精神和创新意识。坚持“标本兼治、综合治理、惩防并举、注重预防”方针，加大反腐倡廉力度，开展各项廉政活动。严肃查处违纪违法案件，查证落实群众来信反映3名员工的问题，对其中1名中层管理人员给予党纪处分和免职处理。积极履行效能监察职能，提出制度性整改建议105条，为规范经营行为、节约采购资金、减少各类费用起到了重要作用。坚持健全完善维稳工作机制，落实责任和措施，来信来访量持续下降，和谐稳定局面得以有效巩固。坚持以人为本、关注民生，送温暖和帮扶救助活动深入开展，全年帮扶各类困难人员和非在职群体人员3 250人次，通过帮扶救助渠道累计支付资金1 483万元，使不同利益群体共享公司改革发展成果。

（张文龙）

表1　　第四建设公司主要生产经营指标　　亿元

指标名称＼年份	2011	2010	2009	2008	2007	2006
资产总值	26.64	22.11	17.95	16.48	13.50	9.45
主营业务收入	35.43	27.14	28.35	26.70	18.87	9.63
利润总额	0.20	0.18	0.21	0.26	0.18	-0.09

续表

指标名称 \ 年份	2011	2010	2009	2008	2007	2006
税　金	0. 61	0. 76	0. 68	0. 73	0. 52	0. 51
合同额	39. 95	33. 23	18. 57	17. 65	27. 39	18. 42
施工费	23. 81	22. 54	13. 76	13. 20	19. 49	15. 78

表 2　　第四建设公司 2011 年完成的主要工程项目

序号	项目名称	竣工日期
1	北海炼油异地改造 60 万吨/年连续重整装置	9 月 29 日
2	北海炼油异地改造 260 万吨/年柴油加氢装置	9 月 29 日
3	北海炼油异地改造全厂供电系统及照明工程	5 月 30 日
4	北海炼油异地改造工程总变及区域变电所工程	4 月 28 日
5	北海炼油异地改造工程 8 万吨/年 MTBE 装置	11 月 28 日
6	长岭分公司 170 万吨/年渣油加氢处理装置	5 月 30 日
7	巴陵石化 20 万吨/年己内酰胺装置挖潜改造项目 10 万吨/年双氧水单元	12 月 20 日
8	中国石化催化剂分公司云溪工业园新基地建设公用工程	9 月 28 日
9	巴陵石化 12 万吨/年苯乙烯工程	11 月 25 日
10	曹妃甸原油商业储备基地工程	12 月 13 日
11	中原乙烯原料路线改造 10 万吨/年聚丙烯	7 月 15 日
12	沧州分公司柴油加氢精制装置、制氢装置扩能改造	5 月 31 日
13	扬子石化对二甲苯示范装置建筑安装工程	7 月 31 日
14	燕山石化 2. 7 万吨/年碳八抽提苯乙烯工程	9 月 28 日
15	广州石化 200 万吨/年柴油加氢改质装置	12 月 30 日
16	武汉石化炼油还建化工库工程	12 月 30 日
17	中国石化辽宁营口石油分公司鲅鱼圈油库工程	7 月 10 日
18	中国石化辽宁葫芦岛石油分公司方圆油库工程	12 月 26 日
19	天津分公司 1#常减压蒸馏装置加工凝析油检修改造工程	3 月 3 日
20	广州分公司催化—CGT 改造工程	4 月 28 日
21	青岛大炼油连续重整装置消除瓶颈改造及检修工程	7 月 28 日
22	中国海洋石油惠州炼油运行三部生产装置检修改造工程	10 月 17 日

第五建设公司

【概况】 中国石化集团第五建设公司(简称第五建设公司)的前身成立于1953年。2010年12月18日,根据石化集团公司的战略部署,本部从甘肃省兰州市西固区迁址广东省广州市荔湾区中山七路81号。第五建设公司是中国最早从事石油化工建设的大型施工企业,也是石化集团公司直属大型综合性施工企业。具有化工石油工程施工总承包一级企业资质、国外工程承包资质、对外经济合作经营资格、海洋石油工程二级资质、电力工程施工总承包二级资质和建筑企业安全资格证书等;具有建筑行业(建筑工程)乙级、石油化工医药行业(化工工程、石油及化工产品储运)专业乙级设计资质,正在申报"石油化工工程施工总承包特级资质"。

第五建设公司具备30亿元/年以上的施工生产能力,在大型设备吊装、大型传动设备(机组)安装、大型贮罐安装、大型DCS自动化集散控制系统安装与调试和特种材料焊接等"四大一特",以及大型空分工程、大型锅炉安装等方面,形成了独具特色的技术优势,在中国石油化工建设领域中居领先水平。

截至2011年底,第五建设公司设有17个机关处室,设有南京分公司、沙特分公司2个分公司和安装工程公司、机械电仪工程公司、机械化施工公司、储运工程公司、海外工程公司、项目管理公司6个专业公司以及物业管理公司、设计院,有36个项目部(其中国内33个、国外3个)。

截至2011年底,第五建设公司有员工2 626名。其中正式职工1 880名(各类管理人员1 152名,在岗技能操作人员728名),长期用工234人,劳务派遣工190人,临时用工322人。取得各类专业技术职称人员954人,获得国家一级、二级建造师资格86人;有从事各种材料、高中压工艺管道及压力容器焊接的电焊工271人;有取得日本、德国、美国等国家的焊接标准操作证人员126人;有长期联营合作队伍8 472余人。

第五建设公司主要生产经营指标和2011年完成的主要工程项目见表1和表2。

(王瑾瑾 程龙根)

【阿联酋鲁韦斯炼油扩建项目开工】 2011年4月30日,第五建设公司承建的阿联酋阿布扎比炼化公司(TAKREER)鲁韦斯炼油扩建项目正式开工。该项目合同总承包商为韩国SK公司,施工工期为2011年5月1日至2013年5月13日,主要施工内容包括钢结构安装、管道安装、设备安装和预试车及试车配合等,施工合同总价约3 300万美元。中国石化炼化工程公司阿布扎比分公司为项目合同主体,第五建设公司为项目执行主体,实行一级项目管理。

(王瑾瑾 程龙根)

【各项经济技术指标创历史新高】 2011年,第五建设公司紧紧围绕年初确定的各项目标任务,迎难而上,团结一致,开拓创新,统筹推进各方面工作,保证了各项经济技术指标的顺利实现。全年共完成施工产值24.5亿元,同比增长14.7%;自行完成建筑业劳动生产率40.41万元/人,同比增长12.4%;完成利税总额8 501万元,完成利润总额1 808万元,同比增长19.2%;各项主要经济技术指标均达到了石化集团公司的要求。

(王瑾瑾 程龙根)

【市场开发取得新突破】 2011年,第五建设公司按照年初既定的经营方针,坚持"两条腿"走路,国内国外市场并重,明确开发重点,调整市场策略,全力拓展市场空间,市场开发取得了好的成绩。全年共组织国内投标178项,中标58项,中标额25.09亿元,投标数量同比增长11%,中标额同比增长114.7%。签订国内合同345份,合同额38.02亿元,签订合同额同比增长206.6%。共新签沙特、阿联酋、哈萨克斯坦等国合同2.24亿美元,为年计划的112%,取得了良好的市场业绩。

(王瑾瑾 程龙根)

【承建项目创出新业绩】 2011年,第五建设公司通过强化现场管理和过程控制,保证了承建的石化集团公司重点项目和系统内外项目的顺利实施,施工能力进一步提高。全年高标准建成中交长岭炼化锅炉及热力系统改造项目和5万米^3/时制氢装置、川维30万吨/年醋酸乙烯项目甲醇装置、广州石化气体分馏改造、北海炼油改造六联合装置、扬巴二期项目15万吨/年丁二烯抽提装置等39个单位工程项目,在建的包括沙特朱拜尔2 000万吨/年炼油项目、武汉石化乙烯和炼油项目、金陵石化油品质量升级改造项目、石家庄炼化60万吨/年航煤加氢和120万吨/年重整抽提装置、安庆石化200万吨/年重油加氢和220万吨/年柴油加氢装置、茂名石化10万吨/年硫黄回收装置等国内外75个单位工程项目全部实现形象控制点目标,安全质量受控。

(王瑾瑾 程龙根)

第五建设公司承建武汉石化 80 万吨/年乙烯项目施工现场 （王 勇 摄）

【工程质量和服务质量良好】 2011 年，第五建设公司把质量工作当作企业生命工程来抓，以 QHSE 体系为中心，以系统培训为基础，以质量监督为创新，以过程控制为方法，以目标考核为手段，完善各项制度，落实各级责任，上下一心确保工程质量。全年承建的工程项目工程交验一次合格率为 100%，单位工程合格率为 100%，共检点合格率为 100%。共进行焊接拍片检查 20.8 万张，一次合格率达到 97.9% 以上，没有发生质量事故。承建的塔河分公司 220 万吨/年延迟焦化装置、普光天然气净化厂公用工程、川维 30 万吨/年醋酸乙烯甲醇装置 3 项工程顺利通过石化集团公司 2011 年度优质工程奖现场评审。

（王瑾瑾 程龙根）

【沙特拉比格千万吨炼油项目获国家优质工程银质奖】 2011 年 12 月 27 日，第五建设公司为合同主体承建的“沙特拉比格世界级石油化工一体化项目炼油装置工程”获国家优质工程银质奖。该项目是沙特阿美石油公司和日本住友株式会社联合投资的千万吨世界级炼油化工一体化项目，总承包商是西班牙 TR 公司，施工内容包括新建 1 套 1 000 万吨/年常减压分馏装置（VDU），新建 1 套 600 万吨/蜡油加氢装置（VGO），新建 1 套 86 130 米^3/时制氢装置（HPU）和公用工程以及已建常减压分馏和加氢装置改造等。项目合同额为 1.94 亿美元，2006 年 5 月 4 日开工，2008 年 5 月 15 日机械竣工，2008 年 11 月 14 日实现开车一次成功。交工 3 年来，一直运行正常。这是中国施工管理协会表彰的 10 个海外获奖工程项目中唯一的石化炼化工程项目，也是中国石化炼化工程海外项目首获国家优质工程银质奖。

（王瑾瑾 程龙根）

【技术创新迈出新步伐】 2011 年，第五建设公司始终坚持技术创新，注重技术开发和投入，发挥技术优势，采用多种形式为项目提供技术服务，加强施工技术站管理，加强系统人员业务培训，发挥了技术支撑的作用。全年完成焊接工艺评定 23 项，为各项目提供焊接工艺评定 150 项，为项目进行技术指导 83 项，解决各类技术问题 50 余项，培训技术人员 123 名，完成 15 项行业标准编审工作，协助石化出版社发布 6 项公司主管的行业标准，申报石化集团公司级工法 5 项，其中锅炉施工工法、焦炭塔现场组焊施工工法、薄壁不锈钢球罐组焊安装工法、厚壁反应器施工工法 4 项工法获评石化集团公司级工法，焦炭塔现场组焊施工工法获评国家级工法。

（王瑾瑾 程龙根）

【安全生产平稳运行】 2011 年，第五建设公司全面落实 HSE 责任制，对 36 个 HSE 管理制度进行修订完善，组织召开了 HSE 管委会和 HSE 工作会议，与各单位、项目部签订了 HSE 管理目标单项承包责任书。对 25 个单位、项目部的 5 239 名班组长进行安全培训，组织专项培训 15 次、527 人次，组织针对性培训 18 次、562 人，对 206 名项目人员进行约谈。投入 505 万元购置配电箱 1 863 台，规范了现场配电设施；投入 30 多万元，在重点项目安装远程监控系统，强化了现场管控能力。组织开展了短信保平安、安全卫士和安全标兵评选、“我要安全”主题演讲比赛、查找身边“十大薄弱环节”等活动，全员安全自我保护意识明显加强。组织开展了 2 次安全检查和交通安全、脚手架、高处作业、起重吊装 4 次专项检查。对查出的 774 项各类安全问题进行整改落实，消除了安全隐患，保持了安全生产的平稳运行。

（王瑾瑾 程龙根）

【深化改革迈出新步伐】 2011 年，第五建设公司坚持循序渐进，注重稳步实施，推动各项改革调整工作。先后成立了项目管理公司，将原储罐工程公司和设计所更名为储运工程公司和设计院，将第一安装工程公司、第二安装工程公司、第三安装工程公司、第四安装工程公司整合为安装工程公司，并积极稳妥地推动了公司“南迁”广州工作。

（王瑾瑾 程龙根）

【启动企业文化建设】 2011 年 3 月 28 日，第五建设公司认真贯彻落实《中国石油化工集团公司企业文化建设纲要》，召开了企业文化建设动员大会，正式启动企业文化建设工作。第五建设公司企业文化建设分为精神文化(核心价值理念)、行为文化(制度文化)、视觉文化(企业形象)3个目标；分努力培育精神文化、加强行为文化建设和加强视觉文化建设3项内容；分企业文化宣传推广、整体推进、巩固提高阶段3个步骤。确立了企业宗旨、企业愿景、企业精神、企业作风、经营理念、人才理念、廉洁理念、HSE方针和质量方针9个核心理念。

(王瑾瑾　程龙根)

【精细管理水平得到提高】 2011年，第五建设公司通过不断推进科学管理、规范管理、精细管理，努力降本增效，有效降低了管理成本，提高了精细管理水平。全年确定的43项年度重大责任目标顺利实现。对石化集团公司下发的34项内控流程进行了梳理，修订完成了新版内控实施细则。做好了会计集中核算、资产清查、财务决算报表和财务预算报送等工作，召开了2010年度暨2011年一季度经济活动分析会、2011年上半年经济活动分析会，加大了工程款回收力度。完成网上采购1.16亿元，节约采购资金483万元，网上采购达标率保持在97%以上，节约设备采购资金345万元。审计工程结算303份，审减140.3万元；分包工程结算229份，审减125.3万元；劳务结算44份，审减0.79万元；基地建设和维修30份，审减14.2万元。积极开展效能监察工作，立项6项，清欠工程款12笔，挽回经济损失1 016万元。

(王瑾瑾　程龙根)

【公开选拔中层副职领导人员】 2011年9月30日，第五建设公司本着“公开、公平、公正”的原则，拿出12个中层副职(副处级)领导人员岗位，面向全公司广大干部职工公开选拔。来自一线项目部、专业公司和机关部门的30名竞聘人员，通过主会场和分会场视频系统与电话会议系统，宣读竞聘报告，现场回答由公司领导、所在单位负责人组成的14名评委以及由机关部门、基层单位干部职工组成的50名职工代表提问。评委和职工代表根据竞聘人员的表现，现场进行考核打分。

(王瑾瑾　程龙根)

【人才队伍建设得到加强】 2011年，第五建设公司完成120名经营管理和专业技术人员社会招聘工作。联合地方高校分2期组织工程技术人员进行2个月英语培训学习。举办了1期国际焊接检验师(CWI)考前冲刺班，28人通过考试，取得美国焊接协会颁发的Ⅰ、Ⅱ级相关资格证书。选派13名管理骨干参加了石化集团公司国际化人才的培训学习。组织232名一线人员开展管理人员“内部选拔”招聘考试，一批一线人员通过考试，顺利走上管理岗位。组织1 211名技能操作人员进行初级工鉴定、技师考评和本等级验证3个层次职业技能鉴定。

(王瑾瑾　程龙根)

【举办首届职业技能竞赛】 2011年7月13—29日，第五建设公司为了着力推进“全员素质提高工程”建设，举办了首届职业技能竞赛。竞赛涵盖管工、铆工、钳工、起重工、电焊工、电气、仪表、吊车司机8个主要技术工种。公司专门成立职业技能竞赛组织委员会和监考组、保密组、宣传组、后勤服务组、安全保卫组等5个工作组，以及督察组、竞赛项目组等，分岗位练兵、预赛选拔、集中决赛、表彰总结4个阶段进行。156名选手报名参加，8人获金奖、13人获银奖、17人获铜奖，7名分包商员工获鼓励奖，4个单位获团体奖。

(王瑾瑾　程龙根)

【和谐稳定打开新局面】 2011年，第五建设公司扎实做好信访工作和接访、下访、排查工作，认真落实“真困难，真帮助”政策，积极做好就业帮助、生活救助、医疗互助等“送温暖”等帮扶救助工作，先后与34个单位、项目部签订《内部治安承包责任书》，接待处理来访来信2 200人次，办理职工医疗保险手续1 292人，发放医疗保险金172万元，救济困难员工805人次，发放各类救济金223.7万元，为1 442名离退休人员进行养老金生存认证，走访慰问离退休职工1 484人，发放慰问金39.5万元，安排再就业人员67人，保持了队伍的稳定。

(王瑾瑾　程龙根)

【双文明建设出成果】 2011年，第五建设公司注重加强精神文明建设和物质文明建设，先后获全国优秀施工企业、甘肃省五星级诚信企业、石化集团公司财务管理先进单位、石化集团公司外事工作先进单位称号，承建的兰州石化8万吨/年丙烯酸酯装置、5万吨/年丁腈橡胶装置获中国石油优质工程金质奖，承建的广州石化140万吨/年延迟焦化装置获全国优秀焊接工程称号。

(王瑾瑾　程龙根)

表 1　　第五建设公司主要生产经营指标　　亿元

指标名称 \ 年份	2011	2010	2009	2008	2007	2006
施工生产总值	24.50	21.36	20.34	16.76	12.05	9.00
资产总值	18.54	13.97	9.24	7.21	8.44	7.38
流动资产	13.74	9.96	6.09	4.58	5.01	3.93
实现利税	0.85	0.97	0.60	0.42	0.28	0.17
税　金	0.67	0.44	0.45	0.33	0.26	0.04

表 2　　第五建设公司 2011 年完成的主要工程项目

序号	项目名称	竣工时间
1	广州石化 5 万立方米原油储罐消防改造工程	1 月
2	宁波镇洋 5 000 吨/年苯乙烯树脂及配套 2 万吨/年 CPE 项目	1 月
3	崇州蜀东加油加气站项目	1 月
4	苏州污泥干化装置机电安装工程	1 月
5	北海原油储罐 35 千伏变电所工程	3 月
6	青海盐湖二套空分装置	3 月
7	广州石化化工区检修项目	3 月
8	兰州基地 114#、115#住宅楼项目	4 月
9	四川绵阳油库扩容改造工程	4 月
10	北海原油储罐净化水场变电所项目	4 月
11	长岭炼化锅炉及热力系统改造工程	4 月
12	北海炼油改造循环水场项目	4 月
13	川维 30 万吨/年醋酸乙烯项目甲醇装置	4 月
14	武汉石化炼油改造第二固体废料及氮气线工程	5 月
15	长岭炼化 5 万米^3/时制氢装置	5 月
16	扬子塑料厂 3 万吨/年聚乙烯燃气管专用料项目	5 月
17	白银 TDI 分离扩产改造项目	5 月
18	福橡合成橡胶项目 IX 标段	6 月
19	广州石化气体分馏改造项目	6 月
20	北海炼油改造六联合装置	6 月
21	福建联合石化引入 LNG 配套项目	6 月
22	福建联合石化引入南浦国电蒸汽及蒸汽管廊项目	8 月
23	宁波汉圣 1 万吨/年乳化蜡及 7 000 吨/年油膏技改工程	9 月

续表

序号	项目名称	竣工时间
24	扬巴二期项目15万吨/年丁二烯抽提装置(BD)	9月
25	福建联合石化增设沥青调和及出厂设施项目	9月
26	湛江东兴发油台改造项目	9月
27	甘肃聚银公司BB343改造项目	9月
28	催化剂分公司岳阳云溪工业园新建基地建设项目	9月
29	兰州原油储备储罐项目	10月
30	兰州基地114#、115#住宅楼室外公用工程	10月
31	扬巴二期项目5万吨/年异丁烯装置(IB)	11月
32	扬巴二期项目5万吨/年聚异丁烯装置(PIB)	11月
33	扬巴二期项目2-丙基庚醇装置建筑安装工程	11月
34	白银公司转炉收尘环集管道制作安装工程	11月
35	广州石化工艺配套管网工程	11月
36	广州石化氢资源项目	11月
37	巴陵石化20万吨/年己内酰胺挖潜改造项目	11月
38	仪征化纤PTA检修项目	11月
39	宁波巨化20万吨/年(ODS)替代品原料扩建项目(二期)	12月

第十建设公司

【概况】 中国石化集团第十建设公司(简称第十建设公司)位于山东省淄博市临淄区，其前身成立于1970年10月，原名山东省化学石油建设公司，1983年并入原中国石油化工总公司，更名为中国石化第十建设公司，1998年10月改为现名。

第十建设公司以承建石油化工、煤化工、油气储运、医药、市政、环保、锅炉、电站及送变电等新建、改扩建、检维修等工程为主，兼营设备制造、大型设备运输、吊装、大型吊装机械修理及工程项目监理业务，拥有化工石油工程施工总承包一级、对外承包工程等多项资格资质证书。第十建设公司在大型项目组织、15万立方米储罐组焊、大型乙烯装置和大型设备统一吊装施工组织、大型压缩机组安装调试、大型液压吊车维修、特种钢材焊接、长输管道SCADA系统及装置DCS和SIS系统安装与调试等方面具有国内领先的核心技术优势。

截至2011年底，第十建设公司下设15个机关部室以及安装、仪电、储运、重机、建筑工程、管道结构工程、项目管理等15个专业分公司，3个子公司，3个后方服务单位。注册资金3.25亿元，固定资产原值6.37亿元，净值3.2亿元；正式职工3 709人，其中管理人员2 213人，具有高级职称的122人，中级职称的605人。

第十建设公司主要生产经营指标和2011年完成的主要工程项目见表1和表2。

(董砚宝)

【市场开发取得显著成就】 2011年，第十建设公司国内新签合同额再创历史新高，境外市场开发基础扎实、前景明显。全年共组织国内投标311项，中标125项，中标率40%，承揽国内合同额40.70亿元，境外市场新签合同额13亿元。系统内，主要承揽到石家庄炼化、茂名石化、上海金山石化、安庆石化炼油改造、青岛炼化加氢裂化、武汉乙烯裂解及公用工程等项目，新进入安庆石化等市场；系统外，主要中标延长榆林(MTO、DCC)联合装置、青海盐湖DMTO、大唐内蒙古煤制气二期等煤化工工程，以及中化泉州炼油、神华包头碳四、中海油东营港罐区、大连恒力 PTA、嘉兴桐坤 PTA 等项目；境外市场开发中标沙特 PET、哈萨克斯坦 RFCC 等工程。

（董砚宝）

【施工生产实现新的进展】 2011 年，第十建设公司在项目遍布 28 个省市自治区、境外项目 4 个、服务业主 80 家的情况下，统筹规划，科学管理，全面优质完成了施工生产任务，全年共完成 54 项新建、改造和检修工程，监理项目竣工 5 项，完成国内外总包产值 48.30 亿元，创历史最好水平。系统内，从优配置资源，全力保障了武汉乙烯、北海炼油、中原石化 MTO、青岛炼化技改等重点工程建设；系统外，创信誉，树品牌，上海华谊气化、宁夏英力特气化、嘉兴石化 PTA 等工程项目的建设与管理得到持续强化；境外，沙特 Wasea、PET 项目及哈萨克斯坦 PX 工程有序推进，阿拉克炼油工程扫尾进展顺利，境外工程施工组织能力不断提升。在不断提高施工组织能力的同时，第十建设公司持续推进项目管理模式转变，强化项目精细管理，修订完善了《项目管理标准》，颁布实施了《项目管理手册》，各项业务流程更加严格规范，项目综合管理水平迈上了新台阶。

（董砚宝）

【武汉乙烯大型设备首吊成功】 武汉 80 万吨/年乙烯及配套工程是国家“十一五”重点工程建设项目，也是中国中部第 1 套大型乙烯工程，第十建设公司负责实施大型设备吊装“一体化”专业施工管理，主要负责单体重量 80 吨及以上设备的吊装工作。2011 年 6 月 28 日，第十建设公司在武汉 80 万吨/年乙烯工程工地现场举行了大型设备首吊仪式，将高 78.17 米、直径 3.80 米的丁二烯抽提装置第一萃取精馏塔吊装就位。该装置的成功吊装，标志着武汉乙烯工程进入大型设备吊装阶段。

（董砚宝）

【中原石化 MTO 装置投料开车成功】 中原石化 MTO 装置是石化集团公司煤化工建设的示范性项目，第十建设公司主要承担新建 60 万吨/年 MTO 装置、老区检修和中原油田石化总厂检修改造施工任务。在装置建设过程中，第十建设公司克服工程量大、时间紧、工艺技术要求高等挑战，充分发挥中国石化工程建设主力军作用，圆满完成了各项施工任务。MTO 装置于 2011 年 10 月 10 日打通全流程并产出合格产品，中国石化第 1 套 MTO 装置开车成功。

（董砚宝）

【北海炼油催化裂化等装置相继建成投产】 2011 年 10 月 30 日，北海炼油 170 万吨/年催化裂化装置以及火炬设施工程举行中间交接仪式，第十建设公司承担的 13 个单项工程除中心化验室和烟气脱硫装置外，催化、汽油加氢、产品精制、火炬、燃料气回收、中心控制室、机柜间、原料罐区、组分罐区、汽油调和设施、全厂桩基全部实现了中间交接。12 月 29 日，催化裂化装置成功喷油，实现安全平稳一次开车成功。自此，由第十建设公司承建的中心控制室、汽油加氢、产品精制、中间罐区等装置相继进入投产阶段。

（董砚宝）

【青岛基地综合楼工程举行开工仪式】 2011 年 11 月 26 日，第十建设公司在工程现场举行了青岛基地综合楼开工仪式。第十建设公司青岛基地综合楼位于青岛开发区滨海大道以北，矿大西路以西，占地面积 8 597 平方米，建筑面积 3.37 万平方米，办公楼地上 17 层、地下 3 层，建筑高度 90 米，计划于 2012 年 12 月 30 日完成主体建设，2013 年 10 月投用。青岛基地综合楼是涉及第十建设公司长远发展的重大项目，建成后将成为公司留住人才、展示实力、树立形象的新平台。

（董砚宝）

第十建设公司青岛基地综合楼开工仪式

（邹庭龙　摄）

【获 2010 年度全国优秀施工企业称号】 2011 年 10 月 26 日，中国建筑业协会发布了 2010 年度中国建筑业企业竞争力百强和最具成长性企业百强榜名单（简称“双百强”），第十建设公司在最具成长性企业百强中榜上有名，排名第 22 位。另外，经过中国施工企业管理协会评审委员会严格评审，第十建设公司获 2010 年度全国优秀施工企业称号。

（董砚宝）

【HSE一体化管理持续推进】 2011年，第十建设公司认真贯彻落实石化集团公司年度HSE工作会议精神，按照全年HSE工作计划，结合公司施工生产实际，持续强化HSE一体化管理，严格落实安全生产责任制，进一步完善了公司HSE管理制度，夯实HSE基础工作。继续开展“我要安全”、“七想七不干”等系列主题活动，加强直接作业环节监管力度，推进现场文明施工和职业卫生工作，强化分包安全管理，落实安全投入和安全保证措施，全年未发生上报事故，安全生产保持了平稳发展、总体受控。年内第十建设公司被评为石化集团公司安全生产先进单位。

（董砚宝）

【技术质量工作逐步深化】 2011年，第十建设公司不断加快技术创新步伐，大力推广新技术应用，多项技术改进项目应用到工程施工之中，起到了推动技术进步的作用，全年有7项工法被评为石化集团公司级工法，1项工法被评为国家级工法，取得了14项国家专利证书。普光气田特种管材焊接工艺开发项目获石化集团公司2010年度科技进步二等奖，大湾国产L360QS钢管的焊接技术填补了国内这一领域的技术空白，形成了公司新的技术优势。第十建设公司不断强化质量管理，工程质量持续提升，黄岛国家石油储备基地工程获国家优质工程银质奖，神华宁煤甲醇制丙烯装置、神华包头煤直接液化项目煤液化装置获得全国化学工业优质工程奖，参建的镇海炼化100万吨/年乙烯等5项工程获石化集团公司优质工程奖。

（董砚宝）

【标准化制度体系建设成效显著】 2011年，第十建设公司扎实推进标准化制度体系建设，全年共转换、修订及新制定制度278项，初步建立了统一规范、系统高效的标准化制度体系。9月8日，在炼化工程板块召开的制度标准化信息化建设工作交流会上，第十建设公司介绍了制度标准化信息化改造经验，展示了《内控实施细则》、《制度流程图》等制度改造成果，受到与会领导和炼化板块其他企业的好评。

（董砚宝）

【和谐企业建设开创良好局面】 2011年，第十建设公司广泛开展创先争优活动，深化厂务公开，增进民主管理，围绕重点工程建设开展劳动竞赛，推进改善经营管理建议工作，积极开展青年突击队活动，组织“鹊桥”活动，有力推动了企业生产经营中心工作。大力开展了帮扶救助和“送温暖”活动，全年投入各类救济金、补贴等3 182万元，积极帮助协解人员再就业，做好规范支持改制企业工作。努力建设优美社区、和谐社区，不断提升社区服务功能，社区面貌与人居环境持续改善，全年投入公共设施维护费用270万元，绿化环卫费用251万元，保安费用91万元。组织开展文明健康的群众性文体活动，丰富了社区的文化生活。认真做好离退休服务和管理工作，老年大学开办得有声有色，老同志的作用得到很好发挥。层层落实稳定工作责任制，妥善解决职工群众诉求，企业和社区总体稳定。

（董砚宝）

【中长期发展规划修订完善并全面推进实施】 2011年，第十建设公司在深入学习石化集团公司领导干部座谈会精神的基础上，结合企业发展状况，进一步修订完善了企业中长期发展规划（2011—2020）。规划科学分析了第十建设公司所处的内外部工程建设市场形势，明确了成为具有较强竞争力的工程承包商的发展目标以及分阶段实现的主要具体指标，确定了国际化、一体化、差异化的发展战略，为第十建设公司当前和今后一段时期的发展指明了方向。

（董砚宝）

表1 第十建设公司主要生产经营指标 亿元

指标名称＼年份	2011	2010	2009	2008	2007	2006
资产总值	25.46	18.99	14.91	13.95	12.45	12.54
主营业务收入	46.31	36.75	35.46	31.74	22.32	22.66
利　税	1.21	1.47	1.43	1.11	0.86	0.79
承接工程数量/项	50	38	23	32	22	23
授权专利数量/项	14	10	—	—	—	—

表 2　　**第十建设公司 2011 年完成的主要工程项目**

序号	项目名称	竣工日期
1	日照延迟焦化、加氢精制装置	3 月
2	茂名北山岭商业储备库工程	3 月
3	浙江嘉兴 6 万吨/年环氧乙烷工程	3 月
4	大连逸盛大化 PTA 主装置节能减排改造工程	5 月
5	青岛炼化 8.5 万吨/年苯乙烯装置	5 月
6	东营 140 万吨/年延迟焦化装置	5 月
7	石家庄炼化 260 万吨/年柴油加氢装置配套系统	7 月
8	抚顺 1 - 丁烯、丁二烯工程	7 月
9	神华包头工程项目部碳四综合利用项目球罐工程	8 月
10	中原石化 60 万吨/年甲醇制烯烃装置	8 月
11	燕化 15 万吨/年双酚 A 装置	8 月
12	独山子 8 台 10 万立方米储罐工程	9 月
13	大连长兴岛恒力 8 台 5 万立方米 PX 罐	9 月
14	石家庄炼化 260 万吨/年柴油加氢精制装置	9 月
15	北海炼油工程产品精制装置	9 月
16	北海商储库一期 8 台 10 万立方米储罐	10 月
17	北海炼油工程 50 万吨/年汽油加氢装置	10 月
18	大连新港沙坨子二期原油储罐项目	10 月
19	鲁南新能凤凰能源有限公司二期甲醇合成、精馏装置	10 月
20	内蒙古东华甲醇 6 000 万吨/年褐煤热解中试装置工程	10 月
21	北海炼油工程 170 万吨/年催化裂化装置	10 月
22	滨博 100 万吨/年重油催化制烯烃装置	12 月
23	岳阳长岭 12 万吨/年催化干气制乙苯装置	12 月
24	中海石油惠州 4 台 10 万立方米原油罐工程	12 月
25	曹妃甸商储库 8 台 10 万立方米原油罐工程	12 月
26	重庆长寿 85 万吨/年甲醇装置	12 月

炼化工程公司

【概况】 中国石化集团炼化工程公司(简称炼化工程公司)成立于 2007 年 7 月，既是石化集团公司炼化工程板块的管理部门，又是一家从事国内外工程建设业务的专业公司，具有独立的法人资格。注册资金 4 亿元。按照“一面旗帜、一个品牌、统一对外”原则，对海外承包工程实行“统一品牌、统一市场、统一管理和统一经营”。

炼化工程公司总部设在北京。截至 2011 年底，公司下设办公室(党工办、纪检监察处)、人事处(公共事务处)、计划财务处、法律事务处、企业管理处、招标处(招标公司)、市场开发处、项目管理处、中国建筑业协会石化建设分会。在境外设立了 6 个分(子)公司和 3 个代表处：中东(沙特)公司、哈萨克斯坦分公司、新加坡公司、阿布扎比分公司、俄罗斯分公司、尼日利亚公司、巴西代表处、科威特代表处和阿尔及利亚代表处。

2011 年，炼化工程公司以全力确保重点工程建设、切实加强专业化管理、统筹推进国际化经营为重点，完成设计投资额 991 亿元，完成境外合同额

13.5 亿美元，实现营业收入 356.09 亿元，利润总额 39.54 亿元，生产经营任务顺利完成，经济效益再创新高。

（范　聪）

【境外市场开发取得新进展】 2011 年，中标境外工程项目 18 个，合同总金额达 26.13 亿美元。其中，EPC 合同额 22.96 亿美元，占总合同额的 87.87%；施工合同额 2.07 亿美元，占总合同额的 7.92%；其他（工艺包 + FEED）合同额 1.10 亿美元，占 4.21%。哈萨克斯坦融资项目再结硕果，与业主阿特劳炼厂正式签署哈萨克斯坦阿特劳炼厂石油深加工联合装置"交钥匙"工程（EPCC）总承包主合同，合同金额 16.8 亿美元，合同工期 41 个月，炼化工程公司为总承包联合体领导。这是炼化工程公司自成立以来签约合同金额最大的境外炼化工程项目。FEED 高端项目获得突破，与西班牙 TR 公司合作，完成古巴 Matanzs 炼厂项目 FEED + OBE 合同谈判并小签，合同总额约 1 亿美元。中东 EPC 竞标项目又有斩获，中标沙特 SABIC 卡扬 NDA 项目，合同金额 1.3 亿美元，合同工期 27 个月。

（何素珍）

【境外项目执行有序推进】 2011 年，为保障境外项目执行，炼化工程公司加大统筹协调力度，重点做好公共安全管理和分包商管理，加强项目前期策划，完善了境外炼化项目管理体系，同时继续推动公共资源平台和公共事务平台建设，全方位保证了炼化工程一体化优势切实得到发挥。全年在 5 个国家共执行 18 个承包合同，合同总额 70.6 亿美元；完成 1 个项目——沙特卡扬氢气管线项目。在建设项目共 17 个，进展平稳，全面实现安全和质量目标，员工队伍稳定。

（高　超）

【境外公共安全保障有力】 2011 年，炼化工程公司遵循"管理、协调、服务、支持"的工作思路，认真履行业务归口管理的职责，从体系保障、制度建设、风险管理、培训教育、监督检查、分包管理、营地管理、交通管理等方面入手，不断强化境外公共安全管理基础工作，为境外炼化工程项目平稳实施提供保障。成立并调整"境外公共安全应急管理委员会"，不断完善制度建设，修订《炼化工程公司突发事件应急预案》，编制《中国石油化工集团境外炼化工程公共安全管理相关制度文件汇编》，发布《关于规范和强化境外公共安全管理相关工作的通知》，下发了《关于加强境外交通安全管理的通知》，企业基础管理工作得到加强。按风险评估管理程序对印尼国家石油公司 Cilacap 炼厂 RFCC 项目等 15 个项目和古巴等 2 个海外新设机构的风险评估报告和应急预案进行了审核，并向安全环保局报批报备。针对哈萨克斯坦芳烃及 KPI 项目，统一编印《哈萨克斯坦公共安全手册》；针对中东、北非接连发生大规模抗议示威活动，先后下发了《关于加强炼化工程板块在部分国家安全防范工作的通知》和《关于落实境外炼化工程公共安全应急物资和通讯联系的通知》。境外公共安全培训工作基本实现常态化，全年共有 152 人取得了管理培训证书，公共安全管理人员累计 494 人取得培训证书，企业累计 1 200 余人参加了全员培训，切实提高了境外员工安全意识和风险防范能力。继续做好境外公共安全管理检查工作，以分包商管理、营地管理、交通管理和外事管理等作为检查重点，对沙特和阿联酋 2 个国家执行境外任务的 15 个项目部、2 个境外机构以及营地等进行了检查，促进境外公共安全管理水平的提升。采取完善制度、强化培训、组织分包管理经验交流会、建立分包商雇员"黑名单"管理制度等多种措施，继续加强分包管理，并通过境外分包管理专项检查，企业境外分包管理工作明显得到加强。搭建公共资源管理平台，进一步规范营地管理制度，完善营地硬件设施，严格营地门禁管理，有效改善了员工居住生活环境，为项目执行提供了保障。

（张奎军）

【工程招标】 2011 年，招标公司共组织招标 155 项、206 个标段，累计中标金额 53.68 亿元，其中 EPC 招标 4 项、5 个标段，中标金额约 29.38 亿元；工程监理招标 24 项、31 个标段，中标金额约 1.26 亿元；施工招标 73 项、100 个标段，中标金额约 20.49 亿元；采购等其他招标 54 项、70 个标段，中标金额约 2.55 亿元。招标项目涉及武汉 80 万吨/年乙烯、北海炼油异地改造、燕山润滑油和合成材料及橡胶、武汉油品质量升级改造二期、海南 60 万吨/年对二甲苯、日照—仪征进口原油码头及管道配套、黄岛地下水封洞库、日照原油商储基地、山东 LNG 项目、海南成品油罐区等 10 项重点工程建设项目，涉及武汉分公司、北海分公司、催化剂分公司等 21 家单位。在项目评标工作中共调用评标专家库中的专家 655 人次。

（杨越强）

【法律服务】 2011 年是炼化工程公司按照中国石化

总部的要求将职能明确为“管理、协调和公共服务”后的全面调整之年。在石化集团公司法制工作会议“深化两个根本性转变”和“法律业务国际化”的精神指引下，炼化工程公司法律事务工作紧紧围绕境外炼化工程承包业务的风险监管、合同管理和法律服务3个方面的中心工作，推进境外炼化工程承包业务风险管理体系建设，正式印发了《中国石化境外炼化工程承包业务风险管理办法(试行)》，编印下发了《中国石化境外工程风险管理指南》，加快法律工作的“两个根本转变”；固化业务流程，抓好制度建设，推动法律业务国际化；实行合同归口管理，防范合同风险；加强基础工作和规律研究，增强法律服务的科学性；牵头协调境外炼化工程业务中的重大法律纠纷案件的处理；有效利用外部资源，促进内部法律队伍建设；充分发挥法律支撑和保障作用，保障境外炼化工程承包业务的健康发展。

（秦占飞）

国际事业公司

【概况】 中国石化国际事业有限公司(简称国际事业公司)成立于1984年6月，2000年5月成为石化股份公司的全资子公司。国际事业公司主要承担除原油、成品油、化工原料以外的进口物资采购业务和设备、材料、炼化产品的出口业务。

截至2011年底，国际事业公司在境内拥有上海东上海石化实业有限公司1个参股公司，在北京、南京、上海(2家)、宁波、重庆、天津、广东、武汉等地设有9家子公司。2011年组建成立中国石化国际事业有限公司南京招标中心、中国石化国际事业有限公司北京招标中心2家分公司。在美国、日本、德国、俄罗斯、阿联酋等国家设有5家境外子公司，1家三级子公司，2家办事处。为加大市场开拓力度，进一步加强境外营销网络建设，2011年成立了中石化国际事业(委内瑞拉)有限公司、中石化国际事业(新加坡)有限公司2家三级子公司。

（杨　洋）

【运行机制优化】 根据石化集团公司党组领导关于强化采购监管的系列指示要求，对本部机构设置进行了优化调整，将物资供应管理处室由6个增加到9个，专业采购部由6个缩减为4个，将国际贸易业务部室改造为业务管理协调处室，具体业务下移到各境内公司操作。同时，将具体招标业务下移，先后组建成立了南京、北京2个招标中心，强化了本部招标采购监管职能。除战略采购外，本部不再操作任何具体业务，进一步突出了本部管理、指导、协调职能。

（杨　洋）

【国际贸易】 2011年，全力开拓炼化产品国际市场，优化调整设备材料进出口工作思路，中国石化产品销路更加畅通，与石化集团公司核心业务的契合度更加紧密。全年实现进出口额达24.3亿美元，其中进口13.5亿美元，出口额9.4亿美元，第三方贸易额1.4亿美元。

（杨　洋）

【专业化经营】 深入推进专业化采购，进口资源控制能力明显增强。南京阀门中心继续扩大阀门专业化采购范围，2011年阀门采购达13.3亿元，同比增长了2.3倍。华东公司大力推进合金钢管专业化采购，不仅集合了企业零星需求批量，采购规模由2010年的0.8亿元大幅增长到2011年的3.3亿元，而且大幅减少了流通商订货比例，从生产厂家直购率由以前的32%快速增长到2011年的93%，资金节约率达6.2%。宁波公司积极承担本部下移的DCS业务，大力实施框架协议采购，累计完成订货约4.1亿元，有力地保障了武汉乙烯、油品质量升级、柴油加氢等项目物资供应。重庆公司大力宣传专业化采购优势，用心服务用户，得到了各油田企业的一致认可，全年油气田仪器专业化采购8.4亿元。广东公司积极推进煤炭专业化采购，首次实现进口南非煤炭7万吨，打通了直接进口流程，为快速做大煤炭进口规模奠定了基础。

（杨　洋）

【制度建设】 2011年，国际事业公司按照石化集团公司制度标准化要求，对原有的137项内部管理制度进行了全面梳理，提出了废止、合并、修订和新建等要求，共新制定制度25项、修订58项，基本形成了较为完善的内部管理制度体系。

（杨　洋）

国际石油勘探开发公司

【概况】 中国石化集团国际石油勘探开发有限公司(简称国际石油勘探开发公司，英文缩写SIPC)成立于2001年1月，本部设在北京。国际石油勘探开发公司是中国石化的全资子公司，代表中国石化统一行使上游对外投资合作并对海外项目实行统一经营管理，是中国石化从事上游海外投资经营的唯一专业化公司。

国际石油勘探开发公司设董事会和监事会，实行董事会领导下的总经理负责制。实行两级管理模式，本部为投资和生产经营决策中心，国家公司(或项目机构)为执行中心。公司设有18个职能管理部门，下设28个海外机构，其中包括Addax公司、安哥拉公司、阿根廷公司、叙利亚公司、俄罗斯UDM项目部和哈萨克斯坦公司等7个大项目公司。截至2011年底，国际石油勘探开发公司在23个国家执行47个勘探开发项目。拥有中外员工总数达4 739人，其中国际员工830人、当地员工2 831人、中方员工1 078人，员工国际比例达到77.3%。

2011年，国际石油勘探开发公司勘探新增权益石油可采储量/资源量(2P&2C)3 729.72万吨；勘探新增权益天然气储量/资源量(2P&2C)419.48亿立方米；开发生产获得权益产量2 288.36万吨。连续第3年被石化集团公司授予特别贡献奖。

国际石油勘探开发公司主要生产经营指标见表1。

(刘牧洋)

【新项目开发成果突出】 2011年，国际石油勘探开发公司抢抓欧债危机、国际油价走弱和全球股市下跌带来的机遇，成功签约收购加拿大Daylight公司100%权益、葡萄牙GALP公司巴西资产30%权益、美国Devon公司部分资产33%权益、澳大利亚APLNG公司15%权益、喀麦隆PCC公司80%股份、巴西石油公司安哥拉15/06区块2.5%权益、UDM公司Nechkinsky勘探区块7个项目。

(刘牧洋)

【油气勘探成果显著】 2011年，国际石油勘探开发公司探井成功率57.14%、评价井成功率90.47%，取得了“4项商业发现、2项重大突破、8项重要发现”的好成绩，为增储上产提供了有力保障。4项商业发现：巴西BM-S-9区块G油田发现2P可采储量1.05亿吨，于2011年12月宣布商业发现；安哥拉15/06区块西北区发现5个含油构造，2P可采储量2 819.8万吨，于2011年1月宣布商业发现；哈萨克斯坦S区块新增2P可采储量1 278.38万吨、2C潜在资源量66.52万吨，于2011年6月宣布商业发现；加蓬G4-188区块新增2P可采储量239.1万吨，于2011年12月宣布商业发现。

(刘牧洋)

【油气产量再创新高】 紧抓大项目、难项目、重点项目的生产和运行，努力克服资源国政局动荡、重点项目设备检修等不可抗拒因素的影响，摸清项目“家底”，科学谋划部署，通过强化开发生产运行管理保生产、深化开发调整保稳产、加快产能建设保上产、大力推进难点项目保复产、优快储量动用保转产5项措施，全年权益油气产量首次突破2 000万吨大关，达到2 288.36万吨。

(刘牧洋)

【HSSE管理能力持续提升】 2011年，在叙利亚、也门公共安全形势不断恶化的情况下，国际石油勘探开发公司作为牵头单位，成功组织有关单位将中国石化员工安全、顺利撤离。加大公共安全培训力度，全员公共安全意识和应对能力得到有效提升。充分利用健康管理系统平台，积极应对海外医疗突发事件。积极开展“安全生产月”活动、HSE管理自评和环境管理现状调查等活动，试点推广“领导带班制度”，全年未发生重大安全生产及环境保护事故，公司HSSE工作继续实现安全生产和绿色环保，再次被评为石化集团公司安全生产先进单位。

(刘牧洋)

【经营效益大幅提升】 2011年，国际石油勘探开发公司不断优化投资计划管理，科学安排投资，以每个项目全生命周期动态经济评价结果为依据，投资符合率达到95%，控制节约成本7亿美元；强化“千斤重担大家挑，人人肩上扛指标”责任意识，有序开展360度成本控制，全员、全过程、全方位节约成本，单位操作成本降低0.4美元/桶。通过扎实有效的工作，公司经营规模快速发展，赢利能力有效提升，经济效益大幅增加，实现利润总额202亿元，特别是净利润首次扭亏为盈，达到77亿元(未经审计)。公司被评为石化集团公司财务管理和决算先进单位。

(刘牧洋)

【体制机制持续完善】 2011年，《中国石化集团国际石油勘探开发有限公司内部控制实施细则》(海外版内控手册)的编制发布，填补了石化集团公司海外上游业务内控管理制度的空白；重新修编《中国石化海外业务“十二五”发展规划》，明确了公司“十二五”发展思路、奋斗目标和重点措施；高度重视审计工作，促进公司进一步加强风险管控和规范管理；稳步实施ERP系统试点和与大项目公司信息系统对接，信息基础设施与通信应用系统建设扎实推进；

公司机关服务水平不断提高，综合协调能力显著增强，办公室在石化集团公司创建一流办公室活动中，被评为一流办公室。

（刘牧洋）

【党建工作有力推进】 2011 年，国际石油勘探开发公司围绕纪念建党 90 周年，积极举办红歌会、赴井冈山接受革命传统教育、开展“打造高度负责任、高度受尊敬企业”员工大讨论等活动，成功把党的政治优势和组织优势转化为公司的核心竞争力，为推进海外油气事业健康快速发展提供了坚强的思想保证、政治保证和组织保证。重视发挥团员青年的主力军作用，组织“与国勘同行、做国际化新青年”主题英语演讲等活动，引导团员青年立足岗位成才。扎实开展党风建设、反腐倡廉和效能监察工作，强化各项监督制度的贯彻落实，营造了健康稳定的内部环境。

（刘牧洋）

【队伍建设扎实推进】 2011 年，国际石油勘探开发公司狠抓海外项目领导班子执行力、沟通力和员工队伍建设；紧紧围绕海外业务发展大局选干部、配班子，加大海外机构领导班子的履职考核力度；积极推进干部人事制度改革，6 名干部被纳入党组管理，提拔中层干部 28 人，干部轮岗交流 48 人次。积极稳妥地开展人才成长通道建设，国际化人才培养力度进一步加大，全年组织员工参加各类培训班 202 期，培训中外员工 1 023 人次，其中外籍员工 106 人次，项目经理培训 66 人次，开展挂职和实岗锻炼 50 余人，员工轮岗锻炼 103 人次，员工队伍整体素质有效提升，队伍结构进一步优化。

（刘牧洋）

【企业文化建设和跨文化交流继续深入】 2011 年，国际石油勘探开发公司高度重视对内对外宣传和企业形象塑造，利用《国勘报》、《中国石化报》、《Sinopec Weekly》、《手机报》等媒体，及时宣传在国际化经营中涌现出来的先进集体和模范人物，展示公司在国际化经营中取得的各项新成就、新进展。积极探索跨文化融合的新方法、新途径，大力开展诚信文化、安全文化、廉洁文化、和谐文化建设，加强对中华优秀文化、中国石化企业文化和公司履行海外社会责任的宣传。

（刘牧洋）

【员工归属感和满意度不断提高】 2011 年，国际石油勘探开发公司全面完成海外薪酬福利制度改革，外派员工年平均收入增幅达到 28%；加快国内员工薪酬福利制度改革，健全收入正常增长机制。通过绿色通道为员工提供紧急就医、重大疾病救治服务，全年安排就医 63 例。积极组织职工参加体检，依据体检结果，总体分析公司员工整体健康状况，健康管理工作更加科学。及时调整因公临时出国（境）团组乘坐国际交通工具标准，改善员工的出行条件。积极推进住房货币化改革工作，完成住房货币化发放工作。为员工改善了办公条件，搬到宽敞明亮的新办公楼，各种服务设施明显改善。

（刘牧洋）

表 1　　国际石油勘探开发公司主要生产经营指标

指标名称 \ 年份	2011	2010	2009	2008	2007	2006
勘探新增权益石油可采储量（2P&2C）/万吨	3 729. 72	2 374. 60	3 043. 70	533. 70	183. 80	506. 30
收购新增权益石油可采储量（2P&2C）/万吨	10 297. 50	30 513. 20	10 422. 10	12 089. 00	452. 10	9 183. 20
年末剩余石油可采储量（2P&2C）/万吨	84 652. 52	71 042. 10	47 959. 20	35 361. 90	22 894. 30	21 547. 10
新增权益天然气潜在资源量（2P&2C）/亿立方米	419. 48	283. 11	201. 16	31. 55	—	0. 50
权益产量/万吨	2 288. 36	1 839. 66	1 279. 04	901. 22	686. 67	550. 22

国际石油工程公司

【概况】 中国石化集团国际石油工程有限公司(简称国际石油工程公司)成立于2003年12月,注册资本金4亿元人民币,本部设在北京。国际石油工程公司作为石化集团公司的全资子公司,以从事国际石油工程承包和技术服务为主,对石化集团公司国际石油工程承包、技术服务和劳务合作业务实行归口管理和统一协调;承担自营国际石油工程承包、技术服务和劳务合作业务的经营管理及油田企业自营国际石油工程承包、技术服务和劳务合作业务的管理、监督和协调;承包境外石油工程及境内国际招标工程,对外派遣实施境外工程所需的劳务人员,负责国际石油工程承包项目下的设备、技术和材料的出口工作及境外设备租赁、租购业务。

国际石油工程公司下设总经理办公室、企业文化部、纪检监察部、人力资源部、财务部、法律合同部、计划经营部、审计部、钻井工程部、地面工程中心、海洋工程部、物探工程部、HSE部、物流管理部、装备管理部、信息管理部16个职能部门和厄瓜多尔子公司、哈萨克斯坦子公司、哈萨克斯坦东方明珠公司、沙特分公司、也门分公司、阿联酋子公司等36个分(子)公司。

截至2011年底,国际石油工程公司员工总数为1 000人,其中中方员工491人,外籍员工509人。在中方员工中,有教授级职称的12人,高级职称的191人,中级职称的126人,其他162人,具有中高级职称的占81.8%;具有研究生以上学历的212人(其中博士研究生14人),本科学历266人,本科及以上学历的占97.3%。

国际石油工程公司2006—2011年境外合同额见表1。

(宋 磊)

【市场开发步入快速增长轨道】 2011年,国际石油工程公司针对外部环境对境外业务造成的冲击,特别是中东、北非动荡局势的影响,及时调整经营策略,细化完善工作部署,努力开发市场拿项目,全力保障境外队伍工作量稳定。坚持开发传统市场与新市场并举,实施高端业务、中端业务与低端业务并进,有力推动了市场开发逆势增长、业务总量持续扩大,新签合同额增速加快,创历史新高,境外石油工程业务继续保持了快速健康发展的良好态势。

不断巩固扩大老市场,规模化经营格局更加稳固。国际石油工程公司在沙特、巴西2个国家执行合同额超20亿美元,阿尔及利亚超10亿美元,科威特、尼日利亚、土库曼斯坦等5个国家超5亿美元,厄瓜多尔、叙利亚、墨西哥、乍得、哈萨克斯坦5个国家超2亿美元,也门、阿联酋、埃及、肯尼亚、埃塞俄比亚、澳大利亚6个国家超1亿美元。正在执行的石油工程技术服务合同突破百亿美元大关,达到119亿美元。

积极开拓新市场、新领域、新项目,境外业务实现了新突破。地面建设业务突飞猛进,先后中标沙特农业部水管线、沙特SWCC水管线、巴西铁矿浆管道、巴西第三化肥厂、阿联酋油库、加纳天然气管道和处理厂等一批大型EPC总包项目,全年新签合同额达到18.3亿美元。井筒业务在南美、中亚取得新跨越,在厄瓜多尔和哈萨克斯坦新签合同额分别达到1.8亿美元和1.1亿美元,分别比上年增长45.7%和46.1%。物探业务在玻利维亚、阿尔及利亚取得新进展,其中在阿尔及利亚中标索纳塔克公司2个二维和1个三维采集项目,合同总额3 288万美元。工程项下贸易业务有了新进展,中标5个项目,合同总额719万美元。

(宋 磊)

【高端发展之路越走越宽】 2011年,国际石油工程公司大力开拓高附加值、高技术含量和一体化服务业务。井筒业务相继在测录固、压裂酸化、超深钻井、浅海钻井等高端技术领域及油田综合服务市场取得新突破。在叙利亚、哈萨克斯坦、加蓬、缅甸等国家相继开展了钻、测、录、固、泥浆、管具、取芯、测试、下套管、定向、废弃物处理等服务业务;在墨西哥,充分运作EPC油田综合服务项目转型议标和南方局综合服务项目投标工作。物探业务加大数据处理和解释项目开发力度,先后投标厄瓜多尔、玻利维亚、阿尔及利亚等多个数据处理项目,分别在厄瓜多尔和玻利维亚中标1个数据处理项目。加快技术研发和技术储备,"可控震源高效采集技术"研发项目进展顺利。这些都标志着中国石化境外石油工程技术服务产业链条初步形成,基本具备了为境外油公司提供勘探开发整体解决方案和一体化服务的能力。

(宋 磊)

【重点项目进展顺利】 2011年,国际石油工程公司克服国际环境和安全局势对项目实施造成的不利影响,境外项目总体运行平稳,合同额均按计划完成。巴西天然气管道项目经过艰苦谈判,基本实现索赔目标;阿尔及利亚水管线项目成功运作合同变更,全线投产一次成功；沙特 3#号罐区项目精心组织实施，运行良好；沙特农业部水管线项目顺利启动；沙特 S55 二维物探项目顺利完工，S62 三维物探项目高效实施，取得较好经济效益；科威特、厄瓜多尔和哈萨克斯坦等国家的井筒项目按计划运行。

（宋　磊）

【公共安全管理成效显著】 2011 年，国际石油工程公司境外机构和签约项目共上报 12 起公共安全事件，为公司成立以来最多的年份，由于防范、应对得当，这些公共安全事件未造成任何人员伤亡。年内，圆满完成了利比亚、也门和叙利亚等高危国家的人员撤离工作；高度关注埃及、阿尔及利亚、哈萨克斯坦和哥伦比亚等国家的公共安全形势，落实安保措施，完善应急预案，确保人员和财产安全。在总结经验教训的基础上，始终保持高度警惕，不断加强公共安全培训等基础工作，进一步完善应急预案，细化防范措施，确保境外人员和财产安全。

（宋　磊）

【强化统一管理充分发挥一体化优势】 2011 年，国际石油工程公司按照“统一旗帜、统一品牌、统一标准、统一管理”要求，细化完善了国际石油工程项目管理、外部用工管理、HSE 管理、财务管理等系列规章制度，出版印发了《中国石化国际石油工程管理实务》，严格执行境外项目审批制度，境外市场开发秩序更加顺畅，项目管理更加规范。牵头组织完成“国际石油工程技术服务市场调研”、“国际石油工程技术服务公司调研”两个课题研究，组织召开了国际石油工程业务研讨会、国际物探技术交流会，认真分析国际石油工程市场形势和发展需求。根据石化集团公司领导干部座谈会精神，调整完善国际石油工程“十二五”发展规划，进一步明确了境外石油工程业务发展思路和战略目标。集中优势力量，组织油田企业统一投标实施了一批大项目；在境外机构推广科威特分公司、叙利亚分公司的统一管理模式，初步形成了具有中国石化特色的境外石油工程业务管理体系。

（宋　磊）

【完善制度建设夯实管理基础】 2011 年，国际石油工程公司结合境外石油工程业务特点和公司实际，编制发布了《2011 版内控手册》，对公司已有风险库与石化集团公司风险清单进行了全面评估与整合，进一步完善了风险与控制的对应关系。以精细管理为主线，修订完善《绩效考核兑现管理办法》，制定《全员绩效考核管理办法》，引入限制性、约束性和导向性指标，在给各境外机构和项目部下达总成本指标的基础上第 1 次将成本指标细分，将公司经营指标与各部门、境外机构和员工个人紧密挂钩，形成“人人肩上有指标、千斤重担大家挑”的浓厚氛围。组织进行公司制度标准化、信息化改造，制定《改善经营管理建议管理办法》、《比学赶帮超实施方案》和《全员成本管理实施方案》，规范投资计划和全面预算管理，持续推进全员成本目标管理，深入开展“比学赶帮超”活动，深化月度经济活动分析，公司运营成本得到有效控制。高度重视境外项目和资产监管，建立实施项目全过程风险预警机制。深化合同全过程管理，有效控制合同法律风险。强化财务集中管理，加强境外资金管控，顺利完成会计集中核算系统上线。配套完善境外项目关键装备，强化境外设备资产实物形态和价值形态的全面管理。加大境外审计力度，大力实施经济责任审计和管理效益专项审计，积极开展境外业务效能监察，确保境外项目受控运行。继续深入开展“我要安全”主题活动，坚持推广应用满足国际市场高标准需求的 HSE 体系，积极营造与国际接轨的 HSE 文化氛围，一批项目创造了“百万工时无事故”纪录。

（宋　磊）

【国际化人才队伍建设明显提速】 2011 年，国际石油工程公司按照石化集团公司《关于加快国际化经营人才队伍建设的若干意见》，把人才队伍建设摆到更加突出的位置，采取了一系列有针对性的强化措施。在严格把关、确保质量的基础上，坚持广开渠道，通过公司引进与境外机构自主招聘，引进了一批国际化经营急缺人才。组织开展 2011—2015 年境外关键岗位人才需求分析，确定高端人才队伍、复合型人才队伍建设目标。集中制定出台了《完善薪酬分配制度实施方案》、《派驻海外工作员工薪酬福利管理实施办法》、《人才通道建设实施方案》等一系列规章制度，鼓励员工投身境外石油工程事业、立足岗位成才，提高员工干事创业的积极性。坚持注重实效、注重应用的原则，组织开展全员培训，深入实施“全员素质提高工程”，积极开展企业文化、职业素养、管理通用知识、石油石化知识、外语等普及性培训和部分专业培训。树立全球化人力资源配置理念，积极使用外籍高端人才，部分单位外籍员工走上中层管理岗位，担任境外机构副总经理、总监等职务。

（宋　磊）

表 1　　国际石油工程公司 2006—2011 年境外合同额　　亿美元

指标名称＼年　份	2011	2010	2009	2008	2007	2006
新签合同额	23.00	16.88	16.52	15.95	9.99	5.22
完成合同额	12.80	14.25	14.86	9.35	4.67	2.25

财 务 公 司

【概况】 中国石化财务有限责任公司(简称财务公司)是由原中国石化总公司独家发起，经中国人民银行批准于 1988 年 7 月 8 日成立，以加强集团资金集中管理和提高集团资金使用效率为目的，为石化集团成员单位提供金融服务的非银行金融机构。财务公司位于北京市朝阳区朝阳门北大街 22 号。注册资本 100 亿元人民币(内含 6 000 万美元)，其中石化集团公司出资 51 亿元，占注册资本的 51%；石化股份公司出资 49 亿元，占注册资本的 49%。

财务公司股东会是公司的最高权力机构，实行董事会领导下的总经理负责制，董事长为法定代表人。财务公司有总经理兼党委书记 1 人，副总经理 2 人，党委副书记兼纪委书记、工会主席 1 人。本部设办公室、人事劳资部、风险控制(法律事务)部、经营管理部、财务会计部、稽核部、资金计划部、国际业务部、信贷部、投资银行部、结算部、信息部、金融研究开发部 13 个部室；京外设上海、南京、广州、山东、郑州、武汉、成都、新疆、天津 9 家分公司。截至 2011 年底，财务公司干部职工共 338 人，其中总部 98 人，分公司 240 人。

财务公司可以经营《企业集团财务公司管理办法》中列举的全部 15 项业务，具体包括：对成员单位办理财务和融资顾问、信用鉴证及相关的咨询、代理业务，协助成员单位实现交易款项的收付，经批准的保险代理业务，对成员单位提供担保，办理成员单位之间的委托贷款及委托投资，对成员单位办理票据承兑与贴现，办理成员单位之间的内部转账结算及相应的结算、清算方案设计，吸收成员单位的存款，对成员单位办理贷款及融资租赁，从事同业拆借，经批准发行财务公司债券，承销成员单位的企业债券，对金融机构的股权投资，有价证券投资，成员单位产品的消费信贷、买方信贷及融资租赁。此外，财务公司作为国内非银行金融机构结售汇业务首家试点单位，可以面向集团成员单位开展结售汇业务和集中收付汇业务。经书面授权，可以集中为集团成员单位开立、变更、撤销银行分账户。

2011 年，财务公司实现营业收入 20 亿元，实现利润总额 15.84 亿元，年末资产总额 1 371.77 亿元，所有者权益 142.49 亿元，资产负债率 89.61%。全年通过提供透支、委托贷款、直接购付汇、优惠贴现、理财等服务，累计为石化集团公司降本增效、节约财务费用间接贡献超过 30 亿元。在《金融时报》和中国社会科学院金融研究所推出的第 3 届“金龙奖”评选中，财务公司被评为年度最具创新力财务公司。

财务公司资产负债损益情况见表 1。

（李　昕）

【资金集中管理安全平稳运行】 2011 年，面对内部结算和对外收付业务量始终高位运行的新形势、新变化，财务公司强化风险防范意识，优化业务流程和岗位设置，深入推进“异常管理”，实施差错率考核，确保了内外部结算的安全平稳运行。全年结算资金总流量 1 372 万笔 37.16 万亿元，分别是 2010 年的 2.23 倍和 1.32 倍。其中，通过总分账户代理企业收付款 1 297 万笔 3.50 万亿元，分别是 2010 年的 2.28 倍和 1.44 倍。继续推动以加油站为重点的分账户上线工作，全年共 3 081 个银行分账户投入使用；完善 ATOM 系统和业务支撑平台功能升级；推动内部结算与会计集中核算衔接切换工作。年内财务公司顺利实现资金集中管理工作重点从系统上线到确保安全平稳运行的转变。

（李　昕）

【信贷业务进一步发展】 2011 年，财务公司配合石化集团公司发展战略、发展模式的转变，在做好石化集团公司全资成员单位信贷业务的同时，积极推进新能源项目贷款业务，稳妥开展合资企业贷款，探索石化集团贸易链融资。财务公司积极吸收企业存款和表外资金，存款日均规模 324 亿元，增长 11%；全年累计发放贷款 1 417 笔 1 928 亿元，有效满足石化集团公司和成员单位的资金需要；办理

1.13 万笔共 272 亿元的票据贴现，有效满足企业结算和降费需要；大力开展委托贷款业务，委托贷款日均规模 599 亿元。

（李　昕）

【投资、投行业务稳步发展】 2011 年，财务公司加强对股票、基金、债券、货币、理财等市场跟踪分析，抓住短期头寸资金投资机会，办理银行理财产品、债券逆回购、定期存款等。在董事会批准的投资范围内，规范运作，稳健操作，灵活调整投资方向和结构，实现了较好的投资收益。参与石化集团公司、石化股份公司超短期融资券发行工作，履行财务顾问职责。探索开拓资金受托管理业务，以满足企业短期资金管理需求。

（李　昕）

【筹融资平台作用进一步发挥】 2011 年，财务公司累计从市场融入资金超过 8 000 亿元，满足石化集团公司和企业的低成本融资需求和支付需要。特别是在季末、年末等集团大量付款的融资和支付任务面前，全力保障集团资金需求，充分显示了财务公司作为石化集团公司内部银行的筹融资保障能力。完成 20 亿元未分配利润转增资本金工作，为进一步增强筹融资能力奠定基础。

（李　昕）

【外汇业务服务实现新突破】 2011 年，财务公司稳健操作，累计结售汇 590.38 亿美元，同比增加 27.76%；累计收付汇 663.68 亿美元，同比增加 9.02%。获得面向京外成员单位开展集中付汇业务批复后，积极拓宽京外服务对象，异地售付汇业务实现突破。面对银行竞争加剧、企业价格敏感性提升等冲击，财务公司提高报价灵活性和市场竞争力，既争取企业购付汇业务，也帮助企业降低货币兑换成本。

（李　昕）

【金融研发能力有新提高】 2011 年，财务公司适应发展需要，整合、充实研究团队，增强研究开发力量，逐渐明确各部门在研究分析领域的定位和分工，积极关注市场，跟踪市场，金融业态、新产品开发、发展战略、市场分析等研究分析工作有序开展。

（李　昕）

【风险管理和内部管理进一步增强】 2011 年，财务公司制定和修订《参股合资公司信贷指引》等 6 个信贷管理制度；严格授信管理和信贷审查，提高资产质量；有效开展不良资产清收、股权管理工作；持续推进授权、法律事务及反洗钱工作。完成 2011 年版内控手册的修订工作，包含 79 个业务内部控制矩阵、2 062 个控制点；按照石化集团公司的统一部署和安排，推进制度标准化工作。开展稽核、迎审，对重点业务和领域开展管理和效益稽核，共完成 13 个项目；迎接银监会现场检查、国家审计署审计和国家外汇管理局现场检查。规范会计核算内容，建立财务快报制度，提高会计管理水平和财务报告的时效性。

（李　昕）

【信息化建设取得新进展】 2011 年，财务公司通过强化运维管理和日常监督，及时解决系统运行中的问题和故障，保证资金集中管理系统平稳运行。完成电子票据系统二期提升项目，投资管理系统、外汇系统功能提升项目，会计电子归档系统、征信数据报送系统、会计后督系统、综合考评系统的建设。完成部分基础设施的改造，建立公司信息应用管理系统，公司信息化的管理水平得到提升。

（李　昕）

【队伍建设稳步推进】 2011 年，财务公司健全完善公开竞聘机制，开展选人用人满意度问卷调查，建立职代会民主评议选人用人工作和新提任领导干部履职表现的工作机制；建立综合考评系统，开展全员在线年度考核工作。完善薪酬分配制度，优化薪酬分配结构，健全收入正常增长机制；完成人才成长通道建设方案，构建了具有石化金融特色的职位序列体系；组织开展全员素质能力测评，探索石化金融人才队伍培养和使用规律，为建立科学选才、育才、用才机制提供有效依据；优化人才流动配置，开展领导干部和重点人才培训，提高了员工队伍整体素质。

（李　昕）

【党群工作和廉政建设取得新成绩】 2011 年，财务公司围绕迎接庆祝建党 90 周年，组织开展专题教育和纪念活动，召开庆祝建党 90 周年暨表彰大会，制定实施《公司基层党支部工作细则（暂行）》，加大党员队伍教育和管理力度。扎实开展“为民服务创先争优”活动。召开第 1 届职工代表大会暨第 3 届工会会员代表大会，健全完善群众组织建设。开展党风党纪和廉洁从业教育，扎实做好业务公开和效能监察工作，完善纪检监察机构设置和人员配备，制定完善公司三重一大、党风廉政系列制度。

（李 昕）

【服务年活动取得良好成效】 2011年，财务公司在深入推进“比学赶帮超、创建一流财务公司”工作的同时，开展了以“强化服务意识、改进服务方式、提高服务能力、拓展服务领域”为主题的“服务年”活动。开展献计献策、主题演讲、征文比赛、岗位练兵等活动。窗口单位改进服务方式，推行首问负责制，开通服务热线，依托信息平台建立实时联系机制；形成了一系列文本化的服务内容标准和服务规范体系。健全完善财务公司“客户经理制”服务模式，深入推进财企互动，加强对企业的需求调查和实地走访，深化重点项目合作，创新服务品种；建立完善服务满意度反馈体系，设立服务满意度、差错率、及时率、安全度等评价指标，初步建立完善考评奖惩机制，企业服务满意度从2010年的91.29%提升至96.52%。通过“服务年”活动，夯实了财务公司发展基础，丰富了经营管理经验，为加快实现创建一流财务公司奋斗目标奠定了坚实的基础。

（李 昕）

财务公司“优质服务从我做起”演讲比赛

表1 **财务公司资产负债损益情况表** 亿元

指标名称＼年份	2011	2010	2009	2008	2007	2006
流动资产	1 184.44	959.68	1 029.04	1 103.02	966.26	811.29
长期资产	185.94	165.17	140.75	108.91	139.24	74.37
无形、递延资产	1.39	1.26	1.10	0.25	0.18	0.05
资产总计	1 371.77	1 126.11	1 170.90	1 212.18	1 105.68	885.71
自营资产总额	757.56	537.39	567.41	604.84	456.66	360.18
流动负债	1 165.17	926.87	928.94	980.54	839.35	745.08
长期负债	64.11	65.27	108.78	126.91	127.94	69.21
所有者权益	142.49	133.98	133.18	104.73	138.39	71.41
实收资本	100.00	80.00	80.00	60.00	60.00	60.00
资本公积	12.86	16.58	27.57	11.12	56.15	0.19
盈余公积	10.53	9.30	8.13	6.94	5.82	4.68
未分配利润	13.30	22.41	11.92	21.23	12.88	4.40
负债及所有者权益	1 371.77	1 126.11	1 170.90	1 212.18	1 105.68	885.71
营业收入	20.00	17.90	16.73	23.26	17.23	15.92
营业支出	4.19	2.47	1.27	7.78	2.51	2.57
营业税金及附加	1.24	1.15	1.30	2.02	1.40	0.86
利润总额	15.84	15.47	15.59	15.49	14.72	7.25
净利润	12.27	11.79	12.01	11.36	10.02	4.76

百川公司
（机关服务中心、机关服务局）

【概况】 中石化百川经济贸易公司(中国石油化工集团公司机关服务中心、中国石油化工集团公司机关服务局)简称百川公司(机关服务中心、机关服务局)，英文缩写BCETC(OSC/OSB)，主要负责为石化集团公司和石化股份公司总部机关及专业公司提供后勤服务保障，是石化集团公司直属专业公司、全资子公司，由原中国石化总公司机关事务部发展演变而来，企业性质为全民所有制。

百川公司成立于1993年2月，注册资金3 000万元人民币，注册地址为北京市朝阳区朝阳门北大街22号，经营范围为：自有房产的经营管理和房屋修缮、汽车零配件、办公用品、劳保用品、洗衣服务等。

机关服务中心于1995年2月经原中国石化总公司正式批准成立，2002年11月经石化集团公司人事部、中央机构编制委员会办公室和国家事业单位登记管理局批准，成为事业单位法人，开办资金460万元，其宗旨和业务范围是：为石化集团公司机关办公与职工生活提供后勤服务，承办机关委托事项。机关服务局于2008年9月经石化集团公司批准成立，是石化集团公司机关行政部门。机关服务中心、机关服务局与百川公司是一套机构、三块牌子。

百川公司(机关服务中心、机关服务局)下设办公室、人力资源处、财务处、企业管理处、质量检查处、基建工程处、房产管理处、安全保卫处、设备工程处、服务处、餐饮处、供应处、交通处、医务处、外协工作处等15个处室和实华饭店、国际旅行社、会议中心、和园景逸大酒店等4个经营单位。承担着石化集团公司及其总部机关的10余项事务管理职能，包括房产管理、基建项目管理、办公用房分配和调整，石化集团公司“三委办”、献血办、房改办、土地办、医保办、交通安委办，总部职工体检、子女入学转学及共建学校联络等。

截至2011年底，百川公司固定资产净额5.88亿元，机关服务中心固定资产净额0.66亿元。百川公司(机关服务中心、机关服务局)共有正式职工307人(其中内退4人)，劳务工1 188人。

（郭跃升）

【重点任务顺利推进】 小营办公区项目经过不懈努力，完成维修改造及开办准备，10个部门(单位)的1 300名员工安全入驻。大郊亭项目完成设计方案征集及优化调整，并确定了建设主体，各项工作进展顺利。科研中心项目经与政府相关部门大力协调，相关工作取得突破性进展。和平里商住楼集中供热改造工程全面完成。协和医院保健基地、学术报告厅等项目完成建设任务，正式投入使用，北区工程进入内装修阶段。保健基地服务保障工作坚持高标准，得到了院方及患者的高度评价，在有120名省部级领导参与的测评中，获得了综合考评第1名、导医服务99分的好成绩，为巩固中国石化与协和医院的战略合作关系奠定了基础。全国人大机关办公楼项目获2010—2011年度中国建设工程质量最高奖——鲁班奖。

（郭跃升）

【日常服务圆满完成】 坚持不断提升标准化和个性化服务水平，全年共完成餐饮服务140万人次，在面向总部机关员工的问卷调查中，服务满意率达98.8%，总部机关食堂获得中央国家机关健康食堂和北京市全民健康生活方式示范食堂称号；完成内部会议服务2.2万余次、交通服务3.9万次，总部机关获北京市交通安全管理先进单位称号。在对总部机关各部门的意见征询中，交通服务满意率实现100%；安保前台接待来访客人21.7万人次，协助办公厅妥善处理上访事件210余起，内部安全保卫工作获北京市集体三等功，消防工作获北京市先进单位称号；组织各类维修2.7万项，设备处设备运行班被全总能源化学工会授予全国工人先锋号称号；完成自管住宅维修及入户服务2.8万次，人防工作获中央国家机关先进称号；提供日常医疗服务7 175人次，组织完成各类人员年度健康体检3 537人，办理医保报销4 267人次，帮助员工外院就医523人次；设立了广安门医院中石化门诊部，为员工开展中医诊疗1 012人次，把党组领导关爱员工健康的指示落到了实处；帮助员工子女办理小学入学、小升初及中学转学等116人，一站式服务接受咨询、报修及意见建议1.3万次；“三委办”工作，办公用品、洗衣、票务等其他各项服务工作也得到了广大服务对象的一致好评。

（郭跃升）

【经营业绩再创新高】 坚持创服务品质、创经济效益、创一流品牌相结合，不断加强经营管理，百川公司全年共实现营业收入2.37亿元，同比增加34%。其中，和园酒店在通过五星级酒店评定基础上，实现营业收入1.00亿元，同比增长38%；会议中心实现营业收入7 515万元，同比增长40%；旅行社实现营业收入4 152万元，同比增长15%；实华饭店实现营业收入2 169万元，同比增长10%。

（郭跃升）

【队伍建设成效显著】 狠抓队伍思想建设，深入学习贯彻石化集团公司有关会议精神和党组领导讲话精神，认真组织“打造高度负责任、高度受尊敬企业”大讨论，大力开展防骄破满教育和理念教育，精心组织编撰《理念案例》，有效促进了员工正确价值观、是非观的确立。健全人才选拔及成长机制，按照公开、公平、公正、民主，重群众评价和重实绩的原则，组织开展管理岗位任期届满新一轮竞聘，共聘任干部266人，其中新提任62人，确立了正确的用人导向。按照石化集团公司统一部署，科学制定了中心人才通道建设实施方案和完善薪酬制度方案，规范职位序列，完善岗位设置，进一步畅通了各类人才成长通道。突出抓好劳务工队伍建设，明确了劳务工人才通道建设思路，制定了近期和中长期规划，规范了劳务工薪酬序列，提高了岗位工资和班长津贴，建立了劳务工骨干备案和联系人制度，聘任管理岗位劳务员工47人，有效激发了劳务工的工作积极性。大力组织培训交流，分层举办各类专题培训班近百次，精心组织了103名员工参加的餐饮、客房、会议3个工种的服务技能竞赛，积极派出相关人员赴中国海洋石油、青岛海景大酒店、中银大厦学习先进经验，促进了管理和服务水平的提高。

（郭跃升）

【内部管理更加严细】 进一步完善制度体系，修订并进行制度标准化改造31项，完成了内控流程的对接和内控手册实施细则。积极开展服务操作大纲编写，完善绩效考核方案，制度的科学化水平进一步提高。健全质量检查体系，成立了质量检查处，设置了业务处室质检科或专职质检岗位，配备了高素质人员，建立了四级质检体系，形成了全方位、全过程的质检工作格局。进一步强化专项管理，大力开展“我要安全”、查找身边“十大薄弱环节”、安全生产月等活动，周密组织了总部机关869人参加的“11·9”消防疏散演习，得到了安全主管部门的高度评价。精心组织设备大检查，统一设备管理标准，大力实施修旧利旧，积极开展节能宣传，总部大楼全年水、电用量同比分别下降了6.3%和12%。进一步完善采购制度，规范采购流程，强化采购事前控制，加强供应商管理考核，提高了物资质量和价格的管控水平。严格执行石化集团公司关于财务、审计管理的各项规定，做到了资金安全和成本费用不超支。全面组织固定资产清查核对15 974件，实现了账实相符。进一步加强外委单位管理，保证了各外委项目的服务水平。

（郭跃升）

【党的建设有效强化】 组织纪念建党90周年系列活动，举办中心纪念建党90周年红歌会，开展“我身边的党员故事”征文活动，为全体党员和领导干部发放《做最好的党员》、《中国共产党为什么能》等书籍。组织党员群众共480余人参观石化集团公司纪念建党90周年大型文献展、汶川地震灾后恢复重建主题展和西柏坡革命旧址。组织党(总)支部换届及人员调整，举办入党积极分子培训班，发展新党员4名，增强了党组织的影响力和感召力。大力开展“为民服务创先争优”活动，制定了面向全体服务对象和中心员工的服务承诺，广泛征求18个处室(单位)184名党员和群众的意见建议，组织民主评议党员和党员公开承诺活动，召开领导班子民主生活会，增强了全体党员的党性意识和群众意识。努力做好群众工作，继续坚持和强化“六必访谈”、一线员工座谈会、“0123”热线电话、领导干部接访等制度，畅通了工作渠道。按照石化集团公司部署，为员工增加了工资收入，实施了不住宿劳务工交通补贴和临时性缺员补贴等措施，进一步增强了中心凝聚力。积极帮助员工解决困难，上门慰问生病住院及各类困难员工及家属近140人次，组织员工为2名患病员工捐款15 290元，使员工感受到了企业温暖。充分发挥工会、共青团作用，努力丰富员工文化生活，组织开展团拜会、体育比赛等丰富多彩的活动，营造了和谐向上的内部氛围。

（郭跃升）

联合石化公司

【概况】 中国国际石油化工联合有限责任公司(简称联合石化公司，英文缩写UNIPEC)是石化股份公司的全资子公司，是中国最大的国际贸易公司，经营范围包括四大板块，即原油贸易、成品油贸易、LNG贸易及仓储物流等国际石油贸易业务。公司设办公室、财务部、审计部、纪检监察处、原油部、成品油部、天然气部、运输及执行部、计划信息部、风险控制部、发展部；在国内设有3个口岸分公司和1个合资公司：联合石化宁波分公司、联合石化青岛分公司、联合石化二连浩特分公司及中海油中石化联合国际贸易有限责任公司；在境外设立了5个子公司和1个代表处：联合石化亚洲有限公司、联合石化英国有限公司、联合石化新加坡有限公司、联合石化美洲有限公司、中石化冠德控股有限公司(香港上市红筹股公司)及联合石化越南代表处。

2011年，联合石化公司认真贯彻落实石化集团公司党组的战略决策和部署，深入学习实践科学发展观，积极转变发展方式，遵照党组领导提出的"把联合石化打造成为具有市场领导地位的国际一流贸易商"的战略目标，大力推进实施资源战略、市场战略、一体化战略和国际化战略，紧紧围绕"保供、降本、做大、做强"宗旨，进一步强化了坚持大局意识、团队意识、服务意识和市场意识的"四个坚持"经营理念，认真开展"比学赶帮超"和创先争优，开拓创新，主动服务，协同创效。全年公司实现石油贸易量2.2亿吨，贸易额1 700多亿美元。

(葛韩华)

燃料油销售公司

【概况】 中国石化燃料油销售有限公司(简称燃料油销售公司)是根据石化集团公司统一部署，于2010年5月27日注册成立的燃料油经营专业化公司，是石化股份公司的全资子公司，负责燃料油的集中销售，主要经营范围为燃料油批发零售、仓储、加工调和；成品油批发零售、仓储；其他石油制品经营等。

燃料油销售公司本部位于北京，截至2011年底，设7个管理部门，下辖天津、山东、江苏、上海、浙江、福建、广东7个分公司和浙江舟山、新加坡2个全资子公司；用工总量730人，其中正式职工567人；总资产99.6亿元；拥有油库49座，库容总量157.4万立方米。燃料油经营网络覆盖国内重点港口。

2011年，燃料油销售公司实现经营总量1 554万吨，同比增长49%，其中保税油经营量201万吨；销售收入694亿元，利润2.3亿元。

(李登兴)

【保税油经营实现跨越式发展】 2011年，燃料油销售公司全力抢滩布点，开通14个保税油网点，辐射中国40个港口，实现了保税油连锁经营网络的跨越式发展，区域市场控制力和竞争力逐步显现，舟山等港口市场占有率超过50%。充分发挥中国石化品牌优势和资金优势，积极发展优质客户，全年新开发终端客户108家。销售结构持续优化，单船最大加油量5 600吨，在巴拿马和富查伊拉实现海外船加油的突破。通过与中国石化中海船舶燃料供应有限公司、中国石化长江燃料有限公司和BP公司的全面合作，进一步扩大了市场影响力。建立服务规范和标准操作流程，推行船加油"十步法"，努力提升服务质量；积极优化作业流程，通过"一船多供"等方式，有效提升了配送能力和服务效率，降低了运营成本。

(李登兴)

2011年8月17日，燃料油销售公司与英国石油(BP)新加坡私人有限公司在北京签订全球船供油业务战略合作协议

【内贸业务经营质量显著提升】 2011年，燃料油销售公司积极争取中国石化总部政策和生产企业支持，推进燃料油生产基地建设，稳定了石化资源，开创了国内来进料复出口资源供应保税市场的先例。针对国内自有资源不足的问题，千方百计拓展渠道、采集资源，通过发展调和业务和拓展地炼委托加工等手段，尽最大可能满足国内经营需要。加快内贸船加油网点建设，全年发展经营网点32个、终端零售网点24个，江苏分公司淮安等水上加油站迅速成为万吨站。加大水上市场开拓力度，发展了一批优质终端客户，与旗滨玻璃有限公司、江西铜业集团等客户联系更加紧密，圆满完成了胜利油田换烧油任务，陆上终端市场优势进一步得到巩固。充分利用原油和燃料油组合销售政策，加强与地炼企业的联系和沟通，积极扩大供应品种、供应范围和非配售业务，地炼市场拓展取得明显成效。

(李登兴)

【国际化经营快速突破】 2011年，燃料油销售公司充分发挥新加坡子公司国际化经营的"桥头堡"作用，结合品种特点，通过优化长期合约和现货比例、拓宽贸易渠道和扩大一手资源采购规模等措施，努力提高海外资源组织能力，稳定了保税资源和地炼原料供应。以租用浮仓为依托，细分客户类型，开展差异化营销，大力开发当地船加油市场。积极开展第三方国际贸易，做大经营规模，提升市场影响力。依托稳定的终端销售，稳健操作套期保值业务，规避市场风险。挖掘国际化经营创效潜力，优化资金运作，实现资金增值上亿元，资金运作成为新的效益增长点。

（李登兴）

【储运设施建设工作持续推进】 2011年，燃料油销售公司结合长远发展需要，充分调研论证，优化完善了“十二五”发展规划。确定了海南洋浦储备库，规划新建马鞭洲和穿鼻岛等一批中心库和分销库。滨江油库一期工程投入使用，南疆油库进入施工收尾阶段；新租社会库容44万立方米，特别是在新加坡租赁浮仓30余万立方米，有效支撑了国际化经营和库存运作。通过期租和次租相结合，大力发展配送船队，拥有配送船90余艘。结合隐患治理，对普陀、五里牌、琯头、东澳等油库实施了适应性改造，优化提升了功能。积极争取支持，划转和使用系统内库容22万立方米，进一步优化资产结构，实现低成本快速扩张。

（李登兴）

【全面加强安全环保和数质量管理】 2011年，燃料油销售公司认真落实“谁主管、谁负责”的安全生产责任制，深入开展“我要安全”主题活动。全员签订《安全岗位责任书》，实施油库隐患整改，加强油库安全检查，全面开展防溢油污染隐患排查，发布公司整体应急预案。积极推进QHSE管理体系建设，全力做好职业健康工作，为一线人员配置防油防静电劳保服、劳保鞋、救生衣等10多类个体防护用品，公司本质安全能力有效提升。通过全面落实数质量管理责任、规范库存盘点流程、加强油品损耗跟踪监控、加大基础设施建设等措施，不断提高数质量管理水平。全年没有发生上报等级安全环保及数质量事故、事件。

（李登兴）

【不断强化财务管理和风险防控】 2011年，燃料油销售公司两级核算工作效率明显提高，财务基础管理进一步加强，逐步形成费用支持主业发展的预算理念，实施效果明显，两级分析例会制度全面建立，价格管理更加及时到位，财务管理服务经营的作用有效发挥。颁布实行首部内控制度细则，加强资金管理，跟踪监控库存风险，实行集中授信，开展信用保险，建立应收款预警机制，以财务监控为主体的风险控制体系逐步建立。全年出具法律意见近100条，有效处理和避免了数起法律纠纷。

（李登兴）

【信息化水平进一步提升】 2011年，燃料油销售公司围绕“进一步深化信息系统建设和应用，以科技手段提升经营管理效率”工作目标，制定了公司信息化建设5年规划。完成了新加坡子公司ERP系统上线运行，加强ERP系统与炼厂的集成，提升系统功能；建成投用对外网站、内部门户网站和期货管理等系统，完成了公文处理、财务报销、合同管理等协同办公平台的集成，进一步规范办公流程，提高了工作效率；完成3家分(子)公司的视频会议系统推广。公司信息化应用水平进一步提升。

（李登兴）

【人才队伍建设全面展开】 2011年，燃料油销售公司开展“四好”班子创建活动，有效带动了干部队伍建设，分(子)公司领导班子“谋发展、带队伍、出业绩”的功能和作用逐步体现。采取引进与盘活相结合的方式，优化队伍结构，共有100余人实现转型转岗。全方位、多层面开展培训，员工参加各类培训800余人次，全年组织特种作业人员培训取证400多人次，保证了每一名员工持证上岗、安全从业。建立联量联利的绩效考核机制，统一基本薪酬分配制度，完善二次分配工作，制定了人才成长通道建设的实施方案，初步确定了经营管理、专业技术和技能操作三支人才队伍的职位序列，为加快人才队伍建设奠定基础，有效调动了扩销增效的积极性，改善了基层员工待遇。

（李登兴）

【深入推进廉政建设和效能监察工作】 2011年，燃料油销售公司全面加强企业廉政建设和效能监察工作，完善廉政建设规章制度，构建廉洁从业责任体系，组织每一位员工签订了《廉洁自律承诺书》，大力开展廉洁教育。确立效能监察工作机制，形成公司两级效能监察工作格局。全面规范招投标程序，保障项目建设合法合规。深入推进业务公开，全面开展网上巡视，不断提高监管成效。

（李登兴）

【企业凝聚力进一步增强】 2011年，燃料油销售公司深入开展“为民服务创先争优”活动，通过推进“三服务三满意”活动，提升了对外服务形象，改进了本部工作作风，提高了全体员工满意度。通过“比学赶帮超”活动，有效传递了工作压力，提升了员工争创先进的积极性。组织开展企业帮扶救助工作，全年共帮助困难员工 22 人。开展“我与燃料油公司共成长”周年纪念系列活动，扩大了公司影响力、增强了凝聚力。大力宣传和实时报道各级公司工作亮点，促进全体员工“知企情、明使命、共奋进”。开展“我为公司献一计”活动，依靠集体智慧和力量加快发展。实施典型引路，129 人次获各类先进称号。创新形式丰富员工文化生活，组织员工参加石化集团公司纪念建党 90 周年红歌会演出并获二等奖。

（李登兴）

经济技术研究院（咨询公司）

【概况】 中国石油化工集团公司经济技术研究院（简称经济技术研究院）的前身是成立于 1971 年的燃料化学工业部石油化工设计院，1983 年中国石化总公司成立后，更名为中国石化总公司规划院。1999 年 12 月底，中国石化总公司规划院和原石化集团公司信息中心的经济技术信息部分合并，成立中国石油化工集团公司经济技术研究院，与中国石化咨询公司合署办公。

中国石化咨询公司（简称咨询公司）成立于 1985 年，1994 年获国家认定的首批甲级工程咨询资格，是中国工程咨询协会的常务理事单位和国际咨询工程师联合会（FIDIC）正式会员，2004 年获得承担国家发展和改革委员会委托投资咨询评估任务的资格，是国内第 1 批获得该资格的 35 家咨询机构之一。

经济技术研究院的主要职责是：研究石化集团公司发展战略问题，提出石化集团公司上中下游一体化的发展战略、技术创新和市场营销战略的建议。研究国内外经济、地区经济、相关行业经济发展动态和趋势，提出石化集团公司的对策和建议。研究国家宏观调控、行业监管、重大经济政策的变化趋势以及执行过程中遇到的问题，提出改进、完善、实施的意见和建议。研究石化集团公司原油、成品油以及石化产品的市场需求、价税状况分析和变化趋势预测，提出石化集团公司市场开发及市场营销策略的建议。负责经济信息和技术信息的收集、综合、分析并提供相关资料；负责石化集团公司经济、技术信息数据库的建设。受委托负责组织石化集团公司决策的固定资产投资项目可行性研究报告的评估和后评价工作。开展企业诊断和企业绩效分析研究，并提供企业绩效分析方法。负责石化集团公司技术经济评价的方法、参数与数据的研究、编制和制定。负责石化集团公司期刊（公开发行期刊及内部交流期刊）归口管理工作。开展经济、信息、管理、技术、重大决策的咨询等经营业务和中介代理业务，为中外企业服务。与国内外经济研究机构、咨询机构开展经济研究等方面合作研究和交流等。

咨询公司主要职责是：对石化集团公司固定资产投资项目进行可行性研究的评估和后评价。经营范围：石油化工方面的工程咨询、技术咨询。2011 年，咨询公司原全资子公司中石化上海咨询公司更名为中石化节能技术服务公司，注册资本由 500 万元增至 5 000 万元。

经济技术研究院（咨询公司）内设机构 14 个。其中，管理部门 6 个，分别为：院办公室、党委办公室、财务处、人事教育处、经营部（综合管理处）、行政处；业务部门 8 个，分别为：发展战略研究所、经济政策研究所、市场营销研究所、信息研究所、基础部、评估部、营销策略研究所、中石化节能技术服务公司。另外，中国石油化工信息学会、中国工程咨询协会石化分会挂靠经济技术研究院，并依托经济技术研究院开展工作。

截至 2011 年底，经济技术研究院（咨询公司）在职职工 217 人，其中 186 人具有专业技术职务任职资格，占全院职工总数的 86%。拥有博士研究生 11 人、硕士研究生 69 人，具有教授级高级技术职称的 11 人，高级技术职称的 83 人。

2011 年，经济技术研究院（咨询公司）共完成各类研究任务 517 项，其中专题研究 346 项，咨询研究 31 项，评估评价工作 37 项，完成重大研究工作 19 项。

（王　睿）

【战略研究】 2011 年，经济技术研究院围绕石化集团公司建设世界一流能源化工公司的目标要求，重点开展并完成了“十二五”中国石化炼油、化工业务的发展环境及发展态势研究，对炼油、化工业务“十二五”的发展目标及措施提出了调整建议；开展了“2030 年中国能源结构预测”、“2020 年中国石化发展目标解析”等前瞻性研究以及“2030 年能源结构调整对新技术的要求”、“2030 年石油化工产品结构调整与趋势”等相关研究。

围绕资源战略的实施，结合国家大力发展战略性新兴产业的新形势，深入开展了中国石化煤化工、生物化工、新能源等新兴产业研究，重点完成了“新疆煤炭加工利用规划”、“中国石化煤化工的低碳化发展思路”、“中国石化青海海西州、蒙东地区煤化工布局发展机会”等基础研究。进一步加大对生物化工及替代能源等新兴产业研究的力度，重点开展了“国内外生物柴油产业发展现状及趋势”、“低碳能源(地热、电动汽车等)发展现状及趋势”等研究。

围绕中国石化三大炼化企业群的建立，积极开展企业及区域发展规划研究，重点完成了“福建省石化发展规划”、“茂名市石化发展规划”、“上海漕泾炼化一体化研究”、“连云港石油化工产业规划方案”和“九江石化园区发展规划”等地区性规划研究。

经济技术研究院积极开展国家或产业发展规划研究，重点完成了国家能源局委托的“国家炼油行业‘十二五’发展规划专题研究”、《中国能源展望2012(石油篇)》、国务院国资委委托的“石油石化国企‘十二五’规划研究”、工信部委托的“我国烯烃产业‘十二五’规划研究”以及国家发改委委托的“我国石油天然气储备发展规划”等研究。

(王　睿)

【产业研究】 在宏观经济与产业发展趋势研究方面，经济技术研究院从经济、资源、市场、技术和政策等方面，对“国内外宏观环境及发展趋势”进行深入研判，为2011年召开的以“推进科学发展、打造国际一流”为主题的研讨会提供了数据翔实、内容丰富的参阅材料；注重与国际、国内著名研究机构的交流，构建起“国内外宏观经济走势”研究体系，充分做好“国内外宏观经济走势及预测”月度、季度、年度分析；加强对国际金融形势的分析，积极开展“美国债务上限调整”、“欧洲主权债务危机发展及影响”、“油价变化对美国经济的影响分析”等重大金融经济焦点问题的跟踪分析，开展了将宏观经济研究与产业形势研究有机结合的积极探索。

在宏观经济政策与产业政策研究方面，经济技术研究院重点开展了“2011年中国房地产最新调控政策影响分析”、“国家发布2012年关税实施方案对国内石油石化产业的影响”等政策研究；开展了“中国—东盟自贸区建成一年来对中国石油石化产业影响”、“中国—海合会自贸区谈判新形势分析及对策”、“ECFA协议后续谈判对大陆石化产业影响及应对措施”以及“跨太平洋伙伴关系协定(TPP)分析”等专题研究，完成了工业和信息化部委托的“石化产业安全问题研究”，提出了对中国石化产业具有可操作性的产业安全政策清单和产品排序清单；开展了“扶持石化产业绿色低碳技术和产品的政策研究”、“碳金融对中国石化的启示”等基础性研究；开展了“油价逼近百元石油价税政策对中石化影响及调整建议”、“资源税从价计征及推广实施对中石化的影响及建议”等研究，继续办好“成品油定价机制专家论坛”，为石化集团公司长远发展和生产经营谋求良好政策环境。

在石油石化市场研究方面，经济技术研究院充分发挥“国际油价预测体系”和“石油石化市场预测体系”的科学预测功能，重点完成了“系统外成品油资源监测”、“甲醇产业发展趋势及应对策略”、“大城市限行限购对汽车及汽柴油市场的影响”以及“2011—2012年重点石油石化产品季度分析”、“每周国际油价观察”等短期预测；继续发挥优势，不断加强中长期前瞻性市场研究，重点开展了“成品油供需现状及‘十二五’预测”、“2020年中国油品需求、世界及中国主要化工产品需求预测”等中长期预测。紧密跟踪国际市场变化，开展了“台塑六轻事故及影响分析”、“台湾增塑剂事件及其影响”、“日本地震及中东北非局势对国际石油市场的影响”、“国际局势变化对油价的影响”、“日本核危机对世界能源市场及政策影响分析”等突发事件的影响研究。密切跟踪特种化学品的发展动态，重点开展了“烯烃类热塑性弹性体(TPO、TPV)的技术、市场及发展”、“非纤聚酯产品技术及应用前景”、“中国石化进入树脂改性料市场的战略”、“碳五资源综合利用及异戊橡胶发展研究”等课题，为石化集团公司开拓新产品、新材料业务领域提供基础支持。密切跟踪中东石化项目和国内煤制烯烃项目进展，重点开展了“中东石化工业”、“我国煤制烯烃发展”等专项研究。加强营销策略研究，开展了“炼油产品品牌化经营战略”、“中国石化燃料油业务发展思路”等研究。

在国内外大公司发展研究方面，重点开展了“国外石油公司综合指标标杆值”、“国内外主要石油公司成本效益比较”、“国内外知名公司品牌建设的特点与经验”、“中国三大石油公司2011年海外业务并购分析”等研究。还开展了“道达尔集团化工业务板块出售部分资产分析”、“陶氏化学业务调整分析”等研究。

(王　睿)

【评估评价】 2011年，经济技术研究院科学、公正地完成了近30项评估工作，研究领域拓宽到项目申请报告、装置新建或技术改造、烟气脱硫、安全隐患治理、铁路专用线、立式仓库建设等，研究范围拓展到了国外项目。对“仪化公司4.6万吨/年PT-MEG项目”、“南化公司15万吨/年硝基氯苯以及配套工程”、“河南油田5万吨/年氯酸钠项目”、“巴陵10万吨/年橡胶填充油”等项目提出了停建或缓建的建议；对"山东董家口码头 LNG 项目轻烃利用方案"、"催化剂分公司 3.3 万吨/年裂化催化剂"等项目提出重大方案调整的评估意见，使项目经济效益和竞争力明显提升。其中，受国家发改委委托开展的"阿穆尔—黑河边境油品储运与炼化综合体项目"申请报告评估，不仅优化调减了项目报批总投资，还经反复论证优化了建设规模和方案，为政府部门科学决策提供了重要参考依据。

在后评价方面，完成了"青岛大炼油、海南炼化项目后评价"、"巴陵、石家庄已内酰胺后评价"、"珠三角成品油管道后评价"等10余项后评价。

（王　睿）

【信息研究】　2011 年，经济技术研究院加强了对重点国家和地区地缘政治、产业发展相关信息的分析研究，不断改进对中东、里海、非洲、北美及拉美等地区的资源和开发趋势的研究，完成了"中东、拉美、里海、非洲油气资源和利用及其经济政策环境分析"等重点地区研究报告，"沙特、委内瑞拉、伊拉克等重点国家的投资机会研究"以及"北美页岩气化工对中国石化工业的影响和对策研究"等产业发展研究。高度关注中东北非局势以及日本地震海啸等焦点事件，以"中东北非快讯"、"日本地震与石化信息快报"等形式，及时报道中东北非局势及日本地震相关信息。开展了"中东北非地区局势分析和对策建议"等地区研究、"沙特、利比亚、埃及、阿尔及利亚、叙利亚、也门等重点国家的局势演变及影响分析"，及时分析掌握资源国经济、政治、安全等环境变化，为中国石化加快"走出去"步伐提供支撑。

在基础信息服务工作方面，不断提高《每日要情》、《重要信息快报》、《石化参考》等信息报告的深度和广度，坚持将重点领域和关联领域相结合，将舆论热点和背景探索相结合，保证信息的时效性和可靠性，为各级用户提供优质及时的信息资源。继续认真办好《当代石油石化》，并顺利完成《石油石化节能与减排》的创刊工作。

在基础信息建设方面，建成了内容涵盖宏观经济、能源、石化供需、相关产业、专业协会、油气储运、公司企业、技术经济、专家库以及专题库 10 个结构化数据子库的经济技术应用系统数据库，累计导入数据近 500 万条，数据库建设实现了预定目标和功能，并于 2011 年底通过验收。同期建成的数字图书馆首次实现了院内资源的在线查询和共享，大大提高了信息资源的使用效率。

（王　睿）

【生产经营优化研究】　在供应链优化研究方面，经济技术研究院充分发挥供应链优化体系的功能，加强总部资源优化工作，完成了"年度/季度计划优化"等方案测算，重点向石化集团公司的原油资源配置、化工轻油互供、成品油分区域销售等提供优化支持。持续加强进口原油采购计划优化工作、进口原油长期合同计划优化工作。原油在线优化调和研究实现了原油采购与原油调和的有机结合，达到世界先进水平；"原油现货采购优化"研究坚持按月对 100 余种原油进行 20 多家企业的保本价格以及加工利润等测算，实时开展新品种原油的评估与对比分析；化工板块投入产出分析研究，已成为化工事业部进行滚动跟踪管理的重要工具；华北原油管网优化研究为华北管线原油的稳定、安全输送提供重要数据支撑。

在产业损害预警研究方面，充分发挥并不断完善产业损害预警体系的动态监测作用，完成"预警监测月度、年度报告"，继续做好预警及贸易救济研究。2011 年 5 月，经济技术研究院被中国石油和化学工业联合会授予"十一五"期间石油和化工行业维护产业安全先进单位称号。

在对标体系研究方面，积极配合总部开展"比学赶帮超"活动，完成了"中国石化业务板块对标体系建设"，重点完成了"7 个业务板块对标 2010 年数据收集与校核"工作。为做好打造世界一流能源化工公司的目标量化工作，初步完成了"打造世界一流"的对标指标体系、2012 及 2015 年目标值设计等工作。

在绩效评价研究方面，继续发挥炼油、乙烯绩效评价模型的作用，全面对比分析企业绩效水平及主要差距，完成"2010 年炼油、烯烃绩效评价"的数据收集与校核工作，并启动了芳烃绩效评价工作，为炼油、化工板块提高绩效水平提供依据。

在管理咨询研究方面，完成了"总部机关文件管理创新"研究，确立了总部机关文件管理创新的总体方案并得到全面应用；完成《中国石化全面风险管理报告》(2011) 编制工作，并在此基础上开展了石化集团公司重大风险评估与对策研究。继续加强与国家社会科学研究院经济学部的合作，开展好中国企业社会责任研究基地的建设工作，完成石化集团公司和石化股份公司两个《中国石化社会责任报告》(2010) 的编制工作，建立了中国石化的社会责任体系。

（王　睿）

【节能技术服务】　2011 年，经济技术研究院完成了对"中石化上海咨询公司"的全面升级改造。"中石化节能技术服务公司"备案已通过专家评审，将重点开展节能技术服务、合同能源管理等业务。燕山分公司的“制氢装置原料气压缩机无级气量调节”、“制氢、三废装置乏汽回收”节能改造项目的合同能源管理试点工作正在顺利开展。积极开展节能规划研究，重点完成了“中国石化‘十二五’节能规划研究”，提出了中国石化“十二五”节能的指导思想和总体目标，制定了保障措施，落实了重点工程，总体目标及分解指标均得到国务院国资委的认可。积极组织开展化工企业的节能潜力调研分析，对7家企业提出了有关节能潜力及优化的建议100余条；深入开展部分企业的全厂用能优化研究，获得了可观的节能效益。加强自主技术研发和方法创新，积极探索创新相关装置的节能工艺流程，申报了2项关于重整预加氢及重整产物分离的节能流程专利。

（王　睿）

【人力资源管理】 2011年，经济技术研究院全面实施人才成长通道建设，调整完善薪酬分配制度，加快推进住房补贴工作，增强了薪酬分配的激励约束作用，充分调动广大员工的工作积极性。不断加大人才培养力度，充分调动各类人才的积极性和创造性。狠抓业务培训，针对业务工作特点，以课堂讲授、现场实习、工作实践、以老带新、学术交流等多种形式，不断提高员工的业务水平。开展了为期9周的经济学课程培训，拓宽专业技术人员知识结构；选派相关人员参加国际学术交流、技术考察，拓展研究视野；选送业务能力较强、有培养潜力的业务骨干作为访问学者，还选派业务骨干前往美国、中东、伦敦代表处工作，在丰富国际化知识的同时，建立起海外信息收集渠道。有组织地安排了跨越4地、为期6周的新员工实习培训，强化新员工对上中下游领域的感性认识，并通过“严要求、压担子、指路子”等方式，加快培养青年技术骨干成才，努力构建支撑业务发展的人才队伍。

（王　睿）

【党建】 2011年，经济技术研究院党委按照党组部署，以贯彻落实党的十七大及十七届六中全会精神为主线，紧紧把握“推动企业发展、服务职工群众”的工作定位，大力开展创先争优活动，结合院工作实际，提出了对服务客户的“五项承诺”和对广大员工的“六项承诺”，并制定了“深入‘三项建设’，不断提升参谋服务水平”以及“落实‘六项措施’，努力提高员工队伍满意度”的具体措施方案，进一步梳理了工作，明确了思路和措施。组织开展了“打造高度负责任、高度受尊敬企业”的大讨论，结合工作实际找差距、找问题，广大干部职工大局意识、责任意识和奉献意识进一步增强。

持续推进基层党的建设，着重加强领导班子和干部队伍建设，不断提升领导干部的理论水平和素质能力，提高推动科学发展能力。统筹推进“五位一体”的党建总体布局，在党支部层面签订支部承诺书，将党支部工作与部门工作同部署、同考核，推进创先争优活动见实效。在党员中大力开展“我是党员我承诺”活动，激发党员的责任感和使命感，发挥广大党员的先锋模范作用。

不断深化思想政治工作。在建党90周年之际，组织开展“社会主义五百年发展史”大型党课活动，分三组讲述“社会主义从空想到科学”、“社会主义从理论到现实”以及“社会主义在中国”的宏伟发展历程，使广大员工深受教育。同时组织观看《建党伟业》、《杨善洲》等教育影片，编写《学习园地》资料，进行丰富多彩的宣传教育活动。

（王　睿）

石化报社

【概况】 中国石化报社（简称石化报社）位于北京东城区安外大街58号院，成立于1988年7月，是石化集团公司直属事业单位。石化报社实行社长负责制。

石化报社的主营业务是新闻报刊的出版与发行，经过20多年的发展，从最初仅拥有对开4版的一张周报，发展到拥有报纸、杂志、电视节目、新闻网、电子报、电子杂志、手机报的综合性现代新闻媒体单位。石化报社主办的媒体有《中国石化报》、《车友报》、《中国石化手机报》、《中国石化》杂志、《中国石化新闻界》（内刊）、《Sinopec Weekly》（外文电子杂志）、中国石化网络电视、中国石化新闻网、中国石化新闻图片网、中国石化团购网等。

截至2011年底，石化报社正式职工人数114人，其中拥有本科学历50人，硕士及以上学历43人，具有中高级技术职称的有70人，此外还有其他用工方式人员59人。下设13个部门，分别是总编室、专刊部、周刊部、杂志部、电视部、新媒体部、车友报、记者部、美术部、广告发行部（北京华夏实华广告中心）、通联部、人事财务部、综合办公室（党委办公室、法律事务部）。有驻省记者站27个，持有新闻出版总署记者证的记者200名，还有骨干通讯员4 000余人。

石化报社主要报刊发行数量见表1。

（庞　炜）

【领导班子调整】 2011 年 3 月 25 日，石化集团公司党组对石化报社领导班子进行了调整：周恒友任社长、党委书记，陈维松任总编辑。

（庞　炜）

【确定新的工作目标】 2011 年 4 月 18 日，新一届领导班子对石化报社各媒体提出了“两优三满意”的工作目标，即媒体质量优、传播效果优，党组满意、读者满意、自己满意。

（庞　炜）

【创办内参《基层情况反映》】 2011 年 7 月 28 日，按照石化集团公司党组的指示，石化报社创办了内参资料《基层情况反映》，该内参具有定向专报、无障碍沟通的作用和及时有效、针对性强、信息反馈有力的特点，多次得到党组领导的批示，在推动企业实际工作中起到了一定的作用，基层深受鼓舞。

（庞　炜）

【移动电视上线运行】 2011 月 7 日，中国石化网络电视二期项目——移动电视上线运行。用户除了在普通电脑上登录 http：//www. sinopectv. com 观看网络电视外，还可以通过平板电脑或智能手机在接入无线局域网或 3G 网络的情况下访问收看。

（庞　炜）

【成立新媒体部】 为适应信息时代的要求，石化报社于 2011 年 12 月把负责中国石化新闻网、《中国石化手机报》、《Sinopec Weekly》3 个电子媒体的采编部门整合为新媒体部，集中力量发展新媒体业务。

（庞　炜）

【发行结构、质量得到优化和提高】 2011 年 12 月 30 日，石化集团公司党组代表中国石化向中国工程院 783 名院士赠送《中国石化报》，此举增加了《中国石化报》的高端发行数量，使读者结构得到了优化。截至年底，石化报社初步建立起面向国家部委、地方政府、人民团体、科研机构等单位高端人士的发行数据库，《中国石化报》的高端发行数量达 1 400 余份。

（庞　炜）

【获得较多荣誉】 由宁彬、欧治中采写，刘松针编辑的《国家重大工程川气东送建成投产》获中国新闻奖三等奖。李雪慧获 2011 年度中国产业报协会十佳编辑称号。《中国石化报》二版专栏《走近一线》获中国产业报协会 2011 年中国产经新闻奖新闻专栏板块一等奖，一版获版面板块二等奖，四版获版面板块三等奖，消息《“喇叭一响，就知道送油车到了”》、《真想拥抱你》、《“爱之城”里的跨国情缘》、《不惊扰巴国故地一草一木》获消息板块三等奖，副刊作品《人生是一次充满遗憾的旅行》、《赵鲲和队友的幸福生活》获副刊板块三等奖。石化报社团总支被中央企业团工委授予中央企业五四红旗团支部称号。在全国专业报新闻摄影学会成立 25 周年表彰大会上，石化报社总编辑陈维松获报社领导卓越奖，章铮获图片编辑奖，胡庆明获摄影记者奖。

（庞　炜）

傅成玉为获中国新闻奖的记者、编辑颁奖

（胡庆明　摄）

表 1　　**石化报社主要报刊发行数量**　　万份

报刊名称＼年份	2011	2010①	2009	2008	2007	2006
《中国石化报》	13. 07	13. 09	13. 00	10. 20	9. 50	9. 50
《中国石化》杂志	2. 67	2. 20	2. 00	1. 70	1. 50	1. 50
《车友报》	73. 45	75. 00	75. 00	72. 00	62. 00	62. 00
《中国石化手机报》	1. 54	1. 15	0. 80	—	—	—

①从 2011 年开始，石化报社媒体的发行量以每年 12 月末的统计数据为准，根据该统计口径，2010 年部分刊物发行数据有修正。

石化出版社(展览办公室)

【概况】 中国石化出版社有限公司(简称石化出版社)是石化集团公司主管和主办的中央级科技出版社。其前身为经文化部批准于1984年12月成立的烃加工出版社，先后与原中国石化情报所、中国石化信息所、中国石化信息中心合署办公，1992年更名为中国石化出版社，1999年3月与原中国石化信息中心分离单列，成为中国石化直属事业法人。2010年12月根据中央文化体制改革有关要求转制为企业，设立中国石化出版社有限公司。中国石化展览办公室(简称展览办公室)经石化集团公司批准成立，负责中国石化境内外展览业务。石化出版社、展览办公室是一套机构、两块牌子。石化出版社(展览办公室)实行总经理负责制，法人代表王子康。

截至2011年底，石化出版社(展览办公室)下设8个处(室)，有在岗正式职工60人，离退休人员10人，聘用人员30人。其中，硕士研究生及以上学历14人，本科学历48人；具有高级专业技术职称的22人，中级专业技术职称的28人，有39人取得了编辑和发行职业资格证书。

石化出版社(展览办公室)主要出版石油勘探开发、石油炼制、石油化工、安全环保、企业文化与管理等方面的图书，以及相关的行业标准、辞典、手册工具书、石油及石化专业系统教材和职工培训教材的图书及电子、音像制品的出版；负责石化集团公司年鉴、年报的组织编纂出版工作；负责承办中国石化在国内外举办的各种展览业务。石化出版社与国际知名的出版机构开展版权贸易和业务合作活动，引进国际石油化工、勘探开发等专业科技书籍的版权并组织翻译出版；坚持以为石油石化工业科技进步服务为宗旨，逐步摸索出一套具有新闻出版行业特色、适合出版社发展、规范而稳健的管理模式。

2011年，由石化出版社出版的《普光高酸性气田开发》获得国家“三个一百”原创图书出版工程奖；有2个项目获中国石化科技进步三等奖；有31种图书、24种教材分别获得中国石油和化学工业优秀出版物和教材奖励；《石油炼制辞典》等9个项目入选国家“十二五”重点图书出版规划；71个项目入选中国石化“十二五”重点科技图书出版规划。

(李德亮)

【圆满完成6项展览任务】 2011年，展览办公室共组织完成大型展览任务6项，包括2011中国·青海绿色经济投资贸易洽谈会、国土资源调查评价成果展、中国新疆石油天然气技术装备展览会、第11届中国塑料交易会、第13届中国塑料博览会、第20届世界石油大会。展览工作得到了总部领导、展览组委会的认可和表扬，中国石化展区成为各展会的亮点，受到广大观众关注。其中，在卡塔尔首都多哈举办的第20届世界石油大会上，中国石化展区以“奉献清洁能源 共创美好世界”为主题，运用展板、模型和声、光、电等多媒体手段，全面展示公司的整体形象、综合实力、最新理念和前沿科技，受到各界极大关注。来自60余个国家300多家公司的学者、专业人士参观了展区，其中有安哥拉石油部长、日本国家委员会代表团、中国驻卡塔尔大使、Addax石油公司及卡塔尔政府官员和专业人士、多家能源公司CEO及众多国际媒体。中央电视台对中国石化展区进行了专访。

(吴则光)

【举办国际炼油会议】 2011年4月13—14日，石化出版社在北京举办了“第5届国际炼油技术进展交流会(Refining China 2011)”。会议主题为能源效率、重原油加工、大型一体化联合装置和清洁燃料，旨在重点研究全球低碳经济下中国炼化企业如何应对当前形势，及时掌握国外炼油工业生产、经营及相关先进技术应用和发展趋势，协助和支持中国炼化企业及时了解国际先进技术、优化生产操作、促进节能降耗，切实提高经济效益，适应低碳经济时代的要求。会议邀请了来自中国三大石油公司等国内炼化企业及国外石油公司、专利技术公司的代表和专家，就炼油行业发展状况和最新技术进展方面作专题报告。会议代表共有150人左右，其中国外公司代表40人，国内公司代表110人。

(赵 怡)

【炼油与石化工业技术进展交流会召开】 2011年9月21—23日，石化出版社举办的炼油与石化工业技术进展交流会在广西桂林召开。来自国内三大石油公司总部及其所属单位、高等院校的领导和专家就炼油化工行业现状和最新技术进展作了专题报告，探讨了炼油化工企业的热点问题、芳烃技术、石化补充资源新技术进展。各石化企业、科研机构、高等院校及行业协会的有关领导、相关管理和技术人员参加了会议。与会代表就中国炼油化工企业如何应对当前形势，及时掌握炼油化工工业生产、经营及相关先进技术应用和发展趋势进行了技术交流。会议集中展现了中国炼油与石化技术成果，为国内炼油和石油化工企业、科研设计单位搭起一座沟通的桥梁。

（刘跃文）

【“2011 石油化工设备维护检修技术交流会”召开】 2011 年 7 月 21—23 日，由石化出版社主办的“2011 石油化工设备维护检修技术交流会”在江西南昌召开。来自中国石化、中国石油、中国海洋石油设备管理部门和所属石油化工企业、设计单位、维护检修单位、设备制造企业以及国内设备研究权威机构、知名高等院校等 130 多名代表参加了会议。会议围绕石化企业普遍关心的设备防腐蚀技术，机组状态监测与故障诊断技术，炼化企业设备维护检修模式、特点及发展方向，新技术、新设备在石化生产中的应用等展开了深入的交流与研讨。

（白　桦）

【加大市场营销力度】 2011 年，随着文化产业的快速发展，图书新品出版量激增，市场竞争空前激烈；网上书店日趋壮大，对传统实体书店造成极大冲击。针对这一形势，石化出版社采取灵活多样的形式，加大图书宣传和图书销售渠道推广，加强与一级实体书店的业务联系与合作，深入走访各实体书店，加大推销工作力度，力保实体书店销售稳中有升。积极与三大网上书店合作，根据不同图书品种的市场竞争情况，采取灵活的营销策略确保网上书店的销售增长。加强对直接用户的宣传征订，使读者及时了解图书出版信息。增加对销售业务员年中回款考核，确保图书账款及时回收。

（常大农）

【精细内部管理】 2011 年，石化出版社认真落实石化集团公司强化精细管理的部署，积极探索适合自身发展特点的管理模式和管理方法，优化完善业务流程和制度建设，不断加强财务资金管理、全员目标成本管理、图书选题策划管理、图书质量管理以及发行管理等；建立和深化以财务和成本管理为核心的图书出版经营管理体系及运行机制，有效地提升了生产经营管理水平。按照总部的统一部署，结合出版行业特点，努力完善内部激励约束机制，有效激发了员工的积极性和创造性。

（李德亮）

【加强党建和思想政治工作】 2011 年，石化出版社紧紧围绕石化集团公司中心工作和目标任务，以科学发展为主题，以加快转变发展方式为主线，认真组织图书出版和展览等各项业务工作，以扎实开展“为民服务创先争优”活动为契机，大力加强党建和思想政治工作，积极开展企业文化建设和精神文明建设，推动各项工作取得新的进展。

按照中央和石化集团公司党组的部署，紧紧围绕中国石化“建设世界一流能源化工公司”的发展战略目标，积极落实“推动科学发展、促进企业和谐、服务人民群众、加强基层组织”的要求，结合出版社的实际，制定了活动安排和工作计划。根据各业务单元的不同特点，有针对性地推进活动不断深入进行。编辑室党支部把开展活动与进一步做大做强图书出版主业紧密结合起来，组织党员在加强和优化选题开发、推进精品工程建设、努力多出书出好书等方面发挥先锋带头作用，着力提高出版社的核心竞争力。发行部党支部把开展活动与大力拓展市场、提升营销能力和为客户服务水平紧密结合起来，组织党员在努力扩销增量、打造服务品牌、提高经济效益等方面充分发挥先锋带头作用，努力扩大出版社发展的市场空间。综合处室党支部把开展活动与提升服务质量和效率、强化协调管理服务紧密结合起来，组织党员在转变工作作风、创新和细化服务、提高工作效能等方面发挥先锋带头作用，努力提升服务协调管理能力。

石化出版社始终坚持以人为本，以为民服务为重点，广泛听取各方意见，努力改进工作中存在的不足和问题，不断提高服务水平，努力实现客户、员工双满意的工作目标。在内部，发挥政治思想宣传工作优势，开展了合理化建议活动，发动广大员工查找不足、改进工作，努力完善管理、提高工作效率和质量，积极为员工办实事、解难事，努力营造和谐的工作氛围，增强了员工的归属感、自豪感。在外部，积极“走出去”，主动加强与作者及经销商等的沟通联系，虚心听取改进工作的意见和建议，得到了外界的积极评价。

年内孙毓敏获石化集团公司直属工会优秀职工之友称号，常大农被评为石化集团公司廉洁从业优秀领导人员，杜毅漫被评为石化青年岗位能手，吴则光被评为石化集团公司直属党委优秀共产党员，王建设被评为石化集团公司直属工会优秀工会干部，任翠霞被评为石化集团公司直属工会优秀工会积极分子，赫青、徐勤、程庆昭被评为石化集团公司直属工会优秀工会会员。

（李德亮）

人　物

◇ 全国“五一”劳动奖章获得者

◇ 全国青年杰出岗位能手

◇ 全国青年岗位能手

全国“五一”劳动奖章获得者

【孙焕泉】 男，1965 年 1 月出生，籍贯山东诸城，汉族，博士研究生学历，中共党员，1990 年 3 月参加工作，教授级高级工程师，胜利石油管理局局长。孙焕泉主抓油田原油生产工作。他积极进取，务实敬业，廉政勤政，直面挑战，攻坚克难，大力加强一体化管理和基础工作，着力推进技术创新和精细管理，加快结构调整，提高发展质量，为胜利油田科学发展作出了突出贡献。“十一五”期间，胜利油田新增探明储量 1.12 亿吨，连续 8 年三级储量均过亿吨，连续 14 年实现年度储采平衡。孙焕泉于 2001 年享受国务院政府特殊津贴，2007 年获得山东省“富民兴鲁”劳动奖章，2007 年被评为“新世纪百千万人才工程”国家级人才。

（史文辉）

【杨　森】 男，1962 年 8 月出生，籍贯山东济阳，回族，高中学历，中共党员，1984 年 9 月参加工作，高级工，胜利石油管理局塔里木钻井公司 70796 钻井队队长。杨森于 1990 年 6 月入疆参加塔里木石油会战，始终保持着火一样的工作热情，勤奋工作，创造了多项钻井新纪录，多次夺得技能竞赛桂冠，被誉为胜利油田“第一司钻”。2002 年 3 月任 60130 钻井队平台副经理，率领队伍快速高效地完成了迪那 22 井、轮古 421 井、轮古 43 井、轮古 403 井等 6 口井的钻探。2004 年 7 月任 70796 钻井队平台经理，带队高质量地完成了跃南 2 井、依拉 101 井、英买 322 井、东河 1－5－9H 井、提 1－1H 井和轮南 11－3 井等 15 口井的钻探，实现了口口井见效益、口口井创指标。杨森自 2005 年起连续 6 年被评为胜利油田劳动模范，先后 2 次荣立胜利石油管理局二等功，2008 年被评为中国石化劳动模范，2009 年获塔里木石油会战 20 周年钻井旗将称号，2010 年获胜利油田十佳队长称号。

（史文辉）

【张吉平】 男，1963 年 4 月出生，籍贯山东商河，汉族，高中学历，中共党员，1984 年 9 月参加工作，高级技师，胜利石油管理局渤海钻井一公司首席技师。张吉平立足岗位，矢志创新，先后研发出 80 项创新成果，其中 60 项获奖，用实际行动诠释了“有技术才能更有力量，有创新才能更有价值，有作为才能更有地位”的理念，成为胜利油田职工创新成才的模范。他先后自学了《柴油机构造原理》、《机械制图》、《内燃机工作原理》等专业知识，写下了 40 多万字的学习笔记。张吉平 2004 年被授予全国技术能手称号，2006 年被评为山东省首席技师，2008 年被评为中国石化劳动模范，2009 年获山东省“富民兴鲁”劳动奖章。2010 年 11 月 19 日，张吉平参加了第 3 届全国职工优秀技术创新成果表彰大会，他发明的“多功能油料净化处理机”获得二等奖，受到中央领导的亲切接见。

（史文辉）

【祁红军】 男，1975 年 7 月出生，籍贯湖北汉川，汉族，大学本科学历，中共党员，1994 年 8 月参加工作，高级技师，中原油田分公司采油二厂油藏经营管理五区维修电工。祁红军凭借过硬的技术、丰富的现场经验，共完成创新创效成果 8 项，提合理化建议 30 条，被采纳实施 20 条，创经济效益 50 余万元。他像爱护自己的孩子一样爱护每一台设备，建立了详细的设备档案，电器设备正常运行率大于 99%，名列油田首位。他毫无保留地把自己练就和掌握的绝技绝招传授给众多徒弟，2010 年，“祁红军电工技术培训班”应运而生。2010 年 10 月，他的徒弟在中国石化技能大赛中勇夺金牌，“金牌师徒”被传为佳话。祁红军 2005 年获中国石化职业技能竞赛维修电工第 1 名，2006 年被评为中国石化技术能手，2007 年被评为河南省青年岗位能手，2010 年获中原油田十大杰出劳动模范称号、获河南省“五一”劳动奖章。

（史文辉）

【严智虎】 男，1978 年 2 月出生，籍贯湖北潜江，汉族，大学本科学历，群众，1995 年 9 月参加工作，高级技师，江汉石油钻头股份有限公司（简称江钻股份公司）技术中心刀具编程师。严智虎在江钻股份公司工作 16 年来，凭着超群的学习能力、超凡的敬业态度和超强的创新欲望，在数控加工岗位上创造了产品调试时间减半、日产量和连续加工无废品率 2 个翻番等多项新纪录，多次在省和国家级技术大赛上获奖，为江钻股份公司成为国内石油钻头领军企业并跻身世界三强作出了重要的贡献。他本人也从普通车床操作手被破格提升为数控操作高级技师，并被选入公司技术中心从事专业数控编程工作，实现了岗位生涯的三大跨越。严智虎 2007 年被评为湖北省行业技术能手、湖北省杰出青年岗位能手，2008 年获湖北省“五一”劳动奖章，2009 年获湖北省劳动模范和中央企业技术能手称号。

（史文辉）

【李　江】 男，1964年7月出生，籍贯北京，汉族，技校学历，中共党员，1983年8月参加工作，高级技师，燕山石化生产运行保障中心第三作业部工段长。李江工作兢兢业业，在平凡的岗位上创造了不平凡的业绩。他不断深化预知维修，努力降低设备的故障率，利用日常巡检，积累了大量设备运行数据和监控状态参数，为生产装置的技术攻关提供了强有力的理论依据。他针对机械密封的合理选型、机泵改进和故障率较高的机泵，成立QC攻关小组，解决了制约生产的瓶颈，建立了设备巡检监测台账，形成可靠性维修模式，多次避免非计划停车。他提出了改进关键机组PC-1A冷却器安装方法，使关键机组PC-1A冷却器的整个工期缩短2天。他与技术人员利用旧备件，制作了“机泵检修旋转工作台”，实现机泵的翻转、零部件的更换及吊装，提高了工作效率。他多次被评为燕山石化劳动模范，2005年获北京市技术创新标兵称号，2010年被北京市国资委授予群众心目中的好党员称号。

（史文辉）

【马恒军】 男，1968年6月出生，籍贯山东长清，汉族，大学本科学历，中共党员，1984年12月参加工作，助理工程师，齐鲁石化销售运输部油品业务一部主任。作为基层销售业务负责人，马恒军带领员工按照“贴近市场，灵活经营；细分市场，细分客户；精细管理，价争第一；推价稳价，多创效益”的销售方针，不断创新销售工作的方式方法，通过优化客户结构，细化营销评价，把握销售节奏，做好量价配合，努力推价创效。2010年8月以来，他所负责的炼油自销产品销售均价在中国石化企业山东区域连续7个月排名第1位，获中国石化“比学赶帮超”活动产品销售3枚金牌、1枚银牌，为企业多创效益1 000多万元。他多次被授予销售状元、销售标兵、先进工作者、优秀共产党员等称号。

（史文辉）

【顾文兰】 女，1969年7月出生，籍贯上海，汉族，硕士研究生学历，中共党员，1991年6月参加工作，高级工程师，上海石化腈纶事业部副总工程师。顾文兰带领团队在碳纤维研发进程中，实现了一次又一次“零”的突破，先后参与了“PAN基碳纤维技术开发”、“预氧用大丝束原丝工业化生产技术”、“丙烯腈溶液聚合管式反应器”、“碳纤维聚合产业化工艺研究”、“硫氰酸钠法干湿法技术开发”、“高性能碳纤维产业化关键技术研究”等项目。在“预氧用大丝束原丝工业化生产技术”项目取得成功后，她带领团队继续努力，2008年中试装置首次投料试车成功，使上海石化拥有了具有自主特色的碳纤维原丝中试装置。2010年，“千吨级碳纤维工业化装置成套技术开发工艺包”通过了石化集团公司的鉴定，为碳纤维工业化生产奠定了基础。顾文兰2008年获上海市“三八”红旗手称号，2009年获全国“三八”红旗手和上海市劳动模范称号。

（史文辉）

【胡乃元】 男，1963年1月出生，籍贯辽宁辽阳，汉族，大专学历，中共党员，1981年10月参加工作，工程师，茂名分公司化工分部乙二醇车间主任。胡乃元敢于创新，市场意识强，针对市场变化，对装置产品结构进行调整，增产畅销环氧乙烷，减产疲软的乙二醇。通过2次的结构优化，环氧乙烷产能由4万吨/年增至7万吨/年，使面临亏损的装置一举赢利1.2亿元，技术经济指标在中国石化同类装置中排名第1位。通过技术优化，在主要设备不动的条件下，以极小的投资使装置负荷达到165%，环氧乙烷产能达到8.5万吨/年，是设计的6倍。该项工艺改进技术获石化集团公司嘉奖，并获得国家技术专利，被誉为“胡乃元乙二醇工艺技术”。他曾被评为茂名石化劳动模范和年度新闻人物，2010年获国务院国资委中央企业先进职工称号。

（史文辉）

【童建湘】 男，45岁，汉族，大专学历，群众，1985年8月参加工作，助理工程师，岳阳中石化壳牌煤气化有限公司生产部维修协调员。童建湘带领班组多次避免重大停车事故，特别是在2007年6月，采取果断正确的措施，避免了1次重大停车事故，为公司节约资金300多万元，得到了公司的特等A级奖励。2009年9月，童建湘调任生产部，主管维修协调。他通过调查和分析公司投产3年来的维修数据，强化优化维修和开停车过程控制，大大缩短了维修周期和开停车时间，平均每次缩短开车时间3小时，缩短空分装置空运行时间约10小时，每年为公司节约开车费用约500万元。他多次获得洞庭氮肥厂先进生产工作者、生产标兵、巴陵分公司青工状元、巴陵分公司操作能手等称号，2009年获湖南省“五一”先锋称号。

（史文辉）

【马少斌】 男，1970年1月出生，籍贯湖北武汉，回族，高中学历，中共党员，1986年11月参加工作，高级工，武汉分公司气体加工车间班长。马少斌勤于学习，善于分析影响装置产品收率的主要因素，通过优化操作条件，使相同的生产条件下产品收率最大化。2008—2009 年，他带领的班组在车间 5 个运行班组中获综合技术考评总分第 1 名，产品收率高出班组考核平均值 0.32 个百分点。仅 1#气分装置 2 年多就生产精丙烯 216 吨，按市场价格计算，为企业创效 150 多万元。2008 年，他提出的金点子合理化建议——“MTBE 装置原料预热器停用蒸汽改用蒸汽凝结水”项目，每年可节约蒸汽 2 000 吨，价值 30 万元。他不但自己持之以恒地学习技术，还经常利用工余时间，找资料、编讲义、绘流程图等，并将劳动成果与他人共享，采取一对一结对子，组织班组内“比学赶帮超”活动。马少斌 2002 年获武汉市“五一”劳动奖章，2003 年被评为武汉市劳动模范，2006 年被评为武汉市老劳模新贡献先进个人，2007 年获武汉市十大行业杰出劳动模范提名奖，2009 年获湖北省劳动模范称号。

（史文辉）

【于自安】 男，1963 年 11 月出生，籍贯天津宁河，汉族，中专学历，中共党员，1986 年 11 月参加工作，天津石油分公司润滑油中心宁河经营部经理。于自安带领部门员工齐心合力、务实创新，经营指标名列前茅，市场占有率显著提升，经济效益稳步增长，出色完成了润滑油经营的各项指标。2010 年完成润滑油销量 3 519 吨，同比增长 24.52%，销售收入 4 209 万元，同比增长 29.03%，其中长城润滑油销量 3 342 吨，完成长城润滑油直销量 1 137 吨。于自安在营销过程中始终遵守诚信经营、服务周到的理念，利用润滑油专业知识帮助客户解决生产中的各类问题，为客户解决后顾之忧。他运用营销知识，采取灵活的营销策略开发市场，赢得了客户的好评。于自安 2008 年获天津市“五一”劳动奖章，2009 年获中国石化销售企业销售状元和天津市劳动模范称号，2010 年获中国石化销售企业长城销售之星金星称号。

（史文辉）

【王文清】 男，1970 年 11 月出生，籍贯江苏江都，汉族，初中学历，群众，1986 年 8 月参加工作，江苏扬州石油分公司江都正谊加油站站长。王文清从 1988 年开始从事社会公益活动，是国际红十字运动基础知识传播者，长期从事人道主义救助志愿工作。他自愿服务红十字会 22 年，18 年无偿献血 8.28 万毫升，相当于 15 个成年人的血液总和，可以挽救 70 条生命。他与扬州红十字会签下协议，身后捐骨髓、捐角膜、捐器官。他坚持扶贫帮困 22 年，捐助帮扶困难人员、孤寡老人、流浪乞讨人员、失学儿童 1 000 多人，其中 21 人上了大学，总计捐款约 42 万元。王文清爱岗敬业，把做好本职工作与积极参加社会公益事业相统一，用自己并不丰厚的收入，坚守着自己对社会、对他人无私奉献的巨大热忱。2010 年以来，王文清的事迹先后被新华网、中国文明网、《江苏工人报》、《扬州日报》、《扬州晚报》以及扬州电视台、《中国石化报》、中国石化新闻网等媒体报道、转载，引起了社会各界的强烈反响。2010 年 8 月，王文清入选中央文明办发布的“助人为乐中国好人榜”，当选新华社“中国网事，感动 2010”年度十大网络人物，2011 年当选十大扬州好人标兵。

（史文辉）

【闫少春】 男，1965 年 3 月出生，汉族，大学本科学历，中共党员，教授级高级工程师，洛阳工程公司总经理、党委书记。闫少春勤勉廉政，作风民主，坚持紧紧依靠职工办企业，民主管理，科学决策，尤其在涉及员工切身利益的改革措施出台前，都认真调研，听取不同利益群体的意见，集体研究，慎重决策，保证了公司持续、有效、和谐、快速发展。他带领企业全体职工深化改革，提高效率，全面实施三大战略，不断提高经济效益；积极支持工会工作，建立了“LPEC 卓越文化”体系；积极推进内控制度建设，大力促进对多种经营单位的清理，努力开拓市场，精心组织生产，各项主要经济指标平稳快速增长，工程设计投资额、主营业务收入和利润均连续 4 年创历史新高。公司连续 3 年获所在地政府税收贡献特等奖，先后被评为河南省“五好”基层党组织、全国模范职工之家，获全国“五一”劳动奖状。闫少春 1996 年获全国青年岗位能手称号，2003 年被评为中国石化突出贡献的科技和管理专家，2009 年获河南省“五一”劳动奖章。

（史文辉）

【蒋胜海】 男，1969 年 4 月出生，籍贯湖南，汉族，大学本科学历，中共党员，1991 年 7 月参加工作，工程师，国际石油勘探开发公司尼日利亚边际油田生产作业部副经理。2007 年，蒋胜海负责尼日利亚边际油田老井（S－2 井）的试油作业工作。该项目是国际石油勘探开发公司落实中国石化党组“走出去”战略、进入尼日利亚后开展的大型现场石油作业项目之一，对边际油田项目部和整个尼日利亚分公司今后的工作都具有重要影响。面对安全和技术的巨大挑战，项目部将平稳、安全、有效地推进老井试油、修井作业视为最紧迫、最棘手的重点工作。作为该项目的具体负责人，蒋胜海和项目部其他成员认真分析、全面谋划，全力以赴地投入工作。功夫不负苦心人，现场不断传来喜讯，S－2 井一开显示良好，二开放喷成功并试获优质商业油流，三开测试不同油嘴下的产量，17 毫米油嘴下的稳定产量达 3 000 桶/日，为在尼日利亚勘探开发战略提供了可靠的第一手资料。2008—2009 年，先后完成了 S5 井试油测试完井设计，S6、S7、S8、S9 井的完井设计，并积极协调和配合服务商，安全高效地完成了现场施工工作。蒋胜海 2010 年被国务院国资委授予中央企业先进职工称号。

（史文辉）

全国青年杰出岗位能手

【王建忠】 男，35 岁，江汉石油管理局江钻股份公司牙轮车间维修班钳工组组长，高级技师。参加工作 16 年来，他坚定“当一流技术工人”的理想信念，扎根维修岗位，勤学苦练本领，先后获得全国杰出青年岗位能手、全国技术能手、湖北省“五一”劳动奖章、湖北省知识型职工标兵、湖北省杰出青年岗位能手、石化集团公司十大青年成长成才标兵、江汉油田劳动模范、青年岗位能手等称号，在第 4 届“振兴杯”全国青年职业技能大赛上夺得装配钳工第 2 名。

（余期颐）

全国青年岗位能手

【林　琪】 男，30 岁，毕业于茂名学院（现广东石油化工学院）化学工程与工艺专业，2004 年参加工作，先后任茂名石化化工分部裂解车间的副操、主操、运行组长、技术员、副主任，现任车间代主任，是公司最年轻的干部之一。他勤奋务实、爱岗敬业、技术精湛、勇于开拓，持续优化 2 套裂解装置的生产管理和工艺操作，参与实施了 30 多项装置技术攻关，解决了裂解炉热效率低、急冷油减黏系统失效等影响装置安全经济运行的难题，提高了裂解装置的运行稳定性，使双烯收率、吨乙烯能耗、高附产品收率等各项技术经济指标得到大幅提升。2011 年 7 月，他所负责的装置绩效由石化集团公司第 6 名跃入前 3 名，为青年职工树立了良好榜样。

（余期颐）

【杨志远】 男，30 岁，中共党员，毕业于大庆石油学院计算机科学与技术专业，大学本科学历。杨志远在原销售东北分公司及辽宁石油分公司从事信息管理工作以来，工作上扎实稳健，锐意进取，在 5 年的时间里取得了令人瞩目的成绩。他用“干一行、爱一行、专一行”的宗旨严格要求自己，用自己的兢兢业业为青年人树立了榜样，用自己的勤劳务实和不畏艰难书写着辽宁石油信息化建设发展的新篇章。2008—2009 年，杨志远 2 次被辽宁石油分公司授予年度先进工作者称号。

（余期颐）

【陈海华】 男，30 岁，毕业于华东石油技校。陈海华从事 6 年采油工作后转岗学习电焊。他个人综合素质和业务技能十分突出，2005 年获石化集团公司焊工竞赛个人总分第 14 名，2010 年获石化集团公司焊工竞赛银奖，2011 年代表石化集团公司参加全国工程建设系统焊工技能竞赛获个人总分铜牌和仰板第 7 名，多次被评为石化集团公司技术能手、中国石化青年岗位能手、江苏省我们身边的好青年、华东石油局劳动模范。作为焊接技能拔尖人才，陈海华刻苦钻研焊接技术，扎根一线最艰苦的生产岗位，为多项重大地面油建工程项目的顺利完成作出了重要贡献。

（余期颐）

【翟志清】 男，35 岁，中共党员，毕业于广东石油化工高等专科学校化工设备与机械专业，大学本科学历，洛阳分公司焦化车间生产副主任。翟志清先后在热电站、四联合、焦化车间工作，历任装置外操、内操、班长、工艺工程师、副主任等职务，在新装置的筹建开工中成绩显著，成为热能动力、沥青生产、延迟焦化和炼油设备管理等方面青年技术专家。翟志清 2007—2009 年连续 3 年获得洛阳分公司科技论文评比一等奖，2008 年获石化集团公司青年技术岗位能手称号，2011 年“实现节能优化降低焦化能耗”QC 成果获得洛阳市成果一等奖，“窗口”管理成果获中国石化管理现代化创新成果二等奖。

（余期颐）

重要规章制度

◇ 中国石化信息资源管理办法

◇ 中国石化员工培训管理规定

◇ 中国石化业务公开工作管理规定（试行）

◇ 中国石化固定资产投资项目审计管理办法

◇ 中国石化制度管理办法

◇ 中国石油化工集团公司预算管理办法

◇ 中国石化应急管理规定

◇ 中国石化科学技术奖励管理办法

中国石化信息资源管理办法

（二〇一一年三月十六日　中国石化办〔2011〕228号）

1　信息资源管理基本要求

1.1　信息资源是指满足企业生产经营管理活动所需，且经过筛选、组织、加工，可存取、有一定丰富度和凝聚度的信息集合。信息资源分为内部信息和外部信息（本办法只对外部信息中需购买的信息进行管理，简称外购信息管理），内部信息是指中国石化内部产生的有关生产经营管理活动的信息，外购信息是指从外部购入的为中国石化所关注的市场动态、经济政策、行业发展等信息。

1.2　信息资源管理包括对信息资源的整合、采集、分级、授权、传递、评估检查等环节，管理全过程依托信息平台完成。

1.3　信息资源是中国石化的重要资产，是中国石化生产经营管理和决策的重要依据。信息资源管理按照统一收集、综合处理、流转得当、分级授权的原则，确保信息资源合理采集、有序传递和安全使用。

2　职责与分工

2.1　信息资源的管理架构按照“一个整体，两个层次，归口管理，分工负责”的方针建立，形成公司一个整体，总部和企业两级管理，信息资源管理部门归口管理，业务部门专业管理的格局。

2.2　中国石化信息资源归口管理部门的分管领导负责审定中国石化有关信息资源管理的规章、制度、办法，负责审核有关标准、规范、重要需求等。各企事业单位、股份公司各分（子）公司信息资源归口管理部门的分管领导负责审定、审核本单位的规定、办法和重要需求等。

2.3　办公厅是中国石化信息资源归口管理部门，负责统一制定公司的信息资源管理制度，规范信息资源管理流程；企业信息资源管理部门负责本级信息资源的归口管理工作，接受办公厅的指导和监督。各层级信息系统管理部门负责信息平台技术支持，协助信息资源管理部门承担日常管理工作。

2.4　各层级业务部门是信息资源的使用单位和专业信息资源的管理单位，负责本部门业务范围内信息资源的日常管理和向其他部门提供共享信息服务，协助信息资源管理部门开展工作。

3　信息采集管理

3.1　信息资源采集是信息资源管理的重要环节，遵循“及时、准确、完整、真实”的原则执行。

3.2　各层级业务部门根据本级信息资源管理部门的要求和相关规定，定期梳理本部门负责管理的信息，包括本部门形成的和直接管理的内外部信息，编制或更新相应的信息目录，经部门负责人审核后提交本级信息资源管理部门。

3.3　各层级业务部门依据业务职责梳理各种信息需求，包括需要其他部门提供的信息和需外购的信息，形成相应的部门信息需求目录，明确信息内容、信息提供频度和信息提供方式等。部门信息需求目录的制定或更新由部门负责人审核后提交本级信息资源管理部门。

3.4　各层级信息资源管理部门组织汇总各部门需要其他部门提供的信息和需外购的信息，编制部门间共享信息需求目录和外购信息需求目录，分别反馈各部门核对确认。各层级部门间共享信息需求目录的制定或更新由本级信息资源管理部门的分管领导审核批准。

3.5　信息资源管理部门督促检查部门间共享信息资源的落实情况。各层级信息资源管理部门在信息系统管理部门的协助下，负责统一组织整理、汇总、审核部门间共享信息源，信息提供部门负责按审核后的部门间共享信息需求目录提供共享信息。

3.6　各层级内部信息除提供给本级部门使用外，有义务按要求提供给上级领导及相关部门使用。

3.7　外购信息的订购、采集由各层级信息资源管理部门归口管理，具体事宜商有关业务部门确定。采集外购信息须综合考虑其权威性、时效性和便捷性。

3.8　各层级信息资源管理部门汇总年度外购信息订购情况，提交上一级信息资源管理部门备案。

4　内部报告管理

4.1　各层级信息资源管理部门负责组织协调内部报告整合工作，制定内部报告规范，建立内部报告审核机制，保证内部报告简捷明了、准确及时，标准化、个性化相得益彰，有效传递到公司各层级。

4.2　各层级信息资源管理部门负责协调相关部门梳理内部报告内容，确定传递形式和频度，保证

"正确的信息，在正确的时间，以正确的方式，送达正确的使用者"。

4.3 各层级信息资源管理部门适时组织相关部门，结合公司生产经营管理活动中的热点问题，提供有针对性的内部专题报告，并开展培训交流活动。

4.4 各层级信息资源管理部门须建立内部报告评估制度，不定期对内部报告内容、形式和使用进行评估，适时调整，充分发挥内部报告的作用。

5 分级授权管理

5.1 各层级业务部门依据《中国石化商业秘密保护规定》、《中国石化信息分级与授权规则(试行)》及其他相关保密规定，对本部门管理的内部信息实施分级，确定商业秘密信息和一般信息。

5.2 信息分级与授权按照"谁主管，谁负责"的原则，对各类信息资源进行分级授权，形成信息的分级属性。信息分级授权工作实行动态管理，各部门根据实际工作及时调整修订信息授权目录列表，报本级信息资源管理部门备案。

5.3 各层级业务部门根据《中国石化信息分级与授权规则(试行)》，结合岗位职责，形成本部门信息授权列表，通过信息平台等方式进行信息授权，保证信息准确送达。员工工作岗位发生变动，应及时变更信息授权列表和信息平台信息授权，更新备案。

5.4 各层级信息资源管理部门按照部门职责及部门间共享信息需求目录，组织信息系统管理部门通过信息平台等方式实施信息授权。

6 建设与维护管理

6.1 信息资源管理须充分利用信息技术促进信息资源安全共享，通过建立信息平台实现信息资源的存储、发布、授权、使用与维护，固化信息资源管理全流程。

6.2 根据中国石化信息资源管理相关制度和内部控制要求，各层级信息资源管理部门负责组织或委托本级业务部门进行信息资源内容的维护。各层级信息系统管理部门负责组织信息平台的建设、维护和提升完善，协助承担部分信息维护管理工作。

6.3 部门内部信息由各部门负责维护，部门间共享信息由信息提供部门负责维护，外购信息由信息资源管理部门负责组织协调进行维护，信息资源维护工作接受信息资源管理部门监督指导，确保信息资源的时效性和准确性。

6.4 各层级信息系统管理部门加强对信息平台的运行维护，保证信息处理可靠及时，信息使用灵活方便，定期向信息资源管理部门提交信息平台运行报告，协助进行监督管理工作。

6.5 信息使用部门针对信息的准确性、时效性、完整性和一致性提出意见，由各层级信息资源管理部门定期汇总后分别送达相关信息提供部门，协调督促其不断提高共享信息的质量。

6.6 各层级信息资源管理部门定期收集各部门对信息平台及其他信息传递方式的性能、功能、服务等方面的意见，组织制定提升方案，落实提升措施，跟踪提升效果。

6.7 各层级信息资源管理部门定期组织相关部门对信息资源的采集、分级、授权、维护及信息平台的应用情况进行评估与考核，并进行表彰或适当奖励。

7 信息资源安全管理

7.1 为保证信息资源安全，各层级信息资源管理部门按照《中国石化保密工作管理办法》和《中国石化商业秘密保护规定》，建立安全控制管理机制。信息系统管理部门对信息平台管理员权限、用户权限、信息资源授权、内部报告传递、信息资源存储和传输安全管理等做重点控制。

7.2 信息平台管理员权限管理主要包括：根据信息平台系统管理的不同功能，建立相应的管理员角色，包括系统管理员、负责用户管理的管理员组、负责信息资源目录管理的管理员组，以及相应的二级管理员组。

7.3 用户权限管理主要包括：普通用户可以查看被授权的信息，并能将自身的信息与其他特定的用户或用户组共享；负责用户管理的管理员组有权管理和维护用户信息，相应的二级管理员只管理和维护所辖部门的用户信息；用户可以维护自身的用户信息。

7.4 信息资源授权管理主要包括：对于普通受控信息，采用用户组共享方式授权或针对单个用户直接授权的方式；对于高度受控信息采用针对单个用户直接授权的方式。

7.5 严格按照规定权限使用，用户自行保管用户名和密码，不得外泄，确保信息安全。

7.6 信息资源存储和传输安全管理，主要根据信息资源不同的安全级别和对访问效率的不同要求，分别进行非加密存储和传输、加密存储和传输。

中国石化员工培训管理规定

（二○一一年四月八日　中国石化人〔2011〕313号）

1　员工培训的基本要求

1.1　员工培训的管理思路

必须坚持以邓小平理论和“三个代表”重要思想为指导，深入贯彻落实科学发展观，紧紧围绕中国石化改革发展、队伍建设和员工成长需要，以提高思想政治素质为根本，以能力建设为重点，突出质量，强化管理，优化资源，夯实基础，不断加大培训力度，全面提高员工队伍综合素质，为建设具有较强国际竞争力的跨国能源化工公司提供人才保证和智力支持。

1.2　员工培训的基本原则

员工培训是一项先导性、基础性、战略性工作，纳入中国石化发展规划，统筹安排，协调发展。基本原则为：

1.2.1　以人为本，按需培训。根据企业发展战略、岗位能力需求和员工职业发展需要，着眼于企业和员工的共同发展，把握人才成长规律和各类员工的培训需求，分层分类分岗位开展培训，激发员工学习的内在动力和潜能。

1.2.2　突出重点，整体推进。以高层次、复合型、国际化等人才和骨干员工为重点，推动各类人员培训工作全面开展。

1.2.3　注重能力，学用结合。全面提高员工思想政治素质、科学文化素质、业务素质，把能力培养贯穿于培训全过程；坚持联系实际，学以致用；坚持选拔、培训、使用一体化，整体推进人力资源开发。

1.2.4　改革创新，提高质量。突出培训的针对性和实效性，优化培训资源，创新培训内容，改进培训方式，推进培训管理创新，实现培训规模和质量、效益的统一。

1.3　员工培训的管理体制

员工培训实行总部和各企事业单位、股份公司各分（子）公司（以下统称各单位）分级管理，组织人事部门主管、业务部门（含事业部，下同）分工负责的培训工作管理体制。

2　组织机构与职责

2.1　人事部是中国石化员工培训工作的主管部门，主要负责组织编制培训工作中长期规划和年度计划，制定培训规章制度，编制并组织实施各类重点人才培训计划，规划指导培训基地网络、教师队伍和教材体系建设，对各单位和各业务部门的培训工作进行指导和考核，组织开展培训工作理论研究等。

2.2　各业务部门协助人事部实施重点人才培训，负责相关业务的培训工作。根据各单位培训需求以及本业务系统发展需要，提出培训计划草案和办班建议，经人事部审核和综合平衡后，纳入中国石化年度培训计划；牵头组织本业务系统关键岗位人员等方面培训，指导相关专业培训项目、课程和教材的开发；参与指导培训基地规划建设、评估考核等工作。

2.3　各单位负责贯彻落实中国石化培训工作有关部署，完成总部下达的员工培训任务，制定本单位员工培训管理办法和培训规划、计划并组织实施，负责培训机构、教师队伍建设及教材开发等工作。

3　员工培训的组织实施

3.1　总部和各单位采取上下结合的方式，分别组织制定培训规划和年度培训计划。

3.2　总部培训计划制定的基本程序：人事部会同业务部门提出重点人才培训计划建议，业务部门提出相应专业领域人员的培训需求和培训计划建议，人事部组织分析审核、征求意见，统筹协调形成培训计划。

3.3　面向全系统举办的各类培训项目，须纳入总部统一的培训计划。对各单位（部门）在职学历学位教育从严控制、规范管理。出国（境）培训由总部统一管理，严格审批。

3.4　各类培训项目原则上在系统内部培训机构举办，不得租用高级宾馆办班，严禁借培训之名变相旅游。

3.5　培训项目主办单位和培训机构根据培训计划，制定培训方案并实施培训。

3.6　培训机构应完善培训项目运行机制，加强对培训项目实施过程的管理，强化需求分析、课程设计、培训实施、评估反馈等环节，推进培训规范化管理，不断提高培训质量。

3.7　培训机构要坚持从严治校、从严治教、从严治学，完善规章制度，严格校纪校规，加强教师教学管理，加强学员学习管理、组织管理和生活管理。发挥班委会作用，加强学员自我管理。

3.8 培训主管部门组织制定培训项目评估办法和评估指标体系，培训主办单位组织实施培训项目评估。探索开展重点培训项目跟踪评估。

3.9 培训主办单位和培训机构综合运用多种有效方式，对参加培训员工的学习态度和表现、完成培训目标情况等进行评价和考核。培训机构将学员参加培训的综合评价、考核成绩等及时反馈送培单位。

4 员工培训管理主要包括培训对象、内容与方式、培训机构、师资、教材、经费管理等。

4.1 培训对象

4.1.1 员工有接受培训的权利和义务。

4.1.2 推行岗位培训制度。员工上岗前须参加岗位资格培训，上岗后每年应参加一定时间的岗位适应性培训。确因特殊情况在上岗前未达到培训要求的，须在上岗后1年内完成培训。对上岗资格(资质)培训等有特殊要求的，按有关规定执行。

4.1.3 处级及以上经营管理人员、高级专业技术人员每5年参加脱产培训时间累计不少于3个月，其他经营管理人员和专业技术人员每5年参加脱产培训时间累计不少于2个月；技能操作人员每年参加培训(包括岗位练兵)时间累计不少于10天，其中技师、高级技师不少于14天。新录用人员入职(厂)教育集中培训时间一般不少于10天。

员工参加远程教育和仿真培训的课时可折算为脱产培训时间。

4.1.4 重点人才培训对象的确定可采取调训、组织推荐、公开选拔等方式。员工参加本单位以外的培训须经本单位培训主管部门同意。

4.1.5 被调训员工无特殊原因须按时参加培训。员工所在单位要按照计划完成上级调训任务。总部业务部门调训各单位领导人员，须经人事部同意，避免多头调训和重复培训。

4.1.6 在岗员工参加统一组织或选派的脱产培训期间，一般应享受在岗同等待遇。因个人原因，未能完成规定培训任务或未取得合格成绩的，应酌情减发培训期间的绩效工资。

4.1.7 员工参加连续脱产1个月(含)以上或单位出资超过1万元(含)人民币以上的培训项目及其他重要培训项目的，按管理权限与所在单位签订培训合同(协议)，约定服务期，作为劳动合同的补充或附件；参加其他类型培训项目的，由各单位自行规定是否签订培训合同(协议)。在中国石化内部流动的，服务期连续计算，相应变更培训合同(协议)。

4.1.8 员工培训期间应遵守有关规章制度，认真完成学习任务。培训结束后，有责任和义务进行知识共享，并将学习成果应用于工作实践。

4.2 培训内容与方式

4.2.1 员工培训坚持思想政治教育与业务知识和能力培训相结合。

4.2.2 思想政治教育的重点是政治理论、政策法规、职业操守、企业文化等。

4.2.3 业务知识和能力培训主要包括岗位资格(资质)培训、岗位适应性培训、专项培训等。

4.2.4 岗位资格(资质)培训的重点是岗位必备知识和技能，包括上岗资格(资质)培训和转岗培训等。

4.2.5 岗位适应性培训的重点是履行岗位职责需要的所从事专业及相关专业(工种)知识的更新、拓展和提高。

4.2.6 专项培训主要是为完成专项任务、提高某专项能力或培养专门人才开展的培训，其培训内容和目标根据实际需要确定。

4.2.7 根据实际采取长期与短期、在岗与脱产、国内与国外、内部办班与送外培训相结合等多种培训形式。有针对性地综合运用讲授式、研究式、案例式、模拟式、体验式等多种教学方式。提倡通过岗位练兵、师带徒、研修交流、技术(技能)竞赛等与工作实际紧密结合的途径开展培训。

4.2.8 积极应用网络培训、仿真培训、远程教育和电化教育等多种手段开展培训。

4.2.9 推进员工自主选学，满足员工个性化、差异化需求。提倡员工自学，鼓励并支持员工利用业余时间参加学习培训。

4.3 培训机构

4.3.1 各级培训机构以实施员工培训、提高员工素质为根本任务。坚持特色立校、质量兴校、改革强校，积极推进培训创新，加强核心培训能力建设，不断提高培训质量和水平。

4.3.2 按照统筹规划、合理布局、规范管理、资源共享的原则，完善以石油化工管理干部学院为重点，区域性培训中心、专业化培训基地为骨干，企业培训机构为基础，外部培训资源为补充的中国石化培训基地网络。

4.3.3 石油化工管理干部学院是集培训、研究和咨询为一体的高层次人才培训基地。主要承担高层管理及后备人才、高级专业技术人才、国际化人才等重点和急需人才以及系统内师资的培训，履行中国石化远程教育中心相关职责，并对系统内其他培训机构进行培训业务咨询和指导，在人才培训、基地建设、课程和教材体系建设、培训理论研究等方面发挥引领和示范作用。

4.3.4 区域性培训中心和专业化培训基地主要承担关键岗位人员、主体专业的专业技术人员、主要工种高级技能操作人员的培训开发与实施任务。区域性培训中心同时负责对口支持区域或业务板块内没有培训机构单位的员工培训工作。其他内部培训机构承担本单位员工的培训工作。

4.3.5 区域性培训中心、专业化培训基地由总部统一规划和评估认定，并进行动态管理。各类专业资质认证培训机构的设立由人事部会同有关业务部门确定。各单位培训机构调整须报人事部审核。

4.3.6 总部和各单位依托有条件的生产经营单位、国内外项目等建立实习和现场教学基地。

4.3.7 合理利用外部培训资源，开展与国内外教育培训机构的交流合作。严格对合作机构培训资质的审核，采取直接委托、招投标等方式确定合作对象。业务部门与国内培训机构合作举办培训班，须将合作机构资质等基本情况报同级培训主管部门审核。

4.3.8 加强内部培训机构和一线培训场站的软硬件建设，保证必要的投入，提高培训实施能力。

4.4 师资、教材、经费

4.4.1 按照素质优良、规模适当、结构合理、专兼结合的原则加强师资队伍建设。

4.4.2 专职教师应具有良好的思想政治素质和职业道德修养、较高的政策理论水平、扎实的专业知识基础，有一定的实际工作经验，掌握现代教育培训理论和方法，胜任教学、课程开发及培训研究工作。

4.4.3 专职教师一般应具有大学本科及以上学历，技能操作训练指导教师一般应具有大专及以上学历或技师及以上职业资格。一般应具有3年以上管理、技术等实际工作经历；没有实际工作经历的，应到一线挂职锻炼、实习，5年内累计不少于1年时间。

4.4.4 实行专职教师岗位培训制度。专职教师每年参加培训进修、到企业调研及锻炼时间累计不少于1个月。

4.4.5 实行专职教师岗位竞聘制度，建立教师能力业绩考核评价体系，加强对教师的考核与管理。

4.4.6 兼职教师应具有较高专业水平、丰富的实践经验和一定的教学能力。加强兼职教师的条件审核、聘用考核、动态管理等工作。经营管理、专业技术和高技能人才均有义务承担一定的培训教学、课程开发任务，所在单位要为其创造条件，提供支持。对各单位内部兼职教师开展必要的培训，提高教学能力和水平。

4.4.7 按照择优入库、动态管理的原则，建立总部和各单位专兼职培训师资库，推进优秀师资资源共享。

4.4.8 培训管理人员应熟悉人力资源开发理论，掌握现代培训管理技术，具有一定的实践经验。加强培训管理人员队伍建设，注重培训，促进交流，优化结构，提高素质。

4.4.9 适应各类人才培训需要，按照开发与选用相结合的原则，建立先进实用、形式多样、具有石油石化特色的教材和课程体系。

4.4.10 按照统筹规划、分工负责、资源共享的原则，面向中国石化各类人员的培训大纲、教材，由总部统一组织开发，各业务部门、有关单位和培训机构按照分工负责编审。各单位负责组织开发本单位培训所需其他教材，教材开发计划报人事部备案。

4.4.11 各单位培训经费按职工工资总额2.5%的比例提取。鼓励各单位根据实际拓宽培训经费来源渠道，根据需要安排专项资金用于重点人才培训。

4.4.12 加强对培训经费使用的管理和监督。员工培训经费应按规定的使用范围列支，专款专用，不得截留、挤占、挪用或超范围列支。培训经费使用坚持精打细算、厉行节约。

4.4.13 新建项目、重大技术改造和项目引进、研究开发新技术或新产品，应在项目投资中列支人员培训费用及必要的培训设施建设费用。

5 检查与监督

5.1 实行培训工作目标责任制。培训工作情况纳入对各业务部门、各单位的年度考核，作为各级领导班子和主要领导业绩考评的重要内容。单位培训工作接受上级和全体员工的监督。

5.2 总部和各单位加强对内部培训机构的考核评估，考评的主要内容包括培训工作方针、任务落实和培训质量、基础建设、组织管理等。考评结果作为认定培训资质和承担培训任务的重要条件。发现培训机构任务不落实、管理不善、质量不高的，视情况责令整改、通报批评乃至取消有关培训资格。

5.3 各单位对员工参加培训及考核情况进行登记管理，列入员工考核内容，并作为使用和奖惩的重要依据之一。因故未按规定参加培训或者未达到培训要求的，应当及时补训。对无正当理由不参加培训的，给予批评教育直至组织处理。在参加培训期间违反有关规定和纪律的，视情节轻重，给予批评教育直至纪律处分。

中国石化业务公开工作管理规定

（试　行）

（二〇一一年四月十三日　中国石化监〔2011〕335号）

1　业务公开工作基本要求

1.1　指导思想

按照“决策民主、操作公开、过程受控、全程在案、永久追溯”的要求，建立健全业务公开长效机制。

1.2　公开原则

1.2.1　突出重点、公开结果。总部机关有关部门、各企事业单位、股份公司各分(子)公司(以下统称各单位)要结合本单位实际，明确业务公开的重点内容，对主要经营活动的实施结果进行公开。

1.2.2　内外有别、重在对外。根据经营活动中内外部交易对手的不同，重点公开与系统外单位进行的主要经营活动。

1.2.3　区分层次、有限授权。按照公开内容所对应的公开范围，赋予相关人员适度的访问权限，确保企业商业秘密安全。

1.3　业务公开内容和时限

除国家法律、法规和中国石油化工集团公司、中国石油化工股份有限公司(以下统称中国石化)规定禁止公开以及其他不宜公开的内容外，各单位必须在合同签订和合同履行完毕后10个工作日内，将主要对外经营活动的实施结果在中国石化重点业务公开信息系统中公开。

2　各级管理职责

2.1　总部成立业务公开工作领导小组，负责全系统业务公开工作，领导小组下设办公室(设在监察局)，负责业务公开的日常工作。

2.2　各单位是业务公开的责任主体，应成立业务公开工作领导小组和工作机构，明确责任分工。行政主要领导是业务公开的第一责任人。

2.2.1　业务公开工作领导小组负责业务公开工作的组织、领导和决策。

2.2.2　业务部门负责业务公开信息的采集、审核、填报。

2.2.3　监察、发展计划、财务、人事、审计、法律等部门负责业务公开工作的监督、协调、考核、总结。

2.3　发生下列情况，各单位要及时报总部业务公开工作领导小组办公室。

2.3.1　业务公开工作领导小组和工作机构发生重大变化。

2.3.2　主要对外经营业务发生变化，需要增加、变更或者取消业务公开项目。

2.3.3　公开业务信息字段需要修改或者重新确定。

2.3.4　授权范围及人员发生变化。

2.3.5　特殊业务不宜公开、需要延迟公开或者只能对特定人员公开。

2.3.6　数据填报发生错误需要修改、更正。

2.3.7　其他需要申请批复的事项。

3　业务公开工作要求

3.1　各单位要加强对业务公开信息采集、审核和填报过程的管理和监督，确保信息数据的及时性、准确性和完整性。

3.2　各单位要加强对业务公开信息系统授权人员的教育、管理和监督，明确业务公开保密工作纪律，签订业务公开保密承诺书，确保业务公开信息安全。

3.3　严格遵守中国石化保密工作规定，加强对业务公开信息的保密审查。

3.4　总部及各单位成立网上巡视组，利用业务公开信息系统，分析业务数据，发现问题及时报告。

4　业务公开工作责任追究

4.1　纪检监察部门按照业务公开工作领导小组要求，组织有关部门对网上巡视发现的问题进行调查核实。对违规违纪的，按照有关规定追究相关人员责任；触犯刑律的，移送司法机关依法查处。

4.2　纪检监察部门要加强对业务公开工作的监督、检查和考核。对不按时公开、不公开或假公开，泄露企业商业秘密等行为，及时督促整改，情节严重的追究相关人员责任。

中国石化固定资产投资项目审计管理办法

(二〇一一年四月十三日　中国石化审〔2011〕341号)

1　固定资产投资项目审计的基本要求

1.1　规范内容的界定

1.1.1　本办法所称固定资产投资项目(以下简称投资项目)是指列入中国石油化工集团公司、中国石油化工股份有限公司(以下简称中国石化)年度投资计划的石油天然气勘探开发及管输、天然气加工利用、石油化工生产及营销、成品油销售网络、现代化信息系统、科研开发、环境保护以及相关产业的境内外独资或合资的基本建设、技术改造项目。

1.1.2　本办法所称投资项目审计,是指对项目建设全过程经济活动的真实性、合法性、效益性进行审计监督,包括竣工决算审计、概算预算执行情况审计、专项审计等。各级审计部门可根据项目建设的不同阶段对其财务收支、工程造价、建设管理等方面内容实施审计。

1.2　投资项目审计工作坚持"依法审计、客观公正、实事求是"的原则。

1.3　投资项目审计实行"分级管理、分层负责"的管控方式。

2　各级审计部门职责

2.1　竣工决算审计。列入中国石化年度投资计划的限额以上投资项目,其竣工决算审计由审计局(部)统一计划安排,审计局(部)和各企事业单位、股份公司各分(子)公司(以下统称各单位)审计部门分工实施;限额以下及其他投资项目由各单位审计部门自行组织实施。依照投资项目竣工验收管理规定,投资项目在竣工验收时要经过竣工决算审计。

2.2　概预算执行情况审计(含在建审计)。投资项目概预算执行情况审计由各级审计部门根据投资项目具体情况安排。对于在建的中国石化重点工程投资项目,审计局(部)和有关单位审计部门至少安排1次概预算执行情况审计,但对同一个投资项目,审计局(部)和有关单位审计部门不在一个年度内重复进行审计。

2.3　工程预(结)算审计。投资项目工程预(结)算审计由各单位审计部门自行组织实施,投资项目工程预(结)算原则上均要经过审计;由各单位审计部门组织实施竣工决算审计的投资项目,投资规模较小的可以和工程预(结)算审计结合进行。

2.4　专项审计。根据管理部门要求和实际需要,各级审计部门可以选择特定内容和环节开展投资项目的专项审计。

2.5　各单位审计部门根据中国石化年度投资计划、投资项目竣工验收计划、投资项目实际进展情况以及投资项目审计分工,制定本单位年度投资项目审计计划报审计局(部)。审计局(部)对各单位上报的投资项目审计计划进行审核,根据中国石化投资项目审计总体情况进行必要调整,编制中国石化年度投资项目审计计划并下达各单位,各级审计部门按照下达的计划组织实施投资项目审计。

2.6　各单位审计部门要积极配合国家审计、监督机关及总部对投资项目的审计。

2.7　各单位审计部门要定期通过审计信息系统向审计局(部)汇报投资项目审计实施情况,中国石化年度投资项目审计计划中要求上报资料的投资审计项目,各单位审计部门在审计项目实施完结后,应及时向审计局(部)上报审计报告、审计意见书和审计决定等资料。

3　投资项目审计管理内容与方法

3.1　投资项目审计内容主要包括:建设程序履行情况,法人责任制落实情况,建设资金筹措和使用情况,项目概算执行及调整概算报批情况,招标投标执行情况,合同订立和履行情况,设计、施工、监理以及质量监督情况,物资供应管理情况,成本核算和财务管理情况,工程预(结)算情况,会计报表编制情况,资产交付、资金结余、建设收入及尾工工程情况等。

3.2　实施本办法规定的审计程序、审计工作底稿、审计报告及审计处理处罚决定,执行《中国石化内部审计工作规定》及相关规范。

3.3　被审计项目建设单位要按要求提供项目有关文件、资料,做好各项准备和配合工作。

3.4　确因需要且经批准,各级审计部门可委托中介机构对投资项目进行审计,具体操作按照《中国石化委托中介机构审计固定资产投资项目管理办法》执行。

3.5　在投资项目审计中,审计人员享有下列权利:参加与投资项目有关的经济活动和会议;审查建设单位的会计资料及其他与投资项目有关的文件、资料;查看投资项目施工现场、隐蔽工程;参加竣工验收工作;对投资项目中违规违纪、严重损失浪费等问题提出审计建议和处理意见，监督和检查审计决定的执行情况。

4 投资项目审计重点内容

4.1 建设程序履行情况

4.1.1 基本建设程序是否合规，项目建设审批文件是否合法、手续是否完备。

4.1.2 建设程序各个阶段的文件、资料是否齐全，是否报经上级部门审批并获批准。

4.2 法人责任制落实情况

4.2.1 重大项目建设责任书是否签订，内容是否合规、完整，各方的责任、权利和义务是否明确，投资项目组织机构内部监督是否落实。

4.2.2 检查项目法人内控制度的建立健全和执行情况。

4.3 建设资金筹措和使用情况

4.3.1 建设资金来源是否真实合法，筹集资金的方式是否合规，有无非法集资、乱摊派和乱收费问题。

4.3.2 资金是否按投资计划及时到位，资本金是否达到规定比例。

4.3.3 资金管理是否严格有效，使用是否合规，建设资金是否专款专用，有无挤占、挪用、转移建设资金和资金流失、损失浪费情况。

4.4 项目概算执行及调整概算报批情况

4.4.1 投资项目是否按批复的基础设计(初步设计)组织建设，有无擅自扩大建设规模、提高建设标准、增加建设内容或因管理问题导致概算超支的情况。

4.4.2 概算预算调整是否经原审批部门批准。

4.5 招标投标执行情况

4.5.1 投资项目招标投标程序是否合法合规，招标投标有关文件是否齐全完整。

4.5.2 招标人有无规避招标的行为，有无恶意压低报价和压缩合理工期的行为。

4.5.3 投标人资格、资质是否符合法律法规和管理规定的要求，有无以不正当手段中标的行为。

4.5.4 工程承发包管理是否合法和有效。

4.6 合同订立和履行情况

4.6.1 合同(包括总承包合同、勘察设计合同、贷款合同、施工合同、采购合同、监理合同等)文件是否完整。

4.6.2 合同主体是否有总部的明确授权，签订的手续是否完备，合同变更、终止是否合法。

4.6.3 合同条款的内容是否全面、真实，合同对方是否具有相应资质和履约能力。

4.6.4 合同的履行是否合法和有效。

4.7 设计、施工、监理以及质量监督情况

4.7.1 设计、施工、监理等单位的资质是否符合要求。

4.7.2 各阶段设计文件是否按规定编制，重大设计变更程序是否合规。

4.7.3 施工有无转包和违法分包等行为。

4.7.4 监理单位有无故意损害项目法人、承建商利益的行为。

4.7.5 项目建设单位是否按规定办理工程质量监督的申报手续以及是否接受监督机构的监督。

4.8 物资供应管理情况

4.8.1 与物资供应过程有关的内部控制制度是否健全、有效。

4.8.2 设备、材料的采购、保管、使用是否真实、合法、合规。

4.8.3 供料方式、种类、价格、质量、数量是否满足设计、计划、合同要求。

4.8.4 由于设计变更导致物资供应的变化是否真实。

4.8.5 订货渠道与程序是否符合国家和中国石化有关规定。

4.8.6 设备、材料核算以及采购、保管费用列支是否真实、合法、合规。

4.9 成本核算和财务管理情况

4.9.1 项目成本的归集与分配是否恰当、准确，是否与批准的初步设计概算相符，有无混淆不同项目成本界限及资本性支出与收益性支出界限。

4.9.2 投资项目各类投资是否真实、合法，有无违反国家规定或扩大结算范围列支费用和价差，甲方供料划转、价差结算、结算范围调整是否合规。

4.9.3 其他财务收支及债权债务核算是否真实、准确。

4.9.4 财务管理和内部控制制度是否健全、有效，有无“小金库”等违纪问题。

4.10 工程预(结)算情况

4.10.1 工程合同有关预(结)算条款是否合规、有效。

4.10.2 预(结)算编制是否真实。

4.10.3 预(结)算定额执行及套用是否与合同规定一致，计价核算是否正确、合规。

4.10.4 工程量计算是否真实、正确，工程类别套用及取费标准、取费基数的确定是否合规正确。

4.10.5 现场签证及设计变更内容是否真实、有效，手续是否完备。

4.10.6 材料价差调整是否合规、真实、正确。

4.11 会计报表编制情况

4.11.1 会计报表的种类、格式、编制及报送是否符合有关法规规定。

4.11.2 报表内容是否按要求填列，依据是否充分、真实、合规。

4.11.3 竣工决算有关报表是否真实、有效，报表间勾稽关系是否正确。

4.11.4 竣工决算说明书是否真实准确，补充资料是否齐全。

4.12 资产交付、资金结余、建设收入及尾工工程情况

4.12.1 交付资产总额及归属是否真实、完整，资产交接手续是否完备，资产归属或管理责任是否划清，资产验收交接是否真实、合规，是否与批准设计文件资产清单相符，有无形成账外资产及国有资产流失。

4.12.2 结余资金和节余物资是否真实、完整，处置是否合规，有无隐瞒、转移、挪用结余资金和节余物资，有无形成账外资产。

4.12.3 各项建设收入的形成、分配和处理是否真实、合规，有无隐瞒或转移收入。

4.12.4 尾工工程是否真实，建设单位是否根据概算投资预留尾工工程款。

5 监督与考核

各级审计部门应严格按照《中国石化审计项目审理办法》对项目进行审理，确保审计质量，并根据项目质量评分情况进行考核，纳入年度综合考评结果。

6 其他规定

各级审计部门应根据不同的审计对象和审计目的，结合项目特点以及项目建设和管理的薄弱环节开展投资项目审计。大修项目和检维修项目审计可参照本办法执行。

中国石化制度管理办法

（二○一一年五月四日 中国石化企〔2011〕395号）

1 基本要求

1.1 规范内容的界定

1.1.1 本办法所称制度是指中国石油化工集团公司、中国石油化工股份有限公司（以下统称中国石化）及所属各企事业单位、股份公司各分（子）公司（以下统称各单位）按照规定程序印发的具有长期普遍约束力的规范性文件。

1.1.2 本办法所称标准化制度体系是指以规范的管理机制为基础，按照科学的制度类别、制度层级和制度类型标准，运用标准化制度模板构建的涵盖中国石化全部业务领域的制度集合。

1.1.2.1 制度类别是指依据业务类别，将制度分为大类制度、中类制度和小类制度。

1.1.2.2 制度层级是指依据制度的适用范围，将制度分为基本制度、通用业务制度、板块业务制度和企业制度4个层级。

（1）第一层级基本制度是指依据国家法律法规及政策，规范中国石化法人治理结构，满足行业监管要求，反映中国石化共同遵循的价值理念和行为基本准则，适用于全系统的制度。

（2）第二层级通用业务制度是指规范中国石化某一业务领域，适用于全系统、两个及以上业务板块、总部（含在京单位）的制度。

（3）第三层级板块业务制度是指规范中国石化某一板块业务，适用于该板块的制度。

（4）第四层级企业制度是指由各单位根据基本制度、通用业务制度、板块业务制度制定的制度或根据自身实际需要制定的适用于本单位的制度。

（5）基本制度、通用业务制度、板块业务制度由总部制定（以下简称总部制度）。

1.1.2.3 制度类型是指依据制度的管控深度，将制度分为原则类制度、实施类制度和执行类制度。其中，基本制度不区分制度类型。

（1）原则类制度是指对业务领域提出原则性管理要求，需实施类制度或执行类制度细化落实的制度。

（2）实施类制度是指对业务领域内流程或业务活动进行规范，具有一定可操作性的制度。

（3）执行类制度是指对具体岗位提出工作和职责要求，或对业务领域内细化流程作出具体描述，岗位工作人员可以直接使用并指导工作的制度。

1.1.3 本办法所称制度管理是指制度建设规划与计划、制度全生命周期管理、标准化制度体系的建立与维护等管理活动。

1.2 制度管理应坚持以人为本，贯彻落实科学发展观。具体遵循以下原则：

1.2.1 合法性：遵守国家法律法规和相关政策。

1.2.2 科学性：符合中国石化发展方向和发展

战略，对管理实践持续进行总结、分析、提炼、优化，并固化为具有长期普遍指导意义的制度性安排，为提高经营管理效率和效益服务。

1.2.3　民主性：采取多种形式，充分征求相关方意见，增加制度制定和实施的透明度。

1.2.4　统一性：健全标准化制度体系，保持各项制度相互协调、传承有序。

1.2.5　规范性：实现制度管理常态化，保证制度体系、制度体例、制度管理流程规范。

1.2.6　操作性：制度条款规定明确、内容具体、贴近工作实际，便于操作和解决实际问题。

1.3　制度管理方式

1.3.1　总部按照制度类别、制度层级和制度类型对制度进行统筹管理。下位制度不得与上位制度相抵触。

1.3.2　中国石化制度应采用标准化制度模板进行编制。标准化制度模板分为原则类模板、实施类模板、执行类模板。根据实际情况，有关章程、手册、用词标准、指标模板、技术规范、预案、禁令等可以不采用标准化制度模板。

1.3.3　中国石化重要制度应履行制度预审程序。重要制度是指须经董事会、总经理办公会、总裁办公会审议通过的制度。

1.4　对各单位的具体规定

1.4.1　各单位须执行的制度包括本单位适用的总部制度、承接总部制度制定的制度、本单位自主制定的制度和根据当地政府监管要求制定的制度等。

1.4.2　各单位在制定本单位制度时，应遵循下列规定：

1.4.2.1　应在同一大类中承接总部制度制定制度，并可以根据实际情况，对承接的总部制度内容进行整合或拆分。

1.4.2.2　按照中国石化业务类别区分制度类别，并按照“在同一中类下，跨 2 个小类(含)为中类制度；在同一大类下，跨 2 个中类(含)为大类制度”的原则，确定制度业务类别。

1.4.2.3　原则上只能制定实施类制度和执行类制度，即根据实际需要自行决定先制定实施类、再制定执行类或直接制定执行类制度。

1.4.3　各单位因特殊事项需突破总部制度制定本单位规定的，须将拟印发的规定报经总部批准。

1.5　中国石化实行“归口管理、分层负责”的制度管理机制。

2　分工与职责

2.1　企业改革管理部是中国石化制度的归口管理部门。

2.1.1　提出中国石化制度建设规划及年度计划，经审批后组织实施。

2.1.2　制定、修订中国石化制度管理方面的制度，经审批后组织实施。

2.1.3　组织实施制度全生命周期管理。负责组织重要制度预审、审核各部门报送的总部制度草案。根据需要，参与重要制度的调研、论证和起草工作。

2.1.4　组织实施标准化制度体系管理。

2.1.5　组织制度管理专业知识培训，建立健全制度管理台账、资料。

2.1.6　制定中国石化制度管理信息系统业务执行的统一标准与规范，对制度管理信息系统运行工作进行指导和检查。

2.1.7　配合相关部门做好制度信息化工作。

2.1.8　组织协调总部职能部门和事业部(管理部)对各单位制度管理和制度运行进行检查、评价及考核工作。

2.2　信息系统管理部是实现制度信息化的专业管理部门。参与制度预审；组织制度信息化的评估；负责制定制度信息化技术方案并组织实施。

2.3　法律事务部是制度合法性审查的专业管理部门，对制度的合法性把关。

2.4　办公厅是召开董事会(办公会)的组织协调部门和总部制度的公文处理部门。

2.4.1　组织协调召开董事会、总经理办公会、总裁办公会等审议重要制度草案。

2.4.2　负责制发总部制度文件。

2.4.3　负责总部制度档案管理。

2.5　总部职能部门、事业部(管理部)是总部层面制度管理和制度运行检查、评价及考核的责任主体，其主要职责：

2.5.1　健全本部门职责范围内的标准化制度体系，提出本部门主办的制度年度工作计划，经批准后组织实施。

2.5.2　负责本部门专业领域内主办制度的起草、会签、报批，并监督检查制度执行情况。

2.5.3　负责会签其他部门主办、涉及本部门专业管理职能的制度，对其专业内容的准确性把关。

2.5.4　按照制度信息化总体安排，提出本部门主办制度的信息化需求，配合信息系统管理部做好制度的信息化工作。

2.5.5　建立健全本部门制度管理台账。

2.5.6　负责监督、检查与考核本部门职责范围内制度在各单位的落实情况，并进行制度运行评价与考核。

2.6 各单位是制度的实施主体，应明确本单位制度的归口管理部门、协同部门并落实责任，其主要职责：

2.6.1 贯彻落实总部发布的制度。

2.6.2 建立健全标准化制度体系中的企业制度。

2.6.3 对本单位制定的企业制度进行全生命周期管理。

2.6.4 按照总部要求做好制度信息化的实施工作。

3 制度管理内容与程序

3.1 制度建设规划与计划

3.1.1 制度建设中长期规划

3.1.1.1 企业改革管理部会同总部相关部门编制中国石化制度建设中长期规划，报总部领导审批后执行。

3.1.1.2 各单位视实际情况，根据中国石化制度建设中长期规划，研究制定本单位制度建设的中长期规划。

3.1.2 制度年度计划

3.1.2.1 总部部门应根据所负职责、管理实际和发展需要，在初步论证的基础上，将下一年度需要制定、修订、废止的制度，于每年11月底前，向企业改革管理部提交部门年度计划。

3.1.2.2 年度计划中应包括：制度名称、制度类别、制度层级、制度类型、与现有制度的关系、适用范围、完成时间等。

3.1.2.3 企业改革管理部审核汇总各部门年度计划，编制中国石化下一年度制度计划，并于年底前上报审批。经审批后的中国石化制度年度计划以文件形式印发。

3.1.2.4 确因工作需要，需临时制定、修订、废止制度时，由主办部门报企业改革管理部，经审核后调整年度计划。

3.1.2.5 各单位收到中国石化制度年度计划的正式文件后，结合自身实际，由制度归口管理部门组织制定本单位的制度年度计划，按程序审批后印发。

3.2 制度全生命周期管理

3.2.1 制度全生命周期管理应包括立项、起草、预审、会签、审核、签发、执行、监督考核、评估、动态优化等环节。其中，制度立项、起草、预审、会签、审核、签发统称为制度的制定。

基本制度的制定应遵守公司章程等规定；其他制度的制定按照本办法3.2条执行。

在制定有关劳动报酬、工作时间、保险福利等直接关系职工切身利益的制度时，须履行法定民主程序，并通过公示、告知等方式，使职工熟悉、知晓相关制度。

3.2.2 立项

3.2.2.1 总部经批准的制度年度计划自动转入制度立项，由企业改革管理部按专业管理职能分部门形成各部门的制度立项；对于临时立项申请，企业改革管理部按规定程序审核通过后调整部门制度立项。

3.2.2.2 上位制度中明确需下位制度承接时，下位制度的制定部门或单位应进行制度立项。

3.2.2.3 各单位可结合自身实际，根据制度制定(修订)情况，确定立项要求。

3.2.3 起草

3.2.3.1 主办部门应按照立项要求，组织起草工作。

3.2.3.2 制度的名称一般遵循下列规则：

(1)基本制度的名称为：章程、守则、禁令、规则等。

(2)原则类的制度名称为：办法、规定等。

(3)实施类的制度名称为：办法、规定、细则等。

(4)执行类的制度名称为：规范、规程、细则等。

3.2.3.3 制度格式采用标准化制度模板；制度用语应准确、简洁，条文内容应明确、具体，具有可操作性。

3.2.3.4 完成制度起草工作后，主办部门应撰写起草说明。起草说明一般包括：制度的必要性、适用范围和对象、规定的主要措施，与现有制度的关系以及有关方面的意见等。

3.2.3.5 对重要制度，主办部门应履行制度预审程序，将制度草案、起草说明等材料提交企业改革管理部；对其他制度，主办部门起草后可直接履行会签程序。

3.2.4 预审

3.2.4.1 企业改革管理部收到制度主办部门的重要制度草案、起草说明后，组织信息系统管理部、制度主办部门和相关部门及单位进行预审，并提出预审意见交制度主办部门。制度主办部门按照预审意见对制度草案进行修改。

3.2.4.2 各单位可结合实际，在确保制度能够规范会签、审核的前提下，自行确定本单位是否设置制度“预审”环节。

3.2.5 会签

3.2.5.1 制度草案涉及其他部门职责的，主办部门应主动征求有关部门意见，将制度草案、起草说明一并送相关部门履行会签程序。

3.2.5.2　会签部门与主办部门意见不一致时，应将书面意见反馈主办部门；主办部门应主动与会签部门协商，并将意见的采纳情况予以说明。

3.2.5.3　按照制度之间的承接关系，总部职能部门拟定的通用业务制度中原则类或实施类制度，需事业部(管理部)制定板块业务制度承接时，可根据实际，确定是否须经事业部(管理部)会签。

3.2.5.4　主办部门应将制度草案、起草说明、会签部门意见一并报送制度审核部门审核。

3.2.6　审核

3.2.6.1　总部制度须履行信息系统管理部审核手续。对于基本制度和原则类制度等，主办部门可视实际情况决定是否需信息系统管理部审核。

3.2.6.2　制度须履行法律事务部审核手续，法律事务部对制度的合法性把关。

3.2.6.3　制度归口管理部门从制度的科学性、民主性、统一性、规范性、操作性等方面进行审核。审核内容主要包括：是否符合本办法 1.2 条规定；是否履行了必要的程序；对不同意见是否协商一致；其他需要审核的内容。

3.2.6.4　制度草案有下列情形之一的，制度归口管理部门可以缓办或者退回主办部门：制定制度的基本条件尚不成熟的；有关部门对制度草案存在较大争议的；制度草案不符合本办法 3.2.5.2 和 3.2.5.4 款规定的。

3.2.6.5　制度归口管理部门应在 5 个工作日内提出审核意见。

3.2.6.6　经审核通过后的制度草案，由主办部门履行报批程序。

3.2.7　签发

3.2.7.1　关系集团公司全局的重要制度应由董事会/总经理办公会审议，由董事长/总经理或董事长/总经理授权的领导签发；其他制度由集团公司分管领导签发。

关系股份公司全局的重要制度应由总裁办公会审议。经总裁办公会审议后需提呈董事会审议批准的制度，应提交董事会审议，由董事长或董事长授权的董事签发；经总裁办公会审议通过的制度，由总裁或总裁授权的领导签发；其他制度由股份公司分管领导签发。

总部制度签发后，按照“一个制度、一个文号”的原则，由办公厅按照公文行文规定印发。

3.2.7.2　各单位可参照总部制度的签发规定，确定本单位企业制度的签发程序。

3.2.7.3　制度印发后，公文处理部门应将制度交制度归口管理部门 1 份，以便制度归口管理部门对制度进行统筹管理。

3.2.7.4　凡涉密事项，按照中国石化有关保密管理规定执行。

3.2.8　执行

3.2.8.1　制度一经印发实施，应严格执行。

3.2.8.2　各单位在执行上级单位制度产生疑义时，应及时向事业部(管理部)、业务管理部门反映，相关部门应在接到意见反映后 5 个工作日内予以明确。在处理期间，不影响制度的执行效力。制度的解释不得违背制度的规定并应采用书面形式。

3.2.9　监督考核

3.2.9.1　每年 3 月底前制度主办部门根据实际情况制定当年的制度监督检查计划，并组织实施。制度监督检查计划报制度归口管理部门备案。制度归口管理部门根据实际情况进行抽查。

3.2.9.2　总部机关各部门、各单位应将制度执行情况的检查结果，按照中国石化有关绩效考核规定进行奖惩。

3.2.10　评估

3.2.10.1　制度主办部门根据年度工作安排，开展本部门主办制度的评估工作。对于本部门主办的制度，原则上要求在实施 2 年内，每满 1 年评估 1 次。制度运行稳定后，可根据实际情况进行评估。对实施满 5 年的制度须进行评估。

3.2.10.2　“试行”或“暂行”的制度试行期限一般不得超过 2 年。在“试行”或“暂行”期内的制度，制度主办部门应对试行已满 1 年的制度进行评估，修订完善制度相关内容，并根据具体情况，重新发布或更新制度。制度归口管理部门对在“试行”或“暂行”期内制度的评估情况开展专项检查。

3.2.10.3　现行制度与国家法律法规有抵触、与中国石化管理体制不适应、与其他相关制度有冲突的，主办部门、各单位应及时修订或予以废止。

3.2.11　动态优化

3.2.11.1　根据制度评估结果，制度主办部门就发现的问题提出说明或制度改进建议，并视实际情况，将可优化的制度列入部门制度年度计划或追加计划，进入制度的制定程序。

3.2.11.2　制度的修订，由主办部门按照制度的制定程序办理。制度的单纯废止，主办部门须向制度归口管理部门提出申请，由制度归口管理部门报分管领导批准后废止。

3.2.12　对于转发国家党政机关的制度，纳入标准化制度体系管理，主办部门应明确制度的类别、层级、类型及下位制度承接要求，在制度转发后，报制度归口管理部门备案。

3.2.13 各单位在“立项”、“预审”、“签发”环节进行调整的，须报事业部（管理部）、企业改革管理部备案。

3.3 标准化制度体系的建立与维护

3.3.1 企业改革管理部组织研究建立标准化制度体系，经总部分管领导审批后执行。

3.3.2 由企业改革管理部组织，职能部门配合，事业部（管理部）牵头本板块各单位，共同推行标准化制度体系，做好动员、培训、指导、执行、监督与考核工作。

3.3.3 企业改革管理部每年3月开展体系的评估与优化工作，职能部门和事业部（管理部）结合上一年度制度管理工作情况对标准化制度体系进行评估并提出意见和建议，企业改革管理部汇总意见对体系进行综合评估，将评估结果上报总部分管领导，按照要求组织实施体系的优化。

4 监督检查与考核

4.1 总部职能部门、事业部（管理部）应于每年3月底前，向企业改革管理部报送上一年度制度管理工作情况、标准化制度体系执行情况和本年度制度监督检查计划等相关信息。

4.2 各单位制定的制度管理实施细则须报事业部（管理部）、企业改革管理部备案。

4.3 制度管理纳入《中国石化直属单位及总部机关部门领导班子任期绩效考核管理暂行办法》进行综合考核。

5 其他规定

5.1 制度的查询实行授权管理，对外提供时应按照中国石化有关保密管理规定办理批准手续。

5.2 除特殊规定外，各级党群组织的制度适用于本办法；技术标准、产品标准及其他应用公文不适用本办法。

5.3 控股及参股企业可参照本办法制定本单位的制度管理办法。

6 附 件

6.1 中国石化业务分类框架

6.2 标准化制度模板

6.3 制度年度计划表

中国石油化工集团公司预算管理办法

（二〇一一年五月二十六日 中国石化财〔2011〕472号）

1 基本要求

1.1 本办法中所称预算管理是指通过预算目标确定、预算编制、预算执行控制、预算考核等活动，对各企事业单位（以下简称企业）各种财务及非财务资源进行分配、控制、考核，有效组织和协调企业生产经营活动，完成既定经营目标的管理行为。企业预算由业务预算、资本预算、筹资预算和财务预算组成。

1.2 集团公司实行统一管理、分级负责的预算管理体制，企业要按照统一要求，统一编制口径、报表格式和编报规范编制预算报告，下一级预算要体现上一级预算的要求并确保其控制目标的落实和实现。

1.3 集团公司预算管理的主要任务：优化配置各类资源，细化和量化企业年度经营管理目标，不断加强企业生产经营的事前、事中控制，严格预算执行情况的分析、检查和考核，确保企业长期规划目标的落实和当期预算目标的实现。

1.4 预算管理要与对标管理、全员成本目标管理等紧密结合，相互促进，不断挖掘企业管理潜力，提升企业经营管理水平。

1.5 集团公司及企业要不断加强一体化预算信息平台建设，积极应用现代化管理方法和手段，提高预算管理工作水平。

2 组织机构与职责

2.1 集团公司总经理办公会是集团公司预算管理议事决策机构，其主要职责：

2.1.1 审定集团公司预算编制与管理的原则和目标。

2.1.2 审定集团公司年度预算方案和预算调整方案。

2.1.3 处理预算管理和执行中的重大问题。

2.1.4 审定集团公司对企业年度预算的考核方案。

2.2 集团公司财务部是预算管理职能部门，负责组织财务预算编制、报告、执行和日常监控工作，其主要职责是：

2.2.1 提出预算编制与管理原则和目标建议。

2.2.2 拟定集团公司预算方案和预算调整方案。

2.2.3 组织预算的编制、审核、汇总和报送工作。

2.2.4 对经审定的企业预算进行批复，并监督企业预算执行情况。

2.2.5 协调解决预算编制和执行中的有关问题，并对重大问题提出处理建议。

2.2.6 分析企业预算完成情况，并提出考核意见。

2.2.7 指导、监督企业预算管理工作。

2.3 集团公司有关职能部门负责职责范围内预算管理的相关工作。

2.3.1 发展计划部负责发展规划及投资计划的编制与运行管理工作。

2.3.2 生产经营管理部负责年度生产经营计划的编制与统筹协调和优化工作。

2.3.3 人事部负责人力资源管理及年度人工成本预算的管理工作。

2.3.4 各管理部负责本板块所属企业预算编制和执行中有关问题的协调处理，对企业预算的执行进行管理。

2.4 企业应不断加强预算管理工作，不断完善预算管理制度，健全组织机构，明确工作分工，明晰工作程序，落实有关部门和人员在预算管理中的责任，组织开展预算编制、执行、监督和考核工作，不断提高预算管理工作水平，发挥预算对提升企业管理水平的作用。

2.5 企业主要负责人对企业预算管理工作负总责。企业应建立预算管理委员会或相关机构对预算管理的重大事项进行研究和决策。其主要职责：

2.5.1 审定企业预算管理方针、政策和目标。

2.5.2 审定企业年度预算方案和调整方案。

2.5.3 组织下达所属企业及内部单位、部门的年度预算目标，并对其完成情况进行考核奖惩。

2.5.4 处理企业预算编制及执行过程中出现的重大问题。

2.6 总会计师(财务总监)或财务工作的分管领导，协助主要负责人做好预算管理工作，负责组织、领导本单位预算的编制、执行、分析、控制和考核等工作，组织制定预算管理的具体措施和办法，协调解决预算编制和执行过程中出现的矛盾和问题。

2.7 企业财务管理部门具体负责组织预算的编制、审查、汇总、平衡、上报、下达、调整、考核等工作，并跟踪监督预算执行情况，分析预算与实际执行的差异及原因，提出改进管理措施和考核建议。

2.8 企业有关职能部门具体负责本部门分管业务预算的编制、执行、分析、控制等工作，配合财务部门做好预算的综合平衡、分析、控制等工作。

2.9 企业所属基层单位是预算执行单位，应按照企业预算管理要求，做好本单位预算的编制及执行工作，落实本单位在企业预算目标中应承担的责任，确保企业预算目标的实现，并接受企业有关部门的工作指导、检查和考核。

3 预算编制

3.1 编制预算应当坚持以企业战略规划为导向，正确分析判断市场形势走向，科学预测年度经营目标，合理配置内部资源，实行总量平衡和控制。

3.2 编制预算的依据主要包括：

3.2.1 宏观经济政策和法律法规。

3.2.2 对国内外市场形势的分析和判断。

3.2.3 发展战略和中长期发展规划。

3.2.4 当前生产经营能力及计划安排。

3.2.5 集团公司经营管理相关政策。

3.2.6 集团公司及企业规定的各类物料消耗标准及费用定额。

3.2.7 集团公司研究确定的其他预算条件。

3.2.8 企业面临的个性化因素，以及经营预计影响。

3.3 企业要通过对预算编制依据的分析和内部资源的优化配置，合理确定预算期经营管理目标，并体现以下要求：

3.3.1 落实企业战略目标。要体现企业发展战略的要求，并在预算期间内细化和落实企业发展战略的阶段性目标。

3.3.2 实行行业对标。要体现对标管理以及全员成本目标管理的要求，积极开展与行业先进水平、国际先进水平的对标，依据对标合理确定预算目标。

3.3.3 实行目标分档管理。对年度预算目标按照基本目标、提升目标、奋斗目标进行分档管理，分别采取不同的考核计分办法。

3.4 集团公司及企业通过编制预算反映预算期间对生产经营所作的安排，落实企业经营管理目标。编制预算应遵循以下基本原则：

3.4.1 真实性。预算要真实反映预算期间生产经营各项工作及各类资源的安排情况，不断增强对生产经营的指导性和约束力。

3.4.2 合理性。编制预算应当认真分析判断市场形势、政策走向和自身经营管理实际，优化配置内部资源，合理确定年度预算目标，反映预期经营成果、财务状况和企业的努力程度，做到不高估、不压低。

3.4.3 全面性。预算应当全面、系统、完整地反映与预算目标有关的各项经济业务及事项。

3.4.4 重要性。编制预算应结合预算期间的管理重点，合理确定并详细反映对资产负债、损益、现金流量有重要影响的事项，其他事项可以合并列示。

3.5 预算编制应按照先业务预算、资本预算、筹资预算，后财务预算的流程进行，各项预算间应相互衔接、相互支撑，构成企业预算的有机整体。

3.5.1 业务预算是反映预算期内企业可能形成现金收付的生产经营活动(营业活动)的预算，一般包括销售或营业预算、生产预算、制造费用预算、产品成本预算、营业成本预算、采购预算、期间费用预算等。按照“谁负责、谁编预算”的原则，业务预算由业务管理部门或单位按照职责权限负责编制。

3.5.2 资本预算是企业在预算期内进行资本性投资活动的预算，主要包括固定资产投资预算和权益性资本投资预算。资本预算主要由投资及资本运作管理部门负责编制。

3.5.3 筹资预算是企业在预算期内需要吸收股本及其他权益性投资、新借入的长短期借款及对原有借款、债券还本付息等预算。筹资预算主要由财务管理部门负责编制。

3.5.4 财务预算是指在预测和决策的基础上，围绕企业战略目标，对一定时期内企业资金取得和投放、各项收入和支出、企业经营成果及其分配等资金运行所作的具体安排。企业财务预算应以收入、成本、费用、利润为核心，以成本费用、经营风险和现金流量控制为重点。财务预算主要由财务管理部门负责编制。

3.6 预算编制按照“自上而下、自下而上、上下结合”、“统一要求、规范程序、分级编制、逐级汇总”的程序和方法进行，具体步骤如下：

3.6.1 根据中长期发展规划和对下一年度经济形势预测，集团公司有关部门于每年 9 月底前提出下一年度生产经营的初步计划和预算目标，包括销售目标、成本费用目标、利润目标等，研究确定预算编制的有关政策，报集团公司领导审核后，由财务部会同各管理部将预算目标对接落实到企业。

3.6.2 集团公司财务部根据预算目标对接情况编制下一年度预算草案，于每年 12 月初报集团公司总经理办公会审定。

3.6.3 企业根据集团公司下达的预算条件、预算目标、其他管理指标以及对市场形势的预测，结合管理实际制定本企业的生产经营方案，组织内部有关部门和预算单位编制下一年度预算草案，经预算管理委员会或相应机构审核批准后，于次年 1 月初上报集团公司财务部。

3.6.4 集团公司财务部会同有关部门对企业上报的预算草案进行审查、汇总，对审查中发现的问题提出修改意见并及时反馈有关企业，企业在 10 个工作日内将修改后的预算报告重新上报。1 月底前，集团公司财务部以书面形式批复各企业预算报告。

3.6.5 在企业预算报告的基础上，集团公司财务部汇总编制集团公司预算报告，经集团公司领导审核后上报国务院国资委。

3.7 根据不同预算项目的特点，企业预算可以分别采用固定预算、弹性预算、滚动预算、零基预算等方法编制。

3.8 企业预算以预算报告的形式予以反映。企业应在所属单位预算编制工作的基础上，按照集团公司统一的报表格式、编制要求，编制上报年度预算报告。企业年度预算报告由以下部分组成：

3.8.1 年度预算报表，主要包括预计资产负债表、预计损益表、预计现金流量表，各类工作量安排情况及其成本费用管理报表。

3.8.2 年度预算编制说明，主要内容包括：预算编制工作组织情况；预算年度内生产经营主要指标情况；预算编制基础、基本假设及采用的重要会计政策和会计估计；主要预算指标分析说明；确保完成预算指标的主要措施及工作安排；可能影响预算执行情况的重要事项；其他需要说明的情况。

3.8.3 其他相关材料。

3.9 企业预算所包含的单位范围及采用的重要会计政策和会计估计应与上年度财务决算报表一致，确需调整的，须作特别说明并报集团公司财务部批准。

3.10 企业有关人员应对编制预算报告的合规性、合理性、完整性和可靠性负责，不得编制缺口预算。

4 预算执行、分析与考核

4.1 经集团公司批复的预算，企业必须认真组织落实，要将预算作为组织、协调生产经营活动的基本依据，并将预算指标层层分解落实到各部门、各单位、各环节和各岗位，形成全方位的预算执行责任体系。

4.2 集团公司实行月度滚动预算制度，各企业要在每月末，根据本月预算执行情况以及生产经营条件的变化，采用滚动预算的方法编制上报下月度执行预算，经总部有关部门审定并报领导批准后批复企业执行。企业编制月度执行预算的基本要求：

4.2.1 以年度预算为基础，以月度生产经营计划、业务发生规律以及当期经营条件的变化为依据进行编制。

4.2.2 经营条件与年初预算条件发生明显变化的，其影响要在月度预算中予以体现；企业要采取积极应对措施，努力减少经营条件变化对预算目标产生的不利影响。

4.2.3 月度执行预算要确保年度预算目标的完成，在年度预算条件下，累计预算指标未达到年度预算进度时，必须通过追加以后月度预算指标进行弥补。

4.2.4 下月滚动执行预算与上月实际执行情况差异较大的，应说明差异原因。

4.3 各企业要加强资金集中管理，建立健全资金支出授权审批制度，严格按照财务预算控制资金支付。对于预算内的资金拨付，按照授权审批程序执行；对于预算外项目支出，必须经过特别授权方可支付。

4.4 各企业应严格执行销售或营业、生产和成本费用预算，保证完成各项效益指标。在日常控制中，要健全和完善各项管理规章制度，严格执行生产经营月度计划和成本费用定额标准，加强适时监控，确保落实各项降本增效措施及其目标的实现。

4.5 经集团公司批复的预算，原则上不予调整。由于政策法规、市场环境等经营条件发生重大变化，致使企业预算的编制基础发生根本改变，或者导致预算执行结果产生重大偏差，确需进行调整的，企业须向集团公司提交书面报告，阐述预算执行的具体情况、客观因素变化情况及其对预算执行造成的影响程度，提出预算调整方案建议。

对于企业提交的预算调整报告，由集团公司财务部进行专题调查和研究，提出调整意见并报经总经理办公会批准后，批复企业执行。

4.6 各企业要建立健全预算定期分析制度，按月对预算执行情况和年度预算累计完成情况进行分析。针对预算执行偏差，有关管理部门及预算执行单位要充分、客观分析原因，制定相应解决措施并督促各预算单位贯彻执行。

4.7 各企业预算执行情况分析报告应于月度终了10日、年度终了30日内上报集团公司。总部有关部门要加强对预算执行情况的分析，全面掌握预算执行情况，及时发现预算执行中存在的问题，制定解决措施，纠正财务预算的执行偏差。

4.8 预算分析的主要内容包括预算期工作量完成情况分析、成本费用分析、收入及财务成果分析、预算期末财务状况分析和现金流量分析等。

4.9 集团公司将各企业主要预算目标纳入企业及其领导人的年度经营业绩指标考核。年度终了，由集团公司财务部依据经过中介机构审计后的企业财务决算数据，对企业预算目标完成情况提出考核意见，提交集团公司业绩考核办公室，作为对企业及其领导班子进行业绩考核的依据。

5 其他规定

各企业可根据本办法规定，结合实际，制定本单位具体的预算管理实施细则，并报集团公司财务部备案。

中国石化应急管理规定

（二〇一一年七月二十一日 中国石化安〔2011〕655号）

1 基本要求

1.1 应急管理工作的界定

1.1.1 本规定中所指的应急管理工作，是指各企事业单位、股份公司各分(子)公司(以下统称各单位)在突发事件的事前预防、事发应对、事中处置和善后管理过程中，通过建立必要的应对机制，采取一系列必要措施，保障员工和公众的生命安全，最大限度地减少环境破坏、社会影响和财产损失的活动。

1.1.2 本规定中所称突发事件，是指在总部及各单位突然发生，造成或者可能造成人员伤亡、财产损失、环境破坏和社会影响的，需要采取应急处置措施予以应对的自然灾害、事故灾难、公共卫生事件和社会安全事件。

1.2 应急管理工作原则

1.2.1 坚持“以人为本，减少危害”的原则。牢固树立安全第一的思想，把保障员工、公众的生命和健康放在首位，落实到应急准备、抢险救援、恢复重建等各环节。

1.2.2 坚持“预防与应急并重、常态与非常态结合”的原则。落实各项防范措施，做好人员、技术、物资和设备的应急准备工作，加强监测监控，切实做到准备在先、防患未然，确保突发事件一旦发生，能够及时有效处置。

1.2.3 坚持“统一领导，分级负责”的原则。在中国石化应急指挥中心的统一领导下，建立健全应急组织体系，落实应急职责，实行应急分级管理。

1.2.4 坚持“依法规范，加强管理”的原则。加强各项应急管理制度的建设，逐步形成规范各类突发事件预防和处置工作的制度体系，使应急管理工作规范化、制度化和法制化。

1.2.5 坚持“整合资源，协同应对”的原则。整合各单位应急资源，充分利用社会资源，建立和完善区域应急网络，实行区域联防制度。

1.2.6 坚持“依靠科技，提高素质”的原则。利用先进适用的监测、预测、预警、预防、应急处置技术装备以及信息化建设，提高应对突发事件的科技水平和指挥能力。

2 组织机构

2.1 总部的组织机构

2.1.1 中国石化应急指挥中心是中国石油化工集团公司、中国石油化工股份有限公司(以下统称中国石化)应急管理的最高指挥机构，负责中国石化各类突发事件的应急工作；总部机关各部门及各单位均接受其统一领导。

2.1.2 中国石化应急指挥中心办公室是中国石化应急指挥中心的执行机构，由办公厅、生产经营管理部、安全环保局、外事局组成，负责应急指挥中心24小时值班，组织应急准备工作；在突发事件应急响应期间负责传达和贯彻应急指挥中心的指令，具有应急值守、信息汇总和综合协调职能。

2.1.3 安全环保局为常态下应急管理工作的办事机构，负责应急预案体系和应急保障体系建设等应急管理工作，并对各单位应急管理工作进行业务指导和督促检查。

2.2 各单位的组织机构

2.2.1 各单位要建立应急管理组织机构，落实各级人员的应急职责，形成主要领导全面负责、分管领导具体负责、有关部门分工负责、相关人员全部参与的应急组织体系。

2.2.2 各单位应设置应急指挥中心，负责本单位突发事件的应急工作；设置或指定应急管理工作日常办事部门，日常办事部门宜设置或指定在安全环保部门，配备专职应急工作人员，落实应急管理措施，指导和协调各相关部门开展应急管理工作。

3 预防与应急准备

3.1 应急预案管理

3.1.1 各单位应根据国家、地方政府的相关法律、法规和标准以及中国石化的要求，结合本单位机构设置、管理模式、风险分析等实际情况，制定各级各类应急预案。

3.1.2 各单位的应急预案应当符合下列基本要求：

3.1.2.1 符合有关法律、法规、规章和标准。

3.1.2.2 符合本单位的安全生产实际和危险性分析的要求。

3.1.2.3 应急组织和人员分工明确，职责落实。

3.1.2.4 有明确、具体的应急程序和保障措施，并与应急能力相适应。

3.1.2.5 预案基本要素齐全、完整，预案附件提供的信息准确。

3.1.2.6 各级应急预案之间应当相互衔接，同时与中国石化和地方政府相关部门的应急预案相衔接，确保其针对性强、可操作性高。

3.1.3 对于新建、改建、扩建及检维修项目，各单位要与承包商等相关方进行施工作业前的危害识别和风险评估，编制相应的应急预案或现场应急处置方案。

3.1.4 较大规模集会、节会、庆典、会展、商贸、文化、体育等公众聚集活动的应急预案，按照谁主办谁负责的原则，由组织承办方负责制定。

3.1.5 应急预案涉及到的部门、人员均要参与预案的编制，使预案的制定过程成为隐患排查治理和全员应急知识培训教育的过程。

3.1.6 应急预案编制后，应当按照国家、地方政府及上级主管部门的要求，组织专家进行评审，形成评审书面纪要并附专家名单。

3.1.7 应急预案经评审、完善后，应以文件形式报经单位主要负责人批准后，发布实施。

3.1.8 应急预案实行分级备案制度，即下级单位应急预案报上一级主管部门备案。各单位将应急预案报总部备案，同时应根据所在地省、自治区、直辖市或者设区的市人民政府及有关部门的要求报送备案。

3.1.9 各级应急预案至少每3年修订1次，预案修订情况应有记录并归档。有下列情形之一的，应及时予以修订：

3.1.9.1 依据的法律、法规、规章和标准发生变化的。

3.1.9.2 隶属关系、经营方式等信息发生变化的。

3.1.9.3 地域、环境、生产工艺和技术发生变化的。

3.1.9.4 应急组织指挥体系或者职责调整的。

3.1.9.5 应急预案演练及实战过程中发现问题的。

3.1.9.6 应急预案管理部门要求修订的。

3.2 应急预案演练

3.2.1 各单位应制定年度应急演练计划，按照“先单项后综合、先桌面后现场、循序渐进、时空有序”等原则，合理安排计划演练的频次、规模、形式、内容、时间、地点、经费以及责任人等。

3.2.2 各单位应根据实际情况每年至少组织1次综合性应急演练，所属二级单位每半年至少组织1次综合性应急演练，基层单位每季度至少组织1次现场处置方案演练。

3.2.3 应急演练应以相关应急预案为基础，体现和执行应急预案所有环节，确保达到检验预案、锻炼队伍、磨合机制、提高应急处置能力的目的。

3.2.4 应急演练后，要对演练效果进行评估，提出持续改进措施，完善应急预案，形成演练总结报告，并报上一级主管部门备案。

3.3 应急培训和宣传教育

3.3.1 各单位应将应急培训纳入单位年度培训计划，制定培训计划和具体内容，开展企业负责人、应急管理人员、应急救援人员、从业人员等各级各类人员的应急培训，特别是对新入厂、转岗员工，领导干部职务变动的要适时进行相关应急培训。

3.3.2 应急培训的主要内容

3.3.2.1 相关法律法规、标准和规章。

3.3.2.2 相关应急预案。

3.3.2.3 危害因素识别与风险分析。

3.3.2.4 应急对策与防护措施。

3.3.2.5 应急职责、应急响应及其实施程序。

3.3.2.6 应急设施、设备、器材的性能与使用方法。

3.3.2.7 应急救援知识与技能，个人防护、自救、互救等基本知识。

3.3.3 各级宣传部门应充分利用电视、广播、网络、宣传栏、标语、报纸等宣传手段，向中国石化员工和各单位周边公众广泛宣传应急法律法规和普及安全生产事件预防、避险、自救、互救和应急处置知识。

3.4 应急队伍、装备及物资保障

3.4.1 中国石化本着“统筹规划、合理布局”的原则，逐步建立和完善区域应急救援中心；整合各单位应急资源，实行区域联防制度；充分利用社会应急资源，签订互助协议，保障应急救援工作的需要。

3.4.2 各单位要结合行业、专业特点建立一支专兼职应急救援抢险队伍，并加强队伍建设。没有专业抢险救援队伍的单位必须与邻近的具备相应能力的专业救援队签订应急救援协议。

3.4.3 各单位要按照分类管理、分级负责的原则，根据相关标准和规定合理配备应急装备和储备应急物资；建立应急装备、物资的调配和更新机制，确保储备充足、调运顺畅。

3.4.4 建立健全应急资源档案

3.4.4.1 本单位现有应急救援队伍情况，应急装备、物资种类、名称、数量。

3.4.4.2 联防区域内应急救援队伍情况，应急装备、物资种类、名称、数量。

3.4.4.3 周边可利用的社会应急救援力量，应急装备、物资种类、名称、数量。

3.4.4.4 重要应急物资生产企业信息。

3.5 信息和技术保障

3.5.1 各单位应加快应急信息平台建设步伐，建立和健全应急预案、重大危险源和各类应急资源的数据库，建立统一高效的应急指挥系统，与总部应急平台上下互通，实现快速预警、研判、科学决策指挥。

3.5.2 各单位要根据工作需要，积极引进先进适用的应急救援装备和技术，不断提高安全保障和应急救援能力。

3.5.3 成立总部、各单位应急管理专家组，对应急管理、突发事件应急处置和救援提供技术支持。

3.6 财力保障

3.6.1 各单位要将应急体系建设所需资金纳入年度资金预算，建立应急体系建设保障资金投入机制，保障应急工作正常开展。

3.6.2 应急体系建设保障资金主要用于应急预案制修订、应急培训与演练、宣传教育、信息平台建设，以及应急队伍、装备、物资储备等方面的建设与更新维护。

4 监测监控、预测预警与应急值班

4.1 监测监控

4.1.1 各单位应建立突发事件风险趋势分析机制，对可能发生的突发事件进行综合性分析，有针对性地采取预防措施。

4.1.2 各单位要加强对重大危险源的管理，明确操作规程和应急处置措施，配备必要的监测监控设施，加强重点岗位和重点部位的监测监控，发现事故预兆立即发布预警信息，并采取有效防范和处置措施，防止事故发生和事故损失扩大，做到早防御、早响应、早处置。

4.2 预测预警

4.2.1 各单位要加强信息管理，及时收集、获取、掌握有关突发事件的预警信息，并对信息分析、评估，确定预防措施及应急处置措施。

4.2.2 对国家、地方政府和总部发布的可能影响安全生产的自然灾害、事故灾难的预警信息，根据紧急程度和发展势态，及时采取有效措施。同时，根据事态发展，对预警信息随时调整直至解除，并相应调整预警级别和防范措施。

4.3 应急值班

4.3.1 办公厅秘书处（总值班室）负责总部的总值班工作，实行24小时值班制度。各单位办公室或指定部门负责本单位应急值班工作，承担日常24小时应急值班工作。法定节假日，各单位要安排熟悉情况的干部值班，单位负责人带班。

4.3.2 应急值班工作应遵循有情必报、及时准确、运转高效、反应迅速、安全保密的原则。

4.3.3 各单位要明确落实责任，健全应急值班工作制度，明确信息处理、报送程序和方法，确保突发事件信息及时准确上报。

4.3.4 各单位要重视和加强应急值班工作的软硬件建设，配备良好的通信设施和相关设备，确保值班工作反应灵敏、应对迅速、处置及时。

5 应急响应

5.1 信息报告

5.1.1 突发事件发生后，事发单位要立即启动相应级别的应急预案，按照相关规定和程序，向上一级主管部门报告。

5.1.2 当发生直属企业级及以上突发事件时，各单位应在1小时内向办公厅总值班室、安全环保局和其他分管部门报告，并随时报送最新进展情况。事件处置结束后，要进行终报。

5.1.3 信息报告的内容包括突发事件发生时间、单位、地点、事件类型、造成的后果、初步原因分析、影响范围、事件发展趋势、目前采取的解决措施以及是否需要增援等。

5.1.4 报送信息事实清楚、文字精炼，报送前须经单位主要负责人签发。特别紧急的情况下，可先电话报告，再迅速补报书面材料。

5.1.5 事发单位应按照国家、地方政府有关规定，及时向事发地人民政府、安全生产监督管理部门或其他有关部门报告。

5.2 应急处置与救援

5.2.1 突发事件发生后，事发单位要立即启动相应级别的应急预案，采取有效措施组织抢险，防止事件扩大，努力减少人员伤亡、财产损失和环境破坏。一旦事态超出本级应急能力，且无法得到有效控制时，应立即向上一级机关请求实施更高级别的应急救援。

5.2.2 事发单位必须指定相关部门处理公共关系，接受公众咨询，接待、安抚突发事件影响或受到波及的相关方。

5.2.3 在突发事件处理过程中，必须保持通信畅通，将现场救援情况及时传递到应急指挥部门；应急信息的传递与接收必须有专人负责。

5.2.4 当上级机关领导到达现场后，要做好现场处置情况汇报和指挥权的移交工作，并积极配合现场应急处置。

5.2.5 在应急抢险过程中，注意保护突发事件现场，为突发事件调查工作的顺利开展提供保障。

5.3 媒体应对与信息发布

5.3.1 在应急状态下，要做好媒体应对与信息发布工作，明确归口管理部门和信息发布人，并规范应急新闻发布程序。

5.3.2 信息发布要准确、及时、客观，必须经过严格审核和批准，保证发布信息的统一性。

5.3.3 要做好当地主流媒体的舆情监控工作，根据舆情监控情况，确定信息发布的目的、内容与重点、时机及方式。

5.3.4 要做好新闻媒体的采访接待工作，主动向媒体提供审议通过的新闻稿，必要时通过信息发布人向新闻单位说明发稿要求，掌握报道主动，引导社会舆论，创造有利的舆论环境。

6 应急终止与后期处置

6.1 应急终止

6.1.1 应急终止条件

6.1.1.1 事件已得到有效控制。

6.1.1.2 受伤人员得到妥善救治。

6.1.1.3 环境污染得到有效控制。

6.1.1.4 社会影响降到最小。

6.1.2 应急处置后，当现场应急救援指挥部确认突发事件的处置已同时满足本规定6.1.1款的终止条件时，应急指挥中心应及时宣布应急处置活动终止；同时采取或继续实施必要措施，防止灾害复发。

6.2 后期处置

6.2.1 应急终止后，事发单位对突发事件应对情况进行评估与总结，并于应急结束后的 30 个工作日内上报安全环保局。总结报告主要内容包括：

6.2.1.1 事件情况，包括事件发生时间、地点、波及范围、损失、人员伤亡情况、事件发生原因。

6.2.1.2 应急处置救援过程。

6.2.1.3 处置过程中专业救援队伍、装备等应急资源动用情况，救援过程中发生的实际费用。

6.2.1.4 处置过程遇到的问题、取得的经验和吸取的教训。

6.2.1.5 应急预案启动和执行情况以及对预案的修改建议。

6.2.2 根据国家有关政策规定和中国石化相关规定，积极开展救助、补偿、抚慰、抚恤、安置等善后工作，妥善解决因处置突发事件引发的矛盾和纠纷。

6.2.3 对紧急调集、征用的设备、物资，在使用完毕或者突发事件应急工作结束后，应及时返还、补偿和储备。

6.2.4 按照《中国石化事故管理规定》做好事故报告、事故调查、事故处理及汇报等工作。

7 工作报告制度

7.1 季报制度

各单位每季度汇总本单位的应急管理培训、应急演练、应急救援队伍开展预防性安全检查、事故救援以及安全技术等情况，填写相关季报表(见附件)，于本每季度结束后的 2 个工作日报送安全环保局。

7.2 半年度、年度总结报告制度

7.2.1 各单位每半年对本单位应急管理工作进行总结，编写半年度、年度总结报告，并分别于每年 7 月 5 日和 1 月 5 日前报安全环保局。

7.2.2 总结报告的主要内容

7.2.2.1 应急机构、应急平台、应急体系建设情况。

7.2.2.2 救援队伍建设情况、事故救援情况、预防性安全检查工作情况。

7.2.2.3 预案编制、执行及演练情况。

7.2.2.4 应急管理规章制度建设情况。

7.2.2.5 事故救援效果及存在的问题。

7.2.2.6 应急管理培训及宣传教育情况。

7.2.2.7 应急管理及应急救援经费投入情况。

7.2.2.8 应急管理工作中存在的突出矛盾、问题及对策、建议。

7.2.2.9 下半年、下一年度工作计划。

7.3 活动报告制度

各单位应将应急管理方面的重要活动(包括应急演练等)、参与重大突发公共事件应急救援工作情况、重要会议、重大举措和成果、重大问题等重要信息和重要事项，及时报告安全环保局。

8 附 件

8.1 应急管理培训情况季报表

8.2 应急演练开展情况季报表

8.3 消防队及其他应急救援队伍救援工作情况季报表

8.4 消防队及其他应急救援队伍预防性安全检查工作情况季报表

8.5 消防队及其他应急救援队伍安全技术工作情况季报表

中国石化科学技术奖励管理办法

(二〇一一年八月二十二日 中国石化科〔2011〕797 号)

1 基本要求

1.1 中国石油化工集团公司、中国石油化工股份有限公司(以下统称中国石化)科学技术奖励(以下简称科技奖励)工作坚持尊重劳动、尊重知识、尊重人才、尊重创造的原则，鼓励团结协作、联合攻关，鼓励自主创新，促进科技成果转化。中国石化科技奖励的推荐、评审和授奖，坚持公开、公平、公正的原则，保证科技奖励的严肃性。

1.2 科技奖励项目设立技术发明奖和科学技术进步奖(以下简称科技进步奖)。技术发明奖获奖项目不受名额限制；科技进步奖获奖项目采取总量控制，每年不超过 120 项，其中一等奖不超过 20 项。

科技奖励是授予单位或员工的荣誉，授奖证书不作为确定科技成果权属的依据。

2 各级管理部门职责

2.1 中国石化设立科学技术奖励委员会(以下

简称奖励委员会)。奖励委员会负责中国石化科技奖励工作。

2.2 科技开发部负责科技奖励的组织、协调工作。

2.3 奖励委员会主要职责：聘请有关专家组成科技奖励专业评审组，对专业评审组提出的技术发明奖、科技进步一、二等奖项目的评审结果进行终审，对科技奖励的推荐、评审和异议处理等工作进行监督，研究、解决科技奖励评审工作中出现的其他重大问题。

奖励委员会设主任委员1人，副主任委员2—3人。主任委员由总部主管科技的领导担任，委员由中国石化油气勘探、开发、石油炼制、石油化工、储运等专业领域的专家和有关部门负责人组成。委员人选由科技开发部会同人事部提出，报总部主管领导批准。奖励委员会实行聘任制，每届任期3年。

2.4 建立中国石化科技奖励评审专家数据库，每3年更新1次。评审专家应具有较高的专业知识水平、实践经验和较强的判断能力，熟悉国内外相关领域的发展状况；具有高级职称以上的相关专业领域的专家、科技管理人员；能够及时完成评审工作、按时出席会议。专业评审组、初审专家均从专家库中产生。

2.5 专业评审组主要负责本专业推荐项目的评审和异议处理工作；分油气勘探、油气开发、石油炼制、化工材料、设备与安全环保、信息与综合6个组。

各专业评审组的成员组成，由科技开发部根据当年科技奖励的推荐情况提出，报奖励委员会主任批准。

2.6 奖励委员会委员、评审组成员、初审专家以及相关工作人员应当承担保密义务，对推荐项目的技术内容及评审情况严格保密。

3 管理规则和程序

3.1 技术发明奖授奖条件及评审标准

3.1.1 获得技术发明奖项目应符合下列条件：

3.1.1.1 为国内外首创或虽然国内外已有但主要技术内容未公开。

3.1.1.2 与国内外已有同类技术相比较，其技术思路、技术原理或者技术方法有创新，技术上有实质性改进和显著的进步，主要性能(性状)、技术经济指标、科学技术水平及其促进科学技术进步的作用和意义等方面综合优于同类技术。

3.1.1.3 技术发明成熟、实施应用1年以上并取得良好的应用效果。

3.1.1.4 拥有经国家专利行政部门授权并覆盖主体技术的发明专利，在知识产权方面具有中国石化自由运作权。

3.1.2 技术发明奖设3个等级，评审标准如下：

3.1.2.1 一等奖：属国内外首创的重大技术发明，技术思路独特，主要技术上有重大创新，技术经济指标达到了同类技术的领先水平，推动了相关领域的技术进步，在生产实践中已产生了显著的经济效益或者社会效益；具有覆盖主体技术的国内外授权发明专利；发明专利授权件数不少于3件(含3件)。

3.1.2.2 二等奖：属国内外首创的重大技术发明，技术思路新颖，主要技术上有较大创新，技术经济指标达到了同类技术的先进水平，对本领域的技术进步有推动作用，在生产实践中产生了较大的经济效益或者社会效益；主体技术已获得发明专利授权；发明专利授权件数不少于2件(含2件)。

3.1.2.3 三等奖：对国内外已有技术有所创新，创新技术内容达到国际先进水平，并产生了明显的经济效益或者社会效益；主体技术已获得发明专利授权；发明专利授权件数不少于1件(含1件)。

3.1.3 技术发明奖各奖励等级的获奖人数和奖金额：

一等奖奖金30万元，授奖人数12人；二等奖奖金15万元，授奖人数10人；三等奖奖金10万元，授奖人数8人。

3.2 科技进步奖授奖条件及评审标准

3.2.1 科技进步奖设技术开发类和重大工程类。

3.2.2 获得技术开发类科技进步奖项目应符合下列条件：

3.2.2.1 在技术上有重大创新，特别是自主创新，形成了核心技术，或者应用高新技术对石油石化产业进行装备和改造，通过技术创新，提升石油石化产业水平，增加企业的技术含量，提高产品附加值；技术难度较大，解决了石油石化发展中的热点、难点和关键问题；总体技术水平和技术经济指标达到了行业的领先水平。

3.2.2.2 项目经过1年以上较大规模的实施应用，产生了显著的经济效益或者社会效益，实现了技术创新的市场价值或者社会价值，为中国石化的生产经营作出了很大贡献。

3.2.2.3 推动石油石化科技进步作用明显，项目转化程度高，具有较强的示范、带动和扩散能力，促进了产业结构的调整、优化、升级及产品更新换代，对石油石化的发展具有很大推动作用。

3.2.2.4 获科技进步奖的项目须具有中国石化自由运作权。

3.2.3 技术开发类科技进步奖设 3 个等级，评审标准如下：

3.2.3.1 一等奖：在关键技术或者系统集成上有重大创新，技术难度大，总体技术水平和主要技术经济指标达到国际同类技术或者产品的先进水平，市场竞争力强，成果转化程度高，创造了重大的经济效益，对石油和石油化工工业技术进步有重大推动作用。

3.2.3.2 二等奖：在关键技术或者系统集成上有重大创新，技术难度较大，总体技术水平和主要技术经济指标达到国际同类技术或产品的水平，市场竞争力较强，成果转化程度较高，创造了较大的经济效益，对石油和石油化工工业技术进步有显著推动作用。

3.2.3.3 三等奖：在关键技术或者系统集成上有创新，技术难度较大，对石油和石油化工技术进步有较大推动作用，并取得显著经济效益或社会效益，总体技术水平达到行业领先水平。

3.2.4 技术开发类科技进步奖各获奖等级的奖励人数和奖金额：一等奖奖金 20 万元，授奖人数 15 人；二等奖奖金 10 万元，授奖人数 12 人；三等奖奖金 5 万元，授奖人数 9 人。

3.2.5 重大工程类科技进步奖授予在综合配套应用新技术的重大工程建设等系统工程项目中，以单位和集体的整体科技水平，团结协作，联合攻关，解决大量复杂、关键技术问题，使工程的整体科技水平和质量达到国际先进水平的单位或组织。

3.2.6 重大工程类科技进步奖设 2 个等级，评审标准如下：

3.2.6.1 一等奖：团结协作、联合攻关，在关键技术、系统集成和系统管理方面有重大创新，技术难度和工程复杂程度大，总体技术水平、主要技术经济指标达到国际同类项目的先进水平，取得了重大经济效益或者社会效益。

3.2.6.2 二等奖：团结协作、联合攻关，在关键技术、系统集成和系统管理方面有较大创新，技术难度和工程复杂程度较大，总体技术水平、主要技术经济指标达到国际同类项目的水平，取得了较大经济效益或者社会效益。

奖金标准同技术开发类。

3.3 完成人和完成单位

3.3.1 中国石化科技奖励授予在技术发明和促进科技进步等方面做出突出贡献的单位、个人，并对同一项目授奖的单位、个人按照贡献大小排序。总部机关部门和事业部不得作为获奖项目的完成单位。

3.3.2 技术发明奖项目的完成人应当是该项技术发明的全部或部分创造性技术内容的独立完成人。技术发明奖的前 3 位完成人必须是覆盖主体技术授权专利的发明人。

3.3.3 科技进步奖项目的主要完成人应当具备下列条件之一：

3.3.3.1 在项目总体技术方案设计中做出重要贡献。

3.3.3.2 在关键技术和疑难问题的解决中做出重大技术创新。

3.3.3.3 在成果转化和推广应用过程中做出创造性贡献。

3.3.4 总部机关和各单位从事组织、协调等辅助性工作人员一般不作为获奖项目完成人。

3.3.5 党组管理的干部一般不作为推荐科技奖励项目完成人。若党组管理的干部为该项目发明创造主要构思的提出者或项目遇到重大技术难题时的重要决策者，并参与项目开发的累计工作时间占个人同期技术工作时间的 50% 以上，可由完成人本人出具对重大技术贡献的具体说明，在本单位公示(不少于 10 天)后，由所在单位党政主要领导同意，并报经总部党组主管科技工作领导批准后，方可作为获奖项目完成人。同一完成人每年最多只能作为 1 项推荐科技奖励项目的完成人。

3.4 推荐

3.4.1 中国石化科技奖励实行推荐和评审制度，每年评审 1 次。各单位每年 5 月 31 日前向科技开发部以电子文件在网上上传和纸质文件的方式提交推荐书及相关材料。

3.4.2 各单位由科技管理部门牵头成立推荐小组，严格审查本单位的推荐项目。对已获奖的项目不得重复推荐。

各单位在上报前要对本单位推荐的项目名称、完成人基本情况和项目主要贡献在单位内部公示(不少于 10 天)。对于有争议的项目，待争议解决后上报，并对上报项目材料的真实性负责。

3.4.3 推荐的项目应通过国家有关部委、中国石化组织的技术鉴定或验收。

推荐单位推荐科技奖励的完成人应当征得本人同意，并填写统一格式的推荐书，提供必要的证明或者评价材料。推荐书及有关材料内容应当完整、真实、可靠。

3.4.4 凡存在知识产权、完成单位、完成人等争议的项目，在争议未解决前不得推荐。

3.5 评审

3.5.1 科技开发部对推荐材料进行形式审查。对不符合规定的推荐材料，推荐单位必须在6月30日前按要求补正，逾期不补正或者经补正仍不符合要求的，不提交评审。

3.5.2 对通过形式审查的推荐项目实行专家初审、专业组评审、奖励委员会终审的3级评审制度。

3.5.3 每年根据推荐项目情况，专业评审组从专家库中抽取合适的专家，对推荐项目进行初审。推荐的技术发明奖、科技进步一、二等奖项目须经3位专家初审，科技进步三等奖项目须经2位专家初审。专家应根据本办法认真审阅推荐材料、填写科技奖励初审表。

3.5.4 通过初审的项目由专业评审组进行会议评审。专家因故不能参加评审会时，经专业评审组组长批准，可由相关专业专家代替。

3.5.5 奖励委员会对专业评审组的评审结果通过会议形式进行终审。奖励委员一般不得请假，委员因故不能参加时，经主任委员批准，可由相关专业专家代替。

3.5.6 专业评审会、终审会表决规则：

3.5.6.1 专业评审会、终审会须在超过2/3(含2/3)成员出席时表决结果有效，并以无记名投票表决方式产生评审结果。

3.5.6.2 专业评审会、奖励委员会的表决结果需获得到会委员2/3(含2/3)以上同意视为通过。

3.5.6.3 科技奖励评审实行回避制度，与被评审的完成人、完成单位或者项目有利害关系的评审专家应当回避。

3.6 异议及处理

3.6.1 科技奖励推荐项目经奖励委员会终审后，在《中国石化报》或中国石化门户网上公示结果，任何单位或者个人对公示的科技奖励项目完成人、完成单位及项目持有异议的，应在自公示之日起30日内以书面的形式向科技开发部提出。逾期且无正当理由的，不予受理。

推荐单位、项目完成人和完成单位对评审等级的意见，不属于异议范围。

3.6.2 提出异议的单位或者个人应当提供书面异议材料，并提供必要的证明文件。个人提出异议的，应在书面异议材料上签署真实姓名，注明联系方式；单位提出异议的，应在异议材料上加盖本单位公章；以匿名方式提出的异议不予受理。

3.6.3 为维护异议者的合法权益，科技开发部、推荐单位及其工作人员，以及其他参与异议调查、处理的有关人员应当对异议者的身份予以保密；确实需要公开的，应当事前征求异议者的意见。

3.6.4 接到异议材料后，应当对异议内容进行审查。若异议内容是涉及完成人、完成单位所完成项目的创新性、先进性、实用性，推荐书填写不实，以及完成人、完成单位及其排序等情况，并能提供充分证据的，应予受理、协调。

3.6.5 推荐单位接到异议通知后，应在规定时间内核实异议材料，并将调查、核实情况报送科技开发部审核。推荐单位未提出调查、核实报告和协调处理意见的，相关项目不进入下一步评审程序，按自动放弃处理。

3.6.6 异议处理过程中，涉及异议的任何一方应当积极配合，不得推诿和延误。完成人、完成单位在规定时间内未按要求提供相关证明材料的，视为承认异议内容；提出异议的单位、个人在规定时间内未按要求提供相关证明材料的，视为放弃异议。

3.6.7 科技开发部将异议处理意见汇总报奖励委员会主任或副主任批准，并通知异议方和推荐单位。

3.6.8 异议自受理截止之日起30日内处理完毕的，可以提交本年度评审；逾期未处理完毕的，提交下一年度评审。

4 奖励和处罚

4.1 科技开发部负责汇总评审结果并报总部批准、发布中国石化年度科技奖励决定，颁发荣誉证书。

4.2 根据奖励决定，科技开发部汇总获奖项目奖金分配方案并纳入中国石化(上市、非上市)年度科技经费拨款计划，分别报人事部和财务部。

各单位获奖项目的奖金纳入集团公司总经理奖励范围统一管理；系统外单位与中国石化单位合作完成获奖项目的奖金，列入总部科技经费计划，由股份公司财务部统一拨付。

4.3 剽窃、侵占他人的发现、发明或其他技术成果者，或以不正当手段获取中国石化科技奖励者，一经发现并核实后，报中国石化奖励委员会批准，撤销奖励并追回奖金，同时追查当事人的责任。

4.4 参与中国石化科技奖励评审活动的有关人员，在评审活动中弄虚作假、徇私舞弊者，一经发现并核实后，予以严肃查处。

统计资料

◇ 中国石油化工统计

◇ 世界石油化工统计

中国石油化工统计

表1 石化集团公司主要产品产量占全行业比重 万吨

项目 \ 年份	2011	2010	2009	2008	2007	2006
原　油	4 272.85	4 256.08	4 241.55	4 180.28	4 108.04	4 016.74
全行业	20 364.60	20 300.40	18 990.20	19 505.00	18 632.00	18 477.00
占全行业/%	20.98	20.97	22.34	21.43	22.05	21.74
天然气/亿立方米	146.44	125.00	84.68	83.00	80.03	72.70
全行业	1 025.30	959.30	843.10	803.00	692.40	585.50
占全行业/%	14.28	13.03	10.04	10.34	11.56	12.42
原油加工量	21 892.20	21 296.59	18 823.49	17 753.05	17 067.76	16 118.07
全行业	44 773.50	42 680.80	37 286.40	34 718.03	32 986.11	30 713.59
占全行业/%	48.90	49.90	50.48	51.13	51.74	52.48
汽煤柴润总量	13 022.56	12 680.33	11 588.58	10 947.24	10 051.31	9 461.65
全行业	27 523.50	25 981.00	23 737.90	21 534.02	20 119.19	18 789.98
占全行业/%	47.31	48.81	48.82	50.84	49.96	50.35
汽　油	3 758.61	3 638.89	3 490.00	3 010.36	2 701.58	2 545.98
全行业	8 141.10	7 676.00	7 301.00	6 359.49	5 999.57	5 591.45
占全行业/%	46.17	47.41	47.80	47.34	45.03	45.53
煤　油	1 373.13	1 242.17	1 039.43	798.69	832.01	635.40
全行业	1 879.80	1 707.90	1 487.70	1 165.23	1 159.57	969.13
占全行业/%	73.05	72.73	69.87	68.54	71.75	65.56
柴　油	7 753.84	7 655.61	6 925.92	7 017.48	6 384.54	6 161.58
全行业	16 676.10	15 824.90	14 190.70	13 324.74	12 336.67	11 648.04
占全行业/%	46.50	48.38	48.81	52.67	51.75	52.90
润滑油	136.98	143.66	133.24	120.70	133.18	118.70
全行业	826.50	772.20	758.50	684.56	623.38	581.36
占全行业/%	16.57	18.60	17.57	17.63	21.36	20.42
溶剂油	51.07	51.08	68.82	62.12	91.32	103.52
全行业	230.50	168.20	144.30	118.79	133.45	159.76
占全行业/%	22.16	30.37	47.69	52.29	68.43	64.80
燃料油	363.23	411.66	414.05	656.53	826.02	729.33
全行业	1 868.80	1 908.80	1 894.80	2 292.87	2 433.05	2 264.71

续表

项目 \ 年份	2011	2010	2009	2008	2007	2006
占全行业/%	19.44	21.57	21.85	28.63	33.95	32.20
石油焦	1 421.38	1 267.44	1 105.04	1 034.18	848.70	754.46
全行业	1 756.40	1 531.80	1 424.54	1 379.91	1 191.56	1 098.02
占全行业/%	80.93	82.74	77.57	74.95	71.23	68.71
石油沥青	558.01	611.53	473.08	285.99	332.17	350.43
全行业	2 440.20	2 478.80	2 372.20	1 523.26	1 433.15	1 238.07
占全行业/%	22.87	24.67	19.94	18.78	23.18	28.30
乙　烯	1 003.75	918.95	671.33	635.94	669.39	633.10
全行业	1 527.50	1 421.60	1 077.20	998.26	1 027.80	940.50
占全行业/%	65.71	64.64	62.32	63.70	65.13	67.32
纯　苯	359.13	352.15	248.81	224.20	247.12	224.63
全行业	665.90	545.20	466.00	418.27	416.76	347.72
占全行业/%	53.93	64.59	53.39	53.60	59.30	64.60
精甲醇	19.88	32.97	19.71	28.47	31.48	30.54
全行业	2 226.90	1 634.20	1 247.50	1 115.22	1 058.53	758.54
占全行业/%	0.89	2.02	1.58	2.55	2.97	4.03
醋　酸		0.30	2.36	2.78	5.70	5.59
全行业	424.80	383.60	296.80	254.05	163.41	143.81
占全行业/%		0.08	0.80	1.09	3.49	3.89
塑　料	1 407.68	1 339.80	1 090.73	1 025.87	1 062.65	957.92
全行业	4 798.30	4 391.00	3 686.70	3 222.40	3 083.34	2 593.71
占全行业/%	29.34	30.51	29.59	31.84	34.46	36.93
合成橡胶	127.20	129.04	117.33	108.39	106.65	90.79
全行业	348.80	308.40	277.60	253.47	218.21	195.84
占全行业/%	36.47	41.84	42.27	42.76	48.87	46.36
合成纤维原料	644.41	597.47	506.56	472.01	523.41	452.13
全行业	1 771.60	1 617.30	1 171.50	1 086.68	1 013.23	809.82
占全行业/%	36.37	36.94	43.24	43.44	51.66	55.83
合成纤维聚合物	332.01	325.91	304.90	266.97	291.07	284.70
全行业	1 501.40	1 274.90	1 302.20	1 153.01	1 148.96	890.28
占全行业/%	22.11	25.56	23.41	23.15	25.33	31.98

续表

项目＼年份	2011	2010	2009	2008	2007	2006
合成纤维	140. 33	140. 57	131. 40	127. 44	143. 82	152. 26
全行业	3 096. 40	2 718. 60	2 457. 90	2 175. 18	2 176. 03	1 877. 66
占全行业/%	4. 53	5. 17	5. 35	5. 86	6. 61	8. 11
合成氨	111. 12	119. 10	135. 15	124. 16	114. 38	109. 06
全行业	5 068. 70	4 781. 10	5 084. 70	4 944. 99	5 091. 90	4 894. 60
占全行业/%	2. 19	2. 49	2. 66	2. 51	2. 25	2. 23
氮肥(折合氮 100%)	54. 51	71. 14	92. 95	89. 48	86. 33	88. 79
全行业	4 179. 00	3 849. 60	4 688. 30	4 263. 24	4 217. 31	3 782. 34
占全行业/%	1. 30	1. 85	1. 98	2. 10	2. 05	2. 35
尿　素(实物量)	77. 98	122. 34	175. 22	164. 86	156. 46	160. 91
全行业	5 775. 43	5 463. 04	5 903. 04	5 769. 59	5 432. 12	4 846. 30
占全行业/%	1. 35	2. 24	2. 97	2. 86	2. 88	3. 32

注：2010 年全行业数据有变动。

表 2　　石化集团公司与全行业塑料、合成橡胶分品种产量　　万吨

项目＼年份	2011	2010	2009	2008	2007	2006
塑　料						
石化集团公司	1 407. 68	1 339. 80	1 090. 73	1 025. 87	1 062. 65	957. 92
全行业	4 798. 30	4 391. 00	3 686. 70	3 222. 40	3 083. 34	2 593. 71
聚乙烯						
石化集团公司	655. 05	620. 03	476. 96	446. 95	450. 33	411. 31
全行业	1 015. 20	987. 60	766. 60	758. 66	686. 04	599. 29
聚丙烯						
石化集团公司	557. 31	520. 19	440. 48	407. 18	412. 94	366. 17
全行业	980. 40	900. 70	807. 50	742. 36	708. 41	584. 15
聚苯乙烯						
石化集团公司	66. 93	69. 22	62. 99	58. 31	63. 91	57. 48
全行业	202. 90	193. 80	110. 90	96. 08	118. 82	112. 18
聚氯乙烯						
石化集团公司	58. 93	59. 63	51. 37	57. 46	67. 18	72. 06
全行业	1 295. 20	1 151. 20	1 015. 50	824. 62	930. 99	823. 86

续表

年份 项目	2011	2010	2009	2008	2007	2006
合成橡胶						
石化集团公司	127.20	129.04	117.33	108.39	106.65	90.79
全行业	348.80	308.40	277.60	253.47	218.21	195.84
顺丁橡胶						
石化集团公司	33.99	35.57	33.35	32.41	33.08	32.86
全行业				41.89	43.82	45.26
丁苯橡胶						
石化集团公司	59.71	53.18	43.40	42.06	38.01	23.61
SBS 热塑弹性体						
石化集团公司	25.87	33.03	33.58	27.63	30.42	29.24
丁基橡胶						
石化集团公司	3.65	3.56	4.03	4.40	3.69	3.97

注：2010 年全行业数据有变动。

表 3　　石化集团公司与全行业合成纤维、原料及聚合物分品种产量　　万吨

年份 项目	2011	2010	2009	2008	2007	2006
合成纤维						
石化集团公司	140.33	140.57	131.40	127.44	143.82	152.26
全行业	3 096.40	2 718.60	2 457.90	2 175.18	2 176.03	1 877.66
锦　纶						
石化集团公司					0.01	0.51
全行业	159.00	145.40	144.10	112.04	96.60	82.79
涤　纶						
石化集团公司	108.38	107.68	99.10	94.07	106.03	112.77
全行业	2 777.60	2 418.40	2 154.30	1 924.97	1 925.61	1 614.21
腈　纶						
石化集团公司	29.88	31.02	30.48	31.43	35.67	36.94
全行业	70.00	67.20	69.20	55.44	80.16	81.62
维　纶						

续表

项目 \ 年份	2011	2010	2009	2008	2007	2006
石化集团公司	1.55	1.29	1.25	1.48	1.57	1.50
全行业	5.80	5.70	4.70	5.48	4.25	4.33
丙　纶						
石化集团公司	0.52	0.58	0.57	0.46	0.55	0.55
全行业	33.30	29.70	27.90	26.02	29.64	24.66
其他（全行业）	50.70	52.20	57.70	51.23	39.77	70.05
合成纤维原料						
石化集团公司	644.41	597.47	506.56	472.01	523.41	452.13
全行业	1 771.60	1 617.30	1 171.50	1 086.68	1 013.23	809.82
精对苯二甲酸						
石化集团公司	347.70	338.28	328.90	289.44	333.53	283.81
己内酰胺						
石化集团公司	30.89	29.34	18.41	19.31	18.29	17.96
丙烯腈						
石化集团公司	53.59	57.03	49.63	49.40	54.26	52.50
乙二醇						
石化集团公司	208.23	170.76	104.80	108.64	114.24	97.86
合成纤维聚合物						
石化集团公司	332.01	325.91	304.90	266.97	291.07	284.70
全行业	1 501.40	1 274.90	1 302.20	1 153.01	1 148.96	890.28
聚　酯						
石化集团公司	310.36	304.88	290.62	251.14	274.08	266.36
聚乙烯醇						
石化集团公司	13.10	12.68	9.68	11.55	12.64	12.85
聚酰胺						
石化集团公司	6.05	5.84	4.60	4.28	4.35	5.48

注：2010 年全行业数据有变动。

表4　**中国原油与石油产品进口数量与金额**

产品名称	2011年		2010年		2009年		2008年		2007年		2006年	
	数量/万吨	金额/百万美元	数量/万吨	金额/百万美元	数量/万吨	金额/百万美元	数量/万吨	金额/百万美元	数量/万吨	金额/百万美元	数量/万吨	金额/百万美元
原　油	25 254.92	195 131.27	23 931.14	134 935.82	20 378.89	88 895.58	17 889.30	128 959.90	16 317.55	79 683.68	14 518.03	66 398.08
成品油	1 375.25	14 888.06	1 379.16	11 155.10	1 285.98	7 867.97	1 718.20	18 606.01	958.60	7 259.73	837.07	5 957.14
车用、航空汽油	2.93	31.22	0.01	0.45	4.44	25.27	198.70	2 295.61	22.70	178.47	6.09	39.50
石脑油	245.02	2 289.95	290.70	2 119.56	265.12	1 478.91	77.27	554.91	106.81	696.15	63.92	353.88
橡胶等溶剂油	2.58	36.62	3.29	36.48	1.93	20.28	3.67	36.43	2.35	21.56	2.10	18.79
壬　烯	2.44	57.89	1.59	25.80	1.93	20.01	1.01	12.93	0.98	12.61	0.81	9.84
其他汽油馏分	13.88	159.64	8.54	76.85	2.88	26.20	1.47	20.91	0.81	11.64	0.59	8.36
航空煤油	536.72	5 382.99	486.80	3 506.44	576.22	3 220.79	624.91	6 423.96	500.03	3 453.39	542.78	3 603.41
灯用煤油	0.00	0.02	0.00	0.02	0.00	0.00	0.00	0.00	0.00	0.00	0.00	0.00
其他煤油馏分	78.20	861.61	163.32	1 354.92	35.97	297.39	22.84	318.14	24.32	243.31	19.37	171.13
轻柴油	244.05	2 274.03	179.88	1 241.58	183.68	922.71	624.75	6 810.05	162.24	1 215.69	70.52	408.94
润滑油	34.32	828.33	34.24	685.45	23.65	445.16	24.42	497.39	21.34	388.07	20.92	346.07
润滑脂	2.73	128.03	2.23	100.07	1.67	69.08	2.22	77.26	1.75	60.01	1.65	53.19
润滑油基础油	212.39	2 837.74	208.54	2 007.47	188.48	1 342.16	136.93	1 558.43	115.25	978.81	108.31	944.02
燃料油	2 683.15	17 260.69	2 308.96	11 060.60	2 407.34	8 661.43	2 166.44	11 334.97	2 418.69	9 055.76	2 800.36	9 581.57
石　蜡	5.40	97.79	4.49	73.55	2.54	49.23	2.97	49.44	2.85	40.23	3.34	38.88
石油沥青	319.01	1 767.27	409.89	2 022.97	333.44	1 214.75	322.78	1 362.09	356.50	1 102.68	343.08	1 112.94
石油焦	491.51	911.14	363.54	672.08	329.67	333.47	92.13	290.07	75.22	160.78	81.01	98.53
液体石蜡	1.36	23.16	2.31	28.72	2.78	30.58	1.61	25.77	1.56	18.74	1.85	18.55
液化石油气	340.81	2 908.79	319.62	2 258.65	409.14	2 040.68	260.02	1 956.40	405.46	2 479.11	535.64	2 902.59

注:2006—2010年成品油数据、2010年燃料油数据,2006年航空煤油数据、2007—2010年液化石油气数据有变动。

表 5

中国原油与石油产品出口数量与金额

产品名称	2011 年		2010 年		2009 年		2008 年		2007 年		2006 年	
	数量/万吨	金额/百万美元	数量/万吨	金额/百万美元	数量/万吨	金额/百万美元	数量/万吨	金额/百万美元	数量/万吨	金额/百万美元	数量/万吨	金额/百万美元
原　油	252. 20	1 909. 15	304. 22	1 661. 45	518. 40	2 217. 20	373. 34	2 748. 71	382. 92	1 654. 38	633. 72	2 736. 98
成品油	1 344. 57	13 080. 91	1 700. 66	12 454. 48	1 641. 84	9 317. 38	976. 56	9 610. 82	1 171. 22	7 684. 49	979. 62	6 172. 94
车用、航空汽油	406. 01	3 793. 80	517. 09	3 769. 98	494. 31	2 828. 67	203. 55	1 849. 01	464. 22	2 822. 52	350. 54	2 085. 15
石脑油	49. 73	453. 42	86. 64	629. 23	85. 47	494. 15	151. 37	1 312. 08	173. 89	1 138. 69	157. 31	900. 46
橡胶等溶剂油	0. 54	8. 16	0. 53	5. 74	0. 41	4. 07	0. 38	4. 78	0. 73	5. 99	0. 42	3. 87
壬　烯	0. 00	0. 00	0. 05	0. 68	0. 03	0. 35	0. 00	0. 00	0. 00	0. 00	0. 00	0. 00
其他汽油馏分	0. 00	0. 00	0. 00	0. 00	0. 00	0. 01	0. 00	0. 01	0. 00	0. 00	0. 04	0. 27
航空煤油	653. 18	6 504. 42	604. 77	4 495. 06	594. 49	3 435. 36	533. 05	5 573. 50	448. 03	3 123. 76	364. 73	2 470. 79
其他煤油馏分	3. 38	29. 95	3. 72	24. 83	0. 17	1. 17	0. 15	1. 43	0. 04	0. 30	6. 39	41. 73
轻柴油	203. 11	1 879. 04	467. 27	3 272. 32	450. 71	2 351. 48	62. 86	554. 52	66. 03	406. 46	77. 58	467. 07
润滑油	11. 22	204. 04	11. 26	170. 33	10. 06	153. 11	11. 60	177. 04	8. 46	108. 21	7. 48	86. 00
润滑脂	1. 09	18. 47	0. 97	14. 19	0. 77	11. 72	0. 85	12. 60	0. 65	9. 45	0. 36	4. 91
润滑油基础油	16. 29	189. 60	8. 37	72. 11	5. 41	37. 30	12. 75	125. 86	9. 16	69. 11	14. 79	112. 69
燃料油	1 234. 44	7 739. 17	989. 73	4 606. 99	862. 68	3 228. 48	726. 32	4 048. 43	379. 80	1 464. 83	258. 07	892. 47
石　蜡	45. 47	651. 85	52. 36	703. 39	54. 85	541. 01	61. 51	768. 79	62. 25	550. 24	62. 82	525. 48
石油沥青	23. 85	163. 82	14. 98	84. 15	8. 17	41. 35	1. 59	9. 48	0. 71	3. 22	1. 45	7. 07
石油焦	287. 16	1 038. 14	195. 20	578. 73	139. 99	305. 92	179. 79	687. 63	159. 24	293. 80	236. 55	332. 59
液体石蜡	0. 04	0. 72	0. 04	0. 46	0. 03	0. 19	0. 05	0. 76	0. 00	0. 10	0. 01	0. 08
液化石油气	117. 00	1 009. 34	91. 68	657. 86	84. 89	442. 87	67. 52	524. 05	33. 80	218. 33	15. 10	84. 98

注:2006—2010 年成品油、液化石油气数据,2006 年航空煤油、2007—2010 年燃料油数据有变动。

表 6 **中国主要石化产品进口数量与金额**[①]

产品名称	2011 年		2010 年		2009 年		2008 年		2007 年		2006 年	
	数量/万吨	金额/百万美元	数量/万吨	金额/百万美元	数量/万吨	金额/百万美元	数量/万吨	金额/百万美元	数量/万吨	金额/百万美元	数量/万吨	金额/百万美元
一、初级形状合成树脂与塑料	2 304. 18	47 204. 05	2 390. 34	43 543. 16	2 381. 23	34 784. 65	1 770. 16	34 039. 65	1 896. 90	32 347. 50	1 806. 63	27 062. 23
1. 聚乙烯	744. 38	10 869. 51	735. 81	9 742. 51	740. 88	8 276. 01	449. 66	6 870. 72	453. 44	6 025. 06	489. 18	5 783. 31
低密度聚乙烯	146. 03	2 415. 36	138. 40	2 036. 46	134. 89	1 577. 31	70. 82	1 153. 64	77. 26	1 062. 97	93. 18	1 097. 76
高密度聚乙烯	352. 64	4 927. 77	349. 57	4 442. 79	385. 90	4 247. 99	231. 26	3 510. 68	209. 12	2 799. 71	241. 95	2 896. 93
2. 聚丙烯	377. 77	5 875. 51	386. 81	5 173. 85	416. 24	4 560. 21	278. 89	4 012. 81	307. 01	3 862. 96	294. 47	3 316. 69
3. 聚苯乙烯	103. 85	1 690. 86	115. 20	1 660. 95	118. 47	1 445. 16	115. 15	1 654. 09	132. 37	1 733. 72	131. 91	1 474. 78
可发性聚苯乙烯	7. 60	121. 30	7. 59	105. 21	7. 75	97. 63	8. 52	119. 98	10. 96	139. 27	12. 07	132. 83
其他聚苯乙烯	96. 25	1 569. 56	107. 61	1 555. 74	110. 72	1 347. 53	106. 62	1 534. 11	121. 41	1 594. 44	119. 85	1 341. 95
4. ABS 共聚物	185. 27	4 123. 49	216. 94	4 216. 29	216. 79	3 397. 30	195. 19	3 627. 63	217. 27	3 616. 22	201. 47	2 886. 84
5. 聚氯乙烯	131. 64	1 593. 86	151. 12	1 626. 33	195. 52	1 597. 70	112. 68	1 256. 63	130. 39	1 277. 68	145. 21	1 272. 41
纯聚氯乙烯	114. 80	1 284. 56	129. 74	1 295. 70	171. 54	1 300. 08	86. 08	888. 78	101. 43	921. 74	114. 70	939. 67
未塑化聚氯乙烯	8. 81	135. 23	12. 51	156. 79	16. 71	166. 66	17. 65	206. 40	18. 37	186. 49	19. 75	184. 18
已塑化聚氯乙烯	8. 03	174. 07	8. 87	173. 84	7. 27	130. 97	8. 95	161. 45	10. 58	169. 44	10. 76	148. 56
二、合成橡胶及胶乳合计	144. 48	5 360. 26	156. 52	4 267. 84	146. 78	2 990. 82	120. 18	3 340. 70	141. 33	2 841. 39	130. 31	2 377. 51
1. 丁苯橡胶	31. 57	879. 55	34. 84	738. 53	36. 26	582. 21	31. 99	636. 34	45. 53	688. 44	46. 46	649. 72
丁苯胶乳	9. 97	176. 53	7. 91	118. 20	4. 37	58. 08	6. 00	79. 15	9. 65	96. 41	10. 04	79. 66

续表

产品名称	2011 年		2010 年		2009 年		2008 年		2007 年		2006 年	
	数量/万吨	金额/百万美元	数量/万吨	金额/百万美元	数量/万吨	金额/百万美元	数量/万吨	金额/百万美元	数量/万吨	金额/百万美元	数量/万吨	金额/百万美元
2. 顺丁橡胶	7.78	266.49	11.37	266.10	16.88	254.00	10.57	256.18	13.66	238.86	10.01	161.72
3. 丁基橡胶	3.37	156.50	4.06	162.52	5.31	184.55	6.44	298.45	6.38	208.71	6.07	187.87
4. 氯丁橡胶	1.78	74.97	2.15	72.95	1.62	50.15	1.85	60.19	1.86	56.41	2.00	50.61
5. 丁腈橡胶	6.24	171.37	8.42	168.99	8.24	131.69	8.80	184.50	9.36	155.10	9.14	136.95
6. 异戊二烯橡胶	0.53	23.64	1.57	48.62	1.14	27.06	1.22	35.58	1.46	31.04	1.08	20.79
7. 乙丙橡胶	8.66	344.50	8.23	222.88	9.01	198.82	5.96	158.69	5.09	116.38	3.73	82.42
8. 其他合成橡胶	84.56	3 443.24	85.88	2 587.27	68.31	1 562.34	53.36	1 710.76	57.99	1 346.43	51.83	1 087.44
其他胶乳	0.73	16.13	0.78	13.42	0.67	9.92	1.00	16.00	0.82	11.32	0.99	13.75
三、合成纤维	80.50	3 146.61	87.36	2 812.99	85.32	2 206.92	82.71	2 313.59	114.53	2 792.02	133.23	2 979.25
1. 锦　纶	19.32	950.43	21.13	846.60	20.70	630.17	21.11	694.26	23.74	726.26	28.15	820.74
长　丝	18.00	850.65	20.00	767.94	19.78	576.18	19.77	625.21	22.60	665.67	26.96	765.41
短纤维及纤维条	1.32	99.78	1.14	78.66	0.92	53.99	1.34	69.05	1.14	60.59	1.18	55.33
2. 涤　纶	28.22	677.32	31.57	649.19	32.51	567.18	32.62	620.82	45.40	761.91	53.47	827.35
长　丝	16.23	440.51	17.39	425.93	17.57	365.18	18.42	401.34	25.71	484.42	27.62	502.10
短纤维及纤维条	11.99	236.81	14.19	223.26	14.94	202.00	14.20	219.48	19.68	277.49	25.85	325.24
3. 腈纶短纤维及纤维条	19.53	678.76	19.64	556.81	18.01	378.44	14.56	372.87	28.07	633.45	33.71	687.54

续表

产品名称	2011 年		2010 年		2009 年		2008 年		2007 年		2006 年	
	数量/万吨	金额/百万美元	数量/万吨	金额/百万美元	数量/万吨	金额/百万美元	数量/万吨	金额/百万美元	数量/万吨	金额/百万美元	数量/万吨	金额/百万美元
4. 丙　纶	0. 59	19. 03	0. 72	20. 94	0. 72	17. 05	0. 81	19. 92	0. 89	20. 56	0. 81	19. 30
长　丝	0. 26	9. 40	0. 39	12. 44	0. 35	9. 09	0. 51	11. 56	0. 57	13. 17	0. 54	13. 66
短纤维及纤维条	0. 33	9. 63	0. 33	8. 50	0. 37	7. 97	0. 30	8. 36	0. 32	7. 39	0. 27	5. 64
5. 氨纶长丝	2. 28	194. 85	1. 88	163. 25	1. 72	135. 00	1. 55	128. 97	1. 66	135. 98	1. 66	121. 20
6. 其　他	10. 57	626. 23	12. 41	576. 19	11. 66	479. 08	12. 06	476. 75	14. 78	513. 87	15. 41	503. 13
长　丝	1. 42	157. 16	1. 54	134. 35	1. 47	102. 33	1. 55	115. 64	1. 91	127. 67	1. 99	125. 77
短纤维及纤维条	9. 15	469. 07	10. 87	441. 84	10. 20	376. 75	10. 51	361. 11	12. 87	386. 19	13. 43	377. 37
四、制成肥料	787. 45	3 437. 94	709. 64	2 562. 85	404. 36	1 984. 63	618. 65	3 475. 33	1 167. 59	2 902. 09	1 127. 61	2 482. 46
尿　素	0. 21	1. 44	1. 33	3. 04	3. 88	7. 77	0. 01	0. 10	0. 05	0. 27	3. 75	5. 98
五、有机化学品												
(一)乙烯、芳烃												
乙　烯	106. 04	1 308. 15	81. 54	943. 54	97. 46	813. 18	72. 12	937. 12	50. 98	603. 57	11. 74	138. 75
纯　苯	18. 57	206. 99	19. 72	182. 07	62. 19	292. 09	32. 80	320. 71	24. 87	256. 68	29. 77	245. 32
甲　苯	65. 51	704. 65	82. 93	701. 86	79. 09	512. 07	27. 36	246. 46	44. 46	379. 47	56. 71	464. 31
混合二甲苯	2. 55	26. 89	0. 31	2. 93	0. 48	4. 21	0. 83	5. 96	0. 69	5. 71	1. 05	10. 89
邻二甲苯	60. 25	822. 16	65. 85	697. 49	67. 28	562. 47	43. 76	485. 86	55. 84	611. 30	43. 01	428. 68
对二甲苯	498. 20	7 748. 63	352. 72	3 660. 93	370. 53	3 489. 08	340. 35	4 142. 78	290. 31	3 336. 49	184. 02	2 105. 37

续表

产品名称	2011 年		2010 年		2009 年		2008 年		2007 年		2006 年	
	数量/万吨	金额/百万美元	数量/万吨	金额/百万美元	数量/万吨	金额/百万美元	数量/万吨	金额/百万美元	数量/万吨	金额/百万美元	数量/万吨	金额/百万美元
苯乙烯	360. 77	5 078. 57	368. 71	4 410. 43	364. 59	3 411. 21	281. 08	3 708. 44	310. 15	4 141. 54	234. 30	2 671. 77
乙　苯	1. 18	12. 97	1. 41	14. 56	0. 21	2. 14	—	0. 03	0. 23	2. 85	0. 04	0. 51
(二)主要有机原料												
甲　醇	573. 20	2 113. 20	518. 95	1 530. 24	528. 80	1 139. 56	143. 39	518. 96	84. 50	260. 43	112. 73	303. 90
丁　醇	70. 05	1 064. 87	86. 47	1 208. 61	69. 28	596. 43	41. 54	549. 52	46. 98	657. 71	38. 57	419. 83
辛　醇	36. 58	668. 20	47. 34	778. 07	47. 00	494. 81	27. 94	462. 37	28. 34	448. 52	25. 57	305. 18
醋　酸	1. 77	8. 29	5. 89	22. 68	29. 82	114. 52	30. 46	188. 77	49. 91	308. 36	70. 68	360. 16
苯　酚	76. 19	1 253. 60	62. 40	919. 82	57. 33	441. 00	36. 64	522. 01	45. 69	681. 59	28. 46	325. 59
丙　酮	74. 48	760. 63	75. 22	632. 86	55. 13	350. 42	36. 50	354. 65	48. 18	426. 60	39. 59	275. 50
丁　酮	2. 22	34. 13	2. 98	35. 66	4. 34	34. 38	4. 99	64. 04	8. 76	89. 12	9. 45	84. 19
(三)主要合纤原料及聚合物												
乙二醇	727. 02	8 611. 74	664. 41	5 769. 54	582. 81	3 525. 98	521. 64	5 339. 37	480. 18	4 853. 47	406. 13	3 427. 73
对苯二甲酸	652. 72	8 240. 48	664. 16	6 243. 49	625. 61	5 007. 97	594. 06	5 325. 02	698. 82	6 142. 05	700. 43	6 151. 19
尼龙 66 盐	1. 02	26. 91	0. 35	7. 44	1. 50	23. 23	1. 25	27. 98	2. 06	45. 23	1. 28	25. 57
丙烯腈	54. 17	1 250. 33	44. 58	905. 42	45. 10	498. 78	28. 52	550. 77	43. 55	722. 31	32. 45	464. 49
己内酰胺	63. 33	2 060. 70	63. 14	1 560. 21	60. 13	978. 38	45. 01	1 084. 27	47. 25	1 100. 97	44. 46	884. 74
聚酯切片	19. 69	350. 27	23. 74	334. 11	24. 96	275. 87	22. 82	315. 51	29. 42	366. 81	19. 30	234. 27

①2006—2010 年数据有变动。

表 7　　**中国主要石化产品出口数量与金额**①

产品名称	2011 年		2010 年		2009 年		2008 年		2007 年		2006 年	
	数量/万吨	金额/百万美元	数量/万吨	金额/百万美元	数量/万吨	金额/百万美元	数量/万吨	金额/百万美元	数量/万吨	金额/百万美元	数量/万吨	金额/百万美元
一、初级形状合成树脂与塑料	486. 31	10 887. 98	387. 63	7 678. 64	296. 65	4 994. 63	379. 07	7 014. 51	382. 40	6 324. 94	277. 04	4 352. 17
1. 聚乙烯	32. 21	486. 36	15. 81	229. 06	6. 19	86. 38	6. 68	111. 50	6. 04	83. 92	3. 96	53. 92
低密度聚乙烯	7. 98	137. 19	7. 88	123. 03	2. 40	37. 23	1. 70	29. 65	1. 56	26. 66	1. 48	21. 73
高密度聚乙烯	17. 60	252. 13	6. 10	79. 72	3. 06	41. 20	3. 99	66. 85	3. 79	48. 99	2. 00	26. 06
2. 聚丙烯	16. 58	277. 60	8. 29	135. 41	4. 48	67. 60	4. 17	71. 99	3. 11	48. 63	2. 62	40. 93
3. 聚苯乙烯	35. 57	593. 22	35. 83	503. 81	27. 49	317. 76	32. 34	507. 26	30. 80	467. 18	18. 84	257. 34
可发性聚苯乙烯	32. 21	522. 29	32. 96	447. 43	25. 89	290. 40	29. 44	455. 02	27. 54	421. 74	14. 94	207. 78
其他聚苯乙烯	3. 36	70. 93	2. 86	56. 39	1. 60	27. 35	2. 90	52. 24	3. 26	45. 44	3. 90	49. 55
4. ABS 共聚物	4. 31	108. 19	5. 50	119. 05	4. 98	88. 47	4. 33	86. 54	3. 24	63. 75	1. 96	34. 17
5. 聚氯乙烯	44. 15	527. 63	26. 58	282. 73	27. 56	257. 24	64. 63	705. 19	75. 30	678. 37	49. 94	385. 70
纯聚氯乙烯	38. 59	440. 88	22. 46	220. 43	23. 95	206. 91	60. 72	647. 59	71. 17	629. 64	46. 03	349. 01
未塑化聚氯乙烯	0. 99	12. 58	0. 52	7. 23	0. 63	7. 16	0. 58	7. 30	1. 29	11. 80	1. 46	11. 37
已塑化聚氯乙烯	4. 58	74. 16	3. 59	55. 07	2. 98	43. 17	3. 34	50. 30	2. 84	36. 93	2. 44	25. 32
二、合成橡胶及胶乳合计	29. 10	1 046. 60	23. 58	585. 68	10. 35	220. 91	9. 48	268. 52	8. 05	178. 55	7. 85	149. 54
1. 丁苯橡胶	11. 88	386. 61	9. 39	215. 86	4. 18	78. 93	2. 54	60. 34	2. 34	37. 33	2. 47	36. 15
丁苯胶乳	0. 63	10. 25	0. 54	7. 30	0. 33	3. 48	0. 30	3. 95	0. 22	2. 19	0. 33	3. 24

续表

产品名称	2011 年		2010 年		2009 年		2008 年		2007 年		2006 年	
	数量/万吨	金额/百万美元	数量/万吨	金额/百万美元	数量/万吨	金额/百万美元	数量/万吨	金额/百万美元	数量/万吨	金额/百万美元	数量/万吨	金额/百万美元
2. 顺丁橡胶	2.67	105.11	2.24	55.25	1.37	23.41	2.31	61.46	1.30	22.59	2.21	36.16
3. 丁基橡胶	0.40	17.08	0.16	7.06	0.32	8.69	0.09	3.53	0.39	10.31	0.28	7.22
4. 氯丁橡胶	0.80	34.02	0.42	13.66	0.25	8.91	0.60	27.09	0.81	31.23	0.63	17.26
5. 丁腈橡胶	1.58	33.85	1.14	16.98	0.09	2.09	0.12	3.39	0.21	3.89	0.29	5.10
6. 异戊二烯橡胶	0.05	2.19	0.07	2.32	0.07	2.08	0.25	7.75	0.08	2.11	0.11	3.36
7. 乙丙橡胶	0.11	3.30	0.15	3.90	0.22	3.96	0.30	5.41	0.19	2.13	0.13	1.28
8. 其他合成橡胶	11.62	464.43	10.02	270.66	3.84	92.84	3.26	99.56	2.72	68.95	1.73	43.01
其他胶乳	0.02	0.24	0.06	0.88	0.06	0.78	0.01	0.19	0.06	1.25	0.03	0.69
三、合成纤维	258.11	7 487.02	216.93	5 137.94	169.46	3 470.78	196.55	4 607.36	177.40	4 071.05	128.78	2 854.96
1. 锦　纶	15.66	814.06	15.42	648.75	12.30	425.28	12.52	517.97	11.34	418.96	10.09	353.79
长　丝	15.08	752.24	14.99	605.22	12.01	399.29	12.06	467.95	11.04	398.51	9.84	341.18
短纤维及纤维条	0.58	61.82	0.43	43.53	0.29	25.99	0.46	50.02	0.30	20.45	0.25	12.60
2. 涤　纶	177.50	3 567.43	141.81	2 275.78	104.12	1 383.62	126.66	2 058.75	105.11	1 588.52	69.38	985.22
长　丝	97.73	2 250.63	83.40	1 550.52	63.83	966.78	81.07	1 481.65	64.11	1 108.56	40.55	671.80
短纤维及纤维条	79.77	1 316.80	58.41	725.27	40.29	416.84	45.59	577.10	41.00	479.96	28.83	313.42
3. 腈纶短纤维及纤维条	0.41	13.58	0.44	12.55	0.51	11.48	1.00	25.24	0.25	6.39	0.25	6.33

续表

产品名称	2011 年		2010 年		2009 年		2008 年		2007 年		2006 年	
	数量/万吨	金额/百万美元	数量/万吨	金额/百万美元	数量/万吨	金额/百万美元	数量/万吨	金额/百万美元	数量/万吨	金额/百万美元	数量/万吨	金额/百万美元
4. 丙　纶	3. 10	69. 68	1. 64	36. 37	1. 29	26. 69	1. 71	41. 47	1. 63	37. 30	1. 39	24. 98
长　丝	2. 39	53. 62	1. 17	26. 81	0. 92	20. 65	1. 30	33. 31	1. 19	29. 99	0. 87	16. 83
短纤维及纤维条	0. 71	16. 05	0. 47	9. 56	0. 37	6. 03	0. 41	8. 16	0. 44	7. 31	0. 52	8. 15
5. 氨纶长丝	3. 45	236. 86	3. 88	271. 93	2. 89	183. 96	2. 89	226. 16	3. 21	301. 05	2. 33	155. 90
6. 其　他	57. 99	2 785. 43	53. 74	1 892. 56	48. 36	1 439. 75	51. 76	1 737. 78	55. 86	1 718. 85	45. 35	1 328. 76
长　丝	6. 07	318. 63	5. 25	246. 61	4. 43	180. 54	6. 66	255. 77	6. 65	276. 85	2. 55	103. 96
短纤维及纤维条	51. 92	2 466. 79	48. 50	1 645. 95	43. 93	1 259. 21	45. 10	1 482. 00	49. 20	1 442. 00	42. 79	1 224. 80
四、制成肥料	1 822. 77	7 884. 09	1 614. 09	5 395. 62	885. 36	2 601. 99	927. 51	4 339. 13	1 337. 04	3 705. 82	529. 23	1 148. 39
尿　素	355. 88	1 551. 26	702. 58	2 094. 65	337. 91	902. 06	435. 97	1 632. 20	525. 40	1 479. 69	136. 73	326. 58
五、有机化学品												
(一)乙烯、芳烃												
乙　烯	0. 97	11. 65	3. 35	33. 82	1. 54	14. 22	1. 42	20. 42	4. 97	53. 98	12. 87	137. 31
纯　苯	11. 03	114. 87	11. 97	101. 42	27. 81	214. 13	6. 94	71. 22	5. 61	53. 46	18. 99	152. 90
甲　苯	0. 80	9. 17	1. 02	8. 49	0. 81	5. 84	0. 21	2. 36	0. 21	2. 16	0. 26	2. 41
混合二甲苯	0. 69	7. 31	0. 64	3. 42	0. 03	0. 46	0. 32	3. 62	0. 01	0. 14	0. 01	0. 13
邻二甲苯	1. 91	25. 11	0. 00	0. 01	0. 00	0. 00	0. 75	9. 45	0. 00	0. 01	0. 30	2. 59
对二甲苯	34. 79	528. 88	20. 97	218. 62	33. 33	312. 41	44. 79	541. 69	25. 20	279. 74	9. 78	110. 48

续表

产品名称	2011 年		2010 年		2009 年		2008 年		2007 年		2006 年	
	数量/万吨	金额/百万美元	数量/万吨	金额/百万美元	数量/万吨	金额/百万美元	数量/万吨	金额/百万美元	数量/万吨	金额/百万美元	数量/万吨	金额/百万美元
苯乙烯	7.11	98.54	1.13	13.85	0.79	5.15	0.21	3.43	0.02	0.56	0.59	7.27
乙　苯	0.00	0.09	0.03	0.75	0.01	0.10	0.01	0.18	0.00	0.09	0.01	0.08
（二）主要有机原料												
甲　醇	4.39	18.21	1.24	4.24	1.38	3.82	36.78	177.12	56.27	224.84	19.00	66.39
丁　醇	0.67	13.16	0.56	8.06	0.46	6.09	0.57	8.86	0.40	5.11	0.42	5.05
辛　醇	0.36	7.06	0.48	7.79	0.67	6.35	0.23	4.36	0.16	2.64	0.16	1.82
醋　酸	66.71	330.93	21.75	94.04	6.49	30.62	2.34	15.36	13.79	73.09	2.82	16.57
苯　酚	3.84	77.25	4.04	65.38	0.91	10.39	0.11	2.59	0.04	1.19	0.04	0.88
丙　酮	0.10	2.23	0.08	1.38	0.06	0.66	0.05	0.75	0.07	0.81	0.05	0.53
丁　酮	9.34	210.75	4.16	53.66	2.92	25.55	1.84	25.80	1.89	21.05	2.81	25.46
（三）主要合纤原料及聚合物												
乙二醇	0.60	10.19	0.50	7.88	0.67	7.16	2.94	37.27	0.21	4.41	0.09	2.17
对苯二甲酸	2.71	39.30	0.43	4.96	0.13	1.06	2.40	26.94	0.01	0.20	0.00	0.06
尼龙 66 盐	0.00	0.08	0.01	0.20	0.00	0.15	0.01	0.19	0.00	0.00	0.00	0.03
丙烯腈	0.00	0.00	0.00	0.00	0.00	0.00	0.60	10.54	0.20	2.60	5.19	67.57
己内酰胺	0.76	26.66	0.06	1.06	0.16	3.26	0.20	4.56	0.00	0.09	0.00	0.21
聚酯切片	103.97	1 753.37	77.72	976.35	67.96	701.18	95.78	1 303.71	102.06	1 274.85	76.92	899.95

①2006—2010 年数据有变动。

世界石油化工统计

表 1 **世界部分国家 （地区） 人均国民生产总值** 美元

国家（地区）＼年份	2011	2010	2009	2008	2007
美　国	48 450	47 350	46 080	47 890	46 910
日　本	45 180	42 050	37 580	37 840	37 650
德　国	43 980	42 970	42 400	42 520	39 440
法　国	42 420	42 190	42 380	41 940	38 900
意大利	35 330	35 530	35 570	35 760	34 030
英　国	37 780	38 140	40 970	45 460	44 310
加拿大	45 560	43 250	41 890	43 460	40 320
澳大利亚	—	46 200	43 860	42 270	37 110
荷　兰	49 730	48 920	48 530	48 820	46 310
挪　威	88 890	86 390	85 760	85 560	76 990
西班牙	30 990	31 460	32 020	31 850	29 400
瑞　士	76 380	71 590	65 040	57 090	57 020
瑞　典	53 230	50 580	48 820	52 390	48 900
新加坡	42 930	39 410	36 030	35 750	33 760
泰　国	4 420	4 150	3 720	3 640	3 200
马来西亚	8 420	7 760	7 230	7 170	6 310
印度尼西亚	2 940	2 500	2 160	1 950	1 600
韩　国	20 870	19 720	19 650	21 430	21 140
印　度	1 410	1 260	1 150	1 030	950
菲律宾	2 210	2 060	1 870	1 770	1 510
南　非	6 960	6 090	5 730	5 850	5 760
墨西哥	9 240	8 930	8 670	9 640	9 080
巴　西	10 720	9 540	8 150	7 490	6 110
中　国	4 930	4 270	3 620	3 040	2 480
中国香港	35 160	32 780	31 410	32 950	31 220

资料来源：世界银行《世界发展指标数据库》2012 年 8 月。

表2 **中国国民经济主要指标** 亿元

项目 \ 年份	2011	2010	2009	2008	2007
年底总人口/万人	134 735	133 409	133 474	132 802	132 129
工业增加值	160 030	160 030	135 240	130 260	110 535
农林牧渔业总产值	81 304	69 320	60 361	58 002	48 893
国内生产总值	471 564	401 513	340 903	314 045	265 810
固定资产投资	311 022	278 122	224 599	172 828	137 324
进出口总额/亿美元	36 421	29 740	22 075	25 633	21 766
出　口	18 986	15 778	12 016	14 307	12 205
进　口	17 435	13 962	10 059	11 326	9 561
财政收入	103 740	83 102	68 518	61 330	51 322
财政支出	108 930	89 874	76 300	62 593	49 781

资料来源：《中国统计摘要》2012 年。

表3 **中国货物进出口贸易额居世界的位次** 亿美元

位次	2011 年		2010 年		2009 年	
	国家（地区）	贸易额	国家（地区）	贸易额	国家（地区）	贸易额
1	美　国	37 460	美　国	32 460	美　国	26 610
2	中　国	36 420	中　国	29 730	中　国	22 080
3	德　国	27 280	德　国	23 360	德　国	20 520
4	日　本	16 770	日　本	14 630	日　本	11 320
5	法　国	13 120	法　国	11 270	法　国	10 260
6	荷　兰	12 570	荷　兰	10 890	荷　兰	9 450
7	英　国	11 090	英　国	9 630	英　国	8 310
8	意大利	10 800	意大利	9 320	意大利	8 150
9	韩　国	10 790	韩　国	8 910	比利时	7 210
10	中国香港	9 670	中国香港	8 430	韩　国	6 870
11	比利时	9 370	比利时	8 010	中国香港	6 810
12	加拿大	9 140	加拿大	7 890	加拿大	6 460
13	俄罗斯	8 450	新加坡	6 630	新加坡	5 160

续表

位次	2011 年		2010 年		2009 年	
	国家（地区）	贸易额	国家（地区）	贸易额	国家（地区）	贸易额
14	新加坡	7 760	俄罗斯	6 480	西班牙	5 080
15	印　度	7 480	墨西哥	6 090	俄罗斯	4 960
16	墨西哥	7 110	西班牙	5 570	墨西哥	4 720
17	西班牙	6 590	印　度	5 390	印　度	3 990
18	中国台湾	5 890	中国台湾	5 260	中国台湾	3 790
19	澳大利亚	5 150	澳大利亚	4 140	瑞　士	3 290
20	巴　西	4 930	阿联酋	4 050	澳大利亚	3 190

资料来源：世界贸易组织网站 http：//www. wto. org/。

表 4　　中国原油产量居世界的位次　　万吨

位次	2011 年		2010 年		2009 年	
	国　家	产　量	国　家	产　量	国　家	产　量
1	俄罗斯	51 655	俄罗斯	50 900	俄罗斯	49 575
2	沙特阿拉伯	46 730	沙特阿拉伯	40 100	沙特阿拉伯	39 600
3	美　国	28 350	美　国	27 450	美　国	26 685
4	中　国	20 380	中　国	20 275	中　国	18 865
5	伊　朗	17 895	伊　朗	18 500	伊　朗	18 625
6	加拿大	14 500	加拿大	13 700	墨西哥	13 025
7	墨西哥	12 750	墨西哥	12 875	加拿大	12 650
8	阿联酋	12 525	伊拉克	11 800	伊拉克	12 000
9	科威特	12 515	委内瑞拉	11 150	阿联酋	11 354
10	委内瑞拉	12 490	阿联酋	10 810	委内瑞拉	10 850
11	伊拉克	12 365	尼日利亚	10 325	挪　威	10 125
12	尼日利亚	10 885	巴　西	10 250	科威特	10 050
13	巴　西	10 525	科威特	10 150	巴　西	9 750
14	挪　威	8 795	挪　威	9 250	尼日利亚	9 050
15	安哥拉	8 190	安哥拉	8 950	安哥拉	8 950
	世界合计	363 795	**世界合计**	360 548	**世界合计**	352 513

资料来源：美国《油气杂志》2011 年 12 月。

表5 **中国炼油能力居世界的位次** 万吨/年

位次	2011年		2010年		2009年	
	国 家	能 力	国 家	能 力	国 家	能 力
1	美 国	88 939	美 国	89 346	美 国	88 817
2	中 国	34 330	中 国	34 030	中 国	34 030
3	俄罗斯	27 155	俄罗斯	27 155	俄罗斯	27 142
4	日 本	23 649	日 本	23 649	日 本	23 118
5	印 度	20 214	印 度	20 002	印 度	14 178
6	韩 国	13 798	韩 国	13 608	韩 国	13 508
7	德 国	12 086	德 国	12 088	德 国	12 053
8	意大利	11 686	意大利	11 686	意大利	11 686
9	沙特阿拉伯	10 560	沙特阿拉伯	10 400	沙特阿拉伯	10 400
10	加拿大	9 592	巴 西	9 541	加拿大	10 196
11	巴 西	9 587	加拿大	9 510	法 国	9 918
12	英 国	8 836	法 国	9 219	巴 西	9 541
13	法 国	8 594	英 国	8 831	英 国	9 331
14	墨西哥	7 700	墨西哥	7 700	墨西哥	7 700
15	伊 朗	7 255	伊 朗	7 255	伊 朗	7 255
	世界合计	440 278	**世界合计**	441 148	**世界合计**	436 117

资料来源：美国《油气杂志》2011年12月5日。

表6 **中国乙烯生产能力居世界的位次** 万吨/年

位 次	2011年		2010年		2009年		2008年	
	国家（地区）	能 力	国家（地区）	能 力	国家（地区）	能 力	国家（地区）	能 力
1	美 国	2 759.3	美 国	2 759.3	美 国	2 755.4	美 国	2 849.2
2	沙特阿拉伯	1 315.5	中 国	1 297.8	中 国	1 177.8	沙特阿拉伯	940.0
3	中 国①	1 297.8	沙特阿拉伯	1 195.5	沙特阿拉伯	1 070.0	中 国	734.8
4	日 本	726.5	日 本	726.5	日 本	726.5	日 本	726.5
5	德 国	574.3	德 国	574.3	德 国	575.7	德 国	575.7
6	韩 国	563.0	韩 国	563.0	韩 国	563.0	韩 国	563.0
7	加拿大	553.1	加拿大	553.1	加拿大	553.1	加拿大	553.1
8	伊 朗	473.4	伊 朗	473.4	伊 朗	473.4	伊 朗	473.4

续表

位次	2011年		2010年		2009年		2008年	
	国家（地区）	能力	国家（地区）	能力	国家（地区）	能力	国家（地区）	能力
9	中国台湾	400.6	中国台湾	400.6	中国台湾	400.6	荷兰	396.5
10	荷兰	396.5	荷兰	396.5	荷兰	396.5	中国台湾	362.1
11	巴西	350.0	巴西	350.0	巴西	350.0	巴西	350.0
12	俄罗斯	349.0	俄罗斯	349.0	俄罗斯	349.0	俄罗斯	349.0
13	法国	337.3	法国	337.3	法国	337.3	法国	337.3
14	印度	331.5	印度	331.5	英国	285.5	英国	285.5
15	泰国	317.2	泰国	317.2	新加坡	278.0	印度	251.5
	世界合计	14 095.5	**世界合计**	13 485.4	**世界合计**	13 297.4	**世界合计**	12 665.3

①中国 2011 年实际乙烯生产能力大于表中所列数据，已达 1 524.5 万吨/年。

资料来源：美国历年《油气杂志》。

表 7　　中国合成橡胶产量居世界的位次　　万吨

位次	2011年		2010年		2009年		2008年	
	国家（地区）	产量	国家（地区）	产量	国家（地区）	产量	国家（地区）	产量
1	中国	347.2	中国	313.7	中国	285.6	美国	316.5
2	美国	289.9	美国	232.2	美国	196.2	中国	199.3
3	俄罗斯	162.1	日本	157.8	日本	126.4	日本	167.8
4	日本	154.8	韩国	121.9	韩国	144.9	俄罗斯	144.3
5	韩国	149.6	俄罗斯	115.4	俄罗斯	104.2	韩国	121.0
6	法国	64.3	德国	93.5	德国	65.5	法国	71.6
7	德国	60.1	中国台湾	63.8	中国台湾	55.5	中国台湾	57.4
8	中国台湾	55.6	法国	56.8	法国	51.4	德国	55.0
9	巴西	48.5	巴西	41.6	巴西	38.5	巴西	47.8
10	意大利	40.8	英国	23.8	泰国	20.5	意大利	36.8
	世界合计	1 511.5	**世界合计**	1 400.2	**世界合计**	1 216.8	**世界合计**	1 389.9

资料来源：国际橡胶研究集团（IRSG）历年《橡胶统计公报》。

表 8 **世界石油探明储量** 亿桶

国家（地区）\年份	2011	2010	2009	2008	2007	2011 年份额/%	2011 年储采比/%
美　国	309	309	284	305	294	1.9	10.8
加拿大	1 752	321	332	286	277	10.6	①
墨西哥	114	114	117	119	122	0.7	10.6
北美合计	2 175	743	733	709	693	13.2	41.7
阿根廷	25	25	25	26	26	0.2	11.4
巴　西	151	142	129	126	126	0.9	18.8
哥伦比亚	20	19	14	14	15	0.1	5.9
厄瓜多尔	62	62	65	38	43	0.4	33.2
秘　鲁	12	12	11	11	11	0.1	22.2
特立尼达和多巴哥	8	8	8	8	8	0.1	16.7
委内瑞拉	2 965	2 112	1 723	994	870	17.9	①
其他中南美国家	11	14	14	14	13	0.1	22.1
中南美合计	3 254	2 394	1 989	1 232	1 112	19.7	①
阿塞拜疆	70	7	70	70	70	0.4	20.6
丹　麦	8	9	9	8	11	②	10.0
意大利	14	1	9	8	8	0.1	34.3
哈萨克斯坦	300	398	398	398	398	1.8	44.7
挪　威	69	67	71	75	82	0.4	9.2
罗马尼亚	6	5	5	5	5	②	18.7
俄罗斯	882	774	742	790	794	5.3	23.5
土库曼斯坦	6	6	6	6	6	②	7.6
英　国	28	28	31	34	36	0.2	7.0
乌兹别克斯坦	6	6	6	6	6	②	18.9
其他欧洲和欧亚大陆国家	22	24	22	21	21	0.1	15.2
欧洲与欧亚大陆合计	1 411	1 397	1 369	1 422	1 437	0.4	22.3
伊　朗	1 512	137	1 376	1 376	1 384	9.1	95.8
伊拉克	1 431	115	1 150	1 150	1 150	8.7	①
科威特	1 015	1 015	1 015	1 015	1 015	6.1	97.0
阿　曼	55	55	56	56	56	0.3	16.9
卡塔尔	247	259	268	273	274	1.5	39.3
沙特阿拉伯	2 654	2 645	2 646	2 641	2 642	16.1	65.2
叙利亚	25	25	25	25	25	0.2	20.6
阿联酋	978	978	978	978	978	5.9	80.7

续表

国家（地区） \ 年份	2011	2010	2009	2008	2007	2011 年份额/%	2011 年储采比/%
也 门	27	27	27	27	28	0.2	32.0
其他中东国家	7	1	1	1	1	②	37.1
中东合计	7 950	7 525	7 542	7 541	7 553	48.1	95.8
阿尔及利亚	122	122	122	122	123	0.7	19.3
安哥拉	135	135	135	135	90	0.8	21.2
乍 得	15	15	9	9	9	0.1	36.1
刚果共和国	19	19	19	19	19	0.1	18.0
埃 及	43	45	44	43	41	0.3	16.0
赤道几内亚	17	17	17	17	18	0.1	18.5
加 蓬	37	37	37	32	20	0.2	41.2
利比亚	471	464	443	437	415	2.9	①
尼日利亚	372	372	372	362	362	2.3	41.5
苏 丹	67	67	67	67	66	0.4	40.5
突尼斯	4	4	6	6	6	②	15.0
其他非洲国家	22	23	6	6	6	0.1	27.0
非洲合计	1 324	1 321	1 277	1 256	1 175	8.0	41.2
澳大利亚	39	41	42	42	42	0.2	21.9
文 莱	11	11	11	11	12	0.1	18.2
中 国	147	148	148	155	155	0.9	9.9
印 度	57	9	58	58	55	0.3	18.2
印度尼西亚	40	42	44	37	44	0.2	11.8
马来西亚	59	58	55	55	54	0.4	28.0
泰 国	4	4	5	5	5	②	3.5
越 南	44	44	45	47	34	0.3	36.7
其他亚太国家	11	13	13	11	9	0.1	10.4
亚太合计	413	452	422	420	408	2.5	14.0
世界总计	16 526	13 832	13 331	12 580	12 379	100.0	54.2
经合组织	2 347	914	908	889	883	14.2	34.7
非经合组织	14 179					85.8	59.7
欧佩克	11 963	10 684	10 294	9 558	9 347	72.4	91.5
非欧佩克③	3 294	1 887	1 809	1 744	1 750	19.9	26.3
前苏联	1 269	1 261	1 229	1 278	1 281	7.7	25.8
欧 盟	67	63	63			0.4	10.8

①大于 100 年。

②小于 0.05%。

③不包括前苏联。

资料来源：历年《BP 世界能源统计》。

表 9 **世界各国（地区）石油产量**[①] 百万吨

国家（地区）\年份	2011	2010	2009	2008	2007	2011 年份额/%
美　国	352.3	339.9	328.6	304.9	309.8	8.8
加拿大	172.6	164.4	156.1	155.9	158.6	4.3
墨西哥	145.1	146.3	147.4	157.6	172.9	3.6
北美合计	670.0	650.6	632.1	618.5	641.3	16.8
阿根廷	30.3	32.5	33.8	34.1	34.9	0.8
巴　西	114.6	111.7	106.0	99.2	95.5	2.9
哥伦比亚	48.7	41.9	35.8	32.0	29.0	1.2
厄瓜多尔	27.1	26.3	26.3	27.4	27.7	0.7
秘　鲁	7.0	7.2	6.6	5.5	5.3	0.2
特立尼达和多巴哥	5.9	6.3	6.6	6.6	6.9	0.1
委内瑞拉	139.6	142.5	149.9	154.1	152.1	3.5
其他中南美国家	6.7	6.6	6.7	7.0	7.1	0.2
中南美合计	379.9	375.2	371.9	366.0	358.6	9.5
阿塞拜疆	45.6	50.8	50.6	44.7	42.8	1.1
丹　麦	10.9	12.2	12.9	14.0	15.2	0.3
意大利	5.3	5.1	4.6	5.2	5.9	0.1
哈萨克斯坦	82.4	81.6	78.2	72.0	68.4	2.1
挪　威	93.4	98.6	108.8	114.2	118.6	2.3
罗马尼亚	4.2	4.3	4.5	4.7	4.7	0.1
俄罗斯	511.4	505.1	494.2	488.5	491.3	12.8
土库曼斯坦	10.7	10.7	10.4	10.3	9.8	0.3
英　国	52.0	63.0	68.2	71.7	76.8	1.3
乌兹别克斯坦	3.6	3.6	4.5	4.8	4.9	0.1
其他欧洲和欧亚大陆国家	19.2	19.2	19.9	20.6	21.6	0.5
欧洲与欧亚大陆合计	838.8	854.2	856.8	850.8	860.0	21.0
伊　朗	205.8	207.1	204.0	213.0	209.6	5.2
伊拉克	136.9	121.4	120.0	119.5	105.2	3.4
科威特	140.0	122.7	121.0	135.8	129.9	3.5
阿　曼	42.1	41.0	38.7	35.9	34.5	1.1
卡塔尔	71.1	65.7	57.9	60.8	53.6	1.8
沙特阿拉伯	525.8	466.6	462.7	513.5	492.4	13.2
叙利亚	16.5	19.1	19.9	19.8	20.6	0.4
阿联酋	150.1	131.4	126.3	142.9	140.7	3.8
也　门	10.8	14.2	14.4	14.9	16.1	0.3

续表

国家（地区）\ 年份	2011	2010	2009	2008	2007	2011 年份额/%
其他中东国家	2. 2	1. 7	1. 7	1. 5	1. 6	0. 1
中东合计	1 301. 4	1 190. 9	1 166. 6	1 257. 6	1 204. 2	32. 6
阿尔及利亚	74. 3	75. 5	77. 8	85. 6	86. 5	1. 9
安哥拉	85. 2	92. 0	89. 1	93. 5	82. 5	2. 1
乍　得	6. 0	6. 4	6. 2	6. 7	7. 5	0. 1
刚果共和国	15. 2	15. 1	14. 2	12. 2	11. 5	0. 4
埃　及	35. 2	35. 0	35. 3	34. 6	34. 1	0. 9
赤道几内亚	12. 5	13. 6	15. 2	17. 2	17. 3	0. 3
加　蓬	12. 2	12. 5	11. 5	11. 8	11. 5	0. 3
利比亚	22. 4	77. 4	77. 1	85. 3	85. 0	0. 6
尼日利亚	117. 4	117. 2	101. 5	105. 3	114. 1	2. 9
苏　丹	22. 3	22. 9	23. 4	23. 7	23. 1	0. 6
突尼斯	3. 7	3. 8	4. 0	4. 2	4. 6	0. 1
其他非洲国家	10. 9	7. 1	7. 7	8. 1	8. 3	0. 3
非洲合计	417. 4	478. 5	463. 0	488. 3	486. 1	10. 4
澳大利亚	21. 0	24. 6	22. 6	24. 4	24. 7	0. 5
文　莱	8. 1	8. 4	8. 2	8. 5	9. 5	0. 2
中　国	203. 6	203. 0	189. 5	190. 4	186. 3	5. 1
印　度	40. 4	38. 9	35. 4	36. 1	36. 1	1. 0
印度尼西亚	45. 6	48. 3	47. 9	49. 0	47. 5	1. 1
马来西亚	26. 6	29. 8	30. 6	32. 1	31. 7	0. 7
泰　国	13. 9	13. 8	13. 7	13. 3	12. 5	0. 3
越　南	15. 9	15. 5	16. 9	15. 4	16. 4	0. 4
其他亚太国家	13. 0	13. 6	14. 2	14. 7	13. 9	0. 3
亚太合计	388. 1	396. 1	379. 0	383. 8	378. 6	9. 7
世界总计	3 995. 6	3 945. 4	3 869. 3	3 965. 0	3 928. 8	100. 0
经合组织	866. 7	868. 1	864. 0	863. 7	898. 0	21. 7
非经合组织	3 128. 9	3 077. 3	3 005. 3	3 101. 3	3 030. 8	78. 3
欧佩克	1 695. 9	1 645. 9	1 613. 6	1 736. 6	1 679. 4	42. 4
非欧佩克②	1 640. 1	1 641. 3	1 611. 1	1 601. 3	1 625. 3	41. 0
欧　盟	80. 9	92. 7	99. 0	105. 4	113. 1	2. 0
前苏联地区	659. 6	658. 2	644. 6	627. 1	624. 1	16. 5

①包括原油、页岩油、油砂和天然气液体，不包括从煤制取的液体燃料。

②不包括前苏联。

资料来源：《BP 世界能源统计（2012 年版）》。

表 10 **世界各国石油消费量**[①] 百万吨

国家（地区）/年份	2011	2010	2009	2008	2007	2006	2011 年份额/%
美 国	833.6	850	842.9	884.5	943.1	938.8	20.5
加拿大	103.1	102	97.0	102.0	102.3	98.8	2.5
墨西哥	89.7	87	85.6	90.0	89.2	86.9	2.2
北美合计	1 026.4	1 040	1 025.5	1 076.6	1 134.7	1 124.6	25.3
阿根廷	28.1	26	22.3	24.2	23.5	21.1	0.7
巴 西	120.7	117	104.3	105.3	96.5	92.1	3.0
智 利	15.2	15	15.4	16.8	16.0	11.4	0.4
哥伦比亚	11.7	11	8.8	10.7	10.3	10.3	0.3
厄瓜多尔	11.5	11	9.9	9.3	8.1	8.1	0.3
秘 鲁	9.2	8	8.5	7.9	6.6	7.5	0.2
特立尼达和多巴哥	1.7	2					—
委内瑞拉	38.3	35	27.4	32.5	26.8	26.1	0.9
其他中南美国家	53.7	57	59.4	63.6	64.1	59.8	1.3
中南美合计	289.1	282	256.0	270.3	252.0	236.5	7.1
阿塞拜疆	3.6	3	2.8	3.3	4.5	4.7	0.1
丹 麦	8.3	9	8.2	8.9	9.3	9.5	0.2
意大利	71.1	73	75.1	80.9	83.3	85.7	1.8
哈萨克斯坦	10.2	12	12.0	10.9	10.6	10.6	0.3
挪 威	11.1	11	9.7	9.8	10.1	10.0	0.3
罗马尼亚	9.0	9	9.9	10.6	10.8	10.5	0.2
俄罗斯	136.0	148	124.9	130.4	125.9	128.5	3.4
土库曼斯坦	4.9	6	5.2	5.5	4.7	5.2	0.1
英 国	71.6	74	74.4	78.7	78.2	82.2	1.8
乌兹别克斯坦	4.4	5	4.9	5.5	5.8	6.9	0.1
其他欧洲和欧亚大陆国家	30.3	28	27.6	29.2	27.7	26.5	0.7
欧洲与欧亚大陆合计	898.2	923	913.9	955.5	949.4	970.1	22.1
伊 朗	87.0	86	83.6	83.3	77.0	79.3	2.1

续表

国家（地区） \ 年份	2011	2010	2009	2008	2007	2006	2011年份额/%
以色列	11.1	11					0.3
科威特	19.0	18	19.2	15.3	14.0	14.0	0.5
卡塔尔	8.0	7	8.2	4.6	4.1	4.4	0.2
沙特阿拉伯	127.8	125	121.8	104.2	99.3	92.6	3.1
阿联酋	30.5	32	21.8	22.9	22.0	19.7	0.8
其他中东国家	87.5	80	81.7	76.6	77.0	70.2	2.2
中东合计	371.0	360	336.3	306.9	293.5	280.1	9.1
阿尔及利亚	15.6	15	14.9	14.0	12.0	11.5	0.4
埃　及	33.7	36	33.7	32.6	30.6	29.1	0.8
其他非洲国家	82.9	79	71.2	62.3	69.8	66.7	2.0
非洲合计	158.3	155	144.2	135.2	138.2	130.5	3.9
澳大利亚	45.9	43	42.7	42.5	42.2	40.3	1.1
中　国	461.8	429	404.6	375.7	368.0	349.8	11.4
印　度	162.3	155	148.5	135.0	128.5	120.3	4.0
印度尼西亚	64.4	60	62.0	57.4	54.4	48.7	1.6
马来西亚	26.9	25	21.4	21.8	23.6	23.0	0.7
泰　国	46.8	50	44.2	36.7	43.0	44.3	1.2
越　南	16.5						0.4
其他亚太国家	16.7	14	24.1	30.0	28.4	27.3	0.4
亚太合计	1 316.9	1 268	1 206.2	1 183.4	1 185.1	1 148.0	32.4
世界总计	4 059.1	4 028	3 882.1	3 927.9	3 952.8	3 889.8	100.0
经合组织	2 092.0	2 114	2 072.7	2 179.8	2 249.0	2 259.0	51.5
非经和组织	1 967.0						48.5
欧　盟	645.9	662	670.8	702.6	703.9	706.3	15.9
前苏联	190.6	202	184.1	189.5	183.8	188.3	4.7

①国内需求加国际航空燃料、船用燃料、炼厂燃料和损失。

资料来源：历年《BP世界能源统计》。

表 11 **世界天然气探明储量** 万亿立方米

国家（地区） \ 年份	2011	2010	2009	2008	2007	2011 年份额/%	2011 年储采比/年
美　国	8.5	7.7	6.93	6.73	5.98	4.1	13.0
加拿大	2.0	1.7	1.75	1.63	1.63	1.0	12.4
墨西哥	0.4	0.5	0.48	0.50	0.37	0.2	6.7
北美合计	10.8	9.9	9.16	8.87	7.98	5.2	12.5
阿根廷	0.3	0.3	0.37	0.44	0.44	0.2	8.8
玻利维亚	0.3	0.3	0.71	0.71	0.74	0.1	18.3
巴　西	0.5	0.4	0.36	0.33	0.36	0.2	27.1
哥伦比亚	0.2	0.1	0.12	0.11	0.13	0.1	14.9
秘　鲁	0.4	0.4	0.32	0.33	0.36	0.2	31.1
特立尼达和多巴哥	0.4	0.4	0.44	0.48	0.48	0.2	9.9
委内瑞拉	5.5	5.5	5.67	4.84	5.15	2.7	①
其他中南美国家	0.1	0.1	0.07	0.07	0.07	②	23.7
中南美合计	7.6	7.4	8.06	7.31	7.73	3.6	45.2
阿塞拜疆	1.3	1.3	1.31	1.20	1.28	0.6	85.8
丹　麦	③	0.1	0.06	0.06	0.12	②	6.5
德　国	0.1	0.1	0.08	0.12	0.14	②	6.2
意大利	0.1	0.1	0.06	0.12	0.09	②	11.4
哈萨克斯坦	1.9	1.8	1.82	1.82	1.90	0.9	97.6
荷　兰	1.1	1.2	1.09	1.39	1.25	0.5	17.2
挪　威	2.1	2.0	2.05	2.91	2.96	1.0	20.4
波　兰	0.1	0.1	0.11	0.11	0.11	0.1	28.3
罗马尼亚	0.1	0.6	0.63	0.63	0.63	0.1	9.9
俄罗斯	44.6	44.8	44.38	43.30	44.65	21.4	73.5
土库曼斯坦	24.3	8.0	8.10	7.94	2.67	11.7	①
乌克兰	0.9	0.9	0.98	0.92	1.03	0.4	51.3
英　国	0.2	0.3	0.29	0.34	0.41	0.1	4.5
乌兹别克斯坦	1.6	1.6	1.68	1.58	1.74	0.8	28.1
其他欧洲和欧亚大陆国家	0.3	0.3	0.44	0.44	0.43	0.1	29.4
欧洲和欧亚大陆合计	78.7	63.1	63.09	62.89	59.41	37.8	75.9
巴　林	0.3	0.2	0.09	0.09	0.09	0.2	26.8
伊　朗	33.1	29.6	29.61	29.61	27.8	15.9	①
伊拉克	3.6	3.2	3.17	3.17	3.17	1.7	①
科威特	1.8	1.8	1.78	1.78	1.78	0.9	①
阿　曼	0.9	0.7	0.98	0.98	0.69	0.5	35.8

续表

国家（地区）＼年份	2011	2010	2009	2008	2007	2011 年份额/%	2011 年储采比/年
卡塔尔	25.0	25.3	25.37	25.46	25.60	12.0	①
沙特阿拉伯	8.2	8.0	7.92	7.57	7.17	3.9	82.1
叙利亚	0.3	0.3	0.28	0.28	0.29	0.1	34.3
阿联酋	6.1	6.0	6.43	6.43	6.09	2.9	①
也　门	0.5	0.5	0.49	0.49	0.49	0.2	50.7
其他中东国家	0.2	0.2	0.06	0.05	0.05	0.1	49.3
中东合计	80	75.8	76.18	75.91	73.21	38.4	①
阿尔及利亚	4.5	4.5	4.50	4.50	4.52	2.2	57.7
埃　及	2.2	2.2	2.19	2.17	2.06	1.1	35.7
利比亚	1.5	1.5	1.54	1.54	1.50	0.7	①
尼日利亚	5.1	5.3	5.25	5.22	5.30	2.5	①
其他非洲国家	1.2	1.2	1.27	1.23	1.21	0.6	63.4
非洲合计	14.5	14.7	14.76	14.65	14.58	7.0	71.7
澳大利亚	3.8	2.9	3.08	2.51	2.51	1.8	83.6
孟加拉国	0.4	0.4	0.36	0.37	0.39	0.2	17.8
文　莱	0.3	0.3	0.35	0.35	0.34	0.1	22.5
中　国	3.1	2.8	2.46	2.46	1.88	1.5	29.8
印　度	1.2	1.5	1.12	1.09	1.06	0.6	26.9
印度尼西亚	3.0	3.1	3.18	3.18	3.00	1.4	39.2
马来西亚	2.4	2.4	2.38	2.39	2.48	1.2	39.4
缅　甸	0.2	0.3	0.57	0.49	0.60	0.1	17.8
巴基斯坦	0.8	0.8	0.91	0.85	0.85	0.4	19.9
巴布亚新几内亚	0.4	0.4	0.44	0.44	0.44	0.2	①
泰　国	0.3	0.3	0.36	0.30	0.33	0.1	7.6
越　南	0.6	0.6	0.68	0.56	0.22	0.3	72.3
其他亚太国家	0.3	0.4	0.36	0.39	0.37	0.2	18.9
亚太合计	16.8	16.2	16.24	15.39	14.46	8.0	35.0
世界总计	208.4	187.1	187.49	185.02	177.36	100.0	63.6
欧　盟	1.8	17.1	2.42	2.87	2.84	0.9	11.8
经合组织国家	18.7	170.0	16.18	16.63	15.77	9.0	16.0
非经合组织国家	189.7					91.0	90.0
前苏联	74.7	2.4	58.53	57.00	53.53	35.8	96.3

①多于 100 年。

②少于 0.05%。

③少于 0.05。资料来源：历年《BP 世界能源统计》。

表 12 **世界天然气产量** 亿立方米

国家（地区）＼年份	2011	2010	2009	2008	2007	2011 年份额/%
美　国	6 513	6 110	5 934	5 822	5 459	20.0
加拿大	1 605	1 598	1 614	1 752	1 837	4.9
墨西哥	525	553	582	549	462	1.6
北美合计	8 642	8 261	8 130	8 123	7 758	26.5
阿根廷	388	401	414	441	448	1.2
玻利维亚	154	144	123	139	135	0.5
巴　西	167	144	119	139	113	0.5
哥伦比亚	110	113	105	91	77	0.3
秘　鲁	114	72	—	—	—	0.3
特立尼达和多巴哥	407	424	406	393	390	1.2
委内瑞拉	312	285	279	315	285	0.9
其他中南美国家	27	29	70	72	61	0.1
中南美合计	1 677	1 612	1 516	1 589	1 508	5.1
阿塞拜疆	148	151	148	147	103	0.5
丹　麦	71	82	84	101	92	0.2
德　国	100	106	122	130	143	0.3
意大利	77	76	74	84	89	0.2
哈萨克斯坦	193	336	322	302	273	0.6
荷　兰	642	705	627	675	645	2.0
挪　威	1 014	1 064	1 035	992	897	3.1
波　兰	43	41	41	41	43	0.1
罗马尼亚	110	109	109	115	116	0.3
俄罗斯	6 070	5 889	5 275	6 017	6 074	18.5
土库曼斯坦	595	424	364	661	674	1.8
乌克兰	182	186	193	187	190	0.6
英　国	452	571	596	696	724	1.4
乌兹别克斯坦	570	591	644	622	585	1.7
其他欧洲和欧亚大陆国家	96	100	95	103	110	0.3
欧洲和欧亚大陆合计	10 364	10 431	9 730	10 873	10 757	31.6
巴　林	130	131	128	134	115	0.4
伊　朗	1 518	1 385	1 312	1 163	1 119	4.6
伊拉克	19	13	—	—	—	0.1
科威特	130	116	125	128	126	0.4
阿　曼	265	271	248	241	241	0.8

续表

国家（地区）＼年份	2011	2010	2009	2008	2007	2011 年份额/%
卡塔尔	1 468	1 167	893	766	598	4. 5
沙特阿拉伯	992	839	775	781	759	3. 0
叙利亚	83	78	58	55	53	0. 3
阿联酋	517	510	488	502	492	1. 6
也　门	94	62	—	—	—	0. 3
其他中东国家	45	35	45	41	55	0. 1
中东合计	5 261	4607	4072	3 811	3 558	16. 0
阿尔及利亚	780	804	814	865	830	2. 4
埃　及	613	613	627	589	465	1. 9
利比亚	41	158	153	159	152	0. 1
尼日利亚	399	336	249	350	350	1. 2
其他非洲国家	194	178	195	185	107	0. 6
非洲合计	2 027	2 090	2 038	2 148	1 904	6. 2
澳大利亚	450	504	423	383	400	1. 4
孟加拉国	199	200	197	173	163	0. 6
文　莱	128	122	114	121	123	0. 4
中　国	1 025	968	852	761	693	3. 1
印　度	461	509	393	306	302	1. 4
印度尼西亚	756	820	719	697	667	2. 3
马来西亚	618	665	627	625	605	1. 9
缅　甸	124	121	115	124	147	0. 4
巴基斯坦	392	395	379	375	308	1. 2
巴布亚新几内亚	370					1. 1
泰　国	370	363	309	289	259	1. 1
越　南	85	94	80	79	77	0. 3
其他亚太国家	183	173	136	141	131	0. 6
亚太合计	4 791	4 932	4 384	4 112	3 915	14. 6
世界总计	32 762	31 933	29 870	30 656	29 400	100. 0
欧　盟	1 550	1 749	1 712	1 903	1 919	4. 7
经合组织国家	11 681	11 598	11 272	11 366	10 933	35. 8
非经合组织国家	21 081					64. 2
前苏联	7 761	7 579	6 949	7 937	7 902	23. 6

资料来源：历年《BP 世界能源统计》。

表 13 世界天然气消费量 亿立方米

国家（地区）＼年份	2011	2010	2009	2008	2007	2011 年份额/%
美　国	6 901	6 834	6 466	6 572	6 529	21.5
加拿大	1 048	938	947	1 000	940	3.2
墨西哥	689	689	696	672	541	2.1
北美合计	8 638	8 461	8 109	8 244	8 010	26.9
阿根廷	465	433	431	445	441	1.4
巴　西	267	265	203	252	220	0.8
哥伦比亚	90	91	87	82	77	0.3
秘　鲁	62	54	35	34	27	0.2
特立尼达和多巴哥	220	220	—	—	—	0.7
委内瑞拉	331	307	297	324	285	1.0
其他中南美国家	52	56	255	263	249	0.2
中南美合计	1 545	1 477	1 347	1 430	1 345	4.8
阿塞拜疆	82	66	77	93	83	0.3
丹　麦	42	49	44	46	46	0.1
德　国	725	813	780	820	827	2.2
意大利	713	761	716	777	778	2.2
哈萨克斯坦	92	82	78	81	84	0.3
荷　兰	381	436	389	386	372	1.2
挪　威	40	41	41	44	43	0.1
波　兰	154	143	137	139	137	0.5
罗马尼亚	138	133	136	145	164	0.4
俄罗斯	4 246	4 141	3 897	4 202	4 388	13.2
土库曼斯坦	250	226	198	190	219	0.8
乌克兰	537	521	470	597	646	1.7
英　国	802	938	865	939	914	2.5
乌兹别克斯坦	491	455	487	487	456	1.5
其他欧洲和欧亚大陆国家	166	157	140	171	168	0.5
欧洲和欧亚大陆合计	11 011	11 372	10 586	11 439	11 557	34.1

续表

国家（地区）\年份	2011	2010	2009	2008	2007	2011年份额/%
伊　朗	1 533	1 369	1 317	1 176	1 118	4.7
科威特	162	144	134	128	126	0.5
卡塔尔	238	204	211	198	205	0.7
沙特阿拉伯	992	839	775	781	759	3.1
阿联酋	629	605	591	581	432	1.9
其他中东国家	427	441	429	407	353	1.3
中东合计	4 031	3 655	3 456	3 271	2 994	12.5
阿尔及利亚	280	289	267	254	244	0.9
埃　及	496	451	425	409	320	1.5
其他非洲国家	279	271	248	286	271	0.9
非洲合计	1 098	1 050	940	949	835	3.4
澳大利亚	256	304	257	235	251	0.8
孟加拉国	199	200	197	173	163	0.6
中　国	1 307	1 090	887	807	673	4.0
印　度	611	619	519	414	402	1.9
印度尼西亚	379	403	366	380	338	1.2
马来西亚	285	357	315	307	283	0.9
巴基斯坦	392	395	379	375	308	1.2
泰　国	466	451	392	374	354	1.4
越　南	85	94	—	—	—	0.3
其他亚太国家	57	53	132	136	150	0.2
亚太合计	5 906	5 676	4 966	4 853	4 478	18.3
世界总计	32 229	31 690	29 404	30 187	29 219	100.0
欧　盟	4 479	4 925	4 599	4 901	4 819	13.9
经合组织国家	15 346	15 462	14 391	14 943	14 543	47.7
非经合组织国家	16 884					52.3
前苏联	5 995	5 968	5 591	6 096	6 319	18.6

资料来源：历年《BP世界能源统计》。

表 14　　世界炼油能力[①]前 30 名的国家（地区）　　万吨/年

名次	国家(地区)	炼厂数/座	常压蒸馏	焦化	热加工	催化裂化	催化重整	加氢裂化	加氢处理	润滑油
1	美　国	125	88 939	13 988	187	28 248	15 017	8 630	66 089	1 023
2	中　国[②]	54	34 330	858	0	2 940	765	925	2 543	95
3	俄罗斯	40	27 155	467	2 104	1 654	3 207	285	10 204	439
4	日　本	30	23 649	679	110	4 935	3 566	908	23 576	201
5	印　度	21	20 214	933	512	2 657	222	828	1 178	44
6	韩　国	6	13 798	105	0	1 570	1 471	1 633	6 817	353
7	德　国	15	12 086	582	1 361	1 746	1 741	1 015	9 455	75
8	意大利	17	11 686	248	2 465	1 608	1 234	1 516	5 879	127
9	沙特阿拉伯	7	10 560	0	760	518	831	669	2 319	0
10	加拿大	17	9 592	325	668	2 412	1 526	1 052	6 503	16
11	巴　西	13	9 587	634	54	2 526	105	0	1 337	106
12	英　国	10	8 836	355	588	2 224	1 461	180	5 976	127
13	法　国	12	8 594	0	808	1 735	1 104	359	5 795	193
14	墨西哥	6	7 700	1 051	0	1 903	1 201	0	4 352	88
15	伊　朗	9	7 255	0	1 599	175	708	683	861	104
16	新加坡	3	6 785	0	1 120	400	630	647	3 321	241
17	中国台湾	4	6 550	281	0	1 090	495	125	3 161	81
18	委内瑞拉	5	6 411	797	0	1 159	213	0	1 832	64
19	西班牙	9	6 358	336	821	957	846	658	3 879	51
20	荷　兰	6	5 983	228	503	510	639	990	4 776	61
21	印度尼西亚	8	5 059	179	324	507	400	499	110	0
22	科威特	3	4 680	396	0	180	200	578	2 767	0
23	乌克兰	6	4 399	122	95	351	622	36	1 481	3
24	阿联酋	5	3 866	0	0	172	111	155	746	0
25	澳大利亚	7	3 801	0	0	1 175	740	92	2 555	0
26	比利时	4	3 699	0	165	668	454	0	3 232	0
27	埃　及	9	3 631	216	0	0	268	168	977	24
28	土耳其	6	3 571	0	130	145	282	269	1 246	31
29	伊拉克	9	3 188	0	0	0	378	371	1 372	50
30	阿根廷	10	3 153	502	211	706	244	85	825	39
	世界合计	655	440 278	25 746	20 906	73 467	49 313	27 443	214 931	4 253

①由桶/日历日折合为吨/年的换算系数：常压蒸馏 50，焦化和热加工 55，催化裂化 50，催化重整 43，加氢裂化 50，加氢处理 47，润滑油 53。

②据统计，2010 年底中国常压蒸馏能力已达 5. 50 亿吨/年。

数据来源：美国《油气杂志》2011 年 12 月 5 日。

表 15　　世界原油加工能力前 21 位的炼厂　　万吨/年

名次	公司名称	公司地点	原油加工能力
1	帕拉瓜纳炼油中心	委内瑞拉法尔孔	4 700
2	SK 公司	韩国蔚山	4 200
3	GS 加德士公司	韩国丽水	3 800
4	信任工业有限公司	印度贾姆纳加尔	3 300
5	埃克森美孚炼制与供应公司	新加坡裕廊/亚逸查湾岛	3 025
6	信任工业有限公司	印度贾姆纳加尔	2 900
7	韩国双龙精油（S－Oil）公司	韩国釜山	2 825
8	埃克森美孚炼制与供应公司	美国得州贝敦	2 803
9	沙特阿美石油公司	沙特拉斯坦努拉	2 750
10	台塑石化股份有限公司	中国台湾麦寮	2 700
11	埃克森美孚炼制与供应公司	美国路州巴吞鲁日	2 513
12	Hovensa 股份公司	维尔京群岛圣克鲁瓦	2 500
13	马拉松石油公司	美国路州 Garyville	2 450
14	科威特国家石油公司	科威特艾哈迈迪港	2 330
15	壳牌东方石油有限公司	新加坡布库姆岛	2 310
16	BP 公司	美国得州得克萨斯城	2 256
17	Citgo 石油公司	美国路州莱克查尔斯	2 200
18	壳牌石油公司	荷兰佩尔尼斯	2 020
19	中国石化	中国浙江镇海	2 015
20	沙特阿美石油公司	沙特拉比格	2 000
21	沙特阿美—美孚	沙特延布	2 000

数据来源：美国《油气杂志》2011 年 12 月 5 日。

表 16　　世界原油加工能力前 25 位的炼油公司　　万吨/年

名次	公司名称	能力①	名次	公司名称	能力①
1	埃克森美孚公司（美国）	28 940	14	伊朗国家石油公司	7 255
2	英荷壳牌集团公司	20 971	15	新日本石油公司	7 116
3	中国石化②	19 855	16	俄罗斯石油公司	6 465
4	英国石油公司（BP 公司）	16 611	17	鲁克石油公司（俄罗斯）	6 085
5	瓦莱罗能源公司（美国）	13 883	18	马拉松石油公司（美国）	5 965

续表

名次	公司名称	能力[①]	名次	公司名称	能力[①]
6	委内瑞拉国家石油公司	13 390	19	SK 公司（韩国）	5 575
7	中国石油[②]	13 375	20	莱普索－YPF 公司（西班牙/阿根廷）	5 528
8	康菲公司（美国）	12 841	21	科威特国家石油公司	5 425
9	雪佛龙公司[③]（美国）	12 798	22	印尼国家石油公司	4 965
10	沙特阿美石油公司	12 258	23	阿吉普石油公司（意大利）	4 520
11	道达尔公司（法国）	11 570	24	Flint Hills 资源公司（加拿大）	4 083
12	巴西国家石油公司	9 985	25	太阳石油公司（美国）	3 375
13	墨西哥国家石油公司	8 515		合　计 占世界总炼油能力比例/%	261 348 59.4

①包括各公司在其合资企业中的份额能力。

②2010 年底中国石化集团和中国石油集团炼油能力分别达 2.45 亿吨/年和 1.59 亿吨/年。

③包括其在加德士公司中拥有的份额能力。

数据来源：美国《油气杂志》2011 年 12 月 5 日。

表 17　　2011 年世界主要国家（地区）乙烯生产能力　　万吨/年

排名	国家（地区）	生产能力	排名	国家（地区）	生产能力
1	美　国	2 759.3	31	瑞　典	62.5
2	沙特阿拉伯	1 315.5	32	印度尼西亚	60.0
3	中　国[①]	1 297.8	33	阿联酋	60.0
4	日　本	726.5	34	南　非	58.5
5	德　国	574.3	35	挪　威	55.0
6	韩　国	563.0	36	捷克共和国	54.4
7	加拿大	553.1	37	土耳其	52.0
8	伊　朗	473.4	38	澳大利亚	50.2
9	中国台湾	400.6	39	奥地利	50.0
10	荷　兰	396.5	40	保加利亚	40.0
11	巴　西	350.0	41	利比亚	35.0
12	俄罗斯	349.0	42	阿塞拜疆	33.0
13	法　国	337.3	43	埃　及	33.0
14	印　度	331.5	44	芬　兰	33.0
15	泰　国	317.2	45	葡萄牙	33.0

续表

排名	国家（地区）	生产能力	排名	国家（地区）	生产能力
16	英　国	285.5	46	尼日利亚	30.0
17	新加坡	278.0	47	斯洛伐克	22.0
18	卡塔尔	252.0	48	以色列	20.0
19	比利时	246.0	49	塞尔维亚与黑山	20.0
20	意大利	217.0	50	白俄罗斯	19.3
21	委内瑞拉	190.0	51	乌兹别克斯坦	14.0
22	马来西亚	172.3	52	阿尔及利亚	13.3
23	科威特	165.0	53	哈萨克斯坦	13.0
24	西班牙	143.0	54	哥伦比亚	10.0
25	墨西哥	138.4	55	克罗地亚	9.0
26	罗马尼亚	84.4	56	北朝鲜	6.0
27	阿根廷	83.9	57	智　利	4.5
28	波　兰	70.0	58	瑞　士	3.3
29	匈牙利	66.0	59	希　腊	2.0
30	乌克兰	63.0		**合　计**	14 095.5

①中国 2011 年实际乙烯生产能力大于表中所列数据，已达 1 524.5 万吨/年。

资料来源：美国《油气杂志》2012 年 7 月 2 日。

表 18　　世界十大乙烯生产厂　　万吨/年

排名	公司名称	装置地点	生产能力
1	台塑	中国台湾麦寮	293.5
2	诺瓦化学公司	加拿大艾伯塔省若夫尔	281.2
3	阿拉伯石化公司	沙特朱拜勒	225.0
4	埃克森美孚化学公司	美国得克萨斯州贝敦	219.7
5	雪佛龙菲利普斯化学公司	美国得克萨斯州斯威尼	186.5
6	陶氏化学公司	荷兰泰尔讷曾	180.0
7	英力士（Ineos）烯烃和聚合物公司	美国得克萨斯州巧克力拜尤	175.2
8	等星化学公司	美国得克萨斯州 Channelview	175.0
9	延布石化公司	沙特延布	170.5
10	Equate 石化公司	科威特舒艾拜	165.0

资料来源：美国《油气杂志》2012 年 7 月 2 日。

表 19　　2011 年世界前 10 位乙烯生产商①　　万吨/年

排名	公司名称	装置数	装置总能力	权益能力
1	陶氏化学公司	21	1 304.5	1 052.9
2	沙特基础工业公司	15	1 339.2	1 027.4
3	埃克森美孚化学公司	20	1 251.5	855.1
4	中国石化②	13	789.5	727.5
5	壳牌集团	13	935.8	594.7
6	雪佛龙菲利普斯化学公司	8	560.7	535.2
7	利安德巴塞尔公司③	8	520.0	520.0
8	伊朗国家石化公司	7	473.4	473.4
9	英力士（Ineos）	6	465.6	428.6
10	道达尔公司	11	593.3	347.2

①截至 2012 年 1 月 1 日。
②据国内统计，中国石化股份公司乙烯装置总能力为 957.5 万吨/年，权益能力为 773.5 万吨/年。
③含联营公司等星化学。
资料来源：美国《油气杂志》2012 年 7 月 2 日。

表 20　　世界主要国家（地区）合成橡胶产量　　万吨

国家（地区）＼年份	2011	2010	2009	2008	2007
加拿大	14.9	13.6	10.6	13.4	13.2
美　国	249.8	232.2	196.2	231.4	269.7
阿根廷	4.9	4.9	5.2	4.9	5.5
巴　西	41.7	41.6	38.5	44.4	40
墨西哥	20.4	19	16	19.8	20.4
奥地利	0.5	0.4	0.4	0.5	0.5
比利时	12.6	13	10.4	9.4	10.7
捷　克	11.6	9.5	8.2	10.5	11.1
法　国	61.1	56.8	51.4	64.5	65.1
德　国	85	80.9	74.3	74.2	90.1
意大利	23.5	23.7	20	22	23.5
荷　兰	15.9	14.9	16.6	17.6	19.4
波　兰	16.2	15.1	11.2	11.4	11.6
西班牙	9.9	10.1	8.6	10.1	10
英　国	22.9	23.8	24.8	26.8	31.8
俄罗斯	146	115.4	97.1	113.9	120.9
前南斯拉夫	2.4	2.4	1.8	3.5	2.9

续表

国家（地区）＼年份	2011	2010	2009	2008	2007
南　非	6.6	7.2	5.9	7.8	7.2
中　国	349	313.7	285.6	232.5	221.5
印　度	11	11	10.2	9.7	10.1
印度尼西亚	6.1	4.5	4	4.8	4.8
伊　朗	5.9	5.8	6.2	5.8	7.2
日　本	161.6	157.8	130.3	165.1	165.5
韩　国	136.9	121.9	114.9	97	108
马来西亚	12.2	9.9	4.9	3.8	6.7
中国台湾	63.2	63.8	60.6	58.9	62.7
泰　国	19.4	20	19	18.5	15.7
世界总计	1 511.5	1 400.2	1 226.1	1 274.1	1 337.6

资料来源：国际橡胶研究集团（IRSG）《橡胶统计公报》2012 年 1—3 月。

表 21　　世界主要国家（地区）合成橡胶消费量　　万吨

国家（地区）＼年份	2011	2010	2009	2008	2007
加拿大	21.7	19.3	15.8	16.4	20
美　国	185.9	173.2	144.8	173.4	192.9
阿根廷	7.1	7.3	5.9	6.4	7.1
巴　西	51.5	53.1	44.5	53.3	47.7
智　利	2.8	2.7	1.6	2.4	2.4
哥伦比亚	2.3	2.2	2.2	2.5	2.6
墨西哥	19.2	14.4	12.5	14.9	16.2
委内瑞拉	2.3	2.7	2.6	3.1	4
奥地利	1.4	1.4	1.3	1.4	1.7
比利时/卢森堡	10.1	10.9	8	9.5	10.7
捷　克	10.8	10.9	9.6	13.8	13
法　国	31.9	30.6	27.9	31.6	31.6
德　国	61.2	55.5	45	53	59.9
匈牙利	6.7	5.5	3.5	5.3	4.8
意大利	22.1	20.3	16.9	23.8	25.5
荷　兰	9.8	8.9	8	11.1	10.6
波　兰	16.9	15.9	14.3	17.5	19.8

续表

年份 国家（地区）	2011	2010	2009	2008	2007
葡萄牙	6.3	6.6	4	5.3	5.1
斯洛伐克	6.5	5.8	4.7	6.5	6.6
斯洛文尼亚	3.7	3.9	3.6	4.4	4.6
西班牙	27.5	21.9	18.2	25.6	25.8
瑞　典	2.9	3.2	3.2	3.9	4.3
英　国	16.1	14.3	13.3	14.7	16.9
白俄罗斯	5.1	5	4.9	5.5	5.9
俄罗斯	71.2	47.2	44.5	50	59.7
土耳其	24.4	22.1	17.4	21.7	19.5
乌克兰	3.7	4.3	3.8	5.7	7.4
南　非	6.7	6.5	5.8	7	6.4
澳大利亚	3.2	3.1	3.1	4.6	4.1
中　国	466.4	447.9	423	343	353.7
印　度	42.1	40.4	32.1	29.1	29
印度尼西亚	29.6	25.3	21.4	22.2	13.3
日　本	95	98	83.4	113.8	116.2
韩　国	35.5	33	27.8	32.9	34.7
马来西亚	30.3	24.2	17.5	16.2	16.7
中国台湾	35.3	33.5	26.2	26	31
泰　国	37.7	32.4	22.1	19.5	22.4
越　南	14.1	11.8	10.3	9.8	8
世界总计	1 492.6	1 385.8	1 194.1	1 261.6	1 324.3

资料来源：国际橡胶研究集团（IRSG）《橡胶统计公报》2012 年 1—3 月。

表 22　　世界主要国家（地区）合成橡胶进口量　　万吨

年份 国家（地区）	2011	2010	2009	2008	2007
加拿大	26.4	26.8	22.3	26.8	31.4
美　国	63.9	57.4	44.2	59.6	54.9
阿根廷	2.5	2.3	2.6	2.4	4.3
巴　西	22.1	22.7	19.7	20.5	20
智　利	2.8	2.7	1.7	2.4	2.4
哥伦比亚	2.4	2.3	2.2	2.6	2.6

续表

年份 国家（地区）	2011	2010	2009	2008	2007
墨西哥	13.5	11.4	9.3	10.9	12.2
秘　鲁	1.8	1.6	1.4	1.3	1.2
委内瑞拉	2.6	2.7	2.6	3.2	4
奥地利	2.5	2.3	3.5	4.1	7.2
比利时/卢森堡	43.6	41.2	34.3	40.4	41.7
捷　克	12.4	10.9	8.8	11.3	11
芬　兰	3	2.5	2.1	4.2	5
法　国	34.9	34.3	26.7	31.8	37.4
德　国	58.6	55.6	42	51.5	56.7
希　腊	1.4	1.6	1.5	1.7	1.5
匈牙利	15.1	12.4	8.2	11.4	10.2
意大利	30.8	28.8	24.7	31.9	34.8
荷　兰	20.3	16.3	17.9	20.5	22.4
波　兰	22.1	19.1	15.7	18.7	21
葡萄牙	6.6	6.6	4.4	5.4	5.3
斯洛伐克	7.3	7.1	5	6.9	7.1
斯洛文尼亚	4.3	4.5	4.4	5.2	5.1
西班牙	32.4	26.2	21.1	29.4	26.9
瑞　典	4.7	4.4	4	5.5	5.4
英　国	14.8	13.6	10.5	13	15.1
罗马尼亚	7.1	5.8	4.1	4	5.3
俄罗斯	6.8	5.5	3.8	5.9	6
瑞　士	2.5	2.7	1.9	1.9	2.2
土耳其	26.8	23.4	18.2	20.7	17.9
乌克兰	3.7	4.3	3.8	5.7	7.4
前南斯拉夫	2.9	2.8	1.1	1.3	1.6
南　非	2.5	2.2	1.9	2.6	2.7
澳大利亚	3.5	3.5	3.3	4.8	4.3
中　国①	146.5	157.7	147.8	120.3	140.9
印　度	32.8	29.5	21.7	21	18.6
印度尼西亚	25.9	21.8	19	19	12.3

续表

国家（地区）\ 年份	2011	2010	2009	2008	2007
日　本	21.1	18.1	14.5	22.2	20.5
韩　国	15	16.1	13.4	14.1	13.4
马来西亚	24.4	21.1	18.2	13.2	24.5
新西兰	0.6	0.5	0.6	2.8	1
巴基斯坦	2.9	3.2	1.5	1.6	2.2
菲律宾	1.2	1	1.6	3.2	3.6
斯里兰卡	3.8	2.5	2	2.4	2.5
中国台湾	15.2	15.2	11.1	13.5	12.9
泰　国	31.9	28.7	20.8	11.3	23.9
世界总计	856.5	810.9	708.1	740.9	782.1

①中国数据有出入。

资料来源：国际橡胶研究集团（IRSG）历年《橡胶统计公告》。

表23　　世界主要国家（地区）合成橡胶出口量　　万吨

国家（地区）\ 年份	2011	2010	2009	2008	2007
加拿大	19.7	16.7	14.4	20	20.7
美　国	127.8	116.4	97.6	115.7	131.6
阿根廷	2.5	2.3	2.6	2.4	2.7
巴　西	12.3	11.2	13.7	11.5	14.8
墨西哥	14.8	16	12.8	15.8	16.5
比利时/卢森堡	50.2	52.4	40.6	43.4	46.2
捷　克	11.5	9.5	7.4	7.9	8.2
法　国	36.7	35.8	33.8	43.1	48.8
德　国	82.4	79.7	62.7	72.6	77.5
意大利	22.8	25	22.4	23	22.9
荷　兰	30	22.2	26.8	27.1	31.2
波　兰	21.4	18.2	13.2	12.5	12
西班牙	11.1	11.2	9.5	11.3	10.2
瑞　典	1.7	1.2	0.8	1.6	1.6
英　国	21.7	23.1	23.2	29.3	30
俄罗斯	81.7	73.7	63.5	70	67.2
土耳其	2.4	1.3	0.8	1.1	0.7
前南斯拉夫	2.1	2.1	1.7	2.6	3.2

续表

年份 国家（地区）	2011	2010	2009	2008	2007
南 非	2.4	2.2	2.1	2.9	3.4
澳大利亚	0.3	0.4	0.2	0.2	0.2
中 国①	29.1	23.4	10.5	9.8	8.7
印度尼西亚	2.4	1.4	1.6	1.7	3.9
伊 朗	2.9	2.8	2.9	2.8	2.4
日 本	72.8	78.1	64.4	52.3	53.1
韩 国	116.2	105	100.5	78.2	79.7
马来西亚	6.3	7.3	5.7	5.3	5.9
中国台湾	42.9	44.6	44.4	45.6	44.7
泰 国	13.6	16.6	17.2	4.8	18.2
世界总计	856.5	810.9	708.1	740.9	782.1

①中国数据与实际数据有出入。

资料来源：国际橡胶研究集团（IRSG）历年《橡胶统计公告》。

表 24　　世界主要国家（地区）原油出口量　　百万吨

年份 国家	2011	2010	2009	2008	2007	2006
美 国	123.10	103.10	91.70	94.60	69.10	63.10
加拿大	138.50	128.20	122.20	123.60	121.20	114.90
墨西哥	73.80	76.30	71.90	80.00	98.10	104.40
中南美洲	185.50	175.80	183.30	178.30	175.30	180.70
欧 洲	99.30	91.10	96.00	97.60	109.90	105.10
前苏联	428.20	421.20	447.10	404.80	411.10	353.10
中 东	979.40	935.90	913.80	1 000.70	975.30	1 001.30
北 非	95.10	141.70	136.40	161.50	164.90	159.30
西 非	231.50	228.80	217.60	228.80	240.20	233.90
东南非洲	16.90	16.70	15.10	17.80	20.20	11.90
大洋洲	22.20	23.80	14.80	15.50	26.60	10.70
中 国	31.30	31.50	34.10	18.80	19.20	23.20
印 度	41.80	57.20	35.50	34.40	11.50	5.50
日 本	13.90	14.50	16.50	17.10	68.90	59.20
新加坡	87.80	67.90	74.40	76.00	140.10	115.60
其他亚太国家	116.90	119.80	100.10	116.50	49.00	48.50
世界总计	2 685.50	2 633.50	2 570.50	2 666.00	2 700.60	2 590.40

资料来源：BP《世界能源统计（2012 年版）》。

表 25 入选世界 500 强的炼油类公司 亿美元，名

行业排名		公司名称	所属国家	500 强排名		营业收入	净利润	总资产	股东权益	员工人数
2012	2011			2012	2011					
1	1	壳　牌	荷兰	1	2	4 844.89	309.18	3 452.57	1 695.17	90 000
2	2	埃克森美孚	美国	2	3	4 529.26	410.60	3 310.52	1 543.96	99 100
3	3	BP	英国	4	4	3 864.63	257.00	2 930.68	1 114.65	83 400
4	4	中国石化集团	中国	5	5	3 752.14	94.53	2 772.97	915.80	1 021 979
5	5	中国石油集团	中国	6	6	3 523.38	163.17	4 810.74	2 405.35	1 668 072
6	6	雪佛龙	美国	8	10	2 456.21	268.95	2 094.74	1 213.82	61 189
7	8	康　菲	美国	9	12	2 372.72	124.36	1 532.30	652.24	29 800
8	7	道达尔	法国	11	11	2 315.80	170.69	2 129.85	883.32	96 104
9	9	埃　尼	意大利	17	23	1 536.76	95.39	1 855.86	720.19	78 686
10	10	巴西国家石油公司	巴西	23	34	1 459.15	201.21	3 194.10	1 758.38	81 918
11	15	瓦莱罗能源	美国	35	70	1 250.95	20.90	427.83	164.23	21 942
12	12	委内瑞拉国家石油公司	委内瑞拉	36	66	1 247.54	26.40	1 821.54	639.27	91 949
13	13	挪威国家石油公司	挪威	40	67	1 195.61	140.55	1 288.38	467.53	31 715
14	11	JX 控股	日本	41	58	1 192.58	21.61	813.13	215.92	24 236
15	14	鲁克石油	俄罗斯	49	69	1 114.33	103.57	911.92	676.38	150 000
16	16	SK	韩国	65	82	1 003.94	15.10	802.41	93.35	58 287
17	17	马来西亚国家石油公司	马来西亚	68	86	973.55	219.15	1 573.77	892.96	43 860
18	19	印度石油	印度	83	98	860.16	8.82	431.54	118.52	36 198
19	18	莱普索 YPF	西班牙	90	94	811.22	30.49	921.24	305.59	46 575
20	21	泰国国家石油公司	泰国	95	128	796.90	34.56	444.93	176.37	18 240
21	22	信诚工业	印度	99	134	761.19	41.17	642.31	332.64	23 166
22	20	马拉松石油	美国	106	99	736.45	23.89	257.45	95.05	24 210

续表

行业排名		公司名称	所属国家	500强排名		营业收入	净利润	总资产	股东权益	员工人数
2012	2011			2012	2011					
23	23	俄罗斯石油	俄罗斯	137	179	650.93	124.52	1 059.68	657.61	160 837
24	25	TNK－BP	俄罗斯	198	235	489.09	89.81	370.72	189.78	50 000
25	24	出光兴产	日本	199	233	488.28	8.15	325.98	56.93	8 243
26	31	奥地利石油天然气集团	奥地利	210	312	473.49	14.79	368.89	142.43	29 800
27	27	太阳石油	美国	217	252	457.65	－16.84	119.82	8.93	10 483
28	30	巴拉特石油	印度	225	272	445.82	1.63	152.76	31.17	14 154
29	26	GS加德士	韩国	235	237	432.80	11.21	221.75	77.54	4 991
30	29	Suncor能源	加拿大	255	268	402.31	43.52	734.55	379.18	13 026
31	32	印度斯坦石油	印度	267	336	388.85	0.37	168.00	25.99	11 226
32	28	赫　斯	美国	278	263	378.71	17.03	391.36	185.16	14 350
33	33	PKN Orlen集团	波兰	297	347	361.00	7.98	171.13	71.49	22 380
34	39	哥伦比亚国家石油公司	哥伦比亚	303	445	355.20	83.48	476.52	282.41	7 303
35	—	阿布扎比国际石油投资公司	阿联酋	305	—	354.95	－1.40	652.64	124.58	20 300
36	35	科斯莫石油	日本	329	358	336.72	－1.15	203.58	36.46	8 247
37	34	台湾中油（中国台湾）	中国	337	350	327.69	－11.05	265.62	90.39	15 216
38	38	墨菲石油	美国	352	415	314.46	8.73	141.38	87.78	5 893
39	42	Tesoro	美国	366	482	299.27	5.46	98.92	36.68	5 374
40	—	S－Oil	韩国	383	—	288.08	10.75	114.64	45.37	2 622
41	43	昭和壳牌石油	日本	389	499	284.97	2.90	157.10	33.19	5 947
42	37	台塑石化（中国台湾）	中国	408	410	271.79	7.66	152.56	73.74	6 426
43	40	匈牙利Mol油气公司	匈牙利	412	469	266.98	7.64	206.04	68.17	31 471
44	—	加德士澳大利亚	澳大利亚	486	—	228.10	－7.36	49.85	22.62	3 550

表 26

世界前 50 家石油公司综合排名(按前 6 项指标综合测算)

行业排名 2011	行业排名 2010	公司名称	国有比例/%	石油储量/亿吨	天然气储量/亿立方米	石油产量/万吨	天然气产量/亿立方米	炼制能力/万吨·年$^{-1}$	油品销量/万吨	营业收入/亿美元	总资产/亿美元	利润/亿美元
1	1	沙特阿美	100	360.85	80 117	50 035	839	12 115	14 810	4 026.00	—	—
2	2	伊朗国家石油公司	100	207.12	330 714	21 460	1 373	8 705	10 585	807.15	—	—
3	3	埃克森美孚	—	15.92	22 305	12 110	1 255	31 300	32 070	3 545.56	3 025.10	304.6
4	4	委内瑞拉国家石油公司	100	404.50	55 212	14 850	413	15 175	12 670	942.92	1 517.65	31.64
5	5	中国石油天然气集团	100	35.04	33 058	14 200	828	15 710	10 530	2 548.48	3 989.75	144.02
6	6	BP	—	14.61	12 084	11 870	868	13 335	29 635	3 034.90	2 722.62	-37.19
7	7	壳　牌	—	8.38	13 339	8 545	961	17 970	32 300	3 713.32	3 225.60	201.27
8	8	雪佛龙	—	8.87	6 863	9 615	521	10 800	15 565	1 963.37	1 847.69	190.24
9	10	道达尔	—	8.17	7 298	6 700	583	11 815	18 880	1 869.17	1 904.68	139.55
10	12	俄罗斯天然气工业	50.002	12.89	189 808	4 350	5 081	5 455	4 080	1 238.89	3 026.20	319.37
11	11	墨西哥国家石油公司	100	15.54	3 536	14 505	479	8 550	8 340	1 095.78	1 127.06	-38.41
12	8	康　菲	—	6.40	6 146	6 340	502	13 285	15 200	1 847.79	1 563.14	113.58
13	13	科威特石油	100	138.54	18 114	12 780	151	5 680	5 195	597.21	—	—
13	17	鲁克石油	—	18.17	6 683	9 710	213	7 180	10 825	865.50	840.17	90.06
15	15	巴西石油	31	14.69	3 383	10 750	265	10 535	13 765	1 214.71	3 121.03	200.42
16	14	阿尔及利亚国家石油公司	100	15.42	45 025	7 690	780	2 280	3 260	561.00	—	93.77
17	19	阿布扎比国家石油公司	100	72.05	32 546	7 690	275	2 500	1 855	323.17	—	—
17	17	马来西亚国家石油公司	100	11.69	33 162	2 885	535	2 240	4 185	752.05	1 368.61	170.99
19	16	俄罗斯石油	75.16	24.71	7 902	11 610	123	5 095	4 945	631.07	938.29	104
20	21	卡塔尔石油	100	14.14	182 208	6 425	725	1 080	2 190	565.64	—	—
21	20	埃　尼	30.3	4.94	5 061	4 985	469	3 785	4 810	1 317.60	1 747.53	83.4
22	26	中国石化股份公司	75.84	3.94	1 825	4 490	125	24 570	14 435	2 833.63	1 509.69	106.33
23	21	尼日利亚国家石油公司	100	30.42	30 333	5 410	161	2 225	1 185	319.85	—	—
24	23	伊拉克国家石油公司	100	195.23	31 548	11 975	12	4 060	2 855	521.10	—	—
25	23	埃及石油	100	3.07	11 044	2 225	245	3 630	3 705	87.54	—	—
26	28	苏尔古特油气	—	11.00	4 296	5 980	133	1 730	3 000	197.04	455.65	42.38

续表

行业排名		公司名称	国有比例/%	石油储量/亿吨	天然气储量/亿立方米	石油产量/万吨	天然气产量/亿立方米	炼制能力/万吨·年$^{-1}$	油品销量/万吨	营业收入/亿美元	总资产/亿美元	利润/亿美元
2011	2010											
27	25	利比亚国家石油公司	100	44.97	11 301	6 950	61	1 900	1 730	305.31	—	—
28	27	挪威国家石油公司	67	2.90	5 084	4 835	457	1 555	1 850	872.26	1 090.46	62.85
29	30	印度尼西亚国家石油公司	100	2.05	5 355	960	151	5 340	6 490	438.01	266.51	16.78
29	29	莱普索 YPF	—	1.24	1 880	2 205	258	6 055	5 970	797.33	896.31	61.95
31	31	印度石油天然气	74.14	5.05	4 453	3 335	278	975	420	271.38	422.97	48.93
32	34	TNK–BP	—	7.28	1 974	4 285	66	1 940	1 805	446.46	331.26	58.15
33	32	马拉松石油	—	1.64	741	1 370	91	5 710	7 925	683.04	500.14	25.68
34	38	中国海洋石油总公司	100	2.61	1 832	3 605	107	1 205	1 810	524.83	913.09	72.49
35	36	哈萨克斯坦国家油气公司	100	8.53	3 953	2 380	49	1 720	1 180	64.90	389.25	15.91
35	33	阿曼石油开发	100	3.95	4 586	2 140	182	—	—	156.46	—	—
37	35	乌兹别克斯坦石油天然气公司	100	0.71	13 561	370	601	1 100	425	64.19	—	—
38	37	阿塞拜疆国家石油公司	66.41	4.77	5 094	730	70	1 995	640	68.82	196.98	8.16
39	49	Suncor(加拿大)	—	5.01	389	2 585	61	2 215	2 685	329.84	701.73	34.57
40	41	阿帕奇(美国)	—	1.79	2 792	1 715	195	—	—	120.92	434.25	30
41	44	Novatek(俄罗斯)	—	0.91	13 483	425	372	—	—	39.03	93.44	13.37
42	39	戴文能源(美国)	—	1.59	2 910	1 125	264	—	—	91.29	329.27	45.5
43	45	西方石油(美国)	100	3.38	1 506	2 755	122	—	—	193.23	524.32	45.3
43	40	信诚工业(印度)	—	0.08	1 856	140	196	6 200	6 005	594.73	638.46	42.06
45	42	英国天然气	—	1.29	3 307	870	293	—	—	167.72	502.99	33.51
46	46	安纳达科石油(美国)	—	1.46	2 297	1 320	235	—	—	109.84	515.59	7.61
47	48	加拿大自然资源	—	4.40	1 012	1 845	123	—	—	124.90	426.72	16.43
48	51	哥伦比亚国家石油公司	—	1.69	771	2 580	59	1 675	1 715	222.39	352.58	43.17
48	49	奥地利石油和天然气集团		0.90	772	865	83	2 650	2 345	311.20		12.15
50	43	叙利亚国家石油公司	—	3.41	2 406	965	46	1 200	1 630	331.77		—

资料来源:美国《石油情报周刊》2011年12月。

附　录

◇ 科技成果获奖名单

◇ 企事业单位名录

◇ 法规性文件一览表

附录 1

科技成果获奖名单

表 1　　获 2011 年度国家技术发明奖项目

项目名称	主要完成单位	主要完成者
	二等奖	
1. 适应原料多样性的乙苯清洁生产催化技术及工业应用		杨为民　邵百祥　孙洪敏　花尚元　钟思青　杨　栋
2. 高分子多糖生物质加工新技术与产品应用		张卫明　蒋建新　孙润仓　孙达峰　史劲松　彭洪军

表 2　　获 2011 年度国家科技进步奖项目

项目名称	主要完成单位	主要完成者
	一等奖	
1. 环烷基稠油生产高端产品技术研究开发与工业化应用	中国石油天然气股份有限公司克拉玛依石化分公司 中国石油化工股份有限公司石油化工科学研究院 中国石油天然气股份有限公司润滑油分公司 中国石油天然气股份有限公司石油化工研究院 中国石油新疆油田分公司	张有林　石亚华　杨建湘　刘广元　马书杰　郭　群　杨俊杰　罗来龙　甄新平　熊春珠　张玲俊　尹　宏　熊良铨　丛　飙　李　荣
	二等奖	
1. 胜利油田边际稠油高效开发技术与应用	中国石油化工股份有限公司胜利油田分公司 中国石油大学（华东）	孙焕泉　毕义泉　王增林　李振泉　孙建芳　侯　健　吴光焕　王世虎　张继国　束青林
2. 中国东部成熟探区新增 17 亿吨探明储量油气成藏新认识与勘探新技术	中国石油化工股份有限公司胜利油田分公司 中国石油化工股份有限公司中原油田分公司 中国石油化工股份有限公司江苏油田分公司 中国石油化工股份有限公司河南油田分公司 中国石油化工股份有限公司江汉油田分公司 中国科学院地质与地球物理研究所	蔡希源　张善文　宋国奇　邱桂强　焦大庆　王永诗　陈莉琼　韩文功　林社卿　运华云

续表

项目名称	主要完成单位	主要完成者
3. 万米级特深井制造陆用钻机设计制造与工业化应用	宝鸡石油机械有限责任公司 中国石化集团胜利石油管理局 中国石油集团西部钻探工程有限公司 中国石化集团华北石油局 中国石油集团钻井工程技术研究院 西安宝德自动化股份有限公司	王进泉　黄悦华　陈建国　贾秉彦 亓和平　张永泽　刘汝山　潘仁杰 赵金洲　王程忠
4. 新一轮全国油气资源评价	国土资源部油气资源战略研究中心 中国石油天然气股份有限公司勘探开发研究院 中国石油化工股份有限公司石油勘探开发研究院 中国石油大学（北京）	车长波　杨虎林　李玉喜　张大伟 翟　辉　刘成林　周总瑛　张道勇 朱　杰　胡根成
5. 催化剂物性变量的耦合调控对重油制低碳烯烃的反应优化及工业实现	中国石油化工股份有限公司石油化工科学研究院 中国石油化工股份有限公司安庆分公司 中国石油化工股份有限公司催化剂分公司	刘宇建　龙　军　李继炳　周　岩 谢朝钢　罗一斌　黄晓华　张志民 赵留周　余达荣
6. 重油高效转化的加氢处理及其与催化裂化新型组合关键技术	中国石油化工股份有限公司石油化工科学研究院 中国石油化工股份有限公司齐鲁分公司 中国石化工程建设公司	聂　红　孙振光　石亚华　牛传峰 杨清河　高永灿　范　声　戴立顺 王瑞旭　刘　雷
7. 大型石化装置系统长周期运行风险的控制与评估关键技术及工程应用	合肥通用机械研究院 中国特种设备检测研究所 中国石油化工股份有限公司茂名分公司 中国石油化工股份有限公司青岛安全工程研究院 浙江工业大学 北京华泰恒达安全科技有限公司 大连西太平洋石油化工有限公司	陈学东　陈　钢　艾志斌　寿比南 王　冰　贾国栋　韩建宇　牟善军 杨铁成　杨剑锋
8. 超级浮阀塔板等新技术研发及其在工业节能减排方面的应用	南京大学 中国石化仪征化纤股份公司 PTA 生产中心 辽阳石油化纤公司金兴化工厂 河南新乡华星药厂 江苏双良氨纶有限公司	张志炳　周　政　耿　皎　李　磊 孟为民　吴有庭　仲军实　邵英贵 史世颂　李岩宝

续表

项目名称	主要完成单位	主要完成者
9. 大型精对苯二甲酸装置节能降耗的优化运行技术	华东理工大学 中国石化扬子石油化工有限公司 中国石油化工股份有限公司天津分公司	钱　锋　邢建良　王振新　钟伟民 李维新　杜文莉　沈品德　王铭松 赵　玲　彭昌军
10. 深部盐矿采卤溶腔大型地下储气库建设关键技术及应用	中国科学院武汉岩石力学研究所 重庆大学 四川大学 中国石油天然气股份有限公司西气东输管道分公司 中国石油大学（北京） 中国石化江汉油田分公司勘探开发研究院 中国人民解放军理工大学	杨春和　李银平　黄泽俊　施锡林 魏东吼　杨海军　屈丹安　刘建锋 邓金根　姜德义

表 3　获 2011 年度石化集团公司技术发明奖项目

项目名称	主要完成单位	主要完成者
	一等奖	
1. 基于能耗最低机采系统设计方法的创新与应用	中国石油化工股份有限公司江苏油田分公司	郑海金　邓吉彬　杨海滨　朱　平 王掌洪　景步宏　唐建东　张　煜 商广宽　郑海涛　王明才　袁　林
2. 无黏结剂复合孔分子筛催化材料及烯烃裂解技术	中国石油化工股份有限公司上海石油化工研究院 中国石化中原石油化工有限责任公司 中国石化工程建设公司	谢在库　滕加伟　赵国良　王家纯 时海涛　李龙章　王鑫泉　钱宏义 李贵生　冯昭青　李广华　孙培志
	二等奖	
1. 高温高压条件下射孔技术	中国石化集团胜利石油管理局	董经利　郭景才　朱建新　张　林 刘　增　杨连妙　张　波　沈洪楚 张志强　陈军友
2. 油水井带压作业工艺技术	中国石油化工股份有限公司胜利油田分公司	张　煜　王民轩　田仲强　亓和平 高广启　魏　斌　罗文莉　吴柏志 马代鑫　任闽燕
3. 高效绿色系列化拟薄水铝石短流程制备新工艺	中国石油化工股份有限公司石油化工科学研究院 中国石油化工股份有限公司催化剂分公司	曾双亲　刘　滨　杨清河　肖成武 刘　涛　余　波　胡大为　聂　红 邵志才　张三华
	三等奖	
1. 稠油热采地下复合催化降黏技术	中国石油化工股份有限公司河南油田分公司	赵长喜　郝立军　范喜群　程红晓 张文玉　谢云龙　陈　渊　贾胜斌

续表

项目名称	主要完成单位	主要完成者
2. 加氢反应器内构件——内置集垢器技术开发及工业应用	中国石油化工股份有限公司抚顺石油化工研究院	彭德强　齐慧敏　李　欣　刘　杰　王　岩　杨福利　王明星　庄　宇
3. 加氢裂化—加氢精制（FHC－FHF）分段进料组合工艺技术	中国石油化工股份有限公司抚顺石油化工研究院	关明华　黄维章　曾榕辉　练　弢　杜艳泽　郭　蓉　赵培江　张学辉
4. 3S 水溶纤维工业化开发	中国石化集团四川维尼纶厂 四川大学	何　云　叶光斗　王华全　唐　庆　李守群　巩清建　黄　勇　刘忠明

表 4　　获 2011 年度石化集团公司科技进步奖项目

项目名称	主要完成单位	主要完成者
一等奖		
1. 西非深海钻井技术方案	中国石化集团国际石油勘探开发有限公司 中国石油化工股份有限公司石油工程技术研究院 中国石油化工股份有限公司上海海洋油气分公司	路保平　李国华　李洪乾　苏　勤　练铭祥　张灵军　薄玉宝　曹永斌　柯　珂　张君亚　褚道余　宋明全　艾中华　钱亚林　宋明雁
2. NEWS 油气综合解释系统研发及推广应用	中国石油化工股份有限公司石油物探技术研究院	赵改善　魏　嘉　许卫平　陈本池　岳承琪　徐雷鸣　刘永宁　庞世明　宋志翔　庞　锐　吕　达　仇正兰　张　扬　苏　凌　段文超
3. 海外油气项目快速评价体系	中国石油化工股份有限公司石油勘探开发研究院 中国石化集团国际石油勘探开发有限公司	金之钧　周玉琦　陈文学　熊利平　李朝霞　邬长武　丁建可　李怀印　刘　鑫　陈焕杰　谢　波　史丹妮　张保江　干卫星　吕彦平
4. 陆相断陷盆地油气成藏过程定量评价	中国石油化工股份有限公司胜利油田分公司	宋国奇　王永诗　郝雪峰　刘惠民　邱桂强　张守鹏　向立宏　贾光华　石砥石　宁方兴　王伟庆　王长江　冯　斌　田美荣　黄　蓉
5. 胜利油区主力油田注水开发关键技术	中国石油化工股份有限公司胜利油田分公司	孙焕泉　刘显太　刘志宏　王　军　周涌沂　王世虎　汪庐山　张　建　赵红兵　王　锋　陈德坡　汪　勇　辛林涛　田玉刚　韩　霞
6. 胜利十号自升式钻井平台研制	中国石化集团胜利石油管理局	赵金洲　史建刚　田海庆　安长武　李连江　樊敦秋　冯来田　蒙占彬　魏文忠　周卫鸣　王　泉　孙永泰　肖延光　史永晋　邬可谊

续表

项目名称	主要完成单位	主要完成者
7. 气体泡沫钻井流体技术	中国石化集团胜利石油管理局	韩来聚 王锡洲 李公让 王 萍 乔 军 王传富 张金龙 杨景利 张 剑 张 斌 吕照龙 张守文 明玉广 李 涛 张 妍
8. 100万吨/年超低压连续重整成套技术开发	中国石化集团洛阳石油化工工程公司 中国石油化工股份有限公司广州分公司 中国石油化工股份有限公司石油化工科学研究院	徐又春 梁永超 马爱增 朱华兴 杨 栋 张新宽 郭劲鹤 单石灵 赵志海 刘贵平 杨伟东 王杰广 宁朝明 周一夫 胡庆均
9. S-RASSG柴油超深度脱硫技术及配套催化剂的开发	中国石油化工股份有限公司抚顺石油化工研究院 中国石化上海石油化工股份有限公司 中国石油化工股份有限公司天津分公司	郭 蓉 周 勇 徐如明 柳 荣 刘继华 方向晨 陈 勇 杜世强 杨成敏 姚运海 宋永一 黄文锋 沈 灏 段为宇 张 衍
10. 生产低硫汽油的选择性加氢脱硫RSDS技术	中国石油化工股份有限公司石油化工科学研究院 中国石油化工股份有限公司长岭分公司 中国石化上海石油化工股份有限公司 中国石化集团上海工程有限公司 中国石化工程建设公司 中国石油化工股份有限公司催化剂分公司	李明丰 李 华 王佩琳 习远兵 潘忠南 梁维军 屈锦华 刘建平 陈 勇 褚 阳 金 欣 谢清峰 周立新 潘光成 张 斌
11. 氢调法高流动聚丙烯工业成套工艺技术开发	中国石油化工股份有限公司北京燕山分公司	马良兴 赵丽梅 赵唤群 周和光 成卫戍 王小涓 田正昕 孙颜文 袁春海 郭 锐 于建明 左瑞清 汤 明 杨雪峰 王德鑫
12. 大型气相法聚乙烯成套技术	中国石油化工股份有限公司天津分公司 中国石化工程建设公司 中国石油化工股份有限公司北京化工研究院 上海化工研究院 中国石油化工股份有限公司齐鲁分公司 浙江大学	王子宗 骆广海 吴文清 石志俭 王洪涛 阳永荣 韩国栋 王树芳 叶晓峰 高云忠 吴世奇 王靖岱 佘文军 李为东 胡伟璇

续表

项目名称	主要完成单位	主要完成者
13. 三元共聚聚丙烯成套工业技术开发	中国石油化工股份有限公司北京燕山分公司	华　炜　马良兴　成卫戍　赵丽梅　周和光　赵唤群　谷汉进　袁春海　陈青葵　田正昕　耿　存　曹桂玲　张书清　李卫华　张启明
14. 30万吨/年节能型异丙苯成套技术（S－ACT）开发与应用	中国石油化工股份有限公司上海石油化工研究院 中国石油化工股份有限公司天津分公司 中国石化集团上海工程有限公司	高焕新　王　斌　费建良　杨卫胜　高云忠　陈柯达　宗弘元　曹　葵　徐歆桐　周　斌　赵国新　郑晓栋　张忠群　肖松斌　李居海
15. 复杂山地大型高含硫气田开发生产安全控制与应急处置技术	中国石油化工股份有限公司中原油田分公司 中国石化工程建设公司	孔凡群　王寿平　陈惟国　盛兆顺　王召民　酒尚利　熊良淦　杨发平　朱德华　余齐杰　龚金海　吴维德　邵理云　杨永钦　金　超
16. 长输管道内检测技术研究——Φ720管道内检测设备系统的研制	中国石油化工股份有限公司管道储运分公司 沈阳工业大学	高安东　杨理践　刘保余　孙　旭　许志军　狄　彦　高松巍　钱建华　张惠民　杨占品　杨文新　赵庆华　王可中　尚风山　宋天博
17. 川气东送管道工程技术	中国石油化工股份有限公司天然气分公司 胜利油田胜利勘察设计研究院有限公司 中国石化集团管道储运公司 中国石油化工股份有限公司青岛安全工程研究院 中国石化集团中原石油勘探局 中国石化集团江汉石油管理局	高爱华　高河东　赵　帅　茹　军　刘建武　刘成林　祁志江　蔡柏松　张德桥　冯立法　牟善军　赵保才　汪春付　陈雪华　丰国斌
18. 2500型压裂机组	中国石化集团江汉石油管理局	王峻乔　吴汉川　谢永金　游　艇　乔　春　刘　琼　岳　刚　周丙涛　彭平生　王　海　刘　欢　李　红　李新年　李莉莉　吴明生
	二等奖	
1. 中国石化油气储量潜力预测与评估技术	中国石油化工股份有限公司石油勘探开发研究院	戴少武　何治亮　张　玲　郭齐军　徐旭辉　陈　萍　庄　丽　魏　萍　翟中喜　肖席珍　魏海峰　郭鸣黎
2. 复杂地层防漏堵漏技术	中国石油化工股份有限公司石油工程技术研究院	刘汝山　苏长明　刘四海　李家芬　王　琳　刘金华　赵素丽　王显光　王悦坚　刘学章　张进双　钱晓琳

续表

项目名称	主要完成单位	主要完成者
3. 四川陆相复杂地层提高钻井速度配套技术	中国石油化工股份有限公司西南油气分公司 中国石油化工集团公司西南石油局 西南石油大学	徐　进　朱澄清　蒋祖军　肖国益 夏家祥　王剑波　陈　袆　蒲洪江 李群生　李　皋　曾桂元　秦晓庆
4. 碎屑岩储层流体地震识别技术	中国石油化工股份有限公司胜利油田分公司	王兴谋　李红梅　魏　文　郭　栋 冯德永　王玉梅　宋传春　王树刚 刘洪文　王　红　张　宇　潘中华
5. 深层砂砾岩储层测井综合评价技术	中国石化集团胜利石油管理局	运华云　张晋言　孙建孟　朱留方 张德峰　刘海河　陈锡武　李绍霞 陆巧焕　谢　云　刘　伟　刘兵开
6. 精细近地表探测技术及在高精度地震勘探中的应用	中国石化集团胜利石油管理局	韩文功　丁　伟　张光德　王　鑫 陈建平　刘成斋　王增明　刘　斌 曹国滨　宋桂桥　路慎强　张加海
7. 大位移水平探井高平1井钻井技术	中国石化集团胜利石油管理局	魏文忠　韦文翔　唐志军　都振川 裴建忠　邵　忠　乔　军　李绪锋 巩同标　张延明　纪洪涛　周继坤
8. 耐温抗盐低浓度交联聚合物驱油技术	中国石油化工股份有限公司河南油田分公司	唐金星　王正欣　孙尚如　孔柏岭 邱坤态　杨晓培　肖　磊　杨永利 谢云龙　彭　立　海玉芝　丁虎兵
9. 特低渗储层表征方法及开采技术适应性评价	中国石油化工股份有限公司江汉油田分公司	何建华　岳湘安　杨文新　代士郁 程　滢　邓江洪　何志祥　金　峪 张立娟　索绪昌　魏浩光　何俊琳
10. 川西致密气藏水平井分段压裂技术	中国石油化工股份有限公司西南油气分公司 中国石油化工集团公司西南石油局	王世泽　任　山　张朝举　卜　淘 杨　宇　刘　林　慈建发　刘　斌 李　晖　曾　焱　曹学军　颜晋川
11. 复杂断块低渗透油藏改善开发效果技术	中国石油化工股份有限公司江苏油田分公司	朱　平　刘炳官　刘桂玲　袁玉峰 孙东升　窦正道　张顺康　朱昔君 罗江涛　丰全会　孔　红　虞建业
12. 空间长寿命陀螺马达润滑油的研制	中国石油化工股份有限公司石油化工科学研究院 中国航天科技集团公司第五研究院五〇二所	梁宇翔　陈晓伟　李春伟　贺景坚 汤正炎　刘继奎　阎　欢　段庆华 尹开吉　李洪燕　邹玉华　许　琴

续表

项目名称	主要完成单位	主要完成者
13. LSH－02 低温 Claus 尾气加氢催化剂的研制及工业应用	中国石油化工股份有限公司齐鲁分公司 山东齐鲁科力化工研究院有限公司	刘爱华　王瑞旭　徐兴忠　刘剑利 李勤树　陶卫东　许金山　徐永昌 王建华　王昌岭　高步良　郭绍宗
14. 国产延迟焦化加热炉在线清焦技术的开发与工业应用	中国石油化工股份有限公司北京燕山分公司	马效忠　寇　亮　王义锋　于会泳 孔　健　付　伟　杨有亮　袁　泉 张　帅　申福龙　宋以常　龚　伟
15. 机动式油料质量监测系统的研制	中国石油化工股份有限公司石油化工科学研究院 中国人民解放军总后勤部油料研究所	郭锦标　张建荣　易如娟　褚小立 田高友　王湘娜　卢文彤　徐金龙 段庆华　米红英　田松柏　周　涵
16. 高结晶聚丙烯生产技术	中国石油化工股份有限公司北京化工研究院 中国石油化工股份有限公司茂名分公司 中国石化上海石油化工股份有限公司 中国石油化工股份有限公司天津分公司 中国石油化工股份有限公司化工销售分公司	张师军　林　国　高道春　贾世敏 李汉初　宋文波　肖树萌　张丽英 王良诗　刘　勇　陈志雄　邹　浩
17. 提高乳聚丁苯橡胶聚合转化率的方法	中国石油化工股份有限公司齐鲁分公司	邱艳萍　丛悦鑫　高增亮　李正勇 贾凤玲　纪洪水　吴新平　崔　宏 綦建芝
18. SEB－08 稀乙烯制乙苯高效催化剂的研制和工业应用	中国石油化工股份有限公司上海石油化工研究院 海南实华嘉盛化工有限公司	杨为民　韩剑敏　孙洪敏　王盛东 张　斌　修振东　马献波　宦明耀 王有成　沈震浩　程相民　吕晓渊
19. YS－8520 银催化剂的研究开发和工业应用	中国石油化工股份有限公司北京化工研究院 中国石油化工股份有限公司天津分公司 中国石油化工股份有限公司北京燕山分公司 中国石油化工股份有限公司催化剂分公司	陈建设　贾世敏　王玉林　赵西明 尹国海　李金兵　陈德明　刘宗语 蒋文贞　安俊军　代武军　梁汝军
20. 氯化聚乙烯用专用系列基础树脂开发	中国石化扬子石油化工有限公司	徐振明　季宝云　左胜武　游忠林 黎　地　殷大斌　姚小利　钱建忠 傅　勇　陈明华　柏基业　朱宇飞

续表

项目名称	主要完成单位	主要完成者
21. 15万吨/年裂解炉工业化应用	中国石化工程建设公司 中国石油化工股份有限公司北京化工研究院 天华化工机械及自动化研究设计院 中国石油化工股份有限公司镇海炼化分公司	何细藕　李昌力　王国清　李金科 杨　健　周纪军　周　丛　郭玉萍 胡江青　杜志国　申海女　邱东声
22. 发泡材料用苯乙烯—丁二烯聚合物新品种开发	中国石化集团资产经营管理有限公司巴陵石化分公司 四川大学	梁红文　张爱民　周伟平　蔡江伟 周立新　张志斌　李望明　许安军 张君花　王　勇　邹华维　方　辉
23. 油库、加油站油气回收成套技术研发与推广应用	中国石油化工股份有限公司青岛安全工程研究院 中国石化销售有限公司 中国石油化工股份有限公司北京石油分公司 中国石油化工股份有限公司天津石油分公司 中国石油化工股份有限公司河北石油分公司 中国石油化工股份有限公司广东石油分公司 中国石油化工股份有限公司上海石油分公司 中国石油化工股份有限公司浙江石油分公司	左兴凯　牟善军　牛竞民　王维民 李俊杰　吴锋棒　单晓雯　陶　彬 邹　兵　邓万全　崔　凌　宋　力
24. 3万立方米低温乙烯储罐成套技术开发	中国石化集团宁波工程有限公司 中国石油化工股份有限公司镇海炼化分公司	阚红元　冯　润　肖观秀　王红光 贺贵仁　脱庆运　罗　平　王耀东 陶　清　邢　涛　郑文仁　王海军
25. 氨法烟气脱硫工程技术开发	中国石化集团资产经营管理有限公司宜昌分公司 中国石化集团资产经营管理有限公司扬子石化分公司 湖南百利工程科技有限公司 中国石化集团南京工程有限公司	郑滋松　褚才全　肖立明　蒋国贤 张绍延　樊恩亚　严晓辉　谭旭阳 陈　辉　沙志强　吴建民　李成益
26. 高效强适应性阶梯焦化炉技术	中国石化工程建设公司 中国石油大学（华东） 中国石油化工股份有限公司济南分公司	罗　莹　王兰娟　李丙庚　孙　毅 李　卓　周桂娟　林广田　吴艳萍 肖家治　冯永生　李出和　张立海

续表

项目名称	主要完成单位	主要完成者
27. 管道泄漏检测技术	中国石化集团胜利石油管理局 中国石油化工股份有限公司中原油田分公司 中国石油化工股份有限公司管道储运分公司 北京科创三思科技发展有限公司	杨霄锋　于殿强　贾宗贤　孙　旭 赵海培　杨文新　李清方　应　斌 靳春义　赵统永　王　富　殷振兴
28. 油气管道应急抢险救援关键技术与实践	中国石化销售有限公司华南分公司 中国人民解放军后勤工程学院	夏于飞　焦光伟　谷　鸣　邓松圣 刘　胜　张世峡　何勇君　常向东 仪　林　杜　扬　林景丽　唐永勇
29. 45 万吨/年聚丙烯多区循环反应器	中国石化工程建设公司 茂名重力石化机械制造有限公司 中国石油化工股份有限公司天津分公司	段　瑞　苏　洪　王　斌　陈宗强 王小敏　丁利伟　陈志敏　王　刚 李　芳　肖　斌　陈孙艺　黄嗣罗
30. 连续重整装置超大型板壳式换热器的开发应用	中国石化工程建设公司 甘肃蓝科石化高新装备股份有限公司 福建联合石油化工有限公司	刘家明　赵力平　张延丰　张迎恺 沈纯厚　张兆文　张　峥　任建生 曹　坚　江正丰　陈韶范　李啸东
31. 中国石化物料编码标准	石化盈科信息技术有限责任公司	李　晓　闫　诚　罗　莉　王志刚 彭志明　孙丽华　蔡善华　孔俊胜 沈　萌　唐威特　刘依群　杜腊梅
32. 地震勘探软件集成开发环境与应用	中国石油化工股份有限公司胜利油田分公司	隋志强　孟祥宾　苗永康　杜继修 王修银　张　猛　王　鑫　匡　斌 杨淑卿　仝兆岐　梁　鸿　王修敏
33. 勘探开发全业务数据模型体系关键技术与工业应用	中国石油化工股份有限公司胜利油田分公司 中国石油化工股份有限公司河南油田分公司 中国石油化工股份有限公司石油勘探开发研究院	陈锡坤　肖　波　董　琰　王国光 宋承松　李剑峰　吴建军　马平生 华运隆　罗　阳　丁艳丽　苗占东
34. 油田开发方案决策专家支持系统	中国石油化工股份有限公司胜利油田分公司	王　力　徐亚飞　李振泉　杨耀忠 满　燕　张明安　卞法敏　贾　蓉 杨永斌　靳彩霞　柳世成　吴光焕
35. 炼化全面预算管理及生产经营监控系统	石化盈科信息技术有限责任公司	王　沁　于然旺　王友平　刘陈宇 郑万永　张　俊　陈　宁　姜贵君 宁　欢　郭露犀　李保东　孙　浩

续表

项目名称	主要完成单位	主要完成者
36. 中国石化重点业务公开信息系统项目	中国石化集团公司党组纪检组监察局 石化盈科信息技术有限责任公司	苏树林 王作然 耿礼民 李国瑾 齐学忠 马长东 邸春宇 张朝俊 宫向阳 陈鸿雁 王彦兴 惠祖兴
	三等奖	
1. 灰岩裸露区噪声调查分析及去噪处理研究	中国石油化工股份有限公司江汉油田分公司	张刚雄 霍 浩 查树贵 李红艳 黄 桥 朱白文 陈洪堤 周开明 谢迟初
2. 镇泾区块中生界岩性油藏成藏规律研究	中国石油化工股份有限公司华北分公司	赵 舒 张 健 李保林 侯瑞云 刘 震 王国顺 周思宾 靳卫广 柳林旺
3. 岩样核磁共振分析及测录井评价技术综合应用研究	中国石化集团江苏石油勘探局	施振飞 陆风才 温新房 肖秋生 朱立华 尹军强 朱巨义 钱敏刚 杨加太
4. 气体钻井技术在 SIPC 重点探区应用研究	中国石油化工股份有限公司石油工程技术研究院 中国石化集团国际石油勘探开发有限公司 西南石油大学	侯绪田 李国华 毛 迪 苏 勤 李洪乾 张君亚 赵小祥 李 皋 崔卫华
5. 东濮凹陷稳产资源基础及关键技术	中国石油化工股份有限公司中原油田分公司	焦大庆 谈玉明 慕小水 李赣勤 高渐珍 李素贞 游小淼 王运所 李继东
6. 泌阳凹陷稳产资源基础及关键技术	中国石油化工股份有限公司河南油田分公司	邱荣华 林社卿 朱景修 罗家群 张永华 李连生 彭国力 吕明久 陈 祥
7. 高精度三维地震资料在泌阳凹陷隐蔽油气藏识别中的研究与应用	中国石油化工股份有限公司河南油田分公司	王 敏 杨春峰 徐照营 廖 刃 杜耀斌 段洪有 任军战 肖 学 罗家群
8. 江陵凹陷构造运动与油气富集规律研究	中国石油化工股份有限公司江汉油田分公司	易积正 王永军 陈长江 雷克林 黄 华 陈金荣 张建荣 漆智先 刘亚伟
9. 非烃气地球化学勘探技术方法研究与应用	中国石油化工股份有限公司石油勘探开发研究院	李 武 孙长青 赵克斌 荣发准 朱怀平 李吉鹏 卢 丽 吴传芝 陈银节

续表

项目名称	主要完成单位	主要完成者
10. 南方复杂山地三维地震勘探技术研究	中国石油化工股份有限公司勘探南方分公司	敬朋贵　宋桂桥　邹家建　肖兰雄　齐中山　康家光　陈祖庆　盛秋红　李仲远
11. 塔河油田艾丁地区奥陶系成藏规律研究	中国石油化工股份有限公司西北油田分公司	吕海涛　闫相宾　闫　华　丁　勇　刘　群　张卫峰　杨子川　刘存革　夏东领
12. 塔河油田12区油藏评价及开发技术	中国石油化工股份有限公司西北油田分公司	胡文革　张　宁　赵海洋　李新华　刘学利　张志宏　靳　佩　荣元帅
13. 深层低渗透油气藏压裂改造关键技术	中国石油化工股份有限公司石油勘探开发研究院 中国石油化工股份有限公司中原油田分公司 中国石油大学（北京）	李宗田　李明志　张士诚　苏建政　尚旭兰　吴信荣　王益维　李凤霞　龙秋莲
14. 胜利海上无人值守采油平台安全生产监控系统研究	中国石化集团胜利石油管理局	孙正贵　孙　明　于殿强　黄少伟　李　勇　赵立娟　鄢召民　田京山　韩小磊
15. 老168丛式井组钻完井一体化技术	中国石化集团胜利石油管理局	魏文忠　韦文翔　乔　军　薄和秋　邱维清　李公让　慈国良　张延明　常　领
16. 渗透成膜钻井液技术的研究与应用	中国石化集团胜利石油管理局	史建刚　郭保雨　宫新军　袁　丽　王宝田　何兴华　严　波　郭祥鹃　石凌勇
17. 双河油田开发后期提高采收率技术综合应用研究	中国石油化工股份有限公司河南油田分公司	樊中海　曾　俊　杨永利　代亚宏　陶良军　郭印龙　陈　渊　姜建伟　黎锡瑜
18. 浅薄层稠油热采防砂配套技术研究	中国石油化工股份有限公司河南油田分公司	王书林　郝立军　范喜群　刘　欣　罗全民　李古正　李胜彪　薄启炜　李金玉
19. 中渗复杂断块油藏提高采收率技术	中国石油化工股份有限公司中原油田分公司	刘　伟　余传谋　程东风　吕新华　耿秋红　游小淼　张振顺　李　丽　薛承洲
20. 文东油田Ⅱ类油层改善开发效果技术	中国石油化工股份有限公司中原油田分公司	刘三威　赵良金　韩　进　苏道敏　窦让林　王瑞飞　王志远　郝振宪　邓小伟

续表

项目名称	主要完成单位	主要完成者
21. 酸性气田多级延时起爆分段射孔工艺技术	中国石化集团中原石油勘探局	赵开良 姚志中 张庆生 吴玉贤 王培禹 魏永刚 焦建国 王士震 刘锐熙
22. 长井段大规模多级注入酸压改造工艺技术	中国石油化工股份有限公司中原油田分公司	李明志 林伟民 刘祖林 王 栋 汪永章 盛建明 李兴应 张社朝 王安培
23. 薄差层压裂工艺技术	中国石油化工股份有限公司中原油田分公司	吕新华 吴信荣 刘祖林 林伟民 王安培 孙雪霞 曾雨辰 兑爱玲 朱丽娜
24. 普光高酸性气田开发	中国石化出版社 中国石油化工股份有限公司中原油田分公司 中国石化集团胜利石油管理局 中国石化工程建设公司	何生厚 曹耀峰 邓敦夏 曾大乾 姜贻伟 彭鑫岭 程天阁 李明志 赵开良
25. PRT－C/PRT－D 重整催化剂的研制及工业应用	中国石油化工股份有限公司石油化工科学研究院 中国石油化工股份有限公司武汉分公司 中国石油化工股份有限公司茂名分公司 中国石油化工股份有限公司催化剂分公司	张大庆 陈志祥 李乐心 谢 涛 陈 鑫 任坚强 刘志华 臧高山 后 磊
26. 高轻油收率重油裂化催化剂的开发与应用	中国石油化工股份有限公司石油化工科学研究院 中国石油化工股份有限公司北京燕山分公司 中国石油化工股份有限公司齐鲁分公司 中国石油化工股份有限公司催化剂分公司	周灵萍 田辉平 王志强 张绍光 于大平 高永灿 胡 涛 牛 驰 周 岩
27. 齿球形催化剂的开发及工业应用	中国石油化工股份有限公司抚顺石油化工研究院 杭州石化有限责任公司 北京高新利华催化材料制造有限公司 中国石化集团青岛石油化工有限责任公司	陈 松 莫国红 张谦温 展鸿钧 吴子明 朱海毅 杨成敏 张晓萍 谷明镝

续表

项目名称	主要完成单位	主要完成者
28. 风力发电设备用油开发与应用	中国石油化工股份有限公司润滑油分公司	水　琳　薛玉苓　郭振俊　宋朝新　李万英　郭剑峰　夏　鹏　吴宝杰　刘　斌
29. 显著延长渣油加氢运转周期的关键技术开发	中国石油化工股份有限公司石油化工科学研究院 中国石油化工股份有限公司齐鲁分公司 淄博齐茂催化剂有限公司 中国石油化工股份有限公司催化剂长岭分公司	胡大为　孙振光　刘　涛　王瑞旭　杨清河　戴立顺　刘　雷　邵志才　刘　滨
30. FHDA－10 贵金属加氢精制深度脱芳烃催化剂的研制及应用	中国石油化工股份有限公司抚顺石油化工研究院 中国石油化工股份有限公司荆门分公司	姚春雷　玗满初　陈玉琢　王先国　全　辉　周宗武　崔国英　余佑林　樊红青
31. 炼油系统基准加工损失研究及计算模型开发	中国石油化工股份有限公司镇海炼化分公司 中国石油化工股份有限公司抚顺石油化工研究院	曹东学　金登峰　陈尧焕　李　鹏　王爱东　刘忠生　万保旺　廖昌建　陈齐全
32. 单段加氢裂化装置提高运行绩效技术	中国石油化工股份有限公司抚顺石油化工研究院 中国石油化工股份有限公司齐鲁分公司	王继锋　王瑞旭　黄新露　王昌岭　陈　光　孙晓艳　齐立志　李乃义　韩　莉
33. 6 000 吨/年钠法漂粉精成套技术开发	中国石油化工股份有限公司江汉油田分公司	宋宏峰　叶学良　刘　涛　李　俊　鄢明雄　赵楚成　刘春华　黄修权　王新汉
34. 大型裂解炉用燃烧器工业应用试验	中国石油化工股份有限公司天津分公司 天华化工机械及自动化研究设计院南京工业炉设计研究所	李金科　高云忠　徐红兵　李永华　张　建　肖世猛　张清蕴　刘韫砚　毛小亮
35. 星型 SIS 4019 产业化技术开发	中国石化集团资产经营管理有限公司巴陵石化分公司	袁煜艳　周燎原　贺卉昌　王　勇　朱永刚　蒋遥明　胡选哲　何　林　姚　琼
36. 缝纫线用超有光涤纶短纤维生产技术的开发与应用	中国石油化工股份有限公司洛阳分公司	况成承　刘志田　吕初旭　王建设　孟庆涛　张　文　顾祥万　牛建峰　李　锋

续表

项目名称	主要完成单位	主要完成者
37. PTA生产过程节能降耗优化运行技术	中国石化扬子石油化工有限公司	邢建良 李维新 王振新 沈品德 丁家海 王建平 李维群 周晓峰 叶 明
38. 国产催化剂对双峰工艺与产品性能优化研究	中国石化上海石油化工股份有限公司 浙江大学 上海化工研究院	陈国康 阳永荣 叶晓峰 郭晓军 王靖岱 肖明威 陆秋欢 高道春 施小妹
39. 新型钛系聚酯催化剂的工业应用	中国石油化工股份有限公司天津分公司	臧国强 王建中 郭灵通 朱 燕 李 军 李少山 李卫伟 周灵杰 孙绪江
40. 乙二醇装置二氧化碳脱除工艺技术研究	中国石化工程建设公司 中国石化集团南京化学工业有限公司 中国石油化工股份有限公司天津分公司 中国石油化工股份有限公司茂名分公司	王 炜 储 政 胡乃元 李克明 王艳丽 肖雪军 贾世敏 宋怡静 王祥云
41. 高熔指低密度聚乙烯瓶盖专用料DNDA-2020的研制	中国石油化工股份有限公司广州分公司	姜立良 陈卓立 曾芳勇 杨 栋 张应振 陈玉龙 章永坤 郭永清 徐望东
42. 1万吨/年连续工艺合成聚醚多元醇技术开发	中国石化集团资产经营管理有限公司天津石化分公司	尹 枫 王 强 高海洋 王凤琴 丁炳海 李振利 赵文龙
43. BC-249型苯酐催化剂在4万吨/年装置上的工业应用	中国石油化工股份有限公司北京化工研究院 中国石油化工股份有限公司齐鲁分公司	胡 波 张秀斌 赵彦霞 付永平 吴保军 翟 辉 卢 灏 张德胜 罗国庆
44. 前脱丙烷前加氢催化剂工业应用试验	中国石油化工股份有限公司北京化工研究院 中国石化上海石油化工股份有限公司	戴 伟 黄 伟 卫国宾 吴 卫 彭 晖 徐建伟 穆 玮 沈 伟 易水生
45. 乙烯污水深度处理达标技术研究与应用	中国石油化工股份有限公司齐鲁分公司	邱纯书 万才元 王建娜 王基成 潘咸峰 徐依亮 李玉道 徐兴忠 谭克锋
46. 炼油厂腐蚀监控系统与保运技术研究	中国石化集团洛阳石油化工工程公司 中国石油化工股份有限公司广州分公司 中国石油化工股份有限公司塔河分公司	于凤昌 赵亚新 董雪林 崔中强 韩玉昌 夏延燊 陈崇刚 梁自生 蔺爱丽

续表

项目名称	主要完成单位	主要完成者
47. 电动潜油泵及其配套装置的研究	中国石油化工股份有限公司山西石油分公司 新昌德力石化设备有限公司	李虎志 董绍杰 李旭东 朱秉峰 孙志平 陈菊林 王旭林 徐松樟 常建平
48. 炼油污水稳定达标与资源化工业应用	中国石油化工股份有限公司北京化工研究院 中国石油化工股份有限公司广州分公司	孙　杰 谢晋巧 李正琪 范进昕 刘　正 李世君 栾金义 卓邦才 李井峰
49. 催化裂化新型多段环流组合汽提器（MCS）的开发与工业应用	中国石化扬子石油化工有限公司 中国石油大学（北京）	卢春喜 刘梦溪 束长好 张永民 韩守知 王祝安 钱中坚 彭　飞 范怡平
50. 安全辅助集成系统	中国石化工程建设公司 中国石油化工股份有限公司中原油田普光分公司	孙丽丽 李　浩 张力克 余齐杰 吴基荣 金　超 张晓华 燕为民 刘晓霞
51. 压缩机气量无级调节系统研制	天华化工机械及自动化研究设计院 中国石油化工股份有限公司天津分公司	肖世猛 苏跃军 杜世强 纪燕飞 孙文君 王灵德 计洪旭 张海平 刘桂雄
52. 30万吨/年 LLDPE 气相反应器国产化开发	中国石化工程建设公司 中国石化集团宁波工程有限公司 中国石油化工股份有限公司天津分公司	胡伟璇 颜景杰 栗根喜 段　瑞 张志芳 廖有恒 孙祥升 田庆存 季伟明
53. 节能型 PTA 氧化冷凝器工程技术开发及工业应用	中国石化集团上海工程有限公司 中国石化上海石油化工股份有限公司 江苏中圣高科技产业有限公司	何勤伟 林永明 郭宏新 周惠萍 陈筱金 刘世平 王江义 濮炳均 鲍玉华
54. 虚拟现实技术在石化企业安全中的应用研究	中国石油化工股份有限公司青岛安全工程研究院 中国石化扬子石油化工有限公司	袁纪武 黄秋明 翟良云 李　磊 陈栓洲 王　正 王　春 殷达华 蒋国民
55. ZJ50DB－ST 低温轮轨电驱钻机	中国石化集团江汉石油管理局	王峻乔 高贡林 陈新龙 张振勇 王成章 孔小强 步卫玲 何江海 许贞文
56. 1.14kV 油井集中控制供电技术	中国石油化工股份有限公司河南油田分公司	于传聚 田　胜 乔书勇 郝立军 张璐钰 石元明 李国太 刘彦生 黎小兵

续表

项目名称	主要完成单位	主要完成者
57. 河南油田配电网绝缘配合技术研究与应用	中国石化集团河南石油勘探局	党错钊　杨明乾　刘彦生　李洪涛　姜俊莉　张　明　于传聚　王勇焕　贾建友
58. 油泥砂资源化利用及配套技术研究	中国石油化工股份有限公司胜利油田分公司	曾流芳　严锦根　郭雄华　张国荣　郑伟林　孙磉礅　高聚同　汪云家　刘　洋
59. S－Zorb 催化汽油吸附脱硫再生烟气处理技术开发及工业应用	中国石油化工股份有限公司抚顺石油化工研究院 中国石油化工股份有限公司广州分公司	任　龙　梁永超　戴文军　尹铭东　彭德强　李志松　王明星　马　斌　齐慧敏
60. 中国石化成品油经营管理分析系统	石化盈科信息技术有限责任公司	王顺江　王　靓　白　鹭　沈青祁　孟庆峰　陈　磊　陈　敏　侯　平　马长东
61. 吊装智能化管理及三维动画仿真软件技术开发	中国石化集团南京工程有限公司 大连理工大学	霍瑞民　贾桂军　曹卫星　王华盛　高顺德　王　欣　滕儒民　曹旭阳　林远山
62. 中国石化化工销售CRM 系统	石化盈科信息技术有限责任公司	郑　伟　陈永凯　罗　莉　薛敬芝　姜左凤　王玉国　罗淇元　喻冰宁　卢亚茹
63.《石油化工流程模拟技术进展及应用》	中国石化出版社 石化盈科信息技术有限责任公司	曹湘洪　王建平　贾鹏林　王　乐　赵　怡　朱印全　常大农　朱春田　吴保军
64. 工业企业电气设备抗震设计规范 GB 50556—2010	中国石化工程建设公司 中国地震灾害防御中心 贵阳铝镁设计研究院有限公司 鞍钢集团工程技术有限公司 胜利油田胜利勘察设计研究院有限公司	倪正理　赵凤新　朱政坤　徐祥纯　孙恒志　宋　刚　李业宁　孙光明　邓少强

附录 2

企事业单位名录

序号	单位名称	地址	邮政编码	电话	传真	董事长/经理（厂长）
1	中国石化集团胜利石油管理局 中国石油化工股份有限公司胜利油田分公司	山东省东营市济南路 258 号	257001	(0546)8552074 (0546)8555313	(0546)8552074	孙焕泉
2	中国石化集团中原石油勘探局 中国石油化工股份有限公司中原油田分公司	河南省濮阳市中原路 277 号	457001	(0393)4822151 (0393)4822172	(0393)4828300	孔凡群
3	中国石化集团河南石油勘探局 中国石油化工股份有限公司河南油田分公司	河南省南阳市宛城区	473132	(0377)63830011	(0377)63830027	李联五
4	中国石化集团江汉石油管理局 中国石油化工股份有限公司江汉油田分公司	湖北省潜江市广华寺江汉路 1 号	433124	(0728)6502051 (0728)6502074	(0728)6502784	张召平
5	中国石化集团江苏石油勘探局 中国石油化工股份有限公司江苏油田分公司	江苏省扬州市文汇西路 1 号	225009	(0514)87762001	(0514)87761111	朱　平
6	中国石化集团新星石油有限责任公司	北京市海淀区北四环中路 263 号	100083	(010)82335150	(010)82335152	袁　清
7	中国石化集团上海海洋石油局 中国石油化工股份有限公司上海海洋油气分公司	上海市浦东新区商城路 1225 号	200120	(021)20896811	(021)68769284	左文岐
8	中国石化集团西南石油局 中国石油化工股份有限公司西南油气分公司	四川省成都市青羊区提督街 108 号	610016	(028)86755566	(028)86750066	薛万东/甘振维
9	中国石化集团西北石油局 中国石油化工股份有限公司西北油田分公司	新疆乌鲁木齐市长春南路 466 号中国石化西北石油科研生产园区	830011	(0991)3166579	(0991)3166583	刘中云

续表

序号	单位名称	地址	邮政编码	电话	传真	董事长/经理（厂长）
10	中国石化集团华东石油局 中国石油化工股份有限公司华东分公司	江苏省南京市建邺区江东中路 315 号中泰国际广场 6 号楼	210019	（025）58777022	（025）58822349	方志雄
11	中国石化集团华北石油局 中国石油化工股份有限公司华北分公司	河南省郑州市陇海西路 199 号	450006	（0371）68629220	（0371）68612902	周荔青
12	中国石化集团东北石油局 中国石油化工股份有限公司东北油气分公司	吉林省长春市绿园区西安大路 4936 号	130062	（0431）87958809	（0431）87974693 （0431）87973631	邢景宝
13	中国石油化工股份有限公司天然气分公司 中国石化天然气有限责任公司	北京市朝阳区惠新东街甲 6 号	100029	（010）69166083	（010）69196617	高爱华
14	中国石油化工股份有限公司勘探南方分公司	四川省成都市高新区二环路南四段九号高新之心大厦	610041	（028）85164709	（028）85164600	郭旭升
15	中国石油化工股份有限公司天然气工程项目管理部	四川省成都市金牛区恒德路 8 号	610081	（028）83360628	（028）83361066	沈　琛
16	中国石化集团管道储运公司 中国石油化工股份有限公司管道储运分公司	江苏省徐州市泉山区翟山新村	221008	（0516）83453552	（0516）83453386	高河东/钱建华
17	中国石化集团北京燕山石油化工有限公司 中国石油化工股份有限公司北京燕山分公司	北京市房山区燕山岗南路 1 号	102500	（010）69348932	（010）69342736	王永健/罗强
18	中国石化集团资产经营管理有限公司齐鲁石化分公司 中国石油化工股份有限公司齐鲁分公司	山东省淄博市临淄区桓公路 15 号	255408	（0533）7180777	（0533）7180406	李安喜
19	中国石化上海石油化工股份有限公司	上海市金山区金一路 48 号	200540	（021）57941941	（021）57942267	戎光道/王治卿

续表

序号	单位名称	地址	邮政编码	电话	传真	董事长/经理（厂长）
20	上海赛科石油化工有限责任公司	上海化学工业区南银河路557号	201507	（021）37990088	（021）67250866	王治卿
21	中国石化集团资产经营管理有限公司上海高桥分公司 中国石油化工股份有限公司上海高桥分公司	上海市浦东大道3000号	200129	（021）58712902	（021）58712207	张　涌
22	中国石化集团金陵石油化工有限责任公司 中国石油化工股份有限公司金陵分公司	江苏省南京市栖霞区甘家巷街388号	210033	（025）58989322	（025）85592004	赵日峰
23	中国石化集团茂名石油化工公司 中国石油化工股份有限公司茂名分公司	广东省茂名市双山四路9号大院	525000	（0668）2264248	（0668）2269317	余夕志
24	中国石油化工股份有限公司镇海炼化分公司	浙江省宁波市镇海区	315207	（0574）86444813	（0574）86270077	江正洪
25	中国石化集团资产经营管理有限公司天津石化分公司 中国石油化工股份有限公司天津分公司	天津市滨海新区（大港）北围堤路（西）160号	300271	（022）63806666	（022）25991000	许红星
26	中沙（天津）石化有限公司	天津市滨海新区（大港）北围堤路（西）235号	300271	（022）63809018	（022）63809000	许红星
27	中国石化集团资产经营管理有限公司扬子石化分公司 中国石化扬子石油化工有限公司	江苏省南京市沿江工业开发区大厂新华路777号	210048	（025）57782200	（025）57784389	马秋林
28	扬子石化—巴斯夫有限责任公司	江苏省南京市六合区新华东路8号	210048	（025）57770888	（025）58569811	马秋林
29	中国石化集团资产经营管理有限公司巴陵石化分公司 中国石油化工股份有限公司巴陵分公司	湖南省岳阳市云溪区	414014	（0730）8492348	（0730）8481456	朱建民

续表

序号	单位名称	地址	邮政编码	电话	传真	董事长/经理（厂长）
30	中国石化集团资产经营管理有限公司长岭分公司 中国石油化工股份有限公司长岭分公司	湖南省岳阳市云溪区长岭炼油厂	414012	（0730）8452002 （0730）8452003	（0730）8451824	侯勇/李华
31	中国石化集团资产经营管理有限公司仪征分公司 中国石化仪征化纤股份有限公司	江苏省仪征市长江西路1号	211900	（0514）83231693	（0514）83233880	卢立勇
32	中国石化集团南京化学工业有限公司	江苏省南京市六合区葛关路189号	210048	（025）57765017	（025）57792812	袁建宁
33	福建炼油化工有限公司	福建省泉州市泉港区	362800	（0595）87976106	（0595）87976047	陆　东
34	中国石化集团资产经营管理有限公司广州分公司 中国石油化工股份有限公司广州分公司	广东省广州市黄埔区石化路239号	510726	（020）62123888	（020）82399045	杨　栋
35	中国石化集团资产经营管理有限公司洛阳石化分公司 中国石油化工股份有限公司洛阳分公司	河南省洛阳市吉利区	471012	（0379）66992309	（0379）66992575	赵振辉
36	中国石化集团资产经营管理有限公司安庆分公司 中国石油化工股份有限公司安庆分公司	安徽省安庆市石化四路20号	246002	（0556）5381717	（0556）5378299	王　彪
37	中国石化集团资产经营管理有限公司荆门分公司 中国石油化工股份有限公司荆门分公司	湖北省荆门市白庙路	448039	（0724）2271440	（0724）2211539	江寿林
38	中国石化集团四川维尼纶厂	重庆市长寿区晏家街道维江路36号	401254	（023）68974061	（023）68974009	徐正宁
39	中国石化集团资产经营管理有限公司九江分公司 中国石油化工股份有限公司九江分公司	江西省九江市滨江东路228号	332004	（0792）8493204	（0792）8617006	覃伟中

续表

序号	单位名称	地址	邮政编码	电话	传真	董事长/经理（厂长）
40	中国石化集团资产经营管理有限公司宜昌分公司 中国石油化工股份有限公司湖北化肥分公司	湖北省枝江市迎宾大道 15 号	443200	(0717)4212089	(0717)4212660	杨华章
41	中国石化集团资产经营管理有限公司石家庄分公司 中国石油化工股份有限公司石家庄炼化分公司	河北省石家庄市东郊石炼路 1 号	050032	(0311)80862314	(0311)80861234	毕建国
42	中国石化集团资产经营管理有限公司济南分公司 中国石油化工股份有限公司济南分公司	山东省济南市工业南路 26 号	250101	(0531)88832202	(0531)88983622	吕亮功
43	中国石化集团资产经营管理有限公司武汉分公司 中国石油化工股份有限公司武汉分公司	湖北省武汉市青山区长青路特 1 号	430082	(027)86595156	(027)86595188	崔光磊
44	中国石化中原石油化工有限责任公司	河南省濮阳市胜利西路	457001	(0393)4471067	(0393)4416227	周文飞/张西国
45	中国石化集团资产经营管理有限公司沧州分公司 中国石油化工股份有限公司沧州分公司	河北省沧州市交通北大道 50 号	061000	(0317)3552247 (0317)3552095	(0317)3552688	李　敏
46	中国石油化工股份有限公司润滑油分公司	北京市海淀区安宁庄西路 6 号	100085	(010)62949873	(010)62917732	宋云昌
47	中国石化青岛石油化工有限责任公司	山东省青岛市李沧区滨海路 8 号	266043	(0532)66762212	(0532)84816954	王英彬
48	中国石化湛江东兴石油化工有限公司	广东省湛江市霞山区湖光路 15 号	524012	(0759)2606603	(0759)2606888	吴惜伟
49	中国石化集团北海石化有限责任公司 中国石化北海炼化有限责任公司	广西北海市贵州路 50 号内 5 号楼 广西北海市铁山港区 4 号路	536000 536016	(0779)8528031	(0779)8528888	李永林

续表

序号	单位名称	地址	邮政编码	电话	传真	董事长/经理（厂长）
50	中国石油化工股份有限公司西安石化分公司	陕西省西安市未央区建章路北段6号	710086	(029)84320085	(029)84320522	李少平
51	中国石油化工股份有限公司塔河分公司	新疆库车县天山东路573号	842000	(0997)7979009	(0997)7979016	赵亚新
52	中国石化海南炼油化工有限公司	海南省洋浦经济开发区	578101	(0898)28820068	(0898)28820099	王玉冰
53	中国石化青岛炼油化工有限责任公司	山东省青岛经济技术开发区千山南路827号	266500	(0532)86915971	(0532)86915988	王树德
54	中国石油化工股份有限公司催化剂分公司	北京市朝阳区惠新东街甲6号	100029	(010)69166522 (010)69166523	(010)69166878	谈文芳
55	中国石化化工销售有限公司	北京市朝阳区朝阳门北大街22号	100728	(010)59966916	(010)59760728	李成峰
56	中国石化炼油销售有限公司	上海市长宁区延安西路728号22层	200050	(021)60863300	(021)52381680	刘清华
57	石化盈科信息技术有限责任公司	北京市东城区东四十条甲22号南新仓商务大厦A座1208	100007	(010)84191188	(010)64096335	潘欣荣
58	中国石油化工股份有限公司北京石油分公司	北京市东城区广渠家园6号楼	100022	(010)67006866	(010)67006900	刘雄华
59	中国石化集团资产经营管理有限公司天津石油分公司 中国石油化工股份有限公司天津石油分公司	天津市南开区南京路338号石油大厦	300100	(022)27201588	(022)27201555	于忠国

续表

序号	单位名称	地址	邮政编码	电话	传真	董事长/经理（厂长）
60	中国石油化工股份有限公司河北石油分公司	河北省石家庄市槐安东路 6 号	050021	（0311）87182014	（0311）87182888	杨槐青
61	中国石化集团资产经营管理有限公司山西石油分公司 中国石油化工股份有限公司山西石油分公司	山西省太原市万柏林区大王路 8 号	030024	（0351）6197619 （0351）6197559	（0351）6197620 （0351）6197567	韩烈火
62	中国石油化工股份有限公司上海石油分公司	上海市黄浦区中山东一路 24 号甲	200002	（021）63219490	（021）63210762	杨　棣
63	中国石油化工股份有限公司江苏石油分公司	江苏省南京市中山北路 395 号	210003	（025）58808888	（025）58803729	吕建华
64	中国石化集团资产经营管理有限公司浙江石油分公司 中国石油化工股份有限公司浙江石油分公司	浙江省杭州市河坊街 58 号	310009	（0571）87805026	（0571）87818822	徐祥燕
65	中国石化集团资产经营管理有限公司安徽石油分公司 中国石油化工股份有限公司安徽石油分公司	安徽省合肥市屯溪路 188 号	230009	（0551）2212611	（0551）2212900	郇国庆
66	中国石化集团资产经营管理有限公司福建石油分公司 中国石油化工股份有限公司福建石油分公司	福建省福州市中山路 18 号	350003	（0591）87821534	（0591）87821534	郝国强
67	中国石化集团资产经营管理有限公司江西石油分公司 中国石油化工股份有限公司江西石油分公司	江西省南昌市东湖区洪都北大道 102 号	330046	（0791）88512247	（0791）88511107	陈立国
68	中国石化集团资产经营管理有限公司山东石油分公司 中国石油化工股份有限公司山东石油分公司	山东省济南市经十路 13777 号 9 栋中国石化山东石油大厦	250014	（0531）85856666 （0531）85857777	（0531）85856789	冯东青
69	中国石油化工股份有限公司河南石油分公司	河南省郑州市郑东新区正光路 16 号	450016	（0371）87520290	（0371）87520299	田中山

续表

序号	单位名称	地址	邮政编码	电话	传真	董事长/经理（厂长）
70	中国石油化工股份有限公司湖北石油分公司	湖北省武汉市解放大道 606 号	430030	(027)68837000	(027)68837100	邹晓瑜
71	中国石油化工股份有限公司湖南石油分公司	湖南省长沙市湘春路 113 号	410008	(0731)84841848	(0731)84841801	潘桂妹
72	广东省石油企业集团公司 中国石油化工股份有限公司广东石油分公司	广东省广州市体育西路 191 号中石化大厦 A 塔	510620	(020)38084660	(020)38081618	夏于飞
73	中国石油化工股份有限公司广西石油分公司	广西南宁市桃源路 67 号	530021	(0771)5322886	(0771)5323338	吴健雄
74	中国石化集团资产经营管理有限公司海南石油分公司 中国石油化工股份有限公司海南石油分公司	海南省海口市滨海大道 163 号	570311	(0898)68680800	(0898)68680909	徐天民
75	中国石油化工股份有限公司贵州石油分公司	贵州省贵阳市南明区解放路 21 号贵州石化大厦	550002	(0851)5986622 (0851)5980144	(0851)5985810	何建新
76	中国石化集团资产经营管理有限公司云南石油分公司 中国石油化工股份有限公司云南石油分公司	云南省昆明市官渡区拓东路 45 号世博大厦	650011	(0871)3115215	(0871)3115210	左志民
77	中国石油化工股份有限公司辽宁石油分公司	辽宁省沈阳市崇山东路 51 号	110032	(024)86859479	(024)86859479	纪　波
78	中国石油化工股份有限公司四川石油分公司	四川省成都市青羊区人民南路一段 86 号城市之心 7 楼	610016	(028)86202187	(028)86203122	肖崇昆
79	中国石油化工股份有限公司重庆石油分公司	重庆市渝中区青年路 38 号国贸中心 32 楼	400010	(023)63107555	(023)63106320	江建华

续表

序号	单位名称	地址	邮政编码	电话	传真	董事长/经理（厂长）
80	中国石油化工股份有限公司陕西石油分公司	陕西省西安市莲湖区北大街29号中天大厦10层	710003	（029）87258678	（029）87257202	焦德才
81	中国石油化工股份有限公司内蒙古石油分公司	内蒙古呼和浩特市新城区成吉思汗大街26号日新大厦A座	010051	（0471）5289806	（0471）5289808	王红兵
82	中国石油化工股份有限公司新疆石油分公司	新疆乌鲁木齐长春南路466号中国石化西北石油科研生产园区2楼B座	830011	（0991）3163087	（0991）3163086	马安生
83	中国石油化工股份有限公司吉林石油分公司	吉林省长春市西安大路699号中银大厦B座11层	130061	（0431）88409576	（0431）88409576	袁德成
84	中国石油化工股份有限公司黑龙江石油分公司	黑龙江省哈尔滨市南岗区长江路368号7层	150090	（0451）82352653	（0451）82353759	田凤林
85	中国石油化工股份有限公司青海石油分公司	青海省西宁市城西区海湖路26号	810008	（0971）6317090	（0971）6317257	谭莫羡
86	中国石油化工股份有限公司甘肃石油分公司	甘肃省兰州市城关区南昌路1716号11楼	730050	（0931）8870625	（0931）8833795	张宏彦
87	中国石油化工股份有限公司宁夏石油分公司	宁夏银川市金凤区庆丰街396号鼎城商务中心	750002	（0951）5019251 （0951）6662930	（0951）5019813	王志坤
88	中国石油化工股份有限公司西藏石油分公司	西藏拉萨市城关区娘热路13号	850000	（0891）6820269	（0891）6820269	史东斌
89	中国石化销售有限公司华北分公司	天津市华苑产业园区榕苑路11号	300384	（022）23059524	（022）23059522	耿　勇

续表

序号	单位名称	地址	邮政编码	电话	传真	董事长/经理（厂长）
90	中国石化销售有限公司华东分公司	上海市长宁区愚园路 819 号	200050	（021）62119325	（021）62119327	陈国瑞
91	中国石化销售有限公司华中分公司	湖北省武汉市江汉区常青路 39 号	430023	（027）65798017	（027）65798015	聂时榜
92	中国石化销售有限公司华南分公司	广东省广州市天河区体育西路 191 号中石化大厦 A 塔 38—40 楼	510620	（020）38083937	（020）38083909	濮志梁
93	中国石油化工股份有限公司石油勘探开发研究院	北京市海淀区学院路 31 号	100083	（010）82312685	（010）82312896	金之钧
94	中国石化集团石油工程技术研究院 中国石油化工股份有限公司石油工程技术研究院	北京市朝阳区北辰东路 8 号北辰时代大厦 10 层	100101	（010）84988166	（010）84988966	路保平
95	中国石油化工股份有限公司石油物探技术研究院	江苏省南京市江宁区上高路 219 号	211103	（025）68109926	（025）68109900	曲寿利
96	中国石油化工股份有限公司石油化工科学研究院	北京市海淀区学院路 18 号	100083	（010）62310806	（010）62311290	龙　军
97	中国石油化工股份有限公司北京化工研究院	北京市朝阳区北三环东路 14 号	100013	（010）64211993	（010）64228661	张　勇
98	中国石油化工股份有限公司抚顺石油化工研究院	辽宁省抚顺市望花区丹东路东段 31 号	113001	（024）56429543	（024）56429551	方向晨
99	中国石油化工股份有限公司上海石油化工研究院	上海市浦东北路 1658 号	201208	（021）68462197	（021）68462283	顾松园

续表

序号	单位名称	地址	邮政编码	电话	传真	董事长/经理（厂长）
100	中国石油化工股份有限公司青岛安全工程研究院	山东省青岛市市南区延安三路218号	266071	（0532）83786202	（0532）83861318	张海峰/李凯花
101	石油化工管理干部学院	北京市朝阳区立水桥北甲1号	100012	（010）51201203	（010）51201206	亓玉台
102	中国石化工程建设公司	北京市朝阳区安慧北里安园21号	100101	（010）84875022	（010）64963395	刘家明
103	中国石化集团上海工程有限公司	上海市浦东新区张杨路769号（银河大厦）	200120	（021）58354214	（021）58358142	吴德荣
104	中国石化集团洛阳石油化工工程公司	河南省洛阳市中州西路27号	471003	（0379）64887749	（0379）64887756	闫少春
105	中石化宁波工程有限公司	浙江省宁波市高新区院士路660号	315103	（0574）87975589	（0574）87975199	邵建雄
106	中石化南京工程有限公司	江苏省南京市江宁区科建路1189号	211100	（025）87117318	（025）85561051	向文武
107	中石化第四建设有限公司	天津市滨海新区大港世纪大道180号	300270	（022）63862214	（022）25990156	肖　刚
108	中国石化集团第五建设公司	广东省广州市荔湾区中山七路81号	510145	（020）28348109	（020）28348169	田建军
109	中石化第十建设有限公司	山东省淄博市临淄区建设路29号	255438	（0533）7501143	（0533）7501126	樊继贤

续表

序号	单位名称	地址	邮政编码	电话	传真	董事长/经理（厂长）
110	中国石化国际事业有限公司	北京市朝阳区朝阳门北大街22号	100728	(010)59966049	(010)59760629	蒋振盈
111	中国石化集团国际石油勘探开发有限公司 中国石化国际石油勘探开发公司	北京市朝阳区惠新东街甲6号	100029	(010)69165033	(010)69165140	张耀仓/耿宪良
112	中国石化集团国际石油工程有限公司	北京市朝阳区惠新东街甲6号	100029	(010)69165668	(010)69166708	张耀仓/张永杰
113	中国石化财务有限责任公司	北京市朝阳区朝阳门北大街22号	100728	(010)59966700	(010)59760508	刘运/张保龙
114	中石化百川经济贸易公司	北京市朝阳区朝阳门北大街22号	100728	(010)59960505	(010)59960901	崔国旗
115	中国国际石油化工联合有限责任公司	北京市朝阳区朝阳门北大街22号	100728	(010)59966528	(010)59966698	戴照明
116	中国石化燃料油销售有限公司	北京市朝阳区惠新东街甲6号	100029	(010)69166666	(010)69168888	刘祖荣
117	中国石油化工集团公司经济技术研究院(中国石化咨询公司)	北京市朝阳区安外小关街24号	100029	(010)52826100	(010)52826200	李希宏
118	中国石化报社	北京市东城区安外大街58号	100011	(010)84273230	(010)84271822	周恒友
119	中国石化出版社有限公司	北京市东城区安外大街58号	100011	(010)84278950	(010)84289982	王子康

附录3

法规性文件一览表

序号	标　　题	文件字号
	石化集团公司	
1	集团公司总部机关集体户口管理办法（试行）	中国石化厅〔2011〕17号
2	中国石油化工集团公司总部集成优化模型（MPIMS）应用与维护管理规定	中国石化生〔2011〕24号
3	中国石化优质工程管理办法	中国石化建〔2011〕29号
4	中国石化安全环保专项奖奖励办法	中国石化安〔2011〕30号
5	中国石化企业年金缴费归集实施细则	中国石化财〔2011〕31号
6	中国石油化工集团公司信息技术风险评估管理办法	中国石化信〔2011〕34号
7	中国石化总部软件资源管理办法	中国石化信〔2011〕35号
8	中国石化油田化学剂和炼油化工三剂准入技术要求管理办法（试行）	中国石化科〔2011〕39号
9	中国石化油田化学剂和炼油化工三剂委托检验和区域检验管理办法（试行）	中国石化科〔2011〕40号
10	中国石化安全生产保证基金自然灾害及事故损失赔偿细则	中国石化安〔2011〕43号
11	中国石化物资供应管理规定	中国石化物〔2011〕49号
12	中国石化供应商管理规定	中国石化物〔2011〕50号
13	中国石化供应商动态量化考核办法	中国石化物〔2011〕51号
14	中国石化物资供应管理绩效考核办法	中国石化物〔2011〕52号
15	中国石化物资供应统计管理办法	中国石化物〔2011〕53号
16	中国石化网上采购管理规定	中国石化物〔2011〕54号
17	中国石化科技项目退出管理办法（试行）	中国石化科〔2011〕58号
18	中国石化科技项目后评估管理办法（试行）	中国石化科〔2011〕59号
19	中国石化仪表设备管理规定	中国石化生〔2011〕62号
20	中国石化化学纤维生产防静电安全规程	中国石化安〔2011〕65号
21	中国石化防止聚烯烃料仓静电爆燃安全规定	中国石化安〔2011〕66号
22	中国石化合同管理办法	中国石化法〔2011〕72号
23	会计手册	中国石化财〔2011〕73号
24	中国石化集团炼化工程有限公司境外工程项目保证业务管理暂行办法	中国石化建〔2011〕77号
25	中国石油化工集团公司创建金银牌基层队活动管理办法	中国石化工〔2011〕80号
26	中国石化授权委托管理办法	中国石化法〔2011〕81号
27	中国石化油田企业改善经营管理建议实施细则（试行）	中国石化企〔2011〕82号
28	中国石化油品销售企业改善经营管理建议实施细则（试行）	中国石化企〔2011〕84号

续表

序号	标　　题	文件字号
29	中国石化物资储备和库存管理规定	中国石化物〔2011〕88 号
30	中国石油化工集团公司境外工程项目保证业务管理暂行办法	中国石化财〔2011〕90 号
31	中国石化重点实验室管理办法（试行）	中国石化科〔2011〕94 号
32	中国石化优秀创新团队评选管理办法（试行）	中国石化科〔2011〕95 号
33	中国石化直属研究院年度专业分类指标考核实施细则（试行）	中国石化科〔2011〕96 号
34	中国石化法律纠纷管理办法	中国石化法〔2011〕97 号
35	中国石化企业法律顾问管理办法	中国石化法〔2011〕98 号
36	中国石化商标管理办法	中国石化法〔2011〕100 号
37	中国石化企业年金个人账户管理办法	中国石化人〔2011〕102 号
38	中国石化科技专家技术咨询管理办法（试行）	中国石化科〔2011〕104 号
39	中国石化工业示范装置（中试装置）项目管理规定（试行）	中国石化科〔2011〕105 号
40	中国石化节能与达标目标责任评价考核办法	中国石化生〔2011〕106 号
41	中国石化节约能源管理办法	中国石化生〔2011〕107 号
42	中国石化安全技术科研项目管理规定	中国石化安〔2011〕111 号
43	中国石化企业产品标准备案管理细则	中国石化科〔2011〕113 号
44	中国石化保密工作管理办法	中国石化办〔2011〕116 号
45	中国石化商业秘密保护规定	中国石化办〔2011〕117 号
46	中国石化驻外机构档案管理规定	中国石化办〔2011〕118 号
47	中国石化建设项目档案验收细则	中国石化办〔2011〕119 号
48	中国石化高校毕业生引进工作管理办法	中国石化人〔2011〕120 号
49	中国石化关键装置要害（重点）部位安全管理规定	中国石化安〔2011〕122 号
50	中国石化成品油公路运输安全管理规定	中国石化安〔2011〕123 号
51	中国石化成品油水路运输安全管理规定	中国石化安〔2011〕124 号
52	中国石化海（水）上船舶交通运输安全管理规定	中国石化安〔2011〕125 号
53	中国石化空分装置安全运行规定	中国石化安〔2011〕126 号
54	中国石化信息系统安全管理办法	中国石化信〔2011〕129 号
55	中国石化总部计算机设备管理办法	中国石化信〔2011〕130 号
56	中国石化总部中心计算机机房管理办法	中国石化信〔2011〕131 号
57	中国石化电子邮件系统管理办法	中国石化信〔2011〕132 号
58	中国石化网络管理办法	中国石化信〔2011〕133 号
59	中国石化卫星通信系统管理办法	中国石化信〔2011〕134 号
60	中国石化信息基础设施运行维护管理办法	中国石化信〔2011〕135 号

续表

序号	标 题	文件字号
61	中国石化信息系统安全等级保护管理办法	中国石化信〔2011〕136 号
62	中国石化标准化管理办法	中国石化科〔2011〕141 号
63	总经理奖励管理办法	中国石化企〔2011〕142 号
64	中国石化帮扶救助金管理办法	中国石化政〔2011〕145 号
65	中国石化劳动模范和先进集体评选表彰管理办法	中国石化政〔2011〕146 号
66	中国石化火工器材安全管理规定	中国石化安〔2011〕147 号
67	中国石化油田企业自用成品油配置管理规定	中国石化生〔2011〕148 号
68	中国石化信息化项目可行性研究报告编制规定	中国石化信〔2011〕149 号
69	中国石化信息化项目验收管理办法	中国石化信〔2011〕150 号
70	中国石化信息化管理办法	中国石化信〔2011〕151 号
71	中国石化资金集中管理信息网络系统运行维护管理办法	中国石化信〔2011〕152 号
72	中国石化境外炼化工程承包业务管理规定	中国石化建〔2011〕154 号
73	中国石化电力系统主网结构技术管理规定	中国石化生〔2011〕155 号
74	中国石化电气设备及运行管理规定	中国石化生〔2011〕156 号
75	中国石化生产装置过程控制仪表电源供电系统技术管理规定	中国石化生〔2011〕157 号
76	中国石化炼化企业设备检查细则	中国石化生〔2011〕160 号
77	中国石化常压储罐管理规定	中国石化生〔2011〕161 号
78	中国石化压力容器管理规定	中国石化生〔2011〕162 号
79	中国石化压力管道管理规定	中国石化生〔2011〕163 号
80	中国石化油田轻烃资源产销配置管理规定	中国石化生〔2011〕174 号
81	中国石化地方企业原油和成品油配置管理规定	中国石化生〔2011〕175 号
82	中国石化报社记者站管理规定	中国石化办〔2011〕177 号
83	中国石化总部机关督察催办管理办法	中国石化办〔2011〕181 号
84	中国石化总部会议规定	中国石化办〔2011〕185 号
85	中国石化人事档案管理暂行规定	中国石化人〔2011〕190 号
86	总部机关保密工作联络员管理规定	中国石化办〔2011〕191 号
87	中国石化境外 HSSE 管理规定	中国石化安〔2011〕195 号
88	中国石化进口原油油轮预防海盗袭击预案	中国石化生〔2011〕210 号
89	中国石化视觉识别系统规范使用管理办法	中国石化办〔2011〕211 号
90	中国石化对外宣传工作管理办法	中国石化办〔2011〕212 号
91	中国石化档案管理办法	中国石化办〔2011〕213 号
92	中国石化档案分类规则	中国石化办〔2011〕214 号

续表

序号	标　　题	文件字号
93	中国石化档案工作评价规定	中国石化办〔2011〕215 号
94	中国石化总部机关会议音、视频资料归档管理规范	中国石化办〔2011〕216 号
95	中国石化总部机关涉密计算机、涉密打印机及涉密移动存储介质保密管理办法	中国石化办〔2011〕218 号
96	中国石化年度绩效考核管理办法	中国石化企〔2011〕227 号
97	中国石化信息资源管理办法	中国石化办〔2011〕228 号
98	中国石化政务信息工作规则	中国石化办〔2011〕229 号
99	中国石化信息分级与授权规则（试行）	中国石化办〔2011〕230 号
100	中国石化总部信息资源体系应用管理办法	中国石化办〔2011〕231 号
101	中国石化石油工程关联交易管理规定	中国石化财〔2011〕234 号
102	中国石化电子公文运行管理办法	中国石化办〔2011〕235 号
103	中国石化印章管理规定	中国石化办〔2011〕236 号
104	总部机关《签报》管理规定	中国石化办〔2011〕238 号
105	总部机关中央文件管理工作规定	中国石化办〔2011〕239 号
106	中国石化人才流动配置管理暂行规定	中国石化人〔2011〕254 号
107	中国石化总部机关文件材料归档管理规范	中国石化办〔2011〕259 号
108	中国石化声像档案管理细则	中国石化办〔2011〕260 号
109	中国石油化工集团公司施工企业工资总量管理办法	中国石化人〔2011〕261 号
110	中国石化试验记录册管理办法	中国石化科〔2011〕263 号
111	中国石化计量管理办法	中国石化科〔2011〕264 号
112	中国石化企业年金基金风险管理办法（试行）	中国石化审〔2011〕271 号
113	中国石油化工集团公司企业年金理事会稽查工作实施细则（试行）	中国石化审〔2011〕272 号
114	中国石化人工成本管理办法	中国石化人〔2011〕273 号
115	石油化工装置详细工程设计内容规定	中国石化建〔2011〕274 号
116	中国石化对外捐赠管理办法	中国石化办〔2011〕277 号
117	中国石油化工集团公司企业年金基金管理办法（试行）	中国石化财〔2011〕278 号
118	中国石化参加各类学会、协会、理事会管理办法	中国石化办〔2011〕284 号
119	中国石化审计项目计划管理办法	中国石化审〔2011〕287 号
120	中国石化财务收支审计管理办法	中国石化审〔2011〕288 号
121	中国石化经济责任审计管理办法	中国石化审〔2011〕289 号
122	中国石化经济效益审计管理办法	中国石化审〔2011〕290 号
123	中国石化信访信息工作管理办法	中国石化办〔2011〕291 号
124	中国石化信访工作规定	中国石化办〔2011〕292 号

续表

序号	标　　题	文件字号
125	中国石化信访工作程序	中国石化办〔2011〕293 号
126	中国石化信访稳定工作考评暂行办法	中国石化办〔2011〕294 号
127	中国石化政务信息工作考核评比办法	中国石化办〔2011〕295 号
128	中国石化审计培训管理办法	中国石化审〔2011〕297 号
129	中国石化兼职审计专员工作规则	中国石化审〔2011〕298 号
130	中国石化设立和使用“小金库”问题处理办法	中国石化审〔2011〕299 号
131	中国石化支持配合监事会开展当期监督工作实施细则	中国石化审〔2011〕300 号
132	中国石油化工集团公司内部审计工作规定	中国石化审〔2011〕303 号
133	中国石化审计职业道德规范	中国石化审〔2011〕304 号
134	中国石化审计工作底稿规范	中国石化审〔2011〕305 号
135	中国石化员工培训管理规定	中国石化人〔2011〕313 号
136	中国石化总部部门培训职责及运行管理办法	中国石化人〔2011〕314 号
137	中国石化资本支出业务监督规程	中国石化监〔2011〕315 号
138	中国石化炼油单位完全费用管理业务监督规程	中国石化监〔2011〕316 号
139	中国石化炼油自销产品销售业务监督规程	中国石化监〔2011〕317 号
140	中国石化工程建设项目业务监督规程	中国石化监〔2011〕318 号
141	中国石化一般物资采购供应业务监督规程	中国石化监〔2011〕319 号
142	中国石化煤炭采购业务监督规程	中国石化监〔2011〕320 号
143	中国石化财务业务监督规程	中国石化监〔2011〕321 号
144	中国石油化工集团公司国际石油勘探开发业务监督规程	中国石化监〔2011〕322 号
145	中国石油化工集团公司国际石油工程业务监督规程	中国石化监〔2011〕323 号
146	中国石油化工集团公司财务公司业务监督规程	中国石化监〔2011〕324 号
147	中国石化物资招标采购管理办法	中国石化物〔2011〕327 号
148	中国石化专业技术职务任职资格评审工作管理规定	中国石化人〔2011〕328 号
149	中国石化专业技术职务任职资格评审组织建设管理办法	中国石化人〔2011〕329 号
150	中国石化高级专业技术职务任职资格评审委员会评审办法	中国石化人〔2011〕330 号
151	中国石化突出贡献专家评选办法	中国石化人〔2011〕331 号
152	中国石化企业领导人员和机关公务用车管理规定	中国石化监〔2011〕334 号
153	中国石化业务公开工作管理规定（试行）	中国石化监〔2011〕335 号
154	中国石化业务公开网上巡视工作办法（试行）	中国石化监〔2011〕336 号
155	中国石化委托中介机构审计固定资产投资项目管理办法	中国石化审〔2011〕338 号
156	中国石化固定资产投资项目委托审计评标专家库管理办法	中国石化审〔2011〕339 号

续表

序号	标　　题	文件字号
157	中国石化固定资产投资项目审计管理办法	中国石化审〔2011〕341 号
158	中国石油化工集团公司内部控制审计评价管理办法	中国石化审〔2011〕342 号
159	中国石化审计项目组长负责制管理办法	中国石化审〔2011〕343 号
160	中国石化经济责任审计工作联席会议制度	中国石化审〔2011〕344 号
161	中国石化固定资产投资项目委托审计招标投标管理办法	中国石化审〔2011〕345 号
162	中国石化煤炭采购管理办法	中国石化物〔2011〕348 号
163	中国石化股权管理暂行办法	中国石化资〔2011〕349 号
164	中国石化控股（参股）企业专职董事监事工作制度（试行）	中国石化资〔2011〕350 号
165	中国石油化工集团公司国际石油工程项目分包及外部用工管理办法	中国石化工〔2011〕351 号
166	中国石化重要专用技术保密管理办法	中国石化科〔2011〕353 号
167	中国石化职业技能鉴定实施办法	中国石化人〔2011〕357 号
168	中国石化职业技能竞赛管理办法	中国石化人〔2011〕358 号
169	中国石化技术能手评选表彰办法	中国石化人〔2011〕359 号
170	中国石化职业技能鉴定考务管理规定	中国石化人〔2011〕360 号
171	中国石化职业技能鉴定考评人员管理规定	中国石化人〔2011〕361 号
172	中国石化职业技能鉴定题库运行管理规定	中国石化人〔2011〕362 号
173	中国石化职业资格证书核发与管理办法	中国石化人〔2011〕363 号
174	中国石化博士后管理工作规定	中国石化人〔2011〕364 号
175	中国石化青年专业技术人才培养“导师制”管理规定	中国石化人〔2011〕365 号
176	中国石化闵恩泽青年科技人才奖评选办法	中国石化人〔2011〕367 号
177	中国石化工程建设标准化管理办法	中国石化建〔2011〕368 号
178	中国石化土地管理责任目标考核办法	中国石化财〔2011〕382 号
179	中国石化国内交往中收受礼品实行登记制度实施细则	中国石化监〔2011〕388 号
180	中国石化兼职纪检监察专员、兼职纪检监察员工作规范	中国石化监〔2011〕389 号
181	中国石化加强公共财物管理和使用监督规定	中国石化监〔2011〕390 号
182	中国石化禁止用公款为干部职工购买个人商业保险规定	中国石化监〔2011〕391 号
183	中国石化实行业务招待费使用情况向职代会报告制度实施细则	中国石化监〔2011〕392 号
184	中国石化党风廉政宣传教育协调会议规程	中国石化监〔2011〕393 号
185	中国石化制度管理办法	中国石化企〔2011〕395 号
186	中国石化土地管理办法	中国石化财〔2011〕404 号
187	中国石化土地处置管理实施细则	中国石化财〔2011〕405 号
188	中国石化新增建设用地管理实施细则	中国石化财〔2011〕406 号

续表

序号	标　　题	文件字号
189	中国石油化工集团公司非上市企业财务管理综合考评实施细则	中国石化财〔2011〕409号
190	中国石油化工集团公司国有资本经营预算节能减排资金管理办法	中国石化财〔2011〕410号
191	中国石化总部研发费用管理办法	中国石化财〔2011〕411号
192	中国石化蒸汽关联交易定价管理办法	中国石化财〔2011〕412号
193	中国石化关联交易管理规定	中国石化财〔2011〕413号
194	中国石油化工集团公司国有资本经营预算管理实施细则	中国石化财〔2011〕414号
195	中国石化社区服务收费管理办法	中国石化财〔2011〕416号
196	中国石化效能监察规定	中国石化监〔2011〕418号
197	中国石化签订廉洁从业责任书管理规定	中国石化监〔2011〕419号
198	中国石化资金管理办法	中国石化财〔2011〕438号
199	中国石化应收款项管理办法	中国石化财〔2011〕439号
200	中国石化内部结算纠纷仲裁办法	中国石化财〔2011〕440号
201	中国石化资金集中管理考核办法	中国石化财〔2011〕442号
202	中国石化安全生产费用财务管理规定	中国石化财〔2011〕443号
203	中国石化炼化企业装置开停工及检维修环境保护管理规定	中国石化安〔2011〕444号
204	中国石油化工集团公司资产管理办法	中国石化财〔2011〕448号
205	中国石化重要设备材料监造管理办法	中国石化物〔2011〕454号
206	中国石化煤炭物流基地实施办法	中国石化物〔2011〕463号
207	中国石化金融衍生品业务管理办法	中国石化财〔2011〕465号
208	中国石化境外资金管理实施细则	中国石化财〔2011〕466号
209	中国石油化工集团公司预算管理办法	中国石化财〔2011〕472号
210	工程造价从业人员资格管理规定	中国石化建〔2011〕489号
211	中国石化总部授权集中采购管理办法	中国石化物〔2011〕493号
212	中国石化工程质量检查工作规程	中国石化建〔2011〕498号
213	中国石化工程质量监察规定	中国石化建〔2011〕499号
214	中国石化工程质量监测规定	中国石化建〔2011〕500号
215	中国石化管道工程超声检测人员管理办法	中国石化建〔2011〕501号
216	中国石化企业总图管理规定	中国石化建〔2011〕502号
217	中国石化建设工程监理管理规定	中国石化建〔2011〕508号
218	中国石油化工集团公司石油工程队伍资质认证管理规定	中国石化工〔2011〕512号
219	中国石化钻井队番号注册管理办法	中国石化工〔2011〕513号
220	中国石化电站汽轮机组管理规定	中国石化资〔2011〕514号

续表

序号	标　　题	文件字号
221	中国石化锅炉设备及运行管理规定	中国石化资〔2011〕515 号
222	中国石化石油工程造价管理办法	中国石化建〔2011〕520 号
223	中国石化境外炼化工程承包业务资格预审与投标报价管理办法	中国石化建〔2011〕540 号
224	中国石化境外炼化工程施工分包管理办法	中国石化建〔2011〕541 号
225	中国石化工程建设企业系统外工程市场管理办法	中国石化建〔2011〕542 号
226	中国石化技术涉密人员划级及补偿费发放管理办法	中国石化科〔2011〕544 号
227	中国石化经济责任审计业务规范指引（试行）	中国石化审〔2011〕546 号
228	中国石化石油与石油化工产品、油田企业采购物资质量监督抽查管理办法	中国石化科〔2011〕557 号
229	中国石化承包商安全管理规定	中国石化安〔2011〕560 号
230	中国石化统计管理办法	中国石化计〔2011〕566 号
231	中国石化统计工作考评办法	中国石化计〔2011〕567 号
232	中国石化优秀工程勘察设计评选办法	中国石化建〔2011〕570 号
233	中国石化工程建设项目开工报告管理规定	中国石化建〔2011〕574 号
234	中国石化重点工程项目建设奖励办法	中国石化建〔2011〕575 号
235	中国石化科技专家库管理办法	中国石化科〔2011〕599 号
236	中国石化炼化企业化工原料保障供应管理办法	中国石化化〔2011〕600 号
237	中国石化信息化项目管理办法	中国石化信〔2011〕603 号
238	中国石油化工集团公司石油钻机设备管理规定	中国石化工〔2011〕609 号
239	中国石化油田企业设备检查细则	中国石化工〔2011〕610 号
240	中国石油化工集团公司定向井仪器、设备管理规定	中国石化工〔2011〕611 号
241	中国石油化工集团公司油田设备管理经济技术指标和基础数据统计办法	中国石化工〔2011〕612 号
242	中国石化炼化企业设备防腐蚀管理规定	中国石化炼〔2011〕614 号
243	中国石化加工高含硫原油企业储罐防腐蚀技术管理规定	中国石化炼〔2011〕615 号
244	中国石化炼化企业机泵管理规定	中国石化炼〔2011〕616 号
245	中国石化加热炉管理规定	中国石化炼〔2011〕617 号
246	中国石化加工高含硫原油企业设备及管道测厚管理规定	中国石化炼〔2011〕618 号
247	中国石化建设工程项目竣工验收管理规定	中国石化建〔2011〕619 号
248	中国石化进口原油一程接卸与计量管理规定	中国石化生〔2011〕640 号
249	中国石化系统内易地调动职工住房管理暂行规定	中国石化办〔2011〕642 号
250	中国石化境外炼化工程承包业务风险管理办法（试行）	中国石化建〔2011〕643 号
251	中国石化境外投资项目管理办法（试行）	中国石化计〔2011〕644 号
252	中国石化直属工程建设企业现场特种设备管理办法	中国石化建〔2011〕647 号

续表

序号	标　题	文件字号
253	中国石化重要生产经营信息报送规定	中国石化生〔2011〕648 号
254	中国石化信息标准代码管理办法	中国石化信〔2011〕650 号
255	中国石化生产执行系统（MES）运行管理办法	中国石化信〔2011〕651 号
256	中国石化信息化项目合同技术附件编制规定	中国石化信〔2011〕652 号
257	中国石化生产营运指挥系统运维管理办法	中国石化信〔2011〕653 号
258	中国石化电涌保护器标准符合性认定管理办法	中国石化生〔2011〕654 号
259	中国石化应急管理规定	中国石化安〔2011〕655 号
260	中国石化防台风抗灾管理规定	中国石化安〔2011〕656 号
261	中国石化防汛抗灾管理规定	中国石化安〔2011〕657 号
262	中国石化消防安全管理规定	中国石化安〔2011〕661 号
263	中国石化消防达标管理规定	中国石化安〔2011〕662 号
264	中国石化大型公共场所消防安全管理规定	中国石化安〔2011〕663 号
265	中国石化人事劳资统计与信息系统数据考核评比办法	中国石化人〔2011〕666 号
266	中国石油化工集团公司专利管理办法	中国石化科〔2011〕673 号
267	中国石化知识产权保护规定	中国石化科〔2011〕674 号
268	中国石化水务专业竞赛管理办法	中国石化资〔2011〕689 号
269	中国石化固定资产投资项目审计业务规范指引（试行）	中国石化审〔2011〕695 号
270	中国石化审计项目质量考核评分办法	中国石化审〔2011〕696 号
271	中国石化审计决定书规范	中国石化审〔2011〕697 号
272	中国石化审计工作情况通报办法	中国石化审〔2011〕698 号
273	中国石化工程建设企业工程施工分包管理规定	中国石化建〔2011〕699 号
274	中国石化境外炼化工程沙特项目实施管理办法	中国石化建〔2011〕700 号
275	中国石油化工集团公司工程建设企业固定资产投资管理办法	中国石化建〔2011〕701 号
276	中国石化后续审计实施细则	中国石化审〔2011〕704 号
277	中国石化企业内部审计工作督导办法	中国石化审〔2011〕705 号
278	中国石化审计项目审理办法	中国石化审〔2011〕706 号
279	中国石化优秀审计项目评选办法	中国石化审〔2011〕707 号
280	中国石化三剂管理办法	中国石化科〔2011〕710 号
281	中国石化集团化采购管理办法	中国石化物〔2011〕713 号
282	中国石化施工作业安全管理规定	中国石化安〔2011〕715 号
283	中国石化破土作业安全管理规定	中国石化安〔2011〕716 号
284	中国石化临时用电安全管理规定	中国石化安〔2011〕717 号

续表

序号	标　　题	文件字号
285	中国石化进入受限空间作业安全管理规定	中国石化安〔2011〕718 号
286	中国石化用火作业安全管理规定	中国石化安〔2011〕719 号
287	中国石化固定资产投资项目物资采购策略管理规定	中国石化物〔2011〕725 号
288	中国石化法律中介机构聘用管理办法	中国石化法〔2011〕726 号
289	中国石化党组管理的领导人员劳动合同管理办法	中国石化人〔2011〕728 号
290	中国石化物资供应质量管理办法	中国石化物〔2011〕732 号
291	中国石化境外炼化工程市场开发管理办法	中国石化建〔2011〕733 号
292	中国石化工程设计专有技术管理办法	中国石化建〔2011〕734 号
293	中国石化抗震减灾管理规定	中国石化安〔2011〕735 号
294	中国石化事故隐患治理项目管理规定	中国石化安〔2011〕736 号
295	中国石化环境保护工作先进评选办法	中国石化安〔2011〕744 号
296	中国石化油气田钻井和作业污染防治管理规定	中国石化安〔2011〕745 号
297	中国石化建设项目环境保护管理规定	中国石化安〔2011〕746 号
298	中国石化环境保护管理规定	中国石化安〔2011〕747 号
299	中国石化安全设施管理规定	中国石化安〔2011〕753 号
300	中国石化大型浮顶储罐安全设计、施工、运行管理规定	中国石化安〔2011〕754 号
301	中国石化液氨生产使用储运安全管理规定	中国石化安〔2011〕755 号
302	中国石化氯气生产使用储运安全管理规定	中国石化安〔2011〕756 号
303	中国石化石油库和罐区安全管理规定	中国石化安〔2011〕757 号
304	中国石化 HSE 观察管理规定	中国石化安〔2011〕758 号
305	中国石化危险化学品码头安全管理规定	中国石化安〔2011〕759 号
306	中国石化加工高含硫原油安全管理规定	中国石化安〔2011〕760 号
307	中国石化硫化氢防护安全管理规定	中国石化安〔2011〕761 号
308	中国石化可燃液体防静电安全管理规定	中国石化安〔2011〕762 号
309	中国石化固定资产投资项目设计管理规定	中国石化建〔2011〕763 号
310	中国石化石油化工监理工程师执业资格管理办法	中国石化建〔2011〕764 号
311	中国石化劳动保护费用及个体劳动防护用品管理规定	中国石化安〔2011〕766 号
312	中国石化职业卫生管理工作考核规定	中国石化安〔2011〕767 号
313	中国石化放射防护管理规定	中国石化安〔2011〕768 号
314	中国石化职业卫生管理规定	中国石化安〔2011〕769 号
315	中国石化职工听力保护管理规定	中国石化安〔2011〕770 号
316	中国石化血吸虫病预防及控制管理规定	中国石化安〔2011〕771 号

续表

序号	标　题	文件字号
317	中国石化高毒物品防护管理规定	中国石化安〔2011〕772号
318	中国石化科学技术成果鉴定管理办法	中国石化科〔2011〕773号
319	中国石化外购原油交接计量监督管理办法（试行）	中国石化科〔2011〕774号
320	中国石化机动车辆交通安全管理规定	中国石化安〔2011〕775号
321	中国石化未遂安全环保事件管理规定	中国石化安〔2011〕776号
322	中国石化用工总量管理办法	中国石化人〔2011〕780号
323	中国石化年度用工计划管理办法	中国石化人〔2011〕781号
324	中国石化炼化三剂和油田化学剂采购管理规定	中国石化物〔2011〕782号
325	中国石化贵金属管理规范	中国石化物〔2011〕783号
326	中国石化火工器材采购管理规定	中国石化物〔2011〕784号
327	中国石油化工集团公司国际石油工程项目管理办法	中国石化工〔2011〕785号
328	中国石化高处作业安全管理规定	中国石化安〔2011〕788号
329	中国石化安全事故管理规定	中国石化安〔2011〕789号
330	中国石化安全生产先进评比办法	中国石化安〔2011〕790号
331	中国石化专用铁道调车装卸安全管理规定	中国石化安〔2011〕791号
332	中国石化科学技术奖励管理办法	中国石化科〔2011〕797号
333	中国石化化工生产经营计划管理办法	中国石化化〔2011〕800号
334	中国石化科技创新功勋奖管理办法	中国石化科〔2011〕802号
335	中国石化专有技术管理办法	中国石化科〔2011〕803号
336	中国石化高级技师职业资格评审办法（试行）	中国石化人〔2011〕811号
337	中国石油化工集团公司井控培训管理规定	中国石化工〔2011〕816号
338	中国石油化工集团公司非上市油田企业节能与达标管理办法	中国石化工〔2011〕817号
339	中国石化化工企业质量管理办法	中国石化化〔2011〕819号
340	中国石化炼油生产计划管理办法	中国石化炼〔2011〕822号
341	中国石化炼油企业外购原料油管理办法	中国石化炼〔2011〕823号
342	中国石化炼油企业生产供应优质乙烯裂解原料奖励办法	中国石化炼〔2011〕824号
343	中国石化炼油企业级 PIMS 模型应用维护管理办法	中国石化炼〔2011〕825号
344	中国石化天然气市场发展计划管理办法	中国石化计〔2011〕831号
345	中国石化煤炭采购管理考核办法	中国石化物〔2011〕833号
346	中国石油化工集团公司物探设备管理规定	中国石化工〔2011〕834号
347	中国石化油（气）罐车及汽车起重机管理规定	中国石化工〔2011〕835号
348	中国石化海洋石油工程船舶设备管理规定	中国石化工〔2011〕836号

续表

序号	标　　题	文件字号
349	中国石油化工集团公司录井设备管理规定	中国石化工〔2011〕837 号
350	中国石油化工集团公司测井设备管理规定	中国石化工〔2011〕838 号
351	中国石油化工集团公司油田施工设备管理规定	中国石化工〔2011〕839 号
352	中国石化作业设备管理规定	中国石化工〔2011〕840 号
353	中国石油化工集团公司海洋钻井设备管理规定	中国石化工〔2011〕841 号
354	中国石油化工集团公司钻机、修井机、通井机检测评估分级管理办法	中国石化工〔2011〕842 号
355	中国石化水煤浆型煤气化装置运行管理办法	中国石化化〔2011〕843 号
356	中国石化内部交易财务挂账和资金结算实施细则	中国石化财〔2011〕846 号
357	中国石化热电专业竞赛管理办法	中国石化资〔2011〕849 号
358	中国石化炼油装置非计划停工管理办法	中国石化炼〔2011〕850 号
359	中国石化高温作业管理规定	中国石化安〔2011〕852 号
360	中国石化起重作业安全管理规定	中国石化安〔2011〕853 号
361	中国石化安全教育管理规定	中国石化安〔2011〕854 号
362	中国石化安全检查规定	中国石化安〔2011〕855 号
363	中国石化安全环保督察制度	中国石化安〔2011〕856 号
364	中国石化安全承诺制度	中国石化安〔2011〕857 号
365	中国石化生产厂区封闭化管理规定	中国石化安〔2011〕858 号
366	中国石化干部值班安全管理规定	中国石化安〔2011〕859 号
367	中国石化信息系统应用与运维管理办法	中国石化信〔2011〕860 号
368	中国石化电站用煤质量管理规定	中国石化资〔2011〕871 号
369	中国石化电力可靠性管理规定	中国石化资〔2011〕872 号
370	中国石化电力生产技术监督管理规定	中国石化资〔2011〕873 号
371	中国石化技术奖酬金管理办法	中国石化科〔2011〕875 号
372	中国石油化工集团公司石油工程重大油气资源发现奖励办法	中国石化工〔2011〕876 号
373	中国石油化工集团公司石油工程新纪录评选奖励办法	中国石化工〔2011〕877 号
374	中国石化压力容器和压力管道设计资格管理办法	中国石化建〔2011〕887 号
375	中国石化境内合资合作项目管理办法	中国石化计〔2011〕888 号
376	中国石化 ERP 项目管理办法	中国石化信〔2011〕891 号
377	中国石化 ERP 应用管理办法	中国石化信〔2011〕892 号
378	中国石化总部 ERP 应用评价办法	中国石化信〔2011〕893 号
379	中国石化 ERP 支持体系管理规定	中国石化信〔2011〕894 号
380	中国石化 ERP 模板管理办法	中国石化信〔2011〕895 号

续表

序号	标　题	文件字号
381	中国石化技术贸易管理办法	中国石化科〔2011〕896号
382	中国石化建设项目生产准备与试车管理规定	中国石化建〔2011〕897号
383	中国石化炼化企业电梯、起重机械、厂（场）内机动车辆管理规定	中国石化化〔2011〕903号
384	中国石化循环冷却水用复合水处理剂管理规定	中国石化化〔2011〕904号
385	中国石化炼化装置大型机组管理规定	中国石化化〔2011〕905号
386	中国石化石油与天然气井井控管理规定	中国石化安〔2011〕907号
387	中国石化审计档案管理办法	中国石化审〔2011〕912号
388	中国石化加油站安全管理规定	中国石化安〔2011〕913号
389	中国石化液化石油气和压缩天然气加气站安全管理规定	中国石化安〔2011〕914号
390	中国石化物资招标采购档案管理暂行办法	中国石化物〔2011〕915号
391	中国石化领军专家管理规定（试行）	中国石化人〔2011〕925号
392	中国石化拔尖技能人才管理规定（试行）	中国石化人〔2011〕926号
393	中国石化煤炭质量检验工作管理规定	中国石化资〔2011〕927号
394	中国石化境外炼化工程承包业务项目实施管理办法（试行）	中国石化建〔2011〕937号
395	中国石化持续推进全员成本目标管理考评奖励办法	中国石化企〔2011〕941号
396	中国石化油田大型压缩机管理规定	中国石化油〔2011〕967号
397	中国石化注采设备管理规定	中国石化油〔2011〕968号
398	中国石化海洋开发设备管理规定	中国石化油〔2011〕969号
399	中国石化因公出国（境）管理实施细则	中国石化外〔2011〕989号
400	中国石化油田板块质量管理办法	中国石化油〔2011〕992号
401	中国石化法制宣传教育工作管理办法	中国石化法〔2011〕1002号
402	中国石化海上石油作业安全管理规定	中国石化安〔2011〕1009号
403	中国石化苯防护管理规定	中国石化安〔2011〕1010号
404	中国石化工程质量管理规定	中国石化建〔2011〕1026号
405	中国石化工程质量监察人员职业道德规范	中国石化建〔2011〕1043号
406	中国石化区域应急联防管理规定	中国石化安〔2011〕1045号
407	中国石化固定资产投资项目委托审计中介机构备选库管理办法	中国石化审〔2011〕1051号
408	中国石油化工集团公司非上市油田企业持续推进全员成本目标管理考评奖励细则（试行）	中国石化工〔2011〕1067号
409	中国石化炼化装置设备检修管理规定	中国石化化〔2011〕1086号
410	中国石化境外法律工作管理暂行办法	中国石化法〔2011〕1098号
411	中国石化境外国有资产审计管理办法	中国石化审〔2011〕1109号
412	中国石化重点工程建设项目效能监察重点督察暂行规定	中国石化监〔2011〕1110号

续表

序号	标　　题	文件字号
413	中国石化重点工程建设项目效能监察派驻督察暂行规定	中国石化监〔2011〕1111 号
414	中国石化框架协议采购管理办法	中国石化物〔2011〕1130 号
415	中国石化上游企业非安装设备购置可行性研究工作管理规定	中国石化计〔2011〕1138 号
416	中国石油化工集团公司工程建设企业持续推进全员成本目标管理考评奖励细则（试行）	中国石化建〔2011〕1145 号
417	中国石化境外炼化工程项目施工分包商资源库管理细则	中国石化建〔2011〕1146 号
418	中国石化优秀外国专家荣誉证书颁发管理暂行办法	中国石化外〔2011〕1153 号
419	中国石化安全台账管理规定	中国石化安〔2011〕1161 号
420	中国石化炼化企业基层安全总监管理办法	中国石化安〔2011〕1162 号
	石化股份公司	
1	中国石油化工股份有限公司油田生产调度信息系统运行管理办法	石化股份油〔2011〕20 号
2	中国石油化工股份有限公司物探工程管理规定	石化股份油〔2011〕22 号
3	化工板块持续推进全员成本目标管理考评奖励细则（试行）	石化股份化〔2011〕24 号
4	中国石化催化剂投资项目管理流程（试行）	石化股份科〔2011〕26 号
5	中国石油化工股份有限公司 SEC 准则石油天然气储量管理办法	石化股份油〔2011〕27 号
6	中国石油化工股份有限公司油田企业标准实施监督管理规定	石化股份油〔2011〕28 号
7	中国石油化工股份有限公司油田企业计量管理办法	石化股份油〔2011〕29 号
8	中国石油化工股份有限公司资产处置管理规定	石化股份财〔2011〕30 号
9	中国石化矿产资源补偿费勘查（保护）项目管理办法	石化股份油〔2011〕32 号
10	中国石油化工股份有限公司勘探开发工程监督管理规定	石化股份油〔2011〕39 号
11	中国石油化工股份有限公司科技项目分类管理办法（试行）	石化股份科〔2011〕42 号
12	中国石油化工股份有限公司企业信息化水平评价办法	石化股份信〔2011〕47 号
13	中国石油化工股份有限公司华北原油管网管理办法	石化股份生〔2011〕57 号
14	中国石油化工股份有限公司甬沪宁原油管网管理办法	石化股份生〔2011〕58 号
15	中国石油化工股份有限公司仪长原油管道管理办法	石化股份生〔2011〕59 号
16	中国石油化工股份有限公司科技项目及财务管理办法	石化股份科〔2011〕72 号
17	中国石油化工股份有限公司财务管理综合考评办法	石化股份财〔2011〕83 号
18	中国石油化工股份有限公司油田企业达标工作管理办法	石化股份油〔2011〕116 号
19	中国石化油品销售企业油库加油站设备检查细则	石化股份销〔2011〕117 号
20	中国石油化工股份有限公司化工产品来进料加工管理办法	石化股份生〔2011〕125 号
21	中国石油化工股份有限公司钻井设计管理办法	石化股份工〔2011〕126 号
22	中国石油化工股份有限公司内部审计工作规定	石化股份审〔2011〕140 号
23	中国石油化工股份有限公司进口原油代理业务监督规程	石化股份监〔2011〕148 号

续表

序号	标　　题	文件字号
24	中国石油化工股份有限公司化工产品销售业务监督规程	石化股份监〔2011〕149号
25	中国石油化工股份有限公司成品油外部采购业务监督规程	石化股份监〔2011〕150号
26	中国石油化工股份有限公司成品油直分销业务监督规程	石化股份监〔2011〕151号
27	中国石油化工股份有限公司加油站管理业务监督规程	石化股份监〔2011〕152号
28	中国石油化工股份有限公司ERP环境下辅助审计信息系统应用管理办法	石化股份审〔2011〕156号
29	中国石化石油定价办法	石化股份财〔2011〕210号
30	中国石油化工股份有限公司化工生产汇报管理办法	石化股份化〔2011〕212号
31	中国石油化工股份有限公司新区油气勘探财务税收管理办法	石化股份财〔2011〕213号
32	中国石油化工股份有限公司协议原油交接计量与结算办法	石化股份生〔2011〕223号
33	中国石化炼油企业质量管理办法	石化股份炼〔2011〕229号
34	中国石化炼油企业质量检验机构管理办法	石化股份炼〔2011〕230号
35	中国石化炼油产品顾客服务管理办法	石化股份炼〔2011〕231号
36	中国石化炼油企业化验分析仪器零购更新管理办法	石化股份炼〔2011〕232号
37	中国石油化工股份有限公司化工装置非计划停工管理办法	石化股份化〔2011〕234号
38	中国石油化工股份有限公司在建工程转资管理规定	石化股份财〔2011〕237号
39	中国石油化工股份有限公司石油工程外协队伍管理办法	石化股份工〔2011〕247号
40	中国石油化工股份有限公司石油工程市场准入管理办法	石化股份工〔2011〕248号
41	中国石油化工股份有限公司炼油板块C类科技项目管理办法	石化股份炼〔2011〕263号
42	中国石油化工股份有限公司油气项目可行性研究工作管理规定	石化股份计〔2011〕299号
43	中国石油化工股份有限公司资金管理办法	石化股份财〔2011〕301号
44	中国石油化工股份有限公司化工事业部科技项目管理办法（试行）	石化股份化〔2011〕303号
45	中国石油化工股份有限公司安全生产费用财务管理细则	石化股份财〔2011〕328号
46	中国石油化工股份有限公司原油管理办法	石化股份生〔2011〕330号
47	中国石化炼油企业全面预算管理竞赛考核办法	石化股份炼〔2011〕335号
48	中国石化炼油工艺技术管理规定	石化股份炼〔2011〕338号
49	中国石化炼油工艺防腐蚀管理规定	石化股份炼〔2011〕339号
50	中国石油化工股份有限公司化工专业分类指标考核实施细则（试行）	石化股份化〔2011〕341号
51	中国石化生产营运指挥系统运行管理办法	石化股份生〔2011〕342号
52	中国石化生产调度值班规定	石化股份生〔2011〕343号
53	中国石油化工股份有限公司油品销售企业专业达标竞赛奖励办法	石化股份销〔2011〕353号
54	中国石油化工股份有限公司专利管理办法	石化股份科〔2011〕357号
55	中国石化降低进口原油滞期费管理办法	石化股份生〔2011〕358号

续表

序号	标　　题	文件字号
56	中国石油化工股份有限公司化工产品用户服务管理办法	石化股份化〔2011〕384 号
57	中国石油化工股份有限公司炼油企业管输进口原油采购确认实施细则	石化股份炼〔2011〕386 号
58	中国石油化工股份有限公司化工企业质量管理考核办法	石化股份化〔2011〕396 号
59	中国石油化工股份有限公司地质录井工程管理规定	石化股份工〔2011〕397 号
60	中国石油化工股份有限公司油气勘探项目管理办法	石化股份油〔2011〕415 号
61	中国石油化工股份有限公司合成材料产品结构调整考核与奖励办法	石化股份化〔2011〕416 号
62	中国石油化工股份有限公司合成材料新产品产业化管理办法	石化股份化〔2011〕417 号
63	中国石油化工股份有限公司干粉煤型煤气化装置运行管理办法	石化股份化〔2011〕418 号
64	中国石油化工股份有限公司油田井下作业管理规定	石化股份油〔2011〕420 号
65	中国石油化工股份有限公司原油长输管道检测管理规定	石化股份生〔2011〕423 号
66	化工板块持续推进全员成本目标管理考评奖励细则	石化股份化〔2011〕429 号
67	中国石油化工股份有限公司油气勘探重大发现奖励办法	石化股份油〔2011〕433 号
68	中国石油化工股份有限公司油气勘探先导项目管理办法	石化股份油〔2011〕434 号
69	中国石油化工股份有限公司油田企业全面预算管理规范	石化股份油〔2011〕437 号
70	中国石油化工股份有限公司油田分公司持续推进全员成本目标管理考评奖励细则（试行）	石化股份油〔2011〕438 号
71	中国石油化工股份有限公司润滑油基础油配置管理办法	石化股份炼〔2011〕445 号
72	中国石油化工股份有限公司石油焦买断定价办法	石化股份炼〔2011〕446 号
73	中国石油化工股份有限公司沥青自备罐车统一使用管理办法	石化股份炼〔2011〕447 号
74	中国石油化工股份有限公司沥青产销管理办法	石化股份炼〔2011〕448 号
75	中国石油化工股份有限公司炼油企业化工辅材使用管理办法	石化股份炼〔2011〕449 号
76	中国石化原油质量监控管理办法（试行）	石化股份炼〔2011〕454 号
77	中国石油化工股份有限公司炼化装置设备更新费用管理规定	石化股份化〔2011〕460 号
78	中国石油化工股份有限公司税务管理办法	石化股份财〔2011〕461 号
79	中国石油化工股份有限公司地质资料管理办法	石化股份油〔2011〕466 号
80	中国石油化工股份有限公司油田企业“五项劳动竞赛”管理办法	石化股份油〔2011〕474 号
81	中国石油化工股份有限公司油田水处理药剂投加管理规定	石化股份油〔2011〕475 号
82	中国石化油品销售企业持续推进全员成本目标管理考评奖励实施细则	石化股份销〔2011〕476 号
83	中国石油化工股份有限公司油藏动态监测管理办法	石化股份油〔2011〕450 号
84	中国石油化工股份有限公司油田开发风险控制与油田开发导向项目管理办法	石化股份油〔2011〕451 号
85	中国石油化工股份有限公司原油生产能力核定管理规定	石化股份油〔2011〕452 号
86	中国石油化工股份有限公司油田滚动勘探管理办法	石化股份油〔2011〕453 号

续表

序号	标　　题	文件字号
87	中国石油化工股份有限公司矿业权管理办法	石化股份油〔2011〕514 号
88	中国石油化工股份有限公司油气勘探支出核销及会计处理规定	石化股份油〔2011〕515 号
89	中国石油化工股份有限公司测井工程管理规定	石化股份工〔2011〕519 号
90	中国石油化工股份有限公司内幕信息知情人登记制度	石化股份发〔2011〕568 号
91	中国石化炼油板块持续推进全员成本目标管理考评奖励细则	石化股份炼〔2011〕574 号

索　引

◇ 主题词索引

◇ 表题索引

主题词索引

使　用　说　明

1. 本索引引用主题词分析索引法编制。除“大事记”外，年鉴内容均在标引和检索范围内。

2. 本索引按汉语拼音音序排列。具体如下：以英文字母开头的，排在最前面；汉字标目则按首字的音序、音调依次排列，首字相同时，则以第二个字排序，并依次类推。

3. 在索引中，索引标目之后的数字表示主题内容所在年鉴正文的页码；英文字母 a、b 分别表示左、右两个栏目。

4. 为反映索引款目间的逻辑关系。对于二级目录，采取在上一级标目下缩两格的编排形式予以体现，之下的索引款目仍按上列排序方法依次排列。

A

B

G

J

K

L

M

N

P

Q

R

S

T

W

Z

表 题 索 引

使 用 说 明

1. 本索引采用表题索引法编制。年鉴中所有表题均在标引范围内。

2. 本索引基本上按汉语拼音音序排列。具体如下：以数字开头的，排在最前面；汉字标目则按首字的音序、音调依次排列，首字相同时，则以第二个字排序，并依次类推。

3. 在索引中，索引标目之后的数字表示主题内容所在年鉴正文的页码。

0～9

A

B

C

D

F

G

H

J

K

L

M

N

Q

R

S

T

W

X

中海油运 CHINA SHIPPING OIL TRANSPORT
中海发展股份有限公司油轮公司（简称中海油运）是中国海运（集团）总公司下属专业船公司，于1998年组建，主要从事国内外油品水路运输，是中国水上石油运输特大型企业之一。公司主力船型为VLCC、阿芙拉型、巴拿马型和灵便型，航线遍布全球100多个国家和地区，年石油运输量超过8000万吨。自成立以来，公司已累计完成石油运量近9亿吨，为国家创利超过110亿元。截止到2011年底，公司拥有运力规模763万载重吨，平均船龄8.4年，目前已签订建造合同（包括在建）船舶15艘、143.6万载重吨。预计到“十二五”末，公司运力规模将达1300万载重吨，年运量超过1.1亿吨。
新宁洋
中海发展股份有限公司油轮公司
CHINA SHIPPING DEVELOPMENT CO., LTD

上海化学工业区 SHANGHAI CHEMICAL INDUSTRY PARK

化工区管理服务中心区域

上海化学工业区（简称上海化工区）为国家经济技术开发区，位于杭州湾北岸，规划面积29.4平方千米，是以石油化工及其衍生产品制造为主的现代化产业基地，主要发展石油化工和天然气化工系列产品、精细化工产品、合成新材料和综合性深加工产品。

2011年，上海化工区经济发展总体平稳，工业产值和销售收入稳步增长，招商引资大幅提升。全年，化工区（包括金山、奉贤分区）共完成工业总产值870.9亿元，销售收入947亿元；引进项目投资12.05亿美元，完成固定资产投资58.2亿元；区内注册企业实现利润25.9亿元，实缴税金40.19亿元；万元产值能耗0.897吨标准煤。截至2011年底，化工区累计批准项目总投资180.95亿美元，累计完成固定资产投资973.6亿元。

根据上海市政府与中石化签署的关于高桥石化提升调整合作协议，“十二五”期间，中石化将在上海化工区重点建设炼化一体化项目，包括2000万吨/年炼油和100万吨/年乙烯等装置。

上海化工区全景

工业废弃物焚烧炉

赢创德固赛多用户基地

上海漕泾电厂

中石化三井双酚A装置

上海华谊华胜烧碱和二氯乙烷装置

拜耳一体化化工生产基地

化工液体码头

高桥石化苯酚丙酮装置

巴斯夫一体化化工基地

Herbert Smith
史密夫律师事务所

Herbert Smith in association with
Gleiss Lutz and Stibbe

史密夫律师事务所成立于1882年，是一家总部位于英国的国际性律师事务所，拥有超过1,400名律师（包括250多名合伙人）。本所在全球多个地方设有办事处，并与世界其他国家/地区的律师事务所有着稳定的合作关系，从而能够为我们的客户提供全面和优质的法律服务。

史密夫律师事务所在国内及国际法律服务行业中占有重要位置，并在公司及企业融资、兼并和收购、国际诉讼及仲裁、纠纷解决、金融、投资基金、能源、项目、基建、税收等领域中居于领先地位。能源领域更是本所专长。

本所的亚洲业务

自1982年在中国香港开设亚洲区办事处以来，我们已先后于新加坡、曼谷、北京、东京和上海设立办事处/代表处，在雅加达亦设有联营办事处，并计划在首尔成立分所。现时本所在亚洲共有400多名员工，其中包括230多名律师。

本所的北京代表处于1999年成立，多年来与中国有关部门和各大国有企业建立了稳固的关系，见证中国优秀企业的成长及与国际资本市场的接轨。本所的北京代表处曾参与包括中国工商银行、中国建设银行、华能国际电力、神华股份等几十家国内大型企业的海外上市项目。作为为数不多的几家较早获批准在中国开设第二个办事处的国际律师事务所之一，我们于2003年4月正式成立上海代表处。这是我们在亚洲设立的第七家办事机构，也反映了我们对于亚太地区的长期与坚定承诺。

与中国石化的合作

中国石化是中国优秀国有企业的一员。多年以来，我们与中国石化紧密协作，建立和延续了牢固的合作关系，并作为法律顾问协助中国石化成功地完成了一系列具有里程碑意义的项目。

我们与中国石化合作的两个项目更获《亚洲法律杂志》颁发的“年度大奖”，包括：就中国石化发行15亿美元零息票可转换债券，为中国石化及其全资子公司扬子石化以5.04亿美元收购中国石化持有的石油精炼资产提供法律服务。此外，在中国石化及其子公司成功进行的多宗关连/跨国资产收购当中，我们亦担任中国石化的境外法律顾问。继往开来，我们将一如既往地尽我们的努力为中国石化提供优质的法律服务，并期待我们的合作关系迈上新的台阶。

Proud to be working
alongside Sinopec
因为能与中石化携
手共进而倍感自豪
ALLEN & OVERY
敬请参与讨论：allenovery.com/50degreeseast
Join the debate at: allenovery.com/50degreeseast